湖南省近代政治史研究

藤谷浩悦著

汲古書院

目次

第二部　地域社会の規範の動揺

題字　藤谷薫水

図表一覧

凡　例

一・年月日は原則として西暦を記し、必要と認められる場合に限り、「西暦」の文字を記した。また、旧暦を用いる場合は「旧暦」の文字を記した。

二・日本の外務省文書や新聞記事などを引用する場合、表題を除き、漢字を一部常用漢字に改めるとともに適宜句読点を補い、片仮名は平仮名に改めた。

三・日本の外務省文書で著者が独自に用いた記号的表現は、本来の意味に即して平仮名に書き改めた。また、引用史料の文中における平仮名の濁点の有無は、引用史料のまま記した。

四・論文や史料の巻、号、頁数、及び年月日、時刻はアラビア数字を、他は漢数字を用いた。ただし、引用史料の数字表記は、引用史料のまま記した。

五・数字の表記については、日本の外務省文書や新聞記事など、原史料を引用する場合を除いては、十、百、千は一〇、一〇〇、一〇〇〇と、万は万、億は億と記した。

六・史料の引用文中の（　）は原注、〔　〕は引用者が補ったものである。

七・史料の引用文中の……は、引用者による省略を意味する。原史料に付されている場合は注記した。

八・史料の引用文中の●は、判読不能の文字である。

九・注の史料の表題や引用文中の▲や△、□、○、？、【　】は、もともと原史料に付されているものである。

一〇・未刊行史料の略称は、文献目録に記した。

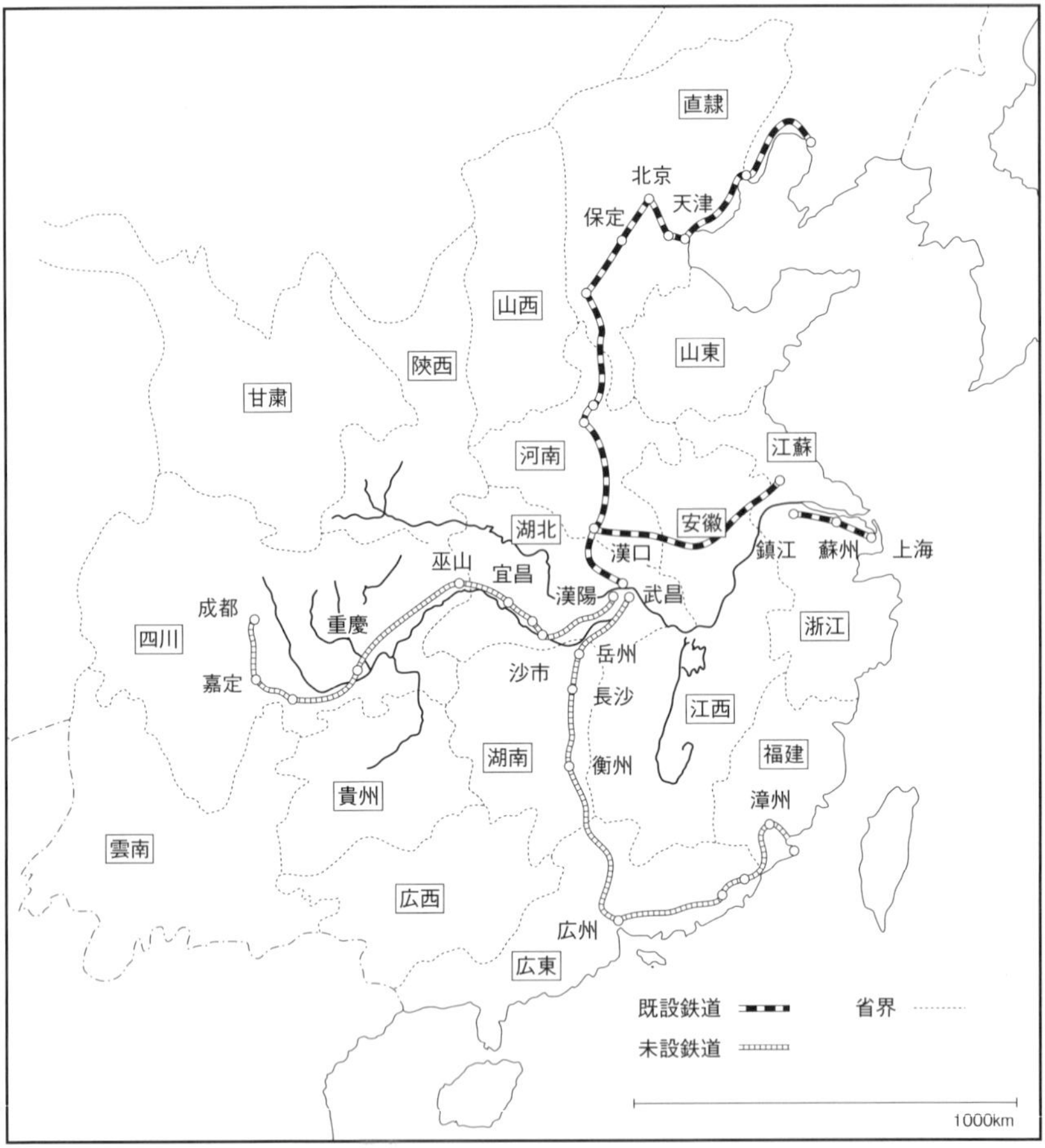

図１　清朝中南部と鉄道敷設図（1907年）
水野幸吉『漢口』（冨山房、1907年）の付録を一部修正して作成。

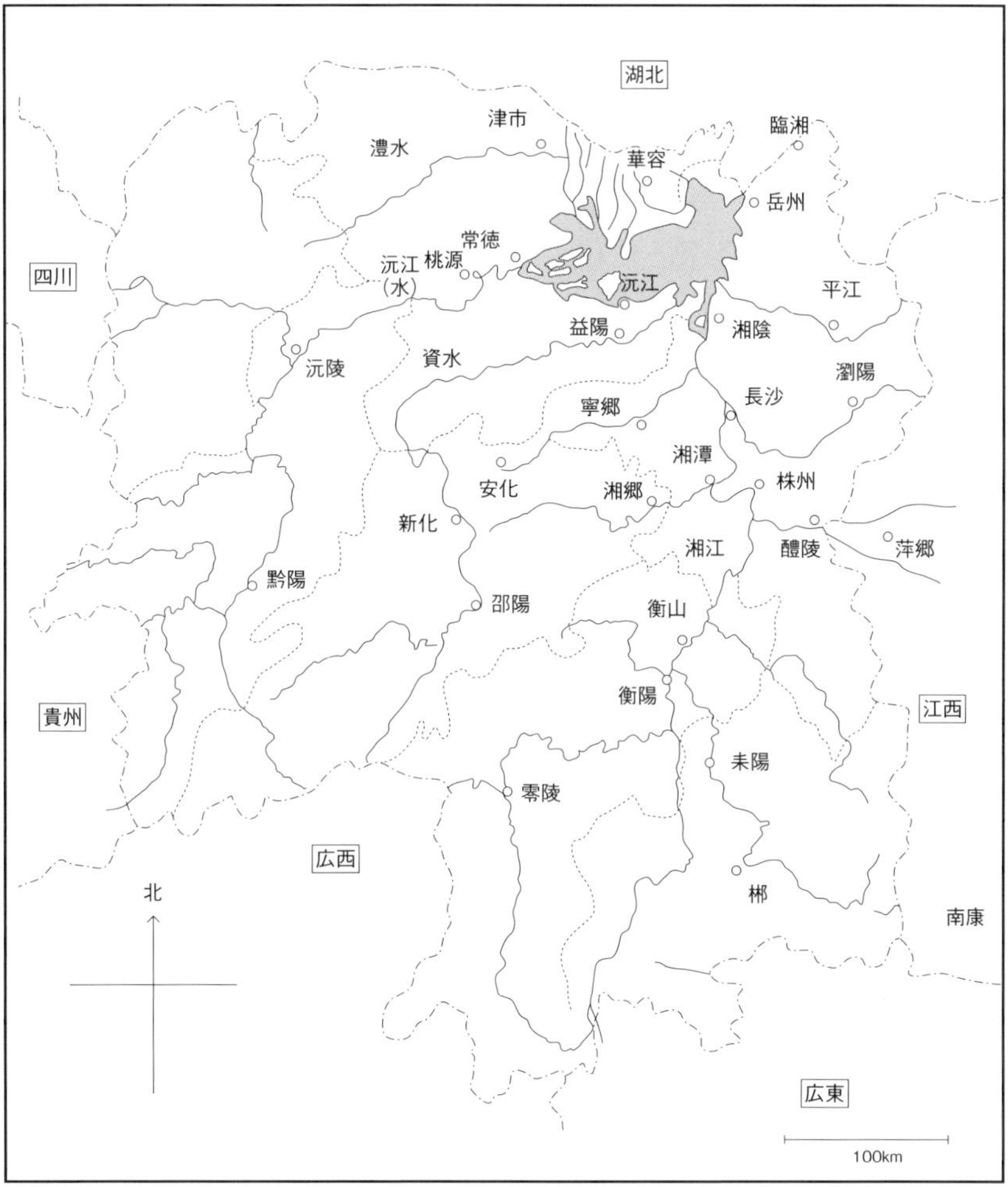

図２　湖南省全図（1911年前後）

東亜同文会編『支那省別全誌第十巻　湖南省』（東亜同文会、1918年）の付録「湖南省全図」を一部修正して作成。

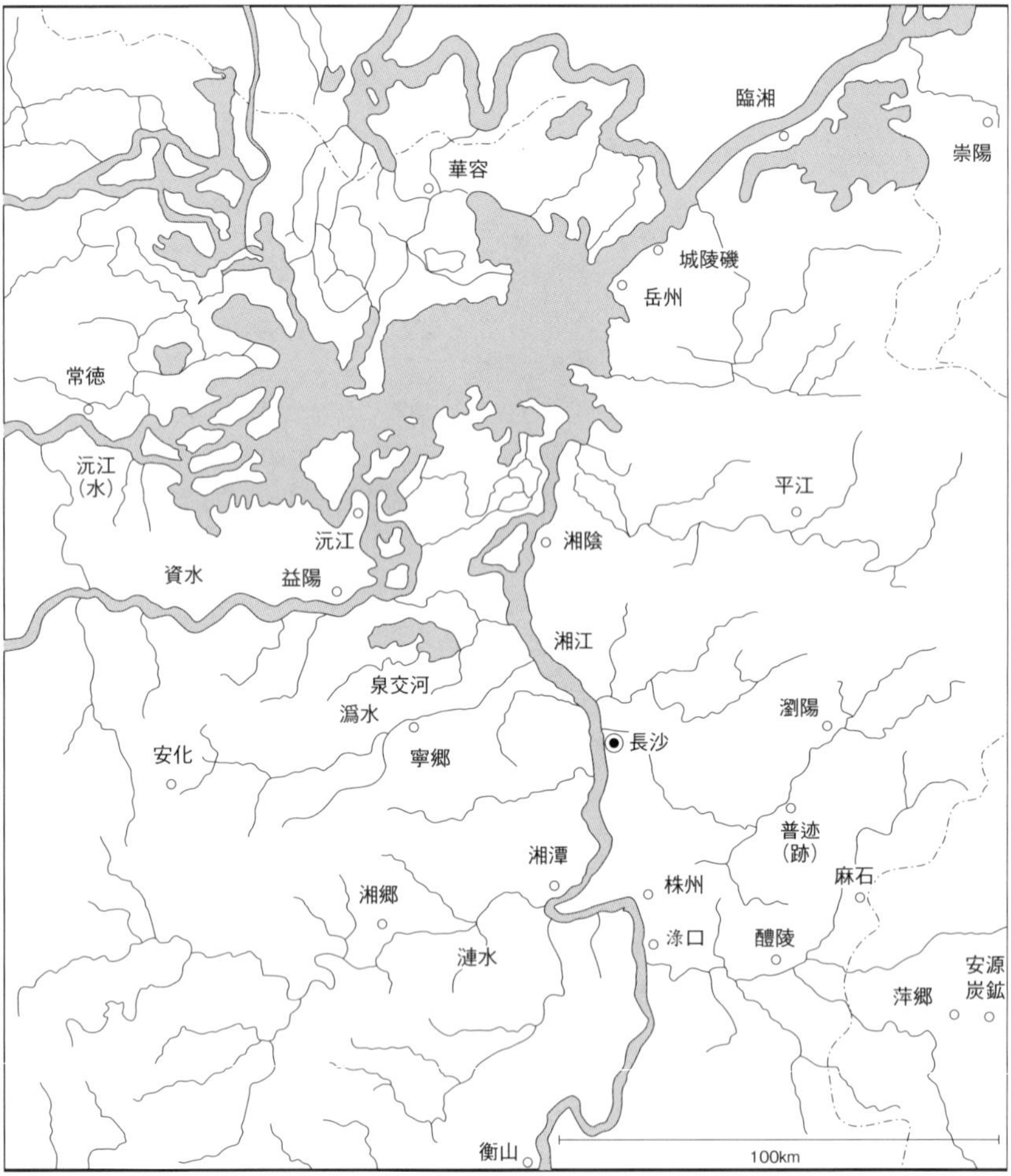

図3　湖南省東北部図（1911年前後）
東亜同文会編『支那省別全誌第十巻　湖南省』（東亜同文会、1918年）の付録「湖南省全図」を一部修正して作成。

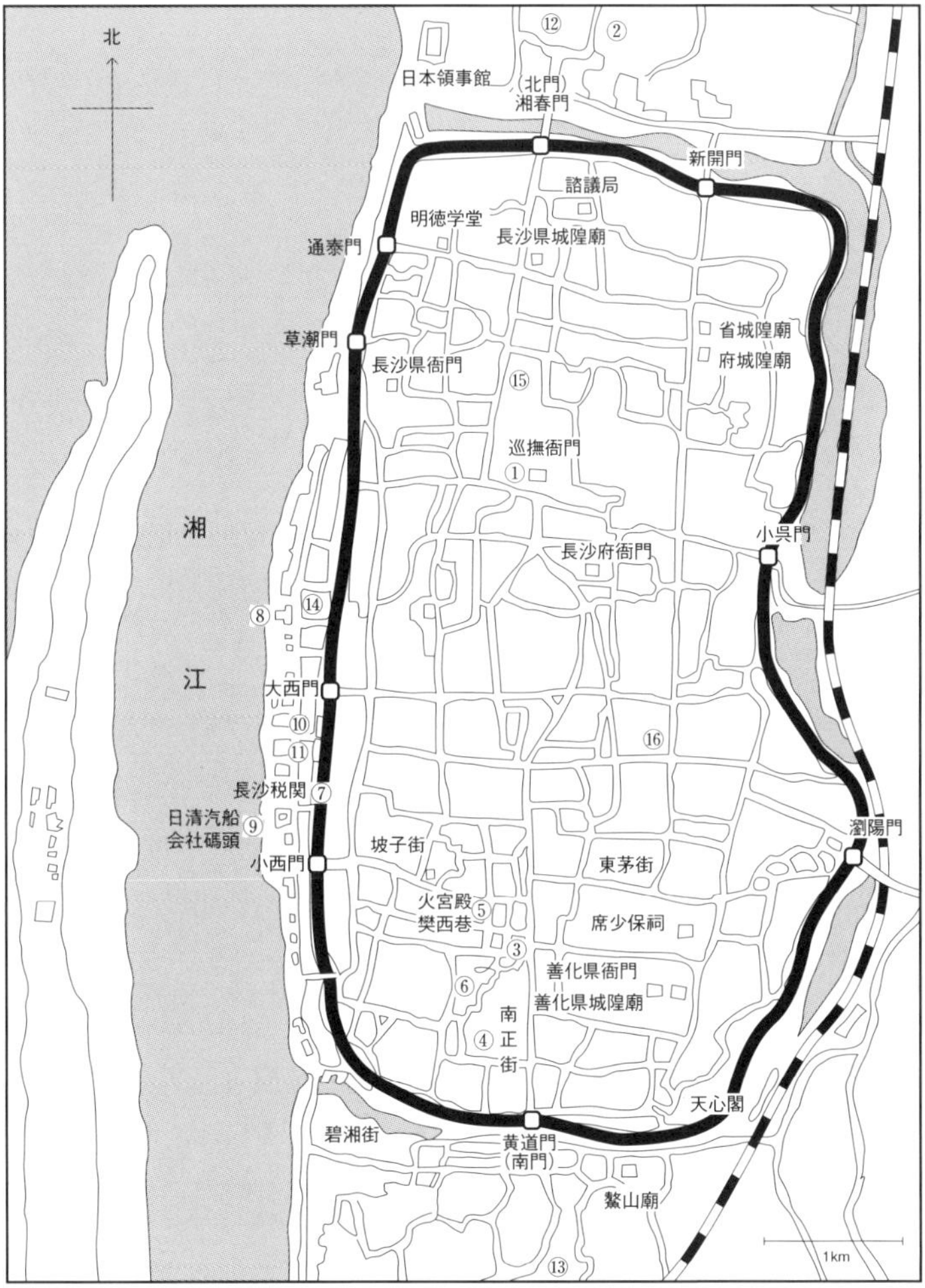

図４　1910年の長沙米騒動被害図

地図資料編纂会編『近代中国都市地図集成』（柏書房、1986年）所収の「湖南省城最新街道詳細全図」（同文書社、1910年頃）、FO371/868, Hewlett to Müller, June 4, 1910を一部修正して作成。

建物の全壊、一部破損

①巡撫衙門　②天主教会　③ルター教会　④中国内地会　⑤官立幼稚園
⑥長沙府中学堂　⑦長沙税関　⑧怡和洋行桟房　⑨太古洋行桟房　⑩長沙税関職員宿舎
⑪外国人関連商店　⑫ロンドン教会　⑬リーベンセル教会　⑭怡和洋行家屋
⑮アメリカ聖公会　⑯アメリカ遵教会

序論

本書は、一九〇四年から一九一三年までの湖南省の政治史を対象とする。特に、当該時期において、列国の参入や清朝政府の中央集権政策の実施により、地域社会の規範が大きく動揺する状況の中で、民衆が引き起こした事件に対応して、郷紳が提示した「公議」（輿論）の役割を検討し、更に郷紳「公議」が有効性を失い、官憲、郷紳、民衆の対立が激化する中で、郷紳「公議」が再編され、地方議会の設立が図られる経緯、及び国民統合を図る過程で軍事を優先させる思想が台頭した理由、会党が清朝体制とは異なる別の新しい世界を打ち立てようとして提示した末劫論（終末論）の特徴を考察する。[1]そして、このことによって、「公議」及び末劫論、軍事を優先する思想が二〇世紀初頭の湖南省でどのような役割を果たし、中国近代史においていかに重要な位置を占めたのかを実証的に解明し、あわせて民国初頭の政治を展望しようとするものである。

一・問題意識

中国近代史研究は、一九世紀末、二〇世紀初頭の中国史について、一つには西欧のフランス革命や日本の明治維新を視野に入れつつ、歴史が段階的に発展するという暗黙の前提の下に、他の一つには一九一一年の辛亥革命や一九四九年の中国革命を念頭に置きつつ、革命の成就という結果から原因を遡及する形で考察し、一八四〇年のアヘン戦争以降に清朝の陥った状況を「半封建・半植民地」と言い表し、民衆が「半封建・半植民地」の状態から中国の統一と富強をかちとる過程として描いてきた。この場合、研究の関心は、一九四九年を帰着点とする、ナショナリズムの興隆と変革主体の形成にあった。しかし、このような研究は、清朝と中華民国における政治体制や制度に関する研究を等閑視し、かつ研究が歴史の断絶面に焦点を当て、単線的な発展を基調として歴史の本来備えた豊かさを失わせたために、一九七〇年代以降、歴史の「進歩」の観念が崩れ歴史の多様性が追及される中で、次第に見直されるようになった。そして、並木頼寿が一九九〇年代初頭の中国近代史研究の特徴を「中国革命の相対化と中国社会の独自性の再認識」と表現し、「いいかえれば、革命による断絶をへた新しい社会と見えていたものが、実は中国の歴史の長大な連続のなかでのもっとも最近のできごとであるに過ぎなかったということでもある。……こうして、発展段階論を武器とする世界史的な普遍主義を近代中国に適用しようとした努力は後退し、それに代わって伝統中国を中心とした東アジア地域の歴史的展開の特殊性が検討のテーマとなった」と述べたように、中国近代史研究は革命史の克服と共に単なる政治の、それも革命史の立場に立つ研究ではなく、経済や社会、文化を含めた総合的な研究を求めるようになった。(2)それは、革命史の研究では見逃されてきた人物の再評価に始まり、次に制度史の他、地域社会の規範や新しい人的ネットワークの形成、構造や秩序の変化に考察の対象が移行した。この結果、一九七〇年代以降、中国近代史研究では、世界的規模における「近代性」や歴史の継続的な側面、中国社会の独自性に着目しつつ、「地域」からの射程、世界観と「文明」化、「国家建設」と社会など、新しい観点に基づく多様なアプローチが試みられてきた。(3)本書の問題意識も、これらの先行研究の観点の推移を受け継いでいる。以下、これまでの中国近代史研究を簡単に回顧しながら、本書の立ち位置を明らかにする。

中国近代史研究は、一九八〇年代を前後にほぼ二分される。ここでは便宜的に、前者の研究を「西欧の衝撃」論、資本主義発達論、民衆運動史論の三者に、後者の研究を近代性の構造論、地域社会論、「近代性」論の三者に分け、各々の特徴と問題点を指摘する。先ず、「西欧の衝撃」論は、中国近代史を一八四〇年のアヘン戦争を画期とする「西欧の衝撃」と中国の「対応」を基軸に描いている。[4]ただし、この研究は、中国の自生的、主体的な発展の契機が見逃されるという欠点を持つ。このため、資本主義発達論は、辛亥革命をブルジョア革命として捉え、中国国内の資本主義の発展を基軸に中国近代史を捉えようとした。[5]しかし、資本主義発達論では、「西欧」の歴史的体験から練られた理論を中国史にあてはめる結果となり、かつ人口の圧倒的多数を占める民衆の動向が等閑視されてきた。このため、民衆運動研究が、これらの研究に対する批判として台頭した。[6]民衆運動研究は、マルクス主義史観の影響を受けた階級分析から、徐々に宗教、心理、文化の要素を含む、民衆の意識や世界観の分析に移行した。[7]ただし、一九八〇年代以降の中国近代史研究は、いわゆる革命史研究の衰退と共に、これまでの研究で等閑視されてきた制度論や産業化、政治改革を中心に展開した結果、民衆運動研究も行き詰まりを見せ、かつての研究の隆盛に比べるならば次第に低調となった。代わって、台頭したのが、近代世界の均質性や同時性に着目し、これを支えた制度を「近代性の構造」と呼ぶ研究である。この近代性の構造論は、これらの制度化が個人の身体の規律化や統治機構の再編、社会秩序の再編に与えた影響に言及した。[8]これに対して、地域社会論は、各省の地域社会、特に地方有力者や社会団体の動向に着目し、これらが清朝の光緒新政や中華民国に果した役割や地方政治の構造に与えた影響に分析を加えた。[9]更に、「近代性」論は、「近代」が個々の歴史的体験から語られるべきであるとして、「近代」に付した先見性を排すると共に、世界各地での類似性の拡大の傾向が多様化を凌駕する点に着目し、一・政治参加と公共性、二・社会管理の進展、三・国民意識の深化と帰属意識の再編、四・啓蒙と民衆文化、の四点を補助線に考察を加えた。[10]ただし、これらの研究は、研究対象の幅を大幅に広げたものの、地方議会や政治組織、社会団体、或いは知識人による啓蒙という側面と直接結び付かない場における民衆運動には考察が及んでいない。

本書の問題意識は、一九七〇年代の民衆運動研究の観点を受け継いでいる。何となれば、一九七〇年代の民衆運動研究は、これまでの研究が少数の政治的、社会的指導者、或いは社会団体に関する研究であった点を批判し、人口の大多数を占める民衆に視野を広げ、かつ民衆運動について民衆の意識や行動様式の考察など、分析対象の拡大と共に新しい方法論の確立を模索するものであったからである。(11)しかし、民衆運動研究における新しい方法論の確立の模索は、一九七〇年代では抽象的、観念的な指摘に留まり、実証研究を伴わなかっただけでなく、一九八〇年代以降には革命史が否定され、運動史までもが顧みられなくなり、次第に低調になった。いわば、日本の中国近代史研究では、革命史からのパラダイム転換と共に、運動史をめぐる様々な問題群も忘れ去られたのである。この原因は、研究者の関心の推移だけでなく、史料の限界にも存在したのではなかろうか。換言するならば、誰しもが民衆運動研究における民衆の意識や世界の解明の必要性を痛感しながら、既存の史料集からは同問題に踏み込むに足る史料が欠落していたからである。このような史料をめぐる障害を乗り越えようとするならば、新たな史料の調査・収集と共に、史料を捉える観点の錬磨が必要となる。この点は、次の四・「史料」の項において、改めて述べる。民衆運動を地域社会の規範と関連付けて考察する研究は、近代性を論ずる場合でも、「国家建設」を考える場合でも、不可欠のものである。従って、考慮さるべき事柄は、近代性に着目する研究と運動史研究をどのように結び付けるのかにある。この場合、一九七〇年代の民衆運動研究が、民衆運動を階級分析に基づいて分析しながらも、新しい方法論の確立を模索したことの意義は、見逃されるべきではない。(12)本書は、一九七〇年代の民衆運動研究の問題意識を受け継ぎながら、一九八〇年代以降の研究、特に近代性の構造論、地域社会論、「近代性」論の問題関心を取り入れ、地域社会の規範を明らかにすることにより、これまでの民衆運動研究の遭遇した壁、特に階級間の対立が基調となり、官憲や郷紳、民衆を結び付ける不可視の絆が見逃されてきたという壁を乗り越える[13]。郷紳と民衆は、地域社会の規範の動揺に直面し、これを維持するために官憲に「公議」を提出し、官憲がこれらを無視した場合激しく抵抗した。ところが、二〇世紀初頭は、清朝政府による光緒新政の実施と列国の湖南省への参入により、「公議」の有効性が大きく動揺した時期でもあった。そして、このような状況の下で、末劫論が流布した。いわば、「公議」の動揺と末劫論の流布は、清末の湖南省における地域社会の規範の動揺と相関関係に立っていた。湖南省の政治を「公議」と末劫論を手掛かりに考察する理由は、この点にある。

本書の目的は、湖南省の官憲や郷紳、民衆が、地域社会の規範の動揺に対応していかなる行動を起こし、このことが清朝の倒壊にどのように作用したのかについて、一九〇四年に始まる「華洋雑居」問題、一九〇六年の萍瀏醴蜂起、一九一〇年の長沙米騒動、一九一一年一〇月の革命軍の蜂起を題材に、「公議」と末劫論を中心に考察することにある。この場合、清末の湖南省の政治史が単に制度的、階級的、思想的な問題だけでなく、地域社会の規範に関わる問題と相関関係にあった点を重視する必要がある。地域社会の規範は、やや抽象的な言辞を用いるならば人々の共通のものの感じ方や考え方、暗黙裡の約束事の総体として捉えることができる。それは、より具体的には、本書の内容を予め提示した場合、一九〇四年の「華洋雑居」問題では同業組合の加入者の平等な利益分配を、一九一〇年の長沙米騒動では一・民衆の最低限の生活の保証、二・民衆の抗議行動の容認、三・不正な手段による蓄財の否定を指している。従って、地域社会の規範の内容は、本書の内容に即すると、郷紳と民衆を問わず、人々の暗黙裡の約束事として、官憲は民衆が最低限の生活を営むことのできる状況を確保しなければならず、官憲がこの状況を確保できなかった場合、民衆は官憲に対して示威行動を起こし、抗議することができ、かつ人々が不正な手段で蓄財した場合、糾弾されるということになる。郷紳は、民衆が官憲に対して抗議を行った場合、民衆の意向を反映しつつ「公議」を称えて官憲に意見を具申し、また官憲も「公議」を「公」の重さに鑑みて受け入れ、かつ民衆の側も地域社会の規範の体現された「公議」を肯定的に受け止め、抗議行動を収束させた。そして、このことによって、地域社会は秩序が保たれた。しかし、二〇世紀初頭の湖南省では、郷紳「公議」が様々な理由で有効性を失う中で民衆蜂起が多発し、会党の流布した末劫論も広範に拡まった。従って、清末の湖南省の特徴として民衆蜂起が多発した原因を探ろうとするならば、郷紳「公議」が有効性を喪失した原因と末劫論が流布した理由を地域社会の規範と関連付けて捉える必要がある。「公議」は、直接的には郷紳による告示で示されたが、間接的には竹枝詞などの民歌的な色彩の濃厚な詞の中でも表現された。また、会党の用いた末劫論も、『五公経』などの経典や告示の他に、掲帖や謡言を通して広められた。この点に、湖南省の政治史と地域社会の規範との相関関係を「公議」と末劫論を中心に考察する場合、告示や掲帖、竹枝詞、謡言などに着目する意義がある。

民衆蜂起を「公議」や末劫論に着目して考察する際に留意するのは、次の三点である。第一点は、民衆蜂起を、民衆による地域社会の規範の回復運動として捉える点である。湖南省の地域社会では、民衆の抗議行動は、より上位の権力、例えば湖南巡撫に対しては清朝政府などへの請願の意図を持ち、ために現存の世界を否定する意図を持たず、官憲に対する抗議行動として許容されていた。ために、清朝政府などがこれら民衆の請願を受け入れるならば、民衆の行動は収束した。これに対して、末劫論に促された至福の世界の顕現を目指そうとする蜂起は、現存の王朝の否定という方向性を取った。しかし、民衆蜂起は、末劫論に促された場合であっても、地域社会の規範の回復運動、具体的には貧民にも平等に富が分配されるべきであるなどの側面を備えた。第二点は、民衆蜂起を人々の感情、特に恐怖と希望に即して考える点である。民衆を特定の行動に駆り立てるものに、現状に対する絶望と共に、未来に対する恐怖と希望がある。(14) 民衆の恐怖と希望の感情は、一つには民間の伝承、特に預言によって形成されたといえよう。これらの伝承は日常生活の語らいの中で伝えられ、ある特定の出来事、具体的には自然災害や飢饉の発生、疫病の流行、天文現象を契機に、人々を蜂起へと導いた。第三点は、民衆蜂起における、郷紳と民衆の相互規定の側面に対する着目である。これまでの民衆運動研究は、主に民衆の意識や行動様式の分析に赴き、郷紳の動向を無視してきた。この理由は、郷紳と民衆の境界を固定的に捉え、二つを別個に分けて考えた点にある。しかし、郷紳が「公議」の名で民衆の行動を正当化し、民衆もこのことで行動を収束させたように、郷紳と民衆の関係は相互規定的であった。従って、民衆蜂起を考える場合、民衆の意識や行動様式に留意しながらも、郷紳の民衆蜂起に対する反応や行動にも留意する必要がある。また、地域社会の規範は動態的であり、時代の推移と共に変化する。しかし、地域社会の規範は、これまでの研究では所与のものとして静態的、没時代的に捉えられがちであった。このため、地域社会の規範の動態的な側面に注目するためには、個々の歴史的事象に即した具体的な分析が必要となるのである。

本書が考察の対象とするのは、二〇世紀初頭、特に一九〇四年から一九一三年までの湖南省の政治史である。まず、研究対象の時期を一九〇四年から一九一三年までに設定した理由について述べたい。一九世紀末の湖南省は排外運動の激しさにおいて内外に知られ、長らく外国人の入境を拒んできたが、この湖南省の首府である長沙府が対外的に開放されるのは、一九〇四年七月一日の長沙開港においてである。これ以降、列国の湖南省における利権獲得競争は激化し、湖南省の郷紳もこれに対応して様々な動向をみせ、学生運動や会党の活動も活性化し、民衆蜂起も多発した。また、一九一三年は、一九一一年の革命軍の蜂起で湖南都督府が成立して以降、中華民国の矛盾が露わになり、第二革命をへて議院内閣制が挫折し、国民党湖南支部が壊滅した時期にあたる。いわば、一九一三年は、袁世凱の軍事勢力が国民党を中心とする議院内閣制の試みを一時的に押し潰した時期にあたる。そして、末劫論も、消滅することはなかった。すなわち、新しい社会的胎動が育まれ、政治的枠組みが形成されたことが、同時期を考察の対象に設定した理由である。この場合、社会的変化に着目するならば、一九〇四年から一九一三年までの一〇年間は、一九一一年で切らずに一つのタームで捉える必要がある。次に、研究対象の地域を湖南省に設定した理由について説明する。これまで、中国近代史研究では、省を単位とする研究が進められてきた(15)。ただし、これらの研究の限界は、省では沿海部と内陸部に集中し、かつ都市でも上海や天津などの沿海部に偏っている点にある。このことは、特定の省や都市の歴史的体験が中国全体の動向を示すものとして錯覚されかねないという危険性も示している。この点に、長江中流域に位置する、湖南省を研究の対象とする意味がある。しかも、湖南省の特徴は、中国を南北に貫く交通の要衝に位置し、ために古くから戦乱に巻き込まれ、多くの歴史的事件の舞台となってきただけでなく、激しい個性、すなわち中央政府からの自立性の強さと郷紳の権力の強大さ、変化の激しさと激烈な抗争、更に人材の豊富さにおいて傑出した特徴を有しており、このことによって非常に重要な問題が湖南省において集約的、典型的に現れたともいうことができる。また、一九〇四年の長沙開港の先鞭をつけたのが日本であり、日本人の残した史料が多岐にわたることも、同地域を研究する理由の一つである。

二・研究動向

次に、日本と中国、欧米における、湖南省の近代を対象とした研究の動向と課題を論ずる。

(一) 日本の研究

一九七〇年代、日本の湖南省の近代に関する研究は、中村義と清水稔によってリードされてきた。中村義は、湖南省の政治と社会を、列国、清朝政府、洋務派と、立憲派、革命派、民衆運動の対抗という枠組みの中で、ブルジョアジーの生成・発展を中心に考察している。これに対して、清水稔は、湖南省の近代史を同様の枠組みの下で考えながら、民衆運動の果たした役割を強調する立場に立っている。この二人は、一九七〇年代に興味深い論争を行っている。まず、一九七一年、清水稔は中村義の研究を、「中村〔義〕氏の述べるように、辛亥革命およびその前史において、同盟会はブルジョワ革命思想の宣伝者として重要な役割を果した。しかし、それが強調されすぎるあまり、広大な農村を基礎とする農民大衆の革命的運動が、ややもすれば歴史の後景におしやられるか、また、その役割が見落されがちである」と批判し、「農民大衆独自の反封建闘争」及び「会党の戦闘的な行動の側面」に着目すべきであるとした。[16]一九七九年、中村義は著書『辛亥革命史研究』で、清水稔の批判に答えるかのように、一九一〇年の長沙米騒動に関する一章、すなわち第四章「湖南民衆運動」を書き下ろしている。そして、中村義は、清水稔の研究が中国同盟会と同盟関係に立つ龔春台の洪江会を取り上げながら、中国同盟会と別行動を取った姜守旦の洪福会には考察が及んでいないとして、「姜守旦の洪福会のみを落伍的なものと斥けてよいのか」と反論した。[17]清水稔の中村義に対する批判は、当を得たものであったのではなかろうか。ただし、清水稔の研究にも、会党の歴史に果たした役割を強調しつつも、中村義が指摘したような、革命に対する貢献の度合いから諸派に評価を加えるという傾向が存在する。しかし、この批判は、清水稔個人というよりも、中国近代史研究全般に向けられるべきものであろう。何となれば、一九七七年発刊の西順蔵編『原典中国近代思想史』第三冊には龔春台の「萍瀏醴起義檄文」が収録されているが、姜守旦の檄文「新中華大帝国南部起義恢復軍」は収録されておらず、このことは二〇一〇年発刊の村田雄二郎編『新編原典中国近代思想史』第三冊にも受け継がれているからである。ここで求められるのは、研究者自身の観点や価値観の相対化である。中村義と清水稔は、論争を繰り広げながらも、会党の独自性に対するより深い分析を求めた点で、同じ目的を共有していた。しかし、管見の限り、中村義と清水稔は、この目的を達成することができなかった。この理由は、二人が会党の独自性に切り込む際に、適切な材料を見付けることができなかった、或いは見付けても掘り下げることができなかった点にある。

一九七四年、清水稔は、立憲派の行動の分析と共に、「湖南光復の一原動力となった最下層の民衆『会党』の生の姿にスポットを当て、それが辛亥革命期の民衆運動のなかで果たした役割の一端を明らかにすること」を目的に論文を著している。そして、哥老会の世界を支える理念として、一・被圧迫、すなわち貧を共通項とする連帯感及び血縁関係を持たない共同体意識、二・会員相互が「貴賤を分たず」「親疎を問わず」、一様に「哥弟」と呼びあう平等社会の形成、以上の二点をあげ、「その擬制的共同体のなかで育くまれた『四海の内皆兄弟なり』という新しい人的結合関係のなかに、従来の支配・被支配という枠を越えた自由と潑剌さがあったこと」「その新たな人的結合が、人間の行動を押し止める力となる血縁的諸関係を拒否したこと」を指摘している。[18] 清水稔の指摘は、民衆の意識や会党の理念の分析を試みている点で、一九七〇年代以降の民衆運動研究の新しい方向性を示している。ただし、この主張は、余りに観念的であり、一般論に傾斜しすぎているのではなかろうか。むしろ、民衆の意識や会党の理念について、個々の歴史的事象に即した分析がなされるべきであろう。既に指摘したように、中村義は一九七九年に出版された『辛亥革命史研究』で、一九一〇年の長沙米騒動に関する一章を書き下ろしている。そして、中村義は、同章で一九一〇年に長沙駐在副領事村山正隆の収集した掲帖を紹介しながら、掲帖の一つに中秋節の蜂起を預言する記載のあることに着目して、「また八月一五日に変をおこすという一句は翌年の武昌挙兵（一〇月一〇日、旧暦八月一九日）前に同様な情報が流れたことと符合して興味深い。つまり『八月中秋殺韃子』（中秋節に満州人をやっつけるのだ）といううわさは、会党を通して流布され、それが現実に後の湖南光復の引き金の一つを果たしたといえよう」と述べている。[19] この五年前、狭間直樹は、辛亥革命に関する研究の中で、「そのころ、武漢の街では『中秋節に満州人をやっつけるのだ（八月中秋殺韃子）』というわさが流布していたという」と記し、中秋節の蜂起の謡言に関心を示していた。[20]このため、中村義の著書は、狭間直樹の論文の内容に触発された可能性がある。ただし、中村義は、一九一〇年の長沙米騒動後に流布した掲帖の存在を指摘しながら、これら掲帖がどのように会党によって流布され、民衆の意識に影響を与え、一九一一年の辛亥革命と関わったのかを具体的に論じなかっただけでなく、この点を更に深めようとしなかった。[21]この理由は、日本の中国近代史研究が階級論に基づく辛亥革命の性格規定（郷紳革命か、ブルジョア革命か、民衆革命か）に陥り、地域社会の規範、更には地域社会の規範を形成する民間の伝承や慣習に着目する観点を持たず、文学や民俗学、文化人類学など、隣接する人文科学との交流を深めることができなかった点に由来する。そして、中国近代史研究は、一九七〇年代以降革命史から近代化、「国家建設」にパラダイム転換を遂げると共に、辛亥革命研究で積み重ねられた議論、特に民衆運動研究の提起した課題、すなわち民衆の意識や世界に対する分析を深めることがないまま推移した。

一九八五年、曽田三郎は、湖南省の改革を一・商・工業の発達、二・教育改革、三・諮議局の開設、四・自治公所の開設、五・鉄道問題、以上の五点に分けて分析しながら、一八九五年の日清戦争以降、一九一一年の辛亥革命、一九一九年の五四運動をへて、一九二〇年六月に至るまでを、湖南省の「自治」の発展を中心に考察している。[22]曽田三郎は、中村義より二〇歳ほど若い。この曽田三郎の研究は、一九八〇年代以降の日本の中国近代史研究のパラダイム転換を特徴付けるものである。いわば、一九八〇年代以降、日本の中国近代史研究では、革命史に代わって、地方自治など制度の近代化、省レベルの「国家建設」に着目する研究が現れた。[23]この理由は、従来の革命史が辛亥革命前後の断絶を基調とし、清末から中華民国、中華人民共和国までを通時的かつ動態的に、多様性を持つものとして捉える観点を欠いた点にある。[24]ただし、これらの研究には、次の欠点も存在する。第一は、研究が革命史の場合と同様に、個々の歴史的事象に特定の方向、この場合は近代化や「国家建設」に沿った形で光をあて、解釈している点である。第二は、研究が地方自治などの制度的枠組みに着目し、制度を支える地域社会の規範には言及されていない点である。この研究の課題を乗り越えるためには、明清史研究の地域社会論の手法を用いることが有効であるように思われる。山田賢は、地域社会論の特徴を、次の二点に求めている。第一点は、社会を凝集させる磁力、或いは磁力の作用する「場」のあり方に注目する点である。第二点は、人々の関係やまなざしの共有によって基礎付けられた、地域社会を内側から満たすような枠組みに着目する点である。[25] 一九九〇年代、中国近代史研究では、謡言など、これまでの研究では扱われてこなかった題材が政治的変化や社会変動に果たした役割に着目する研究も、相次いで現れるようになった。[26] これらの研究動向は、可視的な統治だけでなく、視覚で捉えることのできない統治などにも、研究者の注意を向けさせるものとなり、謡言の他にも、記念日、革命記念式典、政治シンボルに対する着目など、新しい研究の潮流を示すものとなっている。

（二）中国の研究

中国の湖南省の近代に関する研究の代表的なものは、楊世驥『辛亥革命前后湖南史事』（湖南人民出版社、一九五八年）である。同書は、一九〇〇年から一九一九年までの、湖南省の政治、社会、経済の推移を記したものであるが、一九五八年に初版が発行され、翌一九五九年に一部改訂の上、再版が出された。いわば、一九五六年の「百花斉放・百家争鳴」運動を受けて著され、翌一九五七年に始まる「反右派」運動で修正が加えられた。[27] 同書第二版の構成は、第一章「引言」、第二章「帝国主義侵略下の湖南省の社会経済的変化」、第三章「湖南省人民の自発的な反帝闘争」、第四章「辛亥革命の準備段階─湖南省人民の反帝、反封建闘争の持続と発展」、第五章「辛亥革命─湖南光復」、第六章

「辛亥革命失敗後の湖南省」、第七章「結語」、以上の七章からなる。同書の特徴は、「反帝反封建」という人民闘争史観に基づきつつ、豊富な史料を縦横に駆使して論証した点にある（ここで引用された史料の幾つかは、今日でも同書以外で見ることができない）。ただし、中国の歴史学界は、一九六〇年代の文化大革命で大きな打撃を受け、同書も一九八三年になって再び日の目を見るに至った。このことは、中国の歴史研究の置かれた厳しい環境を窺わせるものである。一九八〇年代、湖南省の近代に関する研究にも、湖南省の辛亥革命に関する二つの論文集が現れている。一つは湖南史学会編『辛亥革命在湖南』（湖南人民出版社、一九八四年）であり、他の一つは湖北省社会科学聯合編『辛亥两湖史事新論』（湖南人民出版社、一九八八年）である。この二つの論文集は、湖北省や湖南省の文化的伝統や地理的環境、中国近代史に果たした役割を高く評価するなど、一九八〇年代以降の中国の辛亥革命研究の新しい動向を示している。ただし、二つの論文集に掲載された個々の論文は、辛亥革命に至る旧来の枠組み、すなわち革命史の観点から重要視された政治的行動や事件、具体的には留日学生の動向や一九〇六年の萍瀏醴蜂起、一九一〇年の長沙米騒動などを、旧来の枠組みの中で実証的に掘り下げたものであり、中国近代史を捉える旧来の枠組みの問題点を克服し新たな観点の下に中国近代史を考察しようとするものではない。

一九五〇年代後半から一九八〇年代にかけて、中国近代史の通史と共に湖南省の近代について貴重な論考を相次いで発表したのは、林増平である。林増平の研究の特徴は、中国のブルジョワジーの生成・発展と政治的変革の関係を明らかにした点と、特定のテーマの個別実証的な研究に辛亥革命の性格と関わる理論的な整合性を強く求めた点にある。林増平は、一九五三年に湖南師範学院（のちの湖南師範大学）歴史系に奉職し、一九五八年に『中国近代史』上・下を湖南人民出版社から出版している。ただし、一九六六年、文化大革命の最中に批判、監禁、下放され、文化大革命終結後の一九七〇年代後半以降になって再評価が実現し、復職した。(28) 中国近代史において、湖南省は曾国藩を始めとして、湘軍の将校や中国同盟会の指導者など、多くの人材を輩出した。同地は、古くはミャオ、ヤオなどの非漢族の住地であったが、戦国時代に楚国が開拓を始め、秦代には長沙郡が置かれていた。一九八八年、林増平は「近代湖湘文化試探」を著し、元末明初の移民の大量流入によって湖南省の人々が開拓精神を身に付け、ミャオ族、ヤオ族、トン族、トウチャ族との通婚をへて強靭で粗野、刻苦の気風を受け継いだと論じた。湖南省の人々は、清朝の乾隆・嘉慶年間に、豪気で気節を尊ぶ気風、素朴で進取の気性を形成したが、折しも一〇〇年余り世間で忘れられていた、湖南省衡陽出身の王船山の学説が喧伝されるようになり、王船山の学説の他、清朝や封建制度に反対する幾つかの学説、及び経世致用の学説を受け継ぎ、他省とは異なる気風の備えた湖湘文化を作り出した。そして、林増平は、このような湖湘文化の伝播と拡散が中国近代史上類稀な情勢を作り出し、湖南省は他の追随を許さぬ成果をあげたとした(29)。林増平の同研究は、内外に大きな影響を与えた。この約一〇年前、台湾の張朋園も、湖南人の性格を形成した要因として、三方が山に面し交通に不便であったことが素朴な人材を形成したこと、経済関係に基づく移住民と土着民との抗争が堅強な性格を維持させたこと、歴史上の出来事、特に湘軍の影響が湖南人に「自我の実現」に到らせたこと、以上の三点を指摘していた(30)。これらの研究は、湖南省の近代の特徴を湖南省の風土や学問的伝統から論じた、先駆的な業績である。

総じて、湖南省は、一九一一年一〇月一〇日の湖北省の武昌蜂起に次いで、一〇月二二日に湖南省の長沙で蜂起が起き、辛亥革命の導火線となったことから、湖北省の武昌と共に辛亥革命の「聖地」に位置づけられる。ただし、このことは、湖南省の近代に関する研究が、辛亥革命の偉業を検証する場となり、結果として革命史からのパラダイム転換を難しくさせてきたといえよう。この中で、一九八〇年代から二〇〇〇年代にかけて、湖南省の近代について、実証研究を積み重ねてきたのは、湖南師範大学の饒懐民である。饒懐民の研究の特色は、一九一一年の辛亥革命について、階級論に依拠して革命勢力の生成・発展を中心に分析した点と、豊富な史料を用いて実証研究を積み重ねた点にある。そして、一九〇六年の萍瀏醴蜂起に関する研究では、中村義の著書『辛亥革命史研究』を援用しながら、長沙駐在副領事村山正隆の収集した掲帖を紹介し、白い頭巾などに着目して一九〇六年の萍瀏醴蜂起と一九一〇年の長沙米騒動の連続性を指摘している[31]。しかし、饒懐民もまた、掲帖を指摘するに止まり、白い頭巾や中秋節の謡言の由来など、民間の伝承に分析を加えていない点で限界がある。二〇〇〇年代に入り、饒懐民の湖南師範大学における学生、すなわち霍修勇、黄俊軍、陽信生が意欲的な研究を行い、相次いで清末民初の湖南省の政治史に関する研究書を出版した[32]。これらの研究の特徴は、林増平、饒懐民の世代に比べるならば、湖南省図書館、湖南師範大学図書館、湖南省社会科学研究所図書館の各図書館に所蔵されている史料を丹念に渉猟しつつ、湖南諮議局議員など、郷紳の新しい動向に焦点を当てて考察している点にある。このような研究は、二〇〇〇年代における中国の中国近代史研究の動向、すなわち革命史からの脱却、及び郷紳の動向や近代化に対する関心の推移を象徴するものであろう。ただし、民衆運動については、殆ど言及がなされなくなったばかりでなく、社会史の視座に立った研究も行われていない点で限界がある。林増平、饒懐民の世代は、郷紳の動向を分析する一方で、会党や民衆の動向にも視線が注がれ、理論性と総合性を備えた点に特徴があった。これに対して、二〇〇〇年代の研究は、ある意味では専門化と細分化が進んできた。ただし、このことによって、郷紳、特に新しい型の郷紳の分析は進んだが、下層民衆の研究は立ち遅れたということもできる。

(三) 欧米の研究

ミカエル・ガスターは、一九七〇年代以降のアメリカの中国近代史研究の特徴を、一・政治史、思想史から社会史、経済史へ、二・中央政府から下層社会へ、三・国家政策から民衆の日常生活へ、以上の三点の転換に求め、かつ研究者たちが中央政府の政治的な変化を政治上の部分的な変化と見なしたため、皇帝政治の終焉という辛亥革命の意義が軽視されたとしている。ここで特徴的な事柄は、研究者の関心が孫文や黄興、中国同盟会など、個人や団体の功績から光緒新政期の国内の政治や社会に移行すると共に、個々の政治的事件よりも歴史の動態的変化に移った点にある(33)。これらアメリカの中国近代史研究の動向では、次の三点が重要となる。第一点は、都市における新しいタイプの郷紳の出現である。第二点は、清末の光緒新政以降、これら郷紳の活動による「公」的空間の伸張である。第三点は、郷紳や知識人の文化と民間の文化の共鳴である。第一点では一九七〇年代のジョセフ・エシェリックの湖北省と湖南省の政治史に関する研究(34)、第二点では一九八〇年代のウイリアム・ロウの漢口に関する研究(35)、第三点では一九九〇年代のポール・コーエンの義和団研究、以上を代表的なものとして取り上げることができる。ポール・コーエンの義和団研究では、第一部の出来事、第二部の体験、第三部の神話の三点に分けて、歴史研究の方法や意味を論じた点が特徴である。そして、歴史研究の特徴として、結果を一つの前提として、この結果から遡って歴史的事象を考える傾向があり、歴史的事象を全体において捉えることのできないこと（第一部）、個々の歴史的事象は各々の歴史的文脈から当時の人々の体験や心理状況、感情に即して考える必要のあること（第二部）、更にこの歴史的事象が現在の目的から過去を利用するという動機から神話化される傾向のあること（第三部）、以上を指摘している。特に、ポール・コーエンは、第二部の体験において、当時の人々の体験や心理状況、感情に即して考える場合、旱魃や人の身体への神々の憑依、呪術、謡言の流布による民衆の心理的恐慌状態を指摘し、更に義和団の伝単、掲帖、呪文、標語、詩歌などに一定の史料的価値を与える一方で、義和団の団員の実際の体験を描写するためには、具体的な行動から考えることの必要性を説いた(36)。

アメリカの湖南省の近代に関する研究では、先に挙げた一九七六年のジョセフ・エシェリックの研究が代表的である。ここで、エシェリックは、湖北省と湖南省の辛亥革命に至る社会的潮流について、光緒新政が地域社会に及ぼした影響、特に郷紳の動向や学生運動、革命派の策動、民衆運動を中心に考察し、特に光緒新政の中心となった社会勢力、具体的には譚延闓など湖南諮議局に集った人々に着目して、これを都市改革派エリート（Urban reformist elite）と名付け、彼らが都市に居住して近代的な諸制度の実現を目指すと共に、列国の侵略に対する抵抗運動を指導し、湖南省における政治や社会、経済の改革を進めた点に、高い評価を与えた。また、エシェリックは、郷紳が政治権力の獲得のために革命運動を支持したものの、一度革命が起こると法律の遵守や社会秩序の維持に関心を寄せ、民衆運動の鎮圧に回ったとし、清代の光緒新政が清朝の社会的統合と安定の機能を失わせ、都市と農村、富者と貧者の格差を拡大させた結果、中華民国では政治と社会が不安定となり、毛沢東の農村を根拠地とする中国革命が勝利する要因となったとする[37]。中国の近代については、次の相反する二つの捉え方が存在する。一つは中国が「西欧」の観念や政治制度の導入により近代化に向けて進むという、進歩を基調とするものであり、他の一つは中国が「西欧」の観念や政治制度の導入により統合力を失って瓦解するという、混乱を基調とするものである。エシェリックの研究は、都市改革派エリートの台頭に着目しつつ、近代化に対する過度の期待を控え、かつ清朝の政治的統合と安定の機能に言及しつつ、毛沢東の農村を根拠地とする革命が台頭した背景に言及している。一九八七年、エシェリックは研究の焦点をこれまでの湖南省の政治史から義和団に移し、民衆の宗教結社に対する理解、義和団の民衆に与えた影響に着目し、民衆の日常生活や宗教儀式、更には信仰や行為の規範を考察した。そして、義和団の重要な要素として、華北地方における農民の武術と民間信仰が融合した点、特に「刀槍不入」（刀や銃でも傷付けられない）、「降神附体」（神が体に憑依する）の二点を取り上げ、更に戯劇の仕種や衣装、色彩が民衆に与えた影響を指摘した[38]。一九八〇年代のエシェリックの研究は、ポール・コーエンの義和団研究などに大きな影響を与えると共に、アメリカにおける中国近代史研究の流れ、問題関心の推移を特徴付けている(39)。

ジョセフ・エシェリックは一九七六年、すなわち湖北省と湖南省の辛亥革命に至る社会的潮流の研究を行った年に、アメリカの辛亥革命研究を、一・孫文中心の正統史観、二・革命家の伝記、三・急進主義の研究、四・宗教的復興革命論、五・郷紳の性格、六・初期ブルジョア階級、七・民衆の問題、以上の七つの項目に分けて回顧している。この七つの項目を一瞥した場合、アメリカの辛亥革命研究は、孫文や中国同盟会の活動を中心とする、いわゆる革命史の観点から、中国社会の長期的な変動に着目する研究に変化したといえよう。エシェリックは同論文で、中国社会の長期的な変動に着目する研究が、郷紳と民衆の関係、会党の動向、民間の文化などに焦点を置いたとしながら、中国近代史研究上の幾つかの論点の違いを次のように指摘している。それは、郷紳がナショナルな要求から、中国の富強を目指して辛亥革命に加わったのか、或いは郷紳が保身のために、投機的に辛亥革命に加わったのかという、郷紳の性格に関する部分である。前者の立場は、一九〇〇年代以降の新しい階層の出現と「新しい世界」の形成を意味し、後者の立場は清朝から一九四九年までの保守的な郷紳の中国支配を意味する。このことは、光緒新政にも、肯定的評価と否定的評価の相反する評価をもたらした。すなわち、肯定的評価は光緒新政を後発国の改革として高く評価するのに対して、否定的評価は光緒新政を民衆蜂起の多発に着目して低く評価している(40)。エシェリックの指摘では、この他にも民間の文化に関する研究が取り上げられている。ただし、この分野は、最新の研究動向を示しながら、史料の限界から分析の難しい分野である。何となれば、郷紳が民衆の言行を記録に留めたり、民衆自身も自らの言行を記述したりすることは稀である。管見の限りでは、この史料の限界を克服するためには、間接的にせよ民衆の意識が投影されているもの、すなわち民間宗教の宗教儀式、衣服、掲帖、歌謡などを分析することによって民衆の意識や行動原理に迫り、これらの政治的な意味を解明する手法が有効である。この手法は、ポール・コーエンが義和団研究で用い、成功した手法である。ただし、この種の史料は、義和団に関するものでも多くはない。この理由は、官憲や郷紳が掲帖や歌謡を記録に残すことを憚ってきたか、仮に記録に残された場合でも歴史研究者が公開をためらってきたことによるであろう。従って、湖南省の辛亥革命研究で掲帖、歌謡などを俎上に乗せようとするならば、この当時湖南省に居住した列国の領事やキリスト教の宣教師、駐在者の記録など、清朝政府の官憲や郷紳とは関心を異にする人々の文書の中から、この種の史料を丹念に探し出す努力が重要であるといえよう。

以上、日本、中国、欧米の湖南省の近代に関する研究の特徴、及び時代ごとの研究史の推移を記してきた。日本、中国、欧米とも、中国近代史研究はまず革命史が優勢であったが、革命史では革命勢力の生成・発展という基本軸から外れる多くの政治動向や社会変動を捉えることができなかった。このため、中国近代史研究では一九七〇年代以降、革命史からの脱却が図られるようになった。そして、中国近代史の断絶面よりも継続面に着目して、「国民国家」の形成や制度の近代化に関する研究が行われたのである。ただし、この結果、これまで革命史と共に主流であった運動史が影を潜めると共に、一九七〇年代までの日本の辛亥革命研究における議論、及び議論で提起された研究者の観点、及び価値観の問題が止揚されないまま、観点だけが変化する危険性も顕在し、民衆に対する研究者の視座は、議論の俎上にも上らなくなった。今後は、湖南省の近代に関する研究が、明清史研究などで行われた問題意識と接点を持ちながら、地域社会の政治、社会、文化に関する動態的な変化に着目して考察を進める必要がある。何となれば、中国近代史を階級論に基づき、単線的な発展図式の下に考察しようとする手法は、地域社会をこの階級論に基づく単線的な発展図式の、単なる検証の場として位置付ける傾向があるだけでなく、歴史上の断絶面を重視することによって、明清時代の社会や文化の連続面、特にある要素の継起的な側面だけでなく、ある要素が再編されて別の形で展開し、政治的事件を規定するような場面を見失いがちであるからである。

本書におけるキィワードのうち、郷紳と民衆、「公議」、地域社会の規範、民衆の正義、会党、預言書、末劫論、「平均主義」、国民統合、以上の九点について、これまでのこれらの語に関わる研究を簡単に振り返りながら、解説を加える。

三・基本的用語

〈郷紳と民衆〉。近年、いわゆる地域社会の指導層をエリートと表現することが趨勢である。この理由は、郷紳が厳密には科挙合格後に官僚となり、官僚を退官後に地域社会に隠棲した紳士の郷居性を強調して用いられる呼称であり、一九〇四年を最後に科挙が廃止されて以降の清末民国期を捉える場合には不適当と見なされる点にある。特に、アメリカの研究では、清朝などの地域社会における名望家や実力者が必ずしも科挙の資格と関わらずに、各々の地域社会において多様な形態をとり、かつ彼らの様々な手段を通じた社会的なヘゲモニーの掌握過程こそが重要であることから、これら名望家や実力者を包括する語として郷紳ではなくエリートの語を用いている。換言するならば、エリートの語は、地域社会の指導者の多様な形態を表すために、戦略的に用いられた語である(41)。ただし、郷紳の語は、歴史的に用いられてきたものであり、これまでの研究でも地域社会の指導者として柔軟に解されてきた。そして、中国史の文脈に即し、史料上の語を重視した場合、郷紳の語の有効性は失われるものではない。特に、湖南省では、湖南諮議局議長を教育界の出身者が占めたように、地域社会の指導者は科挙の廃止後も学問上の権威や教育上の功績に裏付けられていた。この故に、湖南省の地域社会の指導者について、多様な形態を示すエリートの語ではなく、郷紳として言い表すことも必要とされるのである。従って、本書では、根岸佶の「斯の如く同郷の観念なるものは今や郷村より始まり、県府を経て、省に及んだものであつて、同郷の長老は単に郷村の耆老会首たるに止まらず、県に県紳あり、府に府紳あり、省に省紳あるやうになり、通じて之を郷紳と称するやうになった」という指摘に従いつつ、あえて郷紳の語を用いる。[42]なお、一九〇四年を最後に科挙が廃止されて以降、新式学堂の出身者、留学経験者で、学堂の教習やジャーナリストなど、新しい職業に就く者も現れており、これらの人物については知識人と称した。また、民衆の語は、官僚や郷紳、軍の将校、富農、大商人、教師、学生など、いわゆる政治的、社会的なヘゲモニーの掌握者を除く人々一般を指して用いている。具体的には、農民や都市貧民、軍の兵士、会党の成員、手工業者、労働者、小商人などである。[43]ただし、中国のような社会的流動性の高い地域においては、地域社会の指導者と民衆を分かつ基準の設定自体が難しいことであることは、言うまでもない。[44]

〈「公議」〉。中国の公所や会館は、同郷団体、同業団体の通称である。もともと、公所や会館は、公所が公事の議場、会館が集会の場所となり、必ずしも同郷団体、同業団体に限定されるものではない。ただし、同郷団体、同業団体が共通の利害や福祉に関する規律、すなわち「公議（公同議定）」に基づいて運営され、「公議」の決定が全会員の輿論の一致か多数決によったため、同郷団体や同業団体が公所や会館と通称されるようになった。[45]このように、中国の組織は概ね組織の全構成員、もしくは構成員の代表者による「公議」を原則とした。小島毅の指摘によるならば、「公議」が衆議、すなわち大勢による議論と異なる点は、議論が「公」の語の持つ平等性、公平性、道義性を含意した点にある。すなわち、中国では、「私」同士が角突きあわせる空間は、常に外側の円の「公」に包摂されるという、同心円的構造を取った。いわば、修身、斉家、治国、平天下という構造で、内側に自私自利に務める身があり、外側に究極の「公」としての天下が存在し、双方は二項対立的な関係を示してはいなかった。そして、家の内部の個人と個人の衝突は、「公」である家長や族長が解決し、家同士の衝突は外側の「公」が抑えるというように、「私」は「公」によって解消する仕組みになっており、家や国は代表者が全人格的に「公」を体現することで内部の秩序を保っていた。[46] ただし、これらの研究は、「公議」の意味を思想史の中で捉えたものであり、「公議」を所与のものとして設定することで、「公議」が静態的・没時代的に捉えられている。従って、歴史研究で郷紳「公議」を捉えようとするならば、郷紳「公議」の生成過程に着目し、いかなる内容と形式、背景の下に称えられたのかに考察を加える必要がある。夫馬進は、一六四一年（崇禎一四年）の松江府の米騒動に着目して、郷紳「公議」が地方行政に与えた機能について、一・米価抑制問題の提起者が挙人であり、知県がこれに応じたこと、二・城隍廟という都市の広場で会議が開かれ、知府と郷紳が参加したこと、三・郷紳がこの会議で知府の主張に真っ向から対立する意見を開陳していること、四・郷紳もいわば公的なポーズを会議の場では取る必要があり、郷紳が他者の視線、まなざしを意識したこと、以上の四点を指摘している。[47] 郷紳「公議」は、字義に即すならば、地域社会の指導者である郷紳の、「公」に基づく議論或いは議論の結果ということになる。この場合、有力な郷紳が郷紳「公議」を牛耳り、彼らの有利な方向に「公議」を誘導したことは、容易に予想されるものである。ただし、夫馬進が指摘するように、郷紳の必要としたものが「暴力」よりも「理屈」であり、他者の視線、まなざしを意識していた点は、留意されるべきである。問題は、人々のまなざしが何を基準に放たれていたのかという点にある。

〈地域社会の規範〉。地域社会の規範を、やや抽象的な言辞を用いるならば人々の共通のものの感じ方や考え方、暗黙裡の約束事の総体と捉えた場合、地域社会の規範は人々の善悪、正不正の基準となり、人々を特定の行動に駆り立てる契機となる。人々の共通のものの感じ方や考え方、暗黙裡の約束事は、静態的、没時代的に捉えられがちであるが、決して固定的なものではなく、緩慢にせよ時代の推移と共に変化する。従って、本書では、地域社会の規範など、人々の意識や行動様式に関わる部分の動態的な側面をも視座に入れるために、「公議」や謡言に着目しつつ、民衆の要求や官憲の態度、郷紳の反応などが清朝の統治に与えた影響などを中心に、各々の歴史的事象に即した具体的な事例を分析の俎上に乗せる。何となれば、これまでの研究の限界を乗り越えるためには、「公議」を所与のものとして設定するのではなく、各々の歴史的事象に即した分析が肝要であると考えられるからである。もともと、郷紳「公議」が民衆の意向を汲み上げ、官憲に上達する機能を持ったとするならば、郷紳「公議」は本来的には民衆の意識や行動原理を支える地域社会の規範を体現しなければならなかったはずである。しかし、清末の湖南省におけるように、地域社会の規範の動揺が加速した場合、善悪、正不正の判断基準が揺らぐことによって郷紳「公議」は不安定なものとなり、「公」を標榜しつつも、必ずしも郷紳全体の意向を反映しないような事態を生じさせ、まま民衆の意向とも離反し、清朝政府の方針とも対立した。このことは、末劫論の広範な流布と密接に関わった。末劫論とは、狭義には正統仏教の説を継承しつつ、燃燈仏・釈迦仏・弥勒仏が過去・現在・未来の三劫を各々掌るという三期三仏説によって、各劫の末期、すなわち末劫に天変地異など、種々の災難が起こるというものである。特に、各劫の末期に起こる災難のうち、歴史研究で重視されるのは、現在世の終末に起こるとされた災難劫難である(48)。末劫論の流布には、多くの場合、作為の主体が存在した。ただし、人々の間で末劫の到来をありうることとして受け止める心理がなければ、末劫論も流布しない。二〇世紀初頭、湖南省の官憲と郷紳、民衆の間の対立は、地域社会の規範の動揺、郷紳「公議」の機能不全を受けて、激化した。このことは、末劫論の流布が地域社会の規範の動揺、郷紳「公議」の機能不全と深く関わったことを意味するのである。

〈民衆の正義〉。地域社会の規範と深く関わり、人々の善悪、正不正の判断基準をなしたものに、民衆の正義がある。民衆の正義は、民衆が自らの行動を正当化する際に依って立つ規範を指し、公正さや正しさの追及と共に、それらが踏みにじられていることへの憤激を伴った。民衆の正義は個人の場合だけでなく、地域社会に広く共有されることによって、地域社会の規範を構成するものとなる。民衆の正義は、しばしば民衆蜂起と結び付いた。岸本美緒は、明末清初の民変（民衆蜂起）がどのように正義と結び付けられたのかを考察し、当時の知識人が民衆の公憤に基づく正義の行動として民変を描いた点に着目して、次の特徴をあげる。第一は民変の「全人民」的な性格であり、第二は民変の主体としての「無知無学の庶民」、第三は天意を体現する民衆とその敵といった対立関係、第四は民変における一種の規律的な性格である。いわば、「全人民」の意思が本来一致しているという確信、「全人民」の利害の代表者とその敵という構図、敵を排除することによって「人民」の福利が実現できるという信念の基礎に、「全人民」の透明な共同性の感覚、「人民」の一般意思への確信が指摘されるのである。(49) ただし、個々の歴史的事象に即して考えた場合、地域社会の各階層に固有の正義があり、これら複数の正義が入り混じり融合することで、全体の正義が構成されると見なすこともできる。換言するならば、民衆の正義は、地域社会の規範に支えられて局地的な現象であることを越え、広範囲に拡がる。本書であえて民衆の正義と呼ぶ所以は、地域社会のより底辺に着目する点にある。本書第五章の「おわりに」で指摘するように、一九一〇年四月二九日、日本の漢口総領事松村貞雄の報告は、湖北会審委員呉愷元との会談に基づいて記したものであるが、一九一〇年の長沙米騒動における巡撫衙門の焼き討ちにおいて、石油商が巡撫衙門の焼き討ちを図った民衆に対して、通常の半額で石油を販売した理由について問われた時に、この石油商が「公等公憤の為に事を挙ぐ、吾亦義の為に勉めざるを得ず」と答えたとしている。この場合、石油商が「公憤」や「義」の内容をあえて説明の要さない自明のものとして捉えている点は、注目される。そして、石油商の述べた「公等公憤の為に事を挙ぐ」の「公憤」が民衆の正義に裏付けられた憤激、「吾亦義の為に勉めざるを得ず」の「義」が地域社会の規範にあたる。

〈会党〉。中国の秘密結社は、字義に即すならば、人と人のつながりが何らかの理由で秘密化したものと考えることができる。秘密結社は、厳密には義兄弟関係、師弟関係による組織、いわゆる会党と、民間の宗教結社の、二者に大別される。会党に関する研究は、多岐にわたる。この中でも、孫江の研究は、会党を言説（discourse）、場（place）、叙述（narrative）の三点に着目して考察し、表象化された歴史（史料）と再表象化された歴史（叙述）から秘密結社を解き放ち、檔案などの丹念な分析に基づきつつ、明清時代の地域社会論の手法を用いて、清朝や清末の革命派、中国国民党や中国共産党と秘密結社の関係を明らかにした。この結果、会党の記述には、記述者の観点やイメージ、願望が投影され、会党の反政府的、反社会的な側面が強調されると共に、会党の多様な側面が見失われた点、清末の革命派が秘密結社を排満革命の中に位置付ける過程で、会党に革命的な色彩を持たせた点、中国国民党や中国共産党が会党のネットワークを利用して、労働運動や農民運動を展開しただけでなく、会党の側も戦略的に相手を選んで自己保身を図り、各々の組織と相互依存関係に立った点などが解明された(50)。孫江の場合、会党は人々の関係の紡ぎ出すネットワークとして捉えており、会党の概念がやや広い。むしろ、孫江の指摘で重要な点は、会党を覆っている様々なイメージを固定観念から解き放ちつつ、会党それ自体の内実に迫ることと共に、会党を地域社会の文脈に沿って、個々の歴史的事象に即して解釈し直すことである。会党を政治勢力との関係から把握する方法は、会党研究では極めて有効な方法である。ただし、次の二点の問題がある。第一点は、会党と宗教結社の関わりが不明であること、第二点は大多数の民衆の問題が脱落することである。会党は、民衆の日常生活から脱落した成分によって構成され、民間信仰とも深い関係を持った。本書では、会党を政治勢力との距離、特に革命勢力の生成・発展という、特定の見取り図の中に位置付けることは止め、会党が人々の社会的不安の増加を背景として宗教的要素を加えながら勢力を拡大した点に着目して考察する。そして、掲帖や謡言などに着目して、会党の頭目が末劫論の救世主と同一視されたことの意味して会党の語で言い表す。

清末には、会党と宗教結社の融合が進んでおり、必要と考えられる場合を除いては、会党と宗教結社を分けずに一括に収録されることも稀であった。従って、掲帖を扱おうとするならば、掲帖の類を収集する努力が必要である。なお、などを問う。掲帖は、義和団や教案の研究を除いて、これまで殆ど注目されてこなかった。このため、既存の史料集

〈預言書〉。謝貴安が「讖謡は古代中国に広く行きわたり、当時の政治や人心に極めて大きな影響を与えた。魏晋南北朝以後、〔学問としての〕讖緯の学は、しばしば禁止された。ただし、讖謡は、歴代の王朝において、讖諺という通俗的な形式を借りて絶え間なく続いた」と述べたように、中国では歴史的に預言書が大きな影響力を持ってきた。このうち、「讖」は未来の吉凶や禍福を予言した言葉、「謡」は伴奏を伴わない素歌、「歌」は伴奏のある歌のことである。謝貴安の分析では、讖謡の流布は伝播者と伝播の手段、被伝播者の三種からなり、伝播の手段は児童の讖謡（いわゆる童謡）、僧侶や道士の讖謡、銘文や石刻の讖謡、壁上の刻字の讖謡、以上の四種に分かれた。この中で、神秘的な預言は、児童の讖謡よりも僧侶や道士の讖謡、銘文や石刻の讖謡において強まり、壁上の刻字の讖謡は往来者の目に触れやすく、伝わる範囲が広く速度も速かったため、更に神秘性が強まった。讖謡は輿論の形成と未来の予測という点で大きな社会的効果を果たし、受け手の心理と呼応して広まったが、この受け手の心理は道徳的な正義感、神的権威への絶対的な服従、大勢への依存などの傾向を持った。そして、歴代の民衆蜂起の指導者は、讖謡によって民衆を組織し、統一的な軍事組織、政治組織を構築したというのである。[51] また、日本では、串田久治は、中国の知識人がある人物に政治的、社会的、精神的打撃を与え、かつそれによって政治や社会に何らかの影響を及ぼすことを狙いとしながら、責任の所在をカモフラージュするための手段として、「謡」や「歌謡」を捉えている。[52] いわば、串田久治は、知識人が特定の政治的目的をもって政治指導者を打倒したり、揶揄したりする場合の道具に位置付けている。

本書では、これら未来の吉凶や禍福を預言した冊子や書籍の総称として預言書の名を用いると共に、「殺家韃子」伝説や近い未来の政治構想を含む末劫論についても讖謡などによる預言と考え、当該時期の革命派や会党がこれら讖謡などの預言、更には末劫論をいかなる社会的状況を背景にどのように利用したのかという点を中心に、清末の政治に考察を加える。なお、この場合、天変地異の果たした役割に着目し、彗星や日蝕などの天文現象が預言の流布に与えた影響に言及する。

〈末劫論〉。清末から民国にかけて、中国の社会情勢を特徴付けるものの一つに、末劫論がある。清末、中国では、多くの善書が刊行された。善書とは、人々に善行を勧めるための勧善の書を指す。山田賢は、清末の善書に示された世界観の特徴として、以下の二点を指摘する。第一点は、世界がまっしぐらに破滅に向かって進んでいるという、最終的な破局の観念、すなわち末劫論である。第二点は、破局の到来の回避が、個々人の善行の積み重ねによって可能になるという、善行への確信である。[53]また、小武海櫻子は、咸豊・同治期以降、個々の地域社会の動揺を前にして、新たな宗教活動が生まれ、恒常的に扶鸞（神降ろし）を行い、宗教化した儒教を提示しつつ、在地の宗族社会に属する人々を支持層に取り入れた点を指摘し、同善社がこの流れの中で生まれたとした。[54]これらの事柄は、清朝の嘉慶、道光年間以降、中華民国にかけて、人々の心の荒廃、人間関係の悪化、地域社会の規範の動揺を目の当たりにして、人々が世界の最終的な破局に向かいつつあることに不安を抱き、この不安が人々の行動を内面から突き動かし、新たな人々の結び付きを生み出したことを物語る。しかし、人々が単に末劫の到来に伴う人類の絶滅の恐怖から逃れようとして、行動を起こしたと考えるならば、一面的である。武内房司は、清末に隆盛を極めた燈花教、すなわち紅燈教が、青蓮教から自立した劉儀順の一派であり、長江流域などで抗租・抗糧などの蜂起の中心となり、民衆を突き動かした点に言及している。紅燈教が経典に用いた『五公経』の一つ、『五公天閣妙経』では、世界が破局に向かっているという末劫論、及び「聖主」「聖人」「明王」などの理想の帝王が特定の年に出現するという「明王出世」と共に、「毎年ほどよい雨や風に恵まれ、一家は潤い繁栄に至る。明君が出現し、賦税は均平となる」と記されたが、更に都匀の燈花教の説いた黄道世界では「貴も賤もなく、富も貧もない。取るも求めるも一切お前たちの意のままなのだ」と描写し、貴と賤、富と貧という区別そのものが否定されていたとする。(55) このように、一部の宗教結社の説く「貴賤貧富」のない世界が信徒を勧誘するのに有効な手段となったということは、人々の心の中に「貴も賤もなく、富も貧もない」世界が理想世界として強く存在したことを示すものである。

〈「平均主義」〉。平均主義は、一般用語としても用いられる。ただし、本書で用いる平均主義は、史料に表れる平均主義であり、ために「平均主義」としてカッコを付して用いた。「平均主義」には、会党の「劫富済貧」「割貧済民」など、財産の均分を意味するものと、太平天国の「天朝田畝制度」など、土地の公有制を意味するものの、二つの意味がある。歴史上、中国の農民蜂起などで多く用いられるのは、後者の方である。「平均主義」は、土地や財産が一部の官僚、郷紳、富商、大地主などに集中している状況下で、社会的批判として有効に機能し、歴代の農民蜂起を支える理念となった。清水稔は、「劫富済貧」のスローガンを掲げた会党の世界観について、「哥老会は、『福あらば同に享け、苦あらば同に受く』という信条の下に流民、遊民を吸収し、山間僻村に梁山泊的な自由の空間を作り出した」と高く評価している。(56) これに対して、並木頼寿は、「『天朝田畝制度』は、天国の土地を天国の成員が均等に分けあうという構想ではなかった。それはむしろ、天王を頂点とする支配者がその支配の枠の中において人民の生活を維持し管理するための構想であった。『官』としての天国支配者が『民』を管理し支配するのであって、『官』と『民』とは太平天国においても全く隔絶した存在なのである。このことは、中国史上の『平均主義』の問題と関連する」と述べた上で、「平均」の世界では「農」ないしは「民」の上に君臨する存在、すなわち「官」の存在が前提とされていたとして、平等と特権の共存を力説している。[57]いわば、ここで中国の「平均主義」の特徴として指摘するのは、分配する者と分配される者の格差の存在にあり、仮に民衆が「平均主義」の理念に引き寄せられた場合であっても、官僚制そのものは残る点にある。そして、小島晋治も、中国の歴代の農民蜂起で「官」と「農民」の平等が説かれず、官僚制を残した理由としては、中国の社会構造の特徴を指摘し、西欧の農民の土地均分の要求が西欧の領主制的な構造のために、特権身分たる領主の支配の否定、すなわち領主と農奴の平等の実現に至ったのに比べて、中国では地主自体が特権ではなく、科挙に合格し、官僚や郷紳となることで初めて特権を得るため、仮に地主の土地や財産の均分が図られたとしても、官僚制は残るとしたのである。[58]このように、「平均主義」については、「平均主義」の内容だけでなく、「平均主義」を支える社会的構造にも着目した点は、重要である。

〈国民統合〉。本書では、国民統合の「国民」を、「国民」であるという意識を共有する共同体の意味に用いる。「国民」は、原初的なものではなく、近代になって新たに創出されたものであり、主体的な意識ではなく、「想像された共同体」であり、その形成は近代化に伴う社会的過程として把握され、地理的、時代的差異に拘らず「模倣」によって同一過程をとった、とされる。このような立場に立つ時、「国民」を創出し、更に統合するための、ナショナリズムの喚起と密接な関係を持つ様々な装置、特に学校教育、劇場、博物館、政党、軍隊、国旗、国歌、西暦、記念日、記念式典、洋服、男性の断髪などに焦点があてられるのは、自然な流れであるといってよいであろう。そして、小野寺史郎は、国家と人びとを結び付けるために設定された儀式やシンボルに着目し、近代中国の政府、政党、知識人などがナショナリズムの喚起のために、儀式やシンボルをどのように利用したのか、それは具体的にいかなる政策や運動として実行されたのか、人びとはそれをどのように認識し、更に行動したのか、以上の課題に考察を加えている。[59]ただし、小野寺史郎が「ただ、素直に言ってこれらの政策が実際にどれだけ社会に受け入れられたのか、という点についてはまだ今後の研究を待たねばならない部分が多い」と述べたように、具体的な展開の考察には多くの課題が残されている。何となれば、国民統合に関する研究は、政府や政党、知識人など、いわば当為に焦点が当てられ、実態については等閑視されがちだからである。国民国家論の問題点は、国民国家形成の自己完結的な過程が関心事となりがちである点と、国民国家の枠をはみ出るものが研究の対象外となる点、自己完結的な歴史像と歴史的現実との間にずれを生じがちな点にある。(60) これに対して、丸田孝志は、中国共産党が陝甘寧辺区や山西省において、旧暦の時間や節日を中国共産党の各種の宣伝、生産の発展、民生の改善、政権の確立に利用した点を指摘している。(61) 丸田孝志による、中国共産党が新しい理念を広めるために、古い皮袋を利用した点に焦点をあてた研究は、実態の方にも注意を払ったものとして注目される。本書の目的は、このような個々の政権が抱えた国民統合の課題について、革命記念式典の挙行や軍事を優先する思想の台頭、議院内閣制の樹立を中心に、郷紳や民衆の受け止め方と関連付けて考察する点にある。

四・史　料

一九〇四年から一九一三年までの湖南省の政治史を「公議」と末劫論、国民統合を中心に考察するためには、各地の風習や伝承、民衆の意識に関わる相応の分量と質を備えた史料が必要となる。しかし、先行研究が指摘するように、中国の官制史料や知識人の文集が民衆の意識に関わる部分を具体的に記載していることは稀である。(62) 従って、このような史料の限界を乗り越えるためには、既存の史料から民衆の意識に関わる部分を読み取ることの他に、次の二点に留意する必要がある。第一点は、清朝の官憲や郷紳、知識人とは異なる経歴や価値観を持った人々による記録、すなわち列国の領事、キリスト教徒、居留民、新聞記者による記録に着目することである。このような記録は、これまで「帝国主義」の代弁者の記録として、用いることが忌避されてきた。しかし、これらの人々は、清朝の官憲や郷紳、知識人とは異なる価値観を持つだけでなく、排外運動の直接の恐怖にさらされただけに、従来用いられてきた史料とは異なる点に関心を寄せて記録に留めている可能性がある。このことは、イギリスなどの外務省文書を外交関係だけでなく、湖南省の民情や風俗、民衆の意識の考察にも用いることを意味する。第二点は、既存の史料の中から、民衆の意識を直接にではなくとも、間接に表しているもの、例えば掲帖や謡言、更には預言書の類を探し出し、研究の俎上に乗せることである。本書では、このような題材を、イギリスや日本の外務省史料だけでなく、各種新聞や雑誌、地方志の記述から取り出している。もちろん、外務省史料や新聞、雑誌の記事には、記録者の背負っている「国家」の利害関係、或いは記録者の偏見が入っている可能性もある。ただし、個々の史料に投影されている利害や偏見はいずれの史料にも均しく存在し、多種多様の史料と照らし合わせることによって乗り越えられるものである[63]。以下、これらの諸点を前提として、本書で重要視した史料の特徴を三点に分けて述べる。

史料の第一は、中国の外交檔案やイギリスや日本の外務省文書である。特に、台湾・中央研究院近代史研究所所蔵外交檔案編号〇二―一一、宗号三『安徽、江西、湖南、雲南英人租地』と編号〇二―一一、宗号一六『英日長沙租界』、編号〇二―一一、宗号五二―一『収発電：長沙収発電』は、筆者の紹介前には利用されることがなかった[64]。これらの外交檔案を用いることは、既刊の史料集が編纂者の編集方針を濃厚に反映させている点を考えるならば、外交交渉の実態を考証する場合に大きな意義がある[65]。本書の第一章、第四章、第五章、第六章では、これらの外交檔案を用いながら、イギリスや日本の外務省文書と対照させることで、清朝の外交スタイルだけでなく、清朝の側から見た外交問題の争点、更に清朝が何を守ろうとしたのかを明らかにしている。また、イギリス外務省文書では、イギリス国立公文書館（Public Record Office）所蔵の外務省文書 FO371と FO228を用いた(66)。更に、本書では、日本の外交史料館所蔵外務省文書を多用している(67)。これらの外交檔案とイギリスや日本の外務省文書の多くは、これまで公刊された史料集には見られない湖南省の様々な情報を、各々の立場に制約されつつも記載している。このため、本書では、これらの史料を列国と清朝の間の外交関係だけでなく、一九一〇年の長沙米騒動や学生運動、会党を分析する際にも用いる。管見の限りでは、日本の外務省文書における湖南省の報告書としては、次の三種が重要である。第一は、門五・類三・項二・号六八『支那長沙暴動一件』全三冊の中の長沙駐在副領事村山正隆の報告である(68)。第二は、門一・類六・項一・三八『水野梅暁清国視察一件』である(69)。第三は、門一・類六・項一・号四―二―一―一『各国内政関係雑纂　支那ノ部　革命党関係　別冊　革命党ノ動静探査員派遣』所収の山田勝治(70)、遠藤保雄(71)、山口昇(72)の各報告書である。これらのイギリスや日本の外務省文書には、清朝の官憲の文書には現れない、各国の独自の調査に基づく情報が満載されており、湖南省の政治情勢や社会的状況、一九一〇年の長沙米騒動の背後関係及び郷紳や会党の実態を知る上で有意義である。なお、本書の第八章で考察した、一九一〇年の長沙米騒動後に各地に流布された掲帖は、イギリスや日本の外務省文書に収録されていたものである。また、筆者と饒懐民は、イギリスと日本、中国、台湾に所蔵されている一九一〇年の長沙米騒動関連の史料を一冊にまとめ、藤谷浩悦・饒懐民編『長沙搶米風潮資料匯編』（岳麓書社、二〇〇一年）として出版した。

史料の第二は、湖南省図書館などに所蔵されている、光緒新政期に作成された数多くの調査報告書や議事録の他、イギリス人や日本人の文集、回顧録である。先ず、湖南調査局編『湖南民情風俗報告書』（湖南法院、一九一二年）がある。一九〇七年八月、清朝政府は、憲政編査館の設立を法政の整備の目的で命じ、各省ごとに調査局一所を設け随時調査した案件を憲政編査館に報告させた。この結果、一九〇八年八月四日、湖南調査局が湖南省の民情や風俗を調査する目的で設立され、一九一二年に調査結果が『湖南民情風俗報告書』として発表された[73]。同書が湖南省の民衆の慣習や生活を丹念に調査し、体系的にまとめたことの意義は大きいといえよう。本書の第三章や第七章における会党と民衆の日常生活、特に疫病との関係の考察は、同書に多くを負っている。また、湖南諮議局第一回議会の議事録や報告書に、湖南諮議局輯『湖南諮議局己酉議事録』と湖南諮議局輯『湖南諮議局第一届報告書』（湖南機器印刷局、清朝宣統年間）がある。これらの議事録、報告書には、湖南諮議局の参加者と詳細な議事内容が記されており、第四章や第六章の列国の主張や湖南巡撫との間の意見の相違、或いは湖南諮議局内部の見解の違いを知る上で不可欠な史料である。列国と湖南巡撫と湖南諮議局の係争は、同史料を用いることで具体的な論点を明らかにすることができた。この他、湖南省には、一九〇四年の長沙開港以降多数の外国人が居住し、報告書や回顧録、日記を残している。中でも、日本人では、辛亥革命前後の在住者に、水野梅暁の他、松崎鶴雄[74]、塩谷温[75]、などがいる。松崎鶴雄と塩谷温は、水野梅暁が招聘したものである。また、イギリス人では、イギリスの長沙駐在副領事を勤めたメイリック・ヒューレットが自伝を著し、湖南省の在任時のことを記している[76]。これらの日本人やイギリス人の報告書や回顧録、日記には、各人と湖南省の官憲や郷紳の交流や各地の風習、事件の他、列国の動向や郷紳の反応、学生の活動、会党の実体、民衆の意識が生々しく記載されており、本書の全章においてより踏み込んだ分析を行う場合に、極めて有益なものとなっているのである。

史料の第三は、新聞記事である。中国国内発行の中文の新聞には、『時報』や『申報』、『民立報』、『大公報』（天津）〔長沙〕などがある。また、上海で発刊されたイギリス系の英字新聞としては、『ノース・チャイナ・ヘラルド』がある[77]。更に、日本の新聞は、『大阪朝日新聞』『東京朝日新聞』『大阪毎日新聞』『毎日新聞』『東京日日新聞』『報知新聞』『時事新報』『日本』など、多岐にわたる。これらの新聞には、民衆に関わる出来事の他、謡言や掲帖に関する記事がトピックとして記載されている場合が多い。この点は、官制の史料、知識人の文集にはない特徴である。多くの新聞の中でも、日本の新聞記事が研究に有意義な点は、特派員報告の他、湖南省などに駐在した日本人の手になる記事が掲載されていただけでなく、記事の筆者をある程度まで特定することができるために、記事の執筆された背景などが追跡可能な点にある。この場合、特派員は新聞社より記者として現地に派遣された者、通信員は現地の在留者に委託して報告を送らせた者を指す。大阪朝日新聞社は一九〇七年には通信員を長沙に一名、漢口に二名置き、一九一二年には長沙の通信員は廃されたが、漢口の通信員は元のまま二名とした(78)。朝日新聞社社史編集センターの示教によるならば、同紙の長沙における嘱託通信員は、一九〇七年では水野梅暁が担当し、一九一一年一月から九月までは松崎鶴雄が引き継ぎ、共に「麓山子」の筆名で記事を掲載していた(79)。また、大阪朝日新聞社は、一九一一年一〇月一〇日の武昌蜂起の報に接して、特派員を中国の各省に派遣していた。これらの特派員や通信員は、湖北省や湖南省の辛亥革命に関する報告を大阪朝日新聞社に寄せていた。更に、『日本』紙上には、湖南汽船会社の白岩龍平が「平原君」の筆名で報告を寄せていた。白岩龍平の日記の内容については、中村義が詳明な研究を行っている(80)。しかし、水野梅暁が大阪朝日新聞の嘱託通信員であったことや、白岩龍平が『日本』紙上に投稿していたことについては、本書で初めて明らかにした事柄である(81)。そして、第二章と第七章の義和団と中秋節の謡言の考察、第八章と第九章の掲帖における末劫論の分析、第九章の焦達峯をめぐる謡言の考察は、これらの現地からもたらされた新聞記事に依存することによって可能になった。

五・本書の構成

本書の構成は、次の通りである。

二〇世紀初頭、列国の湖南省進出と清朝政府の光緒新政の開始は、湖南省に大きな変化をもたらした。第一部では、二〇世紀初頭における湖南省の変化を考える。このため、二〇世紀初頭の湖南省の変化を特徴付ける次の三点、すなわち郷紳の動向と学生運動の展開、会党の拡大に焦点を当てる。先ず、第一章では、列国の湖南省進出と郷紳の対応を、湖南汽船会社の設立と鉱山の開発、鉄道利権回収運動を中心に考察し、郷紳の世代交代に言及する。この中で、郷紳の世代交代を特徴付けるのは、光緒新政の教育改革で台頭した二〇歳代から三〇歳代までの若年の郷紳である。このため、第二章では、第一章の考察を受けて、二〇歳代から三〇歳代までの若年の郷紳の動向に着目しながら、教育改革と学生運動の推移、「排満」論の展開と民間の伝承や慣習の再編、学生運動の孤立に考察を加え、光緒新政の教育改革が学生運動の急進化をもたらし、湖南省の有力な郷紳ばかりでなく、清朝が攻撃の対象となり、知識人や学生の喧伝した「排満」論が広く流布した点を指摘する。そして、この知識人や学生の活動を特徴付けるのが、知識人や学生が武装蜂起を模索する過程で行った会党との結合、及び知識人や学生が「排満」論を展開する過程で行った民間の伝承の再編である。第三章では、第二章の考察を受けて、清末の会党の特徴について、会党の地域的分布、民間信仰との結合、末劫論の流布を中心に考察する。

第一部で論じた二〇世紀初頭における湖南省の変化は、地域社会の規範の動揺をもたらすと共に、郷紳、知識人や学生、会党、民衆を新しい環境の中に置いた。第二部では、第一部の考察を受けて、郷紳や民衆が地域社会の規範の動揺にどのように対応し、清朝政府といかに対峙したのかという点について、列国と湖南巡撫、郷紳、民衆の対立が清朝の統治に与えた影響、及び郷紳「公議」がこれらの対立に果たした役割を中心に考察する。まず、第四章では、列国と清朝政府、郷紳の対立を、一九〇四年に始まる「華洋雑居」問題に果たした郷紳「公議」の役割を中心に考察する。そして、郷紳が殊更に郷紳「公議」を称えた背景には、地域社会の規範の動揺が存在した点、及び郷紳や民衆が地域社会の規範の動揺に強く反応し、地域社会の規範の回復を求めて行動を起こした点を指摘する。第五章では、一九一〇年の長沙米騒動を民衆による地域社会の規範の回復運動と捉え、同騒動について民衆が地域社会の規範の動揺に直面して何を目的に、どのような行動を取り、郷紳が民衆の行動にどのような対応をしたのかという点を中心に考察する。二〇世紀初頭の特徴は、清朝政府がこのような民衆の行動を批判し、一部の郷紳に処罰を下した点にある。第六章では、一九一〇年の長沙米騒動の事後に清朝政府が王先謙ら四郷紳に対して処罰を下した影響について、清朝政府と湖南省の郷紳の「公」の争奪という点から考察を加え、郷紳が清朝政府から離脱するに至った背後関係に言及する。

第二部で論じた清朝政府と湖南省の郷紳の「公」をめぐる対立は、郷紳や民衆の清朝からの離反と、末劫論の流布をもたらした。末劫論の流布が地域社会の規範の動揺を受けたものであったことは、末劫論が民衆による地域社会の規範の回復運動と相関関係にあったことを意味する。そして、末劫論の流布が、郷紳「公議」の提唱と共に、郷紳や民衆の行動を決定付けるのである。このため、第三部では、湖南省の末劫論の特徴を、一九〇六年の萍瀏醴蜂起と一九一〇年の長沙米騒動後の湖南省、一九一一年一〇月二二日の革命軍の蜂起における掲帖、謡言を中心に考察し、末劫論がいかなる内容を持ち、辛亥革命にどのような特徴を与えたのかに言及する。まず、第七章では、一九〇六年の萍瀏醴蜂起が末劫論によってどのように規定されたのかについて、中秋節の蜂起の謡言を中心に考察する。そして、ここでは、中秋節の蜂起の謡言が起きた原因を探りながら、中秋節の蜂起の謡言と末劫論の関係に言及する。同蜂起の指導者の一人、姜守旦の名は、一九一〇年の長沙米騒動後に湖南省に出現した掲帖で再び浮上していた。従って、第八章では、湖南省の末劫論の特徴、及び末劫論と共進会の関係を、一九一〇年の長沙米騒動後の掲帖を中心に考察する。そして、これらの掲帖には、一九〇六年の萍瀏醴蜂起や義和団の残党、共進会の成員が関与した可能性のあることを指摘する。問題は、これらが湖南省の辛亥革命の生起にいかなる形を与えたのかという点にある。第九章では、一九一一年一〇月二二日の革命軍の蜂起と末劫論の関係を、焦達峯を姜守旦と同一視する謡言や天文現象、白い旗の意味を中心に考察する。そして、「公議」や末劫論が湖南省の辛亥革命にどのように作用し、かつ民国初頭の湖南省の政治を制約したのかに言及する。

第三部で論じた湖南省の辛亥革命に与えた末劫論の影響は、郷紳や新軍の将校の支持による正都督焦達峯の暗殺と前湖南諮議局議長譚延闓の湖南都督擁立をもたらした。そして、一九一一年一〇月三一日以降、湖南都督譚延闓は、「文明革命」の方針に沿って、新しい政策を推進するのである。ただし、湖南都督譚延闓の政策は、多くの困難を伴った。第四部では、一九一一年一〇月から一九一三年一二月まで、いわゆる民国初頭の湖南省の政治について、軍事勢力の台頭、革命記念式典の挙行、第二革命の挫折、以上の三点を中心に考察を加える。第一〇章では、湖南都督譚延闓の直面した課題として、軍隊の肥大と省財政の破綻、籌餉局の設立を取り上げ、譚延闓の設立した籌餉局が社会不安をよび、籌餉局が廃止されると共に軍隊の解散を余儀なくした点に考察を加える。そして、国民統合の目的を個人の権利に優先させる思想が台頭する過程を論ずる。第一一章では、民国初頭、国民統合の課題をはたすため、革命記念式典が挙行される一方で、城隍賽会など民間の習俗や信仰に抑圧が加えられ、結果的に地域社会の亀裂が深まった背景と原因に分析を加える。特に、同章では、城隍賽会と革命記念式典、及びこの二つを支えた清朝と中華民国の政治理念の違いにも言及する。第一二章では、一九一三年の第二革命の展開と挫折について、一九一二年以降、国民党が結成され、国会議員選挙、省議会議員選挙が挙行されながら、選挙運動を展開する過程で、政党が人びとの支持を失い、やがて袁世凱の軍事力の前に挫折する過程に考察を加える。そして、議院内閣制の挫折、袁世凱の軍事力の台頭と共に、末劫論が依然として民衆の間に流布し、旧暦五月五日の端午節、旧暦八月一五日の中秋節に蜂起を引き起こした点に言及する。

注

(1) 本書では、「公議」については郷紳「公議」など鍵括弧を付けて扱うのに対して、末劫論について鍵括弧を付けずに記した。この理由は、「公議」が史料上の用語であると共に、輿論という言葉だけでは全ての意味を表現することができないのに対し、末劫論が厳密には燃燈仏、釈迦仏、弥勒仏の三期三仏説に基づく現世末の災難劫難を指しながら、ここでは広く終末論一般として用いている点にある。すなわち、末劫論を広く終末論として扱っている点が、鍵括弧を付けずに記した理由である。

(2) 並木頼寿「日本における中国近代史研究の動向」。

(3) 藤谷浩悦「中国近代史研究の動向と課題――日本における研究を中心に――」。

(4) ジョン・フェアバンク（市古宙三訳）『中国』上・下。

(5) 野澤豊「辛亥革命の階級構成――四川暴動と商紳階級――」。

(6) 狭間直樹「山東萊陽暴動小論――辛亥革命における人民闘争の役割――」。

(7) 巫仁恕（吉田健一郎訳）「明清都市民変研究の再検討――集合行動の角度から――」。

(8) 飯島渉『ペストと近代中国――衛生の「制度化」と社会変容――』。

(9) 田中比呂志『近代中国の政治統合と地域社会――立憲・地方自治・地方エリート――』。

(10) 吉澤誠一郎『天津の近代――清末都市における政治文化と社会統合――』。

(11) 例えば、一九七八年、小林一美は、経済的社会的闘争が全国的規模の政治的反乱に飛躍する際の「越境」に着目し、民衆蜂起における精神的転倒と「幻想の共同性」を強調した。小林一美「抗租・抗糧闘争の彼方――下層生活者の想いと政治的・宗教的自立の途――」。ついで、義和団研究では、義和団が天と神の代理人として清を「清」、すなわち理想の共同体に作り変える運動であったとして、「これまで華北大衆の迷妄の証左であり、単なる克服の対象としてしか評価されなかった無意味なるもの、落後的なるもの、非合理的なるもの、迷信的なるもの、混沌的なるものの真の意味を発見しようとする」ことの必要性を説きながら、更に「かれら〔義和団〕の反帝愛国における思考の宇宙論的構造、神話的全体性、身振りや儀式や祭りや夢（幻想）や色彩（紅、青、藍、白、黒等等）や神話や劇やそうしたものすべてを含む全体の有意味性」の考察を提唱したのである。小林一美「義和団の民衆思想」。

(12) 例えば、巫仁恕は明清期の民衆蜂起が城隍神信仰を集団抗争の象徴に選んだ点に着目し、城隍廟が明代中期以降、民衆が協議を行うために頻繁に集まる場所となると共に、城隍神が現世の地方官に対抗し、更に彼らを懲らしめるだけの権利を持った「冥界の司法審判官」に姿を変えた点を指摘した。そして、民衆は、城隍神を現世の官側の人間や郷紳に対抗する最も優れた象徴と考え、城隍廟の儀式を利用しながら、社会の不公平に抗議しつつ、自らの抗争を合法化しようとしたとした。巫仁恕「節慶、信仰与抗争――明清城隍信仰与城市群衆的集体抗議行為」。同研究では、民衆蜂起に果たした城隍信仰など、民間信仰の役割が指摘されている。このことは、民間信仰の中に、現政府を相対化し、理想の世界を指し示す要素が含まれていることをも意味する。

(13) 本書では、ある集団の人々のものの感じ方や考え方、暗黙裡の約束事の総体を、地域社会の規範と呼ぶ。地域社会の規範は、多くの場合その当時の人々には強く自覚されていないものでありながら、人々の善悪、正不正の判断基準となり、集団の秩序を形成すると共に、人々を特定の行動に駆り立てる契機となるものである。地域社会の規範は、人々の日常の語らいの中で形成されることが多かった。このような考え方は、ジョルジュ・ルフェーヴルの指摘する「集合心性」もしくは「革命的心性」に強い影響を受けている。ルフェーヴルは、フランス革命に関する古典的名著『革命的群衆』において、民衆の行動には経済的、社会的、政治的な諸条件だけではなく、「集合心性」における「心的相互作用」が大きな役割を果たしたとして、次のように述べている。「語らいだけが、無関心な人々をひきよせることができる。しかし、語らいが、集合心性の形成に大きな役割を果たしたのは、こうしたプロパガンダの手段としてではない。少なくとも過去においてはそうではなかった。人々は無意識の形で、計画的な意図などはなしに、日常的な語らいを通じ、ものの考え方・感じ方を共にするような心的作用を及ぼし合っていたのである。それゆえ、革命的な集合心性は、革命前夜に至って突如形成されるなどと考えてはならない。その芽生えは、つねに、はるか昔に遡るのである」（ジョルジュ・ルフェーヴル、二宮宏之訳『革命的群衆』三七頁）、と。

（14）ジョルジュ・ルフェーヴルは、民衆の行動に果たす「集合心性」或いは「革命的心性」に着目しつつ、これらに結びついている感性的特徴の顕著なものとして、不安と希望の二つをあげている。そして、不安については、次のように述べている。「最後に、来たるべきものを前にしての不安を大いに重視しなければならない。たとえば『大恐怖』の場合のように、危険到来の知らせで形成される集合体の場合、そしてまた、危険を伴う行動に出るために組織された決起する集合体の場合にはとりわけそうであるが、メンバーの間に、こころの、そしておそらくはからだの、相互作用が生ずる。その相互作用が、人々の神経を過度に昂ぶらせ、不安をその絶頂にまで高める。こうして彼らは、不安から逃れるために、行動へと急ぐのだ。つまりは、前へ逃げるのである」（ジョルジュ・ルフェーヴル、二宮宏之訳『革命的群衆』六二頁）、と。

（15）ポール・コーエンは、一九四〇年代以降のアメリカにおける近代史研究の動向について、「西欧の衝撃と中国の反応」「近代化」「帝国主義」「『中国』自身に即した見方」、以上の四点のアプローチに即して分析しながら、最後の「『中国』自身に即した見方」の特色の一つとして、「中国を、小規模で扱いの容易な地域に分けて考えるという点」、すなわち地域史をあげている。そして、ポール・コーエンは、ウィリアム・スキナーによるならばこれらの地域が「省や県の政治・行政単位」であるべきではないとしつつも、「だが実際のところ大部分の研究者は、一つはそれが便利であることから、中国を省や県に区分することの誘惑に勝てないでいる。そもそも、我々の研究対象である当の中国人自身が中国を省や県に区分することの誘惑に勝てないでいる。たとえば新聞のような研究資料にしても、多くの場合行政単位を地盤に発行されていたわけである」と述べている。ポール・コーエン（佐藤慎一訳）『知の帝国主義――オリエンタリズムと中国像――』二四二頁。本書は、研究の対象を湖南省の中部に置いているものの、例えば沅江流域と湘江流域の会党の違いを指摘し、前者が貴州省や四川省の会党と繋がりを持ち、後者が江西省や広東省の会党と繋がりを持っている点を指摘しているように、必ずしも各地域社会を行政単位の区分に依拠して考察する立場を取っていない。ただし、中国近代史を政治に着目して考察した場合、例えば湖南省の郷紳が自らを「湘紳」と表現し、湖南諮議局を舞台に活躍し、湖南省の政治を議論したように、湖南省という省を前提に、省の代表として活動している点も、疑いようがないのである。

(16)　清水稔「萍瀏醴蜂起における革命蜂起について――洪江会を中心として――」。

(17)　中村義『辛亥革命史研究』一五五―一六〇頁。

(18)　清水稔「湖南における辛亥革命の一断面について――会党と立憲派を中心として――」。

(19)　中村義『辛亥革命史研究』一九七―一九八頁。

(20)　狭間直樹「辛亥革命」。

(21)　ここで付言するならば、中村義が一九一〇年の掲帖に関心を寄せた理由は、中村義が歴史的事象を硬直した歴史理論によって裁断するような傾向を忌避し、民衆の「生」の声を掘り下げようとした点にあるといえよう。やがて、中村義のこのような姿勢が日本の時事川柳に対する関心、すなわち民衆の眼に写った中国像への関心を導いたように思われる。中村義の時事川柳の研究については、次を見られたい。中村義『川柳のなかの中国――日露戦争からアジア・太平洋戦争まで――』。

(22)　曽田三郎「辛亥革命前の諸改革と湖南」。

(23)　塚本元『中国における国家建設の試み　湖南一九一九――一九二一年』二五―三六頁。

(24)　一九八〇年代以降の日本の中国近代史研究は、先ず革命史の観点からは等閑視されてきた部分の補完や人物の再評価に始まり、次にその成果の上に立って新たな観点に基づく中国近代史の再構築を課題とした。そして、一九一二年から一九四九年までを中華民国期と捉え、その間の過程を総合的に捉えることが提唱された。いわゆる中華民国史研究である。山田辰雄は中華民国史研究の意義を、各党派を同列に扱うことによる「横の広がり」と、「二〇世紀中国の歴史的連続性」を問題とする「縦の広がり」の、二点で捉えた。そして、前者は中国共産党や中国国民党のみならず、軍閥や第三勢力の研究にも路を開き、後者は中国政治の特質、特に党や国家による上からの改革に関心をもたらしたとした。山田辰雄「今こそ民国史観を」、同「中華民国と現代」。

(25)　山田賢「中国明清時代史研究における『地域社会論』の現状と課題」。

（26）一九九三年、小野信爾は、清朝最末期の列国が中国分割を協定したという謡言の由来に分析を加え、革命派がこの謡言に深く関与したことを示唆しつつ、ここに生じた民族的危機が辛亥革命前後を読み解く一つのキィワードとなると指摘した。小野信爾「ある謡言――辛亥革命前夜の民族的危機感――」。同論文は、一九九〇年代の日本における謡言研究の嚆矢となるものであろう。この後、約一〇年をへて、二〇〇二年、黒岩高は漢民と回民の紛争において、経済的、宗教的対立だけでなく、回民が皆殺しになるといった謡言など、憎悪の果たした作用について論じている。黒岩高「械闘と謡言――一九世紀の陝西・渭河流域に見る漢・回関係と回民蜂起――」。

（27）楊世驥『辛亥革命前后湖南史事』の第一版は、一九五八年二月に出版された。この一年半後、一九五九年七月に第二版が出ている。楊世驥は、「再版附記」で、次のように述べている。「本書は、初版発行後、読者の提出した多くの貴重な意見に感謝しつつ、現在比較的大規模な修正を行っており、ある部分を増加し、ある部分を削除している。特に、第三章第一節、第四章第四節と第五節、第五章、第六章第二節は修正の内容が比較的広範で、第五章では第六節と第一〇節の二節を追加し、節の名も調整し、挿入図も斟酌して補填した。ただし、作者の水準の限界から、最初に触れた歴史資料の探索が全般的でなく、また初版では口述資料の使用が比較的多く、初版の記載が世間に出るに至って、始めて個々の箇所と歴史現象の間に違いのあることがわかった。このため、欠点がこのように多くなり、慙愧に耐えないものがある。今回幸いに、読者の指摘をえて、一連の誤りを減らしたが、新しい誤りも免れないと思われる。引き続き、指正を乞う次第である」（楊世驥『辛亥革命前后湖南史事』一九八二年第二版第二次印刷、三〇五頁）、と。第一版と第二版の差異は、幾つかある。特に、第一版の第八四頁と第八五頁の間の、一九〇二年の邵陽における賀金正の蜂起と一九〇四年の長沙における華興会の蜂起計画に関する四枚の写真が、第二版で省かれていることである。このうちの一枚は、中央に一九〇二年の蜂起の首謀者である賀金正の塑像が、左に農民兵士の劉兆鵬の塑像が、右に秀才の粟道生の塑像が並んでいる。このような史料は珍しいだけでなく、民衆の同蜂起の受け止め方を知る上でも重要である。ただし、同書の第二版ではこの写真が削除されたばかりでなく、以降他書でもこのような史料の存在すら示されることがなくなったのである。

（28）林増平の研究者としての歩みと業績については、次を参照されたい。遅雲飛（藤谷浩悦訳）「学んで厭わず、人に教えて倦まず——林増平先生四五年の教育と研究——」。なお、林増平の研究は、湖南師範大学の饒懐民や李育民らによってまとめられ、次の著書として出版された。林増平『林増平文存』。

(29) 林増平「近代湖湘文化試探」。

(30) 張朋園「近代湖南人性格試釈」。

(31) 饒懐民「姜守旦非欧陽篤初辨」。

(32) 霍修勇『両湖地区辛亥革命新論』、黄俊軍『湖南立憲派研究』、陽信生『湖南近代紳士階層研究』。

(33) 高慕訶（Gasster, Michael）「辛亥革命之消滅」。

(34) Esherick, W. Joseph. *Reform and Revolution in China: The 1911 Revolution in Hunan and Hubei*.

(35) Row, T. William, *Hankow: Commerce and Society in a Chinese City, 1796-1889*, Row, T. William, Hankow: Conflict and Community in a Chinese City, 1796-1895.

(36) Esherick, W. Joseph, *The Origins of The Boxer Uprising*.

(37) Esherick, W. Joseph, *Reform and Revolution in China: The 1911 Revolution in Hunan and Hubei*, pp.99-105, 256-259.

(38) Esherick, W. Joseph, *The Origins of The Boxer Uprising*, pp.321-331.

(39) ダンケ・リは、民話や歌謡、子供向けの初級読本の分析を通じて、民衆文化が四川省の利権回収運動に果たした役割について、考察を加えている。そして、利権回収運動の背後に存在する、外国に敵対的な感情の形成に焦点を当てつつ、知識人文化と民衆文化が共鳴し、新しい文化的環境が形成される過程を明らかにしている。Li, Danke, "Popular Culture in the Making of Anti-Imperialist and Nationalist Sentiments in Sichuan": 清末民初の政治と社会について、民間の伝承や慣習の再編成という観点から捉えた場合、ダンケ・リの研究は新しい動向を示しているといえよう。ただし、ダンケ・リの研究でも、民話や歌謡、子供向けの初級読本など、新しい史料の収集・調査が、研究の決め手となっている。

(40) ジョセフ・エシェリック（横山英訳）「米国における辛亥革命研究の現状と問題点」。

(41) ジョセフ・エシェリックとメアリー・ランキンは、中国における地方エリートの基本的性格を、一・多様な戦略と柔軟な選択、二・人的ネットワークの重要性、三・文化的ヘゲモニーによる支配、以上の三点に集約し、社会構造の変化とエリートの変質、及び継続性を指摘した。ここで、特徴的な事柄は、彼らが教育や富、軍事力、土地所有、人的ネットワークを用い、宗族の存続を図ろうとした柔軟性である。なお、清末以降、旧来のエリートに代わり、企業や軍事、教育に関わる新しいエリートが台頭したが、新しいエリートも旧来のエリートの家系から生み出される場合が多かった点も指摘している。Esherick, W. Joseph, and Rankin, B. Mary, eds., *Chinese Local Elites and Patterns of Dominance*, pp.305-345. なお、日本でも、塚本元が「省エリート」の語を用い、分析を行っている。塚本元『中国における国家建設の試み　湖南一九一九――一九二一年』二五―三六頁。

(42)　根岸佶『中国社会に於ける指導層』一一頁。

(43)　例えば、狹間直樹は、辛亥革命の基盤を指摘する際に、「このように『全』人民的ともいえる革命への期待を基盤として、武装蜂起の最前面にたったのは農民であり都市貧民であり、とりわけ新軍兵士、会党であった。新軍も会党も半植民地化の進行につれて窮乏、破産においこまれた農民、手工業者、小商人、さらには清朝支配の将来がよりいっそうの暗黒でしかないことをみてとった下層知識人等を主要な供給源とし、現状にたいする不満をもっともつよく感じていた存在にほかならない」と述べている。狹間直樹「南京臨時政府について――辛亥革命におけるブルジョア革命派の役割――」一四二頁。

(44)　イヴリン・ロウスキは、明清時代の中国の社会が西欧、殊にフランスなどと比較した場合大きく相違するとして、中国の民間文化についてヨーロッパ社会をモデルに分析することができないとして、次の問題点を指摘する。すなわち、フランスの民間文化は基本的に非識字層のものであり、ために国民文化の統一も一九世紀末までは果たされなかったのに対して、明清時代の中国の社会はより高いレベルでの文化統合を経験しており、非識字層も様々な方法で読み書きのできる文化の中で生活し、更に科挙による社会移動の可能性も広く認められていた。この結果、すなわち、明清時代の中国の都市と農村は、近世のフランスほど乖離してはおらず、中国の官僚的な組織も一七世紀までのフランスの政治組織のような地方主義を克服していたのである。Rawski. S. Evelyn, "Problems and Prospects", pp.403-404.

(45)　内田直作『日本華僑社会の研究』一六九、一八六―一八八頁。

(46) 小島毅「中国近世の公議」。溝口雄三は、辛亥革命の歴史的個性は、明末清初以降の「地方公議」を淵源とする「郷里空間」の拡大・成熟過程として捉えられるものであり、このことが辛亥革命後に王朝への回帰を阻止すると共に、新共和国家建立をも困難にした要因であったとしている。溝口雄三「辛亥革命の歴史的個性」。なお、次の研究も参照されたい。夫馬進「明末反地方官士変」、Judge, Joan, "Public Opinion and the New Politics of Contestation in the Late Qing, 1904-1911". また、郷紳「公議」については、本書第四章でも論じている。

(47) 夫馬進「『明末反地方官士変』補論——北京図書館所蔵の若干の明清史料を紹介し、士変と地方公議に言及する——」三一頁。

(48) 浅井紀「中国近世の民間宗教における終末論と社会運動」。

(49) 岸本美緒「明末清初における暴力と正義の問題」、同「中国における暴力と秩序——前近代の視点から——」。

(50) 孫江『近代中国の革命と秘密結社——中国革命の社会史的研究(一八九五—一九五五)——』。

(51) 謝貴安『従謡言到預言——流伝千年的中国讖謡文化』上・下「代序　讖謡文化概論」。なお、日本の預言書の研究には、石山福治の著書がある。ただし、石山福治が同書の「例言」で「本書は主として支那古来の代表的預言書即ち図讖、讖書の類を集め解説したもので、其原本は概して隠語隠文で綴られ、……故に、原文の内何人が読んでも解釈に大差のない部分は総訳したり句読を附けたりしたが、其他は皆原語原文其侭にして較々一般の読者に解しにくさうな部分だけ別に注釈を加へて置いた」と記したように、同書は預言書の解説書である。石山福治『歴代厳禁秘密絵本　豫言集解説』八頁。これに対して、中野達の著書は、預言書の解説と共に、預言書の時代考証、変遷にも詳細な考察が加えられている。ただし、考証の範囲は広くはない。中野達『中国預言書伝本集成』。

(52) 串田久治は、「謡」に関する研究で、「謡」の目的がある人物に政治的、社会的、精神的打撃を与え、かつそれによって政治や社会に何らかの影響を及ぼし、「予言」を実現させる点にあるとして、「〔このことが〕『謡』の現実政治や社会に及ぼす影響力に注目し、『謡』の『予言』するところを通して当時の社会の深層に迫り、そこに生きた知識人の心性にまで踏み込んだ社会思想史的研究が必要だと考える所以である」と述べている。串田久治『中国古代の「謡」と「予言」』二八頁。串田久治の「謡」が政治的、社会的に持った意味を読み解くことによって政治に切り込もうとする姿勢は、本書でも同意するものである。

(53) 山田賢「世界の破滅とその救済――清末の〈救劫の善書〉について――」。
(54) 小武海櫻子「清末四川の鸞堂と宗教結社――合川会善堂慈善会前史――」。
(55) 武内房司「清末苗族反乱と青蓮教」。
(56) 清水稔「湖南における辛亥革命の一断面について――会党と立憲派を中心として――」。
(57) 並木頼寿『捻軍と華北社会――近代中国における民衆反乱』四〇九―四一〇頁。
(58) 小島晋治『太平天国運動と現代中国』一四二頁。
(59) 小野寺史郎「最近十年来の近代中国政治シンボル研究の展開について」。小野寺史郎の研究については、次を参照されたい。同『国旗・国歌・国慶――ナショナリズムとシンボルの中国近代史』。
(60) 南塚信吾「いまなぜ国民国家か」。
(61) 丸田孝志「陝甘寧辺区の記念日活動と新暦・農暦の時間」、同「華北傀政権における記念日活動と民俗利用――山西省を中心に――」。
(62) 一九七六年、相田洋は、「歴史が一握りの英雄や支配者の恣意によってではなく、大多数の底辺の民衆の闘いによって発展させられて来た事を明らかにしたのは、戦後の歴史学の大きな成果であった」としながらも、「民衆の内在的把握は等閑視されて来たことは否めない」と述べて、この理由を次のように記したのである。「これは、研究主体それ自体の姿勢とも無関係ではないが、中国の史料の性格に基づくところも少くないように思われる。というのは、中国史研究において、我々が利用出来るのは、民衆運動を弾圧する側の所謂官制史料であって、ここからは、立ち上った民衆の息吹きなど、ほとんど、窺うことが出来ないのである。勿論、このような史料の性格は、どこの国でも多かれ少なかれ共通するところであろうが、中国の場合、特に極端である」（相田洋「清代における演劇と民衆運動」）、と。
(63) 坂野正高は、政治外交史研究での史料の扱い方について次のように述べている。「非常に狭い、外交交渉の経過を中心とした意味での、外交史研究を行なうためにも、さしあたり、最小限度、以上に説明したような資料が必要である。さらに、ある一つの国の外交史を研究する場合に、その国の資料だけを見て書いたのでは話にもならない。外交史の資料はことのほかにバイアスが強い。必ず相手国（単数の場合も複数の場合もある）側の同じような資料を見てくらべなければならない。できることなら、利害関係のある第三国の資料、あるいは第三者的な観察者の立場にある第三国の資料をもつき合せて見ることが必要である。であるから、各国の文書館を『巡礼』して歩かなければならない。こういう研究方法を『マルティ・アーカイヴァル・アプローチ』（the multi-archival approach）と言う」（坂野正高「政治外交史――清末の根本資料」）、と。ここに示された方法は、外交史のみならず、広く政治史研究にもあてはまる。

（64）　一九一〇年の長沙米騒動に関する電文は、一九五五年に楊世驥が「長沙搶米風潮」で「湘省要電匯録」を典拠に九つの電文を紹介した。楊世驥編「長沙搶米風潮」。また、一九五七年、中国史学会が中国史学会編『辛亥革命』三で「軍機処電寄檔」を典拠とする一九の電文を公開した。故宮檔案館編「両湖民変檔案」。この結果、公開された電文は二八となった。更に、新たに七つの電文が公開され、電文数は三五となり、次に収録された。中国人民政治協商会議長沙市委員会文史資料研究委員会編『《長沙文史資料》特集　庚戌長沙〝搶米〟風潮資料匯編』。一九九〇年代、筆者は台湾の中央研究院近代史研究所で、外交檔案編号〇二―三二、宗号五二―一『収発電：長沙収発電』に、中国で公開された電文と同一の内容を含む、一九一〇年の長沙米騒動に関する一二九の電文を発見し、発表した。一二九の電文中、既に公開された三五を除く、九五は未公開である。檔案の形式には、本来の公文書を保存した原檔と、原檔を清書してまとめた清檔がある。台湾の中央研究院近代史研究所所蔵の外交檔案編号〇二―三二、宗号五二―一は原檔である。ために、中国で公開された電文は清檔となる。この後、二〇〇六年に、北京の中国社会科学院近代史研究所図書館で発見され、楊鵬程の編集した「湘鄂米案電存」が、『近代史資料』第一一四号に発表された。これは湖南巡撫岑春蓂と湖広総督、外務部、軍機処との間で交わされた電文が中心となり、台湾の中央研究院近代史研究所所蔵の外交檔案編号〇二―三二、宗号五二―一と一部重複するが、湖南巡撫岑春蓂が米穀の平糶や飢民による米穀の強奪を禁止した奏摺や札件、文告も含まれている。なお、台湾の中央研究院近代史研究所に所蔵されている外交檔案の由来、特徴については、次の研究も参照されたい。川島真「中華民国外交檔案保存・公開の現状」。

（65）台湾の中央研究院近代史研究所所蔵外交檔案編号〇二―三二、宗号五二―一『収発電：長沙収発電』には、一九一〇年の長沙米騒動に関する一二九の電文が収録されているが、この一二九の電文中、それまで中国で公開された三五を除いた場合、筆者が発見し初めて公開した電文の数は九四となる。この九四の電文の内容は、主に列国と湖南省の郷紳の対立、或いは賠償交渉に関する電文である。藤谷浩悦「一九一〇年の長沙米騒動をめぐる電文の考察――台湾・中央研究院近代史研究所所蔵外交檔案〇二―三二―五二―一を中心に――」一・二。この理由は、史料編纂者の関心が一九一〇年の長沙米騒動の民衆運動としての側面にあり、列国と郷紳の対立を等閑視してきた点に存在するように思われる。既刊の史料集には、編纂者の意図が投影されている。この点は、川島真が「民国前期には史料の編纂も進められた。そこではいかに侵略されてきたかということに重点がおかれ、自然とそれらを回収しなければならないという結論が導き出せるようになっていた」と述べて、『清季外交史料』の編纂を例に「このような〔被侵略史のための史料集という〕記憶づくりは、ナショナルヒストリーの形成や国民の形成には大きな意味をもっても、『清季外交史料』に依拠してそのまま研究すれば、編纂者が意図したとおりの外交史ができあがるという意味で、研究者としては実に注意しなくてはならない点である」と指摘したように、歴史研究者の留意しなければならない事柄である。川島真『中国近代外交の形成』六二〇頁。

（66）ジェネラル・コレスポンデンスとは、主として外務大臣と在外公館長との間、及び外務大臣と在ロンドン外国使節との間でかわされた往復文書である。そして、ジェネラル・コレスポンデンスは、一九〇六年以後、それまでの地域別から、機能別、事項別に分類・保存されるようになった。これがFO371である。また、FO228には、一八三四年から一九二二年までの、中国にあるイギリスの公使館と領事館の記録が収められている。この点については、次の研究を参照されたい。坂野正高「政治外交史――清末の根本資料」。そして、FO371/867-868には、一九一〇年の長沙米騒動に関する多くの報告書が収められ、被害状況の写真など、貴重な内容となっている。筆者は、一九九六年四月一日より九月三〇日まで、ロンドン大学アジア・アフリカ学院（SOAS）に所属して同大学、オックスフォード大学、ケンブリッジ大学、国立公文書館などに所蔵されている史料の調査・収集に従事し、一九一〇年の長沙米騒動に関する当該史料を発見し、公表した。その多くは、次に収録している。饒懐民・藤谷浩悦編『長沙搶米風潮資料匯編』。また、ロンドンにおける中国近代史関係の史料の所蔵状況については、次を参照されたい。藤谷浩悦「イギリスの近代中国関係史料――ロンドンを中心に――」。

（67）本書では、日本の外務省外交史料館所蔵文書を、一括して外務省文書と総称した。なお、日本の外務省文書については、次の研究を参照されたい。小池聖一「外務省文書・外務省記録の生成過程――外務省文書の文書学的一試論――」。

（68）日本の長沙駐在や副領事は、一九〇五年の長沙領事館の設立以降、井原真澄（副領事、一九〇五年四月―一九〇七年九月）、高洲太助（領事、一九〇七年九月―一九〇九年一〇月）、村山正隆（副領事、一九〇九年八月―一九一〇年一一月）が歴任し、一九一〇年八月以降、堺與三吉が領事代理に就任して事務を執り行い、一九一一年五月に大河平隆則が領事に就任した。この中で、村山正隆は、一八六九年一二月に福岡県福岡市に生まれた。一八九四年一二月、陸軍省に勤める。一八九四年から一八九五年まで日清戦争に従軍し、戦後は台湾で軍役に服した。一八九七年四月、台湾総督府民政局の技手となる。一八九八年七月に台湾県の技手となり、同年八月に退職した。一九〇〇年六月、外務通訳生となり、杭州と蘇州で勤務した。一九〇二年一二月、勲八等白色桐葉章を授与される。一九〇三年一一月、上海で任に就く。一九〇五年一一月、外務書記生となり、一九〇六年四月、日露戦争の功績で勲七等青色桐葉章を授与される。一九〇八年四月、外務通訳生、及び副領事を任ぜられる。奉天総領事館鉄嶺分館に奉職、同年五月関東都督府事務官の職に就く（一九〇九年九月に兼職を解かれる）。一九〇九年八月に長沙駐在副領事となり、一九一〇年四月に起きた長沙米騒動をへて同年一一月に長沙駐在副領事の職を解かれた。日本外務大臣官房人事課編『外務省年鑑　自明治四三年至明治四四年』。一九一〇年三月、水野梅暁は、「村山領事の支那官民に敬重され居る一例として、王闓運、王先謙、瞿鴻禨の如き一流の名家が頻々領事館に出入するに至るは、長沙領事館設置以来の珍事にして、支那人も尊重の念を深ふし、在留日本人も大に自戒する所ありと」と記して、長沙駐在副領事としての村山正隆を高く評価している。『水野梅暁視察一件』水野梅暁「湖南名士往訪録」一九一〇年三月九日。そして、一九一〇年八月、堺與三吉が村山正隆の職を代行するに至った理由については、黒龍会編『東亜先覚志士記伝』が次のように記している。「偶々明治四十一年〔明治四三年の誤り〕排日運動〔長沙米騒動〕勃発し、長沙領事館は暴徒の襲撃を受けるに至ったが、当時彼は居留民を汽船に収容して共に難を避け、遂に下江して漢口に至つたので、当時の処置に就て責任を負ひ外務省を去つた。爾来民間に在つて湖南方面に往来し、画策に従つたが、事多く志と違ひ末路不振の状にあつた」（黒龍会編『東亜先覚志士記伝』下、三八三頁）、と。

（69）水野梅暁は一八七八年一月二日、広島県福山市に生まれた。幼名は善吉、法雲寺住職水野桂厳の養子となり、一三歳で出家する。一時、哲学館に籍を置いたが、のち京都大徳寺高桐院高見祖厚に就いて修業、ついで根津一の知遇を受け、一九〇一年に東亜同文書院一期生に編入した。在学中に、浙江省の天童山に登り、如浄禅師の墓塔を参拝し、住職の寄禅和尚（敬安）との交流を深め、寄禅和尚（敬安）の奨めで、一九〇五年に湖南省長沙に至り、長沙第一の誉の高い開福寺の客となり、同寺境内に僧学堂を開設し、更に湖南省城北門外に雲鶴軒という社交倶楽部兼道場を設立した。これより先、一九〇四年、湖南省長沙は、開港によって対外的に門戸を開き、多くの日本人が至っていた。一九一〇年、水野梅暁は、松崎鶴雄や塩谷温に湖南省長沙への留学を勧め、長沙に至った両氏の面倒をみた。また、自身も王先謙、葉徳輝、孔憲教、王闓運など湖南省の名だたる郷紳と交流を深め、古典研究に努めた。その後、浄土真宗本願寺派（西本願寺、以下西本願寺と通称する）の法主・大谷光瑞の知遇をえて、中国研究に従事し、中国布教問題などの他、中国と日本の仏教徒の親善・連絡に力を尽くした。一九一一年一月以降、湖南省長沙を離れて北京を遊歴してのち、日本に一時帰国した。一九一一年一〇月一〇日に革命軍の武昌蜂起が起こると、一一月以降、江蘇、浙江などの各省で中国人負傷者の救援事業にあった。一九一四年、東方通信社が設立されると、調査部長として雑誌『支那時事』を主宰した。一九二三年、日本で関東大震災が起こると、留日中国人を汽船に乗せ、上海まで運んだ。一九二四年、支那時報社を創立して、専ら中国の時事問題を取り扱った専門誌を発行した。一九二五年、東亜仏教大会が東京芝の増上寺で開催されると、日華仏教聯絡委員に推挙されて準備に奔走し、翌一九二六年一〇月には臨済宗東福寺派管長尾関本孝を団長として日本仏教徒訪華視察団を組織し、中国南北を歴訪して中国の仏教徒との親善に寄与した。一九三二年、満州国が建国されると、日満文化協会の理事に就任し、文化事業に従事した。一九四五年の日本の敗戦後は、玄奘法師霊骨塔建立のため、日本各地を遊説に回り、玄奘法師霊骨塔を埼玉県南埼玉郡慈恩寺村（現在の岩槻市慈恩寺町）の慈恩寺に建立した。また、第一回参議院議員で、埼玉県頭取となった、埼玉県飯能市名栗村の平山彌太郎（号は桐江）の白雲山鳥居観音の建立にも尽力した。一九四九年一一月二一日、慈恩寺で没した。享年七四。翌一九五〇年に総持寺で本葬が営まれ、遺骨は名栗村の白雲山鳥居観音と福井の山本家に分骨された。戦時中、水野梅暁の荷物の一部は鳥居観音の納屋に疎開していたが、一九四七年以降から松田江畔が荷物の整理に当たった。水野梅暁の事略に、次がある。松田江畔編『水野梅暁追懐録』。なお、水野梅暁の一九一一年一一月二四日から翌一九一二年一月一七日までの日記は、中村義によって紹介されている。内容は、辛亥革命時における、江蘇、浙江地方での布教活動、負傷者の救護活動、死者の埋葬の、中国側機関との交渉である。中村義「水野梅暁在清日記」。

(70)　山田勝治は一八七三年一二月一二日に福島県石城郡平町に生まれた。幼少より漢学に泥み、宇都宮や東京で教鞭をとって後、一九〇一年四月に上海の東亜同文書院に入学し、一九〇四年三月に卒業した。山田勝治は、同書院の第一期生である。卒業式では卒業生総代として答辞を読み、卒業後ただちに同書院の教授となった。のち、湖広総督張之洞の招聘を受けて、湖北省武昌の武備学堂教習となった。一九〇九年に外務省の要請に応じ、探査員の任に就いた。のち武備学堂の閉鎖に伴い帰京、更に上海で漢字新聞の創設を図った。一九一一年一〇月に武昌で革命が起こると、同志と共に黎元洪の幕に投じ、革命に参画した。一九一二年に『順天時報』の編纂に携わり、一九一四年帰京、東亜同文書院の幹事として会務を執り行った。一九一七年七月二三日病没。享年四六。東亜同文会編『対支回顧録』下「山田勝治君」。

(71)　遠藤保雄は一八七七年八月一日に京都府加佐郡神崎村に生まれた。岡山、東京、京都に学び、一九〇一年四月に上海東亜同文書院に入学して、一九〇四年三月に同校を卒業した。山田勝治と同じく、第一期生である。卒業式では政治科優等生として表彰された。卒業後ただちに日露戦争に主計官として従軍した。一九〇六年に奉天省海龍府中学堂の総教習に就任し、さらに同府府衙門の顧問となった。一九〇七年一〇月に湖北省武昌の武備学堂教習となった。この時に外務省の要請に応じ、探査員として調査の任務についた。一九一〇年に帰朝。一九一二年一月に武昌に再度赴き、爾後五年間、情報収集の任にあたった。一九一六年三月に帰国、湯浅商店で働いてのち、一九二二年三月より東亜同文書院の学生監となった。一九二三年三月病没。享年四六。東亜同文会編『対支回顧録』下「遠藤保雄君」。

(72)　山口昇は一八八六年一二月三日に千葉県千葉市に生まれた。一九〇五年四月に上海の東亜同文書院に入学し、一九〇八年三月に卒業した。同書院卒業後、ただちに外務省嘱託となって中国各地をわたり、政治や社会、経済に関する情報の収集にあたった。のち、外務省に入り、東亜同文会の機関誌編纂にあたった。一九一五年に招聘されて中国海関に奉職して中国各地を歴任し、更に広東省に移った。そして、一九二七年一二月一四日に広東省で、在職中に病没した。享年四二。著書も非常に多く、一九一七年に『支那と米国の関係』を著し、一九二一年には大著『欧米人の支那に於ける文化事業』を発刊した。東亜同文会編『対支回顧録』下「山口昇君」。

（73）　清朝政府は、一九〇一年から一九一一年にかけて一連の改革、いわゆる光緒新政を行った。要となったのは、預備立憲運動である。そして、一九〇七年八月一三日、憲政編査館が法政を整備する目的で、考察政治館の基礎の上に設立されることになった。同館の目的には、「中国各省の政治風俗を調査する」ことが加えられ、編政局と調査局の二部門が設置された。そして、各省ごとに調査局一所を設け、当該省の督撫が適当な人員を派遣し、奏定章程に照らして運営に努め、随時調査した案件を憲政編査館に報告させることにした。「考察政治館改為憲政編査館論」一九〇七年八月一三日・「憲政編査館大臣奕劻等擬呈憲政編査館辦事章程摺　附清単」一九〇七年八月二四日・「憲政編査館大臣奕劻等請飭各省設立調査局摺」一九〇七年一〇月二二日・「令各省設立調査局各部院設立統計処摺」一九〇七年一〇月二二日、故宮博物院明清檔案部編『清末籌備立憲檔案史料』上、四五一―五三頁。湖南調査局は、この上諭を受けて、一九〇八年八月四日に、湖南巡撫岑春蓂により、湖南省の民情や風俗を調査する目的で設立されたものである。湖南調査局初代総辦は、張啓後である。張啓後は安徽省泗州の人である。一九〇四年の進士で、翰林院編修となった。のちの湖南諮議局議長で、辛亥革命後に湖南省の都督となった譚延闓とは、同年（同じ年の科挙の合格者）である。また、日本の法政大学の卒業生でもある。湖南調査局の組織は法制と統計の二科に分け、更にそれぞれ三部門に分割して、庶務処を附設した。そして、各府廳州県に人員を派遣して調査し、該局がその調査・報告をまとめた。開設の経費は銀一三〇〇余両で、常年経費として銀一万七、八〇〇〇両が見込まれた。のち、一九一〇年以降、経費不足から、組織の改変・合併が再三にわたって行われた。『政治官報』第六〇〇号（一九〇九年六月三〇日）「湖南巡撫岑春蓂奏湘省調査局辦理情形摺」、『申報』一九〇九年七月六日「湖南調査局組織情形」、『民立報』一九一一年七月二六日「調査局之残局」。なお、各省の調査局設立の模様は、次の研究を参照されたい。張勤・毛蕾「清末各省調査局和修訂法律館的習慣調査」。

（74）　松崎鶴雄は一八六七年一二月八日、熊本県に生まれた。一八八一年、済々黌に入り、一時上京して独逸協会学校に入学、脚疾のため帰郷し、熊本洋学校、長崎の鎮西学院に学んだ。一八八七年頃、徳富蘇峰に従って再び上京、国民英学会に入り、のち青山学院に転じたが、牧師となることを嫌って退学した。東京では、父の親友である竹添井々の家に起居し、『左伝』『論語』『詩経』などを授けられた。また、英文学に志し、北村透谷、山田美妙、国木田独歩と交際を持った。一八九六年、熊本に帰郷後、再び上京した。一八九九年、小田原に漢学塾を開いたが、翌一九〇〇年に前橋中学校の英語教師に招かれ、一九〇二年には鹿児島師範学校に転じた。一九〇八年、西村天囚の勧めで大阪朝日新聞社に入社、翌一九〇九年一二月、高見祖厚の勧めにより、『大阪朝日新聞』の通信員を兼ねて湖南省長沙に渡航、留学した。この時、松崎鶴雄を長沙に伴ったのが、水野梅暁である。長沙においては、王闓運に文学を、葉徳輝に説文を学んだ。そして、一九一一年九月四日、『大阪朝日新聞』に通信文を寄せた後、長沙を去り、上海に赴いた。一九一七年、妻が重病となったため、一時帰国するが、一九二〇年満州鉄道株式会社に招かれて再び中国に渡り、大連満鉄図書館の漢籍蒐集に務めた。そして、満鉄を退任後、読書生活に入り、一九四〇年に華北交通会社に招かれて北京に居住した。一九四六年五月、日本に帰国し、熊本に居住後、一一月に東京に転じた。一九四九年三月一六日死去。杉村勇造「柔父先生略伝」。一九一〇年の松崎鶴雄の報告は、「湖南通信」として『大阪朝日新聞』に掲載された。簡単な内容は、次の論文に紹介されている。杉村英治「湖南通信――松崎鶴雄伝抄――」。なお、杉村勇造は松崎鶴雄の娘婿、杉村英治は杉村勇造の甥にあたる。

(75)　塩谷温は一八七八年、史学を家学とする儒家の家に生まれた。一九〇二年、東京帝国大学文科大学漢学科を卒業し、大学院で中国文学史の研究を続けた。そして、一九〇五年に学習院教授、一九〇六年七月に東京帝国大学講師、同九月に同助教授となり、中国文学の研究のため、ドイツと中国への留学を命ぜられた。ドイツを留学先の一つに選んだ理由は、中国文学研究を始めるにあたり、ドイツを始めとする西洋の中国文学研究を修める必要があると判断したことによる。学問の対象に選ばれたのは、文学科の英・独に準じた小説と戯曲であった。塩谷温は一九〇六年末にミュンヘンに到着し、ミュンヘン大学で一年間ドイツ語を学んだのち、ライプチヒ大学に転学し、約一年半『老子道徳経』『礼記』などの講義を受けた。更に、一九〇九年秋、ドイツから中国に渡り、北京に滞在して一年間、中国語の習得に専念した。また、一九一〇年冬、水野梅暁の紹介により湖南省長沙に至り、同地で葉徳輝に師事して詞曲を学んだ。塩谷温の長沙滞在は、一九一二年八月までである。

この間、塩谷温は、長沙で辛亥革命に遭遇した。同年八月、日本に帰国し、翌月から始まる東京帝国大学文科大学の講義で、「支那文学概論」「支那戯曲講読」を講じた。藤井省三「塩谷温」、及び同「中国の北京語文学――日本文学・中国文学研究に与えた影響」。

(76) Hewlett Meyrick, *Forty Years in China.* 著者のメイリック・ヒューレットは、一八七六年七月一日に生まれた。ロンドンの北西部にあるハロー・スクールで教育を受け、競争試験をへて一八九八年に中国に渡り、イギリス公使館の翻訳生となった。一九〇〇年の義和団事件において、イギリス公使館の防衛にあたった功績により勲章を授与され、一九〇五年には二等書記官補、一九〇八年には一等書記官補に昇進した。一九〇五年と一九〇六年には天津で領事代理を勤め、一九〇七、一九〇八、一九一〇年に漢口において、一九〇八、一九〇九、一九一〇年に長沙において代理領事や代理副領事となり、一九一〇年四月には長沙駐在代理領事として長沙米騒動に遭遇した。一九一〇年の長沙米騒動後、長沙駐在代理領事を辞任して、湖南省を離れた。そして、一九一一年以降、宜昌、成都、南京などで副領事や総領事を歴任した。没年は一九四四年、享年六八。なお、イギリスの長沙駐在領事としてのヒューレットの業績については、次の文献も併せ参照されたい。Coates, D. Patrick, *China Consuls: British Consular Officers, 1843-1943*, pp.390-392.

(77) 坂野正高は、『ノース・チャイナ・ヘラルド』紙の意義について、次のように的確に表現している。「新聞で特にあげておきたいのは、上海で一九五〇年に創刊された英国系の週刊紙『ノース・チャイナ・ヘラルド』(the North China Herald)である。この新聞は条約港社会の英国人の意見ないしバイヤスを代弁するものとして重要であるのみならず、報道記事や論文や各種の公私の文書（漢文文書の英訳も）の宝物でもある。いわば「英語でかかれた『実録』」（和田清博士の評言）である」（坂野正高「政治外交史――清末の根本資料」）、と。

(78) 朝日新聞百年史編修委員会編『朝日新聞社史　明治編』五九七―五九八頁。『大阪朝日新聞』は、一八七九年一月二五日に大阪で『朝日新聞』として創刊された。一八八八年、同紙主宰者の村山龍平が星亭から『めさまし新聞』を買収し、同年七月これを『東京朝日新聞』と改題したのに伴い、翌一八八九年一月から『大阪朝日新聞』と改めた。当初、『大阪朝日新聞』と『東京朝日新聞』の間に一体感は薄く、社説も別建てであった。両紙の社説の共通化が実現するのは一九三六年六月二日以後のことである。また、両紙が統合され、一本の『朝日新聞』となるのは一九四〇年九月一日のことである。なお、『大阪朝日新聞』の日中関係論、及び同紙と大正デモクラシーとの関係については、次の研究を参照されたい。後藤孝夫『辛亥革命から満州事変へ――大阪朝日新聞と近代中国――』。

(79) 水野梅暁は一九一一年一月以降、湖南省長沙を離れて北京を遊歴してのち、日本に一時帰国した。そして、一九一一年一一月以降、江蘇、浙江などの各省で、辛亥革命による中国人の負傷者の救援事業にあった。また、松崎鶴雄も一九一一年九月四日に『大阪朝日新聞』に通信文を寄せたあと、長沙を去り上海に赴いた。ために、水野梅暁、松崎鶴雄共に、湖南省における辛亥革命には遭遇していない。これに対して、塩谷温は一九一〇年冬に湖南省長沙に至って以降、一九一二年八月に日本に帰国するまで同地に滞在した。そして、一九一二年一〇月一八日、東京学術研究会会員の有志と漢学研究会会員の聯合により、塩谷温、及び東京大学文科支那学科の入学生を迎えて晩餐会が開かれ、塩谷温の講演がなされている。『東亜研究』第二巻第一一号(一九一二年一一月一日)「塩谷温氏歓迎会」。

(80) 中村義『白岩龍平日記――アジア主義実業家の生涯――』。

(81) 白岩龍平は、一八七〇年に現在の岡山県の、美作国英田郡讃甘村の名家に生まれた。一八八五年、白岩龍平は、儒家の岸南岳の家塾で漢学を学んでいた時に、偶々帰省中の司法省法学校在学生の能勢万(後の名古屋控訴院長)に才能を見出されて上京した。そして、東京で、荒尾精が日清貿易研究所創設に際して学生の募集中であることを知り、荒尾精の門を叩いて一八九〇年に日清貿易研究所に入学した。一八九三年の同所卒業後、中国貿易の実地研究についた。日清戦争では、広島大本営付として柴五郎の下で書類の閲覧・翻訳をし、次いで戦地に赴いたが、一八九五年に下関条約がなると、辞職して再び上海に赴いた。上海では、中国の内河航運の開拓に着手し、姚文藻を説いて汽船会社の大東新利洋行の設立に尽力し、一八九六年五月に上海と蘇州の間の航行を行った。大東新利洋行の目論見は、上海・蘇州間、上海・杭州間、杭州・蘇州間の三航路の開拓にあった。一八九八年九月、大東新利洋行は大東汽船合資会社と改名し、一九〇一年四月に杭州・蘇州間の航路を完成させて、三航路を完成させた。こののち、白岩龍平が着目したのは、湖南省である。一八九九年一二月八日、白岩龍平は長沙に到着し、湖南省各地を遊歴後、翌一九〇〇年一月一五日に帰朝し、湖南汽船会社の設立準備に取り掛かった。四月一三日に湖南汽船会社の発起人会が開催された。一九〇二年九月一三日、湖南汽船会社の創立総会が開催され、一九〇三年三月に湖南汽船会社は漢口と湘潭の間で最初の航行を行った。一九〇七年、湖南汽船会社は、大東、商船、郵船の三社と合併し、日清汽船会社となり、白岩龍平は専務取締役に収まった。また、この間、一八九八年に東亜同文会が結成されると、白岩龍平は主唱者の一人として近衛篤麿会長を補佐した。一九四二年没。享年七二である。東亜同文会編『続対支回顧録』下「白岩龍平君」、及び中村義『白岩龍平日記――アジア主義実業家の生涯――』。なお、一九〇〇年一月二六日付け『日本』紙上では、「旧臘湖南水路を観察したる大東汽船会社支配人白岩氏一行の語る所、湖南の事情を知るに於て聊か参考に資するに足る者あり。茲に其視察談の概要を摘記することとなしぬ」と記した上で、白岩龍平の「湖南小観」が記載されていた。白岩龍平の「湖南小観」の末尾には「(十三日発平原君)」とある。このため、白岩龍平は「平原君」の筆名で『日本』紙上に報告を寄せていたことになる。「平原君」の筆名による報告は、膨大な数にのぼる。この筆名に関する部分は、中村義による白岩龍平研究でも、これまでの中国近代史研究でも、全く触れられることのなかったものである。

第一部　二〇世紀初頭の湖南省

第一章　列国の湖南省進出と郷紳の対応——利権獲得競争を中心に——

はじめに

第一部では、二〇世紀初頭の湖南省を考えるにあたって、同時期の湖南省を特徴づける三点、すなわち列国の湖南省進出と郷紳の対応、学生運動の展開と「排満」論の再編、会党の勢力拡大と末劫論の流布に考察を加える。一九〇四年七月一日、湖南省長沙府が開港し、列国の湖南省に対する経済的進出が加速し、清末の長期的な社会変動と相まって、湖南省は動揺した。第一章では、列国の湖南省進出と郷紳の対応について、日本の経済的進出と郷紳工作、列国間の競争激化、湖南省の利権回収運動と郷紳の世代交代を中心に考察し、二〇世紀初頭の湖南省における政治的、社会的変化の特徴を明らかにする。

一八九五年の日清戦争の結果は、清朝の軍事力の弱体を内外に示し、列国による清朝の利権獲得競争はこれにより激化した(1)。一九〇〇年の義和団事件前後、列国は中国の再分割を進め、長江中流域、洞庭湖の南に位置する湖南省に触手を伸ばした。湖南省は、米穀などの農産物の他、鉄、アンチモニー、石炭など、豊富な鉱山資源の埋蔵を誇っていた。ただし、湖南省は、周漢に代表される排外運動の激しさにおいて内外に知られ、長らく外国人の入境を激しく拒んできた。この堅く閉ざされた湖南省の門戸をこじ開けたのが、日本である。すなわち、日本は、一九〇二年に日英同盟を締結してロシアを仮想敵国として軍備の増強を図ると、一九〇三年一〇月八日に清朝政府との間で清日通商行船条約を締結した。そして、同条約の第一〇条で、湖南省長沙府の開港が決まったのである。以降、日本は、列国との湖南省における利権獲得競争に乗り出すことになる。この日本の湖南省進出の先駆をなしたのが、白岩龍平の設立にかかる湖南汽船会社である。この間の経緯については、楊世驥、中村義、エシェリックの先駆的な研究がある。(2)特に、中村義の研究は、一九〇〇年前後を列国による世界の「再分割」の開始期、日本の産業資本の確立期と捉え、列国の中国進出、日本の華中進出の一環として、白岩龍平の湖南汽船会社を中心に日本の湖南省における利権獲得を考えた労作である。ただし、これらの研究では、列国の湖南省に対する進出が学校教育や宗教活動など、文化工作を含みながら、在地の勢力、特に郷紳を通じて進められ、この結果として列国と一部の郷紳の癒着が生じた点については、余り言及されていない。この理由は、これまでの研究が列国の湖南省に対する経済進出の解明に焦点を置き、かつイギリスや日本の外務省文書を有効に活用してこなかった点に由来する。本章で注目するのは、列国が湖南省に経済進出を図る場合、どのように在地勢力に働き掛け、かつ在地勢力もいかに列国に利用価値を見出し、更に清朝政府や他の社会勢力がそのことにどのように対応したのかという点である。そして、このような列国の湖南省における利権獲得競争、及び郷紳の列国に対する対応について、日本の湖南汽船会社の設立や鉱山利権の獲得競争、粤漢鉄道敷設問題を中心に、日本やイギリスの外務省文書における歴代の漢口駐在総領事、長沙駐在副領事などの報告書、更には白岩龍平の他、宗方小太郎、水野梅暁、松崎鶴雄、といった湖南省を旅行したり、長沙に在住した経歴を持つ日本人の記録を手掛かりに考察する。

これまで、湖南汽船会社の設立や鉱山の採掘権、鉄道の敷設権にかかわる利権については、幾つか研究がなされてきた。この中でも、日本の湖南汽船会社の設立については、中村義が優れた研究を行っている。(3)また、鉱山の採掘権についても、幾つか研究がある。(4)更に、粤漢鉄道敷設問題についても、多くの研究がなされてきた。(5)ただし、これまでの研究では、湖南汽船会社については白岩龍平の動向を中心に、また鉱山の採掘権や鉄道の敷設権については利権回収運動を中心に考察されてきたため、列国や湖南汽船会社といわゆる「守旧」派と呼ばれた郷紳の対応関係には、殆ど言及がなされていない。また、列国の動向を、同時代に起きた日露戦争、一九〇四年七月一日の長沙開港と関連付けて、列国の文化工作を含めて考察した研究も少ない(6)。しかし、列国と一部の郷紳の対応関係が考察されなければ、なぜ利権回収運動が有力な郷紳に対する批判を伴って展開したのか、なぜ日本が列国の利権回収運動で先行しながらやがて衰退したのか、なぜ清朝政府が光緒新政で郷紳や商人に対する管理・統制を強めたのかが解明されないであろう。本章は、このような問いの下に、列国、特に日本と一部の郷紳の関係について、葉徳輝を中心に考察する。葉徳輝は一八九二年の進士であり、吏部主事を拝命したが、程なく官界の窮屈さを嫌って湖南省に隠棲して以降、王先謙、孔憲教、張祖同と共に莫大な権勢を誇示した。この間、葉徳輝は日本の湖南汽船会社の用地取得に協力しただけでなく、日本政府の求めに応じて湖南省の官憲に対する様々な工作を行っていた。この葉徳輝の行った具体的な行動については、これまで指摘されることがなかった。葉徳輝が殆ど考察の対象とされなかった理由は、これまでの研究が中国の近代化、特に教育改革や産業振興を基準に、郷紳の改革的な側面に着目してきた結果、湖南省の郷紳の中でも、主に譚延闓や熊希齢などの教育改革や産業振興を主導した郷紳を取り上げ、王先謙や葉徳輝など、いわゆる「守旧」派に位置付けられた郷紳を歴史の流れに逆行した郷紳として位置付け、否定的に扱ってきた点にある(7)。ただし、本章では、ある一定の基準に従った考察よりも、郷紳の権力や権威の源泉及び社会の構造の分析に力点を置く。この意味では、二〇世紀初頭に列国の利権獲得競争が激化する中で、これら「守旧」派に位置付けられた郷紳、特に王先謙や葉徳輝がなぜ湖南省で強大な権勢を保持し、かつ列国が郷紳といかなる関係を結ぼうとしたのかは、重要な研究対象とならざるをえないのである。

本章の第一節では、列国の湖南省進出と郷紳の対応について、湖南汽船会社の設立と郷紳、特に葉徳輝の動向を中心に考察する。中村義の湖南汽船会社に関する研究は、白岩龍平の行動が中心となっている。ただし、一九〇二年九月一三日の湖南汽船会社の設立は、物事の始まりでこそあれ、終わりではなかった。何となれば、白岩龍平らの苦心は、日本で設立された湖南汽船会社をいかに湖南省で運営し、成功に導くかという点にあり、湖南汽船会社を湖南省で成功に導き、列国、特にイギリスやドイツとの間の利権獲得競争を制するためには一部の郷紳の協力を不可欠としたからである。また、このことは、郷紳の側にも列国の力を利用して郷紳間の抗争を制し、湖南省内に覇権を形成する契機が存在したことも意味した。従って、湖南汽船会社の設立過程だけではなく、白岩龍平や日本の歴代の漢口駐在領事、長沙駐在副領事が湖南省の郷紳に何を期待して、どのように働き掛け、郷紳がいかなる動機のもとにどのように応じたのかという点を中心に考察する。第二節は、列国の鉱山利権獲得競争と湖南巡撫の列国に対する対応、湖南省の郷紳の動向に考察を加える。湖南省の特徴は、郷紳の権勢の強大さにある。従って、列国の資本家や商人が、湖南省の郷紳を介して経済進出を図ろうとしたのも当然であろう。ただし、ここで問題とされるべきは、列国が郷紳のいかなる点に利用価値を見出し、一部の郷紳がどのような行為を駆使して列国の要求に応じたのかという点にある。この問いは、郷紳の権力の源泉がいかなるものであったのかという点に繋がる。また、湖南省の官憲も、湖南鉱務総公司を設立して郷紳に規制を加え、列国の鉱山利権獲得を阻止しようとした。従って、列国相互、湖南巡撫、郷紳の複雑な動向に着目しつつ、列国の鉱山利権獲得競争に考察を加える。第三節では、鉄道利権回収運動における郷紳の動向、及び郷紳の世代交代に分析を加える。湖南省の鉄道利権回収運動は、一九〇四年七月前後に起きた。同時期は、七月一日の長沙開港に伴う「華洋雑居」問題の発生と、時期が重なる。そして、この背後に位置したのが日露戦争の開始であった。これまで、湖南省の鉄道利権回収運動は、いわゆる「開明」派の郷紳の活動を中心に考察がなされてきたが、一九〇四年七月一日の長沙開港や「華洋雑居」問題と関連させ、王先謙らの動向に着目して論じた研究は多くないだけでなく、列国の文化工作と関連付けて考えた研究も少ない。従って、湖南省の鉄道利権回収運動について、列国相互の文化工作も含めた利権獲得競争及び郷紳の列国の利権獲得競争に対する動向、更には郷紳の世代交代を中心に考察する。

第一節　列国の湖南省進出

一・湖南省の郷紳の権勢

一九〇〇年五月二四日、日本の漢口駐在領事瀬川浅之進は、外務大臣青木周蔵にあてて次のような報告を行っている。

湖南省内に於て郷紳の勢力盛んなること、亦他の各省に於て多く其比を見さる所なり。清国の成例〔回避の制〕に依れは、地方文官は其省内の〔出身の〕人を以て充つること能はす。故に湖南省内に於ては巡撫以下地方大小の官吏（武官は此の限りにあらす）一として湖南人を登用すること能はさるを以て、地方行政の任に当るものは皆な他省人ならさるはなし。然るに前に述ふるか如く、郷紳の勢力甚た強くして、彼等の中には学識経験共遙かに当路の人に卓絶せるもの少からさるか故に、彼等は局外に在りて暗に当局者の施政如何を監視し、苟も其意に満たさるものあるときは、百方之を拒みて遂行せしめさるのみならす、動もすれは在京同郷の有司と相聯絡して地方官を左右するに至ると云ふ。湖南省に於ける施政の困難、推して知るへきなり。現に湖北と湖南は均しく湖広総督管轄の下にありなから、湖北省城武昌の形勢と湖南省城長沙の形勢とは全然其趣を異にし、前者は西法に倣ひ器械工場を設置し、又数多の外国教師を招聘して文明の教育を普及せんと努むるに係〔拘〕はらす、後者は鎖国の夢未た全く覚めすして、〔湖南省〕城の内外に一洋人をさへ止むるの余地を存せさるなり。加之ならす両三年前までは外国人の上陸することをも峻拒せしに、近年漸く之を弛めたるの有様にて、洋装の侭長沙に上陸せしは小官か第六回目なりとの一事を以てするも、如何に湖南省城が一の鎖国的地方たるかを察するに足る。……現在長沙の郷紳中最も勢力あるは、王先謙（前江蘇学政）、張祖同（処士）、陳海鵬（選鋒水師統領）、孔憲教（孝廉書院山長）、兪錫爵（翰林出身）等にして、就中王と張とは両湖輪船公司を開き寸燐〔マッチ〕製造会社を立て、心を新事業に傾け有為の士を以て称せられ、前両広総督譚鍾麟も此頃長沙に帰郷し郷紳として多少の勢力を有し居ると云ふ。(8)

瀬川浅之進の記述では郷紳の実力者として王先謙、張祖同、陳海鵬、孔憲教、兪錫爵、譚鍾麟の六人をあげているが、後に著名となる葉徳輝の名前は含まれていない点が特徴である。なお、この前年の一八九九年一二月二日より、翌一九〇〇年一月一一日まで、宗方小太郎は、緒方二三、岡幸七郎などと共に、上海を立ち、湖南省を遊歴している。宗方小太郎らが長沙に到着したのは一二月二一日であり、日記に「是日当地の紳士王先謙に致書し並に同文会規則を送り会見を求む、他出して在らず。王氏は翰林出身にして前任江蘇学政国子監祭酒たり。前年以来保守党の牛耳を執り、所謂新党の士此人の為に排斥駆逐せられ、屏息して手足を伸ばす能はず。将来湖南の風気を闢〔開〕き施設する所有らんと欲せば先づ、此人を説き我嚢中の物と為すに非ずんば殆んど手を下す能はず。予の此行先づ此人を見んと欲する所以の者は、実に之が為なり」と記している。(9) 文中の「前年以来」とは、一八九八年の戊戌政変を指している。いわば、湖南省の郷紳は、宗方小太郎が日本の湖南省進出の成否を握る鍵として、湖南巡撫に優ると判断するだけの莫大な権勢を誇示していたのである。

王先謙は、湖南省で郷紳の権勢が拡大した理由について、「曾文正〔国藩〕、胡文忠〔林翼〕、左文襄〔宗棠〕の諸公が兵を統率して賊〔太平天国〕を平定してから、朝廷はますます湖南省の人材を用い、兵糧・武器は全て官局より供給を受けて収めた。そして、士人も郷紳を推薦して政要に就かせたため、大官は郷紳に依拠して物事を処理し、地方の利弊・官吏の採否も懇ろに意見を叩いて定めた。国朝二百余年の間、士大夫は家に居て公事に加わらなかったが、ここに至り局面は一変した。そして、その事に携わっている者の方法が不適当なため、利益に近づくと私事によって謗言が起こり、権限に侵すと疑惑が重なり危難が生じた」と記している[10]。このように、郷紳の権勢の拡大は、太平天国期の釐金局など、局所の設置を一つの画期とした。もともと、清朝では、入関以来、皇帝による一元的な財政掌握を図るために、中央と地方が一体性の強い財政構造を取っていた。しかし、嘉慶白蓮教の乱をへて、太平天国が起こり、地方で臨時の出費や支出増加が高まると、中央が掌握する財政の周辺に地方財政が生じ、かつ釐金などの新たな税項目を加えて、正項の外に付着する部分の爆発的な増加を生んだ。そして、総督や巡撫は、布政使系の徴税ルートとは別に釐金局などの局所を設け、委員や委紳を用いて新たに増加した財政収支部分を掌握した。この中で、釐金局は総局を湖南省城に設け、各地に分局と分卡を置き、一八七一年では分局二八局、分卡一〇八処、一九〇九年には分局三六局、分卡一七二処となった。湖広総督や湖南巡撫が分局と分卡の委員や委紳に在地の郷紳や湘軍系の将領を積極的に登用した理由は、これまでの胥吏の弊害を排し、吏治を刷新しようとした点にある[11]。一八八七年の段階で、湖南省の釐金総局の人員四一名のうち、委員が一五名、委紳が二六名を占め、各々の分局や分卡では、総勢六五四名のうち、委員が六六名、委紳が五八八名を占め、委紳、すなわち職務を委嘱された在地の郷紳が全体の九割近くに達していた[12]。このような財政再建の動きは、郷紳の出身地における行政参加に路を開くものであり、それは清朝が地方の独立傾向を強めるものとして懸念していた事柄であった。そして、葉徳輝の門弟の著した「郋園学行記」で、「我が湖南省では、鉱山と湖田が最大の利藪である。従来の鉱山の採掘は単に石炭のみであったが、後にアンチモニーが輸出の重要な産品となった。ここで、互いに競い合い〔鉱山を〕採掘する現象が起きた。そして、貧民の子弟が俄成り金となって郷里に光り輝いた。また、利益があると大勢が奔走し、山や地を争いあう訴訟事件が生じ、同郷人で依存できる人がいない場合には、あちこち駆けずり回り、〔湖南〕省内の有力な郷紳に面識を求め、これと共同経営することで保障とした」と記されたように、二〇世紀前後に競争が激化し、民衆がこのような激しい競争を生き残るためには郷紳の権勢に依拠せざるをえなかったのである(13)。

一八九五年、湖南巡撫陳宝箴は、湖南省の独特の気風を「咸豊以後、外寇・内乱を平定した名臣儒将は、湖南省から多く輩出された。民気の勇ましさや士節の盛んなことは実に天下第一であり、忠義心や正義感に頼んで敵と争おうとし、他人の長所に習い異族と交わるのを願わず、義憤激烈の気や〔他者を〕卑しんで潔しとしない心も湖南人が最たるものである」と記している(14)。特に、湖南省には、明代の頃より、隣省の江西省から多量の移住民が流入した。このため、清代初頭に至り、湖南省の人口は飽和状態に達して、以降は逆に湖南省から移住民を排出する側に回った(15)。この原住民と移住民との抗争の歴史が、三方が山に囲まれるという地理的環境や曾国藩の湘軍の影響と共に、湖南省の人々の激しい性格を形成したともいわれている(16)。清末、湖南省は排外運動の激しさで内外に名を轟かせたが、この排外運動の中心に位置したのが周漢であった。一八九二年、湖広総督張之洞は、湖南省における周漢の行動について次のように述べている。

該道〔周漢〕は性情が迂謬であるが、湖南省では極めて有名で、かつ長沙の三書院〔嶽麓、城南、求忠〕〔の学生〕も多くが推重している。このため、〔周漢に〕代わって〔掲帖を〕伝播する者も甚だ多い。該道は此等の書籍を発刊し、自ら認めて憚るところがなく、また自ら死を恐れずと宣言している。概ね、この人は頗る血性を有しているが、事理には達せず、この行為を不朽の事業と考えており、ために禁止も教戒もできず、湖南の官吏は手を拱いているのである。該道は自ら「正を崇び邪を黜ける」を名とし、「身を殺し国に報いる」を詞としている。もし、弾劾して罪に処せば、政体に妨げがあり、且つ湖南省の無知な輩は憤激をなすであろう。……しかし、これを不問に付すならば、彼は自分の思い通りになったことを喧伝し、益々煽動に務め、掲帖も引き続いて将来の災いも終息させることが難しいであろう。(17)

一八九七年、湖南巡撫陳宝箴は周漢を逮捕・監禁したが、自身も一八九八年の戊戌政変で革職された。湖南巡撫には兪廉三が就任したが、兪廉三も周漢を釈放することはなかった。ところが、一八九九年八月一一日付け『時事新報』に「英国の軍艦が湖南〔省〕長沙地方に至りし時、同地方の旧紳は喧々囂々群行して同艦をして兵士をして上陸するを得ざらしめ、而して其同行者中の王先謙、孔憲教、葉徳輝等十数名聯名して湖南巡撫兪廉三に上書し、自ら保〔証〕人となり、周漢をして出獄せしめんことを以てせり。周漢とは曾て某省の道台たりし人なるが、曾て教会堂を焼燬し外国人を殺害する等の事ありしため、当時の巡撫陳宝箴より永遠監禁を命ぜられたりし者なり。彼等頑固党が保証人となりて其出獄を上奏せるは、蓋し周漢を出獄せしめ、以て英人を殺さんと欲するにありと云ふ」とあるように、一八九九年の岳州開港に際して王先謙らは外国人の入境を妨害するため周漢の釈放を画策していた。(18)このことは、宗方小太郎も日記の同年七月一九日の条に、「湖南長沙の孔憲教、寧郷の周漢等、団練兵五千人を率て漢口の外国人を攻めんとするとの報に接せり」と記している。(19)いわば、王先謙、孔憲教、葉徳輝などの有力な郷紳が排外運動の中心人物の周漢を庇護していた。湖南省の官憲は、これら郷紳に権力を掣肘されていた。従って、列国の湖南省進出の成否は、これら官憲や郷紳にいかに取り入り、自陣に引き寄せるかにかかっていた。(20)

二・郷紳に対する日本の工作

一九世紀後半、湖南省は排外運動の激しさをもって内外に知られ、長らく外国人が湖南省に立ち入ることを許さなかった。しかし、湖南省の農産物、鉱山資源は、列国にとっては垂涎の的であった。日本の政財界の有志は、一八九八年の「内河行輪章程」を受けて「大陸の中枢地」であり「就中洞庭湖の水運を有する湖南地方」に的を絞り、汽船会社の設立を図った。(21) この汽船会社設立の中心となったのは、白岩龍平である。白岩龍平は一八七〇年、現在の岡山県の美作国英田郡讃甘村に生まれ、一八八九年に荒尾精の書生となり、一八九〇年に日清貿易研究所に入学し、日清戦争では広島の大本営に勤務したが、一八九五年に陸軍を退いて上海で中国の内河航運の改革事業に着手した。一八九六年に大東新利洋行を設立して上海と蘇州の間の航路を開き、一八九八年に大東新利洋行を大東汽船合資会社に改名し、一九〇一年に上海と蘇州、上海と杭州、杭州と蘇州の三航路を実現した。この間、一八九九年一二月、白岩龍平は、先に指摘した宗方小太郎の旅行とは別に湖南省への旅行を企図し、日記の一二月一〇日の条に「余等の此行は洋装にして湖南に入る者の最初と為す。其の他の従来遊歴し此に到る者皆中国服装を用いる故である。湖南官民は英・仏・米等諸国人を見るも、未だ我邦人を見ない。今初めて同種人にして同文同教を知り、又日本が富国強兵にして中華と唇歯輔車の誼なるを知る。是を以て、無知賤民官紳の論なく一体として喧伝し、日本人とは親しむ可く、敬す可し。相見相語は幾層心を傾けしめ、或は其の子を日本に就学させ或は教習を学堂に派するよう請うのである」と記した。(22) 白岩龍平は一二月二九日に上海に戻ると、翌年の一九〇〇年一月一五日に帰朝し、更に三ヶ月間かけて日本の政財界の要人を回り、湖南汽船会社の設立を働き掛けた。そして、四月一三日、白岩龍平は近衛篤麿、日本郵船会社の近藤廉平、加藤正義、岩永省一、永井久一郎、田邊為三郎などと共に、湖南汽船会社の発起人会を開催した。(23) この約一年半後、一九〇一年一〇月二一日、白岩龍平は、日本郵船会社副社長加藤正義の協力を得るために、加藤正義一行と長沙に到り、湖南巡撫兪廉三、布政使但湘良、按察使継昌、塩法道劉鎮、洋務道蔡乃煌、提督陳海鵬以下、湖南省の官憲や商人と会談した(24)。白岩龍平、第二回目の湖南旅行である。加藤正義一行は日本に戻ると、白岩龍平の働き掛けで日本政府に湖南汽船会社設立の嘆願書を提出し、一九〇二年二月一日、岩永省一、原六郎、早川千吉郎、大谷嘉兵衛、大倉喜八郎、加藤正義、白岩龍平らが発起人となり、湖南汽船会社の創立の議を決した(25)。二月七日、白岩龍平は『湖南助成願書』を携えて逓信省に赴き、内田嘉吉管理局長に同願書を提出した。二月二六日、湖南航路補助予算案は議会に提出され、同案は三月七日に衆議院を、三月八日に貴族院を通過した(26)。この後、白岩龍平は三月二四日に長崎を出立し、三月二五日に上海に到着した。四月、蘇州、杭州を遊歴し、五月五日再び東京に戻った(27)。ただし、湖南汽船会社の前途には、湖南省内の用地取得という難問が待ち構えていた。何となれば、湖南省内の用地取得には、郷紳の抵抗が予想されたからである。そして、ここで浮上したのが、湖広総督張之洞の発議より出た、湖南汽船会社の株主に郷紳を加えることで郷紳の協力を取り付ける案である。

一九〇二年五月二四日、上海駐在総領事小田切萬寿之助は外務大臣小村寿太郎にあてて、湖広総督張之洞と会談し湖南汽船会社の事業に言及した際に、「同〔張之洞〕〔湖広〕総督は此事業に対し当国人の出資を容認すること丶せは最も宜しかるべし、之に対し日本起業家にして異論なき時は本督〔湖広総督張之洞〕より時宜に由り湖南の紳士等を勧誘するの労を辞せす〔と答へたり〕」と報告していた(28)。一九〇二年六月二六日、逓信大臣芳川顕正も小田切萬寿之助の報告を受けて、第一・湖南汽船会社の株主に中国人を加えることに異論がないこと、第二・中国人を株主に加える場合、相当の制限を加えるべきこと、第三・将来に湖南航路を命令航路とする時も、第二の制限が存する限り中国人の株式保有に問題がないこと、以上の三点を主張した(29)。ところが、約一ヶ月半後の八月七日、小田切萬寿之助は、湖広総督張之洞より先の会談の内容が概論を示したにすぎないとして、「応に各国との商約〔一八六八年清英天津条約の改定交渉」一律に議定せられ、内河航行に関する詳細規則定められたる後に於て、始めて株を募り得べし」という電文を受け取っていた(30)。すなわち、湖広総督張之洞は、前言を翻して、郷紳が湖南汽船会社の株式を購入することに難色を示したのである。一九〇二年八月五日、漢口駐在総領事山崎桂は、外務大臣小村寿太郎にあてて、張之洞の意見が条約の改正、章程の設定の後に株式の募集を承認するというものである限り、先方の意見に従っては時間を空費し、他の列国に先を越される恐れがあるとして、「兎に角、張〔之洞〕総督は近年来清国に対し、諸外国が着々利権を占奪しつゝある点に付、頗る苦慮し居り」と述べた上で、「又若し張総督を以て一種の日本党の如く思惟し、日本の為めには他外国に比し何事につけ特別の便益を与ふるならんとの想像を画く者あらは、是れ誤解の最も甚しきものに有之候」と指摘して、日本もイギリス、フランス、ドイツが行っているように、逸早く土地や家屋を購入し、既成事実を作り上げてしまう方が得策であると主張した(31)。八月二一日、山崎桂は、「顧みるに、怡和洋行〔Jardine Matheson & Co.〕は已に湖南汽船会社の機先を制し、昌和号を長沙、湘潭等内地に通航せしめ、荷客の収攬、陸上の設備等、着々進捗しつゝある事実を見聞しなから、深く恃むにも足らさる張〔之洞〕総督の助力のみに依靠して拱黙他日を待つは、殆んと宋襄の仁〔無用の情け〕、微生の信を学ぶものと謂ふへく、時日を経るに従ひ着々落後し、悔を貽すを免かれさるへしと確信居候に付」と報告した。そして、山崎桂は、上海で湖南汽船会社の設立に奔走していた白岩龍平と相談して、工学博士石黒五十二、茂木鋼之と共に四人で湖南省に向かい、事態の打開を図ることに決した。四人は八月二一日に漢口を出発し、八月二五日夜半長沙に、三〇日に湘潭に到着し、更に九月一日に湘潭より長沙に戻った。ただし、山崎桂はここで腹痛のために九月二日の洋務局の訪問を終えて後に一人漢口に帰ったが、他の三人は長沙に留まり、九月四日に長沙を出立して五日に漢口に到着した(32)。

一九〇二年九月一三日、湖南汽船会社の創立総会が、東京の銀行集会所で三六八名の出席者をえて開催され、取締役会長に加藤正義、専務取締役に白岩龍平と土佐孝太郎、取締役に有地品之允と中橋徳五郎、監査役に大谷嘉兵衛と田邊為三郎が選出された(33)。湖南汽船会社の公称の資本金は一五〇万円、本社は東京市日本橋区本材木河岸五四号地に置かれ、漢口と長沙に支店を持った(34)。奇しくも、同日、漢口駐在総領事山崎桂は外務大臣小村寿太郎にあてた報告で、八月二七日に洋務局総辦蔡乃煌を訪問し、郷紳による湖南汽船会社の株式購入、同会社の陸上設備の土地の購入に際して助力を求めると、蔡乃煌は他を憚るような様子で「貴領事の意は深く之を欽せり。然れとも自分は今や甚た困難の地位に立てり。何分表面十分の援助を与ふる能はさることを憾むのみ」と述べたこと、更に蔡乃煌より湖広総督張之洞からの指令で日本に協力ができなくなった旨伝えられたことを報告した(35)。そして、山崎桂は同報告で、次のように述べたのである。

> 是れより先き、〔一九〇二年八月二五日に〕一行が長沙に着するや、小官は予しめ一同に注意し、第一に営業設備を施すへき地点の撰定に着手することとなし、地所の巡視検分を行ひたる末、長沙府城西門外の沿岸地一区及対岸中洲の水陸洲上の一地を以て、碼頭及貯炭場として撰定したる後、白岩〔龍平〕氏が予て聯絡を付しありたる手筋より、右買地の相談に取掛り居りしが、小官は前述蔡〔乃煌〕道台との面談を以て租界未定処に地所の売買を官場間に認諾せしめたるの見込なきを知りしと雖も、怡和洋行が近頃已に百方手を下して買地の相談に取掛り居ることをも探聞したる今日、最早猶予すへきにあらさるを思ひ、帰舟後白岩氏等に向て官衙に対する手続は追て他日を期せさるへからさるも、撰定地区は一刻も速に且つ出来得る丈秘密的に買収する方得策なるへき旨を告け、其結果として小西門外に約六百坪を買取り（地主より白岩へは売渡証を交付し、白岩より先方へは永代借地証を差入れたり）、又前期中洲の地所約五百坪に対しても手附金を交付するに至れり。〔湖南省の郷紳に対する〕株金募集の件に関しては、湖北の方当面着手の見込なきを以て、切めては湖南に於て地方官紳の間に該会社を紹介し、

一般の意向を探り首尾好くば応募の予約位まて運はしめんとの考なりしに、張之洞訓電の結果、官場中の意気挫折したるを以て、小官は白岩を助けて土地の宿望家たる水師統領陳海鵬等に向ひ、他日重来の時迄に重なる紳士を勧誘し置かしむることに止めたるが、白岩の知交を通して小株の予約を申込むものは少からさる様子なりし。尚〔ほ〕白岩氏は曾て再応同地方に赴き、土着の紳士間に交際あり、且其評判太た好し。傍〔ら〕以て一般の該会社に対する気受は、最も厚望を属するに足るを発見したり(36)。

このような中で、後年に松崎鶴雄が「当時〔湖南汽船会社〕では重役白岩龍平氏がこの新航路を計画し、先づ小蒸気船で一応の瀬踏みをしてから、数千噸の大汽船をさしむけたのです。汽船が岸壁に近づくと、さながら日本当年の黒船騒ぎと同じく、士民は上を下への騒ぎで、湖南省の破滅が到来したかの如く反抗気勢が起つて、官憲も手のつけやうがない時に、白岩龍平氏は長沙の紳士を物色して葉師を見つけ、運輸が富源開発の機関であることを説得しました。葉師は納得して官民間を奔走鎮撫して該会社の支店敷地を斡旋し、ハルクを設置させて遂に後日の繁昌をなさしめた。葉師は該会社の恩人であります」と記したように、白岩龍平が湖南省の郷紳の中で日本の協力者として着目したのは葉徳輝であった(37)。

三・葉徳輝と日本の連携

日本政府や白岩龍平が頼りにした葉徳輝とは、いかなる人物であったのであろうか。葉徳輝の父は葉浚蘭、字は滌賢、号は雨村であり、葉徳輝は字は奐份、煥彬、号は直山、郋園である。葉徳輝の祖父の葉紹業は一八五六年、葉浚蘭が一九歳の時に死去した。このため、葉浚蘭は学問を捨てて商売に励み、太平天国の動乱を避けて江蘇省呉県から湖南省の長沙に移った(38)。葉浚蘭は、呉県では枇杷の栽培や果物の販売で生計を立てたが、湖南省の長沙に至ると公和染坊と玉和槽坊を開設し、財力が富むに及んで、江蘇省呉県の出身で労九芝堂の支配人の労澂の援助を受けて銭という姓の商人と合弁でアヘンを販売し、甘粛省などで売り捌いた。そして、徳昌和銭鋪と怡和百貨号を設立し、巨万の富を築いた(39)。葉徳輝は一八六四年、この葉浚蘭の長男として生まれた。後に、葉徳輝は一九一一年一〇月、「重修呉中葉氏族譜序」を著し、葉氏の出自を楚の葉公に求め、宋代に南渡して呉に居住したとして、第六世に葉夢得を奉じたが、これは自身の家柄の悪さを覆い隠すためであったといわれる(40)。徳輝の弟は、三人いる。次男の葉徳耀は、一八六六年に生まれた。三男の葉徳炯は一八六九年に生まれ、叔父の葉庭蘭が跡継ぎのないまま没したため、叔父の家に養子に入った。葉徳輝は葉徳耀の才能を愛したが、やがて神仏に泥み、病気を患って一九〇二年に三七歳で没した。四男で末弟の葉徳煌、字が黙安は、一八七五年に生まれ、葉徳輝より一一歳年下であったが、一九一一年に亡くなった。葉浚蘭も、一九一二年に亡くなっている。葉徳輝は一八八四年に、湖南省の富商で江蘇省呉県出身の労九芝堂の支配人、労徳揚の娘と結婚をする(41)。ただし、夫人は一八九一年に亡くなり、葉徳輝は再び夫人を娶ることがなかった(42)。なお、葉徳輝は湖南省に籍がなかったため、同郷の徐峙雲の仲介で湖南省湘潭県の籍をえた(43)。葉氏一族は、湖南省における呉県の人脈を利用して蓄財を重ねたといえよう。葉徳輝が「事が起きて後〔一九一〇年の長沙米騒動で処罰を受けて後〕、湖南省の京官に打電し、私は半呉半楚〔半分が江蘇省で半分が湖南省〕の人であり、湖南省の傷とするには及びません」と述べたように、「半呉半楚の人」と称した所以である(44)。葉徳輝は一八八二年の郷試で挙人となり、一八九二年の殿試で第二甲進士出身を賜わり、吏部主事を拝命したが、程なく官界の窮屈さを嫌い郷里に戻った。葉徳輝の会試の同年（同じ年の試験の合格者）には、張鶴齢、汪詒書、湯寿潜、李希聖、張元済、兪鴻慶、蘇輿、趙啓霖、蔡元培がいた。葉徳輝は一八八二年の郷試で挙人となるが、郷試の試験官が謝雋杭であり、謝雋杭が王先謙の門下生であったことから、王先謙の知遇を得るに至った(45)。また、郷試の同年の一人に孔憲教がいた。そして、葉徳輝が「私が地方の利弊に関わる事柄で、時に必ず地方官に呈達し、斟酌し施行した者は、最初は張雨珊〔祖同〕、黄敬輿〔自元〕の二世丈、李幼梅〔輔燿〕観察の三、数人と共に議論するに止まったが、後に葵園〔王先謙〕は私が物事を決定するのに明快であったために、事毎に私を招いて議論に加えた」と述べたように、葉徳輝は王先謙に引き立てられて湖南省の郷紳の仲間入りをすることになった(46)。

葉徳輝は一九二二年に著した自伝の『郋園六十自叙』において、湖南省に隠棲して以降、王先謙らと交流を深めてから「門戸は日々拡がり、煩悩もこれによって生じ、家庭の苦境もこのために起きた」として、「家庭の苦境」の内容について次のように記している。

父君は厳格で慈愛に溢れ、郷里でも慕われていたが、時に訴訟を請託する者がいた。私は各官が赴任すると親書を認めて訴訟に関わらないことを宣言し、これを手元に侵せて合符とし、偽りの請託を判別する材料とするよう願い、また全ての衙門の門番に依頼し、家人の葉を姓とする者が紹介状を携えてきても取り次がぬよう言いつけた。そして、毎回心づけとして二〇〇〇文を与えたところ、門番は私の言いつけに従い、私の名刺でなければ伝達しなかった。ところが、父君は他人が泣いて訴えるのを見ると、直ぐに冤罪と考え、私の頑なさ〔訴訟に関わらないこと〕を甚だしく憎んだ。このため、私は家に引きこもり、父君の言動を見ないようにした。また、末弟の〔葉〕黙安〔徳煌〕は後先を考えずに事を行い、交友を持ったのが里巷の遊び人であった。そこで、人々は不法を見ると、怨みを弟ただ一人に集めた。私はそれ〔弟の行動〕を正そうと努力したが、弟は改まらなかった。私は、自らが不孝のために父君を閑静な境地に至らすことができず、また弟を感化させて少しでも気質を変えることのできないことを恨んだ。このことから、人は布衣貧賤に生まれたならば、事毎に安静な地におれようが、一たび縉紳となるや、日々いばらの途を歩くようなもので、足をあげても平地はないと思った。……また、末弟

〔葉徳煌〕は日々房屋の買占めに努め、強いて抑圧することはなかったが、悪い仲間は利益がないと、しばしば訴訟で争い事を起こし、一波が鎮静しないのに、また一波が起きた。私は事毎に〔戒めるよう〕勧めたが、聞かれることはなかった。(47)

葉徳輝の門弟は葉徳輝の『郋園六十自叙』に注語をつけ、王充『論衡』「自紀篇」と曾国藩『曾文正公家書』を引用しながら、「このため、先生の述べるところは、豪門・世族の共にするところである。特に、先生は斡旋に努め、なお仲任〔王充〕の述べるところの甚だしさには及ばないものの、身に禍の受けるものは大きなものがあった」と述べて、葉徳輝に同情を示していた。(48)そして、葉徳輝も「私はこれ〔一八九八年〕以降、才能を晦まし官界との往来を謝絶したが、官界では私と会うことができないと、事毎に二舎弟・旻文〔次男の葉徳耀〕に訊ねた。二舎弟は事毎に明快に決着をつけ、衙門に出入りして特別な要求を行わなかったため、地方官は一層彼を重んじた」と述べて、父の葉浚蘭、末弟の葉徳煌だけでなく、次男の葉徳耀までが葉徳輝の名前を用いて政治や訴訟に関与し、終生葉徳輝を悩ませたとした。(49)ただし、葉徳輝が例え親族に自らの名前を利用されただけであると弁明したとしても、葉徳輝もその行為を黙認し、かつ個々の事件で葉徳輝の名も取りざたされていたのであれば、葉徳輝の責任が問われても致し方ないのではなかろうか。なお、既に指摘したように、葉徳耀は一九〇二年に、葉徳煌は一九一一年に、葉浚蘭は一九一二年に没している。

白岩龍平は一八九九年一二月以降、一九〇六年末までに、一八九九年一二月の第一回目、一九〇一年一〇月の第二回目、一九〇二年八月から九月までの第三回目、一九〇四年三月から四月までの第四回目、一九〇四年七月の第五回目、一九〇四年一〇月と一一月の第六回目と第七回目、一九〇五年一〇月から一一月までの第八回目、一九〇六年六月から七月までの第九回目、一九〇六年九月の第一〇回目の、つごう一〇回湖南省に赴いている。この間、白岩龍平の日記では、一八九九年の第一回目、一九〇一年の第二回目、一九〇二年の第三回目のいずれの湖南省旅行にも葉徳輝の名前は出てこない。葉徳輝の名前が最初に記載されるのは第四回目の湖南省旅行にあたる、一九〇四年三月一八日の「雨、巡撫、洋務局、兪道台等を歴訪。午後長沙府（知）県、善化（知）県、保甲総局、葉（徳輝）、張（祖同）両紳等を歴訪す」と、三月一九日の「葉煥彬〔徳輝〕を訪う。長沙府両（知）県、葉等答訪」である(50)。この数ヶ月前、すなわち一九〇三年末、湖南汽船会社は沅江丸と湘江丸の二艘を竣工させた。一九〇四年三月一〇日、湖南汽船会社は沅江丸を第一船として漢口と湘潭の間の処女航海を行った。沅江丸には白岩龍平と日本の漢口駐在領事永瀧久吉が乗船し、三月一〇日に湖北省の漢口を出発し、三月一二日に湖南省の岳州に到り、三月一四日に長沙に到着した。湘江丸は、三月二一日に湖南省の長沙に到着した。永瀧久吉は三月一六日に湖南巡撫趙爾巽を訪問し、同日に趙爾巽の答礼を受けた。三月二二日、永瀧久吉は、前日到着した湘江丸の船上に湖南巡撫趙爾巽、洋務局総辦張鶴齢、長沙関監督朱延熙など湖南省の大官を招待して宴席を設け、湖南汽船会社株式募集の勧誘の希望を述べると、湖南巡撫趙爾巽らは株式の募集に歓迎の意を示した。そして、湖南巡撫趙爾巽は、商務局総董王銘忠に株主の勧誘を訓示したところ、「官民の已に〔株式を〕予約せんもの尠からず」という状況となった。湖南省の官憲や郷紳は、永瀧久吉の長沙訪問を手厚く歓迎した。翌三月二三日、湘江丸の船上で湖南省の郷紳の主な者、とりわけ張祖同、朱恩緡、葉徳輝、商務局総董王銘忠ら数人を招いて半日談笑し、主客打ち解けて宴席は終わった。そして、午後三時には一般人の観覧を許し、花火があがり、盛況となった。四月四日、永瀧久吉は外務大臣小村寿太郎にあてて、三月二三日の湖南省の郷紳による歓待の模様について、次のように述べている。

現今在省の紳士中有力なるは、張祖同、朱恩緡、葉徳輝（重に政治財政）、王先謙、孔憲教、黄自元（重に文学の方）等にして、今回本官同地出張中湖南汽船会社開業披露を機とし両三回会合し、親しく談話を試みたるに、張、朱、葉等は白岩〔龍平〕氏湖南汽船会社創立奔走以来の恩人にて、同会社の成功には好意と希望とを属し居るは勿論、其他湖南省各種の事業経営利権問題等に至りても、日本人には招同し、或は日本人に譲許するは格別なり抔〔など〕とは、時々其口頭を洩るゝ所にして、彼等意向の在る所を察するに難からさりき。概するに、湖南人は比較的素直にして、気概に富み、敢為力行の士多し。今回其二、三の士に付いて公平なる其技〔議〕論を叩けは、現当局者には比較的敬順の態度を取り居るもの、如く、是等の士は清国の方途に付ては深く憂を抱き居るもの、如く、所謂保皇の説〔と〕革命の説〔の〕二〔つ〕なから賛せす、我輩は啻応さに明治維新の精神を以て育才の事に従ひ、時勢の変遷に従ふ可きのみとは、此等一輩の云ふ処なり(51)。

ここでは、一九〇〇年五月二四日に瀬川浅之進によって「長沙の郷紳中最も勢力ある〔もの〕」に含められていなかった葉徳輝は、重要な立場を占めていた。この半年後、一九〇四年一〇月、白岩龍平は西園寺公望一行を案内して第六回目の湖南省旅行を行い、一〇月一一日に白岩龍平と西園寺公望一行が長沙で晩餐会を開くと、葉徳輝は布政使任国鈞、営務処総辦兪明熙、洋務局総辦張鶴齢、鉱務局総辦金還、前雲南布政使陳啓泰、前浙江学政龍湛霖、曾広鑾と共にこの晩餐会に列席した(52)。

第二節　鉱山利権と郷紳

一・日本の湖南省進出

一九〇五年、日本の安井正太郎は「長沙に郷紳あり、多年省外に宦遊し郷に帰つて退隠せるものの称にして、文武の大官少からず、其勢力陰然として重を成し、地方督撫、中央政府と雖も之を左右するを得ず、他省に類例なき所なり」と述べ、「其重なる氏名」として譚鍾麟（前両広総督）、王先謙（前国子監祭酒、嶽麓書院山長）、湯聘珍（前山東布政使）、張祖同（前刑部郎中）、龍湛霖（前浙江学政）、葉徳輝（前吏部主事）、陳啓泰（前雲南布政使）、劉鳳苞（翰林院・城南書院山長）、孔憲教（翰林院・孝廉書院山長）、汪槩（翰林院・求忠書院山長）、杜本棠（校経書院山長）の一一名の名をあげた。[53]そして、松崎鶴雄は、湖南巡撫と郷紳の関係について、「〔湖南巡撫などは〕何か省内に問題が起りますと、何はさて置いて学者達の意見をたゝき、或は集合会議をして決行します。日本の元勲あつかひの様です」と述べた。[54]安井正太郎のあげた一一名の郷紳のうち、五名までが書院の山長である。このことは、書院の山長など、教育界を牛耳ることが、郷紳の威信の形成に大きな意味を持ったことを意味する。これらの郷紳の中で、譚鍾麟は、陝西巡撫、陝甘総督、閩浙総督、両広総督を歴任した。また、王先謙も、雲南、江西、浙江の各省の郷試の正考官や副考官、国子館祭酒、江蘇省の学政を務めていた。そして、譚鍾麟の子息が譚延闓である。譚延闓と龍湛霖の甥の龍璋、陳啓泰の家兄の陳文璋は湖南諮議局議員となり、譚延闓は湖南諮議局議長、龍璋は商務総会総理、陳文璋は商務総会協董となった。更に、一九一一年一〇月三一日に成立した湖南都督府でも、譚延闓は湖南都督、龍璋は民政司長、陳文璋は財政司長の要職を担った。一九〇三年一〇月、湖南省の同郷京官は、王先謙について一〇にわたる大罪を指摘し、第九の「利権を貪る」の項目で「湖南省の全ての善堂公局は執事〔王先謙〕が半ば利権を掌握し、一人の侵食や把握も許さなかった」と記した上で、第一〇の「権力を収攬する」の項目で「執事〔王先謙〕は湖南で酒色に溺れること猖獗を極め、特に人材登用・行政遂行に関与し、湖南省で設立された機関は、執事が直ちに独占しこれ〔行政の良好な遂行〕を妨害した。員紳が物事を行う場合、員紳が執事の推薦者を用いなければ、必ずやこの員紳を排斥して去らしめた。そして、後に劣紳の葉徳輝、孔憲教、張祖同らと結託し、文筆を弄して法規を乱した。ために、両湖の人は彼らを四奸として斥けた」と批判を加えた。すなわち、王先謙は、葉徳輝、孔憲教、張祖同らと派閥を形成すると共に、人事や行政に関与することで郷紳としての権力を固めたのである。[55] 白岩龍平の義父は西毅一、号は薇山である。西毅一は、一八七〇年に清朝との友好の可能性を調査するために渡清し、王先謙の知遇をえて各港を調査していた。[56] もちろん、王先謙は、白岩龍平の経歴を熟知していたであろう。このため、白岩龍平は西毅一と王先謙の関係を通じて、湖南省の官憲や郷紳の知遇を得た可能性もあった。

一九〇二年九月二一日、日本の漢口駐在総領事山崎桂は、外務大臣小村寿太郎にあてて、湖南巡撫兪廉三が留日学生に対して湖南省に招聘すべき鉱山技師の調査を依頼する可能性を示唆した。そして、この約二年後、一九〇四年一二月二三日、日本の長沙駐在副領事井原真澄は、日本が湖南省で取るべき方策について、「仮令ひ今日湖南省内の鉱山事業に指を染めんとするも、自ら資本を投して其鉱山採掘権を得んとするも頗る困難にて、仮りに中央政体に於て之を許可するとするも湖南人は大に之に反抗し、延ひては排外的騒乱に及ふも亦た知るへからす。故に此際最も策の得たる者は、先つ地方郷紳と交を訂し友誼を厚くし、此際事業に対しては先つ本邦人を技師として雇聘せしめ、漸次彼等の心中に日本人なる者を侵染安心せしめ、徐々に湖南人と日本人との合資起業なる名目を用ひて其権利を取得するを可とす」と進言している。[57] そして、一九〇五年五月、イギリスの長沙駐在領事フラハティ（Flaherty）は、「日本が湖南省で精力的な活動を行い、同地域を商業活動の有望な対象とみなし、かつヨーロッパの競争相手の努力に先行するための好機と捉えている」として、湖南省における日本の旺盛な活動状況を報告書にまとめて次のように記している。

現在、イギリスと日本の各々の二艘の蒸気船が漢口と長沙、湘潭の間を定期的に航行している。〔日本の〕二艘の蒸気船は大阪で建造され、当地で巨大なビジネスを展開している湖南汽船会社によって所有されている。日本の主な輸入品は、紡績、反物、マッチ、タバコ、薬である。日本のこの地域〔湖南省〕への進出は、長沙における人数の急劇な増加によって判断されるであろう。日本人の湖南省城内外における居留者は、本年初旬で三〇名を数え、現在では少なくとも四〇名となっており、殆どが小商人である。日本の仏教の僧侶〔水野梅暁〕も出現し、彼は湖南省城郊外北方の寺〔開福寺〕で小さな学校〔僧学堂〕を開設した。日本から長沙への訪問者は蒸気船で到着しているが、最近では農商務省次官の和田〔彦次郎〕がいる。これらの訪問者は観光よりも商用で来ており、疑いもなく日本の移住民の先駆者である。日本の副領事井原〔真澄〕は、あらゆる分野において日本の影響力を当地に扶植しようと努め、郷紳や官吏だけでなく、長沙や湘潭の中国商人に取り入ろうとしている。……日本の湖南省における影響力は、主に教育部門で示されている。現在、新設の軍の学堂で薬学を教えている者も含めて、七人の日本の教授が長沙の各学堂に雇われている。この一方で、多くの湖南省の学生が日本に来ている、これらの学生は、帰国すると、各省を通じて地方にばらまかれている。私が彼らから見たり聞いたりしたところでは、日本の教育の成果には余りよい印象を与えられていない。多くの学生は攻撃的で礼儀をわきまえず、革命的な観念を備えている。[58]

湖南省では、湖南高等学堂に関口壮吉が招かれて以降、湖南師範学堂に江口辰太郎、明徳学堂に堀井覚太郎と永江正直、武備学堂に佐久間三郎、常徳師範学堂には菅野新一郎などの日本人が教習として就任しており、学生の教育に携わっていた。[59] そして、一九〇五年八月一一日付け『ノース・チャイナ・ヘラルド』紙も、岳州税務司H・ハリス（Harris）の報告として、「日本人はこの地域〔湖南省〕における発展の可能性を推し広めることに積極的である。彼らの代理人はあらゆる所におり、何人かの第一級の教師は学校の仕事をサポートしており、日本語か英語が学校で教えられる外国語となり、日本の軍事指導者も二つの軍学校に雇用されている」としながら、「この〔湖南省における〕日本びいきは、一部には日本の中国寄りの立場から説明することができる」と記し、湖南省における日本の影響力の強さを指摘した[60]。

一九〇一年から一九〇二年にかけて、列国は義和団事件後の北京議定書により、中国の鉱業の華洋合辦を要求した。そして、日本、イギリス、フランスの企業や商人が上海に集まり、中国人商人と結託して各県の鉱山を私に典売（買い戻し条件付き販売）しようとした。当時、上海・漢口の外国商社で、湖南省の鉱山買収の契約を行っていたものは、七〇〇〇から八〇〇〇件にも達し、外国人の鉱山技師が洞庭湖と衡州、岳州の間を徘徊した[61]。この間、一九〇二年九月、イギリス商人のカーグ（Kage）なども、湖南巡撫兪廉三に対して、湖南省内の平江、永興、耒陽の三県、宜章県の乾州、新寧県の北沙子、常徳府の某処の合計六処における鉱山の採掘について、申し出を行っていた[62]。一九〇三年一月一六日、湖南巡撫兪廉三の時代に、イギリス商人のブロックが湖南省内を遊歴し、鉱務局総辦蔡乃煌との間で合同の契約を結び、蔡乃煌が私印を捺し、葉徳輝がサインをして証明とした。蔡乃煌が公印ではなく私印を捺したとするのは、証明書を鉱務局総辦ではなく私人の立場によると主張するためであろう。同年末、湖南巡撫は、兪廉三から趙爾巽に代わった。一九〇三年一一月一〇日、ブロックは湖南巡撫趙爾巽に書簡を与え、一九〇四年一月一六日に蔡乃煌・葉徳輝の間で結んだ契約書に従い、鉱山採掘者を帯同して湖南省に至る旨を伝えてきた。そして、ブロックと鉱山技師は、一九〇四年三月八日に長沙に至り、三月一〇日に洋務局を訪問した。洋務局は、これに対して、契約書には洋務局の関防が捺されておらず、またサインをした葉徳輝も洋務局の人員ではないとして、契約書の無効を宣言し、ブロックの鉱山の調査を認めなかった。もちろん、ブロックは洋務局の主張を不服として、洋務局に激しく抗議した[63]。葉徳輝の門弟が著した「郋園学行記」は、湖南巡撫趙爾巽が湖南省に赴任すると、蔡乃煌・葉徳輝とブロックの契約書を発見し、直ちに軍機処に打電して同事件を報告し、葉徳輝が公事に関与したと訴えたが、軍機処はこれを不問に付した。そして、葉徳輝が逆にブロックに打電して、ブロックを上海から長沙に至らせ、湖南省当局を混乱に陥れたとしている。[64]この背景には、湖南巡撫趙爾巽と葉徳輝などの郷紳の間に暗闘が存在していたように思われる。葉徳輝が「私が壬辰〔一八九二年〕に会試に及第すると、交友を持った者は皆な海内の名流であり、同年の汪詒書、蔡乃煌とは頗る意気投合した。また、世間で著名な者は、皆な舎弟〔四男の葉徳煌〕と莫逆の交わりをなした」と記したように、葉徳輝は蔡乃煌と懇意の関係にあった。[65]このため、葉徳輝は蔡乃煌との関係を利用して、イギリス商人ブロックの鉱山の利権を仲介し利益を貪った可能性がある。一九〇三年五月一九日付け『ノース・チャイナ・ヘラルド』紙は、蔡乃煌について「彼はアヘンも酒も煙草も嗜まず、仕事を着実にこなす人物である。過去二年間、長沙を訪問した人は、皆なこのことに驚かされている」と記している。[66]しかし、蔡乃煌は、仕事には実直である半面、友人の誘惑には抗しきれなかったのではなかろうか。

二・湖南鉱務総公司の設立

一九〇二年八月から九月にかけて、湖南省の郷紳、特に龍湛霖、王先謙、湯聘珍、陳啓泰、陳兆葵、李維翰、張祖同、黄自元、聶緝榮、郭承煒、朱恩紼、蔣徳鈞、朱恩紱、王銘忠は、列国の鉱山利権獲得競争に危機感を抱き、湖南巡撫兪廉三に対して株式の募集による湖南錬鉱総公司の設立と中路、南路における鉱砂採掘と精錬を請願した。鉱務総局は、この請願を認可し、湖南錬鉱総公司を湘阜鉱務総公司と名付けた。時を同じくして、黄忠浩、喩光裕、瞿鴻璣、黄霦、周声洋、沈克剛、黄式崇、楊昭撲も、貴州、四川両省の境界と西路を範囲とした、沅豊鉱務総公司の設立を請願し、これも許可された。そして、湘阜鉱務総公司は蔣徳鈞が総辦となって南路を担当し、沅豊鉱務総公司は黄忠浩が総辦となって西路を担当した。しかし、二つの総公司の設立にも拘らず、カーグやブロックのような外国商人、更には湖南省内の商人の中には依然として事件を起こし、詐欺を働いたり、期限切れの書類を用いたり、鉱山主の出した契約書を偽造したりする者が、跡を絶たなかった。このため、湖南省の官憲や郷紳は、鉱山の採掘権の確定、すなわち湖南省当局による鉱山の管理と統括を急いだ。一九〇三年一月四日、湖南巡撫兪廉三は、湘阜鉱務総公司と沅豊鉱務総公司の紳董、すなわち蔣徳鈞、朱恩紱、王銘忠、瞿衡璣、黄霦、黄忠浩、黄篤泰などによる、「両公司を一つに合併して紛争を防ぎ、深く聯絡の構築を期す」という要請を受けて、両公司の合併を推し進めていた。そして、一九〇三年から翌一九〇四年にかけて、湖南巡撫兪廉三の後任の趙爾巽は、湘阜鉱務総公司と沅豊鉱務総公司の紳董の要請を受けて、資本金三〇〇万両を集めて両公司を合併して湖南鉱務総公司を設立し、鉱務総局が試験的に行っていた湖南省内の各鉱山（新化の鉄鉱、常寧の鉛鉱、平江の金鉱）を除く、諸鉱山を一括して経営・管理することにし、以後本省、外省、外埠の各郷紳や商人で湖南省の鉱山の採掘を請願する者は総公司の分公司を設立し、かつ章程も総公司の定めた章程に倣うものとした[67]。また、趙爾巽は、総公司が区域を中路、南路、西路に分け、各々総理一人を設けて事務を分担することにし、中路総理に黄篤恭、西路総理に黄忠浩、南路総理に蔣徳鈞を任ずると共に、各路とも清朝政府の持ち株を五万両とし、各国領事に照会して通商各港に布告し、凡そ外国人や中国人を問わずに、湖南省で鉱山の採掘を図る者は全て同公司の章程を遵守すべきとした。このため、上海・漢口方面の外国商人が個人と個別に締結していた湖南省内の各種の鉱山契約は、一斉に無効になった。各国の北京駐在公使らは清朝政府に対して、この点に関し厳重に抗議したが、清朝政府が章程を既成事実としたために、規約を改廃することができなかった。この後、各省の鉱山で利権を外国人に奪われながら、湖南省の例に倣って整理、回収したものは、前後で九省にのぼった[68]。やがて、中路、南路、西路の各公司は、鉱務公司に合併し、官立と商立の区別を問わず、鉱山が全て該局の管理に帰した。湖南鉱務総公司、及び中路、南路、西路の三公司の設立は、鉱山の主権の確保、外国商人の侵略への抵抗という点で大きな意義を持った[69]。

一九〇三年末、湖南巡撫兪廉三の後任として趙爾巽が着任したが、一九〇四年五月、趙爾巽は僅か半年余りの在任で辞職し、後任には陸元鼎が着任した。湖南巡撫趙爾巽の辞任は、革新的な政策、殊に教育改革、すなわち書院を学堂に改めようとして湖南省の郷紳の不満を買った点にあった。(70) ただし、湖南巡撫趙爾巽のこの他の政策が郷紳の利権を侵害し、郷紳の弾劾を受けて湖南省から追放された可能性もあった。(71) 同年一二月一四日、清朝政府は、両江総督端方を陸元鼎に代えて湖南巡撫に転任させた。端方が湖南省に着任した日にちは、翌年の一九〇五年二月五日である。(72) 同年二月二〇日、長沙駐在副領事井原真澄は外務大臣小村寿太郎にあてて、湖南巡撫端方とドイツとの関係、及び日本の取るべき方策について次のように述べている。

端方〔湖北巡撫及び湖広総督代理として〕湖北〔省に〕在任中、独乙人と或る関係を有し居候由聞及居候処、端方〔が湖南巡撫として〕当地に着任当時、端方は湖南省内鉱山開掘の意志ありて、外国技師雇入の契約を為し、近日中到着の由聞知致候に付き密査致候処、右外国鉱山技師なる者は独乙人にして湖北にて雇入の相談を決したる由に有之候。又端方当地に到着するや、在漢口独乙商 Arnold Karberg & Co.〔瑞記洋行〕は一店員を当地に派し来り、直ちに湖南省善後局と「モーゼル」銃二千挺売込の契約を取結ひ、其外確否詳ならされとも、湖南の或る官吏は右独乙商に対し五十万両借款の相談を為したるに、同商会派遣員は二十万両なれば其求めに応すへき旨回答し、同派遣員は漢口より同伴し来れる買辦を残し、単身漢口に引返し候由問及ひ候。小官は右の風評を耳に致候に付き、直ちに洋務局総辦張鶴齢を訪問し、内々其意見を探り候得共、張鶴齢は右銃器売込の事は承知致居候様子なれとも、借款の事は一切関知せさる様見受けられ候。当時張〔鶴齢〕の言に依るに、端方が湖北在任中独乙領事と非常の親交を有したるは事実なる旨申居候。右借款問題は実否詳ならさるも、万一独乙商をして湖南に巨額の金銭を貸付くるときは将来延て湖南に於ける諸事業に関係を深からしむるの恐あるを以て、郷紳中にて畏怖せられ居る葉徳輝と称する者に、内密右風聞の旨を告け、若し実際如斯契約成立するときは、湖南に於て独乙が其手腕を弄し、湖南の利権に将来非常の損害を来すに至るべきを以て密査すへき旨申聞け〔かせ〕、暗々裡に彼を煽動し置候。多分彼は頑固派の首領王先謙等と商議の上之れを探査し、若し事実なるときは其破壊に尽力すべきことと被存候。何れ実否充分探査の上更に可及報告候。[73]

この井原真澄の報告では、湖南巡撫端方とドイツの関係を妨害し、日本の湖南省における利権を拡張するために、葉徳輝を暗々裏に扇動し、「多分彼は頑固派の首領王先謙等と商議の上之れを探査し、若し事実なるときは其破壊に尽力すべきことと被存候」と述べられていた。これよりするならば、井原真澄は、日本にとっての葉徳輝の利用価値を、葉徳輝が「頑固派の首領」である王先謙と密接な関係を持ち、葉徳輝を介して王先謙を動かし、湖南省の政治に影響力を行使することのできた点と、葉徳輝の「其破壊に尽力すべきことと被存候」というような、相手を攻撃するためには手段を選ばない点に見ていたことになるであろう。

一九〇五年二月二〇日、井原真澄は外務大臣小村寿太郎にあてて、湖南巡撫端方とドイツの関係を指摘するに先立ち、ドイツの礼和洋行について、「先般湖南省内或る有力なる紳士と在漢口独乙商礼和洋行との間に湖南省内の鉱産物売買契約取結ひたりとの風説を耳に致候に付き、其当時より種々苦心し其実否探索致居候処、右有力なる紳士とは曽侯爵なることを発見致候。其売買契約の事実なる者は先般曽侯爵歯牙療治の為め漢口に出養中、礼和洋行即ち Carlowing & Co. と曽侯爵所有に係る『アンチモニー』鉱砂一手売買契約を締結し、二万両の手付を得たる由にて、右売買契約成立の事湖南郷紳の知る処となるや、郷紳間に議論を惹起し、郷紳等は侯爵に迫て遂に破約せしむるに至りたる由に有之候」と報告している。[74] この「曽公爵」とは曾紀沢の第三子、曾広鑾を意味している。[75] 曾紀沢は曾国藩の長子である。従って、曾広鑾は曾国藩の長孫にあたる。いわば、湖南省の名家である。曾広鑾は、湖南汽船会社の相談役に就いていた[76]。翌三月中旬、すなわち湖南巡撫端方が湖南省に着任して約一ヶ月半後、端方は突如「曽公爵家」の執事である二人、すなわち曾七と曾九を、礼和洋行（Carlowitz & Co.）とアンチモニーの売買契約を締結した廉で逮捕した[77]。曾七と曾九の二人は、曾家の家事万般を管理していた。曾広鑾は二人が逮捕されて後に、頻繁に日本領事館の井原真澄の許に出入りし、井原真澄が湖南巡撫端方と面会して、二人の釈放を要請するよう依頼した。井原真澄は、曾広鑾に対して、この二人が捕縛された理由を聞いたが、曾広鑾から明確な返答はなかった。井原真澄は「〔曾広鑾による〕数回の懇請も有之、且つ若し都合好くは右契約を日本商人との間に転せしめ、権利収得の途もあらんかと思考し」、湖南巡撫端方を訪問して内々に意見を探った。すると、端方は二人の捕縛が礼和洋行の鉱産物売買の契約に起因するとし、また両名の釈放を拒絶する口調であった。このため、井原真澄は、あえて二人の釈放を求めずに、引き下がった。鉱務局総辦金還の井原真澄に対する談話によるならば、曾七と曾九の二人は一九〇四年六月から八月までにドイツ人との間で鉱山採掘権を譲与するに等しい契約を行っていた。このため、周囲が百方手を尽くして、二人とドイツ人との間の契約を破棄させたが、二人は冬に再び礼和洋行とアンチモニーの鉱砂三万トンの二〇年間の売買契約を結び、前金として七、八万両を得た。同契約は鉱砂の売買契約に止まらず、未採掘の鉱山にも及んでおり、ために二〇年間で鉱砂を三万トンも採掘することが可能か否かは不明であった。もちろん、礼和洋行も同売買契約が詐欺に近く、到底三万トンもの鉱砂が採掘されないことは重々承知していた。礼和洋行の真意は、鉱砂が契約通り採掘されなかった場合、礼和洋行が契約の不履行を口実として同鉱山の採掘権を掌握する点にあった。湖広総督張之洞は湖北省でこの件を探知し、湖南巡撫陸元鼎に密電して同事件を調査させた。曾広鑾の親戚の聶其昌は、秘密裏に奔走して曾家と礼和洋行の間の契約書を破棄した。聶其昌は、浙江巡撫聶緝椝の子息で、湖南鉱務総公司の総辦の任にあった[78]。湖南巡撫陸元鼎は、湖広総督張之洞に対して湖南省では更なる事実がないと返電し、同事件の一件落着を図った。ところが、湖南巡撫陸元鼎の後任の端方は、湖南省に赴任後密かに探査して、同契約が行われていたことの確証を得て両人を捕縛した。(79)

三・ドイツと日本の対抗

一九〇三年一二月、湖南巡撫趙爾巽の定めた湖南全省鉱務総公司章程では、同公司設立の目的が「湖南全省の各鉱山を総攬し、利源を保ち、責任を専らにする」点にあり、従前の湘阜鉱務総公司と沅豊鉱務総公司を合併すると共に、「本省、外省、外埠の各紳や商人は投資することができるが、本国人でない者は参入することができない」と定めていた。この結果、外国人は湖南全省鉱務総公司の規定に服さざるをえなくなると共に、個人が勝手に外国人に鉱山を売却して利益を得ることも禁止されたのである。(80) 曾広鑾一家の使用人である曾七と曾九の礼和洋行に対して行った行為は、この規定に対する違反であった。一九〇五年四月六日、日本の長沙駐在副領事井原真澄は外務大臣小村寿太郎にあてて、湖南巡撫端方が曾七と曾九の二名を捕縛した理由について、鉱務局総辦金還の談話をもとに次のように報告している。

尚ほ同人〔金還〕の談に拠るに、一両年来独乙人が湖南の鉱山に着目し居ること異常にして、昨年中十余人の独乙人湖南内地遊歴と称し来遊したるを以て、一々之れを密探せしに、悉く独乙の鉱山技師なること明白したれば、洋務局より一人宛密偵を彼等に尾行せしめ、各処に於ける挙動を注意せしめ、傍ら鉱山所在地の土人と鉱山売買を契約せんとする場合には一々之れを破毀せしめたる次第にして、一時も油断し難しと称し、又端〔方〕巡撫雇聘に係る独乙技師は全く礼和洋行と利益の分配上に於て不和を生し居る者にして、彼等をして独乙人を抵制する積なるも、彼等と雖も油断すること能はさる人物なれば、鉱務局自ら採掘に従事せんと欲する鉱山をのみ視察せしめ、一般の鉱山に関しては決して踏査せしめさる考なりと称し居候。要するに、金〔還〕総辧の談の如く、湖南に於ける鉱山に関しては単り独乙人のみならず、英米人に於ても亦た非常に注目し居る者の如く、現に先日小官湘潭出張中にも英人三名鉱山踏査の為め同地を通過する一行に面会致候。(81)

外国の企業は、一九〇四年七月一日の長沙開港に前後して湖南省に盛んに至り、有力な郷紳に働き掛けて湖南省の鉱山を掌中に収めようとした。ために、ドイツの和記洋行は、郷紳の曾広鑾に狙いを定めた。ただし、井原真澄が「若し都合好くは右契約を日本商人との間に転せしめ権利収得の途もあらんかと思考し」、曾広鑾の要求を容れて曾七と曾九の救済のために湖南巡撫端方への働き掛けを行おうとしたように、イギリス、ドイツ、日本、アメリカなどの列国が、湖南省の官憲や郷紳の対立と結び付き、複雑な様相を呈していたのである。(82)一九〇五年七月二八日付け『ノース・チャイナ・ヘラルド』紙上は、「湖南巡撫端方は、進歩的な官僚としての名声を維持し続けている。彼は、外国の方針に沿って鉱山産業を積極的に推進しており、現在二人の著名なドイツ人技師を雇い入れている。そして、鉱石か高価な鉱物を取り出すことのできる精錬所と搗鉱機の建設を計画しており、もしこの計画が遂行されたならば、湖南省は金、銅、銀、石炭などの産地として世界を驚かすであろう。ドイツ人技師の一人は、建設予定のプラントのために機器一式を購入しようと、ドイツに向かっている途中である」と記している。(83)端方は、曾広鑾一家の使用人の曾七及び曾九と礼和洋行との間の契約を摘発していたにも拘らず、イギリスや日本などからはドイツ寄りの人物に見られていた。(84)

ドイツは、歴代の湖南巡撫に積極的に働き掛けた。このため、日本が湖南省の鉱山の利権を獲得しようとするならば、湖南巡撫をドイツに代わって日本側に取り込むか、ドイツ寄りの湖南巡撫を革職させ、日本寄りの人物の湖南巡撫就任を期待するか、いずれかの方策が必要であった。そして、日本の意向を汲み取り、策動したのが、郷紳の葉徳輝であったのである。一九〇五年一二月六日、日本の長沙駐在副領事井原真澄は、外務大臣桂太郎にあてて次のように述べている。

葉徳輝を該鉱業事務参謀に任命の件、〔一九〇五年〕十月十七日機密信第一九号を以て湖南鉱業に関する件及報告至候処、已に御覧悉の事と存候。右に関し、葉徳輝か湖北に向ふに際し、湖南の鉱業中、官署の手にある者を一切引受け、之を紳士の掌中に握るの方法として一の意見書を草し、当時之れを小官に内示し、湖北に於て〔湖広総督〕張之洞に内呈したる結果、幾分葉〔徳輝〕の議論採用せられたる者と相見え、今回張之洞は葉徳輝を以て湖南省に於ける飢民鉱務米捐に関する参謀に任したる由に有之候。一昨日〔一九〇五年一二月四日〕葉〔徳輝〕来館（日本領事館訪問）の節談する所に拠れは、今回湖北に出張の結果、趙〔爾巽〕巡撫か独乙人と密接の関係を有することを発見したり。尚ほ今回長沙銅元局総理に命せられたる裕某〔慶〕は全く趙派の人物にして、趙を代表して独乙人との関係を密接にする者にして、又端方か独乙商人瑞記洋行と密接に関係を為するは、瑞記より秘密に爾余の補助を受けつ丶あるに因るを以て、悉く此等の件を北京の御史に通報すへしと称し居候。或は趙〔爾巽〕若くは裕〔慶〕は近年以来に於て弾劾せらる丶に至るへしと存居候。尚ほ湖南に於ける鉱業上の関係、前述の如く漸々本邦の為め好都合に進行しつ丶あり。目下の処、鉱業に著〔着〕手するに好的〔適〕の口実を得は大発展を遂けさるまてに進み居候。故に先般湖南鉱務中路総公司総辦聶其昌と秘密の相談を遂け、古河銅山上海出張員萩野元太郎の来湘を機とし、数日前已に聶其昌と同伴せしめ、零陵の鉛鉱山を探検し、併せて其付近一帯調査の為め派遣致居候。其結果は萩野〔元太郎〕帰来報告を俟ち及報告候。要するに、葉徳輝にして弥々其手段を奮ふ至らは、本邦の為め余程面白き発展を見るに至るへしと存居候。(85)

先に、一九〇〇年、日本の瀬川浅之進が湖南省の状況について、「郷紳の勢力甚た強くして、彼等の中には学識経験共遙に当路の人に卓越せる者少なからざるが故に、彼等は局外に在りて暗に当局者の施政如何を監視し、苟も其意に満たざるものあるときは、百方之を拒みて遂行せしめざるのみならず、動もすれば在京同郷の有司と相聯絡して地方官を左右するに至ると云ふ」と述べたように、これら郷紳は北京の御史などを用いて自らの意に染まない官憲を弾劾するのが常套手段であった(86)。日本政府が葉徳輝に期待したのも、このような手段を用いてドイツ寄りの官憲を弾劾し、更に革職せしめ、かつ日本の利権獲得に有利な政策を遂行させる点にあった。そして、葉徳輝も日本の要求に応じつつ、郷紳の権勢を拡大させたのである(87)。

一八九九年一一月の岳州、一九〇四年七月の長沙に続いて、一九〇五年五月には湘潭と常徳が相次いで開港した。そして、一九〇五年七月以降、日露戦争が終結の方向に赴くにつれ、ドイツは湖南省内で急速に勢力を伸ばしていった。そして、ドイツの軍艦は頻繁に湖南省内に至り、イギリスの軍艦もドイツに対抗して湖南省に赴き、ために湖南省内は緊迫した。日本政府も、これらイギリスやドイツの動向に対応を迫られた(88)。一九〇五年九月五日、アメリカで日本とロシアの講和条約、いわゆるポーツマス条約が締結され、同年一二月二二日、日本政府はポーツマス条約に従ってロシアの利権を継承すべく、清朝政府との間で北京条約を締結し、二五年期限の旅順・大連租借地と、長春以南の鉄道支線及び鉱山採掘権などを継承した。そして、南満洲鉄道株式会社（満鉄）が、日本の継承した長春以南の部分を運営することになった。以降、日本は、満洲の利権を拡大させてゆく(89)。このため、中国国内においては、日本に対する警戒が強まった(90)。そして、湖南省では、日本に対する警戒が強まるのに呼応するかのように、ドイツとアメリカが活動を活性化させるのである。一九〇六年四月、長沙駐在副領事井原真澄は、外務大臣西園寺公望にあてて、次のように述べている。

一・鉱山に関する件　湖南鉱山に関しては、独乙人の注目殊に劇〔激〕しく、各種の手段と方法とを運らして其利権の獲得に努め居候。当地〔湖南〕鉱務総局は先年〔一九〇五年〕在漢口の礼和〔洋行〕Carlowitz & Co. と「アンチモニー」鉱砂の売約を訂〔締〕結し、其後鉱砂の出額減少したると、他に両当事者間何等かの秘密約定を有したるとにより、鉱務総局と礼和洋行間に訴訟事件を生し、目下同じく独乙人にして端方の顧問たる「エンシンガー」来湘、鉱務総局内に住して右事件の善後策を講究致居候。又一方当地南門外に新設したる銅元局は、独乙商「アーノルド、カーバーグ〔Arnold Karberg & Co. 瑞記洋行〕」商会より銅を買入れ、其代価の支払に差支へ、同商会は厳重の督促を行ひ、右代金の代価として湖南鉱山の採掘権を要求したる由に有之候。右銅売込の如きも端方と右独乙商会との間に協定せられ、同商会は其銅価支払の不能を知りつゝ、銅の売込みを為し、弥々代価不払の場合に於ては其代償として鉱山の採掘権を目的としたる者ならんと推考被致候。「エンシンガー」の来湘も、亦た一は「アーノルド、カーバーク」商会を受け其目的の成効を助くる為め使命をも帯び居るにあらすや被考候(91)。

一九〇六年三月、清朝政府は、『鉱務暫行章程』三八条を発し、外国人が中国人と合股するのでなければ鉱山の開発を許されず、外国人の株式が中国人の株式を超えてはならず、外国人の株式購入にあたり外国からの借款を許さないことなどを定めた(92)。いわば、鉱山の採掘にあたっては、中国商人を中心とすることを、改めて宣言した。同年五月、ドイツの礼和洋行（Carlowitz & Co.）は、これまで同洋行が湖南省の商人との間で締結した鉱山の採掘に関わる契約を承認させるべく、湖南巡撫との間で係争を起こした。これに対して、湖南巡撫、更には湖南省の洋務局、鉱政調査局の返答は、ドイツの主張は認められないというものであった。これに対して、一九〇六年、日本の三井洋行は森恪を出張員として長沙に派遣し、アンチモニーの買い付けを行い、一九〇七年一二月に長沙に出張所を開設した(93)。しかし、ドイツが列国間における湖南省の鉱山利権競争で占めた優勢な地位は、一九一四年の第一次世界大戦におけるドイツの敗戦に至るまで変らなかった(94)。白岩龍平はドイツ商人の特徴について、「然して英国商人は新富源を開拓するに当つては活動真に目ざましきも、是を守るには、余り上手とは曰れない。其処に至ると、独逸商人の抜け目ないのに、一歩を譲らざるを得ぬ。殊に独逸商人は凡そ団結し、英人は孤々独立する為め、其の間敵の乗ずる処となる」と述べている(95)。

第三節　郷紳の世代交代

一・粤漢鉄道利権回収運動

一九〇四年六月、列国間の鉱山利権獲得競争が熾烈を極め、かつ翌七月一日には長沙開港が控えている最中、湖南省の龍湛霖、王先謙、張祖同、王之春、曾広鑾、左念忠、馮錫仁ら、六四名の名だたる郷紳は、総理衙門に対して次のような内容の「公書」を提出すると共に全省に公表した。

竊かに査するに、粤漢鉄路は曩に光緒二十四年〔一八九八年〕に於て駐米公使伍廷芳に依り米国の合興公司と立約し、英金四百万磅を借入れ築設すへき旨を訂結せり。続て光緒二十六年〔一九〇〇年〕六月督辨〔辦〕大臣盛宣懐より右借入金額尚不足なるを以て、更に米貨四千万弗を借用して督辨〔辦〕することを約せり。該続約は其条項何れも借款の利益に関し微として至らざるなく、而して主権は一に之れ米国公司に属せり、後患已に勝げて数ふべからず。……査するに、光緒二十四年正月五日〔一八九八年一月二六日〕の上諭に曰く、粤漢一路若し湖南北〔湖南省、湖北省〕、広東西〔広東省、広西省〕、四省の紳商より自ら承辨〔辦〕を行はゞ実に大局に稗〔裨〕益〕あり。命じて資本招集方法を妥議せしむ。此一線は湖南の腹地を貫き、武昌に接す。只線路の直線なるのみならず、兵を練り鉱を開く、皆益あり云々。因て之を見るに、朝廷も亦此線路の緊要を認められ、殊に湖南は中原腹地と云ふに於て、尤も睿慮を煩はす。湖南人士たるもの、如何んぞ感激奮発せざらんや。今幸に米国公司契約の期を過ぐる、已に久しくして未だ工を起さず、又之を白耳義〔ベルギー〕人に転売し、現然条約に違背せり。即ち続約〔粤漢鉄路借款続約〕第十七条の明文に由り、速かに厳詞〔にて〕駁詰〔し〕契約の全文を廃紙となすも、該公司当さに喙を置くべき無かるべし。紳等、現に已に資金を醵集し、布置籌辨〔辦〕する所あり、徒らに空言を以て抵制せんとするにはあらず、且湖南は鉄を産し木材に富む、土地の人を以て土地の事を辨ず、経費も亦節省するを得べし。此事関係重大、湖南の命脈、人民の安危、此の一挙に繋る、王大臣閣下、速かに盛宣懐に電命して約に依り力争せしめ、必ず廃約して而して後に已ましめよ。湖南人自ら湖南鉄道を築設する詳細の方案は、紳等速かに応さに妥議上陳すべし。迫切頌禱の至りに堪へず。(96)

一八六一年（咸豊一一年）のキリスト教を攻撃する文書が「湖南合省公檄」の名で発せられたように、「公檄」「公呈」「公稟」「公伝」「公白」は、「合省」「全省」などの文字が付け加えられて、「公」の文字の持つ平等性、公平性、道義性を示しつつ、湖南省の全体を代表する形態を取って表明されていたのである。(97) 湖南省の粤漢鉄道利権回収運動は、一九〇四年の七月一日の長沙開港に伴って生じた「華洋雑居」問題と同様に、湖南省の郷紳が連名で「公」を標榜して、清朝政府に要求を突き付けた点に特徴がある。湖南省の郷紳による鉄道利権回収運動は、鉱山利権回収運動と連動していた。

一八九七年一月、中国鉄路総公司が上海に設立され、全国の鉄道敷設を統括することになった。中国鉄路総公司は官辦の形体を取り、中国鉄路総公司督辦大臣の職には盛宣懐が就いた。清朝政府の鉄道政策の特徴は鉄道敷設の資金の大部分を外国からの借款に依存しようとした点にあり、縦断鉄道では蘆漢鉄道がベルギー・シンジケートの、粤漢鉄道がアメリカ資本の美国合興公司（American China Development Co.）の資本によることになった。美国合興公司は、一八九五年一一月にブライス（Brice）を創始者としてアメリカで設立された。ただし、同契約は簡単なものであり、詳細は別に定められた。一八九八年四月、盛宣懐は、美国合興公司との間で、粤漢鉄路借款契約を成立させた。一九〇〇年七月一三日、粤漢鉄路借款続約が締結され、同続約第一七条では「アメリカ人はこの合同を他国や他国の人に転売することができない」と定められ、かつ第一八条では「この議は、この条文で前に列挙した各項目を除き、五年を期限として鉄道を完成するものとする」と定められたように、同鉄道の五年以内の着工、完成が決められていた(98)。一九〇〇ところが、一九〇二年初頭、美国合興公司の大部分の株式は、ベルギー・シンジケートに売り渡されていた。一九〇四年初頭、この事実が判明すると、アメリカの経済界はこの問題に大きな関心をよせ、アメリカの利益を損なうものであると報じた。一九〇四年三月二五日、美国合興公司の新社長ウィッター（Whittier）の反論が『ニューヨーク商業新聞（New York Journal of Commerce and Commercial Bulletin）』に掲載された。この結果、同問題は、中国国内でも知られることになり、中国国内において盛宣懐への批判が高まった(99)。何となれば、美国合興公司が株式をベルギー・シンジケートに売り渡したことは、同続約第一七条に対する明らかな違反であったからである。特に、ベルギー・シンジケートは、ロシアとフランスの資本に支えられていた。そして、ロシアは、一九〇〇年の義和団事件に乗じて東北地方を占領し、一九〇一年になっても撤兵せずに、同地方の既得権益を確定しようとしただけでなく、一九〇二年四月八日に清露間で満洲還付条約が締結されて以降も、第二期の撤兵を行わないばかりか、一九〇三年には清朝政府に対して七項目の撤兵条件を出して、中国国内の反感を買っていたからである。また、ロシアは、一九〇三年にはシベリア鉄道を完成し、清朝政府に対する圧力を強めていた。そして、一九〇四年二月、日露戦争が勃発し、二月八日には交戦状態に入ると、清朝政府は自国の領土内で戦闘が行われたにも拘わらず、中立を宣言した。中国の官憲、郷紳、民衆は、ロシアの東北地方からの撤退を強く望んだため、日本の支持に傾いたのである。ここに、列国から中国の鉄道利権を回収し、各鉄道を中国人の手で敷設、運営すべく、官僚、郷紳、商工業者、学生などを巻き込んで鉄道利権回収運動が起きる要因があった。それは、アメリカの中国人労働者入国禁止の措置と結び付き、反米感情を煽る結果となり、広範な利権回収運動となった。

一九〇四年七月一〇日、水野梅暁は、湖南省の粤漢鉄道利権回収運動について、「今之〔粤漢鉄道の利権回収運動〕が問題の真相を略述すれば、時局変遷は憂国の至情に富める湖南人を駆て、遂に該鉄路の将来に向て一層深刻なる注意を惹起せしめたるの結果、米国と北京政府の間に訂結せる条約に規定せる起工年間を経過せる事、及び実地の株主は白耳義〔ベルギー〕人の占むる事となれる等を査出し、偖ては大々的公憤を以て該鉄路の破棄は清国将来の存立に影響する事大なる旨を想像せしむるに至りたり」と記し、湖南省の郷紳、就中龍湛霖、王之春、張祖同、王先謙などを始めとして、百余名の聯名で盛宣懐と湖広総督張之洞に上書し、強硬な反抗運動を行い、張之洞が第一にアメリカをしてベルギーに株主の権利を譲渡させないこと、第二に湖南人に株券を買収させること、第三にベルギー人に全ての工事に手を出させないこと、以上の折衷案を提出したが、盛宣懐が同意しなかったとする。そして、水野梅暁は、盛宣懐が人員を上海に派遣して相談を行うよう回答を与えたとして、「前記の如く昂進せる時局観は中々鎮定すべくもあらず、弥々断乎たる解決を仰くの情は、開港〔一九〇四年七月一日の長沙開港〕と共に加はり来り」と記し、かつ葉徳輝が水野梅暁に対して「庶幾くは、該鉄路の組織及経営は英米日の三国が協同して友誼的且つ平和的の用に充つ為め布設の労を採る事に尽粋せられなば、今日の禍は変じて明日の福となるべし」と記し、イギリス、アメリカ、日本による鉄道の敷設を主張したとしていた。(100) 一九〇四年七月一日に長沙が開港した。一九〇四年七月一三日、長沙開港式典に出席した日本の漢口駐在領事館補の吉田美利は、漢口駐在総領事永瀧久吉に対して長沙開港式典の模様を報告しつつ、湖南省における鉄道利権回収運動に触れ、「彼等の口吻に依れは、今や該鉄道契約期間五年を経過せるに乗し、此際断然契約を放棄し、清国人の手に於て之を経営し、其資本の大部分は日本資本家の賛助を仰けは累を子孫に遺すことなくして、速に其完成を期することを得へしとし、大に日本の助力を希〔期〕待せるものゝ如し」とした上で、「小官の見る所に依れは、長沙は目下純然たる日本人の勢力範囲にして、他外国人の未た深く注目せさるに先〔立〕ち、日本人は既に此地に於て地盤を固めたり。且つ湖南の如き保守的気風盛なる地方には、容貌風采の甚しく相違せる欧米人より、同種同文の日本人を歓迎すること著しく、殊に同地の教育は全く日本人の手に一任せる有様なるを以て、同地官民の日本人に対する好意は蓋し意想の外に在り」と記し、漢口領事館分館の長沙設立を進言していた(101)。そして、この約五ヶ月後、同年一二月二三日、日本の長沙駐在副領事井原真澄は、外務大臣小村寿太郎にあてて、湖南省の鉄道敷設問題について次のように報告している。

湖南人士等が盛〔宣懐〕に対する感想を察するに、盛は奸譎にして湖北、湖南、広東三省の利益を藐視し、湖南人士を欺騙し、己れ口腹の慾を充たさんとする者なりとの意思を有する者の如く、又鉄道布設資金に関せは、先に王先謙の如きは湖南省布政使庫中に遊金として蓄貯せらるゝ備荒儲蓄金四百〔万〕両を一時流用すへしとの意見を有する由聞及へり。葉徳輝の談に拠るに、鉄道布設資金は三省人士協同出資するときは易々たるのみと称するも、実際に臨みては如何なるへきや局外者の推知する能はさる処なり。又同人は若し廃約に決定せば、日清今日の交情上鉄道布設に関する技師の如きも可成日本人を招聘すへく、若し外国の資本を仰くときは、日本、湖南、米国の連合資本に拠るべく、又清国資本中に英国加はらんとすることあらば、之れに付て日本と商議して日本の資本を加入すへしとの意思は、王先謙、張祖同、張鶴齢、馮某〔馮錫仁〕等の黙契なりと称せり。湖北鉄道運動者の一人たる王銘忠の如きも、日本技師の招聘を熱望する一人の如き。以上は小官着任匆々湖南人士中の重なる人物と往来中、暗々裡に其説を窺ひ推知したる処にして、未た明白に彼等の真意を叩くに至らさるは、小官の最も遺憾とする所なり。(102)

王先謙らは、外国からの鉄道利権の回収を主張する一方で、裏では日本の資金面での協力を打診していたのである。そして、井原真澄は、「且つ湖南汽船会社開設以来、其社員は注意最も努めて地方人士と交を結ふと同時に、下等なる本邦人の居住する者非さるが故に、日本人を信するの厚き驚くべき者あり」と述べて、湖南省における親日的傾向の助長を進言したのである。

二・列国による文化工作

一九〇二年春、湖南巡撫兪廉三は、「教育方法を研究し教員の用に備える」ために、兪誥慶ら一二名を官費留学生として日本に派遣した(103)。この後、湖南省出身の留日学生の数は漸次増加した。一九〇三年九月、この留日学生の発刊にかかる『国民日日報』紙上では、「論日本人之経営湖南航路」という論説が掲載され、「鉱山採掘権、鉄道敷設権、内河通行権は、どうして土地と密接な関係を持たないことがあろうか」と述べ、列国による鉱山採掘権と鉄道敷設権の侵奪は他省にも存在するが、内河通行権の侵奪は湖南省固有のものであるとして、日本の湖南汽船会社への警戒と、湖南省の汽船運営の中心的人物、張祖同への非難を繰り広げた。そして、同論説は、「湖南は湖南人の湖南である。利益は必ずしも湖南人が享受するわけではないのに、損害は湖南人が必ずこれを受けるのである。これは、身近にあって知り易い事柄である。そして、この種の問題は湖南の前途に大いに関係があるのに、どうして熟視して悟ることがないのか」と述べて、湖南省の人々の奮起を促した(104)。このように、留日学生が鉱山採掘権と鉄道敷設権、内河通行権を利権回収問題の対象として捉え、日本の経済進出に対する警戒を呼び掛けたにも拘らず、日本政府が湖南省の気運に楽観的な態度を取った理由は、一部の郷紳、特に王先謙や葉徳輝などの動向からのみ判断を下し、知識人や学生の言動を軽視した点にあるであろう。このような中で、一九〇四年七月一日の長沙開港以降、湖南省長沙で商業に従事する日本人は急激に増加し、この結果として日本商人と中国商人との間のトラブルも増加の傾向にあった。一九〇七年三月、『東亜同文会報告』第八八回には、「湖南省ト日本人」と題する記事が掲載された。この記事では、「在湖南省長沙日本領事館に於て日本人取締規則を設けたり」として、次のように記している。「該長沙領事〔井原真澄〕が特に其の規則を設けたる旨趣を聞くに、清国各省中湖南省は他と其俗を異にし外人排斥の気風旺盛にして、殊に開港以来日尚浅く、外人の一挙一動は湖南人の大に注意を惹きつゝあり。然るに近来上海及楊〔揚〕子江沿岸地方より如何はしき本邦人の名を行商に假りて陸続該地方に入込み来り、往々不羈放縦の行動を以て地方善良の風俗を害するもの少からず。又長沙在留民中雑貨及売薬の行商類似の業務に従事し、清国人と衝突して将に同地方の問題とならんとせることもあり。……特殊の事情ある湖南地方に本邦人をして恣まに行商せしめ、其行動に何等羈束する所なきに於ては、遂に同地方人民の本邦人に対する感情を害し、体面ある我居留地の信用を傷け、延て日清貿易上に悪結果を来すに至ることなしと言ふべからず」、と。同記事は、この日本の長沙駐在領事井原真澄の言葉を記した上で、「第一条・行商を為さんとする者は、族籍、身分、住所、氏名、年齢を詳記し、身元確実なる一名の連署〔著〕を以て当館に願出、許可を受くべし。但売薬行商人は売薬目録を添付するものとす」、「第二条・行商人は一ヶ年毎に第一条の手続を為し、許可を受くべし」など、九条にわたる「取締規則」を掲げた。(105) いわば、列国、特に日本の経済進出に対する警戒だけでなく、日本商人の素行の悪さが日本に対する反感、更には反日運動を醸成しつつあったのである。そして、これらの運動の急先鋒に立ったのが学生であり、この学生運動を保護することで学生の支持を集めたのがアメリカとイギリスであった。

一九一〇年一〇月、長沙駐在代理領事松永直吉は外務大臣小村寿太郎にあてて、松崎鶴雄の報告書「各国教派の伝道方針」を送付した。松崎鶴雄の報告書は二編に分かれ、第一編では湖南省、湖北省などにおける一般事情、第二編では江西省における現状を報じた。松崎鶴雄は、第一編の「米国七教派委員の密議事項」で「各地に出没する匪徒なるものは、多く無頼漢なれども、中には文字あり教育あるものありて、均しく現政府の施政に不満足なると官憲の圧迫に窘しみて、自由を夢むの徒が相結んで党類をなし、往々其善良なるものは教会に出入せるを以て、出来得る限り教化に力め、彼等をして天恵を自覚せしめ、米国の恩恵に感し、善良なる国民たらしめんこと、一つに宣教師の力に待つべし」と述べた上で、同じく第一編の「革命党と宣教師」の中で、欧米のキリスト教宣教師の湖南省における浸透状況について次のように述べている。

各地に隠見せる革命党分子は、湖南、湖北、其他の地方に出没し、表面平和を粧ひ、平日は学校又は商店に職を得て教会に出入するもの多く、又郵便局、電信局等に欧文を取扱ふもの、中には此種の分子ありて、宣教師と密接せるもの少なからず、長沙暴動の前後に嫌疑を避けて宣教師に投じ、外国に逃亡せしめたるもの、或は宣教師に庇護せられて難を免れしものあり。宣教師も亦陰かに其分子を奨〔慫〕慂するものあり。米、独派の宣教師〔の〕中には、青年に向つて清国の危機を説き、米、独にあらされば清国を保全するものなきが如く思惟せしめ、米国は恩恵を買〔売〕り、独国は懐柔手段を逞ふせり。是等と多少趣を異にせる英国派は、表面官憲を擁護し顧問者の如く助言しつつ、裡面には青年を懽〔歓〕迎し、或は財を投して海外に避難せしむるもあり。各国とも均しく青年の教唆には怠けなきも、其手段に於て小異あるを見るべし。現今内地に伏在する革命党分子の青年中三分の一以上は宣教師に関係あるものあり。以上は瑞典〔スウェーデン〕派の老宣教師が一夕の談話中、余に向つて耳語せる実譚なり(106)。

松崎鶴雄はキリスト教宣教師に関する同報告の由来について、「前項に列挙したる事項は余が〔江西省の〕牯嶺の避暑地に二箇月滞在中、或は宣教師と同住し、或は支那学生と室を同ふし、支那教師と交はり、又は支那商館に借居し、一方には宣教師等の集会其他公開せる席に列席して宣教師の裡面を知り得たるに、彼等は日本人を猜疑すること甚だしく、表面の社交に止めて一切内部の事情に就ては暗示を與へざるを以て、種々手を尽し英派のことは米派に探り、米派のことは英、独及び瑞典教徒に偵して、稍くにして美国の宣教師が感情の衝突より委員を辞したるを聞き、彼と交を結んでのち、辛うじて密議事項を探知したり。又瑞典の老宣教師にして任期満ちて帰国せんとするものより、革命党分子の消息を得たり」と記している(107)。一九〇六年六月、熊希齢が「私〔熊希齢〕が現在聞くところでは、各学堂の学生で多くの者が王先謙や葉徳輝の凶毒の身家に及ぶのを恐れ、キリスト教の入信に借りて護符とするものも少なくはないのである」と述べたように、湖南省の学生は王先謙や葉徳輝の抑圧を逃れるためにキリスト教に借りて身の安全を図っていた(108)。

日本の湖南省在住の僧侶、水野梅暁は、このような欧米の策動に対して、湖南省の仏教界と連携を図ることによって、日本の地位を固めようとした。一九〇二年、水野梅暁は、東亜同文会の委嘱により、湖南省内を遊歴して「湖南仏教視察報告」を著し、「然らば今日の言語交通共に開け、殆んど《ママ》平地を行くが如き設備を有し、加ふるに清僧、清人の日本及仏教に対する観念、如是順適の境遇に際し、清僧、清人を啓発して千有余年同教相依るの誼に酬ひ、一面彼我両邦の邦交を益々強固ならしめ、現今殆ど無用の長物に等しからんとする清国仏教をして共に東亜大局の為め一分の功を效さしむるは、所謂仏陀無限の大悲にして、又菩薩不請友の願心にあらずや」と記した(109)。そして、一九〇五年五月から七月まで、水野梅暁は、湖南省長沙の名刹、麓山寺などの僧侶の笠雲芳圃と筏兪仁超、道香宗敬の三人を日本に招聘し、日本の仏教界を歴訪した。笠雲芳圃と筏兪仁超、道香宗敬の三人は、一九〇五年五月二日に長沙を発ち、五月六日に上海に到着し、同日直ちに上海を立ち、五月八日に長崎に着いた。そして、五月一〇日に長崎から尾道に至り、五月一一日に尾道に到着した。尾道では、水野虎渓らが三人を迎えた。この後、尾道や愛媛に数日滞在して、各地の仏教界と交流を深めて後、同地を立って五月二六日に大阪に到着し、更に五月二八日に大阪から京都に至った。折しも、五月二八日は、日本海海戦において日本の連合艦隊がロシアのバルチック艦隊を打ち破った日であった。笠雲芳圃は、同日の京都の模様を「時に日本とロシアが開戦し、日本が大勝した。大人も子供も男子も女子も、万を数える者が皆な赤い提灯を掲げて『帝国万歳』と叫び、これを『祝捷』と名づけ、声は山岳を動かさんばかりで、鐘や太鼓が鳴り、正に奇観である」と記している。京都では大徳寺の高僧と会談し、更に六月三日には永平寺にも至った。こののち、三人は静岡をへて、六月一二日に東京に到着した。東京では、諸山の高僧及び曹洞宗僧学堂の学生が二人を迎えた。六月一四日、青松寺で三人の歓迎会が開かれ、六月一五日に増上寺を訪問した。また、六月一七日には白岩龍平が後楽園で歓迎会を催している。また、六月二一日、財閥の大倉喜八郎が三人を招き、所蔵品を見学させた。ただし、笠雲芳圃は、「〔旧暦〕五月二〇日〔六月二二日〕、大倉家に遊び、仏像や各古玩を拝観する。仏像の多さは各寺院に勝っているが、いずこより持ち込まれたのかは不明である」と記している。この後、三人は東京で増上寺や浅草寺、本願寺を訪問した他、上野公園や博物館、巣鴨の監獄所などを見学した。そして、六月二六日に鎌倉、六月二七日に江ノ島に至って後、帰途に着き、六月二九日に京都到着、七月一日に出発し、大阪、尾道をへて、七月五日に長崎に着き、七月六日に長崎を出帆し、七月八日に上海に到着した。そして、三人が上海を出発して長沙に到着したのは、七月一三日のことであった(110)。笠雲芳圃と筏兪仁超、道香宗敬の三人の日本訪問は、日本と中国の仏教界の交流という点では画期的であるが、あくまでも水野梅暁の個人の尽力にかかり、アメリカやドイツの宣教師の組織だった行動とは掛け離れていた(111)。

三・湖南商務総会の活動

一九〇五年五月、湖広総督張之洞と湖南巡撫端方は、鉄道敷設地の買収を目的として、粤漢鉄路籌款購地公司の設立を承認した。同公司の役員には、総理に龍湛霖、王先謙、総辦に張祖同、席匯湘、会辦に龍紱瑞を、総議に汪槩、譚延闓、馮錫仁、黄自元、孔憲教、葉徳輝が選出された。ただし、龍湛霖が病没したため、総理は王先謙一人となった。粤漢鉄路籌款購地公司が正式に設立されたのは、一九〇五年一一月である(112)。一九〇五年一〇月、湖南省籍の北京の官僚、特に軍機尚書瞿鴻禨と前学務大臣張百熙は、王先謙を粤漢鉄路籌款購地公司の総理から外し、張祖同、席匯湘を総辦のままにして、商部より新たに袁樹勲を総理として同公司に派遣しようとしたが、湖広総督張之洞の反対にあって挫折した(113)。一九〇六年五月から六月にかけて、瞿鴻禨と張百熙は、再び王先謙の実権の剝奪を図り、袁樹勲を総理に就任させると共に、余肇康を総理に就けて同公司の実権を握らせ、王先謙を新設された総議長に就任させようとした(114)。余肇康は湖南省長沙県の出身で、一八八六年に進士となり、長年地方で官員の経験を積み、一九〇四年に山東按察使、一九〇五年に江西按察使に昇進し、一九〇六年の南昌教案で責任を問われ、復職後に再び縁戚の瞿鴻禨の免官に連座して革職された(115)。ただし、湖南省の郷紳の中では遙かに実務経験が豊富であり、かつ瞿鴻禨の縁戚にあたることから、鉄道敷設問題の再建の切り札として総理に推挙された。湖広総督張之洞が「もし〔王〕益翁〔先謙〕の性質がやや頑固に近いものがあり、見識が未だ透徹しないものがあるのを慮るのであれば」と述べた点からすると、瞿鴻禨と張百熙が王先謙に抱いた危惧は王先謙の性質の頑迷固陋さ、運営の不透明さにあったように思われる。これに対して、黄自元、汪槩、孔憲教、馮錫仁は湖広総督張之洞に公電を送り、王先謙を総理の職に留め置くよう主張した。この公電には、同公司の総議の中では、龍紱瑞、譚延闓、葉徳輝の名がない。葉徳輝は、一九一〇年の長沙米騒動でも、湖南巡撫の交代を請願する郷紳の電報に名前を連ねていない[116]。葉徳輝は常々、郷紳の連名に加わることを屑しとしなかったのであろう。葉徳輝に対して、龍紱瑞と譚延闓は明確な意志をもってこの公電に反対しており、王先謙に対抗する一派に位置付けられる。この結果、湖南省内には、王先謙を排斥する一派と擁護する一派の二派が対立したことになる。湖広総督張之洞は、粤漢鉄路湖南総公司の設立にあたり、双方の立場に配慮して袁樹勲、王先謙、余肇康の三名を総理に任命し、袁樹勲を筆頭、王先謙を第二位、余肇康を第三位に指名した[117]。イギリスの長沙駐在代理領事ジャイルズ（Giles）は、九月二三日に湖南省に到着し、郷紳と幾度か会合を持ったが、資金の欠乏及び郷紳との感情的溝により、合意には至らなかったと報告している[118]。粤漢鉄路籌款購地司は、資金を米捐や塩捐を担保とした鉄路特別股票（株券）に依存したが、株券の購入者は僅かであり、ために銅元の発行で資金の不足を補おうとしたものの、銅元の発行がインフレを引き起こし、銅元の鋳造停止命令が出たために頓挫した[119]。粤漢鉄路籌款購地公司の業務は、官僚や郷紳の不断の闘争の中で滞ると共に、資金も公金、すなわち両湖賑糶米捐局の税金や衡永宝三岸配銷塩釐金に依存して不十分なものであった[120]。

一九〇三年、清朝政府は商部を設立し、尚書侍郎の下に保恵、平均、通芸、会計の四司を置き、商務及び農工業の振興を図り、一九〇六年に商部を改めて農商工部とし、商部が管轄していた鉄路、輪船、電線などの事務を郵電部に帰属させ、農商工部を農工商業に関する一切の事務及び治水工事の管理事務の機関とした。この間、清朝政府は、勧業道の設置、商法の編纂、『商務官報』の刊行、商会の設立、各種の実業褒章制度、一部製品に対する免税措置、専売特許権（工業特許権）の設定、官営模範工場・習芸所の広範な設置、農会・農事試験場の設立、商品作物の奨励、実業教育の普及、華僑資本の利用、商品陳列所の設置、南洋勧業会の挙行などの措置を取った[121]。一九〇四年、湖南商務局が成立し、湖南巡撫趙爾巽は王銘忠を同局の総理に任じた。翌一九〇五年、農工商部は各省に商会設立章程を配布し、湖南省の商人は一九〇六年に湖南商務総会を設立し、各業が議董を、各議董が総理と協理を推挙することになった。[122] 湖南商務総会の初代の総理は、塩商であり匯塩公所総理の鄭先靖（一九〇六年三月から一九〇七年三月まで）、第二代の総理は陳文瑋（一九〇七年四月から一九〇九年上半期まで）、第三代の総理は龍璋（一九〇九年下半期から一九一一年一〇月まで）である。[123] 陳文瑋は、科挙を断念後、長沙に頤慶和銭店と綢緞荘を開設し、一九〇九年には長沙電灯股份有限公司を設立し、同年に湖南諮議局議員となり、粤漢鉄路総公司総理に就任した人物である。[124] 一九〇六年五月、湖南商務総会の陳文瑋、周声洋、陳家珍ら三六名は、湖南省の鉄道事業の遅延・停滞に関して、「我らは湖南省の商人の代表であり、躊躇や傍観が許されるものではない。路線が長ければ費用もかさむため、先ずは資金の工面を先にすべきである」と述べて、資本金二〇〇〇万元を集めて商辦湖南全省鉄路有限公司の設立を図り、発起人が二〇〇万元を出資して鉄道建設の基礎とすることにした。[125] 同月制定の湖南省商辦粤漢鉄路公司の章程は、第二条で「公司の株主は中国人にのみ許され、外国人は株主になることはできず、仮に〔本人の〕代わりに購入や転売を行い、抵当に入れて中国人や本会人に与えたり、株券の購入後に外国人の名義に変更したものは、全て無効にする」と記されていた。同章程の特徴は、第一四条で「本公司は湖南省の商会の呼び掛けで設立され、純粋に平均主義を講じ、官職の有無や株券の多少を論ぜず、一律に平等に取り扱う。凡そ、公司の利害に関わる事柄は、株主が皆な議論に加わって公平・妥当を期し、仔細もらさず追求し、基本資金が揃ってから、株主の全体大会を開き、全役員を公選する」と記された点にある。同章程には、「湖南省商辦鉄路有限公司発起人、湖南商務総会公啓」と結ばれていた。[126] 同公司の特徴は、粤漢鉄路籌款購地公司などが王先謙など有力な郷紳に対する不満を背景に、商務総会を中心とした点にあった。

一九〇六年八月三日、清朝政府は、湖南省商辦粤漢鉄路公司の設立計画について、「鉄道は国家の要政であり、官督商辦とすべきである」と述べた上で、湖広総督張之洞に細部を調査・報告させることを命じた。翌一九〇七年一月一一日、湖広総督張之洞は、この上諭を受けて、「鉄道事業は、商業の利便の要点、財産の発達の大本である。ただし、別項の商業とは異なり、実に全国の脈絡、政令の遅速、用兵の利鈍、民食の過不足、官民の知識の通不通と関わる」として、政治的、軍事的な見地から国家による鉄道の布設を主張した[127]。この間、郷紳が鉄道の建設と経営を自らの管轄下に置こうとしたため、袁樹勲は郷紳と対立したままであり、遂に袁樹勲が端方を頼って鉱山の利権を担保にドイツの資金を得る方法を探っているとか、上海の民族資本家の資金を借りる予定であるなどの謡言が起きた[128]。一九〇七年三月、粤漢鉄路湖南総公司が官督商辧の形式で設立され、総理に袁樹勲、王先謙、余肇康が、協理に張祖同、席匯湘が任命された。しかし、袁樹勲は、他用を口実に湖南省に至らなかった。このため、余肇康が実質的な経営を担うことになった。一九〇八年、余肇康は王先謙と連名で、粤漢鉄路湖南総公司の資金面の基礎を固めるために、湖広総督陳夔龍と湖南巡撫岑春蓂に塩税の徴収を提案した。一九〇八年、郵伝部は、各省の鉄道会社の経営不振、資金募集の遅滞で工事着工の見通しが立たないことを理由に、鉄道国有化と外国借款導入の方針で各省の鉄道会社の調査を始めた。同年六、七月頃、湖南省の郷紳や商人は、郵伝部による湖南省への調査員派遣の報を聞くと、郵伝部の鉄道方針に反対し余肇康を批判した。一九〇八年七月五日、一〇〇〇人余りが湖南省城の席少保祠に集合して全体大会を開き、譚延闓が開会の理由を述べ、次に余肇康が歴年の方法と股東大会開催の理由を説明し、更に商界代表の陳文瑋と秦石斎、また学会代表の曹典球、易宗夔、廖名縉が相次いで演説をして、参会者が記名の上で株式を購入して九〇万余りを集めた[129]。一九〇六年以降、湖南省の鉄道利権回収運動では郷紳間の世代交代が進行したが、このことは王先謙ら有力な郷紳の没落と裏腹の関係にあった。一九〇九年六月、周恵伯は『民呼日報』紙上に論文を投稿して、「私は現在、湖南人に告げる。某賊が我が同胞の生命を犠牲にし、一身の恩寵を固めている。我が同胞は疲弊しているが、どうして甘んじて命を捧げ、この売路〔鉄路を売り渡している〕賊を許すものであろうか」と記し、王先謙と余康肇の名前をあげ、「ああ、王〔先謙〕、余〔康肇〕の罪は、許されるものであろうか。私は、湖南省、湖北省の諸同胞が競って立ち上がり、この蟊賊を駆逐することを願う。また、私は、四川省、広東省の諸同胞が競って立ち上がり、この蟊賊を駆逐することを願う。私は、政府の諸公が輿情に従って団結して立ち上がり、この蟊賊を駆逐することを願う。このようにならなければ、湖南省の鉄路も危うくなり、粤漢、川漢の鉄路も危うくなり、わが国の前途も問わなくとも自明のものとなろう」と述べた。(130)

おわりに

本章では、列国の利権獲得競争に湖南省の郷紳が巻き込まれる中で、王先謙ら有力な郷紳が権勢を失墜させ、代わって譚延闓ら新しい世代の郷紳が台頭した過程を論じた。興味深い事柄は、王先謙ら有力な郷紳の湖南省における権勢の失墜が、日本の湖南省における優勢な地位からの転落、ドイツやアメリカの台頭と呼応して起きた点である。一九一〇年三月一一日、水野梅暁は外務次官石井菊次郎と政務局長倉知鐵吉にあてて、「小生も昨年〔一九〇九年〕末日長沙に帰り候処、〔長沙に〕在留〔せし〕日本〔人〕の状態〔は〕懈頽に陥り、諸学校聘用の日本教習連の信威も漸々衰微し、多年苦心して設けしめ候日本語学科も独逸語に奪はれんと致候等の侮蔑を蒙り、村山〔正隆〕領事も苦心惨憺之か挽回に尽力せられ、小生の旅行も、之が為め延期致して力を添申候」と述べて、日本の置かれた苦境を訴えていた。(131) この七ヶ月後、一〇月六日、水野梅暁は、「湖南の現時に於ける趨向」として「日韓合併に対する悪感」と「日韓合邦〔併〕に対する善意の解釈」の二つをあげ、前者に反日的潮流を、後者に親日的潮流を位置付けつつ、「之を如何に利導するかは吾人の須らく研究すべき問題なるべし」と述べて前者の反日的潮流の興隆について、次のように指摘している。

此派は主として〔一九一〇年の〕日韓合併以来教育、政治の二階級に渉る所謂半可通の青年団体に加ふるに、米独二国の宣教師が使用せる支那伝道師の煽惑非常に甚だしき為め、吾人が手懐け居りし各新聞通信員の如きも、殆んど紳士訪問の席上等にて邂逅せる場合にも、成たけは言を左右に託して中途退席をなすのみならず、最近に至りては此等新派の半可通連の相携へて両国の教会に走るの風を生じたるのみならず、湖南嶽麓の勝に依りて建設せられ居る高等学堂〔湖南高等学堂〕の如きは、米独宣教師と新派と狎れ会〔馴れ合い〕の上米国ハ〔ー〕バート大学卒業の一米国宣教師を聘するに表面は四百元の月俸として経〔契〕約し内実は百二十元にて之に応ずる等、着々新派との接近策を講じて無限の鵬翼を張らんとする傾向あるは、大に注目すべき問題なると同時に、此春以来の高等学堂に対し、彼等は学術の淵藪は独乙なりとの口実の許に、日本語に代わる独乙語を以てし、之が教師としてエール大学の教師たる独人之に喰込〔み〕たるが如きは、今にして此を思へば米人は自己の広告を自己にて行ふ能ざるを以て、独人を使嗾して之が広告の任に当らしめ、機会を待ちつゝある中に、偶〔々〕日韓合邦〔併〕問題の現れたるを捉へて、右の如き極端なる表裡〔裏〕両面の契約を結びて、八年来邦人の独占たる湖南教育界の蹂躙に取掛りたるものにして、比較的排日思想の薄かりし湖南も今後は排日主義の鼓吹せらるゝの度を増すなるべく、此に対する方法としては、米独の活動に対し妬心火の如き英国宣教師を抱込〔み〕、湖南の比較的上流の学者仲間と接触せしむるの外なかる可く、其方策を行ふには下〔善意の解釈〕の如き此に反対の事実あるを忘る可らず(132)。

一九〇四年から一九〇五年にかけて、湖南省を席捲した日本の教師陣も、一九一〇年になると数的に衰退を極めた。いわば、一九一〇年には、日本の湖南省における優位が崩れ、アメリカやドイツなどに取って代わられたのである(133)。

日本の影響力の衰退は、王先謙や有力な郷紳の没落と対をなしていた。

二〇世紀初頭、湖南省は一八九九年に岳州が、一九〇四年に長沙が、一九〇五年に常徳と湘潭が相次いで開港し、列国の利権獲得競争の中に巻き込まれるに到った。この中で、日本は、一九〇四年に湖南汽船会社が漢口と湘潭の間の汽船を運航すると共に、湖南省の学堂の教習に多数の日本人を送り込み、また留学生を日本に招聘して湖南省に親日的な気運を作り上げた。このような湖南省の親日的な気運には、日露戦争の影響が大きく与っていた。何となれば、清朝政府は、ロシアの脅威に対抗して、日露戦争では日本寄りの中立的な立場を取っていたからである。しかし、湖南省の親日的な気運は、一つにはロシアの脅威に対抗するためのものであった。従って、日露戦争が終結し日本がロシアの満洲における権益を継承すると、湖南省内で日本に対する警戒が高まるのも必定であった。そして、日本が利権獲得のために連携の相手として選んだのは、王先謙や葉徳輝など、「守旧」派に位置付けられる郷紳であった。日本は、湖南汽船会社の用地の獲得を図るために葉徳輝を通じて説得交渉を行い、ドイツの湖南省内における利権獲得を阻止するために葉徳輝を通じて政治に圧力をかけた。ただし、日本は、やがて新興国のアメリカとドイツに取って代わられることになる。アメリカとドイツは、多数のキリスト教の宣教師を湖南省内に送り込み、学堂や病院の設立の他、湖南省の学生運動の保護などを通じて、湖南省内に親アメリカ的、親ドイツ的な気運を組織的に作り上げていった。これに対して、日本は、水野梅暁などが個人的に日本と中国の仏教界の交流を図ったが、アメリカやドイツの国家的、組織的な行動に比べて微力であった。この結果、列国の湖南省における利権獲得競争では、ドイツが日本を抑えて優勢となった。いわば、列国の利権獲得競争は、経済的な分野ばかりではなく、文化的な分野を通じても繰り広げられた。そして、この点でも、日本は他国に遅れを取っていた。従って、日本の湖南省における影響力の衰退は、経済進出の劣勢を意味すると共に、学校教育や宗教活動など、文化工作における劣勢も意味した。列国の湖南省における利権獲得競争の特徴は、王先謙ら有力な郷紳の没落が日本の影響力の衰退と対になったように、郷紳の世代交代と連動していた点にあった。

二〇世紀初頭、列国の湖南省に対する経済進出が加速した。清朝政府は、列国の利権獲得に対抗するためには、中央集権化を推し進め、湖南鉱務総公司のように郷紳や商人、民衆の行動に対する規制を強めざるをえなかった。何となれば、郷紳や商人、民衆は、ややもすれば私利私欲にかられ、列国に利権を売り渡すような行為を行ったからである。従って、湖広総督張之洞が湖南省商辦粵漢鉄路公司の設立に否定的な見解を示し、清朝政府による経営を強く主張した理由も、政治的、軍事的な見地だけでなく、このような郷紳や商人に対する不信感にもあった。列国は、湖南省の利権を獲得するために、湖南省の有力な郷紳と結ぼうとした。この結果、湖南省の郷紳は、列国の利権獲得競争に巻き込まれるに至った。この中で、日本が利権獲得のために連携の相手として選んだのは、王先謙や葉徳輝など、「守旧」派に位置付けられる郷紳であった。日本は、湖南汽船会社の用地の獲得を図るために葉徳輝を通じて説得交渉を行い、ドイツの湖南省内における利権獲得を阻止するために葉徳輝を通じて政治に圧力をかけた。また、葉徳輝も、日本から様々な利便を得て、日本のロビイストとしての役割を演じた。やがて、葉徳輝は、王先謙、孔憲教、張祖同と共に、湖南省内に莫大な権勢を誇示するに至った。王先謙や葉徳輝など、有力な郷紳は、粵漢鉄道利権回収運動で指導的な役割を果たしたが、湖南人による鉄道敷設を主張する一方で、列国、特に日本やアメリカからの資金援助を模索していた。何となれば、王先謙らの狙いは、清朝政府や官憲の鉄道敷設問題に対する関与を排除し、あくまでも鉄道の敷設や資金を郷紳のコントロール下に置くことにあったからである。この点では、商務総会に集った中小の郷紳、知識人や学生と同じ立場に立っていた。ただし、これらの中小の郷紳、知識人や学生の特徴は、愛国主義の高まりに呼応して、あくまでも中国の利権の回収を目標として、列国の経済進出に対する抵抗、湖南人による利権の回収を主張する点にあった。彼らは、新式学堂で教育を受け、列国の中国に対する経済進出に警戒心を強め、湖南省の利権を列国から取り戻そうとした。このため、粤漢鉄道敷設問題が行き詰まるにつれ、中小の郷紳、商人、知識人や学生を中心に王先謙や葉徳輝を否定する動きが顕在化した。この結果、鉱山利権の回収運動、粤漢鉄道の利権回収運動は、郷紳の世代交代を伴いつつ、新しい展開をみせた。それは、王先謙など、有力な郷紳に代わり、商務総会の成員などが湖南省の社会的指導権を握る過程でもあった。そして、これらの若い世代が湖南諮議局などに集い、湖南省の政治を左右するのである。

注

（1）原田敬一『シリーズ日本近現代史③　日清・日露戦争』八七頁。

（2）二〇世紀初頭の列国の湖南省進出についての代表的な研究に、次がある。楊世驥『辛亥革命前后湖南史事』、中村義「長沙開港前後——日本資本主義と湖南省——」、Esherick, W. Joseph. *Reform and Revolution in China: The 1911 Revolution in Hunan and Hubei*, など。

（3）中村義『白岩龍平日記——アジア主義実業家の生涯——』第一部「アジア主義実業家の生涯」。

（4）列国の湖南省の鉱山利権獲得競争については、次の先行研究がある。中村義「変法から新政へ——湖南鉱業政策を中心として——」、于乃明「湖南省水口山鉛鉱をめぐる中日交渉——一九一〇年——」。中村義の研究は、湖南省の政治を洋務・変法・革命の三段階で捉え、かつ光緒新政を第二洋務運動と位置付け、この図式に沿って戊戌変法から光緒新政までの郷紳の勢力の推移について、湖南省の鉱務政策を中心に考えたものである。このため、列国相互の対立・矛盾、及び列国と一部の郷紳の癒着、及び清朝政府の側からの利権回収の動きについては考察が不充分であり、郷紳の動向の考察についても柔軟性を欠くように思われる。于乃明の研究は、日本の外務省文書を中心に、日本の鉱山利権獲得に考察を加えたものである。しかし、于乃明の研究においては、日本の鉱山利権をめぐる外交政策が中心となり、郷紳の動向などが捉えられておらず、また日本の外務省文書以外の史料が用いられていない点で限界がある。

（5）湖南省の鉄道利権回収運動と郷紳の新興勢力の台頭については、次の先行研究がある。清水稔「湖南における辛亥革命の一断面について――会党と立憲派を中心として――」、同「湖南立憲派の形成過程について」、曽田三郎「二〇世紀初頭における中国の鉄道資本――鉄道利権回収運動との関連において――」、同「湖南における鉄道利権の回収運動」、林増平・石振剛「辛亥革命時期湖南保路運動」、何智能『湖南保路運動研究』、など。清水稔及び林増平・石振剛の研究は、利権回収運動について、辛亥革命との関連で運動の過程、運動の担い手に焦点をあてて分析したものである。これに対して、曽田三郎は、運動の過程や担い手の他に、鉄道制度導入に対する各種勢力の認識の相違、民間からの鉄道資本の資金の募集のされ方を取り扱っている。ただし、いずれの場合も、利権回収運動の担い手の側に焦点があてられているといってよい。

（6）なお、一九〇四年七月一日の長沙開港と「華洋雑居」問題については、本書第四章を参照されたい。

（7）葉徳輝についての代表的な研究に、次がある。文干之（杜邁之）「大劣紳葉徳輝」。のちに、杜邁之は、張承宗と共に同論文に大幅な補訂を加え、著書として発刊した際に、「後記」に「〔『大劣紳葉徳輝』が書かれた〕当時の目的は、大群衆に向って階級教育を進めることにあり、ために論文の中では彼〔葉徳輝〕の劣跡を紹介しただけで、政治や学術活動に対して全面的な評価を与えることはなかった」と記している。杜邁之・張承宗『葉徳輝評伝』一三五―一三六頁。これよりするならば、葉徳輝研究は中国では政治教材として行われていたことになろう。また、中村義は、葉徳輝について「〔一九一〇年の〕長沙搶米でその責任をとわれ、一旦は後退したかにみえたが、辛亥革命後も、湖南の郷紳として隠然たる勢力をはり続けていた。〔一九〕二〇年代の湖南農民運動は、こうした負の遺産に一つの決着を与えたといえる」と述べている。中村義『辛亥革命史研究』三六五頁。本章で注目したい事柄は、葉徳輝が「負の遺産」といわれながら、なぜ権勢を張り続けることができたのか、そしてこのことが中国社会のいかなる特徴を表しているのかという点である。

（8）『長沙領事館報告書』漢口駐在領事瀬川浅之進より外務大臣青木周三あて「湖南省一体ノ風気ニ関スル報告」一九〇〇年五月二四日。瀬川浅之進は、一八六二年（文久二年）備中に生まれ、外国語学校支那科に学び、一八八三年外務省留学生として北京に留学し、一八八七年に天津領事館書記生に就任し、一八九一年より釜山在勤となり、一八九五年より二年間サンフランシスコで勤務して後、一八九八年より漢口在勤を命じられた。当時、漢口駐在領事は、湖南省の岳州及び江西省の九江をも管轄した。東亜同文会編『続対支回憶録』下「瀬川浅之進君」。
(9) 大里浩秋「宗方小太郎日記、明治三一—三三年」一四五頁。また、宗方小太郎は、湖南省の現状と日本の政策について、次のようにも述べている。「目下の情形に就て之を観れば、我若し進んで湖南の事業に着手せんと欲せば、眼中党派の新旧を置かず公平無私、只だ日清連携、若くは東方大局論を以て之に対し、務て新旧党の軋轢を調和し、全省を打て一団と為すを要す。而じて其第一着手は先つ王先謙等の一派を我範囲に入れ、之をして吾が為す所を妨げざらしむるのみならず、進んで我事業を助けしむるに在り。旧党已に我が嚢中の物と為らば、新党其他の団体に至りては黙契已に久し。之を操縦する事決して至難に非ざるなり。以上湖南の情況並に之に対する鄙見の大略なり」、と。同一四八頁。
(10) 『虚受堂文集』巻一二「李征君墓碣」、王先謙『葵園四種』二七〇—二七二頁。
(11) 土居智典「清末湖南省の省財政形成と紳士層」。
(12) 羅玉東『中国釐金史』一、八八頁。
(13) 長沙某某「郎園学行記」「記行」。特に、湖南省においては、「小民で田を耕すことのできない者は常にこれ〔鉱山の採掘〕に頼って生計を図った」が、舶来の鉄が流行して利源が涸れても石炭はなお通用したため、盗掘が行われて訴訟が多発していた。「陳宝箴開辦湘省鉱務疏」一八九五年、湖南歴史考古研究所近代史組輯「関于清末湖南鉱務機構的部分資料」。
(14) 「湖南巡撫陳宝箴摺」一八九八年一月一〇日、国家檔案局明清檔案館編『戊戌変法檔案史料』二四三頁。
(15) 山田賢「清代の移住民社会——嘉慶白蓮教反乱の基礎的考察——」。
(16) 張朋園「近代湖南人性格試釈」、林増平「近代湖湘文化試探」。
(17) 『張文襄公全集』巻一三六「致総署」一八九二年一月一九日。
(18) 『時事新報』一八九九年八月一二日「湖南旧紳の妙策」。
(19) 大里浩秋「宗方小太郎日記、明治三一—三三年」一七一頁。井上雅二もまた、同年七月二五日の日記に、同日に唐才常が訪問してきたとした上で、「唐は、周漢及孔憲教が詔を奉ずと称して其団練五千を掲げ漢口を打つが如きあらば、自ら之を制せんと称し居れり」と記しているため、孔憲教による外国人襲撃の謡言は広範に流布していたといえるであろう。近藤邦康「『井上雅二日記』――唐才常自立軍蜂起――」一五六頁。

(20) 白岩龍平は、一八九九年一二月一二日、湖南省の湘潭を訪れた時の模様を「〔白岩龍平らを〕観る者堺の如し。而して更に喧噪せず。又嫌悪の色なく、長沙に比べて更に和平を覚ゆ。而るに県官等には却て懼れの色あり。蓋し外人と民人両者は相見相親を願うも、官は反対に之を隔碍す。蓋し、湘中民俗は外教を嫌悪すること極めて深く、その外は理由なし。それ故外人を相客せず。故に通商相近するを以て、先ず地方官の頑冥の習を打破すれば、風気を開く事、我はあまり労とせず」と記していた。中村義『白岩龍平日記――アジア主義実業家の生涯――』三三五頁。いわば、官憲に比べて、民衆は友好的であったというのである。

(21) 浅居誠一『日清汽船株式会社三十年史及追補』二七頁。

(22) 中村義『白岩龍平日記――アジア主義実業家の生涯――』三三三頁。

(23) 中村義『白岩龍平日記――アジア主義実業家の生涯――』三一四―三二一、三二四―三四四頁、近衛篤麿日記刊行会編『近衛篤麿日記』第三巻、一一九頁。

(24) 中村義『白岩龍平日記――アジア主義実業家の生涯――』三六七―三六八頁。

(25) 一九〇一年一一月二六日、白岩龍平は近衛篤麿にあてて、この間の経緯について次のように述べている。「さて加藤氏一行、技術上、経験上より見て何の意見を下すやは、小生此行の大問題に有之申候処、実地視察の後、水路の案内に良好なる事、土地の富饒なる事、独逸人の将に航路開発の準備をなさんとする等一々感情を動かし、内地経済界の不振抔〔など〕言ふて居られず、百万位の資本は何としても集め得べし、其代り政府よりも十分援助を与へざれば成立困難なり、勿論純然たる国家的施設に付、何人の内閣に論なく説破すべし抔〔など〕大気焔にて、上海に帰着の後概略の意見を相定め、同行の一名を使者として急々上京せしめ、近藤廉平氏の同意を求めたる処、近藤氏も直に同意致候に付、愈此際開始の準備相整へ候事と相成、順序として先づ政府へ嘆願書提出を急ぎ候に付ては、不取敢白岩の名を以て願書を差出す事と致し、即ち別紙の願書及予算書を逓信大臣に提出仕候次第に御座候」（白岩龍平より近衛篤麿あて書簡、一九〇一年一一月二六日、近衛篤麿日記刊

行会編『近衛篤麿日記』第四巻、三三〇頁）、と。
(26) 中村義『白岩龍平日記――アジア主義実業家の生涯――』四二六―四二七頁。
(27) 中村義『白岩龍平日記――アジア主義実業家の生涯――』四二九頁。
(28)『湖南汽船会社雑纂』上海駐在総領事小田切萬寿之助より外務大臣小村寿太郎あて「湖南汽船会社設立ニ関シ張総督ト談話ノ件」一九〇二年五月二四日。
(29)『湖南汽船会社雑纂』逓信大臣芳川顕正より外務大臣小村寿太郎あて「湖南汽船株式会社ノ株主ニ清国人ヲ加フル件」一九〇二年六月二六日。
(30)『湖南汽船会社雑纂』上海駐在総領事小田切萬寿之助より外務大臣小村寿太郎あて「湖南汽船会社ニ関スル件」一九〇二年八月七日。
(31)『湖南汽船会社雑纂』漢口駐在総領事山崎桂より外務大臣小村寿太郎あて「湖南汽船会社株金募集方ニ関スル件」一九〇二年八月五日。
(32)『湖南汽船会社雑纂』漢口駐在総領事山崎桂より外務大臣小村寿太郎あて「湖南汽船会社派出員ト同行シテ岳州長沙湘潭三地へ出張ノ顚末」一九〇二年九月一三日。
(33)『日本』一九〇二年九月一四日「湖南汽船会社創立総会」。
(34) 浅居誠一『日清汽船株式会社三十年史及追補』二七―三二頁。
(35) ここで、漢口駐在総領事山崎桂は、外務大臣小村寿太郎にあてて、洋務局総辦蔡乃煌との会談の模様を次のように報告している。「当日は（八月廿七日）午後四時より一行を洋務総局に招待し、総辦蔡〔乃煌〕道台、会辦夏、林二候補道等、主人方にて慇懃なる饗応ありしが、小官は予て蔡道台と打合せ置き午後二時より先つ同道台を訪ひ、該汽船会社募資の件、陸上設備の為め適当地所買入の件まて一切明白に相談し、同官の助力を求めたり。……蔡道台は俄かに立て小官を庭園内の一亭に誘ひ、頻りに他を憚るか如き様子にて、林道台（名は世董、張総督の姪婿にして、近頃洋務局会辦となりたる人の由）も最早来会すへければ、此処にて暫時密談せん。貴領事の意は深く之を領せり。然れとも自分は今や甚た困難の地位に立てり。

何分表面十分の援助を与ふる能はさることを憾むのみ。実は武昌表より秘電に接したるが、張〔之洞〕総督は督辦商務大臣として当方へ訓令するの権あるのみならず、兪〔廉三〕巡撫は原来張総督の門下生とも言ふへき関係を有し、曽て張督が山西巡撫たりし時代に同省の知県たりし経歴ありて、張総督の意見には何事も一致せさるを得す。又、兪巡撫始め布政使、按察使等何れも温厚の老官なれは、湖南省内に在ては何事に付け斬新奇振の主張を有するものなきと同時に、徒らに枝節を生し、紛錯を醸すの虞なしと雖も、近来諸事湖北〔張之洞〕の干渉を受け、往々節外に枝を生し、誠に困難の事情あり。自分は今日特に貴領事に対する友誼上より赤誠なる数言を呈せん。増資の件は余り深く張官保〔張之洞〕の言に依頼せさるを得策とす。買地其他の件は帰漢後公然の手続を以て条約若くは条約の精神に本つきて立論し、官衙間の公事として取扱はれたし。尚ほ当地に於て右等の事項に関し自分と話し合ひたる事実は深く秘せられたし。且つ他の同僚列席の場合には何事も深く立入りたることに談及せられさらんことを望む。今後貴官より公文にて照会せられたる事件に付ては、当方にては成丈来意に副ふことに尽力すべし云々切言せるを以て、小官は事已に此の如し。条約を惟〔唯〕一の護符として各其信するところより決行するの已むを得さるに至りたるは、頗る憾みなき能はすと雖も、貴道台か我れに対する厚誼と苦衷とは自分も深く之を領せりと答へたる折しも、他の来賓ありし為め、談話は右にて終結し、各自筵席に就き、雑談刻を移して散帰せり」（『湖南汽船会社雑纂』漢口駐在総領事山崎桂より外務大臣小村寿太郎あて「湖南汽船会社派出員ト同行シテ岳州長沙湘潭三地へ出張ノ顛末」一九〇二年九月一三日）、と。

(36) 『湖南汽船会社雑纂』漢口駐在総領事山崎桂より外務大臣小村寿太郎あて「湖南汽船会社派出員ト同行シテ岳州長沙湘潭三地へ出張ノ顛末」一九〇二年九月一三日。
(37) 松崎鶴雄『柔父随筆』一一八―一一九頁。
(38) 『呉中葉氏族譜』巻五一「伝記」「茅園」葉啓倬等「郷謚恭恵先祖雨村府君行実」六五―七〇頁。
(39) 杜邁之・張承宗『葉徳輝評伝』一―二頁。
(40) 杜邁之・張承宗『葉徳輝評伝』一頁。
(41) 労九芝堂葯鋪は、湖南省城の坡子街にある、湖南省の老舗である。創設は康熙年間の始め、最初は蘇州（江蘇省呉県）の労姓の人が開いた小さな薬屋であったが、労澂の代に湖南省城の坡子街に移り住み、江西省の蔡姓の者から三百両を借りて、店舗を広げた。一七七五年（乾隆四〇年）、労澂のひ孫にあたる労禄久が「労九芝堂」の看板を掲げ、労九芝堂薬鋪の初代支配人となる。労徳揚は、労禄久から数えて三代目にあたる。代々、捐官によって官位を得て、衙門に出入りした。同治年間、労徳揚は、薬の販売で儲けた金銭を不動産に投資し、財産をなした。そして、長沙県の東山一帯に大量の田地を買い、広さは累計で五千畝、毎年の小作料も一万石に達するに至ったといわれる。湖南省長沙市民建、工商聯史料工作組編「三百年老店──労九芝堂薬鋪」。葉浚蘭は、葉徳輝の結婚を通じて、労徳揚と縁戚関係を結ぶことで、財をなす契機としたのである。

(42)　葉徳輝は、夫人の労氏について次のように述べている。「妻は性格が温和で、倹約を尊び、よく家庭内の給仕を助けて、わが母の歓心をえたが、〔妻の〕一族が田舎臭い風習に染まり、頗る文学や歴史を嫌った。性質は陰険で嫉妬深く、兄嫁と弟の嫁の関係で、言い争うことがあった。私は唐・宋の人の律絶詩を喜んだが、妻の部屋が南向きで、光が集まることから、詩を書き写し字を習うのに部屋の中で行った。ところが、飽きて外で遊び、晩に帰ってみると、妻は筆や硯を妾の部屋の机の上に移してあり、ここで度々反目して言い争うことがあった。私の母は固よりこれを哀れみ、毎回私を責めた」、と。そして、一八九一年に夫人の労氏が亡くなると、「私はこれを慟哭したが、この後家庭や児女の煩雑さが少ないのを幸いとし、再び娶らないことを誓った」と記したのである。葉徳輝『郋園六十自叙』三頁。

(43)　葉徳輝『郋園六十自叙』二頁。一九〇五年、安井正太郎は、湖南省湘潭県について、次のように述べている。「此地は長髪賊の乱〔太平天国運動〕に非常の大打撃を蒙りしも、忽ちにして其繁栄を挽回せしと云ふ。当地の商権は総て他省人の手中にあり。而して是等の商人を省別となし、何々幇と称し、其所産によりて互に公易を行ひ、称して湘潭の七大幇と云ふ。例へば、福建商の建幇と称して刻煙草を販売するが如き、直隷、山東、山西、河南、陝西の直幇の名を頂き、薬材、唐紙、皮革を売買するが如き、或は南幇の江南商を意味し、醤園槽場を経営し、北幇の湖北商は魚果店を開設し、蘇幇の綢緞布疋〔絹織物や反物〕、本幇の糧食、棉花、唐紙の如き等なり。而して山西票号の称に至ては天下の皆知る処、又西幇と称する江西商は当地に於て非常の勢力を有し、経営各種に亘りて如何なる種類の商業も西幇の名を聞かざるなし」、と。そして、蘇幇（江蘇商）の「董事」、すなわち役員として、「徐之甲〔徐峙雲〕」の名が記されていた。安井正太郎『湖南』三一─三二、四

○頁。葉氏一家は、江蘇省呉県から湖南省長沙府に移り住むと、蘇幇（江蘇商）の力を借りた経緯が理解できる。
(44) 顧廷龍校閲『芸風堂友朋書札』下「葉徳輝」一三（年月日不詳）五四二頁。
(45) 葉徳輝『郎園六十自叙』三—四頁。
(46) 葉徳輝『郎園六十自叙』四頁。
(47) 葉徳輝『郎園六十自叙』四—六頁。
(48) 葉徳輝『郎園六十自叙』一〇頁。王充は、『論衡』「自紀篇」で、「曽祖父は向こう気がつよく勇み肌で、なにからなにまで人と反りが合わなかった。凶作の年に、勝手なことをして傷害殺人もやらかしたので、恨みをもつ敵がたくさんできてしまった。たまたま世の中が乱れたとき、その敵の手に落ちはしないかと気づかわれたので、祖父の汎は家族ぐるみ荷物をまとめて会稽に避難してきた。そして銭塘県（杭州）におちつき、商業で生計をたてたわけだ」と記している。王充（大滝一雄訳『論衡——漢代の異端思想——』三頁。また、曾国藩は、『曾文正公家書』で、父の曾麟書が省城、県城の衙門に出入りし、訴訟などに関与したため、「これ積徳の挙なりと雖も、亦これ公事に干預するなり」と述べて、行為を慎むよう依頼していた。何となれば、郷紳のこのような行為は、胥吏の利害と相容れず、讒言を呼び、地方官の郷紳に対する怨恨の種となったからである。稲葉誠一「曾国藩上」六六頁。いわば、王充と曾国藩のいずれも、親族の行為に悩まされていた。
(49) 葉徳輝『郎園六十自叙』四頁。
(50) 中村義『白岩龍平日記——アジア主義実業家の生涯——』四四一頁。
(51) 『居留地一件』漢口駐在総領事永瀧久吉より外務大臣小村寿太郎あて「湖南出張報告書送達ノ件」一九〇四年四月四日。
(52) 中村義『白岩龍平日記——アジア主義実業家の生涯——』四五四頁。なお、中村義は、「曾」を曾広鈞としているが、曾広鑾の誤りである。
(53) 安井正太郎『湖南』二六—二七頁。
(54) 松崎鶴雄『柔父随筆』九八頁。
(55) 『国民日日報』一九〇三年一〇月一三日「湖南同郷京官公致本省革職劣紳王先謙十大罪書」。

(56) 中村義ほか編『近代日中関係史人名辞典』「西薇山」（村上節子執筆）。

(57) 『長沙領事館報告書』長沙駐在副領事井原真澄より外務大臣小村寿太郎あて「湖南省概要報告」一九〇四年一二月一三日。

(58) FO228/1591, Flaherty to Satow: Japanese activity in Hunan, May 35, 1905.

(59) 安井正太郎『湖南』四八五頁、『長沙領事館報告書』長沙駐在副領事井原真澄より外務大臣小村寿太郎あて「湖南省概要報告ノ件」一九〇四年一二月一三日。

(60) *The North - China Herald & S. C. & C. Gazette*, August 11, 1905, "The Trade of Changsha in 1904".

(61) 中央研究院近代史研究所編『中国近代史研究彙編　鉱務檔　安徽・江西・湖北・湖南』番号一三六八（一九〇二年八月二二日）、番号一三六九（一九〇二年九月一日）一三五五—一三六〇頁。

(62) 『鉱山関係雑件』上海駐在総領事小田切萬寿之助より外務大臣小村寿太郎あて「湖南省鉱山ニ関スル件」一九〇二年九月一三日。

(63) 中央研究院近代史研究所編『中国近代史研究彙編　鉱務檔　安徽・江西・湖北・湖南』番号一四三一（一九〇四年四月二七日）二五〇三—二五〇七頁。湖南巡撫趙爾巽は、ブロックを「濮喇閣、即璞老克」と記し、オーストリア人としている。しかし、楊世驥は、蔣徳鈞『求実斎類稿』の「〔ブロックが長沙で〕公館を賃借りし、天成公司の看板を掲げ、言葉は騒がしく態度もおおげさで、毎食数十皿も食べて、排泄時には白い洋式の布で尻を拭いた」という文章を引用しながら、ブロックを「布洛克」と記し、イギリス人としていた。楊世驥『辛亥革命前后湖南史事』三一頁。また、神田正雄も「英商ブロック」としている。神田正雄『湖南省綜覧』六一九頁。神田正雄のこの個所の記述は、張人价編『湖南之鉱業』（一九三四年）の邦訳である、次の著書によった可能性がある。張人价編『湖南省鉱業総覧』三〇頁。このため、本書では、現在のところ原名は未詳ながら、名前を「ブロック」とし、イギリス人と記載した。

(64) 長沙某某「郋園学行記」「記行」一二頁。

(65) 『呉中葉氏族譜』巻五一「伝記」「茅園」葉徳輝「四舎弟黙安事略」七八—八二頁。

(66) *The North - China Herald & S. C. & C. Gazette*, May 19, 1903, "Chansha, Hunan", March 3, 1903.

（67）中央研究院近代史研究所編『中国近代史研究彙編　鉱務檔　安徽・江西・湖北・湖南』番号一三六八（一九〇二年八月二二日）、番号一三六九（一九〇二年九月一日）、番号一三七一（一九〇三年一月四日）、番号一三七三（一九〇三年一月一三日）、番号一四〇二（一九〇四年八月二七日）。

（68）神田正雄『湖南省綜覧』六一九頁。

（69）これに対して、一九〇二年九月二一日、日本の漢口駐在総領事山崎桂は、次のように報告している。「〔私が〕長沙鉱務局総辦候補道夏献銘及蔡〔乃煌〕洋務〔局〕総辦と特に二回会合し、本邦に於て鉱山学に熟通せる専門家近々遊歴の為め湖南へ来るへきを以て、若し湖南内地に鉱脈、鉱質の調査を要するものあらは、彼等をして詳密に学術的験〔検〕査を行はしめては如何、彼等は遊歴の序を以て各自学業上の実験を増すことなれは、勿論無報酬にて喜んで湖南の為め調査の労を執るへきなりと勧説したるに、蔡〔乃煌〕夏〔献銘〕両氏曰く、近時諸外国人より鉱山に関する種々の勧説を受けたるも、外国人をして省内鉱山の調査を為さしむることは民心を激動するの虞なしとせす、且又同省鉱山の内状を世間に表白するは、省内の利権を外人に専握せらるゝの結果を来すなきを保せさるを以て、右等勧誘に対しては体能く謝絶し居る次第なり。個人としても諸外国人の鉱山探訪は甚た好まらさる所なれとも、貴国との関係は特別なれは御好意に任せ、或は右一行に調査を委託することあらん、万事重て商議に及びたし云々、略ほ諾色ありたれは、何れ本件は一行来着の上再ひ勧誘を試み、差向き調査の目的を達せしめ度しと存居候。……想ふに彼れに於ても此点に付ては本邦人を用ふるの利なるを覚知し居るへきを以て、湖南より派遣せる留学生派遣等委員に於ては已に内命を受け東京にて鉱山技師として聘用すへき人物を探求し居るや難計に付、湖南派出員及学生（他省の学生と異り、兪誥慶等の如き資格も見識もある青年なれは自然注意を要す）等に対しては特別に注意を加へ、果して我か技師、教員等を物色し居る場合には殊更周密に取調へ、我か政府に於て適任と認めたるものを彼等の手に依り湖南へ推薦せしめ聘用せしむるの手段を講すること肝要と存候に付、此点は湖南派出員を関係ある向々へも可然高配相成様致度候」（『鉱山関係雑件』長沙駐在副領事山崎桂より外務大臣小村寿太郎あて「湖南出張ノ機会ヲ利シ同省へ本邦教師招聘方及其他件勧誘顚末」一九〇二年九月二一日）、と。ここに記された兪誥慶とは、一九〇二年四月に湖南巡撫兪廉三が日本に派遣した一二名の官費留学生のうちの一人である。『游学訳編』第一〇冊（一九〇三年九月六日）「湖南同郷留学日本題名」。

（70）　趙爾巽は漢軍正藍旗の人で一八七四年の進士、安徽省、陝西省の按察使、甘粛省、新疆省、山西省の布政使をへて後、一九〇二年に山西省巡撫代理、一九〇三年に湖南巡撫となり、産業や教育などの一連の改革に着手した。弟は川濱辺務大臣、署四川総督を歴任した趙爾豊である。一九〇四年四月四日、漢口駐在総領事永瀧久吉は外務大臣小村寿太郎にあてて、湖南巡撫趙爾巽の解任について、次のように述べている。「現在、趙〔爾巽〕巡撫は、昨春山西巡撫より此地に転任せられ、夙に明達有為の聞へあり。其為すところを以て推知するに、教育を以て施政の根本とするもの丶如く、着任以来鋭意して学校を興し、風化を導き、治を図るに汲々たり。先きに上諭の明達するあるに因ると雖も、率先して寺観を改めて校舎に充て、或は旧有の書院を改めて新学堂となし、或は有衣の士を引いて治政の要通を諮ふなと、又鞠躬せりと云ふ可し。見よ、長沙省城のみにて同巡撫着任以来官私の学堂を挙辦する已に二十有余、大は高等学堂より小は半日学堂、半夜学堂に至る、之を両三年来此地在住のものに聞くに、長沙今日の風気状態に至れるは、趙巡撫来任后学堂挙辦の時より始まると。是れ本官か少くとも趙巡撫か施政に鞠躬するを偉とする所以にして、又地方一派の徒を見て慊焉たる所以なり。仮令は僧道輩は寺観を校舎に充てらる丶を喜はず、旧学の老輩は旧書院を改廃せらる丶に扶々とし、時に非難の声を発せり。翻つて当省特有の紳士側に立入つて之を観察するに、此等一輩の徒は多くは皆な固有の虚飾文学に養成せられ、十数年前清国自尊官海の波瀾に生活し、爾来引退して地方の紳士と崇められ、隠然として地方施治を左右する一勢力を有したる、比較的今回進化の趨勢に感染する薄き輩なれは、尚ほ固有自尊の風習を滌脱しかたく、その是等新施設に慊焉たるものあるは勿論なるも、目今の趨勢と中央政府の宗旨の稍や一変せるあるに辟易し、暫く緘黙の態度を采りたるもの丶如し。然れとも是等一輩の徒と雖も、日本に対しては比較的好意を表し居るものと思はる」（『居留地一件』漢口駐在総領事永瀧久吉より外務大臣小村寿太郎あて「湖南出張報告書送付ノ件」一九〇四年四月四日）、と。

（71）　一九〇三年一一月、『大公報』〔天津〕は、「〔湖南巡撫〕趙〔爾巽〕中丞が上諭に従い、書院を学堂に改め、官銭局を開設しようとして、人員を北洋に派遣し、鈔票を印刷すると、〔某巨紳は〕この二つの事柄が不都合であったために、日夜かれを陥れようと思った」と記して、教育改革以外にも原因があったとしている。『大公報』〔天津〕一九〇三年一一月二四日「頑紳可悪」。

（72）端方『端忠敏公奏稿』巻五「湖南巡撫致任摺」一九〇五年二月。

（73）『鉱山関係雑件』長沙駐在副領事井原真澄より外務大臣小村寿太郎あて「湖南ニ関スル報告」一九〇五年二月二〇日。

（74）『鉱山関係雑件』長沙駐在副領事井原真澄より外務大臣小村寿太郎あて「湖南ニ関スル報告」一九〇五年二月二〇日。引用文中の曽の字は原文による。以下同じ。

（75）曾国藩の長男が曾紀沢（一八三九―一八九〇年）、次男が曾紀鴻（一八四八―一八八一年）である。このうち、曾紀沢の三男が曾広鑾である。曾広鑾、字は君和、号は恕龕である。清正一品蔭生で、一等毅勇侯を承襲し、候補京堂都察院左副都御史、御前散秩大臣となった。なお、また、曾紀鴻の長男に、曾広鈞がいる。曾広鈞は、一八六六年に生まれた。曾広鈞一五歳の時、父の曾紀鴻が病死し、母の郭氏が曾広鈞の養育にあたった。一八八九年、二三歳で会試に合格して進士となり、翰林院に入った。こののち、国史館協修、湘鄂四九営総翼長、剛武軍統領を歴任し、一八九八年の戊戌変法では改革派の人士と往来し、改革に理解を示した。一八九九年に広西省の知府に任ぜられたが、一九〇〇年の義和団事件で政治に関心を失い、以降学問に専念した。詩人としても著名であった。一九二九年に没した。成暁軍『曾国藩家族』一八一―一八五、二五五―二五六頁。

（76）一九〇五年、安井正太郎は、「今や湖南人士の内亦同社〔湖南汽船会社〕の趣旨及事業を賛して株主に加盟するもの侯爵曾広鑾氏兄弟を初めとし、前の巡撫兪廉三の息啓元氏、次の巡撫趙爾巽の姪振其氏、張租〔祖〕同、朱乾益、余太華、王銘忠等の如き皆地方の富豪有力者にあらざるは莫く、曾侯爵は推されて同社の相談役たりといふ」と記し、曾広鑾が周囲に推されて湖南汽船会社の相談役に就任したことを記している。安井正太郎『湖南』四七五、四八二頁。

（77）一九〇五年、長沙駐在副領事井原真澄は、外務大臣小村寿太郎にあてて、「二月二十日付機密信第五号を以て曽侯爵が昨年冬漢口滞留中独乙商礼和洋行と『アンチモニー』鉱砂売買契約を取結ひたる件に関し、及御報告置候に付き、已に御閲悉の事と被存候。然るに客月〔三月〕中旬端〔方〕巡撫は突然曽侯爵家の執事として万般の家事を管掌する曽七、曽九の両人を捕縛致候に付き、内々探査致候処、其源〔原〕因は右礼和洋行との鉱砂売買契約に関する事件の由にて今に其開放を不見次第に有之候」と述べている。『鉱山関係雑件』長沙駐在副領事井原真澄より外務大臣小村寿太郎あて「湖南近情報告」一九〇五年四月六日。これと同様のことは、イギリスの長沙駐在副領事フラハティが特命全権公使サトウにあてて述べている。FO 228/1628, Flaherty to Satow: Intelligence Report for June Quarter 1905, July 5, 1905.

(78) 聶緝槼、字は仲芳、湖南省衡山県東郷の人である。父の聶亦峰は一八五三年の進士で、各地の知県や知府、候用道員を勤めた。聶緝槼は、この聶亦峰の子供として一八五五年に生まれ、曾国藩の娘の曾紀芬と結婚して後、滇捐局帮辦、同総辦、上海機器局会辦などを勤め、一八九四年から一九〇三年まで、浙江按察使、浙江巡撫、江蘇布政使、安徽巡撫の要職を歴任したが、浙江銅元局の汚職に連座して革職され、郷里の湖南省に戻り、郷紳として過ごした。成暁軍『曾国藩家族』一七七―一八〇頁。聶緝槼は、一九一〇年の長沙米騒動において、布政使荘賡良の湖南巡撫護理を要請する、湖南省の郷紳の第二電の筆頭に名を連ねていた。

(79) 『鉱山関係雑件』長沙駐在副領事井原真澄より外務大臣小村寿太郎あて「湖南近情報告」一九〇五年四月六日。

(80) 「湖南全省鉱務総公司章程」一九〇三年一二月、周正雲輯校『晩清湖南新政奏摺章程選編』五三八―五三九頁。

(81) 『鉱山関係雑件』長沙駐在副領事井原真澄より外務大臣小村寿太郎あて「湖南近情報告」一九〇五年四月六日。

(82) 『鉱山関係雑件』長沙駐在副領事井原真澄より外務大臣小村寿太郎あて「湖南近情報告」一九〇五年四月六日。

(83) *The North - China Herald & S. C. & C. Gazette*, July 25, 1905, "Changsha, Hunan".

(84) 一九〇七年、袁樹勲は湖南鉄路総公司に就任すると、湖南省の郷紳と会合を持ったが、意見の一致をみることができなかった。このため、湖南省では、袁樹勲が端方と、鉱山などを担保として資本を得る可能性について討議中であると噂されていた。そして、イギリスの漢口駐在総領事ジャイルズは、特命全権公使ジョーダンに対して、同情報を伝えつつ、「同情報は確証を欠くが、端方のドイツ贔屓は著名である。とはいえ、郷紳の反対にあうことは間違いなく、〔袁樹勲が〕反対を押し切ってまで計画を強行するかどうかはかなり疑わしい」と述べていた。FO228/1662, Giles to Jordan: Intelligence Report for the quarter ended 31 December, 1906, January 23, 1907. また、次の記事も、端方や蔭昌をドイツ寄りの大官として伝えている。『東亜同文会報告』第八三回（一九〇六年一〇月二六日）「大官ノ親独熱」。これまでのところ、端方に関する最も詳細な研究としては、中国第一歴史档案館所蔵『端方檔』の他、多くの文献を用いて著された、次のものがある。張海林『端方与清末新政』。ただし、同書では、端方とドイツの関係については言及されていない。

(85)『鉱山関係雑件』長沙駐在副領事井原真澄より外務大臣桂太郎あて「長沙近況報告」一九〇五年一二月六日。この後、三井洋行出張員森恪は、湖南鉱務総公司の聶其昌との間において、一九〇六年三月二六日（光緒三二年三月二日）の日付で契約書を交わしていたが、三井物産の山本条太郎に対して、湖南省の鉱山に日本の探査員を派遣し、更には日本が鉱山の一部を運営するなどの計画についての正式な承認を求めた。ここで、井原真澄は外務大臣林董にあて、森恪と聶其昌の間で締結した契約書について、三井本社より何ら返答がないため調印できないままでいるとして、外務大臣林董より三井本社に督促するよう依頼しつつ、「然るに、湖南の鉱山に関せは、本月三日付公信第三六号を以て及報告置候洋務局並に鉱政調査局の復命書中に記載したる事実を以て之れを見るも、独乙人が如何に熱心に着目し、各種の手段を講して熱心湖南鉱業との関係を結はんことに努めつゝあるかを可被察候。此際に当り若し僅かに名目の如何若くは章程の関係上より実行を躊躇するが如くんば、実に策の得たる者とは称すへからさる次第に有之候」と述べている。『鉱務関係雑件』長沙駐在副領事井原真澄より外務大臣林董あて「湖南鉱務総公司ト三井出張員森恪ト探鉱契約ノ件」一九〇六年五月二四日。

(86)『長沙領事館報告書』漢口駐在領事瀬川浅之進より外務大臣青木周三あて「湖南省一体ノ風気ニ関スル報告」一九〇〇年五月二四日。

(87) 一九一〇年、湖南省で長沙米騒動が起こると、熊希齢は葉徳輝を批判して、「〔葉徳輝は〕三年前〔一九〇七年〕、外国人を引き入れて湖南省の鉱山を売却しようとし、たびたび交渉事件を起こしていた。そして、今回の暴動も、該紳〔葉徳輝〕が米を買い占めて売り惜しみ、密かに日本の商人と結託して運搬したにも拘らず、岑撫〔湖南巡撫岑春蓂〕がこれを虎のように恐れ、早期の運搬禁止を行わなかったために、この災禍を引き起こしたのである」と述べた。熊希齢「上鄂督瑞莘帥書」一九一〇年、『熊希齢先生遺稿』五、四一六六頁。これよりするならば、葉徳輝は、一九一〇年の米価高騰時における米穀の売買でも、日本と密接な繋がりを持っていたといえよう。

(88) 一九〇五年九月、長沙駐在副領事井原真澄は外務大臣桂太郎にあてて、ドイツの動向について次のような報告を行っている。「一・独乙軍艦来湘の件。本年夏期以来、独乙軍艦の来湘頗る頻繁にして、約一ヶ月以前『ウォルワルト』来湘、湘潭を経て上游まで溯江を試み矣、又昨夕『ウォーターランド』（吃水二噸半）も亦た着湘、明朝を期し上游、株州（萍郷炭坑鉄道の湘江終点）まで溯江し、艦長は直ちに鉄道にて萍郷に向ふ由に有之矣。本日巡撫衙門にて同艦長に面会したるに、同艦は約二週間以前に常徳に到り、夫れより桃源まで溯りたりと談し居候。本日巡撫衙門にて同艦長に面会したるに、同艦は約二週間以前に常徳に到り、夫れより桃源まで溯りたりと談し居候。……近日独乙が頻りに軍艦を湖南方面に廻航し来り、一面各処の水路探検に従事すると同時に、又一面には湘江の上游まで航行を試み、艦長萍郷に赴く等頗る湖南方面に対し活動致し居候様相見え、大なる注意を要すべきことと被存候。英国に於ても独乙に対する運動なるや否や詳ならさるも、独乙軍艦来湘するときは必す英国軍艦相前後して入港致候。英領事の談に拠るに、近日中同国軍艦金沙号入港の由申居候。其入港の偶然なるや否やは不明なれとも、実に一奇と可称矣。一・常徳岳州間の水路。……又坊間伝ふる処に拠るに、日露の講和も確定の由聞及候得ば、帝国政府も亦た可成取急ぎ浅喫水軍艦を当地方に派遣せられ、水路の探検等に従事し、将来湖南に於ける我商権の発展に資せられんこと希望の至に不堪候」（『湖南省常徳開市一件』長沙駐在副領事井原真澄より臨時兼任外務大臣桂太郎あて「湖南近情ニ関スル件」一九〇五年九月一九日）、と。

(89)　川島真『シリーズ中国近現代史②　近代国家への模索　一八九四―一九二五』六、頁。

(90)　早くも、一九〇五年九月のポーツマス条約締結より一二月の北京条約締結に至るまでの一〇月、一一月には、日本は満洲還付の代償に福建割譲を要求したという謡言が起き、湖南省などを中心に日本商品排斥、大阪商船排斥、工場や学校で採用されている日本人技師や教員の解雇を呼びかける運動が起きていた。菅野正「『割閩換遼』要求風説と湖南・禹之謨」。

(91)　『鉱務関係雑件』長沙駐在副領事井原真澄より外務大臣西園寺公望あて「近情報告」一九〇六年五月二日接受。

(92)　『張文襄公全集』巻六五「進呈擬訂鉱務章程摺」一九〇五年一二月二四日、臨時台湾旧慣調査会編『清国行政法』第二巻第五章「産業」第二節「鉱業」。

(93)　森恪は、一九〇二年に三井物産上海支店の修業生、一九〇四年の日露戦争中に上海で兵站・宣伝・諜報などの業務に従事し、一九〇五年の日露戦争後に同正社員となり、三井物産の中国における商業活動拡大の中で、長沙出張所駐在員として湖南省を中心に活動した。森恪が三井物産の湖南省調査出張員として湖南省に派遣されたのは一九〇六年、三井物産の出張所が長沙に開設されたのは一九〇七年一二月である。山浦貫一編『森恪』では、この間の経緯を次のように記している。「湖南省は先に述べた通り独逸人の勢力範囲と云つてもよいほど独逸商人の手が入り込んでゐた。長沙から東の石炭で有名な萍郷山（江西省）も独逸人の開発した炭鉱であつたし、長沙に於ても例へばシムソンとかカールウイツチとかいふ独逸人の大きな輸出商の店があつて、アンチモニー、阿片、鉛等を独逸へ輸出してゐた。この地方から産出するアンチモニーは三井物産にとつても輸出品中の優秀かつ重要な商品の一つであつたが、その買付にはどうしても独逸人の店を向ふに廻して競争しなければならなかつた。森は支那語が巧みであつた上に、支那人に親しく接近してこれを懐柔するのに特殊な手腕を持つてゐた。それで彼は先づ郵便局の電信係の者と巧みに懇意となることに成功した。そして本国から独逸商人の店に来る商売上の電報を密かに探知する手掛りを得、例へば買付せよと打電して来ればそれによつて独逸商人がまだ買付せぬ一足先に買付をするという風に、いつも先方の裏を掻き先手を打つて利益を挙げることに成功した。かくして湖南で有名な独逸の『ヴキッカース』の勢力を駆逐し、これを三井物産の手に占領したのであつた」（山浦貫一編『森恪』一二七頁）、と。

(94)　于乃明「湖南省水口山鉛鉱をめぐる中日交渉——一九一〇年——」。

(95)　白岩龍平『揚子江沿岸』六五—六六頁。一九〇六年二月、『東亜同文会報告』では、次の記事を掲載している。「在上海独逸総領事は左の意味の廻章を同地の独逸商会へ送り、其雇人をして清語を学はしめむ事を勧誘せりと云ふ。曰く、日露戦争終結後は支那実業上の状勢に大変化を来すべし。既に過去七年間に於て吾等外国商人が内地に於ける支那人の買手と直接に取引するの傾向は顕著なるものあり。……而して日本商人の増加するに連れ、益々生産者と消費者と直接の取引を発達せしむべし。斯る変遷は商人をして支那人と直接に交渉するの必要を感ぜしむるを以て、吾国人にして支那語を研究し、以て其勢に投せざれば、到底日本の競争者に対抗す可からず。是等の理由により在留独人の為め假りに清国研究所を領事館内に設け、総領事其他の通訳官をして教授の任に当らしめむとす」、と。『東亜同文会報告』第六五回（一九〇六年一月二六日）「独人ノ清語研究」。この記事などは、ドイツ商人に対する脅威を反映したものということができるであろう。

(96)　安井正太郎『湖南』四七六—四七八頁。

(97) この図式は、一九〇四年以降湖南省で激化する粤漢鉄道利権回収運動においても顕在した。すなわち、鉄道利権回収運動では、「全省人民公白」「湖南全省人民公啓」など、「公」を標榜して運動が展開されたのである。湖南省哲学社会科学研究所近代史研究室輯「清末湖南人民保路運動伝単三件」。

(98) 何智能『湖南保路運動研究』附録「粤漢鉄路借款続約」一九一頁。

(99) 何智能『湖南保路運動研究』三三頁。

(100) 『東亜同文会報告』第五七回（一九〇四年八月）水野梅暁「湖南通信（七月十日）」。

(101) 『長沙領事館報告書』漢口領事館補吉田美利より漢口駐在総領事永瀧久吉あて「長沙出張報告書」一九〇四年七月一三日。

(102) 『長沙領事館報告書』長沙駐在副領事井原真澄より外務大臣小村寿太郎あて「湖南省概要報告」一九〇四年一二月二三日。

(103) 湖南省志編纂委員会編『湖南省志第一巻　湖南近百年大事紀述　第二次修訂本』一九四―一九五頁。

(104) 『国民日日報』第四七号、第四八号、第四九号（一九〇三年九月二二日、九月二三日、九月二四日）「論日本人之経営湖南航路」。

(105) 『東亜同文会報告』第八八回（一九〇七年三月二六日）「湖南省ト日本人」。

(106) 『外国宣教師動静視察一件』長沙駐在副領事松永直吉より外務大臣小村寿太郎あて「松崎鶴雄盧山出游報告書送付之件」一九一〇年一〇月一五日。もともと、キリスト教会は、国家の枠組みとは別に、独自の行動を示すものであろう。しかし、このようにキリスト教会を国家と結び付けて考えるところに、明治期の日本人の思考の特徴が示されているように思われる。

(107) 『外国宣教師動静視察一件』長沙駐在副領事松永直吉より外務大臣小村寿太郎あて「松崎鶴雄盧山出游報告書送付之件」一九一〇年一〇月一五日。松崎鶴雄は同報告書において、ドイツの宣教師の布教における特徴について、次のように述べている。「独逸派の伝道は米国の如く大袈裟ならざるも抜けめなく、怜悧に活動し居れり。長江流域に於てはルーテル教会、ベルリン教会、諾威〔ノルウェー〕ルーテル教会にして、瑞典教会の一派とも提撕せり。独逸は自国の商会、官吏等と関係密接に、且つ其伝道資金も豊富なるを以て、諸処に壮麗なる学校、病院、教会堂の設備を有し、米国派と近脆して機敏に進退し、英国派の人に比すれば能く土人の習慣を利用して土人と相近づき、教会附属の学校教程も他の学校と均衡を保ち、総て英語を用ひて未だ自国の語学を加ふるもの少く、極めて注意深く周囲の事情を顧みつゝ布教し居れるを以て、独逸は米国に次ひで官民の歓心を収め居れり。一つは米国を利用することの巧妙なると米国もまた相輔くるの意あるにも因るべし。独逸は米国の如く支那国運の大勢を予測して各省に自治権を持さしめ、聯邦制度の支那を統治するに適せるを説き、各省内に自国教派の根蔕を下さんとの意向は屢青年又は多少の学識ある人士に向つて婉曲に注入し、一方には日露両国が野心と野心相結んで中国を瓜分せんとするなど、陰かに捏造の説をなして民心を煽ぎ、米国と歩調を同ふせんとせしは、往々英国派の人より耳うちされることあり。支那の人気を取るには周到にして、自国の勢力を総ての方面に侵入せしめ、其勢に乗して布教を発展せしめつゝ、あるは近時殊に甚しとなす。鉱山、鉄道、商工業に対して伝道の傍ら精密なる調査をなし、其結果自国の商店、会社より或は投資をなし、或は専売の途を開くに便宜を与ふる等、其機敏なる行動は到底他の教派の企及ぶ所にあらず。独逸の伝道方法は極端に急進するに非ず、又極端に保守的にあらず、其中を執りて風波を避けつゝ機を見ては羽翼を伸ばして漸進せるを以て、甚しく衆目に映せず、浸々潤々にして将来は官民の間に立ち、宿望を行はんと欲するの概あり」、と。

(108) 熊希齢「奏為湖南劣紳把持新政攻撃恐釀事変請遴選老成正紳力出維持以責成摺」一九〇六年六月、周秋光編『熊希齢集』上、一三二頁。

(109) 水野梅暁「湖南仏教視察報告」、安井正太郎『湖南』六二一―六二二頁。水野梅暁が僧学堂を設立するため、湖南省長沙に到着したのは、一九〇三年一〇月一三日である。水野梅暁は直ちに洋務局総辦夏献銘、湖南巡撫趙爾巽に来意を告げ、更に王闓運、王先謙、葉徳輝、張祖同、孔憲教などの郷紳に挨拶をし、水師統領陳海鵬、外務部参賛曾広銓とも交流を深めた。湖南巡撫趙爾巽は、教案の問題に鑑みて、僧学堂の開設に当初は難色を示したが、水野梅暁の再三の要請を受けて、僧学堂の開設を許可するに至った。ただし、水野梅暁が「又小生等尽力創設の僧学堂は今回特に官の認可を得て、之を学務所に隷属し総理監督は学務所より派遣し、官立同様の資格を得たるのみならず、将来学生の程度の進むに従つて師範僧科を添接〔す〕るの特許を得る事と相成申候」と記したように、それは清朝政府の強い管理下にあった。『東亜同文会報告』第五〇回(一九〇四年一月一日)水野梅暁「湖南通信(十一月十六日)」、同第五五回(一九〇四年六月一〇日)水野梅暁「湖南通信(五月十日)」。

(110) 笠雲芳圃『東遊記』六—一七頁。白岩龍平は、日記の一九〇五年六月一五日の条に「夜、偕楽園に笠雲、筏兪、道香の三僧、水野〔梅暁〕氏及佐〔佐佐木信綱〕竹柏園主を招す。夜大雨」と記し、同年六月二一日の条に「笠雲和尚等と伴に大倉博物館を見了て星ヶ岡に到る。此日会するもの笠雲芳圃、筏兪仁超、道香宗敬、水野梅暁、長岡雲海〔護美〕、森槐南、永井禾原、大久保湘南〔達〕、岩渓裳川〔晋〕、手嶋海雲諸人、それぞれの詩を賦し又聯句あり」と記している。中村義『白岩龍平日記——アジア主義実業家の生涯——』四七三頁、四七四頁。白岩龍平の記述と笠雲芳圃の記述とでは、日付に若干違いがある。

(111) 一九〇七年七月頃、日本の宇野哲人は長沙を遊歴し、葉徳輝のもとを訪れて、次のように記している。「小華兄に伴われ葉〔徳輝〕氏を洪家井の存養書屋に訪ふ。書屋はもと曾国藩の故宅である。庁上に勲高柱石等の扁額を掲ぐ。主人〔葉徳輝〕は進士出身にて、仕へて吏部主事たり、後退て野に在り、博覧多識、最も古書を愛し、蔵する所堂に満つ。よく客を愛し、毫も城府を設けず、青眼を以て新来の予を看、循々として語りて倦まず。我が請に応じて其の珍蔵の書冊、書画及び古銭を示さる。一として天下の珍ならざるはなく、殆んど応接に遑あらざるの感あり。中にも唐経生書、阿毘達磨大毘婆娑論の如き、葛長庚の手書道徳宝章の如き、宋版玉台新詠の如き、孰か読書家の垂涎せざるものぞ。北宋膠泥活字、韋蘇州集の如きは、墨色さながら漆の如く、真に天下の一品である。又元朝秘史六本あり、内藤湖南氏所蔵の文廷式本は、之に本づきたるものなりと云ふ。主人はその所著及び所刻各一部を予に贈られ、又各一部を予に託して桂湖村、島田翰両君に寄贈せられた。猶碩学王闓運氏は時に長沙に在らず、王先謙氏は病を以て引接を辞せられ、遂に面会することを得なかつたのは、予の甚だ遺憾とする所である」（宇野哲人『改訂　支那文明記』三三〇頁）、と。日本と中国の文人の交流の一端を知ることができるであろう。

(112) 湖南歴史考古研究所近代史組輯「清末粤漢鉄路的興築与湖南人民的保路闘争史料」一三九頁。

(113) 『張文襄公全集』巻一五六「致京瞿尚書張尚書左子異太常」一九〇五年一〇月二九日。

(114) 『張文襄公全集』巻一九六「致京瞿尚書張尚書」一九〇六年七月六日。

(115) 湖南省地方志編纂委員会編『湖南省志第三十巻　人物志』上「余肇康」五四五—五四六頁。

(116) 一九一〇年の長沙米騒動で湖南巡撫の交代を要求した郷紳の電文については、本書第六章第二節第二項を参照されたい。

(117) 『張文襄公全集』巻一九六「致京瞿尚書張尚書」一九〇六年七月六日。

(118) FO228/1628, Giles to Jorden: Intelligence Report for September Quarter, November 10, 1906.

(119) 湖南歴史考古研究所近代史組輯「清末粤漢鉄路的興築与湖南人民的保路闘争史料」一四一頁。

(120) 趙濱彦『湘藩案牘鈔存』「会議両湖賑糶米捐並衡永宝配銷溢銷釐実非因路抽捐不応停収詳文」。

(121) 倉橋正直「清末の実業振興」。

(122) 孫志明「建国前的長沙工商業同業公会」。

(123) 傅志明「清末湖南資本主義的発展和辛亥革命」。

(124) 湖南省地方志編纂委員会編『湖南省志第三十巻　人物志』上「陳文瑋」五四〇—五四一頁。

(125) 「商部奏湘商籌辦鉄路並公挙総協摺」一九〇六年八月三日、宓汝成編『中国近代鉄路史資料（一八六三—一九一一）』第三冊、一〇三五—一〇三六頁。

(126) 「湖南省商辦粤漢鉄路公司招股章程」一九〇六年五月、周正雲輯校『晩清湖南新政奏摺章程選編』六〇三—六〇六頁。

(127) 『張文襄全集』巻六八「湘路籌辦窒礙難行応定為官督商辦並総理協理摺」一九〇七年一月一一日。

(128) FO228/1662, Giles to Jorden: Intelligence Report for December Quarter, January 23, 1907.

(129) 『長沙日報』一九〇八年七月一一日「湘省紳商鉄路集股大会紀事」、湖南師範学院歴史系郷土近代史研究小組整理「湖南保路運動資料初輯」。

(130) 『民呼日報』一九〇九年六月一七日、周恵伯「請看湘路之蟊賊」。

(131) 『水野梅暁視察一件』水野梅暁より外務次官石井菊次郎・政務局長倉知鐵吉あて書簡、一九一〇年三月一一日。

(132) 『水野梅暁視察一件』水野梅暁より外務次官石井菊次郎・政務局長倉知鐵吉あて「湖南現時ノ趨向及之ガ利導策」一九一〇年一〇月六日。

(133) 一九二四年一〇月、日本の在長沙領事館は、この点について次のように述べている。「支那に於て本邦人各種企業の場合の困難は、本邦人平素の不用意に胚胎すること多々あるも、其特に注意を要するは支那人啓発機関の欧米に比し劣る点に在り。多数支那人中、日本人は常に日支親善、日支共同共栄、支那開発等を口にするも、之を実現する努力乏しく、欧米人か経済的発展を期する一方、支那人誘導開発の主旨を以て各種の伝道、文化、慈善事業を経営し、両者並行の観あるも、日本人に於ては単に利益獲得に汲々とし、他を顧みさるの態度あり。故に利害関係以外に徳を以て支那人と提携する欧米人に比し、劣るものなりと称するものあり。是れ支那全国を通し、何人も実観する事実なるへし。当省〔湖南省〕に於ても英米両国は勿論、其他の諸外国か支那人伝道文化事業に注目し、之に関する施設極めて多きに、日本としては全然皆無の状態にして、心あるものの為め、多年提唱せらるる此種事業未た実現せられす、両国民の諒解上に立ち各種事業を企つるものの遺憾とする処なり。又た或る支那人は、却て支那に於ける日本人の徳義心を彼此批難するものあり。之れ又た支那各地に於て程度の差異あるも、蓋し通有の事実なるへく、之れ疆域隣接の関係上、往来する本邦人中多少素質不良のものを交ゆる為め、其弊害本邦人全体に及ひ其事業を阻碍するものなり。当地方に於ても従来在留本邦人の支那人に対する不信行為甚た多く、本邦人の支那人の為め失ひしものは、支那人か本邦人より受けし損害と比較、何れか甲乙を定め難き実状にして、日本人の有する懸案解決に当り、他の日本人の不信行動往々禍し、解決を困難ならしめし実例あり。斯ることは勿論、本邦人の一部不良分子の為めより惹起せらるる弊害なるも、何等か取締の実を挙けさるに於ては、善良なる本邦人の事業は絶へす阻碍せらるるものとす」（日本外務省通商局編『在長沙帝国領事館管轄区域内事情』一四八頁）、と。

第二章　教育改革の推移と学生運動――「排満」論の展開を中心に――

はじめに

第一章では、二〇世紀初頭の列国の湖南省進出と郷紳の対応を考察し、郷紳を中心とする社会変化と世代交代に言及した。この郷紳の世代交代を印象付けるものは、光緒新政期の実業振興で台頭した、二〇歳代から三〇歳代にかけた若年の郷紳である。これらの郷紳は、実業振興のみならず教育改革を通じて、湖南省内で発言力を高めた。そして、この教育改革によって新たに輩出されたのが、留日学生や新式学堂出身の学生であったのである。彼らは、新しい学問に触れることによって「亡国」の危機意識を強め、学生運動を展開した。本章では、湖南省の教育改革と学生運動の展開、「排満」論の再編の特徴について、これらの知識人や学生を中心に考察を加え、二〇世紀初頭の湖南省の社会変化の一端を明らかにする。

清末、湖南省の特色は、郷紳が湖南巡撫の地位を左右するほどの大きな権勢を保持した点にある。このため、湖南省の行政改革、就中教育改革も、列国の利権獲得競争と同様、郷紳との協調・対抗関係の中で跡づけることができる。これまでの研究においては、一九〇四年一〇月清国留学生会館同学姓名調査録の統計で、中国人留学生二万八五二一名中、湖南省出身者は四〇一名、全体の一四パーセント強であり、一九〇五年には更に人数が増加しただけでなく、一九〇四年と一九〇五年に中国同盟会に東京で入会した八六三名中、湖南省出身者は一五七名、全体の一八パーセント強、全省で最多であったことを明らかにしている。[1] いわば、湖南省出身者は、留日学生の中でも、また中国同盟会の中でも、江蘇省出身者や広東省出身者と共に中核を担っていたのである。このため、清末の革命運動に分析を加えるならば、湖南省の革命運動、特に黄興や陳天華、宋教仁の思想の他に、湖南省の学生運動などに考察を及ぼす必要が生ずる。そして、湖南省の学生運動の展開や留日学生の動向については、これまで革命運動の生成・発展という観点から多くの研究がなされてきた。また、湖南省の革命運動についても、光緒新政の教育改革で多数の留日学生が輩出され、留日学生が日本で西欧の新しい学問、特に社会進化論などに触れ、「亡国」の危機意識を強める中で「排満」論を展開し、一九〇五年の中国同盟会の結成に繋がったと論じられてきた。しかし、この理由を、湖南省の学生の危機意識、愛国心の興隆だけに求めてよいのであろうか。この点を解明するためには、湖南省の学生運動を革命運動の生成・発展という図式から離れて、湖南省の教育改革の特徴を考察する必要がある。それでは、湖南省の教育改革は、他省、特に隣省の湖北省と比べた場合、どのような特徴を持ち、この特徴が学生運動の急進化、或いは「排満」論の展開にいかなる影響を与えたのであろうか。また、湖南省の学生運動が「排満」論の興隆と共にいかに変質し、清朝政府はこのことにどのように応じたのであろうか。

これまで、湖南省の学生運動と「排満」論の展開については、次の三方面から考察がなされていた。第一点は、学生運動の興隆や革命派の活動に着目した研究である。特に、ここでは、湖南省の出身者が中国同盟会の一翼を担うまでの経緯に焦点が当てられてきた。[2] そして、この研究は、研究の焦点を辛亥革命に至る革命勢力の生成や発展に置くことによって、清末民初の政治史の考察に大きな役割を果たしてきたのである。しかし、各政治勢力の評価が革命勢力との距離から下されているため、革命勢力の生成と無関係な分野には考察が及んでいないといえよう。第二点は、知識人や学生の発刊した新聞や雑誌、冊子の革命運動に与えた影響に関する研究である。この研究は、研究の焦点をこれら宣伝物がどのように中国国内に持ち込まれ、知識人や学生にいかなる影響を与えたのかに置き、革命宣伝の内容が「韃虜を駆逐し、中華を恢復する」など「排満」論に収斂していった点を跡づけている。[3] しかし、ここでは、革命宣伝の内容がなぜ「排満」論に収斂したのか、或いは知識人や学生が何を基盤にこのような受け止め方をしたのかについては、課題として残されている。第三点は、学生運動が展開する過程で生じた、愛国主義に着目する研究である。この研究では、中国は地理的にも歴史的にも一体であるという発想が、世界地図や「中国史」の創成を通じて顕在し、国土を防衛する、辮髪を剪る、死者を追悼するなどの行為を通じて、目標とされたあるべき社会的秩序が示され、愛国主義が創成されたとしている。[4] ただし、このような愛国主義に関する研究では、愛国主義がいかに民間の歌謡や伝承を用い、どのように民衆の世界観に働き掛けたのかについては、言及がなされていないのである。ここでは、この点について、中秋節の蜂起伝説、すなわち「殺家韃子」伝説が何に淵源を持ち、いかなる内容を備え、「排満」論の展開にいかなる影響を与えたのかを中心に考察する。

本章は、以上の課題の下に、湖南省の教育改革の推移と共に、湖南省出身の留日学生が「亡国」の危機意識を強める中で、「排満」論を深化させた点、具体的には知識人や学生が革命運動を展開する中で会党と結び、更に民間の歌謡や伝承を再編した点、更には学生運動が急進化すると共に孤立した点に着目する。学生運動と「排満」論の展開について、教育改革と学生運動の推移、「排満」論と民間の伝承や慣習の再編、学生運動の孤立を中心に考察する。まず、第一節では、湖南省の教育改革の特徴、すなわち郷紳の強大な権勢が教育改革に与えた影響と共に、教育改革の特徴が学生運動の急進化をもたらし、知識人や学生が「排満」論を展開する過程で会党との連携と武装蜂起を画策する過程に考察を加える。特に、ここでは、教育改革に郷紳の動向が大きな影響を及ぼした前例として、日清戦争後に設立された時務学堂をめぐる郷紳間の攻防にも言及する。何となれば、日清戦争後の時務学堂をめぐる郷紳間の攻防、及び郷紳間の攻防における対立の構図が、光緒新政の教育改革でも再演されているからである。第二節では、日本の長沙駐在副領事などが収集した留日学生などの発刊した冊子の内容の分析を通じて、湖南省で展開された「排満」論の特徴や、中秋節の蜂起伝説、すなわち「殺家韃子」伝説が「排満」論の具体的な展開などに与えた影響に考察を加える。湖南省出身の留日学生は、日本で『游学訳編』や『二十世紀之支那』など多数の雑誌を刊行して民衆の啓蒙活動に努めた。しかし、これまでの研究では、知識人や学生がどのように民間の伝承などを利用し、民衆の間に「排満」論を浸透させようとしたのかという点には、殆ど言及を加えることがなかった。ここでは、この点について中秋節の蜂起伝説、すなわち「殺家韃子」伝説を中心に考え、併せて民間信仰の教説や末劫論が「排満」論に与えた影響に言及する。第三節では、一九〇六年以降、留日学生による啓蒙運動の展開と、湖南省の学生運動の特徴、更には学生運動が孤立する過程に考察を加える。ここでは、学生が啓蒙運動を展開し、「排満」論を民衆の間に浸透させる過程で、口語や演劇、絵画などを利用した点、更に学生運動が急進化する過程で都市では孤立した点に着目する。そして、湖南省の学生運動が民間の歌謡や伝承に与えた影響、及び学生運動の過程で生み出された「排満」論の内実、更に以降の歴史に現われた新しい傾向にも言及する。(5)

第一節　教育改革と郷紳

一・湖南省の教育改革

一九〇〇年、光緒帝は義和団事件で列国に敗れて以降、西太后とともに西安に難を避けていたが、一九〇一年一月二九日、「遠方に流浪して以来、皇太后は政務に励んで焦労し、朕もことさら自らを酷責し、近数十年来の積弊相沿りて因循粉飾し、以て戦争を引き起こすに至ったことを痛念した。されど、現在は和議がなったのであれば、一切の政事は須らく切実に整頓し、徐々に富強に致さんと期すべきである」と述べて、軍機大臣以下、各省の総督と巡撫にあてて、朝章国故、吏治民生、学校科挙、軍制財政の四項目の政治改革案について各々知るところ、見るところを述べさせると共に、「現在の情勢について中国や西洋の政治の要点を斟酌し」、二ヶ月以内に意見を提出せよという上諭を下した。(6) 一九〇一年七月二日、湖広総督張之洞と両江総督劉坤一は、光緒帝の上諭を受けて連名で会奏し、諸般の改革に先立って人材育成と学問興隆の必要性を説き、人材育成と学問興隆の改革策について文武学堂の建設、文科挙の改訂、武科挙の廃止、海外留学の奨励の四点にわたり纏々説明した。更に、立国の道として、「治」、「富」、「強」の三点をあげ、「国が治まれば貧弱なものの富強を求めることができるが、国が治まらなければ富強であっても必ずや貧弱に転ずるであろう」と述べて、「富強」の基としての「治」を強調し、「中法〈中国の制度〉の必ず整頓し変通すべきもの」として一二条、「西法〈西洋の制度〉を採用して中法の不足を補おうとするもの」として一一条をあげた。(7) すると、光緒帝は、湖広総督張之洞と両江総督劉坤一の連名の会奏を受けて、八月二九日に武科挙の即時廃止と明年以降の文科挙の改訂〈郷試や会試における策論の実施と八股文の廃止〉、九月一四日に「各省の書院を改め、省城には大学堂を設立し、各府や直隷州には中学堂を設立し、各州県には小学堂及び多数の蒙養学堂を設立せよ」という上諭を下して、大学堂、中学堂、小学堂、蒙養学堂の設立を命じた。(8) 一九〇二年、湖南巡撫兪廉三は、一九〇一年九月一四日の光緒帝の上諭、すなわち各省の書院を改め、大学堂、中学堂、小学堂、蒙養学堂を設立せよという布告を受けて、湖南省城に師範館を設立した。師範館の館長に任命されたのは、郷紳の王先謙である。一九〇二年二月、郷紳の王先謙は、湖南省の師範館館長に就任すると、宋・明の滅亡を学問の不統一、党争の惹起に求めると共に、師範館の卒業生を各府州県に赴かせることで、「人々に学問を知らしめ、天下が一つの道に統一される効果を求めよう」としを定めた(10)。

一九〇二年四月、湖南巡撫兪廉三は、求実書院を湖南大学堂に改めたが、内容に変化がなかったため、後に兪誥慶を総辦に就任させて改良を図った。兪誥慶は、湖南大学堂を湖南全省高等学堂と改めると共に、章程三六条を定めた(10)。

一九〇二年春、湖南巡撫兪廉三は、「教育方法を研究し教員の用に備える」ために、兪誥慶、劉佐楫、胡元倓、龍紀官、兪蕃同、王履辰、仇毅、顔可鋳、朱杞、汪都良、陳潤霖、李致楨ら一二名を官費留学生として日本に派遣した(11)。同じ頃、湖北省でも、三一名の官費留学生を日本に派遣した。この三一名の官費留学生の中に、湖南省の出身者としてただ一人、黄興も選ばれていた。黄興、原名は軫、字は董、号は克強、一八七四年に湖南省善化県に生まれた。父は塾の教師などを務め、家庭も裕福であった。一八九三年に城南書院に入学し、かつ県試に合格して、一八九七年から五年間湖北省の武昌にある両湖書院に入り、勉学に励んだ。一九〇二年に湖北省の官費留学生として日本に派遣され、嘉納治五郎の創設した弘文（宏文）学院速成師範科で法律、政治、教育、歴史を学んだ。一九〇二年一一月、黄興は、楊毓麟、梁煥彝、樊錐、周家樹らと共に、東京の小石川区久堅町七一番地に湖南編訳社を創設し、総代派処を上海南京路同楽里の広智書局に、また湖南省の代派処を官報館と時務彙編社に置き、『游学訳編』を出版している(12)。「游学訳編簡章」では、第一条に「本編は本国の見聞の拡充と国民の智識の増益を主とする」、第二条に「游学の諸人は文明を輸入し本国を開通する責務がある。ために、この書を游学訳編と名づく。訳者は各姓名を後に記す」と記されていた。いわば、『游学訳編』は、中国が速やかに近代文明を摂取して世界の進展に伍し、新生の中国となるために、自身の役割を見聞の拡充や智識の増益など、啓蒙活動の展開に置いていた。そして、『游学訳編』第二号では、翻訳の学術と軍事を周家樹、教育を黄興、理財を周宏業、時事を曾鯤化と梁煥彝、歴史を楊毓麟、地理を茫鋭、外論を許兼、世界大勢一班を張孝準が担当するとしている。そして、黄興は、山田邦彦の『学校行政法論』を中国語に訳し、同誌の第二期、第三期に掲載した。『游学訳編』は、世界情勢や近代文明の所産を日本の刊行物から翻訳・紹介することを目的としていたが、次第に「排満」論の旗幟を鮮明にしつつ、発刊より一年後の一九〇三年一一月の第一二冊で停刊した。この間、黄興は、湖北省出身の劉成禺・李書城と共に、「宗旨」を「東亜の学説を輸入し、国民の精神を喚起する」と定めて、『湖北学生界』を創刊した。(13)『湖北学生界』は、第六期、すなわち一九〇三年一一月三日に『漢声』と改名し、第八期で停刊した。なお、『游学訳編』第二冊（一九〇二年一二月一四日）には、『湖北学生界』と『浙江潮』の広告が掲載されている。このことから、各省の留学生が互いに連携したことを知ることができる。一九〇二年春に湖南省より日本に派遣された一二名の官費留学生は滞在期間が半年のため、一九〇二年末には帰国したと考えられる。そして、一九〇二年九月二一日、日本の漢口駐在総領事山崎桂が湖南省より日本に対して鉱山技師の派遣要請の可能性を示唆しつつ、「湖南より派遣せる留学生派遣等委員に於ては已に内命を受け東京にて鉱山技師として聘用すへき人物を探求し居るや難計に付、湖南派出員及学生〔他省の学生と異り、兪誥慶等の如き資格も見識もある青年なれは自然注意を要す〕等に対しては特別に注意を加へ、果して我か技師、教員等を物色し居る場合には殊更周密に取調へ、我か政府に於て適任と認めたるものを彼等の手に依り湖南へ推薦せしめ聘用せしむるの手段を講すること肝要と存候に付、此点は湖南派出員を関係ある向々へも可然高配相成様致度候」と指摘しているように、一二名の留学生の中でも兪誥慶は殊に注目される存在であった。(14)

一九〇三年三月三〇日付け『国民日日報』の論説は、王先謙について「王先謙の人物と価値は、人の共に知るところのものである」と述べた上で、更に「行政の各員は〔王先謙による〕学界への妨害を恐れ、虚名〔館長の職〕で籠絡しようとした。〔師範館の〕全権は、監督にある。ただし、監督は館長の機嫌の喪失を恐れ、諸事に館長の命令を仰ぎ、可といえば可、否といえば否として、状態は操り人形のようで全権が館長の手に帰した」と記していた。(15)一九〇三年一一月、湖南巡撫趙爾巽は、湖南省城の嶽麓書院を高等学堂に改め、これ以前に高等学堂の名を冠していた学堂を農工商鉱実業学堂とし、城南書院を湖南全省師範学堂に、孝廉書院と校経書院を校士館（成徳・達材）に、求忠書院を忠裔学堂に改め、山長を監督と改名して全省の学堂設立の範を示した。(16) 湖南全省師範学堂の初代監督は、劉棣蔚である。一九〇四年二月、戴展誠が劉棣蔚の代わりに監督となった。同年、湖南巡撫趙爾巽は、湖南省の教育行政を中路（長沙府、宝慶府、岳州府）、西路（常徳府、辰州府、沅州府、永順府及び澧州、靖州、永綏庁、鳳凰庁、乾州庁、晃州庁）、南路（衡州府、永州府、郴州、桂陽州）の三区画に分割した。この結果、湖南全省師範学堂は中路師範学堂となり、常徳に西路師範学堂が、衡陽に南路師範学堂が設立された。(17) 中路師範学堂監督の戴展誠は、西路師範学堂監督に転じ、郭立山が中路師範学堂監督となった。一九〇四年四月、湖南巡撫趙爾巽は、湖南省の有力な郷紳と衝突したため、湖南巡撫の職を辞した。一九〇四年四月四日、漢口駐在総領事永瀧久吉は外務大臣小村寿太郎にあてて、湖南巡撫趙爾巽の解任について、次のように述べている。

現任趙〔爾巽〕巡撫は、昨春山西巡撫より此地に転任せられ、夙に明達有為の聞へあり。其為すところを以て推知するに、教育を以て施政の根本とするもの丶如く、着任以来鋭意して学校を興し、風化を導き、治を図るに汲々たり。先きに上諭の明達するあるに因ると雖も、率先して寺観を改めて校舎に充て、或は旧有の書院を改めて新学堂となし、或は布衣の士を引いて治政の要通を諮ふなと、又鞠躬せりと云ふ可し。見よ、長沙省城のみにて同巡撫着任以来官私の学堂を挙辦する已に二十有余、大は高等学堂より小は半日学堂、半夜学堂に至る。之を両三年来此地在住のものに聞くに、長沙今日の風気状態に至れるは、実に趙巡撫来任后学堂挙辦の時より始まると。是れ本官か少くとも趙巡撫か施政に鞠躬するを偉とする所以にして、又地方一派の徒の見て慊焉たる所以なり。仮令は僧道輩は寺観を校舎に充てらる丶を喜はず、旧学の老輩は旧書院を改廃せらる丶に扶々とし、時に非難の声を発せり。翻つて当省特有の紳士側に立入つて之を観察するに、此等一輩の徒は多くは皆な固有の虚飾文学に養成せられ、十数年前清国自尊官海の波瀾に生活し、爾来引退して地方の紳士と崇められ、隠然として地方施治を左右する一勢力を有したる、比較的今回進化の趨勢に感染する薄き輩なれは、尚ほ固有自尊の風習を滌脱しかたく、その是等新施設に慊焉たるものあるは勿論なるも、目今の趨勢と中央政府の宗旨の稍や一変せるあるに辟易し、暫く緘黙の態度を採りたるもの、如し。然れとも是等一輩の徒と雖も、日本に対しては比較的好意を表し居るものと思はる。(18)

いわば、湖南巡撫趙爾巽は教育改革を強力に推進し、このことが郷紳の怒りに触れ、革職されたのである。この教育改革をめぐる闘争は、日清戦争後の改革運動で明らかになっていた。

二・湖南変法運動と郷紳

一八九七年、ドイツ人が湖南省城に来て、布政使何枢に会見を求めた時、何枢はそれを罵り、追い返す挙に出た。すると、ドイツ人はあくまで入城しようとしたため、長沙三書院の院生が大いに騒ぎ、熊希齢、鄒代鈞が奔走して収拾にあたっていた。(19)この長沙三書院とは、嶽麓書院、城南書院、求忠書院の三書院をいう。このうち、嶽麓書院は書院の長を山長と呼び、城南書院は院長と呼んだ。嶽麓書院は湖南省でも歴史が最も古く、宋の開宝年間に潭州知州の朱洞が建立し、朱熹も講席を持った。書院の長には、在籍の翰林院出身者が、湖南巡撫に招聘されて就任した。また、監院には長沙県学官がなり、二名の斎長には書院の卒業生をこれにあて、院中の書籍や雑用全般を管理し、斎夫の諸役を監督させた他、雑役を司る門闘や司閽、文巻や書籍を管理する書弁、炊事を担う斎夫がいた。書院の中は幾つかの斎に分けられ、斎ごとに一人の斎夫と二〇余りの部屋があり、部屋毎に二人の書生が居住した。毎年春、院生が書院に入り、巡撫が試験を行い、甄別といった。この結果により、正課、副課、額外の別に分けられ、膏火銀が正課には四両、副課には二両が与えられた。額外は膏火銀なしである。嶽麓書院では、院生は全て廩生、附生、監生で、童生は含まれなかった。甄別ののち、巡撫は山長を送って、書院に入れた。開課は巡撫の出題に始まり、毎月、布政使、按察使、糧道使、塩道使、学政、長沙知府が順に講義をした。試験には、官課と師課があり、成績優秀者には膏火銀を給した[20]。ただし、清朝末期には、これら書院も時代の変化に応じきれず、旧弊を醸成した。熊希齢らは、書院の整頓すべき問題を、「教法を定める」「師範を端す」「乾修〔出勤せずに受け取る俸給〕を減らす」「期限を定める」「功課を勧める」「監院を厳にする」「変通を速やかにする」の七つに纏め、個々に説明を加えた。特に、「師範を端す」においては、「従前の書院の大半が内容に乏しいのは、往々にして回籍の紳士がそれを養老の資金と見做したり、或いは師の位に借りて官長と結び、人目を引き賄賂を得ようとするからである」と述べ、その積弊について以下の五点を上げた。第一点は、資格である。山長は科挙及第者がなったが、彼らは八股文出身のため、時務を知るものが少ない。第二点は、出身地の弁別である。山長は、慣例では郷里の士紳がなった。ために、他省の優秀な人でも、招聘すると謝礼が嵩み、排斥されがちとなった。第三点は、居住である。山長は、書院に住まなかった。そこで、院生も質問があっても出来ず、規律も乱れ、気風も廃れた。第四点は、山長の品行である。山長が歌童、女楽に耽り、教育の模範にならない場合が多かった。第五点は、山長の選任方法である。山長は、個人的な推薦で選ばれた。ために、有力者が選ばれ、甚だしくは仲間内で推薦した。いわば、書院は有力な郷紳の間で利権の温床と化しており、腐敗していたのである[21]。

日清戦争の敗北後、すなわち一八九六年から翌一八九七年の間、湖南省では湖南巡撫陳宝箴を中心に一連の改革が始まった。先ず、郷紳の熊希齢、蔣徳鈞、王先謙、張祖同は、宝善成製造公司を設立した。しかし、蔣徳鈞は、一八九七年一月、「足跡が利益を謀るのに近いことを嫌い」、湖南巡撫陳宝箴に教育機関である学堂の設立を提案し、批准された。一八九七年九月、湖南巡撫陳宝箴は、「時務学堂招考示」において、時務学堂の趣旨を、「中学を根本とし、貴ぶ所は博きを務め、多くを貪るのではなく、身を修め用を致すことにある」と記していた。[22] 時務学堂の設立では、同校が新式学堂であったために、資金の工面の他に、教員の選定が議題に上った。[23] 一八九七年六月二〇日、湖南省の長宝塩法道（塩課の事務を掌る道台）に黄遵憲が任ぜられた。黄遵憲は七月一三日に北京をたち、九月頃に長沙に到着した。湖南巡撫陳宝箴は、黄遵憲に時務学堂の教習の選任を依頼した。黄遵憲は、時務学堂の西文総教習に李維格を、また中文総教習に梁啓超を推薦し、湖南巡撫陳宝箴らの賛同をえて、李維格と梁啓超の招聘が決まった。[24] そして、梁啓超は、中文の分教習として、康有為の門弟である韓文挙、欧榘甲、葉覚邁の三人を選んだ。[25] また、梁啓超は、熊希齢と共に「湖南開辦時務学堂大概章程」を著し、同校の趣旨を「中西並重」に置き、「西文は浅きより深きに至り程度に応じて学習し、中文は総教習の選定した課程に応じて専門に学ぶ本と渉猟する本を読み、一年後に再び部門別に学習して各々性質の近い所に従って専門の学を修める」とした。「中西並重」という内容は、湖南巡撫陳宝箴の定めた時務学堂の趣旨、すなわち「中学を根本とする」とした枠組みを逸脱し、郷紳らに批判される原因となった。試験と入学者は、一八九七年九月二四日に第一回の試験を行い、入学が許可されて後、翌一八九八年一月中旬（旧暦一月下旬）に第二回、同三月初旬（旧暦二月下旬）に第三回の試験を行い、各々四〇名、総計一二〇名の学生の入学が認められた。また、同校の特色は、「学生の進路は五年の満期を待ち、巡撫と学政が共同で試験を行い、成果が認められれば総理衙門の奏定した章程に従って、科挙及第者と同等の仕官の階梯を与えたり、或いは生員や監生と同等の郷試に応試する資格を与えたり、或いは京師大学堂や海外への留学に推薦したり、或いは公使館の翻訳官や随員に採用したり、南北製造局の局員と同様の派遣や任用の対象としたりすることで、学生を鼓舞する」と述べたように、同校の修業資格を科挙の階梯に位置付けた点にあった[26]。ただし、ここにおいて、次の二点の問題が派生した。第一点が湖南省内の各県に分配された学生の定員の問題、第二点が郷紳による入学推薦者の問題である。すなわち、郷紳の張祖同は、熊希齢に対して、各県に配分された定員を変更し、郷紳が推薦できる学生の枠に変更するよう要求した。時務学堂の設立は、教科の内容が問題となる以前に入学生の推薦枠を保持しようとする郷紳の利権と関わった。従来の書院では、例え何年通ったとしても科挙に合格しない限り、官吏になることはできなかったが、時務学堂の場合は、学業を修めさえすれば科挙の科名が授けられた。各県の定員の配分や郷紳の推薦入学者の問題が取り沙汰される所以は、この点に存在した[27]。

唐才常が「世間で〔時務〕学堂を攻撃することは〔旧暦〕三月〔一八九八年三月と四月の間〕に聞くことがあった。或いは中丞〔陳宝箴〕が既に卓如〔梁啓超〕に厭きたと言い、或いは程なく祭酒〔王先謙〕をして秉三〔熊希齢〕に交代させ、葉奐彬〔徳輝〕が総教習になるであろうと言った。種々の謡言は、全て中峯〔陳宝箴〕から出ていた」と述べたように、郷紳による時務学堂に対する攻撃は第三回目の試験が終了した一八九八年三月末には顕在した[28]。郷紳の時務学堂に対する攻撃の先頭に位置したのは、葉徳輝である。一八九八年四月九日、葉徳輝は南学会主講皮錫瑞に書簡を与えて、南学会の講義の内容と共に皮嘉祐「醒世歌」を非難した[29]。更に、五月、葉徳輝は「輶軒今語評」を著して、一八九八年一月に赴任した学政徐仁鋳の著書、「輶軒今語」を論駁した[30]。徐仁鋳「輶軒今語」は、経学・史学・諸子学・宋学の四部に分かれていたが、経学の項では春秋公羊学の「微言大義」を探求し、往古の経学を現在に活かして西洋の学問で中国の学問を補強することが主張されていた。これに対して、葉徳輝は、徐仁鋳の主張を「儒を援きて墨に入るの旨である」と批判した[31]。すると、嶽麓書院斎長賓鳳陽は、葉徳輝の「輶軒今語評」を読了後、葉徳輝に対して、他の郷紳らと共に時務学堂の新教習の招聘を湖南巡撫陳宝箴に働き掛けるよう要望し、「もし先生が憚って沈黙するならば、郷里を保ち後進を導く道で未だ尽くさないものがある」と述べた[32]。更に、賓鳳陽は、嶽麓書院の院生、すなわち楊宣霖、黄兆枚、劉翊忠、欧陽鵬、朱応湘、呉沢、彭祖堯と連名で王先謙に書簡を与え、素朴かつ安静な世界に梁啓超らが乱入し、「時務」の講求に名を借りて「邪説」を広め、混乱をもたらしたという解釈の下に、名教護持・郷里保衛を大義名分に時務学堂の整理と一部教習の交代を湖南巡撫陳宝箴に働き掛けるよう要望した。ここでも、賓鳳陽は、「夫子、名流、領袖、もし再び沈黙を守るならば、上は君国に背き下は人民を誤らせ、良心に問うていかに答えるのか」と述べて、王先謙らの決起を促した[33]。七月一〇日、王先謙（前国子舘祭酒、嶽麓書院山長）、劉鳳苞（翰林院、前雲南補用道、城南書院山長）、汪槩（翰林院、求忠書院山長）、張祖同（前刑部郎中）、蔡枚功（前工部郎中）、葉徳輝（前吏部主事）、鄭祖煥（前工部郎中）、孔憲教（翰林院、分省補用道）、黄自元（前寧夏府知府）、厳家悳（前華容県教諭）の一〇名の郷紳は、湖南巡撫陳宝箴に対して連名で「湘紳公呈」を提出し、先に賓鳳陽らが王先謙にあてた書簡も添えて、時務学堂の整理と一部教習の交代を要求した[34]。ただし、時務学堂の学生は、「〔『湘紳公呈』の一〇名は〕学術に名を借りて非望を起こし、学堂の総理や教習の講席を占めようとして恨みを抱き、根拠もない言葉で巡撫に具申した」と述べ、学問の正当性をめぐる対立の背景に時務学堂の教習のポスト争いのあったことを示唆した[35]。九月二一日、戊戌政変で西太后の訓政が復活し、湖南巡撫陳宝箴も革職させられて、湖南省の改革も一時的に頓挫した。時務学堂の対立は、梁啓超の学問内容と学堂運営に対する王先謙ら郷紳の反発が、学問の正当性をめぐって展開した点に特徴があった。そして、葉徳輝は、これを機に名を天下に轟かすのである[36]。

三・学生運動の興起

一九〇三年四月、ロシアは前年に東三省に出動した軍隊を一八ヶ月以内に段階的に撤退するという協定に違反して、東三省駐留軍の第二期撤退を履行しなかったばかりか、清朝政府に対して撤退の条件として新たに七項目を強要した。このため、日本の東京では、四月二九日早朝七時、留学生会館幹事・評議員四〇名余りが対策を協議し、同日午後一時より午後六時まで神田の錦輝館で参加者五〇〇名余りを集めて留学生大会を挙行し、義勇隊の結成を決議した。四月三〇日、留日学生三〇名余りが義勇隊に署名の上志願し、五〇名余りが本部において職務に就くことを願い出た。五月二日、再び大会が開かれ、規則を定めて義勇隊を学生軍と改名し、目的を「拒俄〔ロシアに対する抵抗〕」に置くことに決した。[37] 学生軍は、成立後五日で、日本の警察の取り締まりにより解散した。ただし、留学生会館の大会における演説者が、皆な「形式は改めるが、精神に至っては一分も改めない」ことを主張したため、学生軍は軍国民教育会と改名して存続が図られた。ここで、軍国民教育会は、宗旨を「尚武の精神を養成し、愛国主義を実行する」という点に置き、総事務処を神田区駿河台鈴木町一八番地の中国留学生会館に定めた。[38] 一九〇三年四月二九日、留日学生数百人が東京の神田で拒俄運動の集会を開くと、留日学生の動向は中国国内に飛び火した。早くも四月三〇日、上海の張園では、留日学生の動向に呼応して、愛国学社や各界の人士の集会が催された。[39] 同年七月、軍国民教育会は、日本の警察の干渉が強まる中で、解散を標榜しながら、実質的には再改組して公開から非公開に改め、活動の戦術として、「一に鼓吹、二に蜂起、三に暗殺」の三点を掲げ、中国本国の各地に中心機関を設けて運動員を帰国させ、蜂起を画策していたのである。[40] この動きは、湖南省に波及した。一九〇三年一月二二日、山西巡撫代理趙爾巽が、兪廉三の後を受けて湖南巡撫に命ぜられ、兪廉三は山西巡撫に就任することになった。湖南巡撫趙爾巽は、師範館と明徳学堂で演説し、師範館と明徳学堂の学生の明達な者を嶽麓、城南、求忠の三書院に赴かせて中国とロシアの状況を述べ、愛国心を鼓舞した。この結果、湖南省は、興奮の坩堝と化した。[41] 師範館学生の沈明熙ら三人が鎗錬隊の組織を図ったところ、これに従う者は多かった。師範館館長王先謙は、この動きを押し留めようとして、独断で三人の退学処分を決めた。これに対して、明徳学堂校長の胡元倓は、沈明熙ら三人の学生の才能を惜しみ、明徳学堂に入学させた。やがて、師範館館長王先謙と師範館監督兪誥慶の間で、三人の退学処分をめぐって亀裂が生じ、兪誥慶は師範館監督を辞任し、代わって劉佐楫が監督に就任した。しかし、劉佐楫は学生に疎まれ、更に学生四人の退学事件を引き起こして辞任し、王先謙も館長の職を退いた。なお、退学生四人は高等学堂に転入した(42)。湖南省では、王先謙らの干渉を排除する形で、民立学堂が設立された。この民立学堂の代表的な存在が、一九〇三年三月二九日に胡元倓の設立した明徳学堂であったのである(43)。

一九〇三年、留日学生の楊毓麟は、日本で『新湖南』という冊子を発刊した。楊毓麟、字は篤生、一八七一年もしくは一八七二年に湖南省の長沙に生まれた。一八九七年に挙人となり、一八九八年に時務学堂の教習に就任する。一九〇二年に留学生として日本に渡り、弘文学院、早稲田大学に学んだ。日本では、黄興、陳天華と共に『游学訳編』の編集に携わり、拒俄義勇隊、軍国民教育会に参加後、一九〇四年の華興会の蜂起計画に加わった。楊毓麟の『新湖南』は第一篇「緒言」、第二篇「湖南人之性質及びその責任」、第三篇「危機せまる現今の大局」、第四篇「湖南の新旧両党の批判及び必ずもとづくべき理論」、第五篇「破壊」、第六篇「独立」の六篇からなり、現状の認識、変革の理論、実践の方法において、湖南省出身の留日学生の作成した冊子の雄と称されるものである。楊毓麟は同冊子で、列国の本質を「民族帝国主義」と規定し、列国による租界政略、鉄道政略、布教政略、工商政略と、同治中興以来の洋務政策及び洋務官僚によって、湖南省の苦しみが発生したとした。そして、湖南省では、後者の近代化政策によって農民収奪、土地収奪が進行し、生産から疎外された無産の貧民が増加した。それは、失業兵士・失業労働者の増加と相俟って、各地に会党を生み出した。この現況を作り出した元凶は、郷紳の王先謙や葉徳輝の作り出した「上等社会」にあった。従って、これらの社会を改造するためには、「諸君（中等社会）の湖南における位置は、実に下等社会（下層）がその命を託するところであり、そして上等社会（上層）にとって代わる者である。下等社会を指導・扶助し上等社会を矯正するのは、まさに諸君の責任である。上等社会を破壊し下等社会を育成するのも、また諸君の責任である。下等社会には私は急いで語ってきたからこそ、諸君に急いで語らねばならない。上等社会には私は語るのを潔しとしないからこそ、いっそう諸君に急いで語らねばならない。諸君、諸君、湖南の青年軍の新舞台を演ずる手腕家は、別人にまかせられないのだ」と記したように、湖南省の「中等社会」の育成と「中等社会」による「下等社会」との同盟の必要性を説いた。ただし、「中等社会」の育成には「個人権利主義」の扶翼を必要とした。「個人権利」とは、天が個人に賦与した自由権をいい、ホッブス、ロックなどが先駆となり、ルソーにおいて開花した。この「個人権利」を確立するためには、湖南省が自立する必要があり、湖南省が自立するためには湖南人の団結が必要であり、智者、勇者、富者、貧者、文人、婦女が各々組織をつくり、団結しなければならないとしたのである。特に、ここでは、上等社会の代表である王先謙や葉徳輝について、「二人が争うものは個人の私権私利である。個人の私権私利を争って、ついに湖南人の公権公利を犠牲にすることまでやり、もちろん自分ではこれが得策だと思っている。だが天下に公権公利を他民族に剝奪されながら、まだ個人の私権私利が残り得るなどということがあろうか」と批判した(44)。この革命戦略論は、他にも継承された。

一九〇二年二月、留日学生の蔡鍔は、中国で軍国民主義が欠乏している原因として、一・教育、二・学派、三・文学、四・風俗、五・体魄（身体と精神）、六・武器、七・鄭楽（淫らな音楽）、八・国勢、以上の八点をあげ、かつ「蒸気機関が興って交通が盛んにあり、交通が盛んになって競争が激烈となり、各国で危機を感ずる心が起こり、ここで互いに力を尽くして攻撃や守備に務める所以の道を求め、ついに鉄血主義が立国の大本となり、世界列強もこれを神訓とせざるをえず、一度これに背けば国を滅ぼすに足るものとなったのである」と述べた(45)。一九〇三年の軍国民教育会が、この考えを共有したといえよう。いわば、軍国民主義は、国家を軍隊、国民を兵士とするものであり、個人の自由を国家建設の手段に位置付けるものである。一九〇三年六月四日、黄興は日本を発ち、軍国民教育会の宣伝員として上海と湖北省の武昌をへて湖南省長沙に帰った。黄興は、明徳学堂校長の胡元倓の要請を受けて、湖南省長沙で明徳学堂の教壇に立ち歴史と体育を教授した。ただし、黄興は、歴史と体育の教授の傍らで、密かに革命思想も広めた(46)。七月七日、明徳学堂教員の周震鱗は、同僚の劉佐楫の使用した地理の教材を批判すると、劉佐楫はこれを恨み、周震鱗の学堂からの追放を画策し、後に「明徳学堂は革命を唱えている」と訴えた(47)。この頃、明徳学堂の学生は帽子に白い布で作った「明」の字を貼り付けていたが、「該〔明徳〕学堂の宗旨は明代の旧に復そうとしたものである」という謡言が起き、帽子から「明」の字を撤去するという事件も起きた(48)。一九〇三年一一月四日、黄興三〇歳の誕生日に、黄興の友人たち、周震鱗、陳天華、宋教仁、譚人鳳らが保甲局巷の彭希明の家に集まり、華興会の結成を決した。翌一九〇四年二月、華興会が正式に結成され、大会には一〇〇名余りが参加し、会長に黄興が、副会長に宋教仁が選出された。黄興は華興会の会長に就任すると共に、会党首領の馬福益に働き掛けて同仇会を設立した。同仇会は華興会の外郭団体で、会党との連携を任とした(49)。また、馬福益は、哥老会の龍頭大哥であった。一九〇四年初頭、黄興と劉揆一は湘潭の洞窟の中で馬福益と会合し、同年一一月一六日（旧暦一〇月一〇日）、西太后の万寿節の時期に蜂起を計画した。華興会の長沙蜂起は、黄興らが巡撫衙門を襲撃すると共に、周辺各県で会党が挙兵するという内容であった。この会合では、会党の成員が山の出入り口を警備し、数羽の鶏を蒸焼きにして痛飲し、互いの誼を通じた(50)。一九〇四年一〇月中旬、馬福益の部下が逮捕され、その供述から首謀者として黄興の名前が露見した(51)。或いは、明徳学堂教習の劉佐楫が郷紳の王先謙に密告したために、黄興に捜査の手が及んだともいわれている(52)。黄興は、華興会の蜂起計画の露見後、一先ず郷紳の龍紱瑞の邸宅に逃れ、次に曹亜伯の協力をえてアメリカ聖公会（American Episcopa

Church Mission）牧師の黄吉亭の許に移った。黄興は、約一ヶ月間、黄吉亭の許に身を隠した。この間、湖北省武昌のアメリカ聖公会会長兼日知会会長の胡蘭亭が、長沙にいる曹亜伯と黄吉亭からの連絡を受けて、湖南省長沙に至った。黄興は、アメリカ聖公会の曹亜伯、黄吉亭、胡蘭亭の助力をえて、湖南汽船会社の沅江丸に乗船し、長沙から漢口、上海に逃れた(53)。また、宋教仁など、他の華興会会員も長沙を離れ、上海をへて日本に脱出した。いわば、黄興の保護には、キリスト教の宣教師と郷紳、特に龍紱瑞が関与していた。龍紱瑞の回憶によるならば、黄興の保護には洋務局総辦兼学務処総辦の張鶴齢や武備学堂総辦の兪明頤などの官僚も関わっていた(54)。

第二節　学生運動と「排満」論

一・学生と会党の連携

清末の教育改革には、新しい人材の養成という目的があった。ただし、このことは、旧来の書院の改革と同義であった。新しい人材の養成には、小学堂と中学堂の教育課程における連続と、双方の同時平行的な拡充が必要であり、書院の山長との闘争が不可避であった。小学堂と中学堂の同時平行的な拡充は、経費や人材の面から不可能であった。湖南省の特徴は、湖北省と比較した場合、中学堂の拡充に比べて、小学堂の普及が著しく立ち遅れた点にある(55)。いわば、湖北省では官憲が主導して計画的に学堂の設立を図ったのに対し、湖南省では郷紳の意向を反映して無計画に学堂が設立された。のみならず、中学堂は、中路の長沙府、特に湖南省城に集中した。この結果、湖南省城に学堂の多くが集中し、湖南省城と他地域の間における学堂の格差は拡大した。王先謙は、湖南省の教育改革の歪みについて、次のように指摘している。

現在、中国では初等の小学堂がもともと至善に至らないまま、中学堂、高等学堂が同時に行われている。そして、小学堂に入らずに即座に中学、高等に入っている者の多くの、その人の学業とて小学堂に入っている者に比べて、必ずしも優れているわけではないのである。事を行う順序が入り乱れ、程度の高低に区別がないのであれば、どうして天下に教えを示すことができるのであろうか。外国の学堂は、生計の路を謀る事を目的とし、殊更このことによって官職につく階梯とはしていない。しかし、中国の学堂は名声を求める事を目的とし、天下の人士を率いて学堂の一途に赴かせ、いわゆる出身を求めている。このため、国家には経費を支給できない憂いがあり、人士には将来に望みを託して学問を失う恐れが多いのである。本意が既に悖っているのであれば、仮に事を行うのに遅滞のないことを求めたとしても、得ることはできないのである。(56)

湖南省の教育改革に占める中学堂の比重の大きさは、教育の根本である初等教育の普及の立ち遅れを示していた。多くの学生が学堂の意味を「出身〔官吏に登用され立身出世すること〕」に置いたとするならば、西欧や日本の学校教育体系を導入したとしても、西欧や日本とは異なる形態をとらざるをえない。学堂の立ち遅れは、郷紳と民衆の階層間の断絶と、貧困層の公教育からの放置を意味した。湖南巡撫兪廉三の教育改革の特徴は、王先謙ら有力な郷紳と協調関係をとった点にあった。ここに至る間には、湖南巡撫と郷紳の教育改革をめぐる抗争が存在した。ただし、このような抗争は、一八九五年以降、湖南巡撫陳宝箴を中心に行った改革、すなわち湖南変法運動で兆していた。従って、光緒新政の教育改革における湖南巡撫と郷紳の対立を考えるならば、湖南変法運動の推移に考察を加える必要がある。

一九〇四年四月、湖南巡撫趙爾巽は、湖南省の有力な郷紳と衝突したため、湖南巡撫の職を辞した。趙爾巽に代わって湖南巡撫に就任したのは、陸元鼎である。一九〇四年九月、水野梅暁が、「陸〔元鼎〕巡撫の新政。省政麻の如く紛糾を極めたる、殊に十八省中難治を以て名ある湖南省に、巡撫として来任せる陸氏の施政如何は、吾人の最も注目して怠らざる所なるが、流石に老練を以て名ある同氏は、〔巡撫に〕着任以来全省の防備を完成し、更に団練の整理を急務として、着々画策し、近来更に吏治整理の一端として、釐金局、其他各司庫、賑捐等に従事して、直接人民納税事務に当れる各属の官吏に命令し、至公至平に徴税して、旧来の如く故なくして貨物を拘留し、又は不当の誅求を行ひ、徒に民力を枯渇せしむる事勿れ、若し爾後如是の弊端を再びするものあらば、寛假せざるのみならず、商民は各自事由を本部院に投告せよとの意を以て長文の告諭を発したるが如きは、能く其弊竇を穿ち得たるものとして湘畔の遺老は各其徳政を謳歌しつゝあり」と記したように、陸元鼎は前任の趙爾巽と異なり、郷紳との協調に努めた(57)。一九〇五年一月、中路師範学堂は、中路三府の学生一〇八名を収容し、優級専科第一班（文科）、第二班（理科）とした。中路師範学堂監督は、一九〇五年二月に郭立山から陳樹藩に、同年九月に陳樹藩から譚延闓に代わった。そして、一九〇五年二月、湖南巡撫端方は、「湖南省では官立・民立学堂が競って奮い立ち、群材も馳せ参じ、内容の素晴らしさ、教育の精神も各行省に遅れるものではないが、誇張や騒がしい習気も免れないため、初級教育で基本を植え、入学者も多く成材の士を採るのでなければ、選升の法も階梯を作ることができない」と述べ、湖南省の教育改革の歪みを是正するために、湖南省城内に初等小学堂四〇所を設立し、蒙養院を付設して「各属の先導」とした(58)。一九〇五年九月、譚延闓は、中路師範学堂監督になると、中路師範学堂の規則を改め、校舎の拡充を図った。そして、簡易師範学堂を設立し、中路師範学堂に付属させた。この簡易師範学堂が、湖南省における私立の師範学校の発端となった(59)。科挙は、一九〇四年を最後に廃止された。譚延闓は、この最後の科挙で進士となった。一九〇六年一〇月、劉人熙が、譚延闓に代わり中路師範学堂監督に就任した(60)。ただし、一九〇六年二月一日付け『申報』紙上で、「湖南省城では、全省及び長沙・善化両県の官立・私立の各学堂を除き、府・州・県は科挙の停止以降、均しく学堂をもって学生の立身出世の階梯となし、頻々と省城における学堂の設立を稟請し、風気の魁となることを冀った」と記し、「既に設立を稟請しているもの」「許可を願い出て未だ設立されていないもの」「未だ許可を願い出ていないが相談の上資金を工面しているもの」「いまだ願い出てはいないもの」などをあげ、「〔これらの学堂が〕将来一律に設立され、均しく揃うならば、湖南省の文明の停滞を患うことはなくなるであろう」と述べている。(61) このように、湖南省城における学堂の設立を優先させることは、湖南省城のある中路と、南路、西路などの他地域の学堂数の格差を推し広げることになった。ただし、湖南巡撫に端方が就任して以降、小学堂の大規模な設立が図られたために、小学堂数と中学堂数の格差は改善された。

一九〇四年八月一二日付け『大阪朝日新聞』紙上には、「支那の唱歌」と題して、次のような内容の記事が掲載されている。

マルセイユの曲、祖国の歌を聴くたびに是等の国民が邦家危急存亡の局に際し、悲壮凛烈なる詩歌の其肺肝の内より繋り出されしを懐ぶごとに、われは現時の支那、朝鮮の国民が今や何等の曲を歌ひつゝあるかを疑ふものなり。更に翻て我四千万の帝国臣民が、都も鄙も津々浦々に至るまで、君が代を謡ひ、征露の歌を高唱するの時、知らず、露国の国民は何をか歌ひつゝあるや。〔杜牧「秦淮に泊く」に〕商女不知亡国恨、隔江猶唱後庭花〔商女は知らず、亡国の恨。江を隔て猶お唱う後庭花〕？〔或いは〕非〔か〕？。われ瀟湘八景にあこがれて、健児多き湖南あたり、さまよへる一日、官立実業学堂を参観せしに、折しも土曜日の唱歌の時間に当りければ、いと趣味あることに思ひ、〔副〕監督翁鞏〔翁幼恭〕氏に導かるゝまゝ、講堂に入れば、六十余名の青年学生嚠喨たる風琴に和して『何日醒』を歌へり。其調の悲壮其律の凛烈覚えず、一滴同情の涙に手巾を湿すを禁じ得ざりき。嗚呼現時湖南の青年、否清国の青年は神聖なる講堂にありて、是等の唱歌を謡ひつゝあり。〔ここにおいて〕試みに其二三を摘録せん(62)。

ここでは、「告勉学歌」と「何日醒（日俄之戦）」の二つが掲載されている。このうち、「告勉学歌」には、次のようにある。「黒奴紅種相縦尽、維我黄人鼾未醒。亜東大陸将沈没、一曲歌成君且聴。人生為学須及時、艶李濃桃百日姿。莫遣詔光等閒老、老大年華徒自悲。近遣日本遠欧美、世界文明次第開。少年努力咸自愛、時乎時乎不再来〔黒奴・紅種は縦横無尽に動くも、我が黄人は鼾をかき未だ眠りから醒めず。亜東大陸将に沈没せんとするに、一曲歌が成りて君よ聴かれたい。人生為学須らく時に及ぶべし。艶李・濃桃は百日の姿なり。詔光（青年期）を無為にし、等閑に老いるなかれ。老いてから、徒に自ら悲しむ。近きは日本に遣わし、遠きは欧米なり。世界の文明は次第に開かる。少年は努力し皆な自愛すべし、時や時や再び来たらず〕」、と。また、「何日醒（日俄之戦）」には、次のようにある。「遼東半島風雨緊、強俄未撤兵。嗚呼東三省、第二波蘭錯鋳成、哥薩克隊肆蹂躙、戸無鶏犬寧、日東三島頓起雄心、新旧恨并、艦隊連檣進、黄金山外砲声声。俄敗何喜日本勝何欣、吾党何日醒〔遼東半島は風雲急を告げ、ロシアは未だ撤兵せず。ああ東三省、第二のポーランドの過ちを犯す。コサック兵はほしいままに蹂躙し、家では鶏や犬も安らかではない。日本は突如として野心を抱き、新たな愁い古い恨みが並存す。艦隊はマストを連ねて進み、黄金山の外では砲声が響く。ロシアが敗れて何んぞ喜ぼう、日本が勝ち何んぞ欣せん。吾が党は何の日か醒めん(63)〕」、と。いずれも、学生の奮起を促したものであるといえよう。実業学堂は、一九〇三年に湖南巡撫趙爾巽が梁煥奎の発議により、福建省の海軍学堂の卒業生、翁幼恭を招聘して設立したもので、監督が一人、副監督が一人で、監督には官僚が就任した。副監督の職務は教務の統括にあり、初代には翁幼恭が就任し、翁幼恭の後に陸鴻逵、彭施滌、廖名縉、王代恭、瞿方梅が続いた。やがて、実業学堂は、教務主任の黎尚雯、教員の仇毅、何炳麟らが皆な中国同盟会員であったように、中国同盟会の秘密組織となった(64)。

二・「排満」論の展開

一九〇四年四月から五月の間、湖南候補道の沈祖燕は、北京の要路の大官にあてて、「近年来、革命党人が謀反の説を唱え、書籍を編纂しております。甲辰の年〔一九〇四年〕、湖南省内に広く流布し、たまたま友人のところでこれを目撃し、驚愕しました。書籍の由来を尋ねてみると、書店で購入したものか友人より送られたものということでした。このため、粗末な服を着て市場に出かけ閲覧・調査してみると、羅列され〔棚に〕一杯並べられており、手に触れたものがこれです。驚きの余り憤激の言葉もありません。特に、書名を左に列挙します」と述べて、次の書名をあげた。『瓜分惨禍預言記』『中国自由書』『黄帝魂』『現近政見之評決』『野蛮之精神』『革命書』『支那革命運動』『蕩虜叢書』『猛回頭』『瀏陽二傑文集』『新民叢報』『独立吟』『瀏陽二傑論』『新民匯編』『新小説』『并呑中国策』『新中国』『広長舌』『最近之満洲』『新湖南』『蘇報案』『清俄之将来』『新広東』『孫逸仙』『支那化成論』『浙江潮』『沈藎』『支那活歴史』『中国魂』『熱血』『二十世紀之怪物帝国主義』『迷津宝筏』『警世鐘』『惨世界』『多少頭顱』『革命軍』『馬前卒』『醒夢歌』『清秘史』『自由旗』『仇満歌』『兄弟歌』以上である。(65)沈祖燕は、書簡の送付先を伏せ字にしてある。ただし、一九〇四年七月三日付け『日本』紙上では、「北京政府より近日各省督撫に致したる稿抄」として、「慶親王、瞿鴻禨、王文韶、鹿伝霖、栄慶」の名と共に、沈祖燕のあげた前半部の書名とほぼ同一の書名を記している。このため、沈祖燕が書簡を送った相手は、慶親王奕劻、瞿鴻禨、王文韶、鹿伝霖、栄慶などであり、慶親王らが沈祖燕の書簡の内容を受けて、各省の総督や巡撫に忠告を与えたことが理解できる。(66)この四ヶ月後の一一月、両江総督兼江蘇巡撫の端方は、湖広総督張之洞と湖南巡撫陸元鼎から、同仇会の会員が五〇〇名ほどおり、留日学生を中心に日本で蜂起計画を練り、この蜂起計画を実行に移すために、日本から湖南省に帰国しているという内容の電報を受けていた。端方は、日本から湖南省に帰ろうとする者が必ず上海を通過するため、帰国学生に対する厳重な警戒を上海と長江流域で呼び掛けた。この端方の札文、すなわち「署江督端飭拿華興票匪札文」は、一九〇四年一一月二一日付け『新聞報』に掲載された。[67] 翌一一月二二日、日本の上海駐在総領事小田切萬寿之助は、外務大臣小村寿太郎にあてて、同日付の『新聞報』の切抜きを同封し、「近頃在本邦清国留学生中に同仇会を設立し、事変を醸さんとする計画あるが為め、新聞切抜の通り両江総督代理端方より地方官に通達せし由、昨日漢字新聞『新聞報』に登載致候」と述べて、留日中国人学生の日本における調査・取締まりと「右等の妄業〔事変を醸さんとする計画〕」、すなわち革命運動の「杜絶」を要請した。[68] 一九〇四年一二月一四日、端方は、陸元鼎に代わって湖南巡撫を拝命した。同年一二月二九日、水野梅暁は『大阪朝日新聞』紙上で、湖南巡撫が陸元鼎から端方に交代した理由について、「巡撫の交〔更〕迭。今回督撫の交〔更〕迭を行ひたる結果、現任署理陸元鼎氏に代ふるに江蘇巡撫端方を以てし、端方の後任に陸〔巡〕撫を以てしたるは、殆んど其要を知るに苦しむ〔が〕、由来湘政の風俗頑強にして難治なる上に難御の大紳頗る多く、加之哥老会、回天匪等は其根拠を湖南に有し、且近々数月内に於て両三回も匪徒を捕拿したることありしより、北京政府は急に端氏の如き重鎮を以て之を圧せんとの意志に外ならざる可く、且端氏は満洲旗人の出身なれば傍以てかゝる交〔更〕迭を見しなるべき歟」と記している。[69] 湖南巡撫端方の湖南省着任は、湖南巡撫を拝命してから約三ヶ月後の一九〇五年二月五日である。[70]

一九〇五年五月一三日、水野梅暁は、「当地高等学堂、師範学堂、並に三、四学堂の上級生二百余名は、今回本邦に留学の命を受け、其の内八十名は明暁出帆の湘江丸により出発する筈、当湘省に於て一時にかく多数の留学生を派出するは異数の事にして、以て端〔方〕巡撫が如何に教育を奨励しつゝあるかを知るに足るべし。又此の一行と共に当地師範学堂監督郭立山氏は本邦学校視察の為出遊すべき由」と報告している。[71] そして、清国の特命全権公使楊樞と范源濂、楊度ら一六名は、女子教育の重要性に鑑み、下田歌子の実践女学校に二〇名の女子留学生を入学させたが、この二〇名の女子留学生のうち、一六名は湖南省出身者であった。この一六名の中には、師範部に楊荘（楊度の娘）と張漢英、工芸部に王昌国がいた。実践女学校は、七月一八日より、赤坂区檜町一〇番地に仮分教場を設け、これら女子留学生の教育にあたった。一九〇五年七月二三日付け『日本』紙上では、これら女子留学生について、「今回の留学生は将来本国に帰りて教育家たるの志望者のみなれば、従来の学生とは違ひ漢文の素養もあり動作敏捷にして従来の清国婦人に見る如き柔弱なる風俗なく、時間を厳正に守る点の如きも感ずべき事にして、寄宿舎の掃除迄も奮て担任せんと云ひ出したり。殊に学術研究に就ては非常の熱心にて、其進歩実に見るべきものありと云ふ」と記している。(72) この約五ヶ月後、一九〇五年一二月二九日、日本の長沙駐在副領事井原真澄は外務大臣桂太郎にあてて、湖南省内の学生の間で密かに読まれている二種の冊子、すなわち『滅漢種策』と『孫逸仙演説』を添付しつつ、湖南省の「排満」論の興隆について次のように述べている。

清国留学生中にて革命的思想を有する部分に於て、別冊の如き滅漢種策並に孫逸仙演説の二種を印刷し、秘密に清国に輸入し、各地学生等に配布したる者を得候に付、茲に及御送付候間は、査閲相成度候。滅漢種策なる者は、米国留学生なる宗室に属する某氏より北京某親王に献策したる者と称し、満人が漢種族を撲滅せんとするの意思を有する者として、学生の革命的思想を煽動するの具に供する者にして、又孫逸仙〔孫文〕の演説は現満朝を倒し共和政治と為さんとする者に有之。共に清国学生〔の〕革命的思想を鼓吹する印刷物に有之候。右両書共、日本にて印刷したる者と察候。此等書冊を印刷に付したるは、広東留学生並に湖南より東京へ亡命中の革命派に属する学生等の手に依り、之を当地二、三学堂の監督にして革命派に属する連中へ送付し、秘密に配布せしめたる者と考候。当地は御承知の如く康有為一派の勢力を奮ひたる以来、革命的思想を有する学生尠なからず。又た革命派に属する漢人は常に湖南と連絡を通することを怠らさる有様に有之候へば、学生間には此等の書冊頗る秘密に愛読し致居候様見受候。

日本の長沙駐在副領事井原真澄が外務大臣桂太郎にあてて添付して送付した二種の冊子のうち、『滅漢種策』という冊子は、表紙に「五百万同胞必読」と記され、奥付においては著者として「留美学生宗室」、翻刻者として「将滅猶未滅之一個漢人」、伝発者として「将滅猶未滅之夢数〔無数〕漢人」の名が刻まれていた。「滅漢種策」とは、「漢人種族を滅絶するの策」という意味である。(73)もう一方の冊子は、孫文が一九〇五年八月一三日に、東京の富士見楼で行った、孫文の歓迎会における演説の筆記録である。印刷日、出版日とも黄帝紀元を用い、筆記者を「黄帝嫡孫吼生〔呉崑〕」としている。(74)

一九〇五年、岳州税務司ハリスは長沙税務司に転じていたが、「湖南省の青年子弟は大いに維新の気象があり、海外に出る者が多く、大半が日本に留学した。ただし、惜しいことに、彼らはその目的を達成することができていない」と報じている。(75)ハリスの指摘した「彼らはその目的を達成することができていない」とは、湖南省出身の留日学生が日本で盛んに新聞や雑誌を刊行し、「排満」運動を展開している点を指し示している。一九〇五年六月、湖南省出身の宋教仁、黄興、陳天華らと湖北省出身の田桐は、東京で『二十世紀之支那』を創刊し、民族革命を鼓吹した。しかし、『二十世紀之支那』は、第二期の「日本政客之経営中国談」の記事が社会秩序を紊乱するという理由で、八月二七日に日本の警察当局に全号を没収され、廃刊に追い込まれた。(76)中国同盟会は『二十世紀之支那』を接収し、『民報』と改称して機関誌とした。第一号の発刊は一九〇五年一一月二六日である。馮自由は『革命逸史』「開国前海内外革命書報一覧」において、「かつての海内、海外の各地の各種革命的諸報を調査してみると、乙未〔一八九五年〕より辛亥まで、約千数百種ある」と指摘し、『滅漢種策』については編輯及び発行人を「宋教仁」、時期を「乙巳〔一九〇五年）」、出版地を「東京」と記している。[77] 宋教仁は、一八八二年に湖南省桃源県の素封家の家に生まれた。一九〇〇年に院試に合格しながら清朝の打倒を志し、一九〇四年の華興会の蜂起計画に参加し、計画が漏れて同年一二月末に日本に亡命し、東京に居住した。もともと、『滅漢種策』では、「翻版印刷」日に「乙巳年八月十五日（一九〇五年九月一三日）」と記されていた。宋教仁の日記では、一九〇五年一月一九日の条に「晴。巳正（午前十時）、郭瑤皆の下宿にゆき、午初（十一時）に帰ってきた。『嗚乎漢奴』と題する時評一篇をかいた。ときにアメリカの満洲留学生が東京にいる同族のもとに手紙を出し、その中に漢奴を殺し尽すという言葉があったのである」とある。[78]「アメリカの満洲留学生」の手紙は『滅漢種策』の内容を意味しており、文中の「漢奴を殺し尽す」も預言書『焼餅歌』の「手に鋼刀を執ること九十九、胡人〔韃子〕を殺し尽して方めて手を罷めん」に準えた言葉である。従って、宋教仁は一九〇五年一月、すなわち日本に亡命した当初には、『滅漢種策』の構想を練っていたことになる。一九〇五年の旧暦八月一五日、すなわち中秋節は、西暦では九月一三日である。宋教仁の日記の一九〇五年九月一三日（旧暦八月一五日）の記述には、「晴。未正（午後二時）、程潤生の家にいったが会えなかった。ついで西路会事務所にいった。この日、職員会を開いたのである。家から石卿の手紙一通を受けとった。申正（四時）、戴君亮の下宿にいって戴渭卿に会い、はじめてかれが今日余の下宿にきてしばらく待っていたが会えずに帰ったことを知った。酉初（五時）に南路事務所にいった。今日は中国の中元節（旧暦七月十五日、盂蘭盆会）なので、劉林生、徐運奎、胡経武をさそい、いっしょに雲香楼に出かけて酒を飲み、大いに楽しんで散会した」と記されているのみである。[79]『滅漢種策』は、「乙巳年八月十五日（一九〇五年九月一三日）」には印刷されていなかったといえよう。のみならず、宋教仁は、九月一三日を旧暦七月一五日の中元節と間違えている。これよりするならば、宋教仁にとって、『滅漢種策』が実際に中秋節に印刷されたか否かは大きな意味を持たず、むしろ「乙巳年八月十五日」と記すことに意味があったのではなかろうか。何となれば、雑誌『洞庭波』第一期においても同誌の発行日について「八月十五日付印」と記しており、旧暦八月一五日の中秋節が重要な意味を持ったからである(80)。

三・蜂起伝説の再編

一九〇〇年代初頭、革命派は、清朝の打倒を図るために、預言書の類を盛んに援用した。このことは、一九三五年に日本の石山福治が「迷信は決して無智無教育なものではない。古来官吏学者の間にも広く行はれて居る。彼の図讖と称する預言書の流行もそれで、その代表的なものとしては孔子閉房記、乾坤萬年歌、推背図、焼餅歌がある。就中元末の進士劉基（伯温）の作と云はるる焼餅歌（一名帝師問答歌）は五百四十年前に既に辛亥革命を預言し、民国の将来までも預言して居ると云はれて居る」と記し、『孔子閉房記』『乾坤萬年歌』『推背図』『焼餅歌』などといった預言書をあげた上で、『鉄冠図』について次のように述べている。

此の書〔『鉄冠図』〕も前節の萬年図説と同じく通俗預言図解とも言ふべき近世支那に於いて最も著名な代表的の預言書で、殊に此の書は其内容が主として明清二朝の重大事件を預言図解したものと一般民衆に喜ばれ、早くから劇に迄仕組まれて不断に演じ伝へられて居た為、其名は随分広く支那人間に評判されて居るけれ共、只だ名だけを聞き知つて未だに其原本を看た者が極めて稀少なのである。故に、今でも印刷した版本としては幾んど絶無で、茲に収録した原本は矢張り、前清末〔に〕今の民国幹部員が時の革命党として東京に亡命中牛込新小川町の寓居に於て石印に附したものを、余に贈られたのを其侭採り用ひたもので、民国以来の多数支那人は曾つて看た者が無いと曰ふ。今から観れば真にお笑ひ話の漫画みたやうなものに過ぎないが、前清末には斯んな思想が清朝滅亡、革命成功の裏面に活動しつゝ夫れを幇けたことは事実であらう(81)。

中国の預言書は、「童謡」「謡」「讖」のほか、「詩妖」「訛言」などといわれ、韻語で記され、国家の大事や人物、地方の安寧を預言した。中でも、『焼餅歌』は歌謡体をなし、明の太祖・朱元璋が餅を焼きつつ劉伯温に後世の治乱を問い、劉伯温が隠語で答える形体を取った。ために、『焼餅歌』は『帝師問答歌』ともいわれ、広く流布した。(82) 雑誌『洞庭波』は湖南省出身の留日学生の発刊にかかり、第一期が一九〇六年一〇月一八日に発刊され、第一期の欄目は論著、学術、訳叢、時評、文苑、譚苑、附録に分かれ、論著には鐵郎〔陳家鼎〕「二十世紀之湖南」と屈魂〔寧調元〕「仇満横議」が掲載されたが、寧調元「仇満横議」では預言書『焼餅歌』の「手に鋼刀を執ること九十九、胡人〔韃子〕を殺し尽して方めて手を罷めん」の一文で締めくくられていた。同文句は、先の鄒容『革命軍』の他、陳天華『警世鐘』でも引用された。(83) 寧調元と陳天華は湖南省の、鄒容は四川省の出身である。従って、『焼餅歌』の「手に鋼刀を執ること九十九、胡人〔韃子〕を殺し尽して方めて手を罷めん」の一文は、湖南省や四川省出身の留日学生の間で、広く人口に膾炙された言葉であったといえよう。

留日学生は、日本で「科学」的な人種論に触れ、新たに黄帝を始祖とする漢族の観念を作り上げ、かつ「排満」論を展開した。例えば、鄒容の『革命軍』では、アジアの人種を中国人種とシベリア人種に分けている。中国人種は漢民族、チベット族、コーチシナ族に分かれ、この漢民族から朝鮮人、日本人が派生し、シベリア人種は蒙古族、ツングース族、トルコ族に分かれ、蒙古族から蒙古人や満洲人が派生した。そして、太古の昔に西方のバビロニアから、漢族が黄帝に率いられて中国に至り、中国土着の苗族と争い、漢族が優勝劣敗の法則に従って勝利した結果、中国に居住することになったとした。(84) この結果、漢民族と満洲人は別の人種に属し、かつ民族的に劣る満洲人が漢民族を支配したところに中国の弱体の理由が求められた。(85) ただし、留日学生は、民衆に対してどのように「排満」論を注入し、清朝を打倒するのかという点に腐心し、民衆に「排満」論を浸透させるために民間の歌謡や伝承、預言書の類を利用し、民衆の感情に訴える方法を取ったのである。(86) 湖南省では、新軍や巡防営の兵士が陳天華の『猛回頭』や『警世鐘』を湘劇に仕立てて演じ、金や清に抵抗した故事を弾詞の唱本にして広め、民衆の啓発に努めた。(87) この中でも、章炳麟は「逐満謌」において、「鼓を打つなかれ、鑼を鳴らすなかれ、我が歌う排満歌を聴きなされ。今の皇帝は漢人でなくして満洲から来た山猿なり」と述べ、民間の口頭語や歌謡の体裁を用い、全て七字句型を取ることで民衆に馴染みやすいように配慮した。そして、「逐満謌」の中間では、「可哀想な我ら漢家の人、羊と共に屠門に進む。揚州屠城は一〇日を有し、嘉定・広州では皆殺しをし、福建では康親王に遭遇した。良家の子女は娼婦の如く扱われ、駐防の韃子はならず者、田を耕さず菜を植えず、菜が来れば手を出し、飯が至れば口を開き、南糧の甲米は皆な彼らに帰す。……地獄に沈むこと二〇〇年、忽然と天王洪秀全が現れた。ここで、満人は熱河の辺に逃げるも、曾国藩が漢奸となり、洪家は皆殺しにされ、漢家は滅び、もと通り山猿が帝王となった」と記し、駐防八旗の無為徒食や残酷性を強調した。(88) いわば、章炳麟の「逐満謌」は、曾国藩を漢奸として批判すると共に、「排満」論を民衆の正義に訴えながら、民衆の嫌悪感を駆り立てる形で喧伝されていたのである。(89) 鄒容の『革命軍』は、章炳麟『康有為を駁して革命を論ずるの書』と合体して出版されたが、ここには章炳麟「逐満謌」も収められ、「黄帝紀元四千六百零九年〔一九一一年〕」として神州広文社より出版された。(90) 鄒容が『革命軍』で締めくくりに用いたのは、預言書『焼餅歌』の「手に鋼刀を執ること九十九、胡人〔韃子〕を殺し尽して方めて手を罷めん」の一文である。(91)

一九〇七年四月、退思（本名は不明）は、広東省で「排満」論が伝えられた喩えとして、「試みに満族の侵奪の初めを見るならば、我が広東民族は圧制の下で隠れ、団体を組織し、密かに光復を図った。婦人・子供でも共に反清復明を天職とし、田夫・野老も歳時に酒色を断ち禁足戒行し、豆棚・瓜畑の間に集まり、或いは焼餅の歌を唄ったり時の故事を語ったりし、二〇〇年の歳月をへても未だ忘れなかった」と述べた。(92) ただし、清末には、西欧の学問の流入に対し、国粋の学術を護ろうとする風潮が起こり、鄧実、黄節らを中心に国学保存会が結成された。そして、一九〇五年二月、『国粋学報』が、国学保存会の結成を受けて、上海で設立された。同報には、鄧実や黄節の他にも、劉師培、章炳麟、馬叔倫、陳去病など、多数の執筆人が参加した。『国粋学報』第五年第二号（一九〇九年三月一一日）には、劉伯温と宋濂の画像が、帰有光、帰昌世の画像と並んで掲載されている。[93] 周知のように、劉伯温と宋濂は共に元末明初を生き、明の洪武帝の時代における学問の双璧をなした。また、帰有光は王世貞と共に文壇で名声を博した明代の名儒であり、帰有光の孫の帰昌世も詩歌をよくした。いわば、清末は、国学復興の風潮と共に、明代の学問が掘り起こされ、再び脚光を浴びた時期にあたる。問題は、このような明代の学問に対する脚光が単なる経学に止まらず、緯書、すなわち吉凶禍福や未来を預言した学問にも与えられた点にある。元末明初には、「明王」の観念も生まれた。一七六〇年代から一七七〇年代まで、湖北省などで民間の宗教結社の蜂起が多発し、一七七二年（乾隆三七年）には安徽省霍邱県で陶金玉による文書が発見された。陶金玉は、奉仏吃斎を主とする教団を作り、宗教書『採花歌』の末に「伯温問答」を付して河北省、安徽省の信者に伝えていた。この「伯温問答」は、一七二九年（雍正七年）に四川省で摘発された楊成勲ら血盟団の「劉伯温碑記」と関係があり、かつ『焼餅歌』の一節、すなわち「手に鋼刀を執ること九十九、胡人〔韃子〕を殺し尽して方めて手を罷めん」と関わりがあると言われている。[94] 清末には、これら『焼餅歌』などの預言書も復興した。この結果、中華民国になると、『焼餅歌』などの預言書が多数出版された。[95] 清末の知識人や学生は、『焼餅歌』を流布させることで「排満」論を盛り上げようとしたのである。そして、一九二四年、李幹忱は『焼餅歌』の一節について、蜂起の日時を旧暦五月五日の端午節としながら、「明朝の軍師・劉伯温にもまた韃子を殺すという焼餅歌があり、『手に鋼刀を執ること九十九、胡人〔韃子〕を殺し尽して方めて手を罷めん』と言ったが、これは〔旧暦〕五月五日の韃子を殺害するという説を指したものであろう」と述べて、『焼餅歌』の一節が「殺家韃子」伝説、すなわち中秋節の蜂起伝説を示すものとしている。(96)「殺家韃子」伝説は、元末に漢人が蒙古族に対して蜂起するために、月餅に蜂起計画を記した紙片を入れて送り、仲間に中秋節の蜂起を知らせたというものである。また、広東省には「八月十五殺番鬼」という諺も存在していた。この諺の由来は、アヘン戦争前後に広東省で起きたイギリス軍に対する中秋節の蜂起にあるといわれている。(97)このように、中秋節の蜂起伝説、或いは「殺家韃子」伝説に類する伝説は各地に存在するだけでなく、これを記載した地方志や郷土志も民国以降に限られる。このため、「殺家韃子」伝説は、中秋節の蜂起伝説に、清末になって「排満」の色を付けて再編されたといえよう。むしろ、ここで問題とすべき事柄は、これら中秋節の蜂起伝説や末劫の到来を預言する預言書が清末になって流布し、「排満」論を鼓舞したことである。

第三節　学生運動の衰退

一・留日学生取締反対運動

一九〇五年七月三〇日、中国同盟会の結成大会の準備会が、東京の赤坂区檜町三番地の黒龍会事務所、内田良平宅で開かれた。参加者は、七〇名余りであった。この二日前の七月二八日、宋教仁は、二十世紀之支那社で孫文と会談している。孫文はここで、「もし現在数十百人の（人材）が連名し、かれらを取り仕切り、破壊前の建設、破壊後の建設の種々の事柄を担当し、蜂起の暁に文明の政府を樹立すれば、天下のことは定まる」と述べて、人材、団体の連合を説いていた。七月二九日、湖南省出身の留日学生は、孫文らとの連合を協議したが、個人の自由にまかせることになった。(98)七月三〇日の内田良平宅における準備会では、孫文が一時間ばかり革命の理由や革命の情況、革命の方法を演説して後、黄興が今回の会の開催は団体を結成するためであるとして、各人に署名を請うた。すると、参加者は自ら誓約書を書き、かつ手号を伝授された。手号とは、各会員を確認するための手段として伝授された、握手の仕方と合言葉である。(99) いわば、中国同盟会も、会党のような仕草を行ったのである。ここで、中国同盟会の四大綱領、すなわち「韃虜を駆除し、中華を恢復し、民国を創設し、地権を平均する」が決した。(100) 八月一三日、孫文の歓迎大会が、飯田町の富士見楼において開かれた。孫文はこの歓迎大会で、「以前私が民族主義を提唱した時、呼応した者はただ会党だけであり、中流階級以上の人となるとまことに数少なかった。ところが、それほど時間が経たぬうちに、思想が進歩し、民族主義は一日千里の勢いで各階層の中に普及し、革命が必要であることを承認しない者はほとんどいなくなった。私のような愚かな者でも、これまで民族主義の事業にたずさわってきたため、諸君に歓迎されている。このことはまことにわが国のために慶賀すべきことである」と述べ、更に中国で共和制の実現が急務であることを力説している。(101) 孫文の演説の特徴は、清朝の打倒を共和政体樹立に結び付け、政治的、社会的、文化的変革の道筋を明らかにした点にある。一週間後の八月二〇日、中国同盟会の結成大会が赤坂区霊南坂の坂本金弥宅で開かれた。中国同盟会の結成大会は、午後二時に開会し、午後五時に散会した。結成大会では、まず黄興が章程を読み上げ、議決後に総理、職員、評議員の人事を交選し、総理に孫文、副総理に黄興が選出され、三民主義を政治綱領に掲げ、執行部の職員は孫文が指名した。執行部では、黄興が庶務部長につき、陳天華が馬君武と共に書記部長となった。(102) なお、雑誌『二十世紀之支那』を接収して中国同盟会の機関誌とし、『民報』と改称した。『民報』第一号の発刊日は、一九〇五年一一月二六日である。中国同盟会では、一九〇四年一一月一六日の華興会の蜂起計画の挫折後、日本に亡命した湖南省出身者の黄興、劉揆一、陳天華、宋教仁などが中枢の一角を担った。

一九〇五年一一月二日、日本政府は、清朝政府の要求を受け入れて、文部省令第一九号「清国人を入学せしむる公私立学校に関する規定」、いわゆる「清国留学生取締規則」を発布した。すると、留日中国人学生は、同規則における日本の学校の入退学に清朝の公使館の承認を必要とした点、及び同規則が中国人学生のみを対象として他国の学生を除外している点に不満を抱き、反対運動を起こした。一九〇五年一二月一五日付け『日本』は、次の記事を掲載している。

▲留学生の協議。〔一九〇五年一一月二日〕文部省令の発布せらるゝや、各学校在学の学生は毎日休憩時間を利用し、其中の一人は教壇に立ちて善後策の意見を述べ、教室入口には歩哨を立てゝ外人の入るを監視する坏、用意中々周到にして、学生以外に漏洩することを厳重に注意したりと云ふ。▲省令改廃の運動。前項の如く、各学校生徒各自運動の結果、左の二項を公使の手を経て我文部省に交渉したるも、公使が果して交渉せるや否や不明なれども、兎に角容るゝ所とならざりし。一・清国留学生を改めて外国留学生と改むること。一・学問の独立を維持する為め、入退学は各自随意に為し得る様に改むること。▲富士見楼の集会。右決議の容れられざるや、学生の激昂は益ゝ甚だしく、遂に去る〔一二月〕三日〔留学生〕会館立法部の委員は富士見楼に会して善後の策を議し、甲論乙駁論戦中々熾にして、遂に暴力を用ゐるに至り、負傷せし者も少からず。当日の議論は文部省に対し直接に省令改廃を迫るべしと主張する者と断然帰国すべしと提唱する者との二派に分れたるが、結局大多数を以て後者に決したるなり。……▲革命主義者の運動。留学生中革命派に属する者は数十葉を以て一冊となしたる趣旨書を各留学生に飛し、上海に於て一大法政学堂を建設する為め寄附金募集の計画中なるが、右の趣旨書は全部漢文を以て日本を罵倒し、五百圓以上千圓を寄附する者は名誉会員とすと云ひ、発起人は湖南省人三名、四川省人一名の連署にて、盛に遊説しつゝあり。右は寄附金を以て政治的運動に充つるの陰謀な〔ど〕を有するものなりと。(103)

留日学生の反対運動は、二派に分裂した。一派は、中国に帰国して上海に学堂を設立し、学習を継続しようとするものであり、他の一派は日本に残って学習を継続しようとするものである。湖南省出身の留日学生は、多くが中国への帰国を主張した。一九〇五年一二月八日、湖南省出身の陳天華が、日本政府の「清国留学生取締規則」の発令における『朝日新聞』の記事に抗議して、大森海岸で入水自殺した。陳天華は、一八七五年に湖南省新化県に生まれた。一九〇三年三月に官費留学生として日本に留学し、弘文（宏文）学院に在学して『猛回頭』『警世鐘』を著した。一九〇四年、中国に一時帰国し、華興会の蜂起計画に参加したが、同計画が失敗したため、再び日本に留学し、一九〇五年八月の中国同盟会の結成に中心メンバーとして加わった。陳天華の入水自殺は、留日学生のみならず、中国国内の学生にも大きな影響を与えた(104)。

一九〇六年一月六日、『日本』は、「旧臘〔一九〇五年一二月〕二十四日清学生中の健全分子五百余名が赤坂薬王寺前に事務所を構へて復校を決議し、同志の勧誘に努めてより、復校派、帰国派の二団体に分れて大に軋轢を生じ、留学生会館には日々両派の学生数百名集合して争論を為し、各壁上に檄文を貼附して自派に引入れんことを計り、遂には一方の学生が其檄文を貼附すれば一方の学生直に之を剝ぎ取りて焼き捨て擲り合を始めんとすること度々あり。近来は夜間又は暁天に密かに忍び来りて反対派の檄文を剝ぎ去りて焼き捨て自派の檄文を貼附し、互に斯の如くして底〔停〕止する処なく、再昨朝の如きは六時頃復校派の学生一人密かに来りて其の檄文を貼附せんとするや、帰国派は既に八、九人来り居りて之を妨害せんとし、口論の末擲り合を始めんとせしが、復校派は唯一人なりしも、其の勢ひ甚だ鋭く、遂に目的を遂げ悠々として立去りたるが、該檄文は残り居たる反対派の為めに直に焼き捨てられたりと云ふ」と記し、中国への帰国か日本への残留かをめぐり、留日学生の内部で対立が深刻化したことを報じている(105)。ただし、復校派が、帰国派に比べて優勢であったといわれる。そして、同じく、一九〇六年一月六日付け『日本』は「帰国派の勢日に非にして、旧臘〔一二月〕卅一〔日〕は各学校に於ける清学生総代相会して新学期より復校を決議したる由なるを以て、現在に於ては帰国派は幹事派と称するもの五、六十名に過ぎざる有様なりと云ふ」と記している。(106) 各学校は、一九〇六年一月一五日に授業開始の予定であった。留日学生の多くは、退校届けを出さないまま休学しており、弘文学院では一四〇〇名の学生中、退校届けの提出者が八〇名、経緯学堂でも六〇〇名余りの学生中、退校届けの提出者は二〇名余りであった。このため、各学校は、退校届けの未提出者に対しては復学を認めた。退校届けの提出者は復学願を提出する必要があったが、一月初旬まで復学願の提出者は皆無であった。(107) 一月一三日、宋教仁も清風亭における学校連合会の会議に出席し、「この度の風潮の当初、極力争うことを断固主張すべきであったが、しかし、いまではもはやどうにもしようがなく、心理、道理、情勢のどの点からも持久することができない、云云」と演説し、復学による学業継続を主張した。そして、宋教仁は、早稲田大学に入学の手続きを取り、二月一日から授業を受けている。(108) 一月初旬、学生調停会の程家檉は、清国留学生会館に留学生一同を集め、強硬派の聯合会糾察部を解散し、留日学生全員の復学を決議し、学生調停会も解散すると共に、既に中国に帰国した二〇〇〇名余りの学生に対しては復学を勧める電文を発した。(109) 日本では、一九〇五年の同事件を契機に留日学生の数も減少傾向に転じた。

二・啓蒙活動の展開

一九〇五年一二月八日、湖南省出身の陳天華が、日本政府の「清国留学生取締規則」の発令における『朝日新聞』の記事に抗議して、大森海岸で入水自殺した。この陳天華の著作で、留日学生に大きな影響を与えたのが、『警世鐘』である。景梅九は陳天華について、「〔陳天華は〕口語体で『警世鐘』という本を書いたことがあり、民権主義を鼓吹し、文章が人を感動させた。中国の内地（辺境以外の）にひろまり大いに効果をあげた。その価値はまことに鄒容君の『革命軍』に匹敵した。陳天華先生はまた新聞紙上に『中国革命史』と『獅子吼』という小説とを発表した。一般の人にもっとも愛読されたものだった」と記している。[110] 陳天華の主張は、他の留日学生と同様に、進化論を国家や民族の運命と結び付け、中国と中国民族が生存競争、自然淘汰を生き残るために何をしなければならないのかを、平易な言葉で論じたものであった。[111] 陳天華の『警世鐘』は、「長夢千年、何の日にか醒めん。睡郷、誰か警鐘を鳴らしめん。腥風血雨、我を為し難し（われをなやます）、好個の江山、人に送るに忍びんや」に始まる。ここで、陳天華は、「いつもひとびとが洋務を学んでほしいと切望しており、洋人の学問はつねに称賛しております。しかしわたしは、かの洋人の根性の実に残忍なのを知っています。中国がもし洋人に瓜分されたら、われわれ漢人は、ぜったい、たまったものでないのです。それで敢てこのようなはげしいことを言って皆さんの眼をさまさせ、わが中国を救おうとしたのです」と述べて、中国を救うために一〇ヶ条の心得をあげた。第一は「この瓜分の禍は、たんに国を亡ぼすだけでなしに、かならずまた民族を滅さずにはおかないということ」、第二は「各国は中国を瓜分したのち、かならずや今までどおり満州政府をのこしておいて、漢人を制圧するだろうということ」、第三は「今日となってはもう、中国を救う準備をする、などということはてんで問題になりえず、ただ命を的の苦しい戦いのみがよく中国を救いうる、ということ」、第四は「この際幾人かがよけい死ねば、それだけ後でよけい人が救える、ということ」、第五は「民族（種族）の二字をはっきりと認識し、きちんと分別する（自民族と他民族とのけじめをつける）ことがもっとも必要である、ということ」、第六は「国家というものは各人が責任がある（人人有份）、これっぽちも関心をもたず、なるようになれ、の態度では全体にいけない、ということ」、第七は「外人を拒もうとすれば、まず外人の長所を学ばねばならぬ、ということ」、第八は「自強しようとおもえば、まず自己の短所を棄てねばならぬ、ということ」、第九は「かならず文明排外を採るべきで、野蛮排外を採るべきではない、ということ」、第一〇は「この排外の仕事は終るときがないということ」、以上である。そして、陳天華は、この上に更に一〇の勧めを説き、各階層が一致協力して救国に立ち上がるべきことを主張したのである[112]。

一九〇六年三月九日、日本の長沙駐在副領事井原真澄は臨時兼任外務大臣西園寺公望にあてて、次の報告を行っている。

近日、湖南省にては、排外熱勃興しつゝある有様にして、特に日本に留学したる学生、並に当地〔湖南省〕学生間にて排外熱を鼓吹して、一般人民を煽動するの景〔形〕勢有之候。又清国全般に渉り、其鼓吹の具として、近日白話報と称する小冊子を日本に於て印刷し、頻に清国に秘密に輸入し、又清国各地に於ても、秘密に学生間に於て白話報、若くは白話演説集と称する如き者を出版して、無代価同様に一般人民に配付致候の別冊は当地に於て印刷したる者にして、其表紙に湖南全省学務処審定と記録しあるを以て、英国領事は本冊子を得て学務処総辧張鶴齡に面会し、学務処に於て如斯排外的言動を記述したる印刷物の印行を許可するは、不都合なる旨詰責致候処、学務処に於ては一切此れに対し審定を与へたることなく、又如斯き印刷物の有無をも知らさる旨返答し、学務処に於ては直ちに〔貢院西街英華書局に保存されている〕原版の破壊を命し、且つ印刷依頼者の姓名を出版者に対し尋問したるも、単に学生より依頼せられたることを明にしたるのみにして、果して何人の手を以て著作したるや不明なりし由に有之候。本冊子の内容を見るに、新学問研究を勧誘するの主意にありて、排外的思想の鼓吹を目的としたる者には無之、且其記述も穏和なれとも、無智の人民に対しては、最も誤認せられ易き印刷物に有之候。又本冊子は文字最も和平なれとも、福州白話報並に湖南白話報の如き日本にて印刷したる小冊子は、文字最も激烈を極め居候。要するに此等白話報なる者は学問なき小民を誘導するの目的を以て著作する冊子に有之候へば、排外的に利用せらるゝ場合には容易ならさる勢力を有する者に有之候に付、為御参考茲に原本弐冊及訳

文及御送付候へは査閲御成度候。(113)

長沙駐在副領事井原真澄が送付した冊子は、表紙に「湖南全省学務処審定」と記されている、『白話演説　人人要看』の一冊である。同冊子には、「版木は貢院西街英華書局にあり、装訂する場合の紙工の費用は制銭四文である。送付を願う者は同店に申し込まれたい」とある。学務処総辦の張鶴齢は、一九〇四年一一月の華興会の蜂起計画の挫折後、黄興の湖南省脱出を助けた人物である。このため、学務処総辦張鶴齢は、イギリスの長沙駐在副領事の学務処の関与の有無の問い合わせに対して、学務処がこれら文献と一切関係のない旨を述べていたが、同冊子の内容が湖南省の官憲、殊に学務処総辦張鶴齢の主張と異なるものではなかったことから、学務処が同冊子に関わった可能性も否定することができないように思われる。

この『白話演説　人人要看』は、全体が「（一）今日の時勢が中国未曾有の時勢であることを知るべきである」「（二）国と身家は相連なり、国が滅べば家も敗れ身も滅ぶことを知るべきである」「（三）現在の如き国の滅亡は、従前の王朝交代と比べえないことを知るべきである」「（四）国の保存の方法を知るべきである」の四点に分かれている。そして、第四点の「国の保存の方法を知るべきである」については、「国の保存の方法は甚だ多いが、現在は幾つかの要点を少し述べる」と記した上で、「学問を必要とする」「武力を必要とする」「放脚（纏足の廃止）を必要とする」「戒煙（アヘンの禁止）を必要とする」「団体の結成を必要とする」「鉄道の修築と鉱山の開設を必要とする」「和平的手段を講究しなければならない」の七点について縷々説明した。この中にあって、「和平的手段を講究しなければならない」では、「総じて、我らが外国人に対する方法は、第一に彼らを畏懼してはならず、第二に彼らに危害を加えてはならない。いかなる事情があっても、全て和平をもって彼らと道義を講究すべきである。これが、和平手段と称するものである」と述べつつも、「相手が兵力で我らを侵略するならば、我らは生命を賭して相手と闘うべきである」

と力説した。そして、「以上の数条は国家振興の方策であり、一つ一つ行うべきものであり、行えば必ず効果がある」として、国土も狭く人口も少ない日本が富強となり、国土も広く人口も多いインドがイギリスの植民地となった例をあげつつ、「奮起するならば小さくとも日本のように富強となり、奮起しなければインドのように滅ぶであろう」と述べ、「希くは、各位が以降、上述の方法で切実に奮起するならば、各位の幸せだけでなく、我らの幸せ、中国の幸せである」と締め括った。(114) ここでは、列国の抑圧に対して、進化論に影響されながら、学問の探求、軍備の充実、纏足の禁止、アヘンの禁止、団結の必要、鉱山の開発、和平的手段の追及などによることが説かれていた。この主張は、陳天華が『警世鐘』で「かならず文明排外を採るべきで、野蛮排外を採るべきでない、ということ」と同じであると考えることができる。いわば、「文明排外」は、「排満」と共に、清末の愛国主義の母体に位置づけられるのである。

そして、井原真澄が湖南全省学務処審定『白話演説　人人要看』という冊子の内容を紹介しながら、「湖南近日の風潮を見るに、日一日と排外的思想勃興しつゝあり。学生之れが鼓吹の中心と為り居る有様にして、地方官も之れを知るも、其弾圧に着手するときは、一時に勃発せんことを恐れ、僅に慰撫以て其蜂起を妨くの有様に有之候。依て学生等は益〔々〕一層気焔を高め、地方官憲を軽視し、公然口に排外的の言論を弄し、現に某日本人が清国学堂教習と会食したる際の如き、同清国教習〔の中に〕は諸外国人を清国より駆逐せさるべからざる旨唱道〔導〕したる者之れあり。又米国人に対しては、米国に於て清国労働者が虐待せられつゝある着色画を秘密に湖南省に輸入して、一般に配布しつゝある由にて、或る米国宣教師の談に拠るに、到る処〔において〕米国人を罵るの声を聞かさるなしと称し居候」と記したように、一九〇六年に前後して湖南省の学生運動は空前の高まりを示した。(115)

三・禹之謨の逮捕

一九〇五年一二月、清朝政府は、載澤を筆頭に、戴鴻慈、端方、尚其亨、李盛鐸の五大臣を外国に派遣し、各国の憲政を視察させた。五大臣は二組に分かれ、日米英仏独露などを視察し、義務教育制度など、近代国家制度にかかわる意見書や調査報告書を清朝政府に提出した。一九〇六年九月一日、清朝政府は、この報告を受けて、「憲政を模倣して実行する」と預備立憲を宣言した。そして、一一月七日、中央官制の改革を実施し、外務部、吏部、度支部、礼部、陸軍部、法部、郵伝部、理藩部、民政部、学部、農工商部の一一部制とした。各部の尚書は従来の満漢各一名から単に一名となったが、一一名の尚書のうち六名、すなわち半数余りが満洲族であった。一九〇六年一〇月八日、宋教仁は、同日付け『読売新聞』紙上に掲載された九月一日の清朝政府の預備立憲の宣言を読んで、日記に「清朝政府の預備立憲は、まず官制を改革することであったが、いま官制はすでに完成した」と記しつつ、清朝政府に対する失望を表した。

ここまで読んで、わたしは、ますます政府は開明専制と立憲をすることはできないと信じた。世界各国で総理大臣に皇族を当てると定めた憲法がどこにあろうか。いわんや満清皇族には常識的な知識のかけらももっておらず、はなはだしいのになれば漢文にも通ぜず遊蕩淫乱にふけっているありさまなのに、どうして政権をとり行えようか。かれらは外交はどのように着手するのか、内政はどのように着手するのか、実業はどのように着手するのか、教育はどのように着手してよいのか、兵備はどのように着手してよいのか、財政はどのように着手してよいのかを知らない。みな久しく安逸をむさぼっている軽薄児である。よしんばその中に一、二人のいささかましなものはいなくはないにしても、しかしながら漢人と較べてみると、その優劣のほどはどうであろうか。永久にこの輩が国権を統べるとなれば、永久に刷新の一日はなく、しかも以前の旧制に較べれば、職責は及ばないものが多いのであるから立憲したからといってどうにもならないのである。けだしこれは満洲人が民族主義を主張した証拠であり、しかもその本族〔満洲族〕が永遠に政権を握り、漢人を圧迫しようとする策略である。……けだし、これはつまり政府が本当に専制主義を主張する策略であり、立憲を実行したがっていない明証であって、国民を圧迫しようとするものである。(116)

宋教仁は、以上のように述べて、中国における「民族の革命」と「政治の革命」の必要性を説いた。そして、このような清朝政府の預備立憲の宣言に対する失望は、宋教仁だけでなく、漢族の留日学生の共通の思いであったように思われる。(117)

一九〇六年、湖南省の学生運動は、中国各地の利権回収運動の高まりを受けて、激しさを増した。この湖南省の学生運動の中心に位置したのが、禹之謨である。禹之謨は、一八六六年に湖南省湘郷県の辺境にある農家に生まれた。字は稽亭である。父は禹春軒、農業と共に商いも行った。禹之謨は、幼少より王船山の書に親しんだ。そして、一七歳まで、郷里の私塾で勉強した。二〇歳の時、南京に赴き、劉坤一配下の軍隊に入り、文書係をした。そして、軍需部門の食糧の運搬や経理を担当し、各地を往来した。日清戦争後、湖南巡撫陳宝箴が主唱した改革運動に参加し、譚嗣同や唐才常と交流を深め、戊戌政変後には一九〇〇年の唐才常の自立軍蜂起に参加した。同年、日本に留学し、大阪などで紡績を学んだ。ただし、一九〇二年、父の禹春軒が病死したため、やむなく帰国して、安徽省安慶で織布工場を開設した。一九〇三年に湖南省に戻り、まず湘潭に織布工場を設立した。友人の曹亜伯の勧めもあり、長沙に織布工場を移転し、同時に工芸伝習所を付設して子弟を教育した。全体の労働者数、学生数は、多い時で四〇名であった。工場の毎月の収支は公開され、禹之謨は他の労働者と同一の賃金で働いた。いわば、公開と平等を建前としたのである。このように、禹之謨は、実業救国の願望を政治変革と結び付け、かつ理論よりも実践を重んじたといえよう。禹之謨は、一九〇五年に湖南省の学生自治会の幹事長に就任した。そして、一九〇六年四月、自らの資金で唯一学堂を開設した。禹之謨は陳天華を敬愛し、『警世鐘』『獅子吼』などを学生に配布した。同時に、禹之謨は、中国同盟会に入会した。黄興は、禹之謨に対して、書簡で中国同盟会湖南分会の設立・運営を依頼している。これ以降、禹之謨の設立した唯一学堂や湘利黔織布工場が、中国同盟会の分会を兼ねた(118)。禹之謨は、中国同盟会に入会して後、仲間にあうと合図として「中国人」と称え、かつ左手を額にあてたが、手形のような証書は持たなかった(119)。いわば、仲間の合図として、会党の仕草をしたのである。この点は、中国同盟会の方式に倣ったものであろう。このため、湖南省の官憲は、禹之謨の行動に眼を光らせていた。ただし、禹之謨は、アメリカ聖公会の信徒でもあった。禹之謨がアメリカ聖公会に入信した動機は定かではないが、黄興や曹亜伯の影響があった可能性もある。このため、湖南省の官憲もアメリカ聖公会に阻まれて禹之謨に手出しすることができなかった(120)。やがて、一九〇六年五月、禹之謨は、陳天華と姚宏業の追悼大会では実質的な指導者となった。

一九〇六年五月二〇日、陳天華と姚宏業の追悼大会が長沙の左文襄祠において開催された。姚宏業は、陳天華と同様に、日本政府の発令した「清国留学生取締規則」に反対して黄埔江で投身自殺をしていた。二人は、五月二三日に数千人が参列して嶽麓山に埋葬された。しかし、多くの郷紳は、湖南巡撫龐鴻書に対して、嶽麓山における埋葬が先例を無視していると訴え、棺を嶽麓山から他所に移転するよう要求した。学生は郷紳の言動に憤慨し、連日天心閣で集会を開いた(121)。そして、学務処が学生の集会を解散させ、嶽麓山に埋葬された二人の柩の移転を図ると、学生は五月三〇日に再び天心閣で集会を開き、柩の移転の阻止を決議した(122)。やがて、柩の移転は六月二八日と伝えられ、学生は夏休みにも関わらず帰省せずに、抵抗の意を示した(123)。六月一九日、何人かの学生は、長沙・善化四八堂学務処総監督の兪誥慶が娼家にいることを聞きつけ、兪誥慶と娼妓の写真をとり、かつ兪誥慶を娼家から引きずり出し、民衆の見守る中で弾劾集会を開いた。しかし、兪誥慶の冤罪を訴える布告では、同事件の背後には一つに陳天華と姚宏業の埋葬をめぐる学生との対立、二つには初等小学堂教師の給与増額をめぐる教師との対立が存在し、兪誥慶が陥穽に嵌ったとしていた。(124) 一九〇六年八月の『申報』紙上では、同事件は湖南省の教育界の人々が掲帖を配布して、「兪〔誥慶〕君が恨みを招いたのは、平日の物事の処理が真面目で、周到に心を用いたために、無形の怨恨が人々の脳裏に深く入り、遂に今回の悪果を醸成するに至ったのである」として、事件の原因として一・各学堂で対立が起こるたびに、調整がつかずに退学者を出したこと、二・陳天華と姚宏業の葬儀に、学生の参加を許さなかったこと、三・初等小学堂の教員の、給与の増額を認めなかったこと、四・初等小学堂四〇所の設立にあたり、費用着服の謡言が起きたこと、五・初等小学堂の教員審査を厳しくし、何人かを退職させたこと、以上の五点をあげた。すなわち、同事件は、兪誥慶の仕事に恨みを持つ者によって、仕組まれたというのである。(125) この一連の学生運動の中心にいたのが、禹之謨であった。(126) この他にも、禹之謨は、湖南省内の塩税の余分な徴収に反対して、湘郷知県陶福に抗議を行っていた。このことが、湖南巡撫龐鴻書のみならず、学務処や郷紳に学生運動の取締りの強化を決意させる一因となった。(127) 八月一一日、禹之謨は、唯一学堂において、湖南省の官憲によって逮捕された。(128) 一九〇七年二月六日、禹之謨は、長沙から移送された靖州の地で処刑された。(129) 以降、湖南省の学生運動は退潮に向かった。子虚子は、この原因について「湖南の学務は戊戌〔一八九八年〕より乙巳〔一九〇五年〕、丙午〔一九〇六年〕まで発達を称えて意気軒昂であったが、呉慶坻の提学使就任後に誤りを正し学風も殆ど止んだ」と述べている。呉慶坻は、教育改革の財源を整え、優級師範学堂を設立し、有名無実と化した教育伝習所を廃止した。(130) 湖南省の学生運動は、提学使呉慶坻の学生に対する強圧的な政策だけではなく、陳天華と姚宏業の追悼大会など、一連の事件の中で次第に民衆から遊離するものとなり、以降急速に衰えた。そして、一九一〇年四月、長沙米騒動が起こると、学堂がキリスト教会や外国人関連施設と共に、焼き討ちの対象にされた。この理由は、学堂が莫大な経費を必要としながら、富裕な家の子弟に供され、貧民とはかけ離れた

存在であった点にあった。(131)

おわりに

一九〇六年三月一二日付け『日本』は、湖南、湖北両省を震源とする「排外思想」の蔓延について、次のように記している。

南清に於ける紛紜は、端なくも列国軍艦の特派を見るに至りしが、其由て来る所を尋ぬれば、慥かに清朝並に従来清国に抑圧を加へたる諸国の深く留意すべき事情の潜めるを見るべし。而して第一に注目すべき傾向は、清国人間に自信の発達せる事にて、嘗て日清戦争に破れてより列国の軽侮を受け、殊に団匪〔義和団〕事件以来は旅順、膠州、威海衛等〔の〕列国の蚕食に任かせ、亜細亜人は到底欧米人の侵略を拒むに由なきものと信せしに、日露開戦に当り日本が着々露国を破りてより、彼等の間には反動的に白人種に対する侮蔑の意を生じ、一種の自負心となりて排外的精神を形成し、爾来国家の利権、人民の権利を名として諸般の事物に現れ、粤漢鉄道を以て米国が中華を侵食する猶露国の東清鉄道に於けるが如きものとなし、其布設権回収の運動は効を奏し、次で米国政府の清国労働者排斥に対し米国品拒否の同盟を起して再び成功し、また●●に於ける会審衙門が英国領事と裁判権を争ひ、英国領事の専横に対し青年、学生の指揮する労働者一隊の示威運動ありて之れ亦効を奏し、条約に従ひ清国女囚を解放せしむるに至れり。撕くして気運は益々旺盛となり、外人の専横に対し利権恢復の名を以て猛烈に対抗を試みつ陳天華と姚宏業の追悼大会あり。然かも往年の団匪の如き頑迷なる暴徒にあらずして、其主動〔導〕者として幾多の留学生出身者等あり。其勢力〔は〕揚子江沿岸に起り、湖南、湖北〔両省〕を中心とし

て隠然北進の傾向を有しつゝあるもの、如しと云ふ。(132)

ここでは、「其勢力〔は〕揚子江沿岸に起り、湖南、湖北〔両省〕を中心として隠然北進の傾向を有しつゝあるもの、如しと云ふ」とあるように、湖南省、湖北省が「排外思想」の震源地であることを示唆していた。二〇世紀初頭の湖南省の特徴は、このような「排外思想」が「文明排外」、すなわち武力によるのではなく、学問や思想を伴って行われるべきとした点にある。それは、湖南省が他の先駆となるべきであるという自負と、理想が実践を伴わなければ意味をなさないという気概にある。そして、この特徴は、湖南省の風土に育まれたものであると共に、二〇世紀初頭の湖南省を取り巻く環境に影響されていたといえよう。

清末の湖南省の特徴は、郷紳の権勢の強大さと共に、中国同盟会の一翼を湖南省出身の学生が担ったように、学生運動の激しさにあり、郷紳の権勢の強大さと学生運動の激しさは相関関係にあった。湖南省では、歴代の湖南巡撫の目指した改革が、有力な郷紳の抵抗に阻まれて、湖南省当局の目論見通りには進まなかった。すなわち、湖南省の教育改革は、隣省の湖北省の教育改革が湖広総督張之洞の計画に沿って体系的に学堂の設立を進められたのに対して、強大な郷紳の権勢を反映して、中学堂数と小学堂数の不均衡をもたらした。この理由は、多くの郷紳が自身の子弟に科挙の「出身」と同等の資格を取らせるために、中学堂数の増加を望んだ点に求めることができる。この結果、中学堂数は小学堂数に比べて比率的に多くなり、このことが郷紳と民衆の亀裂の拡大、中学堂卒業生の就職難という結果を生み、社会不満を醸成したのである。更に、学堂の教習に有力な郷紳の縁故者が就任したことも、多くの学生の不満の原因となった。湖南省の学生運動は、これら有力な郷紳の学堂運営に対する不満を底流に起きた。また、湖南省が多くの留日学生を輩出した背景には、日本に留学することで新たな活路を見出そうとする、急迫した事情があったように思われる。湖南省の学堂の教習が王先謙ら有力な郷紳の縁故者によって占められたことは、湖南省の学生運動が明徳学堂などの私立学堂を中心に置き、王先謙らの批判を伴ったことと深く関わる。ただし、湖南省出身の留日学生は、日本で新しい思想に触れ中国の未来に危機感を深めると共に、王先謙ら有力な郷紳の権勢だけでなく、「排満」論を展開して清朝の中国支配への批判を強めた。湖南省の学生運動は、この過程で二つの特徴を備えた。第一は、華興会の長沙蜂起計画に見られるように、知識人や学生が会党との結び付きを強めた点である。第二は、「殺家韃子」伝説に見られるように、知識人や学生が「排満」論を展開する過程で民間の歌謡や伝承に着目したことである。そして、湖南省の学生運動は、会党との結合を強める中で急進化すると共に都市で孤立し、提学使呉慶坻の学生に対する取締まりが強化されるにつれ、衰退していった。

二〇世紀初頭、湖南省出身の留日学生の関心は、他省の留日学生の場合と同様に、進化論を国家、民族の運命と結び付け、中国と中国民族が生存競争、自然淘汰を生き残るためにはいかにすべきかにあった。そして、「文明排外」が、「排満」論と共に、清末の愛国主義の母体となったのである。留日学生の「排満」論を理論付けたのは、日本で触れた「科学」的な人種論である。ただし、留日学生が「排満」論を展開する過程で抱いた課題は、どのような手段を用いて民衆に対して「排満」論を浸透させ、清朝を倒壊に導くのかという、実践にあった。何となれば、日本から流入した「科学」的な人種論は、「科学」的な装いをとっておればこそ、知識人や学生に働き掛ける場合には有効であったものの、民衆に対しては疎遠であったと考えられるからである。ここで、学生は、戯劇や絵画の他に、口語を用い、民間の歌謡や伝承を再編し、駐防八旗の残酷性や無為徒食を強調することによって、民衆の好悪の感情と地域社会の正義感に訴えて、民衆に「排満」論に浸透させようとした。学生が民間の歌謡や伝承を取り上げた理由は、これらが民衆にとって最も身近な題材であったことによる。そして、この再編された歌謡や伝承に、預言書の『焼餅歌』の一節、すなわち「手に鋼刀を執ること九十九、胡人〔韃子〕を殺し尽して方めて手を罷めん」や、中秋節の蜂起伝説、すなわち「殺家韃子」伝説があった。このことは、民間の歌謡や伝承が「排満」論という政治的目的に沿って再編される過程であると共に、「科学」的な人種論に基づく「排満」論が民間の歌謡や伝承の中に溶解する可能性も示していた。「殺家韃子」伝説は、中秋節の蜂起伝説として喧伝されたが、内部には白蓮教などの民間信仰の中に含まれる末劫論を伴っていた。従って、知識人や学生が「排満」論を鼓舞するために、同伝説を流布させようとしたとしても、一部の民衆はこれを末劫の到来を意味するものとして受け取った可能性もあった。そして、中秋節の蜂起伝説が、末劫論を含みつつ、蜂起を牽引するのである。

注

（1）賈維誠「湖南留日学生与辛亥革命」。
（2）中村義「中国における革命的民主主義者の途——禹之謨とその周辺——」、中村哲夫「拒俄義勇隊・軍国民教育会」、同「華興会と光復会の成立過程」、賈維誠「湖南留日学生与辛亥革命」、原美恵子「禹之謨と湖南学生運動」、清水稔「湖南革命派の形成過程について」、同「清末の湖南留日学生の動向について」。これらの研究では、湖南省の学生運動を考察する場合、一九一一年に辛亥革命が起きたことを前提に、湖南省で革命勢力がいかに形成され、この革命勢力がどのように清朝を打倒したのかという点に焦点が当てられてきた。本章はこのような研究に対して、光緒新政の教育改革が郷紳にどのような変化をもたらし、この郷紳の変化が学生運動にどのような影響を与えて革命勢力を形成し、また知識人や学生が「排満」論を展開する過程で民間の歌謡や伝承をいかに再編したのかという点から考察を加える。
（3）小野信爾「辛亥革命と革命宣伝」。
（4）吉澤誠一郎『愛国主義の創成——ナショナリズムから近代中国をみる——』。
（5）大木康は、一九一〇年代末以降の中国における政治思潮と民間文化の特徴について、次のように述べている。「文学革命とそれに続く五四新文化運動のキーワードを挙げるならば、個性、庶民（民衆）、抵抗（反封建）ということになろう。白話文学が評価されるようになり、戯曲小説を中心とする俗文学の研究が盛んに行われるようになったのも、こうした背景があってのことである。胡適、周作人らはいずれも、二十年代に歌謡研究会を組織し、歌謡の採集も行っていた。……その後、一九四九年の革命後最近にいたるまでの中国は、いわゆる人民史観によって文学作品の価値がはかられた時期であるが、人民史観も基本的には五四時期の民衆、抵抗の観点を受け継ぐものであった」（大木康「庶民文化」五六三―五六四頁）、と。清朝最末期の特徴も、このような社会的な動向の中に位置づけることができるであろう。

（6）『大清徳宗景皇帝実録』一九〇一年一月二九日の条。

（7）『張文襄公全集』巻五二・五三・五四「変通政治人才為先遵旨籌議摺」一九〇一年七月一二日・「遵旨籌議変法謹擬整頓中法十二條摺」一九〇一年七月一九日、「遵旨籌議変法謹擬采用西法十一條摺」一九〇一年七月二〇日。

（8）『大清徳宗景皇帝実録』一九〇一年八月二九日、九月一四日の条。

（9）『虚受堂文集』巻六「師範館講義序」、王先謙『葵園四種』一一四―一一五頁。なお、このような観点に立った師範館では「読経」が学科全体の四分の一を占めたため、学生と一部の郷紳の不満が起きた。そして、師範館は間もなく廃止され、王先謙も館長の職を辞するに至ったのである。湖南第一師範校史編写組編『湖南第一師範校史　一九〇三―一九四九』四頁。

（10）『国民日日報』一九〇三年九月二二日「湖南学界之風雲第一　湖南有学堂之始」。

（11）『東亜同文会報告』第三四回（一九〇二年九月一日）「漢口通信」「湖南留学生」。同記事の留学生の名前の誤植は、下記によって修正した。湖南省志編纂委員会編『湖南省志第一巻　湖南近百年大事紀述　第二次修訂本』一九四―一九五頁。湖南省出身の留日学生の名簿に、次がある。『游学訳編』第一〇冊（一九〇三年九月六日）「湖南同郷留学日本題名」。なお、「湖南同郷留学日本題名」では、顔可駐を顔可鋳としており、本章では顔可鋳と記した。

（12）『游学訳編』第二冊（一九〇二年一二月一四日）「游学訳編簡章」「游学訳編第二期訳員表」。

（13）『湖北学生界』第一期（一九〇三年一月二九日）「湖北学生界開辦章程」。

（14）『鉱山関係雑件』長沙駐在副領事山崎桂より外務大臣小村寿太郎あて「湖南出張ノ機会ヲ利シ同省ヘ本邦教師招聘方及其他件勧誘顛末」一九〇二年九月二一日。

(15)『国民日日報』一九〇三年九月三〇日「湖南学界之風雲第六　師範学堂之逐学生」。

(16)『東方雑誌』第一巻第一期（一九〇四年三月一一日）「各省学堂類誌」。

(17)湖南第一師範校史編写組編『湖南第一師範校史　一九〇三―一九四九』五頁。このうち、湖南省の中路は長沙、宝慶、岳州の三府、西路は常徳、辰州、沅州、永順の四府、および澧州、靖州の二州、南州、永綏、鳳凰、乾州、晃州の五庁、南路は衡州、永州の二府、郴州、桂陽州の二州を管轄した。そして、一九〇五年二月、湖南巡撫陸元鼎は、各路の学堂設立の進捗状況について次のように述べて、特徴と問題点を指摘した。「中路はただ長沙府に中学堂が最初に資金を調達して設立され、残りの官立・民立学堂も二〇所を下らず、大いに蒸々として日に昇る勢いがある。しかし、学堂設立の欠点を求めれば一端ではなく、おおよそ形式は備わっているが精神は少なく、空談は盛んだが実学は衰え、或いは敷衍を以て空文となし、或いは激烈を以て宗旨としている。……西路は常徳一府が全省の商務の粋を集めた地域であり、中国人と西洋人が入り交じり風気も俄に変じ、士紳で学務を執り行う者は鋭意猛進して奮い立つこと比類がないが、教習に人を得ていないため、頗る物議を醸している。また、辰州は取締りが厳しいが、進歩は比較的穏やかである。……南路は教育の方法を研究した時期がやや遅く、ために師範の設立も専科に乏しかった。ただし、前巡撫趙爾巽が資金を交付して衡州に学堂を設立し、私〔陸元鼎〕が任についてから監督となって設立を促し、近頃になって全工程の落成を以て監督・教員が陸続と招聘され、総じて基盤を固めて、拡充を図るべきである。衡州府の中学が間もなく設立されれば、規制は至善なものを求めて南路の先導としたいが、残りの各属は皆な中小学の名称を持っていても物力、師力二つながら足りず、恐らく一時には功を奏しえないであろう。ただ郴州は資金がやや集まっているため、切実に経営して資金を浪費させせないようにしている」（『東方雑誌』第二巻第一期、一九〇五年二月二八日「湖南巡撫陸奏籌辦湘省学堂情形摺」）、と。

(18)『居留地一件』漢口駐在総領事永瀧久吉より外務大臣小村寿太郎あて「湖南出張報告書送付ノ件」一九〇四年四月四日。

(19)上海図書館編『汪康年師友書札』一「呉樵」三六（一八九七年四月八日）五三五―五三六頁。

(20)城南書院は、院規、考規とも、嶽麓書院と同じであったが、山長とは呼ばず、それを院長と呼んだ。そして、三書院は長沙府学、長沙県学、善化県学に対応し、頗る「清議」を持し、官吏もこれを恐れたという。雷愷「清末湖南三書院」。

(21)『湘報』第一一一号（一八九八年七月一四日）熊希齢等「公懇撫院整頓通省書院稟稿」。

(22)『湘学報』第一六冊（一八九七年九月一七日）陳宝箴「時務学堂招考示」、『知新報』第四〇冊（一八九七年一二月一四日）陳宝箴「時務学堂招考示」。

(23)『湘報』第一一二号（一八九八年七月一五日）熊希齢「上陳中丞書」。

(24) 上海図書館編『汪康年師友書札』一「江標」一二（一八九七年九月九日）、同三「鄒代鈞」六一（一八九七年九月八日）・「黄遵憲」三四（一八九七年九月九日）。

(25)『湘報』第一一二号（一八九八年七月一五日）熊希齢「上陳中丞書」所収「梁卓如啓超原函」（一八九七年一〇月三〇日）。

(26)『湘学報』第二五冊（一八九七年一二月一四日）「湖南開辦時務学堂大概章程」。

(27) 応星「社会支配関係与科場場域的変遷――一八九五―一九一三年的湖南社会」二四八―二五〇頁。

(28) 唐才常「上欧陽中鵠書」九、湖南省哲学社会科学研究所編『唐才常集』二三七頁。

(29) 皮錫瑞「師伏堂未刊日記（一八九七―一八九八年）（続）」一八九八年四月九日の条。

(30) 皮錫瑞は、一八九八年五月一九日、葉徳輝の書簡と葉徳輝の「輶軒今語評」を受け取っている。このため、葉徳輝の「輶軒今語評」は、一八九八年五月頃に脱稿したと考えることができる。皮錫瑞は、葉徳輝の「輶軒今語評」を読むと、「現在、康門〔康有為の学派〕は極めて盛んである。この書を誹謗するものは、いかなる理由でこれを行うのか、よくわからないのである」と述べている。皮錫瑞「師伏堂未刊日記（一八九七―一八九八年）（続）」一八九八年五月一九日の条。

(31) 蘇輿輯著『翼教叢編』巻四「葉吏部輶軒今語評」。徐仁鋳「輶軒今語」は、春秋公羊学に依拠した康有為の学問に基づき、経学・史学・諸子学・宋学の四部に分かれていた。徐仁鋳は、この四部における経学の項で「現在は必らず前漢以前の経学でこれ〔微言大義〕を解明し光り輝かせて、六経の伝や孔子の教が衰えないことを願う」と記している。葉徳輝は、これに対して、皮錫瑞にあてて「近世時務の士は、夷夏の防を破り中外の教を合わせようとしているが、卑見の断じて同意できないものである」と述べた。蘇輿輯著『翼教叢編』巻六「葉吏部与南学会皮鹿門孝廉書」。葉徳輝にとって、皮錫瑞らの主張する中国の学問の中に西洋の学問の意を汲み取る行為は、学問の破壊に他ならなかったといえよう。なお、葉徳輝の略歴については、本書第一章第一節第三項を参照されたい。

(32) 蘇輿輯著『翼教叢編』巻六「賓鳳陽与葉吏部書」。

(33) 蘇輿輯著『翼教叢編』巻五「賓鳳陽等上王益吾院長書」。

(34) 蘇輿輯著『翼教叢編』巻五「湘紳公呈」。

(35)『虚受堂書札』巻一「三致陳中丞」附「時務学堂稟詞」、王先謙『葵園四種』八七一―八七二頁。

(36) 一八九八年五月、王闓運は日記に、葉徳輝について「郴何生が長沙より来て、葉煥彬〔徳輝〕の声明が甚だ盛んであり、よく梁啓超を損なっていると述べていた。梁のこれ〔湖南〕に来たのは、葉の価値を高めただけのことで、人事が相関しているのを見るべきである」と記している。王闓運『湘綺楼日記』一八九八年五月二四日の条。そして、南学会会長の皮錫瑞も同年八月、葉徳輝について次のように述べて処罰を力説した。「この旨〔一八九八年八月一〇日の光緒帝による改革励行の上諭〕は主に湖南のために述べているようであり、右帥〔陳宝箴〕はこれにより〔改革の〕阻害者を厳罰に処すべきである。罪魁の禍首は実は諸梁〔葉徳輝〕であり、真っ先に処刑すべきである。徐研甫〔仁鋳〕も決して〔葉徳輝の〕放置を肯んじまい。……老人たちが諸梁を引き出し、諸梁が渠魁〔悪玉の頭目〕であれば、厳しい内容の上諭を聞き、必ずや逃走するであろう。慮る事柄は、右帥が手心を加え、逃亡を見逃して不問に付すことである。この人は年が若く、悪人共も助け合うため、一時挙動を慎んでも、右帥が去れば必ずや波瀾を起こし、湖南省の害虫となるであろう。必ず厳しく処罰し、才能を愛するという理由で軽々しく放置すべきではない。私は私嫌を挟んでいるのではなく、湖南省のために述べているのである」（皮錫瑞「師伏堂未刊日記（一八九七―一八九八年）（続）」一八九八年八月二四日の条）、と。

(37)『湖北学生界』第四期（一九〇三年四月二七日）「留学紀録」「学生軍縁起」。『湖北学生界』の奥付の刊行日は「朔日」を決まりとしていたようで、第四期は「〔旧暦〕四月朔日」、第五期は「〔旧暦〕五月朔日」となっている。一九〇三年の旧暦四月一日は、西暦では四月二七日である。このため、第四期に掲載されている記事に五月に起きた出来事が記されているのは不適合である。ただし、この点は、奥付の刊行日が実際の刊行日を示していないと解することによって、解決されるであろう。

(38)『湖北学生界』第五期（一九〇三年五月二七日）「留学紀録」「軍国民教育会之組織」。『湖北学生界』は、第六期より『漢声』

と改題した。
(39)『蘇報』一九〇三年五月一日「張園集議」、同一九〇三年五月八日「訳西報紀張園会議事」。
(40)馮自由『革命逸史』第一集「東京軍国民教育会」一六六頁。
(41)趙爾巽と郷紳の対立については、本書第一章第二節第二項を参照されたい。
(42)『国民日日報』一九〇三年九月三〇日「湖南学界之風雲第三　師範学堂之逐学生」。
(43)胡元倓は、一九〇二年に湖南省が日本に派遣した第一回留学生の一人である。胡元倓は、半年間の日本留学中に、福沢諭吉の主催する慶応義塾に私学の理想を見出した。そして、一九〇二年末、日本からの帰途、江蘇省泰興で龍璋と会談し、学堂設立の計画を練り、湖南省の長沙に戻ると、龍璋のいとこで、龍湛霖の子息の龍紱瑞の協力をえた。胡元倓は、各々から一〇〇〇元の寄付を得て、左文襄祠を借りて校舎とした。また、他の郷紳の妨害を防ぐため、自らが校長に就く以外に、龍湛霖を総理、龍紱瑞を副校長とした。明徳学堂には、後に湖南諮議局議長となる譚延闓も出資している。譚延闓は、前両広総督譚鍾麟の子息である。譚鍾麟は湖南省に隠棲後、王先謙と共に郷紳として重きをなした。譚延闓は、最後の科挙にあたる、一九〇四年の会試、殿試で進士となった。胡元倓は、明徳学堂の設立に際し、各地を回り優秀な教授陣を集めた。この結果、教授陣には周震鱗、張継、蘇曼殊などの他、一九〇三年秋には黄興が着任し、新たに開設された明徳学堂師範班の主任、後に学監、教務主任となった。黄中『胡元倓先生伝』、黄一欧「黄興与明徳学堂」一三三―一三四頁。
(44)楊毓麟（近藤邦康訳）「新湖南」、西順蔵編『原典中国近代思想史第三冊　辛亥革命』三二一、三四九頁。
(45)『新民叢報』第一、三、七、一一号（一九〇二年二月八日、三月一〇日、五月八日、七月五日）奮翮生（蔡鍔）「軍国民篇」。軍国民主義については、本書第一〇章第二節第二項で再び論ずる。あわせ参照されたい。
(46)黄一欧「黄興与明徳学堂」。
(47)『国民日日報』一九〇三年九月二三日「湖南学界之風雲第三　明徳学堂之風潮」。
(48)『大公報』〔天津〕一九〇三年一一月二三日「造謡可恨」。
(49)馬福益は、一八六五年に湘潭の貧農の家に生まれ、のちに醴陵、渌口に拠点を移した。当時、渌口では迎神賽に行われる賭博で会党の成員が雲集し、混乱を極めていた。馬福益は、淥口で迎神賽に行われる賭博を仕切ることによって名声を高め、哥老会の龍頭大哥の地位に上り、勢力も湖南省の醴陵、湘潭、瀏陽から江西・湖北両省に及んだ。張平子「我所知道的馬福益」。

(50) 劉揆一「黄興伝記」、萍郷市政協・瀏陽県政協・醴陵市政協合編『萍、瀏、醴起義資料匯編』二〇五―二〇六頁。

(51) 周震鱗「関于黄興、華興会和辛亥革命后的孫黄関係」三三四頁。

(52) 曹亜伯「黄克強長沙革命之失敗」、同明・志盛・雪雲編『湖南反正追記』一一二頁。

(53) 周震鱗「関于黄興、華興会和辛亥革命后的孫黄関係」三三四―三三六頁、曹亜伯「黄克強長沙革命之失敗」、同明・志盛・雪雲編『湖南反正追記』一一二―一一八頁。

(54) 龍紱瑞「龍萸渓先生遺書」、同明・志盛・雪雲編『湖南反正追記』一一九頁。

(55) Esherick, W. Joseph. *Reform and Revolution in China: The 1911 Revolution in Hunan and Hubei*, pp.42-45.

(56) 『虚受堂書札』巻二「与瞿羹若教諭」、王先謙『葵園四種』九二四―九二五頁。

(57) 『大阪朝日新聞』一九〇四年一〇月一八日、麓山子「湖南通信（九月二十九日）」。

(58) 端方『端忠敏公奏稿』巻五「建設初級小学片」光緒三一年六月（一九〇五年七月）。

(59) 湖南第一師範校史編写組編『湖南第一師範校史　一九〇三―一九四九』四―六頁。

(60) 湖南第一師範校史編写組編『湖南第一師範校史　一九〇三―一九四九』四―六頁。なお、一九〇六年一〇月、劉人熙は、中路師範学堂の監督に就任すると、民主的な教育を推し進めた。一九〇八年、教務長の瞿宗鐸が監督を継いだ。一九一〇年四月、長沙米騒動が起こると、中路師範学堂は焼き討ちされた。そして、同校は休学になり、王達が瞿宗鐸に代わり監督となった。一九一一年一月、王達が辞職し、王鳳昌が監督となった。同年一〇月、辛亥革命が起こると、王鳳昌は辞職した。中華民国では、中路、南路、西路の各師範学堂は、湖南第一、第二、第三師範学校と改められ、監督も校長と改名した。同前書六頁。

(61) 『申報』一九〇六年二月一日「湖南省各属在省城興辦学堂」。

(62)『大阪朝日新聞』一九〇四年八月一二日、竹翠雨「支那の唱歌」。ただし、「支那の唱歌」の作者の「竹翠雨」が誰かは、未詳である。

(63)『大阪朝日新聞』一九〇四年八月一二日、竹翠雨「支那の唱歌」。

(64)曹典球「湖南高等実業学堂略述」。

(65)沈祖燕原撰・周縣良整理「憂盛編」「調査逆書種目記」一九〇四年、萍郷市政協・瀏陽県政協・醴陵市政協合編『萍、瀏、醴起義資料匯編』四二九―四三〇頁。

(66)一九〇四年七月三日付け『日本』紙上には、次のような五月六日の日付の「漢口たより」が掲載されている。「北京政府より近日各省督撫に致したる稿抄に依るに、曰く、近ろ聞く南中各省の書坊報館に悖然の書を寄售するものありと。支那革命運動、新広東、新湖南、浙江潮、并呑中国策、中国自由書、中国魂、黄帝魂、野蛮之精神、二十世紀之怪物帝国主義、爪分惨禍、預言、新民叢報、熱血譚、蕩虜叢書、瀏陽二傑論、新小説、支那化成論、広長舌、最近之満洲、中国支那活歴史等、種々の名目、人の聴聞を駭して喪心病狂せしむ、殊に痛恨に耐へたり。若し其肆行流布に一任せば、独り我世道人心を壊るのみならず、且つ世界太平の局も亦た其擾害を受くるを恐る、此れ固に中国法律の容さゞるところにて、各国の公律の許さゞる所、務めて各属を密飭し情形を体察し厳に査禁を行ふを祈る。但だ内地に銷售の路なければ士林に購閲の人なく、此等の狂言は日に澌滅に就くに難からず。想ふに閣下懐を世教に関る、必らず能く妥籌辨理する人あらん云々。右は慶親王、瞿鴻禨、王文韶、鹿伝霖、栄慶の連署にて通達せり」(『日本』一九〇四年七月三日「漢口たより(五月六日)」)、と。

(67)『新聞報』一九〇四年一一月二一日「署江督端飭拿華興票匪札文」、『大公報』〔天津〕一九〇四年一二月二日「署江督端飭拿華興票匪札文」。この札文には、次のように記載されている。「本署部堂は、湖南省で捕縛した票匪である何少卿の口述の中に、留日学生が同仇会を設立し、華興票を散布し、〔旧暦〕一〇月一〇日に蜂起を図ったという計画を聞き、湖南、湖北両省に電報で事情を問い合わせたところ、湖広総督と湖南巡撫の復電に接した。この概要では、次のように記されている。湖南省では、近ごろ三、四名の会匪を捕えた。すなわち、醴陵で蕭貴生、晏栄詢を捕え、湖南省城では游得勝を捕え、郴州では何少卿、郭合卿を捕えた。すると、彼らは偽印、令旗、華興票多数を所有していた。蕭貴生と游得勝の供述によるならば、華興同仇会は留日学生が最も多く、また〔軍隊の〕各営に入会する者もいた。誰が会首かは不明であるが、銃器を購入し期日を定めて蜂起を図っていた。劉霜生、すなわち劉揆一、黄近午、すなわち黄軫は飄布を馬福益に与え散布させた。劉、黄の両人は学堂のかつての教師であるが、現在風を聞いて逃亡した云々と。また、何少卿の口述によるならば、本年〔旧暦〕八月馬福益に遭遇したところ、彼は革命党である同仇会に五〇〇名がいて、日本で誓約して大事件を画策し飄布を散布し、既に華興会の命を受けて湖南省に至った者もいた。該会は、前、後、中、左、右の五路、毎路正副三人に分かち、徐策球ら多数の仲間は皆な湖南人である云々。これより考えてみるに、該匪は同仇を名とし、飄布を散布して衆人を惑わし、期日を約して蜂起を図り、恣に偽印、令旗を作ったのは、大逆不法に属すものである」、と。この端方の札文では、黄興の華興会が会党と結託し、武装蜂起計画を行う過程で、華興票という飄布を配布した点が指摘されている。これが、「華興票匪」と呼ばれる所以であった。

(68)『清国留学生関係雑纂』上海駐在総領事小田切萬寿之助より外務大臣小村寿太郎あて「同仇会に関する件」一九〇四年一一月二二日。内務大臣芳川顕正は、これを受けて内務省警視局長仲小路廉を通じて警視総監足立綱之に留日中国人学生の調査を命じた。一二月二三日、内務大臣芳川顕正は、外務大臣小村寿太郎に対して、同件について「右一応取調候処、別紙之通警視総監より御報告有之候。尚今後充分取締可為致候」と述べ、以下の一九〇四年一二月二二日付けの警視総監足立綱之より内務省警保局長仲小路廉にあてた報告を送った。「本月〔一二月〕十七日警秘牒第一七七号御通牒の件内偵するに、同郷会なるものあるも、同仇会なるものなく、同郷会は全清国留学生の設置に係り、一名湖西学会と称し、会八十七名にして、毎日曜日に小集会を催ふし、毎三ヶ月一回役員改選の為め、大会を開き、会内には弘文内部、弘文外部、政法部、成城部、振武部、警察部、鉄道部、工業部の各部を設け、各部に幹事一名を置き、各部名称の学校に通学し居りて、中には在上海急激派と信書を往復し居るものありとの説あるも、事変を醸さんとするの計画等なく、之を要するに清国留学生にして其本国目下の形勢上国政の改革を希望するの状は殆んと一般の有様なるも、為めに不穏の状あるを認めす、右に付ては尚注意中に付有之候」(『清国留学生関係雑纂』警視総監足立綱之より警保局長仲小路廉あて丙秘第五八四号、一九〇四年一二月二二日)、と。ここにおいて、警視総監足立綱之は、「之を要するに清国留学生にして其本国目下の形勢上国政の改革を希望するの状は殆んと一般の有様なるも、為めに不穏の状あるを認めす」と述べている。

(69)『大阪朝日新聞』一九〇五年一月一七日、麓山子「湖南通信（十二月二十九日）」。

(70)『端忠敏公奏稿』巻五「湖南巡撫到任摺」光緒三一年正月（一九〇五年二月）。

(71)『大阪朝日新聞』一九〇五年五月二五日「湖南短信」「湖南留学生出発（五月十三日長沙麓山子識）」。

(72)『日本』一九〇五年七月二三日「清国女留学生」。

(73)この『滅漢種策』という冊子は、序論で「此本は余の友人の某君の贈るところ、某は北京の某親王邸に居り、西席にいて甚だ信任せられ、一日誤りて籤室に入り、机の上に袖珍式の刻本で表面に『滅漢種策』の四字、旁注に『五百万同胞必読』の七小字が大書され、末尾に『著者留美学生宗室某々』と署名されていたため、某は大いに驚き、急いで十余頁にまとめ、密かに私に示した」と由来を記している。そして、同冊子では、「我らは滅漢を知っていない。我らが漢人の皇帝となること既に三百年、彼ら〔漢人〕を殺し尽くさなかったことは、実に我が列祖列宗一念の姑息のみ、これを久しくして、死んだ灰は再び燃え上がろうとする勢いであり、腐乱した蛇は毒を吐く張本人であり、居然として我が心腹の患となっている」と述べ、いまだ漢人の覚悟の定まらない現状に乗じて、漢人を殺し尽くすことが説かれている。漢人を殺し尽くすための方策は、「農商を滅ぼす」「会党を滅ぼす」「学生を滅ぼす」「士を滅ぼす」「官吏を滅ぼす」「兵を滅ぼす」「婦女を滅ぼす」「僧道を滅ぼす」の八策である。すなわち、農を滅ぼすためには田地を没収し、商を滅ぼすためには苛税を深くし、会党を滅ぼすためには蜂起に乗じて、有無をいわさずに殺害し、学生を滅ぼすためには海外留学生の帰国を許さないなど、八策について縷々説明を加えた。そして、長沙駐在副領事井原真澄は、『滅漢種策』の内容を紹介しながら、「要するに、本書は以上の八策に分て漢人種族を滅尽するの策を説くと雖も、一として之を実行すへき論なく、只に漢人を仇視するの狂言危語を弄するのみ。実に識者の一読に値するに足らす」と述べ、更に「是れ、或は漢人か故らに宗室某の名を借て此の如き文を草し、翻刻と称して之を印刷し、以て漢人を教唆し満人を仇視せしめんとするの策なるやも知るへからさるなり」と指摘した。『清国留学生関係雑纂』長沙駐在副領事井原真澄より外務大臣桂太郎あて「清国留学生秘密出版物本国送付ノ件」一九〇五年一二月二九日。

(74)　一九〇五年八月一三日、孫文が東京の富士見楼で行った演説の筆記録は、複数ある。井原真澄の送付した同冊子は、以下と同じ版のものである。孫文「在東京中国留学生歓迎大会的演説」一九〇五年八月一三日、中国社会科学院近代史研究所中華民国史研究室・中山大学歴史系孫中山研究室・広東省社会科学院歴史研究室合編『孫中山全集』第一巻、二七七—二八二頁。

(75)　署理長沙関税務司兼辦通商事宜夏立士（Harris）「光緒三十年長沙口華洋貿易情形論略」、湖南省哲学社会科学研究所古代史研究室輯「帝国主義与岳長等地開埠資料（之二）」。

(76)　宋教仁（松本英紀訳注）『宋教仁の日記』九九—一〇〇頁。

(77)　馮自由『革命逸史』第三集「開国前海内外革命書報一覧」一五六頁。

(78)　宋教仁（松本英紀訳注）『宋教仁の日記』三七頁。

(79)　宋教仁（松本英紀訳注）『宋教仁の日記』一〇六頁。

(80)　『洞庭波』は、湖南省出身の留日学生、特に陳家鼎、寧調元、仇式匡、楊毓麟などによって創刊された月刊誌である『洞庭波』は、第二期以降、『中央雑誌』と改名して発刊の予定であった。『洞庭波』第一期（一九〇六年一〇月一八日）「本雑誌改定招股簡則」。特に、一九〇六年一一月一七日、寧調元は宋教仁に対し、『洞庭波』への執筆を依頼すると共に、誌名を『中央雑誌』に変更予定であることを告げている。宋教仁（松本英紀訳）『宋教仁の日記』三〇四頁。なお、景梅九は、『洞庭波』の特徴について、次のように述べている。「ある日、若い友が公館に帰ってきて、漢元が来たという。その人は親しい友人で、明日私に会いたいというのであった。私は喜んだ。彼に会ってから湖南のこれまでの事をあらまし聞いた。彼は『洞庭波』を東京で続けて出版したい意向だった。『民報』は章太炎〔章炳麟〕が主筆となってから、文章もだんだんむずかしくなり、普通の人では見てわからなくなった。『洞庭波』はきわめて豁達痛快な文章で革命の趣旨を述べたから、歓迎するひとが多かった。一同は克強〔黄興〕たち友人と相談して、『洞庭波』の名が一方に偏する嫌いがあるようだとして、別に名称を考えた。そこで『漢幟』と名づけ、早速編集にとりかかった。章太炎にお願いして創刊の辞を書いてもらったが、とても堂々として立派なものであった」（景梅九著、大高巌・波多野太郎訳『留日回顧——一中国アナキストの半生——』一〇六—一〇七頁）、と。

（81）石山福治『歴代厳禁秘密絵本　豫言集解説』二〇五頁、八一頁。『鉄冠図』には、『焼餅歌』と同様の、「手に鋼刀を執ると四十九〔九十九〕、胡児〔胡人〕を殺し尽くして、方めて太平なり」の言葉が含まれていた。同書、一〇〇頁。

（82）顧起元撰『客座贅語』は、「鉄冠道人」の節で次のように記している。「『紀聞』に曰く、太祖がかつては鶏鳴寺に遊び、寺院が高く宮殿を見下ろしているため、寺院を毀し建て替えようとした。すると、鉄冠道人が衆僧をして訴えさせた。上が何故このことを知ったのかと問うと、〔衆僧は〕『鉄冠道人の言葉である』と述べた。上はこれを不思議なこととし、遂に毀すのを止め、道人を召して、私に現在いかなる事が起こるのかと問うた。〔鉄冠道人は〕『太子が某時に餅を進呈しよう』と述べた。時に中秋の日であった。上は〔鉄冠道人の居た〕部屋に鍵をかけ、試すことを命じた。時が及ぶと、太子は果たして餅を進呈した。上は〔餅を〕食らいながら道人のことを思い、遂に頬張っていた餅を下賜することにした。そして、〔部屋の〕鍵を開けたところ、道人は既に居場所には居なかった。〔鉄冠道人は〕蒸餅歌を書き留め、献上していたが、歌は靖難、土木の事を現し、一つ一つ霊験があった。案ずるに、道人、姓は張、名は中、〔江西省〕臨川の人である」（陸粲・顧起元撰『元明史料筆記叢刊　庚巳編　客座贅語』「客座贅語」三八頁）、と。ここでは、登場人物が劉伯温ではなく、鉄冠道人となっている。そして、一九一一年、鈍宦〔冒廣生〕は、この顧起元撰『客座贅語』の中に記述された鉄冠道人による蒸餅歌の内容が、後の『焼餅歌』の原型となったとしたのである。『国粋学報』第七年第一号（一九一一年二月一八日）鈍宦〔冒廣生〕「小三吾亭随筆」。

（83）鄒容（小野信爾訳）「革命軍」・陳天華（島田虔次訳）「警世鐘」、島田虔次・小野信爾編『辛亥革命の思想』。『洞庭波』第一期（一九〇六年一〇月一八日）屈魂（寗調元）「仇満横議」。

（84）鄒容（小野信爾訳）「革命軍」、島田虔次・小野信爾編『辛亥革命の思想』四六―四八頁。

（85）石川禎浩「二〇世紀初頭の中国における〝黄帝〟熱――排満・肖像・西方起源説――」。

（86）留日中国人学生は東京にある図書館に通い、預言書のみならず、明末の遺民の著作、清初の満洲人による残虐行為を記した文献、すなわち『揚州十日記』『嘉定屠城紀略』『朱舜水集』『張蒼水集』などを探し出して印刷し、「排満」論の浸透に役立てようとした。そして、松枝茂夫は、『揚州十日記』と『嘉定屠城紀略』のテキストには、一・八家集本、荊駝逸史本、二・明季稗史彙編本の二つの系統があり、共に日本に伝えられたとしている。また、魯迅が『墳』に収めた「雑憶」において、「〔中国青年の〕一部には、明末の遺民の著作や、満〔洲〕人の残虐の記録を集めることに専心する人もいた。彼らは東京その他の図書館にもぐりこんで、〔明末の遺民の著作や満人の残虐の記録を〕書き写して来ては、印刷して、中国に輸入し、忘却された古い恨みを復活させ、革命成功の一助にしようと望んだ。かくて、『揚州十日記』『嘉定屠城紀略』『朱舜水集』『張蒼水集』などが翻印された」と述べているが、『明季稗史彙編』はその一つではなかったであろうかと推測したのである。彭遵泗他（松枝茂夫訳）『蜀碧・嘉定屠城紀略・揚州十日記』「解説」二三八―二三九頁。

（87）　陳浴新「湖南会党与辛亥革命」。

（88）　『復報』第五期（一九〇六年一〇月一二日）西狩「逐満謌」。景梅九は当時を回顧して、次のように述べている。「革命書籍と新聞は、『民報』と『漢幟』を除いたほかは、あまり多くはなかった。胡という同志が、鄒容の『革命軍』、陳天華の『警世鐘』、呉樾の『宣言書』、章太炎〔章炳麟〕の『排〔逐〕満歌〔謌〕』を集めてパンフレットにし、私に名を考えろと言った。そのとき、『鉄券』にある句を想い出した。胡滅漢留一半、漢滅胡一人無（胡、漢を滅ぼして一半を留め、漢、胡を滅ぼして一人もなし）。……これは漢人を煽動する意味を宿しているのである。この解釈は本来妥当ではなかったが、私はこの解釈をとり、鄒容・陳天華・呉樾・章太炎は皆滅胡の人であるから、『鉄券』と題して一編の序文をつくり、自ら『滅胡又一人』と署名し、完全に一種の狭い種族説を表現した。そして皆が寄付金をつのり、何千冊か印刷したが売行きは非常によかった。後に各省の同志は皆争って金を集めて印刷し、秘密に内地へ輸入した。効果からいえば『民報』『漢幟』よりもまあ大きかった。それは、これらの書物の大半がやさしい文章で書かれているからで、中でも『排〔逐〕満歌〔謌〕』がもっともわかりよかった」（景梅九著、大高巌・波多野太郎訳『留日回顧――一中国アナキストの半生――』一〇八―一〇九頁）、と。

（89）　『復報』第五期（一九〇六年一〇月一二日）西狩「逐満謌」。章炳麟の「逐満謌」は、民間の歌謡の体裁をとり、民間の慣用語を用い、全てを七字句として、中間に駐防八旗の無為徒食や残酷性を具体的に印象付ける描写を挿入した点が特徴である。静聞（鍾敬文）「晩清革命派作家対民間文学的運用」。なお、駐防八旗の無為徒食を示す描写は、多くの「殺家韃子」伝説で強調されている。これよりするならば、清末の「排満」論を民衆に押し広めるためには、人種論などの抽象的な観念よりも、道義性に訴える必要があったということができる。すなわち、民衆の力点は、「韃子を殺し」よりも、「富を削り貧を埋めよう」にある。そして、この場合、「韃子」の語は、民衆に苦しみをもたらすもの全て、或いは不平等の元凶の象徴として、用いられていたのである。

(90)『章炳麟駁康書、鄒容革命軍合刻』。

(91)一九三五年、日本の石山福治は、「迷信は決して無智無教育なものではない。古来官吏学者の間にも広く行はれて居る。彼の図讖と称する預言書の流行もそれで、その代表的なものとしては孔子閉房記、乾坤萬年歌、推背図、焼餅歌、がある。就中元末の進士劉基（伯温）の作と云はるる焼餅歌（一名帝師問答歌）は五百四十年前に既に辛亥革命を預言し、民国の将来までも預言して居ると云はれて居る」と記している。石山福治『歴代厳禁秘密絵本　豫言集解説』二〇五頁。

(92)『民報臨時増刊　天討』（一九〇七年四月二五日）退思「広東人対於光復前途之責任」。

(93)『国粋学報』第五年第二号（一九〇九年三月一一日）「劉伯温画像」、『国粋学報』第七年第一号（一九一一年二月一八日）鈍宦（冒廣生）「小吾亭随筆」。

(94)鈴木中正「清朝中期における民間宗教結社とその千年王国運動への傾斜」二一四頁。

(95)一九一二年、『焼餅歌』は『石石碑』『諸葛碑』『黄蘗禅』『蔵頭詩』『鉄冠数』などと共に、上海で出版された『推背図』に付録として収められている。表紙には「東京書局蔵本印行」とある。中野達『中国預言書伝本集成』「推背図初探」。また、徐珂撰編『清稗類鈔』「方伎類」にも、『乾坤萬年歌』『馬前課』『推背図』『蔵頭詩』『梅花詩』『黄蘗禅師詩』などと共に収められた。徐珂撰編『清稗類鈔』第一〇冊、四五四三―四五四四頁。

(96)李幹忱編『破除迷信全書』巻九「邪説」五一三―五一四頁。同書は、キリスト教メソジスト派が布教百周年を記念して、迷信の打破を目的に編纂した書物である。

(97)朱介凡編著『中華諺語志（六）社会―軍事・礼俗』三〇〇四―三〇二五頁。

(98)宋教仁（松本英紀訳注）『宋教仁の日記』九一頁。

(99) 宋教仁（松本英紀訳注）『宋教仁の日記』九二頁。

(100) 馮自由『革命逸史』第二集「中国同盟会史略」一四六頁。

(101) 孫文（近藤邦康訳）「東京留学生歓迎会における演説」一九〇五年八月一三日、西順蔵編『原典中国近代思想史第三冊　辛亥革命』四一五頁。

(102) 宋教仁（松本英紀訳注）『宋教仁の日記』九七頁、四三八頁。

(103) 『日本』一九〇五年一二月一五日「清学生騒動彙報」。

(104) 『大公報』〔天津〕一九〇六年一月四日「弔湖南烈士陳天華」。

(105) 『日本』一九〇六年一月六日「清学生両派の軋轢」。

(106) 『日本』一九〇六年一月六日「清学生問題決着」。一九〇六年一月二一日、水野梅暁は、留日中国人学生の帰国問題が湖南省に与えた影響について、「依て湖南当局は非常なる注意を以て之が鎮撫策を講じ、名望ある中立派の紳士及教育家三名は彼等の帰来に先立ち上海に特行し、大に訓諭開導を試み、尚聴かさるときは止を得ず最後手段を以て省城の安寧を保持せざる可らず、否官憲よりの手を下すを待ずして処分することに決したれば、何時如何なる事件の発生するやも計られざる形勢を呈せり」と記している。『東亜同文会報告』第七五回（一九〇六年二月二六日）水野梅暁「湖南通信（一月廿一日）」。

(107) 『毎日新聞』〔東京〕一九〇六年一月一一日「清国学生の授業開始」。

(108) 宋教仁（松本英紀訳注）『宋教仁の日記』一一六頁、一二六頁。

(109) 『毎日新聞』〔東京〕一九〇六年一月一四日「清国学生問題決着」。

(110) 景梅九著、大高巌・波多野太郎訳『留日回顧——一中国アナキストの半生——』八三頁。

(111) 一九〇五年春、陳天華は、湖南省留学生の卒業・帰国を送る送別会の席上、中国がはたして天演界でよく自立できるかどうかを危ぶみ、世界における滅亡の先例をあげ、ポーランドやインドの滅亡した原因を指摘して、中国が各国の亡国の原因となった欠点を全て持っていて、とても数えきれぬ程である、と演説した。この天演界うんぬんの天演は evolution（進化）の訳語で、一八九八年厳復によって「天演論」が紹介されて以来、進化論は中国では最も強く国家・民族の運命と結び付けられ、中国と中国民族がよく物競（生存競争）、天択（自然淘汰）にたえて生き残りうるか否か、生き残るためにはいかにすべきかが、当時の深刻な論点となった。島田虔次「『警世鐘』解説」、島田虔次・小野信爾編『辛亥革命の思想』。

(112) 陳天華（島田虔次訳）「警世鐘」、島田虔次・小野信爾編『辛亥革命の思想』。

(113)『清国排外説瀰漫一件』長沙駐在副領事井原真澄より臨時兼任外務大臣西園寺公望あて「白話演説印刷送附ノ件」一九〇六年三月九日。

(114)『清国排外説瀰漫一件』長沙駐在副領事井原真澄より臨時兼任外務大臣西園寺公望あて「白話演説印刷送附ノ件」一九〇六年三月九日。

(115)『清国排外説瀰漫一件』長沙駐在副領事井原真澄より臨時兼任外務大臣西園寺公望あて「白話演説印刷送附ノ件」一九〇六年三月九日。

(116) 宋教仁（松本英紀訳注）『宋教仁の日記』二七四―二七五頁。

(117) 例えば、一九〇七年七月一五日、宗方小太郎は中国の官制改革について、「中央地方官制の改革、徒に其の名目称謂を改むるのみ。実体に至りては、依然故の如し。紀綱頽廃、人心離畔、国家の精華已に経に尽く。是の時に当りて上下相欺き、因循推移、本末を顚倒し、外形を粉飾し、以て憲政の美を成さんと欲す。難き哉」と評していた。神谷正男編『宗方小太郎文書――近代中国秘録――』「報告第二百四号　明治四十年七月十五日」「地方官制改革の試辨」一八二頁。

(118) 禹宣三「懐念先父禹之謨烈士」・禹靖寰等「追記我們的祖父――禹之謨」・彭重威「回憶禹之謨」、陳新憲・禹問樵・禹靖寰・禹堅白編『禹之謨史料』。

(119) 金蓉鏡「破邪論」所収の「禹之謨供詞」、陳新憲・禹問樵・禹靖寰・禹堅白編『禹之謨史料』一八七頁。金蓉鏡は湖南省靖州知州の職にあり、禹之謨を拷問にかけた上で処刑した。一九〇八年、禹之謨の逮捕、処刑に関する史料をまとめ、「破邪論」として出版した。

(120) FO228/1628, Giles to Jordan: Intelligence Report for September Quarter, November 10, 1906.

(121)『申報』一九〇六年六月八日「湘省巨紳阻葬烈士之風潮」。

(122)『申報』一九〇六年六月一二日「湘省阻葬風潮未息」。
(123)『申報』一九〇六年六月三〇日「湘垣学界悪風潮続志」。
(124)『申報』一九〇六年七月八日「湘省学界悪風潮三志」、同一九〇六年七月一八日「湘省学界風潮已平」。
(125)『申報』一九〇六年八月九日「紀湖南学堂監督受辱之由」。
(126)『大公報』〔天津〕一九〇六年一〇月一四日「禹之謨正法」。
(127)『申報』一九〇六年七月二一日「湘撫批准整頓学務条陳」、同一九〇六年八月六日「整頓学務」。
(128)『申報』一九〇六年九月六日「補誌湘省拿獲禹之謨詳情」。
(129)『民報』第一一号（一九〇七年一月二五日）「禹之謨被殺」。禹之謨が処刑された日にちを一九〇七年二月六日としたのは、次による。禹宣三「懐念先父禹之謨烈士」・禹靖寰等「追記我們的祖父――禹之謨」・彭重威「回憶禹之謨」、陳新憲・禹問樵・禹靖寰・禹堅白編『禹之謨史料』。
(130)子虚子「湘事記」巻二「内政篇」、同明・志盛・雪雲編『湖南反正追記』九五頁。
(131)一九一〇年の長沙米騒動で学堂が焼き討ちされた理由については、本書第五章第二節第三項を参照されたい。
(132)『日本』一九〇六年三月一二日「清国の排外思想」。国会図書館東京本館には、複数の『日本』の原紙が所蔵されているが、いずれの原紙においても文字の欠けている部分は判読不能である。発行時より文字が欠けていたものと思われる。

第三章　会党の拡大と末劫論の流布——哥老会と紅燈教を中心に——

はじめに

第二章では、教育改革と学生運動の展開、「排満」論の流布に考察を加え、光緒新政期の教育改革が学生運動の急進化をもたらし、「排満」論が広く流布した点を指摘した。これら湖南省の学生運動の急進化と「排満」論の展開を特徴付けるのは、学生と会党の結合及び民間の伝承の再編である。これまで、会党は政治勢力との関係から考察されてきたが、会党の独自の営みに着目した場合、どのような特徴を指摘することができるであろうか。本章では、湖南省の会党の特徴について、姜守旦の洪福会と高宗怡の洪天保を中心に、会党の地域的分布、宗教結社との結合、勢力の拡大、及び末劫論の利用などに着目して考察を加える。

中国史では、歴代の王朝末には、必ずといってよいほど歌謡などの形体を通じて、ある種の預言が流布し、この預言の中ではしばしば王朝の滅亡と共にこの世の終末が示唆された。いわゆる末劫論である。末劫論とは、狭義には正統仏教の説を継承しつつ、燃燈仏・釈迦仏・弥勒仏が過去・現在・未来の三劫を各々掌るという三期三仏説によって、各劫の末期、すなわち末劫に天変地異など、種々の災難が起こるというものである。特に、この災難劫難の中で問題にされるのは、現在世の終末に起こった災難劫難である。それは、弥勒仏下生による理想世界の到来の前段階に来るため、世界の終末よりも、現世の終末とでもいうことのできるものであった。そして、正統仏教では弥勒仏下生の具体的な時期が説かれなかったことから、劫難と弥勒仏下生の時期が任意に設定されたのである。[1] 末劫論は、世界の破局の預言と共に選ばれた人々のみの救済を説くことで、民間信仰における世界観の基盤となった。これまで、明清時代の会党と宗教結社に関する研究は、「会匪」と「斎匪」が区別されつつも、両者の融合を強調する形でなされてきた。[2] 特に、清朝の道光、咸豊、同治期の青蓮教の教案については、多くの研究の蓄積がある。[3] また、一九〇〇年の義和団については多彩な研究がなされ、かつ山東省や直隷省、河南省の義和団が鎮圧されて後、四川省に流布した紅燈教についても少なからず研究がある。[4] しかし、湖南省の近代史に関する研究では、このような先行研究がありながらも、中国同盟会と会党の連携を強調する一方で、会党と宗教結社の融合には殆ど注目がなされてこなかった。[5] この理由は、中国近代史上、宗教結社が消滅し、宗教結社が会党の存在に影響を与えなかったからではない。一九七〇年代までの中国近代史研究が会党を革命派の指導による会党の革命勢力としての変質という図式の中で捉えてきたために、会党の備えた呪術など迷信的な要素、更には会党の地域的な差異を見逃す結果になったことによる。この結果、中国近代史上の会党に関する研究は、明清史研究の成果を活かすことができずに、会党と宗教結社の融合という側面が明らかにされないまま、明清時代の会党の継承という側面だけでなく、中華民国以降の会党の展開に関する展望も失った。[6] そして、一九八〇年代以降、中華民国期の会党研究には注目すべき研究が多く現れているが、清末期は中華民国期に比べて立ち遅れている。

一九一二年刊行の湖南調査局編『湖南民情風俗報告書』の第九章「習染」では、「会匪」すなわち会党を「斎匪」と「哥匪」の二つに分かちながら、前者の「斎匪」について、次のように述べている。

斎匪、また教匪と名づく。勧善〔善行を勧めること〕を名目に、邪術を練習し、徒衆を集め、愚民を誘惑した。その中の派別に白蓮教、青蓮教、大乗教、紅教の諸名目がある。白蓮教は湖北省より起こり、道光の中葉に新寧の藍正樽がその教えを伝習した。後に李沅発・雷再浩らが余波を揚げ、五遁の奇門・邪術〔物に借り形を隠して変化すること〕を練習し昼に隠れ夜に集り、壇を開き講演をし、徒類は頗る多かった。青蓮教は金丹教ともいい、茹斎講善〔肉食を絶ち善を講ずる〕を主とし、水火刀兵〔災害や戦争〕でも傷つかないでおることができるとした。大乗教はまた吃斎〔肉食を絶つ〕を行い、宗旨は白蓮教とほぼ同じで、男は嫁を取らず、女は嫁がないとした。紅教は少林寺派に託して頭を紅巾で包んだ。諸教匪は咸豊・同治の時に衡陽、寧郷、新寧、武岡で最も盛んとなった。光緒以後、その風は既に止み、諸教も派を分かち、再び名を変えて哥老会とした(7)。

いわば、哥老会とは、「斎匪」もしくは「教匪」の変質したものであるというのである。本章は、この哥老会と宗教結社の融合という側面に着目しながら、次の二点に留意して湖南省の会党に考察を加える。第一点は、湖南省の会党の地理的分布である。第二点は、湖南省の会党と末劫論の関係である。湖南省は東部が江西省に、西部が四川、貴州両省に、南部が広東、広西両省に、北部が湖北省に接し、湖南省を南北に縦断する湘江流域と西部の四川、貴州両省に淵源を持つ沅江流域では気風が大きく異なった。そして、沅江流域の会党は、四川省や貴州省の紅燈教の影響を受けて、末劫論を備えるに至った。このため、本章では、湖南省の地域的分布が会党の分布や哥老会と宗教結社の融合に与えた影響も着目する。

本章は、以上の課題の下に、湖南省の会党の特徴について、会党の地域的分布や末劫論の利用を中心に考察を加える。特に、ここで取り上げるのは、湖南省中東部の湘江中流域で活動した姜守旦の洪福会と、湖南省西北部の沅江流域で活動した高宗怡の洪天保である。先ず、第一節では、湖南省の会党の特徴について、哥老会と紅燈教の関係を中心に考察する。これまで、哥老会は、四川省や湖南省を根拠地として、湘軍の解散兵士を中心に発展したとされてきた。しかし、一九〇〇年代初頭、湖南省の哥老会は、山東省や直隷省、河南省から流入した義和団の残党と融合することで、新たな発展を遂げていたように思われる。これら義和団の残党は、四川省では紅燈教を名乗った。ここでは、湖南省の哥老会と紅燈教の各々の系譜、一九〇〇年代初頭に義和団の残党が湖南省に流入する過程で哥老会と融合した点に言及する。第二節では、湖南省中東部の湘江流域に活躍した、姜守旦の洪福会の活動に考察を加え、姜守旦と神打の関係、姜守旦の会徒の勧誘法、更に一九〇〇年の自立軍蜂起や一九〇六年の萍瀏醴蜂起との関係に言及する。これまで、一九〇六年の萍瀏醴蜂起は、中国同盟会の指導と会党の呼応という形で考察されてきた。そして、一九〇六年の萍瀏醴蜂起では、龔春台の洪江会が中国同盟会と連携したのに対して、姜守旦の洪福会が中国同盟会とは別行動を取ったことから、姜守旦の洪福会に関する研究は龔春台の洪江会に関する研究に比べて圧倒的に少ない結果となった。ただし、一九〇六年の萍瀏醴蜂起は、革命勢力との関係からだけではなく、会党の固有の動向に即しても考えられるべきものであろう。そして、姜守旦の洪福会の特徴として、民衆の正義など、地域社会の規範を体現した点にも言及する。第三節では、湖南省西北部の沅江流域に活躍した高宗怡の洪天保を中心に考察する。また、湖南省の会党と末劫論の関係を指摘し、かつ一九一一年の高宗怡の死後、同地で活躍した会党の特徴に言及する。なお、会党と宗教結社は、必要と考えられる場合を除いては、会党という一つの語で言い表した。

第一節　湖南省の会党

一・湘江流域の哥老会

一九一〇年五月五日、日本の特命全権公使伊集院彦吉は、中国各地駐在の日本の領事にあてて、「近時清国各地、殊に南清地方に於て不穏の事象続発の状体なるは、一般の報道に徴し略疑なく、近く長沙事件の如き、其著るしきものに有之候處、政体変革の発途に在るに加ふるに、昨年来内地外交両面に於て重大問題層生累起の有様にして、之に伴ふ局面の転変、往々人の意料外に出るものあり」と述べ、中国の情勢に「鋭意査考」に努めるよう訓示を出した。(8) ついで、五月一八日、伊集院彦吉は外務大臣小村寿太郎にあてて長江流域の不穏な情勢を報告し、中国が不穏な局面に陥りつつも、日本の各領事館が日常の庶務に忙殺されて情報収集にあたる余力すらない現状を訴え、特に情報探査員を選抜し、中国各地に派遣して、中国各地における動向の調査を命ずるように提案し、更に「兎に角各方面に亙り数月間の日子を充て、政況、民情等一般の状況より会匪及革命党分子の動静等に至るまで、出来得る丈の詳査を遂けしむることは、此際尤も必要に有之」と述べて、各省の駐在領事に命じて探査員の選抜と派遣の承認を要請した。これら動静探査員の人選には、江西、湖南、湖北方面を漢口総領事が、江蘇、浙江、安徽方面を上海総領事があたった。(9) これを受けて、同年七月一日、漢口駐在総領事松村貞雄は、江西省方面に小路真平（大倉組店員、東亜同文書院出身）、湖北・湖南両省方面に吉福奥四郎（漢口日報社員）、遠藤保雄（武昌陸軍学堂教習、東亜同文書院出身）、山田勝治（武昌陸軍学堂教習、東亜同文書院出身）の四名を派遣することにした。(10) また、七月五日には、上海駐在総領事有吉明が江蘇、浙江、安徽方面の探査員として西本省三（上海日報社社員）を派遣することにした。(11) 更に、特別に山口昇（外務省嘱託特別調査員）を派遣することも決定した。この他、雲南省の重要性に鑑みて、三浦稔（重慶領事館外務通訳生）を雲南省に派遣した。この結果、中国各地に派遣された動静探査員の数は、つごう七名となった。この中で、一九一〇年から一九一一年にかけて、山田勝治は湖南・湖北両省の革命派、秘密結社、民情などを調査し、外務大臣小村寿太郎に対して次のように湖南、湖北両省の社会状況を報じている。

清国の治安を擾乱し、地方の安寧を妨害し、一朝事有るに臨み、大局の和平を破壊するに足る者は、各地無数の匪徒と為すへく、横暴無頼の徒百千群を成し、蹶起事を醸し、全然没常識の挙を敢行す。其蒙昧無智にして、済度すべからざる、即ち禍乱の恐るべき所以にして、〔革命は〕清国直接の乱源たる革命党其物に発動せんよりは、寧ろ地方蟠結の哥老会其他各種匪徒の蜂起に発動する無き歟。革命党にして一挙大事を決するは則ち知らす、若し事を地方に挙けんか、革命と匪徒とは密接の関係を有する也。蓋し、革命は学界、軍界、官界等、社会中流以上を支配する思想にして、匪徒は飢民、窮民、無頼、無職の徒を中心とし一般下級人民を結合せる特種激烈の団体にして、今や革命思想の此の団体〔に〕浸入せる歴歴掩ふ可からず。而して匪徒饗応せすんば革命党有りと雖も事を起し難く、革命党一たひ起らば匪徒〔も〕蜂起の勢を呈する影響の如く、中国現時の隠患たる、実に匪氛の充満に在る、亦忘るべからさるの事実なりとす。匪徒の種類を挙くれば、名目繁多にして、各地其名称を異にし、規約を殊にするも、実は則ち大同小異、異名同実の醜類たり。而して哥老会なる名称は範囲甚た広く、党類極めて夥しく、殆んと匪徒無頼漢の通称たり(12)。

山田勝治の見解は、次の三点の特徴がある。第一点は、会党を「大同小異、異名同実の醜類たり」と述べ、無頼の集団とした点である。第二点は、会党を「一般下級人民を結合せる特種激烈の団体」と述べ、下層の民衆の団体と考えた点である。第三点は、「匪徒饗応せすんば、革命党有りと雖も事を起し難く」と述べ、革命党の蜂起に会党の呼応を不可欠とした点である。

哥老会は、乾隆年間に四川省で起きた嘓嚕に起源を持ち、嘉慶・道光年間に天地会が北に移り、四川省と湖南省一帯の白蓮教や嘓嚕などと融合し、哥老会と命名された(13)。哥老会の勢力は一八六〇年代以降、すなわち太平天国後の咸豊・同治期に飛躍的な拡大を遂げた。原因には、第一に湘軍や淮軍の解散による失業兵士の滞留、第二に交通路の変化に伴う失業者の増加、第三に清朝の衰退、官吏の腐敗、綱紀の弛緩と、自然災害や貨幣価値の下落による農村の困窮がある。更に、アヘンの吸飲や賭博の流行による風紀の紊乱も、原因となった。同治年間、すなわち一八六〇年代中盤から一八七〇年代にかけて、湘軍の解散後、失業兵士は一部が地主となる他、多くが遊民となると、更に会党の成員となり、前途を「兄弟が難に遭えば救い、親しさは肉親を越えた」という相互扶助に託した。会党の成員は左宗棠の軍と共に新疆省に赴いたり、兵営や官衙、税局、水陸碼頭の湖南会館で働いたり、荷担ぎや行商、小規模な商いに従事したり、客桟、飯店、アヘン窟を開設したり、賭博や密輸を庇護したり、開墾や牧畜に従事したりした(14)。そして、平山周は、この哥老会の起源について、「哥老会或は哥弟会といふ、其成立は乾隆年間に在り。同治の時太平軍を平定したる湘勇の子弟、撤営の後衣食の途に窮し、各〻団体を組織するに至て始めて盛なり、彼等の或者は陸軍水軍の将校たり士卒たり、其以外の者は平生賭博及び強盗を以て業となす」と述べながら、「彼等は斯く強盗をなせり、然れども其目的とする所は、五祖の復仇に在り、其理想とする所は、梁山泊の義挙にあり」と記した。また、哥老会の目的については、「哥老会は一団毎に某々山の名を設く、猶寺院に某々山のあるが如し。また堂名あり、猶水滸伝に於ける梁山泊の忠義堂の如し。また水名あり、香名あり、是れ一半は道教的にして一半は仏教的なる、其の半宗教的儀式に出づる者なり。また一首の詩あり、略〻宋公明の壁に題したる反詩に似たり。また内口号あり、外口号あり、符合言葉の類なり」と述べて内口号と外口号を紹介した上で、「支那十八省中数十百の山堂あり、其組織相同しと雖も、全く地方的親分的にして各々独立し、其間に運動の連絡あることなく、之を統括するの大本部あることなし」と記した。更に、哥老会と排外運動の関係については、「哥老会はまた三合会と同じく、もと反清復明党たるに過ぎず。後〔に〕洋教の侵入するに及んで、其儀式の異るより誤解とを生じ、洋教徒は婦女を姦し、其眼とを抉り、其心を剖き、其子宮を割き、其胆を取りて薬となすとの謡言到処に伝播せられ、加ふるに、士人中に紛争の生ずるや、宣教師は事の正邪曲直に関せず、毎に其信徒を庇護するを以て、遂に洋人を嫌悪するの情を生じ、激烈なる排外党とはなれり。会の最も盛なる地方は湖南及び浙江にして、楊〔揚〕子江沿岸の各省之に次ぎ、其他全国各省多少の会員なきの地あ

らざるなり」と述べたのである。(15)

湖南調査局編『湖南民情風俗報告書』の第九章「習染」は、次のように「哥匪」すなわち哥老会について述べている。

哥匪とは即ち哥老会である。四川省より起こり、哥兄老弟に名を取り、湖南省に蔓延した。この匪は山の草深い所に集い、商人を襲い、市や村を焼き、物を強奪することなどを職業とした。各々が派別を持ち、それは立てた山堂〔会党の組織〕や香、水の名称により異なった。……凡そ、山堂を開き飄布〔会党の標識〕を放つことによって頭目となり、他省の頭目と結託した者は、勢力が拡大した。常徳や澧州の各属は湖北省や四川省の匪目と繋がり、醴陵や瀏陽は多くが江西省の匪目と結び、これらは比較的大きなものであった。行商や遠距離の商人で途上における略奪を心配する者は、必ず金銭を納めて入会するか、さもなければ徒党に護衛を請い、保標〔用心棒〕とした。いわゆる標手である。彼らが多勢を集めて掠奪を働いた場合、これを打宝子といった。有る者と無い者が互いに融通しあい、生きることと死ぬことを共にし、皆で得たものは皆がこれを用い、一人で得たものも個人のものとすることはない。仲間の長は坐して大勢が収めたものを受け、蓄えた上で皆の求めに応じた。これが雄となる所以である。(16)

哥老会の成員は、様々な口号を用いた。口号は飄布（会党の標識）に記されたが、四字では内には「忠義雙全〔忠義共に備わる〕」、外には「英雄蓋世〔英雄が世をおおう〕」、二字では内には「協力」、外には「同心」などと記した。また、目印も、衣服の衽（服の重ね合わさる部分）を重ねあわせ方、頭を包む布巾の色や手を掲げる高さで識別させた。更に、傘を掛けたり、箸を置いたり、キセルを送ったり、草笠をかぶったり、辮髪を巻いたりして、これらの暗号は会派の人に一目瞭然であった。隠語による喩えは、斬局や江湖局話などと呼ばれた。(17)ここには、湖南省の哥老会の特徴として、次の諸点が顕在している。第一点は、哥老会が多くの派別に分かれながらも、頭目同士が絆を強めた点である。第二点は、遠距離を行く商人が自身や荷物の安全を保つ目的で、哥老会と関係を持った点である。第三点は、哥老会の会員が生死や財産を共にするなど、仲間的な結合と共同体的な性格を持った点である。第四点は、哥老会特有のしぐさや衣服の着方、言葉遣いをして、周囲の社会的勢力との差異化を図っていたことでる。第五点は、沅江や澧州流域の常徳、澧州と、湘江や淥水流域の醴陵、瀏陽との間に、差異が存在した点である。この中にあって、沅江は、貴州省の雲霧山に端を発した。そして、上流部が清水江、鎮遠を経由して以降の下流部が沅江と呼ばれ、中途で洪水、辰水、酉水をあわせ、常徳から洞庭湖に注いだ。この沅江と澧水に挟まれた一帯は、湖北省や江西省、広東省と繋がりの深い、湘江・淥水流域における長沙、醴陵・瀏陽と気風を異にした。この五点の特徴からは、哥老会が周囲の社会的勢力との差異化を図り、集団内の団結を図ることによって、自身の存在を際立たせようとする目論見を見て取ることができるであろう。

二・沅江流域の紅燈教

湖南調査局編『湖南民情風俗報告書』第七章「宗教」では、仏教、道教、キリスト教、回教、巫教及びその他雑教、以上の五種類に限定して叙述するとした上で、巫教については「三苗国が洞庭で始めて巫教を創始し、顓頊がこれを正してより、流派は止まず、多神教の一種となる。巫教の別名は儺教といい、師教といい、排教（木排を業とする者が奉じた）と称した。そして、湖南省では、この教えが最も盛んである」と述べ、更に巫教の一種である「清水教」についての次のように記している。

この教〔清水教〕の法門は極めて秘密に相伝されてきた、白蓮教の余裔である。初めは弟子二人に伝えられ、一人は金といい、他の一人は銀といった。次に〔二人から〕四人に伝えられ、更に〔四人から〕八人に伝えられ、次々に伝授し、ために教えに従う者は数えきれなかった。説教時には堂の中に一四尺余の高い燈を設け、教主がその上で説法をし、弟子は両脇に座って聞き、各々の場所で騒いだり法に反する行為はなかった。教徒は武陵に最も多い。この他、郴州の大成教は儒教の存心養性〔心を放失せず、性を養う〕、仏教の明心見性〔心を清浄にし、性を見る〕、道教の修心練性〔心を修養し、性を練る〕など、能く大成を集め、斎教とは似て非であり、奥義も知る由はないと言われている。瀏陽の南宮教は青色を挿むことを決まりとし、益陽の白蓮教（一九〇七年に大吏が捕え、現在は跡を晦ましている）、安仁の弥勒教、白蓮社、明尊教、白雲宗などは、宗旨が出鱈目であり、かつ行為も奇怪で、国法が容れる所のものではないのである。教徒も隠れたり現れたりし、内容も調べようも無く、単に名を掲げ考証に資すのみである。(18)

湖南省の武陵は、湘西と呼ばれる湖南省西部から貴州省東部に至る沅江流域、すなわち武陵源などの山地の一帯を指す。これに対して、郴州は東南部、瀏陽は中東部、益陽は北東部、安仁は東南部に位置した。すなわち、ここに指摘された地域のうち、「白蓮教の余裔」である清水教の盛んな武陵のみが湖南省の西部にあり、残りは湖南省の東部に位置していた。武陵は、古くは五渓蛮や武陵夷と呼ばれ、漢族とは異なる原住民の住地であった。漢代に郡が置かれ、地所は現在の湖南省溆浦県とも漢寿県北東ともいわれる。一九三七年、神田正雄は、この溆浦県の「風俗習慣」について、「住民は宗教を信ずるもの多く、近年は同善社に帰依するものが尤も多く、神賽会を迎へる事も時に聞く所があり、毎に旱害水害に遇へば衆人が聚まつて祈禱し一に神に頼るが、其他紙紮鋪（紙製の貨幣祭神に焚くものを売る所）堪輿、道士、卜筮、星相、巫覡、乩壇等の類が至る所にあつて、郷村の農民が大部分は全く木偶、泥像、瞎子、和尚、師公等に支配されてゐる。民性は強悍で往昔は最も闘争を好み訴訟が多かつた」と記している。中華民国期でも、同地の民間信仰の風習は、衰えることがなかったといえよう。特に、同地で注目されるのは、神田正雄が「男女は阿片を嗜好し半ば中毒の症状である。好んで罌粟を植ゑ、余暇があれば賭博に耽り最も葉子戯を好んでゐる。県境はもと苗族の旧域で、今に到るも猶ほ少数の苗民が雑居してゐる。然し婚嫁葬喪の儀式が大体に於て中部湖南の各県と異なる所がないのは、蓋し同化すること既に久しく、修性尚合一して異とするに足るものがないからである」と述べたような、アヘンの吸引の習慣及び漢族と苗族の雑居である。(19) これらの事柄は、同地の白蓮教の流布と深く関わっていたように思われる。

清の中期、一七九六年（嘉慶元年）から一八〇四年（嘉慶九年）にかけて、湖北省西部、湖南省西部、四川省東部、貴州省東部、陝西省南部、河南省南西部、甘粛省東部の山岳地帯を中心に、白蓮教徒の蜂起が起きた。同蜂起の範囲は、湖南省の西部、龍山県、桑植県などにも及んだ。彼等は、白い頭巾を着け、手に白い旗を持ち、持経念誦すれば、刀槍も身体に入らないとしていた。白蓮教徒は同蜂起に四散し、一部は青蓮教の名目で活動を継続した。青蓮教は、一八二〇年代から一八四〇年代までの袁無欺の布教活動により、貴州、四川、湖北、湖南の各省に急速に蔓延して後、清朝政府に摘発され壊滅的な打撃を受けた。ただし、これらの教徒の多くは、禳災祈禱という個人の宗教的救済に止まっていた。例えば、一八二九年（道光九年）、四川省の南川県で、青蓮教徒の蜂起が起きている。官憲によって捕縛された羅声甫は、尋問による供述の中で、雲南省開化府に赴き、同地で符咒を学んだ経緯を述べ、更に「ただ、清水一碗を用い、檀香を燃やし、水碗上に符を画いて咒を念じ、水を飲んだ者は神が身体に憑依し、自ら拳を打ち棒を弄し、少林神打と名付けられた。そして、男女が皆な学習することができた」と述べている。(20) いわば、青蓮教が清水や燃燈を用い、神々が人体に憑依することで拳棒を行い、ために少林神打と名づけられたとするならば、青蓮教の目的は拳棒の習得と禳災祈禱を中心とする個人の救済にあったといえよう。ところが、道光年間の末期、劉儀順が出て青蓮教を復興するに及び、同教は現存王朝の否定という急進的な内容を備えるに至った。民国『続遵義府志』巻二六「年紀二」には、「劉儀順、又の名が依元は、四川省涪州鶴游坪の人である。燈火教を習い、夜に拝し経を誦し、燈火は瞬く間に開花し、幻術を借りて人を惑わし、ために燈火教と称した。又の名は青蓮教、又の名は清水教といい、白蓮教の遺孽である」と記されている。(21)すなわち、燈火教は、別名が青蓮教、清水教であり、白蓮教の遺孽であるというのである。劉儀順は、原籍が湖南省宝慶府、原名が郭建文で、青蓮教に帰宗して劉儀順を名乗った。そして、劉儀順は四川省から貴州省に移り、一八五七年（咸豊七年）から一八六八年（同治七年）まで、燈火を用いて布教した。これが燈花教である。(22)咸豊・同治年間、清朝政府は、しばしば燈花教を禁じた。このため、燈花教徒は、湖北、四川、貴州の各省において、紅燈教の名を用いて貧民を動員し、清朝政府に対抗した。何れも、「照り輝かせ燈火を拝む」「精進潔斎し経を念ずる」「符水を用いて病を治す」「扶乩により神を降す」など、青蓮教と同一の特徴を持った。(23)劉儀順の紅燈教では、末劫の到来と共に明君の支配する「太平年」が出現し、この「太平年」では賦税も均等で長寿も全うできるなどの、至福の世界の実現が説かれていた。(24)従って、本章においては、紅燈教について、末劫の到来における燈火、精進潔斎、符水、扶乩、武術の修得による個人の禳災祈禱と、末劫の到来による人々の平等、不老長生など、至福の世界の顕現を強く称えた民間の宗教結社として捉える。何となれば、青蓮教の特徴が末劫の到来における個人の禳災祈禱を中心とした個人の救済にあったのに対して、紅燈教の特徴は個人の禳災祈禱だけでなく、更に救世主の降臨による至福の世界の顕現を強く説くことにより、現存の王朝を相対化し、清朝政府を否定した点に求めることができるからである。

一九〇〇年、山東省や河南省、直隷省の義和団が鎮圧されると、同地の義和団員は清朝政府の弾圧を逃れて四川省に流入した。四川省の布政使陳璚が四川省の神拳について、「四川省の各属では潜伏する匪賊は甚だ多かったが、神拳の名目はなかった。先年、直隷省の義和団匪が乱を起こして後、徒党が四川省の境に流入し、密かに邪教を伝え、遂には蔓延するに至った。各種の会匪は容易に人を惑わし、伝習しない者はなかった。近頃はしばしば名を変え神打や陰操、紅燈教といっているが、実際は皆な拳匪である」と記したように、四川省に流入した義和団員は、神打、陰操、紅燈教などと名前を変えて同地に拳法を流布させた。(25) これら義和団の呪術は、呪語を四九日演習すると軒を渡り壁を伝わって走ることができ、更に一二〇日間演習すると銃も槍も撥ね付けることができるなどとして、牛の仲買人など各地を渡り歩く行商人などによって伝授された。(26) この場合の特徴は、「今回の北方での騒擾〔義和団事件〕により、拳匪の他にいわゆる紅燈教なるものがあり、邪説を創り、勧誘して教えを習わせた。門前には各々一つの紅燈籠をかけさせ、上下とも尖形にし、頭を紅巾で束ね、東方に向かい香を焚き咒を念ずれば災厄から免れることができるとし、直隷省や山西省に蔓延した」と言われた点にある。すなわち、頭を紅巾で束ねて東方に向かって香を焚き念ずるなどの呪術が、「免劫」すなわち未曾有の災難の回避と結び付けられていたのである。(27) 未曾有の災難の預言は、災害到来後の理想世界の実現をも意味する。このため、四川省では、個人の禳災祈禱を目的とした青蓮教が、義和団や紅燈教の影響を受けることで現存王朝、すなわち清朝政府の打倒という性格を強く備えるようになったといえよう。特に、一九〇〇年の義和団では、「黄蓮聖母は船乗りの娘である。幼少より淫乱で、あだ名は黒児といった。人々の多くがその名を知り、〔直隷総督〕裕禄も朝服にて彼女を拝した」と言われたように、黄蓮聖母などの女性が活躍していた。(28) また、一九一〇年二月、四川省では、「近ごろ四川省で妖婦の廖観音が乱を唱えると、瞬く間に多くの愚民がその煽惑を受け、至る所で呼応する勢いとなった」として、女性が廖観音の他、青蓮聖母、現世菩薩、鐵花仙子などを名乗って教祖となり、神将や天兵によるこの世への降臨と人体への憑依という手段や、符水による病気の治癒という方法を用いて信徒を獲得していたのである。(29) このような女性の活躍は、湖南省の中東部、湘江流域の会党には殆ど見られることがなく、同じ湖南省でも四川省や貴州省と境を接した武陵地方、更には沅江流域に特徴的な現象であった。このことは、同地方が四川省や貴州省と界を接し、沅江流域を通じて往来が盛んであったため、四川省や貴州省から紅燈教が流入する可能性が大きくあった点に由来する。

三・義和団と哥老会の融合

一九〇二年一月一〇日付け『チャイナ・タイムズ』紙上の記事では、吏部主事の胡祖蔭が、湖南省に義和団の拳法の師範を二〇名連れて行き、一八九九年に開港した岳州の外国租界を攻撃するよう提案し、翰林院学士の兪誥慶、刑部主事の郭宗熙、吏部主事の葉徳輝、候補道台の張祖同、翰林院学士の孔憲教ら、湖南省の郷紳がこの提案を支持したため、彼等に対する処罰が説かれたといわれる(30)。一九〇〇年八月二七日付け『日本』紙上に「漢口附近にも近頃義和団匪入込める模様にて、頃日漢報館の壁上に正義大元帥の名を以て七月二十七八日（清暦）〔西暦八月二一日、二二日〕洋魔を一掃す云々の掲示をなしたり」と記されたように、一九〇〇年以降、直隷省や河南省、山東省の義和団の残党は、弾圧を逃れて洞庭湖附近に流入した(31)。そして、これら義和団の残党は、湖南省の兵が義和団の討伐のため河南省に北上し、更に義和団の残党が南下して長江流域に流入する過程で、湖南省の哥老会と融合したように思われる(32)。一九一〇年から一九一一年にかけて、遠藤保雄は、日本の外務省の指令を受けて湖南・湖北両省の調査にあたったが、湖南省の神打の流行について、次のように記している。

白蓮・在理は直隷・山東地方を巣窟として北清一帯に蔓延し、塩梟は江蘇・浙江・安徽を根拠として長江の下流に蟠屈す。彼等の巣窟とし根拠とする処は、元より湖南を距る〔こと〕甚遠しとなす。然れども、白蓮・在理の徒は鉄道其他の工夫として漸次南下し、塩梟の徒は頻繁なる水路交通に由つて、漸次羽翼を上流に張らんとせり。

之を以て、近来此等匪徒の湖南に侵入せるもの、甚尠からざるが如し。現に〔一九一〇年の〕長沙暴動に際して、北清事変に於ける団匪と同一の服装をなせる凶徒数人、忽然として乱民の先頭に現はれ、暴動の指揮を取り、学堂・衙門・洋館等を焼毀し、事終るや倏忽として姿を失せんが如き、其指揮進退の巧妙にして機敏なる、純然たる団匪なりとの風説あるを見るも、又近頃湖南匪徒の間に神打と称して、一種の拳法の練習盛なるに見るも、苦力に混じて白蓮・在理の徒の南下せるは、疑ふべからざる事実となす。塩梟に就いては未だ確聞する所有らずと雖、彼等の多くが湖南混徒の内に混入せるは、地方官民の均しく認むる所なり。(33)

なお、一九〇六年一二月二八日付け『大阪朝日新聞』は、「軍機処の得たる密報に拠れば、湖南、江西両省匪乱の真相は事態容易ならざるもの丶如く、満洲方面より来れる馬賊を混入し、軍隊内にも多数の匪徒混じ居れり。是等匪徒は或は指揮官として或は教官として学生として豫じめ軍隊及び武備学堂内に入籍し、一面党與を集むるに力め一面軍事の研究に従事せるに似たり」と記している。(34)そして、平山周は、これら満洲の「馬賊」の多くが在理教徒であったとした。(35)

一八九六年、湖南省出身の譚嗣同は、北京を旅行する途上、師の欧陽中鵠にあてて道中の見聞や所感を書き送っていたが、その書簡の中で「こんど北京で、極力、在理教について研究し、あちこちその書物を求めました。それは仏教、回教、キリスト教のごとく卑近なものをあつめてつくったものです。しかし別に口授の秘伝があって絶対に教外の人にいわない、だから求めるべきもないのです。やむを得ず、一布教師をたずね、はじめてその秘伝を聞きましたが、道家の錬気の口訣のみで、それより深遠なことがあるわけではありません」と記していた。(36)譚嗣同、字は復生、号は壮飛、一八六五年に生まれた。父は、湖北巡撫まで務めた大官僚の譚継洵である。譚嗣同は、幼少より学問に励む傍ら武術を学び、父の転任に従って各地を遊歴し、一八九六年には水害による難民の救助に務め、上海・天津・北京を回り、江蘇知府候補として南京に着任した。譚嗣同から師の欧陽中鵠に与えられた書簡は、この途上のものである。後に、平山周は、在理教が「白蓮会の分身支流」であり、河南、直隷、山東の各省及び満洲の各地に蔓延したとした上で、在理教の始祖を楊萊如、字が佐臣、別名が羊誠証に求め、「在理とは儒仏道三教の理中に在るの謂にして、仏教の法を奉し、道教の行を修め、儒教の礼を習ふなり。其教旨は正心・修身・克己・復礼の八字を以て主となし、其教俗は烟酒を戒めて茹葷を禁せず」と記し、更に現況を「像を供へず、香を焼かず、多く咒歌偈語を用ゆ。此教烟酒を禁し、習俗に益あるを以て、漸く之に入る者多く、遂に今日の盛を致せり」と述べた[37]。また、宗方小太郎は、在理教が「白蓮の末流にして観音菩薩を尊で聖宗と為し、楊祖を祖師と称し、平日焼香座禅を以て事と為す。其の集会処を公所と名く。教内隠語甚だ多く、並に最要の五文字有り、父母妻子と雖ども敢て伝へず、伝ふる者は冥罰立ろに至り、奇災其身に及ぶ。若し災難に遇ふの時、此の五字を黙誦すれば、祖師即ち来りて救護すと云ふ」と述べ、在理教徒が北京城内外に約六万人、直隷省内各地並に山東省の兗州、沂州、曹州三府及び済寧州一帯、山西省、河南省の北部、盛京省〔或いは奉天省〕に約五〇万人おり、しばしばキリスト教徒と騒乱を起こしたとしている。そして、紅燈教については、「是〔紅燈教〕は湖北省の北部と四川〔省〕の東部並に河南省に蔓延せり。其宗旨は稍や在裡教〔在理教〕に近く、現朝〔清朝〕に平かならざる者の団体なり」と述べ、在理教との近似性を指摘している[38]。在理教の特徴は、厳しい戒律と白衣にあり、白衣道教とも呼ばれた[39]。中華民国でも、白い衣服を身に着けた宗教結社は勢力を保った[40]。在理教は、幾つかの宗教の教理を複合させて、末劫などの災害の被害から個人の修養により逃れようとする、穏健な内容を持つ民間信仰であったといえよう。

湖南調査局編『湖南民情風俗報告書』の第九章「習染」では、湖南省の武術の風習について、「徒手で人に対する打撃の法を習う、これを拳といい、五尺ばかりの木棍を持って打撃の法を習う、これを棍といった。湖南省では城市より村落まで、少年が数人或いは数十人と集まって日夜練習し、これを習拳棒と名付けた。そして、刀剣、鎌鞭、銅錐、鉄尺、神鞭など、長所を尽くした。この風習は、咸豊・同治年間に極めて盛んになった。最近はやや変化したが、それでも伝習する者は多く、一語でも合わなければ眦睚の怨みをおさめ、父・兄が伝えて拳を習い、随身の芸として侮りを防いだ」と指摘した上で、「金持ちの家では、名だたる教師を競い合って招き、それを護衛としたり、子弟に教育させたりし、或いは謹んで生涯の扶養に務める者もあった。教師の伝えるものに派があり、秘密に伝えられたものに張家、少林、岳家の諸派があった」と記している。(41) もともと、湖南省の醴陵と瀏陽は、武術の盛んな地域として知られていた。瀏陽や醴陵の風習では、旧暦五月一三日が盟会節とされ、会党の成員はこの日に集い、志を等しくする者が三々五々と固まって群れをなし、二〇名、三〇名が集まって義兄弟の契りを結び、宴会をして騒いだ。この中にあって、最も多くの人々を集めたのは、著名な武術家たちである。例えば、龍人傑、陳人初、饒友寿、万木匠、廖叔宝、沈益古などの武術家は、各々が二〇〇名から三〇〇名、または七〇〇名から八〇〇名もの門弟を擁していた。特に、会党の頭目である馮乃古の門弟は一〇〇〇名から二〇〇〇名に至り、この日に互礼会を行ったが、官吏も地域社会の風習であることから禁止はしなかった。(42) この中にあって、廖叔宝は武芸に秀で、両刀を用い、数十人を倒すことができた。また、軟功夫を習得し、穴術（鍼灸のつぼに関する術）を極めた。そして、廖叔宝は、醴陵県城において無法者を一撃の下に倒して後、名声は天下を震わし、家郷に多くの門弟を擁するに至った。そして、渡世人の義侠を重んじ、多くの人々と交友を結ぶ一方、門弟を引き連れて各地を渡り歩いた。更に、武術各派との連絡に務め、武教師会を結成したのである。(43) 会党の成員にとって、武術は必須の条件であったように思われる。武術家は武術を売り物として、武術の伝授を行い、請われると護衛にも務めた。更に、村々を渡り歩き、民衆と深い絆を結ぶと共に、会党の龍頭や成員の他、郷紳や富商とも関係を持った。会党の成員は武術の習得を必須のものとし、武術家と密接な関係を持っていた。ただし、武術の習得は、単に他者を打倒するためのものではなく、禳災祈禱という性格も備えていたのではなかろうか。湖南省の中東部、すなわち醴陵と瀏陽は、湖南省の西部、すなわち沅江や澧州の流域とは異なり、湖北省、江西省、広東省との繋がりが強かった。そして、湖南省の中東部では、二〇世紀初頭、義和団の残党が直隷省や山東省、河南省から湖南省に流入するに及んでも、四川省の紅燈教のように、婦人が黄蓮聖母などを名乗ることは少なかったように思われる。

第二節　姜守旦の洪福会

一・姜守旦の半生

姜守旦は一八六三年五月六日（同治二年三月一九日）、湖南省瀏陽県官渡郷雲山村に四人兄弟の末子として生まれた。父は姜本脈、農家と医者を兼ねた。官渡郷雲山村は瀏陽の東郷にあたり、武術の盛んな地域であった。姜守旦は幼少の頃、村の塾学に学んだが、家庭の貧困から二年で辞め、村人の経営する石灰窯で働き、家計の足しにした。姜守旦は顔が四角くて耳が大きく、威厳があり声も大きく、記憶に優れた。そして、運搬用に石灰を積める作業では、毎日数百担の数を全て暗記し、夜に帳場で数合わせをしても、些かの狂いもなかった。姜守旦は先祖伝来の医術も受け継ぎ、村人の病を治しても代金を求めず、村人の尊敬を集めた。雲山村は、武術が著名な村であった。このため、姜守旦は、幼少より父の姜本脈に従って武術を学び、一八九三年に家郷を離れ、流浪の旅に出た。以降、各地で多くの武術家と交流し、名立たる師範の指導を受け、武術を上達させた。姜守旦は、この修行時代に江西省、四川省、湖北省を渡り歩き、哥老会に入会した(44)。もともと、石灰窯の窯工は、哥老会と密接な関係を持った。例えば、湘潭の雷打石は石灰石を産し、二〇幾つかの石灰工場を有していたが、中でも馬家河の黄姓の設けた窯が最も多く、この窯工は皆な哥老会に入会していたといわれた[45]。従って、石灰窯で働いていた姜守旦が哥老会に入会したのは、自然の成り行きであったように思われる。一九〇〇年、唐才常は、哥老会首領の李金彪などと結び、富有票を長江流域一帯に配布し自立軍蜂起を図った。姜守旦は、この唐才常の自立軍、すなわち富有会の香長を担った[46]。香長とは会党の入会儀式を担う役職であるが、会党内の席次は低かった[47]。ただし、同蜂起は、蜂起の日にちが資金の調達の遅れから延期されているうちに、湖広総督張之洞の摘発を受けた。そして、一九〇〇年八月二二日、唐才常らは、漢口のイギリス租界内で逮捕、処刑された。この後、姜守旦は王茂先に改名を図るが、姜の上下を断ち切った字が王であり、不吉であるとの理由から、名を万鵬飛と変えた。鵬が一たび飛翔すれば万里に及ぶ、との意味である。このため、洪門の兄弟は姜守旦を万大哥と呼んだ[48]。また、後年の鄒永成の回憶によるならば、姜守旦は欧陽篤初とも名乗った[49]。なお、一九一一年一〇月二二日の湖南軍の蜂起で、湖南省の正都督に就任した焦達峯は、一九〇二年に湖南省瀏陽県の家塾の教師である黎尚姜の紹介によって、姜守旦の洪福会に入会していた[50]。

湖南省の瀏陽は、醴陵と共に、江西省からの移住民の多い地域であった。氏族史料を用いた湖南省の移民に関する調査によるならば、瀏陽で確認される始遷祖（最初に同地に移住した人や家族）の数は四二四であり、この四二四のうちの一七五、全体の四二パーセントにあたるものが江西省からの移住民であった。この江西省からの移住者に次ぐのが、広東省からの移住者の四二であり、全体の一〇パーセントにすぎなかったことを考えれば、同地の江西省からの移住者の多さが理解できよう。また、醴陵で確認される始遷祖の数は六四八であり、この六四八のうちの三三六、全体の五二パーセントにあたるものが江西省からの移住者であった[51]。このような瀏陽や醴陵における移住民の多さ、並びに原住民と移住民の不断の抗争が、同地で会党の勢力を拡大させた一因であったように思われる[52]。姜守旦の生地、瀏陽の雲山村では、姜守旦の出生に前後して二つの大きな蜂起が起きている。一つは一八五二年の徴義堂首領・周国愚による蜂起であり、他の一つは一八六七年の姜守東による蜂起である。同治『瀏陽県志』巻一三「兵防」では、「〔周〕国愚は身体が短小で容貌が醜悪、頗る技勇を習った」と記し、周国愚が徴義堂を組織し、会徒二万余名を集めたとする。一八五一年、洪秀全は「天王」と称し、太平天国を進軍させた。太平天国軍は、翌一八五二年六月湖南省に入り、多数の武装勢力を吸収しつつ、湖南省から湖北省に進み、一八五三年一月に武昌を陥れた時には五〇万人もの大勢力に膨れ上がっていた。この間、一八五二年、周国愚は太平天国と気脈を通じ、やがて官憲に迫られて蜂起に及び、一敗地に塗れた。周国愚の徴義堂は、瀏陽の東郷を基盤にし、鉄製の大砲を製造して「官逼民反」と上書した白い旗を掲げ、清朝の軍隊と闘った。周国愚の徴義堂が清朝の軍隊に敗れて後、鉄製の大砲は村で密かに保存された。やがて、一九〇六年に姜守旦が蜂起を起こすと、周国愚の徴義堂が製造し、村に保存されていた大砲が引き出され、再び使用された[53]。また、姜守東も江西省の曾幗才と連携して蜂起を企て、「〔姜〕守東の哥老会は紅教を喜ぶ」と言われた。ここでは、「土匪」の変じたものに哥老会と教匪の二種があり、哥老会は端緒が不明であるが、教匪には黄、紅、白の三種があり、足跡が秘匿されていて推察しがたいとした上で、「教匪は凡そ三種があり、黄、紅、白といったが、偽妄なることは同じであった。凡そ逆首は黄教によって愚民を繫ぎ、浩劫〔大災害〕の説を流布させて〔人々を〕畏怖させた。紅教、白教は逃亡者を集めて乱の謀をなし、黄教は始めこそ茹斎〔肉食を断つ〕を行ったが、後には悉く酒色に溺れた。伝えられる所では、これは江西省で称えられたものであるという」と記されていた[54]。これよりするならば、湖南省瀏陽の「教匪」は、江西省から流伝した教派、特に末劫論を喧伝して教徒を集める一派を基盤に起こり、それに武装勢力が介在して蜂起を起こしたことになるであろう。湖南省中部の会党は、沅江流域の「教匪」が、四川省や貴州省から流伝した紅燈教を下に、黄蓮聖母などの女性を教祖としたのとは異なり、拳法や棒術を中心とした。

一九〇〇年七月二二日、湖広総督張之洞は唐才常の自立軍蜂起を摘発し、唐才常を漢口のイギリス租界で処刑した。これより先、唐才常は一八九九年から一九〇〇年にかけて、上海に自立会、中国国会、漢口に行動のための機関を設け、長江一帯の哥老会と結び、富有票を配布していた。唐才常が長江一帯の哥老会と連携することのできた原因は、湖南省出身の畢永年の活動による[55]。畢永年、字は松甫または松琥、一八六八年に善化県に生まれた。親族には軍事を志すものが多く、自身も父に従って軍隊に入った。一八九七年、学政江標により、唐才常、楊毓麟と共に丁酉科抜貢に上げられ、譚嗣同、唐才常と日清戦争後の改革運動に参加した。一八九八年、戊戌政変をへて日本に亡命し、孫文などと誼を通じた。一八九八年から一八九九年にかけて、畢永年は平山周、林錫珪と共に湖南省に入り、哥老会の頭目の李雲彪、楊鴻均、張堯卿、李山堃に会して孫文の人物を紹介し、一八九九年に哥老会の頭目七人を連れて香港に至り、興中会や三合会の主だった会員と共に興漢会を組織し、孫文を推薦して領袖とした。ただし、一九〇〇年の唐才常の自立軍蜂起では、康有為、唐才常の思想や行動に失望し、唐才常とは袂を分かつに至った。一九〇〇年九月八日付け『日本』紙上では、唐才常の自立軍蜂起が失敗して後の状況について、「窃かに哥〔老〕会目下の動静を聞くに、湖南の首領今や河南に在りて同志を糾合し居れり。先般湖南の布政使が〔義和団鎮圧のため〕帥ひて北上せし五営一千人の官兵は竟に同会〔哥老会〕に左袒する事となり、河南の兵亦之に応ぜし由、而して湖北より北上せし兵〔統領方友升の帥ゆる者〕は今猶河南の某城に留り前む能はざる由なれば、南清は未だ決して静隠に帰したりと言ふべからず」と記し、唐才常が逮捕、処刑されて後も、配下の会党の健在振りを示していた[56]。そして、この『日本』紙上の記事で、湖南省の兵が哥老会に左袒し、「河南の兵亦之に応ぜし由」といわれたことは、哥老会が義和団と融合する契機を示す。清朝の官憲は、自立軍蜂起の失敗後に、表紙に「通緝富有票各逸匪住姓名単」と記した、自立軍蜂起の参加者の名簿をまとめている。ここでは、富有会の香長の項目に、鄧福田と共に、江守旦の名があり、「江守旦、すなわち姜守旦、岳州の人、四〇数歳、痩せて〔肌が〕黒く、中ぐらいの身体付きである」と記されていた(57)。この記述において、姜守旦を瀏陽ではなく、岳州の人としたのは、姜守旦が洞庭湖界隈を活動の根拠としたことを物語るものではなかろうか。一九〇〇年の自立軍蜂起の失敗後、姜守旦は官憲より追われる身となった。そして、姜守旦が王茂先、更には万鵬飛と改名した理由も、姜守旦の名が官憲の間に知れ渡っていたことと関わる。この後、姜守旦を庇護し、頭目の一人に抜擢したのは、会党の頭目の馬福益である。馬福益の勢力は、湖南省の醴陵、湘潭、瀏陽から江西・湖北両省にまで及んだ。一九〇四年九月二四日、旧暦八月一五日に、姜守旦は、瀏陽西郷の普迹の牛馬交易会で、馬福益によって龔春台、馮乃古、劉揆一、陳天華らを紹介され、頭目の仲間入りをして、湖南省と江西省の銅鼓、万載、修水を往復し、勢力の拡大に努めた(58)。馬福益は一九〇四年一一月一六日に黄興と蜂起を図って失敗し、一九〇五年四月二〇日に清朝官憲の手で逮捕・処刑された(59)。このため、姜守旦は、馬福益の地盤を一部受け継いで洪福会を組織した。

二・洪福会の拡大

一九〇五年八月頃、万鵬飛こと姜守旦は、周祥生ら同僚と連れ立って江西省武寧にある陳鴻賓のアヘン窟に行き、アヘンを吸った。この時に、姜守旦は陳鴻賓に対し、自分が各種の法術を習得している旨を告げた。陳鴻賓は当初信じなかったが、姜守旦が床の上から陳鴻賓を指で指し示したところ、陳鴻賓は即座に地面に倒れ、姜守旦を信服するに至った。そして、仲間の聶由先、曾文興、王文懐、蕭明徳、林緒宝を誘い、陳鴻賓のアヘン窟に至らせ、姜守旦に頼み法術の伝授を請うた。姜守旦は陳鴻賓らを城外の寂れた場所に連れ出し、香を執り地に跪き天に誓いを立て、法術を伝授した。こののち、姜守旦は、陳鴻賓のアヘン窟に戻った。陳鴻賓らが姜守旦を深く信じ込んでいるのを確かめると、自分が洪江会の頭目であり、各省に多くの義兄弟がいることを告げた。姜守旦は陳鴻賓らに対して、洪江会に入会し仲間となることを勧め、入会するといかなる地域に出掛けても食事や路用の心配は不要であり、必ず利点があると言った。ここでは、姜守旦は、自らを洪江会の頭目と称していた。洪福会の名は、一九〇六年の萍瀏醴蜂起で称えられたものであったといえよう。そして、姜守旦の勧誘を受けた陳鴻賓、聶由先、曾文興、林緒宝らが入会を許諾し、姜守旦と義兄弟の契りを結ぶと、姜守旦は紅い紙の上に「富有山、樹義堂、天下水、万国香、憑票発足典銭一千文」と記した飄布を取り出した。次に、内口号として「日新其徳」、外口号として「訪尽英雄」を伝授し、各人に一枚の紙を与え、熟読させてのち焼き、更に以後いかなる場所においても胸の前の襟を内側に折り入れ、髪を丸く結べば、自ずと会内の人が庇護してくれるとした(60)。ここで、姜守旦が陳鴻賓に与えた飄布に記載された「富有山、樹義堂、天下水、万国香、憑票発足典銭一千文」という文字は、一九〇〇年の自立軍蜂起における富有会の飄布に記載された文字と、同一である。ただし、姜守旦が内口号を「日新其徳」、外口号を「訪尽英雄」としているのに対し、富有会は内口号を「日新其徳」、外口号を「業精于業」としていた(61)。これよりするならば、一九〇〇年の唐才常の自立軍蜂起で富有会の香長の職を担っていた姜守旦は、自立軍蜂起の敗退後に、富有会の教義や地盤を引き継いでいたといえよう。

一九〇〇年の唐才常の自立軍蜂起における富有会の票布には、「万象陰理打不開、紅羊劫運日相催、頂天立地奇男子、要把乾坤扭〔万事鬱々たる気運は未だ開けず、紅羊劫の運が日々促されると、天下無双の怪男児が出現し、乾坤〔天下の理〕を正すであろう〕」と記されていた(62)。このうち、「紅羊〔陽〕劫運」とは、青茶門教など、白蓮教系の民間宗教結社に広く見られる、三期三仏説、弥勒下生信仰に基づくものであろう。三期三仏説とは、過去を燃燈仏の掌教する青陽、現在を釈迦仏の掌教する紅陽、未来を弥勒仏の掌教する白陽と捉え、現時点を紅陽が衰退し、末劫、すなわち未来に向けた世界変革のための劫難が起こり、民衆はしばし苦しむものの、やがて弥勒仏が下生して、龍華菩提樹のもとで三会の説法（龍華三会）を行い、これら民衆を救済するというものである。この時代区分は、仏教の時間論における過去荘厳劫、現在賢劫、未来星宿劫の三区分と、正法、像法、末法の区分を併せ取り、これに弥勒下生信仰を加えて、独自の修正によって創り上げた世界観であった。この世界観は、宇宙世界の生成発展が超越的な力によって、過去、現在、未来の三段階に分けられるとし、未来における理想世界の到来を説明し、その結果として現実の世界、現実の王朝権力を相対化し、更には否定する態度を生み出すに至る。現在世は紅塵（陽）劫、未来世は白陽劫とも呼ばれた。[63] このため、富有会の飄布における「紅羊〔陽〕劫の運が日々促される」とは、紅陽、すなわち現在世が衰退すると共に、やがて末劫が到来して未来世の白陽に転換する前兆を意味したといえよう。そして、清茶門教は、東大乗教（聞香教）の教主である王森の子孫が創始したものであり、会する時に清茶三杯を供することから清茶門教の名があるとされる。同教は、大乗教の教義を継承し、無生老母を最高神とし、弥勒仏を崇拝し、劫の考えを喧伝した。清の順治年間、清朝政府は清茶門教に弾圧を加え、乾隆、嘉慶の両年間に弾圧が最高潮に達した。一八一三年（嘉慶一八年）、清茶門教徒と八卦教、すなわち天理教の教首の林清が紫禁城を攻撃し、これによって清朝政府による清茶門教の弾圧は厳しさを加え、一八一五年（嘉慶二〇年）に直隷総督那彦成が王氏家族三六名を逮捕・殺戮するに及んで、清茶門教は衰微した。ただし、民間の宗教結社の中でも、無生老母を最高神とし、弥勒仏を崇拝し、劫の考えを喧伝した宗教結社は、これ以降も清朝政府の弾圧を逃れ勢力を保持した。[64] 一九〇〇年、山東省で起きた義和団は、この八卦教の流れを汲んでいる。[65] このため、富有会は、八卦教を源流としながら、教説の中に末劫論を備えていたことになる。そして、姜守旦の洪福会もまた富有会の教義や地盤を引き継いでいたことから、末劫論を中心に、会徒を増やしていた可能性があった。

一九一一年二月、遠藤保雄は、湖南省の哥老会が湘江、資江、沅江、澧水などの下流域と洞庭湖の沿岸、すなわち湖南省と湖北省の隣接地帯、更に瀏陽、醴陵、長沙、善化、湘陰、益陽、沅江、龍陽、武陵、桃源の、湖南省の中部と西部を根拠地にし、湘軍の失業兵士だけでなく、山東、河南両省より鉄道工夫として流入した「無頼の徒」によって拡大したとして、「其党羽の多き、船夫・苦力を中心として、兵勇・農夫・商賈に及び、又稀に胥吏・学生の加はるものありと言う。今日彼等の牛耳を執るものは、高宗怡、姜守旦、万鵬飛、龔春台等の数人となす」と述べた[66]。万鵬飛は、姜守旦の別名である。この山東省、河南省から流入した「無頼の徒」の一部に、義和団の残党が含まれていたと考えてよいであろう。一九〇七年一月一〇日付け『時報』紙上では、湖南巡撫岑春蓂が瀏陽県より得た電文の内容について、「探査した所によるならば、姜守旦とは万鵬飛のことであり、約五〇数歳で、身体は痩せて髭があり、西洋タバコを吸い、神打を習得している。瀏陽東郷の姜永緞の人である」と記している[67]。すなわち、ここでは、姜守旦が舶来品を嗜好する一方で神打の名手であったとする。姜守旦が神打の名手であったとするならば、姜守旦は符を画き咒を念じ、神々を身体に憑依させ、拳法を行ったことになる。姜守旦に関しては、一九〇〇年の唐才常の自立軍蜂起に香長として参加して以降、一九〇六年の萍瀏醴蜂起の前後まで、足跡の不明な時期が続く。このため、姜守旦が何時いかなる場所で神打を習得し、この神打がいかなる内容を備えたのかは、未詳とせざるをえない。ただし、富有会の飄布には、紅羊（陽）、すなわち現在世が衰退し、末劫の到来と共に、未来世にあたる白陽への転換が説かれていた。そして、清朝政府の官憲の報告では、蜂起軍について、「匪の勢いは甚だ盛んで、約二〇〇〇名余りがいて、白布白衣にて白旗に革命軍と大書した」と記されていた[68]。蜂起軍の白い布や白い衣服については、単なる目印や復仇、更には五行など、見解が分かれている[69]。ただし、姜守旦が一九〇五年の時点でこの富有会の飄布を用いたことは、姜守旦と白い頭巾、白い衣服、すなわち末劫論との強い繋がりを示している。何となれば、白い頭巾や白い衣服には、紅陽が尽き、白陽が到来する際に伴う大災害、すなわち末劫から自身の身を守る意味が込められていると考えられるからである。そして、一九〇七年三月六日付け『時報』紙上は、一九〇六年の萍瀏醴蜂起について、「数年前、郷曲では、神打を伝習する事柄があった。程なく癸卯〔一九〇三年〕の秋に、周十四の事件があった。今回の洪江会もまた、神打を伝習することによって徒党を集めるに至ったのである。（私は、一人が大声をあげて、〔洪江会が〕常々拳法を学んでのち、高く飛ぶことができると述べていたのに、この時に及んで些かの霊験もないではないか云々と罵っているのを聞き、悲しみ痛んだ。もし、早めに防止していたならば、どうしてこのようになったであろう）」と記している。(70) このことは、姜守旦が人々に神打、すなわち拳棒の習得と共に禳災祈禱を勧め、個人の生活の安寧を約束することで会徒を増やした可能性も示唆する。

三．蜂起への道筋

一九〇六年、湖南省では、前年の不作や天候不順から、旧暦の正月頃より米価が高騰し、郷民は穀物の購入を図るために、財貨を携えて周囲の家々を回っても、穀物を得ることができなかった。同年の『新民叢報』に掲載された「湖南来函（為水災事）」においては、「今年の正月以来、穀物の価格は騰貴し、郷民は財貨を携えて穀物を買い入れようとし、一軒ごとに尋ね歩き、或いは一〇里、或いは二〇里とぐるぐる回っても、遂に穀物を購入することができずに、意気消沈したまま帰らざるをえない者がいた」などと述べられている。そして、長沙一帯では強奪事件が頻発し、富豪だけでなく、僅かの資産を持ち、安定していた家も被害を受け、居住地を城内に移すに至った。ついで、平江一帯でも、暴動の風潮が現れた。更に、南路一帯では、長雨が続いて水量が増えたために、堤防が決壊し、衡州、永州、長沙、常徳の各府で河川が氾濫し、居住民の生命・財産が失われ、田畑も水浸しとなった。このため、多数の水死体が河を塞ぎ、乱を避ける者も現れ、泣き声は地面を震わしたなどと記されていた[71]。四月の洪水発生より五月四日まで、湘江下流の廻水湾だけでも、救生船（救助船）が引き上げた死体は九六一余り、また湘潭県の易家湾では二〇〇〇余り、この他の各所では数えようがなかった。このため、廻水湾では棺桶の数が足りず、各善堂に対し援助を要請するに至った[72]。湘江河岸の長沙や湘潭では、五月三日、四日頃より水が引き始めた。この間、湘潭知県は、自ら湘江の中流にまで船で渡り、河伯（水の神）に生贄を捧げて祭り、更に湘潭県衙門の扁額や知県の冠と衣服を河に投じたところ、水が引き始めて被災者の救済を行ったといわれた[73]。時は五月、気候は蒸し暑さを加えていた。湖南省城の商務総会は、蒸し暑さによる湿気で、疫病が発生することを慮り、湖南省城内の西・南・北の各路に医薬局を設置し、各々に医師を派遣して診察を行い、疫病を患った者には薬を与えることにした[74]。五月から六月にかけて、瀏陽でも水害の被害は甚大となった。六月、湘潭でも、米穀の強奪事件が相継いだ[75]。一九〇六年六月二九日付け『申報』は、一九〇六年の飢饉に呼応して、湖南省中東部の湘潭・寧郷・瀏陽の一帯に神拳の徒が出現したことについて、次のように記している。

長沙府属の湘潭・寧郷・瀏陽の一帯に、近頃ごろつきで神拳の伝習を唱える者が現れた。凡そ、その教えに従う者は、ただ神牌九位を供えればよく拳を打ち刀を舞うことができ、習いて四九日に達すれば全ては身体が強靭となり、刀や斧も入らず、更に再び久しく習えばよく五遁をなすことができるとした。この種の妖術は徐々に蔓延し、官長も知っていても問わず、説く者は近日における湖南の民の風気は乱を好んでいると述べたのである。現在また災民が蠢動し始めた矢先に、もし再び策を施して消滅を図らなければ、庚子の禍〔一九〇〇年の義和団事件〕は目前にあるであろう。特に慮るべき事柄である[76]。

一九〇六年の場合、六月二二日からが旧暦の五月となった。宗懍撰『荊楚歳時記』では、「〔旧暦〕五月は俗に悪月と称し、禁多し。牀（寝台）の薦を曝すを忌み、及び屋を蓋うを忌む」と記されている。[77]いわば、旧暦の五月は、気候の不順などから、行事を忌むべきものとして考えられていた。湖南省の湘江流域では、疫病の蔓延が恐れられたのである。一九〇六年夏から秋の間、岳州の城陵埠では疫病が流行し、住民の中で疫病の感染によって死亡した者は一〇〇人余りに及んだ。[78]同時期、湖南省の湘潭・寧郷・瀏陽の地では、飢饉や疫病の恐れを前に神拳が現れ、大きな拡がりをみせた。四九日間神拳を習練するならば、身体が強靭となり、刀や斧も入らず、更にそれ以上習得すれば一層の上達を図りうるとした教え方は、呪語を四九日間演習するならば、軒から軒に飛び壁を伝わって走ることができ、更に一二〇日間演習するならば、銃砲も身体を貫くことができないとされた義和団や四川省の紅燈教と、内容が極めて酷似する。[79]これよりするならば、人々は疫病の恐怖から身体を守り、かつ身体を強靭とするために神拳を学んだだけでなく、更に一九〇六年の大災害を末劫の到来する前兆と捉え、この劫難から逃れるために神拳の習得に励んだということもできるであろう。

一九〇六年、姜守旦は、湘江流域で飢民が溢れ、瀏陽の貧民も餓死を待つばかりとなるに及んで、蜂起を決意した。同年三月から四月にかけて、孔金唐を陳鴻賓のアヘン窟に赴かせ、職位を与えて組織固めを図り、陳鴻賓を当家に任じ、会内の全ての事務を管理させた。また、姜守旦は、六月から七月の間範金田に姜守旦の書簡を携えさせ、蜂起の期日を一〇月頃に定めた。[80]一九〇六年の一〇月二日は旧暦では八月一五日、すなわち中秋節である。同時期、湖南省の瀏陽と醴陵、江西省の萍郷の三県の交界地帯である麻石地方では、戯場三ヶ所に連日三〇〇〇もの人が集まっていた。鄒永成はこの当時を回顧して、「〔旧暦〕八月中秋節の前後に至り、麻石の戯場の三ヶ所では連日数千人が集まった。すると、謡言が盛んに起こり、甚だしい場合には洪江会が即日蜂起するであろうと称えた」と記している。[81]このため、姜守旦の行動も、瀏陽と醴陵、萍郷の交界地帯の麻石地方における中秋節の蜂起の謡言に反応したものであるといえよう。一〇月、姜守旦は、江西省の銅鼓県、万載県より、湖南省瀏陽県の陳家坊、張坊一帯に移った。ここで姜守旦が率いたのは、手に鳥銃、刀槍を持ち、服装も不揃いの会徒一〇〇名余りであった。姜守旦の軍は陳家坊を出発すると瞬く間に増えた。ただし、彼らが携えたのは僅かに木棍、竹竿、火叉、火鉗などであった。姜守旦の蜂起軍は、「劫富済貧、不要擾民〔富者を襲い貧者を救い、民を煩わせない〕」のスローガンを掲げ、軍規は厳しく、民衆に歓迎された。[82] いわば、「劫富済貧」の考えが、姜守旦の蜂起軍を突き動かしていたのである。この間、姜守旦は頭目の王永求を瀏陽県城に派遣し、情報を探らせた。しかし、王永求は官憲に捕えられ、尋問の結果、「姜守旦すなわち万鵬飛が牢獄を襲撃し、蜂起を起こそうとしている」等の供述をした。姜守旦は、王永求を救済しようとして瀏陽県城の襲撃を図った。しかし、王永求は、官憲の手で処刑されたために、瀏陽県城の襲撃計画は中止となった。[83] 一〇月後半、姜守旦は三〇〇名余りの兵と瀏陽東郷の三口に至り、大団総の王顕疇の屋敷を襲い、王の米倉を開き、米を貧者に与えた。王顕疇は残酷な残忍な性格で、悪事を行い、民衆に忌み嫌われていた。このため、姜守旦の王顕疇に対する襲撃には、王顕疇の保標（ボディ・ガード）も参加した。ついで、姜守旦の軍は哨官（警戒のための番兵）の蔣興貴の洋槍隊一〇名余りと交戦して負傷者一〇〇名余りを出し、形勢不利と見るや、清朝の官吏である李進初の屋敷（「植本堂」といった）を襲い、次に村のボス的存在の王勉堂を殺害し、富嶺、大光洞に撤退した。[84] 姜守旦の襲撃対象は、王顕疇や王勉堂のような、各々の地域社会で大きな権勢を築き、悪事の限りを尽くし、人々に忌み嫌われた人物に限られていた。このような点に、姜守旦の義賊としての性格が現れている。一九〇六年一二月、姜守旦は、白い布や白い衣服を身に付けて蜂起を図った。姜守旦は、蜂起に際して参加者に一枚のわら紙を護符として与えている。[85] 姜守旦の蜂起軍は、瀏陽県城を襲撃するために、東方の郊外、占家嶺一帯に至ると、三元宮で襲撃時期を卦で占っていた。

時期は昼ごろである。卦では戌（午後八時頃）と出た。このため、姜守旦は、八卦の占いに頼り、卦に従って戌の時間まで数時間進軍を控え、ために瀏陽県城の襲撃に有利な時期を逸した。(86)清朝の軍隊は、体制を整えた。そして、姜守旦の蜂起軍は、清朝の軍隊との戦闘に敗れ、姜守旦も以降敗残兵と共に平江など各地を敗走して、「終わるところを知らず」と記された。(87)

二〇世紀初頭、義和団の残党が山東省、河南省から鉄道工夫として湖南省に流入し、湖南省の会党と融合した。一九〇六年一二月二五日付け『申報』は、湖南省瀏陽で起きた蜂起、すなわち姜守旦の蜂起について、「瀏陽の蜂起では、某日に県城を攻撃し某日に監獄を強奪すると宣言した。かつ、掃清滅洋、革命義軍の旗号を打ちたて、更に貧民には迷惑をかけず、ただ官長を襲撃・殺害し、あくどく富をなした者の家を襲撃すべきであると称えた。ために、各郷の富家で強奪された者は数えきれなかった」と記している。(88)ここでは、「扶清滅洋」ではなく、「掃清滅洋」とされており、清朝と外国の双方の排斥が説かれていた。瀏陽や醴陵の会党は、教説に末劫論を備えていたように思われる。何となれば、姜守旦の洪福会は富有会の地盤を受け継いでいたが、この富有会の飄布には紅羊（陽）、すなわち現世が衰退し、末劫の到来と共に、未来世にあたる白陽への転換が説かれていたからである。この末劫論では、末劫が到来した場合の禳災祈禱、すなわち個人の救済と共に、現存王朝の否定や至福の世界の顕現が説かれた。そして、二〇世紀初頭、瀏陽や醴陵の会党が義和団と類似する特徴を備えていたために、義和団の残党も湖南省に流入すると、湖南省の会党と融合することができたのであろう。既に指摘したように、清朝政府の官憲の報告では、蜂起軍について、「匪の勢いは甚だ盛んで、約三〇〇〇名余りがいて、白布白衣にて白旗に革命軍と大書した」と報告している。この場合、白衣や白巾は、末劫の到来に伴う災害から身を守る意味を持っていたといえよう。紅燈教が用いた経典の一つに、『五公経』がある。『五公経』は、数種存在する。このうち、一九〇三年（光緒二九年）に重刊された『五公末劫経』には、末劫の到来に関する記述として、「天が黒風を世界に巡らせるのは、悪人が多いせいである。〔黒風により家畜が滅び〕牛は千もの家に一頭もいなくなり、田地は尽く荒地となる。新たな年が訪れ、善者は平穏な生活を回復するが、天は魔王を使い、悪人や凶悪な者を滅ぼすのである」と記した上で、「唐公符を念誦し災苦に耐える時、寅・卯の年になって聖主が出世するであろう。黒衣は白衣に変り、日月のように明るくなる。七日七夜、黒風が世界を巡り、雷雨雹が天地を揺るがすが、例え多数の兵が来〔て殺戮を行っ〕たとしても、この符を帯びる限り、身は安全である」と述べている。いわば、『五公末劫経』では、黒風によって世界が絶滅するが、吃斎〔肉食を絶つ〕と、経巻念誦、符を携帯することで、劫難から逃れることができるとし、かつ末劫が到来した時、世界は清められ、「聖主」が出現し、人々は至福の世界に生きるとしたのである。(89) ここでは、白衣が新しい世界、黒風が災厄の到来を象徴するものとして、対照的に示されている。二〇世紀初頭、湖南省では『五公経』が広範に流布していたと考えることができる。(90) このため、『五公経』に含まれる世界観が、姜守旦の蜂起に投影された側面も否定することができないのである。

第三節　高宗怡の洪天保

一・高宗怡の蜂起

一九一〇年九月二三日、水野梅暁は「半晴半陰の天候に伴ふて不得要領なり。湖南の匪紛は絶へず各処に蠢動し、神経質なる官憲をして戦々競々たらしむるものあるを以て、予は先月より飛翰営の哨官二人を買収して細大の報告を蒐集せんと試みつゝあるも、奈〔何〕せん彼等の程度頗劣等なるに加へて、匪徒其物の程度、思想、更に一層の低きを以て、其主張十二分に知悉すること能はざるも、江西より帰来後に得たるもの〔の〕みを以て、随時抄録して、一よりして二、二よりして三と編を追うて匪徒の情況を一瞥せんとて、湖南匪紛を草す（九月二十三日）」と述べ、「一・匪徒の種類」として、湖南省の会党について次のように記している。

苟も湖南の匪徒を語らんと欲せば、首として指を哥老会に屈せざるべからざるも、哥老会とは其実旧時の総名にして、今は富有、華新、黄漢、回天、洪江、紅燈、白蓮、洪天保（一名保華田）等の無数に分れて、絶へず各地に蠢動を試みつゝあるが、富有以下紅燈会匪に至る数者は其声咸新来の白蓮及洪天保に及ばざるものゝ如く、此等の各匪は洪江の姜守旦、龔春台、洪天保の高宗怡等を以て大頭目となしつゝあるものゝ如く、而して其分布は湘江流域にては醴陵県下の淥口（湘潭の上流百二十清里）を洪江、富有の起拠となし、瀏陽、醴陵を巣窟となし、沅江流域にては沅江県及桃源県を根拠として白蓮教及洪天保の両者跋扈しつゝあるものゝ如し。而して其数は驚く可き多数に上り居るものゝ如し(91)。

水野梅暁は、この文章に続けて、「二・海底及び飄布」として、「彼等匪徒の最も秘密にし且つ尊重するものは、海底及び飄布の二者にして、前者は左の如き形式を以て之を統一せんとしつゝあり」と述べて、「（イ）海底」の項に「首領一人、康、国師と号す」、「大元帥一人、劉藹」と記した。そして、幹部にあたる五堂（座堂、陪堂、執堂、礼堂、刑堂）として、一・座堂二人、能斌・揚斌、二・陪堂二人、黄清・劉皆、三・執堂二人、符華・彭定、四・礼堂二人、徐福・萬林、五・刑堂二人、黄桂・魏連をあげ、「右の五堂にて幹部を組織し、其下に左の職司を置く」とした上で「一・新副一名、龍頭と号す、二人、李桂・李元。一・聖賢二人、程清・廖保、軍師即参謀。一・当家二人、黄和・鄭生、出納事務を司る。一・管事二人、易雲・蕭甫。一・紅旂二人、李文・呈祥、軍器を司る。一・九江二人、李紅・程文、是は庶務の総匯たるを以て九江と云ふ、即ち庶務課の意なるべし。一・巡風二人、黄夫・黄林、探偵。一・么満二人、何堂、譚元、伝令の任に当る」と記した。更に、水野梅暁は、この上に立って、「右は海底なる総原簿の始めに署したる職司なり。而して康、劉の二人は左の肩書を有せり。天命興漢滅奢掃夷除洋招聚中華孝子仁義兄弟大国師、康。双眼花翎統領水陸苗兵及京省水陸全軍兵馬大元帥、劉藹」と記した。なお、水野梅暁は、「(ロ)飄布」の項に「数年前、黄漢会の首領楊燮廷の用ひたるものにて金蘭結義票、左の如し」と述べて洪虎堂の飄布をあげ、更に高宗怡の飄布を記した(92)。

一九一一年二月、遠藤保雄は、「高宗怡は沅江県の産、拳法神打を能くす。常に技人数人を養ひ、修技を名として無頼の徒を糾合し、密に洪天保なる哥老会の一派を立て、自ら頭目となる」と述べ、高宗怡の洪天保が沅江を拠点に多くの「技人」を養い、会党を糾合したとしている(93)。「技人」とは、神拳の担い手を意味するものであろう。高宗怡が用いた飄布は、赤の絹で長さ一尺五寸余り、幅二寸五分で、上に八卦を描き、中央に小楷で七言一二句を、左右に篆書で七言絶句を記した。八卦と篆書の七言絶句は印字、中央の七言一二句は肉筆であり、七言絶句には「雲遊起義致賢良、忠心立志定家邦、福禄黄河安社稷、楚南文武保華田（雲遊して蜂起し賢良を致し、忠心に志を立て家邦を定め、福禄なる黄河は社稷を安んじ、楚南の文武は華田を保つ）」と記されていた。この最後の「保華田」が、高宗怡の洪天保の別名、保華田の由来である。七言一二句には、「品級台前分高下、天生洪仏坐中華、仏与天斉出聖賢、級品台前保名家、月中丹桂好攀拿、法動中華数万年、品級咸俄付柳葉、群仙勇力帰陛下、有人識得霊丹葯、級品黄俄生桂厳、万国依然付漢家、就是長生不老仙（品級は台前で高下を分かち、天生の洪仏は中華に座る。仏と天は共に聖賢を出し、級品は台前で名家を保つ。月中の丹桂は攀り好く、法は数万年中華を動かし、品級は咸な柳葉に付し、群仙の勇力は陛下に帰す。人は霊丹葯を識り、級品は黄俄にして桂厳を生ず。万国が漢家に付せば、長生不老の仙人となろう）」と記され、理想世界での貧富の平等と不老長生が約束された(94)。高宗怡の門弟に、黄倫雲なる人物がいた。湖南省の官憲は、黄倫雲の逮捕後、黄倫雲の供述書をまとめた。黄倫雲の供述書では、高宗怡が紅緞八卦袍を身に着け、皇帝と称した他、劉鏡秋が左営官となり、常服を身に着け頭に五仏冠を戴き、陽萃喜すなわち陽三喜が右営官となり、紅袍を身に着け、王海山が前営官となり、黄袍を身に着け黄帽を頭に戴き、李益秋が左軍師兼督陣官となり、白い戦袍を身に着け、張福田が左軍師となり、常服を身に着け五仏冠を頭に戴いたことが記されていた(95)。山田勝治は、黄倫雲の供述書を見て後、「今此の口供を視る、始めや衣冠堂々、部位整々、其の状演劇を見るか如く、其勢負嵎の虎の如く、終りや一敗塗地、隊伍瓦解、首将先つ身を以て奔鼠す。其の醜怯、処女たに如かず、其の児戯に類せさる、寸を以てする能はず」と述べている(96)。高宗怡の蜂起軍は、一九〇〇年の義和団における場合と同様に、戯劇の登場人物のようないでたちをしていたのである。

一九一〇年七月五日、長沙駐在副領事村山正隆は外務大臣小村寿太郎にあてて、「本件に関し当地官場に達し居る報告に拠れは、七月一日常徳府沅江県三眼塘地方に於て拳匪類似の徒、土民を強迫し約千余人を糾集して蜂起、教会堂を焼払ひ監獄を破壊すと揚言したるを以て、沅江県知県は直ちに巡防隊及ひ新軍と協力して防護の方法を講し、一面巡撫に応援を電請し来りたるを以て、去三日当地より水陸軍を急派したるに、同四日同知県より匪徒は已に撃退し、全く平穏に帰したりとの電報達したり云々」と記している(97)。七月二日、高宗怡の洪天保が蜂起し、沅江県城を襲撃した。湖南巡撫岑春蓂の報告では、沅江県知県傅国俊の報告が、高宗怡の蜂起軍の人数をほぼ一〇〇名余りとした上で、「該匪は旗を掲げ、角笛を吹き、頭に黄巾を巻き、発砲して捕縛に抵抗したため、互いに戦闘になり、勇丁で負傷者が多数出たが、力を尽くし攻撃した結果、旗を取っていた匪首数名をその場で殺害し、数十名を負傷させた」と記していたという(98)。また、一九一〇年八月九日付け『時報』の記事は、「今回の沅江県の会匪の蜂起は、安化、益陽の匪賊と結託してなされた。蜂起の当初、大勢を三眼塘に集め、壇上で指揮し、教堂を焼き、監獄を強奪すると揚言した」

と記し、高宗怡の蜂起軍が黄色い衣服と布をつけ、旗を五色に分け、八卦の衣服を身に着けた者が諸葛孔明のように青い頭巾を被っていたとして、次のように述べている。

今回の匪乱の中で、八卦の衣服を着た者がいた。匪党はこれを軍師と見なし、郷愚を呼び集めて、壇を設けて拝斗〔北斗七星の礼拝〕を行った。〔匪党は〕現在既に捕縛されて、省城に至っている。供述する所によれば、彼らは岳州における匪乱と異なるものではない。彼らは関聖帝君を身に負い、敵と向かい闘ったが、実際には兵器などなく、無頼・遊民が借りて大騒ぎを図ったにすぎないものであった。にもかかわらず、各地方官が言葉を誇大にし、匪賊と称えたのは、功業を立てる気持ちがあったかのようである(99)。

この拝斗〔北斗七星の礼拝〕は、一九一〇年六月、湘潭の花石市で起きた蜂起でも用いられていた(100)。この理由としては、義和団の残党が直隷省、河南省、山東省から流入した点をあげることができる。湖南調査局編『湖南民情風俗報告書』第八章「神道」は、「星家は、家人の命宮〔運勢〕が枯渇しているという。また、道家には厄災を解き生命を延ばす術があり、これを拝洪といい、斗と名づけ、燈火を焚いて七星燈を作り、斗杓形にし、経識〔儒教の教義で符讖の説を飾ったもの〕に節をつけて読むもので、これを拝することで病魔の撲滅と寿命の延長が可能になるとした」と述べている(101)。このため、高宗怡の洪天保も、義和団などと同様に、北斗七星の礼拝を行い、病魔の撲滅と延命を口実として活動していたということができよう。

二・会党と治病、蜂起

一九〇二年四月以降、長江流域では疫病が蔓延し、不穏な情勢となった。この情勢は、湖南省においても例外ではなかった。一九〇三年一月二六日、岳州税務司のハリス（Harris）は、一九〇二年の疫病騒ぎと辰州における宣教師殺害事件、すなわち辰州教案について次のように述べている。

調査してみると、内地の水が多い時は、湘江や沅江には皆な汽船が航行しており、イギリスやドイツの両国の軍艦も前後数回遊歴していた。イギリスの漢口駐在総領事ラッセル〔Russell〕と同代理副領事ジャイルズ〔Giles〕の二氏もまた長沙に赴き、公用で〔湖南巡撫〕兪廉三中丞に謁見した。調査してみると、本年の長江一帯は疫病〔の被害〕が甚大であり、湖南省の各処にも〔疫病の〕感染者があらわれ、民情も不穏となり、二つの殺人事件が起きた。幸いにも、宝慶の事件は未だ発生しない段階で官憲が防備に務め、主犯の賀某〔賀金声〕を逮捕・処刑した。遺憾なことに、辰州は〔湖南〕省城から距離が遠いために、疫病によって謡言が起こり、〔謡言では〕外国人が毒を散布したと言い伝えられ、多数の民情が沸き立ち、善悪の区別もつかなくなって、郵便局とキリスト教会がめったやたらと打壊され、郵便局の職員一名が殴打されて負傷し、かつ〔キリスト教の〕宣教師二名が殺害された。洋務総局とジャイルズ副領事が現地に赴いて調査を行い、湖南巡撫より騒乱の起きた状況が政府に報告され、〔政府が〕上諭を奉じて懲罰が下された。(102)

一八九九年一二月には岳州が開港し、沅江流域の辰州にも外国の勢力が及ぶようになった。辰州は、湖南省の西部、いわゆる湘西地方に位置し、中心が沅陵である。一九〇〇年、一人のイギリス人宣教師が辰州を訪れている。一九〇二年の疫病の流行は、このような岳州開港による外国人の辰州への流入という社会情勢と無関係ではないであろう。(103)一九〇二年の辰州教案は、次のような経緯を辿った。一九〇二年四月以降、辰州では疫病が猛威を振い、この疫病は外国人が撒いたものであると言い伝えられ、かつ恨みを抱いて毒を井戸に入れたなどの謡言が起きた。七月二六日、街巷の垣根に掲帖が張り出され、この謡言が流布された。中国内地会のイギリス人宣教師であるロイス（Lowis）とブルース（Bruce）が沅陵知県万兆莘にこの掲帖を送って閲覧させると、万兆莘は即座に告示を出して謡言の事実無根を説くと共に、民情の安静に務めることを約束した。ところが、万兆幸が逡巡して数日間、告示を出さなかったため、民衆の謡言は日に日に激しさを増した。八月一二日、再び街巷に掲帖が張り出された。そして、八月一五日、大勢が一人の老婆を捉え、彼女は外国人に雇われていて、井戸に毒を投げ込んだ者であるとした。この老婆は、キリスト教徒である蔡栄光の雇用人であった。野次馬が街巷で押し合い圧し合いとなったため、二人の宣教師は危険を感じ、辰州府衙門に赴いて兵を派遣してキリスト教会を保護するよう依頼した。すると、大勢の民衆は教会に押し入ろうとし、ブルースがこれを阻止しようとして殺害された。また、ロイスは、城守衙門都司の劉良儒の家まで逃亡して保護を求めたが、劉良儒は門を閉ざして中に入れなかった。このため、ロイスは、呉家棚地方まで逃れたところで民衆に捕えられ、殺害された(104)。同教案は、疫病が外からもたらされ、この外からもたらされた疫病の象徴として捉えられ、宣教師が殺害されたところに特徴がある。このことは、疫病の除去が外国人の排除、更に外国人を保護する清朝政府への批判と結び付く可能性を示していたのである。

湖南省では、一八九九年一一月に岳州が、一九〇四年七月に長沙が、一九〇五年五月に湘潭と常徳が相次いで開港した。これらの開港は、列国の利権獲得競争によるものである。そして、一九〇二年六月、イギリスの怡和洋行〔Jardine Matheson & Co.〕は昌和号一〇五六トンを廻航し、次いで一九〇三年、同じくイギリスの太古洋行〔Butterfield & Swire Co.〕が沙市号一〇三〇トンを廻航し、更に一九〇四年七月に日本の湖南汽船会社が湘江丸九三〇トンと沅江丸九三〇トンを廻航した。この他に、中国の両湖公司が湘泰号九五トンを運行したが、貨物運搬用ではなく、旅客の運搬に用いられた(105)。この結果、湖南省の通商は、一九〇四年七月一日の長沙開港に前後して、面目を一新するに至った。一九〇四年七月一日、すなわち長沙開港以降同年一二月三一日までの半年余りの期間に、長沙に出入港した汽船は、イギリスが出入港隻数七〇、トン数五万二四〇〇、日本が出入港隻数七六、トン数四万四〇八〇、中国が

長沙						
	入港艘数	噸数	出港艘数	噸数	出入港艘数	噸数
イギリス	35	26,200	35	26,200	70	52,400
日本	38	22,040	38	22,040	76	44,080
清朝	45	3,770	46	3,781	91	7,551
合計	118	52,010	119	52,021	237	104,031
湘潭						
	入港艘数	噸数	出港艘数	噸数	出入港艘数	噸数
イギリス	24	17,969	24	17,969	48	35,938
日本	27	15,660	27	15,660	54	31,320
清朝	298	2,662	297	2,651	595	5,313
合計	349	36,291	348	36,280	697	72,571

表一　長沙と湘潭の出入汽船数（1904年７月１日―12月31日）
典拠　安井正太郎『湖南』（博文館、1905年）57―58頁

出入港隻数九一、トン数七五五一となり、同時期の輸出入高の合計はイギリスが一七五万三三二二両、日本が一〇六万九〇六八両となり、イギリスと日本を合わせた数は二八二万二三九〇両となった。また、同時期の湘潭に出入港した汽船は、イギリスが出入港隻数四八、トン数三万五九三八、日本が出入港隻数五四、トン数三万一三二〇、中国が出入港隻数五九五、トン数五三一三となった[106]。日本が出入港とも隻数ではイギリスを上回ったが、輸出入高の合計でイギリスに遅れをとった。この理由は、日本の汽船がイギリスの汽船に比べて小型で、一隻当たりの貿易額が少なかったことによる。この数字からは、一九〇四年七月一日の長沙開港以降、湖南省の貿易が活況を呈し、かつイギリスと日本が激しく競い合っていた事実が明らかになる。特に、湖南省の長沙と湖北省の漢口との間の通商が頻繁となり、漢口より他省に運搬される物資の総量約七五九万六八一八両のうち、湖南省は三〇一万三二〇二両を占めて一位であった。また、湖南省から漢口に輸出される貨物では、茶が漢口市場の大半を占めてほぼ五五〇万両に上り、米は湖北省の民食に供するため、毎年平均一〇〇万坦、二〇〇万両に達し、材木は沅江流域より常徳を通過して漢口に至るものが毎年約六〇〇万両となり、この多くが漢口をへて中国の各省に送られた。石炭は、採掘方法の未発達により、毎年の輸

出額が五〇万両にとどまった。そして、この他に、アンチモニー、桐油、麻、獣皮、諸種の鉱物などをあわせるならば、輸出額の合計は少なくとも約一五〇〇万両に及んだ[107]。この結果、湖南省は、列国の利権獲得競争に巻き込まれ、商工業の発展と共に農村の荒廃、及び多くの失業者がもたらされる一方で、各地の港湾を結ぶ交通網の中に湖南省が組み入れられることになった。このために、他地域で疫病が発生した場合、湖南省にも瞬く間に被害が拡大する危険性にもさらされたのである。

一九〇二年、水野梅暁は、東亜同文会の委嘱によって湖南省を遊歴して衡山県の南嶽まで至り、南嶽までの道中の見聞録を加えて「湖南仏教視察報告」を著した。水野梅暁は、同報告で「若し又伝染病流行の時に際せば、人民地方官に請ふて、其郷の神仏像を奉じて、各戸に巡回して、以て疫鬼を追ふ、之を打醮駆疫と云ふ。元来此打醮は道家の儀式にして、我国の所謂御祈禱に彷彿たるものにして、其混雑喧騒蓋し云ふべからざるものあり」と記している[108]。そして、郷紳である葉徳輝の弟の葉徳耀は、この年に亡くなっていた。葉徳耀は、疫病で亡くなった可能性があった。そして、葉徳輝は葉徳耀の死を次のように記している。

長沙に部郎の曹燿湘、字は鏡初なる者がいた。長い間、曾国藩の幕客となり、郷里に隠棲後、〔同治〕中興の諸功臣が多くの殺戮を行い、子弟が豪奢な生活や賭博、飲酒を恣にし、世間の風俗も徐々に衰えているのを目撃し、釈尊の書の翻刻を勧めることによって、郷里の風俗を正そうとした。終日、道士の冠や衣服を着け、〔僧侶が座禅に用いる〕がまの葉で編んだ敷物に座り、穀物を食べることや火で煮ることを止め、時には世俗に伝わる関聖、呂仙の神などを祀り、割符を焚き、蘊奥を極めるに至った。弟子には、零陵の梓継賢、字は作霖、長沙の孝廉の周寿呂、字は紹邵がいた。舎弟は一たび見えると忽ち意気投合し、毎回集っては対座してうわ言のように語り、私が密かにこれを聞いてみると、何の言葉を述べているのかわからなかった。ただし、賓客の騒ぎ乱れる様は、仏摂魔のようであったが、一として聞いたり見たりすることがなく、我が父母が呼ぶと直ちに応じて起居を訊ね食事の按配を見たりした。ただし、朝晩定通り猶予がなく、私が偶々事に応じて叱りつけ、大きな言葉をあげて怒鳴ると、和らいだ様子で聞き入れた。壬寅〔一九〇二年〕夏と秋の間、私は大病により殆ど死ぬところであったが、舎弟は神に祈り医者を招き投薬を行った。……〔次いで、葉徳耀が疫病に罹り〕私は舎弟が病気を患い、頬の瘡蓋を病み、危険が押し迫るに及んで、家中が恐れ戦いた。ただし、舎弟については手を拱くばかりで方策がなく、とうとう毒をもって没した。(109)

湖南省の疫病の伝統的な対処法は、常時と臨時、喪葬の三種に分けられた。常時の対処法には、神符の貼付、祛毒酒の飲酒、迎神賽会の挙行の三種があった。また、臨時の対処法には、疫病が人の口や鼻から入るのを防ぐために、朱砂や雄黄（鶏冠石）などの薬を嗅いだり、湿気を防止するために様々な草で室内を燻したりした他、神の霊験を借りて「天よ、悪類を掃滅されん、某某神よ、このために取りなしをなされよ」と述べたり、神意を請うて「一身の災難を免れん、一家の災難を免れん」と述べた。喪葬の対処法では、死体の口を皮紙で封じたり、葬儀に赴かなかったり、改葬を行わなかったりした。(110)いわば、疫病の対処法は、神の霊験にすがるのが一般的であった。一九〇六年の萍瀏醴蜂起の直前、湖南省の長沙や湘潭では疫病の拡大が噂されていた。また、山東省で義和団が短期間に拡大した背景には、一八九九年の大旱魃に伴う民衆の憂慮、失業、飢餓に対する恐怖心の存在が指摘されている。(111)このことは、疫病の流行が民衆を神拳の習得に駆り立てたことを物語る。一九一〇年五月から六月の間、南京では腸チフスや猩紅熱で死亡する児童が多数出て、不穏な情勢となった。一九一〇年五月、ハレー彗星も地球に接近し、謡言が起きていた。(112)このため、一九一〇年七月、高宗怡の洪天保が八卦の衣服を纏い、「拝斗」の方法を用いて蜂起を起こした理由も、ハレー彗星の接近による恐慌状態と共に、疫病に対する恐怖感にあった可能性もある。

三・高宗怡の死後

一九一〇年一〇月から一一月にかけて、満洲里、ハルピンでペストが発生し、東北各地、北京、天津、山東、更には湖北省の漢口にまで被害が拡大し、翌一九一一年四月に終息するまで、感染による死者は五万人以上に及んだ。この間、一九一一年二月、各国の漢口駐在領事は湖広総督瑞澂に対して、漢口への被害を食い止めるために、京漢線の運行停止を要請した。何となれば、東北で発生したペストは、湖北省、湖南省にまで被害を拡大させる恐れがあったからである。ただし、一九一一年二月、湖広総督瑞澂は、京漢線の運行停止については消極的な態度を示していた[113]。この一方で、瑞澂は、漢口に験（検）疫公所を設立し、ペストの流行に対する対策を示していた[114]。上海では、一九一一年五月、七月、八月にも再びペスト患者が発生していた[115]。そして、一九一一年一〇月一一日付け『時事新報』が、満洲に出現した白百合社について、「此の天の使者と称する教祖は其教へを伝播するが為に総ての機会を利用せり。其一例を示せば先般満洲にペスト流行の際に、此の教祖及び其信徒等は疫病除〔け〕の霊水を広め信仰を以て、此の水を飲めば疫病を免る可しと説き廻れり。若し此の霊水を飲みても尚ほ疫病の為に死する者ありて之を難ぜらるれば、是れ信仰の足らざるが故なりと答ふるなり。此の霊水に依りて疾病を癒されたる人々の姓名を列記して広告と為し居り、現今其信徒数千人を以て算す可く、多くは無学文盲の賤民なり。彼等は僅々数年の間に多くの寺院を設立したるが、チャイナ・ガゼットの所報に依れば其経費は尠なくも七百万両を下らざる可しといふ」と記し、かつ黄天教社について、「此の教徒は揚言して清国は創業の時より飢饉洪水の如き種々の災害に遭遇せり、人々は此の災害より免るゝが為に常に肉食を禁じて精進せざる可からずといへり。此の教徒は婦人には赤色の靴、小児には黄色の靴を穿たしめて其表号と為し居り、其教徒の数千を以て算す可し」と述べたように、民間信仰が信者を拡大させた[116]。一九一二年六月二七日付け『申報』紙上には、次のような高宗怡に関する記事が掲載されている。

湖南省の会匪はこれまで名目が繁多であり、かつ往々にして場所を各属に分けて堂を開き飄を放ち、蜂起を図った。近頃、平江、醴陵、瀏陽、寧郷、湘潭などの県から、相次いで報告が〔湖南〕省城に至っている。これらの報告によるならば、会匪が大勢を集めて惑わし、密かに謀反を図っているが、このうち寧郷〔の会党〕が最も甚だしかった。そして、寧郷の郷民は、多くが匪党に強制されて入会し、かつ会費を納入しなければならず、入会者は身家を保つことができるものの、会に入らなければ殺害や強盗にあうであろうとの語があった。かつて、軍務司より各団防営に知らしめて随時防範に留意させると共に、布令を出して周知させ案件済みとなっていた。ところが、前日、桃源県士紳の羅大文らは、次のような報告を行っている。「紅燈会匪目の高宗怡と張福田は前清の宣統二年〔一九一〇年〕に沅江県で騒擾を起こし、事敗れて後、桃源県の大安村に潜伏し教を伝えたが、昨年〔旧暦〕四月〔西暦一九一一年五月〕、該県紳民の摘発により、知県章錫光が匪首を捕えて処刑した。現在、余党は再び該処で二千余人を集めて神拳を演習し、様々な方法を用いて勧誘を行ったが、目的は不逞を図ることにある。速やかに兵を派遣し掃蕩せよ」、と。現在、湖南都督府より常徳の駐屯軍隊に打電し、近場から至らせて撲滅を図り、首領を捕えて根株を断たせることにした(117)。

この記事よりするならば、洪天保の高宗怡は一九一一年五月、湖南省の官憲によって沅江下流の桃源県で捕えられ、処刑されていたのである。ここでは、高宗怡を「紅燈会匪」と記している。なお、一九一〇年八月一九日付け『時報』は、湖北省大冶県で紅燈会が摘発され、頭目の一人、柯玉山が捕縛された旨を報じていた(118)。桃源県は、沅江下流に位置し、北に湖北省、東に常徳、南に安化と接している。大冶県の紅燈会は、高宗怡の洪天保と連動していたのではなかろうか。

一九一一年六月から七月にかけて、湖北省、湖南省では連日大雨が続き、湖南省の長沙、益陽、武陵、華容、安郷、常徳、沅江、龍陽のみならず、湖北省荊州府の江陵、松滋、石首、監利、沔陽、黄梅県で大きな被害を出し、更に天門県ではコレラに似た病気が発生し、下痢と嘔吐を繰り返し、水薬を飲んでも吐き出すため、医師も手の施しようがなく、死者も数百人を下らなかった(119)。すると、翌一九一二年六月、沅江流域の桃源県にある胡陽郷で紅燈会なるものが現れ、飄布を放ち強奪を行った。この紅燈会は、頭目の秦春来、黄定元、宋教貴、陳永生、方福生、鄒廷耀ら数十名と、女頭目の穆桂英、樊梨花、観音老母、及びその母が偽名を用いて結託し、衆生を惑わし、約一五〇〇名を集めて同所の観音寺で符咒〔秘文や呪い〕を行い、飄布を放って山堂を開き、「某地を強奪し、某村を焼き、教堂を打ち壊す」などの告示を張った。このため、住民は災難を逃れるため、荒れ地のまま、牛を捨てて他郷に逃れた。桃源県知事及び団総は、軍務司に打電して軍隊の派遣を要請した。すると、桃源県駐在軍の副長彭斟元が二隊の兵を率い、僅か一八丁の銃を携えて出動し、六月二四日黎明に黄定元の家に押し入った。黄定元は綽名を趙子龍と呼び、ちょうど符咒を行っていた。彭斟元が兵士に逮捕を命ずると、黄定元は刀を振り回して抵抗したが、程なく取り押さえられた。彭斟元は、黄定元と共に、黄忠、穆桂英、樊梨花ら四名を捕え、令牌、告示、呪本、符簶（護符）、梭標（両刃の刀の付いた槍）、火銃などを押収した。次に、首領の鄒廷耀の家に至ると、鄒廷耀らは既に逃亡しており、観音老母の母一人のみを捕え、大刀、符呪、梭標、鉄尺などを押収した。官兵が朝陽山にまで逃亡者を追跡すると、秦春来や鄒廷耀ら数十名は約五〇〇名を集めて火器を用いて抵抗し、戦闘状態に入った。そして、官兵一名が死亡、四名が負傷し、銃四丁が奪われた。そこで、副長の彭斟元は、やむをえず先に捕縛していた五名を処刑した(120)。この事件では、頭目の一人に観音老母なる女性がいて、符咒を行うと共に、官兵によって令牌、告示、呪本、符簶、梭標、火銃、大刀、符呪、梭標、鉄尺が押収されていた。桃源県の胡陽郷の紅燈会は、黄蓮聖母や青蓮聖母、現世菩薩、鐵花仙子などの女性を頭目に戴いている点で、四川省の紅燈教と同類であったといえよう。そして、桃源県が高宗怡の逮捕・処刑された場所であり、湖南省の官憲が高宗怡を「紅燈会匪」と記した点に鑑みるならば、一九一二年六月の桃源県における紅燈会の事件は、前年の大水害と疫病に対応したものであり、かつ高宗怡の洪天保の影響を強く受けて行われていたと考えることができる。

一九一一年一〇月三一日、湖南都督に譚延闓が就任すると、会党に対する対策に努めた。そして、翌一九一二年一月一八日付け『申報』には、湖南都督譚延闓による「大漢が盛んに興り、心願は既に成就し、目的もまた達成された。全ての洪江会、哥老会、及び三把香より発した富有会、大擺隊、鐵擺隊、十字会、更に未だ指名されていない各種名目、馬元帥、大元帥、坐堂、陪堂などの諸名称は、何時起こり何処に伝わったのかを論ずることなく均しく取り消し、漢を恢復するという本意に適合させるべきである」という会党対策の記事が掲載されていた。(121) 一九一二年六月二四日以降、湖南省では大雨が続き、洞庭湖及び湘江河岸に甚大な被害が出た。(122) 一九一二年七月、湖南都督譚延闓は、再び同様の示諭を告示している。(123) この背景には、一九一二年一月の湖南都督譚延闓による会党の禁止の布告によっても、桃源県における紅燈会の蜂起など、会党の行動は収まらなかったことがある。一九一二年八月、すなわち桃源県の胡陽郷に紅燈会が出現した二ヶ月後、湖北省の天門と鍾祥の交界地帯で紅燈会が蜂起した。同地は、湖南省の桃源県と華容県の北、湖北省の漢口の西に位置する。この湖北省の天門と鍾祥の交界地帯である楊家冲は、もともと会党の成員の溜まり場であった。同地の熊元光は、会徒の四天王の一人であり、周囲で強奪などを行っていた。そして、五月、鍾祥の紅燈会が蜂起し、天門の紅燈会と聯合し、八月一六日に天門で蜂起するという計画を立てた。果たして、八月一六日夜、紅燈会の四天王の熊元光は、同じく四天王の金毛狗と共に、八〇名余りの会徒を引き連れて、天門にある余新河を襲撃した。これらの会徒は、銃を放ち銅鑼を鳴らして数千名もいるかのように見せて強奪を行ったため、街は空になった。この中で、最も悲惨であったのは豊泰と立新の二つの質屋で、金銭や衣服が跡形も無く失われてしまった。影響は間接的には貧民に及び、財産を守ろうとして負傷した者は数十名に及んだ。そして、紅燈会の会徒は、四時間後に退散した。天門県の知事は慌てて巡警を派遣して弾圧に赴かせようとしたが、巡警は恐れ慄いて進もうとせず、翌日になって漸く街を回り、知事もまた民政司長に打電し、第三〇標第一営に掃討を行わせ、郷村や民衆の保護に務めた。九月八日、首領の熊元光は偽の軍服を着て、大胆にも余新河の街市をぶらつき、某探偵に探知されて巡警に通報された。そして、軍隊と巡警は、共同で熊元光を捕縛し、県衙門に護送し、盗品数十件を捜査し、ますます匪賊の確証をえた。[124]ここでは、頭目に黄蓮聖母や青蓮聖母、現世菩薩、鐵花仙子などの女性が出現していないが、官憲からは紅燈会の名をもって呼ばれていた。これよりするならば、紅燈会は、紅燈教と哥老会を含む、幅広い範疇であったことが理解できる。そして、高宗怡が処刑されて後、中華民国に入っても同地に大きな勢力を張り、一向に衰える気配を見せなかった。湖南調査局編『湖南民情風俗報告書』の第九章「習染」では、「紅教は少林寺派に託して頭を紅巾で包んだ」と述べた。[125]従って、「紅教」とは、少林神打もしくは神打などを用いて徒党を糾合し、蜂起を起こした一群を指すと考えられるが、高宗怡などは紅燈教の影響を受けているため、少林神打を用いた一群だけでなく、広く紅燈教徒一般を意味しているように思われる。

おわりに

本章では、湖南省の会党による末劫論の利用について、会党の地域的分布や各々の特徴を中心に考察した。湖南省の会党は、民衆の間に深く根づいていた。このため、官憲の一片の布令によって、会党を解散させることは不可能であったといえよう。一九一三年二月二七日、すなわち中華民国の成立後、日本の沙市駐在領事館事務代理橋口貢が外務大臣牧野伸顕にあてて、湖北省沙市における哥老会の現状を次のように報告した点は、この間の事情を濃厚に物語るものである。

清朝時代、哥老会は危険なる秘密結社の一として清廷の夙に恐怖せし所にして、其取締も頗る厳密を極めしが、其党与は広く長江一帯に塡塞し、従而当沙市地方にも陰に蔓延し居たるが、別に政治上の革新などを図る大目的を有する会匪に非ずして、只会友互に相保護し、衣食の資を求むるに過ぎざりし。今回の清国大変乱に際しては、同会徒〔哥老会徒〕は革命軍に好意を表し、殊に革命軍兵隊の大部分は哥老会に属したるを以て、共和民国成立以後は哥老会徒も民国の一分子なりとし、公然大手を振り誰憚らず、当沙市にては昨秋〔一九一一年一〇月一〇日の武昌蜂起〕以来官帯巷に事務所を設け、同袍社と称し、結社の旗上を為すに至れり。近来殊に其会員は下級社会に日々増加し、従而市井の間に勢力を発揮し、警察、官憲なども其暴力を恐れ、充分に取締るを得ず、将さに弊害の漸く萌芽せんとしたるを以て、今回在武昌黎〔元洪〕副総統より別紙写の如く命令を発し、之れが解散を命じ、茲に表面上当地同袍社は本月解散したり。黎副総統の命令の文字頗る温言慰撫の気に充つるより見れば、到底根底より同社の解散など出来る効力あるにあらず、単に形式上公然の行動を停止せしめ得たる位に止らん。当沙市同社は広く下級社会に其根底を有し、凡ての職人、無頼の徒、兵隊等は其会員にして、初め入会料銀弐元（約邦貨弐円）を徴収し、一旦会員となりし上は会員の艱難に際して互に緩急救助し、其安寧を保護するを約す。同会員の内には親分あり、平生は市街の茶館等に集会し、常に飲食交情を温め居れり。彼等会員と市民の争闘ある際には警察官は知らざる体を装ひ、手を拱き居れり。若し取締をなし、彼等の恨を買はんか、後難の恐る可きを知ればなり。右及御報告候。敬具。(126)

ここに示されたように、会党には警官すらも容易に手出しすることができなかったのである。湖北省の沙市は、江陵県の東南にある大江の左岸にあり、商業地で小漢口の称号があった。一八九八年五月、沙市では、輪船招商局の番人が湖南省出身者を棒で殴り怪我を負わせたことから、民衆によって税関、輪船招商局、怡和洋行、日本公館などが破壊、焼き討ちされる事件、すなわち沙市事件が起きている。(127) 沙市事件の首謀者、参加者は全て湖南省の出身者であり、このことからも同地が湖南省と密接な関係を持っていたことが理解できるであろう。そして、この状況は、隣省の湖南省でも同様であったように思われるのである。

湖南省の会党は、湖南省の東部が江西省に、西部が四川、貴州両省に、南部が広東、広西両省に、北部が湖北省に接したことから、湘江に程近い瀏陽や醴陵の会党が江西省の会党と結び、沅江流域の沅江や桃源の会党が四川省や貴州省の会党と結ぶ傾向を持った。姜守旦の洪福会は湖南省の中東部、湘江流域に程近い瀏陽を地盤とし、高宗怡の洪天保は湖南省の北西部、沅江流域を地盤とした。この中で、高宗怡の洪天保は、四川省の紅燈教の影響を強く受け、神打だけでなく、戯劇の役者のような出で立ちをして、末劫の到来と平等な社会の実現を説いた。また、沅江流域の会党では、女性の活躍も見られた。これに対して、姜守旦の洪福会は、一九〇〇年の唐才常の自立軍蜂起における富有会の飄布を受け継いでいた。富有会の飄布では、「紅羊〔陽〕劫の運」の到来、すなわち現在世の衰退と共に末劫の到来、未来世の白陽への転換が告知されているため、姜守旦の洪福会の白い衣服、白い頭巾は白陽における生存を意味したと考えてよいであろう。姜守旦はまた、神打の達人としても知られ、神々の人体への憑依による武術を用い、「劫富済貧、不要擾民〔富者を襲い貧者を救い、民を煩わせない〕」をスローガンとして富豪の富を強奪し貧民に分配した。この場合、「劫富済貧」は、貧民の理想世界を体現したといえよう。もともと、姜守旦の洪福会が一九〇〇年の自立軍蜂起における富有会の地盤を受け継ぎ、富有会の飄布で紅羊〔陽〕劫の到来が説かれたように、瀏陽や醴陵の会党は末劫の到来における個人の禳災祈禱と共に、理想世界の実現と現存王朝の否定を教説として備えていた。いわば、高宗怡の洪天保と姜守旦の洪福会は、湘江流域と沅江流域という異なる地盤に依拠しながら、個人の禳災祈禱だけでなく、救世主の降臨と現存王朝の否定、及び至福の世界の顕現という類似の特徴を持っていた。そして、一九〇〇年以降、義和団員は、清朝政府の弾圧を逃れて山東省や直隷省、河南省から湖南省に流入する一方、湖南省の軍隊も北上することにより、義和団の残党と湖南省の会党の融合が進む中で、外国人の排斥も強く指向するようになったのではなかろうか。

湖南省の会党と末劫論の関係は、次の二点の特徴を持った。第一点は、会党が、病魔の撲滅と延命を口実に、民衆を神拳の修得へと誘った点である。一九〇六年の萍瀏醴蜂起の直前、神拳が洪水や飢饉、疫病の発生時に流布した理由も、この点にある。いわば、民衆は、一九〇〇年の義和団の場合と同様に、洪水や飢饉、疫病の流行に伴い、洪水や飢饉、疫病の恐怖から逃れようとして、神拳を習得したと考えられるのである。第二点は、会党が教説として末劫論を備え、神拳の習得により個人の禳災祈禱だけでなく、現存王朝の否定を目指すものとなった点である。神拳の流行が洪水や飢饉、疫病の流行に対する個人の禳災祈禱を契機としたと考えた場合、重要な事柄はこれら洪水や飢饉、疫病の流行が、二〇世紀初頭の湖南省の状況と深く関わっていた点である。二〇世紀初頭、湖南省では毎年のように、洪水、飢饉、疫病が発生していた。このような状況は、人々に末劫の到来を思わせるのに充分なものがあったのではなかろうか。いわば、湖南省の民衆の疲弊、疫病の流行、地域社会の動揺、清朝政府の腐敗が、民衆の側に末劫の到来を予感させ、末劫論を流布させたのである。特に、湖南省では一八九九年一二月に岳州が、一九〇四年七月に長沙が、一九〇五年五月に湘潭と常徳が相次いで開港し、この結果として湖南省は他省の開港場と交通網を通じて強く結ばれるようになり、経済や工業の活性と共に、疫病の流行をもたらしていた。この場合、人々が疫病を外から流入するものと認識していたとするならば、疫病の排斥は外来の侵入者、特に外国人やキリスト教徒の排斥を指向するものとならざるをえない。すなわち、人々は洪水、飢饉、疫病を契機として、個人の禳災祈禱だけでなく、疫病から自身を守り、湖南省の安寧を図るために神拳を学び、結果として外国人やキリスト教の排斥や清朝政府の否定を指向することになったのである。そして、二〇世紀初頭、瀏陽や醴陵の会党が義和団と類似する特徴を備えていたために、義和団の残党も湖南省の会党と融合することができたといえよう。この点に、二〇世紀初頭の会党の特徴が存在するのである。

注

（1）浅井紀「中国近世の民間宗教における終末論と社会運動」。

（2）野口鐵郎「『斎匪』と『会匪』」。

（3）浅井紀「道光青蓮教案について」、同「清代青蓮教の道統について」、佐藤公彦「清代白蓮教の史的展開——八卦教と諸反乱——」、武内房司「太平天国期の苗族反乱について——貴州東南部苗族地区を中心に——」、同「清末苗族反乱と青蓮教」、同「清代青蓮教の救済思想——袁無欺の所説を中心に——」、同「清末宗教結社と民衆運動——青蓮教劉儀順派を中心に——」、臼井丘「清末湖南宝慶府の青蓮教」。

（4）張力『四川義和団運動』、山田賢『移住民の秩序——清代四川地域社会史研究——』第七章「清末四川の紅灯教反乱——移住民社会の終焉——」。

（5）湖南省の会党の専論には、以下のものがある。北山康夫「辛亥革命と会党」、中村瑞子「辛亥革命と会党」、郭漢民「辛亥革命時期湖南会党的性質与作用」、彭先国『湖南近代秘密社会研究』、饒懐民『辛亥革命与清末民初社会』、程為坤「試析民初湖南会党問題」、など。ただし、これらの研究は、清代の会党には南方の天地会系列のものと北方の白蓮教系列のものの二種があり、白蓮教系列のものは宗教的色彩が強かったのに対し、天地会系列のものは侠気を絆として相結び、政治色が強く、湖南省の会党、すなわち哥老会などが天地会系列の代表とされ、中国同盟会などと深い関係を持ったとしている。いわば、ここでは、会党を天地会系列と白蓮教系列に二分し、前者の代表として湖南省の会党を捉えることによって、湖南省の会党における両者の融合の側面が等閑視されている。この原因は、中国同盟会との関わりの中で会党の役割を考えようとする研究者の姿勢と、会党を天地会系列と白蓮教系列に二分して考えようとする思考の前提にあるように思われる。本章は、従来の研究のこのような点に疑問を抱くものである。

(6) 孫江は、一九四五年以降に発表された日本の秘密結社（会党と宗教結社）研究の特徴を、次の三点に大別している。第一点は、「国家」と「社会」の対立構図を前提とした研究である。第二点は、「近代革命」という構図の下になされた研究である。第三点は、地域社会論の視点からなされた研究である。そして、第二点については、「清末期における革命と秘密結社との関係に関する研究を全般的にみると、秘密結社の組織やその具体的な政治行動についてのごく少数のものを除いて、ほとんどの研究は『革命』の枠組みのなかで秘密結社を捉えているため、そこで描かれた秘密結社の政治像は革命もしくは反体制的な色彩が濃く、秘密結社の実像からかけ離れたものになってしまった」と述べている。孫江『近代中国の革命と秘密結社――中国革命の社会史的研究（一八九五―一九五五）――』五二頁。

(7) 湖南調査局編『湖南民情風俗報告書』第九章「習染」九頁。

(8)『動静探査員派遣』清国駐在特命全権公使伊集院彦吉より清国駐在各領事あて「政況其他管轄内一般ノ動静注意報告方内訓ノ件」一九一〇年五月五日。

(9)『動静探査員派遣』清国駐在特命全権公使伊集院彦吉より外務大臣小村寿太郎あて「清国各地ノ形勢探査方ニ付稟申ノ件」一九一〇年五月一八日。

(10)『動静探査員派遣』漢口駐在総領事松村貞雄より外務大臣小村寿太郎あて「長江筋ニ於ケル状況探査ニ関スル件」一九一〇年七月一日。

(11)『動静探査員派遣』清国駐在特命全権公使伊集院彦吉より外務大臣小村寿太郎あて「南清及長江筋状況探査ノ件」一九一〇年七月一五日。

(12)『動静探査員派遣』山田勝治「復命書――湖南、湖北」一九一一年二月九日。
(13)蔡少卿『中国近代会党史研究』「関於哥老会的源流問題」、酒井忠夫『酒井忠夫著作集三　中国帮会史の研究　紅帮篇』三一七―三七二頁。
(14)陳浴新「湖南会党与辛亥革命」。
(15)平山周『支那革命党及秘密結社』五一頁、四九頁。
(16)湖南調査局編『湖南民情風俗報告書』第九章「習染」九―一〇頁。
(17)湖南調査局編『湖南民情風俗報告書』第九章「習染」九―一〇頁。
(18)湖南調査局編『湖南民情風俗報告書』第七章「宗教」四頁。ただし、同章第四款「巫教」「巫教縁由」では「三清水教」と記している。「清水教」の誤りと考えられ、ここでは「清水教」に訂正した。
(19)神田正雄『湖南省綜覧』四二一―四二二頁。
(20)「戴三錫奏為訊明羅声甫等演拳抗官情形分別定擬事摺」一八二九年一月二五日、中国第一歴史檔案館編輯部編『義和団檔案史料続編』下、一九八一頁。
(21)民国『続遵義府志』巻二六「年紀二」。
(22)武内房司「清末苗族反乱と青蓮教」、同「清末宗教結社と民衆運動――青蓮教劉儀順派を中心に――」。
(23)張力『四川義和団運動』三四―四七頁、山田賢『移住民の秩序――清代四川地域社会史研究――』二六二―二六四頁。
(24)武内房司「清末苗族反乱と青蓮教」。なお、劉漢忠の三乗教は、劉儀順の燈火教の別称とも言われ、青蓮教、清水教、斎教、金丹教（金丹道）とも呼ばれた。金丹教（金丹道）は、一八九一年に熱河で蜂起を起こしている。佐藤公彦「清代白蓮教の史的展開――八卦教と諸反乱――」、同「一八九一年、熱河の金丹道蜂起」。
(25)「四川布政使陳璚札」一九〇二年六月一一日、中国社会科学院近代史研究所〈近代史資料〉編輯組編『義和団史料』上、八九七―八九八頁。
(26)一九〇一年、重慶知府鄂芳は、四川省江津県で捕縛された周益三に対する尋問の報告書の中で、次のように記している。

「供述は、以下のとおりである。彼〔周益三〕は場〔李市場〕で、牛売買の会計であった。〔四川省の〕南川県の游牛販〔各地を流浪する牛の仲買人〕が場にやって来て、自分の代わりに牛を売ってくれるよう頼んだ。閑談の間、游牛販は神拳を行うことができ、綦江県、南川県には多くの教徒がいると説いた。彼〔周益三〕は〔游牛販が神拳を行うことができるなどと〕信じようとはしなかった。しかし、游牛販が彼の耳の辺りで咒を念ずること数回、彼は昏倒して地面に倒れた。程なく、卒然として身を起こし、拳を打つと、皆な奇妙であると称えた。游牛販は、彼に対して、もし教えられた咒語を四九日演習すると、軒を渡り壁を伝わって走ることができるし、更に一二〇日間演習すると、銃も槍も撥ね付けることができると述べていた。游牛販は咒語を口授しようとしたが、彼はまだ演習に至っていなかったのに、思いがけず差役と団保に査知され捕えられたとして、恩恵を施されんことを求めた。なお、游牛販は既に逃亡しており、何処に行ったのかは不明である」（「重慶知府鄂芳札」一九〇一年九月三〇日、中国社会科学院近代史研究所〈近代史資料〉編輯組編『義和団史料』下、八八七―八八八頁）、と。

(27) 「□□□致巴県知県張鐸」一九〇〇年九月、中国社会科学院近代史研究所〈近代史資料〉編輯組編『義和団史料』下、八七七頁。

(28) 佐原篤介「義乱雑記」、中国史学会編『義和団』一、二七二頁。裕禄は満洲正白旗人で、直隷総督となるが、荘瑞に脅されて義和団を制せず、八ヶ国聯合軍が天津を陥れると、自害した人物である。なお、四川省川東道の宝芬の作成した『解毒散』という勧世文には、次のように記されている。「誰ぞ知ろう、邪教の中で逃走した一人の邵文生が、後に密かに山東、河南に至り、教えを伝えようとは。前年、すなわち庚子の年〔一九〇〇年〕、邪教の中に、なんと黄蓮聖母が加わった。この聖母はもともと天津の淫らな娼婦であり、拳匪と共にはやし言葉を作り、謡言を広め、説くことといえば『扶清滅洋』であり、行うことといえば殺人放火であった。至る所で大事件を引き起こしたが、呪語は効かず、神拳も用をなさず、北京においてさえ、外国に撃破された。この時の死者は数えきれないほどであった。この事は、各人の見聞きしたことのあるものであろう。毒薬に比べて、凶悪なること、数千倍ではなかろうか」（「川東道宝芬函巴県知県張鐸」一九〇二年九月、中国社会科学院近代史研究所〈近代史資料〉編輯組編『義和団史料』下、九〇八頁）、と。

(29)　一九一〇年の四川省における紅燈教の蜂起については、本書第八章第一節第三項を参照されたい。

(30)　佐藤公彦「ドイツ連邦公文書館所蔵の義和団関係資料について」。ここに記された五人のうち、胡祖蔭は、一九一〇年の長沙米騒動で清朝政府が王先謙、孔憲教、葉徳輝、楊鞏の四人に処罰を下した際、北京で四人の冤罪を訴える運動を起こしていた。この点については、本書第六章第二節を参照されたい。なお、兪誥慶は、一九〇二年に湖南巡撫兪廉三が日本に留学生として派遣した一二名のうちの一人であるが、科挙では挙人に留まっているため、翰林院学士は事実と合わない。或いは、葉徳輝と共に一八九二年の殿試で進士になり、翰林院編修についた、兪鴻慶の間違いである可能性もある。なお、兪鴻慶の子息の兪蕃同は、一九〇二年に日本に留学した一二名のうちの一人である。また、一八九九年の岳州の開港時には、王先謙、孔憲教、葉徳輝ら十数名の郷紳が湖南巡撫兪廉三に上書し、排外運動で著名な周漢の出獄を画策していたが、このことはこの『チャイナ・タイムズ』の記事と連動するものであろう。この点については、本書第一章第一節を参照されたい。

(31)　『日本』一九一〇年八月二七日「漢口の消息」。

(32)　一九〇〇年、『日本』は、義和団の一部と哥老会の動向について、次のような記事を掲載している。「今回の北清暴動〔義和団事件〕は義和団の一部と哥老会との間に気脈を通じ、今や将に南京、雲南の不穏を醸成せんとし、揚子江一帯の地又多少の不穏を示せるもの、如し。哥老会は南清地方に弥漫し居るも、今日迄は未だ福建、広東の地方に於て何等の情報を聞かずと雖も、不日多少の不穏を免かれざるべしとて、其筋にては居留民及南清人民の保護を為〔す〕に足る丈けの準備は、夙に講じつ、あるやに聞けり」(『日本』一九〇〇年六月一九日「南清警備」)、と。

(33)　『動静探査員派遣』遠藤保雄「服命書――湖南」一九一一年二月二〇日。水野梅暁も同様のことを指摘しており、次のように述べている。「然り而して右の如き情況〔湖南省における会党の拡大〕は如何にして突然蔓延せるやと云ふに、湖北に於ける鉄路開工の結果、山東、河南の無頼漢多数入り込〔み〕、匪徒と握手せるに依るとは、湖南人一般の観測なり」(『暴徒蜂起雑件』「湖南匪紛　其二」一九一〇年九月二九日)、と。

(34)　『大阪朝日新聞』一九〇六年一二月二八日「匪賊の真相(?)」。「馬賊」との係わりについては、蜂起に加わった学生の廖徳璠も、「九江より萍郷に至る一帯は、みな洪江会の集まれる所である。それは、曹州の馬賊、嘉応の邦党、東三省の胡子と、共に連絡しあっている」と述べていた。「廖徳璠供詞」、萍郷市政協・瀏陽県政協・醴陵市政協合編『萍、瀏、醴起義資料匯編』一三八―一四〇頁。

(35) 平山周『支那革命党及秘密結社』五頁。

(36) 譚嗣同（小野和子訳）「欧陽瓣疆先生への手紙」一八九六年八月三一日、西順蔵・島田虔次編『清末民国初政治評論集』一四六頁。

(37) 平山周『支那革命党及秘密結社』五頁。

(38) 神谷正男編『宗方小太郎文書――近代中国秘録――』「報告第二百十四号（明治四十年九月二十八日）」「支那に於ける秘密結社」一八八―一八九頁。

(39) 在理教については、次のように述べられている。「哥老会、大刀会、白蓮会其の他、支那には幾十種の会がある、此の在理会は一名在礼会とも云つて居るが、一種の勤倹力行会の様なものである。開祖は明末の進士羊とか云ふ人で、明朝の滅亡と共に隠遁し、難業苦行の後、正心修身の四字を以て教義を立て、在理教を開いた。此の羊進士の下に八名の高弟が居つて四方に伝教し、尹と云ふ人が直隷一帯の布教に当り、天津西頭に足を止めた。此人等は多分在理教なるもの丶名の下に、明室の恢復を謀る積りであつたらうと思はれる。在理教の公所には当家と云つて頭目が居る。之は学徳兼備なる者を推す。併し一人でも反対者があれば頭目たるの資格がない。天津の各所に分公所の様な者が散在し、女信徒の為には婦女公所がある。在理会の戒律の主なる者は、禁酒、禁煙、勤倹、忍耐、正直等の条項で、信徒が戒律を破つたときは頭目から破門する。入会者は以上の戒律を守ると宣誓したら入会を許される。信徒の義務は入会の時二元三元と云ふ具合に、貧富に応じて金員を喜捨する。臨時の費用も信徒の身分に応じて醵出するのである。信徒の数は知らぬが尠くはない。尹先師の墓では毎年一二回宛御祭がある。在理会頭目の死ぬ時は、頭目は椅子に懸り、明日何時頃死すると云ふことを集まれる信者に預言し、其のま丶椅子に鎮座して預言の通り息を引き取る。在理会は一名白衣道教とも云つて、皆白色の衣服を着し、辮髪には白絲を交へ、恰も喪服中にある様である。故に之から在礼の名が起つたと云ふ説もある。思ふに明の亡びたのを弔ふ意味がある」（『大阪朝日新聞』一九一二年五月二五日、北嶺生「支那の風俗（十八）在理会」）、と。

（40）一九一五年、湖南省の靖江地方で、白衣会なる結社が摘発された。『大公報』〔天津〕は、次のように記している。「湖南省は従来から会党が多く、哥老会、大刀会、三点会、棍子会、大擺隊、小擺隊、青幇、洪幇の種々の会匪のように名目も甚だ繁多であったが、実際は洪幇が最も多数を占め、洪幇が最も勢力を有していた。……近日、長沙の探訪隊が省城を六〇里ほど離れた靖港市で摘発された一会匪は、機関名を白衣会といい洪匪と連絡するもので、既に省城に護送された。数年前、靖港市の著名な会匪の頭目で陳尚泉なる者がいて、官庁に捕縛・投獄されていたが、機に乗じて脱獄し、懸賞付きで逮捕方通達され案件中にあった。そして、辛亥の年に共和がなってから、取締りがやや緩み、該匪〔陳尚泉〕が郷里に帰り、別に白衣会の名目を立てて自ら頭目となり、徒に妖言で衆を惑わし、無職の遊民で帰依し徒弟となる者も、多数いた。聞くところでは、該会の内容は純然たる白蓮教の流派で、凡そ入会する者は各々洋銀二元を備え、入会の費用とした。〔冊子に登録されると〕白衣一揃いが支給され、番号を編列して識別とした。近ごろ、洪匪と連絡し、放火・強奪を意図したが、事が漏れて探訪隊に探記されたのである。靖州駐屯の警察隊と共同で、街市後街で街会の機関を取り調べ、匪首の陳尚泉を逮捕し、白衣三〇件、名冊一冊、左道符号一部、各項の証拠を押収し、逮捕して省に至らせ、知事公署に引き渡した」（『大公報』〔天津〕一九一五年三月一九日「湘省又有白衣会匪出現」）、と。白衣会は、在理教のものと類似し、白を基調としていた。

（41）湖南調査局編『湖南民情風俗報告書』第九章「習染」一頁。

（42）鄒魯「魏宗銓伝」、萍郷市政協・瀏陽県政協・醴陵市政協合編『萍、瀏、醴起義資料匯編』二四五頁。ここでは、武教師の名を、陳仁初、饒有寿、廖叔保としている。ただし、他の史料では、武教師の名を、陳人初、饒友寿、廖叔宝としている。本章では、後者に統一した。

（43）張漢柏「廖叔宝伝略」、萍郷市政協・瀏陽県政協・醴陵市政協合編『萍、瀏、醴起義資料匯編』二七六―二七八頁。

（44）彭静華「姜守旦伝略」、萍郷市政協・瀏陽県政協・醴陵市政協合編『萍、瀏、醴起義資料匯編』二八五―二八八頁。

（45）郭緒印編著『洪幇秘史』二四六―二四七頁。なお、一九〇五年一二月から翌一九〇六年二月にかけて、日本の長沙駐在副領事井原真澄は、外務大臣西園寺公望の命を受けて萍郷と衡州などの商工業を視察した。そして、一九〇六年三月一二日、外務大臣西園寺公望にあてた報告書の中において、次のように述べている。「碌〔淥〕口は湘江の右岸、醴江の湘江に注入する河口に位置し、一條の市街あり。此地には磜〔淥〕口司と称する地方官衙あり。醴陵県の分県にして、巡検司の所在地なり。人家約二千余戸、醴陵県唯一の水路交通地たり。此地まで長沙より百八十里なりとす。……此地の対岸に雷打石と称する地あり。石灰の産地にして、船上より一瞥したる処を以て之れを観るに、石灰製造甚た盛にして、其設備も亦た頗る大規模なる者の如く、人家も約千余戸ありて大家巨屋に乏しからずして、大に殷富の観あり。前岸には数百の民船停泊して、石灰の輸送に従事するを見る。聞く此地の石灰は湘江流域一帯に供給すと云ふ」（『長沙領事館報告書』長沙駐在副領事井原真澄より外務大臣西園寺公望あて「萍郷衡州等各地商工業視察復命書」一九〇六年三月一二日）、と。

(46)「岳州鎮呈報匪情咨」一九〇〇年八月二五日、杜邁之・劉泱泱・李龍如輯『自立会史料集』一二四―一三二頁。

(47)平山周『支那革命党及秘密結社』五二頁。

(48)彭静華「姜守旦籍貫出身考略」、萍郷市政協・瀏陽県政協・醴陵市政協合編『萍、瀏、醴起義資料匯編』二八九―二九二頁。

(49)鄒永成口述・楊思義筆記「鄒永成回憶録」八七頁。

(50)周学舜『焦達峰』一六頁。

(51)薛政超『湖南移民録――氏族資料所載湖南移民史料考輯』九五―一四三頁。

(52)湖南省の瀏陽と醴陵が江西省の移住民によって占められていた点については、本書第七章第一節第一項を参照されたい。

(53)廖才福口述・李海量整理「長龍鉄炮幾経滄桑」、萍郷市政協・瀏陽県政協・醴陵市政協合編『萍、瀏、醴起義資料匯編』三七九頁。

(54)同治『瀏陽県志』巻一三「兵防」。野口鐵郎は、黄教、紅教、白教とは一つの宗教結社の三要素を示し、黄教は金丹教、別名が青蓮教で、紅教は紅蓮教で武術を特徴として哥老会の前駆的形態を示し、白教は白蓮教白号の系譜を引く、燈花教から流れたものではないかとしている。野口鐵郎「清末江西の紅白黄教」、同「紅蓮教と哥老会」。

(55)畢永年については、次を参照されたい。拙稿「戊戌変法と畢永年――湖南維新派の思想と行動――」。

(56)『日本』一九一〇年九月八日「漢口の近勢」。

(57)張篁渓輯「戊戌政変后継之富有票党会」、杜邁之・劉泱泱・李龍如輯『自立会史料』一九八頁。

(58)　彭静華「姜守旦伝略」、萍郷市政協・瀏陽県政協・醴陵市政協合編『萍、瀏、醴起義資料匯編』二八五―二八八頁。

(59)　張平子「我所知道的馬福益」。

(60)　「護理江西巡撫沈瑜慶奏武寧県訪獲洪江会党摺」一九〇八年四月一七日、萍郷市政協・瀏陽県政協・醴陵市政協合編『萍、瀏、醴起義資料匯編』一七〇頁。平山周は、三合会の入会式について、次のように記している。「入会の式は夜間に於て行ふ。式場の準備已に成れは、公所の頭目及ひ会員は、明代の風に結髪して紅巾を着け、次序を正して式場に入り、木斗棒ぐるの儀式を行ひ、香焼きて五祖を拝す。此間一挙一動尽く規定の詩句ありて之を誦す。此式を遂行して後、大哥は神坐の前面に坐し、香主は左に坐し、先生は右に坐し、草鞋は立ち、会員は遠く離れて坐し衛兵は真又は模造剣を帯ひて各々其門に立つ。而して先鋒は入門者を伴ふて控室に入る」、と。こののち、新しく会員になる者と衛兵、次に先鋒と香主の間で問答が行われ、香主が「三十六誓」を朗読して後、雄鶏の頭を斬り、香主がその血を碗にたらし、更に針で新会員の左手の第二指を刺し、同じ碗にその血をたらし、次に「三十六誓」を書いた黄巻を焼き、その灰を集めて同じ碗に入れ、各々がそれを啜って誓いを固め、兄弟の契りを結んだ。そして、平山周は、その後の行為について、「其後、各新会員は挨拶をなし、大哥は各々紅紙に包みたる銭四文を与ふ。各新会員は一元の入会金を払ふて会員となる。此夜会の秘密の符牒と公名とを印刷したる紅布の憑票を新会員に交付す。斯くして登籍の後、二十一則、十禁、十刑を会員に授く」と結んだ。平山周『支那革命党及秘密結社』二二一―二三〇頁。この記述は三合会に関するものであるが、姜守旦が陳鴻賓に行った入会の儀式もこれに類した可能性がある。姜守旦は、一九〇〇年の自立軍蜂起では、香長の職にあった。香長は、新入会員の入会の儀式を執り行う各職である。陳鴻賓の入会儀式も、厳密に執り行われたのではなかろうか。

(61)　張篁渓輯「戊戌政変后継之富有票党会」、杜邁之・劉泱泱・李龍如輯『自立会史料』一九八頁。

(62)　張篁渓輯「戊戌政変后継之富有票党会」、杜邁之・劉泱泱・李龍如輯『自立会史料』一九八頁。

(63)　明末、浙江省縉雲県の人である殷継南の三乗法では、「無生母」が天・地・人の三才を生み、第一世を黄陽劫といい、燃燈仏が天盤を掌り、上乗であり、第二世を紅塵劫といい、釈迦仏が天盤を掌り、中乗であり、第三世を白陽劫といい、弥勒仏が天盤を掌り、下乗である、と説いているとされる。浅井紀『明清時代民間宗教結社の研究』八二―八三頁。この場合の劫は、過去、現在、未来という長期の時間や世界を言い表していると考えてよいであろう。
(64) 浅井紀「明清時代における聞香教と清茶門教」三六九頁。
(65) 佐藤公彦「清代白蓮教の史的展開――八卦教と諸反乱――」。
(66)『動静探査員派遣』遠藤保雄「服命書――湖南」一九一一年二月二〇日。
(67)『時報』一九〇七年一月一〇日「萍郷匪乱紀事」。
(68)「商約大臣盛宣懐為萍瀏会党奪踞上栗事致軍機処等電」一九〇六年一二月九日、萍郷市政協・瀏陽県政協・醴陵市政協合編『萍、瀏、醴起義資料匯編』一〇〇―一〇一頁。ただし、別の報告では、李明生・熊明球の供述から、鍾洋古の配下では、碼頭官には紅衣、腰刀が与えられ、一般の会徒には白衣、腰刀が与えられたことが明らかとなっている。『申報』一九〇七年一月二日「続誌萍醴匪乱詳情」。また、会党首領の李香閣の場合、一般会徒は白い頭巾を着け、袖に白い布カバーをはめたものの、李香閣自身は紅い頭巾を着けていた。周穆標「李香閣伝略」、萍郷市政協・瀏陽県政協・醴陵市政協合編『萍、瀏、醴起義資料匯編』二八三頁。これよりするならば、幹部は紅、一般の会員は白で識別されていたことになるが、一般の会員が白を基調としたことに間違いはない。
(69) 栄孝恵は、蜂起軍の白い布には、二つの意味があるとする。一つは蜂起軍の標識、他の一つは馬福益・李金奇への弔意と清朝に対する復仇である。ただし、汪文溥は後者の見解に疑問を呈する。すなわち、王太雲や廖玉山などの供述では、龔春台と李金奇は本来不仲で、龔が李に弔意を示すはずがないとして、白を五行相剋から解釈した。栄孝恵口述・張漢柏整理「丙午之役見聞」・汪文溥「醴陵平匪日記」一九〇七年一月一八日の条、萍郷市政協・瀏陽県政協・醴陵市政協合編『萍、瀏、醴起義資料匯編』三四八―三四九、三三二頁。なお、一八九二年の鄧海山の醴陵と萍郷における蜂起でも、頭を白い布で包んでいた。「湖南巡撫張煦奏醴陵萍郷哥老会起事情形摺」一八九二年一〇月二三日、萍郷市政協文史資料研究委員会編「萍郷哥老会起義檔案資料」三八―四〇頁。
(70)『時報』一九〇七年三月六日「瀏陽紀略」。
(71)『新民叢報』第四年第九号（一九〇六年六月二二日）「湖南来函（為水災事）」。

(72)『申報』一九〇六年五月一五日「湖南水災続聞」、同五月一六日「湖南水災三誌」。
(73)『申報』一九〇六年五月二二日「湖南水災六誌」。
(74)『申報』一九〇六年五月二三日「湖南水災六誌」。
(75)『申報』一九〇六年六月八日「湘潭県因搶米案究出会匪」、同六月一二日「湘潭因阻米案究出会匪続誌」。
(76)『申報』一九〇六年六月二九日「湘省又有拳匪蠢動」。一九〇六年の萍瀏醴蜂起と疫病の関係については、本書第七章第二節も併せ参照されたい。
(77)宗懍撰（守屋美都雄訳注・布目潮渢・中村裕一補訂）『荊楚歳時記』一四一頁。中谷剛は、旧暦五月が季節の端境期にあたり、攘災のために「無頼」が活躍する蕩尽と狂騒の季節であり、人々の気持ちを不安にする時期であったとしている。中谷剛「清代都市騒擾の形態と論理――乾隆八年の福建――」。
(78)代理岳州税務司瑚斯敦〔Huges, George〕光緒三十二年岳州口華洋貿易情形論略」、湖南省哲学社会科学研究所古代史研究室輯「帝国主義与岳長等地開埠資料（之一）」。
(79)紅燈教では、呪語を四九日間演習すれば、軒から軒に飛び、壁を伝わって走ることができ、更に一二〇日間演習すれば、銃砲も身体を貫くことができないとされたという。「重慶知府鄂芳札」一九〇一年九月三〇日、中国社会科学院近代史研究所〈近代史資料〉編輯組編『義和団史料』下、八八七頁。
(80)「護理江西巡撫沈瑜慶奏武寧県訪獲洪江会党摺」一九〇八年四月一七日、萍郷市政協・瀏陽県政協・醴陵市政協合編『萍、瀏、醴起義資料匯編』一六九―一七二頁。
(81)鄒永成口述、楊思義筆記「鄒永成回憶録」八八頁。
(82)李元標等口述・欧其夫整理「姜守旦率起義軍経過張坊」、萍郷市政協・瀏陽県政協・醴陵市政協合編『萍、瀏、醴起義資料匯編』三七一―三七二頁。
(83)「湖南巡撫岑春蓂致軍機処請代奏電」一九〇六年一二月九日、萍郷市政協・瀏陽県政協・醴陵市政協合編『萍、瀏、醴起義資料匯編』九九―一〇〇頁。

(84) 欧遠福等口述・欧其夫整理「姜守旦打三口」、萍郷市政協・瀏陽県政協・醴陵市政協合編『萍、瀏、醴起義資料匯編』三六二—三六三頁。

(85) 唐植茨口述・欧其夫整理「姜軍襲撃永和市」、萍郷市政協・瀏陽県政協・醴陵市政協合編『萍、瀏、醴起義資料匯編』三六五頁。

(86) 譚耀龍口述・李海量整理「洪江会起義目睹記」、萍郷市政協・瀏陽県政協・醴陵市政協合編『萍、瀏、醴起義資料匯編』三五七頁。

(87) 彭静華「姜守旦伝略」、萍郷市政協・瀏陽県政協・醴陵市政協合編『萍、瀏、醴起義資料匯編』二八九頁。なお、姜守旦の動向については、本書第七章第二節第三項及び同章第三節第一項で重ねて言及し、特に「檄文」の意味を検討している。

(88) 『申報』一九〇六年一二月二五日「湘省由湖北調兵剿辦土匪詳誌」。『東亜同文会報告』では、「今革命党側に付て伝へらる、処を挙くれば」として、「此腊〔臘〕月を期して各地一斉に蜂起（洋人、学生、人民は保護す）す可しとの檄文は十月中に於て手に入れりと云ひ、（学堂側）醴陵に於て捜出されたる軍衣には革命先鋒軍漢勇の字様あり。冽〔瀏〕陽の者は全字あり、始め順清滅洋却富済貧の旗幟を樹てしも、十四日以後の信によれば滅清扶漢と換へられたりと。而して其白衣白帽は一なり」と記し、「順清滅洋却富済貧」から「滅清扶漢」に旗幟が変更されたとしている。『東亜同文会報告』第八六回（一九〇七年一月二六日）「南清ノ騒乱」。いわば、蜂起軍は、中途から清朝打倒の旗幟を鮮明にしたのである。

(89) 王見川・林萬伝主編『明清民間宗教経巻文献』第一〇巻、二五七—三五一頁。同書には、『五公末劫経』、『五公末劫経』（光緒年間版）、『天台山五公菩薩霊経』、『大聖五公軽天図救劫真経』、『五公天闇経』の五種の『五公経』が収録されている。本章の『五公経』からの引用は、同書による。なお、青蓮教、紅燈教と『五公経』の関係については、次の研究も参照されたい。武内房司「清末苗族反乱と青蓮教」、同「『明王出世』考——中国的メシアニズムの伝統——」、など。

(90) バレンデ・テル・ハールは、ウェブサイト上で競売にかけられた三八の『五公経』に詳細な分析を加えている。そして、この三八の『五公経』のうち、一二、すなわち約三割が湖南省で印刷されたものか手書きされたもの、或いはこれらの写本であった。そして、この一二のうち、四冊には年号がついており、第一は一九二三年の写本、第二は一九三〇年の印刷本、第三は一九〇〇年の印刷本、第四は一九三七年の写本であった。バレンデ・テル・ハール（丸山宏訳）「書物を読み利用する歴史――新しい史料から――」。このことは、清末民国初頭にかけて、『五公経』が湖南省を中心に広範に流布したことを物語る。

（91）『暴徒蜂起雑件』水野梅暁「湖南匪紛　其二」一九一〇年九月二九日。一九一一年五月三一日、日本の長沙領事館事務代理山崎壮重は、湖南省内の「秘密結社」の種類として、哥老会、皇漢会、紅燈会・回天、富有、白蓮、華新、洪江の七種をあげ、各々について次のように記している。「一・哥老会。湖南省には会員六万余人あり、其内官衙員たる者少なからず。一・皇漢会。楊燮庭の統率に成れり。一・紅燈会・回天。馬福益の下に属し、今は高等なる土匪に化し、武器並に資金を有す。一・富有。譚嗣同の統率になりたるものなり。譚は先年〔一八九八年〕処刑せられたるも、今尚ほ余党多く、日本留学生の多数は之れに属し、又陸軍、水軍、衙門、学校等種々の方面に党類多し。一・白蓮。高宗怡の配下に属し居たりしも、今は某の主祀に成り、党類には苦力多く、長沙、湘潭に出没し、河南省にも多数入込み居れりとの事なり。一・華新。馬福益の一派にして玉石混淆の党類にて、中には読書家も有り、湖南省内のみにて六、七千人の党員を有す。一・洪江。二名の首領を有し、党類約二万人、福音堂焼撃、米屋荒しは此党の得意とする所なり。目下長沙城内に在るもの約二千七百人とす。其多くは一定の職業を有し、飢民の多くは是等の庇翼に係るもの、如し。以上記載の各党は相互に連絡を保ち居るもの、如くなり」、と。山崎壮重は、以上のように指摘した上で、「長沙に於ける革命党概数」として、「一・学界（教員、事務員、学生）、約四百八十人。一・水陸兵界（将校、下士卒）、五百四十三人。一・茶館・酒店、八十余人。一・城門（守兵、吏員）、約五十人。一・商業界、六百八十余人。一・衙門内、三十人余。合計、約壱千八百六十三人」と記し、更に「右は純然たる同類にして、準党類は其数を知らず。又今回新たに入湘したるもの四十余名あり。此外省内各府県中にも多数の同類あれとも、就中湘潭、宝慶、常徳、岳州には最も多しとの事なり」と述べている。『各国内政関係雑纂　革命党関係』在長沙日本領事館事務代理山崎壮重より外務大臣小村寿太郎あて「湖南省内革命党並ニ秘密結社ニ関スル件」一九一一年五月三一日。

（92）『暴徒蜂起雑件』水野梅暁「湖南匪紛　其二」一九一〇年九月二九日。洪虎堂の飄布は、中央に洪虎堂、下に八卦と記され、洪虎堂の文字を挟んで右側に如来、左側に白元とあり、更に左右対称に「人王底下一双爪、東門草生芽、絲線穿針十一口、我主頭上挿宮花〔人王の底下における一双の爪、東門の草は芽を生ず、絲線は針を穿つ十一口、我が主の頭上には宮花を挿す〕」と記されていた。

(93)『動静探査員派遣』遠藤保雄「服命書――湖南」一九一一年二月二〇日。遠藤保雄は更に次のように述べている。「〔高宗怡は〕本年六月長沙事変の余波未だ鎮静せず、地方人心騒然たるに乗じ、沅江県下三眼塘に事を挙ぐ。来り会するもの三百余人、正中左右後五隊に分つ。毎隊約五十人、劉鏡秋、陽萃貴、左右営官たり。李益秋、張福田が之が参謀たり。先つ沅江を陥れ、然る後益陽を経て直に長沙を突かんとし、沿道百余人を裹脅し行いて、鶏公嘴に到る。適水師兵船の阻む所となり、交戦数時、部下死傷数十人を出す。彼乃ち勢利ならざるを見、紅緞八卦袍を捨てヽ逃竄し、巧に其踪跡を暗ませり。彼が今回理想とせる所は、九五の位に在りしもの、如く、其己を知らざる、此に至つては寧惘憐の情なき能はす。匪徒の無智無謀概ね此類となす」（『動静探査員派遣』遠藤保雄「服命書――湖南」一九一一年二月二〇日）、と。

(94)『暴徒蜂起雑件』水野梅暁「湖南匪紛　其二」一九一〇年九月二九日。

(95)山田勝治は、報告書の中に黄倫雲の供述書も記している。黄倫雲の供述書には、次のように記されている。「昨〔旧暦五月二五日〔西暦七月一日〕、高宗怡は四方の会友と約し、先ず三眼洞に至り会合を持った。午前二時頃、高宗怡、劉鏡秋は益陽より一人の技人を連れて至り、陽三喜、文英校もまた南嘴より一人の技人を連れて河渡橋より上陸し、三眼塘の洞内に至った。王良信も共に来て、周先登飯店で飯を作って至り、夜明けに旂を祭った。高宗怡は紅緞八卦袍を身に着け、皇帝と称し、台に登り点呼した。劉鏡秋は左営官となり、常服を身に着け、頭に五仏冠を戴いた。陽萃喜、すなわち陽三喜は右営官となり、紅袍を身に着けた。王海山は前営官となり、黄袍を身に着け、黄帽を頭に戴いた。左軍師兼督陣官の李益秋は白い戦袍を身に着け、左軍師張福田は常服を身に着け、五仏冠を頭に戴いた。〔高宗怡の〕妾と陳昌明、陳昌林、一番上の弟は皆な什長となり、黄色の腰帯を身に繋ぎ、両手には各々対の字の旂木棋をとり、予〔黄倫雲〕は左営官となり、劉鏡秋の部下は毎営で五〇人余り、合計で正・中・左・右・復で共に三万余人、高宗怡は引き連れて沅江を攻め、沅江の攻撃後、衆を率いて益陽より長沙に迫らんことを約し、沿途では陰で百余人を脅し、城を離れること二里の鶏公嘴に至り、たまたま水師礮船に阻まれた」（『動静探査員派遣』山田勝治「復命書――湖南、湖北」一九一一年二月九日）、と。

(96) 『動静探査員派遣』山田勝治「復命書――湖南、湖北」一九一一年二月九日。

(97) 『暴徒蜂起雑件』長沙駐在副領事村山正隆より外務大臣小村寿太郎あて「沅江県地方匪乱情報ノ件」一九一〇年七月五日。この後、九月一四日になり、長沙駐在領事代理松永直吉は外務大臣小村寿太郎にあてて、水野梅暁の訳出した湖南巡撫楊文鼎の湖南清郷局設立に関する上奏文を送付した。『暴徒蜂起雑件』長沙駐在領事代理松永直吉より外務大臣小村寿太郎あて「湖南清郷局組織の件」一九一〇年九月一四日。そして、九月、湖南巡撫岑春蓂は、軍隊を各地に派遣し清郷を行った。水野梅暁は九月二一日、次のように報告している。「先日報告に及び置り湖南清郷局も、爾後湘陰、湘潭、沅江の各地に神拳伝習の噂あるに鑑み、之が実行の一日も忽にすべからざるを感じ、其委員の出発を急ぎ、彌本日各地に向ひ、数十名の軍隊を率ひて出発せるを以て、当分の中は匪徒も其跡を収むべしと雖、到底此一挙にして各地に蟠り居る数十万の会匪をして其跡を歛めしめんと欲するも得べからざることにして、只長沙事変〔一九一〇年の長沙米騒動〕を問題に、無数無職の候補官吏が自己生計の途を謀るため巡撫を擔ぎあげたる事業なれば、到底今回の清郷も実地に地方廓清の効を奏する能はざるものなりとは、紳士側の皮肉的評論なるも、兎に角く清暦九月中旬〔西暦一〇月中旬〕の予定を変じて〔旧暦〕八月一八日〔西暦九月二一日〕即ち今日を以て出発するに至りたるは、多少何等かの手答へありて然りしものを見るを以て至当となすべきか、暫らく聞〔く〕が儘を記して湖南近況観測の一助となす」『水野梅暁視察一件』水野梅暁「湖南の近況と清郷」一九一〇年九月二一日。

(98) 「湖南巡撫致樞乞代奏電」一九一〇年七月五日、饒懷民・藤谷浩悦編『長沙搶米風潮資料匯編』一〇一頁。

(99) 『時報』一九一〇年八月九日「沅江会匪始末記」。

(100) 一九一〇年の長沙米騒動後に湖南省で起きた蜂起については、本書第八章第一節第二項を参照されたい。

(101) 湖南調査局編『湖南民情風俗報告書』第八章「神道」七頁。北斗に対する信仰は、中国では古くから見られ、天人感応、讖緯説によって広く中国社会に浸透した。北斗信仰は、北斗七星に対する信仰であるが、北斗七星に輔星、弼星も加えて北斗九星に対する信仰も行われた。北斗は人間の生命を司る司命神、すなわち天界で全ての人間の寿命を管理・把握し、死期になるとその人間の拘引を発令する官に位置付けられた。遊佐昇「道教と文学」三三四―三三五頁。このため、ここでは、北斗が病気の撲滅と延命に関連付けて考えられるようになったといえよう。

(102) 四品頂戴署理岳州関税務司超等帮辦夏立士〔Harris〕呈報「光緒二十八年岳州華洋貿易情形論略」一九〇三年一月二六日、湖南哲学社会科学研究所古近代史研究室輯「帝国主義与岳長等地開埠資料（之一）」。

(103) 一九〇二年八月一五日の辰州教案の起きた直後、湖南省の長沙に到着したのが、日本の漢口総領事山崎桂、白岩龍平ら四人の一行である。この時、山崎桂は腹痛のため、途中で上海に帰っている。九月一九日、白岩龍平は上海に帰還したが、同日の日記には次のように記している。「正午、埠に到る。一家恙無く、社友もまた皆健安にして、これがため一に慰めらる。此次、出家より共に四七日、時炎熱の季に際して、同行諸士は略ぼ旅行の苦を受ける。而れども幸にして皆な無事を得る。此間、今井少佐赤痢に斃れ、中村謙善時疫に斃れ、蘇州の梅津、高橋等もまた時疫に死す。吉田、渡部の両夫人もまた同に其所に怙坐して亡くなる。而れども、余尚ほ幸にして一身と一家戚族斉しく何事もなく、然るに多くの不幸これを知るなり。聞く、謙善死に臨んで従容として、脈既に尽きんとするに執筆して決別の状を書き、母に呈するに一句一字誤るなく、左右を顧みるに、具らかに後事を嘱して訖して而して永眠す。頗る聞く者をして感服せしめ、図南と同に、近来の佳話となす」（中村義『白岩龍平日記——アジア主義実業家の生涯——』四三五頁）、と。同年の疫病の流行の凄惨さを知ることができる。

(104) 「英使薩道義為辰州教案擬結各端請照覆事致奕劻照会」一九〇二年一〇月二九日、中国第一歴史檔案館・福建師範大学歴史系合編『清末教案』第三冊、五〇五頁。

(105) 安井正太郎『湖南』一三二―一三三頁。

(106) 安井正太郎『湖南』五七―五八頁。

(107) 安井正太郎『湖南』五三―五五頁。

(108) 安井正太郎『湖南』所収、水野梅暁「湖南仏教視察報告」五八七頁。

(109) 『呉中葉氏族譜』巻五一「伝記」「茅園」葉徳輝「二弟炳文事略」七三頁。

(110) 湖南調査局編『湖南民情風俗報告書』第一一章「衛生」三頁。

(111) Cohen, A. Paul, *History in Three Keys: The Boxer as Event, Experience, and Myth*, pp.69-95.

(112) 一九一〇年のハレー彗星の接近については、本書第八章第三節第二項を参照されたい。

(113) 『大公報〔天津〕』一九一一年二月九日「鄂督之慎重主義」。

(114) 『時報』一九一一年二月一〇日「漢口設立験疫公所警備」。

(115) 一九一一年五月以降の上海でのペストの発生については、本書第九章第一節第三項を参照されたい。

(116) 『時事新報』一九一一年一〇月一一日「満洲の秘密結社」。

(117) 『申報』一九一二年六月二七日「湘中会匪之充斥」。

(118) 一九一〇年八月、『時報』は、湖北省大冶県の紅燈会について次のように報じている。「匪賊の柯〔玉山〕は、二四名と兄弟の契りを結び、頭目として派遣した。聞くところでは、方漢臣が総頭目で、柯玉山がこれに次いだ。残りの金霞海、李栄軒、楊天生などは、年齢の老幼によって座位の順序を決めた。金〔霞海〕と李〔栄軒〕の二匪賊は、該会の会計と書記を担い、総ての名冊はその手中にあった。目下、〔官憲によって〕この二匪賊が厳しく追跡されているのは、思うに会中の実態を得んがためである。聞くところでは、該会の徒党の多くは大冶鉄鉱、及び江夏の馬鞍山、嘉魚の李家山の両処に石炭の坑道に分布して働いて暮らし、団体を結成して、勢力は頗る盛んである。そして、大吏は大事件の勃発を恐れ、単に彼らの票布を官に収め、焼却しようとするだけで、決して取り調べて処分しようとはしない。頭目の楊天生（綽名は楊六郎、該党の西路副統領である）は、金霞海と共に、党員が日々散じ、追求も日々厳しくなるのを見て、武昌県の官台山に逃げ、頭を剃って僧侶となれと伝えたため、軍隊の追及をへても、まだ捕縛されていない。ただし、咸寧知県銭荃は境内で匪賊の残党である熊大順、王徳斌、柳黒の三名を捕らえた。供述によるならば、彼らは入会して程なく、柯玉山が飛虎兵に派遣したものであり、省城に護送し処罰することにした。また、崇陽知県王家鋪も匪賊の盧春和一名を捕らえたが、聞くところでは二四頭目の一人であるという。これら匪賊は、柯〔玉山〕が捕えられたために落胆・消沈し、崇陽に逃走し、更に湖南省に赴き、跡を隠そうとした。しかし、図らずも、多くの差役が彼らの容貌を知っていたため、遂に一、二名が捕らえられた。日内には省城に護送され、審問がなされよう」（『時報』一九一〇年八月一九日「湖南〔北〕捜捕紅燈会匪之彙誌」）、と。

(119) 『時報』一九一一年七月二五日「湖南三次大水記」。

(120)『申報』一九一二年七月六日「湘軍勦捕紅燈会」。
(121)『申報』一九一二年一月一八日「湘都督消除会党之文告」。
(122)『申報』一九一二年七月六日「湘江水勢大張」。
(123)『申報』一九一二年七月二三日「通飭査禁会党」。
(124)『申報』一九一二年九月二八日「紅燈会騒擾天門県補誌」。
(125)湖南調査局編『湖南民情風俗報告書』第九章「習染」九頁。
(126)『政党及結社ノ状況調査一件』沙市駐在領事館事務代理橋口貢より外務大臣牧野伸顕にあて「哥老会即チ同袍社解散ニ関シ報告ノ件」一九一三年二月二七日。
(127)一八九八年の沙市事件については、次の研究を参照されたい。中村義「洋務・変法と民変――一八九八年の両湖地区をめぐって――」。

第二部　地域社会の規範の動揺

第四章　列国と郷紳「公議」の対立――「華洋雑居」問題を中心に――

はじめに

第一部では、二〇世紀初頭の湖南省を特徴づける三点、すなわち列国の湖南省進出と郷紳の対応、学生運動の展開と「排満」論の再編、会党の勢力拡大と末劫論の流布に考察を加え、湖南省の社会変化に言及した。これらの事柄が示すものは、列国と湖南巡撫、郷紳、民衆の対立の激化である。第二部では、第一部の考察を受けて、列国と湖南巡撫、郷紳、民衆の対立が清朝の統治に与えた影響について、湖南省の政治で郷紳「公議」が持った意味を中心に考察する。郷紳「公議」は、郷紳が民衆の意向を汲み上げつつ、官憲に意見を上達する役割を持っていた。従って、官憲と郷紳、民衆が互いに敵対し合うこと自体、郷紳「公議」が機能不全に陥っていた可能性もあった。それでは、郷紳「公議」の特徴は、いかなる点に存在したのであろうか。本章では、一九〇四年七月一日の長沙開港で生じた「華洋雑居」問題における列国と湖南巡撫、郷紳の対立について、湖南巡撫、郷紳、民衆の同問題の捉え方の違い、郷紳「公議」の特徴を中心に考察する。

一九〇四年七月一日の湖南省長沙府の開港は、次の二つの条約によって決まった。第一は、一九〇二年九月七日の清英続議通商行船条約第八条第一二項である。同条約は、イギリス側代表ジェームズ・マッケイ（Mackey）の名をとってマッケイ条約と呼ばれており、本章では主にこの名称を用いる。第二は、一九〇三年一〇月八日に調印された清日通商行船条約第一〇条であり、清朝政府が本条約批准交換日より六ヶ月以内に、既に外国貿易に開かれている港市と同一の条件で、湖南省長沙府を外国貿易のために開港すると共に、「同開港場〔湖南省長沙府〕在留外国人は、清国居住民と同しく地方及警察規則を遵守すへく、清国官庁の承諾を得るに非されは、該条約港区域内に自己の地方役場又は警察を設置することを得す」と記された(1)。このため、長沙在住の外国人は、規定上は中国人と同様に湖南省の官憲、警察の管理に服すことになった。列国の公使や領事、長沙在住の外国人は、この規定が湖南省の官憲や警察の管理による外国人と中国人の平等な立場を示したことから、外国人と中国人の雑居、すなわち「華洋雑居」の承認をも意味するものと考えた。しかし、湖南巡撫は、外国人の安全確保などを理由に、外国人を一定区画、すなわち租界に居住させ、通商を行わせた(2)。もちろん、列国の領事や商人は、湖南巡撫に激しく抗議した。そして、列国の領事と湖南巡撫の双方の間で、条約の規定をめぐって論争が行われた(3)。これより先、一八九八年三月、湖南省の岳州と福建省福寧府属の三都澳の開港が決定した(4)。すると、同年八月一〇日、清朝政府は、「ヨーロッパの通例では、通商口岸は各国が不法に占拠するようなことはない。このため現在、海禁が開放され隣国が隙を伺っているため、〔我が国が〕商務の流通を図り、密かに〔列国の〕非望を防ごうとするならば、広く口岸を開く方法を設けるべきである。……沿江・沿海・沿辺の各将軍や督撫に各地方について計画を練り、重要な地方の商務の繁盛している場所で、口岸を拡充し商埠を開拓すべきものがあれば、総理各国衙門と相談して斟酌し執り行うべきである。ただし、節目を酌定して、租界の画定を許さないようにして、利益を均等にし事権を保つべきである」と述べた(5)。ここでは、中国の主権を保つために、「自開口岸」の必要が説かれたのである(6)。すなわち、従来は、外国の要請で主要港湾を開港場として開き、租界などを設定していたが、これでは清朝政府の管理権が限定されるため、清朝政府が自ら開港を宣言することで徴税権などの行政権を掌握し、海関収入を確保するなど、開港場を外国人に管理させず、清朝政府の主権の下に置こうとした。そして、清朝政府は、湖南省長沙についても、「自開口岸」であり「約開口岸」とは異なるとして、独自の論を展開したのである。(7)

一九一〇年五月二一日、すなわち長沙開港から約六年後、イギリスの特命全権公使ミューラー（Müller）は、外務大臣グレイ（Grey）にあてて「条約港としての長沙の歴史は、長沙の郷紳が中央政府の外国に認めた権利を無効にする試みの歴史であった」と述べて、列国と湖南巡撫の間の「華洋雑居」問題をめぐる抗争の長期化を振り返っていた。(8)これまで、マッケイ条約と清日通商行船条約については、多くの研究がなされてきた。この中で、飯島渉は、同条約の締結時にイギリスが清朝との貿易に占める位置を相対的に低下させており、貿易停滞の要因を釐金など内国関税に起因する市場の閉鎖性に求め、条約の改訂により市場の閉鎖性の打破を図ろうとしたとする。中でも、「裁釐加税」（内国関税を廃止する代わりに輸出入関税を増額すること）問題は、清朝政府にとっても、内国関税の廃止分を洋関（海関）より徴収することで、財政収入の安定を図ったが、清朝政府は様々な利害関係を調整することができず、ために「裁釐加税」を実現させることができなかった。(9)マッケイ条約の交渉は、長沙開港など、「裁釐加税」問題以外の様々な事項も議題に上がっていた。そして、長沙開港は、一九〇三年の清日通商行船条約第一〇条で明記された。ただし、長沙開港は、列国と清朝政府の間に、「華洋雑居」問題を付随して派生させた。それは、列国間の対立と共に、列国と清朝政府、湖南省の郷紳の間の条約に対する解釈の違いに由来すると共に、清朝政府の統治のあり方にも由来したのではなかろうか。本章では、この理由を考える場合、次の三点に着目する。第一点は、列国間の対立と日本の位置である。一九〇四年七月一日の長沙開港は、日露戦争と同時期に起きていた。日本が日露戦争を遂行するために取った政策は、湖南省の「華洋雑居」問題にも影響を及ぼさざるをえなかった。第二点は、清朝政府の対応と日本の立場である。湖南省の「華洋雑居」問題は、「約開口岸」と「自開口岸」の中途半端な状態の中で起きていた。このため、日本政府と清朝政府の間では、長沙開港の捉え方に違いが生じた。第三点は、清朝政府の政策と湖南省の郷紳の対応である。清朝政府は、一九〇〇年以降、中央集権政策を強力に推し進めたが、湖南省の郷紳は激しく抵抗した。そして、郷紳が「公義」を標榜して抵抗した場合、清朝政府もこれを容認せざるをえない事態も生じた。ここで注目したい事柄は、条約がどのような経緯をへていかなる内容をもって締結されたのかという点よりも、条約が湖南省の郷紳や民衆にどのように理解され、いかに履行されたのかという点にある。(10) そして、本章では、湖南巡撫と郷紳、民衆の「華洋雑居」問題の捉え方の違い、及びそこに果たした郷紳「公議」の役割に焦点をあてることによって、二〇世紀初頭の湖南省の政局の特徴を考える。(11)

本章は、以上の課題の下に、列国と郷紳「公議」の対立について、一九〇四年七月一日の長沙開港で生じた「華洋雑居」問題を中心に考察する。まず、第一節では、一九〇三年一〇月八日に清日通商行船条約が締結された結果、一九〇四年七月一日に長沙開港がなされ、一九〇四年一〇月八日に日本政府と湖南巡撫との間で「長沙通商口岸租界章程」が締結されるまでの経緯、及び列国、とりわけイギリス政府の同章程に対する反応を考える。「長沙通商口岸租界章程」は、清朝政府の設定した租界以外の地における外国人の居住や営業を禁じていた。租界の設定された地は、湖南省城北門外の辺鄙な場所である。このことは、列国や日本政府の目論んでいた湖南省城内における外国人の居住や営業とは、大きくかけ離れていた。そして、「華洋雑居」問題は、列国と清朝政府の間だけでなく、列国相互の間にも亀裂をもたらしたのである。それでは、日本政府は、なぜ同章程に調印したのであろうか。ここには、日本政府の特徴、とりわけ湖南汽船会社の運営をめぐる利権が関わっていたのではなかろうか。また、イギリス政府は、この日本政府の行動をどのように捉えたのであろうか。第二節では、「長沙通商口岸租界章程」に明記された事項、特に外国人の湖南省城内における居住や営業の禁止、すなわち「華洋雑居」問題が持った意味について考察する。湖南省の郷紳は、「華洋雑居」問題について、強硬な態度を崩さなかった。郷紳は、「華洋雑居」問題にいかなる問題を看取し、どのように対処しようとしたのであろうか。ここでは、郷紳「公議」が地域社会に持った意味について、行会の動向に焦点をあてて考察する。そして、一九〇四年の長沙開港以降、湖南省に生じた動揺とはいかなるものであり、湖南省の郷紳はその動揺にどのように対応したのかに分析を加える。第三節では、列国と湖南巡撫、更には湖南諮議局の間の「華洋雑居」問題をめぐる土地売買の抗争を取り上げる。清朝政府及び湖南巡撫の外交が、郷紳「公議」に著しく制約されていた。ここでは、この問題に持った郷紳「公議」の意味について、議案研究会や湖南諮議局、郷紳が外国人の土地購入に示した対応を中心に考察し、併せて清末の湖南省の抱えた課題に言及する。そして、最後に、このような郷紳「公議」の力の源泉を考える手がかりとして、清朝において「公」の持った意味に言及する。(12) なお、「自開口岸」は「自開商埠」とも呼ぶが、本書では「自開口岸」に統一して用いる。

第一節　「華洋雑居」問題の発端

一・長沙開港と日本政府

一九〇二年九月七日、イギリスは北京議定書第一一条の規定に基づき、清朝政府と一八六八年清英天津条約の改訂交渉を行い、清英続議通商行船条約、いわゆるマッケイ条約を締結した。調印者は、清朝政府側が工部尚書呂海寰と工部左侍郎盛宣懐、イギリス側がジェームズ・マッケイである。そして、マッケイ条約の第八条第一二項には、「清国政府は南京条約及天津条約に依り、外国貿易に開放したる同一の条件を以て、左の諸港を開くことに同意す」と記されて、湖南省長沙、安徽省安慶、広東省恵州、広東省江門の名をあげ、かつ「前記諸港に居留する外国人は清国人と同様、其の市政警察規則を遵守すへく、清国官吏の承諾を経すして、此等の開港場内に自治市政及警察署を設くるを得す」と述べられた[13]。一九〇三年と一九〇四年、清朝政府は、マッケイ条約の内容に沿って、アメリカ、日本、ポルトガルと相次いで改訂通商条約を結んだ。これが四国新約である。清日通商行船条約は、一九〇三年一〇月八日に清朝政府側が呂海寰と盛宣懐、商部左侍郎伍廷芳、日本政府側が日本公使館一等書記官日置益と上海駐在総領事小田切萬寿之助を全権委員として結ばれた。清日通商行船条約第一〇条では、「清朝政府は、本条約批准交換の日より六箇月以内に、既に外国貿易に開かれたる港市と同一の条件を以て、湖南省長沙府を外国貿易の為めに開くことを約す。同開港場在留外国人は、清国居住民と同しく地方及警察規則を遵守すへく、清国官庁の承諾を得るに非されは、該条約港区域内に自己の地方役場又は警察を設置することを得す」と記された[14]。このため、長沙在住の外国人は、規定上は中国人と同様に湖南省の官憲、警察の管理に服した。同条約の批准書の交換日は一九〇四年一月一一日である。従って、長沙の開港は、批准書の交換日の約六ヶ月後、すなわち七月一一日までに行う必要があった。マッケイ条約と清日通商行船条約は、表面的には同一の内容を示しているように見える。しかし、この二つには、大きな違いがあった。それは、マッケイ条約では、第八条で「清国政府は生産地、通過地及仕向地に於て商品に釐金税及其の他の賦金を課するの制度は、貨物の自由運行を妨げ、貿易の利益を害することを認め、茲に本条第八項の制度に従ひ、全く此等徴税の方法を廃撤せんことを期す。前項に代えて英国政府は英国臣民の輸入せる外国商品に関税を課するに当り、協定税額の外に附加税を課し、且外国又は沿岸輸出の為め清国に於て産出したる商品に輸出税の外、附加税を課するを得へきことに同意す」と記されたように、「裁釐加税」問題が長沙開港の前提となっていたのに対して、清日通商行船条約では「裁釐加税」問題が長沙開港と同一の範疇にはなかった点にある。清日通商行船条約で「裁釐加税」問題が大きく取り上げられなかった理由は、日本政府が同問題に大きな利害を感じなかった点にある。そして、このことは、他の列国と同様であった[15]。

一九〇四年一月一一日、清日通商行船条約の批准書が交換されると、清朝政府は六ヶ月後の長沙開港に向けて、準備に入った。時の湖南巡撫は、趙爾巽である。趙爾巽は「開明」派の官僚として知られ、数々の改革を行った[16]。この趙爾巽は、清日通商行船条約の締結を受けて、外務部と長沙開港にむけた方法を話し合い、一九〇四年一月に外務部に電報で照会し、総税務司ロバート・ハート（Hart）を介して岳州税務司H・ハリス（Harris）に長沙を訪問させ、租界の地を踏査して章程を定め事前の手はずを整えた[17]。一九〇三年末、湖南汽船会社は沅江丸と湘江丸の二隻を竣工させ、一九〇四年三月一〇日に漢口と湘潭の間を処女航海した。沅江丸は三月一〇日に湖北省の漢口を出発し、三月一二日に湖南省の岳州に到り、更に三月一四日に長沙に到着した。日本の漢口駐在領事永瀧久吉は、湖南汽船会社の白岩龍平と共に沅江丸に同乗して長沙を訪れた。三月一二日、永瀧久吉が岳州に到着すると、岳州税務司のハリスの許を訪れた。同地には、長沙洋務局委員で武備学堂総辦の兪明頤も滞在していた。ハリスと兪明頤は、永瀧久吉に対して、湖南省城の北門外が通商場として適当である旨説明した。また、永瀧久吉は、三月一四日に長沙到着後、三月一六日に湖南巡撫趙爾巽を訪問すると、趙爾巽より長沙は「自開口岸」であるため、外国人に対しては共同租界の設置が可能である旨を告げられた。永瀧久吉は、この会談で、趙爾巽の主張に対して長沙の開港が一九〇三年一〇月八日締結の清日通商行船条約によるため、「自開口岸」ではない旨を縷縷説明し、日本政府としては外国人と中国人の雑居を可とすべきか、或いは租界を設けるべきかに即座に返答することができないこと等を述べていた。永瀧久吉は、一九〇四年三月二四日に湘江丸で湘江を遡り、長沙より湘潭に到り、湘潭で沅江丸に乗り換えて折り返し、翌三月二五日に沅江丸で湘潭から長沙に戻り、三月三一日に長沙より漢口に帰還するコースを取った。そして、永瀧久吉は、四月四日に外務大臣小村寿太郎にあてて長沙訪問の経緯を次のように説明している。

要之、長沙の開港は各国人の便不便は知らす、本邦人の立脚点よりして之を見るときは、敢て租界の地区を定めす、全城市を開放して内外随意の雑居は尤も便利なる所たりと雖も、清国の主張として殊に湖南の如き一種の風習〔排外運動の強さ〕を有する地に在りては、之れ〔「華洋雑居」〕か承諾を為さしむること、甚た困難なるものなきにあらず。且つ湖南汽船会社か〔湖南省〕城内に〔特例で〕家屋を租借して、此らの故障・不便を受けたることなき前例もあれは、雑居論は之を自然の成行に任せ、不識不知の間に其実を成さしむるを得策とす可し。又た警察行政の権は清国に帰し、道路、溝渠、堤防等の築造、修理は清国の負担・経営する所たるを以て、汎論すれば共同居留地内に外国人と雑居する何の不可あるなきか如しと雖も、翻つて本邦今日の状態を以てすれは遽に来て地を租し通商に従事するものある可しとも思れず、勢ひ好適の地は外人の先存する処とならんか、後日臍を噛むも及はざるものあらん。湖南当局者の言に因れは、清国外務部の同省に活行したる公文には、長沙は自開口岸の例に照て処辦す可き旨や有りたる由にて、由来曖昧弥縫文字を弄奔する当局外務部の由なれは、或は其事なれども限らん(18)。

湖南汽船会社は、湖南省の官憲及び郷紳を同社の株主とする見返りに、湖南省城内の土地及び家屋の賃貸を許されていた。永瀧久吉が小村寿太郎に対して「雑居論は之を自然の成行に任せ、不議不知の間に其実を成さしむるを得策とす可し」と述べた理由は、この点に由来した。

一九〇四年五月、日露開戦に向けて、日本の外交政策は緊迫の度を深めていた。そして、五月三〇日、日本では伊藤博文、山県有朋、松方正義、大山巌の各元老と首相桂太郎、外務大臣小村寿太郎、大蔵大臣曾禰荒助、陸軍大臣寺内正毅、海軍大臣山本権兵衛は元老会議を開催し、この会議で「対韓方針に関する決定」及び「対韓施設綱領」という韓国での支配権確立を目標とする対韓方針が承認されており、翌三一日には閣議決定されていた(19)。これらの決定の作成には、小村寿太郎が大きく関わっていた。そして、小村寿太郎は、このような日露関係の緊張という事態の中で、長沙開港に伴う日本の立場を模索せざるをなかった。小村寿太郎の方策は、日英同盟の堅持にあるが、必ずしもイギリス一辺倒ではなかった。一九〇四年六月一四日、長沙関は関税の徴収を開始し、同日に「長沙通商口岸租界章程（附租界外租地章程）」一六条と「長沙通商租界設立巡捕総章程」一三条を発布した。この一週間後、六月二一日、外務大臣小村寿太郎は、四月四日の漢口駐在領事永瀧久吉の報告を受けて、永瀧久吉に対して「目下俄に北門外に外国共同居留地を設定するも、同地は貿易上不便にして、且つ我商民は急に同所に土地を購ひ、家屋を建築すへき見込乏しければ、我より進んで設定を促す必要無之のみならず、寧ろ其設定を遅延せしむる方得策と被存候」と述べながら、清国政府が設定を急要とする場合には、永瀧久吉の主張するように、「（一）向ふ十ケ年間轟碼頭以下沿江五十丈乃至百丈（可成百丈を劃取すべきも已むを得ずんば五十丈まで譲り差支なし）、寛さ将来粤漢鉄道線路に至るまでの地区を日本人民の租用に充て、之を留保すること（但し通商場内は此の租地以外にても邦人の任意租借を許すべきは勿論なり）、（二）右地区を留保すると同時に、湖南当該官憲をして該区域内現在の地主名簿を調製〔整〕せしめ、之を貴館に保存し置き、且日清両国人を除くの他、外国人に対し此等土地の売買譲渡を禁することは必要と被存候」という指示を出した。小村寿太郎の指示は、イギリスと同一歩調を取りつつも、日本の独自の権益、すなわち粤漢鉄道周辺地区の日本人の租借を図ろうとしたものである。このためには、長沙開港が一九〇四年に締結された清日通商行船条約に基づく「約開口岸」であることを主張しつつも、清朝政府の主張する「自開口岸」と争わない立場を取ったといえよう。ただし、このことは、小村寿太郎が永瀧久吉に対して、「将又長沙城内雑居之儀に就ては本邦商人の為め最も希望する所にして、仮令北門外に居留地を設けたる暁に至ても、商業丈は城内に於て之を営む方便利と相認めば、処先方の意向にして既に御申越し通りなりとすれば、議定の一項として之を明訂することは困難なるべく、去りとて之を自然の成行に任せ、所謂不識不知の間に其実を収むるの議は雑居商人を不安の地位に置くを免れざるに付、可相成は此の交渉を機とし、城内の居住営業に関し文書を以て彼の承認を得置く様御取計相成度候。尤も之が為め却て彼の疑懼を招き、既に占有したる湖南汽船会社の利益にまて差響を及す如き掛念なき様御注意相成度候。右回訓傍添て申進候也」と指示したように、曖昧な立場を導くことになった。(20)

二・通商口岸租界章程

一九〇四年三月、湖南巡撫趙爾巽は、長沙開港が「約開口岸」であることを認めつつも、清日通商行船条約第一〇条に「同開港場〔湖南省長沙府〕在留外国人は、清国居住民と同しく地方及警察規則を遵守すへく、清国官庁の承諾を得るに非されは、該条約港区域内に自己の地方役場又は警察を設置することを得す」とあることをもって、長沙開港の内実を「自開口岸」に近いものと考えており、この解釈に沿って日本の漢口駐在総領事永瀧久吉と交渉し、同年七月一一日における長沙開港に備えた。一九〇四年五月一〇日、湖南巡撫趙爾巽は、清朝政府に対して長沙開港に至る経緯について次のように述べている。

査するに、中英商約〔マッケイ条約〕第八条第一二節、中日商約〔清日通商行船条約〕第一〇条に、湖南省長沙に通商口岸を開設するという一文が記載されており、私が外務部と相談して方法を図る必要があります。ついで、日本の漢口駐在総領事の永瀧久吉が長沙に来て会談したところ、本国〔日本〕政府の訓令を奉じて地勢を測定していると述べており、かつ商約〔清日通商行船条約〕の中には批准後六ヶ月内に長沙に通商口岸を設立する云々の言葉があります。私は、通商口岸の設定が条約に明記されているのであれば、必ず先に相当の設備を設けて事に臨み疎漏を免れるべきと考えます。このため、昨年〔旧暦〕一一月〔一九〇三年一二月―一九〇四年一月〕には外務省に打電し、総税務司に通告し、岳州の税関長〔ハリス〕に転電して長沙に来たらしめ、租界の土地を測量し、章程を擬訂し、先ず布置を行った。このたび、日本領事が湖南省に至り租界を相談してきたため、凡そ租界内の土木、警察の管理に関する一切の事柄は、中国政府より行うべきことを言明したところ、日本の領事もこれに同意し、税関長が定めた租界内で区域を分けて土地を借りる以外、必ずしも別に専管租界を要求することはありませんでした。考えるに、長沙は約開口岸であるものの、もともとの条約の条文を詳訳するに、土木・警察は中国の官憲が自ら執り行うことになっており、必ず布置・方法をえて臨機応変に処置し、各国商人をして我が範囲内に置かしめて、始めて主権を保ち、睦誼を敦くすることができます。このことが、私の長沙開港に関する大凡の意見であります。(21)

湖南巡撫趙爾巽の方策は、清朝政府が「口岸」の管理を行おうとするものである。ただし、このことには、莫大な資金を必要とした。このため、趙爾巽は「長沙は水陸が交差し、商務も集中している。このたび、租界を定めるに、東は湘江の西岸より西は鉄道界辺まで、南は北門城河より北は瀏渭河までとし、地勢は頗る広大で岳州に比べれば一〇倍以上であり、一切の設計が不便、狭陋であれば外国人に種々の苦情を提出される恐れがあり、設計が大きければ費用も自ずと増えよう」と述べつつ、「土地買収の一事などは、買収して後、租界地を官庁が再び外商に貸与し、私的な授受の弊害を除く筈であれば、長沙もこの方法を採用すべきであるが、ただ財力の枯渇により一概に買収しがたいという事情もあり、ただ重要な地方のみを先に購入し、外国人の租用に備え、かつ自用の土地に充当するようにすべきである」と結論付けたのである。

一九〇四年六月二八日、すなわち七月一日の長沙開港の三日前、外務大臣小村寿太郎は、漢口駐在領事永瀧久吉に対して、湖南省長沙の租界問題につき直接に面談したいという理由で、日本への一時帰朝を命じている。(22)このため、漢口駐在領事永瀧久吉の帰朝に伴い、漢口領事館補の吉田美利が漢口駐在領事の事務代理を務め、長沙開港の式典に参列することになった。六月二八日、漢口駐在領事事務代理吉田美利は、湖南汽船会社の沅江丸に乗船して漢口を出発し、六月二九日に岳州に到着し、翌六月三〇日に長沙に到り、七月一日の長沙開港の式典に参列した。一九〇四年七月三日と七月四日付け『湖南官報』紙上には、「長沙通商口岸租界章程（内附租界外租地章程）」と「長沙通商租界設立巡捕総章程」の原案が掲載されている。(23) 一九〇四年七月一三日、吉田美利は漢口駐在領事永瀧久吉にあてて、長沙開港の式典の模様を報告しながら、長沙開港前後の湖南省内の親日的な雰囲気に触れて、この親日的な雰囲気を確固たるものにすべく、長沙に日本領事館を設立するよう進言している。(24) これより先、一九〇四年七月一日の長沙開港の式典において、吉田美利は洋務局総辦の張鶴齢と会談し、張鶴齢より「城内に於て内外人雑居することは、目下の処到底実行し難き」という理由で、湖南省城の北門外に租界を設定し、外国人を同区画内に共同居住させる意向を聞かされていた。吉田美利は、張鶴齢に対して、藿碼頭以下の百丈の地面を一纏まりにして貸与するよう要求した。七月一三日、吉田美利は漢口駐在領事永瀧久吉にあてて、「長沙通商口岸租界章程」「長沙通商租界設立巡捕総章程」などの草稿を添付しながら、洋務局総辦張鶴齢との会談の模様について、「長沙居留地の件に関し、今回洋務局総辦張鶴齢氏と会合の機を以て談此事に及ひたるに、総辦は城内に於て内外人雑居することは目下の処到底実行し難きを以て、別に北門外に各国居留地を設定し、諸外国人の其区域内に共同居住せんことを希望せる如し。然れとも小官は貴官か先般請求せられたるか如く、日本留保地として藿碼頭以下百丈の租借を要求したるに、総辦は百丈の地を一個に纏めて貸与することは清国に於て事情甚た困難を感するを以て、強いて百丈を要求せらるとせは五十丈宛之を二個所に分け、合計百丈の地を貸与すへき旨を答へたるを以て、小官は二個所に分離せしむるは我の不便甚しきを以て、是非一個所引続き百丈の地を請求する旨を明言し置きたり。又将来粤漢鉄道完成の暁、同鉄道附近に日本居留地を設定することは、総辦に於て異議なかりき」と述べていた。(25) すなわち、吉田美利は、租界の設置を前提に交渉していた。同日、永瀧久吉は外務大臣小村寿太郎にあてて、吉田美利の同報告書を同封した上で、「過て長沙居留地の儀に関しては機密第十号信〔一九〇四年六月二一日外務大臣小村寿太郎より永瀧久吉あて文書〕を以て御訓令の次第も有之候間、別紙添附の章程〔「長沙通商口岸租界章程（内附租界外租地章程）」と「長沙通商租界設立巡捕総章程」〕に付照会の手筈致居候、右申添候」と書き添えた。(26) そして、この約三ヶ月後の一〇月八日、吉田美利は、同章程の調印に関する日本政府からの事前の承認をえないまま、原案に二、三の修正を加えただけで、長沙関監督朱延熙との間で二つの章程に署名・捺印した。

この「長沙通商口岸租界章程」では、第一条で租界を湖南省城北門外に定め、かつ東は鉄道の建設予定地から新碼頭まで、西は湘江、南は湖南省城の城壁、北は瀏渭河を界限とすると共に、第九条で「租界以外の湘江河岸の土地は本来租借を許したものではない。ただし、長沙の通商の地である湘江沿河の一帯は、目下汽船業者にとって〔湘江河岸以外の土地が〕不便であるため、特に税関の定める規定により、貨物の上下のための湘江河岸の地域、すなわち永州碼頭より下は西門の魚碼頭に至るまでを、各国の汽船のために租用を許すものである」と明記するなど、土地貸借に関する細則が縷々定められていた。(27) 一〇月八日、吉田美利は、同章程に調印後にこの点の重大性に気付き、外務大臣小村寿太郎に宛てて「〔これらの条項が〕甚しく日清通商條約第四条に対する我主張主義の自ら掣肘するの嫌あるにも不拘、永瀧領事又本官〔吉田美利〕は勿論、貴大臣〔小村寿太郎〕も之に気付かざりしは頗る遺憾に不堪」と述べていた。(28) 一九〇四年一〇月八日に吉田美利が章程の調印を行った理由は、吉田美利の判断ミスもあるが、湖南省の親日的な雰囲気を阻害しないと判断した点にもよる。(29) 一九〇四年六月二一日に外務大臣小村寿太郎が永瀧久吉に与えた指示では、「可相成は此の交渉を機とし、城内の居住営業に関し文書を以て彼の承認を得置く様御取計相成度候。

尤もこれが為め却て彼の疑懼を招き、既に占有したる湖南汽船会社の利益にまで差響を及すが如き掛念なき様御注意相成度候」と述べていた。しかし、吉田美利がこの点を顧みることはなかった。一〇月二五日、外務大臣小村寿太郎は、吉田美利による同章程調印の報を受けると、吉田美利の軽はずみな行動に激怒し、「貴官と清国地方官との間に於て之を記名調印したるは如何なる理由か説明あれ」と一端記した上で、更に「説明あれ」の部分に二本の棒線を引いて同箇所を消去した(30)。小村寿太郎は吉田美利に対して、問答すら無用だ、と考えたのであろう。これと同様に、外務大臣小村寿太郎からは、漢口駐在領事永瀧久吉及び特命全権公使内田康哉にあてて、問い合わせがなされていた(31)。同日、吉田美利は、小村寿太郎にあてて返電を送り、「十月廿五日貴電に関し、長沙居留地規則案に対し御訓示の旨に依り商議の結果折合付きたるにより調印し差支なきものと認めたるに依る」と反論した(32)。更に、同日、吉田美利は、「長沙通商口岸租界章程」などの審議・調印にあたり、清朝政府と列国の間に共同代表の機関がない現状に鑑みるならば、予め基準を作り、それを下に列国が各自協定を行い、章程に調印する以外なく、今回はその基準を作ったにすぎない等と弁明した(33)。小村寿太郎が憤慨した理由は、長沙租界が列国の共同租界となる性質のものであり、ならば章程は清朝政府の規則として発布するか、或いは清朝政府と列国との協議に委ねるかのいずれかであるにも拘らず、吉田美利が先例を破って単独で調印した点、また日本政府の切望していた外国人の湖南省城内の居住や営業に、吉田美利が一片の顧慮も加えなかった点にある。ましてや、小村寿太郎は、吉田美利に同章程に対する調印の権限を与えていなかった(34)。ただし、吉田美利が予め日本政府の意向を打診せずに、日本政府の代表として「長沙通商口岸租界章程」に署名・調印したことは、否定できない事実であった。

三・イギリス領事の反応

列国の各領事は、日本政府と清朝政府の間で結ばれた「長沙通商口岸租界章程」に、強く反対した。しかし、清朝政府は、長沙が一九〇三年の清日通商行船条約で開港されたものであり、列国が最恵国待遇で日本政府と同等の権利を享受したにすぎないのであるならば、列国は日本政府と清朝政府の間で結ばれた章程にも当然服すべきであると主張した(35)。日本政府は、一九〇四年一〇月八日に漢口駐在総領事事務代理の吉田美利が「長沙通商口岸租界章程」に署名し捺印したことで、窮地に陥った。同年一一月一日、外務大臣小村寿太郎は漢口駐在総領事永瀧久吉にあてて、各国領事の同章程に対する反応を取調べるよう訓示した。日本政府は、一九〇四年一二月一日に湖南省長沙に漢口領事館分館を開設し、副領事井原真澄を駐在させた。いわば、井原真澄は、日本政府の名実共に長沙担当の責任者となった。漢口領事館分館は、翌一九〇五年四月一日に長沙領事館に改められている(36)。一九〇四年一二月一二日、漢口駐在総領事永瀧久吉は、一一月一日の外務大臣小村寿太郎の訓示に従って、長沙駐在副領事井原真澄に対し、各国の長沙駐在領事の反応を調査した上で報告するよう命じた。この後、一九〇四年一二月二三日に、日本の長沙駐在副領事井原真澄は、外務大臣小村寿太郎にあてて、「且つ湖南汽船会社開設以来、其社員は注意最も努めて地方人士と交を結ふと同時に、下等なる本邦人の居住する者非さるが故に、日本人を信するの厚き驚くべき者あり。故に、将来湖南に於ける本邦の利益増進は一に懸て来住商工業者の注心如何に在て存し、五、六年間は最も注意すへき時代にして、小資本商業家の来住は暫時最も不利とする処なり」と述べて湖南省の親日的傾向を指摘し、日本がこの親日的傾向を利用すべきであると述べている(37)。そして、井原真澄は同年一二月二九日に報告書を永瀧久吉に送り、永瀧久吉から外務大臣小村寿太郎にあてて報告書を転送するよう依頼した。一九〇五年一月一三日、永瀧久吉は、自らの意見と井原真澄の報告書をあわせて小村寿太郎に送っている。一九〇四年一二月二九日の井原真澄の報告書によるならば、イギリス、ベルギー、ドイツ、フランス、アメリカの五ヶ国の領事のうち、長沙に利害関係のないベルギーを除き、他の四ヶ国の領事は同章程に反対した。各国の領事は、湖南巡撫陸元鼎が湖南省城の内外を外国に開放して、「華洋雑居」を認めるべきであると主張した。ところが、湖南巡撫陸元鼎は、列国が日本の獲得した利権を最恵国待遇によって享受したにすぎず、清朝政府と日本政府の締結にかかる「長沙通商口岸租界章程」に反対する権利はないとした。井原真澄は、湖南巡撫陸元鼎の主張として、北門外が租界として適切であること、民衆の気質が強悍なために外国人の保護が難しく「華洋雑居」を認めがたいこと、外国人の湖南省城内における営業を認めた場合、長沙商人が尽く釐金逃れのために外国商人の名義で詐称を行う可能性があること、マッケイ条約に基づき増税をしないまま釐金を免除した場合、湖南省が財源を喪失する危険性のあること、以上の四点をあげている。そして、井原真澄は、この陸元鼎の主張を指摘した上で、「要するに清国地方官か外人の〔湖南省城〕城内雑居を恐る理由は重々釐金問題に関係する者の如し」と述べた[38]。

一九〇四年七月一日の長沙開港後、日本の漢口領事館事務代理吉田美利が長沙関監督朱延熙と租界章程に関する細部の調整を行っていた正にその頃、イギリスの漢口駐在領事と湖南省当局の間で懸案となったのは、W・ベナルツ(Bennertz)をめぐる問題である[39]。同年九月八日、長沙関監督朱延熙は、湖南省城内に店舗を開設した日本の国松和三郎と岩崎恵灯、イギリスのベナルツに対し、湖南省城内における営業が条約違反であるとして、城外への退去を命じた。日本の二人の商人は、漢口領事館事務代理吉田美利の勧告により、湖南省城外に退いた。九月一四日、吉田美利は、外務大臣小村寿太郎にあてて、次のように述べている。

追て小官一個の私見としては、湖南は由来官場有志共に特に日本に対し好意を表し、深く本邦を信頼し居る折柄なれは、政治上の問題としては此際彼等の感情を害せさる様勉むること必用〔要〕と存候。さりとて、條約上享有せる当然の権利を全く撤棄することは断して不可能の事に属するを以て、本件は表面上其権利あることを主張すると同時に、事実前記両商〔国松和三郎と岩崎恵灯〕の営業を差止むるか、或は本件の解決は須らく公文上の往復を避け、通商條約第四條を以て争いて、単に裏面より両商人に対し当分城内の営業を差控へしめ（始め城内営業を承認する当時、清国側より異議ありし時は、或は差止むる事あるへき旨を申聞き、条件附として承認したるなり）、洋務局照会の如〔く〕取へは本件に関しては事実全く洋務局の申出に服従すること丶となるも、小官は之より生する間接の利益極めて多かるへきを信し申候。即ち湖南は愿〔頑〕朴豪頑の風盛に引いて其官人に及ひ、彼等は容易に其主張を枉くへくも見へす、〔我々が要求の貫徹を図れば〕遂に公使対外務部との談判となり、交渉に交渉を重ね、我主張を貫徹するとするも、獲る所は僅に行商の進化せる前記二商の城内営業権を確認するに止まり、他方に於て本邦人より遙に商機に敏なる外国商人の之に均霑し、続々営利を占むるに至り、我に甚しき利益なく、而も我経営せんとする湖南事業に対し、幾多の蹉跌を来すの恐れ有之候、即従来湖南人の日本人を外国人視せす、同種同文の人種として好遇せる信頼は一朝にして水泡に帰するの恐なきか、或は引いて藪蛇的に湖南汽船会社の現在獲得せる居留地外営業居住を云々することなしとも限らず、然るに今假りに彼の希望に副はば、彼は之を徳とし、益〔々〕日本人を信頼し、同種の念を強くし、向後帝国のなすへき施設上幾多の便益を得るへく候。例は湖南汽船会社の株式募集、本邦教習の招聘、引いては鉱山採掘権、又は鉄道敷設権（若し如斯事件ありとせは）等に関し極めて便宜多かる可く候[40]。

これよりするならば、吉田美利は湖南巡撫陸元鼎との間で、「華洋雑居」問題について条約の規定をめぐって争うよりも、清朝政府の親日的な感情を維持させることを優先させたといえよう。

イギリス政府は、一九〇五年三月に湖南省長沙に領事館を開設した。初代領事は、A・J・フラハティ（Flaherty）である。これ以前、湖南省長沙の任務は、四川省の成都駐在代理領事であるH・ゴッフェ（Goffe）が担っていた。そして、フラハティは、このゴッフェのもとで、二等書記官として仕事を補佐していた[41]。フラハティは、長沙駐在領事に任命されると、特命全権公使E・サトウ（Satow）と連絡を密にしつつ、「華洋雑居」問題をめぐる問題の解決に精力的にあたった。イギリス商人ベナルツは、日本の漢口領事館事務代理吉田美利とは対照的に、長沙関監督朱延熙の命令に従わなかった。何となれば、外国人の湖南省城内における居住は条約で承認済みであると考えたからである。湖南巡撫陸元鼎、更に長沙関監督朱延熙は、外国人の湖南省城外への退去を勧告して後、長沙知県、善化知県に命じてベナルツを強制的に租界地域に移転させ、以降湖南省城内に店舗が開設される場合、店舗が外国商人のものか否か、外国資本の入るものか否かを調査した上で保証書を作り、それによって外国人の湖南省城内の居住や営業を防ぐ手立てとした[42]。また、湖南巡撫陸元鼎は、外国人の湖南省城内の居住・営業を認めず、かつ湖南省城内に輸入品が運ばれる場合には、湖南省城の出入り口で釐金を徴収するとした。湖南巡撫陸元鼎の論拠は、長沙開港の「長沙」は湘江沿岸を指し、湖南省城内を含むものではないという一点にあった。一九〇四年九月、湖南巡撫陸元鼎が日本の国松和三郎と岩崎恵灯、イギリスのベナルツに対して湖南省城外への退去を命じた理由は、この点にあった。もちろん、ベナルツは、この理由が不当であるとした。また、イギリスの漢口駐在領事フレーザー（Fraser）も、ベナルツの主張を支持した。ベナルツと湖南巡撫の対立は、約一年間続いた。この間、ベナルツは、湖南巡撫の要求する釐金の支払いを拒否したということで、全ての商取引、物資の輸送を禁じられたために困窮した。一九〇四年一二月一四日、両江総督端方が陸元鼎に代わって湖南巡撫を拝命し、一九〇五年二月五日に着任した[43]。一九〇五年七月二八日付け『ノース・チャイナ・ヘラルド』紙は、七月二六日にベナルツが同紙に寄せた書簡で、「全ての望みは潰え、私は破産した。イギリス政府は何の保証もせずに、中国人が〔私の湖南省城内の〕居住を拒否していると述べるばかりだ」と訴えたことを記している[44]。イギリスの漢口駐在領事フレーザーは、八月まで湖南巡撫陸元鼎、後任の端方との間で交渉を継続し、ベナルツに賠償金を支払うことで、湖南省城内から退去することに同意した[45]。この後、湖南巡撫端方から外務部に対し、ベナルツは一九〇六年一月三〇日にベナルツの貨物を長沙の大順長号に売却し、三月八日に長沙を出発した旨が報告されている[46]。ただし、「華洋雑居」問題は、条約の内容に関わる問題であるだけに、ベナルツが長沙から離れたからといって簡単に解決するものではなかった。フラハティは一九〇五年六月一三日に湖南巡撫端方、六月一七日に布政使龐鴻書、洋務局総辦張鶴齢、長沙関監督朱延熙、及び何人かの湖南省の対外問題担当の官憲と会談し、サトウも七月二日に北京で外務部の慶親王奕劻と会談した。イギリス政府の主張は、長沙開港の「長沙」の意味する所が長沙府全般であり、湘江沿岸に限定されないこと、ために外国人が湖南省城内に居住する権利を持つこと、更に外務部より湖南省城内に運搬される貨物の釐金も免除されること、以上の諸点にあった。しかし、外国人の湖南省城内における居住や営業の許可と湖南省城内の輸送品に対する釐金の免除については、八月と九月にフラハティと朱延熙の間で繰り広げられた交渉においても、合意に至ることはなかったのである[47]。

第二節　「華洋雑居」問題の焦点

一・列国相互の対立

一九〇五年六月、長沙駐在副領事井原真澄は、イギリスの長沙駐在領事フラハティと湖南巡撫端方の対立を以下の四点にまとめている。第一点は、フラハティが外国商人と中国商人の合資による事業運営を要求したのに対し、湖南巡撫が外国商人と中国商人の合資は拒否しないものの、清朝政府の租界の設定地域が北門外と西門外であるため、営業も租界内に限定した点である。第二点は、フラハティが外国商人の湖南省城内外の随意の居住と通商、貿易を要求したのに対し、湖南巡撫が治外法権の撤廃以前にイギリス商人の湖南省城内の居住や営業を認可しないとした点である。第三点は、フラハティが湖南省城内外の外国人の自由な地所や家屋の賃借、並びに無期限の地券を要求したのに対し、湖南巡撫が地所・家屋の賃借を租界内に限り、かつ地券の年限も時限的なものにした点である。第四点は、フラハティが湖南省城内に運搬される外国の貨物に対して、釐金の免除を求めたのに対し、湖南巡撫がイギリス人の湖南省城内居住以前の釐金の免除を認めつつ、「免釐課税」が実行された場合、長沙も課税の例に倣うとした点である。そして、井原真澄は、これらが長沙関監督朱延熙の主張であることを示唆しつつ、「免厘の一節に至ては、当地紳士に於て厘金を免除すべからざるの符箋を付したるを以て、地方官に於ては是又不承認を唱ふることと被存候。要するに、未た如何の決着を見るや詳ならさるも、在漢口英総領事に於て充分頑強に要求し、傍ら北京英公使外務部に迫るときは大部分は好都合の解決を見るに至るべくと被存候」と述べた(48)。同問題の焦点は、湖南省財政における釐金収入の減収にある。ただし、中国商人が「華洋雑居」問題に激しく反応した理由は、湖南省の同業団体の絆と団結力が急速に弛緩し解体する危険性を孕んだ点にあったといえよう。何となれば、一九〇四年八月、湖南省の官憲は、「国家による遠人の懐柔と生民の保恵は、二つとも偏りがないようにすべきであり、このため外国商人の租界以外の地における行桟の設立を許さず、制限を示しているのである」と述べつつ、ベナルツ事件の本質について「考えてみると、この種の事件は、当初より全て本地の職業を持たない遊民が外国人を誘い入れて、外国人の勢力を借りて利益を図ったものである。現在、湖南省は口岸を開き、中国人や外国人の商民が続々と到来している。我々が恐れるのは、〔中国の〕ごろつきや不正を働く商人が殊更に事情を知りつつ、外国商人を騙し、我々の善良な仲間を巻き添えにすることである」と指摘しているからである(49)。いわば、ベナルツ事件は、例えイギリスの長沙駐在領事フラハティの側からすれば条約の規定に基づく権利の履行であったとしても、湖南省の官憲よりするならば中国商人によるベナルツの豫亨泰洋行に名を借りた外国商標の詐称問題であったのである。特に、ベナルッが充分な資本を持たず、豫亨泰洋行の役員もみな中国人であってみれば、尚更であった。

一九〇二年のマッケイ条約や一九〇三年の清日通商行船条約で定められた長沙開港の「長沙」が長沙府全般を指すのか、或いは湖南省城を含まない湘江河岸の一帯に限定されるのかという点について、イギリスの長沙駐在領事フラハティは、長沙開港の「長沙」の示す地域が長沙府全般であると主張した。これに対して、歴代の湖南巡撫は、長沙開港の「長沙」が湘江沿岸の一地域に限定されるものであり、湖南省城を含まないとしたのである。歴代の湖南巡撫は、この点を論拠として、外国人の湖南省城内の居住と営業を禁止した。もともと、清朝政府とイギリス政府の間には、「城口」の定義について、「城（城邑、Cities）」と「口（港口、Ports）」を分けるのか否かをめぐって論争があった。「城」と「口」を分けるならば、「長沙開口」の「口」は“Ports”のみを意味し、“Cities”を含まないことになる。しかし、二つを一体化させるならば、「長沙開口」の「口」は“Ports”と“Cities”の二つを含むものとなる。(50) 固より、清朝政府は「城」と「口」を分けて考え、イギリス政府は「城」と「口」を一体化して考えた。長沙開港の「長沙」の示す地域が長沙府全般であるのか、湘江沿岸の一地域に限定されるのかの議論、換言するならば「長沙」に湖南省城を含むのか、湖南省城を含まないのかの議論は、外国人の湖南省城内の居住と営業の禁止が、外国人からの釐金の徴収の可否を意味したことから紛糾した。何となれば、湖南巡撫は、一九〇二年のマッケイ条約第八条第三項及び第八項における「銷場税」の項目を引きながら、外国人の居住地域、すなわち租界より湖南省城内に運ばれた貨物について、釐金の徴収が可能であると強硬に主張したからである。マッケイ条約第八条第八項では、「釐金及輸入外国品並に輸出品に対する内地諸税の廃止により、著しく歳入の減少を来すへし輸入外国品輸出品及沿海輸出品に対する附加税は、素と此等歳入の缺損に対する代償なるも、猶ほ内地貿易に於る釐金収入の缺損あるへきを以て、清国政府か輸出の目的を有せさる自国産の貨物に銷場税を賦課するは、其の随意たることに同意す。此銷場税は右貨物を消費する地方に於て賦課すへく、貨物通過地に於て賦課すへからす。清国政府は之を徴収するに際し、何等の方法を以てせるも外国産貨物及輸出向の内国産貨物に干渉せさるを明記す。猶同貨物か既に外国産たる以上は、海関を通過せる後に於て課税遅滞又は抑留せらることなかるへし」とした上で、「第三項に記載せる如く外国居留地若くは専管居留地内に於ては銷場税を賦課することを得す」と述べている。[51] マッケイ条約では、釐金や輸入外国品や輸出品に対する内地諸税を廃止する代わりに、附課税の他、輸出が目的でない自国産の産品には「銷場税」という名の課税を認めていた。このことは、外国人は貨物の輸送に際して、租界内では釐金の徴収が免除されるものの、租界から他地域に運ぶ場合には釐金が徴収されることを意味した。従って、湖南巡撫が租界の撤廃を認めた場合、外国人の長沙府全域における釐金が免除されることになり、湖南省の財政での大幅な減収が予想された。湖南巡撫の強硬な態度は、この点に由来した。そして、湖南巡撫は、租界の設置を強行しようとしただけでなく、釐金の徴収に関して新たな取り決めを行おうとした。すなわち、外国人からの釐金の徴収の問題が、湖南巡撫に外国人の湖南省城内の居住と営業を拒ませた主たる理由であった。

一九〇四年七月一日の長沙開港に先立ち、長沙関監督朱延熙は、「抽収釐金章程稿」九条をイギリスの漢口駐在領事に送付しており、同第一条から第四条までには「第一条・凡そ民船に積む所の貨物は、長沙に到るもの、何処に転運するに論なく、釐金を納付せざれば汽船に積む能はず。第二条・凡て〔そ〕下水の民船は西湖橋に停船して検査を受くべく、上水の民船は撈力河口に停泊して検査を受くべし。第三条・湘潭以上の民船に積み込む所の貨物は、皆な湘潭釐金局に於て輸出釐金税を預収し、西湖橋に至りて再検査を施し、捺印の後〔に〕通過せしめ、再び釐金を徴収せず。長沙省城に至りて陸上げする貨物は、只陸上釐金のみを徴収す。第四条・汽船に積む所の貨物は、長沙より陸上げして、通商埠頭又は外人倉庫に至るものは暫時釐金を完納せず、該貨物が一たび清国人に譲与せられて、未だ外人倉庫を出でず、又た通商埠頭を離れざる以前に該外人の商店より貨物の斤両件数を釐金局に通知せしめ、該貨物の内地に入る時、前後免状〔子口半税納税証明書〕の相符合するを見て釐金を完納せしむ。若〔し〕民桟に倉入りし又は商店に売与せられたるものは、普通釐金規定に依りて徴税す」と記されていた[52]。イギリスの公使、領事とも、「抽収釐金章程稿」には激しく異議を称えた。何となれば、湖南省城内に入城しようとする貨物に対しては依然として釐金が徴収されており、また「抽収釐金章程稿」でも子口半税に組み込まれていた本意、すなわち釐金を徴収しないという観点が、顧みられていなかったからである。ただし、湖南汽船会社の白岩龍平は、「此章程は未だ草案なりとの事なれば詳細を知るに由なけれども、吾人は大体に於て湖南航路は長江航路に比して著しき恩典あるを認むる者也」と述べて、「抽収釐金章程稿」を評価していた[53]。日本政府はイギリス政府と異なり、「裁釐加税」問題に固執しない立場を取っていたが、白岩龍平もこの立場を踏襲していたのである。しかし、イギリス政府は、清朝政府に対して執拗に抗議を繰り返した。結局、清朝政府がイギリスの特命全権公使サトウの抗議を受け入れ、湖南省当局が清朝政府の指示に従う形で事が収まった。一九〇六年三月、イギリス政府と清朝政府の間の膠着した交渉に、一つの転機が訪れた。同年三月五日、清朝政府の外務部はサトウにあてて、これまで外国人に湖南省城内における居住や営業を許さなかった理由が湖南省城内の土地の狭量と人口の稠密にあり、ベナルツを湖南省城外に退去させた理由もベナルツの人格の不良と商人としてのいかがわしさにあり、かつ店舗の貸借人も住民には軽蔑されていたためであるとして、そのことによって「外国商人を拒絶し城内での貿易を許さないものではない〔中文では「非拒絶洋人不准在城内貿易」、英文では"it was not at all intended to obstruct foreign merchants and to disallow them to carry on business in the city"〕」と答えた[54]。サトウは、外務部のこの返答を、清朝政府による外国人の湖南省城内の居住や営業の正式な承認と解した。しかし、湖南巡撫は、外国人の湖南省城内の居住に対しては様々な方法で妨害し続けた(55)。そして、日本政府は、「長沙通商口岸租界章程（内附租界外租地章程）」と「長沙通商租界設立巡捕総章程」を締結していたにもかかわらず、イギリス政府と清朝政府の交渉の成り行きを見て、一方的に同章程を反故にし、清朝政府に租界の撤廃と「華洋雑居」の容認を求めた(56)。

二・隣保制度と同業団体

一九〇五年一一月、湖南省の「合城人民」は「公議〔公同議定〕」し、イギリス商人ベナルツの開設した豫享泰洋行と貿易を行わないよう要請する掲帖を各街路に張り出した。「公議」には、「公」の字に伴う平等性、公平性、道義性が含意されている。一九〇五年一一月一三日付け『申報』は、「湘人公議不與豫享泰洋行貿易」という表題の記事において、次のように記している。

湖南省の合城人民は、近日広告を出し、街路に張り出した。〔広告では〕大略次のように述べている。中国とイギリスは通商を行い仲睦まじい関係にあり、商業・貿易とも平安に行われてきた。ところが、ベナルツなる者が城内の西長街に豫享泰洋行を開設し、周囲を欺き借金により家屋を不法に占有し、無頼を庇護し、街の規則を乱し、他にも無理矢理に空取引で売買するなど、記そうにも記しきれない程のあらゆる悪事をなした。長沙の人民はこのような欺きや侮りを受け、痛恨の数々は忍ぶことのできないものであり、もし再び貿易や往来をなそうとするならば人として守るべき道理がないと考えた。ここで、現在、〔湖南合城人民は〕公同議定し、豫享泰の貨物を買い入れようとする者や本境の土産品を豫享泰に売る者があるとするならば、公議によって厳罰に処すとした。残りのイギリス商人については、依然通り公平な貿易を行うならば、〔我々は〕些かなりとも排斥しようとしなどという意思も持たず、かつ和平的に往来し両国の睦誼を厚くしたい。今回の布告後、心を等しく協力し、共にこの約束に遵うべきである。もし違背する者があるならば、人間とは見なされずに全ての人が罪を問われるであろう。ここに誓うものである。湖南全省人民公啓[57]。

湖南省の「合城人民」の「公議」は、掲帖として各街路に張り出された点に鑑みるならば、民衆を対象に外国商人の非道を訴えたものである。これを裏返して言えば、民衆の心情に訴えて外国商人の非道を訴えている点で、地域社会の規範を体現していると見なすこともできよう。この湖南省の「合城人民」の「公議」が問題としているのは、ベナルツによる家屋の不法占拠、無頼の庇護と規則の違反、空売買であり、条約における租界の規定、すなわち「華洋雑居」問題ではなかった。そして、イギリス商人に対しては、同業団体の規則に従うことが求められたのである。ここでは、列国と清朝政府、湖南巡撫の間の交渉とは別に、湖南省の郷紳や商人の独自の「華洋雑居」問題に対する捉え方が明らかにされている。すなわち、湖南省の郷紳や商人は、清朝と列国の間の通商を遠来の客に与えた恩恵として地域社会の規範の枠組みの中で捉え、中国が恩恵として貿易を行っている限り、相手国も湖南省の地域社会の規範に従うべきであるとしたのである。いわば、湖南省の「合城人民」は、この「公議」において、「華洋雑居」問題を条約の規定から離れて、地域社会の規範の問題として捉え直しているのである。この結果、長沙開港が「約開口岸」か「自開口岸」かという問題も、「華洋雑居」に伴う釐金の問題も、雲散霧消してしまい、湖南省の地域社会の規範に対する挑戦として把握されたのである。

湖南省城は、行政的には長沙県と善化県からなる。湖南省城を中心とする区域は、一般には城内の東・西・南・北と城外とに分けられた。一九一〇年の統計によるならば、城内の人口は一三万九二三三人であり（東区四万二四一〇人、西区四万八七人、南区二万七六九四人、北区二万九〇四二人）、城外は南部が二万三四二六人、北門外が一万三〇五六人、水陸各区が二万一六八人であった(58)。このため、城内と城外の人口の総計は、一七万七八三三人となる。この中で、同業団体の公所、同郷団体の会館や同郷会が職業や出身地を単位とした民衆の互助組織であったのに対し、街・団・鋪は地域を単位とした民衆の生活基盤であった。すなわち、湖南省城では、同業団体の公所に銀銭業の財神殿、薬材業の葯王廟、屠殺業の桓侯廟などが、また同郷団体の会館や同郷会に江西籍の万寿宮、福建籍の天后宮、広東籍の嶺南会館、江蘇籍の金庭会館などが存在したが、一般に同じ本籍の者が同一の職業についたため、双方の区分は曖昧であった。清末の同業団体は、公所、公会、宮、堂、会、廟の名を付け、一般には総管二名、値年若干名を設けて会務を総覧し、総管は任期を三年、値年は任期を一年とした(59)。総管、値年は、同業者間の紛争を調停、処理し、価格を定め、経営の改善に努めた。総管、値年の特徴は、個人や一家の専横を防ぐため、公選と輪番、合議を旨とした。大きな会館では、中心的人物を幇董や董事と呼び、幇董、董事は捐納で五品（知州、知府クラス）以上の頂戴を取得し、官服をきて従者を随えて官衙に出入りした。また、会館は官庁の保護を受け、官庁のために税金を拠出し、同業の中で価格を定め、徒弟を拘束し、規則を制定し、紛争を調停し、外部の圧力に対抗した。これらの同業団体は、各々が固有の神を祭って団結を強めた(60)。また、各々の地域は街と団・鋪を単位とし、保甲制の名残から幾つかの街を併せて一つの団を、幾つかの団を併せて一つの鋪を形成した(61)。団は、治安と徴税の必要上、行政によって作られた。そして、各団は、団総一名を置いて団内の事務を管理させ、各街に数名の値年を置いて同様の職務を担わせたのである(62)。また、街巷の入り口には「柵子」という木の柵があり、朝と晩に開閉された。柵の上には「柵棚子」という棚が置かれ、不寝番が宿泊した(63)。湖南省城内が城、城外の近接地域が廂であり、一九一三年には「湖南全省城廂内外二五四団」と呼ばれていた(64)。一九一〇年の城内と城外の人口の総計を一七万七八三三人とした場合、平均して一団に約七〇〇人の住民がいたことになる。ただし、街巷や団は、光緒年間には消防の業務を行うために、幾つかが連合した(65)。そして、一九一三年六月二二日付け『申報』紙上は、湖南省の行会の抱えた矛盾を、「湖南省の工界は、一盤の散砂のようなものである。各行は皆な公廟を持っており、毎年一回〔大会を開いて〕聯絡したが、主班・客班の分で常に衝突があった。このように、同行の間で維持が難しかっただけでなく、外行に対しては無論のことであった。反正〔辛亥革命〕の後、龍璋、曾鈞の諸人は、工党・工会の諸団体を提唱し、しばしば会議を開いたけれども、徒らに形式上の聯絡があるだけであった」と記したように、行会の拘束力は著しく弱体していた。(66)

一九一一年、湖南調査局は、『湖南商事習慣報告書』を発刊した。『湖南商事習慣報告書』では、各産業を一・特許商、二・通貨商、三・雑品商、四・麻絲棉毛皮革物商、五・文章用品商、六・製造商、七・被服装飾商、八・飲食染商及薬材商、九・鉱属商、一〇・農産物商、一一・動物商、一二・交通商、以上の一二に分けた上で、湖南省の同業団体の定めた規則、すなわち産業条規を掲載している。(67)ここに記載された長沙の同業団体の条規の数は、一〇一種である。この一〇一種の同業団体のうち、七種が制定時期を記載しておらず、また一種が嘉慶年間の設立である他は、九三種が道光、咸豊、同治、光緒、宣統の各期に制定されていた。この中で、改正された条規は道光期が一、咸豊期が一、同治期が二、光緒期と宣統期が三七であり、新規の条規は道光期が六、咸豊期が一、同治期が五、光緒期と宣統期が四〇であり、改正と新規を合わせた総計九三のうちの七七、すなわち全体の約八三パーセントが光緒期と宣統期に集中した。この理由は、次の二点にある。第一点は、商品経済の発展により、同業団体が競争を規制し、同業団体の規則を強化したことである。換言するならば、商品経済の発展の結果、自由競争が激化し、同業団体はこれに対抗して「安定した経済的環境の維持」を求めて、同業団体の規則を修正したのである。第二点は、同業団体の規則の制定が、同業団体に対する公役や徴税の負担に応じたものであったことである。光緒新政の遂行により、同業団体に対する公役や徴税は、大きな重荷となった。このため、同業団体は、公役や徴税を分担させるために、規則の修正、規定の細分化を迫られたのである。このため、同業団体は、自由競争の規制と公役の分担という二つの内容から、規則の制定や改正を行ったのである。特に、同業団体は、各店舗の同業団体の名簿への登録に当たって厳格な規則を設け、名簿登録後に営業を許可し、利益を均等に分配した反面、各店舗が規則を破った場合、厳重に処罰した。また、価格の統一や原料の分配、生産規模や販売区域の限定なども、同業団体の規則の重要な内容となっていたのである(68)。そして、ベナルツ事件は、外国商人が湖南省城で営業を行うことで、湖南省城の同業組合の公所との間の紛争や中国商人による外国商標の詐称を引き起こしただけでなく、中国商人が外国商標を詐称して同業団体の規制を弱める可能性を持っていた。従って、湖南省の郷紳や商人が外国人の湖南省城内の居住や営業に反対した背景には、彼らによる地域社会の弛緩と変動、及び同業団体の規制が動揺したことに対して、強い危機感が存在した。ただし、一九〇五年七月二八日付け『ノース・チャイナ・ヘラルド』紙は、「彼〔ベナルツ〕に反対しているのが全て官吏であり、彼が長沙在住の中国商人層の充分な同情を得ている点は、注目されるべきである」と記している(69)。すなわち、ベナルツの行動は、湖南省の「合城人民」の「公議」、すなわち同業団体からは非難されたものの、中国商人には支持されたというのである。中国商人の中で、ベナルツの名前を利用して通商を行い、釐金逃れを図ったことは、中国商人に同業団体の規制を嫌い、自由な通商を望む人々がいたことを意味する。そして、ベナルツが湖南省を離れて以降も、「華洋雑居」問題が引き続き、一九〇六年に英美煙公司（Anglo-American Tobacco Co.）、一九〇八年には亜細亜石油公司（British Petroleum Co.）の各々の貨物より釐金が徴収されて、火種は燻っていた(70)。何となれば、外国商人が証明書を提出すれば釐金を免れることができるという、外国商人と中国商人の不平等な構造は、中国商人による外国製品の商標の詐称を呼び起こす可能性を秘めていたからである。

三・郷紳「公議」による抵抗

一九〇六年一〇月、湖南省長沙府の四九名の「職紳」、すなわち聶緝椝、王先謙、曾広漢、汪槩、馮錫仁、余肇康、婁雲慶、鄧萬林、徐樹鈞、張祖同、向萬鑅、湯魯璠、孔憲教、翁寿籛、黄自元、郭宗熙、譚延闓、蘇輿、曾熙、陶覲儀、袁思亮、席匯湘、曾広江、楊鞏、劉慶咸、徐樹錦、龍兆霖、李榛、龍紱瑞、梁煥奎、梁煥均、胡元倓、陶思曾、郭本含、朱慶咸、羅金寿、厳家闓、蔣恭鍇、李達璋、皮錫瑞、周声溢、劉干権、陳翼爵、賀覲光、瞿宣懌、労啓沃、兪蕃同、劉国泰、余肇升と一二九名の「職商」の総計一七八名は、湖南巡撫龐鴻書にあてて、外国人の湖南省城内の居住、すなわち「華洋雑居」を阻止すべく、「公呈」を提出した(71)。この中で、四九名の「職紳」のうち、馮錫仁、湯魯璠、黄自元、譚延闓、曾熙、劉国泰は、一九〇八年に湖南諮議局議員に選出され、譚は湖南諮議局議長、馮と曾は副議長となった。また、一二九名の「職商」には、湖南商務総会総理鄭先靖、協董陳文瑋などの他、各公所、会館、同郷会の総管や値年が名を連ねたように思われる。一七八名の「職紳」「職商」の「公呈」は、清朝政府及び湖南巡撫に提出されたという点で、郷紳や商人の「華洋雑居」問題に対する正式な見解であったといえよう。同「公呈」の冒頭では、「紳らは、イギリス公使やイギリス領事が外務部と湖南巡撫に対して外国商人が城内での洋行開設の許可を求めたと聞き及んだ。そして、税関に出かけて文件を査閲し、深く驚いた」と述べ、過去の条約の条文を列挙しつつ、外国人による湖南省城内の居住と営業の不当性を説明した。この論拠は、「〔清朝政府が〕先に口岸を開港したのであり、実質的には自開と変わりがない」と述べたように、長沙が「自開口岸」であり、清朝政府が全ての権限を握ることができるとした点にある。そして、従来の条約でも外国商人が居住や貿易を行うことのできる以外は「港口〔口岸〕」とあるのみであり、これが通商処や沿港一帯を指すこと、居住地域は別途定められてきたこと、湖南省城内に外国人と中国人の雑居を許すなどの文章がいかなる条文にも記載されていないことなどが、縷々説明されたのである。また、ベナルツ事件についても、「条約と公理から論ずるならば、〔ベナルツの湖南省城内における居住・営業は〕断じて許すことのできないものである」とし、仮にベナルツの湖南省城内における居住を認めたならば、他の開港場でも湖南省の例に倣い、結果的に外国商人の前に中国商人の力が弱まってしまうこと、釐金の徴収が無に帰すだけでなく、「銷場税」の徴収も不可能となること、中国の無頼やならず者が外国商人と結託し、治外法権に守られながら中国の善良な民衆を恣に虐待することが主張された。これよりするならば、湖南省の郷紳や商人は、長沙が「自開口岸」であるだけでなく、中国商人の弱体と釐金収入の減収、治安の悪化を危惧して「華洋雑居」に抵抗したことになる。この主張は、一九〇四年五月二〇日の湖南巡撫趙爾巽の解釈よりも、「自開口岸」に傾斜しているといえよう。何となれば、一九〇四年五月二〇日の湖南巡撫趙爾巽の解釈の特徴は、長沙開港を「約開口岸」と認めた上で、「約開口岸」の中に「自開口岸」の内容を盛り込もうとした点にあったからである。そして、一九〇六年一〇月の一七八名の「職紳」「職商」の「公呈」は、一九〇五年一一月の湖南省の「合城人民」の「公議」で列国と清朝政府の通商を清朝政府の恩恵とみなした点とも異なっているのである。

一九〇四年の長沙開港の捉え方は、清朝政府、郷紳、民衆で微妙に異なっていた。すなわち、清朝政府及び湖南巡撫が「約開口岸」の中に「自開口岸」の内容を盛り込むことで、清朝の主権を保とうとしたのに対し、湖南省の郷紳は長沙開港を「自開口岸」と捉えて清朝の主権を主張し、更に民衆は「約開口岸」か「自開口岸」かに拘りなく、清朝政府による恩恵として列国と清朝の通商を考えたのである。そして、この郷紳や民衆の立場からするならば、清朝政府及び湖南巡撫の態度は、列国に対して余りに弱腰に写ったことは言うまでもない。湖南商務局の王銘忠は、ベナルツ事件が起こると、湖南省の郷紳、特に王先謙、孔憲教、張祖同、黄自元などを湖南商務局に招き、会議を開いた。湖南商務局の王銘忠が郷紳を招聘した理由は、湖南商務局が湖南省の同業団体を統括する立場にあった点にある。王先謙と孔憲教は、この会議の結果を受けて、湖南巡撫端方を訪問し、外国人の湖南省城の居住を批判し、更に洋務局総辦張鶴齢に書簡を与えて、同様の事柄を述べた。[72] 張鶴齢は江蘇省陽湖県の人で、一八八九年に挙人、一八九二年に進士となり、翰林院庶吉士、戸部主事をへて、一九〇一年に京師大学堂の総教習となって後、湖南巡撫の趙爾巽や端方に請われて湖南省に至り、学務所総辦、署按察使、洋務局総辦などを歴任した。[73] 王先謙は一八八五年から一八八九年まで江蘇学政の任にあったため、張鶴齢が一八八九年の郷試で挙人になった時の試験官は、王先謙であった。また、張鶴齢が一八九二年の会試、殿試で進士になった時の同年〔同じ年の試験の合格者〕には、汪詒書、湯寿潜、李希聖、張元済、兪鴻慶の他、葉徳輝がいた。このため、王先謙と洋務局総辦の張鶴齢は、師弟の関係にあった。王先謙は、張鶴齢に書簡を与え、先に劉生怡の談話に「官場とイギリス領事は、〔王〕先謙が承諾さえすればうまくいくと言っていた」とあったことを記し、「私は事を恐れるものではないが、私はかねてより公事には関与しておらず、貴殿はここに長く居住しているのであれば、このことは承知すべきである」と述べ、更に「先の商務局における官紳の会議に、私は招聘されて赴いたのであり、関与に当たるものではない。大勢の意見は同じで、皆なが私と静翁〔孔憲教〕に委嘱して湖南巡撫に上呈させたものであり、〔政務の〕掌握には当たらない」と主張して、地方政治への関与を否定した。[74] このことは、王先謙は地方政治に関与しているという謡言が流布したことを物語る。と同時に、王先謙がそのような謡言を恐れていたことを物語る。この後も、王先謙は張鶴齢に書簡を与え、「〔華洋〕雑居の説に至っては、湖南省の人は断固是認しないと大勢が述べており、私は付和雷同の列にあるだけである」と述べ、自身の行動が大勢に従っただけであると述べた。[75] 更に、王先謙は、イギリスの長沙駐在領事フラハティが「深くベナルツを恨んでおり、代案を立ててベナルツが貨物を運んで入城した場合、必ずしも阻止しなくとも地方の民衆に〔売買を〕禁止させて貨物を売らないようにさせるならば、彼も自ずと困窮するであろう」と述べたという話を聞いたとして、湖南巡撫龐鴻書に対して「もし誤ってフラハティの離間策を受け入れ、禁止を緩め、我が開門の礼をなせば、彼は相次いで至り、救亡の言葉を設けたとしても、〔華洋〕雑居の局面はなり、失策となるであろう」と述べて、断固たる禁止を主張した。(76)王先謙が例え多くの人々の意見を代弁し、行政に関与したものではないと述べたとしても、湖南巡撫端方や龐鴻書、及び洋務局総辦張鶴齢に対して、郷紳「公議」を背景に威圧をかけたと受け取られても致し方ないであろう。

一九〇四年四月四日、日本の漢口駐在副領事永瀧久吉は外務大臣小村寿太郎にあてて、「現任洋務局及学務所総辦張鶴齢は年壮有為の才、北京大学堂総辦の辞したる后、趙〔爾巽〕巡撫の招に応し、先月末湖南に来りたる由、会談数次、又た明白の士たるを失はす、趙巡撫の此人に期待するもの多きに似たり」と記している。(77)また、イギリスの長沙駐在領事フラハティも、張鶴齢を湖南省当局者の中の随一の「反外国」派で、手ごわい交渉相手と見なしていた。(78)王先謙らの主張の特徴は、長沙を「自開口岸」とするものであり、「自開口岸」であれば、清朝政府に全ての権限があり、列国の口を挟む余地などないという点にある。ただし、イギリス領事は、長沙が一九〇二年のマッケイ条約と一九〇三年の清日通商行船条約による「約開口岸」としていた。このため、張鶴齢は、王先謙に対して、「〔先生が〕主張される口岸の説は、現在でも各処で〔定論がなく〕雑然としており（南京、南昌、上海では全て争論となっており、未だ局面が定まっていない）些かも結論が出ていない。これこそ、私が進退の窮まっている所以であり、先生はこの点をご承知されたい」と述べた。(79)王先謙は、この張鶴齢の書簡に対して、「貴殿は、〔華洋〕雑居の念を堅持されており、堅固で破ることができない」と冷たく答えている。(80)すると、張鶴齢は王先謙に対して、「実力阻止は従来の方法であるが、〔実力阻止では相手が〕賠償金を求める場合の口実とされてしまうであろう。私が〔華洋〕雑居の念を堅持しているると言われるのは、いかなる点に由来するのか。このことは、私と〔イギリス〕領事が極力交渉中であり、領事が着手しようとしたものを、私が覆したのである。私が〔華洋〕雑居を堅持しているのであれば、どうして妥結に至らないのか。また、イギリス公使が〔イギリス〕領事を交代させたことは、どうして〔華洋〕雑居を堅持する者ができる事柄であろうか」と不満を訴えた(81)。更に、張鶴齢は、「目的を達成できないのは国勢により、ドイツ宰相〔ビスマルク〕の鉄血外交の言を聞くたびに、憂いを深くする」と嘆いた(82)。張鶴齢が王先謙に書簡を与えて、「伏して思うに、年少のうちに〔先生の〕ご恩を受け、ここ〔湖南省〕に至っては配下の者として庇護を受け、顧みるに齢齕の見はこのような状態に至った。かつ、外部の督撫が歴任して交渉に当たった事、海関道が政務を行い極力抵抗して如何ともできなかった事を尽く私一人の身に委ね、かつ両国の交渉は我が師弟両人の交渉に変わってしまった」と述べたように、湖南省の郷紳の批判に堪える必要があった(83)。一九〇六年六月二〇日、張鶴齢は長沙関監督朱延熙に官印を渡し、六月二四日に長沙を去った(84)。張鶴齢は、洋務局総辦と共に、学務処総辦の任を兼ねており、「華洋雑居」問題の他にも、遊学預備科、粤漢鉄道利権回収問題の処置などで郷紳の反対に遭遇しており、「〔張〕廉訪〔鶴齢〕は長く在任できない見通しとなり、近頃は某大官に運動して交代を請願する上奏文を出し、〔湖南省からの〕退去を希望したと伝えられている」といわれていた(85)。張鶴齢は、洋務局総辦、学務処総辦として内外の交渉に携り、湖南省の郷紳に半ば追放される形で湖南省を去ったのである。

第三節　土地売買をめぐる攻防

一・湖南諮議局と「公」

一九〇六年九月一日、清朝政府は、「大権は朝廷が統べ、庶政、之を輿論に従い、以て国家万年の有道の基を立てる」と述べて、預備立憲の上諭を布告した。ここでは、「規則や制度が未だ定まらず、民智も未だ開かれていない」

情況に鑑みて、手始めとして官制の改革に着手し、法律、教育、財政、軍事、警察の諸般にわたって整備を加え、憲政の準備に供することが宣言された[86]。そして、同年に中央官制の大改革が行われ、外務、吏、度支、礼、陸軍、法、郵伝、理藩、民政、学、農工商の一一部が置かれた。一九〇七年一〇月一九日、上下議院設立の基礎として資政院の設立が布告され、資政院の設立に先立ち「各省は輿論を採取するところを有し、通省の利弊を述べて地方の治安を図らしめ、並びに資政院の人材を蓄える階梯とすべきである」として、諮議局の設立を宣言した[87]。一九〇八年七月二二日、各省における諮議局の設立を布告した[88]。同年一一月、湖南巡撫岑春蓂は、湖南諮議局籌辦処を湖南省城に設立し、布政使荘賡良、按察使陸鍾琦、提学使呉慶坻を総辦にし、塩法道朱延熙、巡警道頼承裕、勧業道唐歩瀛、前国子監祭酒王先謙、前江南道観察御史趙啓霖、翰林院編修譚延闓、広西候補道湯魯璠らを会辦とし、湖南候補道張鴻年を駐処会辦とし、長沙知府汪鳳瀛を提調、長沙知県余屏垣と善化知県邢驤を帮提調、候補知県汪文溥を提調兼文牘科長、候補知府王寿齢を庶務科長とした。湖南諮議局籌辦処の設立には、前丁科給事中馮錫仁、陸軍部主事曾熙、前広西右江鎮総兵黄忠浩、湖北候補道陳兆葵も会辦に加わった[89]。湖南諮議局籌辦処は、一一月二八日に設立された。ただし、一二月八日、日本の長沙駐在領事高洲太助は、湖南諮議局籌辦処について「此等顔触より推定せは、湖南諮議局籌辦処は、単に様に依て葫蘆を画くの類に非らさるかの観なき能はす。若し湖南に於ける預備立憲の勢力が果して存在せば、之れ確かに諮議局以外に却つて之れを見るを得べしと察せらる」と述べている[90]。諮議局籌辦処の開辦式は、一一月一四日と一五日の光緒帝と西太后の崩御を受けて一二月三一日に延期され、湖南巡撫岑春蓂以下、湖南省の各官や王先謙や湯魯璠の郷紳が列席した[91]。湖南諮議局籌辦処は、各州県に調査事務所を設立し、選挙日や選挙人名簿の作成、投票の方法などを取り決めた。一九〇九年六月一八日以降、湖南省の各地で湖南諮議局議員選挙が行われ、八月六日に湖南諮議局議員八二名が決定した[92]。ただし、第一回常年会では、三名が欠席した[93]。一九〇九年一〇月八日、湖南諮議局の議長に譚延闓が、副議長に曾熙と馮錫仁が、湖南諮議局議員の選挙で選出された[94]。一〇月一四日、湖南諮議局の開会式が長沙府学宮明倫堂で挙行された。開会式の臨席者は、湖南巡撫岑春蓂以下、布政使荘賡良、按察使周儒臣ら各大官、及び湖南諮議局議長譚延闓、副議長曾熙、代理副議長羅傑（副議長馮錫仁が欠席のため）の他、湖南諮議局の各議員であり、大官らは東階より、湖南諮議局議員は西階より入場した。官吏の臨席者は四五名、傍聴者は三〇〇名余りであった[95]。

湖南巡撫岑春蓂は、湖南諮議局の開幕で挨拶に立ち、開幕演説詞で「諮議局の設置は我が中国数千年の未曾有の壮挙であり、今日救亡図存の策は一日も緩めることができない。凡そ一国の朝野上下が心を共に協力し、国家の発達を謀り、治まれば富み且つ強くなり、治まらなければ乱れ且つ危うい」と述べた上で、「国に中外の別なく、上下の隔たりがなければ国勢は進歩するが、隔たりがあれば上下の意志は通じなくなる。人体に喩えれば、気血が滞ると病気となるが、国家も同様である」と指摘し、更に優勝劣敗の時代の富強の策として立憲政治の必要性を説いた。更に、岑春蓂は諮議局設立の意義を上下の情の疎通、隔絶の病の除去に置き、諮議局を有効なものとするために、「和衷共同〔心を合わせ協同する〕」、「畛域化除〔境界を取り除く〕」、「言行相頼〔言行を一致させる〕」の三点を説いた[96]。湖南諮議局議長譚延闓は、湖南巡撫岑春蓂の上下の情の疎通、隔絶の病の除去を説いた挨拶に対して、次のような答辞を述べている。

私が考えるに、政事の隔絶は人心の私に由る。官吏が民に対する愛惜を知らず、ただ自らの利禄を私し、人民が国に対する愛情を知らず、ただ自らの身家を私し、私が増せば隔絶し、上下も通ぜず、政事も外れ、国も弱まり民も貧しくなる。わが国の危難の至るところである。これは、一重に私により上下が隔絶したものである。先の輝ける詔勅〔一九〇六年九月一日〕で「庶政、之を輿論に公にする」と宣旨されている。偉大なるかな、皇帝の御言葉は。ただ公こそ私を去り、公こそ隔を癒すことができる。此の御言葉たるや、諮議局がこれを守り教訓とするだけでなく、諮議局が設立され、遵守して権限となす所以のものである。蓋し、一人の見解は公と言うことができず、必ずや多数で決しなければ、和衷共同を求めても得ることはできない。また、一地方の利害は公と言うことはできず、必ずや各府州県の議員の多数で決しなければ、畛域化除を求めても得ることはできない。官吏と議員の所見は必ずしも一致してはいないが、もし一致しなければ双方に必ずや私がある。すなわち、議員が故意に官吏に迫るのでなければ、官吏が民衆の事柄を軽視しているのである。現在、官吏と議員は、共に提議することができる。ただし、議員が議決し、官吏が執行しなければ、言行相頼を求めても得ることはできない。凡そ、これは皆な、公の道である。ために、かの公なるものは、ただ議員の守るべきものであると共に、官が守るべきものである。議員は全省人民を代表し、議論を人民の利害に合わせなければ、これを輿論とも公ともいうこともできない。議員の議論が人民の利するところとなり、民に利するものは民に害はない。また、官が人民を犠牲にして私を守ろうとする事柄は、これを輿論に公にするということもできない。私らが湖南省の官吏と共に求めるものは、議員が輿論とは何か、官吏が輿論に公にするとは何かを思惟することである。このようにすれば、私心を去り隔絶の弊を除き、朝廷が立憲の志として示したところの官民合力の効力を期することができるのではなかろうか(97)。

湖南巡撫岑春蓂と湖南諮議局議長譚延闓は、湖南諮議局の役割を上下の情の疎通、隔絶の病の除去に求めながら、図るべき方策については同床異夢であったといえよう。

一九〇四年七月一日の長沙開港に始まる「華洋雑居」問題は、粤漢鉄道敷設問題と同時並行的に起きていた。この二つは、湖南省の官憲による、列国からの利権の回収という点で、鉱山の利権問題と共に、同じ土俵の上にあった。

一九〇九年一〇月一四日より、湖南諮議局第一回常年会が開催されると、真っ先に粤漢鉄道敷設問題が討議された。このことは、湖南諮議局議員の粤漢鉄道に対する関心の大きさを示している。一〇月一八日、議長の譚延闓は、湖南巡撫岑春蓂の提案した第一次正式会で「湘路亟応限年趕修案〔湖南省の鉄道を年限を定め速成する案〕」「改良宣講所案〔宣講所の改良案〕」「改良拡充慈善事業案〔慈善事業の改良・拡充案〕」を提出した。同案の討議の参列者は、行政委員の他、湖南諮議局議員七〇名である。議事は、翌一〇月一九日の第二次正式会に持ち越された(98)。第二次正式会の議事の参列者は、行政委員の他、湖南諮議局議員七〇名である。同案は、審査会に持ち込まれた(99)。審査会は一一月五日に開かれ、一一月一六日に呈復した(100)。同案の審査長は石秉鈞と羅傑の二人であったが、審査員は二七名にも上った(101)。「各省諮議局章程」第六章「職任権限」第二一条では、湖南諮議局の任務を「本省の興すべき、また革すべき事件を議決する」と定めていた(102)。湖南諮議局議員は、この条項をもって、湖南諮議局が湖南省に関する事柄を議決する根拠とした。湖南諮議局議長譚延闓は、各人が人民の利害を汲み取り個人の独断を排せば、「公」が体現され、意見の対立や政治の隔絶が取り除かれるとして、行政官である官吏が全省人民の代表である湖南諮議局の決定を着実に実行することにより、中国が富強に至るとした。このため、湖南省に関する外交を含む事柄は、湖南巡撫といえども、湖南諮議局の同意を必要とした。湖南諮議局議長譚延闓の主張では、湖南巡撫を始め、湖南省の行政官は、この湖南諮議局の決定を着実に履行することが求められた。この場合、条約や法案の解釈権は、湖南省に関わる出来事である限り、湖南諮議局にあった。いわば、列国と清朝政府の間で結ばれた条約の内容の解釈も、湖南諮議局が握った。湖南諮議局の議決は、湖南省の郷紳や民衆の意向を体現する必要があった。これにより、条約の内容の解釈も、湖南省の地域社会の論理の中で換骨奪胎されたのである。粤漢鉄道敷設問題が湖南省の多くの人士の関心を集めた背景には、湖南省で産業振興策が実施され、鉄道に限らず、工・鉱業の利権回収運動が進められた点をあげることができる。いわば、湖南諮議局も、湖南省内の民族資本家の台頭を受けて、外国借款の反対、鉄道の外国借款によらない建設を説いたのである。外国借款の導入に対する反対は、湖南省内の経済権益の自衛意識と結び付いた。湖南諮議局は、民間投資家の組織化にも努力した。湖南諮議局の指導で、一九〇九年に股東会結成の準備が進められ、同年一一月に股東会が結成された。股東会の役員選挙で選ばれた役員の多くは湖南諮議局議員であった。この結果、一九〇九年一一月の股東発起会では、譚延闓、龍璋、陳文璋、胡璧、童光業の五人が辦事員に、陳家珍、帥学棻の二人が査帳員に推挙された(103)。

二・議案研究会と湖南諮議局

一九〇九年七月、和記洋行（International Export Company）は、草潮門外に中孚・衍慶等の六戸の家屋を購入した。和記洋行の家屋の購入で仲介役を担ったのは、祖淦堂なる人物である。家屋は、祖淦堂を介して同仁堂に売られ、同仁堂から和記洋行に転売された。ただし、当初、最終的な購入者が和記洋行であることは、伏されていた。この約一年後、すなわち一九〇九年八月一〇日、イギリスの長沙駐在領事ヒューレットは、長沙関監督朱延熙にあてて和記洋行の家屋譲渡の証書を送り、家屋購入の認可のための証印を求めた。証書の中には、家屋について「永租」（永代借地）の文字があった。「永租」は永久の借地であることから、購入と同等の内容を意味する。すると、朱延熙は、ヒューレットに対して、証書の中の「永租」の文字を、「承租」（借り受け）に改めるよう要求した。一九〇四年一〇月に締結された「長沙通商口岸租界章程」の第三条で、「通商租界内の商工業は、租界規則及び工部局の各規則に照らし、借地に屋宇や桟房を建造することができる。凡そ、借用しようとする土地は、先ず地方官が買い上げてから転貸するものとし、持ち主の直接の授受・貸借を許さない。ただし、洋商は領事館に、華商は税関長に願い出て、先ず一等地は毎畝一五〇元、二等地は毎畝一〇〇元、三等地は毎畝八〇元の借地料、及び願い出た日より西暦の年末までの租税を給付し、工巡局より許可状を給付しなければならない。洋商と華商は許可状を領事館、税関長に提出して海関長に照会し、二、三枚が送付され、領事館はこれを簿冊に記載し、地券一枚を借主に給与し、一枚を海関道衙門に備え置く。借地は一人一〇畝、毎畝七二六〇英尺を越えることができない。もし拡大の地面を必要とする時は規則に照らし、願い出た上で実行することができるものとする」と記されたように、同章程は外国人が湖南省城に土地を購入することに対して、厳しい制限を加えていた。[104]この結果、一九〇四年九月にベナルツ事件が起きた。このベナルツ事件の発生後は、例えそれが中国人商人であったとしても、湖南省城に商店を開設する場合は、湖南省当局によって厳密に審査された。すなわち、湖南省城の商店の開設にあたっては、業種の如何にかかわらず、商店の株主の名前を警察や団練、商務各局に届け出る必要があり、規則に違反した場合には、湖南省当局に処罰された。また、外国商人も、行桟の開設にあたっては、税務司への届け出が義務付けられ、外国商人がいわゆる湖南省城の北門外と西門外を除く土地、すなわち「長沙通商口岸租界章程」で定められた場所以外の土地については、購入が禁じられた。[105]長沙関監督朱延熙の要求は、この規則に基づくものであった。しかし、ヒューレットは、この要求を拒絶した。何となれば、ヒューレットは、日本政府の締結した「長沙通商口岸租界章程」を認めていなかったために、和記洋行による土地の購入を条約に基づく正当な権利と捉えていたからである。しかし、長沙関監督朱延熙は、「長沙通商口岸租界章程」を盾に、和記洋行による土地の購入を条約違反と見なした。やがて、当の売り主ですら、家屋の代金の残額の受領を拒んだため、家屋の代金の支払いも宙に浮いただけでなく、長沙関監督朱延熙による証書の証印もなされないまま、いたずらに時は過ぎることになったのである。[106]

鉄道利権回収運動は、湖南省の留日学生、本地の士紳、湖南省籍の官紳が主要な勢力となった。この三つの部分は、統一的な統合がされていなかった。湖南諮議局は、議員が選出されていたが、まだ正式には成立していなかった。一九〇九年七月、湖南省では、浙江省の諮議局議案預備会、江蘇省の諮議局議案研究会に倣って議案研究会を設立し、「諮議局の議案に関する出来事を分類調査し、項目ごとに研究し、諮議局成立後の会議の預備となす」とした。そして、議案研究会が幹事二〇名、名誉幹事若干名を推挙して、湖南省城の房屋を借りて設立された。議案研究会の会員には、湖南諮議局選挙の初選の当選者、八二〇名が含まれた(107)。同月、議案研究会の譚延闓と廖名縉を代表とする会員が粤漢鉄道敷設費における外国からの借款問題及び湖南諮議局選挙の怪文書を取り上げて、資政院や憲政編査館に解決を要請した(108)。また、湖南諮議局議員の初選の当選者、左宗澍、陳中環、劉国泰、王燮文、瞿宗鐸、胡子清、易宗夔、粟戡時、羅傑、黎先枢、左景祺、童光業ら八二〇名は、湖南人全体が決して鉄道の借款を承認できるものではないとして、張之洞、度司部、郵伝部、憲政編査館にあてて反対意見を電稟した。その要旨は、諮議局章程を按ずるに、本省権利の存廃に関する出来事は湖南諮議局議員が議決すべきであるという点にあった(109)。この決議は、湖南諮議局議員の初選の当選者八二〇名によってなされており、ためにこの決議が議案研究会の設立に繋がったと考えてよいであろう。議案研究会における議論の条目は第一条「地方自治」、第二条「財政」、第三条「教育」、第四条「実業」、第五条「交通」の五条に分かれ、第一条「地方自治」は自治の経費と範囲、優先順位、第二条「財政」は地丁銀、漕糧、米穀、雑税、軍米、李金、塩税、貨幣、雑捐、第三条「教育」は初等教育、女子教育、専門教育、第四条「実業」は農業、工業、商業、第五条「交通」は鉄道、航路、城郷の道路の改修を意味した。この中で、第五条「交通」の鉄道は公司の資金調達方法や各県の自弁の可否、航路は外国人からの利権の回収、城郷の道路の改修は房屋の修築、道路の拡張、資金の調達を含んだ(110)。このため、議案研究会の第五条「交通」の内容は、粤漢鉄道敷設問題や資金の調達、道路の拡張に伴う土地の買収に関する議論に発展する可能性を含んでいた。そして、一九〇九年九月、議案研究会は、和記洋行の土地購入問題を取り上げ、「我が国と各国の通商条約では、外国人による内地の土地購入と行桟建設を許していない」として、「和記洋行は条約に違反し、土地を購入し、税契をなし、我が国の主権を蔑視し、我が国の約章に違反し、我が国の官庁の権限を侵害し、我が国の人民の治安を妨害し、種々の不法行為は訝しいものがある。総じて、該洋商が購入を図った房屋は、通商口岸に入らず、各輪商が借地を許された土地にも入っていない。このため、条約に照らして〔土地を〕返還させるのは、些かも疑いのない事柄である。もしこの土地の購入を許すならば、今後紛糾はますます多くなり、将来の災いも堪えることができなくなるであろう」と述べて、湖南巡撫並びに湖南省の官憲が和記洋行の土地購入問題に反対するよう要請した(111)。

日本の長沙駐在副領事村山正隆は、湖南諮議局第一回常年会の開催中、外務大臣小村寿太郎にあてて「諮議局開会中は一々関道を径て紹介を求むるに非されば、傍聴を許さす。且つ日々の議事状況も一切世上に公表せさるを以て、詳細を知悉するに困難なりし為め、今尚ほ考査中の事件も有之事態に鑑み、御追報可致候得共、大体に於て無事結了したるもの、如く、不取敢此段及御報告候」と報告している。すなわち、湖南諮議局の会期中の議事内容は、外部には秘密に伏されていた(112)。一九〇九年一一月一二日、湖南諮議局第一回常年会第一六次正式会の「商埠劃定地址案」における「第一次動議」で、外国人への土地売却の禁止が討議された。まず陳炳煥と洪澤灝が提案の趣旨説明を行い、次に姚炳麟が「租界以外の地で土地を購入し外国人に与えたものがいたならば、厳しく禁止すべきである」と述べ、更に周廣詢と粟戡時が同様の主張を行った。ここで、粟戡時が草潮門外や龍洲地方における外国人への土地売却の現況と紛争の現状を述べると、湖南諮議局各議員は「行政官に質問して妥当な策を練り後患を免れるべきである」と主張した。粟戡時は、一一月一一日に湖南巡撫岑春蓂にあてて六項目の質問状を提出しており、湖南巡撫岑春蓂の回答を待って再度討議すべきであると提案した。湖南巡撫岑春蓂の回答は一一月二二日になされたが、イギリスの長沙駐在領事ヒューレットと交渉中であるという曖昧な内容であった。[113]一一月一五日の第一七次正式会は三件の議案を討議した。三件のうち、一件は姚炳麟の提議した「組織土地保存会案」であった。これに、周名建・胡壁ら三〇名が連名で提案した「禁止人民私売房屋与外人案」が合併されて、二案が一括して討議された。最初に姚炳麟が議案の趣旨説明を行い、続いて劉善渥、粟戡時、羅傑、陳炳煥が意見を述べ、「土地保存会」を結成して、外国人に一片の土地も売却しないことが提唱された。ただし、この会の名称は、「土地保存会」から「土地調査会」に改めるよう提案された。[114]会名の変更は、列国の反発を慮った結果と思われる。陳炳煥、洪澤灝の提議した「商埠劃定地址案」と姚炳麟の提議した「組織土地保存会案」（これに「禁止人民私売房屋与外人案」が合併された）は、審議会の審議に委ねられた。[115]前者の審査長は陳炳煥、審査員は洪澤灝である。また、後者の審査長は姚炳麟、審査員は左学謙、羅傑、粟戡時である。審議は、外国人への土地売却の反対派が中心となった。[116]湖南巡撫岑春蓂の提出した「展拓街道案」は、湖南諮議局の承認をへて湖南巡撫岑春蓂に奏上された。この案件は、商工業の繁栄のために湖南巡撫岑春蓂より湖南諮議局に提案された。「第二次読会」の結果、湖南巡撫岑春蓂の提案による旧来の街道を広げる案と、審議会の報告書による新たに街道を建設する案が、両案併記のまま可決され、湖南巡撫岑春蓂に送られた。街道の拡張や建設には、土地の収用が不可欠であった。[117]このうち、「厳しく新市章程を定める」と「予め市区を劃定する」の両条、及び「土地・房屋を私売し外国人に与えることを厳禁すべきである」の一条は、湖南諮議局の臨時会議の審議に持ち越された。ところが、一九一〇年一月九日、「展拓街道案」の案件が『長沙日報』に掲載された。『長沙日報』の掲載記事には、「租界外で土地・房屋を私売し外国人に与えることを厳禁すべきである」の一文があった。[118]これらの事柄は、湖南諮議局による外国人の土地の購入禁止を意味した。イギリス政府がこの案件に反発することは必定であった。

三・列国の反発と郷紳

一九〇四年以降、イギリスが抗議する中で、日本政府も「長沙通商口岸租界章程（内附租界外租地章程）」と「長沙通商租界設立巡捕総章程」を締結していたにも拘らず、それを全く反故にする行為に出て、イギリスに同調する動きを示した。そして、一九〇七年一月二四日、日本の特命全権公使林権助は、清朝政府外務部の慶親王奕劻に対して次のように述べたのである。

又御来文中には、〔条約の中に明文がないだけでなく〕長沙城内に於て外国人に居住営業を許可したる事実なく、外国輸出入貨物に厘金を免除したる事実なしと御声明相成候得共、現に光緒三十二年二月十一日〔一九〇六年三月五日〕貴部より当時の英国公使に発せられたる照復に於ては、「査長沙開作通商口岸、本無限制洋商不准在城内開行之意」と言明せられ居候間、既に本使前回の照会に指摘せしが如く、貴部は外国商人が長沙城内に於て店舗を開設し、営業を為すことを疾く承認せられたる儀に有之。而も此の趣は当時貴部より湖南官憲に布達せられ、同官憲より我領事に通牒ありたる次第に候。然るに今や湖南官憲は外務部を以て地方の事情を詳知せざるものと為して其訓令を奉ぜず、因て本使より之を貴部に照会すれば、貴部亦た曩日の言明を無視して、其責を免れんとせらるゝが如きは、本使の意外とする所にして、貴国政府の為め甚た取らさる所に有之候。思ふに、国際信義の敬重せさるべからざることは、貴国政府も固より御同感なるべく、従て本問題に関する貴部曩日の言明は、貴国政府の真意に於ては全然之を無視せんと欲するものに非ざるべく、又本使が前段に縷々説明したる長沙全部既開論は、貴国政府に於ても之を条約規定より来る当然の結論として疾く熟知せらるゝことなるべしと存候得共、畢竟中央政府が湖南官憲の異論を抑圧して其の所信を断行することを憚るが為め、遂に前言を無視し、又条約の規定を曲解せんとするが如き観を呈する次第と察せられ候、乍去此の如きは独り国交に害あるのみならず、中央政府自ら其の威信を傷つくるものにして、却て貴国の為め利ならずと存候。元来各地の開放は、風気の開発を図り商務の振興を期するに在り。而して此目的を充分に達せんとするには、各国人の通商に可成多大の便益を与ふること必要なるは言ふ迄も無之、従て若し地方の官民にして此の事理に背反するの行動あるとき、殊に外国人の条約上の権利を制限せんと企つるが如き場合には、中央政府に於て奮つて之が矯正の責を盡さるゝこと〔は〕当然なりと思考致候(119)。

いわば、日本の特命全権公使林権助は、日本政府の調印した章程を一方的に反故にしながら、「国際信義の敬重せさるべからざることは、貴国政府も固より御同感なるべく」として、相手国の道義を批判したのである。ただし、林権助が「畢竟中央政府が湖南官憲の異論を抑圧して其の所信を断行することを憚るが為め、遂に前言を無視し、又条約の規定を曲解せんとするが如き観を呈する次第と察せられ候」と述べた点には、清朝政府と湖南巡撫、湖南省の郷紳の関係が明らかにされているといえよう。すなわち、例え清朝政府が列国の主張に同意したとしても、湖南省の郷紳が郷紳「公議」を盾に物言いをつけた場合、清朝政府や湖南巡撫も郷紳「公議」を無視して列国との確約事項を強行できなかったのである。

イギリスの長沙駐在領事ヒューレットは、一九一〇年一月九日付け『長沙日報』紙上において湖南諮議局の「展拓街道案」を知ると、湖南巡撫岑春蓂に対して、「貴国資政院章程には、早くから諮議局が外交交渉に干与するのを許さないという項目がある。項目の通りであれば、現在の湖南諮議局のこのような議論は、政章に対する違反である。湖南省の地方官はいつも紳士を開導すると述べるが、仮に議員の開導に意を用いず、このような議論を放置するのであれば、民衆はその言葉を信じ、たやすく事端を醸成するであろう。かつ外交交渉の大権は貴巡撫が司るべきものであり、どうして該諮議局がその権限を奪って議論を行い、騒乱の基を開くのを放任しておくのか」と述べて激しく抗議した。一月二三日、湖南巡撫岑春蓂は、ヒューレットの抗議に対して、先の「展開街道案」がまだ「草案」であり、自ら検閲を加え「この条文は〔湖南諮議局に〕議論させないことで決着済みであり、かつ施行も許可されていない」と答えた[120]。一月二五日、湖南諮議局は、湖南巡撫岑春蓂のヒューレットに対する返答を、激しく批判した。何となれば、湖南諮議局が、「展拓街道案」の末尾にある「租界以外の地の土地や房屋を私売し外国人に与えることを厳禁すべきである」という一条は、湖南省内の出来事である限り、湖南諮議局が議論すべきものであると考えたからである。論拠は、湖南諮議局が「本諮議局は立法機関であり、ために自ずと本省の単行章程規則を増改する権限が備わっている」という点にあった。そして、外国人が租界以外の地で土地を購入する権利のないことは条約の規定によるものであり、ために湖南諮議局が外国人に対する土地売却の厳禁を説いたのも自らの職務を遂行したにすぎず、それをイギリスの長沙駐在領事ヒューレットが政章に対する違反というのであれば内政干渉であり、「どうして巡撫はそのようなイギリスの領事による越権・妄言・条約違反・中傷を許しておくのか」と述べた[121]。一九一〇年二月八日、イギリスの特命全権公使ミューラーは、清朝政府の外務部にあてて、次の二点にわたる要請を行った。第一点は、湖南諮議局第一回常年会で議決された「展拓街道案」内の「租界外における土地や房屋の私売、外国人への譲渡を厳禁すべきである」の一条をめぐる問題である。第二点は、長沙での土地契約書の上部に印が押され、文面に「規則に違反しない場合でも、裏で〔土地を〕外国人に売買して行桟の開設や別の機構の設立を図るなどの行為があるとするならば、土地は全て没収する」と記載された問題である。ミューラーは、土地譲渡の契約書が官衙に提出される公文書の類であったために、湖南省の官憲と湖南諮議局が一体となってこの決定を行い、外国人の土地の購入を妨害していると考えた。ミューラーは、イギリス商人の長沙における土地売買が正当な権利であるとして、湖南巡撫岑春蓂に対して湖南諮議局で議決された「展拓街道案」の修正と、土地譲渡契約書における印文の削除、官憲に対する適切な指導、以上の諸点を要請した。[122]しかし、一九一〇年五月二一日のミューラーの報告によるならば、湖南巡撫岑春蓂は会談では外国人の湖南省城内における居住を認めたが、この承認を文書にすることは拒んだ。そして、清朝政府も、湖南巡撫の反対に遭遇して前言を撤回するかの態度を示した。[123]

一九一〇年六月一六日から七月六日までの二〇日間、湖南諮議局臨時会議が開かれ、同案件の審議も行われた。そして、「土地・房屋を私売し外国人に与えることを厳禁すべきである」の一条は六月二二日に審議され、条約の履行を基本に原案からこの一条が削除された。[124]湖南諮議局は、外国人の度重なる抗議に大幅な譲歩を行ったのである。しかし、事態は、収まらなかった。これより先、一九〇九年一二月二〇日、イギリスの長沙駐在領事ヒューレットは、湖南諮議局の背後に議案研究会の存在を見出し、議案研究会が湖南諮議局の全議員を網羅しているだけでなく、北京に上訴しうる強大な権限を持ったとして、長沙関監督朱延熙の「外国の要求が例え条約の規定に基づいたとしても、研究会の同意なしには長沙のいかなる権限も遂行することができない」という言葉を紹介した。[125]一九一〇年四月二八日、ヒューレットは、一九〇九年九月末のヒューレットと湖南省当局の土地売買をめぐる交渉で、布政使荘賡良がヒューレットにあてて「湖南諮議局が〔土地の〕貸借を認めない限り、〔和記洋行の土地譲渡〕契約書に調印することはできない」「もし強硬に主張するならば長沙に深刻な事態がもたらされるであろう」等と述べたとも指摘していた。ヒューレットは、この布政使荘賡良の主張を受けて、特命全権公使ミューラーにあてて、「外国人に関わる債務請求の正当な支払いでさえ、湖南諮議局の同意がなければ、地方当局によっていかなる権利も裁可されることはない。湖南巡撫〔岑春蓂〕はしばしばかれら〔湖南省の郷紳〕に抵抗し、結果的に日常的となった一層の不人気を醸成させた。ただし、私は湖南巡撫の中に、〔長沙関監督〕朱延熙〔彼は全ての事柄に湖南諮議局の同意が必要であると主張していた〕の心の中にあるような、救い難い恐怖を見出してはいない」と報告した。[126]五月五日、ヒューレットは、「湖南諮議局の外国人関連の議題に対する態度は、激しい敵意に満たされている。そして、長沙開港によって外国人に与えられた条約上の全ての特権が廃されない限り、我々は危険な事態に直面させられることになるであろう」とも述べ、事態の危険性を指摘していた[127]。また、一九一〇年一二月二四日のミューラーの報告によるならば、湖南巡撫の言動は、湖南諮議局議員や郷紳に掣肘され、自由に行うことができなかった。特に、イギリスの長沙駐在領事ヒューレットは、「土地所有者らは長沙研究会に脅されて土地の売買を認めないのであり、同会が条約を無視して恣にこの件に干与する権限を持っていると考えていることができる」と述べ、和記洋行の土地購入問題などの背後に、議案研究会などの郷紳の圧力を看取していた[128]。ここで注目すべき事柄は、郷紳もまた、郷紳「公議」に掣肘されて自由な発言を行うことができなかった点である。キャンベルの報告では、布政使荘賡良からもたらされた情報として、湖南諮議局議員八二名のうち、実に六割にあたる湖南諮議局議員の免職を要求する数十もの嘆願書が湖南諮議局に提出され、実際二名の議員が辞職したと報じている[129]。湖南諮議局議員も、郷紳の監視にさらされていた。そして、湖南巡撫岑春蓂も、郷紳「公議」を無視することができなかった。湖南巡撫岑春蓂が郷紳「公議」を無視して行動した場合、「公」を敵に回すことになり、いかなる事態が引き起こされるのかは、明白であった。この証左が、翌一九一〇年の長沙米騒動で起きた、湖南巡撫岑春蓂の湖南省からの追放劇であった。この点については、次章の一九一〇年の長沙米騒動に関する考察で言及することになる。

おわりに

一九一三年、塩谷温は、郷紳の王先謙について、「王先謙先生、字は益吾、葵園と号す。湖南長沙の人。道光二十二年生る。同治四年乙丑科進士たり、翰林に入りて同治帝に陪読し、歴官して国子監祭酒に至る。二十年来致仕し湘城に帰臥し、城南嶽麓両書院に主講し、専ら後進の誘掖に従事す。故に湘中の士大夫多くは受業の弟子にして、桃李満門徳望隆々たり。凡そ湘中の公事は大小となく先づ先生に諮りて後決す。故に動もすれば毀誉の累を及す事なきに非ず」と述べている(130)。王先謙は、一九一〇年の長沙米騒動の収束後、一九一〇年五月二七日に清朝政府によって処罰を加えられると、自らの半生を振り返って次のように述べている(131)。

私は資質が世事に疎く、自ら考えてみるに、万事世に入り難く、ために呆然として退官し、世俗と縁をなすことを欲しなかった。しかし、省城に居住しておれば、勢い人と離れて独立しておることができず、また能力もないのに講席につき、まま官界に接し、長幼の序でやや老いておれば、前列に押しやられ、事の地方の利害に関わることでは沈黙することを許されなかった。前には戊戌変乱、後には華洋雑居、郷里の保衛を義とすることが多く、自己を為す学が少ないのを免れなかった。謗言も、半ばはこれによって起きた(132)。

一九〇四年七月一日の長沙開港で生じた「華洋雑居」問題は、王先謙の回憶の中でも、一八九八年の戊戌変法と並んで大きな事件として扱われた。一八九八年の戊戌変法では、王先謙、劉鳳苞、汪槩、張祖同、蔡枚功、葉徳輝、鄭祖煥、孔憲教、黄自元、厳家鬯ら一〇名の郷紳は、嶽麓書院斎長賓鳳陽の「夫子、名流、領袖、もし再び口を閉ざして言わないのであれば、上は君国に背き下は人民を誤らせ、良心に問うてどのように答えるのであろうか」という突き上げを受けて、湖南巡撫陳宝箴に連名で「湘紳公呈」を提出し、時務学堂の内容の改変と一部教習の交代を要求した(133)。一九二三年、葉徳輝は、自らの人生を回顧して、「このことから、人は布衣貧賤に生まれたならば、事毎に安静な地におれようが、一たび縉紳となるや、日々いばらの路を歩くようなもので、足をあげても平地はないと思った」と述べた(134)。王先謙の「郷里を衛る義が多く、自己を為す学が少ない」という言葉には、この葉徳輝の言葉と同様に、安静な生活を望みながら周囲が安静な生活を許さないという郷紳の苦渋が含まれている。

これまでの中国近代史研究では、列国と清朝政府の間で、条約がいかなる経緯をへて、どのような内容をもって締結されたのかに焦点があてられてきた。これに対して、本章では条約が湖南省の官憲や郷紳、商人にどのように受け止められ、いかなる反応を引き起こしたのか、更にこのような受け止め方や反応にはどのような特徴が示されているのかに着目して考察してきた。一九〇四年七月一日の長沙開港に始まる「華洋雑居」問題は、次の三点の特徴を顕在させていた。第一点は、列国間の対立と日本の位置である。日本は、日露戦争を遂行するにいたって、日英同盟の堅持という枠組みの中で「華洋雑居」問題に対処した。ただし、イギリス政府は、「華洋雑居」問題を「裁釐加税」問題の解決の前提としたのに対して、日本政府は「裁釐加税」問題に大きな利害を見出さなかったために、「華洋雑居」問題を「裁釐加税」問題と結び付けて考えなかった。もともと、日本政府は、「華洋雑居」問題ではイギリス政府と共同歩調を取る必要があった。しかし、清朝政府は、日露戦争において日本寄りの中立を宣言していた。この軋みの顕在したものが、一九〇四年一〇月八日に締結された「長沙通商口岸租界章程」であった。以降、列国や日本政府は、同章程の締結に拘束され、「華洋雑居」問題の解決をより難しいものにした。湖南省の「華洋雑居」問題は、列強相互の間で、日本政府が湖南省に占めた特異な位置を示していた。日本政府は、日本が清日通商行船条約の締結によって長沙開港に先鞭をつけ、かつ湖南汽船会社の運営に期待をかけていたが故に、他の列国に先駆けて行動しようとし、かつ条約の規定よりも清朝政府の親日的な気運の維持を図ろうとして、他国との間に微妙な軋みを生じさせた。ここには、日本政府とイギリス政府の外交問題を扱う場合の姿勢の差が見られる。第二点は、清朝政府の対応と日本の立場である。湖南省の「華洋雑居」問題は、「約開口岸」と「自開口岸」の中途半端な状態の中で起きていた。日本政府は長沙開港を一九〇三年の清日通商行船条約に基づく「約開口岸」と位置付けたが、清朝政府は一八九〇年代以降隆盛となった「自開口岸」の延長線上に位置付けていた。日本政府は、湖南巡撫の意向を組み入れながら、長沙開港が「約開口岸」であることを主張しつつも、実質的な内容としては「自開口岸」とすることを黙認して、湖南省内における親日的な気運を助長することで、湖南汽船会社など、日本の権益を確保する方向で動いた。しかし、同章程は列国の認めるものとはならず、日本政府はイギリス政府と清朝政府の軋轢の中で前に締結した章程を反故にして、イギリスの意向に沿おうとした。第三点は、清朝政府の政策と湖南省の郷紳の対応である。清朝政府が列国の主張に同意したとしても、湖南省の郷紳が郷紳「公議」を盾に物言いをつけたならば、清朝政府や湖南巡撫も、郷紳「公議」を無視して、列国との約束を強行できなかった。このことは、清朝政府の政策、とりわけ他国との交渉を要する外交が、郷紳「公議」という地域社会の利害に左右され続けたことを意味した。そして、列国も、清朝政府と湖南巡撫、郷紳「公議」の軋轢に翻弄された。湖南省の郷紳の一部が郷紳「公議」に反対することすら、強い批判を受けるような状態となった。換言するならば、湖南巡撫が郷紳「公議」に掣肘されただけでなく、郷紳も郷紳「公議」に左右され、自由な言動を行うことができなかった。

清朝政府や湖南巡撫、湖南省の郷紳、及び民衆は、各々どのように長沙開港を理解していたのであろうか。清朝政府や湖南巡撫は、長沙開港が「約開口岸」であることを認めつつも、「約開口岸」の中に「自開口岸」の内容を盛り込むことによって、清朝政府の主権を保とうとした。そして、日本政府は、この清朝政府の意図に同調的な姿勢を示すことによって、清朝政府の親日的な気運を維持し、湖南汽船会社の運営を順調なものにしようとしたが、イギリスとの関係に軋みが生じたため、イギリスとの関係を重視する形で方針を転換した。この清朝政府や湖南巡撫の方策に対して、湖南省の郷紳は長沙開港を「自開口岸」と考えて行動したようである。このため、湖南省の郷紳は、清朝政府や湖南巡撫の対応が列国に対して弱腰で、譲歩しすぎているように受け止めた。このことが、王先謙と張鶴齢の対立が起こる一因となった。更に、湖南省の民衆は、長沙開港を「約開口岸」であるか「自開口岸」であるかを問わず、清朝政府が列国に与えた恩恵的なものとして捉えた。このため、湖南省の民衆は、外国の商人が湖南省の慣習、特に行会の規則を遵守するか否かに激しく反応した。そして、外国の商人が行会の規則に違反した場合、「公議」の名において抵抗したのである。問題は、このような清朝政府や湖南巡撫、郷紳、民衆の長沙開港に対する各々の受け止め方の違いにおいて、清朝政府や湖南巡撫が郷紳や民衆に対して行政指導を行わずに、むしろ郷紳や民衆の「公議」を組み入れる形で政策を変更した点にある。この結果、列国と清朝政府の間で結ばれた条約の解釈は、湖南省の独自の論理の中で換骨奪胎されたのである。ただし、湖南省の郷紳が殊更に「公議」を言い立てた背景には、郷紳が「公議」を言い立てなければ守ることのできないような、地域社会の規範の動揺が存在した点を見逃してはならないであろう。この場合の地域社会の規範は、行会の構成員の均等な利益の保証にある。このことの動揺を示す一例が、「華洋雑居」問題であった。「華洋雑居」問題は、条約の解釈の仕方に由来しただけでなく、一部の中国商人が外国商標の詐称を引き起こしたことから激化した。換言するならば、清末の湖南省では、一部の中国商人が外国商人と結託し、行会の規制から逃れて莫大な利益を上げていた。湖南省の郷紳や商人は、郷紳「公議」を盾に、「華洋雑居」問題に激しく抵抗したが、地域社会の規範の動揺を鎮めることはできなかった。このことは、郷紳が地域社会の多様な利害を調整することができなくなったことも意味した。ただし、このことは、湖南省の商人の中に、外国人の特権を利用して、自由な商取引を望み、釐金の煩雑さを嫌う、多くの人々が存在したことでもある。王先謙ら湖南省の郷紳は、これらの問題が起こるたびに、郷紳「公議」に突き上げられて清朝政府や湖南巡撫と対峙した。いわば、郷紳もまた、郷紳「公議」に掣肘されていたのである。

注

（1）「追加日清通商航海条約併附属規則及公文」光緒二九年八月一八日・一九〇三年一〇月八日、東亜同文会編『東亜関係特殊条約彙纂』一七頁。

（2）租界は、外国の行政権が行使される外国租界と、清朝政府の公許による外国人居住地域とに分けることができる。ここでは、租界の語を後者の意味で用いる。また、租界に関する研究として、次の研究も参照されたい。入江啓四郎『中国に於ける外国人の地位』、植田捷雄『支那に於ける租界の研究』、費成康『中国租界史』、張洪祥『近代中国通商口岸与租界』、加藤祐三「二つの居留地――一九世紀の国際政治、二系統の条約および居留地の性格をめぐって」、など。

（3）一九〇四年の長沙開港と「華洋雑居」問題を、清朝政府の側から考察した研究に、次がある。李玉『長沙的近代化啓動』第五章「被動中的主動：長沙開埠」。李玉は、同書において、「長沙の郷紳や民衆が外国商人の入城に反対した思想の主旨は、もはや盲目的な排外ではなく、釐金の保護、民族資本の保護、地方の治安の保護という目的から出ていた」と述べて、「華洋雑居」問題における郷紳の対応を、鉱山や鉄道の利権回収運動と同一の傾向を示すものと位置づけていた。同、一八九頁。この点に異論はないが、ただしこの点のみで「華洋雑居」問題を考えようとするならば、必ずしも充分ではないのではなかろうか。また、同書は、『張文襄公全集』などの中国側の史料を用い、「華洋雑居」問題を跡付けているが、イギリスや日本の外務省文書は用いておらず、中国の官憲がどのように「華洋雑居」問題を捉え、何を根拠に同問題に抵抗したのかを明らかにしているが、イギリスや日本の主張については充分な分析がない。このため、「華洋雑居」問題が紛糾した理由については表面的な分析に留まる。

（4）『大清徳宗景皇帝実録』一八九八年三月二三日の条。

（5）『大清徳宗景皇帝実録』一八九八年八月一〇日の条。

（6）張洪祥は、「約開口岸」と「自開口岸」の違いを次のようにまとめている。一八四〇年のアヘン戦争後、中国の通商口岸は、西欧列国との条約で開港されたが、これを「約開口岸」と呼んでいる。この「約開口岸」では、列国は片務的な最恵国待遇、すなわち領事裁判権、土地永租権、警察権、司法権、経商権、伝教権、貨物免税権、工場開設権を持った。ところが、一九世紀末、清朝政府は、自ら若干の通商口岸を開放し、各国商民を受け入れ、土地を租借し、桟房を建設し、華商と一体に居住、貿易を行うようになった。これが、「自開口岸」である。清朝政府が「自開口岸」に方針を転換した理由は、次の三点にある。第一点は、列国の圧力に対して「約開」から「自開」に転換することで抵抗したことである。第二点は、清朝政府の一部の官憲が「口岸」の「自開」を財政収入の重要な階梯としたことである。第三点は、一部の「口岸」が経済の重要な場所にあたり、開放が必然的となったことである。「自開口岸」が「約開口岸」と異なる点は、「約開口岸」が列国による租界の設立、行政機構の建設、土地永租権、警察権、司法権、徴税権の保持を認めていたのに対し、「自開口岸」が外国人の経商権や居住権を認めるだけで、他の権利を認めなかった点にある。張洪祥『近代中国通商口岸与租界』二五六―二五八頁。

（7）一八九〇年代後半、清朝政府は、列国との条約による開港場、すなわち「約開口岸」の管理面における不便を問題にして、「自開口岸」を検討した。一八九九年六月四日、湖南巡撫兪廉三は岳州の開港にあたり、この清朝政府の方針を受け継ぎつつ、「今回の自開口岸は、租界の増改と異なり、全て自主の権を失わないことを第一の要点としている。自主の権を収めようとするならば、事ごとに自らが計画を練ることで、始めて外国人の口実を免れることができるのである」と述べた。兪廉三「奏岳州開埠各事宜摺」一八九九年六月四日、湖南省哲学社会科学研究所古代史研究室輯「帝国主義与岳長等地開埠資料（之一）」一五六頁。

（8）FO371/867, Müller Max to Grey Edward, May 21, 1910.

（9）飯島渉「『裁釐加税』問題と清末中国財政――一九〇二年中英マッケイ条約交渉の歴史的位置――」、同「一九〇三年中日改定通商条約の締結について――『マッケイ条約体制』と中国――」。また、米穀の輸送問題については、次の研究も、併せ参照されたい。堀地明「一九一〇年奉天・江北・湖南の搶糧・搶米」。

（10）このような条約の履行のされ方に注目した研究に、以下のものがある。濱下武志『中国近代経済史研究――清末海関財政と開港場市場圏――』、本野英一「在華イギリス企業株主の株価支払い責任をめぐる中英紛争――恵通銀行事件を中心に――」。ただし、これらの研究では、郷紳「公議」には言及していない。

（11）郷紳「公議」については、本書の「序論」三「基本的用語」を参照されたい。本章で扱う争議の一つに、イギリス人ベナルツの湖南省城内の店舗開設に対する、湖南省城の住民の抵抗がある。時に、湖南省城に居住する郷紳や商人は、「湖南全省人民公啓」と記した掲帖を各街路に張り出し、「現在、〔ベナルツの〕豫亨泰の貨物を買い入れようとする者があれば、公議によって厳罰に処すことにし、また本境の土産品を豫亨泰に売る者があるとするならば、公議によって厳罰に処すとした」と述べた。『申報』一九〇五年一一月一三日「湘人公議不與豫亨泰洋行貿易」。ここでは、「公議」を「公同議定」〔公同で議定する〕に当てている。一八九九年におけるブルンチュリー『国家論』の中国語訳では、「公同」に注釈を加え、次のように指摘している。「公同とは、一に共同をいう。人民は自ら守り、自ら作り、自ら行い、千万人の同じくするところ、千万人の共にするところと為る。政府の命令に出ずるに非ざるなり」（『清議報』第一一冊、一八九九年四月一〇日、徳国伯倫知理著「国家論」第一章「国家之改革」）、と。ために、日本語では「公同議定」は「共同で議論し定める」と訳すこともできる。ここで「公議」を用いる場合も、これらの用法によっている。なお、ブルンチュリー『国家論』の中国語訳の用例は、次を参照されたい。溝口雄三「中国の『公・私』」上・下。

（12）溝口雄三は、日本における「公」が「領域的共同」を意味したのに対し、中国における「公」は「つながり的共同」を表し、公平や均分などの他、道義的な要素、及び正・不正の倫理性を備えるに至ったとする。すなわち、中国における「公」は、総体的であることによって道義的、原理的な正当性を備え、郷紳や民衆は、この道義的、原理的な正当性に基づいて時々の政府に反抗し、かつ郷紳や民衆相互の間では個私を批判したというのである。溝口雄三「中国の『公・私』」上・下。

（13）「英清改定条約」光緒二八年八月四日・一九〇二年九月五日、東亜同文会編『東亜関係特殊条約彙纂』三七頁。

（14）「追加日清通商航海条約併附属規則及公文」光緒二九年八月一八日・一九〇三年一〇月八日、東亜同文会編『東亜関係特殊条約彙纂』一七頁。

（15）イギリス政府は、マッケイ条約交渉の中心を第八条、すなわち「裁釐加税」問題に置いていた。ところが、他の列国は、「裁釐加税」問題がイギリスの権限を強化するのみであるとして、同問題に消極的な態度を示した。この中で、日本政府が同問題に消極的であった理由は、次の二点にあった。第一点は、釐金の廃止が内地市場進出の観点から歓迎されるべきものであるにせよ、実施の現実性には疑問がもたれたことである。第二点は、「裁釐加税」が実際の日中貿易に必ずしも利益をもたらさないと判断されていたことである。しかし、日本政府は、一九〇四年の日露戦争の勃発前夜、ロシアへの対抗上、日英同盟を基軸とする外交政策を展開せざるをえなかった。このため、日本の大蔵省は、「裁釐加税」の実施を五年後か一〇年後にすること、輸入税増額の程度を一〇パーセントまでとすること、「加税」対象から石炭を除外すること、以上の三点が現実的解決策であると、外務大臣小村寿太郎にあてて答申したのである。飯島渉「一九〇三年中日改定通商条約の締結について――『マッケイ条約体制』と中国――」。

(16) 湖南巡撫趙爾巽の略歴、郷紳との対立については、本書第一章第二節第二項、第二章第一節第三項を参照されたい。

(17) 「湘撫趙爾巽奏陳長沙開埠請撥経費摺」一九〇四年五月一〇日、湖南省哲学社会科学研究所古代史研究室輯「帝国主義与岳長等地開埠資料」一七三頁。

(18) 『居留地一件』漢口駐在総領事永瀧久吉より外務大臣小村寿太郎あて「湖南出張報告書伝達ノ件」一九〇四年四月四日。一九〇四年三月の永瀧久吉の湖南省訪問については、本書第一章第一節第三項を参照されたい。

(19) 片山慶隆『小村寿太郎――近代日本外交の体現者――』一四一頁。

(20) 『居留地一件』漢口駐在総領事永瀧久吉より外務大臣小村寿太郎あて「長沙ニ於ケル本邦人居留地ニ関スル件」一九〇四年六月二一日。

(21) 「湘撫趙爾巽奏陳長沙開埠請撥経費摺」一九〇四年五月一〇日、湖南省哲学社会科学研究所古代史研究室輯「帝国主義与岳長等地開埠資料(之二)」一七二―一七五頁。

(22) 『居留地一件』外務大臣小村寿太郎より漢口駐在総領事永瀧久吉あて「帰朝方命令」一九〇四年六月二八日。

(23) 「長沙通商口岸租界章程(内附租界外租地章程)」「長沙通商租界設立巡捕総章程」一九〇四年六月、湖南省哲学社会科学研究所古代史研究室輯「帝国主義与岳長等地開埠資料」一七五―一八〇頁。

(24) 一九〇四年七月一日の長沙開港に関する吉田美利の報告書の内容については、本書第一章第三節第一項を参照されたい。

(25) 『長沙領事館報告書』漢口領事館事務代理吉田美利より漢口駐在領事永瀧久吉あて「長沙出張報告書」一九〇四年七月一三日。

(26)『長沙領事館報告書』漢口駐在総領事永瀧久吉より外務大臣小村寿太郎あて「吉田領事官補長沙出張報告書進達ノ件」一九〇四年七月一三日。

(27)「長沙通商口岸租界章程（内附租界外租地章程）」「長沙通商租界設立巡捕総章程」一九〇四年六月、湖南省哲学社会科学研究所古代史研究室輯「帝国主義与岳長等地開埠資料」一七五―一八〇頁。一九〇四年七月一日の長沙開港は、「長沙通商口岸租界章程」と「長沙通商租界設立巡捕総章程」が締結されたことで、これまでの「約開口岸」とも「自開口岸」とも異なる次の特徴を備えた。第一の特徴は、租界内の工部、巡捕権が中国側に帰したことである。すなわち、「長沙通商口岸租界章程」第七条では、「各国商人の居留地内に僑寓するものは清国地方官が条約によって保護する。また、すべての工事、警察の事、及び各項の規則は本省の大官より税関長に請い、海関道と会議処置する」として、工部、巡捕の各事業、各項の章程は本省の官憲が税務司、監督と相談して取り行うと定められた。第二の特徴は、外国人が中国の土地を租借する場合、「永租」が解消され、時限付きとなった点である。この点は、「長沙通商口岸租界章程」第四条で、「地券は三〇年を期限とする。満期書換の時は、また三〇年を限度とする。……満期となった土地は地方官ができるだけ転貸を図る。期限が満ちて地券の書き換えがなされないか、或いは一年の租借工部局費用が納付されない時は地券を取消し、土地を清国に返還する」と定められていた。ただし、長沙開港は、外国人が領事裁判権を持つなど、これ以前の「約開口岸」と共通性もあった。すなわち、「長沙通商租界設立巡捕総章程」では、「外国商人或いは外国商人の雇用者や洋行内に居住している者は、先ず領事館に書簡を与え、印票を発信して初めて例に照らして処罰することができる」と定められていた。このため、長沙開港では発審局が設立され、会審の事柄が行われた。ただし、「長沙通商租界設立巡捕章程」では、「外国人に関わらない案件」は、外国人が「必ずしも関与しない」として、発審局の機能が租界内の中国人に適応されないことを示しており、この点は上海の公共租界や重慶などとは対応が異なったのである。李玉『長沙的近代化啓動』一六九―一七八頁。

(28)『居留地一件』漢口領事館事務代理吉田美利より外務大臣小村寿太郎あて「長沙居留地規則協定稿ノ件」一九〇四年一〇月八日。

(29)例えば、一九〇四年七月一〇日、水野梅暁は、湖南省の粤漢鉄道利権回収運動について、湖南省の郷紳、就中龍湛霖、王之春、張祖同、王先謙などを始めとして、百余名の聯名で盛宣懐と湖広総督張之洞に上書し、強硬な反抗運動を行ったことを指摘し、盛宣懐が人員を上海に派遣して相談を行うよう回答を与えたとして、「前記の如く昂進せる時局観は中々鎮定すべくもあらず、弥々断乎たる解決を仰くの情は、開港〔一九〇四年七月一日の長沙開港〕と共に加はり来り」と記し、かつ葉徳輝が水野梅暁に対して「庶幾くは、該鉄路の組織及経営は英米日の三国が協同して友誼的且つ平和的の用に充つ為め布設の労を採る事に尽粋せられなば、今日の禍は変じて明日の福となるべし」と記し、イギリス、アメリカ、日本による鉄道の布設を主張したとした。『東亜同文会報告』第五七回（一九〇四年八月二〇日）水野梅暁「湖南通信（七月十日）」。

(30)『居留地一件』外務大臣小村寿太郎より在漢口領事館事務代理吉田美利あて「長沙居留地規則ニ関シ記名調印ノ件、事由問合」一九〇四年一〇月二五日。

(31)『居留地一件』外務大臣小村寿太郎より漢口駐在領事永瀧久吉あて「長沙租界章程ニ記名調印ニ関スル件」一九〇四年一〇月三一日起草、一一月一日発遣、同外務大臣小村寿太郎より北京駐在公使内田康哉あて「吉田在漢口領事館事務代理ガ長沙租界章程ニ調印ニ関スル件」一九〇四年一一月五日起草、一一月八日発遣。

(32)『居留地一件』漢口領事館事務代理吉田美利より外務大臣小村寿太郎あて「電受第四〇〇号」一九〇四年一〇月二五日。

(33)『居留地一件』漢口領事館事務代理吉田美利より外務大臣小村寿太郎あて「長沙居留地規則ニ関シ弁明ノ件」一九〇四年一〇月二五日。

(34)『居留地一件』外務大臣小村寿太郎より漢口駐在領事永瀧久吉あて「長沙租界章程ニ記名調印ニ関スル件」一九〇四年一〇月三一日。

(35)『居留地一件』長沙駐在副領事井原真澄より外務大臣小村寿太郎あて「長沙各国居留地ニ関スル件」一九〇四年一二月一二日。

(36)安井正太郎『湖南』二一四頁。

(37)『長沙領事館報告書』長沙駐在副領事井原真澄より外務大臣小村寿太郎あて「湖南省概要報告」一九〇四年一二月二三日。

(38)『居留地一件』長沙駐在副領事井原真澄より外務大臣小村寿太郎あて「長沙居留地ニ対スル各国領事ノ態度報告」一九〇四

年一二月二九日。

(39) ベナルツは、イギリス側の調査でも、胡散臭さい経歴を持った。ベナルツは七月五日に中国商人の舒象卿より店舗を借り、西長街に柏記洋行を開設した。しかし、ベナルツ自身は資本を殆ど持たず、経営に従事した他の二人のメンバーは中国人であった。そして、洋行の開設資金は、この中国人の資金と、借金によっていた。それは、中国人の資本による店舗に、ベナルツが単に名義を貸しただけとも受け取られかねないものであった。それでも、ベナルツは長沙におけるイギリス商人のパイオニアと目され、長沙在住のイギリス商人の支持をえていた。FO371/25, Inclosure3: Flaherty to Satow, August 10, 1905 in Satow to the Marquess of Lansdowne, December 8, 1905.

(40) 『居留地一件』漢口領事館事務代理吉田美利より外務大臣小村寿太郎あて「長沙城内居住営業権ニ関スル件」一九〇四年九月一四日。

(41) Coates, D. Patrick, *China Consuls: British Consular Officers, 1843-1943*, p.389.

(42) 『長沙租界』「収署湖南巡撫一件」一九〇四年一一月二三日。

(43) 端方の湖南巡撫就任の理由については、本書第二章第二節第二項を参照されたい。

(44) *The North - China Herald & S. C. & C. Gazette*, July 28, 1905, “The Hard Case of Mr. Bennerz”.

(45) *The North - China Herald & S. C. & C. Gazette*, August 11, 1905, “The Case of Mr. Bennerz”.

(46) 『英人租地』「収英使照会一件」一九〇六年三月七日、同「発湖南巡撫電一件」一九〇六年三月九日、同「収湖南巡撫電一件」一九〇六年三月一二日。

(47) FO371/25, Inclosure1: Flaherty to Satow, June 21, 1905 in Satow to the Marquess of Lansdowne, July 12, 1905, Enclosure 1, 3, 5, 7, 9: Taotai of Changsha to Flaherty, August 6, 13, September 5, 20, 30, 1905, and Enclosure 2, 4, 6, 8: Flaherty to Taotai of Changsha, August 9, 31, September 14, 28, 1905 in Enclosure 5: Flaherty to Satow, November 6, 1905. なお、『申報』紙上においては、万策窮まった湖南巡撫端方が閩浙総督崇善に電報を送り、福建省の事例を借りることによって、行き詰まったベナルツの洋行開設問題の解決を図ろうとしたことが記されていた。『申報』一九〇五年五月一八日「湘垣拒設洋行

之難」。

(48)『居留地一件』長沙駐在副領事井原真澄より外務大臣小村寿太郎あて「長沙城内居住問題ニ関スル件」一九〇五年六月一四日。

(49)「総辦警察団練商務各局憲及長沙関監督会銜暁諭華洋商民示」一九〇四年八月、湖南省哲学社会科学研究所古代史研究室輯「帝国主義与岳長等地開埠資料」一八三―一八四頁。

(50) 李玉『長沙的近代化啓動』一七九―一八〇頁。

(51)「英清改訂条約」光緒二八年八月四日・一九〇二年九月五日、東亜同文会編『東亜関係特殊条約彙纂』三四―三五頁。

(52)『長沙租界』「収英薩使照会一件」一九〇四年九月一〇日。章程の訳文は、次によった。『日本』一九〇四年七月二六日、君山生「長沙開港後厘金徴収擬程」。なお、文中の「厘金」は、全て「釐金」に変えた。

(53)『日本』一九〇四年七月二六日、君山生「長沙開港後厘金徴収擬程」。

(54)『英人租地』「発英使照会」一九〇六年三月五日、FO371/25, Inclosure 3: Wai Wu Pu to Satow, March 5, 1906.

(55) この間の経緯は、次の報告に詳しい。FO371/867, Enclosure6: Outstanding Cases and Questions at Changsha in Müller Max to Grey Edward, May 21, 1910.

(56)『長沙租界』「収日本林使照会一件」一九〇七年一月二四日。

(57)『申報』一九〇五年一一月一三日「湘人公議不與豫亨泰洋行貿易」。

(58) 東亜同文会編『支那省別全誌第十巻　湖南省』二五―二六頁。

(59) 孫志明「建国前的長沙市工商業同業公会」。

(60) 湖南省民建工商聯文史弁「工商同業公会的起源及其衍変」、朱運鴻「長沙的会館与同郷会」。

(61) 湛炳生口述「戴義順其人其事」、饒懐民・藤谷浩悦編『長沙搶米風潮資料匯編』三二四―三二五頁。

(62) 鄒欠白『長沙市指南』二一九―二二二頁。

(63) 劉篤平「清末長沙搶米風潮始末」。

(64)『時報』一九一三年五月二五日「湖南近日暴乱之状況」。同治『長沙県志』では、郷は一〇都、城内は三鋪、城廂は二鋪としている。このうち、城内の三鋪は、上鋪、中鋪、下鋪より構成され、更に中鋪は東段と西段の二つに分かれていた。団の数は、上鋪が二九団、中鋪東段が一八団、中鋪西段が二二段、下鋪が一八団の、総計八七団であった。ただし、この八七団には、城廂の二鋪は含まれていない。同治『長沙県志』一五「兵防」。また、光緒『善化県志』では、郷は一〇都、城内は五鋪、城廂は六鋪としている。郷の一〇都は、一二一団からなる。また、城内の五鋪は、八十余団からなった。ただし、この八十余団にも、城廂の六鋪は含まれていない。光緒『善化県志』巻一五「兵防」。「湖南全省城廂内外二五四団」という呼称に従うならば、長沙県と善化県を合わせて、城内の団の数を一六七余りとした場合、城廂には両県で八七前後の団が存在したことになる。

(65) 鄒欠白『長沙市指南』所収の周安漢「近年来之長沙市消防」。

(66)『申報』一九一三年六月一二日「湖南独立声中之各界態度」。

(67) 彭沢益編『中国工商行会史料集』上冊、一九九頁。

(68) 李玉『長沙的近代化啓動』第三章「長沙経済近代化進程的展開」一三八―一四三頁。

(69) *The North - China Herald & S. C. & C. Gazette*, July 28, 1905, "The Hard Case of Mr. Bennerz".

(70) FO371/867, Enclosure6: Outstanding Cases and Questions at Changsha in Müller Max to Grey Edward, May 21, 1910.

(71)『長沙租界』「収湖南巡撫一件」一九〇七年一月一七日。なお、この「公呈」は、次にも記載されている。『虚受堂書札』巻二「附公呈」、王先謙『葵園四種』九二一―九二三頁。ただし、「職紳」四九名と「職商」一二九名の名はない。

(72)『虚受堂書札』巻二「与張筱浦廉訪」、王先謙『葵園四種』九一一―九一二頁。

(73)『碑伝集補』巻二〇、譚延闓「奉天提学使陽湖張公墓志銘」、陳金林・齋徳生・郭曼曼編『清代碑伝全集』下、一三八二頁。

(74)『虚受堂書札』巻二「再与張廉訪」、王先謙『葵園四種』九一二頁。

(75)『虚受堂書札』巻二「三与張廉訪」、王先謙『葵園四種』九一三頁。

(76)『虚受堂書札』巻二「致龐中丞」、王先謙『葵園四種』九一四頁。

(77)『居留地一件』漢口駐在総領事永瀧久吉より外務大臣小村寿太郎あて「湖南出張報告書伝達ノ件」一九〇四年四月四日。
(78) FO228/1628, Flaherty to Jordan: Intelligence Report for the quarter ended 30 June, 1906.
(79)『虚受堂書札』巻二「五与張廉訪」付属の「来書」、王先謙『葵園四種』九一六頁。
(80)『虚受堂書札』巻二「五与張廉訪」、王先謙『葵園四種』九一五頁。
(81)『虚受堂書札』巻二「六与張廉訪」付属の「来書」、王先謙『葵園四種』九一六—九一七頁。
(82)『虚受堂書札』巻二「七与張廉訪」付属の「来書」、王先謙『葵園四種』九一七—九一八頁。
(83)『虚受堂書札』巻二「八与張廉訪」付属の「来書」、王先謙『葵園四種』九二〇頁。
(84) FO228/1628, Flaherty to Jordan: Intelligence Report for the quarter ended 30 June, 1906.
(85)『申報』一九〇五年七月三一日「張廉訪将有去志」。
(86)「宣示預備立憲先行釐定官制諭」一九〇六年九月一日、故宮博物院明清檔案部編『清末籌備立憲檔案史料』上、四三—四四頁。
(87)「著各省速設諮議局」一九〇七年一〇月一九日、故宮博物院明清檔案部編『清末籌備立憲檔案史料』下、六六七頁。
(88)「憲政編査館奏擬訂各省諮議局並議員選挙章程摺　附清単」一九〇八年七月二二日、故宮博物院明清檔案部編『清末籌備立憲檔案史料』下、六六七—六七〇頁。
(89)『申報』一九〇八年一一月五日「各省籌辦諮議局」「官長」、同一九〇八年一一月一三日「各省籌辦諮議局」「官長」。
(90)『省議会』長沙駐在領事高洲太助より外務大臣小村寿太郎あて「湖南省諮議局籌辦処設立ノ件」一九〇八年一二月八日。
(91)『申報』一九〇九年一月八日「各省籌辦諮議局」「官長」。
(92)『東方雑誌』第六巻第一〇号（一九〇九年一一月七日）「各省諮議局議員姓名録」。
(93)湖南諮議局議員のうち、第一回常年会に出席しなかったのは、劉国泰、陳為鑑、楊生春の三名である。湖南諮議局輯『湖南諮議局己酉議事録』「議員開缺補缺表」。
(94)湖南諮議局輯『湖南諮議局己酉議事録』「紀要」「撫部院演説詞」

(95) 湖南諮議局輯『湖南諮議局己酉議事録』「開会」。
(96) 湖南諮議局輯『湖南諮議局己酉議事録』「選挙議長」。
(97) 湖南諮議局輯『湖南諮議局己酉議事録』「紀要」。
(98) 湖南諮議局輯『湖南諮議局己酉議事録』「第一次正式会」。
(99) 湖南諮議局輯『湖南諮議局己酉議事録』「第二次正式会」。
(100) 湖南諮議局輯『湖南諮議局己酉議事録』「撫部院交議議案経過月日表」。
(101) 湖南諮議局輯『湖南諮議局己酉議事録』「議場出席発言表」。
(102) 「憲政編査館等奏擬訂各省諮局議論並議員選挙章程摺」一九〇八年七月二二日、故宮博物院明清檔案部編『清末籌備立憲檔案史料』下、六七六頁。
(103) 湖南歴史考古研究所近代史組輯「清末粤漢鉄路的興築与湖南人民的保路闘争史料（続完）」一〇一頁。
(104) 「長沙通商口岸租界章程（内附租界外租地章程）」一九〇四年六月、湖南省哲学社会科学研究所古代史研究室輯「帝国主義与岳長等地開埠資料」一七五—一八〇頁。なお、イギリスの外務省文書では、長沙の土地の譲渡において、官憲の作成した規定の書式に従い、書類が三通作られて一通は衙門、二通は売り手と買い主各々の手元に保存されるよう指導がなされたとしている。FO228/1628, Giles to Jordan, Intelligence Report for September Quarter, November 10, 1906.
(105) 「総辦警察団練商務各局憲及長沙関監督会銜暁諭華洋商民示」一九〇四年八月、湖南省哲学社会科学研究所古代史研究室輯「帝国主義与岳長等地開埠資料」一八三—一八四頁。
(106) この間の経緯については、次を参照されたい。FO371/860, Enclosure6: Outstanding Cases and Questions at Changsha in Müller Max to Grey Edward, May 21, 1910, Enclosure: International Export Co.'s landcase at Changsha in Müller Max to Grey Edward, July 30, 1910. 『英人租地』「収英朱使照会」一九〇九年一二月二四日、同「英朱使照会」一九一〇年一月三日、など。
(107) 『申報』一九〇九年七月一二日、七月一三日「湖南議案研究会公呈」。

(108)『民呼日報』一九〇九年七月三日「嗚呼湘之路権与選挙」。
(109)『民呼日報』一九〇九年七月二二日「湘路臨危之哀声」。
(110)『申報』一九〇九年八月三日「湖南議案研究会条目」。
(111)『申報』一九〇九年九月二六日「湖南議案研究会致撫憲関道書」。
(112)『省議会』長沙駐在副領事村山正隆より外務大臣小村寿太郎あて「湖南省諮議局閉会報告ノ件」一九〇九年一二月三日。
(113)湖南諮議局輯『湖南諮議局己酉議事録』「第十六次正式会」、湖南諮議局輯『湖南諮議局第一届報告書』「呈請批答議員粟戡時質問関於外交文」一九〇九年一一月一一日、同「咨覆前案質問関於外交各案文」一九〇九年一一月二二日。
(114)席上、羅傑は次のように述べている。「後患を除こうとするならば、根本から解決しなければならない。精神を以て論ずれば、人々は土地・人民・国権が国家の元気・自然であることを知れば、自ずとみな保存を思おう。形勢を以て言えば、碼頭の開設と教堂の設立とに係らず、みな地方官の査察を受けるべきである。従って、租界内において租借が許されたとしても、私に販売はできないのである」(湖南諮議局輯『湖南諮議局己酉議事録』「第十七次正式会」)、と。
(115)同二案に関し、「第二次読会」の開かれた形跡はない。ただし、湖南諮議局輯『湖南諮議局己酉議事録』の「本局提出議案表」では、同二案の「合併」と「未決」の項目に印がある。このため、同二案は、湖南巡撫岑春蓂の提出した「展拓街道案」に合併されて、一括されて討議された可能性もある。湖南諮議局輯『湖南諮議局己酉議事録』「湖南諮議局議事録附表」。
(116)姚炳麟、粟戡時、陳炳煥とも一一月一二日の第一六次正式会と一一月一五日の第一七次正式会で意見を述べており、外国人に対する土地の売却反対の急先鋒であった。また、左学謙は「禁止人民私売房屋与外人案」が提議された際の紹介者である。イギリスの長沙駐在副領事ヒューレットは、粟戡時を粟時橋と誤記したものの、朱延熙の言葉として「〔粟戡時が〕外国人による土地購入の全てに反対した最も行動的なリーダーである」と報告していた。FO371/867, Enclosure1: Hewlett to Müller Max, May 4, 1910, in Müller Max to Grey Edward, May 21, 1910. 粟戡時は、一九一一年一〇月三一日に成立した譚延闓内閣で外交部司長となった。湖南諮議局第一回会議開催当時、粟戡時は三一歳、姚炳麟は三六歳、陳炳煥は五〇歳、左学謙は三一歳、羅傑が四四歳、洪澤灝が四〇歳である。湖南諮議局の急進的な部分はこのような三〇歳から四〇歳にかけた若年層が担っていたということができる。湖南諮議局議長の譚延闓は三一歳であった。なお、饒懐民によれば、湖南諮議局第一回会議における議員の平均年齢は四六歳から四七歳の間である。饒懐民「試評清末湖南諮議局」。

(117) 湖南諮議局輯『湖南諮議局己酉議事録』「第六次正式会」「第二十四次正式会」。

(118) 『英人租界』「収英使朱使照会」一九一〇年二月一六日、FO371/860, Enclosure: International Export Co.'s Landcase at Changsha in Müller Max to Grey Edward, July 30, 1910.

(119) 『長沙租界』「収日本林使照会一件」一九〇七年一月二四日。

(120) 湖南諮議局輯『湖南諮議局第一届報告書』「箚知英領事以厳禁私売土地与外人一條恐醸事端照請査照文」（一九一〇年一月二三日）所収の「附録撫院照会英領事文」。

(121) 湖南諮議局輯『湖南諮議局第一届報告書』「呈請知照英領事不得違章干渉内政文」一九一〇年一月二五日。

(122) 『英人租界』「収英使朱使照会」一九一〇年二月一六日、FO371/860, Enclosure: International Export Co.'s Landcase at Changsha in Müller Max to Grey Edward, July 30, 1910.

(123) この間の経緯は、次の報告に詳しい。FO371/867, Enclosure6: Outstanding Cases and Questions at Changsha in Müller Max to Grey Edward, May 21, 1910.

(124) 湖南諮議局輯『湖南諮議局第一届報告書』「呈報覆議展拓街道案内厳禁私売土地一條業已刪去文」一九一〇年六月二三日。

(125) FO371/858, Enclosure: Report by Campbell respecting Provincial Assemblies of October, 1909, in Jordan to Grey Edward, December 20, 1909.

(126) FO371/867, Enclosure1: Hewlett to Müller Max, April 28, 1910 in Müller Max to Grey Edward, May 5, 1910. ヒューレットによるならば、長沙関監督朱延熙はあたかも輿論（local opinion）を恐れているようで、強硬な態度の郷紳に卑屈であり、ために条約問題の解決では湖南巡撫岑春蓂を頼りにせざるをえなかった。FO228/1726, Hewlett to Jordan: Intelligence Report for the December Quarter 1908.

(127) FO371/867, Enclosure1: Hewlett to Müller Max, April 28, 1910 in Müller Max to Grey Edward, May 5, 1910.

(128)『英人租地』「収英朱使照会」一九一〇年一二月二四日。『申報』一九〇九年七月一二日「湖南議案研究会公呈」、同一九〇九年七月一三日「湖南議案研究会公呈（続）」、同一九〇九年八月三日「湖南議案研究会條目」。

(129) FO371/858, Enclosure: Report by Campbell respecting Provincial Assemblies of October, 1909, in Jordan to Grey Edward, December 20, 1909. 湖南諮議局第一回常年会議員八二名のうち、劉国泰、陳為鑑、楊生春の三名は第一回常年会に出席せず、また周銘勛は自ら辞職を申し出て、共に湖南諮議局議員の資格を失っている。湖南諮議局輯『湖南諮議局己酉議事録』「議員開缺補缺表」。第一回常年会の閉会後、郭景鏊、胡璧、黄本崑、向燊の四人が湖南諮議局議員を辞めている。このため、湖南諮議局議員の欠員は八人となったが、更に湖南諮議局議員のうち五名が資政院議員に選出されて湖南省を離れたため、欠員はつごう一三名となった。そして、この一三名の補充が行われて、湖南諮議局の第二回常年会が開かれたのである。陽信生『湖南近代紳士階層研究』二〇四頁。キャンベルの指摘した二名の湖南諮議局議員が誰を指すのかは、未詳である。ただし、第一回常年会の閉会後に辞表を出した郭景鏊、胡璧、黄本崑、向燊の四名のうちの、二名であったように思われる。

(130) 塩谷温「湖南の老儒と其選著」一。

(131) 一九一〇年の長沙米騒動における、清朝政府による王先謙ら郷紳の処罰については、本書第六章第二節第三項を参照されたい。

(132) 顧廷龍校閲『芸風堂友朋書札』上「王先謙」六二、四一―四二頁。

(133) 一八九八年の王先謙ら湖南省の郷紳による「湘紳公呈」の提出については、本書第二章第一節第二項を参照されたい。

(134) 葉徳輝『郋園六十自叙』四頁。本書第一章第一節第三項、及び第六章第一節第二項も併せ参照されたい。

第五章　民衆の行動の論理と郷紳「公議」――一九一〇年の長沙米騒動を中心に――

はじめに

第四章では、列国と湖南巡撫、郷紳、民衆の対立が清朝の統治に与えた影響について、「華洋雑居」問題における郷紳「公議」の意味を中心に考察し、郷紳が殊更に「公議」を称えた背景には地域社会の規範の動揺が存在した点を指摘した。このような地域社会の規範の動揺は、列国と清朝政府の対立だけでなく、明末以来の長期的な変化によって引き起こされたものであり、郷紳のみならず、民衆にも大きな影響を与えた。それでは、民衆は、地域社会の規範の動揺を受けて、どのような行動を取ったのであろうか。本章では、第四章の考察を受けて、一九一〇年の長沙米騒動を民衆による秩序回復運動と捉え、民衆が何を目的にどのような世界を目指して行動し、郷紳が民衆の行動にいかに対応したのかという点を中心に考察する。

一九一〇年の長沙米騒動とは、前年来の天災と、隣省からの飢民の流入、米価の急激な高騰に端を発して起きた、飢民の平糶（安価に米を販売すること）請願運動が、湖南巡撫岑春蓂の対応の不手際や新軍の兵士による発砲、一部郷紳の教唆、義和団の残党の流入によって暴動と化し、米店、米倉のみならず、巡撫衙門、学堂、教会、外国人関連施設の略奪、破壊に至った事件を指す。(1) 飢民の平糶請願運動が暴動にまで発展した理由の一つは、湖南巡撫岑春蓂が飢民の行動に対して、「飢民が集合して滋擾を事とするのは、禁例を犯すものである」と述べると共に、一椀一〇〇文の茶を喩えに必ずしも湖南省の現今の米価が高騰しているとはいえないとした点にある。周知のように、民衆蜂起が単なる経済的な理由から大きな拡がりをみせることは少なく、狭い範囲の局地的な現象であることを越えて、広範囲の地域に拡がるためには、民衆の正義など、地域社会の規範に支えられる必要がある。(2) それでは、湖南巡撫岑春蓂の発言の真意はいかなる点にあり、飢民は岑春蓂の発言の何に怒りを爆発させ、かつこの背景には飢民の官憲に対するいかなる不満が存在するのであろうか。また、飢民の平糶請願運動がなぜ湖南省城全体にまで拡がり、更に巡撫衙門のみならず、学堂、教会、外国人関連施設を略奪、破壊するまでに至ったのであろうか。更に、一九一〇年の長沙米騒動がなぜ米価の低減だけでは収まらず、湖南巡撫岑春蓂を湖南省から放逐することによって収束が図られたのであろうか。本章では、これらの諸点について、ジョルジュ・ルフェーヴルがフランス革命の研究において、「革命的騒乱が始まると、口伝えの伝達が持つ固有の特徴のひとつである情報を変容させるという性格が、集合心性に強い影響を及ぼす。情報は、集合心性とうまく調和するよう変形され、そうした形をとることによって、集合心性の基本的な観念を確固たるものとし、集合心性の情動的要素を昂ぶらせることになる」と指摘した、謡言が「集合心性」によって変容され、民衆を蜂起などの特定の方向に駆り立てる点、すなわち民衆の正義など、地域社会の規範と一九一〇年の長沙米騒動の相互作用に着目する。(3) そして、この観点から取り上げるのは、湖南巡撫岑春蓂が一椀一〇〇文の茶を喩えに現今の米価の高騰を否定したと言い伝えられた理由、一九一〇年の長沙米騒動で果たした郷紳「公議」の役割、湖南巡撫岑春蓂の湖南省からの放逐が図られたことの意味である。

一九一〇年の長沙米騒動に関する研究は、多岐にわたる。このように、一九一〇年の長沙米騒動が多くの研究者の注目を集めてきた理由の一つは、これが一九一一年の辛亥革命の前年に起きた点にある。中国の民衆蜂起は、二〇世紀初頭になって急増した。王先明の研究によるならば、一九〇六年から一九一一年まで、一九〇八年を除いて、毎年一〇〇を超える民衆蜂起の数が報告され、中でも一九一〇年は二一七という異常な数に達した。これらの民衆蜂起の特徴は、郷紳と民衆の間の激しい衝突にあった。すなわち、民衆蜂起に占める郷紳と民衆の間の衝突は、一九〇六年には一三三のうち三一、一九〇七年には一三九のうち四四、一九一〇年には二一七のうち九七にも達した。そして、王先明は、光緒新政で地方自治が推進された結果、郷紳が地方自治の推進を名目として、民衆に対して苛斂誅求を強めたことが、郷紳と民衆の間の衝突を招いたと考えたのである。(4) これら民衆蜂起の多発は、清朝各省の社会関係の変化に由来した。これまでの研究は、アーサー・ローゼンバウムが湖南省の全体的な構造の中で一九一〇年の長沙米騒動を捉え、結果的に郷紳の権威がいかなる動揺もしなかったとした他、階級関係を基調とする社会経済的な背景を中心に考察を行いながら、清朝各省の社会関係の変化が翌一九一一年の辛亥革命と相関関係に立ったと考えてきた。(5) 特に、一九八〇年代までの中国や日本の研究は、列国・清朝政府・洋務派に対する立憲派・革命派・民衆運動の対立・協調・同盟という関係軸の下で、一九一〇年の長沙米騒動の性質を「反帝反封建」と規定し、翌一九一一年の辛亥革命がこの民衆運動を原動力に引き起こされたとした。ここで焦点があてられてきたのは、光緒新政、特に戸口調査と新税徴収、更に清末のインフレや米価高騰を中心とする、官憲と郷紳、民衆の対立である。しかし、一九一〇年の長沙米騒動が、飢民の平糶請願運動の行われた当初の段階で、固有の組織や指揮系統の存在を認めることができないにも拘らず、民衆の攻撃の対象が極めて限定されるなど、高い規律性を備えていた点には留意されることがなかった。これに対して、一九八〇年代以降は、一九一〇年の長沙米騒動について、多様な研究がなされてきたが、これらの多様な研究でも、先のジョルジュ・ルフェーヴルの言葉に言い表されるような、民衆の正義など地域社会の規範の役割に着目した研究は皆無に近い。

本章は、以上の課題の下に、一九一〇年の長沙米騒動と民衆の正義など地域社会の規範との相関関係について、巡撫岑春蓂をめぐる謡言の流布や郷紳「公議」の機能を中心に考察する。一九一〇年の長沙米騒動について、謡言の流布や郷紳「公議」の機能を中心に考察を加える理由は、謡言の流布や郷紳「公議」には地域社会の規範が投影され、階層や地域を越えた幅広い人々を結集するのに大きく作用したと考えられる点にある(6)。先ず、第一節では、一九一〇年の長沙米騒動が起きた原因について、光緒新政の影響と自然災害の発生、マッケイ条約の制約、以上の三点に分けて考える。米価高騰や自然災害による米騒動は、歴代の王朝でも繰り返されてきた。それでは、一九一〇年の長沙米騒動は以前の米騒動とどのような点で様相を異にし、そこには清朝最末期の湖南省の問題がいかに反映されているのであろうか。第二節では、一九一〇年四月一一日以降の長沙米騒動の経緯と参加者の変化、米騒動の収束する過程に考察を加える。一九一〇年の長沙米騒動が米価の低減では収まらず、巡撫衙門の焼き討ちや湖南巡撫岑春蓂の放逐にまで発展した理由は、いかなる点にあったのであろうか。また、これらの民衆の行動は、どのような地域社会の規範に支えられていたのであろうか。第三節では、長沙米騒動の構造について、民衆の行動の論理と世界観を中心に考察する。民衆の世界観は、抽象化されない、いわば身体感覚に基づいている。一九一〇年の長沙米騒動における、民衆の行動の論理には、いかなる民衆の世界観が投影されているのであろうか。そして、民衆は、何を目指して行動したのであろうか。これまでの研究は、清朝政府の官憲の記録や新聞、雑誌の記事を中心に考察してきた。これらの史料の多くは、清朝政府の官憲や湖南省の知識人の手になり、民衆の意識や行動様式を研究する場合、自ずと限界がある。ただし、もともと、文献に記された史料には、このような性格と限界が備わる。むしろ、ここで求められる事柄は、このような史料の性格と限界を確認した上で、同じ知識人でありながらも、清朝政府の官憲や湖南省の知識人とは異なった環境に育ち、違った教養を持った人々の記録を丹念に渉猟し、読み込むことではなかろうか。この意味では、列国の長沙駐在領事やキリスト教の宣教師の記録は、清朝政府の官憲や湖南省の知識人とは異なった着眼点で記されているだけでなく、何よりも排外運動の直接の恐怖にさらされただけに、報告も生々しさを持つ。この点が、本章でこれまで用いられてきた史料以外に、イギリスの領事報告や『ノース・チャイナ・ヘラルド』の記事を利用した理由である。(7)ただし、列国の領事報告などには、列国や各種勢力の利害関係や思惑が投影されており、複雑を極めている。(8)従って、このような史料に関わる障害を乗り越えるためには、各種各様の史料を丹念に渉猟し、相互に照らし合わせることが必要となる。なお、一九一〇年の長沙米騒動では、飢民の平糶請願運動に木工や石工、更には湖南省城の小商人や手工業者が加わって大規模な行動となり、一部が激昂して巡撫衙門、学堂、教会、外国人関連施設を略奪、破壊した。このため、ここでは、これら飢民や土工、石工、小商人や手工業者のうち、各所に群がり集まり、略奪、破壊に従事したり傍観した人々を総称して、群衆と呼ぶ。

第一節　長沙米騒動の起因

一・光緒新政と民衆

湖南巡撫は、一八九五年の日清戦争の敗北以降一九一一年の辛亥革命の勃発まで、陳宝箴、兪廉三、趙爾巽、陸元鼎、端方、龐鴻書、岑春蓂、楊文鼎、余誠格と目まぐるしく代わった。この間、湖南省の改革は、湖南巡撫の度重なる交代と共に、「湖南省の官世界は最も奇妙である。先には陳宝箴がいて、後には兪廉三がいた。前には趙爾巽がいて、後には陸元鼎がいた。一時は〔改革に〕通じ、一時は〔改革に〕閉じ、実に奇妙である」といわれ、一進一退をとげた。(9)これら湖南巡撫のうち、一八九五年の日清戦争の敗北後、湖南省の一連の改革に先鞭をつけたのは、陳宝箴である。陳宝箴の子息の陳三立は、「父上は、〔改革の〕要点が吏治の粛清、利源の開拓にあり、かつ大きなものが士習の変化、民智の開通、軍政の粛清、官権の公開にあると考えていた」と述べ、官銭局、鋳銭局、鋳洋円局の他、電灯の施設や時務学堂、算学堂、湘報館、南学会、武備学堂、製造公司、保衛局、遷善所を設立し、日本への留学生派遣計画を練ったなどとしている。[10] 陳宝箴は、一八九六年に湖南鉱務総局を官辦、商辦、官商合辦に分け、劉鎮を総辦に、鄒代鈞と張通典を提調に任じたが、同年末には劉鎮と蔡乃煌を総辦に、朱彝を会辦に、鄒代鈞と黄篤恭を提調に、喩兆蕃を会同に、梁煥奎を文案に、黄鴻飛を収支に据えて、陣容を整えた。[11] 湖南巡撫陳宝箴は一八九八年の戊戌政変で罷免され、代わって湖南巡撫には兪廉三が就任した。そして、一九〇一年の北京議定書（辛丑和約）以降、特に趙爾巽の湖南巡撫の任期中には軍事面では巡防営・忠旗と新軍一標、砲兵一隊が創設され、また警察制度の普及が図られた。更に、産業面では湖南全省鉱務総公司が設立され、教育面では書院の改廃と学堂の設立がなされ、教育改革が着手された。これらの改革は、新軍の混成協の設立や警察公所の開設、中路、南路、西路の各高等師範学堂の設立など、漸次拡大したのである。[12] 一九〇四年、湖南巡撫趙爾巽の設立した新軍一標、砲兵一隊は、湖南巡撫端方の時代に拡充され、更に湖南巡撫岑春蓂の任期中に第二五混成協となった。第二五混成協の最大の特色は、将校などに日本の留学経験者が多く、高い素質を保った点にある。この他、巡防営や新軍、すなわち第二五混成協の他に、湖南省には水上警察、すなわち湖南水師が存在した。一八六一年、湘潭水師が選鋒水師に改められ、一八六八年に澄湘水師が、また一九〇二年に飛翰水師が増設された。[13] 一九一〇年四月の時点で、第二五混成協の協統は楊晋、飛翰営の統領は楊明遠であった。また、警察制度は、一九〇八年四月一二日に頼承裕が巡警道に着任して以降、拡充と改良が加えられ、湖南省城の内外、商業地、繁華街で業務が営まれ、大きな成果をあげていた。この警察行政の長が、巡警道の頼承裕であった。[14]

光緒新政の遂行に伴い、湖南省の財政は悪化の一途をたどった。すなわち、湖南省の財政は、兪廉三の湖南巡撫在任中（一八九八―一九〇二年）には、印紙税、土薬税、塩税の増額、広東塩に対する販売許可税が徴収された。一九〇二年、湖南巡撫兪廉三は、湖広総督張之洞と相談して、両湖賑糶米捐局を設立した。同局の目的は、湖南省から湖北省に流通する米穀に課税し、課税分を貯蓄して飢饉の対策に当てる点にあった[15]。そして、両湖賑糶米捐局の総稽査には、葉徳輝が就任した[16]。この結果、湖南省の省庫の剰余金は、一九〇二年の時点で三〇〇万両余りに達した。しかし、一九〇六年以降は、広西省の辺境に起きた反乱を鎮圧するための軍事費、光緒新政に伴う諸経費、災害救恤金、銅銭の鋳造停止による目減り分、粤漢鉄路を回収するための資金などによって、毎年百万両前後の欠損を出した[17]。湖南省においては、税捐の欠損は土地や家屋に対する資産税ではなく、専ら塩税などの消費税に依拠して補われた。資産税が回避された理由は、湖南省の郷紳など、資産を有する者の根強い抵抗にあった。これより先、一九〇一年、北京議定書（辛丑和約）において、義和団の賠償金として湖南省に七〇万両が割り当てられると、郷紳の王先謙らは土地・家屋等の資産に対する課税を拒絶し、「無形のもの」すなわち塩税などの消費税による賠償金の負担を、時の湖南巡撫兪廉三に認めさせたのである[18]。この結果、民衆の税負担は、増加の一途を辿った。そして、一九〇九年一一月、巡警道の頼承裕は、警察公所の各科長、科員に詳細な調査を行わせ、妓捐（妓女に対する税金）に関する章程を作成し、一一月一三日を期して施行することにした。妓捐の内容は、妓女を三等に分け、一等からは毎月六元、二等からは毎月三元、三等からは毎月一元を徴収し、一等の妓館が一〇五家、二等の妓館が八〇家余り、三等の妓館が六〇家余りあり、一家あたり二人の妓女がいることから、一年で二万余両の収入が見込まれていた。ついで、頼承裕は、妓捐の実施が済良所の設置と対応すべきであるとして、妓捐の中から二〇〇元を計上して済良所を設立し、妓女で売春を願わない者のための施設としただけでなく、巡察が各戸ごとに検査を行い、梅毒の感染者を医院に送り、治療に当たらせることにした[19]。この試みは、日本の警察制度を手本とした。ただし、光緒新政期の新税の徴収は、人々の反感を醸成した。一九一〇年一〇月、山口昇はこの点について、「今や清国上下の民は、一般に新政を以て暴民の虐政となさゞるなく、怨嗟満地、其の上を見る仇敵の如し。而かも民の新政に反抗する所以のものは、決して新政其のものに対して反抗するものに非ず。彼等は寧ろ新政の如何なるものなるかは之を了解せず。たゞ地方の貪官汚吏の此の間にありて新政を口実とし、新税を苛徴するものあるが為めに、遂に彼等は反対し激発するに至れるなり。近時の地方騒乱の多くは、実に土匪無頼の徒に非ずして、是等貪官汚吏の為めに挑発せられたる良民の一揆なり」と述べ、民衆の怒りが光緒新政の諸施設、例えば地方自治の機関や学校、巡警局の他、光緒新政を遂行した官憲、巡警などにも向けられた点を指摘している。[20]この理由は、光緒新政の諸施設が民衆に重税を課して設立されながら、郷紳などの利用に供せられて、民衆とは無縁の存在であった点に求められるであろう。

清末の湖南省では、米価のみならず、様々な物価が騰貴の傾向にあった。[21]このために、農民にとっては、米価のみを低価格に抑えられることは、農耕に必要不可欠の農具や肥料の代金を考慮するならば、必ずしも有利なことではなかった。[22]ただし、湖南省の農民は、一九一二年の段階では、佃戸（純小作農）が四八パーセント、半佃戸（自小作農）が二三パーセント、総計七一パーセントが小作農であった。このように、湖南省は地主小作関係が幅広く分布し、かつ一般的な傾向として佃戸である小作農が小作料を納めないばかりか、小作地の面積をごまかしたり、盗売したり、更には地主の土地変換要求に応じなかったりして、激しく自己の耕作権を主張した。[23]いわば、湖南省の小作農は、地主から半ば自立し、独自に収穫物を売買したため、米価の高騰により利潤を得ることができた反面、米価の変動に左右された。この結果、最悪の場合には、小作農は豊作の年を基準に収穫の半分を小作料として地主に収め、かつ土地を借りる時には押租金という一種の保証金が必要となり、押租金を収めることができなければ、押租金は小作料に加えられ、収穫の過半が地主に帰し、地主に収めた残りの収穫物で耕作の諸経費を捻出し、自らは安価な米穀を購入して飢えを凌ぎ、凶作の年には借金に頼り、この利息を含めた借金の返済に追われて、冬には米櫃が空になるという惨状を呈していた(24)。一九一〇年、山口昇は、長江一帯における米価の高騰が民衆に与えた影響について、次のように記している。

長江一帯各地米価は、数年前に比し平均二倍騰貴せり。是れ原より経済の発達に伴ふ自然の趨勢ならんも、雑穀の多量が輸出せらるの事も、亦之が一因たるや必せり。而して、米価の騰貴は楊〔揚〕子江畔の農民、即ち最多数の人民に大なる利益を与ふべき筈なるに、却て彼等人民中毎年多数の貧窮者を出すは抑々何の故ぞと云ふに、其の主なる原因は地主と小作人との間に立つ世話人が穀物収納及発売に際して在らゆる狡猾手段により暴利を貪る為め、地主の所得を減少し、従て小作人の給料にも影響を及ぼし、〔湖北省〕武昌附近の田舎に於ては、小作人は一年間に僅かに五円内外の給料を得るのみ。されば彼等は常に心中不平あり。機に望んで戈をも辞せざる、亦故なきに非ず。彼等は亦是が為め各地より都会に向て移住しつゝあり。都会の労働は苛酷なりとは云へ、彼等の小作人たる境遇に比すれば、幾倍か優等なり。然るに、都会に於ても工業不振の為め、集来せる之等細民は徒らに乞食となるもの多く、従て都会の労銀は愈〔々〕低廉に傾かんとし、一方地方の農業は漸次衰微せんとし、物価は増加し、負担は益〔々〕重く、遊食の浮浪人愈〔々〕多からんとするが如き状態は、果して黙認し得る問題なりや否や(25)。

山口昇のいう「小作人」とは、佃戸ではなく、雇農のことであろう。何となれば、佃戸は余剰米があれば余剰米を販売することができ、ために米価の高騰が必ずしも不利益ではなかったのに対して、雇農は地主より手間賃が支払われるのみで、米価の高騰によって生計に直接的な打撃が加えられたからである。また、米価の高騰は、低賃金で暮らす都市の労働者にも過酷な影響を与えた。この頃、湖南省の農家の習慣では、家の中に三、四人の子供がいた場合、一人か二人は湖南省城に送り、手工業を学ばせた。ために、長沙は、手工業の中心となった。手工業の労働者は、木工や石工が最も多かった。しかし、木工や石工も人数の多さから仕事を探すのが難しく、一日働いては一日休むようなあり様で、一ヶ月に半分も働けば幸運な方であり、仕事のない時期には善人の喜捨に頼らざるをえなくなったのである。(26)

二．水害と難民の発生

一九〇七年一〇月二〇日、日本の特命全権公使林権助は、日本の東北地方の大飢饉による米不足に対応して、清朝政府との間に湖北・湖南両省より米穀三〇万石、安徽・江蘇両省より米穀三〇万石を日本に輸出する契約を定めた。すると、一〇月二六日、宗方小太郎が「我国より北京政府に交渉し、長江筋に於て米穀百万石を購入する事に付ては、既に政府の承諾を得て三井より手を廻して湖南北並に蕪湖鎮江に於て買入れに着手せんとするの際、湖南の士民は之に反対して民食の不足を口実として日本に米を売る事を拒絶せり。同時に蕪湖商界の全体も聯名して両江総督並に安徽巡撫に電稟し、民食不足の名義の下に米穀を日本に輸出する事に反対せり。北京政府は再三の開導を試みたれども今に其の効験無き者の如し」と記したように、湖南省の郷紳や民衆はこれに激しく抵抗した。(27)そして、一九〇八年八月二五日の湖南米の搬出で同契約は終了した。二〇世紀初頭、湖北省への米穀の最大の搬出地は、湖南省であった。

一九〇九年四月下旬以降、湖北省の荊江、湖南省の沅水、澧水では長雨から水流が急増し、南県、華容、澧県、安郷、常徳では堤防が決壊し、一帯は水害に襲われた。ただし、湖南省の南部は好況を呈したことから、外省の商人が湖南省に至り、米穀の買い付けを行った。同年七月一八日付け『民呼日報』は、湖南省の被害と米不足の状況を次のように報じている。

本年〔旧暦〕四月下旬〔西暦六月中旬〕以降、河川が膨張し始め、まだ災害には至っていないものの、〔湖南省北東部の〕岳州、常徳、辰州などでは義倉の開放による平糶の実施、穀米の出境禁止、及び〔平糶に関する〕禁令の解禁による平糶の実施を請願する行動があった。〔義倉の米の〕備蓄の少ないことは、既に概観した通りである。〔旧暦〕五月初旬〔西暦六月下旬〕以降、他省の商人で湖南に至って米糧を購入する者は、頻々と相次いで至り、この中では広東省に運ぶ者が最も多かった。凡そ汽船で埠頭に到り、湖南省より積み込んで運ばれた貨物は、穀米、豆、麦が大口となった。〔旧暦〕五月初旬より現在に至るまで、いまだ半月にも及ばないのに、運搬された米は数万石以上、そら豆も万余石以上で、この他の小麦、雑糧に至っては数を数えることができない。目前は買い付けの時期に当たり、近日の糧価は漸次膨張し始め、白米の項で一日に二〇〇文に上がり、自力で生活している小民の苦しみは既に限界を越えている。考えてみると、湖南省が産米の地であることから、他省より米の購入を図る者は、皆な湖南省に集結するのである。そして、〔湖南省の〕本地の糧行も皆な暴利を貪り、〔米穀を〕探し求めて取りまとめることに力を尽くし、地方の保全を顧みずに、自ら運送・出港を行って上海、漢口の船着場で売り捌き、高値で取引きした。仮に今年の秋の収穫が些かでも不作になるようであれば、湖南省の民食も憂慮すべき事態になるであろう。(28)

湖南省と湖北省の境界に位置する洞庭湖は、南西から流入する湘江・資水・沅水・澧水の四水の他に、北部からは松滋・太平・藕池・調弦の四口から長江の水が流入し、この四口四水の水が一たん洞庭湖に滞留して再び東北部の城陵磯より長江に流れ出たが、長年にわたり長江より流入した土砂と営々と形成された湖田は湖底を浅くすると共に湖面を狭め、ために長雨が続くと水流の逆流現象を引き起こして、二年もしくは四年に一度の割合で水害を頻発せしめた。(29) 固より、水害は一九〇九年に限られるものではなかった。このため、一九〇九年の被害の甚大さは、米穀の湖南省外への搬出及び連年の水害以外にも原因が求められなければならないであろう。

一九〇九年春以降、湖南省の米価は急騰し、富家への「吃排飯」（富家に押しかけ食糧を奪うこと）が起こった。同年秋、湖南省では新米が市場に出回ったが、程なく各属の産米の区では米穀の出境を拒み、米価が再び上がった。(30)一九〇九年の水害で悲劇的であった事柄は、貨幣価値の下落により民力が枯渇していたことである。清朝政府は、一九〇一年の北京議定書（辛丑条約）の締結による多額の賠償金を各省に振り分け、湖南省には七〇万両が割り当てられた。そして、この七〇万両を加えて、二四〇万両を負担することになったが、この金額は湖南省の予算の三割強を占めていた。湖南巡撫兪廉三は、一九〇一年に湖南銅元局を設立して制銭の不足を補う目的で銅元を鋳造し、翌一九〇二年に湖南官銭局を設立して銀、制銭の兌換券として銀両票、銅元票、制銭票の三種類を発行した。ところが、湖南銅元局の銅元の発行額は、一九〇一年に一三〇〇万元、一九〇二年に六七九二万元余り、一九〇三年に一億三四八三万元余り、一九〇四年に二六億一二八二元余り、一九〇五年に四九億三五五〇万元余りと、僅か数年の間で急激な伸びを示した。もちろん、銅元の濫造は、湖南省内のインフレを呼び起こした。このため、清朝政府は、湖南銅元局を湖北銅元局に合併させ、湖南省内の銅元の鋳造を停止させた。しかし、湖南省内の銅元の鋳造停止により、票幣の発行額が増えた。このような幣制の紊乱は、海外貿易の入超による銀貨の上昇と相まり、インフレを更に加速させた。(31)梁啓超の指摘によるならば、制銭一一〇〇文か一二〇〇文で銀一両に値し、米四斗を購入できたものが、清朝最末期には制銭一八〇〇文か一九〇〇文で銀一両に換え、米四斗を購入できるのみとなった。すなわち、かつては制銭一一〇〇文で米四斗が買えたものが、銀の価値の下落により制銭一二〇〇文で僅か米三斗を買えるのみとなり、更に銅元の価値の下落により、制銭一二〇〇文で米二斗も買えない有り様となった。また、人口が増加し、かつ人口の増加に見合う産業も興らなかったため、民衆の労賃も上昇はしなかった。加えて、光緒新政の遂行は、税負担を民衆にもたらした。特に、官憲が光緒新政にかこつけて、民衆から税を徴収して私利を図ったために民衆の税負担は過酷なものとなり、民衆の購買力も枯渇した。梁啓超はこのように指摘して、「思うに、民衆に職業の得ることがなく、食を謀る方法が尽く廃れ、全国の購買力も日々衰えて無に至り、直接・間接に種々の悪政に苦しみ、百物が騰貴し、人として生きる道が尽きたのは、現在の〔清朝〕二二行省で共通の現象である」と述べた(32)。いわば、インフレに伴う民力の枯渇が水害に拍車をかけたのである。一九〇九年の水害により、被災地の湖北省からは大量の飢民が湖南省に流入した。このため、湖南巡撫岑春蓂は、飢民が湖南省に至った場合、毎人食米一升と銭二〇〇文を給付して救助を図る一方、水陸の兵勇に命じて飢民を摑まえて強制的に帰郷させた(33)。湖北省から湖南省に流入した飢民は、長沙、岳州、常徳などに到達する場合が多かったといわれている(34)。

一九一一年二月、日本の山田勝治は、湖北省と湖南省の社会的状況を調査中、湖南省瀏陽で飢民と遭遇した時の模様について次のように述べている。

〔一九〇九年〕九月三日、湖南〔省〕瀏陽〔県〕道中〔の〕焦渓嶺の上下に連続せる一群、〔具体的には〕〔湖北省〕沔陽県の飢民の如き、総数三百人弱、大抵婦女小児輩にして、若干壮者は一行に先たち、預め先つ前面都城に至り、救恤の道を官に請ひ、逐次各地に転遷する者に係ると云ふ。知らす、如此の飢民団、各処に流動する尚若干なるを。彼等飢民〔の〕顔面〔は〕憔悴し、肉落ち骨衰へ、奄々として峻坂を昇降す。其困憊衰弱の状、人をして正視するに忍ひさらしむる者有り。且つ彼等の前途たる、何等思想有るに非ず、一定の目的地有るに非ず、已に乞食の倫に堕落し、僅に官府の救護に依り、露命を維持するのみ。而して親子、骨肉、隣里、同郷の情、猶ほ離散分袂に堪へさる〔もの〕有り。孤立して其の生を営むを知らず。試に歩を停め、之に其将来を問ふや、愀然として対へて曰く、旅路討飯、於路死〔旅路にて乞食し、路に死す〕と。即ち行々食を乞ひ、行々死するを以て其分と為す也。悽絶惨絶の語、真に暗然涙を催さしむ。[35]

多くの飢民は、長沙に到着した場合、湖南省城には湖南巡撫が居住し、名立たる郷紳もいて、郷紳や商人の所有する米倉が林立したことから、湖南省城に押し寄せた。これら飢民は、湖南省城の城外、特に西側の湘江沿岸一帯、及び南側の南門外に滞留した。湖南省城は城壁の周囲を水で囲まれ、西には湘江が、北と東、南には便河があった。便河には橋がかかっていたが、年々ごみで埋まり汚れ澱んで悪臭を放った。[36]この湖南省城の西側に当たる湘江沿岸一帯、及び南側に位置する南門外に多くの貧民が滞留した理由は、南側や西側が北側や東側に比べて開けており、施しを受ける機会に恵まれていたからである。ただし、清末、湘江沿岸には数千に及ぶ飢民がたむろし、洪水の年には湘江に無数の死体が浮かんだ。南門より白沙井に至る一帯、すなわち席草田・蔡公墳などは、小高い丘になっていた。そして、同地には倒れかけた茅屋が多く、居住者も痩せ細った貧民で、まるでスラム街のような様相を呈したため、人々はこの丘を「餓肚嶺」と呼んだ。[37]人々は鼇山廟に程近い白沙井の水を生活用水としたため、同地域には水のくみ上げや運搬を生業とする者がいた。[38]この南門外に位置したのが鼇山廟である。鼇山廟の菩薩は丁鼇山で、霊験あらたかであった。丁鼇山は実在の人物で湖南省醴陵県の人、四川省で知府となり、原籍地に帰る途中、長沙の南門外の同地で亡くなった。生前は、清官として名高かった。鼇山廟の前には一〇〇〇人余りを収容することができる広場があり、広場には戯台と大きな池、脇には柳の木の他、一本の青桐の木があった。[39]飢民の多くは南門外に滞留し、「老人や弱者は巷に横臥し、風や雨に吹きつけられ餓死する者が、日に数十人もいた」と記された。[40]彼らの集会の場が、鼇山廟であった。一九一〇年四月一二日には、鼇山廟で雨乞いのため、皮影戯が行われていた。[41]南門外が貧民の吹き溜まりであったこと、貧民が白沙井で日々の語らいを行っていたであろうこと、鼇山廟の菩薩の丁鼇山が清官であったこと、四月一二日に鼇山廟で皮影戯が行われたこと、これら一連の事柄が一九一〇年の長沙米騒動の展開に影を落としたように思われる。

三・マッケイ条約の制約

一八五八年の清英通商章程善後条約第五条では、米穀の輸送について、イギリス商人に海外への米穀の輸送を禁じたものの、清朝国内では納税することで一つの通商場から他の通商場への移出を認めていた。一九〇二年九月七日締結の清英続議通商行船条約（マッケイ条約）第一四条では、「千八百五十八年天津条約の追加規則第五条に拠り、英国商人は担保の点に於て、銅銭の輸出と同一条件の下に、清国の一港より他に向て米及其の他の穀物輸出を許可せられたるも、若し何等の地方に於ても、其の何等の原因たるを問はす、収穫減少又は飢饉の虞ある場合に於ては、清国政府は二十一日前に告示をなすに於ては、随意に何等の地方より米及其の他穀類の積出を禁止するを得へきことを合意す」と記した上で、米穀の出境禁止中でも漕米（北京に送られる米）と軍米（軍用米）は含まれないとしつつ、付帯条件として次の諸点をあげた。一・清朝政府は禁止の期間は、漕米と軍米以外の米穀を積出さないこと、二・禁令の告示や船に積む漕米と軍米の数量の告示は、該当地域の総督と巡撫がこれを行い、禁令廃止の告示も同一官吏がなすこと、三・米や他の穀類などの外国への輸出は禁止すること、以上である。[42] 湖北省は、米穀の多くを隣省の湖南省に仰いでいた。湖南省が自然災害による米穀の不足を解消するために、米穀の出境禁止という措置に出た場合、最も困るのは湖北省であった。このため、一九〇六年には、湖南巡撫龐鴻書は、マッケイ条約の規定に従って三週間後の米穀の出境禁止を宣言しながら、米穀の出境禁止の期間中でも漕米と軍米の輸送が認められるという規定を利用して、湖北省への限定的な米穀の搬送を許可した。しかし、イギリス漢口駐在総領事フレーザー（Fraser）は、条約違反を理由としてこの措置に反対し、これがイギリス政府と清朝政府の間の懸案となっていた。何となれば、この措置は米穀の出境を認めたのも同然でありながら、漕米と軍米の搬送を名目としたために米穀の輸送には湖南省当局の発行する護照が必要となり、イギリスや日本など列国の立場からするならばこの措置が実質的な通商の制限を意味したからである。一九〇六年四月二九日、湖南巡撫龐鴻書は、布告日の三週間後、すなわち五月二〇日からの米穀の出境禁止を布告した。同年九月、湖広総督張之洞は、湖南巡撫龐鴻書に米穀の出境禁止の解除を打診したが、湖南省の郷紳の反対にあったために米穀の出境禁止の解除を断念し、やむをえず漕米と軍米の輸送が認められていたことを名目に、賑済米として湖北省への米穀の搬送を図ることになった。この際、湖南汽船会社や太古洋行の汽船に対しては、米穀の輸送にあたり護照（Export pass of rice）の所持を義務付けた。これに対して、イギリスや日本の領事は、漕米と軍米の名目で搬送された米穀は数千石にも達しており、事実上、米穀の出境禁止が解除されたのも同然であるとして、イギリスや日本の汽船は自由に米穀の輸送を行うことができると主張した。しかし、清朝政府から列国の領事に対して明確な返答はなく、懸案事項となったのである(43)。日本の三井物産は一九〇六年に森恪を湖南省調査員として湖南省に派遣し、翌一九〇七年一二月に長沙出張所を開設した。そして、既に指摘したように、一九〇七年一〇月二〇日、日本の特命全権公使林権助が日本国内の東北地方の大飢饉による米不足に対応して、清朝政府との間に湖北・湖南両省より米穀三〇万石、安徽・江蘇両省より米穀三〇万石を日本に輸出する契約を決めると、三井物産の森恪が湖南省内の米の買い付けに奔走したといわれる(44)。湖南省の郷紳や民衆の列

	長沙	岳州	計
1905年	301,075	31,478	332,548
1906年	37,534	288	37,822
1907年	353,204	47,994	400,802
1908年	911,128	788,672	1,699,800
1909年	668,632	307,215	965,847
1910年	35,952	4,907	40,859
1911年	1,080,392	304,358	1,384,750
1912年	1,023,556	557,568	1,581,124
1913年	314,712	849,968	1,164,680
1914年	600,220	64,197	664,417
1915年	107,391	32,793	140,182

表二　湖南米の移出額

典拠　小平権一『支那ノ米ニ関スル調査』（農商務省、1917年）172—173頁

国に対する敵意は、弥が上にも高まったといえよう。

一九〇七年以降、長沙関と岳州関を通過した湖南米の省外への搬出量は、一九〇五年で三三万二五四八頓、一九〇六年で三万七八二二頓であったものが、一九〇七年で四〇万八〇二頓、一九〇八年で一六九万九八〇〇頓、一九〇九年で九六万五八四七頓にまで急増している。すなわち、一九〇九年の湖南米の省外への搬出量は、一九〇五年と比べても、実に三倍近い数に達しているのである。(45) 一九〇九年七月、湖南省は米穀の出境禁止を行いつつも、湖北省には例外的かつ限定的に米穀の搬出を認めていたが、湖広総督陳夔龍は湖北省が同年の災害で飢饉に瀕したことから、湖北省に至る米捐を免除することで、米穀の流入を促進しようとした。(46) これに対して、湖南巡撫岑春蓂は、湖南省の米価も高騰しており、「湖南省の郷紳の間では既に米の出境を禁止せよとの議論がある」として、湖北省への米穀の出境を禁じ、かつ官運の米捐徴収を免じつつも、商運の米捐を徴収するように要請した。(47) 何となれば、漢口の商人が、上海などでも米穀が不足しているとして、湖南省から漢口に搬入された米穀を上海などに転売していたからである。七月二六日、清朝政府は、湖広総督陳夔龍による米捐の免除の請願に許可を与えた。(48) しかし、一一月一七日、湖南巡撫岑春蓂は漢口から他省に米穀が転売されている事実を確認すると、湖広総督陳夔龍に対して漢口商人の米穀の転売を禁止するよう要請した。(49) すると、湖広総督陳夔龍は、岑春蓂に対する返電において、イギリス漢口駐在総領事フレーザーが漢口商人の米穀の転売を禁止する要求について、マッケイ条約第一四条を盾に通商の自由に対する阻害であるとしてクレームをつけてきたと述べた。(50) 一九一〇年二月八日、湖南巡撫岑春蓂は、外務部にあてて、フレーザーが湖南省の米穀の出境禁止を条約違反と述べたことが道理に合わないだけでなく、「主権の妨害」であると批判した。(51) この間にも、湖南省の米価は高騰し続けた。三月初旬、王先謙ら三〇名の郷紳は、湖南巡撫岑春蓂に対して、湖南省北東部の岳州、澧州、常徳地方が水害にあう一方で、北西部の高原にある各州県が干害となり、米価が高騰しているにもかかわらず、浙江省や広東省の商人が湖南省に至り、米の買い付けを行い、湖南省の外に搬送を行い、ために米価が高騰しているとして、米穀の即座の出境禁止を請願した[52]。固より、フレーザーは、湖南省の米穀の出境禁止をマッケイ条約に対する違反として抵抗した。湖南巡撫岑春蓂も、マッケイ条約の規定と共に米穀の出境禁止が湖北省に与える影響に鑑みて、米穀の出境禁止に逡巡した。三月一〇日、湖南巡撫岑春蓂は、軍機処に代奏を請願し、湖南省の米価が一石約七〇〇〇両となり、危険な状態であるため、マッケイ条約第一四条の規定に従って二一日後に米の出境禁止を行うものの、「〔湖北省〕武漢の民食は湖南米を大宗としており、ために軍米の方法に照らし、数量を限定し、湖北省からの購入を許さざるをえない」として、漕米と軍米が適用外であることを利用して二つの方法の許可を請願した[53]。三月一二日、清朝政府は、米穀の天津・上海への輸送を禁止すると共に、湖北省への輸送には軍米の方法に照らして数量を限定せよとの布告を出した[54]。三月一三日、湖南巡撫岑春蓂は、マッケイ条約の規定に従って、米穀の出境禁止の時期を布告日から三週間後、すなわち四月七日として米穀の出境禁止を行う旨布告した。湖南省の米穀の出境禁止は、湖南省の米穀に依存してきた湖北省にとって、死活問題であった。このため、清朝政府は一九〇六年の湖南巡撫龐鴻書の方法に倣い、マッケイ条約の枠組みの中で湖南省の米穀の出境禁止を認めつつも、漕米と軍米に関する条項を利用して湖北省に一定の米穀の搬出を許し、湖北省と湖南省の双方の米価の安定を図った。

一九一〇年三月一五日と三月二三日、清朝政府の外務部は、湖南巡撫岑春蓂に対して、イギリス漢口駐在領事フレーザーとの交渉を命じた。外務部は、イギリス領事の要求が、「湖南省から〔米穀の〕運搬を禁止する場合、〔マッケイ〕条約に従い、〔布告の〕二一日後に施行するものとし、従来の主張どおり、太古洋行〔Butterfield & Swire〕と怡和洋行〔Jardine Matheson & Co.〕に対する運照〔運搬証明書〕はこの二一日以内に必ず発給されるべきである。また、湖北省への救済米の一節は、条約には記載されていないため、特に方法を定めるべきである」というものであるとして、次の三点にまとめた。一・救済用の米の数量は事前に定め、数量は湖北省の災害救済用のため、多めに算出すること、二・米穀の運搬は誰もが請負い可能であり、かつこの点に制限を設けないこと、三・この項目に関する条約は、本年の新米が出回る時に改定し、それまでは湖広総督、湖南巡撫、漢口駐在イギリス領事が各節ごとに方法を交渉すること、以上である。(55)しかし、一九一〇年三月一三日に湖南巡撫岑春蓂が三週間後、すなわち四月七日の米穀の出境禁止を布告すると、三月二七日、湖南省の郷紳は湖北省や広東省、上海の商人がこの三週間に米穀を買い漁り、湖南省外に運び出そうとし、湖南省城では備蓄米が減少したと訴えた。この結果、米価が通常毎升二〇文から三〇文、一九〇六年の飢饉の時でも四〇文であったにも拘らず、七〇文にまで高騰した。そして、湖南省の備蓄米が公・私あわせて三〇万石にすぎず、また人口比で二ヶ月の需要にも満たないとの謡言が広まり、人心は動揺した。何となれば、湖南省で米穀が収穫される時期までには、更に数ヶ月を要したからである。三月二七日、郷紳らは湖南巡撫岑春蓂に対して、「現在、中国や欧米の商人が三週間以内に争って米穀の運搬を図り、ために湖南省城の保存米は三〇万石となり、既に数万が費やされた。まだ〔四月七日の出境禁止の日まで〕一〇日もあり、速やかに出境禁止の措置を取らなければ、湖南省城では米穀が欠乏し、湖南省外への流通が難しくなり、程なく危険な状態に至ろう」と述べて、マッケイ条約の規定を無視して米穀の出境を即時禁止するよう説いた。(56)しかし、三月一三日以降、湖南省外には殆ど搬出されていなかった。(57)湖南省内の米穀の退蔵にも拘らず、湖南省内の米穀の不足が喧伝されたのは、米商人が米穀を売り惜しみ、米価の高騰を図ったからである。王先謙ら郷紳は、マッケイ条約の意味も米穀の退蔵も重々承知していたにも拘らず、マッケイ条約の規定を無視して敢えて米穀の即時出境禁止を説いた理由は、米穀欠乏の謡言に過度に反応したか、湖南省内の飢民に向けた演出か、湖南巡撫岑春蓂に対する嫌がらせにあったといえよう。そして、民衆もまた、「巡撫が四週間〔三週間の誤り〕の後を期して防穀令を発したるは外国人を怕れてなり」と不平を称え、湖南巡撫岑春蓂に怒りの矛先を向けた。[58] 米穀の出境禁止日、すなわち四月七日が近づくにつれ、通常で毎升ほぼ三〇文、凶作の年でも五〇文であった米価は、四月初旬には早朝で八〇文、正午で八五文、夜に至って九〇文という驚異的な高騰をみせた。[59]

第二節　長沙米騒動の経過

一・長沙米騒動の発端

一九一〇年の長沙米騒動の発端については、二説がある。第一説は、日清汽船会社上海支社の報告に代表されるもので、四月一一日に、水汲みを業とする南門外の極貧の一家四人が、米価高騰を悲観して、池に身を投じて一家心中したことが原因であったとする。[60] また、第二説は、「搶米風潮日録」に代表されるもので、四月一二日に、碧湘街で老婆と米店が言い争い、老婆に加勢した飢民が米店を打ち壊したことが原因であったとする。[61] しかし、一九一〇年六月二日付けの『東方雑誌』の記事が、「〔旧暦三月〕初四日〔西暦四月一三日〕、〔湖南〕省城の南門外で多くの人が突如騒ぎ出した。原因は主唱者によって異なるが、群衆が米価の急騰により米店を詰問し米価の低減を図ったが、米店が〔現状に〕固執して従わなかったため、群衆が米店を強奪したのが真相に近い」と記したように、一九一〇年の長沙米騒動が拡大した大きな転機は、四月一三日の官憲と飢民の南門外における小競り合いにあった。[62] すなわち、四月一二日に、長沙知県余屏垣と善化知県郭中広が、飢民が米価高騰に対処するため南門外の鰲山廟に集っていることを聞き及び、鰲山廟に駆けつけて飢民を慰撫し、湖南巡撫岑春蓂に対する平糶の請願を確約すると、飢民は両知県の意見を受け入れて一旦は解散した。四月一三日、長沙知県余屏垣と善化知県郭中広は湖南巡撫岑春蓂に面談し、鰲山廟の飢民の状況を述べ、平糶の実施と告示による慰撫を具申した。すると、湖南巡撫岑春蓂は、「飢民集合して滋擾を事とするは禁例を犯すもの也、爾等は身知県として法に照らし之れを懲戒せす、却て本官に対して是等要求の取次をなさんとするは無能も亦甚しと云ふへし。元来米価一升百文に至るは通常の事にして、敢て怪むに足らす、此地に於ては一椀百文の茶を以て敢て貴しとなさすして、衆民は日常之を需容し、却て米価一升百文を以て昂貴となすか」と答えて両知県に譴責を加え、飛翰営統領楊明遠と巡警道頼承裕を鰲山廟に赴かせた。巡警道頼承裕は鰲山廟に至ると、湖南巡撫岑春蓂の現在の米価が必ずしも高いとはいえないとの言葉を飢民に伝えた。すると、飢民は頼承裕の言葉に激昂し、頼承裕の花翎の付いた官帽を剝ぎ取り、辮髪を摑んで引き倒し、片手と片足を鰲山廟前の広場の木につるし、更に左右に揺すって殴り唾を吐きかけた[63]。片手と片足を木につるす方法は、市場で豚の半身（「半辺猪」）の販売で用いられた方法である。すなわち、頼承裕は、豚同様に扱われたことになる[64]。飢民は、湖南巡撫岑春蓂に米価高騰の不満を直接訴えようと、頼承裕を広場の木から降ろし、頼承裕を引き連れて南門外から巡撫衙門まで行進した。この行進には妓楼の牛太郎ややり手婆、芝居一座の座頭が加わり、更にイギリス領事館の建設などで、イギリスの長沙駐在領事ヒューレットや湖南巡撫岑春蓂の対応に不満を抱いた石工や木工の一群がこれに参加し、彼らは巡警局を見つけると打ち壊し、巡警に会うと殴りつけた[65]。民衆が巡警局を打ち壊した理由は、巡警局が民衆の怨嗟の的であった点にある。

ヒューレットによるならば、湖南巡撫岑春蓂は午後七時一五分に新軍、すなわち第二五混成協の協統の楊晋に打電して兵士を南門外に派遣して、防備を補強するよう要請していた。同様の警告は、午後七時半にも発せられた[66]。午後八時以降、巡撫衙門に押し寄せた群衆の数は二〇〇〇人余りとなり、口々に米価の低減を要請した。夜半、湖南巡撫岑春蓂は、明日より米価を一升六〇文にするとの告示を出した。しかし、民衆は、一升六〇文の告示に満足せず、岑春蓂の出した告示を壊した。このため、岑春蓂は再び告示を出し、今夜より米価を一升五〇文とし、米商の価格の増減を許さないとした。すると、群衆は口々に一升五〇文を叫び、米店に米穀の販売を強要して回り、米価も一升が四〇文となり、更に三升が一〇〇文となった。そして、貧民は、米商の米が底をつくと、米倉の強奪に至った。日清汽船会社上海支社報告は、米倉が強奪された理由について、「是等の暴行〔米倉の強奪〕は、小康温飽の者は何れも之れを屑〔潔〕しとせさりしも、奈何せん居民は貧苦の者多く、低価を以て購入し得へきを聞き、皆踴躍先を争ひ、斯くの如くして一夜の中数石の多きを得たるものありと云ふ」と記している(67)。貧民の米倉強奪には、不正な手段で暴利を得た米商に対する懲罰の意味が込められていたのではなかろうか。告示が出されると、民衆は街路に走り、夜警に強制して銅鑼を鳴らし、各家々を回って門を開き、家の門の前に燈火をかけさせた。このため、夜にも拘らず昼のような明るさとなった。湖南巡撫岑春蓂は、飢民の要求を受け入れた以上、更に群れ騒ぐ者は「格殺勿論」〔殺しても罪は問わない〕という告示を出した。群衆は湖南巡撫岑春蓂の告示の中に「格殺勿論」の文字を見つけて激昂した(68)。やがて、群衆は巡撫衙門の頭門に押し入り、巡撫衙門の轅門や照壁を打ち壊し、桅竿を切り、石獅子を押し倒した。湖南巡撫岑春蓂は、電話で新軍と巡防営の兵士を呼び寄せ、巡撫衙門の護衛を図った。四月一四日午前九時頃、群衆は、巡撫衙門の桅竿を切り、石獅子を倒して後、巡撫衙門の大堂の中に流れ込んだ。湖南巡撫岑春蓂はやむなく新軍の兵士に発砲を命じ、民衆のうち九人余りが死に、多数が負傷した。すると、群衆は、新軍の発砲に憤りを強め、「良民を射殺すべきではない。これでは、巡撫衙門を焼き討ちにしなければ、憤りは晴らせまい」と述べて喧騒を極めた。そして、一九一〇年七月、『東方雑誌』紙上の記事が「〔旧暦〕三月四日〔西暦四月一三日〕以降、〔湖南省城は〕ほとんど法治はなく政府もない地域となった。〔旧暦〕三月六日〔西暦四月一五日〕の午前八時になっても各地の強奪は収まらず、〔省城の〕城門は昼というのに閉じられたままであった。住民は続々と移動し、その様は大兵を恰も避けるかのようであった。〔民衆は〕輿が雇えないだけでなく、日ごろ街に溢れていた人力車も行方を晦まし、鳴りを静め、人心は動揺した」と記したように、四月一三日以降、湖南省城は民衆の正義が他を圧することになったのである。(69)

一九一〇年四月二八日、イギリスの長沙駐在領事のヒューレットは、四月一四日早朝の状況について次のように報告している。

四月一四日午前二時、ウェスレイン教会〔Wesleyan Mission〕のワレン〔Warren〕が私のところに来て、教会が焼け落ち、全メンバーが裏門から脱出し〔湖南省城の〕西門に逃げ、城門が開かれるまで衛所に留まっていたと述べた。午前三時三〇分、中国内地会〔China Inland Mission〕のケラー〔Kellar〕博士よりメッセージが届き、彼の教会とノルウェー教会〔Norwegian Mission〕が焼け落ちたと伝えられた。彼は衙門の中にいて安全であったが、ノルウェー人は逃げた。私は使者を市内の全ての教会に発し、出来るだけ速やかに逃げるよう伝えた。午前六時、新軍が領事館に派遣され、私に大軍が市内に派遣されたこと、秩序も間もなく回復されるであろうことを告げた。午前一〇時、楊〔晋〕協統が私の顔見知りの副官を送ってきて、私が軍営に至るなら十分な保護を与えることができると述べてきた。しかし、私は、申し出を断った。昼、警備艇の兵士がやって来て、巡撫衙門が火に包まれ、警備もなされないことを告げ、巡撫からのメッセージとして即座にこの場を離れるよう告げられた。私は、このメッセージに従うことにした。私は、湘潭号に乗り込んだ。そこで、私は何が起こったのかを聞いた。群衆が燈火を掲げて近づくと、〔新軍の〕協統〔楊晋〕は発砲の指令を出した。一回か二回、一斉射撃が行われ、九名が死んだ。すると、布政使〔荘賡良〕が協統の足元に倒れ込み、射撃を中止するよう訴えた。同時に、郷紳たちも同様のことを要請した。この結果、巡撫は、軍に発砲しないよう命じた。布政使は、この決定に力を貸すことで尊敬を置けた。この決定後、巡撫の衛兵の一人が発砲の指令を出し、一人が従っ〔て発砲し〕た。後に、この二人は、〔命令を順守しなかったために〕処刑された。この間、新軍の兵士は、群衆によりブロックやタイルを投げつけられる中、立ち尽くすだけであり、結局、一二〇名もの死傷者が出た。新軍の兵士の一人は、銃が使えないというのであれば、剣を使おうと述べ、一人の掠奪者を殺害したが、この行為も禁止されてしまった。[70]

一九一〇年四月一四日午前一〇時、群衆は巡撫衙門の大堂に押し入ると打ち壊しを始め、更に大胆にも巡撫衙門の大堂に石油をかけて火を放った。[71] 群衆が放火を始めてから二時間後の正午過ぎ、巡撫衙門は焼け落ち、後方の上房一棟のみが残った。この間、湖南巡撫岑春蓂は精神惶惑、茫然自失して対策を講ずることができなかった。このため、布政使荘賡良は、郷紳の孔憲教と共に湖南省城の各街巷を回り、群衆の慰撫に努めた。ここで、孔憲教は、湖南巡撫岑春蓂に対して鉄路建設の停止、学堂建設の停止、警察の解散と保甲の回復、平糶、皇倉の開放を要求した。すると、群衆は、荘賡良と孔憲教を「官に荘青天あり、紳に孔青天あり」と称えた。[72] 群衆は、布政使荘賡良の告示以外、信用することができないと述べた。岑春蓂は、自ら病気と称して暇を請い、布政使荘賡良による巡撫代行を電奏によって請願した。荘賡良も、岑春蓂が遁走し政務に空白を生じたことから、郷紳や民衆の要求を受け入れた。[73]

二・長沙米騒動の参加者

イギリスの長沙駐在領事ヒューレットは、一九一〇年の長沙米騒動の原因として、第一に市場での米の欠乏、第二に石工・木工の巡撫への敵意、第三に湖南省政府の弱体と反外国の政治団体の強さの三点を指摘しつつ、一九一〇年の長沙米騒動が第三の原因を主因とし、湖南巡撫岑春蓂と布政使荘賡良の反目を副次的な原因として起きたとした。

一九〇四年七月一日の長沙開港以降、湖南省では同業団体、すなわち行会をめぐる紛争が多発した。一九〇六年、ローマ・カソリック教会（Roman Catholic Mission）の秘書が湖北省の請負人と契約して、湖南省城に教会の付属学校の設立を図ると、湖北省の請負人は突然逮捕された。彼は、湖南省の木工の行会に入会費と共に入会するよう要求されたが拒絶し、湖北省の木工を用いて学校の建設を図ったからである。湖南省の木工の行会は、二〇〇〇人から三〇〇〇人にのぼる木工を集めて建設中の学校を襲撃し、湖北省の木工の衣服や道具を略奪し、湖北省の木工を放逐した。次に、広東省の木工の建設した怡和洋行（Jardine Matheson & Co.）の桟房が襲撃された。湖南省の木工の行会は、二、三人の広東省の木工を連れ去り、全ての木工・石工にストライキを呼び掛ける掲帖を街中に貼った。彼らは、湖南巡撫岑春蓂に対して、湖南省以外のいかなる請負人も、長沙における仕事には携われないと述べた。湖南巡撫岑春蓂は、広東省の請負人の解雇には同意したが、同時に条約の規定により、外国人の望む木工や石工の使用にはいかなる制限もできないと宣言した。木工・石工の行会は、湖南巡撫岑春蓂の言葉に激昂し、各街巷で湖南巡撫岑春蓂を批判し、集会を召集し罷市（市場閉鎖のボイコット）を呼び掛けた。そして、一週間の間、湖南巡撫岑春蓂の呼び掛けにもかかわらず、いかなる種類の建設も行われなかった。やがて、イギリスの長沙駐在領事ヒューーレットと木工・石工の行会の代表の間で、会談がなされた。ここで、ヒューーレットは、次の七点の主張を行った。一・長沙は条約港として開港して五年であること、二・湖南人は外国人家屋の建設法を知らず、経験も持たないこと、三・湖南人労働者のプライドによって、従わないようにさせているのが不満であること、四・外国人は望み通りの労働者を雇う権利があり、この点で湖南巡撫岑春蓂の裁定を支持していること、五・もし湖南人が建設を行う能力を示すなら、湖南人を雇う用意のあること、六・領事館の建設には外部の請負人を使うが、湖南人もその間領事館を訪れ、手法を学ぶよう期待すること、七・暴力の使用は馬鹿げていること、以上である。このヒューーレットと木工・石工の行会の会合は、双方の主張が平行線をたどったまま決裂に終わった(74)。そして、ヒューレットは、このようなヒューレットと木工・石工の対立が長沙米騒動の伏線となったとするのである。

一九〇九年、イギリス政府は、新しくイギリス領事館を建設するための用地を、水陸洲に取得した。すると、一九一〇年三月五日、湖南省の石工・木工らがイギリスの新領事館の建設について、嘆願書をヒューレットのところに持ち込んできた。ヒューレットは、この嘆願書を湖南巡撫岑春蓂に送り、岑春蓂に対してトラブルが未然に防がれるよう要請した。三月三一日、石工・木工らは、北門外にあるイギリス領事館に来ると、先の嘆願書に対する返答を求めてきた。ヒューレットは、長時間にわたって石工・木工らと話をしたが、彼らは話を聞いていないようであった。ヒューレットは、湖南省の石工・木工らが西洋建築の知識を持っておらず、イギリス領事館など西洋建築を建設することができないという理由で、石工・木工の要求を拒否した。そして、ヒューレットは、石工・木工の代表に名刺を与え、彼らが基礎的な工法を学んで後に建設計画を授けようと主張したが、彼らは同意しなかった。四月五日、石工・木工からの手紙がヒューレットのもとに送られてきた。四月七日、石工・木工らは、手紙で、もしもヒューレットが彼らの要求を飲まないのであれば暴動になるであろうと脅してきた。このため、ヒューレットは、湖南巡撫岑春蓂に石工・木工らの脅迫を伝え、騒動の発生を事前に防ぐよう要請した。四月八日、ヒューレットは、西門外巡捕局委員郭良泉を訪れ、充分な警戒を要請して確約を得ると共に、新軍の協統の楊晋を訪れ、ざっくばらんにこれまでの経緯を説明した。楊晋は、充分な保護を与えることを確約し、かつ場合によっては軍隊を用いる用意があると述べた。四月一一日、ヒューレットは、長沙関監督朱延熙を訪れた。長沙関監督朱延熙は、ヒューレットに対し、政府が事件を回避するよう厳しい命令を発するため、貴殿らが充分な保護を受けるであろうと述べ、かついかなることが起こっても、官吏が責任逃れすることはないとして、「どんな場合でもあなたは怖がる必要はない」と述べた(75)。四月一三日、南門外で飢民と巡警道頼承裕の間で騒動が起き、翌四月一四日の巡撫衙門の焼き討ちに至った。この後、ヒューレットは、イギリスの特命全権公使マックス・ミューラーにあてて、「長沙関監督朱延熙は、私に要求を放棄するよう促した。しかし、湖南巡撫岑春蓂は、決して石工らに譲歩しようとはせずに、石工らの要求は抑えられるべきであるとして、もし事件が発生したならば、彼らは厳しく罰せられるであろうと述べた。そして、このことが、条約によって正義を行おうとした唯一の人物、湖南巡撫岑春蓂が攻撃された理由と、なぜ政府の学校などが攻撃先に含まれたのかを説明しているのである」と述べた(76)。ただし、四月一三日の夕方以降の騒動には、石工、木工だけでなく、妓楼の牛太郎ややり手婆も加わっていた。日本長沙駐在副領事村山正隆は、この理由について、「殊に暴動の初に於て人民か先つ交番を破壊したるは、兼て民間の不平、就中芸娼妓賦課金に対する醜業者輩の積憤其主因なりとの説あり」と述べて、一九〇九年以降に妓捐が徴収された点を指摘した(77)。

日清汽船会社上海支所の報告では、「要するに、今回の暴動〔一九一〇年の長沙米騒動〕は、米価を低減せんとする貧民の些少なる動機に乗して蜂起したる〔もの〕と、此騒擾に乗し一種の党羽か〔が〕排外的暴行をなしたる〔もの〕との二派相依り、且官場にては岑〔春蓂〕巡撫と荘〔賡良〕布政使及紳士等の相軋轢し、互に擠陥を企てたる為め、竟に処置の方法を誤り、事件を重大ならしめたるものと信せらる」と述べ、騒動には複数の勢力が存在した上に、官憲と郷紳の対立が拍車をかけた点を指摘している(78)。この中で、「此騒擾に乗し一種の党羽か〔が〕排外的暴行をなしたる〔もの〕」と記された点については、ヒューレットも指摘している。ただし、ヒューレットの後任のジャイルズ（Giles）は、一九一〇年の長沙米騒動について、湖南巡撫岑春蓂と郷紳の米価高騰をめぐる対立で責任が湖南巡撫に押し付けられたこと、石工・木工がもともと大規模な騒ぎを起こしてまで要求を通すつもりはなく、ために飢民の平糶請願運動が起きてから騒ぎに加わったこと、及び義和団の残党は他郷から長沙に来たものであるが、義和団の残党の役割は責任逃れを図る官憲が誇大に喧伝した可能性のあることなどを指摘した(79)。いわば、一九一〇年の長沙米騒動の発端は飢民による米価の低減要求に存在しながら、別の要因、特に義和団の残党の参入によって被害が拡大したとしたのである。ジャイルズは、一九一〇年の長沙米騒動の発生当時、漢口にいて、実際に同騒動を体験していなかったために、このように述べたのであろう。しかし、ヒューレットが「午前六時、我々が河岸から約五〇ヤードのところにいると、ロンドン教会（London Mission）の破壊を終えた群衆が領事館にやって来た。一、二の目撃者は、彼らが全て黒い衣服に覆われた一団（黒くて短かなコートを前を開いて羽織り、黒い半ズボンをはき、腕に幅の広い白い布を着けた）に率いられていた。彼らは、家を打ち壊すための道具を与えられていた。ロンドン教会の破壊の目撃者は、彼らが静かに規則正しく仕事を遂行し、かつ彼らが長沙の人間ではなく、二〇歳から三〇歳くらいで、痩せこけて肌黒い顔であったとしている」と述べたように、ジャイルズの指摘にもかかわらず、確かに黒い衣服で身を覆い、幅の広い白い布を腕に着けた人物は確かに出現し、各地で放火や打ち壊しなどに従事していたのである(80)。一九一〇年四月、湖南省の共進会の責任者である焦達峯は長沙にいて、一九一〇年の長沙米騒動に遭遇した。焦達峯は、一九一〇年の長沙米騒動に際して黎先誠を瀏陽に、劉肯堂と黄菊初を醴陵に派遣し、洪江会の蜂起による長沙の奪取と、共進会の黄申薌に連絡し、湖北省における蜂起を図っていた(81)。このため、黒い衣服、白い腕章の人物が、焦達峯、或いは焦達峯を中心とする共進会の成員であった可能性もあるのである。一九一一年一〇月二二日の湖南省の革命軍の蜂起においては、革命軍は白い腕章を着けていた。そして、一九一一年一一月一八日付け『ノース・チャイナ・ヘラルド』紙は、湖南省の革命軍の蜂起を記事とする際に、記事の標題を“Black Nights”としていた(82)。従って、これらの事柄よりするならば、黒い衣服、白い腕章は、革命軍であることを示す表象であったともいえよう。

三・長沙米騒動の収束

一九一〇年四月一四日午前二時、ウェスレイン教会（Wesleyan Mission）が焼け落ち、午前三時三〇分には中国内地会（China Inland Mission）とノルウェー教会（Norwegian Mission）も灰塵に帰した。そして、巡撫衙門が焼け落ちると、群衆の行動はますます過激になった。ヒューレットは、四月一四日以降の暴動について、「〔四月〕一四日午後六時三〇分から一五日午前四時までの間、〔湘江〕河岸のバターフィールド・スワイア商会〔Butterfield & Swire Co., 太古洋行〕、ジャーディン・マセソン商会〔Jardine Matheson & Co., 怡和洋行〕の倉庫や貯蔵船を含む全ての建物、及び税関所は、破壊され尽くした。目撃者の語ったところによるならば、作業は少なくとも二〇名によって遂行され、他の人々は傍観するばかりで、止めようとするいかなる行為もなされなかった」と述べた(83)。そして、一群が湖南省城北門外にある教会などを焼き討ちし、日本領事館の建物の一部などを壊すと、他の一群は湖南省城北門外から城外西郊に行動を移した。湖南省城外西郊は、湘江河岸に面し、外国人関連施設、碼頭が隣接していた。やがて、焼き討ちは、潮宗門、大西門、小西門の湘江河岸から、深夜以降に南門外に移り、外国人の関連施設の他、中路師範学堂など、教育機関に至った。四月一五日午前、一部の暴徒が、学堂や教会、外国人の関連施設を焼き討ちしたが、平浪宮のイギリス領事館、水陸洲の税務司住宅、嶽麓山の高等学堂、貢院跡の優級師範学堂と法政学堂、実業学堂などは、軍隊の連夜の守護により、難を免れた。また、明徳学堂、経正学堂は、遠隔地にあり、損害を受けなかった。更に、外国人の関連施設でも、宝南街、福慶街、天心閣の各キリスト教会、西牌楼のエール大学（Yale University）と医院、南正街のエール医院、晏安塘医院も、被害はなかった。ただし、按察使衙門、長沙府衙門、長沙県衙門の三監獄は破壊され、囚人も逃走した。また、官銭局も、掠奪された(84)。四月一五日、暴徒が日清汽船出張所の事務所に至った際には、近隣の居住民四〇名余りが暴徒に向かって、日清汽船出張所の事務所の周囲は皆な貧民の窮迫した家であり、もし火災が起きたならば、近隣の家々にも延焼の恐れがあるとして保全を求めた。すると、暴徒らは居住民の意見を容れ、他方に向かったため、日清汽船会社の事務所と倉庫、躉船が被害を免れたといわれた。また、北門外のイギリス領事館も、被害を免れていた。この理由は、四月九日にイギリス領事館員が近所の火災の消火にあたり、近隣の人々に感謝されていたからとされた(85)。いわば、暴徒の焼き討ちの対象は、周到に選別されていた。四月一五日、湖南省城の各団は、長沙知県、善化知県の諭示を奉じ、各家の門前に燈火を着けると共に、各団公廟内に団練公所を設け、各家に輪番で見回り人を出させて市街を警戒させた。また、各城門は午後四時に一斉に閉門し、更に午後七時には施錠し、居住民で燈火を持たない者の通行は許さなかった(86)。四月一六日早朝、暴徒が大西門と小西門、及び湘江河岸の街巷一帯に集まったが、それらは全て湖南省城の城墻附近に居住する貧民であった。長沙知県余屏垣と善化知県郭中広は、各洋行の貨物や什器を奪って帰宅した者に叱責を加え、更に劊子手〔死刑を執行する役人〕に命じて、暴徒の中の二名を捉え全家碼頭河辺で斬首に処し、さらし首とした。この結果、暴徒らは、姿をくらますに至った。同日から二日間、県の差役は多人数で民衆の家屋を捜索し、疑わしい物件を持つ者は直ちにこれを知県衙門に拘引して投獄した。そして、湖南省城の喧騒も、これを機に収まった(87)。

一九一〇年六月三日、日本の長沙駐在副領事村山正隆は、湖南省の官憲の動向と評判について次のように記している。

長沙知府汪鳳瀛は誠実通達、清廉の聞あり。多年〔湖広総督〕張之洞の幕僚として器重せられ、昨年二月現官に就き、頗る令名あり。今回の事変に際して形格勢禁、大勢を左右する能はさりしも、窮民の応急救護、平糶の開辦等の善後処分に関し、非常の尽力をなし、暴動中も群民道を譲りて之を迎へ、知府衙門には一人の暴行を加へたるもの無かりしのみならす、事後地方官の責任として形式上の処分に止まり、尚依然留任すること、なりたるに徴しても、其如何に官民の信頼を得つ丶あるかを知るに足る可きなり。長沙知県余屏垣・善化知県郭中広共に老練なる好地方官にして、事変に関し其位地職分上の責任に対し一旦開欵となりたるも、両人か任を離れ衙門より公館に移る際の如きは、沿道の人民悉く香を焼き爆竹を放ちて敬意を表し、衷心惜別の情数十年来未曾有の盛事なりと伝へられたり、亦以て両人に対する人望の允孚なりしを見るに足り、今回仍ほ革職留任となり、再ひ原任に就くに至りたる、亦以て異例と云ふ可きなり。(88)

この村山正隆の報告からは、民衆が明確な基準で湖南省の官憲に対し、巡撫衙門やキリスト教会、外国人関連施設の打ち壊しに従事していたことになる。そして、五月七日、日清汽船会社上海支所報告は、四月一四日以降の湖南省城内外における被害の実態について、「斯くの如くにして、同日夜租界一帯中焚焼せられたるものは、税関・太古洋行〔Butterfield & Swire Co.〕所有倉庫二棟及躉船・怡和洋行〔Jardine Matheson & Co.〕〔の〕躉船等也。毀摧せられたるものは、本邦商店にては三井、東信、塩川、中村、岩城、小嶺、大石、日豊の各洋行、及我邦郵便局等にして、英商にては太古洋行、亜細亜〔石油〕公司〔Asiatic Petroleum Co.〕、和記、怡和洋行及其倉庫等也。南門外鼓楼門に居寓したる英商『グ〔ブ〕ロード〔Broad〕』も亦破壊の難に遭ひ、独商には瑞記〔Arnold Karberg & Co.〕、謙記〔China Export, Import & Bank Co.〕の両洋行、米国商には美孚油行〔Standard Oil Co.〕等亦毀摧せられ、英美煙公司〔British-American Tobacco Co.〕及隣家の警察署及会審局、官銀号等も同一の難に遭ひ、城内にありては我領事館を打毀したり。教会堂の焚焼せられたるものは北門外、樊西巷及黎家坡の三個〔ヶ〕所にして、破摧せられたるものは東牌楼、西長街及清泰街の三ケ所《ママ》也。其他の毀損せられたるものは、目下確知すること能はす。学堂の焚焼せられたるものは、蒙養院、城南〔中路〕師範学堂、府中学堂、鉄路学堂、及巡撫衙門傍側の選昇学堂の五ヶ所也」と記していた。(89) 学堂が焼き討ちされた理由は、日本の長沙駐在副領事村山正隆が「学堂を焼きたる主意は、近年教育の為め莫大の経費を要し、為めに地方の負担を増し、米価騰貴するに拘らす、細民の子弟は学校教育の恩沢に与からすとの意にあるもの丶如し」と述べたように、学堂が多額の経費を必要としながら、裕富な家族の子弟に供せられ、貧民とはかけ離れた存在であった点にあった(90)。

一九〇六年、清朝政府は、湖北省の新軍の両鎮を陸軍暫編第八鎮と暫編第二一混成協に改め、一九〇八年に検査の上で合格し、第八鎮が正式に完成した。第八鎮の統制官は張彪、暫編第二一混成協（以下、第二一混成協と呼ぶ）の協統は黎元洪である。第八鎮は、歩兵の第一五協（第二九標と第三〇標）、第一六協（第三一標と第三二標）、砲隊、工程隊、輜重隊からなり、第二一混成協は歩兵の第四一標と第四二標の他、同じく砲隊、工程隊、輜重隊からなった。四月一四日に小蒸汽船で第二九標第一営の五〇〇名余りを、翌四月一五日に兵糧艦で兵五〇〇名を、湖南省長沙に派遣した。四月一また、四月一六日に第一五協協統の王得勝が第二九標第二営五〇〇名を率いて出発し、四月一七日に第八鎮統制官の張彪は第二九標第三営を率いて岳州に向かった。この後、新任の湖南巡撫楊文鼎も湖北軍五〇〇名を率いて湖南省に向かったため、湖北軍の数は約三〇〇〇名となった。これらの軍隊は、事件の収束後に長沙に到着したために無用となり、長沙の防備を湖南省の新軍と湖北軍の湖南省城の駐屯部隊に委ね、地方の警備にあたった。すなわち、王得勝は、約二五〇名の兵を率いて益陽に向かった。また、新化県には巡防営一隊が駐屯していたが、宝慶府に駐屯中の中路巡防営より一隊を分派して警備を強化し、安化県は茶業の開始時期で各地の茶商が来集したため、巡防営の他に新軍二隊を派遣して警備体制をしき、また益陽に派遣した軍隊に暴徒が安化に潜入することを防がせた。なお、四月一七日午後、清朝の軍艦楚豫とイギリスの軍艦スイツスルが、四月一八日イギリスの軍艦ナイチンゲールが、長沙に到着した。また、四月一七日にイギリス艦スナイプは漢口を出発したが、洞庭湖内の鹿角付近で座礁し、航行不能となった。更に、四月二七日に清朝の軍艦とイギリスの軍艦、フランスの軍艦が、四月二二日にドイツの軍艦が、四月二三日に日本の軍艦宇治が、四月二四日に新任の湖南巡撫楊文鼎の乗船した清朝政府の軍艦五隻と水雷艇二隻が、長沙に到着した。このうち、イギリスは、湖南巡撫所有の小蒸汽船一隻を借り、これに機関砲を装置して避難民を収容し、またアメリカのエール医院も民船を雇って赤十字旗を掲げて負傷者の収容に努め、長沙の水師提督程文炳も長沙に到着後、同地の水兵を率いて水上の防備に着手した。(91) ただし、湖南省城や湘潭や益陽、安化などでは、掲帖が張り出されて不穏な情勢が続いた。このため、一九一〇年八月、湖広総督瑞澂と湖南巡撫楊文鼎は、各地の清郷〔郷邑の清査による匪賊の粛清〕を決意した。清郷は、湖南省を湘江の東と西の両路に分け、清郷総辦として道員一名を任命し、各地に郷紳を派遣して、任に当たらせた。清郷は、まず長沙、善化、湘潭、寧郷、益陽、安化、沅江、龍陽等の県より着手し、巡防営中路統領呉耀金を清郷総辦に、前四川省龍安知府蔣徳鈞を会辦にする一方、関防を発給して清郷総局を設立した。(92) しかし、一二月四日、水野梅暁が「兵備処会辦以下州県の候補二十人の委員と各地方官と会同して、土匪の根蔕を勦絶すると云ふ触込にて、清暦八月十八日〔西暦九月二一日〕より各県に出張せる委員は、近来続々帰長〔長沙への帰還〕せるにも拘らず、一人の土匪すら拿獲すること能はずして、回郷皆案外平静なりとの報告をなすもの多き由にて、平素探偵を放つて土匪の捕獲に従事せる飛翰水師の将校は、夫見よがしに語りて曰く、多数の兵士を携へ四人擔きの轎子に乗りて清郷の実〔が〕挙がるとせば、我営の如きは全く無用の長物なりとて、実効なきは当然なるが如く説き立て居るを見れば、物々敷上奏して大々的に着手したる清郷も依例如例〔例に依りて例の如く〕敷衍の二字に終りたるもの丶如し」と報告したように、清郷も殆ど効果がなかった。(93)

第三節　長沙米騒動の構造

一・官憲と民衆の齟齬

岑春蓂は広西省西林県の人で、一九〇六年に貴州巡撫となり、同年湖南巡撫に転じた。父は雲南巡撫、貴州巡撫、福建巡撫、雲貴総督を歴任し、一八八三年の清仏戦争で功績をあげた岑毓英であり、兄は山西巡撫、広東巡撫、四川総督、両広総督、雲貴総督を歴任し、西太后に寵愛された岑春煊である。すなわち、岑春蓂は、名門の家に生まれた。また、湖広総督張之洞の庇護によって、湖南巡撫の任に着いたといわれていた(94)。ために、湖南省では、岑春蓂は「岑老五」と呼ばれ、軽侮されていた(95)。湖南巡撫岑春蓂は、一九〇六年一一月一〇日に湖南省長沙に到着し、一一月一二日に官印を受け継いだ。しかし、一九〇八年初頭、給事中李灼華によって、政務における民情の軽視、一九〇六年の萍瀏醴蜂起での失態、米穀の他省への輸出禁止、沈祖燕による湖南官銭局の掌握、新軍協統楊晋の人望の欠如、新軍標統崔朝俊の素行不良、知県楊瀚の親族の革職など、七つの理由で弾劾を受けていた。このうち、理由の第一では、「湖南巡撫岑春蓂は、無能にも拘らず父・兄の恩恵で高位に登った。また、喜んで方術士を招き、日や星を占い、忌避すべき方角に意を用い、属僚にも稀にしか会わず、人々の苦しみに通じず役人の治績も日に廃れた。着任時は占卜の言を信じて舟を省城の対岸に停泊させ、湘江を渡ろうとせず、ために出迎えの各員は連日河岸に直立し、夕暮れに散じた」と記され、岑春蓂の無能が強調されていた。湖広総督趙爾巽は、これに対して、李灼華の弾劾文を仔細に調査した上で、「〔岑春蓂は〕着任後、規費〔公務の手数料〕を整理し、門番の使用を止め、徳政の扁額の送付を禁じ、民情や行政の講究に留意したが、属僚の拝謁の申し出に対しても重要な事柄以外軽々しく接見しなかった」と述べ、弾劾文の「稀に見ることも困難で、人々の不満が溜まり恨みが渦巻いた」とは陰口に近く、「喜んで方術士を招いた」も事実と異なるとして、岑春蓂を弁護した(96)。湖広総督趙爾巽の調査からは、湖南巡撫岑春蓂の旧来の政治的慣習を改めようとする強い姿勢を窺うことができる。一九〇九年一〇月四日、張之洞が死去した。これ以降、湖南巡撫岑春蓂は後ろ盾を失った。そして、日本の長沙駐在副領事村山正隆が「岑〔春蓂〕巡撫は処事緻密、温和の性質なるも、極めて消極的の人物にして、平素客を喜はす、意見を吐露せす、人言を容れす、専ら財政整理に苦心したるを以て、曾て端方か湖南巡撫たりし際、能く新旧両派を容れて操縦したるに反し、岑〔春蓂〕は新旧両派共に不人望なりし為め、米穀の欠乏も、米価の騰貴も、皆岑〔春蓂〕か私利を図る為め、速かに輸出禁止を断行せさるに由るものなりと誤会〔解〕せられ、遂に今回衆怨の府となり、巡撫衙門焼拂の如き清朝以来未曾有の擾乱を惹起するに至りたるも、畢竟優柔不断、加ふるに紳士等の阻力の為め心思惑乱、遂に機宜を失し、大事の誤りたるものなり」と評したように、岑春蓂が湖広総督張之洞の庇護で湖南巡撫の任に着き、ために湖南巡撫の任に堪えうる人物ではなかったという見解は、広く流布していた(97)。

一九一〇年四月二二日付け『ノース・チャイナ・ヘラルド』紙に掲載された、中国内地会（China Inland Mission）長沙支部の報告によれば、四月一二日、飢民は湖南巡撫岑春蓂の告示の中に、一升一〇〇文の米価が必ずしも高いとはいえない等の語のあることに気づき、官憲と民衆の間で交された暗黙裡の約束に従って、南門外の鰲山廟に集まり米価高騰を討議した。ここで、飢民は口々に「〔我々は〕以前に官界との間で、米価の上限を一升六〇文以下に抑えるべきであると取り決めていたのに、巡撫岑春蓂は〔一升一〇〇文でも必ずしも高いとはいえないと述べるなど〕小民の生計を見る態度が冷淡かつ無関心に過ぎる」と述べ、湖南巡撫岑春蓂に対する憤りを強めた(98)。この頃、鉄道工夫の一日の賃金は、成年男子で通常六〇文であり、夏に足踏み車で水を汲み上げ、秋に作物の収穫を行う期間だけ八〇文や一〇〇文になった(99)。いわば、一升六〇文の米価は、この時点では成年男子の一日の労賃で米一升を購入することのできる上限であった。従って、飢民の言葉は、一日の労賃で米一升を買うことのできる範囲内に米価を抑えることが、官憲と民衆の間の暗黙裡の約束事であったことを意味する(100)。このことは、日清汽船会社上海支所の報告で、南門外の飢民が「我等は毎日得る所の賃銀を以てして僅に一升の米を購ひ飢を凌かんとするも、能はさるか故に止むを得す此処に来集して平糶を請願せんと欲するものなり」と述べたとしている事からも明らかである。飢民は、湖南巡撫岑春蓂が米価を成年男子の一日の労賃で米一升を買うことのできる水準に抑えるという暗黙裡の約束事を反故にしたために、鰲山廟に集まり米価高騰の不当を訴えて行動した。日本の長沙駐在副領事村山正隆が「本年米価暴騰一石八吊文〔一升八〇文〕を超ゆるに至りたる結果、四月十二日夜、南門外の窮民三百計り鰲山廟に集り、救助に関し警察に要求する所あり。善化知県郭中広臨場諭すに、已に一升六十文の割にて平糶開始の準備中なれは、手配出来次第実行すへきを以てし、群民は地に跪きて謝意を表し解散したるを以て見れは、此夜の群集は全部窮民なりと認むるを得へし」と記したように、飢民の行動は湖南巡撫岑春蓂の恩寵的行為を期待するものであり、米価高騰に対する正当な権利、異議申し立てであった。ために、飢民は、米価の低減が約束されれば行動を収めたのである[101]。ところが、湖南巡撫岑春蓂は飢民を慰撫するどころか、善化知県郭中広に譴責を加えた上に、巡警道頼承裕を鰲山廟に派遣して民衆を威嚇した。そして、民衆は、湖南巡撫岑春蓂の言葉を民衆に対する愚弄と受け止めたことから、騒ぎが拡大した。何となれば、湖南巡撫岑春蓂の言葉は、法律を盾に飢民の集会を違法と断じた上に、一椀一〇〇文の茶を喩えに現今の米価が必ずしも高騰しているとはいえないとして、官憲と民衆の間で交わされた暗黙裡の約束事を再び反故にしたからである。ここにおいて、民衆の湖南巡撫岑春蓂の恩寵的行為に対する期待は裏切られ、飢民の湖南巡撫岑春蓂に対する不満は高まったのである[102]。

湖南巡撫岑春蓂が飢民の平糶請願運動に対して、一碗一〇〇文の茶を喩えに米価が必ずしも高いとはいえないと述べた真意は、いかなる点に存在したのであろうか。頼承裕は後年、この件に関して「岑〔春蓂〕巡撫は、〔平糶の〕時期が早すぎると、救済も困難であると考え、かつ生活の水準も日々高騰しており、どうして米価のみ低く抑えることができようかと述べていた」「現在、米一石につき、票幣百余でなければ取り行うことはできない。岑〔春蓂〕公が生活の程度を述べた言葉は、どうして無分別に経験もなくして述べたりするものか」と記している。[103] すなわち、岑春蓂の主張の真意は、諸物価が高騰の折り、米価のみの低減が不可能なことを、一碗一〇〇文の茶を喩えに述べた点にあった。このことは、一九一〇年四月二九日付け『ノース・チャイナ・ヘラルド』の記事で、湖南巡撫岑春蓂が南門外の鰲山廟に派遣した使者の一人、すなわち頼承裕を飢民に対して、「当地の米が漢口や広東、更には外国ほど高くはない」と記しながら、一椀一〇〇文の茶の話が記載されていない点からも明らかである。[104] ところが、日清汽船会社上海支所報告になると、湖南巡撫岑春蓂が「元来米価一升百文に至るは通常の事にして、敢て怪むに足らす、此地に於ては一椀百文の茶を以て敢て貴しとなさすして、衆民は日常之を需容し、却て米価一升百文を以て昂貴となすか」と述べただけでなく、巡警道頼承裕が鰲山廟に至ると「元来爾等は常に百文一椀の茶を啜りて却て一升百文の米価を高しとし、徒らに騒擾するものなり」と怒号したため、飢民は「一椀百文の茶を常用する者は城中の巨紳大賈のみにして、現に此処に立つ我ら窮民の為す能はさる所なり。我等は毎日得る所の賃銀を以てして僅かに一升の米を購ひ、飢を凌かんとするも能はさるか故に、止むるを得す此処に来集して平糶を請願せんと欲するものなり」と述べて反抗の姿勢を示したことになっていた。[105] この経緯から明らかになることは、湖南巡撫岑春蓂の発言の内容が時間の推移と共に変化している点である。この変化の背景には、飢民の湖南巡撫岑春蓂に対する日ごろの不満、すなわち民衆の生計を軽視する言動への怒りが存在するのではなかろうか。いわば、湖南巡撫岑春蓂の発言が民衆の岑春蓂に対するイメージに合わせて変化し、このイメージが民衆の怒りを駆り立てたように思われるのである。王先謙の回想によるならば、飢民の湖南巡撫に対する平糶の請願は、呉大澂や龐鴻書の湖南巡撫在任時にもあった。そして、湖南巡無が民衆の平糶の請願を懇ろに慰撫し、平糶の実施を神に誓約すると、民衆は小躍りして解散し、これが「愚民の郷里の風習のようなものであった」と述べ、湖南巡撫による民衆の慰撫、すなわち恩寵的行為が事態の収拾に大いに役立ったことを示していた。(106) そして、この官憲の恩寵的行為は、地域社会の規範を体現したものであろう。この地域社会の規範とは、官憲は民衆の最低限の生活を保障しなければならず、官憲がこの保障を反故にした場合、民衆は抗議のために示威行動に出ることができるという点に集約される。ところが、湖南巡撫岑春蓂はこれに対して、民衆を招き入れるどころか、巡撫衙門の門を堅く閉ざして拒絶の態度を示した。飢民が湖南巡撫岑春蓂の行動に心情的な齟齬を感じ取ったことは、言うまでもない。ただし、湖南巡撫岑春蓂の行動が岑春蓂個人の度量の狭さに帰せられるならば、湖南巡撫が交代することで事態は改善されるであろう。一九一〇年の長沙米騒動のより本質的な問題は、これが単なる官憲と民衆の心情的齟齬に留まらず、清朝政府の政策の特徴を内包した点にあった。

二・恩寵的行為の喪失

一九一〇年四月一三日、長沙知県余屏垣と善化知県郭中広が湖南巡撫岑春蓂に面談し、鰲山廟の飢民の状況を述べ、平糶の実施と告示を具申すると、湖南巡撫岑春蓂は一九一〇年三月一一日の結社集会律を盾に両知県に譴責を加えた。これより先、一九〇七年一二月二四日、光緒帝は「民間の集会・結社、並びに一切の言論著作は法律の範囲にあり、各国も綱紀の破壊・名義の侵犯を立憲となすものではない」と述べて、憲政編査館が民政部と会同して政治結社の条規を頒布するよう命じた。(107) 翌一九〇八年三月一一日、光緒帝は、憲政編査館と民政部の報告を受けて、結社集会律三五条を発している。(108) この結社集会律第三五条は、日本の治安警察法を模したもので、次の三点の特徴を備えた。第一点は、結社集会律が主に政治結社や政論集会に適用される建前になっていたものの、官庁が公安のために必要と認めた場合は公事に関する結社や集会にも適用されることが可能であったこと、第二点は秘密結社を禁じたこと、第三点は集会結社に関する事項だけでなく、公衆が往来する場における書画の掲示、詩曲の演奏の他、公安を乱し風俗を害する恐れのある行為を禁じたことである。そして、同律は、政治結社や政論集会の人数の上限を、政治結社が一〇〇名、政論集会が二〇〇名と制限した[109]。一九一〇年三月、湖南巡撫岑春蓂は、近頃湖南省の人心が浮動し、軽率な輩が集会・結社し、治安に妨げがあるとして、結社集会律を街路に張り出した。一九一〇年三月一一日付け『申報』は、この間の事情を次のように述べている。

湖南巡撫岑〔春蓂〕中丞の主張によるならば、近来人心が浮動しており、軽薄で騒々しい輩がしばしば結社や集会を行い、名目を憂時〔時局を憂う〕に託して議論を大いに起こし、殊に治安に妨げのあることがあった。このため、昨日、〔結社・集会の〕禁止を布告し、かつ憲政編査館が民政部と会同して頒布した結社集会律を遍く街路に張り、〔集会・結社の禁止を〕人々に知らしめた。布告では、凡そ「国家勢力の強弱は、人民の興衰による。朝廷は精勤し、庶政を治め、〔一九〇六年九月一日の詔勅で〕庶政、之を輿論に公にするとしているのは、群治の力を促進し、自強の基を築くためであり、四民に分を越えるのを願ってのものではない。雑然とした言語や行動は、時局に裨益することがなく、徒らに治安を害するだけである。このため、法律では人民の結社・集会を許しておらず、特別に条例を設けて取り締まっているのである」、と述べられている。結社集会の法律は早くに憲政編査館が民政部と会同して頒布したものであるが、法律の各条が精密であるため、四民に周知させることができていない。ここのため、ここに無知な輩が軽挙妄動し、懲罰をきたすことを恐れ、結社集会専条を抄録して衆上に周知させる[110]。

湖南巡撫岑春蓂は、四月一二日の南門外の民衆の行動にも、この布告に従って取り締まろうとした。これが、四月一三日の長沙知県余屏垣と善化知県郭中広の具申に対して、「飢民集合して滋擾を事とするは禁例を犯すもの也、爾等は身知県として法に照らし之れを懲戒せす、却て本官に対して是等要求の取次をなさんとするは無能も亦甚しと云ふへし」と答えた理由であった。

湖南巡撫岑春蓂が光緒新政で制定された法律を地域社会の規範よりも優位に位置づけたことは、明白であろう。四月一三日夕刻、飢民は、湖南巡撫岑春蓂に対して米価高騰の不満を訴えることになり、頼承裕をつれて巡撫衙門までの道のりを行進した。やがて、飢民の行進に土工・石工が加わり、騒ぎが拡大した。午後八頃には、大勢の群衆が巡撫衙門の前に集まり、群衆と巡防営や新軍の兵士の間で一触即発の状態となった。ここで、湖南巡撫岑春蓂は、躊躇した挙句、新軍の兵士の群衆に対する発砲を是認した。日本の長沙駐在副領事村山正隆は、新軍の兵士が群衆に発砲して以降の経緯について、次のように報告している。

〔四月〕十四日朝、暴民〔が〕巡撫衙門に迫りし時は、岑〔春蓂〕巡撫は発砲を命し僅かに二三十発を放ち、死者四、傷者十余人を出したるも、再ひ紳士等な抗議に遇ひ直ちに停止したるを以て、遂に何等の威力を示すに足らす、却つて人心を憤激せしめたるに終れり。尚十四日朝軍隊に対して発したる六言告示中には、軍隊非奉命令不准擅自開槍〔軍隊は命令を奉ぜずに、勝手に発砲をすることは許されない〕云々とあり。又外国人保護の為め派遣したる軍隊に対しても、暴徒か外国人に危害を加ふる場合には臨機の処置を執り得へき権限を与へさりしを以て、保護兵も何等の効力無く空しく暴徒の横行を傍観するに止まりたり。紳士か発砲に反対せし口実は、戦時に非さる以上暴行者は宜しく之を捕縛して斬首すへし、発砲は何人を傷くるやも難計、危険なるを以て不条理なりと云ふに在り。発砲反対は全紳士の意見にして一二人の説に非す。併し十五日朝に至りて、乱民尚ほ暴動を続け、正午を期し水陸洲に至る税関長官舎を焼打する等声言し、其勢力益々洶々たるを見て、紳士等も全部之を乱民と見做し、発砲すへしと主張し始めたり(111)。

ヒューレットによるならば、新軍の兵士による一斉射撃が一、二回行われて、群衆のうち九名が亡くなった。すると、布政使荘賡良が新軍の協統の楊晋の足元に倒れ込んで発砲を中止させ、郷紳たちも湖南巡撫岑春蓂に対し同様の事を要請した。このため、湖南巡撫岑春蓂は新軍の発砲を中止させた。また、布政使荘賡良も同様の布令を出し、このことによって荘賡良は周囲の尊敬を受けた。この後、湖南巡撫岑春蓂の一人の衛兵が発砲の指令を出し、他の一人がこの指令に従って発砲したため、二人は後に処刑された。この間、新軍の兵士は、群衆によって瓦や礫を投げつけられる中、呆然と立ち尽くす以外なく、新軍の兵士の死傷者は、一二〇名に達した[112]。いかなる場合でも、軍隊は犯罪者が抵抗した場合でない限り民衆に発砲してはならないというのが、湖南省城における官憲と郷紳、民衆の間の暗黙裡の約束事であったといえよう。そして、民衆は、湖南巡撫岑春蓂が官憲と郷紳、民衆の間の暗黙裡の約束事を反故にしたことから、巡撫衙門の焼き討ちに出た。この抗議行動、すなわち岑春蓂が新軍に発砲を許可したことに対する民衆の抗議は、岑春蓂が飢民の平糶請願運動を無視したことに対する民衆の抗議と同じ意味を持っていた。このため、民衆の抗議行動は、湖南巡撫岑春蓂の日ごろの態度に対する民衆の不満が、一九一〇年の長沙米騒動という場を借りて噴出したものであったといえよう。

一九一〇年四月一三日早朝、湖南巡撫岑春蓂は、巡撫衙門に押し寄せた群衆に対して米価の低減を約束しつつも、飢民の米価低減の要求を受け入れた以上、更に群れ騒ぐ者は「格殺勿論」との告示を出した。『大清会典』〔光緒朝〕は、「もし罪人が杖を持って逮捕を拒んだ場合、捕り手がこれを格殺〔手打ち〕にし、禁錮或いは護送中、更に金銭で罪を贖おうとした犯人が逃亡した場合、捕り手が追跡してこれを殺したり、或いは追い詰めて自殺に至らせたりした場合は、罪人の死罪であると否とにかかわらず、皆な問わないことにする」と記して、「格殺勿論」が武器を持った罪人の抵抗に対する言葉であったことを明らかにしていた[113]。群衆は、このような「格殺勿論」の意味を熟知しておればこそ、湖南巡撫岑春蓂に罪人同様に扱われたことに怒りを発して、巡撫衙門の中に押し入った。すると、湖南巡撫岑春蓂は、新軍の兵士に対して、群衆への発砲を許可した。湖南巡撫岑春蓂の群衆に対する発砲の許可も、群衆には「格殺勿論」と同じものと受け止められたといえよう。このため、群衆の怒りは頂点に達した。飢民が怒りを増長させた理由は、民衆の正義と任じた行動を一九〇八年の結社集会律で否定した点、更に群衆が「良民」の行動と考える行動に対して岑春蓂が「乱民」の場合と同様の処置を取った点にあった。この場合の争点は、光緒新政の法律を優先させるのか、或いは地域社会の規範を優先するのか、更には飢民の行動を「良民」のものと考えるか、或いは「乱民」のものと考えるかに存在した。(114) 確かに、群衆は、湖南巡撫岑春蓂が米価を一升五〇文とするという告示を出すと、米商に一升五〇文の販売を強要し、米商の米が底をつくと米倉を強奪した。ただし、このような群衆の行動も、米商が暴利を貪るために米価の高騰を図ったことに対する、民衆の側からの米商人への懲罰を意味したと考えるならば、地域社会の規範を体現したものとなる。郷紳や民衆は地域社会の規範に沿って民衆の行動を「良民」のものと位置付け、湖南巡撫岑春蓂は光緒新政の結社集会律に拠って「乱民」と判断した。いわば、湖南巡撫岑春蓂と郷紳や民衆の間で、民衆の行為の判定基準が異なっていた。このように見た場合、一九一〇年の長沙米騒動で、なぜ湖南巡撫岑春蓂と巡警道頼承裕が群衆による攻撃の標的となったのかも明らかになる。二人は、光緒新政の象徴であった。特に、警察は、光緒新政が施行される際の、政府と民衆との接点に位置しただけに、攻撃の対象になりやすかったといえよう。しかし、『東方雑誌』の記事が、「大勢を集めて官憲を殴りつけ、衙署を打ち壊し、市場ボイコットを強制的に行い、強者に頼んで強奪しながら、一人として死刑に処せられることがなく、却って見舞金を与え、告示でこれを慰めて伸冤〔冤罪を晴らす〕といい、これを尊んで諸君と述べ、また会議に参加した各紳も一人として道理を知る者がなく、各大員もまた行動を慎んでいるのは、誠に訝しい事柄で、幾度考えても理解することのできない事柄である」と記したように、民衆の過激な行動を批判する記事も存在した[115]。いわば、民衆の行動に対する評価は、大きく分かれたのである。新聞や雑誌の記者と読者は、知識人である。いわば、知識人と民衆の間で、地域社会の規範をめぐり、大きな亀裂が存在したのである。

三・郷紳の対応と「公議」

湖南巡撫岑春蓂の対応には、光緒新政の結社集会律で目指された秩序が、民衆の正義など、地域社会の規範を凌駕する契機が見出されるであろう。民衆は、この岑春蓂の対応に反発して、地域社会の規範を回復すべく行動した。すると、一部の郷紳、特に「守旧」派と呼ばれた郷紳は、従者に「衆紳公議、平糶伸冤、藩台担任、諸君請退（衆紳が公議した、平糶を行い、冤罪を晴らす、布政使が政務を執る、諸君退かれたい）」の高札（高脚牌、以下高札と呼ぶ）を掲げさせて、街巷を練り歩かせ、民衆の意向を体現する形で行動した[116]。湖南巡撫岑春蓂は、郷紳の提案を受け入れて、新軍の発砲による死者に銀二〇〇両、負傷者に四〇両を慰謝料として支払うことに決し、これを告示した。湖南巡撫岑春蓂が死傷者に慰謝料の支払いを認めたことは、軍隊の群衆に対する発砲の不当性を是認したことと同義であった。もともと、「公議」が大勢による議論、すなわち「衆議」と異なる所以は、「公議」に含まれた「公」の語の持つ平等性、公平性、道義性にある。従って、郷紳は民衆に対して、単なる大勢による議論、すなわち「衆議」ではなく、郷紳「公議」に含まれた平等性、公平性、道義性を根拠に、民衆の行動の正当性を断ずる必要があったのである。郷紳らが民衆の行動を「公議」の名の下に正当化したことは、湖南巡撫岑春蓂が民衆の平糶請願行動に「格殺勿論」と応じた点、また軍隊に発砲を許可した点に対する批判が含まれていた。そして、郷紳らは、民衆の行動の正当性を是認すると共に湖南巡撫の行動を否定することで、民衆の行動の鎮静化を図った。このことは、郷紳が湖南巡撫岑春蓂の民衆に対する罪状を冤罪と認め、高札で民衆に「伸冤〔冤罪を晴らす〕」と述べて謝罪し、わざわざ「諸君」という敬語を用い、かつ「請退〔退かれたい〕」と懇願した理由であった。高札は、郷紳が民衆に向かって示したものである。換言するならば、高札は、民衆が「衆紳公議」の「公」の字に反応することを期待して掲げられていた。ここでは、郷紳と民衆の間で、「公」の文字の重さをめぐり共通の認識が存在したといえよう。ただし、一九一〇年の長沙米騒動を収拾に導いたのは、湖南諮議局議員ではなく、孔憲教などいわゆる「守旧」派の郷紳であった。このことは、湖南省の郷紳の対応が必ずしも一様ではなかったことを意味する。そして、清朝政府は、一九一〇年の長沙米騒動の事後処理で、これら「守旧」派の郷紳の行動を断罪した。ここで顕在した問題は、光緒新政の結社集会律を地域社会の規範の上位に置こうとする湖南巡撫岑春蓂の姿勢が、岑春蓂個人の性格ではなく、清朝政府の光緒新政を推進する方針によっていたことである。そして、このことが民衆に対して、官憲と民衆の心情的な一体感の喪失だけでなく、官憲の恩寵的な配慮に対する民衆の期待の喪失をもたらし、かつ地域社会の規範に沿った米価低減の要求の有効性の喪失を自覚させたのではなかろうか。

飢民の平糶請願運動は、湖南巡撫岑春蓂が一九〇八年三月一一日の結社集会律を盾に民衆の行動を否定した時点から、湖南巡撫岑春蓂を排斥する方向で進んだ。一九一〇年四月二二日付け『ノース・チャイナ・ヘラルド』紙で飢民が「巡撫岑春蓂は小民の生計を見る態度が冷淡かつ無関心に過ぎる」と述べたとするように、飢民の湖南巡撫岑春蓂に対する不満は岑春蓂と民衆の間の心情的齟齬にあった[117]。湖南巡撫岑春蓂に関する謡言には、このような民衆の岑春蓂に対する日ごろの不満が投影されていたのである。一九一〇年五月二五日付け『大公報』〔天津〕が、「湖南省の民衆は、岑〔春蓂〕巡撫が〔旧暦〕三月二九日〔西暦五月八日〕に湖北省に出発予定であると伝え聞いた。すると、外間では謡言が起こり、大勢が岑の湖南省城の出立を待ち受けて殴打を図っていると言われた。岑はこれを聞き、新巡撫〔楊文鼎〕に相談して大軍の派遣と護衛を請願したが、楊巡撫は世間の注目を恐れて拒否した。岑は〔旧暦〕三月二七日〔西暦五月六日〕黎明に予定を早め、二人組みの小さな轎に乗り、商人に扮して慌しく省城を出て、汽船の楚材号に乗り、出立の太鼓と共に去った。ために、外間では、出立を知る者は僅かであった」と記したように、岑春蓂は商人の扮装をして慌しく湖南省城を出た[118]。岑春蓂が湖南省城の西北に位置する小呉門より便河に下り、船で湘江に出ようとすると、民衆は「瘟神が出て行くぞ」と叫んだとされる[119]。一九一〇年の長沙米騒動の最中、「瘟官を駆逐し、青天を迎えよ」と叫ぶ者もいた[120]。民衆が悪しき官僚を「瘟神」に擬え、この官僚の放逐を「瘟神下河」と呼ぶ方法は、湖北省でも見られた。一九〇四年に、高旭は「瘟神下河」という一文を著し、「〔張〕之洞が至ると、湖北省の民は眼を拡げて怒った。また、〔張〕之洞が去ると、湖北省の民は歌い舞った。大書したり、特書したり、縷々書いたりすることは、一つだけではなかった。そして、『瘟神下河〔瘟神、河に下る〕』の四字を記して大通りに貼った。新でない者も旧でない者も、人は〔張之洞を〕憎んで横目でにらみ、守旧の人は〔張之洞に〕切歯〔扼腕〕した。〔張〕之洞、〔張〕之洞、やんぬるかな」と述べている[121]。これより〔憎しみの程は張之洞の〕死に優るものではない。〔張〕之洞、〔張〕之洞、やんぬるかな」と述べている。これよりするならば、官憲を「瘟神」、すなわち疫病の元凶に準え、地域社会から放逐する慣行は、両湖地方で広く行われていた。一九一〇年の長沙米騒動では、湖南省を平和で日常的な姿に戻すために、湖南巡撫岑春蓂を湖南省から放逐する形を取った。この方法は、身体に取り付いた瘟神を駆逐することにより、病人が健康に復すると考えられたように、「瘟官」を湖南省から放逐することにより、湖南省も平和で日常的な姿に戻るという発想に基づいたように思われる。すなわち、湖南省を人間の身体に準え、全体が感応している状態、いわば一体感が感得できる状態を、理想の世界と考えたのである。ただし、米価の高騰は、湖南巡撫岑春蓂一人に責任が帰せられるものではない。従って、個人を標的にして問題解決を図る方法は、湖南省の課題の根本的な解決にならないだけでなく、容易に権力闘争に転化されたのである。

一九一〇年の長沙米騒動は、中国全土に衝撃を与えることになった。そして、人々の一九一〇年の長沙米騒動の受け止め方は、後世における同騒動の伝えられ方に顕在している。南社の寧調元は、一九一〇年の長沙米騒動について「湖南民変紀略」を著し、「論じて曰く、封疆の大臣は権勢が古の諸侯より大きくなり、数十の飢民を苦しめ、その禄位すら保つことができなくなった。これもまた、不思議なことである。岑春蓂をして僅かでも民衆の隠れた苦しみに通じ、虚心に群言を納め、剛情・愚昧を去り、民食を謀らせ、前もって定めておれば困らず、どうして悪名を湖南に受けさせたであろうか。この後、外国人が賠償金を求め、利権を握り、騒擾に乗じて把握しようとし、湖南は多事となった。しかし、一歩引いて原因を騒擾の首謀者に求めた場合、〔岑〕春蓂は責任を逃れることができないであろう」と述べた[122]。いわば、寧調元は、湖南巡撫岑春蓂が民情に通ぜず、民衆の意見を入れなかったために、このような事件が起きたとしたのである。また、一九二九年、中山大学民俗叢書の一つとして、『湖南唱本提要』が出版された。唱本は、戯劇における唱の本を指し、毎本二頁から五頁までの小冊子を指す。『湖南唱本提要』は、中山大学理科教授の辛樹幟が友人の石声漢と共に収集した九〇の唱本に、姚逸之、鍾貢勛、朱錫紫、龐新民らが解説をつけ、顧頡剛らが序文を記して成り立ったものである。同書は、顧頡剛の提唱により、民間文学が民間の思想、感情、信仰などの範型を形成した点に鑑みて、既に失われつつあった唱本の保存を図り、かつ提要（内容の要点の解説）を記して成り立っている。唱本は、形式的には弾詞、鼓詞、評話、山歌、劇本の五種に分けられ、内容では「恋愛」、「嫌貧愛富」（婚約者の家の没落により、親が娘を富家に嫁がせようとした悲恋もの）、「家庭問題」、「強暴に関する者」、「箴規」（訓戒もの）、「神怪」、「劫殺」、「貪汚」（官吏の汚職・非法に関するもの）、「政治」、「史伝に関するもの」の一〇種に分類することができる。この『湖南唱本提要』の中には、「大鬧清朝記」という一篇の唱本の概略と石声漢の注が収められている。

概略は、一九一〇年の長沙米騒動の顚末である。「大閙清朝記」は、文体が「鼓詞」（毎句七文字の韻語からなる）、類別が「政治」、印行地が「不詳」とある。ただし、具体的な内容については、不詳である。この「大閙清朝記」では、一九一〇年の湖南省の米価高騰と一家四人の心中、老婆と米店の口論に始まり、民衆の巡撫衙門の焼き討ちにより、湖南巡撫岑春蓂が遁走するまでの内容が描かれ、四月一四日の湖南巡撫岑春蓂の追放が中心となり、同日以降の外国人関連施設の焼き討ちなどは含まれていないように思われる。石声漢は「大閙清朝記」の注で、「この書の記載は極めて詳細かつ正確であり、また純粋に傍観者の口吻から出たものであり、誠に得がたい民間文学である。また、書中で描かれた市民の仇教仇外〔キリスト教や外国に対する敵視〕、官吏を威嚇する等の各節は、誠に素晴らしい史料とみなすことができる」と述べている。(123)「大閙清朝記」は、一九一〇年の長沙米騒動を民衆の正義の発露として評価したのである。

おわりに

本章は、民衆の行動の論理と郷紳「公議」の関係について、一九一〇年の長沙米騒動を中心に考察した。一九一〇年の長沙米騒動で周囲の心胆を寒からしめたものは、民衆の過激な行動と官憲の弱さである。同年四月二九日、日本の漢口駐在総領事松村貞雄は、一九一〇年の長沙米騒動の起きた原因を次のように述べている。

前任湖南巡撫岑春蓂は湖南の紳士初〔始〕め一般人民の気受け極めて悪しく、今回の擾乱も幾分巡撫に対する不満に胚胎せりと目すべきものあり。即ち暴徒の群集当初巡撫衙門へ推〔押〕寄せ、放火を試むること数回、遂に其効を奏せざるを見るや、走て石油を購ひ来り、消防用水鉄砲を以て之を注ぎ、僅かに〔巡撫〕衙門の一部分を焼毀するを得たりしかも、該石油を購入せんとするに当り、石油商は其価格を半減して之が求に応ぜるを以て、暴徒怪んで其故を問へば即ち答へて曰く、公等公憤の為に事を挙ぐ、吾亦義の為に勉めざるを得ずと。若し夫れ一班を見て全貌を推知し得可くんば、微々たる一商賈の放言、能く巡撫に対する湖南人士の不平を語るものなりと云はざるを得ず。巡撫衙門一度焼かれて暴徒の勢愈々加はり、盛に激論を唱へ、巡撫を殺さずんば止まざるの気勢を示せるを以て、布政使荘賡良之を沮止し、偽て曰く、岑春蓂は既に自殺し、巡撫の官印は余の護理する処なりと。暴徒乃ち布政使に強求して告示を出さしめり。然るに告示は依然布政使の印鑑を以て発布せられたるを以て、暴徒再び激昂し、遂に紫色の巡撫印鑑を以て更に告示を出すの止むなきに至らしめたり。蓋し人民が巡撫衙門に迫り官吏を強制して告示を出さしむるが如きは清国に於ては稀有の事にして、民主的思潮の暗流を忌憚なく暴露せしものと云はざるべからず云々(124)。

このように、漢口総領事松村貞雄が「蓋し、人民が巡撫衙門に迫り、官吏を強制して告示を出さしむるが如きは、清国に於ては稀有の事にして、民主的思潮の暗流を忌憚なく暴露せしものと云はざるべからず云々」と述べたように、民衆が「公憤」に促されて湖南巡撫を交代せしめたところに、清朝最末期における湖南省の地域社会の特徴が顕在しているといえよう。

一九一〇年の長沙米騒動は、「米騒動」もしくは「搶米」の語で言い表されたように、新税の課徴や米価の高騰、民衆の窮乏など、経済的な背景を中心に考察が加えられてきた。しかし、本章の考察で明らかにしたように、このような経済的な背景を中心とした観点は同事件の一つの側面を明らかにしているが、他の側面、特に地域社会の規範などを蔑ろにしているであろう。一九一〇年の長沙米騒動の一つの特徴は、湖南巡撫岑春蓂が一九〇八年三月一一日の結社集会律を盾に民衆の平糶請願運動を拒絶したように、光緒新政の法律が民衆の正義など、地域社会の規範の上位に立っていることを明示した点にある。いわば、ここでは、これまでの官憲と民衆の間の恩寵的な関係を清算し、光緒新政の法律に依拠した官憲と民衆の新しい関係の構築が図られているのである。そして、飢民は、湖南巡撫岑春蓂がこのような判断を下したことに抗議して、官憲と民衆の暗黙裡の約束を守らせ、民衆の正義など、地域社会の規範を回復するために行動を起こし、巡撫衙門の焼き討ち、湖南巡撫岑春蓂の放逐に至った。そして、一部の郷紳、特に「守旧」派と呼ばれる郷紳は、この民衆の行動を郷紳「公議」の名の下に、すなわち「公」の字に含まれる平等性、道義性、公平性に鑑みて正当と断じたのである。この場合、一部の郷紳は、郷紳「公議」の内容に民衆の要求を反映させて民衆に提示し、このことによって民衆の過激な行動の鎮静を図ったことになる。しかし、より重要な問題は、民衆の過激な行動に対する郷紳の対応が一様ではなかった点と、清朝政府がこの郷紳の行動を否定した点にある。湖南諮議局議員は、民衆による焼き討ちの間、ひたすら沈黙を守り、いわゆる「守旧」派の郷紳の対応とは一線を画していた。このことは、郷紳の側にも、清朝政府の光緒新政の法律に依拠した新しい秩序の形成に同調する動きのあったことを示している。民衆の地域社会の規範に沿った異議申し立てが効力を持つためには、官憲や郷紳、民衆の間で地域社会の規範をめぐって共通の合意ができていなければならない。しかし、郷紳の民衆の過激な行動に対する対応の仕方が分かれたことは、清末の湖南省で地域社会の規範が動揺していたことを示している。飢民の行動を「良民」のものとみなすか「乱民」のものとみなすかの対立も、地域社会の規範の動揺に付随して起きた。そして、清朝政府は、湖南巡撫岑春蓂の交代を求める郷紳「公議」を否定し、一九一〇年の長沙米騒動の収束後に、王先謙ら四郷紳に対して処罰を下したのである。

このように、一九一〇年の長沙米騒動の背景には、光緒新政の法律と地域社会の規範の対立が存在した。それでは、一九一〇年の長沙米騒動は、民衆の正義など、地域社会の規範に着目した場合、どのような特徴を顕在させているのであろうか。ここでは、次の三点の特徴を指摘する。第一点は、飢民が湖南巡撫岑春蓂に対して、官憲と民衆の暗黙裡の約束の遵守を求めて行動を起こした点である。例えば、米価を成年男子が一日の稼ぎで米一升を購入することのできる水準、すなわち清末の湖南省では一升六〇文以下に留めるというのも、軍隊が米価の低減を求めた群衆に対して発砲しないというのも、官憲と民衆の暗黙裡の約束事であった。また、米商が米価の高騰による暴利を図り、米の売り惜しみを行った場合、米倉が強奪され、米が貧民に分配されるというのも、民衆の側からするならば暗黙裡の約束事であったであろう。しかし、湖南巡撫岑春蓂が官憲と民衆の暗黙裡の約束事を次々に破った、或いは破らざるをえない状況に追い込まれた。この結果、民衆の行動は、次第に激化した。第二点は、民衆の行動が湖南省を平和で安静な姿に戻すために、湖南巡撫岑春蓂を湖南省内から放逐する形をとったことである。民衆の行動の論理は、あたかも瘟神を病人の身体から駆逐することで、病人が健康体に復すると考えられていたように、「瘟官」を湖南省から放逐することで、湖南省が平和で安静な姿に戻るという発想と同一であった。第三点は、湖南省の郷紳が、民衆のこのような行動を、郷紳「公議」の名の下に正当化したことである。すなわち、湖南省の郷紳は、民衆の行動を収束させるために、従者に「衆紳公議、平糶伸冤、藩台担任、諸君請退」と記した高札を掲げさせ各街巷を練り歩かせていた。高札は、郷紳が民衆に向かって示したものである。このことは、郷紳と民衆の間で、郷紳「公議」の「公」の重さをめぐって、共通の認識が存在したことを意味している。ただし、一九一〇年の長沙米騒動の特徴は、この三点よりも、むしろこれまでの方法では根本的な問題が一向に解決されなかった点にあったのではなかろうか。何となれば、米価の高騰は長期的かつ構造的なものであり、岑春蓂の湖南省からの放逐によって解決を図るだけでは、事態の根本的な解決にはならず、同様の米騒動が繰り返されるだけであったからである。そして、清朝政府が光緒新政の法律を地域社会の規範よりも上位に置き、光緒新政の法律を盾に地域社会の規範を無視したとするならば、民衆の地域社会の規範に即した行動も有効性を失わざるをえない。この結果、民衆の行動は粗暴化し、かつ末劫論との結び付きを強めたといえよう。

注

（1）一九一〇年五月四日付け『東京朝日新聞』は、一九一〇年の長沙米騒動について、次のように記している。「長沙事変は何等根底なき飢民の一団が蜂起せしに過ぎざるも、其騒擾は頗る激烈にして、各地に於る例の百姓一揆とは其趣を異にするものあり。而して其径路は三段に分れ、初は飢民の米の掠奪に起り、次に官憲に抵抗して清国各官衙を襲撃し学校を破壊し去り、終りに至つて排外となり、各教会堂及び在留外国人日本人の官衙、商店を焼棄し、若くは破壊するに至りたるものにて、〔四月〕十三日の夜より十五日に至りて歇みたるが、此間に於て破壊若くは焼棄されたるもの、実に五十余箇所の多きに及び、一見惨澹を極め居れり。今其重なるものを列記すれば、左の如し。……以上の内、破壊せられたるものは、何れも什器は勿論、家屋に至る迄、之を粉砕せるもの多く、甚だしきは事務所に備へありし洋紙類、及び便所等に至る迄、一物をも余さず之を破壊し、再び開店し能はざるの程度迄損害を与へ居れり。其損害額は未だ明かならざるも、外国人のみにても二百万両を下らざる可しと概算せらる。但し日本人の家屋にして困難を免れたるものは、日清汽船会社の家屋及ハルク、日本人倶楽部各教習の住宅等なりと云う」（『東京朝日新聞』一九一〇年五月四日「長沙事変の損害」）、と。簡にして要をえた記述であるといえよう。

（2）本章で指摘する民衆の正義とは、民衆が自らの行動を正当化する際に依って立つ規範を指す。この民衆の正義が地域社会の中で共感をもって受け止められた時、民衆蜂起は地域社会全体に大きな拡がりをみせるといえよう。この点については、本書「序論」三「基本的用語」を参照されたい。

（3）ジョルジュ・ルフェーヴル（二宮宏之訳）『革命的群衆』三八頁。

（4）王先明「士紳階層与晩清〝民変〟——紳民衝突的歴史趨向与時代成因」。

(5) Rosenbaum, L. Arthur, "Gentry Power and the Changsha Rice Riot of 1910".を参照されたい。

(6) 郷紳「公議」の意味する点については、本書「序論」三「基本的用語」を参照されたい。

(7) 一九一〇年の長沙米騒動に関する史料集には、次の二点が刊行されている。中国人民政治協商会議長沙市委員会文史資料研究委員会主編『《長沙文史資料》増刊　庚戌長沙〝搶米〟風潮資料匯編』、及び饒懐民・藤谷浩悦編『長沙搶米風潮資料匯編』。後者は、前者に、一九一〇年の長沙米騒動に関する台湾や日本、イギリスの所蔵史料を加えて、編纂したものである。台湾や日本、イギリスの所蔵史料については、以下を参照されたい。饒懐民・藤谷浩悦編『長沙搶米風潮資料匯編』所収の藤谷浩悦「関于英国和日本所蔵長沙搶米風潮檔案資料的説明」。

(8) 例えば、日本の長沙駐在副領事村山正隆は、外国人の思惑について、次のように述べている。「又在湘諸外国人の態度も、暴動の初より頗る風声鶴唳、戦々競々の観あり。或は政畧的に斯る態度を取りつゝ、ありとの説をなすものあるも、此際故らに不安の如く見せ置く必要も無かるへく、又清国人中の或る部分には之を利用せむとするものも有るらしく、従て諸種の報告通信等も或は訛伝若くは感情的に走り、誤会〔解〕を伝ふるもの尠らさるに似たり」（『支那長沙暴動一件』長沙駐在副領事村山正隆より外務大臣小村寿太郎あて「長沙暴動ニ関聯シ清国官紳ノ態度報告ノ件」（其三）一九一〇年六月七日、饒懐民・藤谷浩悦編『長沙搶米風潮資料匯編』二〇六—二〇七頁）、と。

(9) 『東方雑誌』第一巻第八号（一九〇四年一〇月四日）「湖南之官社会」。

(10) 陳三立『散原精舎文集』巻五「皇授光禄大夫頭品頂戴賞戴花翎原任兵部侍郎都察院右副都御史湖南巡撫先府君行状」一〇二—一一六頁。

(11) 一八九六年、湖南巡撫陳宝箴は湖南省に赴任直後、「湖南省は山が多く田地が少なく、物産も乏しい。山が折り重なり、植林にも砂石が多く不適当である。しかし、五金の鉱石が豊富で、特に石炭や鉄が多く、耕地を持たない小民はこれで生計を立てている」と指摘しながら、外国製品の流入で利源が涸れ、かつ土法による発掘では作業が困難で利益も少ないとした。そして、清朝政府に対し、湖南鉱務総局を設立して鉱業開発を進め、民営鉱山を保護するよう請願した。清朝政府は、湖南巡撫陳宝箴の請願を承認した。湖南鉱務総局の規定では、「官辦」は官憲が運営し民間資本を導入しないもの、「官商合辦」

は民間資本を導入したもの、「官督商辦」は官憲が税を徴収するものの民間資本が運営するものであった。陳宝箴「開辦湘省鉱務疏」一八九六年三月一一日、湖南歴史考古研究所近代史組輯「関于清末湖南鉱務機構的部分資料」。

(12) 湖南省志編纂委員会編『湖南省志第一巻　湖南近百年大事紀述　第二次修訂本』一九三―二一三頁。

(13) 張朋園「清末民初湖南的軍事変革」。

(14) 『政治官報』第六九三号（一九〇九年一〇月一日）「湖南巡撫岑春蓂奏試署巡警道頼承裕期満請実授摺」。

(15) 長沙某某「郎園学行記」「記行」。

(16) 葉徳輝の経歴と事跡については、本書第一章第一節第三項、第二章第一節第二項、第六章第一節第二項、第九章第三節第一項、第一二章第二節第二項を参照されたい。

(17) 湖南清理財政局編印『湖南省財政款目説明書』「湖南財政総説」。

(18) 『虚受堂書札』巻二「与蔡伯浩観察」付属の「呈稿」、王先謙『葵園四種』八九〇―八九一頁。

(19) 『大公報』〔天津〕一九〇九年一一月一〇日「湘省妓捐之叢談」。

(20) 『動静探査員派遣』山口昇「清国情勢及秘密結社」一九一〇年一〇月二〇日。

(21) 長沙の書店店主の尹誦蒼は、清代では湖南米が一升一〇文有余、豚肉が一斤四〇文から六〇文、塩が一斤三〇文、布が一尺二〇文、綿花が六斤から七斤で一〇〇〇銭であった。また、手間賃では、農夫が一日二、三〇文、輿の担ぎ人夫が一日三、四〇文、匠人が一日四〇文から六〇文、童子師の年館俸が制銭で三、四〇〇〇文、成材師或いは秀才、挙人、進士も一〇〇文や一〇〇〇文にすぎず、農家に雇用人も一年で一万を越えるものがなかった。ところが、一九一〇年四月に、湖南米が四〇文から八〇文にまで高騰したことは、民衆の意識からするならば、通常における米価の四倍から八倍にまで高騰したような感覚であったであろう。尹誦蒼「姜園筆記」、饒懐民・藤谷浩悦編『長沙搶米風潮資料匯編』三一七―三一八頁。

(22) 一九一〇年四月、『時報』に掲載された論説の「結論」は、次のように指摘している。「今日の事変〔一九一〇年の長沙米騒動〕において、米価高騰は単なる一つの原因にすぎず、事件の根源はここにはない。そして、米価の低減も、単に末端の問題を改善する一つの方法にすぎない。現状は万物が騰貴し、農家も米一石につき牛種、肥料、労賃を併せて二、三元の資本を必要とする。従って、〔米価を〕過度に低く抑えるならば、米業は断じて発達することができないのである。このため、湖南省の産米の地は、米価低減をもって得策とすることはできない」（『時報』一九一〇年四月二一日「湖南肇衅之由」、饒懐民・藤谷浩悦編『長沙搶米風潮資料匯編』二二四頁）、と。

(23) 白石博男は、この間の事情を次のように説明している。小作制は、納租形態を中心にするならば、典型的分租から変型的分租へ、変型的分租から定租へと変化する。このうち、典型的分租は、小作人が収穫物の何割かを地主と小作人の立会いのもとで、生のままの収穫物を地主に渡すものである。また、変型的分租は、収穫物をある割合で分割する点では典型的分租と変わらないものの、小作人が地主から自立して耕作し、小作料のみを地主に渡すものである。また、定租は、単位面積あたりの小作料額が固定しており、この小作料を地主に渡すものである。そして、このような納租形態における小作人の自立化に比例して、小作人の抗租傾向、すなわち小作農の地主に対する小作料不払いの風潮が広まった結果、押租金も単に小作料以外に小作人に課徴されたお金というだけでなく、小作保証金という性格を帯びるようになった。白石博男「清末湖南の農村社会――押租慣行と抗租傾向――」。

(24) 『時報』一九一〇年四月二一日「湖南肇衅之由」、饒懐民・藤谷浩悦編『長沙搶米風潮資料匯編』二二三頁。

(25) 『動静探査員派遣』山口昇「清国情勢及秘密結社」一九一〇年一〇月二〇日。

(26) 劉篤平「清末長沙搶米風潮始末」三五頁。

(27) 神谷正男編『宗方小太郎文書――近代中国秘録――』「報告第二百十七号　明治四十年十月二十六日」「米穀輸出に対する抗議」一九三頁。

(28) 『民呼日報』一九〇九年七月一八日「湖南民食之可憂」。

(29) 湖南省地方志編纂委員会編『湖南省志第八巻　農林水利志　水利』一一〇―一一一頁。

(30) 『申報』一九〇九年九月一三日「湘省糧価又漲」。

(31) 中村義「清末幣制論――湖南省の官銭局について――」。

(32) 梁啓超「湘乱感言」一九一〇年四月二四日、饒懐民・藤谷浩悦編『長沙搶米風潮資料匯編』二四七―二五五頁。

(33)『申報』一九一〇年三月一四日「湘省資遣難民之計画」。
(34)『申報』一九一〇年三月二五日「難民無可遣散之堪慮」。
(35)『動静探査員派遣』山田勝治「復命書――湖南、湖北」一九一一年二月九日。
(36)蘭煙「長沙古城墻的変遷」。
(37)劉篤平「清末長沙搶米風潮始末」三五―三六頁。
(38)神田正雄は、次のように述べている。「貧民中沙水を運搬して生活を営むもの千餘名に達すと云はれる。一擔の価格は十数文から三四十文に達し、井戸を距る道程の遠近によつて計算される。井戸の傍に坐して水を汲む人夫は常に数人から数百人の多きを数へ、井戸に至る前後に並んで順次に汲み込んでゐる」(神田正雄『湖南省綜覧』一九五―一九六頁)、と。
(39)李亭口述「従搗毀戴義順碓坊到活捉頼子佩的回憶」、饒懐民・藤谷浩悦編『長沙搶米風潮資料匯編』三二六頁。
(40)劉篤平「清末長沙搶米風潮始末」三五―三六頁。ここに到達した難民の数については、不明である。ただし、一九一一年の時点では、数千人余りの難民が南門外にたむろしていた。FO228/1798, Giles to Jordan, Intelligence Report for the September Quarter 1911.
(41)伍新福・劉泱泱・宋斐夫主編『湖南通史　近代巻』六四五頁。
(42)条約の文面は以下の条約集所収録の「追加日清通商航海条約併附属規則及公文」の条文によったが、「糧米」は「軍米」に改めた。東亜同文会編『東亜関係特殊条約彙纂』一三―一八頁。
(43)『支那防穀関係雑件』長沙駐在副領事井原真澄より外務大臣林董あて「米穀輸出禁止ニ関スル件」一九〇六年九月二七日。
(44)山浦貫一編『森恪』一三一頁。一九〇八年の中国米の輸出は、一九〇七年九月二四日の日本政府から清朝政府への湖南米輸出要請に始まり、一〇月二〇日の清朝政府の輸出許可、一九〇八年一月八日輸出港での現地交渉の妥結、一月下旬の湖南米輸出の開始、八月二五日の湖南米輸出終了という経過をたどった。ただし、湖北・湖南両省から輸出される三〇万石の米穀は、湖南省で調達されることになったが、長沙から漢口までは清国商人の湘米公司が輸送して漢口で三井物産に引き渡し、漢口以降を日本商人が輸送することに定められた。イギリス公使が日本商人の独占的輸送に反対したため、各国商人による対日米穀輸出の参入が可能になった。しかし、一九〇八年二月、日本国内の米価が下落し、四月には漢口の洪水で湖南米船が被災し、米穀は漢口に滞留した。堀地明『明治日本と中国米――輸出解禁をめぐる日中交渉――』第三章「一九〇七―一〇八年における中国米の日本輸出」。

(45) 小平権一『支那ノ米ニ関スル調査』一七二―一七三頁。

(46)「武昌陳制台来電」一九〇九年七月六日、楊鵬程整理「湘鄂米案電存」七七頁。

(47)「復武昌陳督帥電」一九〇九年七月七日、楊鵬程整理「湘鄂米案電存」七七頁。

(48)『政治官報』第六三八号（一九〇九年八月七日）「湖広総督陳夔龍奏派員赴湘購米免収税釐片」。

(49)「致武昌陳制台電」一九〇九年一一月一七日、楊鵬程整理「湘鄂米案電存」七九―八〇頁。

(50)「武昌陳制台来電」一九〇九年一一月二八日、楊鵬程整理「湘鄂米案電存」八〇―八一頁。

(51)「致北京外務部電」一九一〇年二月八日、楊鵬程整理「湘鄂米案電存」八八頁。

(52)「王先謙等三十人致岑春蓂禁米出境公呈」一九一〇年三月初、饒懐民・藤谷浩悦編『長沙搶米風潮資料匯編』五―六頁。

(53)「電請軍機処代奏稿」一九一〇年三月一〇日、楊鵬程整理「湘鄂米案電存」九一―九二頁。

(54)『大清宣統政紀』一九一〇年三月一二日の条。「北京軍機処来電」一九一〇年三月一二日、楊鵬程整理「湘鄂米案電存」九二頁。

(55)「北京外務部来電」一九一〇年三月一五日・「北京外務部来電」一九一〇年三月二三日、楊鵬程整理「湘鄂米案電存」九三―九五頁。

(56)「王先謙十余人致岑春蓂公函」一九一〇年三月二七日、饒懐民・藤谷浩悦編『長沙搶米風潮資料匯編』九―一〇頁。

(57) 一九一一年三月一三日以降の湖南米の省外搬出については、本書第六章第一節第三項を参照されたい。従来の研究では、一九一〇年三月一三日から四月七日までの間に湖南省内から米穀が大量に搬出され、このことが米価高騰を招いた一因であるとされてきた。しかしながら、湖南省内の米穀の欠乏が米価高騰の一因であるならば、一九一〇年の長沙米騒動で多数の米商店が襲撃され、米穀が湖南省城内に出回ったことの理由が説明できない。湖北省や広東省、上海の商人がこの三週間の間に米穀を買い漁り、湖南省外に運び出そうとしたため、湖南省城の備蓄米が減少したという説は、以下の郷紳の主張によってなされた。「王先謙十余人致岑春蓂公函」一九一〇年三月二七日、饒懐民・藤谷浩悦編『長沙搶米風潮資料匯編』九―一〇頁。しかし、この主張は、郷紳が米価高騰の責任を湖南巡撫岑春蓂になすりつけようとした、輿論誘導策の一環とも見なすことができるように思われる。

(58) 日清汽船株式会社報告（題名なし）一九一〇年六月一〇日、饒懐民・藤谷浩悦編『長沙搶米風潮資料匯編』二一一頁。

(59) 文斌「一九一〇年長沙飢民抗暴見聞」、饒懐民・藤谷浩悦編『長沙搶米風潮資料匯編』二八四頁。

(60) 『支那長沙暴動一件』日清汽船会社上海支所報告「長沙暴動顛末報告書」一九一〇年五月七日、饒懐民・藤谷浩悦編『長沙搶米風潮資料匯編』一七三―一七四頁。

(61) 「搶米風潮日録」一九一〇年四月一二日の条、饒懐民・藤谷浩悦編『長沙搶米風潮資料匯編』二七六頁。

(62) 『東方雑誌』第七巻第四期（一九一〇年六月二日）「湖南省城飢民焚毀巡撫衙門及教堂学堂」、饒懐民・藤谷浩悦編『長沙搶米風潮資料匯編』一二七頁。

(63) 『支那長沙暴動一件』日清汽船会社上海支所報告「長沙暴動顛末報告書」一九一〇年五月七日、饒懐民・藤谷浩悦編『長沙搶米風潮資料匯編』一七四―一七五頁。

(64) 王玉林・易仁荄・譚春生口述「頼子佩挨打聞見録」、饒懐民・藤谷浩悦編『長沙搶米風潮資料匯編』三二六―三二八頁。

(65) 『申報』一九一〇年五月一日「湘省乱事近報」。

(66) FO371/867, Enclosure 1: Hewlett to Müller Max, April 28, 1910, in Müller Max to Grey Edward, May 5, 1910.

(67) 『支那長沙暴動一件』日清汽船会社上海支所報告「長沙暴動顛末報告書」一九一〇年五月七日、饒懐民・藤谷浩悦編『長沙搶米風潮資料匯編』一七七―一七八頁。米商に対する対応は、富者と貧民の間では自ずと違いが現れたといえよう。

(68) 『支那長沙暴動一件』長沙駐在副領事村山正隆より外務大臣小村寿太郎あて「長沙暴動ニ関聯シ清国官紳ノ態度報告ノ件（其二）」一九一〇年六月一日、饒懐民・藤谷浩悦編『長沙搶米風潮資料匯編』一九〇頁。

(69) 『東方雑誌』第七巻第五期（一九一〇年七月一日）「湖南省城乱事余記」一、饒懐民・藤谷浩悦編『長沙搶米風潮資料匯編』

二六二―二六三、二六五頁。

(70) FO371/867, Enclosure 1: Hewlett to Müller Max, April 28, 1910, in Müller Max to Grey Edward, May 5, 1910.

(71) Hewlett Meyrick, *Forty Years in China*, p.63.

(72)『東方雑誌』第七巻第五期（一九一〇年七月一日）「湖南省城乱事余記」一、饒懐民・藤谷浩悦編『長沙搶米風潮資料匯編』二六八頁。

(73)『東方雑誌』第七巻第五期（一九一〇年七月一日）「湖南省城乱事余記」一、饒懐民・藤谷浩悦編『長沙搶米風潮資料匯編』二六四頁。なお、湖南巡撫の官印は湖南巡撫岑春蓂のもとにあり、のちに清朝政府より布政使荘賡良の巡撫護理を認めない旨の電報があったため、岑春蓂から楊文鼎に手渡された。また、布政使荘賡良は、こののち「糧価が既に平減を許した。凡そ良民であるならば、別に要求するものはないであろう。もし再び焼き討ちを行うのであれば、これは乱民であり、『格殺勿論』とする」と述べたといわれる。ただし、ここでは、岑春蓂と荘賡良に混同が見られる。『支那長沙暴動一件』長沙駐在副領事村山正隆より外務大臣小村寿太郎あて「長沙暴動ニ関聯シ清国官紳ノ態度報告ノ件」（其一）一九一〇年六月一日、饒懐民・藤谷浩悦編『長沙搶米風潮資料匯編』一九三頁。

(74) FO228/1758, Hewlett to Jordan, Intelligence Report for the December Quarter 1909.

(75) FO371/867, Enclosure 1: Hewlett to Müller Max, April 28, 1910, in Müller Max to Grey Edward, May 5, 1910.

(76) FO371/867, Enclosure 1: Hewlett to Müller Max, May 4, 1910, in Müller Max to Grey Edward, May 21, 1910.

(77)『支那長沙暴動一件』長沙駐在副領事村山正隆より外務大臣小村寿太郎あて「長沙暴動ニ関聯シ清国官紳ノ態度報告ノ件」（其二）一九一〇年六月三日、饒懐民・藤谷浩悦編『長沙搶米風潮資料匯編』一九六頁。

(78)『支那長沙暴動一件』日清汽船会社上海支所報告「長沙暴動顛末報告書」一九一〇年五月七日、饒懐民・藤谷浩悦編『長沙搶米風潮資料匯編』一八三頁。

(79) FO371/867, Enclosure 1: Hewlett to Müller Max, May 4, 1910, and Enclosure3: Giles to Müller Max, May 11, 1910, in Müller Max to Grey Edward, May 21, 1910.

(80) FO371/867, Enclosure 1: Hewlett to Müller Max, April 28, 1910, in Müller Max to Grey Edward, May 5, 1910.
(81) 焦伝愛・周学舜「記焦達峰身辺的六位辛亥志士」一六一—一六三頁。
(82) *The North - China Herald & S. C. & C. Gazette*, November 18, 1911, "The Revolution in Changsha."
(83) FO371/867, Enclosure 1: Hewlett to Müller Max, April 28, 1910, in Müller Max to Grey Edward, May 5, 1910.
(84) 「瑞澂、岑春蓂電請軍機処代奏稿」一九一〇年四月一八日、饒懐民・藤谷浩悦編『長沙搶米風潮資料匯編』三三—三五頁。
(85) FO371/867, Enclosure 1: Hewlett to Müller Max, April 28, 1910, in Müller Max to Grey Edward, May 5, 1910.
(86) 『支那長沙暴動一件』日清汽船会社上海支所報告「長沙暴動顛末報告書」一九一〇年五月七日、饒懐民・藤谷浩悦編『長沙搶米風潮資料匯編』一八二頁。
(87) 『支那長沙暴動一件』日清汽船会社上海支所報告「長沙暴動顛末報告書」一九一〇年五月七日、饒懐民・藤谷浩悦編『長沙搶米風潮資料匯編』一八二頁。
(88) 『支那長沙暴動一件』長沙駐在副領事村山正隆より外務大臣小村寿太郎あて「長沙暴動ニ関聯シ清国官紳ノ態度報告ノ件」（其二）一九一〇年六月三日、饒懐民・藤谷浩悦編『長沙搶米風潮資料匯編』一九五—一九七頁。
(89) 『支那長沙暴動一件』日清汽船会社上海支所報告「長沙暴動顛末報告書」一九一〇年五月七日、饒懐民・藤谷浩悦編『長沙搶米風潮資料匯編』一八一頁。なお、一九一〇年の長沙米騒動で被害を受けた列国は、イギリス、ドイツ、アメリカ、日本、フランス、ノルウェーの六ヶ国である。清朝政府の賠償金の金額は、八〇万余両に及んだ。『長沙収発電』「鄂督、湘撫致枢請代奏電」一九一一年三月五日、饒懐民・藤谷浩悦編『長沙搶米風潮資料匯編』一一五—一一六頁。
(90) 『支那長沙暴動一件』長沙駐在副領事村山正隆より外務大臣小村寿太郎あて「長沙暴動ニ関聯シ清国官紳ノ態度報告ノ件」（其一）一九一〇年六月一日、饒懐民・藤谷浩悦編『長沙搶米風潮資料匯編』一九一—一九二頁。
(91) 『支那長沙暴動一件』日清汽船会社上海支所報告「長沙暴動顛末報告書」一九一〇年五月七日、饒懐民・藤谷浩悦編『長沙搶米風潮資料匯編』一八四—一八五頁。
(92) 『政治官報』第一〇〇〇号（一九一〇年八月一一日）「湖広総督瑞澂湖南巡撫楊文鼎奏湘省匪勢蔓延擬籌分路清郷辦法並請

事竣後択尤保奨摺」。同第一〇五三号（一九一〇年一〇月三日）「湖南巡撫楊文鼎奏籌辦西路清郷情形片」。

(93) 『水野梅暁視察一件』「湖南近事」一九一〇年一二月四日。なお、一九一〇年九月以降の清郷については、本書第三章第三節第一項もあわせ参照されたい

(94) 「長沙搶米風潮竹枝詞」、饒懐民・藤谷浩悦編『長沙搶米風潮資料匯編』二九七頁。

(95) 文斌「一九一〇年長沙飢民抗暴見聞」、饒懐民・藤谷浩悦編『長沙搶米風潮資料匯編』二八三頁。

(96) 『政治官報』第一五五五号（一九〇八年四月四日）「湖広総督趙爾巽奏遵旨密査湖南巡撫被参各節據実覆陳摺」「給事中李灼華奏参湖南巡撫昏庸乖謬請旨飭査摺」。

(97) 『支那長沙暴動一件』長沙駐在副領事村山正隆より外務大臣小村寿太郎あて「長沙暴動ニ関聯シ清国官紳ノ態度報告ノ件（其二）」一九一〇年六月三日、饒懐民・藤谷浩悦編『長沙搶米風潮資料匯編』一九四頁。一九一〇年六月、熊希齢も、岑春蓂を次のように評している。「岑堯帥〔春蓂〕は各紳の非を知りつつも、性格が猜疑心と嫉妬心に満ち、胸中では善悪を判別できず、鬼神を敬して之れを遠ざく〔『論語』「雍也」篇〕の心を持ち、害悪を去って良秀を留める力もなく、ただひたすら門を閉じて安易に治めようとし、一律に深く閉じ堅く拒んだ。ここにおいて、官紳の隔たりはますます深くなり、君子は望然として去り、小人も怨み悪意を生じた。この結果、民間の苦しみは上に達することができず、長官も愛想を尽かすようになり、一人として利害安危の情形を告げる者もなくなり、遂に民苦が極まり、屍を裂いて炊き子を代えて食らっている〔『列子』「説符」篇〕であるのに、岑堯帥〔春蓂〕は与しやすいと思うのみであった。これが奇禍を致した所以である」（熊希齢「上楊俊帥」一九一〇年六月八日、同「上鄂督瑞莘帥」一九一〇年、『熊希齢先生遺稿』第五巻、四一五八―四一六〇頁）、と。

(98) *The North - China Herald & S. C. & C. Gazette*, April 22, 1910, "The Changsha Riot".

(99) 『時報』一九一〇年四月二一日「湖南肇衅之由」、饒懐民・藤谷浩悦編『長沙搶米風潮資料匯編』二二三頁。

(100) 『支那長沙暴動一件』日清汽船会社上海支所報告「長沙暴動顚末報告書」一九一〇年五月七日、饒懐民・藤谷浩悦編『長沙搶米風潮資料匯編』一七五頁。

(101) 『支那長沙暴動一件』長沙駐在副領事村山正隆より外務大臣小村寿太郎あて「長沙暴動ニ関聯シ清国官紳ノ態度報告ノ件」

（其二）一九一〇年六月一日、饒懐民・藤谷浩悦編『長沙搶米風潮資料匯編』一八九頁。

(102)　『支那長沙暴動一件』日清汽船会社上海支所報告「長沙暴動顛末報告書」一九一〇年五月七日、饒懐民・藤谷浩悦編『長沙搶米風潮資料匯編』一七五頁。

(103)　頼承裕『懐汀山館詩録』巻七「罷官述懐奉酬朋旧問訊四律」一―五頁。

(104)　*The North - China Herald & S. C. & C. Gazette*, April 29, 1910, "The Changsha Riot".

(105)　『支那長沙暴動一件』日清汽船会社上海支所報告「長沙暴動顛末報告書」一九一〇年五月七日、饒懐民・藤谷浩悦編『長沙搶米風潮資料匯編』一七五頁。

(106)　『王先謙自定年譜』宣統二年（一九一〇年）の条、王先謙『葵園四種』七六九―七七四頁。これより先、善化知県郭中広は、民衆が南門外の鼇山廟に集結した時の様子を、「貧民はただ平価を求めるだけのことで、前列の人は長く跪いたまま拝さずに述べ立てた。それは、あたかも子供の食を求めているようなもので、食を与えれば済むもので、逮捕して罰するようなものではない」と述べたとされる。『東方雑誌』第七巻第五期（一九一〇年七月一日）「湖南省城乱事余記」一、饒懐民・藤谷浩悦編『長沙搶米風潮資料匯編』二六一頁。

(107)　『大清徳宗景皇帝実録』一九〇七年一二月二四日の条。

(108)　『大清徳宗景皇帝実録』一九〇八年三月一一日の条。

(109)　『政治官報』第一三五号（一九〇八年三月一五日）「憲政編査館会奏擬訂結社集会律摺」。

(110)　『申報』一九一〇年三月一一日「湘撫又示禁結社集会矣」。

(111)　『支那長沙暴動一件』長沙駐在副領事村山正隆より外務大臣小村寿太郎あて「長沙暴動ニ関聯シ清国官紳ノ態度報告ノ件」（其二）一九一〇年六月一日、饒懐民・藤谷浩悦編『長沙搶米風潮資料匯編』一九二頁。

(112)　FO371/867, Enclosure 1: Hewlett to Müller Max, April 28, 1910, in Müller Max to Grey Edward, May 28, 1910.　なお、日本の村山正隆は、「〔民衆は〕岑巡撫の告示は信用せすと唱え、遂に暴行を始め、〔巡撫〕衙門の第一門第二門を破壊し始めたるにより、荘布政司は直ちに発砲を主張したるに、衆紳尽く反対し、岑巡撫も之に賛成し発砲を許さゝるか為め、軍隊は不得已銃を以て暴行者を殴打し駆逐して轅門を閉めたる為め、群衆は十二時比迄には一旦巡撫衙門前を退散したり」と述べて、布政使荘賡良が発砲を主張したとしている。『支那長沙暴動一件』長沙駐在副領事村山正隆より外務大臣小村寿太郎あて「長沙暴動ニ関聯シ清国官紳ノ態度報告ノ件」（其二）一九一〇年六月一日、饒懐民・藤谷浩悦編『長沙搶米風潮資料匯編』一九〇頁。

（113）『欽定大清会典』〔光緒朝〕巻五五刑部「捕亡」。

（114）一九一〇年四月一四日早朝、群衆が巡撫衙門の頭門になだれ込み、石や瓦を投げつけると、善化知県郭中広は軍による発砲を進言して、湖南巡撫岑春蓂に対して次のように述べた。「昨日〔四月一三日〕は貧民が減価平糶を求めたものであり、逮捕すべきものではない。しかし、本日は大吏を殴打・侮辱し、衙門を包囲して騒ぐに至っている。これは、乱民である。数人を殺害するのでなければ、乱を収めることはできないであろう」、と。しかし、湖南巡撫岑春蓂は、善化知県郭中広の進言を無視し、結果として民衆の増長を招いたとされる。『東方雑誌』第七巻第五期（一九一〇年七月一日）「湖南省城乱事余記」一、饒懐民・藤谷浩悦編『長沙搶米風潮資料匯編』二六三頁。ここでは、善化県知県郭中広が発砲を進言し、湖南巡撫岑春蓂が発砲を拒絶したことになっている。

（115）『東方雑誌』第七巻第五期（一九一〇年七月一日）「湖南省城乱事余記」一、饒懐民・藤谷浩悦編『長沙搶米風潮資料匯編』二六三頁。

（116）『東方雑誌』第七巻第五期（一九一〇年七月一日）「湖南省城乱事余記」一、饒懐民・藤谷浩悦編『長沙搶米風潮資料匯編』二六三頁。

（117）*The North - China Herald & S. C. & C. Gazette*, April 22, 1910, "The Changsha Riot".

（118）『大公報』〔天津〕一九一〇年五月二五日「湘省乱後片片録」。

（119）「長沙搶米風潮竹枝詞」、饒懐民・藤谷浩悦編『長沙搶米風潮資料匯編』二八九―三〇三頁。

（120）尹詡蒼「姜園筆記」、饒懐民・藤谷浩悦編『長沙搶米風潮資料匯編』三一七―三一八頁。

（121）高旭「近事新楽府三章」一九〇四年九月、郭長海・金菊貞編『高旭集』三二一―三二三頁。また、一九五八年七月一日、毛沢

東は、「瘟神を送る」という題で七律二首を著した。第二首では、次のように結んでいる。「借問す、瘟君何へ往かんと欲するや。紙船と明き燭、天を照らして焼かん〔おや、疫病神君、どこへ逃げるのかね。まあ折角のお立ちだ、あかあかと天を焦がす位、盛大に紙の船を燃し、蠟燭をたくさんともして、お見送りしてあげよう〕」（武田泰淳・竹内実『毛沢東　その詩と人生』三一七―三一八頁）、と。この場合、「瘟神」は日本住血吸虫病を意味し、湖南省生まれの毛沢東は隣省の江西県余江県における同病の撲滅を祝い、同詩を著したのである。これよりすれば、「瘟神を送る」という表現は、広く用いられた喩えであった。

(122)　寧調元「湖南民変紀略」、胡樸安編『南社叢編』一、四四―四七頁。

(123)　姚逸之、鍾貢勛口述『湖南唱本提要』一一五頁。

(124)　『支那長沙暴動一件』漢口駐在総領事松村貞雄より外務大臣小村寿太郎あて「湖北洋務会審委員呉愷元ノ湖南事変ニ対スル談話及其他情報報告之件」一九一〇年四月二九日。

第六章　清朝政府と郷紳の「公」の争奪——四郷紳の処罰問題を中心に——

はじめに

第五章では、一九一〇年の長沙米騒動を民衆の秩序回復運動として捉え、民衆の行動の論理と郷紳「公議」の関係に考察を加え、民衆が地域社会の規範の回復を求めて行動し、一部の郷紳が民衆の行動を郷紳「公議」の名において正当化し、湖南巡撫岑春蓂を追放した点を論じた。一九一〇年の長沙米騒動における郷紳「公議」はいかなる特徴を持ち、清朝政府はこれにどのように応じ、かつ湖南省の郷紳は清朝政府の対応にいかに反応したのであろうか。この郷紳の反応は、翌一九一一年一〇月二二日に起きた革命軍の蜂起と密接に関わるものであろう。本章は、第五章の考察を受けて、一九一〇年の長沙米騒動の収束後に発生した清朝政府と郷紳の「公」の争奪について、王先謙ら四郷紳の処罰問題を中心に考察する。

一九一〇年の長沙米騒動の特徴は、湖南巡撫岑春蓂が光緒新政で制定された法律、すなわち一九〇八年三月一一日の集会結社律を盾に、郷紳と民衆の暗黙裡の約束を踏みにじったことに対して、飢民が地域社会の慣習に従って平糶請願運動を起し、やがて平糶請願運動が過激化し暴動と化すと、一部の郷紳が民衆の行動を郷紳「公議」の名の下に正当化した点にある。この間、湖南省の郷紳は、郷紳「公議」の名で飢民の行動を支持しただけでなく、湖南巡撫岑春蓂が遁走して政務に空白が生じたため、布政使荘賡良の湖南巡撫擁立を画策して清朝政府に打電した。しかし、郷紳「公議」は、必ずしも郷紳全体の意見を反映するものではなかった。また、湖南省では多様な意見がぶつかりあい、地域社会の規範も動揺していた。清朝政府は、一九一〇年の長沙米騒動の収束後、湖広総督瑞澂による弾劾を受けて、一部の郷紳の行動を越権と捉え、郷紳の王先謙に処罰を下した他、一九一〇年の長沙米騒動の被害を拡大させた罪で、孔憲教、葉徳輝、楊鞏ら三郷紳に処罰を下した。もちろん、これら四郷紳に加えられた具体的な罪状は、王先謙が湖南巡撫岑春蓂の交代の請願を問われた以外にも、様々であった。湖南省の郷紳は、清朝政府による四郷紳への処罰を、湖南省の郷紳全体に対する挑戦と受け止めた。もともと、郷紳は地域社会の指導者と地域社会の代弁者の二つの側面を併せ持ったが、一部の郷紳は地域社会の代弁者としてよりも、自己の利益の追及のために地域社会の利害を犠牲にした。二〇世紀初頭、清朝の各省において民衆蜂起が多発した原因は、光緒新政に伴う重税、地域社会の亀裂の他に、このような郷紳の私利私欲に駆り立てられた行動に求めることができる(1)。ただし、より深刻な問題は、一部の郷紳が自己の利益の追求のために地域社会の利害を犠牲にしただけでなく、郷紳「公議」が地域社会の規範の動揺を受けて一部の郷紳によって壟断された点にあるのではなかろうか。そして、一九一〇年の長沙米騒動の事後処理の過程で起きた、清朝政府と湖南省の郷紳、或いは郷紳の間の「公」の争奪は、ここに起因したといえよう。換言するならば、清朝政府の四郷紳に対する処罰が清朝政府と郷紳の「公」の争奪へと発展した背景には、地域社会の規範の動揺が存在したと考えられるのである。

清末、清朝政府と各省の地域社会との関係は、清朝政府の中央集権化と、地域社会における郷紳の権勢の拡大、郷紳の清朝政府からの離反と南方各省の独立、すなわち一九一一年の辛亥革命の勃発として、跡付けることができる(2)。光緒新政の政策、就中地方自治は、これまで郷紳の放縦な運用に任されていた地方行政を、官憲が制度化することによって中央集権に幇助させようとする性格を持った。そして、湖南省の郷紳は、この光緒新政における地方自治政策に対して、二つの対応を示した。すなわち、協力と抵抗であり、前者が「開明」派の郷紳、後者が「守旧」派の郷紳と呼ばれた。これまでの研究では、一九一〇年の長沙米騒動で、四郷紳が処罰された結果、王先謙ら「守旧」派の郷紳が没落し、代わって譚延闓ら「開明」派の郷紳が台頭したと論じられてきた。ただし、譚延闓は、湖南諮議局議長の名で王先謙の冤罪を主張し、清朝政府より譴責を受けていた。このため、四郷紳の処罰問題は、一九一〇年一〇月二〇日、山口昇が「近時長沙暴動により葉徳輝、孔憲教、王先謙等は官より譴責処罰せられ、従来湖南官紳は稍調和せられつゝありしも、再び形勢紊乱し、大体に於て湖南紳士の勢力は一頓座を来せしとは云へ、紳士王闓運あり、又幾多の高僧あり、未だ以て此の地に官府兼能を許さず。又王先謙等の地盤は甚た堅固なれば、如何なる暗流を生ずるや計るべからず。新任の官吏治民の難は益々甚しかるべし」と述べたような、清朝政府の政策、すなわち光緒新政の意図と共に、郷紳の「開明」派と「守旧」派を含めた共通の利害に由来した[3]。それでは、郷紳は、郷紳として同じ基盤に立ちながら、なぜ「開明」派と「守旧」派に分かれたのであろうか。また、このことは、太平天国期以降、湖南巡撫の地位をも左右するような莫大な権勢を誇示した郷紳が、清末でも莫大な権勢を維持し続けた理由と、どのように関わるのであろうか。本章では、これらの諸点について、従来の研究で用いられてきた史料だけでなく、イギリスの外務省文書や『ノース・チャイナ・ヘラルド』の記事の他、台湾・中央研究院近代史研究所所蔵の外交檔案などを加えて考察する[4]。

本章は、以上の課題の下に、清朝政府と郷紳の「公」の争奪について、四郷紳の処罰問題を中心に考察する。先ず、第一節では、清朝政府の地方自治政策の特徴と湖南省の郷紳の対応について、葉徳輝が総稽査となった両湖賑糶米捐局を中心に考察する。清朝政府は、中央集権を強化するために、地方自治政策を実施した。このため、一部の郷紳は、既得の利権を守るために、清朝政府と鋭く対峙した。ここで取り上げるのは、両湖賑糶米捐局をめぐる、湖南省正監理官の陳惟彦と両湖賑糶米捐局総稽査の葉徳輝との対立である。そして、一九一〇年の長沙米騒動では、王先謙と孔憲教は平糶の資金を両湖賑糶米捐局からではなく、粤漢鉄路湖南総公司より支出すべきであると主張したのに対して、粤漢鉄路湖南総公司の総理の一人である余肇康が同公司からの支出を拒絶したために、平糶の資金をめぐる議論は紛糾した。従って、一九一〇年の長沙米騒動をめぐる郷紳の対応を考えるならば、両湖賑糶米捐局、更には粤漢鉄道敷設問題にまで遡る必要がある。第二節では、清朝政府と湖広総督瑞澂や湖南巡撫岑春蓂、及び湖南省の郷紳の対応の齟齬が一九一〇年の長沙米騒動で郷紳が処罰された直接の原因となった点に鑑み、四月一五日午後から四月一六日午前にかけて電信が不通になった理由、及び電信の不通が王先謙ら四郷紳の処罰に与えた影響に考察を加える。ここで着目するのは、郷紳の発した電文に均しく名を連ねながら、王先謙にのみ処罰が加えられ、他の郷紳、特に郷紳の第二電の筆頭に名を連ねた聶緝槼には処罰が加えられなかった点である。この背景には、いかなる事情が存在したのであろうか。第三節では、列国の公使や領事、特にイギリスの長沙駐在領事ヒューレットが、清朝政府の四郷紳に対する処罰に与えた影響、及び湖南諮議局の議員や民衆のこれに対する反応に考察を加える。一九一〇年の長沙米騒動に際して、湖南省では清朝政府の四郷紳に対する処罰にイギリスの関与があったとする謡言が起きていた。仮にこのことが事実であったとするならば、イギリスは一九一〇年の長沙米騒動をいかに考え、王先謙ら四郷紳の処罰によって何を画策したのであろうか。また、他の列国、特に日本は、イギリスの動向をどのように受け止め、このことは湖南省にいかなる影響を与えたのであろうか。

第一節　光緒新政と郷紳

一・清朝政府と地方自治

一九〇五年一二月、清朝政府は、載澤を筆頭に、戴鴻慈、端方、尚其亨、李盛鐸の五大臣を外国に派遣し、各国の憲政を視察させた。五大臣は二組に分かれ、日米英仏独露などを視察し、義務教育制度など、近代国家制度に関わる意見書や調査報告書を清朝政府に提出した。一九〇六年九月一日、清朝政府は、この報告を受けて、「憲政を模倣して実行する」と預備立憲を宣言した。ついで、一一月七日、中央官制の改革を実施し、外務部、吏部、度支部、礼部、陸軍部、法部、郵伝部、理藩部、民政部、学部、農工商部の一一部制とした。各部の尚書は従来の満漢各一名から単に一名となったが、一一名の尚書のうち、六名が満洲族であった。一九〇八年八月二七日、清朝政府は、九年以内の憲法の制定と議会の召集を定め、同時に「大よそ立憲を上から行う国は、統治の根本が朝廷にあり、議院は憲法より生ぜしめ、憲法が議院より生ぜしめてはならない。ために、中国の国体が必ず欽定憲法を用いるのは、一定不易の理である」と記して、欽定憲法大綱と議会法要領、選挙法要領を公布し、光緒三四年（一九〇八年）から光緒四二年（一九一六年）までの九年の逐年籌備事宜を発表して各年の具体的な到達目標を示した。ここでは、憲法の大綱について、「謹んで案ずるに、君主立憲政体は、君上が国家統治の大権を有し、凡そ立法、行政、司法の大権を総覧し、議院が立法を協賛し、政府が行政を輔弼し、法院が司法を遵律する」と記した上で、「君上大権」では皇帝の権限を「大清皇帝は大清帝国を統治し、万世一系にして永永に尊戴される」「君上は神聖にして尊厳であり、侵越することができない」と定め、皇帝に法律の発布権、議院の召集・解散権、陸海軍の統率権、宣戦・講和権など多くの権限を認めると共に、議会の権限に対する皇帝の権限の優位を示した。(5) 一九〇八年一一月一四日と一五日に光緒帝と西太后が相次いで死去し、僅か三歳の溥儀（宣統帝）が帝位に就き、年号が光緒から宣統に代わり、溥儀の父の載灃が摂政となった。同年一二月三日、清朝政府は、年号が光緒から宣統に代わったことから、憲政の実施時期を宣統八年（一九一六年）にするとした。[6]一九〇九年一月一八日、清朝政府は「城鎮郷地方自治章程」「城鎮郷地方自治選挙章程」「府庁州県地方自治章程」「府庁州県議事会議員選挙章程」を交付し、地方自治を遂行した。清朝政府の企図した地方自治は、「地方自治の官治の不備を輔ける理由は、凡そ官治に属す事柄が自治の範囲に含まれない点にある」と述べられたように、官治の補助にあった。自治団体は、上級の府・庁・州・県と、下級の城・鎮・郷に分けられる。このうち、府・庁・州・県には議決機関の議事会と参事会が、城・鎮・郷では城・鎮に議事会と董事会、郷に議事会、郷董が置かれた。議事会は議決機関、董事会と郷董は執行機関である。自治事項は、城・鎮・郷の学務、衛生、道路工事、農工商務、善挙、公共事業と事業に必要な経費の徴収である。[7]一九〇九年九月二七日、清朝政府は、外務部、吏部、民政部、度支部、礼部、学部、法部、法律館、大理院、農工商部、郵伝部、理藩部ごとに計画を定めた。[8]同年一〇月一四日に各省で諮議局が開会した。[9]一九一〇年一一月四日、清朝政府は、議会の開設時期を四年くりあげて、宣統五年（一九一三年）までとした。

一九〇九年五月五日、憲政編査館は、「臣らが地方自治の制を調査するに、東亜各国では一律に施行されているが、由来を調べると実際は二つに分かれる。一つは、市府の自治より自然に発達したものであり、他の一つは国家の立憲より漸次遂行されたものである。前者は人民が本来備えた自治能力を日々拡充していくため、編成しやすく範囲も広い。後者は人民が自治の義務を果たすよう徐々に教導していくため、施行も難く管理も厳しい」と述べた上で、「現在各省の人民の知識はまだ幼稚で、財源も困難なため、これらの研究の学員は省城より府庁州県に漸次伝習してゆき、必ず学力が深まるようにし、経費も無駄遣いさせないようにして、誤った学説の流伝を防ぎ前途の阻害を回避するよう願う」として、自治研究所章程一四条を奏呈した。[10]一〇月六日、日本の長沙領事館事務代理林善一は、外務大臣小村寿太郎にあてて、湖南省における自治研究所の設立の模様について次のように述べている。

湖南に於ける自治研究所設立に関しては〔長沙駐在領事高洲太助「自治所究所設立ノ件」一九〇八年一〇月二日において〕過般報告する所ありしが、同研究所の期限は八ヶ月にて、本年〔一九〇九年〕五月四日各県にて選抜したる講習員を試験したる結果、二百十七名の合格者を得、取あへず其一半を第一回生として入所せしめ、更に六月下旬其の余の一半を第二回生として入所せしめ、以て教授を施す所あり。且つ同所発行する所の講義は之を校外生に頒ち、以て自修の用に資せり。但し之れ短時日の講習に属し結局自治研究の一部に過ぎざれども、各学生は其業を了るを俟ちて各地に帰り、以て自治制度を郷下の民に教へ、以て民智の開発に資するの計画なるが、其僻遠の地たる民智未だ開けざるを以て、〔一九〇九年八月六日の〕諮議局議員選挙結了を俟ちて選挙研究所を変じて自治公所となし、各地の事情を酌量して其経費を規定する筈なりと云ふ。左記は改訂湖南地方自治研究所章程にして、同所の組織を知るに便なるを以て此に択載せり。(11)

湖南地方自治研究所は、先ず湖南省城に設立し、各国の自治制度や法律について部門ごとに学科を分け、八ヶ月で学習を修了させるものとした。ついで、各州県の品学に優れ、経験に富み、郷望の備えた人物を選抜して、各国の自治制度や法律を分野ごとに学習させ、学習の修了後に各地方に派遣して、官吏や郷紳に対して自治の地方に益することを学ばせた。研修生は、地区の広さや人口の多寡に応じて、上、中、下の三級に分けて選抜した。研修生は総勢二一七名で、第一回が一九〇九年五月四日より、第二回が一九〇九年六月二四日から入所した。湖南地方自治研究所は、地方自治制度が法政に関わることから、湖南省城の法政紳校の付属として開設され、地方自治諮議局籌辦処の管理に帰した。職員や講師は、所長一名、検察二名、講員一〇名、文案一名、庶務兼会計一名、掌書一名、書記二名という布陣であった。(12)

一九〇八年八月二七日に清朝政府が公布した逐年籌備事宜において、度支部に関わるものは第一年に清理財政章程の頒布、第二年に各省歳出入の総数の調査、第三年に全国歳出入の総数の再調査と地方税章程の制定、第四年に会計法の制定と全国歳出入の確定した数の調査、地方税章程の頒布、国家税章程の制定、第五年に国家税章程の頒布、第六年に全国予算の試行、第七年に会計法の頒布、第八年に皇室経費の確定と会計法の実施、審計院の設立、第九年に憲法の発布と議員法の制定、明年の議会に提議すべき予算案の確定となっていた。一九〇九年一月一一日、度支部は、この計画に沿って清理財政章程を作成し、公布した。同年二月五日、宗方小太郎が「従来各省の財政は総督、巡撫の独占する所と為り、中央政府に於ては殆んど之を左右する能はざるの情態なりしが、今後は各省に覆命して予算決算法を実行せしめ、且つ諮議局議員をして予算を監視せしむる事と為れり」と述べたように、清理財政章程の狙いは清朝政府によると各省歳出入の統括にあった[13]。清理財政章程は、八章三四条からなる。同章程は、第一条「総綱」で「清理財政は旧案を截清して新章を編成し、出入の確定した数を調査し、全国の予算・決算の予備をなすものである」と記し、第二章「清理財政の職任」で度支部に清理財政処の、各省に清理財政局の設立を定め、清理財政の職務を遂行させるとした。このうち、各省清理財政局章程は、第一章「総則」第一条で「各省清理財政局は奏定清理財政章程に照らし、該省の財政事宜を監督し、度支部より各省督撫と会同して執り行う」、第二条で「清理財政局は全省出入の確定した数を調査し、収支の方法を改良し、該省の財政に関する沿革や利弊の調査権を持つ」と定め、第二章「役員分職」第四条で「本局に正監理官一員、副監理官一員を置き、該局の行うべき一切の事宜を調査・監督にあたる。正副監理官は度支部より人員を派遣して、二年を任期とする。ただし、〔二年の〕任期の満了後も、〔在任中の業績を〕斟酌して留任することができる。各衙門局所の報告で偽りがあり、該局の総辦らが共同で粉飾を行い、或いは総辦が該局で期限通りに報告すべきものを任意に遅延させた時は、監理官は度支部に報告ができる。度支部は各省の財政で特別の事件があれば、監理官に調査せしめ、衙門局所に遅延や粉飾を行う者がれば、清理財政章程第九条に照して処理させる」と定められた[14]。臨時台湾旧慣調査会編『清国行政法』は、清理財政章程や各省清理財政局章程を紹介した上で、正副監理官について「清理財政の事たるや、元来中央政府の意見に出てたるものにして、之を督撫、藩司〔布政使〕等に一任せんか、従来慣習上果して実力奉行すへきか頗る疑はしきを以て、特に正副監理官なるものを各省に派して之を監督し、総辦等か其職責を尽さす、若くは各財政衙門の報告か不実なるものを黙許する如きし場合には、一一之を度支部に具稟するの権を許したるものにして、度支部は総て直省の財政に於て藩司の報告を徴すると同時に、監理官を遣はして直接に監視報告を為さしめ、之を藩司の報告に照し、其相違あるや否やを見せしむ。是を以て或意味よりするときは、監理官の権力却て藩司の上に在り」と注釈を加えたように、監理財政官には省の財政を仕切る布政使をもしのぐ権限が付与された[15]。

二・正監理官の弾劾事件

一九〇六年以降、清朝政府は、中央集権を強化するために、中央官制の改革を実施し、各省に官憲を派遣して地方行政の整理に着手した。これらの地方行政の整理の特色は、督撫や知府、知県以外に、監理財政官などを各省に派遣した点にある。しかし、郷紳の葉徳輝が「朝廷は新政の励行のため、調査新政、監理財政などの官を派遣し、官が絶えまなく省城に来たが、万応じえないものがあった。中丞〔岑春蓂〕は郷紳の議論を借りてこれに当たり、私も憤時疾俗〔世を憤り憎む〕の心で朝使に見えると、忽ち風評が起こった。中丞の司道に語りて云々とは、考うるにこのことを指す。この後は例え隠棲を望んだとしても、勢いとして出来ないものがあった」と述べたように、一部の郷紳は清朝政府の中央集権化に激しく抵抗した[16]。一九〇六年一一月、湖南巡撫岑春蓂が湖南省に着任した。一九〇九年一二月、イギリスの長沙駐在領事ヒューレットは、湖南巡撫岑春蓂と郷紳の関係を振り返りながら、「巡撫〔岑春蓂〕は、いつも理由に耳を傾ける準備をしており、正義と権利の明らかな事柄には決して反対してこなかった」「湖南巡撫〔岑春蓂〕は条約の履行に配慮し、喜んで遂行しようとしたが、官吏の多くは郷紳に支持され、外国との義務の遂行に如何なる責任も負わず、外国人のあらゆる行動に反対した。……湖南の下層民は、いつも容易く煽動された」とも述べている。(17)いわば、湖南巡撫岑春蓂は、列国との条約や清朝政府の政策を忠実に履行しようとして郷紳の反発を受け、湖南省内で孤立したのである。(18)湖南巡撫岑春蓂は、湖南省の重要な政治的な案件ごとに郷紳の合意を得ようとすると、郷紳の利害関係に阻まれ、解決に向けて道筋をつけることができないと考えたのではなかろうか。これは、清朝政府が督撫や知府、知県とは別に、特別に監理財政官などを各省に派遣し、行政改革を進めた理由とも一致する。何となれば、各省の行政改革は、官憲と郷紳の癒着による腐敗の根絶を目指しており、既存の官僚機構に依存していては抜本的な改革が期待できなかったからである。一九〇九年四月四日、清朝政府は各省の正監理官の名簿を発表し、四月六日より随時に各員を謁見のため北京に至らせた。湖南省の正監理官に任命されたのは、江蘇候補道陳惟彦である。(19)湖南省の正監理官に任命された陳惟彦は、一九〇九年四月から五月にかけて北京に入り、度支部尚書載澤と会談した。度支部尚書載澤は会談の席上、陳惟彦に対して「外省の財政は紊乱し、決算報告も多くが偽りである。故に、〔汝を〕監理官として派遣したい」と要請すると、陳惟彦は「政は人にある」として正監理官の就任を拒否した。しかし、載澤は「暫く努めてこれをなせ」と重ねて赴任を要請したため、陳惟彦も正監理官の就任を引き受けざるをえなかった。(20)陳惟彦は北京で度支部尚書載澤と会談して後、一たび故郷の南京に戻り、七月に南京から漢口をへて湖南省の長沙に入った。(21)

陳惟彦、字は劭吾、安徽省石埭県の人である。父の陳黌挙は二〇年間余り、李鴻章に随って軍隊の経理を務めた。陳惟彦は、科挙の学問を嫌い、洪良品に従って経世の学問を学んでいた。このため、李鴻章は、陳惟彦を陳黌挙の後継者として抜擢し、淮軍銀銭所を取り仕切らせた。この後、陳惟彦は貴州省の開州知州、貴州釐捐総局提調、黎平府知府などを歴任し、一九〇三年に貴州省から江蘇省に移り、一九〇四年に両江総督周馥の下で南京の釐金を監督して業績をあげ、両江総督端方の下でも釐捐総辦を任じた。(22) 陳惟彦は、正監理官として湖南省に赴任して以降の模様を次のように述べている。

私が政務を始め、期限に従って各庫を調査すると、両湖〔賑糶〕米捐局だけが書簡を寄こし、捐款は受領次第送っており、調査を要する残高はないと述べた。私は、残高がなくとも帳簿を調べることができると述べ、帳簿を見ると残高二一万数千両があった。私がこれは残高であろうと問うと、これは銭荘（葉徳輝の開設した徳昌和〔銭舗〕）に預けており、局にはないとの返答であった。私がこれは公金であろうと問うと、固より公金であるとの返答であった。私がなぜ局で保管せずに銭荘に預けるのか、また受領次第送ったのではないのかと問うと、送ろうとしているとの返答であった。次に〔預金に関する〕証文の有無を問うと、無いとの返答であり、なぜ二一万数千両も預けて証文がないのかと問うと、実際ないのだとの返答であった（会計は官と紳が各々一人ずつ担っていた。官が受け取りを待っていると言うと、紳がそれは汝の誤りであると述べた。これで実際は証文がないことが想像できた）。一〇日後にこれを送ろうとして、九万一〇〇〇両が発送できずにいて、暫くして漸く六万一〇〇〇両を送った。米捐局総稽査の湘紳葉徳輝は、たびたび副監理〔財政官〕の李君〔啓琛〕に書簡を送り、自分が巨額の財産を所有していると誇り、言葉は甚だ野卑で、かつ不正な手段による蓄財が恥ずべきことであると述べていた。しかし、〔葉徳輝のように〕金銭を保有しながら金銭は無いといい、送付していないのに送付したといい、更に金銭を個人の店舗に入れ、運用して生業を営むのは、不正による蓄財の極まりであろう。また、該局総辦の李起栄は、目撃しながら何事もなかったように振舞い、〔湖広〕総督や〔湖南〕巡撫もこれを知りながら陰で支援した。思うに、湖南省の状態はこのようなものであった(23)。

陳惟彦は、監理財政官という職務上、両湖賑糶米捐局の不正、経理の杜撰さを厳しく追及した。すると、陳惟彦は、御史の崇興によって、祖発を死に至らしめたとして、弾劾を受けたのである。

一九〇九年七月三日、陳惟彦は、北京で度支部尚書の載澤と会談後、一たん南京に戻り、南京から家族を引き連れ、汽船で長沙に赴くために漢口に至った。汽船には、本人と妻妾女子四名、親戚・幕友二名、婢僕四名、家丁・料理人五名、合計一六名が乗船していた。陳惟彦の家僕の祖発はもともと料理人であったが、仕事が勤勉であったため、家僕に取りたてられていた。陳惟彦は、一九〇六年に痰疾（痰が詰まり呼吸困難からなる精神病）となり、精神が朦朧となったが、一ヶ月余りで回復した。ただし、食事の量が減り、柔らかいご飯でなければ、受付けなくなった。汽船は、七月五日に湖北省の黄州に到着した。陳惟彦は、病を患っていたため、汽船の中では家僕の仕事もないため、祖発に命じて軟らかいご飯を作らせようとした。ところが、祖発は度重なる命令にもかかわらず、硬いご飯を作ってきた。陳惟彦が理由を訊ねると、祖発は汽船にはもともと料理人がおり、食事を作っているため、自分の責任ではないと答えた。このため、陳惟彦は、祖発を叱った。この後、大勢の乗船客が汽船の脇を歩いていると、祖発が突然大勢の中から河に飛び込んでしまった。乗船客が汽船を止めて見渡したが、姿を発見することができず、兵士が網で河の中をすくっても捕えることはできなかった。このため、陳惟彦の一行は、汽船に乗って行路を進んだ。陳惟彦が湖南省に入ると、支応局（軍需品の出納を司る役所）が宴席を設け、陳惟彦の供応に務めようとした。しかし、陳惟彦は、宴席を断った。支応局は、陳惟彦の賄賂を受け付けない様子を見て、深く恨んだ。このため、陳惟彦は、謡言や謗言の発生することに備えて、他に先行して仕事をせずに、副監理の李啓琛が湖南省に到着するのを待ってから仕事に取り掛ることにした。ところが、李啓琛がまだ湖南省に至らず、陳惟彦も仕事を始めていない段階で、北京の『大同報』は陳惟彦が権力を濫用し賄賂を受領したと報じた。『大同報』の主筆は、湖南省出身の陸鴻漸であった。陳惟彦が両湖賑糶米捐局の調査を行うと、両湖賑糶米捐局の人員が御史に賄賂を贈り、祖発が河に飛び込んだ事件を持ち出してきて、「〔陳惟彦が〕凶暴で驕り高ぶり、人を威圧して死に至らしめた」として弾劾した。度支部は、事件が湖北省で起きたことから、湖広総督陳夔龍と湖北省の監理官の程利川に事件の調査を命じた。程利川は、監理官の任務を考え、調査を委員に委ねた。すると、委員は祖発が殴られて身体中に傷があったと報じ、程利川の名を聯名者に加え、度支部に返送した。しかし、程利川は調査に加わっていなかった。この結果、九月一九日、清朝政府は度支部の報告を受けて、陳惟彦に対して降三級調用と正監理官の免職の処罰を下した。(24) 以上が、陳惟彦の陳述に従うところの、事件の顛末である。陳惟彦は、九月二二日に湖南省の監理官の交代の指令を受け取ると、「〔旧暦〕八月九日〔西暦九月二二日〕、湖南省の正監理〔財政官〕を交代するとの電があり、私は副監理の職務代行を返電して復電で承認されたが、重責を解かれた思いであった。考うるにいい加減に行えば心安らかならず、真面目に行えば禍を招き、微罪で去ることができたのは願うところのものであった」と記した。(25) 陳惟彦は湖南省の腐敗を摘発しようとして葉徳輝らの反発にあい、祖発の失踪事件を持ち出されて湖南省から追放されたのである。なお、一九〇九年、陳惟彦は湖南省の正監理官を解任されて以降、度支部尚書載澤によって再び登用され、一九一〇年に両淮塩政を監督した。一九一一年一〇月一〇日に武昌蜂起が起こると、安徽省の財政司長などに財務能力をかわれて招聘されたが断わり、慈善活動に従事して一九二五年に没した。(26)

三・米価高騰と郷紳

湖南省では、一九〇九年夏以降に米価が高騰した。これまで、湖南省は原則的に米穀の出境を禁止していたが、隣省の湖北省が湖南省からの米穀の需給地であったため、湖北省には米穀の出境を許可した。ところが、漢口の商人は、上海も米不足との理由で漢口に搬入された米穀を上海に転売した。湖南巡撫岑春蓂は湖広総督代理楊文鼎に対して、米穀の転売禁止の指示を要請し、一九一〇年一月四日に湖広総督代理楊文鼎は米穀の転売を禁止させた。一九〇九年、長沙関と岳州関を経由した湖南米の湖南省外への搬出額は、九六万五八四七頓である。この数は、一九〇五年の湖南米の湖南省外への搬出額の三三万二五四八頓と比べても、三倍近い数にあたる。そして、この搬出には、漢口や上海の商人だけでなく、イギリスや日本の商社が深く関わっていた(27)。一九一〇年二月一七日、日本の漢口駐在総領事代理渡辺省三は、一九一〇年一月四日に湖広総督代理楊文鼎によって米穀転売禁止命令が布告された背景を次のように述べている。

右は単に〔楊文鼎が漢口商人に米の転売を禁止させた〕事実の経過を略述致したる迄なるが、今本官の内聞する所に依れば、始め湖南の紳縉は飢饉を豫想して米の輸出を禁ぜんとし、商人も亦飢饉を号呼して米価の騰貴を楽み居りしが、米穀の市価徒に高くして需応者少なり、飢饉の程度も其声の大に似ざるより、昨今〔一九一〇年一月〕稍々米価下落の風潮を呈し来りたるに依り、目下商人は一日も早く其輸出を希望し、在長沙英国領事〔ヒューレット〕を始め外国人に輸出解禁方を依頼し来る有様なるも、紳縉は一般細民の為め米価の下落を欲し、官憲も亦之か為め長沙及岳州の各税関に通牒して、湖南米の輸出は表面上之を禁止し得ざるを以て、各税関は其輸出に対し適宜の手心を施す可しと訓令したる由に有之。長沙の税関に問へば、岳州の税関にして湖南米の自由輸出を許すならば、長沙税関に於ても同様に許す可しと答へ、岳州の税関に詰るも、亦同様に長沙の税関にして先例を開ければ之に従はんと言ひ、共に輸出解禁の率先者として責任を帯ぶるの危険を顧慮し居る様子に御座候間、此後の成行如何に依りては、解禁の見込充分ありと思料致候。在漢口本邦商人にして本件に関し直接利害関係を有する者は目下の処日清汽船会社のみに有之候付、御参考迄に別表丁号添付致候間、事件の同汽船会社に及ぼす影響の一半を御推察相成度候。[28]

一九〇九年一二月以降、湖南省の郷紳は米価高騰の原因を米穀の湖南省外への流出に求め、湖南巡撫岑春蓂に対して米穀の湖南省外への出境禁止を請願した。[29] ただし、湖南巡撫岑春蓂は、次の三点の理由において米穀の湖南省外へ出境禁止の布令を出すことに懸念を示していた。第一点は、マッケイ条約の規定により、仮に米穀の出境禁止を布告したとしても、米穀の出境禁止まで三週間の時日をへる必要があり、米価高騰に対する効果が期待できないことである。第二点は、米穀の出境禁止を行った場合、従来米穀の輸送にかけられていた税収が失われ、湖南省の財政が窮迫する恐れのあったことである。第三点は、米穀の出境禁止で隣省、特に湖南省に米穀の供給を仰ぐ湖北省が打撃を受け、湖北省で米穀が窮迫してしまうだけでなく、湖北省の飢民が米穀を求めて大挙して湖南省に流入する可能性のあったことである。いわば、湖南巡撫岑春蓂の判断には、郷紳に仮に突き上げられたとしても、幾重にも縛りがかけられていたのである。

一九一〇年三月一三日、湖南巡撫岑春蓂は、郷紳の度重なる要請を受けて、三週間後の四月七日に米穀の出境を禁止する旨を布告した。通説では、三月一三日から四月七日までの間に各地の商人が米穀を湖南省の外に運び出し、湖南省内の米穀が不足し、米価が騰貴したといわれてきた。しかし、湖北省は米不足のままであった。三月二二日、湖広総督代理楊文鼎は、湖北省の米不足の解消のために湖北省と周囲の省界の統捐各局卡で三ヶ月間釐金・米税等の一切を免除するよう電奏し、清朝政府の許可を受けている。[30] 四月一六日、漢口駐在総領事松村貞雄も「本年湖南各市に米穀欠乏を来し、米価為めに高騰、湖南巡撫は其原因昨年の不作にありとなし、〔三月一三日〕米穀の外省に出つるを禁したりしが、当湖北の如き従来湖南米を仰きし地方は、之れが為め近来糧食の不足を来たし、湖広総督〔瑞澂〕

は大いに痛心して、八方聚米の法を講し、〔三月二二日〕湖南、江蘇、江西の各地より輸入接済せしめんと欲し、特に輸入米に対しては三ヶ月間厘金、米税等一切を免除し、湖南巡撫に計りて毎日湖南米十万石つゝ、漢口輸入を約したり。然るに、運米には厘金免除の好条件あるに係はらず、事実湖南より輸入せらるゝものは極めて少数にして、江蘇、江西の米穀又価格の騰貴より運米意の如くならず」と述べ、かつ湖南省の米穀が湖北省に流れなかった理由について、「其説〔湖広総督瑞澂との会談〕に依れば、昨年湖南に於ても或る地方は不作なりしも、米穀の輸出を禁止する程度の荒作ならず。密に探査する処に依れば、湖南省内にては各県各佃に米穀の輸出を禁し、巡撫又他省への輸出を禁止せん為め、民間疑念百出し、農民は貯蓄せる米穀の過多なるに係はらず、四圍の形勢に鑑み、米価の騰貴を豫想して容易に手離さす、為に市場米穀の欠乏を来たし、価格騰貴、供給不足の怪現象を呈し、終に今回の暴徒を惹起せしめたりと」と指摘している。[31] 漢口駐在総領事松村貞雄の指摘によるならば、湖南省の農民や仲買商人が米価の高騰を見込んで米穀を退蔵したため、三月一三日から四月七日の間は湖南省から湖北省に米が搬出されていなかったことになる。[32] このような指摘は、一九一〇年四月一一日付け『申報』が「上年〔一九〇九年〕の冬の間、省城の米価が五〇〇〇文前後であったが、今春市価が毎石銭七〇〇〇文まで高騰したことは未曾有の事柄で、驚くべき事柄である。原因を考えるに、実際は農民が買い貯めして暴利を図り、穀米の仲買人と気脈を通じて市価の高騰を図り、郷曲の無知な輩が米価高騰・米穀不足を聞いて自保の計をなし、遂に境界を定めて米穀の他団への輸送を禁じ、また米穀の出省禁止の布告を米穀の出境禁止と思い、米穀は他県への輸送を禁じ、随所で私的に輸送を阻み境界を定めたところ、ならず者も間隙に乗じて物議を醸して沿途で米穀を強奪し、婦人・子供を唆して一〇から一〇〇と群れを形成して大戸に座食したため、騒ぎとなった」と記した点からも、明らかになる。[33] 仮に三月一三日から四月七日の間に湖南省から湖北省に多量の米が搬出されておらず、湖南省の商人や農民が米価高騰を見込んで米穀を退蔵していたとするならば、湖南省の郷紳によって湖南省で米穀が省外に大量に運び出されて米価が高騰したと喧伝された背景には、郷紳による湖南巡撫岑春蓂を陥れるための謀略の可能性も存在した。

一九〇二年、湖南巡撫兪廉三は、湖広総督張之洞と相談して、両湖賑糶米捐局を設立した。同局の目的は、湖南省から湖北省に流通する米穀に課税し、課税分を貯蓄して飢饉の対策に当てる点にあった(34)。そして、両湖賑糶米捐局の総稽査には、葉徳輝が就任した(35)。しかし、竹枝詞の一つが「葉〔徳輝〕は張祖同や席沅生〔席匯湘〕の両紳の縁故で両湖〔賑糶〕米捐局の総稽査に就任し、しばしば不正により私利を図ったが、幸いにも収支の童光漢に拒否されて、邪悪な謀を果たすことができなかった。このため、〔葉徳輝は〕再び徳昌和銭鋪を樊西巷に開設し、米捐を総て該店に入れ、常時営々と一〇万や二〇万を集めた。岑〔春蓂〕は、洋商に米穀の購入を許したため、〔岑春蓂が〕湖広総督〔瑞澂〕に打電して別に委員を派遣させて〔税額を〕保護させ、ために〔双方の〕関係が水と油のようになった」と記したように、葉徳輝は両湖賑糶米捐局の総稽査に就くと職位を利用して公金を父の経営する徳昌和銭鋪に入れ、公金を転用して暴利を貪った(36)。このため、正監理官の陳惟彦が両湖賑糶米捐局を調査して、同局が二一万もの金銭を保有しながら、金庫に一銭も残されていなかったのである。のみならず、一九〇七年以降、両湖賑糶米捐局の税収のうち、三〇万両は粤漢鉄道の敷設費用に転用され、粤漢鉄路湖南総公司に収められた(37)。一九〇九年七月、湖北省の飢饉において、湖北省と外省の境にある各局卡で米捐の徴収を停止し、湖北省への米穀の流通を図った際にも、官運は税捐を免除しつつも、商運は護照〔証明書〕の保持者以外、税捐を徴収することで税収を確保し、粤漢鉄道の建設資金の調達に配慮がなされた(38)。しかし、一九一〇年初頭、王先謙と孔憲教は、米価高騰に際して、両湖賑糶米捐局ではなく、粤漢鉄路湖南総公司からの平糶の資金の支出を主張した。これに対して、粤漢鉄路湖南総公司総理の余肇康は粤漢鉄路湖南総公司からの平糶の資金の支出を拒絶した。このため、郷紳の会議では、平糶の資金を郷紳の義捐に依ることに決したが、王先謙が冊子に義捐額の記入を拒むと他の郷紳も王先謙にならい、ために郷紳による義捐は中止された(39)。湖南省の郷紳は、民衆の救恤という点では意見の一致をみたものの、個々の具体策では郷紳の利害がからみ、有効な方法を提示できなかった(40)。この一方で、王先謙らは、米価高騰の原因を米穀の湖南省外への流出に求め、湖南巡撫岑春蓂に対して、米穀の出境禁止を要請した(41)。そして、一九一〇年の長沙米騒動が起こると、王先謙らは長沙米騒動の原因を岑春蓂の政策の不手際に求め、岑春蓂の責任を追及した。これより先、一九〇五年一〇月、湖南省籍の北京の官僚、特に軍機大臣瞿鴻禨と前学務大臣張百熙は、王先謙を粤漢鉄路籌款購地公司の総理から外し、張祖同、席匯湘を総辦のままにして、商部より新たに袁樹勲を総理として同公司に派遣しようとした。しかし、この計画が湖広総督張之洞の反対にあうと、瞿鴻禨と張百熙は一九〇六年五月から六月にかけて再び王先謙の実権の剝奪を図り、袁樹勲を総理に就任させると共に、余肇康を総理に就けて同公司の実権を握らせ、王先謙を総議長に就任させようとした。これに対して、黄自元、汪槩、孔憲教、馮錫仁は湖広総督張之洞に公電を送り、王先謙を総理の職に留め置くよう主張した。この結果、湖南省内では、王先謙を排斥する一派と擁護する一派の二派が対立した。湖広総督張之洞は、粤漢鉄路湖南総公司の設立にあたり、双方の立場に配慮して袁樹勲、王先謙、余肇康の三名を総理に任命し、袁樹勲を筆頭、王先謙を第二位、余肇康を第三位に指名した(42)。一九一〇年の米価高騰に際して、郷紳が平糶の資金の支出をめぐって対立した背景には、以上の事情があった。いわば、郷紳間の対立が、米価高騰に対する対応の遅れを招いたのである。

第二節　長沙米騒動と電信

一・湖広総督瑞澂の対応

一九一〇年四月一四日、清朝政府の外務部は、イギリスの特命全権公使ジョーダンより長沙米騒動の情報と対策の依頼、イギリスの軍艦派遣の通知を受け取った。外務部は、この時まで、湖南巡撫岑春蓂から何の通知も受けていなかった。すなわち、清朝政府は、イギリスの特命全権公使ジョーダンから外務部にあてた電文の内容によって、始めて同事件を知った。このため、外務部は、慌てて湖南巡撫岑春蓂に電報を打ち、暴動の即時鎮圧と外国人の保護を命じた[43]。引き続いて、外務部は、湖広総督瑞澂からの電報を受け、湖南巡撫岑春蓂に打電した[44]。また、外務部は、湖広総督瑞澂にあてて一通の電報を打ち、同様の事を命じた[45]。同日、湖南巡撫岑春蓂は、外務部の電報と入れ違いに、軍機処にあてて第一電を発し、長沙米騒動の経過と状況を説明した[46]。更に、同日、岑春蓂は軍機処にあてて第二電を発し、「わたくし〔岑〕春蓂は職務で失態を犯し、地方の悪人が集会と騒乱を起こし、各は言い逃れできるものではありません。ただし、該司〔荘賡良〕は多年湖南省に在職して輿情に愛戴されており、もし巡撫を護理させたならば〔民衆の〕解散も容易になると思われます」と述べて、布政使荘賡良による湖南巡撫護理を請願した[47]。軍機処が湖南巡撫岑春蓂の第一電を受けたのは四月一四日、第二電を受けたのは四月一五日である。四月一五日、軍機処は、湖南巡撫岑春蓂の第一電を受けて、湖南巡撫岑春蓂に暴動の鎮圧を命じた[48]。また、同日、軍機処は、湖南巡撫岑春蓂の第二電を受けて、「〔岑春蓂の〕請願する人員の派遣と巡撫の護理の各節については、詮議を許さない」と述べ、布政使荘賡良の湖南巡撫護理の却下を告げた[49]。ところが、四月一五日、湖南巡撫岑春蓂は、同日の軍機処の電旨と入れ違いに、民衆による巡撫衙門の放火と外国人関連施設の焼き討ちを告げ、重ねて布政使荘賡良による湖南巡撫の護理を申し出た。同電は、四月一六日に軍機処に達した[50]。この間、軍機処と湖広総督瑞澂は、湖南省からの電信による報告が入り乱れて混乱を極めた。そして、この混乱に拍車をかけたのが、電線の遮断による電信の不通であった。湖南省の長沙からは、湖南省の岳州、常徳、湘潭、及び江西省の萍郷の各々四方面に、電信線が引かれていた。岳州からは湖北省へ、常徳からは四川省と貴州省へ、湘潭からは広東省へ、萍郷からは江西省へ、各々電線が延びていた。(51)このため、湖南巡撫岑春蓂から湖広総督瑞澂への打電は、主に岳州から湖北省に延びる電線が使われた。四月一四日、湖南巡撫岑春蓂は、郵伝部にあてて、「外間では謡言が頻りに起き、中には電報局を焼き討ちするというものがある」と述べており、既に電報の不通の危険性を指摘している。(52)四月一四日の晩、長沙から岳州、常徳、湘潭に至る三種の電信線が一時不通となり、情報が混乱した。更に、四月一五日午後、長沙から岳州に至る中途の、長沙と湘陰の間が不通になった。湖南省当局は、懸命の復旧工事を行った。この結果、四月一六日朝に長沙と岳州の間が、また四月一七日朝に長沙と湘潭の間が復旧した。ただし、長沙と常徳の間は匪徒が寧郷一帯にいて、河西望城鋪より黄泥鋪に至る六〇里の電線を切断したため、電信線の破損も大きかった。そして、寧郷一帯の匪徒の騒乱により、電線の修復を図ろうにも、工事に着手することができなかった。(53)

湖広総督瑞澂は、四月一四日申刻（午後四時頃）、湖南巡撫岑春蓂からの電報で、一九一〇年の長沙米騒動の発生を知った。この頃、漢口と長沙の間の電報は通常では四時間で到着したと考えられるため、岑春蓂は四月一四日正午頃、巡撫衙門が焼け落ちた時点で電文を発したことになる。湖広総督瑞澂は、岑春蓂の電報を受け取ると、外務部にあて「〔湖南巡撫岑春蓂からの〕来電が簡単で詳細でない」と述べ、湖北軍の湖南省への派遣、各国商民、教民の保護と共に、「一面で湘紳の王先謙らに依頼し、力を尽くして解散を教え導き、善後の策を図られたい」と要求した。(54)更に、四月一五日、第八鎮統制張彪に命じ、第一五協第二九標統帯李襄鄰に一営を率いて湖南省に赴かせると共に、軍艦の楚豫号を湖南省に派遣し、湖南巡撫岑春蓂に対して主犯の捕縛と各国の領事や商人、宣教師の保護、地方の安寧に努めるように告げた。(55)ところが、四月一四日晩より電報が一時不通となり、四月一五日午後より四月一六日午前一〇時まで、長沙と岳州に至る中途の、長沙と湘陰の間の電信線が絶たれ、長沙と岳州の間の電信が途絶えた。このため、湖広総督瑞澂と岑春蓂の電信による連絡はできなくなった。しかし、岳州と漢口の間の電信は、繋がっていた。このため、湖広総督瑞澂は、岳州にいた水師提督程文炳を介して長沙の情報を得ることはできた。このような時に、水師提督程文炳の電報が岳州より湖広総督瑞澂のもとにもたらされた。程文炳の電報の内容は、長沙関税務司からの情報として、湖南巡撫岑春蓂の死去を伝えるものであった。湖南巡撫岑春蓂の死去の報は、湖南省内の権力の空白を意味した。このため、四月一五日、湖広総督瑞澂は軍機処にあてて、「岑〔春蓂〕巡撫が物故したのであれば、即座に平定しなければ勢いが蔓延し、後事が図りがたくなろう」と述べて、軍隊の即時の派遣を請願した(56)。この間、湖広総督瑞澂は、布政使荘賡良や按察使周儒臣から、何らの情報ももたらされないことに不審を抱いていた。四月一六日午前一〇時頃、長沙と漢口の間で電信が通ずると、驚くべきことに布政使荘賡良と按察使周儒臣からは何の打電もなされていなかった。続いて、湖広総督瑞澂のもとに、湖南巡撫岑春蓂から四月一六日午前八時頃に発せられた電報と同日正午頃に発せられた電報が届いた。そして、ここで初めて、湖広総督瑞澂は、湖南巡撫岑春蓂死去の情報が誤報であることを理解して、胸をなでおろした(57)。ただし、瑞澂は同時に、布政使荘賡良と按察使周儒臣が本来ならば湖南巡撫岑春蓂を補佐すべき立場であったにも拘らず、湖広総督瑞澂に対して一切電報を発していなかったことも知った。湖広総督瑞澂がこれら一連の動向の背後に、官憲や郷紳がこぞって湖南巡撫岑春蓂の追い落としを画策しているのではないかという謀略の存在を感じ取ったことは、想像に難くない。

一九一〇年六月三日、日本の長沙駐在副領事村山正隆は、湖南省の官憲の長沙米騒動における動向について次のように記している。

按察使周儒臣は外務部より当省に転したるものにして、快活開通の聞あり。今回の事変前より、提学使呉慶坻上京中学務を兼理し、四月十三日は提学司衙門に於て考試挙行中なりし由にて、暴動中も能く平静の態度を持し、臨機の措置に対する判断を下したるも、大勢頽潰、如何ともする能はさりしもの丶如し。長沙関道朱延煕は温厚の儒者にして、海関道として不適任なるは夙に定評あり。今回の暴動に際し、外国人保護の方法に関し、当時の事情不得已とするも、仍ほ責任上大に欠くる所ありとの非難は免る可からす。但英国領事に対し外国人の生命財産を保護する能はすと声明したり云々の伝説の如きは、朱道の云ふ所に拠れは「自分は決して斯る事を聲明する謂なし、自分は飽く迄保護す可しと云ひたるに、英国領事は如何なる場合にも絶対に間違無きやと詰問せしを以て、此際の事故万一の事は予期し難きにより、各自注意を望む旨答へたるに、英国領事は然らは軍艦を以て自衛す可しと主張したるが、此際外国軍艦の派遣は却つて人心の恐惶を起すへき虞あるに付、自分は右軍艦の派遣は可成見合はせられたしと希望したるなり云々」。両者の説甚しく懸隔ありて、判断を下し難きも、此問答は能く両人の性格を顯はし居るものと云ふ可し。要するに朱道は只好人物にして、働らきの出来る人物にあらす。従て暴動当時も、当方より保護其他に関し要求せし緊急の事件を、殆んと普通の公事同様に取扱ひたるもの丶如く見受けられ、折角小官より与へたる種々の注意も効果少かりしは、頗る遺憾とする所んなり。……西門外巡捕局委員郭良泉、多年長沙関道及巡撫の（英語）通訳として交渉事務に参与し、人物劣等、朱関道の外交亦同人の為めに誤られたるもの有るに似たり。本年二月の比、同人巡捕局委員を命せられんとせし際、已に同人の其器に非さるを注意せしに、果して今回の暴動に遭遇し、小官は四月十四日夜七時頃城外在住本邦商人か全部引揚けたるにより、街路の両端を警備し交通を遮断して保護する様警告したるも、已に巡撫衙門さへ焼打せられ、警吏少数にして如何ともする能はすと答え、遂に各外国人の商店等全部及其巡捕局も併せて破壊掠奪の惨禍に遇ひたり。目下已に巡捕局委員を免せられ、再ひ関道の通訳に復せり。(58)

村山正隆は、以上のように述べた上で、「之を要するに、暴動当時の長沙文武官員は、其人物より論するも其態度より察するも何れも大平の臣にして、岑〔春蓂〕巡撫の優柔不能の為め全く中心を失し、単に縄墨の間に彷徨し、一人として毅然身を挺して狂瀾を既倒に回へすの意気あり奇略あるもの無く、況んや謀反気ある者など見出さるへくもあらす」と結論付けた。すなわち、一九一〇年の長沙米騒動については、湖南巡撫岑春蓂以外に多くの官憲の責任に帰せられるべきであったにも拘らず、湖南巡撫岑春蓂が攻撃の標的とされていた。

二・電信の不通による齟齬

湖南省の郷紳は、四月一四日以降湖南省城が大混乱に陥っている中で、湖南巡撫の交代を請願する、二通の電信を発した。第一の電信の日付は四月一四日、第二の電信の日付は四月一七日である。第一の電信は、黄自元の起草にかかり、黄自元、譚延闓、劉国泰、龍璋ら七人の郷紳の連名で、王先謙の名を筆頭に掲げて発したものである。ただし、王先謙は、会合の場にはいなかった[59]。湖広総督瑞澂の同電の受領日は、四月一四日であった。そして、この三日後の四月一七日、湖広総督瑞澂は、軍機処にあてて「今回の湖南省の暴動は、固より民衆が米価高騰に苦しんだことに端を発している。ただし、事後の判断によるならば、地方官は固より責任を逃れ難いが、劣悪な郷紳が中で脅迫し、悪者が外で煽動するのでなければ、かくの如き大禍を醸成することはない」と述べて、官憲と郷紳の共々の処罰を説き、郷紳の言動に不審の念を表明した[60]。郷紳の第二の電信は、聶緝椝、王先謙、朱昌琳、余肇康、黄自元、孔憲教、曾広鈞、譚延闓、左念治、曾広江、龍璋、蒋徳鈞、欧陽述、楊鞏、童光業、劉国泰ら一六名の郷紳の聯名によるもので、「現在、騒乱の収束と民心の安寧に迫られているが、二日間電旨を承ることができず、また人心も慌てふためき、紳等はこれらの情況を目撃して沈黙もできず、大局を慮り即日情勢に依り電奏することにした」等と述べられている。

四月一九日、湖広総督瑞澂は、四月一七日の郷紳の聯名による第二の電報を受けた。四月一九日、湖広総督瑞澂は一六名の郷紳の聯名による第二の電信を受け取ると、四月一七日の軍機処からの電旨で、湖南巡撫の交代の要求が却下されたにも拘らず、郷紳が重ねて湖南巡撫を岑春蓂から荘賡良に交代するよう要求したことに激怒し、「地方官吏の委任は朝廷の命令を遵守すべきである。巡撫は疆臣であり、取捨は皇帝の定めるべきものである。まして、湖南省の民気は本来が荒々しく、郷紳の権限も頗る重く、もし未然に防がなければ政柄が下に移ることを恐れるのみである」と述べた(61)。いわば、瑞澂は、郷紳の言動について、清朝政府に対する重大な挑戦、清朝の権威を揺り動かすものと捉えたのである。郷紳が四月一四日の第一電に続き、四月一七日の第二電を発した理由は、湖南省城が大混乱に陥りながら、四月一四日以降の電報の不通によって、湖広総督瑞澂からの返電が郷紳の下にもたらされないためであった。四月一四日、湖南巡撫岑春蓂は軍機処にあてて、自らの処罰と布政使荘賡良の湖南巡撫護理を請願したが、翌四月一五日に軍機処は「〔岑春蓂が〕請願するところの人員の派遣と巡撫の護理の各節は詮議を許さない」と述べて、湖南巡撫岑春蓂による巡撫交代の請願を却下していた。四月一七日午後二時頃、湖南巡撫岑春蓂は軍機処による返電を湖広総督瑞澂に送り、瑞澂は同日午後六時頃これを受領している。また、同日午後二時頃、湖広総督瑞澂は、軍機処より「岑春蓂は革職にして処罰を待たせ、湖南巡撫は楊文鼎に署理させる」との電旨を受けていた。そして、四月一九日、湖広総督瑞澂は郷紳の聯名による第二の電信を受け取ると、清朝政府が湖南巡撫の交代を却下しているにも拘らず、郷紳が連名で湖南巡撫の交代を請願したことに怒りを爆発させた(62)。

一九一〇年六月三日、長沙駐在副領事村山正隆は、湖南省の郷紳による二度の打電の経緯について、次のように指摘している。

布政使荘賡良は湖南に在官四十余年、今年七十二歳の高齢にして、州県官より歴任令名あり。能く事理に通し、今回の事件に際しても第一に発砲弾圧を主張し、又民衆一般に荘〔賡良〕に望を属したるは掩ふ可からさる事実にして、決して劣紳等と串通して岑〔春蓂〕巡撫を排陥するか如き人物に非すとは、敢て一部人士の弁護の辞に非さるに似たり。又主なる紳士側に於ても、特に同人を推戴する等の意思有りしに非す。唯〔四月〕十四日以来秩序紊乱、中心となる可き責任者なく、且つ岑巡撫か請暇と同時に発したる荘に署理を命せられたき旨の稟議に対する返電も来らす、不得已紳士集議の上、〔四月一四日〕荘に巡撫護理を命せらるゝ様取計ひ方、瑞〔澂〕総督宛電請したること、大に総督の感情を害し居るとは知らす、両日を徑て尚返事到らさるを以て、〔四月一七日〕紳士等は再ひ電請したるに、已に〔四月一七日に〕楊文鼎に署理を命せられたる所にて、長沙へは電信不通の為め未た報道達し居らす、斯くて単純の考にて発したる電報も、総督の方に於ては楊排斥の為に発したるものなりと考へられ、茲の益々紳士の跋扈を悪むと同時に、荘の使嗾に出しものと推察せられ、意外の行違ひを生したるもの、如し。(63)

村山正隆は、四月一五日午後より一六日午前にかけた長沙と漢口との間の電信の不通が、湖広総督瑞澂と湖南省の郷紳の間に齟齬を生じさせる原因となったとするのである。そして、村山正隆は、更に「尚紳士中諮議局議長兼教育会会長譚延闓・商務総会総理龍璋の如き、何れも新旧に偏せす、中立の態度を持し、近年最も名望を博し、先つ代表的勢力家として認む可き者にて、今回平糶弁理に関し、龍璋は最も尽力し、名声大に佳なり。然るに荘〔賡良〕布政使に関する総督への電報には、龍〔璋〕も署名し、聶〔緝椝〕等と均しく弾劾せられんとしたる位にて、是等の会合には譚延闓等も皆出席し、代表者として数人電文に署名したるに過さるを以て見れは、会合の目的か敢て荘〔賡良〕推載にも楊〔文鼎〕排斥にも非すして、主宰者の速定に在りて、孔〔憲教〕・楊〔鞏〕輩か余りに荘〔賡良〕を推賞したる結果、却て世人の誤会〔解〕を招き、累を荘〔賡良〕に及ほしたるものの如く観察せらる」と記して、郷紳の二度にわたる打電に他意のないことを重ねて強調したのである。(64)四月一八日、湖南諮議局議長譚延闓と商務総会総理龍璋は、四月一七日の郷紳の聯名による湖南巡撫岑春蓂の交代を要求した第二の電報を支持する電報を発していた。(65)いわば、湖南巡撫岑春蓂の交代は、郷紳の有志だけでなく、湖南諮議局及び商務総会の総意であったのである。ただし、第二電の筆頭に名を連ねたのは聶緝槼であり、王先謙ではなかった。このため、清朝政府は、第二電の筆頭に名を連ねた聶緝槼らについて、「調査して上奏せよ」と命じている。(66)ただし、六月七日、村山正隆が「聶緝槼、前安徽巡撫、平素地方の事に関係せす、今回荘〔賡良〕の巡撫署理奏請に関し、瑞〔澂〕総督宛第二電の筆頭に記名し、楊〔文鼎〕巡撫排斥と見做され、一時甚しく瑞〔澂〕の感情を害したる由なるも、弾劾に至らすして已みたり」と報告したように、湖広総督瑞澂による聶緝槼らへの弾劾は行われなかった。(67)

一九一〇年四月一七日、清朝政府は、湖北布政使楊文鼎を湖南巡撫に任命し、即座に湖南省に至らせ、文武の各官を率いて長沙米騒動の首謀者の逮捕にあたらせると共に、湖広総督瑞澂と相談して事後の処置を迅速に図り、長沙米騒動における官憲を調査の上弾劾させた。(68)この結果、湖広総督瑞澂と湖南巡撫楊文鼎は連名で上奏を行い、湖南省の文武各官の責任を追求した。(69)ついで、湖広総督瑞澂は、郷紳の対応を批判し、王先謙、孔憲教、葉徳輝、楊鞏ら四郷紳を弾劾した。湖広総督瑞澂は、この上奏文で、「湖南省は咸豊・同治の軍興より、地方官が各事を処理するのに郷紳の力を借りて補助とした。始めは、官憲と郷紳が心を合わせて助けあったが、次第に官憲が郷紳の行為を事々に看過して積弊を醸し、郷紳も分限を忘れて力を頼んで脅迫を加え、民間が官憲と郷紳の間隙を熟視して、この〔一九一〇年の長沙米騒動の〕ように界限を侵し、騒乱の種を借りては大勢を集め、要求を恣にし、ここで皆なで衙門を取り囲む事柄を聞くようになり、礼儀も跡形もなく消滅した」と指摘している。そして、瑞澂は、四月一四日の非常事態に通報がなされた時、王先謙を筆頭とした七名の郷紳の電報に接したが、そこで湖南巡撫交代の請願がなされたため驚愕したとして、「〔湖南省に〕人員を派遣し、詳しく調査を加え、始めて事の顚末や湖南省の郷紳が私を挟み、この騒乱を醸成した各々の事情を知るに至った」として、王先謙ら四人の郷紳を弾劾した理由を述べた。(70) 湖広総督瑞澂による弾劾の上奏文は、湖南巡撫楊文鼎が連名を拒絶したため、瑞澂の単独でなされた。(71) 一九一〇年五月一五日、漢口駐在総領事松村貞雄は外務大臣小村寿太郎にあてて、「病躯を提げて漸く任に臨める署理総督瑞澂は、着任以来熱心事務に鞅掌しつゝあるも、生来の稟性力、多年肺患の致す処か、其言動悉く肝癖質、神経的にして、間々突飛の言動を敢てし、且つ部下各官の伺候謁見するを喜はず、司道以下の諸官は総督着任の際、迎接謁見せしのみにて、其后面会せざるもの不尠。故に以て上下の意思往々疎通を缺き、下官の怨声各処に喧し。今回巡警道馮啓鈞を上奏、弾劾、罷免したる奏文に就て之を徴するも、世間一般の清国大官と其言動を異にし、神経的偏癖の存するは明白にして、巡警道罷免の弾劾も内実全く私怨にありと云ふ。巡警道弾劾の発表により、一般の湖北官吏の悉く不安の念を懐き、誤解に拠りて弾劾さるゝことを恐れ、病と称して請暇する者夥しく、目下自ら進んで業務を辦ずる者無く、袖手虚位を擁して時日を過ごす者の多しと云ふ」と報告している。(72) 一九一〇年五月二七日、清朝政府は、湖広総督瑞澂と湖南巡撫楊文鼎の連名の上奏文、及び湖広総督瑞澂の単独の上奏文、以上の二種類の上奏文を受けて、前巡撫岑春蓂、前布政使荘賡良ら湖南の大官の他、王先謙、孔憲教、楊鞏、葉徳輝の四人の郷紳に対して処罰を下した。王先謙には平糶の義捐金を妨害し湖南巡撫の更迭を電奏した罪、孔憲教と楊鞏には布政使を推戴して湖南巡撫を排斥した罪、葉徳輝には米穀の退蔵及び米穀の減価販売の不履行の罪を問い、王先謙と孔憲教には降五級調用、葉徳輝と楊鞏には革職の処分を下した。(73)

三・四郷紳に対する処罰

王先謙は、湖南巡撫岑春蓂の交代を求めた第二電には筆頭に名を連ねておらず、また第一電でも黄自元の要請で筆頭に名を置いたものの、郷紳の会合には出席していなかった。このため、王先謙は、自らに加えられた罪状を冤罪と主張した。一九一〇年六月七日、村山正隆は外務大臣小村寿太郎にあてて、王先謙、湖南巡撫楊文鼎と会談した内容を下に、次のように報告している。

王先謙、碩儒として有名なるも、自ら守旧派を以て任し、其人物に至ては随分批難あり。近年大に反省する所あるもの丶如く、病に托して応酬を避け専ら著述に従事せり。小官は兼て懇意に交際せるを以て、過日も近事を談する為め来訪、其語る所に拠れは、楊〔文鼎〕巡撫は着任後一面来訪、自分も一度答訪したるのみにて、今回長沙事変の際も一切紳士の会議等に臨ます、事後親友黄自元より自分の名を筆頭として総督に打電したる旨話を聞きたり、当時の事情は岑〔春蓂〕撫惶惑為す所を知らす、自ら暇し、荘〔賡良〕の護理を電請したるも返電なく、危難の際一刻も主宰者無かる可らす、依て満城の衆紳席公祠に会議し、瑞〔澂〕総督に応急の処置として荘の暫時署理を電奏方依頼したる者にて、何等荘其人に対する私意あるに非す。電文は黄自元の起稿に係り、自分は先輩として筆頭に置かれたる迄にて、黄自元とは数十年来の親友なり、決して自分を陥る丶如き事有る筈無く、其後瑞〔澂〕総督は種々誤解して感情を害し居れりと聞き伝え、電報を以て事情を分疏したる、其儘返辞無く、更に書面をも発し置きたるも、已に奏弾劾せられたりとの噂あり、只自分の不幸と諦むる外無し、云々。依て小官は〔王先謙との会談後〕聊か気の毒にも感し、諸方探聞したるに、王か〔湖南巡撫交代の請願を決定した郷紳の〕会議に列席せさるは勿論、当時一切出門せさりしことも確なるを以て、若し斯る事にて官紳の間益〔々〕衝突を加ふるは、地方の為め非常に憂ふへき結果を見るへく、打捨て置き難しと考へ、楊〔文鼎〕巡撫に内話したるに、揚も王か会議に列せす、打電に関係なきは承知し居るも、王は兼て評判善き方に非す、殊に旧歴二月中米穀輸出禁止と同時に平糶開始の相談をなしたる際、王か第一に反対したる為め事成らすして、寝ゝ偶ゝ事変の遠因となりたる如き、深く民間の恨を買ひ居る故、此理由よりして弾劾は已むを得すとの打明け話にて、大体の事情は明瞭したり。(74)

村山正隆は、王先謙の処罰の理由について、王先謙の不評判と共に、清朝政府の郷紳弾圧策の犠牲になったと考えていた。そして、村山正隆は、六月七日には長沙学宮で全省紳商特別大会が開かれ、湖南巡撫楊文鼎に同特別大会の決議案を代奏するよう求めると共に、楊文鼎が代奏を拒否した場合、湖南省出身の京官に代奏を求める予定であると報告していたのである。(75)

一九一〇年六月三日、湖南省城では、一〇名余りの参加者が学宮で王先謙と孔憲教の冤罪を訴える集会を挙行した。(76)ついで、六月二二日、北京では胡祖蔭、鄭家溉、郭立山、蘇輿、黄兆枚らが都察院にあてて王先謙の無罪を主張した。(77)胡祖蔭は吏部主事で、一八九九年に義和団員を湖南省に引き連れ、岳州の外国租界を攻撃するよう提案した人物であり、兪誥慶（或いは兪鴻慶）、郭宗熙、葉徳輝、張祖同、孔憲教らがこの提案を支持したといわれていた。(78)また、蘇輿は、王先謙の高弟であり、一九〇四年、すなわち科挙最後の年の進士であり、北京で郵伝部郎中を務めていた。(79)これを裏返していえば、これらの人物が北京で王先謙らの手足となって動いていたのであろう。そして、黄自元も湖南巡撫交代を請願した第一の電文を起草し、かつ王先謙の名を連名の筆頭に記した責任を取り、電文の起草が自分一人の手にかかり、王先謙に何ら罪がなく、罰するならこの黄を罰せよと訴えた。(80)また、葉徳輝も葉徳輝の罪状が父の葉浚蘭の行為によるものであり、自らは一九一〇年の長沙米騒動とは関係がないとして、北京に赴き都察院に冤罪を訴える動きをみせた。(81)六月七日、村山正隆は、清朝政府による四郷紳の処罰以降、湖南省の郷紳が清朝政府からの離反を強めているとして、「前述の如く王〔先謙〕・孔〔憲教〕・葉〔徳輝〕・楊〔鞏〕等の為めに同情運動即ち瑞〔澂〕総督反對運動さへ起れる如きは、偶〔々〕以て長沙紳界の気風を察するに足る可きなり。当地官場に於ても、是等の反抗は多少予期せるのみならす、瑞総督は極めて確乎たる決心を有するもの、如く、政府に於ても区々たる運動等に左右せらる、こと無かる可く、結局〔王先謙らの〕泣寝入となる可しと予想するも、更に顧慮を要するは有形の反抗よりも却つて無形即ち感情の影響に在り。殊に是等の郷紳の間は不断闘争しつ、あるも、裏面には姻戚の関係等甚しく盤結し、尚ほ外部に対すれは長沙紳士の面目と云ふ関係もあり、単に一片の理論を以て推す可らさるのみならす、動もすれは一髪を牽て全身動くか如き結果を生し来る無きを保す可らす。従て此際強て紳士の責任等を挖索するよりも、寧ろ此機会を利用し、紳士をして態度を改め、官紳一致して善後処分に当り、以て根本的の治安を図る可きを勧告し、可成は上諭を以て之を宣布せしむるに至らは、其効果更に大なる可しと信す」と報告していた。(82) ただし、清朝政府に処罰された四人の郷紳は、竹枝詞で「王〔先謙〕、葉〔徳輝〕、孔〔憲教〕、楊〔鞏〕の四紳の行為は最も卑劣であり、〔四郷紳に処罰を下した〕上諭が湖南省に至ると、人心は快哉を叫び、未だこれ〔四郷紳〕を死地に置くことができないことを恨んだ」と記されたように、湖南省で忌み嫌われていた。(83) そして、一九一〇年七月、『時報』紙上で、「弾劾事件の発生後、王先謙・葉徳輝・孔憲教の門下生らは特別に伝単〔ビラ〕を発して、学宮で集会を開いて演説し、判決を覆そうと試みたが、意に反して参会者はごく僅かであった。また、〔湖南〕諮議局がこのために軍機処に発した電報は、上諭で厳しく譴責されており、ために王先謙らは試みの無駄なことを知り、大いに気落ちした。また、葉徳輝も秘密裏に北京の訪問を計画したが、現在は既に取りやめている」と報じられたように、王先謙と葉徳輝による冤罪の訴えも効果がなく、運動も間もなく沈静化したのである。(84)

第三節　列国と清朝政府、郷紳

一・イギリス領事の圧力

一九一〇年四月二八日、イギリスの長沙駐在領事ヒューレットは特命全権公使ミューラーにあてて、一九一〇年の長沙米騒動の経緯を報告した(85)。同日、湖南巡撫楊文鼎は軍機処にあてて、同月二四日にヒューレットが楊文鼎に会談を求めた旨を報告し、「ヒューレット領事が訪れ会談した時、今回の湖南省の乱は皆な紳士の使嗾によると主張し、言葉は頗る激烈であった。楊文鼎が再三弁明しても、彼は信じなかった」と記した(86)。また、村山正隆がヒューレットについて、「案するに、湖南に於ける宣教師等か平日地方人に疾視せられ居るは一般の現象と認められ、従て彼等は常々神経過敏なる傾あり。……是等の事件に関聯し〔一九一〇年の長沙米騒動の前に〕英国領事〔ヒューレット〕に警告的書面を送りたるものありし由にて、同領事は之を聯想し、今回の事件を予謀あるもの、如く判断し居るも、之れ蓋し偶中に過さるへく、現に巡撫衙門か第一に襲撃を受けたる如き、暴民は皆何等の武器を携帯せさるか如き、事前少しの風説も無く、支那人としては到底斯る秘密を厳守する能はさる等の点より推察し、此暴動か初めより政治的意味若くは外国人襲撃の目的の為めに陰謀せられたるものに非すして、寧ろ窮民の官憲に対する反抗か動機となり、湖南人の先天的排外思想か触発したるものと見る方妥当ならむ歟」と記したように、ヒューレットが一九一〇年の長沙米騒動の事後処理で過敏な反応を示し続けたとしている(87)。五月五日、ヒューレットは、ミューラーにあてた報告の中で、長沙米騒動の原因として、米穀の欠乏、石工・木工の敵意、湖南当局の弱腰と排外的政治団体の強大さの三点を指摘し、責任を問われるべき人物や団体として、一・布政使荘賡良、二・長沙関監督朱延熙、三・議案研究会、四・

郷紳の孔憲教と楊鞏、五・郷紳の葉徳輝、六・粟時橋（湖南諮議局議員粟戡時の誤りかと思われる）、七・学生の江順徳、八・長沙知県余屏垣、九・石工・木工の行会、一〇・湖南巡撫岑春蓂、以上の名を上げた。(88) 五月八日、新軍の第二五混成協協統である楊晋はイギリス領事館のヒューレットの許を訪れ、長沙米騒動における新軍の発砲について語ると共に、長沙米騒動の責任者として孔憲教、楊鞏、葉徳輝、王先謙の名をあげていた。(89) また、五月九日、ヒューレットが、湖南巡撫楊文鼎の許を訪れた。席上、楊文鼎は、布政使荘賡良を含む大官を弾劾する予定であると告げ、かつ孔憲教、楊鞏、葉徳輝の三人が処罰される予定であり、この三人に加えて王先謙の名もあがっているが、王先謙がこれまでの北京の政界における名声に鑑みて除外されるであろうと述べた。(90) 五月二一日、ミューラーは、イギリスの外務大臣グレイにあてて、ヒューレットの五月四日、五月六日、五月一〇日の報告を同封した上で、孔憲教、楊鞏、葉徳輝の三人が処罰されるはずであると報告した。(91) ただし、同日、清朝政府が、湖南省の郷紳に処罰を下した時には、この三人に加えて、王先謙の名前も入っていた。このような背景には、列国と湖南省の郷紳の間の対立が存在したのである。(92)

一九一〇年五月一一日、イギリスのジャイルズが特命全権公使マックス・ミューラーにあてた報告では、一九一〇年の長沙米騒動の原因について、一・米穀の輸送禁止をめぐる湖南巡撫岑春蓂と郷紳の対立、二・イギリス領事館建設問題をめぐる木工・石工の行会とイギリス領事ヒューレットの対立、三・義和団の残党の存在、以上の三点をあげつつ、「騒ぎの起源に関するならば、長沙在住の外国人は心中で郷紳が騒動の責任を負うべきであると考えている」と述べて、次の五点をあげた。第一に、「この騒ぎがいかなる意味でも民衆によらないことは疑いない」と述べて、焼き討ちが義和団の残党の指導下に整然と進められ、焼き討ちや略奪の対象が明確に区別された点である。第二に、軍隊の発砲が中止された理由が郷紳の反対にあった点である。民衆が徒手空拳で巡撫衙門を攻撃するはずもなく、郷紳の支持があればこそ過激な行動に出たと考えられる。第三に、イギリスの関連施設が破壊された一方で、日清汽船会社の施設が無事であり、二つのアンチモニー工場も無傷であった点である。この理由は、郷紳が日清汽船会社の株主であり、二つのアンチモニー工場にも郷紳が関与した点にある。第四に、二四名の義和団の残党が湖南省以外の出身者であった点である。そして、彼らが郷紳の支持なくして行動に出ることはできないとして、「私は二四名の人間が郷紳に雇われた金銭づくの人間で、巡撫に対する反感を駆り立て、湖南省の外国人施設を破壊したと結論付けざるをえない」と述べた。第五に、事件の終了後、何人かの飢民の避難者が処刑されたが、彼らは追随者であった点である。第六に、孔憲教、楊鞏、葉徳輝など、郷紳の中心的な人物が、騒ぎの前面に立った点である。特に、孔憲教の息子が、各地の焼き討ちに加わっていた。そして、ジャイルズは、「私は四月二五日から五月八日まで長沙に滞在したが、この間長沙は平和であり、騒ぎを起こす謡言のなかった点が特徴的であった。このことは、民衆が騒ぎと無関係であったことを物語る。現在、騒ぎの責任を賠償金、すなわち金銭で決着を図っているようだが、郷紳に責任を取らせなければ同様の事件が何回でも起こるであろう」と述べて、郷紳に対する処罰を主張した(93)。五月一七日、湖南巡撫楊文鼎は、ヒューレットの郷紳の処罰を要求する強硬な態度の背景に、郷紳の処罰に名を借りた別の思惑を看取し、「伝聞では、イギリス領事は各国と共に長沙開港で〔日本の締結した〕租地章程を拒否すると述べたという。将来、この点に意が注がれるであろう」と指摘した(94)。楊文鼎の危惧は、イギリス領事が賠償交渉で郷紳の責任を追及し、外交案件の解決を図ろうとする点にあった。五月二三日、特命全権公使伊集院彦吉も、「本件は此際之〔外国人の湖南省城内の居住権〕を持出すとも到底要領を得るの見込なく、却て善後談判其物の纏まりを阻害するの虞も有之上、我方に於ては先年の行懸上何分正面主張の衝に立ち難き事情もあることに付、英国側より本件提出の場合には出来得る限り援助を与ふへきは勿論なるも、我要求の事情としては之を持出さゝる方可然」と述べて、イギリスの動向に懸念

を表明した。(95)

一九一〇年七月、イギリスの長沙駐在領事には、ヒューレットに代わり、ジャイルズが就任した。七月一八日、日本の長沙駐在副領事村山正隆が外務大臣小村寿太郎にあてて、「英国前領事『ヒウレット』は、紳士処分を第一の要務とし、賠償金も紳士の負担に帰せしむと唱え、英国人の賠償額調査なとは少しも着手せす、且北京にて交渉すへき旨を主張し居たるに、今回新任領事『シャイルス』着任、当地にて平和に解決すへきを声明し、英国商人の損害賠償調査も約二週間に結了すへき見込みに付」云々と記しように、ヒューレットの湖南省の郷紳に対する処罰の要請は執拗なものがあったようである。(96)村山正隆は六月一日、すなわち五月二七日の四郷紳の処罰の五日後、早くも「荘〔賡良〕前布政使及湘紳四名の弾劾は、長沙英国領事か瑞〔澂〕〔湖広〕総督に面会の要求したる結果なりと、当地にては一般に伝説せり」と記している。(97)そして、六月六日、村山正隆は、湖南省の郷紳に圧力を加えることで事態を打開するのではなく、列国が湖南省の官憲と郷紳の共同による地域社会の開発に向けて誘導すべきであるとして、外務大臣小村寿太郎に対し、日本政府が清朝政府に要求すべき私案として、「郷紳及諮議局に対し、官憲と和協して善後の処分并に風気開発、産業進行等に尽力する様勉諭すること」を含む八点を提言した。(98)また、村山正隆は、六月七日にも、「某領事〔ヒューレット〕の如きも、兼て小官か各紳士と親近なるを見て、曽て彼等を招請したるに、誰も赴くもの無かりし由にて、自然紳士に対して悪感情を懐き、斯る関係より故らに紳士を問題とし、王〔先謙〕・孔〔憲教〕等四人の弾劾も、清国人側にては一般に某か瑞〔澂〕〔湖広〕総督に面会の際、提議したるに基つくものなりと伝説せり」と述べて、ヒューレットの関与を指摘した。(99)一九一〇年六月二六日、葉徳輝は友人の繆荃孫に書簡を与え、「私は慶元党禁〔宋代、外戚の韓侂冑が朱子を斥けて宰相の趙汝愚を貶れ、偽学の名で名士を退けた事件〕の前後顛末を詳しく考証しており、ために今日の境遇には泰然と構えております。平生の諧謔の語が禍を招いた理由でありますが、一生の養生の秘訣もこれに依拠しているのです」と述べた上で、「今回の党錮〔後漢の宦官による党人の弾圧〕は、人によっては眼中の釘を抜いたものであろうが、私には〔父や弟による〕騒動の根を断ち切ったに近く、一大懸案が解決されたことになります」と喝破した(100)。そして、葉徳輝は、更に繆荃孫にあてて、一九一〇年の長沙米騒動で王先謙と葉徳輝が門を閉じて外出しなかったにも拘らず、王先謙が郷紳ら巡撫交代を要請する電報に名を加えられ、かつ孔憲教と楊鞏も布政使の荘賡良と共に遊行して乱民の解散を図ったのに、功績が評価されずにこの禍に遭遇し、かつ葉徳輝も個人で租穀を販売できず、また租穀を販売したとしても、僅かな穀物では省城の三日の食糧にも足りないことを知りながら、罪名に名を加えられたとして、「〔私に〕罪名が加えられたのは、殆んど運気による。葵園老人と私は、七、八年来書籍の翻刻に専念し、外部の事柄に関わらなかった。しかし、湖南省の詰まらない郷紳が〔私の〕名を騙って発言することは、毎年のようにあり、誣告を上申しても当局者は信用せずに、重要な事柄ではないといい、今日の事態になった。誠に、哀しむべき事柄である」と述べた(101)。いわば、葉徳輝は、王先謙と同様に、あくまでも冤罪を主張したのである。

二・湖南諮議局の対応

一九一〇年四月に、新任の湖南巡撫楊文鼎が湖南省に着任した。一九一〇年五月二〇日付け『時報』は、湖南巡撫楊文鼎について「湖南省の官紳は近頃大いに意見を起こし、新・旧の各紳は楊〔文鼎〕巡撫には大いに不満を抱いている。楊〔文鼎〕巡撫が初めて赴任した時、旧党の各紳は打ち解けていないようであったが、学界の各紳でかれ〔楊文鼎〕に反対する者はなかった。しかし、近頃は、学界の中にも、かれを非難する者が現れている。何となれば、楊〔文鼎〕巡撫が今回の事件で、岑〔春蓂〕を極めて庇護しようとしているばかりか、更に頼承裕を重用しようとしたからである。頼〔承裕〕と湖南省の郷紳の感情は、旧党の中ではさほど悪くはないが、新党の中では恨む者が甚だ多い」と記している。[102]そして、「守旧」派の郷紳は、「岑〔春蓂〕巡撫が今回の事件の責任者であり、もし〔岑春蓂以外に〕犯人探しをするのであれば、将来の公金の工面・募金・課税には極力反対する」と言い立て、湖広総督瑞澂に頻りに打電したが、瑞澂の返答がないため、「瑞総督を恨み、更に怒りを楊〔文鼎〕巡撫に転じた」と言われた。[103]一九一〇年五月、奉天の湖南同郷会は、湖南諮議局にあてて二種類の提議文を提起した。奉天の湖南同郷会の中心には、一九〇九年以降東三省清理財政正監理官、奉天塩運使兼財政正監理官、東三省屯墾局会辦兼奉天造幣廠総辦を歴任した熊希齢がいた。奉天の湖南同郷会の第一種の提議文では、湖南省の省庫からの賠償金支払いの拒絶、湖南巡撫岑春蓂の弾劾、両湖賑糶米捐局の経理の調査、度支部練兵加価・江南新政加価の塩款の賑恤米への転用の四条を説き、湖広総督瑞澂に三〇万両の賑恤金の支出を要求した。また、第二種の提議文では、「この四条は応急策であり、抜本策で臨機応変に計画を図らなければ水害は連続的に起こり、人力で治めることはできない」と述べ、練兵・新政を五年間中止した費用を下に借款を行い、「抜本策」の洞庭湖の浚渫などに使うよう力説した。[104]奉天の湖南同郷会による二種類の提議文は、湖南諮議局の議決をへて湖南巡撫楊文鼎より清朝政府に上申された。また、湖南諮議局も、この提議文を受けて、湖南省が湖北省の救済の犠牲になったこと、湖南省の官憲が災害に対策を講じなかったこと、湖南巡撫が職務の放棄と平糶の躊躇により騒乱を起こしたこと、湖南巡撫が警備の不備から被害を拡大させたこと、以上の理由で湖南省の省庫からの賭償金支出を拒絶した。[105]六月、水野梅暁は、奉天の湖南同郷会による二通の提議文と、湖南諮議局議員で湖南商務総会協董の陳文璋の意見書を、湖南省長沙に在住していた松崎鶴雄の助力をえて邦文に訳出して日本の外務省に送り、「以上の全篇を通読するときは、孰れも所有の機会を利用して官権を縮少せんとするのみならす、練兵加価の截留を肯せさらんか、乱民は直に蜂起すへしと云はん計りの語気を以て、中央政府に臨まんとするは、到底邦人の想像する能はさる事なりと雖も、今日の中央政府は決して之を威壓し得る何等の成算もなきものなれは、当分隠忍の中に之の要求を容る、なるへく、而して此議にして容れられんか、各省も亦之に倣ひて種々の口実の下に、各款の截留を要求すへく、地方と中央と、諮議局と地方官との距離、間隔の度合益甚しきものならんは幸なり」と締め括った(106)。

一九一〇年の長沙米騒動において、竹枝詞の一つは「事変の発生後、〔諮議局〕議員は堂に満ちたが、寒蟬のように口を噤み、一人として義によって正論を唱える者はいなかった」と述べ、湖南諮議局議員を批判した(107)。この場合の「義」は、巡撫衙門の焼き討ちに際して、石油商が「公等公憤の為に事を挙ぐ、吾亦義の為に勉めざるを得ず」と述べて、民衆に半額で石油を販売したところの「義」、すなわち地域社会の規範に相当するものであろう(108)。いわば、湖南諮議局議員の言動も、地域社会の規範によって突き上げられ、拘束されていたのである。そして、五月末期から六月初旬の間、湖南諮議局議長譚延闓、副議長胡璧、常務議員彭施滌は、これらの批判に応ずるかのように、「湖広総督瑞澂が〔湖南巡撫岑春蓂一人に責任があるにもかかわらず〕士紳に罪を分担して負わせ、岑〔春蓂〕巡撫のために歪曲して主張したのは、情理の均等を欠くものである。既に〔一九一〇年五月二七日の〕旨を奉じており、無闇に陳述すべきではないが、諮議局は輿論を代表する機関であり、事実の明らかな事柄を沈黙することはできない」と述べ、軍機処に事件の再調査を請願した(109)。すると、軍機処は、湖南諮議局議長譚延闓に対して、「該局議長譚延闓らが、諮議局の名を借りて、関与できない公事に言葉で抵抗するならば、厳罰に処す」と述べ、譚延闓の行為を湖南諮議局の越権として譴責した。これに対して、譚延闓は、「諮議局は輿論を代表する機関である。凡そ、郷曲の公評は情に依って上達し、輿論を代表するという本旨に合わせざるをえない」として、一九〇六年九月一日の「宣示預備立憲先行釐定官制諭」で「庶政、之を輿論に公にする」等の語があり、「庶政とは凡百の政事を指し、輿論は人民の公論を指しており、その中にいかなる制限があろうか」と激しく反論した。(110)湖南諮議局議員も、王先謙らと同様に、清朝政府の中央集権政策に対抗し、地域社会の利権を守ろうとする立場に立った。(111)ただし、湖南諮議局議員は、譚延闓が一九〇六年九月一日の「庶政、之を輿論に公にする」等の語を護符としたように、光緒新政の詔勅を盾に清朝政府に対抗した点に特徴があった。いわば、清朝政府も郷紳も、光緒新政の諸制度や法律の存在を前提として、この諸制度や法律を用いて行動しているのである。これらの特徴は、一九一〇年六月、水野梅暁が湖南諮議局議員で商務総会会長の陳文璋の意見書について、「諮議局なる堅塁に立て籠りての痛撃は、官吏としては重大の苦悩たるを免れさるへく、一面には所有の機会を起用して極端に紳権、換言せは民権の拡張を試みて止まさる鋒鋩火の如きものあるを覚ゆ」と述べたような、「諮議局なる堅塁」に立て籠りつつ、「所有の機会」を利用して郷紳の権力の拡大を図った点に求めることができるのである。(112)

湖南省の財政は、光緒新政の諸経費により、約一三〇万両の出費を加えていた。そして、一九一〇年七月までに、累積赤字が約三〇〇万両、更に翌一九一一年の予算では約一五六万両の赤字が見込まれた。歳出の内訳は京協各餉、新旧賠款、長江経費で三〇〇万両、共支新軍、水陸防営、緑営の経費で二〇三万両、全体の六、七割を占めて、残る所は三二〇万両有余、実に「有限の資金で無限の事柄を行う」必要があった。また、先の赤字額約一五六万両に、民政、司法、教育、実業の各経費、大清銀行への年賦返還金を加えると、赤字額は二三五万両に達し、従来の累積赤字と併せて約六〇〇万両になったが、これには一九一〇年の長沙米騒動の善後処理、常徳の水害の救恤金は含まれなかった。(113)一九一〇年六月一七日、村山正隆は、外務大臣小村寿太郎にあてて、「湖南省善後の処分に関する財政困難の為め、布政使署理譚〔啓瑞〕より借款の内嘱あり」と述べ、期限三年、毎年三分の一まで元利償還、利息七分内外として、湖南省の米捐のうち一年約四〇万両、塩課のうち一年約三〇万両を担保として、一二〇万両の借款の申し込みがあったとした上で、「本官は今回の事変は湖南省に対する本邦の勢力扶植の好機会と認め、第一に瑞〔澂〕総督に面会善後策を談したることは浩電第一八号の通にして、其後楊〔文鼎〕巡撫、譚布政使等とも常に懇談の結果、右借款の内嘱、并に今後経営の財源として、鉱山を利用の外なきことに一致し、鉛、錫、安質母尼、銅其他各種の鉱山に対し、或は大冶借款の如き方法にて協談出来すべき端緒あり。興業会社其他確なる筋にて講究の必要あるやと信す。現に貯存せる水口山の鉛鉱石約四千噸〈約七、八割を含む〉を売却の筈」と指摘している。(114) ついで、同年七月一八日、村山正隆は、次のように述べている。

湖南財政整理の方法として、楊〔文鼎〕巡撫等は前きに米捐の増加、塩税の整理及塩一升に付四文の附加税を課すること等を目論見居たるも、現今の情態にては到底斯る姑息の方法を以て頽勢を挽回すること能はさるは明かなるを以て、兼て小官か瑞〔澂〕総督及楊巡撫等に勧告せし鉱山開発、鉱石售売を唯一の方策と定め、差当り水口山現存の鉛鉱石四千噸を売出し、引続き拡張、採掘、販売する筈なり。而して事業資金調達の方法として、楊巡撫の意見は鉛山公債百万両を発行し、外国人か支那人の名義にて購入するは勝手なりとの内意を漏せり。依て小官〔村山正隆〕は公債発行の不利なる点と其資金を如何に利用するやを糾したるに、〔楊文鼎は〕目下湖南人の気風と支那人間の物議を抑ふる為め、公債と称するを便利と考へ、水口山鉛鉱、平江金鉱の拡張及永州の錫、辰州の硃砂、各地の石炭、安質母尼〔アンチモニー〕、其他鉱物は無尽蔵なりと答ひ、小官は更に如何なる良鉱と資金のみ有るも、技術家と経理〔が〕其法を得さる〔れ〕は、到底利益を見ること不可能〔にして〕、現に水口山の如き其的〔適〕例なるを以て、資本家は安んして投資するもの無かる可し。故に実蹟〔績〕を挙けんと欲せは、先つ第一に我国より信頼す可き技術家を聘して調査を行ひ、併せて資本の援助を得るの得策なりと信する旨勧告したるに、〔楊文鼎は〕勿論自分も其考なり云々打明け話をなせり。(115)

ここに明らかなように、湖南巡撫楊文鼎は一九一〇年六月の段階で、多額の財政赤字を解消するために、水口山鉛鉱を担保として、日本から一二〇万両の公債発行を画策していたのである。

三・資政院における攻防

一九一〇年一〇月三日午前一〇時二〇分、北京で資政院の開会式が挙行された。資政院の議員は勅選と互選の二種よりなり、勅選に属す者は宗室外藩並びに有爵者、現任高等官、各省の富豪、名儒より選任し、互選に属す者は各省諮議局議員の互選をもって決定することにし、其員数は勅選と互選を合わせて約二百名であった。一〇月三日の開会式の議員の参列者は一七〇名で、軍機大臣、大学士、各部院の尚書も列席した。慶親王奕劻が上諭を捧げて入座し、宣統帝溥儀に代わって訓詞を宣読した。開会式は、午後一時三〇分に散会した。[116]そして、一〇月六日から議事が行われた。宗方小太郎は、資政院議員の内訳を次のように述べている。

議場の大勢を通観するに勅選王公世爵議員十四名中、稍や意見を有する者は僅に載振貝子と載潤貝勒の両人に過ぎず。満漢世爵議員の十二人中に在りて取る可き者は承恩公志鈞、候爵曾広鑾、存興並に子爵李長禄の四人に過ぎず。外藩王公世爵議員の十四名は多く言語不通にして木偶と撰ぶ所無く、宗室覚羅議員の六名も只だ員に備はるに過ぎず。多額納税議員の十名は以上の部類に比し見る可き者無きに非ずと雖ども、要するに碌々者流にして纔かに周廷弼、席綬の二人有るのみ。碩学通儒議員十人は所謂天下の名士にして、陳宝琛、厳復（広西省阿片案に対し議院の議決平かならず、辞職の意有り）、労乃宣、章宗元、陶葆廉、沈林一等皆有力の士なり。此他各部院衙門議員三十二名中に在りて、勢力有る者は顧棟臣、趙炳麟、汪栄宝、劉沢熈、胡駿、張緝光等にして、之を約言すれば、以上勅選の骨子は衙門議員と碩学議員の四十二名とに過ぎず。民選議員九十八人中に在りて第一流の列に在る者は、孟昭常、雷奮、許鼎霖にして、牟琳、呉賜齢、易宗夔、羅傑、陶峻、陶葆霖、鄭際平、文龢、汪龍光、陶鎔、江辛、方還、于邦華、李榘、劉春霖等亦た一二流の列に在り。仮りに勅選を以て政府党として、民選を以て在野党とすれば人物固より民選に多し。然れども民選中現職又は候補官吏の位地に在る者多数なれば、政府党に属する者少なからず。之を統ぶるに政府党の数〔は〕遙に民党の上に在りと雖ども、勅選中言語不通の外藩議員と満漢宗室覚羅等の議員総計四十六名は議員の最前列に在り、常に採決の際に当りて賛否に迷ひ、後列の議席を回顧して向背を決する者比々皆然らざるは無し。是れ議場に於ける一奇観なり。如此の情形なるを以て勅選中の半数は全く員に備ふるに過ぎざれば、今後政府は能く之を訓練して巧に議場を操縦するにあらざれば少数の民党の為に苦めらるゝの恐れ無きを必す可からず。然れども近日政府に於て国会速開の請願を容れ預算案を無事議了せしめば、今期議会は格別の波瀾を生ずるに至らずして、閉会を告ぐるに至る可きなり。（予算案は来る〔一〇月〕十七日を以て提出せらるべき予定なり）(117)。

この間、国会速開請願代表団が、資政院議員を巻き込んで国会速会運動を展開した。そして、一〇月三一日、資政院では湖南諮議局より提出された、湖南巡撫楊文鼎による一二〇万両の公債案の可否を審議したが議論百出し、議決には至らぬまま散会した。

一九一〇年七月、湖南省は、一九一〇年の長沙米騒動の賠償金や救恤金で莫大な資金を必要としたが、資金を捻出する手段がなかった。このため、湖南巡撫楊文鼎は、湖広総督瑞澂と相談して、日本より一二〇万両の借款を行おうとしたが、列国と清朝政府の賠償額決定交渉が遅延する一方で、湖南省に水口山鉛鉱の鉱石売却代金として二〇万両が入り、かつ湖広総督瑞澂が外債に頼らない方針を立てたために、一二〇万両の公債を発行する方針に切り替えることになった。一二〇万両の公債は、水口山鉛鉱の利益一年三〇万両を担保に、六ヶ年賦の元利償還の予定であった。

ただし、同年七月二七日、村山正隆が外務大臣小村寿太郎にあてて、「要するに、外債を借入る、と云へは、紳士等の反対あるを以て、名目を換へて外国人又は他省人の資金を吸収せしむとするに外ならす」と述べたように、公債も実態は借款と異ならなかった[118]。清朝政府は、湖南巡撫楊文鼎の一二〇万両の公債発行の奏請を批准した。湖南巡撫楊文鼎は、この批准を受けて王玉卿ら四人の商人を引受け人に契約を結んだ。すると、王玉卿ら四人の商人は、貸付金の返済不能を恐れ、鉱砂の価格の設定と鉱砂の売却の許可を求めた。ただし、価格は、鉱砂の暴落を慮り、低く設定された。湖南巡撫楊文鼎は、資金の調達を急務としたため、要求を全て受け入れた。湖南諮議局が開会すると、湖南諮議局議員は、本案件が湖南省の財産に関わることであり、王玉卿ら四人の商人が富裕な商人ではなく、外国商人と交易していたことから、王玉卿らの背後に外国商人が存在すると考え、万一返済時期に及んでも資金が返済できなければ、損失は数十万両を下らないとして、同契約に危機感を抱いた。また、各議員は、湖南巡撫楊文鼎が湖南諮議局に謀らずに、清朝政府に直接に認可を求めたことが『各省諮議局章程』に対する違反であると考え、資政院に打電して契約の取り消しを求めた[119]。何となれば、『各省諮議局章程』第六章「職任権限」の第二一条に「本省の税法及び公債の事柄を議決する」と明記され、同第二四条には督撫と諮議局の間で齟齬が生じ解決不能の場合は資政院に送りその決定に服することが規定されていたからである[120]。一〇月六日、湖南諮議局は資政院に対して、湖南巡撫楊文鼎が湖南諮議局に謀らずに一二〇万両の公債の発行を上奏したのは、『各省諮議局章程』に対する違反であるとして、調査し処理するよう要請した[121]。これに対して、湖南巡撫楊文鼎は、湖南省の災害の善後処置で、多額の費用を必要としているが、司局の各庫の資金が尽き、資金を支出できず、また商民から徴収もできず、ために公債の発行以外に良策がなく、度支部に請願して認可をえたことは窮余の策であったとし、湖北省、安徽省でも諮議局の承認をえずに公債が発行されていると弁明した[122]。一〇月二七日、湖南諮議局は、湖南巡撫楊文鼎の弁明に対して、逐一反論を行った[123]。宗方小太郎は、一〇月三一日の資政院の審議について、「昨〔一〇月〕三十一日の議事は湖南の公債案と著作権律案にて、公債案は湖南巡撫が諮議局に謀らず肆ままに百二十万両の公債を発行せし事件にして、湖南諮議局にては其の違法越権たることを議決し、資政院の裁断を請求せし者なるが、之に対し議論百出、巡撫の違法を懲戒すべしとの説も出たれ共、議決に至らずして著作権案の第二読会に移り、字句の修正等を為して散会せり」と記している(124)。一一月二六日、資政院も、湖南巡撫楊文鼎の行為が『各省諮議局章程』に対する違反であり、原案を湖南諮議局に戻して審議すべきであるとして、清朝政府の判断を仰いだ(125)。

一九一二年一二月四日、水野梅暁はこの間の経緯を受けて、「万事を瑞〔澂〕〔湖広〕総督の意見に依りて決定しつゝある楊〔文鼎〕〔湖南〕巡撫は、候補道袁某を湖南に走らし、万事の打合せ中なる由にて、本春事変〔一九一〇年の長沙米騒動〕後、紳士究辦の一件以来、官紳間の溝渠日に深くして、時々物々角立ちたる応酬に飽き果てたる楊巡撫は、潜に転任運動に着手し、既に其家族の一部は之を下江せしめる位にて、予算案の審議は余程官憲に対しては苦痛なる一大問題たるらし」と報告している(126)。この結果、同年一二月一九日付け『民立報』紙が「〔湖南〕諮議局が公債票に反対して以降、〔諮議局と〕行政官は大いに齟齬をきたした。そして、近日の〔湖南諮議局〕臨時会は、財政の議案が多すぎて、いまだに審議の緒に就くこともできず、湖南巡撫楊〔文鼎〕に一〇日間の延長を請願した」と報じたように、湖南省の財政は行き詰まりをみせた(127)。更に、同紙は「湘南窮極之現象」として、次の五点をあげている。第一点は、湖南省の宣統元年（一九〇九年）の予算全冊が軍政の一項で一〇万両余り減少し、兵士の数や給与を削減する必要があったことである。第二点は、本年年内の財政も窮迫し、各局所、公所の旧暦一〇月分の常年経費も発給されず、布政使趙濱彦があらゆる手段を駆使して資金の調達に務めたことである。第三点は、各娼妓が資金の窮迫から妓捐を期日通りに支払うことができなくなったため、警務公所が無理やり徴収にあたったことである。第四点は、湖南省の各州県の官吏の欠員が困窮し、銭価の低下と規定の手数料の廃止により、借金による損失を増大させたことである。第五点は、インフレによる資金の欠乏である。そして、「湖南省では日々資金が窮迫し、小民の困窮は言葉で言い表すことのできない状態となり、城廂内外の各質店が最も悲鳴を上げている。連日、質入する者が相継いで〔質店に〕至ったため、〔質店では〕応対に暇がなく、連日数千串の金銭の多さが必要とされる事態に至っている。銭店は資金の窮迫のため、遂に現銀を借りて応対することができなくなった。このため、近ごろでは質入れ品も異常に価値を下げている。この原因を推察してみると、車夫・妓女が巡警道に逼迫され、候補各員が趙〔濱彦〕布政使に逼迫され、次に烟、酒、糖、官膏、厘捐などの税金の徴収に迫られ、この現象を作り出したのである」と言われた(128)。この結果、公債票の発行計画は宙に浮き、湖南省の財政も窮迫を告げた。湖南巡撫楊文鼎は、一二〇万両のうち、二〇万両を民間から徴収することにし、残りの一〇〇万両を横浜正金銀行からの借款に頼ることにした。しかし、横浜正金銀行にとっても、借款が返済不能の恐れがあり、危険性も大きかった。このため、一九一一年一月一〇日、横浜正金銀行は、布政使、官銭局、官鉱局が将来に水口山鉛鉱買入れに付き、三井洋行に優先権を給付することで、五〇万両の借款に応ずることになった(129)。そして、同年一月二八日、長沙駐在副領事堺與三吉は、外務大臣小村寿太郎にあてて、「借款名義人は湖南官銭局にして、官鉱局〔も〕之か保証をなし、尚湖南布政使も調印に加はり居候。而して右現銀も已に当地に到着致候。久しく滞り居りたる軍隊及巡警等の諸給を数日前に至り漸く支払ひたりとの事なるが、多分右借入金の到着に依りて融通し得たるものなるべしと推測せられ候。尚前回機密信中に申進置たる湖南公債の内、五十万両を独乙礼和洋行〔Carlowitz & Co.〕に於て引受の件は、其後都合ありて終に談判不調に終りたる赴に有之候」と述べた(130)。

おわりに

本章では、清朝政府と郷紳の「公」の争奪について、一九一〇年五月二七日の四郷紳の処罰問題を中心に考察した。一九一〇年七月一八日、村山正隆は、外務大臣小村寿太郎にあてて、湖南省の政局及び郷紳の動向について次のように述べている。

官紳の態度、目下湖南の官紳は表面何等の波瀾を見さるも、先きに弾劾せられたる紳士及其戚友、門人等は今尚ほ内密に伸冤報復の策を継続しつゝあるものゝ如く、現に種々運動の形跡ある而已ならす、数日前王闓運より瞿鴻禨に贈りし書面の内にも、御史及在京の旧僚を動かし、時勢の挽回せしむことを勧告せるものあり。諮議局の態度も表面靖穏なるも、裏面の暗流は却て急なるものゝ如く、議長譚延闓も前きに紳士処分に関する打電により厳譴を受け〔『大清宣統政紀』一九一〇年六月三日の条〕、又譚か尚ほ年少なる為め議員等其の節制を遵守せさる等、頗る心中平ならさる所あり、〔このため〕辞任を申出てたるも、巡撫は之れを許可せす、快々として屏居し居る由、今回諮議局の議事の如きも、議員は概して熱心ならす、官憲は格別重要視せす、殊に清国の通弊として言論、文字の上には善美を求むるも、実行し難き事のみ多きに似たり。楊〔文鼎〕巡撫も実缺に補せられてより、幾分措置に便宜を加たるに相違無きも、目下の状態に在りては財政の窘窮殊に甚しく、官紳の間鴻溝を隔て全く聯絡を絶ち、尚ほ湖北より率ひ来りたる候補官等、三十余人の位置及従来湖南に在りし官吏の之れに対する感情等、非常の難局に立ち居れり。本任趙濱彦も上海に在りて病気保養と称し、形勢を観望せるものゝ如く、署理布政使譚啓瑞評判良く、外国人間にも気受け可なり(131)。

村山正隆の懸念は、湖南省の政治的混迷が日本の利権の獲得、維持においても不利であるという判断から出たものであろう。村山正隆は、湖南省の郷紳が「守旧」と「開明」の両派に分かれてこれまで闘争を繰り返してきたものの、郷紳という点では同じ土俵の上にあると考えていた。そして、清朝政府の四郷紳に対する処罰は、清朝政府及び湖南省の政局に不測の事態を呼び起こしかねないとした。ここで、イギリスのヒューレットが王先謙ら有力な郷紳を排除する形で問題解決を図ろうとしたのに対し、日本の村山正隆が有力な郷紳を懐柔する形で問題解決を図ろうとした点は、イギリスと日本の郷紳に対する対応の違いを物語る。

湖南省の郷紳が一九一〇年初頭の米価高騰に際して取った方策には、次のような問題が顕在していた。もともと、水害や飢饉に伴う米価高騰は、湖南省では日常茶飯事であった。このため、湖南省では両湖賑糶米捐局を設立し、米穀の流通に課税し、課税分を貯蓄して飢饉の対策に当てていた。ところが、葉徳輝が両湖賑糶米捐局の総稽査に就任すると、葉徳輝は同局の資金を葉徳輝の父の葉浚蘭の運営する徳昌和銭舗に入れ、空売買を行って暴利を得た。そして、湖南省正監理官の陳惟彦は、この腐敗した構造を正そうとして、却って郷紳によって弾劾され、湖南省から放逐されたのである。また、郷紳は、米価高騰に際して、一度は平糶の資金を郷紳の義捐によることに決したものの、王先謙が冊子に義捐額の記入を拒んだために、郷紳による義捐は中止された。すなわち、郷紳は、民衆の救恤という点では意見の一致をみたものの、個別の具体策となると利害がからみ、有効な方法を提示できなかったのである。確かに、郷紳は、米価高騰に際し、湖南巡撫岑春蓂に対して、しばしば米穀の出境禁止を請願した。しかし、この郷紳の請願も、自らの利害を侵犯しない限りでの解決策であっただけでなく、湖南巡撫岑春蓂に責任を押し付けるための方便としても機能した。郷紳は、米価の高騰に応分の責任を負うたにもかかわらず、事後には全ての責任を湖南巡撫岑春蓂に押し付けて自らの責任を不問に付し、清朝政府が王先謙ら四郷紳に処罰を加えると一致して清朝政府に抵抗した。この理由は、清朝政府の政策が郷紳の利害に対する侵犯であると看取されたことによる。いわば、湖南省の郷紳は、「守旧」と「開明」の両派に分かれて不断に闘争を繰り広げながら、自らの利害が侵犯されたと感じた時には一致して立ち上がったのである。

四郷紳の処罰問題の特徴は、清朝政府と郷紳が「公」をめぐって争った点にある。清朝政府は、王先謙ら四郷紳が湖南巡撫岑春蓂の追放を企てるために、「私」すなわち私情を優先させて、「公」すなわち公益を犠牲にし、一九一〇年の長沙米騒動を引き起こしたと考えた。いわば、清朝政府は郷紳「公議」について、「公」の背後に「私」を看取したのである。これに対して、湖南省の郷紳は、王先謙らの冤罪を主張し、事件の再調査を要求した。郷紳らは、四郷紳の処罰問題の背後に列国、特にイギリスの圧力を感取していた。すなわち、郷紳らは、四郷紳の処罰問題において、清朝政府が列国の圧力に屈し、地域社会の「公」を犠牲にしたと考えていたのである。何となれば、多くの郷紳は、王先謙らに対する処罰が電信の不通による電文の往来の齟齬、及び清朝政府の郷紳弾圧策の一環から発生したと考えていたからである。この点に、清朝政府と湖南省の郷紳が、四郷紳の処罰問題をめぐり、対峙した理由がある。それでは、共に清朝政府に対抗しながら、王先謙が処罰され、譚延闓が不問に付された理由は、いかなる点に存在したのであろうか。王先謙らは、旧来の慣習に沿って清朝政府に対抗し、清朝政府に弾圧された。これに対して、湖南諮議局議員は、諮議局章程を盾に清朝政府に反論することで、清朝政府による処罰を免れていた。湖南諮議局議長譚延闓は、絶えず一九〇六年九月一日の「宣示預備立憲先行釐定官制諭」の「庶政はこれを輿論に公にする」を引用し、光緒帝の上諭の言葉を護符として、清朝政府に異議を申し立てていた。換言するならば、譚延闓は光緒新政の詔勅を前提として、これを盾に清朝政府に反論することで、清朝政府による処罰を免れたのである。いわば、郷紳も、光緒新政の法律を前提として行動した。このことは、清朝政府が光緒新政の法律によって郷紳に処罰を加えようとしたと共に、郷紳も清朝政府に対抗するために、光緒新政の法律を盾にせざるをえなかったことを意味する。これに対して、王先謙らは、清朝政府に対抗するために、旧来の手法に依拠して清朝政府による処罰を受け、権威を失墜させたのである。

注

（1）王先明「士紳階層与晩清〝民変〟——紳民衝突的歴史趨向与時代成因」。

（2）Ichiko, Chuzo, "The Role of the Gentry: An Hypothesis".

（3）『動静探査員派遣』山口昇「清国情勢及秘密結社」一九一〇年一〇月二〇日。

（4）台湾・中央研究院近代史研究所所蔵の外交檔案：編号〇二—三二、宗号五二、冊号一「収発電：長沙収発電」には、一九一〇年の長沙米騒動に関する一二九の電文が収められている。筆者は、一九九〇年代に台湾・中央研究院近代史研究所でこの一二九の電文を発見し、次に収録した。饒懐民・藤谷浩悦編『長沙搶米風潮資料匯編』。この点については、本書「序論」四「史料」を参照されたい。そして、この一二九の電文を検討した結果、清朝政府と湖南省の郷紳の電文の具体的なやりとりだけでなく、電信の不通による双方の齟齬の実体が明らかになったのである。

（5）「憲政編査館資政院会奏憲法大綱暨議院法選挙法要領及逐年籌備事宜摺」一九〇八年八月二七日、故宮博物院明清檔案部編『清末籌備立憲檔案史料』上、五七—五八頁。

（6）「重申仍以宣統八年為限実行憲政諭」一九〇八年一一月三日、故宮博物院明清檔案部編『清末籌備立憲檔案史料』上、六八—六九頁。

（7）「憲政編査館奏核議城鎮郷地方自治章程並另擬選挙章程摺」一九〇九年一月一八日、故宮博物院明清檔案部編『清末籌備立憲檔案史料』下、七二四—七四一頁。

（8）「憲政編査館会奏覆核各衙門九年籌備未尽事宜摺」一九〇九年九月二七日、故宮博物院明清檔案部編『清末籌備立憲檔案史料』上、七一―七八頁。

(9) 湖南諮議局の設立については、本書第四章第三節第一項を参照されたい。

(10) 「憲政編査館奏核覆自治研究所章程摺　附清単」一九〇九年五月五日、故宮博物院明清檔案部編『清末籌備立憲檔案史料』下、七四五―七四八頁。

(11) 『省議会』長沙駐在領事事務代理外務省書記生林善一より外務大臣小村寿太郎あて「湖南自治研究所ノ経過及同改定章程ニ関スル件」一九〇九年一〇月六日。

(12) 「湖南巡撫岑春蓂奏湖南籌辦地方自治設立自治研究所情形摺」一九〇九年八月一二日、故宮博物院明清檔案部編『清末籌備立憲檔案史料』下、七四八―七五〇頁。

(13) 神谷正男編『宗方小太郎文書――近代中国秘録――』「報告第三百二号　明治四十二年二月五日」「財政清理章程」二二二―二二三頁。

(14) 「度支部奏妥酌清理財政章程繕単呈覧摺」一九〇九年一月一一日、故宮博物院明清檔案部編『清末籌備立憲檔案史料』下、一〇二七―一〇三三頁。

(15) 臨時台湾旧慣調査会編『清国行政法』第五巻、三三四―三三五頁。

(16) 葉徳輝『郋園六十自叙』六頁。

(17) FO228/1726, Hewlett to Jordan, Intelligence Report for the September 1909.

(18) 湖南巡撫岑春蓂の湖南省内における孤立については、本書第五章第三節第一項を参照されたい。

(19) 『政治官報』第五一四号（一九〇九年四月四日）「諭旨」。

(20) 陳惟彦『彊本堂彙編』「官遊偶記」下巻「蒞湘始末」一三頁。

(21) 陳惟彦『彊本堂彙編』「官遊偶記」下巻「蒞湘始末」一三頁。

(22) 陳惟彦『彊本堂彙編』、徐建生撰「石埭陳公劭吾家伝」。

(23) 陳惟彦『彊本堂彙編』「官遊偶記」下巻「蒞湘始末」一三―一五頁。

(24)『政治官報』第六七四号（一九〇九年九月二一日）、同第六九三号（一九〇九年一〇月一日）「度支部奏遵旨査明監理官陳惟彦被参各節拠実覆陳摺」「御史崇興奏参湖南正監理官陳惟彦凶暴驕横威逼人命請旨査辦摺」「度支部奏請簡派湖南正監理官摺」。
(25) 陳惟彦『彊本堂彙編』「官遊偶記」下巻「蒞湘始末」二三―二五頁。
(26) 陳惟彦『彊本堂彙編』、徐建生撰「石埭陳公劭吾家伝」。
(27) 小平権一『支那ノ米ニ関スル調査』一七二頁。
(28)『支那防穀関係雑件』漢口駐在総領事代理渡辺省三より特命全権公使伊集院彦吉あて「漢口着湖南米再輸出禁止ニ関スル件」一九一〇年二月二七日。
(29)「王先謙三十人致岑春蓂禁米出境公呈」一九〇九年一二月下旬、饒懐民・藤谷浩悦編『長沙搶米風潮資料匯編』五―六頁。
(30)『大清宣統政紀』一九一〇年三月二二日の条。
(31)『支那長沙暴動一件』漢口駐在総領事松村貞雄より外務大臣小村寿太郎あて機密第十六号「湖南米ニ関スル件」一九一〇年四月一六日。
(32) 一九一一年三月一三日以降の湖南米の省外への搬出については、本書第五章第一節第三項を参照されたい。
(33)『申報』一九一〇年四月一一日「札飭各属流通穀米」。一九一〇年の長沙関と岳州関を経由した湖南米の湖南省外への搬出額は、四万八五九頓である。この数は、同じく湖南省で飢饉のあった一九〇六年の二万七八二二万頓とほぼ等しい。また、一九〇九年の搬出額、六六万八六三二頓のほぼ五パーセントである。小平権一『支那ノ米ニ関スル調査』一七二頁。一九一〇年四月以降、湖南米の湖南省外への搬出がほぼ滞ったとしても、一九一〇年一月から三月までの搬出額を計算すれば、一九一〇年三月一三日から四月七日の間に大量の米が湖南省外に搬出されたとする説は想定しにくい。
(34) 長沙某某「郋園学行記」「記行」。
(35) 葉徳輝の経歴と事跡については、本書第一章第一節第三項、第二章第一節第二項、第六章第一節第二項、第九章第三節第一項、第一二章第二節第二項を参照されたい。
(36)「長沙搶米風潮竹枝詞」、饒懐民・藤谷浩悦編『長沙搶米風潮資料匯編』二九九頁。なお、一説には、湖南省の郷紳で米穀の買占めを図った者は、葉徳輝を筆頭とし、葉の一家で一万数千石の米穀を蓄えた。これに次いだのが楊鞏の七〇〇〇から八〇〇〇石であり、王先謙、孔憲教も大量の米穀を保存していたといわれていた。文斌「一九一〇年長沙飢民抗暴見聞」、饒懐民・藤谷浩悦編『長沙搶米風潮資料匯編』二八三頁。

(37) 湖南清理財政局編印『湖南省財政款目説明書』「歳入部　雑捐類」「穀物捐」。

(38) 「武昌陳制台来電」一九〇九年七月六日・「武昌陳制台来電」一九〇九年七月一〇日、楊鵬程整理「湘鄂米案電存」七六―七七頁。

(39) 『支那長沙暴動一件』長沙駐在副領事村山正隆より外務大臣小村寿太郎あて「長沙暴動ニ関聯シ清国官紳ノ態度報告ノ件」(其二)一九一〇年六月三日、饒懐民・藤谷浩悦編『長沙搶米風潮資料匯編』二〇二頁。

(40) 葉徳輝は、一九一〇年の長沙米騒動を次のように回顧している。「湘紳余肇康は、両湖賑糶米捐局の税一七両を握って放さず、事変〔一九一〇年の長沙米騒動〕が起こると葵園〔王先謙〕の名を借りて連署し、岑〔春蓂〕巡撫に代わる布政使荘賡良の擁立を請願し、このために瑞澂は激怒し、楊文鼎も私と葵園を誣告して弾劾した。そして、余肇康は縁戚の瞿〔瞿鴻禨〕の庇護をえて、局外に逃れた。朝旨を奉ずると、四弟〔葉徳煌〕の行った事柄が私の罪状に加えられた」(葉徳輝『郋園六十自叙』七頁)、と。王先謙が冊子に義捐額の記入を拒否した理由も、余肇康に対する嫌がらせにあったのではなかろうか。

(41) 「王先謙三十人致岑春蓂禁米出境公呈」一九〇九年一二月下旬、饒懐民・藤谷浩悦編『長沙搶米風潮資料匯編』五―六頁。

(42) 粤漢鉄道敷設問題における王先謙の役割については、本書第一章第三節第三項を参照されたい。

(43) 『長沙収発電』「外務部発湘撫電」一九一〇年四月一四日、饒懐民・藤谷浩悦編『長沙搶米風潮資料匯編』一〇頁。

(44) 『長沙収発電』「外務部発湘撫電」一九一〇年四月一四日、饒懐民・藤谷浩悦編『長沙搶米風潮資料匯編』一一頁。

(45) 『長沙収発電』「外務部発鄂督電」一九一〇年四月一四日、饒懐民・藤谷浩悦編『長沙搶米風潮資料匯編』一一―一二頁。

(46) 『長沙収発電』「岑春蓂電請軍機処代奏稿」一九一〇年四月一四日、饒懐民・藤谷浩悦編『長沙搶米風潮資料匯編』一二頁。

(47) 『長沙収発電』「岑春蓂電請軍機処代奏稿」一九一〇年四月一五日、饒懐民・藤谷浩悦編『長沙搶米風潮資料匯編』一三―

一四頁。
(48)『長沙収発電』「軍機処寄湖南巡撫岑春蓂電」一九一〇年四月一五日、饒懐民・藤谷浩悦編『長沙搶米風潮資料匯編』一七頁。
(49)『長沙収発電』「軍機処寄湖南巡撫岑春蓂電旨」一九一〇年四月一五日、饒懐民・藤谷浩悦編『長沙搶米風潮資料匯編』一五頁。
(50)『長沙収発電』「岑春蓂電請軍機処代奏電」一九一〇年四月一六日、饒懐民・藤谷浩悦編『長沙搶米風潮資料匯編』一六―一七頁。
(51)石川禎浩「一九一〇年長沙大搶米の『鎮圧』と電信」。
(52)『長沙収発電』「湖南巡撫岑春蓂為省城飢民拆毀教堂警柵事致郵伝部等電」一九一〇年四月一四日、饒懐民・藤谷浩悦編『長沙搶米風潮資料匯編』一四頁。
(53)『申報』一九一〇年四月二四日「長沙飢民暴動紀」。
(54)『長沙収発電』「署鄂督致外務部電」一九一〇年四月一四日、饒懐民・藤谷浩悦編『長沙搶米風潮資料匯編』一五頁。
(55)『長沙収発電』「署鄂督致枢乞代奏電」一九一〇年四月一五日、饒懐民・藤谷浩悦編『長沙搶米風潮資料匯編』二〇頁。
(56)『長沙収発電』「鄂督致枢乞代奏電」一九一〇年四月一五日、饒懐民・藤谷浩悦編『長沙搶米風潮資料匯編』二二頁。
(57)『長沙収発電』「鄂督致枢乞代奏電」一九一〇年四月一五日、饒懐民・藤谷浩悦編『長沙搶米風潮資料匯編』二二―二三頁。
(58)『支那長沙暴動一件』長沙駐在副領事村山正隆より外務大臣小村寿太郎あて「長沙暴動ニ関聯シ清国官紳ノ態度報告ノ件」(其二)一九一〇年六月三日、饒懐民・藤谷浩悦編『長沙搶米風潮資料匯編』一九五―一九七頁。
(59)『王先謙自訂年譜』宣統二年(一九一〇年)の条、王先謙『葵園四種』七七〇頁。
(60)『長沙収発電』「鄂督致枢請代奏電」一九一〇年四月一六日、饒懐民・藤谷浩悦編『長沙搶米風潮資料匯編』二五―二七頁。
(61)『長沙収発電』「署鄂督電」一九一〇年四月一九日、饒懐民・藤谷浩悦編『長沙搶米風潮資料匯編』四四―四五頁。
(62)『長沙収発電』「署鄂督電」一九一〇年四月一九日、饒懐民・藤谷浩悦編『長沙搶米風潮資料匯編』四四―四五頁。

(63)『支那長沙暴動一件』長沙駐在副領事村山正隆より外務大臣小村寿太郎あて「長沙暴動ニ関聯シ清国官紳ノ態度報告ノ件」(其二)一九一〇年六月三日、饒懐民・藤谷浩悦編『長沙搶米風潮資料匯編』一九四頁。
(64)『支那長沙暴動一件』長沙駐在副領事村山正隆より外務大臣小村寿太郎あて「長沙暴動ニ関聯シ清国官紳ノ態度報告ノ件」(其三)一九一〇年六月七日、饒懐民・藤谷浩悦編『長沙搶米風潮資料匯編』二〇四頁。
(65)『長沙収発電』「湖南諮議局、商務総会電」一九一〇年四月一八日、饒懐民・藤谷浩悦編『長沙搶米風潮資料匯編』三六頁。
(66)『大清宣統政紀』一九一〇年四月二一日の条。
(67)『支那長沙暴動一件』長沙駐在副領事村山正隆より外務大臣小村寿太郎あて「長沙暴動ニ関聯シ清国官紳ノ態度報告ノ件」(其三)一九一〇年六月七日、饒懐民・藤谷浩悦編『長沙搶米風潮資料匯編』二〇三頁。聶緝槼は、曾国藩の娘の曾紀芬と結婚して後、滇捐局帮辦、同総辦、上海機器局会辦などを勤め、一八九四年から一九〇三年まで、浙江按察使、浙江巡撫、江蘇布政使、安徽巡撫の要職を歴任したが、浙江銅元局の汚職に連座して革職され、郷里の湖南省に戻り、郷紳として過ごしていた。なお、聶緝槼については、本書第一章第二節第二項を参照されたい。
(68)『大清宣統政紀』一九一〇年四月一七日の条。
(69)『政治官報』第九二九号(一九一〇年六月一日)「署湖広総督瑞澂暫署湖南巡撫楊文鼎会奏遵査湘省痞徒擾乱地方文武各官辦理不善情形分別参辦摺」、饒懐民・藤谷浩悦編『長沙搶米風潮資料匯編』九〇―九四頁。
(70)『政治官報』第九二九号(一九一〇年六月一日)「署湖広総督瑞澂奏特参籍紳挾私醸乱請分別懲儆摺」、饒懐民・藤谷浩悦編『長沙搶米風潮資料匯編』九五頁。
(71)『支那長沙暴動一件』長沙駐在副領事村山正隆より外務大臣小村寿太郎あて「長沙暴動ニ関聯シ清国官紳ノ態度報告ノ件」(其三)一九一〇年六月七日、饒懐民・藤谷浩悦編『長沙搶米風潮資料匯編』二〇二頁。
(72)『漢口領事館報告書』漢口駐在総領事松村貞雄より外務大臣小村寿太郎あて「管内事情第一報告」一九一〇年五月一五日。
(73)『大清宣統政紀』一九一〇年五月二七日の条。
(74)『支那長沙暴動一件』長沙駐在副領事村山正隆より外務大臣小村寿太郎あて「長沙暴動ニ関聯シ清国官紳ノ態度報告ノ件」

〔其三〕一九一〇年六月七日、饒懐民・藤谷浩悦編『長沙搶米風潮資料匯編』二〇二頁。
(75) 村山正隆はこの文章に続けて、更に次のように述べている。「旧四月十九日〔西暦五月二七日〕上諭に拠れは、『該省議勧紳捐、先辦義糶、湘紳王先謙首先梗議、事遂遷延〔該省で郷紳の義捐金を議論し、先ず義糶を行おうとしたが、湘紳の王先謙が拒否したため、事は沙汰やみとなった〕』とあるは、咎を王のみに帰するは稍酷なるに似たるも、先つ当れり。『変起之後、復帰咎撫臣、激変電請易人、殊属不知大体〔事件発生後、再び罪を巡撫に帰せ、急変して電報で交代を請願したのは、大きな道理を知らないものである〕』とあるは、王自身の咎を巡撫に嫁したるやに聞へ、又平糶の遷延と暴動に対する措置の責任とは自ら別問題なるを混淆一体し、殊に電請易人云々に至ては前陳の通、王は頗る奇禍を買ひ居るものにして、之を反駁するの理由は十分なりとす。要するに、王先謙か従前の名声甚た佳ならさりしと、近来の態度か偶然にも湖南紳士威圧手段の犠牲に供せられたるものの、如く、本人は左迄口に不平を鳴らささるも、王、孔〔憲教〕等の戚友及門下生等は数日来頻りに集会を催ふし、現に本日〔西暦〕六月七日）も長沙学宮に於て全省紳商特別大会を開き、勢力を張りて官場、特に瑞〔澂〕総督、第二に岑前巡撫に反対し、其決議案は直ちに楊〔文鼎〕巡撫に具稟して代奏を要求し、楊若し之を承諾せされは湖南出身京官に電報して代達を求め、王、孔等四人の冤を雪く旨声言しつゝあり」〔『支那長沙暴動一件』長沙駐在副領事村山正隆より外務大臣小村寿太郎あて「長沙暴動ニ関聯シ清国官紳ノ態度報告ノ件」（其三）一九一〇年六月七日、饒懐民・藤谷浩悦編『長沙搶米風潮資料匯編』二〇二頁）、と。
(76) 『申報』一九一〇年六月一三日「長沙紳学界開会為王孔訴冤」、同一九一〇年六月一六日「湘紳為王孔訟冤続聞」。
(77) 『申報』一九一〇年六月二六日「胡祖蔭果鳴冤派耶」。『王先謙自定年譜』宣統二年（一九一〇年）の条、王先謙『葵園四種』七六九―七七四頁。
(78) 一八九九年の義和団員の湖南省への招致については、本書第三章第一節第三項を参照されたい。
(79) 林慶彰・蔣秋華編『蘇輿詩文集』二頁。
(80) 『申報』一九一〇年六月二六日「黄自元願以一人受禍」。
(81) 一九一〇年六月、『時報』の記事は、葉徳輝の弁明について次のように報じている。「既に革職された吏部主事の葉徳輝は、このたび瑞〔澂〕総督の奏請により、革職のうえ、地方官に交して厳しく拘束が加えられることになった。しかし、葉〔徳輝〕は電報を受けて後、大いに罵って、米穀の退蔵と不売は自分とは何ら関係がなく、また自分が楊鞏と仲間とされているのは誓って甘んずることができないと言い、更に瑞〔澂〕総督を罵倒して、終日止まなかった。葉氏父子は先に各々門戸を立て、今回の米穀退蔵は彼〔葉徳輝〕の父・葉雨邨〔村〕の行った事柄であり、かつ葉・楊は元々和合することがなく、ためにこの語があったのである。葉は都察院に到って冤罪を主張しようと図り、既に昨日密かに北京に赴き、秘密に運動しようとしたが、恐らく未だ必ずしも願いの如くならないようである」（『時報』一九一〇年六月一一日「湘省乱後余聞」）、と。

(82)『支那長沙暴動一件』長沙駐在副領事村山正隆より外務大臣小村寿太郎あて「長沙暴動ニ関聯シ清国官紳ノ態度報告ノ件」(其三) 一九一〇年六月七日。

(83)「長沙搶米風潮竹枝詞」、饒懐民・藤谷浩悦編『長沙搶米風潮資料匯編』三〇一頁。

(84)『時報』一九一〇年七月六日「湘乱余聞種種」。

(85) FO371/867, Enclosure1: Hewlett to Müller Max, April 28, 1910, in Müller Max to Grey Edward, May 5, 1910.

(86)『長沙収発電』「署湘撫電」一九一〇年四月二七日、饒懐民・藤谷浩悦編『長沙搶米風潮資料匯編』六四—六五頁。

(87)『支那長沙暴動一件』「長沙暴動情況報告ノ件」一九一〇年四月二一日。

(88) FO371/867, Enclosure1: Hewlett to Müller Max, May 4, 1910, in Müller Max to Grey Edward, May 21, 1910.

(89) FO371/867, Enclosure4: Hewlett to Müller Max, May 9, 1910, in Müller Max to Grey Edward, May 21, 1910.

(90) FO371/867, Enclosure5: Hewlett to Müller Max, May 10, 1910, in Müller Max to Grey Edward, May 21, 1910.

(91) FO371/867, Müller Max to Grey Edward, May 21, 1910.

(92) 一九一〇年五月二一日、イギリスの特命全権公使ミューラーが、外務大臣グレイにあてた報告書の中には、一九一〇年の長沙米騒動の事後処理において、清朝政府による湖南省の郷紳の弾劾までの経緯を示す報告書と共に、イギリスと湖南省の郷紳の対立の経緯を示す報告書も同封されていた。FO371/867, Enclosure6: Outstanding Cases and Questions at Changsha in Müller Max to Grey Edward, May 21, 1910.

(93) FO371/867, Enclosure3: Giles to Müller Max, May 11, 1910, in Müller Max to Grey Edward, May 21, 1910.
(94) 『長沙収発電』「署湘撫電」一九一〇年五月一七日、饒懷民・藤谷浩悦編『長沙搶米風潮資料匯編』七六―七七頁。
(95) 『支那長沙暴動一件』北京駐在公使伊集院彦吉より外務大臣小村寿太郎あて第一三七号ノ二、一九一〇年五月二三日。
(96) 『対支借款関係雑件』長沙駐在副領事村山正隆より外務大臣小村寿太郎あて「湖南近況報告ノ件」一九一〇年七月一八日。
(97) 『支那長沙暴動一件』長沙駐在副領事村山正隆より外務大臣小村寿太郎あて「長沙暴動ニ関聯シ清国官紳ノ態度報告ノ件」(其三)一九一〇年六月七日、饒懷民・藤谷浩悦編『長沙搶米風潮資料匯編』二〇七頁。
(98) 『支那長沙暴動一件』長沙駐在副領事村山正隆より外務大臣小村寿太郎あて第六三号、一九一〇年六月六日。
(99) 『支那長沙暴動一件』長沙駐在副領事村山正隆より外務大臣小村寿太郎あて「長沙暴動ニ関聯シ清国官紳ノ態度報告ノ件」(其三)一九一〇年六月七日、饒懷民・藤谷浩悦編『長沙搶米風潮資料匯編』二〇七頁。
(100) 顧廷龍校閲『芸風堂友朋書札』下「葉徳輝」一四(一九一〇年六月二六日)五四三頁。
(101) 顧廷龍校閲『芸風堂友朋書札』下「葉徳輝」一三(年月日不詳)五四二頁。一九一〇年一〇月六日、水野梅暁は、「湖南の現時に於ける趨向」として、「日韓合併に対する悪感」と「日韓合邦〔併〕に対する善意の解釈」の二つをあげ、前者に反日的潮流、後者に親日的潮流を位置付けつつ、「之を如何に利導するかは吾人の須らく研究すべき問題なるべし」と述べ、後者の潮流、すなわち王先謙、葉徳輝ら「守旧」派の動向について、次のように指摘している。「萬事預想外に出る湖南の紳士中の頑固連〈所謂新派より罵る頑固連〉の領袖たる王先謙、葉徳輝等の学者派は、新派の妄動と中国政府の非理なる譴斥とに憤慨せると同時に、社稷の前途を透見して、彼等の生命とせる書画及び書籍類を〔北門外の〕租界内なる予〔水野梅暁〕の手に於て保管し呉れとの注文を試むるを以て、予は之に対して現今の所謂租界とは名のみにして、英国領事館を除くの他には水野梅暁一人の外、之に住するものなき今日なれば、日本領事館の租界に移転する迄は租界の実なきを以て、之を決行するには大日本帝国の領事館の租界に移転するを待ちて、租界の実を備へたる後にあらずんは、東亜数千年の思想を戴せたる天下の唯一の宝物たる書籍〔王先謙、葉徳輝の所蔵する書籍〕は、区々一水野にて之が保管の責に任する能ざるを以て、夫までは止を得ず之を延期すると同時に、弥々之を決行するには日本の法律に依りて一の法律組織として一の東亜文庫を組織し、苟くも東亜文庫に入りたるものは日人たる水野も之を動かす能ず、其の代り之を寄托せる貴下及び貴下の子孫と雖も随意之を売買するを許さず、結局南方文学を千歳の下に伝へると云ふ神聖なる一大抱負の下に之を企つるにあらずんば、之を発起する事には断じて不賛成なり」（『水野梅暁視察一件』水野梅暁より外務次官石井菊次郎・政務局長倉知鐵吉あて「湖南現時ノ趨向及之ガ利導策」一九一〇年一〇月八日）、と。

(102)『時報』一九一〇年五月二〇日「湘省官紳之意見」。

(103)『大公報』〔天津〕一九一〇年五月二八日「湘省官紳之意見」。

(104)『申報』一九一〇年五月二四日、二五日、二六日「湖南諮議局救荒善後提議案（旅奉湖南同郷会寄湖南諮議局原稿）」、及び『申報』一九一〇年五月二七日、二八日、二九日「続擬湖南救荒截留塩款提議案（旅奉湖南同郷会寄湖南諮議局原稿）」。

(105)『申報』一九一〇年七月二〇日「湖南諮議局呈湘撫代奏湘乱損失湘省不任賠償文」。

(106)『水野梅暁視察一件』「長沙事件ト紳士」第一・第二、第三、一九一〇年六月一四日、六月一八日。参謀本部第二部長の宇都宮太郎は、一九一〇年五月一八日の日記に、「清国に密派（外務と本部）の僧水野梅暁、二、三日前帰朝来宅（清国動乱の機益々迫るを言ふ）」と記している。この後、五月二五日、五月二七日、五月三〇日、六月五日、六月六日、六月一〇日、六月二〇日、水野梅暁は相次いで宇都宮太郎を訪問している。特に、宇都宮太郎が五月二七日の日記に「水野梅暁、伊藤（東）知也を伴ひ来衙。伊藤（東）をして清国革命党孫逸仙等と連絡せしめんとするなり。使用すべきや否やの返答は熟考の上に譲る」と記しているため、この間の水野梅暁の訪問が一九一〇年の長沙米騒動後の不穏な情勢に応じて、孫文に関わる何らかの相談にあったことは明白であろう。宇都宮太郎は、六月三〇日の日記に「水野梅暁来衙、二、三日中に出発、長沙に帰る筈」、七月一日の日記に「福島（安正）〔参謀本部〕次長と相談の上、南清旅行旅費補助として金二百円を水野梅暁に与へ、本日午后宅に招きて之を交付す」と記している。宇都宮太郎関係資料研究会編『日本陸軍とアジア政策――陸軍大将宇都宮太郎日記――』一、三三八―三四九頁。このため、水野梅暁は、一九一〇年六月の間、日本の東京にいて湖南省にはいなかった。水野梅暁「長沙事件ト紳士」の付記によれば、同文書は湖南省にいた松崎鶴雄より水野梅暁に郵送されてきたものを水野梅暁が訳出し、外務省に送ったものである。

(107)「長沙搶米風潮竹枝詞」、饒懐民・藤谷浩悦編『長沙搶米風潮資料匯編』二九六頁。
(108)地域社会の規範及び民衆の正義については、本書「序論」三「基本的用語」を参照されたい。
(109)『大清宣統政紀』一九一〇年六月三日の条。『申報』一九一〇年六月一九日「廷寄湘撫申飭諮議局」。
(110)『申報』一九一〇年六月二八日「湘諮議局議長不甘申斥」。
(111)一九一〇年の長沙米騒動ののち水野梅暁は諮議局議員・商務総会協董陳文璋の意見書を次のように訳出し紹介した。「長沙城内外の警察五百餘人を下らす、平日は人民を威嚇し、郷愚を詐謾して頗る勢力あり。然（四月十三日の）るに事変起るや、官兵と皆遁して隻影なきのみならす、警察署の如きは其表札を撤し、器具を隠匿して、さながら空屋と同様なる現象を呈したるより、吾人紳商等は団練（義勇隊）を組織して始めて秩序を恢復したり。官吏と紳士と孰れか能孰れか不能なる、煩言を待たすして知るへきのみ。故に若し省城の安寧を保たんと欲せは、先つ警察を以て紳士の自弁となすを要す。何となれは、吾人紳士は生命財産に対し切実なる愛護の念を有する事、官吏の視て路傍の塵となすと相同しからされはなり。然れとも、倘し人あり曰く、省城重地の警察権を紳士に移すは、国家の憲章に於て許さゝるを如何にせんと。然らは吾人は之に答へて云はん、果して紳士の自弁を許す事能はされは、従前の保甲制度に仿ふて紳士を参用して相助けは、庶幾くは官紳一気永く隔関の虞なく、又市上より徴収する経費の如きも稍之を得る事易かるへし」（『水野梅暁視察一件』「長沙事変ト紳士」第一・第二、一九一〇年六月一四日）、と。この陳文璋の意見書からは、警察の無能は衆目の一致する所であり、それを解散して保甲に代えるか、郷紳の麾下に移すべきであるという主張を窺うことができる。そして、孔憲教は、一九一〇年の長沙米騒動の最中において、警察の解散と保甲の回復を要求していた。『東方雑誌』第七巻第五期（一九一〇年七月一日）「湖南省城乱事余記」一、饒懐民・藤谷浩悦編『長沙搶米風潮資料匯編』二六八頁。すなわち、湖南諮議局議員の一人で、「開明」派に目されていた陳文璋は、警察の解散と保甲の回復において、「守旧」派の郷紳といわれた孔憲教と同じ立場に立っていた。換言するならば、郷紳は、「開明」「守旧」を問わず、治安維持のための方策と言う点では、同じような認識に立っていたのである。
(112)『水野梅暁視察一件』「長沙事件ト紳士」第一・第二、第三、一九一〇年六月一四日、六月一八日。

(113)『政治官報』第一〇二二号（一九一〇年九月二日）「湖南巡撫楊文鼎奏預算次年財政并困難情形摺」。
(114)『対支借款関係雑件』長沙駐在副領事村山正隆より外務大臣小村寿太郎あて電信、一九一〇年六月一七日。
(115)『対支借款関係雑件』長沙駐在副領事村山正隆より外務大臣小村寿太郎あて「湖南近況報告ノ件」一九一〇年七月一八日。
(116)李啓成点校『資政院議場会議速記録――晩清預備国会論辯実録』「資政院第一次常年会第二号議場速記録」四頁。
(117)神谷正男編『宗方小太郎文書――近代中国秘録――』「報告第三百二十七号」「資政院の情況」二三八―二三九頁。
(118)『対支借款関係雑件』長沙駐在副領事村山正隆より外務大臣小村寿太郎あて「借款申込ニ関スル続報ノ件」一九一〇年七月二七日。
(119)『民立報』一九一〇年一一月一三日「湘公債票之風潮」。
(120)「各省諮議局章程（附加案語）」、故宮博物院明清檔案部編『清末籌備立憲檔案史料』下、六七〇―六八三頁。
(121)『政治官報』第一〇六七号（一九一〇年一〇月一七日）「九月初四日収湖南諮議局電」。
(122)『政治官報』第一〇六七号（一九一〇年一〇月一七日）「九月初十日収湖南巡撫電」。
(123)『政治官報』第一〇七八号（一九一〇年一〇月二八日）「九月二十二日収湖南諮議局電」、同第一〇八〇号（一九一〇年一〇月三〇日）「九月二十五日収湖南諮議局電」。
(124)神谷正男編『宗方小太郎文書――近代中国秘録――』「報告第三百三十三号　明治四十三年十一月一日」「資政院彙報」二四五頁。
(125)『政治官報』第一一〇七号（一九一〇年一一月二六日）「資政院奏湘省発行公債未交諮議局議決有違定章請旨裁奪摺」。
(126)『水野梅暁視察一件』「湖南近事」一九一〇年一二月四日。
(127)『民立報』一九一〇年一二月九日「湘議局官之悪寒」。
(128)『民立報』一九一〇年一二月一九日「湘省窮極之現象」。
(129)『対支借款関係雑件』長沙駐在副領事堺與三吉より外務大臣小村寿太郎あて「湖南公債募集ニ関スル件」一九一一年一月一四日。

(130)『対支借款関係雑件』長沙駐在副領事堺與三吉より外務大臣小村寿太郎あて「公債ヲ抵当トシテ五十万両借款并ニ公債引受ニ関スル件」一九一一年一月二八日。

(131)『対支借款関係雑件』長沙駐在副領事村山正隆より外務大臣小村寿太郎あて「湖南近況報告ノ件」一九一〇年七月一八日。

第三部　辛亥革命と末劫論

第七章　一九〇六年の萍瀏醴蜂起と末劫論——中秋節の謡言を中心に——

はじめに

第二部では、列国と湖南巡撫、郷紳、民衆の対立が清朝の統治に与えた影響について、郷紳「公議」を中心に考察し、郷紳「公議」が殊更に称えられた背景には、地域社会の規範の動揺が存在した点を指摘した。地域社会の規範の動揺は、これまで官憲と郷紳、民衆の間で守られてきた約束事が遵守されなくなったことを意味した。そして、この事態に直面して湖南省に流布したのが、末劫論であった。それでは、末劫論は、湖南省の辛亥革命にどのような影響を与えたのであろうか。第三部では、第二部の考察を受けて、湖南省の辛亥革命に末劫論が与えた影響について、一九〇六年の萍瀏醴蜂起や一九一〇年の長沙米騒動、一九一一年の革命軍の蜂起における掲帖や謡言を中心に考察する。先ず、本章では、一九〇六年の萍瀏醴蜂起が中秋節の蜂起の謡言を契機に急展開した点に着目し、中秋節の蜂起の謡言の背景を探りながら、中秋節の蜂起の謡言に民衆の願望や世界観がどのように投影され、かつ民間の伝承によって伝えられ、更にそのことが末劫論といかなる関係にあり、どのように一九〇六年の萍瀏醴蜂起に影響を与えたのかに考察を加える。

一九〇六年の萍瀏醴蜂起とは、同年の天災と凶作、飢饉に端を発し、中国同盟会の指導の下、龔春台の洪江会が湖南省の醴陵と瀏陽、江西省の萍郷の一帯で引き起こし、清朝政府軍の前に一敗地にまみれた事件を指している。一九〇六年の萍瀏醴蜂起は、当初の計画では蜂起の日時を翌年二月初旬、旧暦では一二月末の官吏の御用納めの頃に定められていた。ところが、一九〇六年一〇月初旬、旧暦では八月一五日の中秋節を前に、蜂起の謡言が起きたことから、急展開を遂げた。何となれば、清朝政府の官憲は、この謡言を機に会党への警戒と過酷な弾圧を強め、蜂起軍も清朝政府の官憲の弾圧に対処して蜂起の日時を早め、同年一二月に準備不足のまま蜂起し敗北したからである。中秋節の蜂起の謡言は、湖南省の醴陵と瀏陽、江西省の萍郷の歌謡や伝承だけでなく、局地的な範囲を越えた深い意味を伴って起きていたのではなかろうか。何となれば、中秋節の蜂起の謡言は、一九〇〇年に山東省で起きた義和団でも発生していたからである。ところが、一九〇六年の萍瀏醴蜂起に関する研究では、これまで一九一一年の辛亥革命に至る前奏として、中国同盟会の指導と会党の呼応という観点から捉えることはあっても、中秋節の蜂起の謡言の意味に着目することはなかった(1)。中秋節の蜂起の謡言と蜂起の関係は、中国同盟会と会党に関する分析からも、また蜂起の社会的経済的な原因の究明からも解明することができないものである。何となれば、中秋節の蜂起の謡言は、湖南省の醴陵と瀏陽、江西省の萍郷に伝わる伝承や、これらの伝承を成り立たせる民衆の世界観に支えられていたと考えられるからである。従って、中秋節の蜂起の謡言に何らかの意味を認め、背後関係を探るためには、社会的経済的な原因だけではなく、同地の伝承及び民衆の世界観に関する分析が必要になる。特に、本書の第三章で考察したように、醴陵と瀏陽の特徴は江西省から多数の移住民が流入し、ために移住民と原住民の抗争が多発し、このことが会党の発達を促した点にあった。それでは、中秋節の蜂起の謡言はこのような醴陵や瀏陽の歴史及び民衆の世界観といかに関わり、かつどのように局地的な制約を越え、更に一九〇六年の萍瀏醴蜂起の展開に対していかなる影響を与えたのであろうか。

周知のように、民衆蜂起が単なる経済的原因、すなわち生活の困窮などから、狭い範囲の局地的な現象であることを越えて地域社会全体に拡がりをみせることは少ない。何となれば、生活の困窮などは、狭い範囲の特殊な事情を反映しており、ために個別分散的な性格を持つからである。従って、民衆蜂起が局地的な現象であることを越えて地域社会全体に大きな拡がりをみせるためには、民衆の正義など、地域社会の規範に支えられる必要がある。そして、民衆蜂起が更に政府や王朝の打倒に至るためには、地域社会の規範だけでなく、未来に対するある種の共同幻想が介在しているのではなかろうか。人は絶望に打ちひしがれて、やむにやまれずに蜂起を起こすというよりも、未来に対するある種の希望、すなわち共同幻想を抱いて蜂起を起こし、その共同幻想が政府や王朝の打倒をもたらすと考えられるからである(2)。それでは、湖南省の辛亥革命の場合、人々が抱いた共同幻想とは、一体いかなるものであったのであろうか。これまでの辛亥革命研究は、革命派の活動や「排満」論の展開、社会経済的な背景などを考察の対象とし、民衆の行動を突き動かすような意識や世界観に着目することがなかった。本章では、このような問いに対して、一九〇六年の萍瀏醴蜂起に中秋節の蜂起の謡言が果たした役割について、中秋節の蜂起伝説、すなわち「殺家韃子」伝説を中心に考察することで答える。湖南省では、中秋節になると、しばしば蜂起の謡言が起きていた。このため、謡言が一年の周期の中で、同じ時期、例えば中秋節に毎年のように発生したとするならば、「殺家韃子」伝説などの伝承が特定の日にちと結び付くことによって人々の脳裏に刻み込まれて、ある条件の下において人々を周期的に蜂起に駆り立てる構造になっていたのではなかろうか(3)。中国の節日では、旧暦五月五日など奇数が並ぶ。佐野誠子は、この理由について、「しかし、また奇数は割り切れない数であり、陽のエネルギーをもつことから、不安定な日ともされた。不安定なゆえに、この世とあの世との境界が曖昧になると考えられていたのである。そして、あの世に行ってしまうのではないかという不安を払拭するため、また、あの世からくる死臭を落とすために、祓禊の行事が行われた」と指摘した上で、「しかし、庶民のレベルでは、そのような、陽数がめでたいといった形而上の概念は受け入れられず、むしろ奇数がもつ不安定さからくる不安を、抱きつづけていたのではないだろうか。だからこそ、曲水の宴の例でみたように、庶民のあいだにあった時点では、祭日に行われる儀式は祓禊の性質が強かったにもかかわらず、その儀礼が知識人の間に広まっていくと、行楽化し、もともとあった儀礼の由来に関する話も忘れられてしまうのである」と述べている(4)。このように、中秋節など、節日が人々に持った意味については、後代に忘れ去られてしまった意味を辿るような形で考える必要がある。

本章は、以上の課題の下に、一九〇六年の萍瀏醴蜂起と末劫論の関係について、中秋節の蜂起の謡言を中心に考察する。中秋節の蜂起の謡言については、次の二点に着目する。第一点は、中秋節の蜂起の謡言と、中秋節の蜂起伝説、すなわち「殺家韃子」伝説との関係である。第二点は、中秋節の蜂起伝説、すなわち「殺家韃子」伝説と、民衆の世界観との関係である。謡言は、しばしば作為の主体が存在する。ただし、謡言が流布する背景としては、謡言がある程度まで民衆の願望や恐怖を反映した点も考慮する必要がある。何となれば、謡言がいかに荒唐無稽な内容を持ったとしても、作り手と受け手の間に一定の対応関係が存在するからである。一九〇六年の萍瀏醴蜂起に参加した会党の諸会派のうち、姜守旦の洪福会については、本書の第三章第二節で部分的に言及している。これに対して、本章では、一九〇六年の萍瀏醴蜂起について、龔春台の洪江会を含めて、更に中秋節の蜂起の謡言の意味を中心に考察する。先ず、第一節では、湖南省の醴陵と瀏陽、江西省の萍郷の一帯に中秋節が持った意味、及び中秋節に暴動が多発した原因に考察を加える。もともと、「殺家韃子」伝説は醴陵一帯に固有なものではなく、各地に存在するだけでなく、内容も元末明初の移住民と原住民の抗争伝説を下に多様な形態を取った。更に、蜂起の日にちも、必ずしも中秋節に限るものではなかった。従って、「殺家韃子」伝説の由来を考えようとするならば、同伝説を形成する複数の要素が考えられなければならないであろう(5)。特に、本節においては、「殺家韃子」伝説の様々な類型を分析しながら、その中に持った末劫論の意味に考察を加える。このことは、元末明初の移住民と原住民の抗争伝説が、いかなる理由で中秋節の蜂起伝説、すなわち「殺家韃子」伝説へと発展し、更に中秋節に暴動を多発させたのかを問うことでもある。第二節では、一九〇六年の萍瀏醴蜂起の経緯と、中秋節の蜂起伝説、すなわち「殺家韃子」伝説が同蜂起に果たした影響に考察を加える。そして、このことによって、一九〇六年の萍瀏醴蜂起が、中国同盟会の指導と会党の呼応という形を取りながら、別の要素すなわち「殺家韃子」伝説における民衆の願望や世界観によって支えられ、中秋節の蜂起の謡言を契機に急展開したことの意味を明らかにする。第三節では、龔春台と姜守旦の檄文に考察を加えることによって、一九〇六年の萍瀏醴蜂起の多様な側面を明らかにし、次に同蜂起で配布された檄文の内容や中秋節の蜂起の謡言の関係を示すことによって、蜂起と民衆の世界観を媒介するものとして戯劇の役割に言及する。そして、最後に、一九一一年の辛亥革命だけでなく、中華民国でも、中秋節の蜂起の謡言が周期的に起きた点を指摘する。

第一節　中秋節の蜂起伝説

一・湖南省と江西省の交界地帯

湖南省は東、西、南の三方を山に囲まれ、北は洞庭湖に面した。湖南省の東部は諸広、万洋、武功、幕阜の諸山の、いわゆる万洋山脈、北進して羅霄山脈を隔てて江西省と境を接し、西部は四川、貴州両省、南部は南嶺山地を隔てて広東、広西両省と接した。また、北部には、洞庭湖を挟んで湖北省が位置した。気候は温暖で、雨量も多く、中国有数の米穀の生産地帯であった。また、アンチモニーなどの、鉱山資源も豊富で、種類も多かった。地勢は南西が高く、北東にかけて低くなり、河川も北東の洞庭湖に集められて後、長江に流入した。河川の大きなものには、湘江、資水、沅江、澧水などがあった。湘江は省内最大の河川で、広西省の北東境より出て、省の南北を縦断して洞庭湖に及び、資水は同じく広西省に端を発し、それに貴州高原に源を発する沅江、湖南省の北西端から出た澧水が続いた。貴州省より湖南省にかけた沅江流域には武陵源などの山地が広がるが、ここが湘西である。更に、湖南省の南には、広東省と広西省が位置した。湖南省を縦断する湘江は、株州の南にある淥口鎮で淥水と合流した。淥口鎮から淥水を東に遡れば醴陵に、更には江西省の萍郷に至った。醴陵の北に位置したのが瀏陽である。萍郷の南に五〇里ほど、武功山の山中には安源炭鉱があった。一九〇六年一一月、醴陵知県の汪文溥は、瀏陽、醴陵、萍郷一帯の風潮について、次のように日記に記している。

醴陵は江西省の萍郷に接し、地域は湖南・江西両省の要道にあった。醴陵の東に萍郷の上栗市や瀏陽の金剛市が位置し、本来が匪徒の巣窟であった。〔匪徒は〕醴陵の普口市、白鷺潭などに蔓延した。醴陵の盗賊の多さが蜂起の遠因であることは、固よりである。近年、萍郷属下の安源炭鉱で大規模に坑道が開かれ、鉱夫は一万人近くに達した。そして、内地の匪徒や会党の頭目は、〔炭鉱の〕中を巣窟とした。加えて、萍潭鉄道が開通し、無業の匪徒もここを通り、頻々と往来するに至った。〔蜂起の〕近因は、再び匪徒の巣窟が激化したことである。本年の春・夏の間、水害により民は窮迫して食も欠乏し、相率いて盗賊となった。游匪も間に乗じて惑わし、一〇のうち九は良民が悪人に変わった。この勢いは殆ど火に薪を置くようなものであり、爆発の時期も遠くないと思った。(6)

江西省萍郷は西北で湖南省の瀏陽と繋がり、西南で湖南省の醴陵と結ばれた。そして、醴陵の西南で瀏陽の東南には淥口が、また醴陵の東北で瀏陽の東南、萍郷の西北には麻石が位置した。淥口は商務が盛んであったことから「小南京」と呼ばれ、麻石は醴陵、萍郷、瀏陽三県共同の管轄地域であり、官憲の管理の及びにくい場所であったことから「小租界」と称された(7)。麻石では、中秋節の頃、収穫を神に感謝する意味で、祭壇を設け神に対して祈禱や芝居が催された。期間は一〇日から半月にも及び、瀏陽・醴陵・萍郷三県から祭りに加わった者の数も、日に数千から万を数えた(8)。祭りの日には慣例として賭博が行われ、村々は各地より雲集した会党の成員やならず者、無業者で溢れかえった。

安源炭鉱は、江西省萍郷県の安源鎮に位置し、一八九六年に湖広総督張之洞が漢陽鉄廠の創設に際し、ドイツ人技師に燃料炭を得るために調査させ、発見された炭鉱である。同炭鉱は、一九〇八年に漢陽鉄廠、大冶鉄山との合併による漢冶萍煤鉄廠鉱有限公司の設立から、アジア有数の大炭鉱になった。一八九八年、安源炭鉱が開掘されると、石炭の運送は湘東河に沿って淥口まで運び、湘江に沿って淥口から湘潭に至り、湘潭から帆船で湖北省の漢口に出された。しかし、安源炭鉱が新式機械で採掘されると、従来の水運だけでは運びきれなくなり、鉄道の布設が計画された。これが、萍株鉄道である。萍株鉄道は、安源炭鉱の石炭やコークスの運搬を目的としており、アメリカ人が技師長となって鉄道路線の測量を行い、別のアメリカ人が鉄道建設監督となって一八九九年に工事が着工され、一九〇二年に安源・醴陵間が竣工され、更に一九〇六年に株州まで線路が延長された。同鉄道は初め、株州から更に湘潭にまで延長する計画であったため、萍潭鉄道と称された(9)。一九〇六年三月一二日、日本の長沙駐在副領事井原真澄は、外務大臣西園寺公望にあてて、安源株州間の鉄道の模様を、「安源株州間の鉄道は石炭の輸送に従事するの外、尚ほ沿道一帯住民の便利の為め、乗客及ひ諸貨物の輸送を引受くるも、其目的元と石炭輸送にあるが故に、乗客輸送設備の如きは頗る不完全にして、一等客車と称するも其実日本の有蓋貨車に腰掛を設備したる者に過ぎず。二等に至ては更に其甚しきを見る。然れども沿道の住民は其設備不完全なるにも拘らず、便利上乗車する者頗る多く、一日一停車場の乗客価一百弗平均、即ち七停車場にて七百弗平均の収入ありと云ふ。又諸貨物の輸送に至ては、沿道一帯の地商業上の関係と又水利の便多きとより、悉く民船を利用して貨物の輸送に従事し、鉄道を利用する者極めて少なし」と述べている。安源炭鉱の労働者は、年齢が一七歳以上で、江西省の萍郷県出身者が五分、湖南省出身者が三分、湖北省出身者が二分の割合であった(10)。安源炭鉱の採掘、萍株鉄道の建設は、同地の人口を数十倍に膨張させ、慢性的な食糧不足をもたらした(11)。このため、同地には様々な業種の人々が至り、「該鉱山の附近の市況は日々繁盛し、匪徒の入り混じるのも勢いとして免れなかった」といわれた。炭鉱の鉱夫には、身元保証人の名を記した登記台帳があった。ただし、宿場の家主には誰でもなることができ、会党の頭目蕭克昌の手下などは新しく出来た街に住み、アヘン窟、宿場、薬の露店を開設して治安の悪化を招いていた(12)。瀏陽の西郊にある普迹では、秋から冬の間に多くの人々を呼び寄せ、各処の「匪徒」も行方を晦ますのに好都合なため、民衆を惑わし飄布を配った(13)。また、醴陵の渌口では、毎年旧暦の正月、五月、八月には年越しの祭りや神を迎える賽会（祭り）が開かれ、賑やかさを加え、市中に存在した数十家の賭場では富商らが遠方より至って賭博に熱中し、勝ち負けは数万金、日にちも三〇日や四〇日にも達し、ならず者たちが市中に集まって事件を起こし、民衆を不安に駆り立てたのである(14)。

清代、醴陵は、江西省からの移住者が多く居住した。傅熊湘編『醴陵郷土志』第四章「風俗」では、江西省からの移住民の多い醴陵の特徴について、「県境の内部では大勢が族姓を集めて居住しているが、数百年前は皆な客民であった。言い伝えでは、元の人が中国に侵入して主人となり、各地に蒙古兵を分駐させ恣に殺戮を行った。土民は禍を恐れ、避難した。大乱が徐々に鎮定すると、他省の人が再び同地に移り住んだ。醴陵は江西省に接近したため、族姓も江西省より来た者が多かった。時代は、皆な元末明初の際である。後に初めて福建省、広東省より来る者が現れ、建幇や広幇といった。江西省から商売のために来た者は西幇といった。各々が会館を設立し、籍を明確にした」と記している(15)。また、同書同章では、醴陵の各里には社神があるが、社神とは別に大王が存在するとして、次のような大王にまつわる言い伝えを記している。

里ごとの社には必ず社神があり、これを大王といった。王は各々名称を異にしているが、塑像の多くは兜や鎧によって武装させて作られた。伝えられる所によれば、元の時代、蒙古兵が土人を監視し、十家ごとに一兵を駐屯させ、土人全てにこれを尊ばせて大王と呼ばせた。ために、〔土人の〕積もり積もった恨みは深く、ここで中秋の晩に夫々酒で〔蒙古兵を〕酔わせ、菜刀を用いて同時にこの〔蒙古兵の〕殺害を約し、これを殺韃子と呼んだ。現在の報春とは（俗に打春と呼ぶ）、当時約した所の暗号といわれる。韃子が死に、民はこれが厲〔悪鬼〕となるのを恐れて社神の廟に奉り、大王廟と呼んだ。大王廟は皆な、別に土地像を建てた。大王は社神ではないが、土地は社神である。(16)

元末の、漢人の蒙古人に対する中秋節の蜂起伝説を、「殺韃子」もしくは「殺家韃子」伝説という（本書は後者の呼称に統一する）(17)。「殺家韃子」伝説は、元末明初の大規模な人口移動と抗争、侵略者に対する蜂起と郷土の奪回に由来した。ただし、人口の移動に伴う移住民と原住民の抗争は、醴陵に限らず、時代や地方を越えて存在した。このため、「殺家韃子」伝説に類する伝説は、「韃子」の内容如何に拘らず、各地に存在する。(18) これらの「殺家韃子」伝説に類する伝説を分析した場合、伝説の対象時期は、南宋、元末明初、明、明末清初と幅広く分布する。(19) また、これらの伝説を元末の漢人の蒙古人に対する蜂起に限定した場合でも、内容は極めて多様性を帯びていた。(20) 更に、蜂起の日にちについても、中秋節以外に旧暦一月一五日の上元節や旧暦五月五日の端午節などがあった。(21) この中にあって、特に興味深い事柄は、地方志に関する限り、「殺家韃子」伝説に類する伝説が民国期に編纂された地方志に記載されていることである。(22) このことは、「殺家韃子」伝説が郷土の奪還をテーマとしながら、各地の伝説上の人物や風習を加え、清末における「排満」論の興隆と共に喧伝された可能性を物語る。この他、湖南省の伝説には、民国『溆浦県志』で

「伝承によるならば、伏波〔伏波将軍、この場合は後漢の馬援〕が五渓蛮の征討のため、〔旧暦五月〕五日の進軍を称えたところ、士卒が難色を示した。伏波は、蛮酋は端午節に必ずや泥酔するため、進軍すれば必ず成功する、本日は小端午〔旧暦五月五日〕であり、後に諸将と大端午〔旧暦五月一五日〕を祝おうと述べた。兵が進軍すると諸蛮は泥酔しており、平定することができた。〔伏波将軍は〕〔旧暦五月〕一五日に士卒を労ってこれを大端午と名付け、現在まで伝えられた」と記されたように、湘西地方では後漢の馬援による五渓蛮の征討伝説として、端午節を決起日としている。(23)このことは、湖南省の中東部、いわば湘江流域が中秋節を蜂起日とするのにして、湖南省の西部、いわば沅江流域が端午節を蜂起日としていることが多いことにも繋がるように思われる。(24)

二・中秋節の多様な風習

古代より、人は、自然現象の中に周期的な変化を見出し、変化のリズムを構造化することによって、時間の観念を作ってきた。特に、太陽や月、昼と夜の長さは、一定の周期で反復を繰り返し、ために人はこれらの現象から、一日、一ヶ月、一年という周期と時間の単位をえたのである。(25)そして、中国では、太陽の運行を直接に反映する一年と二四節気、月の運行を直接に反映する一二月とを基本的枠組みとして、年中習俗の日取りを行った。月や節気は一年の一、二、三、四、六という自然数による分割で意味付けられ、そのことで一年が時間として構造化された。一年を一で分割したのが一年であり、元旦・除夜がその変わり目にあたる。また、一年を二で分割したのが半年すなわち六ヶ月であり、旧暦五月の夏至と同じく旧暦一一月の冬至がそれにあたる。また、三ヶ月は一定の禁忌を行った旧暦の一月、五月、九月が、四ヶ月すなわち四季は立春、立夏、立秋、立冬があたる。このように、年中習俗は、太陽の運行に基づく一年と二四節気、月の運行に基づく一二ヶ月を基本的な枠組みとして、分割された時間の始まりと終わり、または適当な一時点の日に行われた。旧暦八月一五日の中秋節は、旧暦一月一五日の上元節と対になって、民衆の日常生活の中に定着した。宗懍の『荊楚歳時記』は、六世紀の作といわれるが、旧暦一月一五日の条には「正月十五日、豆糜を作り、油膏を其の上に加え、以て門戸を祠る」「其の夕、紫姑を迎え、以て将来の蚕桑を卜い、併せて衆事を占う」と記している。また、旧暦八月一四日の条には「八月十四日、民並びに朱墨を以て小児の頭額に点し、名づけて天灸と為し、以て疾を厭う。又た綿の絲を以て眼明嚢を為る。逓いに相い餉遺す」とあるが、旧暦八月一五日には特別な記載はない[26]。この中で、上元節の「紫姑卜」は厠姑、すなわち厠の神を招いて行われる占いであり、「よりしろ」（神を乗り移らせるもの）として草を束ねた人形や箕、帚が用いられた。そして、後に「よりしろ」の箕や帚が独立して、単独に箕姑の占い、帚姑の占いとされた。中秋節は、宋・元期に江南の杭州など限られた地域で行われていたが、明・清期になって各地に普及する過程で、この先行行事である上元節の影響を受け、上元節と類似の風習を加え、月餅を贈り、燈籠祭、「紫姑卜」の占いなど、多様性を深めるに至った。なお、元宵節は、旧暦一月一五日の上元節の夜を指し、燈籠祭などが行われた。年中習俗では、半年周期の時間原理が一定の役割を果たし、旧暦一月一五日の上元節は本来的には旧暦七月一五日と対応すべきであったが、江南地方で明清期の一五世紀以降、旧暦七月一五日ではなく、旧暦八月一五日と対応するものに微調整されたのではないかとされている[27]。この結果、中秋節には多くの地で月神占いが行われた。月神占いは方法も名称も多様で、筐を盤上にふせ、呪詞を唱えて月神を招いたり、草を束ねた人形に衣裳をつけ、月神を降したりした[28]。中秋節は、月餅の贈呈、燈籠祭などの風習を加え、時代をへるにつれ、祝祭的、行楽的な側面が強くなる。このことは、官憲や郷紳を中心とする都市の風習が、地方に波及した結果と見なすこともできよう。ただし、郷村の民衆の間では、これら節日の備えた本来の意味が忘れ去られずに、保持されていたと考えることもできるのではなかろうか。

湖南省の南は広東省と広西省に接したが、広東省と湖南省の間は険しい山岳が連なり交通が遮断されたため、広東省から湖南省に入る場合には、一たん西江を遡って広西省に入り、潯州で柳州府に至り、北上して桂林に達し、桂林から湘江に沿って全州に達し、広西省の省界を越えて湖南省の永州に至るルートが一般的であった。一八五二年（咸豊二年）、洪秀全の太平天国軍もまた、同じようなコースを辿り、広西省から北上して全州を通過し、湖南省に入っている。いわば、広東省から湖南省に至るためには、両省の境界が峻厳であったために、わざわざ広東省から広西省をへて、迂回して入ったのである。そして、乾隆『柳州府志』巻一一「風俗　附時節」は、柳州府の年中行事について、次のように記している（月日は全て旧暦である）。

> 土俗の元旦では、歳を祝うことを知らず、ただ酒を飲んで肉を食らうのみである。元宵〔一月一五日の上元節の夜〕には、燈を懸けず、音楽も奏でない。二月には、鋤で田を耕し、男女が糞を運び、途で歌を行う。三月には、墓を祭る。四月八日には、烏米飯を煮て、まぐわにて田を耕し、稲を植える。五月の端陽には、角黍〔ちまき〕を作る。ただし、漢人のように、美しく備えることはしない。七月一四日は、これを目連節という。多くの人が、鴨を殺して祖先を祭り、紙銭や銀箔を焼く。この日、路上に歩く人はなく、ために躲鬼と名付けた。八月中秋には、月に供え物はしない。ただ、〔布で〕覆った婦女に対し、土地の言葉で呪語をかけると、婦女は失神し、他人の生霊がその身に憑依し、歌を唱い、圧禁と名付けた。九月九日〔重陽説〕、高い所には登らず、凧もあげることがない。一二月二四日には、灶を送り、翌年の正月一四日になると灶を迎える。除夕、〔人々が〕相集まって、お祝いをする[29]。

宗懍の『荊楚歳時記』は、旧暦五月の条に「夏至節の日、糉を食う」とあり、更にこの箇所に「周処の『風土記』を按ずるに、謂いて角黍と為す。人、並て新竹を以て筒糉を為る。楝葉を頭に挿し、五綵を臂に繋け、謂いて長命縷と為す」と注記して、旧暦五月に辟邪と禳災の行為が行われたことを表している。(30) 従って、清代の柳州府の旧暦五月の風習は、六世紀には成立していたといえよう。これに対して、同地の旧暦八月一五日の風習が殊更に月を祭るわけではなく、神が人の身体に憑依するものであった点は、まだ中原の漢族の風習が同地を席巻していなかったことを物語る。このような旧暦八月一五日の中秋節における神が人の身体に憑依する風習は、民国『宜北県志』（広西省）が「〔旧暦八月一五日に〕男女が歌を謡い、一場に楽しみ、鶏が鳴き始めて止んだ。或いは、法童に請い、夜の交通を禁止した。そして、大勢の人が法童を真ん中に囲み、声を合わせ呪詛し、これ〔法童〕に〔神を〕降して陰に神に問い、歌を唱いながら互いに答え、暁になって漸く止んだ。この挙動は邪習に関わるものであり、今は既に禁止されている」と記したように、広東省や広西省の他の地方志の中でも記載されており、同地では一般的な風習であったことが理解できるのである。(31)

古くより、中国南部から東南アジアの一帯には、「竹中生誕神話」「羽衣伝説」「〔旧暦〕八月十五日夜祭」の三つの民間伝承と儀礼が分布した。月に関する神話は、太陽信仰と共に太古の時代から語り伝えられ、月齢とその運行で日を数え、潮の干満で時間を考えた。そして、月は生殖力と豊穣の源泉となり、特に満月と新月は人間の生と死を左右する霊力の源泉と捉えられた。(32) この中で、中国では旧暦八月一五日の満月の日、すなわち中秋節は、旧暦一月一五日の上元節と同様、満月を祝う祭りとして発展した。ただし、月毎にある満月の中で、あえて旧暦八月が選ばれた理由は、同時期が収穫の時期の一つにあたっていたことと、深く関わっていた。いわば、中秋節は、満月を愛でると共に、収穫を祝う祭りでもあったのである。そして、明・清期になると、漢族の風習が中国の各地に普及する過程で、月餅を贈り、燈籠祭を行うなどの多様性を備えるに至った。ただし、中秋節のもとになる、旧暦八月一五日の風習は、各地域で色濃く残った。すなわち、旧暦八月一五日には、祭礼や祈願、世俗的な願望と共に、婚姻や跡継ぎ誕生の祈願、団欒、節日における決算などの内容を兼ねた。中でも、特徴的なものは、婚姻や跡継ぎ誕生の祈願である。秋の収穫の時期は、男女の交合、子供の出産の時期でもあった。そして、「走月亮」「走月」の風習は、民間の婦女の当夜における自由な往来を許したものであるが、風習の背後には生殖を祈る意味が含まれた。また、華南の青年男女の中秋節における跳月や、順番に歌いあう風習、湖南省の西や貴州省の東に居住した侗族の「偸月亮菜〔月亮菜を盗む〕」の風習にも、同様の意味が含まれた。のみならず、中秋節の晩には天宮の仙女が「下凡〔神仙が人間世界に降ること〕」し、人間世界に甘露を注ぐと言い伝えられていた。このため、民衆は、同夜に甘露を注がれた瓜や果物、野菜を盗むことで、幸福を得ようとした。この場合、野菜などを盗む場所が意中の人の畑であったことは、固よりである。(33)すなわち、長江中下流域では、中秋節は婚姻や跡継ぎ誕生の祈願だけでなく、この世の人間が天界の神仙と交流する日であった。清代、広東省や広西省、湖南省一帯では、漢族の中秋節の風習、すなわち月を愛で、月餅の贈呈、燈籠祭などの風習と、原住民の旧暦八月一五日における神霊を人の身体に憑依させるなどの風習とが、入り混じって存在した。明清期以降、中秋節は、月餅の贈呈、燈籠祭など、祝祭的、行楽的側面が突出してくる。ただし、もともと、同日にはあの世とこの世の境界が曖昧になり、このことからくる不安を払拭するために、神霊の人体に対する憑依など、祓禊が行われていた。(34)このような民衆の世界観が、末劫論と結び付く中で、中秋節など、特定の節日に人々を蜂起へと誘っていたのではなかろうか。一九二七年一一月、中国で民俗学会が設立されると、一九二八年三月から機関誌『民俗』が発刊された。一九二八年一〇月三日、同誌は会員に対して中秋節における各地の風俗、故事、伝説の提供を求めた。(35)この結果、『民俗』第三二号の「中秋専号」では、容肇祖「中秋専号引言」の他、一〇篇の論文が掲載された。特に、この中でも、広東省では中秋節における「迷牛」なる風習の存在が報告された。「迷牛」は、子ども達が地面に横たえた男子の周囲を呪詛を唱えて回り、『西遊記』や『封神伝』『三国志』の英雄や神々を、男子の身に降臨させるものである。男子は、神々が降臨するとやおら剣や刀を用いて演舞した。同報告では、その有様を、「彼らの遊戯の挙動、秩序、呪語は、清朝の庚子の年〔一九〇〇年〕の義和団のようであるが、この風俗は義和団より伝えられたものであろうか」と記し、同風習と義和団の関連を指摘している(36)。

三・中秋節と末劫論の融合

一八一一年（嘉慶一六年）、八卦教徒の林清は河南省滑県で李文成と知り合い、これに拳法の達人の馮克善を加えて党派を結成した。彼らは、一八一三年（嘉慶一八年）の一〇月八日（旧暦九月五日）に信徒と共に蜂起することに決した。ところが、李文成は滑県の知県に捕縛されてしまった。林清は李文成の援軍を待ちつつ、宦官の手引きで北京の紫禁城に入って蜂起を図り、激しい戦闘の末に捕縛された。李文成も後に仲間に救出されて蜂起を図ったが、滑県で官軍に包囲されて敗北した。八卦教は天理教とも呼ばれ、ために同蜂起を天理教の乱という。八卦教の名前は、祖師の李廷玉（或いは劉奉天）が徒弟を八卦（乾・兌・離・震・巽・坎・艮・坤）に配して組織を分掌させた点に由来する。林清の供述では、林清が八卦を総領し、李文清が坎卦以外の七卦を監督した。林清が「天書」を推量してみると、弥勒仏に青羊、紅羊、白羊の三教があり、現在が白羊教の興る時期であると共に、林清を太白金星の下降したものと判じ、林清を天王に、馮克善を地王に、李文成を人王に推した。また、「天書」には、「八月中秋、中秋八月、黄花満地開〔八月中秋、中秋八月、黄色い花が至る所で咲き乱れる〕」の語があり、同年旧暦閏八月、すなわち旧暦九月が第二中秋であり、運気が応ずるため、李文忠と共に旧暦九月一五日に蜂起日を定めた(37)。当簃外史纂『靖逆記』はこの点について、「賊〔天理教徒〕は妖書を作り、弥勒仏に青羊、紅羊、白羊の三劫があり、現在は白羊劫が興るであろうと述べ、かつ〔林〕清を太白金星の生まれ変わりと判じて、旗幟は白を尊んだ。また、童謡に『八月中秋、中秋八月、黄花満地開〔八月中秋、中秋八月、黄色い花が至る所で咲き乱れる〕』とあり、癸酉〔嘉慶一八年〕に閏八月を置こうとしたが、後に甲戌〔嘉慶一九年〕閏二月に改めたため、九月望日〔旧暦一五日〕を第二中秋とし、同日に蜂起を図った」と説明した[38]。同教は、李万成が山東省の東昌府を、徐安幗が曹県を、宋躍隆が徳州を、崔士俊が金郷を統括し、各々手下を数百人擁していた[39]。このうち、離卦教の劉燕は、教徒に叩頭焼香させて「真空家郷無生父母」の八字真言を念誦させ、入教時には根基銭一、二〇〇文を、清明節と中秋節の両日に各々の力量に応じた跟賑銭を納めさせ、教徒が会した時には食指と中指を並べて上に一指を置き、これを剣訣と称して暗号とした。また、震卦教の徐安幗は、毎日朝、昼、晩の三回太陽を崇拝し、両手で胸を抑え、眼を閉じて足を組んで座り、口の中で「真空家郷無生父母」の八字真言を八一回唱えて、これを抱功といい、功がなれば災害を免れることができるとした。更に、九月以後に白羊功が至り、劫数が至れば教主が一枚の白布の小旗をおくり、この小旗を門の前に掛ければ殺戮を免れることができると説いた[40]。このように、八卦教、すなわち天理教は、白羊劫の到来、白い旗による災難の回避、中秋節〔旧暦八月一五日〕や第二中秋節〔旧暦九月一五日〕の蜂起、「真空家郷無生父母」の八字真言などを特徴とし、一九〇〇年の義和団の源流に位置付けられた。古来より、中国の節日は旧暦三月三日、旧暦五月五日など、奇数が並んだ。奇数は陽数とされ、割り切れない数であった。そして、中国の節日は、割り切れない数であるが故に不安定な日となり、あの世とこの世の境界が曖昧となった。このため、祓禊が行われたのである[41]。ただし、旧暦八月一五日の一五日は奇数であるが、八月は偶数である。第二中秋節が中秋節と並んで重んじられた理由は、奇数を重視する点に存在するのではなかろうか。

太平天国期の一八五四年〔咸豊四年〕、楊隆喜が貴州省銅梓県に挙兵した。同蜂起は、のちに貴州省の紅号軍、斉教軍など、白蓮教系結社の蜂起の先駆けとなった。ここでは、「江漢皇帝の詔」として、清朝の罪状をあげつつ、「ここを以て朕みずから蒸民（庶民）を統べ、大いに仁義の師を興して、なんじ清満の罪を問わんとす。朕が師（軍）の到るところ、いささかも犯すなく、士、農、工、商は、おのおの正業に居る。必ず常の如く安堵し、切に風を聞いて動顚し、みずから流離を招くなかれ。然り而して朕はいたずらにまた先王の旧業に復せんとするには非ず。まことに蒼生のために暴を除かんとするなり」と述べたのである。そして、布告の年月日には、「新主江漢元年八月十五日」と記されていた。(42) これよりするならば、中秋節が特別な意味を持った理由は、中秋節に神々が降臨し人体に憑依するという風習にあるのではないであろうか。一八九八年九月、平山周と山田良政は、戊戌政変に際して王照の日本亡命を助け、同人を天津まで送り、日本の軍艦大島に乗船させて後、天津から北京に帰る途中、民衆に襲撃された。時は九月三〇日、旧暦では八月一五日、中秋節の時期にあたった。(43) そして、東亜同文会編『続対支回顧録』は、この事件を一九〇〇年の義和団事件の予兆であるとしたのである。(44) 一九〇〇年の義和団事件では、直隷省（現在のほぼ河北省にあたる）で「這苦不算苦、二四加一五、満街紅燈照、那時才算苦。庚時遠方去、緊防黒風口、電線不長久、江山問老叟。二四八中一群猴、大街小巷任他游、西北出了真男子、只見男子不見猴〔これはまだ苦しみとは言えない。二四加一五。街中に紅燈照が現れ、その時こそ苦しみといえよう。庚時は遠方に去り、堅く黒風の口を塞ぎ、電線は長く続かず、江山は老叟に問うた。二四八中、一群の猿は街巷で思うままに遊ぶも、西北に真男子が出で、〔この後〕ただ男子のみ見て、猿は見えなくなる〕」という歌謡が流行した。(45) このうち、「二四加一五」は旧暦八月一五日すなわち中秋節を、また「真男子」は救世主を指すといわれている。これよりするならば、中秋節の蜂起の謡言は偶発的なものではなく、何らかの原因によったといえよう。中秋節の蜂起の謡言は、民間の歌謡や伝承に由来していたのではなかろうか。そして、このことが、一八九八年の北京における群衆の平山周と山田良政に対する襲撃に結び付いた。それは、正しく、義和団事件の予兆であった。一九〇一年、山東省や河南省、直隷省の義和団が鎮圧され、多くの義和団員が弾圧を逃れて四川省に流入した。重慶知府は、この点について「各処の匪徒が愚民を惑わして義和の邪拳を伝習したが、近頃は名前を神打、陰操、紅燈教と変えている」と指摘している(46)。また、民国『眉山県志』が「光緒二八年壬寅〔旧暦〕八月一四日〔一九〇二年九月一五日〕、紅燈教匪は北京義和団の余炎を受け継ぎ、仇教に名を借りて省城に入り、忌み憚る所がなかった。そして、〔旧暦八月〕一五日〔九月一六日〕、突如、彭山に進んだが、皆なその神を怪しみ〔進入を〕拒まなかった。ついで、同日に眉山に入り、百余人を率い、紅巾を巻き、旗と兵器を執り、一人の婦人を擁して観音といい、下西街の福音堂を破壊し、更に南城の白衣庵を占拠した」と記したように、「紅燈教匪」が一人の婦人を擁して観音と名付け、中秋節に蜂起を企てたとしていた(47)。なお、一九〇一年の四川省の紅燈教の蜂起では、「抄単」という掲帖の一種に、「今や上帝の『清を滅亡させ、洋を掃討し、漢を興起せよ』という命令を受けた。人々が協議し、現在の端午節の戌時を定め、天下の各所において一斉に征伐の行動を起こす。時に臨んでは、忽然と火を起こすことを合図とする。凡そ、〔軍に〕投ずる者は、火が起きた時に各々が武器を執り、頭髪を短く剪って〔髪を〕僅かだけ留め、頭巾を着けず、帽子を被らず、無帽短髪を記しとせよ」と記されたように、端午節の蜂起を伝える記録も存在している(48)。

一九〇〇年六月一八日、白岩龍平は、義和団の原因として自然災害による飢饉以外に謡言の流布をあげ、次のように述べている。

由来山東は土地痩せ人多く、十八行省中最も貧窶の地方たり。故に半年と雖も居民其居に安んずる能はず、遠く遼東より西比利亜に出稼し僅に自家の糊口を繋ぐ者比々皆然り、然るに昨年末より降雨稀なりし為め、北清一帯殊に山東省の麦作非常の不作にして民〔の〕飢餓に瀕する者多く、人心一般に動揺せる矢先に義和団の蜂起するあり、呪語を念誦し拳勇を練習して愚民を狂惑す。人間はパンを得んが為めには何事をも忍ばざる者なるに、まして慓悍なる彼れ山東人は自己の口に糊する能はざるより、所在匪徒に応じて略奪を恣にする、亦自然の数なり。……斯く団匪の鴟梟を永続せしむる原因あるに加へて、次に最も恐るべきは、則ち『明の劉基〔伯温〕が某山の下に埋めたる未来記に庚子閏八月には天下大乱あるべしと』の語ありて一種の謡言が数十年来伝説せられ、昨今時局の難〔が〕日に加ふるに及んで一般に堅牢不可抜なる迷信となりたるにあり。世人或は吾人の斯言を為すを見て以て一笑に附する者あらん。然れども吾人は一笑に附する者の愚を笑はずんばあらず。斯の如き謡言は我邦に於ては決して之れ無き所にして、斯の如き迷信は決して我邦人の脳裡を支配する能はざる所なるべし。然れども憐むべき哉、支那に在つては則ち然らず。風説は事実を孕み出し、斯の天下大乱ありてふ迷信は哥老会を初めとし南方各種の会匪の脳裡に浸潤し、読書人は固より官人と雖も往々之を信じて疑はず。閏八月に於て天下大に乱れ、而して此時に乗じ竿を掲げて起つは是れ天意の命ずる所に従ふものにして正常なりとなす。現に吾人に面識ある支那人中には之を公言して憚からざる者多し。故に義和団の暴動にして、前述せる如く種々の原因と相俟つて容易に平定に帰せざらんか。乱を思ふの徒、所在に匪徒を糾合して府庁州県を騒がし、其勢漸く大に東西南北相呼応して、天下は麻の如くに乱れ、各国の兵ありと雖も北京の官兵ありと雖も、滔々の勢又収拾すべからざるに至ること明季の如けん。世人或は謂はん、今の時は昔と異なり、復た斯の如きことなかるべしと。是れ大なる誤謬なり。支那人が趨利附勢の先天的性格と頑迷不霊なる伝説とは今も尚ほ昔の如くに一般人心を支配し、一旦斯くと迷信すれば身命を擲つて之に従ふや、暗然として夫れ明なり。支那民族は寔に奸雄が其の手腕を弄する様形造られたるやの観あり(49)。

ここで、白岩龍平は、末劫の到来を「閏八月」としている。旧暦閏八月一五日は、第二中秋節とされた日である(50)。義和団で唱えられた末劫の到来日には、この他にも「〔旧暦〕九月九日」などがある。ただし、義和団の掲帖の「二加一五」が中秋節における末劫の到来と救世主の降臨、至福の世界の顕現を意味し、旧暦閏八月一五日が第二中秋節とされたように、義和団で説かれた末劫の到来日は、中秋節に関わりの深い日であったことに変わりはない。ここで問題とされるべき事柄は、李幹忱が蜂起日を旧暦五月五日の端午節としながら、「明朝の軍師・劉伯温〔基〕にもまた韃子を殺すという焼餅歌があり、『手に鋼刀を執ること九十九、胡人〔韃子〕を殺し尽して方めて手を罷めん』と言ったが、これは〔旧暦〕五月五日の韃子を殺害するという説を指したものであろう」と述べて、『焼餅歌』の一節が「殺家韃子」伝説を示すとしたことである。(51) これよりするならば、「殺家韃子」伝説が『焼餅歌』の「手に鋼刀を執ること九十九、胡人〔韃子〕を殺し尽して方めて手を罷めん」の一節と結び付いて喧伝され、人々の脳裏に刻まれて特定の日にち、特に中秋節の蜂起を引き起こした可能性も存在した。(52)

第二節　萍瀏醴蜂起と中秋節の謡言

一・中国同盟会の計画

一九〇五年七月三〇日、中国同盟会の結成大会の準備会が、東京の赤坂区檜町三番地の黒龍会事務所、内田良平宅で開かれた。八月一三日、孫文の歓迎大会が飯田町の富士見楼で開かれ、更に一週間後の八月二〇日、中国同盟会の結成大会が赤坂区霊南坂の坂本金弥宅で開かれた。そして、七月三〇日の準備会で、孫文の三民主義、すなわち民族主義、民権主義、民生主義に基づいて四大綱領、すなわち「韃虜を駆除し、中華を恢復し、民国を創立し、地権を平均する」の一六文字が、同会の綱領に定められた。この三民主義の中にあって、民族主義は満洲族の排斥と漢族支配の回復、民権主義は共和政体の樹立、民生主義は地価の上昇分の徴収による貧富の格差の是正を意味した。そして、中国同盟会の会員はこの方針に従って、本国に帰り各省に支部を設け、党勢の拡大に従事し、新軍の兵士や会党の首領に対する工作を進めることになった。中国同盟会会員で、湖南省出身の劉道一と江西省出身の蔡紹南は、湖南・江西両省で会党との連携に努めることになった。一九〇六年、黄興は劉道一と蔡紹南らに対して、「現在提唱していることは国民革命であり、古代の英雄革命ではない」と述べ、洪江会の中には心中に帝制を抱き、共和の真理を熟知しない者もいるが、それでは将来に群雄が争い殺戮も行われて害が大きいとして、「民族主義や国民主義で指導するのが妥当である」と訓戒を垂れている。(53) 一九〇六年春、劉道一と蔡紹南は湖南省に戻り、劉道一が長沙で蜂起全体の責任を負い、蔡紹南が瀏陽、醴陵、萍郷で会党の組織工作に従事した。蔡紹南の会党工作は、萍郷県出身の学生の魏宗銓と共に行われた。魏宗銓は上栗に全勝紙筆店を開設し、ここを拠点に会党の組織化を図った。この結果、劉道一と蔡紹南は、会党首領の龔春台、李金奇、沈益古らと誼を通じた。鄒永成の回憶によるならば、劉道一、蔡紹南と龔春台との会合は、一九〇六年一二月までに三回もたれた。第一回の会合は同年六月頃、萍郷の蕉園で開かれ、会党各会派と連合を図ると共に、六龍山を設立し、洪江会と号することに決し、最高司令官を龔春台とし、総本部を瀏陽、醴陵、萍郷三県の共同管理地である麻石に置いた。第二回の会合は同年七月頃、大嶺下の弾子坑にある慧曆寺で開かれ、蜂起計画が練られた。蜂起の日時は、日本の東京にある中国同盟会本部の指示を仰ぐことになった。やがて、指示を得て、蜂起の日時は翌一九〇七年二月初旬、旧暦では一九〇六年の一二月末の官吏の御用納めの頃に決した。ところが、旧暦八月一五日の中秋節を前に、麻石地方で蜂起の謡言が起き、官憲による取締りが強化されたため、蜂起の日時は早められた。第三回の会合は一二月初旬、各会派が高家台に集まり、蜂起の手順を定めた。(54) 時に、各軍は三軍に分かれ、第一軍は湖南省瀏陽、醴陵を、第二軍は江西省萍郷の安源を、第三軍は江西省宜春、万載を根拠地とし、蜂起の日まで準備に努めることになったのである。(55)

一九〇四年二月、黄興、劉揆一（劉道一の兄）、陳天華、宋教仁らは、湖南省に華興会を設立し、知識人や学生を革命運動に組織する一方で、同仇会を設立して会党の組織化を図った。同仇会は華興会の外郭団体であり、会党首領の馬福益を要職に迎えた。華興会と同仇会は、一九〇四年一一月一六日（旧暦一〇月一〇日）、西太后七十歳誕生祝賀会に一斉蜂起して湖南省城を占拠し、革命の拠点とする計画を立てた。しかし、蜂起直前に計画が洩れ、馬福益は捉えられて処刑され、黄興や宋教仁は日本に亡命し、同仇会に結集した会党も瓦解した(56)。一九〇七年一月一日、平山周は、馬福益について次のように記している。

△馬福益とは如何なる人か、彼は湖南省湘潭の碧水湾の産である。幼にして書史を学び、頗ふる大志があつた。嘗て王船山の遺集を読んで、満漢人種の区別の思想が、油然として胸中に沸き来り、顧みて友人に謂て曰く「我儕漢人は其数四億に上るではないか、而して少数の満酋の為に牛馬視せられ、其羈絆を脱することを思はぬならば、是れ賊を奉して父と作し、反て甘心之を護衛すると異ならぬではないか。恥を知らぬも太だしい。彼れ曾国藩、胡林翼、左宗棠、彭玉麟の輩皆漢人ではないか、而して満酋の為に死力を効して、以て太平天国を顚覆した、胡そ大儀を辦ぜざるの太だしきと」……△彼れは浮浪の徒の頼むに足らさるを悟り、乃ち湘潭の上游に於て、自ら鉱業を営み、之を以て根拠となし、徒衆数千人を集めて、其心腹となし、更に萍郷の坑夫中、剽悍なる者数千人を味方となし、財を蓄へ軍器を購ひ、勢力已に成り、軍器已に整ひ、遂に三年前〔一九〇一年に〕（甲辰）大会を瀏陽の普蹟市に召集した。此時部下の集まり来る者二万余人、咸く其死力を出して、祖国を恢復せんことを誓ふた。因て〔一九〇四年に〕期日を定め、襲ふて長沙を取らんとしたが、武将蕭桂生、游得勝の二人は捕へられて、死刑に処せられた。△彼れは事〔華興会の蜂起〕敗れて、更に両広の地に奔走し、軍器を集めて萍、醴の間に帰り、再び大義の旗を挙げんとして、機一髪の間、事漏洩して捕へられた。其刑に臨むや、衆に謂て曰く、

「我は漢族の為に死す、死惜むに足らす。但だ願くば我兄弟相継で起るあらば、我死して余栄ありと」。辞気慷慨、聞く者皆涙を流したのである。[57]

一九〇五年四月二〇日、馬福益が湖南省長沙で処刑されると、萍郷、瀏陽、醴陵の一帯の会党は指導者を失った。この時、醴陵の会党は龔春台を首領とし、萍郷の安源一帯の会党は蕭克昌を首領とし、瀏陽の普迹一帯の会党は馮乃古を首領とし、瀏陽の東郷一帯の会党は姜守旦を首領とし、各々が数千の会員を擁していた。更に、龔春台を首領とした醴陵の会党は三派に分かれ、東郷の麻石の碼頭官には李金奇が、西郷の神福港の碼頭官には李香閣が、北郷の官庄の碼頭官には譚石基が就いていたが、三派の中では李金奇が最大の勢力を擁していた。[58]

一九〇四年一二月二四日付け『大公報』（天津）は、「湖南省の醴陵では同仇華興会党の蕭貴生らが捕えられたが、捕縛されていない者も多い」と記し、湖南巡撫陸元鼎がお尋ね者として各省に通知した人物として、「馬福益（馬乾、廻嵛山仏祖堂山長）、蕭龍（岳麓山双龍頭）、尹坤（副龍頭）、王甫臣、傅友蛟（湘郷の人、鳳凰山会を開く）、楚庶其（別名は楚樹琪、湘潭の人、同仇会西路総辦）、蕭海四、黄老師、劉軍、郭芬、謝樹其（湘潭の人）、蕭克昌（寧郷の人、南路総辦）、徐老師（徐策球）、李慶文（湘潭の人、本名は晏能、以前に富有票の犯人となり、李と改姓して常徳に至り薬草を売る）、劉老師、黄近年、劉林生（別名は勤宜）、柳老師（棚梨市の人）、彭老師、陳天華、徐庶堂（衡山の人、南路総辦）、謝合興（瀏陽の人）、晏永臣（醴陵の人、東路総辦）、尹濮廷（湘潭の人）、劉正敖（善化の人、北路総辦）」、以上の名を挙げている。[59]この中で、「黄近年」は黄興、「劉林生（別名は勤宜）」は劉揆一、「陳天華」は陳天華、「謝合興（瀏陽の人）」は龔春台を指している。黄興、本名は軫、字は堇、堇午である。劉揆一、字は霖生、林生である。また、龔春台は、字は謝再興である。また、「蕭克昌（寧郷の人、南路総辦）」は、一九〇六年の萍瀏醴蜂起でも活躍した、蕭克昌を意味するように思われる。蕭克昌は、安源炭鉱の工夫を会徒として率いていた。ただし、醴陵知県の汪文溥は、蕭克昌を湘潭の人としている[60]。一九〇六年に中国同盟会の劉道一と蔡紹南の働き掛けに応じ、龔春台を中心に結成された洪江会は、一九〇四年に設立された同仇会を再組織したと考えられる。従って、劉道一と蔡紹南は、萍郷県出身の学生の魏宗銓を通じて初めて会党首領の龔春台、李金奇、沈益古らを知ったというよりも、黄興などを通じて予め誼を通じており、彼らは馬福益に対する追悼の念、清朝に対する復仇の念が強かったのではなかろうか。龔春台、字は謝再興または酔興、更に章年、張章年と名のり、号は月楼、湖南省瀏陽県の人である。生年は未詳であるが、爆竹工である。幼年に学問をなさなかったが、義侠心をもって人と交わり、長ずるに及んで革命を志した。一九〇〇年の唐才常の自立軍蜂起で、龔春台は積極的に参加し、唐才常が富有票を発するのを助け、会党の糾合に力を発揮した。唐才常の自立軍蜂起が失敗すると、龔春台は当局に名前が割れていなかったために難を免れ、引き続いて瀏陽一帯に潜伏し、臨時工として生計を立てた。一九〇五年四月二〇日の馬福益の死後、龔春台は馬福益の跡を継ぎ、萍瀏醴一帯の会徒におされて洪江会の首領となったとされる[61]。龔春台は、姜守旦と同様に瀏陽の生まれであり、共に一九〇〇年の唐才常の自立軍蜂起に参加している。しかし、唐才常の自立軍蜂起では、姜守旦が香長の職にあったのに対し、龔春台が何らかの職に着いていたという情報はない。このため、会党の中では、姜守旦の方が龔春台より地位が上であった可能性もあるが、汪文溥が「上栗市は匪賊の総頭目である龔春台、すなわち謝再興の根拠地である」と記したように、一九〇六年の萍瀏醴蜂起では龔春台が総指揮を執っていたことに疑いはないのである[62]。

二・中秋節の謡言と蜂起

一九〇六年、湖南省では、前年の米穀の不作や天候不順から、旧暦の正月以降、米価が高騰し、人心が不穏な情勢となった。同年五月、湖南巡撫龐鴻書は同年の水害について、「春以降、長雨が比較的多く、〔旧暦〕四月初旬〔西暦四月下旬〕になると雨が滝のように降り、湘江の水かさが急激に増え、衡州府属の衡陽、清泉、衡山や長沙府属の長沙、善化、湘潭、寧郷、湘陰の総計八県の河沿いの田園や家屋は悉く水浸しになった。そして、漂流する人や家畜も甚だ多く、被災民は離散して家を離れ、哀れを極めた。私が臣下を率いて、壇を設け祈禱したところ、幸いにも晴れ上がったが、〔湖南〕省城や衡州府の衡山、湘潭などの各県城は、地勢が低い処にあったため漸次浸水し、湘江の水かさの増大は通常は夏に起こったが、現在は暮春〔旧暦三月頃〕に始まり、氾濫して数十年来未曾有の災害となった」と記している(63)。民衆は、飢饉の発生、疫病の流行を前に、自らの家や身を守る必要性に急速に迫られた(64)。そして、一九〇六年六月、疫病発生の恐怖と共に、湘潭・寧郷・瀏陽の一帯で神拳が急速に広まった(65)。このため、民衆は食糧を求め、居住地を離れて各地を流浪し、強き者は「逃荒」と呼び、多数を集めて郷村を横行し、弱き者は「喫排飯」や「喫大戸」と呼び、富者に向かって物乞いをした。常徳、澧州の水害、長沙の災害では、全てこの種の現象があった(66)。

瀏陽県城の郊外に、張新裕なる民間の芸人がおり、七字句を用い、五百余言にも及ぶ、『三荒記』という唱本を著した。この『三荒記』によるならば、瀏陽では五月八日には一升三八文であった米価が程なく四八文に値上がり、五月から六月にかけては五六文に上昇した。この間、五月から六月までの米の端境期に、瀏陽の東郷では飢餓に瀕した飢民による強奪がしばしば起こり、座食の風も頻出して略奪も起きた。しかし、官に打つ手がなく、瀏陽の東郷では数十家が強奪されて富者と貧者の別なく憂いを深くした。この間、米価は高騰を続け、一升が六四文にまで達した。人々は雑糧をも食べ尽くし、六月初旬には万策尽きたが、救恤米が瀏陽に到達して一息ついた。ところが、六月九日より連日、瀏陽では大雨が続き、瀏陽県城が洪水の被害にあい、河岸の家屋は大水に没し、人々は男を携え女を背負い身動きならなかった。この結果、水に飲み込まれた溺死者多数、各家々に火煙は絶え、哭声は街に満ちた。のみならず、稲田も水流や土砂に埋まり、収穫は水泡に帰した。被災の報告は、直ちに湖南省城に達した。湖南巡撫岑春蓂は、被害の報告を受けると、回文で強奪犯の逮捕のために精査を命じた。この命で捕縛された者は百余名に達したが、郷里で強奪は止まらなかった。瀏陽の東郷では捕縛者を他郷に追放したために、強奪の被害は瀏陽の南郷が最も酷くなった。九月下旬、旧暦では八月初旬のことである。

一九〇六年七月頃より、萍郷県下にある慧暦寺の僧侶たちは、神の言葉に託して「天下が大いに乱れようとしている。やがて英雄が出で、富を削り貧を救うであろう」などの預言を参拝客に告げていた(67)。慧暦寺の僧侶は、洪江会の傘下にあった。預言の意味するところは、末劫の到来と救世主の出現、至福の世界の顕現の、三点に集約される。ただし、慧暦寺の僧侶たちの称えた神の言葉では、救世主が何時いかなる姿で出現するのかは不明であった。一九〇六年一〇月初旬、旧暦では八月一五日の中秋節を前に、瀏陽・醴陵・萍郷三県の交界地帯の麻石地方戯場三ヶ所に連日三〇〇〇もの人が集っていた。鄒永成は、次のように回顧している。

この時に、蕭克昌は安源煤鉱の工人の頭領となっており、配下には数千人がいた。〔魏〕宗銓は〔蕭〕克昌に〔旧暦の〕年末に蜂起するよう持ち掛け、〔蕭〕克昌はこれを許した。しかし、〔蕭克昌の〕部下たちは、年末には各工人が皆な歳越しの祝賀のため、故郷に戻ることから、〔蜂起のために〕結集することが困難であると考え、時期を早めて蜂起するよう主張した。〔蕭〕克昌は、もし時期を早めて蜂起するならば、外部から援軍が参集することは困難であると述べ、多くの人もこの主張に納得した。ただし、〔同蜂起に関与した者の〕人数が多かったため、勢いとして〔蜂起計画は〕秘密にすることが困難であった。やがて謡言が沸き起こり、各地で三、五人ずつ群れをなし、皆なで韃子を殺害し、「富を削り貧を埋めよう」等の言葉を語った。地方の紳士は、累が自身に及ぶことを恐れ、官庁に掃討を請願した。すると、清朝政府の官吏も、厳しく防備を整えた。八月中秋節の前後に至り、麻石の戯場の三ヶ所では連日数千人が集まった。すると、謡言が盛んに起こり、甚だしい場合には洪江会が即日蜂起するであろうと称えた(68)。

中秋節の蜂起の謡言が人心を不穏にさせた理由は、民衆の間で中秋節の蜂起、更には末劫の到来を当為として捉えることのできたことによる。いわば、中秋節の蜂起の謡言は、民衆の心情の投影された各地の伝承と呼応して効果を発揮した。そして、この謡言と伝承を繋ぐものが、戯劇の台詞であったと考えられるのである。湖南省の官憲は、人心の不穏を前に動揺を極め、官兵を急ぎ麻石に派遣し、会党の取り締まりを行った。中秋節の蜂起の謡言の主体は、洪江会である。すなわち、一部の民衆は、蜂起で降臨する救世主を、洪江会の首領とみなした可能性もあった。この理由としては、次の二点がある。第一点は、醴陵一帯に伝わる「殺家韃子」伝説の存在である。ただし、同伝説には、移住民と原住民との抗争を下にした郷土奪回伝説と、中秋節における神々が人体に憑依する風習が入り混じり、かつ末劫論も含んでいた。第二点は、直隷省、山東省、河南省より湖南省に流入した義和団の残党のもたらした義和団の掲帖の内容である。義和団の掲帖には、中秋節における末劫の到来が示されていた。これよりするならば、中秋節の蜂起の謡言は、末劫論、すなわち末劫の到来と救世主の降臨、至福の世界の顕現を意味したといえよう。この場合、鄒永成の文章で「韃子を殺害し」と述べた箇所が末劫の到来を、「富を削り貧を埋めよう」と記した箇所が至福の世界の内実を意味しているのではなかろうか。

一九〇六年一〇月初旬、麻石地方で中秋節の蜂起の謡言が起きると、官憲の会党に対する弾圧が強まった。李金奇は逃亡を図るが、白兎潭団防局長の李樹玄に探知された。一〇月初旬、李金奇は湖南省の官憲の追求の手を逃れる途中、河に落ちて溺死した。李金奇は、一八七七年（光緒三年）、醴陵の官寮（現在の南橋郷）に生まれ、打鉄を業とし、武術に優れ、哥老会に入会後、「昆倉山」の頭目となった。そして、一九〇六年、中国同盟会の劉道一と蔡紹南が湖南省に入り、蜂起の工作を行うと、李金奇は「昆倉山」の会徒を率いて洪江会の傘下に入り、第三碼頭官に就いた(69)。

そして、この李金奇の参謀を務めていたのが、一九一一年一〇月二二日の革命軍の蜂起で湖南省の正都督となる焦達峯であった。李金奇の死後、李金奇の助手の張折卿が列車で安源に至り、会党の頭目の一人である蕭克昌と連絡を取ろうとした。ところが、張折卿は、醴陵駅で官憲によって逮捕され、のちに処刑された。ついで、李金奇追悼集会を図った洪江会の許学生なる者が、官憲によって逮捕、処刑された。すなわち、中秋節を前にした蜂起の謡言は、湖南省の官憲の警戒を促し、会党諸派に対する弾圧を加速させた。そして、蔡紹南と魏宗銓、龔春台、及び会党諸派の頭目及び成員は、このような官憲による弾圧の激化に対して、危機感を強めるに至ったのである。(70) 一九〇六年一二月三日、中国同盟会の蔡紹南と魏宗銓は、洪江会の龔春台と共に、萍郷の上栗市の西にある高家台で、各路の碼頭官や会党諸派の頭目を召集し、中秋節の蜂起の謡言が湖南省の官憲の厳戒をもたらしたため、蜂起の日時をめぐり緊急の会議を開いた。湖南省の官憲は会党諸派の弾圧を加速させ、会党の首領の一人である李金奇は逃走中に河で溺死した。また、李金奇の配下の張折卿なども、逮捕・処刑された。このため、会議では、湖南省の官憲の弾圧に対処すべく、蜂起の日時が話し合われた。席上、蔡紹南と魏宗銓、龔春台、鄧坤、胡友堂らは、武器や弾薬の不足を理由に、外部からの武器の援助を待つべきであるとして、蜂起の時期の延期を説いた。しかし、各路の碼頭官は、清朝政府の軍隊の準備が整わない今こそ蜂起し、各所の会党に檄を飛ばして同時の挙兵を図り、長沙の湖南省城と南昌の江西省城を攻撃すべきであるとして、譲らなかった。すなわち、饒友寿、龍人傑、廖叔宝、沈益古らは、会党の成員が十余万人もおり、加えて各所の会党の成員が十余万人もいることから、一挙に勝負に出るべきであるとした。双方の議論、すなわち自重論と即決論の二つとも譲らず、議論は平行線をたどった。各所の会党の成員が続々と集結し、翌一二月四日の未明になっても散会しなかった。すると、業を煮やした廖叔宝が、数千の者を麻石に集め、大漢と記した旗を掲げ、挙兵した。事ここに及び、蔡紹南や魏宗銓、龔春台も、蜂起を決意するに至った。同日、洪江会総機関の名義で、洪福会の首領の姜守旦や、哥老会の馮乃古に檄が飛ばされると共に、各県各所の会党の成員に対して、同時に兵を挙げるべく通知が出された。そして、高家台に貯蔵されていた少量の武器、火薬、土槍、土炮、長槍、大刀などの武器を各所に分配し、先ず上栗市を占拠して、根拠地とすることに決したのである(71)。

三・萍瀏醴蜂起の結末

一九〇六年一二月五日、洪江会本部は龔春台を中心とする「中華国民軍」を醴陵、萍郷、瀏陽三県共同の管轄地域である麻石で編成し、龔春台が「大漢光復軍南軍先鋒隊都督」の名目を用いて檄文を発した。そして、蔡紹南を左衛都統兼文案司、魏宗銓を右衛都統領兼銭庫督糧司、廖叔宝を前営統帯、沈益古を後営統帯に任じた(72)。麻石に集結した蜂起軍は、頭を白い布で巻き、手に各種の武器を持った他、徒手空拳の者もいて、上栗市に向かい出発した。前列は数対の大きなラッパを持ち、大きな旗が二枚、上には「大漢」と記されており、小さな旗は百余枚、上には「官逼民反」「滅満興漢」と記された。各所で蜂起軍に呼応した者は、宜春県の慈化市、萍郷県の桐木などがあり、各々四〇〇〇から五〇〇〇を擁した。醴陵では会党の首領、李香閣が龔春台の意を受けて神福、官寮などを拠点に一万の蜂起軍を編成し、醴陵県城を奪取する準備を進めた。また、萍郷では上栗周辺の会党が龔春台の軍隊に合流した。ただし、安源炭鉱の会党は、萍郷知県らが蕭克昌に眼を光らせていたため、沈黙したままであった。更に、洪福会首領の姜守旦は、使者を遣わして、同時の挙兵に応ずるものの、萍郷県の蜂起軍の指揮は受けず、即日瀏陽県城を占拠し、直ちに長沙の攻撃に赴く旨を告げ、洪江会とは別に「新中華大帝国南部起義恢復軍」を称した(73)。この時、瀏陽南門の河を挟んだ対岸の南市街や楓林鋪などでは、各々数千人の会党の成員が出陣の命令を待ち受けていた。洪江会の蜂起軍は先ず瀏陽に進軍し、姜守旦の軍隊と会合することに決した。沈益古、龍人傑、王靄亭、鄧坤の蜂起軍は上栗市に駐屯して背後の防備を固め、清朝政府の軍隊を迎え撃ち、龔春台、蔡紹南、魏宗銓が残りの蜂起軍を指揮し、瀏陽に進軍した。進軍の途上、瀏陽の文家市、金剛頭、醴陵の潼塘、官寮、板杉などで、帰順したり投降した者は数百や二〇〇〇から三〇〇〇に上り、直ちに楓林に赴いた。この結果、蜂起軍の総数は、二万余人に膨れ上がった(74)。ただし、清朝政府軍が体勢を立て直して反撃に転ずると、醴陵、萍郷の会党は敗走した。姜守旦の洪福会も敗れ、龔春台の洪江会も壊滅した(75)。姜守旦の蜂起軍は、白い布や白い衣服を着けて闘った。姜守旦が一九〇〇年の自立軍蜂起の富有票を受け継ぎ、富有票に白陽劫の到来が説かれていたとするならば、白い布や白い衣服には末劫の到来に伴う災害から身を守る意味が込められていたといえよう。江西省の義寧州で捕縛された会党の王運青が、尋問による供述の中で「姜守旦は〔旧暦〕一一月五日〔西暦一二月二〇日〕、平江の沙鋪で官軍に撃退され、私と共に逃亡した。姜守旦は、湖南省の瀏陽、江西省の義寧、万戴、安吉は身を置くことができないため、互いに逃走経路を別にした方がよいとして、自分は道を迂回して〔江西省の〕九江に逃亡し、汽船に乗って武昌府城の葉洪源の客桟に至って歳を越すため、私に依頼して同地で落ち合おうと述べた」としていた(76)。そして、王運青は捕縛されたが、姜守旦の方は各地を転々として「終わるところを知らず」とされた(77)。

一九〇六年一二月二四日、水野梅暁は、一九〇六年の萍瀏醴蜂起の結末と李金其の妻の最後について、次のように報告している。

又今回の首謀者たる李金其死亡後は彼れの妻女は彼れの木主を擁して陣前に立ち、之を和姑娘〔荷姑娘〕と称し、之に応じて更に秀姑娘なる者ありて水滸伝、三国志的の脚色を演じつゝあるも、例の空拳を揮つて事を起し天下を掌握せし時代は既に去れり、彼等は到底文明の兵器を携へる湖南、湖北の軍隊には敵すべくもあらず、革命先鋒の旗幟も掃清復漢の記号も今は瀏陽を距る事一百余清里の平江県下平坪山と云へるに立籠れり。而も都合に依りては江西又は湖北の領分に走らんとするの形勢あるより、〔湖南巡撫の〕現時の兵力にては掃滅の見込なきに依り、南京兵をして江西方面より陸路其の後面を衝かしめんとするの計画を立てつゝあれば、南京兵の到着迄は官匪双方相対峙するのみにて、当分は戦闘もなかるべしと云ふ。又一事萍郷方面の急を伝へたるが、之も湖北砲兵隊及び歩兵の大部の応援に依り、今尚事なきを得つゝありとの通信、只今吾人の手中に来る。之に依つて綜合すれば、革命党も軍器不足の為結局物にならずして終りたるもの丶如し。されど革命党が空手にして立ち、区々地方団練の武器一、二千を奪ひ二、三千の衆を以て湖南、湖北、江西、江蘇の大兵を動かさしめたる手腕と相比例して、官兵の無能をも端なく暴露せしに依り、弥〔々〕数〔ヶ〕月後事件落着の後は江南各省の軍事界にも多大の影響を与ふるなるべし(78)。

荷姑娘は、一八七五年に生まれ、一九四四年に没した。享年六九である。父の名前は鄒月巠、白兎潭に居住した。このため、荷姑娘の本来の姓は鄒であったが、乳児の頃に荷妹子、長ずるに及んで荷姑娘と呼ばれた。家が貧しかったため、李家に童養媳に出されたが、夫が少年で亡くなったため、鄒家に戻った。そして、李金其と知りあい、旅籠を借りて会徒の連絡場所とした(79)。荷姑娘は武術の達人で、李金其の情婦として李金其の復仇を図ろうとした。彼女は白い布を巻き、麻布を身につけて、馬にまたがり金剛頭を出陣し、瀏陽県城郊外の南流橋に向かい、郷紳を殺し清朝の兵士と戦った(80)。牛石嶺の戦闘で大勢を率いて出発し、富里の李氏の宗祠に駐屯した。李金其の死後、清朝政府による関連者の追及が始まったため、子供を連れて江西省吉安に逃れ、広東省の韶関に転じて同地で病没した。荷姑娘の葬儀は、韶関の雲南山で営まれた(81)。なお、女性の武術家は、一九一一年一〇月の革命軍の蜂起でも出現した。すなわち、醴陵の渌口では、蘭仙果と冷太太（冷旦那のかみさん）、椈梨の木工の李などの武術家が電柱に上って電線を断ち切った。この時、冷太太は真っ先に巡撫衙門の旗竿をたたき切り、身の軽きこと燕のごとく、旗竿に上る様は猿のようであったといわれていた(82)。

一九〇六年一二月二一日付け『大阪朝日新聞』では、一九〇六年の萍瀏醴蜂起について「蜂起の動機」として「偖〔さて〕蜂起の動機如何と云ふに、本年清国中部は凶作にして、江西西部、湖北西部、湖南北部及び四川東南部、即ち揚子江上流の沿岸は、昨今惨憺たる飢饉を極めつゝあり。之が為、同地方労働者は米価騰貴、賃銀低落の打撃を受け、萍郷〔安源〕炭坑坑夫の暴徒先づ発して、四隣之に応じたるが如し。徒党は労働者のみなれば、残虐なる草匪の類に過ぎざれども、或は是れ革命気運が偶凶作の機会を借りて発したるものにあらずやとも思はるゝなり」と記した上で、更に「革命軍」として「何故に此暴徒は革命軍にあらずやとの疑ひあるかと云ふに、暴徒の行動は案外節制ありて、従来の暴徒の如く外国人に危害を加へ、又は鉄道（湘潭鉄道、萍郷、醴陵間は既に竣工、醴陵、湘潭間は未竣工）を破壊せざるが如きことなければなり。且武器も精良なるは烏合蜂起の暴徒に似ず、斯く節制ありて整々たるが故に彼等は人民より嫌忌されざるのみか、反て同情を得つゝありて、其の勢力侮るべからずと」と述べていた(83)。そして、一九〇七年一月七日、宋教仁は日本でこのような新聞記事を読み、日記に「〇〇新聞をみると、湘贛（湖南、江西省）の反乱の記事が載っていた」と記し、更に「この度の革命党は、基盤は強固で、行動は文明的である。……その主張を見ると、満洲の奴隷となっている者、及び富豪を除いて学生界・商業界や百姓に対してはいずれも害を与えず、外国人及び教会に対してはとりわけ（かれらを）保護している。そのため人民は不安な気持でいるとはいえ、これまで通り平常な仕事をして恐れていないので、討伐に赴いた官軍はまだ成果をあげていない」などの新聞記事の内容を書いたのである(84)。ただし、二〇世紀初頭、義和団の残党が山東省、河南省から鉄道工夫として湖南省に流入し、湖南省の会党と義和団の残党が融合していた。このため、一九〇六年一二月二五日付け『申報』は、湖南省瀏陽で起きた蜂起、すなわち姜守旦の蜂起について、「瀏陽の蜂起では、某日に県城を攻撃し某日に監獄を強奪すると宣言した。かつ、掃清滅洋、革命義軍の旗号を打ちたて、更に貧民には迷惑をかけず、ただ官長を襲撃・殺害し、あくどく富をなした者の家を襲撃すべきであると称えた。ために、各郷の富家で強奪された者は数えきれなかった」と記している[85]。ここでは、「扶清滅洋」ではなく、「掃清滅洋」とされており、清朝と外国の双方の排斥が説かれていた。従って、一九〇六年の萍瀏醴蜂起においても、「掃清滅洋」など、現存王朝、すなわち清朝政府だけでなく、外国人を排斥する考えが含まれていたといえよう。清朝政府の官憲の報告では、蜂起軍について、「匪の勢いは甚だ盛んで、約三〇〇〇名余りがいて、白布白衣にて白旗に革命軍と大書した」と報告している。また、一二月六日、李香閣は信号を発して、家易洲の会徒を集結させた。会徒は、頭に白い頭巾を巻き、袖に白い布カバーをはめ、四角い陣形に整列し、出陣では誓いを立てた。集結した場所には、五尺ばかりの高い台が作られ、一枚の白地に「漢」と記された旗が立てられた。ただし、李香閣は、紅い頭巾を頭に巻き、台の上に登り、簡単な忠告を行い、手には「令」と記された白い三角の旗を持ち、蜂起軍に対して醴陵県城を攻撃するよう命令を出した。李香閣は、集会を終えて後、手を振り上げて、高らかに「長沙府を攻め下し、満韃子を殺し尽くさん」という口号を発した。すると、蜂起軍は、声を合わせて呼応し、隊列を組んで渌口北岸に沿いつつ、醴陵県城に向けて行進した。蜂起軍の壊滅後、醴陵一帯では、「香閣の名声は四方を震わし、威風凜凜と戦場に上り、両脇の将士は力を揃え、光緒の狗豺狼〔犬畜生〕を殺し尽くさん」という歌謡が流行した[86]。これらの歌謡は、『焼餅歌』の「手に大刀を執ること九十九、韃子を殺し尽くして方めて手を罷めん」の一節を踏襲していた。

第三節　郷土奪回の論理

一・龔春台と姜守旦の檄文

一九〇六年の萍瀏醴蜂起において、姜守旦の洪福会は「新中華大帝国南部起義恢復軍」の檄文を掲げた。洪江会の龔春台の檄文は、中国同盟会の影響が濃厚に見られ、ために従来の研究で重要視されて邦文にも翻訳されてきた。これに対して、「新中華大帝国南部起義恢復軍」の方は、従来の研究でも殆ど注目されてこなかった(87)。そして、この点に、従来の研究が、中国同盟会の会党に対する浸透という観点から革命勢力の生成・発展を捉えてきたことの欠点が現れている。「新中華大帝国南部起義恢復軍」には、従来の研究が見逃してきた末劫論や救世主待望信仰が顕在しており、一九〇六年の萍瀏醴蜂起に与えた民衆意識の影響を考える上で重要である。「新中華大帝国南部起義恢復軍」は、蜂起の趣旨を次のように記している。

明の皇室が奮わなかったために、漢の血統は途中で絶え、犬や羊のようにつまらぬ者が皇室を掠め取り、生臭さが中原に広まってしまった。そして、四百余州は荼毒の禍を受け、二〇〇年余りもの間、太陽や月の光を見ることもなかった。夷狄が中華を乱すことは、何れの時代にも存在した。しかし、罪悪が大きく、凶暴が極まり、上は天の心を犯し、下は人の道に悖り、天誅や天伐を加えて、九種の征討によって赦すことのできないものは、現世の覚羅満清より甚だしいものはなかった。かつて、胡元が滅びようとすると、中原の豪傑は各地に起こり、我が大明の太祖高皇帝〔朱元璋〕は三尺の剣を持ち、七尺の身体を奮わせ、安徽省の平民でありながら淮河の辺で義に赴き、遂に胡虜を掃蕩し、我が衣冠制度を復活させたのは、誠に志は虞夏を継ぎ、功は陶唐を凌ぐものである。現在、満虜の罪は胡元を越え、中原の人心は明祖〔朱元璋〕に向かっており、誠に英雄豪傑の功業を建てる時、志士仁人の恥辱を雪ぐ時である。今年の洪水の横流に至っては、いずれの地においても同様であった。我が同胞でこのために家屋や仕事を失い渓谷に転落する者は、北は山東省、河南省を跨ぎ、南は安徽省、江蘇省に至り、慟哭の声は原野を震わし、餓死者の屍は道に溢れ、見聞きする者の心を痛め涙を落させているのは、皆な〔天が〕夷狄の運気を嫌ってこの災害を起こし、汚れを洗い古さを除こうとしている証拠である。ただし、これは、非常の行いである。ために、賢者はこれを慕うも、愚者はこれに惑うのである。まして、満賊は久しく不法に占拠し、深く人に危害を与え、漢人が漢人を殺戮するという毒技で一挙両得の功を収めている。このため、前人の格言では、漢人の官となるを太平鬼といい、漢人の兵となるを替死鬼というとするのである。これは、目前の天下を見聞する事により証明することができる。庚子〔一九〇〇年〕以来、彼の満賊の為に死力を出して余命を保ち、内には同胞に罪をなし、外には暴隣に疎まれるものは、袁世凱、岑春蓂らの如き〔者程甚だしい〕ものがあろうか。兎死して狗煮られ鳥尽くして弓仕舞わる〔役目を終わると捨てられる〕。我らが義を湖南省に挙げなければ、彼らはどこに逃れたらよいのかを知らずに、どうして暫く体裁や静寂を保つ声など発することができようか。現在、兵勇の出陣は、毎日聞くことがある。ただし、湖北省の出兵が若干、江蘇の出兵が若干、江西省、湖南省の出兵が若干と聞くのみであり、荊州や南京の駐防〔八旗〕の人馬の出陣を聞かないのは、何故であろうか。我らの決起の志は、満賊の駆逐にあるのみである。現在、最近の荊州や南京の駐防〔八旗〕の他、我が兵〔漢人〕の我が恢復軍に敵対する者は、志がどのような所にあるのであろうか。〔このことは〕問わずとも知ることができよう。従って、我が同胞も、これにより反省すべきである。昔、宋の太祖〔趙匡胤〕は身に皇帝の衣服を纏い、出陣の際に当たった。大丈夫が乱世に生まれたならば、英雄に随って功績を建て、図像を凌煙閣〔唐の太宗が二四名の功臣の像を描かせた楼閣〕にめぐらし、凱旋門の前に並んで座り、運気を得れば車馬を御して、不道理を斥け道理を尽くすべきである。豪邁な公子、豁達な少年に至っては、正に知るべきである、唐室〔李淵〕が〔山西省の〕晋陽で帝位に就き、太宗〔李世民〕を後継ぎにし、漢家〔の劉邦〕が豊沛に兵を起こし、太公となり、家を化して国を成し、臨機応変な処置が経を守る所以であり、禍を転じて福をなし、人を使っても人に使われる者とならず、また〔自らが〕僅かな権力もない者と卑屈になるな。明祖〔朱元璋〕も、貧賤の平民であった。胡虜の毒焔の蔓延、胡元の欧州と亜細亜への拡張を畏れるな。中国は中国人の中国であり、夷虜の中国ではない。現在、我が四億の同胞に対して、兵をあげて一邑を恢復する者は後日に県公に挙げ、一府を恢復する者は後日に郡守に挙げることを約す。外には督撫、内には公卿、真っ先に大義を唱え、志を同胞に切にする者は、我が四億の同胞の歓迎愛戴し、手足で心腹を守るように、後日に万世一系、神聖不可侵にして、子々孫々、中華大皇帝の世襲の権利を報酬とすることも惜しむものではない。立憲専制共和の成説に泥むな。ただ、我が漢族が天子となれば、やや専制を形作り、我が家の祖父のように尊厳を示すことになるが、栄光は我らの得るところとなる。ある時は、鞭打ちの刑にし、叱責を加えたとしても、我らが父の偉業の達成を望むためであり、奴隷や犬馬〔に対する〕の心を持つものではない。我が同胞は、血税を納め苦役に当たりながら、なお天を仰いで万歳を三唱し、感謝の念を表すものである。窃かに思うに、我が三湘の風気は健剛であり、人々が礼節を知るならば、必らず衡嶽〔湖南省衡山県の南嶽〕が転生・降臨して同胞を救い、胡虜を駆逐し、南は江西省・広西省、西は四川省に通じ、同志を糾合し、北は神州を定め、悪人の手先となり仲間割れする恩知らずを殺戮し、陰険悪辣で取らんとすれば先ず与えよとする英傑を排斥するのである。船と舵、食糧・武器の備わるのを待って、東路に出る者は、巴陵より荊州の狐穴を洗い、この後に〔江蘇省の〕徐州や沛を通り開洛を過ぎる。そして、直隷省や黒龍江省を襲撃して単于〔北方民族の首長〕を獄に繫ぎ、我が揚州、嘉定の一一〇〇万の生命を償わせ、また北方の砂漠を平定して頡利〔唐の突厥可顔〕の輩を捕虜にし、彼の数百年座食した者の奉養を償わせる。明祖〔朱元璋〕の北京攻略の檄文に、「我の為にする者は永く中華に安んじ、我に背く者は夷狄に墜ちる」とある。今日においては、内地の駐防〔八旗〕が殺し尽くされることで、後日に夷狄が隙を伺い非望を抱くような心が絶たれるであろう。防塞の外の悪者は、概ね寛大に取り扱い、中華の天地の万物生成の度量を示す。檄文の到った地では、我が同胞が袖を振って起ち上がり、共に中原を復し、我が新中華大帝国を設立したとするならば、また素晴しいことではないであろうか(88)。

一九三七年、神田正雄は南嶽の霊験について、「南嶽の香火の盛なることは全国の冠たるものがある。毎年秋季には遠近の人〔が〕山に詣で、香を上る者〔は〕日に千を以て算へ、その霊感せる事跡は甚だ多く、人皆好んで之を語る。……歴代の地方官吏が災変に遇ふと嶽神に祈るに、往々その霊応が響の如きものがあつたといふ。（宋の祁真徳秀何れも自ら祭文を撰んだことが文集に見えてゐる）而してその山中の民家が数千年来未だかつて兵燹に罹つたことの無いのも偶然では無い」と記している(89)。この点が、姜守旦の「新中華大帝国南部起義恢復軍」の檄文で、「窃かに思うに、我が三湘の風気は健剛であり、人々が礼節を知るならば、必らず衡嶽〔湖南省衡山県の南嶽〕が転生・降臨して同胞を救い、胡虜を駆逐し」云々と、湖南省衡山県の南嶽が人間の姿に身を変えてこの世に降臨し人々を救済することが述べられた所以であろう。のみならず、同檄文では、自然災害について「皆な夷狄の運気を嫌ってこの災害を起こし、汚れを洗い古さを除こうとしている証拠である」と述べて、これまでの因習が洗い流され、新しい時代が到来する前兆であるとしていた。このような自然災害の意味付けは、末劫論、特に未来世の白陽の到来により新しい世界が開かれるとする世界観と同じである。

中国同盟会の綱領は、孫文の三民主義、すなわち民族主義、民権主義、民生主義に基づいて、「韃虜を駆除し、中華を恢復し、民国を創立し、地権を平均にする」の一六文字四綱からなった。民族主義は満洲族の排斥と漢族支配の回復、民権主義は共和政体の樹立、民生主義は地価の上昇分の徴収による貧富の格差の是正を意味している。一九〇六年の萍瀏醴蜂起では、洪江会の龔春台が「〔今回の蜂起では〕帝王思想が少しも存在しないこと、中国の歴代の創業の英雄が国家を自己一人の私産としたのとは同じでないこと」を力説し、「本督師は将来の建設において、ただ韃虜を駆除し、少数の異族に利権を独占させないだけでなく、また必ず数千年の専制政体を打破し除去して、君主一人だけが上で特権を享受するようなことをさせない。必ず共和民国を建立し、四億同胞と平等の利益を享受し、自由の幸福を獲得する」と述べた上で、社会問題では新しい方法を検討し、地権を平等にすることが説かれた(90)。龔春台の主張は、中国同盟会の四大綱領、すなわち「韃虜を駆除し、中華を恢復し、民国を創立し、地権を平均する」の一六文字を踏襲したものであったといえよう。ただし、龔春台は、会党に対しては、「漢命」「洪命」などの文字の他に、官位に「洪命督辦民立自志社会総統全軍謝」、年号に「漢徳元年」を用いていた(91)。この「謝」は、龔春台の字、謝再興を意味する。いわば、龔春台は、会党に呼び掛ける場合には、会党の手法を駆使していたのである。これに対して、姜守旦の洪福会の檄文では、「立憲・専制・共和の定論に泥むなかれ。ただ、我が漢族が天子となれば、やや専制を形作り、我が家の祖父のように尊厳を示すことになるが、栄光は我らの得るところとなる。ある時は、鞭打ちの刑にし、叱責を加えたとしても、我らが父の偉業の達成を望むためであり、奴隷や犬馬〔に対する〕の心を持つものではない」と述べ、龔春台の主張とは異なる立場を表明していた。姜守旦の主張は、未曾有の災禍の原因を満洲族の支配に求め、満洲族を放逐し、郷土を漢族の手に取り戻すことによって、至福の世界への回帰を図ったものである。そして、姜守旦の檄文では、「現在、我が四億の同胞に対して、兵をあげて一邑を恢復する者は後日に県公に挙げ、一府を恢復する者は後日に郡守に挙げることを約す。外には督撫、内には公卿、真っ先に大義を唱え、志を同胞に切にする者は、我が四億の同胞の歓迎愛戴し、手足で心腹を守るように、後日に万世一系、神聖不可侵にして、子々孫々、中華大皇帝の世襲の権利を報酬とすることも惜しむものではない」と述べて、来るべき日の官吏の授与が約束されていた。劉儀順系の青蓮教、すなわち紅燈教では来世における官位の保証が多くの信徒の入信の動機となっていただけではなく、紅燈教が経典として用いたと考えられる『五公経』では、来るべき世界の太平世における官位の授与が語られていた(92)。従って、姜守旦の洪福会も、民衆の意識や世界観を吸収し、かつ紅燈教などの民間信仰の信徒の勧誘方法を踏襲したといえよう。

江西省の義寧州知州の金沛田に捕縛された毛錦賢の供述では、姜守旦について「頭目の姜守旦は現在、湖北省の某客桟におり、足跡は秘匿されていて、外部の人間には探査しようがなく、ある時には四人の担ぐ大きな轎に乗って前後に護衛がつき、ある時には兵士の服装をして軍人となり、変幻自在で人々に認識されないようにした」と述べていた(93)。一九〇六年の萍瀏醴蜂起が終結して約半年後、すなわち一九〇七年六月、義寧州知州の金沛田は、消息不明のはずの姜守旦が、義寧州の漫江地方で仲間を集め、密かに茶箱に変装した箱を用いて武器や火薬を運び、直ちに蜂起するであろうという情報を得て、俄かに動揺した(94)。この後、蜂起の日にちは一九〇七年六月八日であり、茶市の混雑に紛れて蜂起するという情報が流れた。ために、湖南・江西両省の常備軍は、厳戒態勢を強めた。ただし、姜守旦の蜂起をめぐる情報は錯綜しており、やがて情報が捏造と判明した。すなわち、同地の某茶荘に藍水東と何発梧なる者がいて、藍水東が同地の王家に恨みを抱いて謡言を流し、姜守旦がかつて王方福、王富喜の家に至り蜂起を計画したと述べ立て、何発梧と陰謀を図り王家を無実の罪に陥れようとしたのである(95)。ただし、この事件からは、龔春台と姜守旦の二人を比べた場合、姜守旦の方が著名であったことと、姜守旦の名が本人の生死に拘らず、官憲を脅かす程の影響力を持ったことが理解できる。姜守旦の蜂起の謡言は、一九一一年四月に湖南省華容県でも起きている。[96]これよりするならば、姜守旦は、一九〇六年の萍瀏醴蜂起後、蜂起軍の首領として偶像化され、名前が一人歩きしたことになる。これに対して、一九一一年一〇月二二日の革命軍の蜂起まで、龔春台は監獄に幽閉され、革命軍の蜂起によって出獄した可能性もあった。潘世譲の回憶では、潘世譲の叔父の潘昉が独立協を組織すると、独立協の成員の多くが一九〇六年の萍瀏醴蜂起の残党であったために、同蜂起の指導者の一人である龔春台が二度訪問してきた。そして、二回のうちの一回は、一九一一年一一月一日、すなわち焦達峯の殺害された翌日の夜八時頃であり、龔春台は潘世譲の父の潘昭と話をした。潘昭によるならば、龔春台は一〇月三〇日に瀏陽より湖南省城に来て一〇月三一日に湖南都督府で焦達峯と会談し、飲酒しながら午餐を共にし、湖南都督府から帰ろうとした時に一隊の軍隊が押し入り、焦達峯を殺害したという。この一両日後、潘世譲が再び龔春台と会うと、龔春台が潘世譲に語った内容は潘昭のものと同一であった。[97]すなわち、一〇月三一日には、龔春台が生存していただけでなく、一九〇六年の萍瀏醴蜂起の参加者の多くが湖南省の辛亥革命に加わっていたのである。龔春台の名前は、一九〇六年の萍瀏醴蜂起の後では、焦達峯の正都督就任までに記録に現れることがない。このため、龔春台がこの間逃走中であったというよりも、偽名のまま監獄に幽閉され、革命軍の蜂起と共に出獄した可能性も考えられるのである。

二・萍瀏醴蜂起の檄文

一九〇六年の萍瀏醴蜂起で蜂起軍の出した「告示」の一つには、「大地に揚々と旗が棚引いているが、同胞よ必ずしも驚くには及ばない。現在また、天意が授けられた。天意を体し、罪人を討ち、万民を安んじよう。特に、祖宗のために恥を雪ごうとすれば、総て徳を同じくし心を共にすべきである。江山一統して漢に帰し、黄帝の子孫を保たん」

とあった(98)。また、もう一種の「告示」には、「共に中華に居り、皇位を失ってから有年となり、下民は屈辱を受け、怨気は沸騰している。軍が興り命を革め、挽回する時は、天のみが知る。我が漢の皇統を復するは、勢いとして必然のものである。凡そ居民に属すならば、自ずと身の安全を保つことができる」と記されていた(99)。一九〇六年一二月一五日、水野梅暁は、次のように報告している。

〔一二月〕十八日午後聞く所に依れば、革命党は左の如き告示を発表し、盛に人心を鼓動するより、官憲は必死に其の抹殺に従事しつゝあるが、実際瀏陽方面の匪団は官兵の圧迫に依り四散せる由にて、一時の小康は之を得たるも根蒂を打破したるにはあらずと云ふ。今革命党の偽告示を抄訳すれば、欽命督統革命馬歩全軍示、今や天心属するあり、天を体して罪を伐ち民を弔ふ、大地鸞旗雍々たり、同胞必ずしも震驚せざれ。江山一統漢に帰し、共に黄帝の子孫を保たん（其の一）。本軍は乃ち仁義の師なり、彼の流寇と同じからず、各宜しく生業に安んずべし。但〔だ人々の中で〕能く軍餉牛酒米糧を豫備して効を軍前に投ずる者は即ち与ふに義旗を以てし、一体保護す。若し故意に反対〔して官憲に〕告発し、又往日の政府の為に力を致し、又曾て保甲を辦理し、或は近日の警務に従事せし等の守旧党人は、官紳仕商の別なく、法の尽に懲治す云々（其の二）。此の外、督練南鎮水陸軍陳巡査南鎮風機事宜員の名に於て発表せし者は、前二者に比すれば文辞陋劣なるも、大意略同じく、只其の異る処は盛に社会主義を鼓吹し、一面外人の勢力充実する事を恨み、湖南各所の同志、一時に大挙して事を始むる事を揚言せる等にして、其の他の意味は悉く革命排満にありて意気揚々たり。之に対する官憲の打消は従来の秘密主義を一変し、官軍兵力の充実と匪徒の暴虐とを声明し、心を革命党一派に傾けざらしめんとして、盛んに告示を発布し、又官兵の情報は逐一発表し、今日は某処に数百を斃し、某処にて匪徒を猛撃し、殺傷無数等の語を羅列しつゝあるも、悲しむべし民心は毫も定まらず、日々常備軍の不成績を伝へ、又官兵の敗走を伝ふる等、喧々囂々たるは是非なき次第なり。然れども、実際〔湖南省における〕討伐軍の実力増加と湖北軍の来援とに依り、革命党の行動に利あらざるは云ふ迄もなし。(100)

水野梅暁の報告からは、「江山一統して漢に帰し、共に黄帝の子孫を保たん」という言葉だけでなく、民衆の生計を守るという義賊の側面など、一九〇六年の萍瀏醴蜂起の多様な特徴が浮かび上がる。この多様な特徴は、同蜂起が各派の連合によってなされた反映でもあったように思われる。それでは、中秋節の謡言は、これら檄文といかなる関係に立ったのであろうか。

一九〇六年の萍瀏醴蜂起では、同年一〇月初旬、旧暦では八月一五日の中秋節を前に瀏陽・醴陵・萍郷三県の交界地帯である麻石地方で蜂起の謡言の起きたことが転機となった。何となれば、清朝政府の官憲は、この謡言を機に会党への警戒と過酷な弾圧を強め、蜂起軍も清朝政府の官憲の弾圧に対処して同年一二月に準備不足のまま暴発したからである。それでは、なぜ中秋節に蜂起の謡言が起きたのであろうか。中秋節の蜂起の謡言は、祭りで行われた戯劇と大きな関連を持っていたのではなかろうか。何となれば、例えば、黄育楩『破邪詳辯』が「かつて、民間で戯劇を演ずるのを見たが、昆腔班の戯劇では多く『清江引』『駐雲飛』『黄鶯児』『白蓮詞』などの種々の曲名を用いていた。現在の邪教もまた、これらの曲名を用い、拍子に合わせて板を打ち、歌唱に便利なようにしているのは、全て昆腔班の戯文と類似する。また、梆子腔戯を見るに、多く三字両句、四字一句を用い、名づけて十字乱談といっている。現在の邪教の経典も三字両句、四字一句を用い、同じことを繰り返し、乱雑として乱れているのも、全て梆子腔戯の文字と類似する。再び、邪教経典の白文を調べるに、浅薄で耐えず、恰も戯劇の台詞に似て、また鼓児詞の語と似ている。邪教経典の中の哭五更曲は、全ての巻にある。粗俗なること更に甚だしく、また民間で什不閒を打ち、蓮華楽を打つ者の歌う語句に似ている」と記したように、宗教結社の経典は民衆の間に流布させる目的で戯劇の台詞を真似て作られただけでなく、戯劇の台詞にも宗教結社の経典の内容が含まれたからである。[101] 石山福治もまた、預言書について、「此の書〔『鉄冠図』〕も前節の萬年図説と同じく通俗預言図解とも言ふべき近世支那に於いて最も著名な代表的の預言書で、殊に此の書は其内容が主として明清二朝の重大事件を預言図解したものと一般民衆に喜ばれ、早くから劇に迄仕組まれて不断に演じ伝へられて居た為、其名は随分広く支那人間に評判されて居るけれ共、只だ名だけを聞き知つて未だに其原本を看た者が極めて稀少なのである」と記していた。[102] 清代、民衆運動は戯劇と結び付いて展開した。一八一三年の天理教の蜂起では参加者が戯劇の台詞や仕草をまねた他、舞台衣装を着るなどした。戯劇の民衆に与える影響としては、第一に民衆を興奮の坩堝に投込み事実と虚構の区別がなくなる効果、第二に抵抗の伝承とそれをカモフラージュする効果がある。[103] 清末に「排満」論を象徴する言葉として劇中の台詞の中に挿入され、人々の人口に膾炙されていたのが、預言書『焼餅歌』の「手に鋼刀を執ること九十九、胡人〔韃子〕を殺し尽して方めて手を罷めん」の一節であったのではなかろうか。そして、この預言書『焼餅歌』の一節は、中秋節の蜂起伝説、すなわち「殺家韃子」伝説と結び付いていた。[104] 問題は、中秋節の蜂起伝説が末劫論、すなわち末劫の到来と救世主の降臨、至福の世界の顕現に根ざしていたことである。いわば、一九〇六年の萍瀏醴蜂起で民衆を突き動かしていたのは末劫論であり、蜂起軍の白い衣服と白い頭巾がこのことを意味したように思われるのである。

一九〇六年の萍瀏醴蜂起は、これまで中国同盟会の指導と会党の呼応という枠組みの中で考えられてきた。しかし、このような枠組みだけでは、民衆がなぜ会党に突き従い、蜂起に従ったのかという点を理解することはできない。一九〇六年の萍瀏醴蜂起の檄文では、中国同盟会の「韃虜を駆除し、中華を恢復し、民国を創立し、地権を平均にする」という一六文字の四綱よりも、「本軍は乃ち仁義の師なり」という義賊の側面が強く表れているように思われる。この義賊の側面は、「告示」の「大地に揚々と旗が棚引いているが、同胞よ決して驚くではない。現在また、天意が授けられた。天意を体し、罪人を討ち、万民を安んじよう。特に、祖宗のために恥を雪ごうとすれば、総て徳を同じくし心を共にすべきである。江山一統して漢に帰し、黄帝の子孫を保たん」など、失われた郷土の奪回という考えに支えられていたといえよう。そして、この失われた郷土の奪回という考えは、白蓮教など民間信仰の「帰郷」の考えと共に、中秋節の蜂起伝説、すなわち「殺家韃子」伝説の原型をなすものであったといえよう。従って、「殺家韃子」伝説が様々な内容を伴いつつ、各地に存在するのも、この失われた郷土の奪回という考えが、人々の心の琴線に触れるものを含んでいたからであると考えられる。預言書の『焼餅歌』の「手に鋼刀を執ること九十九、胡人〔韃子〕を殺し尽して方めて手を罷めん」の一節もまた、この失われた郷土の奪回、すなわち「殺家韃子」伝説と結び付き、中秋節の郷土の奪回を示すとなった。そして、『焼餅歌』の「手に鋼刀を執ること九十九、胡人〔韃子〕を殺し尽して方めて手を罷めん」の一節は、戯劇の台詞の中に挿入され、かつ人々の脳裏に周期的に想起され、中秋節に人々を蜂起に駆り立てる構造になったのである。知識人や学生が、民衆の「排満」論を鼓舞するために、「殺家韃子」伝説や『焼餅歌』の一節を唱えたとしても、民衆はそれを中秋節における末劫の到来と救世主の降臨、そして至福の世界の顕現を示すものとして受け止めた可能性もあった。知識人や学生の革命論は、もともと、列国に対する批判やアメリカ的民主主義の礼讃など多彩な内容を含んでいたが、次第に単純化して「排満」論の一点に収斂していった理由も、この点に求めることができるのではなかろうか。いわば、知識人や学生の主張が、会党や民衆に働き掛ける中で、民衆の世界観、特に郷土奪回の考えと融合する過程で、「排満」論のみに収斂されたのである。孫文の三民主義のうち、民族主義もまた、この郷土の奪回という考えに基盤を置いた。ただし、孫文の三民主義の特徴は、この奪回されるべき郷土を共和政体の樹立と結び付け、未来の政治的、社会的変革に道筋を付けた点にあった。

三・周期的な蜂起の謡言

一九一一年九月、湖北省の革命派である共進会と文学社は、共同の蜂起司令部を成立させ、清朝政府に対する蜂起を画策した。九月二四日の会議では、蜂起日を旧暦八月一五日の中秋節、西暦では一〇月六日に定めたが、清朝政府が厳戒体制を強めたため、蜂起日を遅らせることにした。ところが、一〇月九日、ロシア租界で爆弾が炸裂し、ロシア租界の警察が調査に乗り出し、革命党員の名簿や書類を押収し、湖広総督瑞澂に報告した。一〇月一〇日、湖広総督瑞澂は、押収した名簿に従って、捜査を開始した。一〇月一〇日夜七時過ぎ、新軍の一部の兵士は、追い詰められて武昌城内で蜂起した。いわゆる武昌蜂起の始まりである。一九一一年一〇月二一日付け『大阪朝日新聞』は、この武昌蜂起に至る過程を、次のように記している。

【中秋月明の夜】四川擾乱の機に乗じ、武、漢に多数の革党侵入し来り、中秋月明の夜に於て事を挙ぐ可しとの風説、何れよりともなく伝はり居たるを以て、人心恟々として安からず、武漢の官憲も亦周到なる注意を加へし為か、中秋は遂に何事もなくして経過し去れり。此処に於て革党事を挙ぐるの風説は、結局何者かの悪戯なりとして、幾分警戒の手を緩めたる程こそあれ、清暦八月十八日即ち我が十月九日午後三時、漢口露国租界内、宝善里十四号地に於て、突如として爆声の猛烈なるを聞く。之れ同所に潜みて炸弾製造中なりし革党が、誤つて之を爆発せしめたるものにして、時を移さず洋務公所より呉元愷氏は、露国領事と共に捕警を率同し、現場に至りて厳査の結果、同所は即ち革党の居城にして、黄星国旗（革党旗）多数、篆文を以て「中華民国軍政府鄂省大都督之印」と刻せる印信一顆、革党入会願書及び告示、往復文書、淡紅色に印刷せる「中華銀行、淮完税釐」の文字を有する多数の新紙幣、武昌各署の秘密事項を以て充たせる、厖大なる調査書類を始めとし、其の他雑品巨多を発見せしを以て、官憲は屋内に在りたる革党と共に是等の物件を押収し、又別に発見せる革命名簿（二百余人の名を署す）に依り大捜査を開始せり。【革党大に起る】〔一〇月一〇日〕武昌の革党は事の破れたるを見るや、兼て気脈を通じたる新軍と共に、一気に事を挙ぐるに決したり。(105)

郭孝成が一九一一年一〇月の陝西省の状況について、「陝西は今年〔一九一一年〕、早くから挙兵を謀議していたが、時期は定まっていなかった。〔旧暦〕八月初旬になって、忽然として匿名の掲帖が省城の四門に張り出され、概ね秦省〔陝西〕の革命党は甚だ多く、多くは陸軍軍官や各学堂学生であり、程なく仲間を束ねて蜂起するだろう云々と言っていた。〔旧暦〕八月一五日になると、殺韃子の説が再び街巷に満ち溢れた。満将軍は清護撫院銭〔護理陝西巡撫銭能訓〕と相談し、軍械局より銃と弾丸を接収し、防備を施した。ここで、我が軍の挙兵の機は、一挙に差し迫ったのである」と記したように、中秋節の蜂起の謡言は陝西省でも起きている。(106) すなわち、中秋節の蜂起の謡言は湖北省に限定されず、かつ偶発的なものではなかったといえよう。

これより先、一九〇七年九月、江西省南康県の大窩里地方で、教案が発生した。江西省の南部中央に位置するのが贛州府であり、東に福建省、西に南安府をへて広東省と接した。南康県は、贛州府の南に位置した。清代、江西省には、多くのキリスト教の宣教師が至り、山間や僻地でも教会を建設したため、カソリックやプロテスタント、洋式の教会の数は、実に三百数十に達した。また、キリスト教の入信者の増加に伴い、雑多な人士が入り混じった。宣教師は外来者であったために事情に通じず、献身的に善行を行う者も多くいたが、キリスト教に名を借りて民衆を欺く者も少なくなく、教案も度重ねて起きた。(107) 一九〇七年九月の南康教案は、牛の仲買人を業とする陳なる姓のキリスト教徒が耕牛を強奪して民衆と争いを起こし、教民が銃を発砲して民衆六人を殺害したことから拡大した。この結果、九月二五日〔旧暦八月一八日〕、黄泰盛らの煽動により、左営管帯の黄寿山、哨弁の宋芝瑞、宣教師のカンディリア（Candujlia）のほか、教民数十名が殺害された。教民数十名が殺害されると、近隣の各村がこれに呼応し、各地の教堂や教民の家屋を焼き払った。また、同月二九日には、南康の「匪党」数百名が黄衣を着て旗を取って贛城を襲撃したが、官軍の反撃の前に敗退した[108]。同教案では、同年七月頃（旧暦六月）より、旧暦八月一五日の中秋節か旧暦八月一日に蜂起が起き、キリスト教会が焼き討ちされ、宣教師が皆殺しにされるという謡言が起きていた。そして、江西省の南部では、あらゆる村で拳法を学ぶ者が見られた。彼らは、少年や少女が中心であり、誓いを立ててひれ伏して後、気が狂ったように演舞し、更に疲れ果てて地面に倒れるまで、棒で自分自身を打ちつけ、壁に向かって突進を繰り返した。彼らは、その間ずっと、魂が上海や外国にまで飛んでゆき、戦闘を行っていたと述べたてた。のみならず、彼らは、四九回拳法を演習することによって、有能な拳法の使い手になり、この後に全ての外国のものを破壊するとも主張したのである[109]。同教案の特徴は、謡言の予告通り、九月二五日（旧暦八月一八日）、すなわち中秋節にほぼ近い時期にキリスト教の宣教師や教民が殺害された点にある[110]。一九〇七年九月一三日付け『申報』の記事によるならば、イギリスの九江駐在領事ワーナー（Werner）は、江西巡撫瑞良に宛てた書簡で、キリスト教宣教師の報告から、贛州地方では秋に教会を焼き討ちにし宣教師を殺害すると言い伝えられ、かつ拳法の習得が流行し、居民十戸のうち三家、すなわち三割が男や女、老人や子どもを問わずに拳法を学んだと伝えていた。各家では、天地君親師、太上老君、慈航道人、孫悟空、許真君、関聖大帝、八部雷神、哪吒太子、楊戩元帥、千里眼、順風耳などの神位を信奉したというのである[111]。この神拳も、義和団と同様、四九回の演習と、外国のものの破壊を特徴としていた[112]。一九〇七年の南康教案の特徴は、中秋節におけるキリスト教の宣教師や教徒の殺害が予告され、予告通りに中秋節に前後して宣教師や教徒が殺害された点にある。一九一一年一〇月、湖北省の武昌で起きた「中秋月明の夜に於て事を挙ぐ可し」という蜂起の予言も、この中秋節の伝承に由来するであろう。

一九一二年以降も、毎年のように、中国の各地で、中秋節の蜂起の謡言が起きた。特に、北京や上海、更に長江中下流域の各地、特に湖南、湖北、江西の各省では、中秋節には緊迫した情勢となった。すなわち、一九一二年九月、北京では中秋節の蜂起の謡言が起き、厳戒体制となった[113]。そして、奉天でも宗社党の蜂起が計画され、頭目の王占興が捕縛されたにも拘らず、「中秋節に暴動起こるべし」という謡言が起こり、「市中人心恟々として商賈其堵に安んぜざる有様」といわれた[114]。一九一二年九月二四日（旧暦八月一四日）、江西都督李烈鈞は、密偵の報告に「洪江会匪が護衛軍某営と約束し、中秋節の夜に発砲を号令として同時に蜂起し、先ず軍械局を襲撃し、後に都督府を焼き討ちする計画である」などの言葉があったため、軍事秘密会議を開いて後に戒厳令を布告した[115]。そして、江西省内では、九月二四日と二五日の両日、「大勢の洪江会匪が省城に潜伏し、密謀により中秋節の夜に機に乗じて蜂起を図っている。〔会党は〕互いに見えると左手をあげ、『同心排革一盪掃尽〔心を合わせて排し改め、一掃して払い尽くす〕』の八字を定めて、口号となしている」などの謡言が起きていた[116]。更に、九月二四日（旧暦八月一四日）、湖南省でも、中秋節を前に蜂起の謡言が起き、湖南都督府は急ぎ戒厳令をしいた。一説によれば、湖南省の官憲が湖南省城で捕縛した人物が「洪匪の副目」であり、仲間が六〇人余りがいて、更に党徒約一〇〇〇人が湖南省城に至り、旧暦八月一五日の中秋節、西暦では九月二五日に蜂起を計画中であるとの情報を得たことによった。また、外間の伝聞によれば、解散兵士が「匪徒」の煽動を受け、湖南省の革命記念式典に乗じて、蜂起を図ったためであるともされた[117]。一九一三年は、第二革命の起きた年である。黒龍江省では、中秋節における黄天教の残党の蜂起が噂された[118]。そして、湖南都督の譚延闓は、七月一二日に湖南省の独立を宣言したが、八月一三日には独立宣言を取り消した。しかし、九月になっても、湖南省内の不穏な動きは止まなかった。同時期、湖南省内では「匪徒は本月〔旧暦八月〕一五日〔西暦九月一五日〕（すなわち陰暦中秋節）に再挙を図るであろう」という謡言が起き、九月一四日に湖南省城の通泰門で発見された木箱の中には、数千の小さな白い布、百余の大きな白い布で作り、上には白い玉のついた袋、及び数枚の討袁軍の白い旗があった(119)。一九一四年九月から一〇月にかけては、上海や湖北省の武漢で、中秋節の蜂起の謡言が起きた(120)。また、一九一五年九月にも、湖南省で中秋節の蜂起の謡言が発生し、戒厳令がしかれた(121)。一九一七年七月一日、張勲が辮子軍を率いて北京に入り、紫禁城に潜入、溥儀を推戴して再び皇帝に即けようとして、中華民国大総統黎元洪を追い払い、溥儀は復辟を宣言した。しかし、段祺瑞が張勲の辮子軍を打ち破り、溥儀の復辟も失敗した。同年九月、北京、天津地方では、溥儀の復辟を予期する謡言が盛んに流布した。そして、「小宣統別着急、八月十五掛龍旗〔宣統さん焦りなさんな、旧暦八月一五日には龍旗が掛かろう〕」と歌われたという(122)。更に、一九一七年九月には、上海と湖南省で蜂起の謡言が起き、戒厳令がしかれた(123)。中華民国における中秋節の蜂起の謡言は、次の二点の特徴を持った。第一点は蜂起の対象が清朝政府や満洲族ではなく、中華民国や湖南都督府に向けられたことである。第二点は蜂起の主体が、洪江会や宗社党など会党と繋がりを持ったことである。

おわりに

一九〇七年、北京留学中の宇野哲人は旅行を企て、漢口をへて一〇月三一日に湖南省長沙に到着し、天心閣に上り、嶽麓山に遊び、嶽麓書院の跡を訪れ、葉徳輝を訪ねて書籍を閲覧し、更に開福寺、曾文正公祠、賈太傅祠などを参観した。宇野哲人の北京留学中の旅行記は、一九一二年二月一四日に大同館より出版され、更に一九一八年に改訂版が出た。宇野哲人は、同書の「曾文正公祠」の条で「長沙府城の北、小呉門街に在り、明治十三年〔一八八〇年〕の創建である。廟に入れば俎豆馨香の四字を刻す。廟庭は常に鎖して開かず、この日偶々修理を加へて居たので、入つて見ることを得た」として次のように述べている。

廟〔曾文正公祠〕後の園中には、亭榭廻廊ありて池に臨み、柳樹青々水に映じて居る。其の壁間に往々落書がありて、頗る湖南人士の思想を窺ふことが出来る。曰く、可恨曾国藩、為満人牛馬、而残害同胞、以兄弟之膏脂、易一人之富貴〔憎むべき曾国藩、満人の牛馬となり、同胞を残殺し、兄弟の膏脂を以って一人の富貴に代えた〕、と。これ湖南の健児が悲憤の声では無いか。彼等は思へらく洪秀全の南京〔天京〕に拠りて帝を称したとき、我が湘軍が彼を翦ること無く、反つて彼の羽翼となつたなら、天下の事未だ知る可からずであつた。彼の千載一遇の好機を逸して曾国藩が満朝を助けたのは実に恨む可きなりと。又曰く、大地旂旗雍々、同胞不必震驚、今也天心有授、體天伐罪弔〔吊〕民、特為祖宗雪恥、願期同徳同心、恢復江山帰漢、共保黄帝子孫〔大地に揚々と旗が棚引いているが、同胞よ決して驚くではない。現在また、天意が授けられた。天意を体し、罪人を討ち、万民を安んじよう。特に、祖宗のために恥を雪ごうとすれば、総て徳を同じくし心を共にすべきである。江山一統して漢に帰し、黄帝の子孫を保たん〕」、これは〔明治〕三十九年〔一九〇六年〕十一月、瀏陽、零〔醴〕陵に勃興した革命軍の檄文である。其立言何ぞ夫れ堂々たる。兵数約三万、其の内三千は殺され一敗地に塗れて遂に雲散霧消したが、此の思想は湖南健児の中に鬱勃として磨滅すべからざるものがあつて、遂に今回の革命の騒乱〔一九一一年の武昌蜂起〕となつた。知る人は知るであらふ。此の檄文は簡単であるが、先に武昌革命軍が布達した檄文と内容は全く同しであることを。(124)

宇野哲人が曾文正公祠で目撃した落書は、一九一一年一一月二日に長沙に到着した画家の畑仙齢も目撃していた。(125)宇野哲人は、一九一二年にこの落書を思い起こし、ここに一九〇六年の萍瀏醴蜂起における「告示」と共に後の辛亥革命へと繋がる精神を見出し、感慨に耽ったのである。一九〇一年一〇月二一日、白岩龍平も湖南省長沙に至ると曾文正公祠を訪問し、日記に「委員姚芷皆と街に上り、古阮舗書舗に到り、曾文正公廟〔祠〕を拝す。森厳、人をして自づと敬意を起こさしむ。廟〔祠〕の後園を歩く、不彫不画にして、対聯扁額の虚文もない。余、積年の敬仰の念ますます加わるなり」と記した[126]。いわば、白岩龍平日記には、宇野哲人の目撃した落書に関する記述はないのである。このため、宇野哲人の目撃した落書は、一九〇一年一〇月から一九〇七年一〇月までの、六年間のいずれかの時期に記されていたことになる。

一九〇六年の萍瀏醴蜂起については、これまで中国同盟会の指導と会党の対応という形で考察されてきた。確かに、同蜂起では、中国同盟会会員で湖南省出身の劉道一と江西省出身の蔡紹南が、湖南・江西両省で会党との連携に努め、会党首領の龔春台との連携工作を行った。しかし、同蜂起が中秋節を前に急展開した点に着目するならば、同蜂起の背景にある中秋節の蜂起の謡言、更には中秋節の蜂起の謡言を支える民間の伝承や風習の意味を明らかにする必要がある。一九〇六年一〇月初旬、旧暦では八月一五日の中秋節を前に蜂起の謡言が起きた背景には、中秋節の蜂起伝説、すなわち「殺家韃子」伝説の存在の他に、一九〇〇年の義和団、更には八卦教の強い影響を指摘することができる。この八卦教などの、白蓮教系宗教結社の教説の特徴は、末劫論に基づく「帰郷」、すなわち失われた郷土の奪回と公正で平等な世界の実現に存在した。この世界観は、一九〇六年の萍瀏醴蜂起では「江山一統して漢に帰し、黄帝の子孫を保たん」という言葉で表現された。また、姜守旦の洪福会の檄文では、近年の自然災害をこれまでの因習を洗い流し、新しい時代が到来する前兆と位置付け、人々が礼儀正しく行動するならば、湖南省衡山県の南嶽が人間の姿に身を変えてこの世に降臨し、人々を救済することなどが主張されていたが、末劫の到来による本源的な世界への回帰、漢族による郷土奪回という点では「江山一統して漢に帰し、黄帝の子孫を保たん」という主張とも重なるものであった。そして、宇野哲人は、この点に後の辛亥革命と繋がる湖南省の精神的風土を見出した。革命派は、一部の民衆の世界観、すなわち異質のものの排斥による本源的な世界への回帰の思想を利用しながら、排斥されるべき負の対象として満洲族や清朝を位置付け、「排満」論を鼓舞した。この点に、革命派の宣伝物が列強の批判やアメリカの民主主義礼賛、孫文の三民主義の影響など、多様な内容を備えながら、「排満」論の一点に収斂されていった理由を求めることができる。中秋節の蜂起伝説、すなわち「殺家韃子」伝説が、預言書『焼餅歌』の「手に鋼刀を執ること九十九、胡人〔韃子〕を殺し尽して方めて手を罷めん」の一節と結び付いて喧伝されたことは、「排満」論と末劫論の融合をもたらした。このことは、革命派が預言書『焼餅歌』の一節を「排満」論としても喧伝したとしても、民衆はこれを末劫論として受け止める可能性を示していたのである。

中秋節の蜂起の謡言、一部の民衆の世界観、特に異質のものの排斥による本源的な世界への回帰の思想は、中華民国の成立後、すなわち清朝が打倒されて後も引き続いて民衆の間に受け継がれた。何となれば、中秋節の蜂起の謡言は、一九〇六年の萍瀏醴蜂起だけではなく、一九一一年一〇月一〇日〔旧暦八月一九日〕の武昌蜂起の前夜にも現れ、更に中華民国でも毎年のように起き、各省を不穏な情勢に陥れていたからである。それでは、中秋節の蜂起の謡言は、いかなる風習や伝承に支えられていたのであろうか。もともと、中国の華南から東南アジアの一帯にかけては、旧暦の八月一五日、すなわち中秋節には「竹中生誕神話」「羽衣伝説」「〔旧暦〕八月十五日夜祭」の三つの民間伝承と儀礼が分布した。そして、華中、華南の一帯では、中秋節には漢族の風習、すなわち月を愛で、月餅を贈り、燈籠祭を行うなどの風習と、原住民の旧暦八月一五日における神霊を人の身体に憑依させるなどの風習とが、入り混じっていたのである。そして、中秋節の風習は、八卦教など、白蓮教系宗教結社の末劫論と融合することで、蜂起を牽引するに至った。一八一一年（嘉慶一六年）、八卦教徒（天理教徒）の林清と李文成は、一八一三年（嘉慶一八年）の一〇月八日（旧暦九月五日）を蜂起日に定め、信徒を動員して蜂起を計画した。いわゆる天理教の乱である。同教の「天書」には、「八月中秋、中秋八月、黄花満地開〔八月中秋、中秋八月、黄色い花が至る所で咲き乱れる〕」の語があり、この年の旧暦閏八月、すなわち旧暦九月が第二中秋であることから、旧暦九月一五日が蜂起日に定められたのである。八卦教、すなわち天理教は、白羊劫の到来、白い旗による災難の回避、中秋節（旧暦八月一五日）や第二中秋節（旧暦九月一五日）の蜂起、「真空家郷無生父母」の八字真言などを特徴とし、一九〇〇年の義和団の源流に位置付けられている。一八九九年から一九〇〇年にかけて起きた義和団は、八卦教の影響を強く受けていた。このため、義和団においても、中秋節の蜂起の謡言が重要な意味を持ったといえよう。このことは、「殺家韃子」伝説など、郷土奪回伝説が末劫論を内包すると共に、中秋節など特定の日にちと結び付いて人々の脳裏に刻み込まれ、人々を周期的に蜂起に駆り立てたことを意味する。

注

（1）一九〇六年の萍瀏醴蜂起に関する先行研究に、次のものがある。清水稔「萍瀏醴における革命蜂起について――洪江会を中心として――」、Esherick, W. Joseph, *Reform and Revolution in China: The 1911 Revolution in Hunan and Hubei*, 滌塵「一九〇六年的萍瀏醴大起義」、熊羅生「論萍瀏醴起義爆発的歴史原因」、饒懐民『同盟会与萍瀏醴起義』、饒懐民『辛亥革命与清末民初社会』。

（2）一九七八年、小林一美は、それまでの研究では抗租・抗糧闘争を生産力の発展と階級間の闘争を基軸に考察し、この経済的社会的闘争の直接的な延長に全国的規模の政治的反乱を位置付けてきたため、経済的社会的闘争が全国的規模の政治的反乱に飛躍する際の「越境」の契機が見逃がされてきたとして、民衆蜂起での精神的転倒と「共同幻想」の持つ意味を強調している。小林一美「抗租・抗糧闘争の彼方――下層生活者の想いと政治的・宗教的自立の途――」。もともと、「共同幻想」とは、政府や法律、宗教など、地域社会で広く共有されている観念の総体を意味する。ただし、本章では、「共同幻想」について、人々によって未来に対して抱かれた理想世界を意味するものとして、限定的に用いる。人は、単なる経済的な理由だけではなく、民衆の正義など、地域社会の規範に基づいて蜂起を起こすが、同時に蜂起の果てにいわゆる理想世界を描くのでなければ「越境」、すなわち王朝や政府を打倒するまでには至らないのではなかろうか。この点に着目するならば、自ずと末劫論に注目した考察が重要になるように思われる。そして、従来の研究では、個々の歴史的事象を経済に還元して考える傾向が強すぎたために、このような分析が不充分になったと思われるのである。

（3）本章の主題に深く関わる研究に、次の二つがある。第一は、小野信爾「辛亥革命と革命宣伝」であり、第二は蘇萍『謡言与近代教案』である。小野信爾の研究は、辛亥革命に果たした宣伝物、すなわち宣伝小冊子、新聞、雑誌、演劇、説唱、歌謡に分析を加え、革命宣伝がどのように行われ、それがいかに受け止められたのかという観点から、辛亥革命の特色に考察を加えた貴重なものである。辛亥革命前、中国国内には、膨大な数の宣伝物が流布した。これら革命宣伝の質的な内容は、一九〇三年から一九〇五年にかけて陳天華の帝国主義批判、鄒容のアメリカ的民主主義礼讃、「民報の六大主義」における三民主義解釈と、各々の高みに到達しつつ、以降はかえって年を追って単純化し、内容も次第に「排満」論に収斂し、かつ対象も知識人、学生、更には都市居住民に限られたとした。ただし、小野信爾の研究は、革命宣伝の「排満」論への収斂がいかなる原因によって、地域社会のどのような心情に支えられたのかという点で、課題を残している。何となれば、「排満」論が流布した理由は、「排満」論が地域社会の規範と親和性を持ち、この地域社会の規範が湖南省の辛亥革命を支えた点にも求められるからである。また、蘇萍の研究では、教案に果たした謡言の役割について、一・なぜ異なる社会勢力、すなわち上は官吏、郷紳から、下は秘密結社、盗賊、遊民に到るまで、謡言がキリスト教に対抗する手段として択ばれたのか、二・どのような謡言が教案を引き起こしたのか、換言するならばある謡言が教案を引き起こす場合の特徴は何か、三・キリスト教に反対する謡言の背後にどのような心理的危機、社会的危機が見出されるのか、以上の三点から考察を加えている。ただし、蘇萍の研究は、社会心理学、文化人類学の手法を用いる余り、個別事例の実証的な研究よりも、一般論に傾斜しがちである。固より、本章は、これら先行研究の影響を強く受けるものであるが、一九〇〇年代初頭の革命宣伝、及び謡言がいかなる民衆意識に支えられ、その民衆意識は個々の地域社会をどのように伝えられたのかという点について、民間伝承を手掛かりに考察するものである。

（4）佐野誠子「中国の祭日と死者を巡る物語り」一二〇―一二二頁。
（5）「殺家韃子」伝説の形成については、本書第二章第二節第三項を参照されたい。
（6）汪文溥「醴陵平匪日記」一九〇六年一一月五日の条、萍郷市政協・瀏陽県政協・醴陵市政協合編『萍、瀏、醴起義資料匯編』三二七頁。
（7）熊羅生「論萍瀏醴起義爆発的歴史原因」。
（8）陸承裕・彭増信「萍瀏醴起義中醴陵戦況」、萍郷市政協・瀏陽県政協・醴陵市政協合編『萍、瀏、醴起義資料匯編』八七―九三頁。
（9）東亜同文会編『支那省別全誌第十巻　湖南省』二二四―二二五頁、神田正雄『湖南省綜覧』九四四頁。
（10）一九〇六年三月一二日、日本の長沙駐在副領事井原真澄は、外務大臣西園寺公望にあてた報告書の中で安源炭坑について次のように述べている。「炭坑に使役しつゝある労働者は、其年齢十七、八才以上を用ひ、萍郷人五分、湖南人三分、湖北人二分の割合にして、之れを昼夜三班に分け、一班八時間労働にして、其賃銀は月末勘定なり。其賃銀は一月一人三十五仙〔銭〕平均なるも、此等は悉く清国工夫受負人（目下受負人百五十人あり）の受負に属するを以て、炭坑会社に於ては実際一人若干を給しつゝあるやを知らず。此等労働者の為め、炭坑会社に於ては半洋風の坑夫合宿所を建設して之れに住居せしめ、食物は彼等の自辦なるも、其材料は炭坑会社自ら仕入を為して之れを低価に売却し、此外日用品若くは諸雑貨類一切は会社自ら一個の完備したる売店を有して販売に従事し、又医院を設けて労働者の治療に従事す。此医院に独乙医師一人ありて、専ら医院を監督して医務に従事す」（『長沙領事館報告書』長沙駐在副領事井原真澄より外務大臣西園寺公望あて「萍郷衡州等各地商工業視察復命書」一九〇六年三月一二日）、と。
（11）『申報』一九〇六年一二月一九日「論萍郷之匪乱」。
（12）『申報』一九〇七年一月二〇日「萍郷鉱廠善後事宜彙誌」。
（13）『申報』一九〇六年一二月一八日「萍郷匪乱彙誌」。同地では、毎年旧暦八月の中秋節前後に牛馬交換の市がたち、直隷、山東、河南、貴州、江西、湖北の各省、及び湖南省の各地域から商人が雲集したが、商人らは市に名を借りて賭博を行い、それに連なって「巨盗」「積匪」も集まり、騒擾を醸した。『申報』一九〇七年五月一二日「示禁商賈赴湘会賭」。

(14) 張平子「我所知道的馬福益」。

(15) 傅熊湘編『醴陵郷土志』第四章「風俗」一四頁。

(16) 傅熊湘編『醴陵郷土志』第四章「風俗」一七頁。

(17) 次の文献は、「殺家韃子」ではなく、「殺韃子」と記している。傅熊湘編『醴陵郷土志』第四章「風俗」一七頁、『民間』第一二集（一九三二年八月一五日）章達盦「殺韃子——浙東民間伝説」。

(18) 朱介凡や林浩などは、「殺家韃子」伝説を客家の伝説とする。朱介凡編著『中華諺語志（六）社会—軍事・礼俗』三〇〇四—三〇二五頁、高賢治主編・張祖基等著『客家旧礼俗』七〇—七一頁、林浩（藤村久雄訳）『アジアの世紀の鍵を握る客家の原像』八四、二一三—二一四頁。ただし、これに類する話は、タイ族系統のマイノリティである。ムーラオ族の中に伝えられている。ムーラオ族に伝えられた伝説は、広西省の羅城県や忻城県、柳城県、都安県などに居住する、タイ族系統のマイノリティである。ムーラオ族は、かつて平和な村に番鬼佬が押し入り村人を欺圧し、それに激昂した村人の一人が中秋節における復仇を誓い、「今定八月十五全民族大殺番鬼佬、大家斉心動手、報仇雪恨！」と記した紙片を入れた餅を村人に配り、同日の蜂起を決行したというものである。包玉堂整理・包啓寛講述「仏佬人的八月十五日」一九五四年捜集、徐華龍・呉菊芬編『中国民間風俗伝説』一六三—一六七頁。これよりするならば、「殺家韃子」伝説を客家固有のものとするのには、無理がある。むしろ、二〇世紀になり、客家もムーラオ族も、自らのアイデンティティを強める過程で、同地域に伝わる伝説を固有のものとして位置付けたと考えた方が妥当であろう。なお、二〇世紀における客家とアイデンティティについては、次の研究を参照されたい。程美宝「地域文化与国家認同——晩清以来〝広東文化〟観的形成」、など。

(19) 中秋節の蜂起伝説、すなわち「殺家韃子」伝説は、内容が多岐にわたるだけでなく、設定された時代も多様であり、次のものがある。第一種は南宋期、民衆が岳飛の朱仙鎮接近の報を受けると、「八月十五日殺韃子」と記した紙片を餅に入れ周囲に蜂起を告知したものである。民国『錦西県志』巻二「人事志」「礼俗」。第二種は明代の一五五三年（嘉靖三二年）、倭寇が寧波の戚南塘参将を襲うと、同地の民衆が中秋節に石を曳いて大声をあげ倭寇を驚かせて襲来を撃退したものである。民国

『霞浦県志』巻二二「礼俗」。第三種は元末明初、方国温が旧暦八月一六日に蜂起を行い、ために明州地方の中秋節は旧暦八月一五日ではなく、同日となったというものである。『浙江民俗』総第七期（一九八二年七月）曹志天捜集整理「八月十六過中秋」。なお、浙東の寧波、台州、温州の地域では、中秋節は旧暦八月一六日に行われた。この由来については、方国温とは別に、史浩に求めたものがある。その内容は、南宋の時代、宰相の史浩が郷里で民衆と共に中秋節をすごすのを慣例としたが、馬の怪我で帰郷が一日遅れ、ために中秋節が同日になったというものである。『浙江民俗』第一期（一九八一年一月）白岩整理「寧波人八月十六度中秋」。また、広東省の潮州地方には、清初の満州人の横行に対し、漢人が饅頭に蜂起計画を記した紙片を入れて配り、中秋節に蜂起を決行した伝説もあった。『民俗』第三二期（一九二八年一〇月三一日）若水「中秋月下——潮州民俗談之三」。すなわち、対象とした時代は、南宋、元末明初、明、明末清初と幅広く分布した。

(20)「殺家韃子」伝説は、蜂起の日時を伝えた手段に着目した場合、次の三種に分けることができる。第一種は、中秋節の蜂起計画を記した紙片を餅の中に入れ、仲間に餅を手渡して蜂起の決行を告げたものである。民国『江津県志』巻一一之一「風土志上」「風俗」、冰魚「中秋日故事的伝説」、民国『荏平県志』巻二「地理志」「風俗」、民国『青城県志』巻二「戸口志」「礼俗」。ただし、計画の立案者は、朱元璋、劉伯温、張士誠と人物を異にした。ちなみに、朱元璋を立案者としたのは民国『荏平県志』であり、劉伯温による朱元璋への献策としたのは冰魚「中秋日故事的伝説」である。この他、張士誠の発案としているものに、次のものがある。斉継堂『中国歳時礼俗』二四二頁。また、第二種は、漢人の蒙古人に対する蜂起で、合図に旗を立て火を燃やし、蜂起の成功後は中秋節に鶏を殺さずに、鴨を殺して食し、蜂起の記念としたとするものである。民国『平楽県志』巻二「社会・民族」。第三種は、中秋節に児童が瓦の破片を積み重ねて塔を作り、上部にからす貝の殻を乗せて油を注ぎ、火炎を起こして韃靼への蜂起の合図としたとするものである。民国『吉安県志』巻三〇「民事志　生活　風俗　諺言附」。

(21)同様の伝説で蜂起の日にちを上元節としたものに、次がある。『民俗』第三七期（一九二八年一二月五日）劉萬章「元宵節的故事——陸安伝説之一」。上元節とは旧暦一月一五日を指し、同夜を「元宵」と呼び、燈籠祭が行われた。また、蜂起の日にちを端午節としたものに、次がある。李幹忱『破除迷信全書』巻九「邪説」、『民間』第一二集（一九三二年八月一五日）

章達奮「殺韃子――浙東民間伝説」。

(22) 管見の限りでは、中秋節の蜂起伝説、すなわち「殺家韃子」伝説を記載した地方志に、次のものがある。民国『醴陵県志』巻四「礼俗志」「風俗」、民国『江津県志』巻一一之一「風土志上」「風俗」、民国『朝陽県志』巻二五「風土」「蒙族雑俗」、民国『荏平県志』巻二「地理志」「風俗」、民国『青城県志』巻二「戸口志」「礼俗」、民国『平楽県志』巻二「社会・民族」、民国『吉安県志』巻三〇「民事志　生活　風俗　諺言附」。この他にも、上元節や端午節を蜂起日とした、類似の伝説を記載した地方志や雑誌も存在する。ただし、いずれも中華民国期の編纂にかかる点では共通している。

(23) 民国『溆浦県志』巻一一「典礼志」「節序」。湘西地方と溆浦県の特徴については、本書第三章第一節第一項を参照されたい。

(24) 一九一三年には、沅江流域の常徳で端午節に会党の蜂起が起きている。この点については、本書第一二章第三節第二項を参照されたい。

(25) 中杢肇『時間と人間』六八―九七頁。

(26) 宗懍撰（守屋美都雄訳注・布目潮渢・中村裕一補訂）『荊楚歳時記』六九、七三頁。

(27) 北田英人「一四―一九世紀江南の年中習俗――物の誕生日・中秋節と時間原理――」。

(28) 中村喬『続　中国の年中行事』一八二―二〇六頁。

(29) 乾隆『柳州府志』巻一一「風俗　附時節」。

(30) 宗懍撰（守屋美都雄訳注・布目潮渢・中村裕一補訂）『荊楚歳時記』一六二頁。

(31) 民国『宜北県志』第二編「社会」「風俗」。また、次にも、類似の風習が記載されている。民国『続修瓊山県志』巻二「輿地志」「節序」、民国『赤渓県志』巻一「輿地志」「風俗」、など。

(32) 沖浦和光『竹の民俗誌――日本文化の深層を探る――』一六六―一七六頁。

(33) 中秋節が成立した歴史的経緯や特徴については、次の研究を参照されたい。中村喬『続　中国の年中行事』、斉継堂『中国歳時礼俗』、吉田隆英『月と橋　中国の社会と民俗』第二章「月と橋――女性だけのまつり――」、金煦（程群訳）「中秋節の

月祭と生育の民俗」、巫瑞書『南方伝統節日与楚文化』一八〇―一九六頁、蕭放『歳時――伝統中国民衆的時間生活』一八二―一九一頁。

(34) 佐野誠子「中国の祭日と死者を巡る物語り」一二〇―一二二頁。

(35) 『民俗』第二七・二八期合併号（一九二八年一〇月三日）「民俗学会啓事」。

(36) 『民俗』第三二期（一九二八年一〇月三一日）李連青「中秋節的幾種民間神怪風俗」。なお、同号所収の容媛「東莞中秋節風俗談」も、「降八仙」と呼ばれる中秋節の同様の風習を紹介した。「降八仙」とは、「八仙」が人身（男子）に降臨するものである。また、若水「中秋月下――潮州民俗談之三」と黄詔年「中秋節翁源的風俗和伝説」が、「殺家韃子」伝説に類する話を掲載した。

(37) 故宮博物院明清檔案部所蔵『軍機処録副奏摺・農民運動』巻二四六二・第二号、中国人民大学中共党史系中国近現代政治思想史教研室編『義和団源流史料』四二頁。

(38) 簭外史纂『靖逆記』巻一（嘉慶二二年刻本）、中国人民大学中共党史系中国近現代政治思想史教研室編『義和団源流史料』四五頁。

(39) 『大清仁宗睿皇帝聖訓』巻一〇〇「清奸究三」、中国人民大学中共党史系中国近現代政治思想史教研室編『義和団源流史料』四三頁。

(40) 故宮博物院明清檔案部所蔵『軍機処録副奏摺・農民運動』巻二三八七・第一号、中国人民大学中共党史系中国近現代政治思想史教研室編『義和団源流史料』四〇―四一頁。清代の清茶門教などでは、教徒は教主に対して定期的に金銭を納めており、このような金銭を根基銭と呼んだ。根基銭とは、来たるべき弥勒の世に福徳を受ける根基（もとい）となる金銭を意味した。浅井紀「明清時代における聞香教と清茶門教」。跟賑銭もまた、同様の金銭であったと思われる。

(41) 佐野誠子「中国の祭日と死者を巡る物語り」一二〇頁。

(42) 太平天国歴史博物館編「太平天国資料輯」一―三九頁。「告示」の邦訳には次がある。小島晋治訳「貴州省の会党楊隆喜の布告」、西順蔵編『原典中国近代思想史第一冊　アヘン戦争から太平天国まで』四七〇―四七三頁。

（43）一八九八年一〇月、『東京日日新聞』紙上では、同事件について次のように報じている。「去月〔九月〕三十日午後三時過、在北京本邦公使館附武官瀧川〔具知〕海軍中佐の邸に寄寓せる田山良介〔山田良政〕、平山周の両氏、天津よりの帰途、馬保堡（北京城外の停車場）より共に馬車に搭して城内に入り、泳〔永〕定門直街に来懸りしに、此日は清暦八月十五日に方り、中秋節句の事とて、数千の市民街上を遊歩し、頗る雑踏を極めたりしが、田山氏等の馬車を見るや、群集中の一人馬車を目がけて小石を投ずると同時に、路人群がり来りて罵詈悪口し、土塊、石片、煉化石等を乱擲し、果ては馬車を破壊して田山氏等を引ずり落さむとするに至れり。……唯、馬夫が連りに鞭を加へ急馳し去りたる為め、僅に虎口を逃れ得たるも、田山氏は面部上唇右方と右腕に軽症を受け、平山氏は右脚膝下部に煉化石の打撲傷を蒙り、両氏とも衣帽全く泥に塗るゝに至れり。又田山氏より一歩後れて来りし英国公使館翻訳官バルトン氏、米国宣教師にして北京淮文学院長たるローリイ氏、伊太利公使サルヴァゴ侯爵夫人及び過般北京に滞在せる仏国技師某及び外国婦人某も亦同様の乱暴狼藉に遭ひ、サルヴァゴ侯爵及び某婦人の如きは其轎を破られ、其衣服を割がれ、殆むど極端の侮辱を被り、バルトン氏は頭部にローリイ氏は腋下腹部に打撲傷を受け、バルトン氏の負傷最も重し。北京の住民は温和従順なるのみならず、政府の取締も亦行届き、且在留外人は皆身分ある人々のみなれば、支那人と葛藤を生ずるが如きことなく、従て此の如きの出来事は従来殆むど絶無なりしに、突如斯る凶行ありしかば、北京在留の外国人には一大恐慌を生ずるに至れり云々」（『東京日日新聞』一八九八年一〇月二〇日「北京の暴民」）、と。

（44）東亜同文会編『続対支回顧録』は、この事件について次のように記している。「かくて大島艦は我が居留邦人の要請で尚ほ数日間在舶する事となつたので、君〔平山周〕は山田〔良政〕と共に軍艦よりの書類や領事館への金など託されて再び北京へ引返すことゝなり、馬家堡の駅から馬車で天壇まで来ると、某日は〔旧暦〕八月十五日で、支那民衆が『新政の断髪令は自分達の髪を切つて外国人の髢に持つて行くのだ』との謡言を信じ、排外熱を極度に昂めて居た最中であつたから、君等は忽ち群衆に包囲されて了つた。民衆の中には馬車を目蒐けて瓦礫を投ずるものさへあり、為めに馭者は逃亡し、危険は刻々に迫つて来た。折柄後から来た伊太利婦人がこれも群集〔衆〕に取巻かれ、果ては裸体にされる等の凌辱を受けたが、急を聞いて伊太利公使館から救援が来て、君等も共々血路を開き重囲を脱することが出来た。此等の排外風潮は遂に〔明治〕三十三年〔一九〇〇年〕の拳匪事変を醸成する端緒であつたのである」、と。東亜同文会編『続対支回顧録』下「平山周君」一二一一頁。

(45) 孫敬輯「義和団掲帖」、中国社会科学院近代史研究所〈近代史資料〉編輯組編『義和団史料』上、一二―一七頁。この掲帖は、直隷省琢州で発掘された碑の中に記されていた。同種の掲帖は、次にも収録されている。王光選輯「義和団雑記」、中国社会科学院近代史研究所〈近代史資料〉編輯組編『義和団史料』上、四―一一頁。

(46) 「重慶知府呉佐札」一九〇二年九月七日、中国社会科学院近代史研究所〈近代史資料〉編輯組編『義和団史料』下、九〇四―九〇五頁。

(47) 民国『眉山県志』巻八「兵防志」「防禦故事」。

(48) 「川東道宝芬札」付属の「抄単」一九〇一年六月二三日、中国社会科学院近代史研究所〈近代史資料〉編輯組編『義和団史料』下、八八四頁。

(49) 『日本』一九〇〇年六月一八日、平原君「老大帝国の危機　六月十日上海発」。

(50) 一九〇〇年の『日本』紙上には、次の記事が掲載されている。「然るに今年の始めより義和団の徒漸く直隷省に入り込み、天津、北京其の他各地に義和拳法を習ひ、西洋人排斥の俗謡を唱ふるもの日に盛んにして、又河間保定等の地にては支那人の天主教に入りしものと他の支那人との闘争起り、死傷も有りしほどなり。加之外国人に対する一般人民の感情は之を本年の始めに比すれば著しく悪しき方に傾き居るは疑ふべからざることにて、此の形勢に当り何か有力の煽動物あれば彼れ等は忽ち蜂起して外国人排斥の実行に出づるならむ。況や北方は昨秋降雨少かりし為め春麦の播種を廃し、本年も雨少き為め今猶秋麦を播かざる有様ゆえ、本年の秋は北方一帯に凶作を見るべく、又た南方は昨今雨勝ちの由なるが、若し六、七月に至り大水の出づることなどあらば、南方も凶年たるべく、此く南北共に凶作とならむには暴民の蜂起は免るべからざる数ならむ。已に先頃某地にて明の誠意伯劉基の埋め置きし図讖を偶然掘り出したるに、本年九月九日大乱あるべき讖を得たりなどいふ説も伝はり居るなり。原来支那には童謡多く、其の十中八九は信ずるに足らぬものながら、支那人は謡言に動かされ易き人民ゆえ、詰らぬやうなる謡言が遂に或る事実となりて顕はるゝこと、古来支那の歴史が証明するところなり、然れば現在政府の方針及び人心の傾向に徴し、之に本年秋季田作の実状を加ふるときは、或は大事起るやも測るべからざるものあり。此際我邦人たる者、豈に対岸視し得べけんや」（『日本』一九〇〇年六月九日、古松軒主人「北京の近況」）、と。

(51) 李幹忱編『破除迷信全書』巻九「邪説」五一三—五一四頁。同書は、キリスト教メソジスト派が布教百周年を記念して、迷信の打破を目的に編纂した書物である。一九〇〇年、井上雅二は、「明の劉基〔伯温〕が太祖〔朱元璋〕と未来を断じたる者、焼餅歌なる名の下に後人の伝唱する所となり、其所言往々にして適中せる者ありしかば、庚子閏八月に天下大乱ありてふ豫言も亦一般清人の信ずる所となりしに、果然義和の警耗は延て清国存亡の禍機を胚胎し、愈々其神通霊顕に感ずるに至る」と述べた上で、中国人より入手した『焼餅歌』の全文を掲げた。そして、この『焼餅歌』の中では、「手執鋼刀九十九、殺盡胡八方著手」と記されていたのである。『東亜同文会報告』第一一回（一九〇〇年一〇月一日）井上雅二「明の劉基が霊机隠語」。

(52) 「殺家韃子」伝説と中秋節の蜂起の関係については、本書第二章第二節第三項を参照されたい。

(53) 劉揆一「黄興伝記」、萍郷市政協・瀏陽県政協・醴陵市政協合編『萍、瀏、醴起義資料匯編』二〇八頁。

(54) 鄒永成口述、楊思義筆記「鄒永成回憶録」八七—八八頁。

(55) 陳春生「丙午萍醴起義記」、萍郷市政協・瀏陽県政協・醴陵市政協合編『萍、瀏、醴起義資料匯編』四五頁。

(56) 一九〇四年の華興会の蜂起計画については、本書第二章第二節第二項を参照されたい。

(57) 『革命評論』第七号（一九〇七年一月一日）二楸庵「馬福益」。

(58) 陳承裕・彭増信「萍瀏醴起義中醴陵戦況」、萍郷市政協・瀏陽県政協・醴陵市政協合編『萍、瀏、醴起義資料匯編』八八頁。

(59) 『大公報』（天津）一九〇四年一二月二四日「緝拿同仇会党」。

(60) 醴陵知県の汪文溥は、次のように蕭克昌のことを記している。「安源は萍郷に属し、醴陵から一〇〇里に位置し、汽車では二時間で到着することができる。炭鉱の坑道の工夫は一万人、湘潭の人の肖〔蕭〕克昌が各匪会の総理となり、匪賊の中では老龍王と呼ばれ、長く安源に居住し、坑道の工夫を思うままに操った。もし肖〔蕭〕克昌が一度動けば、安源の防営も覆り、連発銃を盗んで馳せ下り、醴陵もたちどころに崩れるであろう。安源を防ぐことは、肖〔蕭〕克昌を防ぐことである」

（汪文溥「醴陵平匪日記」一九〇六年一二月五日の条、萍郷市政協・瀏陽県政協・醴陵市政協合編『萍、瀏、醴起義資料匯編』三二九頁）、と。

(61) 饒懐民「龔春台事略」、萍郷市政協・瀏陽県政協・醴陵市政協合編『萍、瀏、醴起義資料匯編』二四二頁。

(62) 汪文溥「醴陵平匪日記」一九〇六年一二月一〇日の条、萍郷市政協・瀏陽県政協・醴陵市政協合編『萍、瀏、醴起義資料匯編』三三〇頁。

(63) 『大公報』〔天津〕一九〇六年五月二九日「湘撫龐奏三月分糧価雨水並長沙衡州両府被淹情形摺」。

(64) 張新裕「三荒記」、萍郷市政協・瀏陽県政協・醴陵市政協合編『萍、瀏、醴起義資料匯編』四一六―四二四頁。

(65) 一九〇六年六月の湘潭・寧郷・瀏陽の一帯における神拳の流布については、本書第三章第二節第三項を参照されたい。

(66) 湖南調査局編『湖南民情風俗報告書』第九章「習染」四頁。

(67) 湖南省志編纂委員会編『湖南省志第一巻　湖南近百年大事紀述　第二次修訂本』二五〇頁。

(68) 鄒永成口述、楊思義筆記「鄒永成回憶録」八八頁。

(69) 肖必成「李金奇伝略」、萍郷市政協・瀏陽県政協・醴陵市政協合編『萍、瀏、醴起義資料匯編』二六一頁。

(70) 鄒永成口述、楊思義筆記「鄒永成回憶録」八八頁。

(71) 鄒永成口述、楊思義筆記「鄒永成回憶録」八八頁。鄒永成は、一同が高家台に会議を持った日時を一二月二日、廖叔宝が蜂起を強行した日時を一二月三日としている。ただし、饒懐民の考証によれば、会議の日時は一二月三日、蜂起の強行日は一二月四日となる。饒懐民「龔春台事略」、萍郷市政協・瀏陽県政協・醴陵市政協合編『萍、瀏、醴起義資料匯編』二四三頁。従って、本章では会議の日時を一二月三日、蜂起の強行日を一二月四日とした。また、官憲側の記録では、蜂起軍は、頭を白い布で覆い白い旗をかざし、号衣には「革命軍先鋒」「後営軍」「前営（軍）」などの文字、旗には「革命軍」「洪福斉天」などの文字を記していた。また、武器も、刀や小さな手槍、担ぎ銃、鳥銃の他、ライフル銃、モーゼル銃も備えていたのである。「江督端方、贛撫呉重熹会奏萍郷革命軍起事情形摺」（年月日不明）、萍郷市政協・瀏陽県政協・醴陵市政協合編『萍、瀏、醴起義資料匯編』一六二頁。

(72)　鄒永成口述、楊思義筆記「鄒永成回憶録」八九頁。
(73)　陳春生「丙午萍醴起義記」、萍郷市政協・瀏陽県政協・醴陵市政協合編『萍、瀏、醴起義資料匯編』五八頁。
(74)　鄒永成口述、楊思義筆記「鄒永成回憶録」八九―九〇頁。
(75)　鄒永成口述、楊思義筆記「鄒永成回憶録」九〇―九一頁。
(76)　「郵伝部右侍郎、前江西巡撫呉重憙、江西巡撫瑞良致外務部請代奏電」一九〇七年一月二〇日、萍郷市政協・瀏陽県政協・醴陵市政協合編『萍、瀏、醴起義資料匯編』一三〇頁。
(77)　姜守旦の事跡と最後については、本書第三章第二節第三項を参照されたい。また、『東亜同文会報告』では、「匪徒ニ対スル湖南人ノ意嚮如何」として、次のように記している。「湖南は所謂革命党乃至会匪の巣窟なるは前述の如し、従て之等革命党か今回起てる匪徒に対し多少の同情を有するは言ふまでもなし。尚之等の徒のみならす、現に匪徒騒擾地方に於ける一般良民（富豪の輩を除き）さへ多少の同情を以て彼等を迎へたるの形跡あり。由来官兵の軍紀厳粛を欠き、或は無銭飲食をなし、或は酔余暴行をなす如き、特に猥りに捕虜を斬殺し、其甚しきに至りては、之か腹部を剜つて肝臓を食ふ如き残酷の行為あるもの少なからさるに反し、匪徒の多くは、勉めて一般社会の同情を失はざらんとし、茶館に入りて喫茶する如き些事に至るも、相当代価を支払ふを常とせり。況んや軍需品徴発に当つてをや。宜なり彼等の発行せる表面価格五百文の軍票か、遂に昂騰して七百二十文に到れるや、此一事に徴するも、如何に彼等の信用を博し、同情を得たるかは、容易に窺知し得ん乎」（『東亜同文会報告』第八八回、一九〇七年三月二六日「湖南匪乱の真相」）、と。この記事は、会党が単なる無頼、ならず者の集団ではなく、民衆の同情を得るために様々な行動を行っていた点を記述したものである。この点で、貴重な記事であるといえよう。
(78)　『大阪朝日新聞』一九〇七年一月二三日、麓山子「革命軍討伐　十二月二十四日」。
(79)　肖必成「李金奇記略」、萍郷市政協・瀏陽県政協・醴陵市政協合編『萍、瀏、醴起義資料匯編』二一六頁。
(80)　陶和順口述・李海量整理「丙午年起義見聞」、萍郷市政協・瀏陽県政協・醴陵市政協合編『萍、瀏、醴起義資料匯編』三五五頁。

(81) 肖必成「李金奇記略」、萍郷市政協・瀏陽県政協・醴陵市政協合編『萍、瀏、醴起義資料匯編』二一六頁。
(82) 万天石「辛亥長沙光復見聞」。
(83)『大阪朝日新聞』一九〇六年一二月二一日「清国匪乱詳報」。
(84) 宋教仁（松本英紀訳注）『宋教仁の日記』三二七頁。
(85)『申報』一九〇六年一二月二五日「湘省由湖北調兵剿辦土匪詳誌」。
(86) 周穆標「李香閣伝略」、萍郷市政協・瀏陽県政協・醴陵市政協合編『萍、瀏、醴起義資料匯編』二八二―二八三頁。
(87) 龔春台の檄文の邦訳には、次がある。西順蔵編『原典中国近代思想史第三冊　辛亥革命』所収の龔春台（近藤邦康訳）「萍瀏醴起義檄文」と、村田雄二郎編『新編原典中国近代思想史第三冊　民族と国家―辛亥革命』所収の龔春台（近藤邦康訳、深町英夫改訳）「萍瀏醴起義檄文」。ただし、龔春台の「萍瀏醴起義檄文」に対して、姜守旦の檄文、すなわち「新中華大帝国南部起義恢復軍」は、これまでいかなる日本で発刊された史料集にも、邦訳の上収録されることがなかったものである。
(88) 陳春生「丙午萍醴起義記」、萍郷市政協・瀏陽県政協・醴陵市政協合編『萍、瀏、醴起義資料匯編』五八―六〇頁。
(89) 神田正雄『湖南省綜覧』一〇二二頁。
(90) 龔春台（近藤邦康訳）「萍瀏醴檄文」、西順蔵編『原典中国近代思想史第三冊　辛亥革命』一〇〇―一〇一頁。
(91) 汪文溥「醴陵平匪日記」一九〇七年一月一八日の条、萍郷市政協・瀏陽県政協・醴陵市政協合編『萍、瀏、醴起義資料匯編』三三二頁。
(92) 武内房司「清末苗族反乱と青蓮教」一六頁。
(93) 陳春生「丙午萍醴起義記」、萍郷市政協・瀏陽県政協・醴陵市政協合編『萍、瀏、醴起義資料匯編』五四頁。
(94)『申報』一九〇七年六月一二日「義寧州訪聞姜守旦又図擾乱」。
(95)『申報』一九〇七年六月二三日「湘贛両省会防辺境匪乱情形」、同一九〇七年七月三日「稟陳謡言姜守旦復図起事之原因」。
(96) 一九一一年の華容県の蜂起については、本書第九章第一節第三項を参照されたい。
(97) 潘世謨「焦達峯被害見聞」。

(98)『動静探査員派遣』山口昇「清国情勢及秘密結社」一九一〇年一〇月二〇日、平山周『支那革命党及秘密結社』五〇頁、陳浴新「湖南会党与辛亥革命」。
(99)『動静探査員派遣』山口昇「清国情勢及秘密結社」一九一〇年一〇月二〇日、平山周『支那革命党及秘密結社』五〇頁、陳浴新「湖南会党与辛亥革命」。なお、この第二種の「告示」は、語句の順に若干の変動があるものの、「欽命替天行道督辦革命軍統帯馬歩全軍」として『申報』にも掲載されている。『申報』一九〇六年一二月三一日「彙紀萍醴匪乱詳情」。
(100)『大阪朝日新聞』一九〇七年一月一一日、麓山子「江西の匪賊　十二月十五日」。
(101)澤田瑞穂『校注　破邪詳辯——中国民間宗教結社研究資料——』七八—七九頁。
(102)石山福治『歴代厳禁秘密絵本　豫言集解説』二〇五頁、八一頁。
(103)相田洋「清代における演劇と民衆運動」。
(104)「殺家韃子」伝説と預言書『焼餅歌』の融合、更に『鉄冠図』については、本書第二章第二節第三項を参照されたい。
(105)『大阪朝日新聞』一九一一年一〇月二一日「武昌の革命乱」。
(106)郭孝成「陝西光復記」、中国史学会編『辛亥革命』六、三八頁。
(107)「江西巡撫瑞良奏陳教案善后辦法以期調和民教摺」一九〇八年一月一四日、中国第一歴史檔案館・福建師範大学歴史系合編『清末教案』第三冊、九八七—九八九頁。
(108)「両江総督端方等奏為査辦贛南教案獲犯議結摺」一九〇八年四月三日、中国第一歴史檔案館・福建師範大学歴史系合編『清末教案』第三冊、九九二—九九七頁。
(109)*The North - China Herald & S. C. & C. Gazette*, August 2, 1907, "Boxerism in South - Kiangsi".
(110)*The North - China Herald & S. C. & C. Gazette*, October4, 1907, "Boxerism in South - Kiangsi".
(111)『申報』一九〇七年九月一三日「英領請究拳匪造謡仇教」。
(112)義和団の演習については、本書第三章第一節第二項を参照されたい。
(113)『民立報』一九一二年一〇月一日「中秋佳節之北京」。

(114)『東京朝日新聞』一九一二年九月二九日「宗社党の活動　二十一日奉天通信」。

(115)『申報』一九一二年一〇月一日「贛垣中秋前後之戒厳令」。

(116)『民立報』一九一二年一〇月二日「沅江之悪潮」。

(117)『大公報』〔天津〕一九一二年一〇月八日「湘匪猖獗之一班」、同一九一二年一〇月一二日「湘垣紀念会之隠憂」「湘垣又有戒厳之挙」、『申報』一九一二年一〇月一日「湘垣亦下戒厳令」、『民立報』一九一二年一〇月一日「天天防兵変」。

(118)一九一三年、黒龍江省海倫府において、かつて摘発されながら、一九〇〇年の義和団事件後にロシアによって釈放されていた黄天教の残党の李徳明が、再び同教教徒を集め、陣容を整えて蜂起を計画した。そして、「刻下、再び北京に到り、宗社党と聯絡して謀反を図り、本年〔旧暦〕八月中秋に海倫府下で兵を挙げ、蜂起を起こそうと決めたのである」と言われていた。『民立報』一九一三年七月二九日「白水黒水間妖気」。

(119)一九一三年の湖南省で起きた、中秋節の蜂起の謡言については、本書第一二章第三節第二項を参照されたい。

(120)一九一四年一〇月、上海の軍警各界は、何海鳴が程壎と王憲文を各処に派遣し、蜂起を企てているとの情報を得た。そして、その上で、中秋節に蜂起が起こるとの謡言が起きたため、厳戒体制を布くに至った。『申報』一九一四年一〇月九日「厳防党人之部電」。また、同年九月、湖北省の武漢の私立女子中学校で、一二名が捕縛された。捕縛者の供述によれば、党人が中秋節を前に蜂起を計画中であるということであった。また、湖北省の武漢や各属の鎮市で捕縛された党人も、中秋節の前後に蜂起を計画していると自供していた。このため、一〇月四日〔旧暦八月一五日〕の五日前、すなわち九月三〇日より、湖北省の軍警は厳戒体制を布いたのである。『申報』一九一四年一〇月七日「湖北不靖之現象」、同一九一四年一〇月九日「鄂省秋節声中之戒厳状況」。

(121)一九一五年九月、湖南省の軍隊の団長で、先に軍隊を解散させられていた趙玉龍は、「匪党」の運動によって湘軍元帥を名乗り、湖南省南県南成湾に秘密機関を設立した。そして、李大可を師長、陳龍を参謀長に任命し、警察隊と結託して南県を占拠して根拠地を築き、東は岳陽、西は常徳を占領し、各処の「匪党」と聯絡して中秋節の蜂起を図ろうとした。『申報』一九一五年九月三〇日「湘省破獲中秋起事之機関」。

(122)　『申報』一九一七年九月二三日「北京査禁復辟謡言」。これより先、『申報』は、謡言の背景について、次のように記している。「再び復辟が行われるとの謡言が、盛んに流布した。天津、北京では、前に外間で曹汝霖、陸宗輿が帝政犯の特赦を要求し、〔要求が〕適わなければ宣統帝を擁立する等と喧伝された。近日の街巷の談義では、これら根拠のない謡言が些かも減らないだけでなく、ますます盛んとなった。そして、中秋節の前後に大連、東三省、内蒙古などの地では、軍事界中の人が先ず蜂起し、徐世昌を公挙して、各省に号令して宣統帝に再び復辟を行わせ、君主立憲を実行するよう請願するであろう云々と言われていた」(『申報』一九一七年九月一八日「北京尚有復辟之謡」)、と。

(123)　一九一七年九月、上海では、党人が謡言を広めた。謡言の内容は、中秋節に乗じて大規模な蜂起が企てられているというものであった。ために、上海では、各軍の団長、旅長、及び警察庁長は、一律に厳戒体制を布いた。『申報』一九一七年九月三〇日「中秋節之防範」、同一〇月一日「続誌中秋節之防範」。また、同じ頃、湖南省でも、中秋節に前後して、蜂起の謡言が起こった。そして、湖南省の督軍公署は所属の軍警各機関に訓令し、厳戒体制を強めたのである。『申報』一九一七年一〇月一日「湘垣戒厳後之消息」。

(124)　宇野哲人『改訂　支那文明記』三三一―三三三頁。同文は、基山生（宇野哲人）「長江沿岸漫遊談」に加筆したものである。

(125)　一九一一年の畑仙齢の湖南省訪問については、本書第九章第三節第三項を参照されたい。

(126)　中村義『白岩龍平日記――アジア主義実業家の生涯――』四〇八頁。

第八章　湖南省の末劫論と共進会——一九一〇年における掲帖を中心に——

はじめに

第七章では、一九〇六年の萍瀏醴蜂起における民衆の願望や世界観について、中秋節の蜂起の謡言を中心に考察し、同蜂起に中秋節の蜂起伝説が大きな影響を与え、かつ同伝説には末劫論が含まれた点を指摘した。末劫論を支えたのは民衆の願望や世界観であり、民衆の願望や世界観は歌謡や伝承によって受け継がれた。そして、末劫論は、歴代の王朝末など、社会が動揺するたびに流布した。それでは、清末の湖南省の末劫論は、従来の末劫と異なっていかなる特徴を持ち、誰がどのような形で伝え、いかなる状況のもとで、どのように民衆の意識の中に刷り込まれていったのであろうか。本章では、第七章の考察を受けて、一九一〇年の長沙米騒動後に現れた掲帖に分析を加え、清末の湖南省の末劫論の特徴に考察を加える。

湖南調査局編『湖南民情風俗報告書』第九章「習染」では、「造謡（謡言を言い触らす）」の項を設け、「地方の風俗として、街巷や田舎で少年たちが耳新しい話の会話を楽しんだ。軽薄な者は、あてにならない話やとりとめも無い話を拾い集め、風変わりさを自慢した。それらは伝わるうちに誤謬となり、瞬時に多くの人の話に上り喧しく、伝わる様は郵伝よりも速かった」と述べた上で、謡言を「訛言」（デマや流言）と「蜚語」（誹謗や中傷の語）の二つに分けて説明し、更に「蜚語」を「匿名の掲帖（白頭貼という）」、「歌謡詞曲（竹枝詞のような類）」、「捏名誣控」の三種類に分けた。そして、「匿名の掲帖」については、「匿名の掲帖の多くは悪賢いゴロツキが怨みを抱いて意趣返しを図り、私心を逞しくする者が起こすのである」と記した。[1] この掲帖に類するものに、告示がある。例えば、本書の第三章で考察した一九一〇年の長沙米騒動では、「岑〔春蓂〕巡撫は、〔民衆による平糶の請願に対して〕告示を出してこれを慰撫した。すると、米価は始めに一升六〇文と定め、続いて五〇文に減ったが、大勢が不満であったため、告示が出されるとすぐに壊された」と記されたように、湖南巡撫岑春蓂は民衆に告示を出して慰撫した。[2] 告示とは、官庁や特定の集団が街頭などに掲示して、民衆に告知するための文書である。ただし、告示は必ずしも官庁の側からのみ出されるとは限らず、一九〇六年の萍瀏醴蜂起では蜂起軍も告示を出した。[3] これに対して、掲帖は、民衆に特定の事情を訴え、個人を誹謗するために作られた、ある種のビラである。掲帖は、官憲の忌避に触れるために、多くの場合匿名でなされた。そして、官庁が街頭に掲示した告示は、何者かが匿名で改変し、官憲に対する批判や社会に対する諷刺を行う場合もあった。この時は、官庁の告示が匿名の掲帖に変わった。告示と掲帖は、政府や特定の勢力、個人が民衆にある事柄を知らしめるために作られたものである。ただし、現存する掲帖は少ない。この理由は、掲帖が一片の紙切れのため、破棄や紛失の憂き目にあった点に由来する。掲帖を用いた研究には、教案や義和団の研究がある。ただし、教案や義和団の研究で掲帖を用いる場合、掲帖の内容など、文書の特徴が考察の対象となり、掲帖がいかなる勢力により、どのような目的で作成されたのか、民衆にいかなる影響を与えたのかという点については分析が弱いといえよう。[4]

一八九八年五月、張翼運は、『湘報』紙上において湖南省内の改革の遅滞や人心の頑迷さを論ずる中で、次のように述べている。

ましてや、人心は狡猾かつ陰険で、眼中に法規などなく、言葉が辛辣で罵倒や諧謔を好み、匿名の掲帖や他人の災厄を喜ぶことに努め、保衛局の告示が町に貼り出されても、時に破られたり汚されたりし、両〔長沙県・善化県〕知県の洋人の保護を述べた告示もごろつきが継ぎはぎして、もし洋人を一人殺す者があれば銀二〇〇元を与えるなどと変えたりしている。法を蔑ろにして上を犯し、礼に悖って真を乱し、このようにして官吏が民を監督することができないのであれば、どうして官吏を設けたりする必要があるのであろうか。民が官吏を愛せないのであれば、どうして民を安んずることができるのであろうか。甚だしい場合には、大吏や大紳の図を描写し、版木に彫って貼り付けて嘲笑したりしている。これら狂人は絞首刑にしたとしても、反省などしないであろう。いわゆる士紳も責めを負って人心・風俗の憂いとしないだけでなく、宴席に集まり互いに語り合って喜びとしているのである。(5)

この論説は、湖南省内の人心の頑迷さを嘆いたものであるが、官憲による告示が民衆に改竄され、逆に官憲や郷紳を嘲笑するための匿名の掲帖に転じているという点など、湖南省の風俗を知る上でも重要なものであろう。一九一〇年五月から六月にかけて、イギリスや日本の領事や副領事、軍関係者は、湖南省の各地の掲帖を収集し、本国に送付した。まず、一九一〇年五月一四日、イギリスの軍艦「ブランブル〔Bramble〕」の司令官は、岳州より海軍長官に報告書を送り、中に三種の掲帖を英訳の上収めた。それは、八月一三日に海軍本部南西部より外務大臣エドワード・グレイに送られた。(6)また、日本の長沙駐在副領事村山正隆は五月二八日、外務大臣小村寿太郎にあてた報告書の中で、第一と第二、第四、第五、第六の五種の掲帖を送付した。(7)ついで、村山正隆は、六月三日の報告書で、第七の掲帖を送っている。(8)更に、六月五日の報告書で、第八の掲帖を送っている。(9)このため、村山正隆が送付した掲帖は、つごう七種となる。いずれも、送り先は、外務大臣小村寿太郎である。この七種の掲帖と、「ブランブル」の司令長官が収集した三種の、合わせて一〇種のうち、二種は同一である。従って、イギリスや日本の関係者が収集した掲帖は、八種となる。本章では、これらの掲帖を第一から第八までの順番を付けて扱っているが、この番号は原文にはない。また、掲帖の原文とイギリス側が行った英訳、及び本書における日本語訳、更に個々の内容の比較は、本章の末尾に付した。また、一九一〇年の長沙米騒動後に出現した掲帖は、この八種の掲帖の他にも各種の新聞記事で限定的に紹介されており、これも考察の対象とした。

本章では、以上の問題意識のもとに、湖南省の末劫論と共進会の関係について、一九一〇年の長沙米騒動後に現れた掲帖を中心に考察する。第一節では、八種の掲帖が出現した背景として、いかなる社会的情勢のもとで掲帖が現れ、かつどのような影響を人々に与えたのかについて、分析を加える。八種の掲帖は、一括して送付され、貼り出されたわけでなく、何回かに分けられていた。いわば、八種の掲帖は、各々が違う時期に、異なる場所で発見され、収集されていたのである。従って、このような個々の掲帖の出現の背景を考えるためにも、湖南省城や湘潭、寧郷、益陽といった、異なる地域の個々の不穏な情勢に分析を加える必要が生ずる。ここでは、まず八種の掲帖について、記載された内容や収集された場所に鑑みて、甲種、乙種、丙種の三種に分類し、その上に立って湖南省城、湘潭、それ以外の三地域の実情に即して、個々の特徴に分析を加える。第二節では、八種の掲帖の内容や目的について、甲種、乙種、丙種の各々の異同に着目して考察を加える。ここで注目するのは、これらの掲帖には、一九〇六年の萍瀏醴蜂起の指導者、龔春台と姜守旦の名前だけではなく、「排満興漢」を示す言葉や、末劫の到来、救世主の降臨、至福の世界の顕現を示す語句が記載されていたことである。従って、ここでは、掲帖の内容や目的の異同だけではなく、八種の掲帖と一九〇六年の萍瀏醴蜂起との関係にも言及する。第三節では、革命派がこれら八種の掲帖に対していかなる立場に立ったのかという点に考察を加える。一九一〇年は、湖南省のみならず、長江一帯で不穏な情勢が形成された。この原因としては、天候不順や飢饉、光緒新政の重税が民衆に与えた影響だけではなく、革命派の行った意図的な策謀に着目する必要がある。ここでは、中国同盟会から分離した共進会の活動を追うことで、共進会と八種の掲帖の関係に考察を加える。また、一九一〇年四月には、ハレー彗星が地球に接近した。ここでは、ハレー彗星の地球接近がこれらの掲帖の民衆に対する影響力に大きな意味を持ったと考えられるため、ハレー彗星の湖南省の民衆に与えた影響にも言及する。[10]

第一節　八種の掲帖の背景

一・湖南省城における掲帖

一九一〇年四月二一日、前湖南巡撫岑春蓂は、軍機処に対して、イギリスの長沙駐在領事ヒューレット、商人、宣教師が皆な湖南省に戻ったものの、「各宣教師が省城に入って後、イギリス領事が夜に排外的な内容の匿名の掲帖を見つけたため、各外国人に船に戻るよう伝えた」と報告した。[11]四月二三日、軍機処は、前湖南巡撫岑春蓂、湖広総督瑞澂、新湖南巡撫楊文鼎に対して、掲帖の調査と外国人の保護に厳命を下した。[12]同日、前湖南巡撫岑春蓂は軍機処にあてて、「[掲帖は]先年の瀏陽、醴陵の会匪〔一九〇六年の萍瀏醴蜂起〕の残党が復仇を企て、かつ官吏と外国人の殺害を企図したものである。言葉は極めて凶暴であり、根も葉もない言葉で恫喝している点は免れない。ただし、このことにより前回の騒擾〔一九一〇年の長沙米騒動〕も飢民によるものではないことがわかる」と述べ、一九一〇年の長沙米騒動後に出現した掲帖と一九〇六年の萍瀏醴蜂起との連関性を指摘していた。[13]そして、五月後半になっても、掲帖は湖南省城内に貼り出された。イギリスと日本の関係者が収集した八種の掲帖は、以下の三種に分けることができる。ここでは、便宜的にこれを甲種、乙種、丙種と名付ける。甲種は、第一、第二、第三、第四、第八の掲帖である。第一、第二、第四の掲帖は五月二八日に、第五の掲帖は六月五日に、共に村山正隆が外務大臣小村寿太郎にあてて送付したものである。また、第三の掲帖は、イギリス側の収集にかかる。第三の掲帖は、破損のため断片的な記述となっており、内容も明らかでない。第三の掲帖は、第五の掲帖と同一の内容であった可能性もある。ただし、本章においては、第三の掲帖と第五の掲帖を分けて取り上げる。第一、第三、第四、第八の掲帖に「曹」の名が、第二、第四、第八の掲帖に「青馬の日」の蜂起が、第二、第四の掲帖に「丕漢」の年号が記されている。また、第二、第八の掲帖には、仲間を示す言葉として「同寅」の文字が使われている。このため、第一、第二、第三、第四、第八の掲帖は、村山正隆が小村寿太郎にあてて共に送付した点、掲帖の中で同一の言葉が用いられている点から、同一のグループによって配布されたものといえよう。乙種は、第七の掲帖である。第七の掲帖は、村山正隆が六月三日の報告書で他の掲帖とは別個に送付したものである。この掲帖は、村山正隆が飛翰営統領の楊明遠の自宅から謄写したものであり、他の掲帖とは出所が異なる。そして、第二の掲帖と第八の掲帖では年号が「丕漢元年」とあるのに対し、第七の掲帖では年号が「大漢　庚戌年」とあり、かつ首謀者の名も「曹」ではなく、「欽命頭品頂戴統領・両湖両広副元帥・印庫史司劉、欽命二品頂戴総理・各処調査・兼糧餉外用司康」と記されていた。丙種は、第五と第六の掲帖である。この二つの掲帖は、五月二八日に村山正隆が第一、第二、第四の掲帖と共に小村寿太郎にあてて送付したものである。第二の掲帖は、中秋節の蜂起と救世主の出現を示す言葉があり、義和団の掲帖に類する内容を持った。ただし、第五の掲帖と第六の掲帖は、扶乩に類する言葉が現れており、第二の掲帖とは形態を異にする。このため、第二の掲帖は、「青馬の日」、「丕漢」、「同寅」などの言葉が現れることから甲類に分類し、第五の掲帖と第六の掲帖は第二の掲帖とは別に乙類に入れた。

一九一〇年五月二日付け『時報』紙上には、「昨日、軍靴を履き軍服を着て、日本刀を着けた、偽の軍官のような人物がいた。手紙を布政使衙門、長沙府衙門に持参し、中には『今回の騒擾は公憤より出たものであり、連座を厳しくしないよう請う。さもなければ、兵を挙げて乱を起こす。特に、忠告する』等と記されていた。訪問者を追及すると既に遠くに去っていて、どこに行ったのかはわからなかった。ああ、痞徒の大胆さはかくの如きであり、奇怪である」という記事が掲載されたように、一九一〇年の長沙米騒動後の湖南省城には不審な人物が出没し行動していた[14]。このような中で、五月中旬、湖南省城では、エール大学（Yale University）の焼き討ちに関する謡言が起きた。エール大学は、湖南省の外国人関連施設の中にあって、一九一〇年の長沙米騒動で被害を免れた稀有の存在であった[15]。このため、残された外国人施設の一つとして、エール大学の焼き討ちに関する謡言が起きたのであろう[16]。エール大学は略称ではエール会（Yale mission）、正式には中国エール協会（Yale-in-China association）の組織になり、初めは湖南省城の西牌楼に、次に北門外の麻園嶺に設立されていた。湖南省の長沙に派遣されたのは、ゲイグ（Gage）とヒューム（Hume）である[17]。そして、エール会のヒュームは、中国内地会（China Inland Mission）のケラー（Kellar）と共に一九一〇年の長沙米騒動に際して被害状況を写真にとって、記録に留めていた[18]。一九一〇年五月二三日付け『申報』は、エール大学の焼討ちに関する謡言について、次のように記している。

湖南省では乱後〔一九一〇年の長沙米騒動後〕、市場は既に安定している。ただし、現在相次いで掲帖が目撃され、大吏はひどく恐慌をきたすことになった。すなわち、近日、各街の分路では「丕」の字一つがあったり、丸い円の中に一つの点を記した「日」の字のようなものがあったりした。いずれも、意味するところを理解することができず、ために荒唐無稽な掲帖とみなすことができる。先日、某教堂は、再び別の一枚の掲帖を取得した。掲帖によるならば、〔旧暦四月〕四日晩〔西暦五月一二日〕、西牌楼のアメリカ教会に設立されているエール大学堂を焼き討ちするということであった。該学堂では、書簡をえて後、ただちに湖南巡撫〔楊文鼎〕に報告を行い、楊文鼎が兵隊を該学堂に派遣し、保護に努めた。この夜、小西門外の洞庭宮に駐屯していた湖北省の軍隊も〔騒ぎの〕防止に務め、夜を徹して騒ぎが起きていたものの、幸いにも安静となった。また、別の一枚の掲帖では、〔旧暦四月〕八日〔西暦五月一六日〕に大勢が集まり蜂起が起こるであろうとあった。このことは、居住民の相伝えるところとなり、人心も動揺した。(19)

湖南省城の街巷で発見された「丕」の字は、「丕漢」を示している。ただし、「日」の意味するところは、不明である。なお、一九一〇年六月五日に村山正隆が外務大臣小村寿太郎にあてた報告書によるならば、エール大学の焼き討ちが預言された日にちは、五月一二日ではなく、五月一一日である。(20)五月一五日、新任の湖南巡撫楊文鼎は「湖南省の匪類は極めて多く、人心も浮動し、謡言を作り惑わすことは、日々聞くところがあった。近日、省城の匿名の掲帖は革命を唱えているが、明らかに匪徒が潜伏して行っており、外国人の間でもこれにより疑惑の生ずるのを免れないのである」と報告している。(21)五月一五日のこの報告は、五月一一日のエール大学の焼き討ちに関する謡言を受けてなされたものであろう。

湖南省城で発見された甲種の掲帖の中の第一の掲帖では、「特に告げる。乞丐・流氓よ。時局は大きく変わり、どうして貧に甘んじておれよう。程なく漢王朝が興り、募兵が明示される。湖南の乞丐よ、均しく我が軍に加われ。さすれば、毎月の給与として一〇両が与えられよう。ここに申しわたす。謹みしたがえ。総督曹の示」と記されていた。(22)一九一〇年五月二〇日付け『時報』は、この「曹」がどのような人物であり、何を暗示していたのかについて、次のように記している。

湖南の官場は、今回の騒動の後、殆ど些細なことにも驚き、虎の話をしただけでも顔色が青ざめた。先ごろ、巡警道の張鴻年が外に出て巡査し、各街巷の入り口の壁に丕の字が記されているのを見つけ、直ちに各段の巡警に伝え、激しく叱責を加えた。そして、いかなる人が記したものなのかについて、徹底的な調査を命じた。各警官らは命を奉じて、慌しく暇がない程駆け回り、あちこちを調査したが、終に其の由来を知ることはなかった。意外にも、更に事を好む者がいて、このような恐慌状態を見て、丕の下に漢元年の三字を加え、下に一曲日の三字を記した。〔巡警道〕張〔鴻年〕はこれを聞いて盛んに怒り、下〔に記された一曲日〕の謂は土匪の暗号であり、疑いもなく一曲日とは曹の字であり、曹丕の皇位簒奪の意味を示していると述べた。そして、巡警に即日調査させ、調査しないのであれば彼らを辞めさせ、懲罰を示すとしたのである。(23)

この新聞記事によれば、曹は実在の人物ではなく、魏の曹丕に仮託された、蜂起の首謀者一般を意味した。一九一〇年の長沙米騒動後に出現した掲帖を、一九〇六年の萍瀏醴蜂起との関連性において考えた場合、一九〇六年の萍瀏醴蜂起では曹の名を付けた掲帖及び檄文は、管見の限り現れてはいない。すなわち、曹は、一九一〇年の長沙米騒動後に出現した掲帖に固有の名であったと考えられるのである。そして、八種の掲帖の中では、第一の他に、第三、第四、第八の掲帖で、曹の名が記されていた。ただし、第三と第八の掲帖には、「欽加頭品頂戴賞給雙眼花翎統轄南五省、兵馬大都督曹」とある。これに対して、第四の掲帖では、「欽命二品頂戴署理湖南分南総督曹」と記されている。すなわち、各掲帖は、官位に異同がみられる。ただし、各々の掲帖に「曹」の名が記されていることから、同一のグループの手になると思われる。なお、「南部五省」とは、常識的に考えた場合、湖南、湖北、広東、広西、江西の五省を指しているといえよう。第三の掲帖について、イギリス側は「曹は既に雲隠れしており、逃亡したことが明らかであるといわれている（五月一七日）」と注記している。(24)従って、「曹」なる人物が掲帖を配布していて、五月一七日以降湖南省城から他所に逃亡したことになる。

二・湘潭における掲帖

一九一〇年の長沙米騒動後、湖南省に出現した掲帖は、湖南省城以外にも、湘潭で発見されている。一九〇五年、安井正太郎が「湘潭は省城長沙を距る九十清里の上流、湘水の西北岸にある一県城にして、人口約三十万、古来有名の貿易場にして南北交易の中心たり。其繁栄実に夥しく河街、正街、後街の三条大路は富商巨賈を以て駢べられ、遠く県城外沿岸数清里の上流に及び、江中数万の船舶は舳艫相接し両舷相触れ、其集積の盛なるを示せり」と記し、更に「聞く往昔汽船の未だ長江航路を開かざる以前は、北京・広東間南北貨物の交易市場として漢口と其盛を競へり」と述べたように、長沙の南西に位置する湘潭は湘江と漣水の合流点にあたり、一九〇四年七月一日に長沙が開港する以前は湖南省における最大の商業地であった(25)。一九一〇年五月一〇日付け『申報』は、湘潭での蜂起の謡言について次のように報じている。

湘潭県で近日乱れているのは、〔旧暦三月〕一五日〔西暦四月二四日〕に県衙門が相次ぎ受領した匿名の書簡、更に街頭に張られた掲帖の中に、「属鶏属犬の日〔酉と戌の日〕に蜂起する」と記され、教堂、学堂、自治局、勧学所、警務局などを焼き討ちし、鶏犬不安〔治安が悪化し、鶏や犬ですら不安である〕の意を表したことによる。ために、該県の官紳は大いに驚いた。調べてみると、〔旧暦三月〕一七日と一八日〔西暦四月二六日と二七日〕は辛酉と壬戌であり、酉と戌の日に該当し、一面では湖南巡撫に電稟し、兵を請い防御し〔既に前報で報じた〕、他面では該県に元々ある営隊、警察に通達して、昼夜巡防させた。この両日、〔湘潭県城の〕城門は早くに閉じられ、住民も恐慌をきたしていたが、〔旧暦三月〕一九日〔西暦四月二八日〕に至るまで市面は依然として安静であった。そこで、始めて、この掲帖の内容は、痞徒が謡言をなして恫喝した言葉であることがわかった。ただし、各地の米騒動の風潮は、一時として未だ止むことがないのである(26)。

一九一〇年四月二六日と四月二七日は旧暦では三月一七日と三月一八日であり、干支でいうならば辛酉と壬戌、すなわち酉と戌の日に当る。そして、同日に、教会や学堂、自治公所などが襲撃されたというのである。一九一〇年の長沙米騒動で学堂が襲撃された点には、学堂には莫大な経費を費やしながら、貧民はその恩恵にあずかることがなかったという明確な理由が存在した[27]。この点に鑑みるならば、湘潭の蜂起で教会や学堂、自治公所などが襲撃されたことにも、一定の理由が存在したといえよう。一九一〇年五月と六月において酉と戌の付く日は、五月八日（癸酉）、九日（甲戌）、二〇日（乙酉）、二一日（丙戌）、六月一日（丁酉）、二日（戊戌）、一三日（己酉）、一四日（庚戌）、二五日（辛酉）、二六日（壬戌）、以上の一〇日である。

一九一〇年の長沙米騒動における各所の焼き討ちの実行犯には、「青い衣服」の一群が加わっていた。日清汽船会社上海支所報告は、この「青い衣服」の一群について、次のように述べている。

而して乱民の首導者は其数甚た少きに係らす、各街恰んと同時に事を挙けたるは実視者の証する所にして、其行動の敏捷にして且整然たるは寧ろ驚嘆すへきものあり。各街の乱民を統率したるものは各僅に三四名宛にして、皆青布を以て頭を包み青色の短衣を付け赤脚を以て行動し、身材皆短小精悍にして又甚た矯捷、高に登り低きに飛ふこと平地を行くか如く、語音長沙の土民に異り容易に人と言語を交へす、左手に石油缶を持し右に火を持し、或は鉄棍を擁して奔走し、若し居民の放火を止めんことを請へは僅に点頭して之に応するのみ。其意を決して焚焼若しくは毀摧を企つるに及んては、相互に交談商量をなさすして各人各個の行動を採り、放火の際は先つ木器を奪て之れを摧毀し、一処に堆積して石油を灌き火把を以て点火し鉄棍を用ひて之を散解し、火勢上騰して天井に達するに至れは烟を突て逃遁し、毫も火を畏れさるものの如し。家屋を折毀するに当りては大錐二個を縄の両端に繋き、天井板又は梁木に挿し、自から下て之れを引き、僅に二三十分間にして全家屋を毀却し了り、家具の如きは鉄棍を以て之れを粉摧し、毫も力を費さゝるか如きは頗る強力寄巧なりと云ふへし。只各病院を襲ひたる際は、其近隣の者何れも病院の施療をなし疾苦を救ふの恩義あれは、之れを毀損せさらんことを求めたるに応し、直に点頭退去せるを以て、各処の医院は一も焚毀の難を蒙りたるものなし。(28)

この日清汽船会社上海支所の報告によるならば、湖南省城内の建築物の焼き討ちに従事した多くの人々が、長沙の土着の者とは異なる人々であり、かつ居住民の意向を汲み取りながら同到な配慮の下に行動していたことになる。そして、イギリスの長沙駐在領事ヒューレットは、これらの一群が全て黒い衣服で覆い（黒い前開きの衣服を着け、黒い半ズボンをはいていた）腕に幅の広い白い布を着け、長沙の人間ではなく、二〇歳から三〇歳くらいで、痩せこけて黒い顔であった点を指摘していた。(29) この衣服の色について、深い紺色であり、夜の闇に紛れて黒い色に見えたと考えられるのである。(30) 日本の長沙駐在副領事村山正隆は、この「青い衣服」の一群について「聞く処に拠れは、乱民の首領八名は徳宜公司を焚毀したる後、民衆に向て恭しく告別の辞を述へ、且此地方に於ける諸事は已に終了したるを以て、是より湘潭に至りて従事すへき旨を告けたりと云ふ」と記し、彼らが長沙から湘潭に移行して蜂起を行う旨を宣言したとしている。(31)

一九一〇年六月一四日、湖南巡撫楊文鼎は、湘潭の蜂起を「拳匪」の犯行と断定し、更に「〔旧暦〕四月二四日〔西暦六月一日〕、〔夏占魁と夏雲昇が〕該処に駆け付けると、ちょうど匪首の鄧先元が花石鎮で学堂や教会を打ち壊し、旗を挙げて蜂起したところであったが、幸いに官兵が駆けつけて教会や宣教師を保護したため、恙無く終わった」と述べ、官憲が首領の鄧先元や会徒の譚加昆と程有元を殺害すると、他の会徒は逃走したとしている。(32) また、一九一〇年六月一七日付け『時報』は、湘潭の花石市地方の蜂起について、「湘潭県一五都の一地名である花石は、湘潭から九五里隔てているが、穀米の欠乏により、郷民は連れ立って団総に平糶を要求し、多人を集め騒ぎの止むことがなかった。程なく、隣境の匪賊が、第八と第一〇の二つの都で機に乗じて附和雷同し、一様に青い衣服に青いズボンを着け、頭を黄色い頭巾で括り、一〇〇〇人余りと約して大声で叫び、四所に放火した」と述べて、もともと平糶の請願要求が多発していたところに隣省からやって来た「青い衣服」の一群が加わり、付和雷同したことから騒ぎが大きくなったと報じていた。ここでは、「青い衣服」の一群の特徴について、「匪党は、多くが新式の武器を持たず鳥銃や鉄尺を有しただけで、戦いの始まる前に拳匪の方法のように壇を設けて拝斗〔北斗七星に対する礼拝〕を行い、関符文〔念〕呪をなした」と記している。また、「捕縛した頭目の鄧明堂ら三人を取り調べ、即日湖南省城に護送し、かつ符呪小冊一部を捜査・押収した。符呪小冊一部の中には、火蓮聖母、九天玄女娘娘などの語があった。供述では、〔彼らの〕師は羅蜈蚣であり、〔羅蜈蚣は〕現在既に逃亡し、彼は今年に入教したなどの語があった。しかし、彼は実際には拳匪ではなく、拳匪に名前を借りて乱を起こしただけである」と述べ、蜂起の首謀者が壇を設けて北斗七星に礼拝し、関符念呪を行っただけでなく、官憲の押収した符呪小冊の中に「火蓮聖母」「九天玄女娘娘」の語があったとしていた(33)。神田正雄は湖南省の風習について、「昔から『楚の俗は巫鬼を信じ淫祀を信ずる』と云はれて居る丈に一般に迷信の念が強い」と述べた上で、「関符立禁」について「又道僧を招いで咒文を唱へながら魔を払ふことを『白虎を送る』と云ひ、僧侶に請うて煞（凶神にして不吉な処に住み、人之に触るれば災禍忽ち至ると云ふ）を抑えることを『関符立禁』と云ふ」と記している(34)。これよりするならば、湘潭の「拳匪」は、疫病など災厄の回避を目的として呪術を用いていたことになる。ただし、もともと、湖南省の会党は、沅江流域の湘西地方と、湘江流域の湖南省中東部に分かれており、青蓮聖母、紅蓮聖母といった女性の教祖は、沅江流域の湘西地方に特有のものであった。それは、恐らく、同地が貴州省や四川省の紅燈教の影響の強い地域であったことによる。このため、湘潭の「拳匪」も、外部の犯行によると考えられるのである。

三・義和団の残党と掲帖

清末、中国の民衆蜂起は、一九〇六年から一九一一年まで、一九〇八年を除き毎年一〇〇を越える数が記録され、一九一〇年は二一七という異常な数に達した。これらの民衆蜂起の特徴は郷紳と民衆の激突にあり、一九〇六年では一三三のうち三一、一九〇七年では一三九のうち四四、一九一〇年では二一七のうち九七に達した。郷紳と民衆が激突した主な理由は、郷紳が地方自治に名を借り、民衆に対して苛斂誅求を強めた点にあった。[35] この中で、一九一〇年二月三日付け『大公報』〔天津〕は、「近ごろ四川省で妖婦の廖観音が乱を唱えると、瞬く間に多くの愚民がその煽惑を受け、至る所で呼応する勢いとなった。その宗旨は仇教に名を借りて、神将天兵〔が降臨して人に憑依する〕との謬説に附会したものだが、実際は地痞・游勇が組み合わさって形成されていた。余蛮子に比べて〔目的〕意識がなく、紅燈教の支派にすぎない」と記した上で、「保寧府の通江、南江、巴州の各州県、四川東部の沅江、秀山などには常にこれらの乱民がいて、壇を設け神拳を習い、また自ら青蓮聖母、現世菩薩、鐵花仙子などの名目を号称し、男女を集め、深夜に燈を拝し卦を演じ、符水で病を癒したが、足跡は秘匿されている」と述べた。[36] いわば、一九一〇年二月、四川省では紅燈教が再び勢力を盛り返し、蜂起を起こしていたのである。この四川省の東部は、湖南省の湘西地方に連なる。双方を流れるのが沅江である。代理寧郷知県張致安の報告では、四月一六日、寧郷県では、善化県西郷における蜂起の報を聞き、警戒を強めたが、同夜三〇〇人余りが南門外に集まり、南門外の信義会堂や震東学堂を放火し、他処の教会や学堂、巡警局の建物を打ち壊した。同蜂起では、多くが白い頭巾を被り、湖南省城より来たと称した。いわば、彼らは白い頭巾を付けていた。官憲に捕縛された周財運の供述では、周財運は湖北省の人で、旧暦二月（西暦では三月と四月の間）に湖南省湘陰県蝦蟆港地方において山東省の義和団の残党である羅蜈蚣と会い、仲間に入った。

羅蜈蚣の徒党は、全部で二四名いた。ただし、周財運の知っている者は、羅蜈蚣（山東省の人）、張俠客（江西省の人）、呉蝦蟆（安徽省の人）、孫鶏公・高宝同（湖北省の人）と胡退三歩ら六名のみであった。彼等は一様に青い服に青いズボンを着けて「青兵」と称し、旧暦二月頃に湖南省に至り、隙を窺って蜂起を図っていた。ところが、四月に長沙の貧民が湖南省城で米価の低減を求めたため、彼らはこの騒ぎに乗じて巡撫衙門や各教堂を焼き討ちし、別個に各州庁県に赴き被害を拡大させた。こののち、寧郷県には羅蜈蚣ら六人が至り、六人は寧郷県から益陽県、更に西路の各所に赴いた。(37) この西路とは、湘西地方を指す。羅蜈蚣らが山東省、江西省、安徽省、湖北省の出身で、外部から長沙、湘潭、寧郷、益陽に入り蜂起を起こして後、湘西地方、すなわち紅燈教の流布地に抜けたことは、これらの地域に紅燈教のネットワークが存在したことを物語る。

一九〇〇年の自立軍蜂起における富有会の飄布には、「万象陰理打不開、紅羊劫運日相催、頂天立地奇男子、要把乾坤扭［万事のうっとうしい気運は未だ開けずに、紅羊劫の運が日々促される時、天下無双の怪男児が現れ、天下の理を正す］」と記されていた。このことは、富有会が「紅陽劫尽き、白陽当に興るべし」など、白陽の到来と共に大災害が起き、救世主が降臨して理想世界が到来するという教説を持ったことを意味する。姜守旦は一九〇〇年の自立軍蜂起で香長を務め、かつ一九〇六年に蜂起計画を行った際もこの飄布を配布していた。このため、姜守旦は、神打の使い手であると共に、末劫論を用いて会徒を勧誘した可能性もあった。また、一九〇〇年代初頭、直隷省や山東省より、多数の義和団員が鉄道工夫などとして湖南省に流入した。一九〇六年の萍瀏醴蜂起では、中秋節の蜂起の謡言が蜂起の一因となっただけでなく、蜂起軍は白い頭巾、白い衣服を身に着けていた。この場合、蜂起軍の白い頭巾、白い衣服は、末劫が到来した際の護符の意味を持ったと思われる。(38) 一九一四年六月二日付け『申報』は、「湖南省湘潭県の南郷で、花石より一五、一六里離れたところにある天馬山は、南嶽の支脈であり、綿々と一〇〇里も続き、湘潭県と衡山県の両県に跨った。そして、峯は幾重にも重なり、林や谷が深く翳っていた」とした上で、同地の最大の宗族に胡姓と楚姓があり、風気が塞がり、性質が強悍で、読書をせず農業も営まず、専ら狩猟を事とし、鳥銃に精通していたが、「清末、河南省より来遊する者がいて、自ら洪大宝と称した。年は六〇数歳で、髭を蓄え、身長が高く偉丈夫で、符水と拳棒を用いて郷民を惑わした。従う者は甚だ多く、宣統三年〔一九一一年〕夏、党徒を花石市に呼び集め、扶清滅洋などの旗号を掲げ、官軍と戦闘するに至った。首領の蔡四皮、鄧五らは捕えられて常刑を号令され、楚碧泉、胡香九らも逮捕されて下獄した」と記した。(39) 同蜂起の起きたのは、一九一一年である。ただし、清末に河南省より洪大宝なる人物が同地に入り、符水と拳棒で会徒を集め、「扶清滅洋」を掲げて清朝政府の軍隊と闘った点に変わりはない。更に、一九一〇年五月一四日付け『時報』は、寧郷県の電稟の内容を紹介した上で、捕縛者のうち、一人が「拳匪」であったとして、「官憲による尋問の結果、〔捕縛者の一人は〕山東省済南府の人で、本年正月初旬〔一九一〇年二月中旬〕に湖南省に至り、拳・棒を教えた。あだ名は鉄英武、年齢は約四〇歳、余党は僅か十数名であるが、既に逃走したと供述した」と記している。(40) また、同年五月二三日付け『時報』でも、寧郷の蜂起について、「伝聞によれば、近ごろ寧郷県の匪徒が再び蜂起し、全部で二、三回あって、毎回数百人が加わった。寧郷県では既に三〇人余りを捕縛したが、残りはちりぢりに逃げた。〔捉えられた〕中の六人は、尋問により、紅燈照の会匪に属し、自ら湖南省に至って乱を唱導したと自供した」と述べていた。(41) いずれの記事でも、二〇世紀初頭、義和団の残党が湖南省に流入し、寧郷の蜂起を引き起こしたとしていた。

一九一〇年六月三日、村山正隆は一九一〇年の長沙米騒動後、湖南省の各地に配布された掲帖の由来について、「目下各地の情報に拠るも、本年旧二月比より拳匪類似のもの各地方に入り込み、省城内にも数人居るらしき形迹あり。尚革命の気も各所に潜伏暗流あるも、未た何等聯絡ある組織のものに非さるに似たり。故に各種謡言貼紙等も多分は此種のもの、所為なるへし」と記している。(42) ここで問題とされるべきは、一九一〇年六月の湘潭の蜂起で浮上した羅蜈蚣という名の義和団の残党の存在である。何となれば、一九一〇年六月五日付け『時報』の記事は、益陽の蜂起で捕縛された蘇博泉なる人物を義和団員と断じつつ、「〔蘇博泉の〕供述では、河南省の人で自ら拳匪不諱と称した。並びに、其の師は羅蜈蚣で、手腕が最も優れていた。今回の湖南省城の各教堂や学堂、益陽、寧郷などの処〔の騒ぎ〕は、皆な彼〔羅蜈蚣〕一人が先頭に立って行ったものであり、日に数百里を行き、現在既に遠く飛び去り、どこに行ったのかは不明である」と記しているからである。(43) この湘潭の羅蜈蚣を中心とする蜂起は、寧郷や益陽の蜂起と連動していた。湖南省の益陽は、湖南省北部、洞庭湖の南に位置し、東は湘陰に、南は寧郷に、西は安化に、北は沅江に接した。寧郷の東は長沙に、東南は湘潭に、西は安化に、南は湘郷に、北は益陽に接した。寧郷の県城の中部を沅江が横断し、益陽と寧郷の中間を泉交河が流れている。一九一〇年六月二日、湖南巡撫楊文鼎は、泉交河を跨いで起きた寧郷と益陽の蜂起の模様について、次のように記している。

湖南省に潜伏中の匪賊は最も多く、時に会匪や游匪と気脈を通じていた。湖南省城で騒ぎが起きて後、各処の匪徒は風評を聞いて悪巧みを抱き、訛言も頻りに起こった。そして、匿名の掲帖も一つばかりでなく、皆が人心を惑わし、騒乱を図った。そこで、布令によって軍隊を派遣し、随時防止に努めた。昨日の益陽県の報告では、〔益陽〕県属の泉交河地方で、〔旧暦四月〕一三日〔西暦五月二一日〕夜、突如匪徒による放火や強奪が起き、民間の六〇もしくは七〇の家屋、教会分所一所、完糧櫃局一所が焼き討ちされた。該処の郷団の委員や知県李翥華は、団勇を率いて抵抗した。しかし、匪によって団勇二名が殺害され、団局に捕縛中の陳桂華も奪い去られた。……また、寧郷県の報告では、〔寧郷〕県属下の一都、三峰団地方で益陽の匪徒が〔当地に〕逃げ込み、団勇を傷つけ、兵器を奪い去ることがあった。調べてみると、寧郷と益陽の交界の処所は、山が深く林が密で、該匪らは至るところで気脈を通じ、〔人々を〕脅迫して悪事に加担させ、こちらで捕えてもあちらで逃げ、様々に動いて一定せず、地方の治安を害している(44)。

これよりするならば、湖南省城、寧郷、益陽の各蜂起をつなぐ人物は、これ以降行方不明となった羅蜈蚣という名の人物であったことになる。羅蜈蚣とはいかなる人物であったのかは判然としない。

第二節　掲帖と末劫論

一・第二の掲帖の意味

既に指摘したように、イギリスと日本の関係者が収集した八種の掲帖は、甲種の第一、第二、第三、第四、第八の掲帖、乙種の第七の掲帖、丙種の第五、第六の掲帖の、三種に分けることができる。このうち、甲種に分類される第二の掲帖には、一九〇六年の萍瀏醴蜂起の二人の指導者、すなわち龔春台と姜守旦の名前が記されている。ここで、村山正隆は、この掲帖について「湖南省城の全ての門の扉にこの掲帖が張られている」と述べた上で、「白犬金鶏、現同寅可到斉、首但春台、信千金不改移、有日青馬、到頭均裹白巾、各持刀一把、均以殺敵人、此戟本非常、宣統不久長、中華十八省、一概尽帰姜、水曜月正明、前路無主人、有人或参透、我漢以此興」と、最初の一五文字を四字と六字で句読点を打ち、後半の五〇字を五字ずつにきり、更に「白犬金鶏」に「犬ハ戌、金ハ秋ノ気。鶏ハ酉、即チ今年秋季冬初ノ意?」と、「首但〔守旦〕春台」に「瀏陽の匪首龔春台、姜首但〔守旦〕の意?」と、「有日青馬」に「隠語?」と、「水曜月正明」に「八月十五日」と注記していた(45)。しかし、この掲帖は、後半の五〇字と同様に、「白犬金鶏現、同寅可到斉、首但春台信、千金不改移、有日青馬到、頭均裹白巾」と、五字ずつに句読点を打つのが正しいであろう。従って、同掲帖の和訳も、「白犬と金鶏が現れる時、仲間は均しく至る。首但〔守旦〕と春台は、〔汝らが〕一〇〇〇金によっても心変わりしないと信じている。ある日青馬が到り、頭に均しく白巾を巻いている。各々が一振りの刀を持つ、皆な敵を殺すために。この戦いは尋常のものでなく、宣統も長くは続かない。中華一八省は、均しく姜に帰すであろう。水の輝く満月の明るい日〔中秋節の日〕、これまで主人はなかったが、ある人は深く悟っている、我が漢がここに興ることを。丕漢元年酉日諭」となる。[46] 一九一〇年五月二三日付け『時報』紙上には、「前数日、省城の各処で、匪徒が四処に掲帖を張り西洋人を謗る事柄があった。〔湖南巡撫〕楊〔文鼎〕中丞は、〔匪徒に対する〕捕縛の布告を出すと共に懸賞金をかけ、匿名の掲帖を張った匪犯を即刻逮捕し、衙門に護送した者に洋五〇〇元を与えるとした。しかし、思いがけないことに、布告が出されると更に多くの掲帖が張られ、至る所掲帖だらけとなった。湖南巡撫楊〔文鼎〕は激怒し、翌日に再び布告を出し、匪賊を捕えた者には洋一〇〇〇元、知人の消息により逮捕に至った者には洋五〇〇元を与えるとした。思うに、重賞の下、弱卒なし〔酬いられることが大きければ、誰でもやる〕である」という記事が掲載されている。[47] いわば、湖南巡撫楊文鼎は、直接の情報提供による逮捕協力者に一〇〇〇金、間接の情報提供による逮捕協力者に五〇〇元を確約していた。従って、掲帖の中の「首但〔守旦〕と春台は、〔汝らが〕一〇〇〇金によっても心変わりしないと信じている」とは、湖南巡撫楊文鼎が逮捕協力者に約束した、一〇〇〇金の懸賞金を指しているといえよう。

この第二の掲帖はイギリス側も収集し、英訳した上で本国に送っていた。この第二の掲帖の英訳によるならば、イギリス側は、何らかの根拠をもって、第二の掲帖における「白犬と金鶏が現れ、仲間は均しく至る」を、「本年〔旧暦〕四月に我ら将校は互いに会することを策してきた」と訳し、「首但〔守旦〕と春台」の部分を姜守旦だけにして龔春台の名を外し、更に「ある日青馬が到り」を「〔旧暦四月〕二一日〔西暦五月二九日〕」と解したことになる。一九一〇年五月二〇日付け『ノース・チャイナ・ヘラルド』紙は、湖南省城に出現した第二の掲帖について、次のように解説している。

種々の屋敷の壁や街の城門〔に掲げられた掲帖〕には、和解や平和を証明するものはなかった。掲帖の内容が革命を示唆していることは、明らかである。謎めいた形式で書かれた掲帖もあれば、最も単純明快な口語体の中国語で書かれたものもあった。一〇年前の義和団の掲帖に酷似した、五つの漢字の韻を踏んだ掲帖もあった。「欽命頭品頂戴賞給雙眼花翎統括南部五省兵馬大総統曹」の告示もあった。疑いもなく、〔告示は〕「帝国の司令官によるものであった。すなわち、それは、現皇帝〔宣統帝溥儀〕や摂政〔醇親王載灃〕のものではなかった。掲帖の一つは、「宣統の統治は、長く続くまい。程なく、中華〔王朝〕の一八省は、皇帝姜〔守旦〕に従うであろう」と宣言している。次に皇帝に就任する予定の者とは、一九〇六年の萍瀏醴蜂起に加わった姜守旦を指す。彼は、彼の首と引き換えに高い報酬が出される予定であったにも拘らず、逮捕されてはいなかった。彼が依然として逃走中であることによって、彼は彼の名をいうだけで威力を発揮する者となった。掲帖の読者は、彼の名がかくも明確に使われているので、恐らく彼は事件〔一九一〇年の長沙米騒動〕と無関係であろうと考えている。「白い犬と銀の蛇が現れる」とは、「本年の〔旧暦の〕四番目の月」を示している。〔旧暦の〕四番目の月の二一日〔西暦〕五月二九日〕には、「黒い騎士」が現れる約束となっている。これらの「黒い騎士」は、時に「正義の兄弟たち」と呼ばれることもある。そして、この名の呼び名からは、「拳法家」と呼び習わされている義和団との関係が確かに窺われる。(48)

この文章で重要な事柄は、多くの人が一連の事件を同一犯、特に義和団と関連するグループの犯行と見なしていた点である。この文章では、「彼〔姜守旦〕」が依然として逃走中であることによって、彼は彼の名をいうだけで威力を発揮する者となった」として、犯行の中心人物が姜守旦ではなく、姜守旦の名を騙った別の何者かとしている。何となれば、仮に姜守旦が掲帖の主犯であったとするならば、これほど明確に自身の名前を記載するとは考えにくいと思われていたからである。それでは、姜守旦の名を騙った別の何者かとは、誰であろうか。この点の考察は、本章の第三節で行う。

第二の掲帖からは、次の五点の特徴を指摘することができる。第一点は、一九〇六年の萍瀏醴蜂起の指導者である、龔春台と姜守旦の名前が記されていることである。特に、姜守旦は、「中華一八省は、均しく姜に帰すであろう」として、新しい王朝の創始者に位置付けられていた。このことは、姜守旦の方が龔春台よりも重んじられていたことを物語る。また、イギリス側の行った英訳では龔春台の名を外して、姜守旦の名のみを記していた。第二点は、蜂起軍が「青馬の日」に決起するとした点である。ただし、イギリス側は、第二の掲帖の「青馬の日」を旧暦四月二一日、西暦では五月二九日と意訳したが、村山正隆は「青馬の日」を五月二八日としている(49)。第三点は、蜂起軍が頭に白い頭巾を巻いているとした点である。白い頭巾は、一九〇六年の萍瀏醴蜂起との関連性を窺わせるものであろう。更に、イギリス側はこの点を、「黒い騎士がやってこよう」と意訳している。そして、「黒い騎士」とは、『ノース・チャイナ・ヘラルド』紙が翌一九一一年一〇月一二日の革命軍の蜂起を報ずる際に、〝Black Nights〟として標題に用いていた(50)。第四点は、村山正隆が、新しい王朝が立てられる日、すなわち「水曜月正明」に「八月十五日」と注記した点である。「水曜月正明」が「水の輝く満月の最も明るい日」と解されるとするならば、これを中秋節とみなすのは至当のものであろう。一九一〇年は庚戌、同年の旧暦八月一四日は乙酉、旧暦八月一五日は丙戌であり、酉と戌の日が重要な意味を持っていた。五行では、白は秋を意味する。従って、第二の掲帖の「白犬」も秋の戌の日と解すならば、旧暦八月一五日が丙戌であり、同日を意味した可能性も強い。旧暦八月一五日、すなわち中秋節は、義和団の掲帖では「二四加一五」と記され、満洲族の滅亡する日とされていた。第五点は、新しい王朝の名が「丕漢」であった点である。掲帖の日付は、「丕漢元年酉日」である。ここでは、「丕漢元年」に酉の日が組み合わされていた。ただし、一九〇六年の萍瀏醴蜂起で龔春台が用いた年号は、「漢徳元年」或いは「大漢」である。「大漢」と「丕漢」は些細な違いのようであるが、意味するところは大きい。このため、第二の掲帖は、龔春台の洪江会とは異なるグループによるといえよう。そして、先の五点の特徴は、龔春台と姜守旦、「青馬の日」、白い頭巾、黒い騎士、中秋節、酉と戌、丕漢元年が、蜂起軍の鍵となる語であることを示しているのである。

二・第七の掲帖の特異性

八種の掲帖の中で、第一、第二、第三、第四、第八の掲帖は、甲種に分類される。このうち、この第四の掲帖では、「欽命二品頂戴署理湖南分南路総督曹」の示として、「近頃、米価が高騰し、貧民は生計が困難となっている。しかるに、各署の狗官は飢民の困難を知らず、各種の告示で米価の高騰を取り上げず、中元に祖先を迎えるかのように洋人を迎えている。そして、飢民が食糧を求めると、何時も忽ちのうちに局弁を率いて取締ろうとした。我が兄弟六人は湖南に至り居住すること数日、これら狗官・奴隷の取締りを目撃してきた。兄弟たちは狗官をすべて排斥しようと考え、計画を練り、署局や教堂を焼こうとした。狗官は断固排除する必要がある。計画は既に着手され、両日中には成功しよう。これらは全て、貧民の保全のために図ったものである。我ら兄弟六人はしばし去る。夏季になり青馬〔の日〕が至れば、この日に兵が興こる。特にここに申しわたす」と記されている。(51) 同年五月二〇日付け『ノース・チャイナ・ヘラルド』紙は、同掲帖について「官吏はこれらの掲帖の一つに『狗官』と記されていた。官吏は飢えた貧民の救済に何事もなさず、彼らの苦しみにも無関心であると解されている。そして、その一方で、官吏は、外国人をあたかも彼らの祖先であるかのように扱ってきた（全ての外国人への言及は強い『反対』を示している）」と述べた。[52]この他にも、甲種の掲帖の特徴は、次の三点にある。第一点は、官憲に対する不満として、飢民の救済に無関心で、外国人を彼らの祖先であるかのように扱った点にあることを指摘した点である。第二点は、「我ら兄弟六人はしばし去る」と記して、蜂起の首謀者が六人であるとしたことである。なお、第五の掲帖でも、「幼な子の労苦も実らなかった。秋には五子が現れるであろう」と記されており、救世主の数は「幼な子」と「五子」で六人となった。六という数字には、意味が存在したことになる。[53]第三点は、「夏季になり青馬〔の日〕が至れば、この日に兵が興る」として、蜂起の日にちを「青馬の日」と定めたことである。この第四種の掲帖は、「狗官」を排斥するために、キリスト教会の焼き討ちを正当化していた。この点は、後に指摘するような乙種に分類する第七の掲帖とは立場を異にしている。ただし、第四の掲帖は、湖南省の官憲を窮地に追い込むために、キリスト教会の焼き討ちを容認しているのであり、必ずしもキリスト教会の焼き討ちを積極的に奨励しているものではない。この態度は、平山周が一八九一年のメーソン事件について「若し読書人及び清国官憲の煽動なかりせば、此等の傍観されたる虐殺、迫害及び外人の財産の破壊に対する責任は、哥老会の徒が其叛乱を遂行せんが為め、清政府をして外人との戦争に陥らしめんとして、暴民を煽動したる非行に帰するの、便利なる口実を見出せしならん」と主張したように、会党が清朝政府を窮地に陥れるため排外運動を行っていると言い伝えられていたこととも通ずる。[54]いわば、清朝打倒の手段としての外国人排斥、キリスト教会焼き討ちである。この点は、一九〇〇年の義和団が掲帖で「掃清滅洋」など、排外運動を積極的に説いているのとは、明らかに異なる。

一九一〇年五月二〇日付け『時報』は、この掲帖の波紋について、「近日、〔湖南省城の〕巡警西南各分局の地段内に、忽然と偽の告示が張り出され、第一行には「欽命提督湖南全省軍務某示」と記され、内には「我ら兄弟六人は、今回教会や洋行を焼き討ちしたが、怒りを外人に向けたのではなく、実際は各狗官の罪状を重くしこれを死地に置こうとしたのである。尚お未だ願いは遂げられていない。現在、分かれて各省に赴き、各兵を集め、〔旧暦〕六月〔西暦七月上旬より八月上旬〕の内に再び至り、我が民の望みを遂げるであろう」云々と述べられていた。巡警はこれを見て取り去り、各級の官憲に送って閲覧させた。この間、無数の枝葉の問題が発生し、直ちに兵勇を派遣し、至るところで調査を行った。このため、風声も緊張したといわれている」と記している[55]。同記事では、掲帖の原文の「夏季になり青馬〔の日〕が至れば」を「〔旧暦〕六月の内に」と意訳しているが、イギリス側は「青馬の日」を旧暦四月二一日、西暦では五月二九日とした。五月二九日は、甲午である。このため、「青馬の日」は五月二九日を意味した可能性もある。第八の掲帖では、「本都督は元帥周将の令を奉ずる」の他に、「丕漢元年」とあり、かつ「我が兄弟の義を集めるは多年ではないが、此の緑林草野で剛勇・英毅の気を蓄えたのは、固より満人を殲滅し丕漢を復興するためである」と述べた[56]。「元帥周将の令」は、一九〇六年の萍瀏醴蜂起の告示における「督練南鎮諸山水陸新軍周、巡査南鎮諸山風機事宜呂」と関係があるのではなかろうか[57]。一九一〇年五月一〇日、湖南巡撫楊文鼎は軍機処に対して「湖南省では、近ごろ実際に掲帖を貼付する出来事があった。調べてみるに、従前の瀏陽の逃亡中の匪賊の首領である曹という姓の余党が行ったものである。心配には及ばないが、人心を惑わすこと、実に恨むべきものがある」と述べ、掲帖と一九〇六年の萍瀏醴蜂起との関係を指摘している[58]。また、翌五月一一日、湖広総督瑞澂も、軍機処に対して「調べてみるに、〔丕漢元帥曹の掲帖は〕瀏陽の匪賊の首領である曹の党の者がなしたものであり、この風潮は湖南省が最も盛んである」と述べていた[59]。一九〇六年の萍瀏醴蜂起では、龔春台は醴陵を、姜守旦は瀏陽を地盤とした。このため、「瀏陽の匪賊の首領」は、姜守旦を指すと考えてよいであろう。また、掲帖における漢の再興は、姜守旦の檄文で「立憲・専制・共和の定論に泥むなかれ。ただ、我が漢族が天子となれば、やや専制を形作り、我が家の祖父のように威厳を示すことになるが、栄光は我らの得るところとなる」と述べた点にも符合している。(60)これらの事柄は、第一、第二、第三、第四、第八の掲帖が、一九〇六年の萍瀏醴蜂起の中でも特に姜守旦の洪福会の系譜を引いたことを意味している。ただし、第二の掲帖を除き、他の掲帖では、姜守旦の直接的な名前は記載されず、匪賊の首領として曹の名前が用いられている。

イギリスと日本が一九一〇年の長沙米騒動後に収集した掲帖は八種であるが、この八種の掲帖の中で、甲種の第一、第二、第三、第四、第八の掲帖と内容を異にするのが、乙種の第七の掲帖である。第七の掲帖の特徴は、「欽命頭品頂戴統領両湖両広副元帥印庫史司劉、欽命二品頂戴総理各処調査兼糧餉外用司康」とあり、「曹」とは別の人物の名が記されただけではなく、年号には「丕漢」ではなく「大漢」が用いられた点にある。すなわち、第七の掲帖では、「現在、中国人民の四億の衆生は、一日として我が皇上による漢人の復興を願わないものはない」と述べて、清朝の打倒と漢人王朝の樹立を主張しつつも、「さらに、西洋各国の教堂が中国に来て、通商することに至っては、各々本分を守り、均しく条約を遵守している。ために、富豪の士も、必ずや私財を投げ出し軍費を援助せんと謀るであろう。あらゆる各省・廳・州・縣は、速やかに降伏の資金を献上して、自らわが身を保つことのできる機会、適切に成すことのできる時期を知るならば、もとより爵位・褒賞が加えられるであろう」と記され、キリスト教宣教師の布教と外国人の通商が認められ、蜂起の参加者に資金や爵位の授与が約束されていた。(61)この点は、一九〇六年の萍瀏醴蜂起における龔春台の「萍瀏醴起義檄文」において、「大漢」の復興を説くと共に、「本都督が義旗を立てたのは、もっぱら韃虜を駆除し主権を回収することが目的である。およそ本都督の到着したところは漢族が回復したところであり、農民、工人、商人がおのおの安心して本業にはげむことができるようにし、少しも犯さない。外国人の生命財産は全力を尽して保護し、少しも犯さない。キリスト教会、教徒がおのおの安心してその場所にいることができるようにし、少しも犯さない」と主張した点と同一である。[62] また、龔春台の「萍瀏醴起義檄文」では、共和政体の樹立が説かれ、皇帝による政治は否定されていたが、会党に対しては「洪命」「漢命」など、会党の手法に即して呼び掛けられていた。[63] 一九一〇年、村山正隆は「只昨今尚ほ種々革命の意味の印刷物及告示様のものを配布するもの絶へす。小官に於ても非常の苦心を以て諸方面を偵探しつゝありたるに、未た何等の確証無きも、諸種の報告等の逕路を辿りて考ふるに、其出処か或は楊明遠、楊晋等の方面に非さるかを疑はしむるものあり」と述べて、第二五混成協協統の楊晋、飛翰営統領の楊明遠に原因があるのではないかとしつつ、幾つか理由をあげて「要するに彼等か地位擁護の為め反対に示威的に出てつゝあるものに非さるか、而して平素彼等と接近せる外国人等か何時も極めて速に種々の浮説を伝ふると共に、些々たる謡言ある毎に城を出て、又城に入り、大騒を演する所、或は外国人等の神経質なるを利用し、彼等の広告的傀儡となし居るに非さるか」として、楊明遠が自己の地位を保全するために意図的に掲帖を流布させたのではないかとしていた。[64] 第七の掲帖は、呼び掛けている対象が外国人や富者となっている。このため、第七の掲帖は、村山正隆の指摘するように、新軍や巡防営の首脳が外国人の動揺を抑えるため、或いは自身の責任逃れをするために、意図的に作成した可能性もある。

三・第五の掲帖と義和団

八種の掲帖のうち、他と全く形体を異にするのが丙種の掲帖、すなわち第五と第六の掲帖である。第五の掲帖には、義和団の掲帖と同様の文句、「江山は変わることがない。幼な子の労苦も実らなかった。秋には五子が現れるであろう。ただし現在は天機を洩らすことができない。離れても離れず、逢うても逢わず、あたかも日は海底に沈んだままで、人は酔夢の中にいるかのようだ。この時はまだ苦しみとはいえない。三四加一五、紅花が至る所に咲き乱れる時、そこに苦しみが訪れよう。困窮を畏れるなら、我を信ぜよ。紅山は老叟に問へり。羊肉に泥むことを畏れよ。また、官の収穫を助けることを畏れよ。前人の田地を後人が収めても、なお収穫はある」とある。(65) 義和団の掲帖は扶乩により記されているため、第五の掲帖も扶乩により記されたといえよう。これは、末劫の到来と共に「幼な子」が出現し、民衆を苦しみから救うであろうという内容となる。また、第六の掲帖は、第五の掲帖と同様、扶乩による言葉を記載したものと思われるが、意味が不明である。第五の掲帖では、秋に五子が出現するとしたが、義和団の掲帖に「五子」の記述はない。ただし、第五の掲帖が義和団の掲帖と同一であるとするならば、文中の「幼な子」は「真主」、すなわち救世主の出現を意味したように思われる。一九一〇年六月一三日付け『大公報』〔天津〕は、「湘潭県では昨月〔旧暦四月、西暦では五月〕以後、しばしば匿名の掲帖の中で、特定の期日に蜂起する等の語があった。幸いにも、現在まで平穏である」と記した上で、「ただし、各郷の穀米の強奪は、時々聞くことがあった。該県の七都地方では、凡そ家に蓄えがあると皆な強奪されて空となり、かつ乱民が本年は再び種を植えることを許さず、貧富の別なく必ずや共に滅ぶべきである等と語った。近日、該処では、遂に乱民が田に植えてある稲を全て抜き、道端に捨てて、所有者もこれに抗わなかった。聞くところでは、数日で二〇里の遠くに及び、全郷民が大いに慄いた」と述べており、第五、第六の掲帖も末劫の到来の預言と関わったといえよう。(66) 湖南省では、旧暦八月一五日の中秋節以外にも、旧暦五月五日の端午節に末劫が到来するという伝承もあった。一九一〇年の旧暦五月五日は、西暦では六月一一日である。従って、湖南省の各地で六月に不穏な情勢が生まれた背景には、このような旧暦五月五日の端午節に末劫が到来するという預言が流布した可能性のあった点は拭い去ることができない。一九〇六年の萍瀏醴蜂起では、姜守旦の洪福会が「瀏陽の蜂起では、某日に県城を攻撃し某日に監獄を強奪すると宣言した。かつ、掃清滅洋、革命義軍の旗号を打ちたて、更に貧民には迷惑をかけず、ただ官長を襲撃・殺害し、あくどく富をなした者の家を襲撃すべきであると称えた。ために、各郷の富家で強奪された者は数えきれなかった」というように、清朝の否定、キリスト教徒の排斥を説いていた(67)。従って、丙種である第五と第六の掲帖は、義和団の掲帖と同様の内容を持つと共に、姜守旦の洪福会の主張とも近い。

一九〇〇年の義和団事件においても、一九一〇年の長沙米騒動と同様に、多くの掲帖が出現していた。この中にあって、同年六月の義和団の北京入城を示す掲帖の一つには、「二四共〔加〕一五」と共に次のような内容が記されていたのである。

いま、〔義和〕拳は下令して、軍民に得知せしむ。〔旧暦〕五月八日〔西暦六月四日〕に〔義和〕拳は京師にやって来た。もし、ある処が練拳する者一人を出すなら、その処は災難無く保てるだろう。〔旧暦〕八月一八日になると、北京に入って満一〇〇日になる。二四共一五〔八月十五殺韃子と言われる旧暦八月一五日には〕天下は紅燈照にあふれ、大火が起きて苦しむことになる。そのとき、東南に真神が居られて、八〇〇万の兵を降下させて、洋人達をすっかり追い出し、教民たちを死なせるのだ。かくして、上は国を保ち、下は能く民を安んずる。各家は大門前に符一枚を貼れ。一尺の紅布も敷居の上に貼れ。さすれば火災を避け得るであろう。紅布の上に別に小さい刺繍針をとめておけば、〔旧暦〕五月一五日から二三日まで、刀槍の災難を免れるだろう。三三は全部で九九、一二五は全部で四七八だ。一文銭、七個大銭は十字〔キリスト教〕を去らせた後は金に換わる。もしただ忙しそうなだけなら、三三九九は全部で九八になる。二五八七の四つの〔小〕大火が五座の教堂を焼き、〔旧暦〕八月には異なる火が起きるであろう。……三姑奶奶がやって来て、間もなく火災が起きる。それゆえ、なんじ軍民に下令して得知せしむのである。火を避ける紅布・符を城皇〔隍〕廟内に伝えよ。伝えるところを、其れ信ぜずして、これを知るのが晩かったと悔やむことになるのを恐れるのである。早々に紅布と符を備えて、もって火災を免れよ。洋人は終わり、教民は死に、清静として安然となろう。[68]

この掲帖では、白布ではなく、紅い布や符が護符として示されていた。また、掲帖の中の「二四共〔加〕一五」は、旧暦八月一五日、すなわち中秋節の満洲族の殺害を意味するといわれている。[69]ただし、第五の掲帖には、「二四加一五」ではなく、「三四加一五」と記されていた。一九〇〇年の義和団の掲帖でも、「二四加一五」の他に、「二四八中五」「三四加一五」「二八五」の言葉が出現しており、これらが同一の意味を持つか否かは判然としない。[70]従って、第五の掲帖の「三四加一五」の意味も未詳とせざるをないが、第二の掲帖の中秋節の蜂起と呼応すると考えた場合、「三四加一五」は「二四加一五」の誤記であった可能性もある。

一九一〇年五月二八日、日本の長沙駐在副領事村山正隆は、長沙の窮民で平糶を受ける数が長沙人口の約半分、すなわち一二、三万人に上り、膨大な数の賑恤米を必要とするため、一九一〇年五月末より六月中旬までの新米収穫時までを期限に救済策を図るべきだとして、更に「言ふ迄もなく長沙は湖南省の首府にして、殊に湖南は従来有名の米産地たるに係らす米穀缺乏の為め斯る暴動を惹起し、尚ほ人口の半数は貧民たる事実を表白する如きは大に考慮を要する問題に付、小官は此機会を利用し大に風気を開発し産業の発達を図り根本的に善後策を講ずるの必要を提唱し、官紳共に非常の好意を以て〔この提唱に〕賛同しつゝあるを以て、将来却つて各種の方面に向て発展の端緒を開くを得可き希望を認めつゝあり」と述べた。[71]いわば、湖南省の飢饉は構造的なもので、応急的な処置では救済することができない状況にあった。そして、一九一〇年七月付け『東方雑誌』は、「考えるに、近年は貧民が多すぎ、乱を好む者が煽動するため、大勢による蜂起という事柄をしばしば聞かれる。ここでは、官と匪の双方の行動に、一定の進み具合がある」と述べ、貧民の蜂起、匪賊の参加、地方官の派兵要請、軍隊の進軍、匪賊と軍隊の衝突か逃走、匪賊の他県への逃走、知県の派兵要請という経緯を記し、「一箇所のみがこの状況ではなく、至る所この状況である。勢いとして、土地中が匪で溢れ、全ての人が匪となって始めて止むであろう。これは、将来の真に恐るべき状況である」と指摘している[72]。一九一〇年の旧暦八月一五日、すなわち中秋節は、西暦では九月一八日である。管見の限り、九月一八日に湖南省で蜂起は起きていない。ただし、一九一一年二月、山田勝治は、湖北、湖南両省の民情について次のように報告している。

近来、外人の其の厄に罹る少なきを視〔て〕内地の平静を懸想するは、皮相なり。各種籖捐〔政府発行の彩票の設立〕等、莫大の財力を竭尽し声威稍張り、匪乱の鎮圧する猶可なるも、以て外国に敵す可からず。其の不備行はれて民の繁苛に苦しむ、枚挙すべからず。軍制改革より以来、一切兵営、鎗礮〔兵器〕、服装、興学〔学堂既に定論有り。警察の糜費無用なる、保甲、団練に及はず、街頭無用の贅物たる、更に幾多の改良を待たさる可からず。凡そ如此者皆新政施行以来の弊端にして、民力の疲弊せる、皆国家前途の危期〔機〕を懸断し、相率いて消極自存の計を立つるも、官家の為めに財力を輸将するを願はさるなり。之を如何んそ。民の巨費を擲つて、尚官家の能く已に忠なるを信せんや。既に官家の民膏を剝奪するを恨み、民利を謀らさるを怨み、辦事実ならず政令効無きを慨し、衣食の難其の心を激し、異種の見其の怨を積む、已に邱山の如し。乃ち一般人民の真龍出顕〔新しい皇帝が出現し〕、蒼生を塗炭より救ふを望み、満廷の必す改朝せさるべからさるを断する、清国に在りては決して無条理の妄想に非らさるなり[73]。

ここで、山田勝治は、「一般人民の真龍出顕〔新しい皇帝が出現し〕、蒼生を塗炭より救ふを望み、満廷の必す改朝せさるべからさるを断する、清国に在りては決して無条理の妄想に非らさるなり」と述べ、清朝政府の積弊が極点に達し、ために民衆が清朝の倒潰と新しい皇帝の出現、新しい王朝の設立を望むことの妥当性を主張したのである。そして、このような湖南省の現状と民衆の救世主待望信仰が、中秋節の蜂起の謡言や末劫論を支えていたように思われるのである。

第三節　掲帖の作者と意図

一・長江流域の情勢

一九一〇年四月以降、湖南省のみならず、長江流域一帯は、不穏な情勢を醸っていた。この原因としては、水害の発生や飢民の増大を指摘することができる。一九一〇年五月一三日、日本の南京駐在領事井原真澄は、外務大臣小村寿太郎にあてて、長江流域の不穏な情勢について次のように指摘している。

揚子江筋、昨年の収穫不作に加え、本春に入り雨天打続きたる為め窮民多数を生し、湖北省及ひ江蘇省北部の飢民、揚子江下流の豊饒なる地方に多数移転し来りたる件は、先般来数回及報告置候に付き、已に御査閲の事と被存候。本官去月〔四月〕滞京中、長沙の暴動に引続き、安徽省内及ひ江蘇省北部宿遷地方に於て飢民暴動し、同地附近に在る製粉会社等を掠奪し、清江浦に於ても飢民の騒擾ありたる旨聞及居候に付き、当地〔南京〕帰任後、諸方面に就き揚子江筋の人心に関し探り候処、其影響各地に及ひ、人心に動揺を来たし居ることを発見したると同時に、目下食糧品収穫時に非さるを以て食料品騰貴し、一面雨天打続きて窮民の困難一方ならさる有様にて、何等かの機会あらば騒擾発生の憂ひ有之。当地々方官及ひ地方紳士等は、目下十三万担（ピクル）の米穀を用意し、〔南洋〕勧業会開会に際し糧食の欠乏を来たすときは更に西貢より米穀を買入るゝ手筈と為り、飢民の騒擾を未然に防くの方法を講し居る由聞及ひ候。又た或る方面より聞く処に拠るに、清国革命党の一派は此機に乗し、飢民を煽動して揚子江筋を擾乱せしめんことを計り、当地新式軍隊との連絡を試し居り。且つ南洋勧業会開会中多数人民の当地に入込むを機会とし、見物人に紛れ武器密輸入を計画し居る由風説致居候。右警戒の為めか然らさるか不明なれとも、勧業会警護の名の下に従来城内に配置しありたる巡防営（旧式軍隊）を増加して拾営と成し、勧業会場附近に配置致居候。(74)

ここで、井原真澄は、「或る方面より聞く処に拠るに、清国革命党の一派は此機に乗し、飢民を煽動して揚子江筋を擾乱せしめんことを計り、当地新式軍隊との連絡を試し居り」と記している。いわば、井原真澄によるならば、長江流域の不穏な情勢は、革命派が水害の発生や飢民の増大に乗じて、軍隊と連絡して飢民を煽動したことで引き起こされたというのである。

一九一〇年、清朝政府は、全国的規模の南洋勧業大博覧会の南京における開催を企画した。南洋勧業大博覧会は官民合同の形をとり、官と民が七〇万元の資本を各々半分負担した。博覧会の会場には南京郊外があてられ、同地には教育、工業、農業など一五の本館及び分館が建設された。そして、全国二一省のうち、広西省と甘粛省を除く、一九省が単独或いは共同で各々の陳列館を用意した。一九一〇年六月五日が開会式であった。開会式は、「是れより先き謡言あり。南京新軍此日を期して反〔乱〕を図らんとし、已に其大半は銃器弾薬を奪ふて脱営せりと。故に当日は特に当地軍隊新式兵八千を出して防衛せしめ、南京停泊諸外国砲艦も亦皆不測に備へり。然りと雖とも事実は豫想に反し、只一片の杞憂に属し、開会の大典は極めて安全に経過したり」というような状況の中で行われ、両江総督張人駿が開会の詞を朗読した。(75) 南洋勧業大博覧会の開催に前後して、南京では奇妙な出来事が現れていた。同年五月一四日、井原真澄は、「本官今回帰任後各処奔走に際し、清国小児の肩及ひ背に縦約三寸横約二寸位の紅巾帛に、或る文字を記載し居る者多数なるを見受け候に付、其理由に関し、或る清国人に聞合せ候処」と述べ、調査の結果、次の答えを得たと記している。一九一〇年六月五日の南洋勧業大博覧会の開幕に先立ち、南京では土木工事が盛んに行われ、城内に多数の橋梁が作られた。時を同じくして、自治局では、戸口調査に着手していた。当時、南京では天候が不順であり、ために腸チフスや猩紅熱などで死亡する児童も少なくなかった。ここで、謡言が起きた。謡言の内容は、井原真澄が「一好事者中、土木工事及ひ石橋修理上、其工事を堅固ならしむる為め、小児を橋棵台に用ふる必要ありて戸口調査を行ひ、夫れが為め小児の死亡する者多数を生したりとの謡言を流布する者を生したるを以て」云々と述べたように、土木工事や石橋の修理で工事を強固にする必要上、児童を橋梁に用いるために戸口調査が行われ、かつ多数の児童が死亡したというものである。そこで、僧侶が出現し、児童の死亡を防ぐために、紅巾帛に「石叫石和尚、自叫字成当、早々回家転、自去頂橋梁」の四句を記し、児童の肩や背に縫い付けるよう諭した。四句の意味は、「石自ら石の和尚と為り、自ら其衝に当り、小児をして早く家に回らしめ、石自らが橋梁の土台に為る」というものである。そして、井原真澄は、「目下如斯謡言流布し居候為め、義和団事件の覆轍を踏むに至りはせずやと、外人間には憂慮し居る者有之候。此の際清国政府に於て何等か相当の方法を講し謡言を禁遏せざれば、憂慮すべき事件を発生するやも難計候。右及報告候」と記した(76)。これよりするならば、長江流域の不穏な情勢の背景には、水害の発生や飢民の増加だけでなく、国会議員の選挙の準備や地方自治、教育の普及、民兵の徴集、租税の整理のための戸口調査などが存在した(77)。いわば、一九一〇年五月における南京の謡言は、南洋勧業大博覧会に伴う戸口調査と土木工事による民衆の不安を基盤に起きていたのである。

一九一〇年四月以降の、湖南省における掲帖の流布は、一九一〇年の長沙米騒動の余波という側面だけではなく、長江流域一帯の不穏な情勢と連動していた。日本の特命全権公使伊集院彦吉は、長江流域一帯の不穏な情勢が決して偶発的なものではなく、何らかの勢力、具体的には革命派の意図的な作為によって醸されたと判断した。そして、伊集院彦吉は、長江流域一帯の謡言の由来について、「然らは其謡言は何処より伝へられたるかと云ふに、多く官場に縁故を有する者等より伝播せられたる次第にして、其故は過日各国公使館へ郵送し来りたると同一なる不穏の書面は、同時に要路の大官へも送附し来り」と述べた上で、更に「而も該書面は消印其他の躰裁より察するも、決して遠隔の地より寄せ来りたるものに非す、必す当地に於て窃にたくらみたる者あるに相違なしとの見込〔み〕を付け、爾来歩軍統領及民政部に於て極力之か探査に努めつゝあるも、未だ何等の手掛なし。自分の見込みにては、右の書面は矢張上海方面より寄せ来りたるものにして、即ち目下広東を根拠〔地〕とし、頻りに陰謀を企てつゝある〔中国同盟会の〕黄興一派の威嚇的手段に過ぎさるものと想像せらる」と記したのである。(78) この点は、南洋勧業大博覧会の開会式で、「南京新軍此日を期して反〔乱〕を図らんとし、已に其大半は銃器弾薬を奪ふて脱営せりと」という謡言が起きたことと、符合するものであろう。一九〇九年秋、黄興は孫文の委託を受けて香港に中国同盟会南方支部を作り、広州の新軍による蜂起計画を練っていた。ただし、黄興の立場は、中国同盟会の主流、すなわち孫文などと同様に、共和制の樹立を目的に、特定の辺境の地域において蜂起を起こしてから周辺に及ぼすという、いわば根拠地革命論にあった。(79) 従って、黄興は、一九一〇年の長沙米騒動後に出現した八種の掲帖におけるような、漢王朝の再興と新しい皇帝の擁立には否定的であったといえよう。このため、湖南省における掲帖の背景に革命派の存在を考えた場合、中国同盟会の主流の黄興よりも、中国同盟会の傍流の勢力の存在が考えられなければなるまい。ここで注目されるのは、これら掲帖に姜守旦の再来と共に「青馬の日」の蜂起、末劫の到来と至福の世界の顕現が示されており、救世主が白い頭巾を目印としただけでなく、新しい世界を漢の興起と表現した点である。(80) 換言するならば、これら掲帖は、一九〇六年の萍瀏醴蜂起における姜守旦の系譜を引き、白い頭巾を目印としながら、末劫論を利用して漢の復興を目論んだ勢力によって作成されていたのである。

二・ハレー彗星の影響

一九一〇年六月二七日付け『大公報』〔天津〕によるならば、「〔湖南〕省城では以前、外来の人が妖言を称えて人を惑わすことがあり、湖南省では〔旧暦〕六月〔西暦七月〕に大劫があると言われた」として、『関帝戦詔』が各所で印刷されて広範に配布されていた。そして、同紙は、この『関帝戦詔』には「吾神霊中看全境皆流血〔我が神霊の中には全境が血だらけであるのが見える〕」などの語があり、「拳匪」の言葉と酷似しているため、官憲が水陸兵勇に犯人の追求を命じたと記している。(81) 一九一〇年四月以降、湖南省で戦乱が起き、殺戮によって血に染まるであろうという謡言は、『関帝戦詔』などの冊子で広範に広められていた。それでは、このような末劫のイメージは、どのように作られていたのであるか。紅燈教の経典であり、清末には湖南省内に広く流布していたと考えられるのが、『五公経』である。この『五公経』の一つ、『五公末劫経』では、末劫の到来に伴い大地が荒廃し、人々や動物が絶滅する状況について、次のように記している。

もし末劫にあう時は、東南の天上に彗星が出現する。〔彗星は〕長さが一丈で、龍のような相をしている。後ろに二つの星が従い、昼夜となく走り、東に出でて西に落ち、紅赤の光を放つ。そして、前方の一つの星が紅の光を発すれば、後方の二つの星は黄白の光を放ち、天下の万民に末劫の到来を知らしむ。この後、洪水が急に〔万物を〕翻えし、狂風や猛雨が起き、吉凶共に現れず、高き山は崩れ落ち、大波が堤に撃ちつけ、身寄りはなくなり、鳥も宿るところをなくす。恐らく、この末劫世界を見るとするならば、この年月の如きであろう。天下は大いに荒れ、人々は飢饉となり、十日も食べることなく、刀兵は競いて起こり、戦争で相闘い、干戈は止まらない。善人は逃げることが可能なるも、悪人は回避することはできない。乾坤と星宿は共に定まらず、太陽、月、星も流れて移動し、江山河海は黒々として暗澹たる状態となる。野原では龍と蛇が分かれず、六国も従わず、白骨が山のようにうずたかくなり、明王を見ることは困難となる。従って、この経典を留めなければ、後の人々はどのようにしてこれを知ることができるであろう。愚鈍で頑迷な子供は、父母に孝行をせず、親族は別れ別れになり、多くが魑魅魍魎に陵辱され、魂魄を失い、廻って殺戮にあい、荒野には白骨が雷の如く、至るところで流血が起こり、世間の人は黄泉の地を知らずに、毒を流し人を害する。(82)

人々は、このような『五公経』を念誦することによって、末劫が到来する際の予兆と情景を脳裏に刻み込んでいったのではなかろうか。(83)すなわち、人々にとって末劫の到来により人々が絶滅する場合の情景は、人々の想像上のものでありながら、『五公経』などによって広く流布していたといえよう。問題は、これら末劫の到来が彗星の出現など、天体の異常と結び付けて考えられた点である。

一九一〇年五月から六月にかけた、中国の各地における不穏な情勢の形成には、郷紳の民衆に対する苛斂誅求の他に、幾つかの理由が存在したように思われる。その最大のものは、四月におけるハレー彗星の接近である。ハレー彗星は、七六年周期で楕円形の軌道を回る。一九一〇年には、ハレー彗星が地球に接近し、地球がハレー彗星の尾の中に入り、人類が絶滅するのではないかという憶測を呼び、世界中において恐慌状態が生じた。一九一〇年四月二三日、二四日、二五日、二七日付け『東京朝日新聞』は、「ハリ〔レ〕ー彗星」という標題の記事を連載し、「ハリ〔レ〕ー彗星の出現に就き、文化を以て誇れる西洋各国の人々の中にすら、此度に限つては地球が其尾に包まるゝ筈なので、是に如何なる災難が伴ふかも知れぬと云ふ所から、既に種々の憶測説をなし、只管恐怖の態度に出づるものが尠からぬ様だ」と記し、憶測の由来を説明した。憶測は、ほぼ次の二つに大別される。一つは、ハレー彗星の尾に含まれている有毒ガス、例えば水素や窒素、シアンなどが地球を包み込み、或いはハレー彗星の大量の水素と地球の酸素とが化合して有毒ガスを出し、人類が悉く死滅するというものである。他の一つは、ハレー彗星と地球が衝突したり、ハレー彗星の接近で地球の機軸がずれ、隕石の落下や洪水の発生などで大災害が起こるというものである[84]。一九一〇年五月一九日付け『東京朝日新聞』紙上で、「ハリー彗星は〔五月〕十九日午前中に太陽面を通過し、地球を其尾の中に包み、大変化を起こし、或は生存し居られぬやも知れざれば、生前飲んだり唄ったりするに限るとて、宇都宮市内には両三日前より頻に花柳界に足を入れ、浮かれ歩く愚者ある為め、久しく打続ける花柳界の寂寞を破りて、芸妓は有難きはうき星様とて、手を合せて拝み居れりとは、阿呆らしき事なり」と記されたように、ハレー彗星の接近による恐慌状態の出現は、中国のみならず世界各地でみられた[85]。それでは、中国で一九一〇年の民衆蜂起の多発がハレー彗星の接近と何らかの関係があると見なした場合、この二つはどのように結び付くのであろうか。この理由は、『五公末劫経』の記載にあるように、民衆が彗星の出現を末劫、すなわち大災害の到来の予兆と見なした点に求めることができる。すなわち、民衆は、末劫の到来による大災害を乗り越え、来たるべき弥勒の世に生き残ることができるように蜂起軍に加わった可能性がある。この場合、民衆を行動に駆り立てたものは不安である。ハレー彗星は七六年周期で楕円形の軌道を回り、一九一〇年の時には四月二〇日に近接点に達した。一九一〇年初頭、中国では同年四月にハレー彗星の地球接近が知られていた。このため、多くの新聞は、ハレー彗星の接近が人心に及ぼす影響を懸念し、人々の啓蒙に努めていた[86]。これよりするならば、何者かが災害や飢饉の他に、ハレー彗星の地球接近を利用して人心を不穏な状態に陥れ、蜂起を画策することも可能であった。すなわち、何者かがハレー彗星の地球接近を利用して、人々を蜂起へと誘う可能性も存在したのである。

高葆真は、『東方雑誌』や『大公報』〔天津〕紙上に掲載された「彗星無害説」で、「彗星の出現には各々一定の時期があり、本来いわゆる吉凶はないのである。しかるに、中国の旧籍や近史に掲載するところには、〔彗星が〕戦乱や災害・疫病を司るという説があった。〔それは〕古い時代より伝えられ、ために迷信は破られず、人々も混乱して安寧を損なうことがあった。このことを聞いて、憐憫に耐えないものがある」と述べている。更に、高葆真は、ハレー彗星が一定の周期により、かつ西暦の紀元より現在まで二三回も地球に接近した点を指摘しつつ、一九一〇年にハレー彗星の地球接近が予測されているとして、次のように記している。

旧説は、荒唐無稽である。そして、これを一掃する言葉を創ったとしても、人は遂に望んで畏れを生じたりする。実際は、いわゆる吉もなければ、いわゆる凶もないのである。ただ、〔彗星の〕度重なる出現が、或いは国家の多難な時に当たったとしても、偶然そのような時に出くわしただけにすぎないのである。しかし、無知な輩は根拠のない話を拾い上げ、偽りを主張し、事毎に陰陽・讖緯の書に仮託して、其の説を素晴らしいものとし、彗星の接近は災異に属すと述べたりする。どうして、彗星の発生が年に一、二回もあり、ただ視覚で見えるか見えないかの違いにすぎないことを知らないのであろうか。もし、〔彗星が出現するならば〕必ずや災異があり、国家の帰趨と関わりがあるというのであれば、天体に毎年彗星があったとして、国家もまた毎年事件があることになってしまうであろう。これは、長考せずとも思いつくことのできるものである(87)。

このように、中国の各新聞は、新聞の購読者に対して、ハレー彗星の接近について、戦乱や災害の勃発、疫病の流布など、何らかの大事件が発生することの予兆でないことを、頻りに訴えていた。このことは、清末の知識人にとって、ハレー彗星の接近に伴う人心の動揺が相当恐れられていたことを示している。ただし、新聞による啓蒙活動の効果が知識人や学生、いわば識字層に限られるとするならば、これらは新聞による啓蒙活動の限界も示している。知識人は、ハレー彗星の地球接近に際して、古くから言い伝えられた風説を用いて人心の動揺を誘うことも、近代的な天文学による科学的な理論を用いて人心の動揺を鎮めることも、いずれも可能であった。しかし、新聞や雑誌を用いた啓蒙は、一部の識字層に限られた。これに対して、多くの民衆は、古くからの伝承や慣習の中で暮らしていた。科学理論を用いた啓蒙よりも、古来の風説を用いた煽動の方が、効を奏したであろう。中国では古来より、彗星の到来が動乱の予兆と考えられていた。動乱の予兆は、ほぼ次の二つの解釈に基づいている。一つは、彗星の中心を匪賊の首領とし、彗星の尾を士卒、武将と見なす見解である。他の一つは、彗星の尾を刀の形と見なす見解である。そして、共に、彗星を戦乱の兆しと捉えた(88)。のちに、イギリスの長沙駐在領事ヒューレットは、一九一〇年四月当時を回顧して、「私は、とてもよく軍隊〔湖南省の新軍〕について知るようになった。〔一九一〇年四月〕毎晩毎晩、私達は燦然と輝くハレー彗星を見た。彼等〔新軍の兵士〕は私に対し、明年に勃発した革命について大まかに暗示しつつ、偉大なる漢がやって来たとき、全てはより良くなるであろうと語った」と記している(89)。更に、ヒューレットは、「満洲王朝に対する暴動は予想されただけでなく、不可避のものであり、中国が義和団以来起こった如何なるものよりも、より以上の危機に直面していることを、ますます確信した」とも述べた(90)。このことは、湖南省の新軍の兵士が、彗星の接近について、満洲王朝の倒壊や漢王朝の興起と結び付けて考えていたことを示している。恐らく、何人かの人々は、一九一〇年四月にハレー彗星が地球に接近し、この日には中国で人心が不穏な状態となり、仮に同日付近で蜂起を起こすならば極めて大きな効果をあげることのできることを熟知していたであろう。

三・中国同盟会と共進会

一九一〇年四月、宮崎滔天は東京を出発し、五月一日に香港に到着し、黄興と会談を行った。宮崎滔天は、「湖南暴徒と革命党の関係に付ては、有無の論定らず、斉しく一般の疑問となつて居る。記者のこの疑問に対し彼答へて曰く」として、黄興が次のように答えたとしている。

湖南暴徒の如き、固より憐むべき貧民の一揆で、吾党とは全然無関係である。世人は吾党を以て事を挙ぐるに急なるが為めに、手段を択ばず、何物にも喰い入るやうに思へど、そは吾党の本領用意を知らぬ者のことで、吾党に於ては、殊にその始めを慎んで居る。と云ふのは、第一吾党の主義が然らしむるのは勿論であるが、第二の理由は外人の誤解を招くことを恐るゝのである。詳論すれば、例令義和団的ならずとも、苟も排外的思想が、寸分でも吾党に含まれて居ると誤解されることは、吾党に取つて非常の苦痛で、また非常な不利益である。故に之を避くる為めには如何なる機会も看過しやうと云ふ方針なので、実は此度も、可惜機会と思はぬでもなかつたが、虫を殺して手を出さなかつたのである。有体に言へば、湖南、殊に長沙は僕の郷里で、前年の因縁ある処だけに、人気も一入激して、是非此の機会〔一九一〇年の長沙米騒動〕をと焦る連中もあつたが、ヤット制止したやうな訳で、現に起つて居る江蘇の一揆に対しても、同様の方針を取つて居る。タヾ困ることには、引続いての飢饉に搗て丶加へての彗星（ハレー彗星の地球接近のこと）と来て居る。飢饉と彗星、従来の歴史から云つても、コレだけが已に革命の材料として十分なのである。それに近年以来吾党の発展と共に吾党の同志が到る処に雌伏して時機を待望して居るので、髀肉の歎に堪へぬ連中が、動もすれば、露国式に『農民の中に々々々々』を叫び出して、彼等の中に混入せんとする。これを制止するのが此頃の一大事業で、此の暑いところの遠方から、汗水垂らして心配して居る。然り、心配と云へば心配だが、「我れ笛吹けども爾等踊らず」の時代に比較すれば、今の心配の方が、ナンボ愉快かも知れぬ(91)。

ここで、黄興は宮崎滔天に対して、革命派の中に一九一〇年の長沙米騒動を利用して蜂起しようとする勢力があり、「列国干渉の端を惹起して、国家を滅亡の禍に陥る丶ハメ」を恐れて、何とかこの勢力を制止した点を素直に明かしていた。ここに指摘された、一九一〇年の長沙米騒動を利用して蜂起を起こそうとした人物こそ、一九一〇年の長沙米騒動後の掲帖の流布と深く関わったように思われる。この人物は、一九〇六年の萍瀏醴蜂起の系譜を引きつつ、同蜂起に参加した諸会派の中でも姜守旦の洪福会と密接な関係を持ち、かつ義和団の残党である羅蜈蚣と繋がっていた人物である。その人物とは、一体誰であろうか。

一九〇七年一月三〇日、宗方小太郎は、報告書の中で「過日湖南長沙に於て死刑に処せられたる革命党員劉炳生の口供なる者を見るに、党の首領は孫文（号逸仙）にして、現に東京牛込区民報社附近に在住し、黄近午（黄興）、柳聘儂及び湖南人万鵬飛、広東人馮自由、湖北人劉某、某国人白浪滔天（日本人宮崎寅蔵なり）外四、五十人と中国同盟会なる者を組織し、革命を以て主義と為し、孫文を会長に推し、黄近午副会長と為り、南洋諸島の清国人と聯絡し広く党羽を募り、資金を集め、兵器を購ひ、時機を待て兵を挙ぐるの計画を為せり云云の語有り」と記している。(92)この報告書の中で記された万鵬飛とは、誰を指すのであろうか。万鵬飛は、姜守旦の別名である。(93)しかし、姜守旦は一九〇五年から一九〇六年の間、洪福会の勢力拡大のため湖南省で活動しており、同年に日本の東京にいるはずがないだけでなく、中国同盟会とは宗旨を別にしており、同会に加わるはずもない。これらの諸点に鑑みるならば、この場合の万鵬飛とは姜守旦のことではなく、万鵬飛に名を借りた別の何者かを指すといえよう。そして、この可能性があるのは、同時期に日本に留学し中国同盟会に参加した、焦達峯である。何となれば、一九一一年一〇月二二日に革命軍の蜂起が起き焦達峯が正都督に推挙されると、焦達峯を姜守旦と同一人物とする謡言が起きていたからである。(94)ここで、焦達峯の経歴を振り返ってみる。焦達峯は、一八八七年一月一六日に湖南省瀏陽県焦家橋に生まれ、一九〇二年に師匠である黎尚姜の紹介で姜守旦の洪福会に入った。いわば、姜守旦と焦達峯は、師弟の関係にあった。一九〇三年、焦達峯は長沙に至り、華興会の設立にかかる東文講習所で日本語を学び、華興会の会党の工作部隊である同仇会に入り、会党との連携工作に従事した。一九〇五年春、焦達峯は日本に渡り、東亜鉄道学校に入学した。同年八月の中国同盟会の結成に参加した。そして、同時期、焦達峯は、姜守旦の別名である万鵬飛の名を用いて行動したのではなかろうか。一九〇六年、焦達峯は会党や新軍との連携を図るために中国に帰国し、一九〇六年の萍瀏醴蜂起に参加し、指導者の一人である李金奇の参謀を務めた。従って、一九〇六年の萍瀏醴蜂起の敗北後、焦達峯が姜守旦や李金奇の遺志を継ぎ清朝政府に対して復仇を誓うのも、理由のないことではない。焦達峯は、瀏陽が爆竹の有数の生産地であったため、爆竹の行商で各地を往来した(95)。また、師匠の黎尚姜が友人の張紫館と共に扶乩を行い、扶乩の言葉を借りて「排満興漢」を宣伝したため、焦達峯も扶乩に関心を示すようになった(96)。一九〇七年、焦達峯は再び日本に渡り、岡頭樵と名乗った。日本では、東斌学校に入学して軍事を学び、中国同盟会の調査部長として各地の会党との連絡に従事した。しかし、一九〇七年二月、日本政府の中国同盟会に対する取締りが強化される中で、孫文は日本を追われ、ハノイに革命機関を移転させた。それと共に、一九〇七年以降、孫文は広東省を中心に広西省、雲南省の辺境地帯で蜂起を企て、長江流域の民衆蜂起には殆ど関心を示さなかった。これに対して、一部の中国同盟会の会員の中には、孫文が南方の革命に固執することに不満を抱き、かつ日本の外務省から孫文に送られた餞別の使途をめぐり、孫文に対する反感が高まっていた。

一九〇七年八月、共進会が、孫文に不満を抱く中国同盟会の会員を中心に結成され、革命の拠点を長江流域に移した。共進会の特徴は、過激な「排満」論と会党との連携にある。焦達峯は、この共進会の中心メンバーとして、四川省の張百祥、江西省の鄧文輝、湖北省の劉公などと共に活動した。中国同盟会の黄興は焦達峯に対して、共進会の設立をめぐり「なぜ〔中国同盟会〕に異議を立てるのか」と問うたところ、焦達峯は「同盟会の行動は緩慢である。従って、これを急に赴かせるためであり、あえて異を称えるものではない」と答えたという(97)。このため、共進会は、中国同盟会の別働隊に位置付けることができる。そして、共進会は「排満」論及び会党との連合を宗旨とし、かつ中国同盟会の綱領の「平均地権」を「平均人権」に改め、湖北省や湖南省の新軍の中に勢力を扶植した。一九〇八年一一月、光緒帝と西太后が相次いで逝去し、幼少の溥儀が帝位を継ぎ宣統帝となると、共進会は清朝の混乱に乗じて組織の拡大を図り、会員を中国各省に派遣し、会党諸派の団結や軍隊との連携を急いだ。会党と軍隊を連携するためには、知識人や学生、兵士が会党に入り会党の儀式、例えば山堂を開く、香を焼く、盟を結ぶ、仲間に入るなどの方法を学ぶ必要があった。ここで、共進会は、会党各派の山、水、香、堂の名目に習い、中華山、興漢水、光復堂、報国香の名を付け、会員を各省に派遣して軍隊への工作、会党の組織化に従事させた。共進会は、孫武を湖北省に、焦達峯を湖南省に、劉玉山と聶荊を広西省に赴かせ、組織作りに着手し、かつ機会を伺って蜂起を画策した[98]。焦達峯は一九〇九年春に帰国し、湖北省の漢口にあるフランス租界内に共進会湖北総機関を、武昌に分機関を設立した。また、湖南省長沙に至り、共進会湖南総機関を設立した。この時、焦達峯は、左耀国と名乗った。同年、湘陰、平江、萍郷、万戴、長沙、醴陵、瀏陽の龍頭大哥三〇名に推されて総龍頭に就任した[99]。焦達峯の設立した四正社は、巡防営に会党の成員を送り込み、軍官や兵士と会党との連携工作に従事した[100]。一九一〇年四月、焦達峯は長沙にいて、一九一〇年の長沙米騒動に遭遇した。焦達峯は、一九一〇年の長沙米騒動に際して黎先誠を瀏陽に、劉肯堂と黄菊初を醴陵に派遣し、洪江会の蜂起による長沙の奪取と、共進会の黄申薌に連絡し、湖北省における蜂起を図った[101]。居正は、湖南省当局が一九一〇年の長沙米騒動の鎮圧のため、湖北省の新軍に援軍を依頼したところ、湖北省の新軍の中で革命に同情的な将校が黄申薌の発案の下に第四一標の湖南省への派遣を画策したが、蜂起計画が事前に漏れ失敗したとする[102]。従って、一九一〇年の長沙米騒動後、焦達峯が湖南省城で姜守旦の名を用いて掲帖、特に甲種の掲帖を作成し、かつ配布した可能性はあった。一九一〇年の長沙米騒動後の掲帖に記載されている、清朝政府が外国人に媚び、外国人の奴隷となり、民衆を抑圧しているという表現は、一九〇七年に設立された共進会の宣言書の中にも見ることができる。ただし、共進会の宣言書では、外国人の排斥、キリスト教会の焼き討ちは、列国に中国侵略の口実を与えるものとして、固く禁じられていた。[103] ただし、焦達峯は、長江流域の革命的機運を盛り上げ、清朝を打倒するためには、扶乩の使用を辞さなかっただけでなく、キリスト教会や外国人の商社の焼き討ち、学堂の打ちこわしも容認していた。[104] いわば、焦達峯は、扶乩の預言や焼き討ち、打ちこわしという手段を迷信や暴力として否定するのではなく、「排満興漢」の革命的機運の醸成のために利用する立場を取っていた。この点において、焦達峯が一九一〇年の長沙米騒動後に出現した掲帖、特に甲種の掲帖に関与した可能性は大いに存在したのである。

おわりに

本章は、湖南省の末劫論と共進会の関係について、一九一〇年の長沙米騒動後に現れた掲帖を中心に考察した。一九一〇年の長沙米騒動が起こる前月の三月九日に、水野梅暁は、外務次官石井菊次郎と政務局長倉知鐵吉にあてた報告書の「湖南名士往訪録」の中で、清朝政府の大官僚で湖南省に隠棲していた瞿鴻禨と会談した模様について記している。そして、ここで、水野梅暁が瞿鴻禨に対して湖南省永州・衡州地方の旅行の感想を述べつつ、「然れども現今伏在せる革命党の事を耳にするに、到底大事を成し得る人物なきが如し。是等は意とするに足らずと思ふ。如何」と問うたのに対し、瞿鴻禨が「君の言は楽観に過ぎたり。予は君と平生の親交あるを以て、今は包むの要なし。聴けよ。北京政府は到底十年を出ずして一大波瀾を生ぜん。看よ。摂政王〔醇親王載灃〕の信威、地に堕ちたり。十年の内には必乱脈に陥るべし。是予か憂とする所なり」と答えたと記している。[105] いわば、清朝政府の大官僚であった瞿鴻禨でさえ、清朝の滅亡を不可避であると判断していた。二〇世紀初頭、湖南省城内では、警察が巡視しているにもかかわらず、掲帖が白昼堂々と現れていた。一九一〇年一二月、水野梅暁は湖南省城内で掲帖を目撃し、その時の驚きを次のように記している。

今回外出して葉徳輝を訪問して談合の房捐〔家屋税〕に至るや、席上前任瀏陽知県費倍叔なるものあり、口を極めて人心の動揺を説き、難免匪乱〔騒乱は免れがたい〕の一語を以て明答せるを以て見れば、弥々形勢の常にあらざる事を知りたるを以て、帰路は徒歩にて東長街なる一街区と云へる曽侯爵〔曾広鑾〕家の新開の劇場附近にて一の匿名掲示を見たるを以て、直に之を従者に剝かしめたるも、文理滅裂、筆勢拙劣、殆んど見る堪へざるものとは云へ、兎も角くも、青天明日、警務総局を距る二、三丁の街上にて匿名掲帖を見るとは奇怪千万なるによって、掲帖其物は殆んど一顧の価値なく、又其全文にあらざるも、〔掲帖に示された〕亭車処は停車場なるべく、鉄路、学堂、立憲に対する細民の不幸に加ふるは、匪徒之を煽惑しつゝあるものなるを知るべくと、筆の度は之を左に録す。(106)

清末の湖南省では、匿名の掲帖は人々が意思を伝える重要な手段であった。このため、清朝政府と郷紳、民衆の間で、掲帖をめぐって様々な攻防が行われたのである。そして、列国の領事やキリスト教宣教師は、しばしば掲帖で排外運動が鼓舞されたため、掲帖には過敏な神経をとがらせた。このことが、イギリスや日本の外務省文書に掲帖が保存された大きな理由である。

一九一〇年の長沙米騒動後に出現した掲帖は、甲種、乙種、丙種の三種に分けることができる。三種の掲帖のうち、丙種の掲帖の、特に第五の掲帖は、義和団の掲帖と同様の文句が現れ、末劫の到来と救世主の降臨、至福の世界の顕現を示している。従って、丙種の掲帖は、義和団の残党の手になるといえよう。これに対して、甲種の掲帖、すなわち第一、第二、第三、第四、第八の掲帖は、第二の掲帖において龔春台と姜守旦、「青馬の日」、白い頭巾、黒い騎士、中秋節、酉と戌、丕漢元年が蜂起軍の鍵となる語として現れているように、一九〇六年の萍瀏醴蜂起の中でも姜守旦の洪福会の系列を引くが、必ずしも積極的に外国人やキリスト教の排斥を説いているわけではない。また、第二の掲帖では姜守旦の名が末劫の到来に伴う救世主として記され、龔春台よりも上位に立っているだけでなく、第一の掲帖では「乞丐・流氓よ」として貧民に直接的な呼び掛けをなし、第四の掲帖では清朝政府の官憲による外国人に媚び諂い貧民の苦しみを顧みることのない態度に憤りを発している。これらは、姜守旦の洪福会が貧民の立場に置き、貧民の正義を体現しようとしている点と重なる。甲種の掲帖は、姜守旦の洪福会というよりも、姜守旦の名を騙った何者かの作製になると考えられる。甲種の掲帖は、キリスト教会の焼き討ちを湖南省の官憲を窮地に陥れるための手段に位置付けており、キリスト教会の焼き討ちを推奨しているわけではないが、積極的に否定しているわけでもない。この点が、甲種の掲帖が丙種や乙種の掲帖と異なる部分である。そして、これらの諸点を考慮するならば、一九一〇年の長沙米騒動で出現した黒い衣服（或いは青い衣服）を着て、腕に白い布を付けた一群は、教会や学堂を襲撃、破壊した主体であるが、甲種の掲帖の流布に関わる一群であったといえよう。この他、乙種の掲帖は、「曹」とは別の人物の名を記し、年号では「丕漢」ではなく「大漢」を用い、かつ清朝の打倒と漢人王朝の樹立を主張しつつも、キリスト教宣教師の布教と外国人の通商を認め、蜂起の参加者に資金や爵位の授与を約束していた。この点は、一九〇六年の萍瀏醴蜂起における龔春台の檄文と立場が同じである。従って、乙種の掲帖は、龔春台の洪江会の系譜を引く。この甲種、乙種、丙種の三種の掲帖の中で、姜守旦の洪福会と関係があるものとして注目されるのは、甲種の掲帖である。

一九〇五年八月二〇日、中国同盟会の成立大会が日本の東京で開かれ、総理に孫文、副総理に黄興を選出した。しかし、一九〇七年以降、孫文らは南方に拠点を移し、広東省を中心に広西省、雲南省の辺境地帯で蜂起を企て、長江流域の民衆蜂起には殆ど関心を示さなかった。ここには、孫文のエリート主義と根拠地革命の発想が現れている。これに対して、共進会は、孫文らが南方の革命に固執したことに不満を抱き、中国同盟会の戦線から離脱し、革命の拠点を長江流域に移し、会党と連携して清朝の打倒を図った。そして、共進会の湖南総機関の責任者が、焦達峯であった。焦達峯は、日本に留学し、中国同盟会の結成に加わっただけでなく、万鵬飛すなわち姜守旦の名を騙って行動していた。また、焦達峯は、姜守旦の洪福会に入会した経験があり、一九〇六年の萍瀏醴蜂起では李金奇の参謀となった。ただし、焦達峯が一九〇六年の萍瀏醴蜂起において姜守旦の洪福会ではなく、李金奇の参謀として活躍した背景には、焦達峯と姜守旦の間に一定の齟齬の存在した可能性もあった。焦達峯は、一九一〇年四月には湖南省長沙にいた。従って、一九一〇年の長沙米騒動後、焦達峯は姜守旦の名を用いて湖南省城で掲帖、特に甲種の掲帖を作成、配布した可能性はあった。八種の掲帖では、「排満興漢」と共に、末劫の到来と救世主の降臨、至福の世界の顕現が説かれていた。このことは、これら掲帖が一九〇〇年の義和団や一九〇六年の萍瀏醴蜂起の影響下にあったことを意味する。八種の掲帖には、やがて到来すべき至福の世界が、漢の復興という言葉や白という色で示されており、この白には一切の汚濁や悪を洗い流す清浄の意味が込められた。ただし、共進会の宣言書では、外国人の排斥、キリスト教会の焼き討ちを列国に中国侵略の口実を与えるものとして、固く禁じられていた。従って、甲種の掲帖には、共進会の宣言書とも異なる内容を持っているのである。焦達峯は、長江流域の革命的機運を盛り上げるために、会党の指導だけでなく、会党の中に入り込み、会党の手法、特に扶乩などの預言を用いることも辞さなかった。いわば、焦達峯は、「排満」運動のためには民間信仰の呪術をも活用した。このことは、甲種の掲帖、特に第二種の掲帖に中秋節の蜂起や白い頭巾が示されていたこととも関わるが、至福の世界については公平で満ち足りた世界という以外、何ら具体像を示していなかった。

〔補記〕

史料：八種の掲帖とその日本語訳

以下は八種の掲帖の原文と日本語訳である。第二の掲帖の一、二、三の註、及び原文における（　）内の註は、いずれも収集者の原註である。また、原文の句読点は第二の掲帖のみ原文のものだが、残りは筆者が独自に付した。

第一の掲帖

特別報告、乞丐流氓、時局大変、何心守貧、不日興漢、明示招軍、湘省乞丐、均以進営、毎月薪水、拾両足紋、特此示諭、一体恪遵、総督曹示。

〔和訳〕

特に告げる。乞丐・流氓よ。時局は大きく変わり、どうして貧に甘んじておれよう。程なく漢王朝が興り、募兵が明示される。湖南の乞丐よ、均しく我が軍に加われ。さすれば、毎月の給与として一〇両が与えられるであろう。ここに申しわたす。謹みしたがえ。総督曹の示。

The poor of Changsha now suffer, but once more the situation turns, and there will be no more poor. Before long the Han dynasty will be restored. Join our camp (revolutionary), you refugees, join our army and you will be given 10 taels a month.

〔和訳〕
長沙の貧民は現在苦しんでいる。しかし、幾度か時局は大きく変わり、やがて貧民などなくなろう。程なく漢王朝が興る。我が軍（革命軍）に加われ。汝ら窮民が我が軍に加われば、毎月の給与として一〇両が与えられよう。

第二の掲帖

匿名掲帖　湘城到処門扉有此帖
白犬金鶏。（犬ハ戌、金ハ秋ノ気。鶏ハ酉、即チ今年秋季冬初ノ意？）。現同寅可到斉。首但春台。（瀏陽の匪首龔春台、姜首但の意？）信千金不改移。有日青馬。（隠語？）到頭均裹白巾。各持刀一把。均以殺敵人。此戟本非常。宣統不久長。中華十八省。一概尽帰姜。水曜月正明。（八月一五日）前路無主人。有人或参透。我漢以此興。丕漢元年酉日諭。

〔和訳〕
白犬と金鶏が現れる時、仲間は均しく至る。首但〔守旦〕と春台は、〔汝らが〕一〇〇〇金によっても心変わりしないと信じている。ある日青馬が到り、頭に均しく白巾を巻いている。各々が一振りの刀を持つ、皆な敵を殺すために。この戦いは尋常のものでなく、宣統も長くは続かない。中華一八省は、均しく姜に帰すであろう。水の輝く満月の最も明るい日〔中秋節〕、これまで主人はなかったが、ある人は深く悟っている、我が漢のここに興ることを。丕漢元年酉日諭。

In the fourth month of the present year, we officers have planned to meet together. We trust to the commands of

Shou-tan. A thousand pounds of gold would not move us. On the 21st day the “black knights” will come, their heads bound with white turbans, each grasping his knife. In order to slay his enemies. The present reign will not last long. The 18 provinces of China will all be following Chiang. ???? ???? ???? Before this no leader has been forthcoming. For you who can guess what this poster means, You will know there is a new dynasty coming.

1. Chiang Shou-tan is a Hunanese who was connected with the rebellion at Liuyang in 1906. He was not captured.
2. The Boxer leaders in the riots wore black clothes and masks.
3. This line is unintelligible.

〔和訳〕

本年四月に我ら将校は相会することを策してきた。我らは守旦の兵に信頼を寄せている。一〇〇〇金を以てしても、我らを動かしえまい。二一日に「黒い騎士」がやって来よう。彼らは頭に白い頭巾を巻き、皆が剣を持っておろう。敵を殺すために。今の統治は長く続くまい。そして、中国の一八の省は姜に従おう。〔この箇所は意味不明のため省略されている〕これ以前にはいかなる指導者も現れなかった。この掲帖の意味を解しうる汝ら、汝らは新しい王朝の到来を知るであろう。

一・姜首但〔姜守旦〕は、一九〇六年に瀏陽で発生した暴動と係わった、湖南人である。
二・騒擾の拳法の指導者は、黒色の衣服と覆面をしていた。

三・この部分は、意味がわかりにくい。

第三の掲帖

By Imperial appointment, wearer of the first rank button and of the double eyed peacock plume, Commander of the Infantry and Cavalry, and Governor General of the five Southern Provinces, I, Tsao, issue this proclamation to state that I, Governor General, have received instructions from the Commander-in-Chief of the Empire to state that our brethren（i.e. fellow conspirators）have for some years been watching the wilderness aspect of the land. Now, having chosen strong, brave and heroic companions we have determined to destroy the Manchu Dynasty, and to establish the P'Han（Great Chinese）Dynasty. The harvest time for reaping and cutting down the present weak occupiers of the throne……….

＊This is an incomplete fragment, part of the poster had been torn down before it was seen by the man who copies it. It professes to be from an official named Tsao, who claims to have been imperially appointed. It is necessary to note that the official style of proclamation is carefully copied, but the Emperor is the "Chiang Sou-tan" of the previous poster. This man Tsao, it is now alleged（May 17）has discovered that he was being shadowed, and has bolted, and in confirmation of this statement it may be said that for 3 or 4 days, though posters have continued, they have not had Tsao's name on them.

〔和訳〕

欽命頭品頂戴賞給雙眼花翎、統轄南五省、兵馬大都督曹、告示を出し、教え諭す事のためにする。わたくし曹は、この告示において、総督からわたくしに宛てて次の指令が出されたことを宣言する。我が同志（共謀者）は、数年間、土地の荒廃した情況を見てきた。われわれは、今や強くて勇敢であり英雄的な仲間をえたことにより、満洲王朝を打倒し丕漢〔大漢〕王朝を樹立することに決めた。穀物が収穫されるこの時、現在かろうじて玉座を占めている者は、……

＊これは不完全な断片であり、掲帖の一部はこれを筆写した者が発見する以前に引き裂かれていた。これは、彼が威儀正しく任命されたと主張する、曹という名の高官によって発せられている。ここでは、官憲による布告の形体が注意深く踏襲されているものの、皇帝の名が先の掲帖の「姜首但〔姜守旦〕」となっていることは、指摘しておく必要があるであろう。この曹は既に雲隠れしており、逃亡したことが明らかであるといわれている（五月一七日）。更に、この見解の確証として、三、四日間も掲帖が継続して存在したが、もはや曹の名をそこに見出すことができないことがある。

第四の掲帖

欽命二品頂戴署理湖南分南路総督曹、為出示暁諭事、照得、近来米価昂貴、貧民難以投生、各署狗官、不知飢民受苦、種種告示、従不題起、米価太高、迎接洋人、尤如中元接祖、倘飢民求食、動輙帯局弁、我兄弟六人、来湘住有数日、見一斑狗官奴隷、個々不容、兄弟商量、将将狗官一概撤尽、想個主意、焚署局及教堂、要除狗官、非此不可、主意已就、不到両日成功、都只為保全貧民起見、我兄弟六人、暫時回去、憂季到、騎青馬、是日興兵、特示。

〔和訳〕

欽命二品頂戴署理湖南分南路総督曹、告示を出し教え諭す事のためにする。近頃、米価が高騰し、貧民は生計が困難となっている。しかるに、各署の狗官は飢民の困難を知らず、各種の告示で米価の高騰を取り上げず、中元に祖先を迎えるかのように洋人を迎えている。そして、飢民が食糧を求めると、何時も忽ちのうちに局弁を率いて取り締まろうとした。我が兄弟六人は湖南に至り居住すること数日、これら狗官・奴隷の取締りを目撃してきた。兄弟たちは狗官をすべて排斥しようと考え、計画を練り、署局や教堂を焼こうとした。狗官は断固排除する必要がある。計画は既に着手され、両日中には成功しよう。これらは全て、貧民の保全のために計ったものである。我ら兄弟六人はしばし去る。夏季になり青馬〔の日〕が至れば、この日に兵が興る。特にここに申しわたす。

第五の掲帖

江山有一定、小児徒労無収、秋後五子出頭、信機不可洩漏、離不離、逢不逢、日沈海底、尚在夢中。此時不算苦、三四加一五、紅花遍地開、那時方是苦。怕船頭、信不走。紅山問老叟、可怕好羊肉、尽怕禹官収。前人田地、後人収、還有収。

〔和訳〕
江山は変わることがない。幼な子の労苦も実らなかった。秋には五子が現れるであろう。ただし、現在は天機を洩らすことができない。離れても離れず、逢うても逢わず、あたかも日は海底に沈んだままで、人は夢の中にいるかのようだ。この時はまだ苦しみとはいえない。三四加一五。紅花が至る所に咲き乱れる時、そこに苦しみが訪れよう。困窮を畏れるなら、我々を信ぜよ。紅山は老叟に問へり。羊肉に泥むことを畏れよ。また、官の収穫を助くことを畏れよ。前人の田地を後人が収めても、なお収穫はある。

第六の掲帖
人在後頭、後馬吃尽、中原草依、萬還是八百秋。

〔和訳〕
（引用者の注記。第六の掲帖は、扶乩による文字を記したものと考えられ、意味が未詳であり、訳出することができない。ただし、「吃尽〔食べ尽くす〕」という言葉のあることから、ここでは末劫の到来と飢餓の現出を表している可能性がある。このような点に鑑みるならば、「萬還是八百秋〔たわわの秋となる〕」の言葉も、第五の掲帖の「紅花遍地開〔紅花が至る所に咲き乱れる時〕」と同様、末劫の到来における情景を表しているのではなかろうか。このため、第六の掲帖は、末劫の到来を意味するように思われる。）

第七の掲帖

諭。

欽命頭品頂戴統領、両湖両広副元帥、印庫史司劉、欽命二品頂戴総理、各処調査、兼糧餉外用司康、為暁諭通飭事。本副爵等、上応天心、下合民意。自古、天下大勢、分久必合、合久不分、乾旋坤転。歴代之恒情、革固鼎新、亦属朝之常事。今中国人民四萬々衆、靡日不望我皇上興漢。芥奉綸音、排満駆奸、重整基業、還於旧都。至西洋各国教堂来華通商、各守本分、均遵約章。其富豪之士、謀必解嚢以助軍餉。所有各省廳州縣、早献降款、自識保身之機、切成之日、原加爵賞。促期発動、四海通行。切々。此諭。

右諭。△△△准此。

行。

大漢　庚戌年四月二十日。

〔和訳〕
欽命頭品頂戴統領・両湖両広副元帥・印庫史司劉、欽命二品頂戴総理・各処調査・兼糧餉外用司康、教え諭し広く申しわたす事の為にする。
本副爵らは、上は天に応じ、下は民意に合する。古より、天下の大勢は分かれること久しければ必ず合し、合すること久しければ必ず分かれる。乾がめぐり坤が転ずる〔天地が転倒する〕ことは、歴代の恒情である。古きを改め新しきを取ることは、属朝の常事である。現在、中国人民の四億の衆生は、一日として我が皇上による漢人の復興を願わないものはない。天子の詔勅を奉ずるに、満人を排斥し、奸官を駆逐し、基業を再び整え、旧都に還らんとしている。

さらに、西洋各国の教堂が中国に来て、通商することに至っては、各々本分を守り、均しく条約を遵守している。ために、富豪の士も、必ずや私財を投げ出し軍費を援助せんと謀るであろう。あらゆる各省・廳・州・縣は、速やかに降伏の資金を献上して、自らわが身を保つことのできる機会、適切に成すことのできる時期を知るならば、もとより爵位・褒賞が加えられるであろう。急いで決起し、全世界に流布せよ。ここに諭す。△△△此を諒承した。

大漢　庚戌年〔旧暦〕四月二〇日〔西暦五月二八日〕。

第八の掲帖

欽命頭品頂戴賞代双眼花翎、統轄南五省、兵馬大都督曹、為出示暁諭事。

本都督、奉元帥周将令。

照得、我兄弟衆義靡有多年。処此緑林草野之間、而畜剛勇、英毅之気、原為殄滅満人、興復丕漢起見。滋値国家積弱之秋、外人曾競之日、正好乗此機会、立志興戎、但願同寅同心協力、心欲努力中原、而削除群醜。庶幾光復太平聖主之旧業、而振興丕漢之山河。雖大清有百萬之広兵、而我視之如群蟻。有志者事克成、自古然矣。是故劉邦起義、出身微賤、一旦而居九五之尊、光武中興、而起事田間、一旦而復先人之業。古人苟且於斯、而我輩同寅能不効此尤、而興叉旐之師乎。今擬定青馬之日期、禱告天地、祭起師旗、而興兵南下、意欲傾復満人、而奪回故土。合行出示暁諭。為此仰各省商民人等、無得驚惶、各守其業、其各懍遵毋違。切々。特示。

右仰通知。

丕漢元年　　実貼湘省此諭。

〔和訳〕

欽命頭品頂戴賞代双眼花翎、統轄南五省、兵馬大都督曹、告示を出し教え諭す事の為にする。

本都督は元帥周将の令を奉ずる。我が兄弟は義を衆めること、多年ならず。此の緑林草野の間に居りて、剛勇・英毅の気を蓄えているのは、もともと満人を殲滅し、丕漢を復興するために、計っているのである。この国家が弱さを極めている時、外国人が互いに競っている日に、まさにこの機会に乗じ、志を立てて兵を起こすは、ただ同志が心を合わせて協力し、心より中原に力を努め、群醜を排除しようとするがためである。太平聖主の旧業を光復し、丕漢の山河を振興されんことを請い願うのみである。大清が一〇〇万の広兵を擁すといえども、我々はこれを見ること群蟻のごとくするであろう。志を有する者の、事を成し遂げたるは、古より然るものがある。この故に、劉邦の義を立てたるに、出身は微賤であったが、一朝にして帝王の位に着いたのである。また、光武帝の中興も事を田野に起こしながら、一朝にして先人の業績を復興させたのである。古人はこのことを蔑ろにしてきた。そして、我ら同志がこの過ちに学ばなければ、いかにして叉旒〔先端の割れた旗あし〕の軍を興こすことができようか。現在、青馬の期日を擬定し、天地に禱告し、師旗を祭起し、兵を興して南に下ろうとしているのは、満人を傾復し、故郷を奪回せんとしたるものである。合わせて告示を出し、教え諭す。各々は其業を守り、各々畏れ遵いて違うな。切々。特にここに申しわたす。

右、通知する。

丕漢元年

湘省にこの諭を実貼する。

表三　一九一〇年における八種の掲帖の特徴

掲帖	種類	肩書	名	日付	収集日	その他
第一	甲	総督	曹	なし	五月一〇日頃	
第二	甲	なし	なし	丕漢酉日	五月一〇日頃	青馬の日 龔春台・姜守旦
第三	甲	欽加頭品頂戴賞給雙眼 花翎統轄南五省兵馬大 都督	曹	なし	五月一四日頃	中秋節の蜂起
第四	甲	欽命二品頂戴署理湖南 分南路総督	曹	なし	五月一〇日頃	青馬の日 教堂焼き討ち
第五	丙	なし	なし	なし	五月一〇日頃	三四加一五（中秋節の蜂起）
第六	丙	なし	なし	なし	五月一〇日頃	
第七	乙	欽命頭品頂戴統領両湖 両広副元帥印庫史司 欽命二品頂戴総理各処	劉 康	大漢庚戌	六月三日頃	条約の遵守（教堂の保護）
第八	甲	調査兼糧餉外用司 欽命頭品頂戴賞代双眼 花翎統轄南五省兵馬大 総督	曹	丕漢元年	六月五日頃	元帥周将の令 青馬の日

出所：FO371/868, Commanding Officer H. M. S. "Bramble" at Yo chou to The Senior British Naval Officer, May 14, 1910, in Admiralty S. W. to Grey Edward, August 13, 1910.『支那長沙暴動一件』長沙駐在副領事村山正隆より外務大臣小村寿太郎あて「長沙及各地方一般近況報告ノ件」一九一〇年五月二八日、同「長沙暴動ニ関聯シ清国官紳ノ態度報告ノ件」（其二）一九一〇年六月三日、同「長沙及各地方ノ一般情況報告ノ件」一九一〇年六月五日、より作成。

注

（1）湖南調査局編『湖南民情風俗報告書』第九章「習染」五―六頁。

（2）『東方雑誌』第七巻第四期（一九一〇年六月二日）「湖南省城飢民焚毀巡撫衙門及教堂学堂」、饒懐民・藤谷浩悦編『長沙搶米風潮資料匯編』二二七頁。

（3）一九〇六年の萍瀏醴蜂起における蜂起軍の告示については、本書第七章第三節第三項を参照されたい。

（4）義和団運動研究で掲帖を扱った研究に、次がある。程歗「民間宗教和義和団掲帖」、栄孟源「義和団的掲帖」など。このうち、栄孟源の研究は、義和団の思想、及び社会経済的な背景を考えるためには、義和団の残した文書、すなわち掲帖の分析を避けて通ることができないとして、掲帖に考察を加えたものである。ただし、研究の目的が義和団の持った「反帝国主義」的性格の解明にあるため、掲帖の内容を即「反帝国主義」という観点から捉えすぎているように思われる。これに対して、程歗の研究では、義和団に結実した民間宗教の内容を解するために掲帖を取り上げ、義和団の掲帖における「劫」の観念、多神教主義や人体に神が憑依するという風習、及び「真主」（救世主）の信仰を指摘した。程歗の研究は、膨大な数の掲帖に分析を加えた労作である。ただし、研究の主眼が、義和団を形成した民間信仰の内容の解明にあるため、個々の掲帖の異同や背後関係には考察が及んでいないように思われる。また、程歗の研究は、突き詰めてゆけば義和団事件後の義和団を支えた民間信仰の展開にまで及ばざるをえないが、そこまでは及んでいない。栄孟源と程歗の研究は、義和団の民衆の考えが即、義和団の掲帖に投影されているという立場である。本章では、これに対して、同じく掲帖に分析を加えつつも、掲帖がどのような勢力によって、いかなる目的で作製され、かつそのことが地域社会にどのような影響を与えたのかについて考察を加える。

（5）『湘報』第五七号（一八九八年五月一一日）張翼運「論湖南風気尚未進於文明」。

（6）FO371/868, Commanding Officer H. M. S. “Bramble” at Yo chou to The Senior British Naval Officer, May 14, 1910, in Admiralty S. W. to Grey Edward, August 13, 1910.

（7）一九一〇年五月二八日、村山正隆は、第一、第二、第四、第五、第六の掲帖の由来について、「暴動〔一九一〇年の長沙米騒動」の後の長沙の形勢に付ては随時電報し置たる通、暴動鎮静と共に秩序旧に復し、商工各其業に就けるも謡言絶えす、本月初以来市内各所に革命の意味の貼紙をなすものあり。十日前後に於て益々甚たしく（其数種は別紙写参照）十一日には暴徒は同夜を期して『エール、ミッション』兵営、郵便局等を焼き払ふとの風説盛なりしを以て、外国人は民船に引揚げたる等のことあり。終夜大雷雨幸に事無かりしも、人心を惶惑せしめたること尠からす」と述べている。『支那長沙暴動一件』長沙駐在副領事村山正隆より外務大臣小村寿太郎あて「長沙及各地方一般近況報告ノ件」一九一〇年五月二八日。これよりするならば、第一、第二、第四、第五、第六の掲帖は、五月一〇日頃、エール大学の焼き討ちに関する謡言が起きた前後に収集されたことになる。

（8）一九一〇年六月三日、村山正隆は、第七種の掲帖の由来について、「別紙添付する所の革命党の告示らしきものは、楊明遠の宅にて謄写し来りたるものにして、当時楊の家人は郵便にて配布し来り、尚各官衙等にも総て配布せられ居れりと内話したる由なるも、他の官衙等には斯る事実なきこと」云々と述べている。『支那長沙暴動一件』長沙駐在副領事村山正隆より外務大臣小村寿太郎あて「長沙暴動ニ関聯シ清国官紳ノ態度報告ノ件」（其二）一九一〇年六月三日、饒懐民・藤谷浩悦編『長沙搶米風潮資料匯編』一九八頁。いわば、第七の掲帖は、街巷に貼り出されていたものではなく、楊明遠の自宅の所蔵物を謄写したものであった。すなわち、第七の掲帖は、他とは出所が異なる。また、収集された時期も、第一、第二、第四、第五、第六の掲帖とは異なり、六月初旬となる。

（9）一九一〇年六月五日、村山正隆は、第八種の掲帖の由来について、「本件に関する前報告（五月二十八日付）以後、長沙に於ては別に異状を認めさるも、浮言尚ほ絶へず。客月二十八日夜は、暴徒事を挙くへしとの風説已に二週間前より伝へられ、同夜外国人は例に依り民船に移りて警戒したりとのことなり。又革命の意味の貼紙、又は告示類に流布は今に絶へす。其一種にして近日水師〔飛翰営〕統領楊明遠の宅に郵送せられたりと称するものは、別信（長沙暴動ニ関聯シ清国官紳ノ態度報告ノ件（其二））に添付し置きたるか、其後更に入手したるものあるを以て、為御参考茲に其写を添付す（別紙甲号）」と述べている。『支那長沙暴動一件』長沙駐在副領事村山正隆より外務大臣小村寿太郎あて「長沙及各地方ノ一般情況報告ノ件」一九一〇年六月五日、饒懐民・藤谷浩悦編『長沙搶米風潮資料匯編』二〇七―二〇八頁。この報告によるならば、第八種の掲帖が収集された時期は、六月三日から六月五日までの間となる。

(10) 中国近代史研究では、このような天体現象、例えば日蝕、月蝕、彗星の接近などが人々の心理や社会活動にいかなる影響を及ぼしたのかについて言及されることが、殆どなかった。ただし、歴史研究がその当時の人々の感覚に即して考えようとするならば、この点の分析は避けて考えることのできないものであろう。特に、天体現象が未来の予兆と捉えられる傾向の強かった時代においては、尚更のことである。なお、天体現象の人々の思考に与えた影響を論じたものとしては、一六〇〇年代のチェコ・プロテスタント知識人の終末論に与えた彗星の影響に関する、次を参照されたい。ウラジミール・ウルバーネク（篠原琢訳）「彗星、世界の終末と薔薇十字軍思想の流行――チェコ・プロテスタント知識人の終末論的待望――」。

(11) 『長沙収発電』「岑春蓂電請軍機処代奏稿」一九一〇年四月二一日、饒懐民・藤谷浩悦編『長沙搶米風潮資料匯編』五一頁。

(12) 『長沙収発電』「軍機処寄開欽湖南巡撫岑春蓂、湖広総督瑞澂、新任湘撫楊文鼎電旨」一九一〇年四月二三日、饒懐民・藤谷浩悦編『長沙搶米風潮資料匯編』五七頁。

(13) 『長沙収発電』「岑春蓂電請軍機処代奏稿」一九一〇年四月二三日、饒懐民・藤谷浩悦編『長沙搶米風潮資料匯編』五六頁。

(14) 『時報』一九一〇年五月二日「湘省乱事余聞」。

(15) 一九一〇年四月一八日、湖広総督瑞澂と前湖南巡撫岑春蓂が軍機処にあてて「宝南街、福慶街、天心閣の各教堂、及び西牌楼のエール礼学堂と医院、南正街のエール医院と晏家塘医院は、均しく弁兵が力を尽くして保護したことにより、損傷を免れた」と記したように、エール会の施設は一九一〇年の長沙米騒動で被害を免れた、数少ない外国人関連の施設であった。『長沙収発電』「瑞澂、岑春蓂電請軍機処代奏稿」一九一〇年四月一八日、饒懐民・藤谷浩悦編『長沙搶米風潮資料匯編』三三―三五頁。

(16) エール大学は、アメリカのエール会の組織に関わり、初めは湖南省城の西牌楼に、次に北門外の麻園嶺に設立された。エール会の会員はキリスト教各会派からなったため、エール会は宗教団体と見られがちであるが、正しくは宗教団体ではなく、アメリカのエール大学の卒業生が組織した団体である。このため、エール会の会員の間に特定の宗教信条はなかった。当初の名前はエール海外布教会（Yale foreign missionary society）であり、後にエール会（Yale mission）と簡略化され、更に中国エール協会（Yale-in-China association）となった。最初の派遣者は宗教色が濃厚であったが、後には宗教色が薄められ、自然科学や社会科学を専攻する者が中心となった。エール会が最初に中国に派遣した人物は、サーストン（Thurston）である。サーストンは義和団事件の終結後に北京に居住し、のちに湖南省長沙を新たな活動拠点に定めたが、病により帰国した。サーストンの後任が、シーバリィ（Seabury）である。シーバリィは教育界と関係が深く、長沙の明徳学堂でも英語を教えたが、程なく牯嶺で溺死した。この後、長沙に至ったのは、ゲイグ（Gage）とヒューム（Hume）の二人である。二人は、一九〇六年に西牌楼にエール大学預科を開設した。これが、エール大学の前身である。ヒュームは、西牌楼の民家の中にエール医院を開設したが、医者はヒュームただ一人で、看護婦はいなかった。労啓祥「欧美各国教会在湘開辦学校的概況」。

（17）　松崎鶴雄は、アメリカの宣教師の湖南省での活動について、次のように述べている。「米国は近年最も其勢力範囲を拡張し猛烈に活動しつゝあり。米清国交の密接せるに随つて官民の懽〔歓〕心を収め極力人心の収攬に力めつゝ、教会の数を増加し学校を新設し病院を拡張して第二十世紀に於て支那全土を教化すべしと在清宣教師を激励し、本国の神学校には支那伝道科を加へ外国伝道資金の大半は支那に傾注し、朝鮮伝道の如きは多年鋭意せるにも拘らず、日韓合邦以後は重〔主〕もに支那全土に向つて勢力を集注〔中〕せるが如し。第一着に物質的方面に向つて支那国民を開化せんとの方針にして、学校、病院等支那人の耳目を惹き易きものに力をこめ、各地方に於ては巡撫、道台以下の官吏及地方紳士に好を通し、凡ての事業に容喙を試みんと百方心を用ひ居れり。一方に於ては暗々の裏に政治思想を注入し、支那国民をして合衆国の社会組織を理想せしめ実現せしめむとの野心は、彼等の裡面に炎々として挽ふべからず。要するに、支那国民の啓発者たり指導者たらんと此機に乗じて努力せる米国は、傍若無人の態度あり。英国は満腔の妬気を包蔵しつゝ、聖公会の伝道区を米国聖公会に提共〔供〕して協同伝道をなすに至れり。……又一面には鉱山、鉄道、工業、教育の方面に容嘴〔喙〕を試み、自国より技師、教員の推薦を怠たらず、支那各種の事業に於て本国民の侵入するを幇助しつゝあり。現に〔江西省〕九江府を起点として一部運転を開始したる江西鉄道の工事が不成績なるを摘発して、日本技師を逐はしめんと支那官民を使嗾し居れるも、亦米国派宣教師の一人と独逸人の詭計に出たりとは、いかに伝道以外に爪牙を伸ばし居るや知る可きなり。此の如きは米国伝道方針の一端として、覗ひ知るべき所なり。〔一九一〇年の〕長沙暴動後、米国エール大学派の教会より一人、漢口聖公会より一人、上海の長老会より一人、至急本国伝道部及び政府の当局者に打合せのため帰国せると間もなく、米国より神学博士スウヰト氏を牯嶺に送り、又エール大学の支那文学博士を長沙エール学堂に配置せると同時に宣教師の交〔更〕迭をなし、伝道資金約百五十万弗以上二百万弗に近き増加をなさんとするが如き、又米国政府より十一万弗の機密費を長江流域各省の宣教師幹部に分配せるが如き、米国派の伝道方針が支那開拓に鋭意にして且つ急激なるを見るべし」（『米国宣教師動静視察一件』松崎鶴雄「各国の伝道方針」一九一〇年一〇月一五日）、と。

(18) FO371/868, Hewlett Meyrick to Müller Max, June 4, 1910.

(19) 『申報』一九一〇年五月二三日「湘省又起掲帖謡言之恐慌」。

(20) 『支那長沙暴動一件』長沙駐在副領事村山正隆より外務大臣小村寿太郎あて「長沙及各地方ノ一般情況報告ノ件」一九一〇年六月五日、饒懐民・藤谷浩悦編『長沙搶米風潮資料匯編』二〇七—二〇八頁。

(21) 『長沙収発電』「署湘撫電」一九一〇年五月一五日、饒懐民・藤谷浩悦編『長沙搶米風潮資料匯編』七五頁。

(22) 「第一掲帖」、饒懐民・藤谷浩悦編『長沙搶米風潮資料匯編』三三一頁。

(23) 『時報』一九一〇年五月二〇日「湖南官場之恐惶」、『大公報』〔天津〕一九一〇年五月二八日「湖南官場之恐惶」。

(24) FO371/868, Commanding Officer H. M. S. “Bramble” at Yo chou to The Senior British Naval Officer, May 14, 1910, in Admiralty S. W. to Grey Edward, August 13, 1910.

(25) 安井正太郎『湖南』三一頁。

(26) 『申報』一九一〇年五月一〇日「籌辦湘乱善後種種」。

(27) 一九一〇年の長沙米騒動における学堂焼き討ちの原因については、本書第五章第二節第三項を参照されたい。

(28) 『支那長沙暴動一件』日清汽船会社上海支所報告「長沙暴動顛末報告書」一九一〇年五月七日、饒懐民・藤谷浩悦編『長沙搶米風潮資料匯編』一八〇—一八一頁。

(29) FO371/867, Enclosure 1: Hewlett to Müller Max, April 28, 1910, in Müller Max to Grey Edward, May 5, 1910. このヒューレットの指摘の背景については、本書第五章第二節第三項を参照されたい。

(30) イギリスの長沙駐在領事ジャイルズ（ヒューレットの後任）は、これらのメンバーの衣装の色について、諸説を参考にしながら、青色か深い紺色であったろうと推測している。FO371/867, Enclosure 3: Giles to Müller Max, May 11, 1910, in Müller Max to Grey Edward, May 21, 1910.

(31) 『支那長沙暴動一件』日清汽船会社上海支所報告「長沙暴動顚末報告書」一九一〇年五月七日、饒懐民・藤谷浩悦編『長沙搶米風潮資料匯編』一八三頁。

(32) 『長沙収発電』「湘撫電」一九一〇年六月一四日、饒懐民・藤谷浩悦編『長沙搶米風潮資料匯編』八八頁。

(33) 『時報』一九一〇年六月一七日「湘省乱事余聞」、『大公報』〔天津〕一九一〇年六月二七日「湘潭乱事瑣誌」。

(34) 神田正雄『湖南省綜覧』一四一―一四二頁。

(35) 清末の民衆蜂起の特徴については、本書第五章「はじめに」を参照されたい。

(36) 『大公報』〔天津〕一九一〇年二月三日「紅燈教之餘孽猶存」。

(37) 『長沙収発電』「岑春蓂電請軍機処代奏稿」一九一〇年四月二〇日、饒懐民・藤谷浩悦編『長沙搶米風潮資料匯編』四五―四七頁。

(38) 一九〇六年の萍瀏醴蜂起と紅燈教の関係については、本書第三章第二節第二項、第七章第二節第三項を参照されたい。

(39) 『申報』一九一四年六月二日「湘潭幽秘之秘窟」、『時報』一九一四年六月二〇日「湘潭天馬山土匪詳記」。

(40) 『時報』一九一〇年五月一四日「長沙善後余聞」。

(41) 『時報』一九一〇年五月二三日「湘省乱後之現状」。

(42) 『支那長沙暴動一件』長沙駐在副領事村山正隆より外務大臣小村寿太郎あて「長沙暴動ニ関聯シ清国官紳ノ態度報告ノ件」（二）一九一〇年六月三日、饒懐民・藤谷浩悦編『長沙搶米風潮資料匯編』一九九頁。

(43) 『時報』一九一〇年六月五日「関於湘乱之近事種種」。

(44) 『長沙収発電』「署湘撫致枢請代奏電」一九一〇年六月二日、饒懐民・藤谷浩悦編『長沙搶米風潮資料匯編』八三―八四頁。

(45) 「第二掲帖」、饒懐民・藤谷浩悦編『長沙搶米風潮資料匯編』三三一―三三二頁。中村義は、この掲帖にいち早く注目し、同掲帖と一九一一年一〇月一〇日の武昌蜂起の繋がりについて示唆している。ただし、掲帖の句読点は、村山正隆の句読点を踏襲しており、中村義による邦訳も記されていない。中村義『辛亥革命史研究』一九七頁。また、エシェリックは、同掲帖について次のような踏み込んだ翻訳を行っている。"All should bind their heads with a white kerchief and each should carry a sword to kill the enemy. This battle will not be ordinary. Before long, (the child Emperor) Xuan-tong will grow up (so we must act now). The eighteen provinces of China will be returned to the descendants of Shen Nong at the mid-autumn festival. There is no leader for the future. If one should exist, perhaps he should be invited to join. With this, the Han will rise.〔すべてが頭に白い頭巾を巻き、各々が敵を殺すために剣を帯びている。この戦闘は、尋常のものではないであろう。程なく、(幼少の皇帝である）宣統が成長する（だから、我々は今、行動しなければならないのだ)。中国の一八省は、中秋節に神農に帰す。未来に指導者はいない。もし生きているものがあれば、恐らくその者は参加を促されるであろう。そして、ここに漢が興る〕". Esherick, W. Joseph, *Reform and Revolution in China: The 1911 Revolution in Human and Hubei*, p. 141. ただし、後半部は、明らかな誤訳である。

(46) 『支那長沙暴動一件』長沙駐在副領事村山正隆より外務大臣小村寿太郎あて「長沙及各地方一般近況報告ノ件」一九一〇年五月二八日、饒懐民・藤谷浩悦編『長沙搶米風潮資料匯編』三三一―三三二頁。

(47) 『時報』一九一〇年五月二三日「湘省乱後之現状」。

(48) *The North - China Herald & S. C. & C. Gazette*, May 20, 1910, "The Changsha Riots", May 13, 1910.

(49) 村山正隆は、「青馬の日」を旧暦四月二〇日（西暦一九一〇年五月二八日）と解し、次のように述べている。「又去五月廿八日夜（即ち青馬の日）他の外国人等は多く船に逃れたる際の如きも、軍隊か謀反する企あるも、統領か承諾せすとの謡言あり、暗に統領の広告なりと疑わる、如き、皆軍隊に関聯せる所」云々（『支那長沙暴動一件』長沙駐在副領事村山正隆より外務大臣小村寿太郎あて「長沙暴動ニ関聯シ清国官紳ノ態度報告ノ件」（二）一九一〇年六月三日、饒懐民・藤谷浩悦編『長沙搶米風潮資料匯編』一九九頁）、と。

(50) *The North - China Herald & S. C. & C. Gazette*, November 18, 1911, "The Revolution in Changsha"

（51）『支那長沙暴動一件』長沙駐在副領事村山正隆より外務大臣小村寿太郎あて「長沙及各地方一般近況報告ノ件」一九一〇年五月二八日、饒懐民・藤谷浩悦編『長沙搶米風潮資料匯編』三三三頁。

（52）*The North - China Herald & S. C. & C. Gazette*, May 20, 1910, "The Changsha Riots", May 13, 1910.

（53）『支那長沙暴動一件』長沙駐在副領事村山正隆より外務大臣小村寿太郎あて「長沙及各地方一般近況報告ノ件」一九一〇年五月二八日、饒懐民・藤谷浩悦編『長沙搶米風潮資料匯編』三三三頁。六という数字に、何か意味があるのであろうか。天地会の言い伝えでは、清朝康熙帝の時代に、帝の裏切りにより、少林寺の僧侶が尽く焼き殺されたが、五人のみが生き残った。五人は復仇を誓い、偶然に会した朱洪竹（明朝最後の皇帝である崇禎帝の孫）を「主」として擁し、清朝に戦いを挑んだ。しかし、悲運にも敗れ、五人と朱洪竹は会の秘密と暗号・隠語を携え、行方不明になった。平山周『支那革命党及秘密結社』六―一一頁。すなわち、掲帖の「幼な子」は朱洪竹、すなわち「幼主」であり、「五子」は生き残った五人の僧侶にあたる。第五の掲帖には、天地会の創生伝説、及び白蓮教の影響が見られる。そして、周財運の供述により捕縛された「匪」も六人であり、出身は山東、江西、安徽、湖北の各省に及んでいたのである。

（54）平山周『支那革命党及秘密結社』四九頁。

（55）『時報』一九一〇年五月二〇日「湖南官場之恐惶」、『大公報』〔天津〕一九一〇年五月二八日「湖南官場之恐惶」。

（56）『支那長沙暴動一件』長沙駐在副領事村山正隆より外務大臣小村寿太郎あて「長沙及各地方ノ一般情況報告ノ件」一九一〇年六月五日、饒懐民・藤谷浩悦編『長沙搶米風潮資料匯編』三三四―三三五頁。

（57）『革命評論』には、「督練南鎮諸山水陸新軍周、巡査南鎮諸山風機事宜呂」による、次のような「告示」が掲載されている。「出示暁諭す。時局の大変を按ずるに、異族中華に盤拠し、我漢族の頼て以て保存する所のものは、惟た社会団体を視るのみ。近日の洪江会は、呉楚交接地方呼ぶ所の名となす。他処には兄弟会と曰ふ。義は平等に取り、旨は同胞を救ふ。決して劫殺槍奪禍を為すにあらず。今倘し同胞を顧みずんば、満洲の奴隷肆に漢族の兄弟妻奴を将て殺害せん。本督練触目傷心、首として先つ義を起す。故に出示暁諭す。兄弟人等、慎んで震駭驚動すること毋れ。本督練の総て中部北隣各山の元帥に告げ、同時に兵を起し、仇を復し、恥を雪ぎ以て春秋の大義を伸べ、而して社会団体を保存するを候て、夫れ仇を復すると曰ふ。

稍々殺戮あるを免れ難し。社会の旨宗〔宗旨〕に戻るあり、義師にあらざるに似たり。然れども此に出でずんば、即ち社会今日より渙散し、漢族更に問ふに堪へず。其の渙散を坐視し、人心を団結する能はず。十年の後満虜をして、手を拱して洋人に献せしめんよりは、誅戮発難、以て社会の有益に存するに孰れぞ。故に今日臥薪嘗胆、本督練一人の身家利害を顧みず、惟だ仇を復し恥を雪ぎ、以て公憤を伸ぶるあるのみ。特に我兄弟社会を保つのみにあらず、亦た中国各社会の為めに留心す。茲に人心の震駭驚動するにより、特に出諭通知し、以て誤会〔解〕なからんことを期す。特に諭す」（『革命評論』第八号、一九〇七年一月二五日、「革命軍の告示」）、と。この「告示」は、次に原文で記載されていたものを書下したものである。『東亜同文会報告』第八六回（一九〇七年一月二六日）「南清ノ騒乱」、同第八八回（一九〇七年三月二六日）「湖南匪乱の真相」。

(58)　『長沙収発電』「署湘撫電」一九一〇年五月一〇日、饒懐民・藤谷浩悦編『長沙搶米風潮資料匯編』七二頁。

(59)　『長沙収発電』「署鄂督電」一九一〇年五月一一日、饒懐民・藤谷浩悦編『長沙搶米風潮資料匯編』七二―七三頁。

(60)　陳春生「丙午萍醴起義記」「新中華大帝国南部起義恢復軍布告天下檄文」、萍郷市政協・瀏陽県政協・醴陵市政協合編『萍、瀏、醴起義資料匯編』五八―六〇頁。

(61)　『支那長沙暴動一件』長沙駐在副領事村山正隆より外務大臣小村寿太郎あて「長沙暴動ニ関聯シ清国官紳ノ態度報告ノ件」（其二）一九一〇年六月三日、饒懐民・藤谷浩悦編『長沙搶米風潮資料匯編』三三四頁。

(62)　龔春台（近藤邦康訳）「萍瀏醴起義檄文」、西順蔵編『原典中国近代思想史第三冊　辛亥革命』一〇〇頁。

(63)　龔春台の檄文については、本書第七章第三節第一項を参照されたい。

(64)　一九一〇年、村山正隆は、「只昨今尚ほ種々革命の意味の印刷物及告示様のものを配布するもの絶へす。小官に於ても非常の苦心を以て諸方面を偵探しつゝありたるに、未た何等の確証無きも、諸種の報告等の逕路を辿りて考ふるに、其出処か或は楊明遠、楊晋等の方面に非さるかを疑はしむるものあり。其理由左に列記す」と述べて、理由について次のように記している。「別紙添付する所の革命党の告示らしきものは、楊明遠の宅にて謄写し来りたるものにして、当時楊の家人は郵便にて配布し来り、尚各官衙等にも総て配布せられ居れりと内話したる由なるも、他の官衙等には斯る事実なきこと。○右楊明遠、楊晋両人共に岑巡撫の股肱にして、暴動当時楊晋は只巡撫衙門の護衛にのみ尽力し、他を顧みさりし位にて、二楊共に岑去り自己の位置を保護する為め、或は斯る人心を惶惑せしむる如き手段を施し、間接に自己の兵権を挟て示威しつゝあるに非さる歟。○他の地方官は皆処分を受けたるに係はらす、大失態を演したる楊晋の如きは、未た何等処分も見す。是れ亦特に注意すへき一項なり。○今日迄謡言百出、匿名貼紙をなす者甚多く、巡撫は頻りに懸賞捕拿せしめつゝあるも、未た捕に就かす、然るに曾て英国領事は軍服を着けたる者か貼紙をなし居たるを或者か目撃したりとの報告を得たりと云ひ、又去五月廿八日夜（即ち青馬の日）他の外国人等は多く船に逃れたる際の如きも、軍隊か謀反する企あるも統領か承諾せすとの謡言あり。暗に統領の広告なりと疑はるゝ如き、皆軍隊に関聯せる所、並に二楊か他の外国人と近つき、暴動当時の失態を弁護せしめつゝある如き、要するに彼等か地位擁護の為め反対に示威的に出てつゝあるものに非さるか、而して平素彼等と接近せる外国人等か何時も極めて速に種々の浮説を伝ふると共に、些々たる謡言ある毎に城を出て、又城に入り、大騒を演する所、或は外国人等の神経質なるを利用し、彼等の広告的傀儡となし居るに非さるか、実は繰返し言ふを好まされとも、諸外国人か清国の事情を観察するは甚困難なる上に、兎角神経過敏にして中正を失し易き傾あるのみならす、此種の材料を基礎とせる通信及報告等か往々風声鶴唳、世人の誤解を招きことなしとも計り難きか故に、前述の如く未た全く小官一己の疑問に過きされとも、所感丈け極内密の御含迄書添へ置き、尚ほ事実の研究を進めんとす」（『支那長沙暴動一件』長沙駐在副領事村山正隆より外務大臣小村寿太郎あて「長沙暴動ニ関聯シ清国官紳ノ態度報告ノ件」（二）一九一〇年六月三日、饒懐民・藤谷浩悦編『長沙搶米風潮資料匯編』一九八―一九九頁）、と。

(65)『支那長沙暴動一件』長沙駐在副領事村山正隆より外務大臣小村寿太郎あて「長沙及各地方一般近況報告ノ件」一九一〇年五月二八日、饒懐民・藤谷浩悦編『長沙搶米風潮資料匯編』三三三頁。

(66)『大公報』〔天津〕一九一〇年六月一三日「湘潭乱民阻耕之駭聞」。

(67)『申報』一九〇六年一二月二五日「湘省由湖北調兵剿辦土匪詳誌」。

(68)この掲帖は、ドイツ連邦文書館ベルリン・リヒターフェルデに所蔵されている。孔祥吉が最初に紹介をし、更に佐藤公彦が詳細な考証を行って、掲帖の意義を明らかにした。本章の訳文は、佐藤公彦の訳文に基づきながら、原文に即して若干補足している。佐藤公彦「ドイツ連邦公文書館所蔵の義和団関係資料について」。

(69) 徐珂編『清稗類鈔』「迷信類」の「紅燈照之讖」では、日清戦争の起きた一八九四年に、某邑北郷の濬河で見つかった石碑の残骸に「這苦不算苦、二四加一五、紅燈照満街、那時纔算苦（この苦しみは苦しみとはいえない。二四加一五、紅燈照が街に満ち、この時に苦しみとなる）」の文字があり、一九〇〇年の義和団で紅燈照が現れたため、初めて預言と悟ったと記されていた。徐珂撰編『清稗類鈔』第一〇冊「迷信類」「紅燈照之讖」四七〇七頁。

(70) 義和団の掲帖における「二四八中五」は王火選輯「義和団雑記」の一四に、「三四加一五」「二八五」は孫敬輯「義和団掲帖」の二と一一に記されている。中国社会科学院近代史研究所〈近代史資料〉編輯組編『義和団史料』上、一〇、一二、一五―一六頁。また、ここに取り上げた掲帖の他にも、次を参照されたい。「〝紅燈照〟謡」、山東大学歴史系中国近代史教研室編輯組編『山東義和団調査資料選編』二一三―二一四頁。

(71) 『支那長沙暴動一件』長沙駐在副領事村山正隆より外務大臣小村寿太郎あて「長沙ニ於ケル貧民救助平糶辦理情報報告ノ件」一九一〇年五月二八日。

(72) 『東方雑誌』第七巻第五期（一九一〇年七月一日）「湖南省城乱事余記」一、饒懐民・藤谷浩悦編『長沙搶米風潮資料匯編』二六八頁。

(73) 『動静探査員派遣』山田勝治「復命書――湖南、湖北」一九一一年二月九日。

(74) 『清国各地暴動雑件』南京駐在領事井原真澄より外務大臣小村寿太郎あて「揚子江筋人心ニ関スル件」一九一〇年五月一三日。

(75) 南洋勧業会日本出品協会編『南京博覧会各省出品調査書』。

(76) 『清国各地暴動雑件』南京駐在領事井原真澄より外務大臣小村寿太郎あて「南京城内ニ於ケル謡言ニ関スル報告」一九一〇年五月一四日。

(77) 一九〇九年の江西省における戸口調査では、単なる徴兵や徴税のためという理由だけでなく、「人名を簿冊に記入すれば、その人は七日のうちに必ず死傷する」や、「鉄道の建設には必ず多くの霊魂によってレールを安定させねばならぬが、この霊魂をとるためだ」や、徴兵を蒸兵と誤解し、「釜むしされるのだ」などの謡言がとび、民衆を蜂起に駆り立てた。また、江蘇省宜興県では、一月の戸口調査に際して、「男女の生辰〔生まれた年、月、日、転じて運命〕をとって鉄道を修築し、黄河の鉄橋を安全にするために用うのだ」という謡言が広まり、調査員が学務委員であったため学堂を仇視し、銅鑼を鳴らして人を集め、学堂を焚き、学務委員の家を叩き壊したのである。波多野善大「辛亥革命直前における農民一揆」。

(78)『清国各地暴動雑件』清国駐在特命全権公使伊集院彦吉より外務大臣小村寿太郎あて「地方不穏ノ形勢ニ関スル清国側ノ動静報告ノ件」一九一〇年六月一三日。

(79)一九〇三年一一月、黄興は、華興会の設立に際し、次のような演説を行っている。「本会の革命を実行する同志は、蜂起の地点と方法の討論で、何を適当とするのであろうか。一つは、北京の首都を転覆させ、基盤を築いて海内に臨むものであり、フランス大革命がパリで蜂起し、イギリス大革命がロンドンで蜂起した類である。イギリスやフランスは市民革命であり、国民革命ではない。市民は本市に生を受け、身に専制の苦しみを受けたならば、腕を振り上げて事を集めることができ、ために死命を制するのである。吾らの革命の如きは、北京の怠惰で無知な市民に依拠して虜廷を撲滅することができないし、また異民族の禁衛軍と共に合作を図ることもできないため、一省を割拠させて各省と共に入り乱れて蜂起する方法を取るべきなのである」(黄興「在華興会成立上的講和」一九〇三年一一月、湖南省社会科学院編『黄興集』二頁)、と。

(80) FO371/867, Enclosure 1: Hewlett to Müller Max, April 28, 1910, in Müller Max to Grey Edward, May 5, 1910.

(81)『大公報』〔天津〕一九一〇年六月二七日「湘潭乱事瑣誌」。

(82)『五公末劫経』一九〇三年重刊、王見川・林萬伝主編『明清民間宗教経巻文献』第一〇巻、五—六頁。

(83)『五公経』が人々に与えた影響については、本書第三章第二節第三項を参照されたい。

(84)『東京朝日新聞』一九一〇年四月二三日、二四日、二五日、二七日「ハリー彗星」上・中・下の上・下の下。ハレー彗星は、イギリスの天文学者 Edward Halley の名前を冠した彗星である。日本ではハレー彗星ともハリー彗星とも呼ばれるが、ここでは名称をハレー彗星に統一して用いる。

(85)『東京朝日新聞』一九一〇年五月一九日「彗星と花柳界の賑ひ」。ここで明らかなように、日本でもハレー彗星の接近により人類が死滅するのではないかといわれていたのである。
(86) 例えば、『東方雑誌』誌上においては、ハレー彗星の特集が組まれていた。そして、特集では、葉青「記哈黎彗星之歴史」に、付録として賓楽安「彗星真説」、高葆真「彗星無害説」が加えられ、ハレー彗星の到来に伴う迷信の除去に努めていた。『東方雑誌』第七巻第三期（一九一〇年五月四日）葉青「記哈黎彗星之歴史」。
(87) 『東方雑誌』第七巻第三期（一九一〇年五月四日）高葆真「彗星無害説」、『大公報』〔天津〕一九一〇年二月一日、二月二日、高葆真「彗星無害説」。
(88) 『申報』一九一〇年六月二日「時評」。
(89) Hewlett, Meyrick, *Forty Years in China*, p.61.
(90) Hewlett, Meyrick, *Forty Years in China*, p.61.
(91) 宮崎龍介・小野川秀美編『宮崎滔天全集』第一巻「革命党領袖黄興と語る　五月八日　熱帯地方にて」五一四頁。
(92) 神谷正男編『宗方小太郎文書――近代中国秘録――』「報告第百八十七号（明治四十年一月三十日）」「革命党員の口供」一七〇頁。
(93) 姜守旦の事跡については、本書第三章第二節第一項を参照されたい。
(94) 一九一一年一〇月二二日の革命軍の蜂起における、姜守旦と焦達峯を同一視する謡言の出現については、本書第九章第三節第二項を参照されたい。
(95) 周学舜『焦達峰』六―二四頁。
(96) 焦伝愛・周学舜「記焦達峰身辺的六位辛亥志士」一四九頁。
(97) 章炳麟「焦達峰」、中国史学会編『辛亥革命』六、一六四頁。
(98) 張難先「共進会始末」、中国史学会編『辛亥革命』二、九四―一一一頁。鄧文翬「共進会的原起及其若干制度」一六―一八頁。
(99) 周学舜『焦達峰』二五―三四頁。

(100) 周学舜『焦達峰』四八頁。
(101) 焦伝愛・周学舜「記焦達峰身辺的六位辛亥志士」一六一―一六三頁。
(102) 居正「辛亥札記」、同明・志盛・雪雲編『湖南反正追記』二一〇―二一一頁。
(103) 一九〇七年に共進会が設立されると、共進会は宣言書の中で次のように記している。「このようにみてきますと、満人は、まあ安泰だったとしても、漢人は一日として安泰ではありませんでした。まして今では、朝廷の綱紀は紊乱し、洋人にへつらうだけで、洋人の奴隷となり、われわれを捕えて洋人にさしだし、（われわれを）二重の奴隷にさせました。また、われわれの土地を、今日はこの一片をさいて、こちらにお贈りし、明日はむこうの一片をさいて、あちらにお贈りするといった具合なのです。もし百姓が洋人と騒動をおこせば、彼らは百姓のために公平な道理を主張しようとしないばかりか、反対に洋人のために百姓を殺して腹いせをしてやり、ややもすると賠償支払をきり出し、鉄道を洋人に贈り、鉱山も洋人に贈り、税関も洋人に贈ってしまいました。ごらんのように、近ごろ、あらゆるものが、ますます値上がりし、生活も日一日と苦しくなっていますが、これは、財貨がとことんまで洋人にもっていかれたからではないでしょうか」、と。そして、排外運動については、「われわれの革命は教会を打ちこわしたり、外国人を殺したりしてはならぬということを、肝に銘じておかなければなりません。……革命軍を起こすとき、まず教会を打ちこわし、洋人を殺したりするなら、必ず彼らは兵をいっぱいくりだして、満人を助けてわれわれを殺すでありましょう。しかし、もしわれわれが彼らを刺激しさえしなければ、彼らにも口実がないでしょう」と述べたのである。藤田敬一訳「共進会宣言書」、島田虔次・小野信爾編『辛亥革命の思想』二四九頁、二五一頁。
(104) 焦達峯によるキリスト教会や外国人の商社の焼き討ち、学堂の打ちこわしの容認については、本書第九章第二節第二項を参照されたい。
(105) 『水野梅暁視察一件』水野梅暁「湖南名士往訪録」一九一〇年三月九日。
(106) 『水野梅暁視察一件』「湖南近情　其二」一九一〇年一二月二七日。

第九章　革命軍の蜂起と末劫論——焦達峯の暗殺の意味を中心に——

はじめに

第八章では、清朝最末期に湖南省で流布した末劫論の特徴について、一九一〇年の長沙米騒動後に現れた掲帖を中心に考察し、これらの掲帖の作成には義和団の残党や共進会の成員、特に焦達峯の関与した可能性があり、かつ一九〇六年の萍瀏醴蜂起の指導者の一人である姜守旦の名前も末劫の到来と共に降臨する救世主として説かれた点を指摘した。すなわち、湖南省の各地に流布していた末劫論が、一九〇六年の萍瀏醴蜂起、一九一〇年の長沙米騒動後の社会情勢に影響を与えていたのである。それでは、末劫論の内容は、一九一一年一〇月二二日の革命軍の蜂起でどのような役割を果たし、かつ同蜂起にいかなる特徴を与えていたのであろうか。本章は、第八章の考察を受けて、革命軍の蜂起に果たした末劫論の影響について、焦達峯を姜守旦と同一視する謡言の出現や天文現象の影響、白い旗の意味を中心に考察する。

一九一一年の辛亥革命は、二〇〇〇年に及ぶ中国の皇帝政治に終止符を打ち、中国史上初めて国民に主権があり、国民の選挙で指導者が選ばれるという共和政体を樹立し、かつ国会に議席を持った政党による内閣の組織、すなわち議院内閣制を敷いた。しかし、革命軍の蜂起は、もともと共和政体の樹立を目的に引き起こされたものではなかった。すなわち、一九一二年の共和政体の樹立は、革命軍の蜂起による事後の結果として樹立されたものであった。このため、日本においては、辛亥革命について、郷紳革命論[1]、ブルジョア革命論[2]、絶対主義的変革論[3]、民衆革命論[4]、などの諸説が称えられてきた。辛亥革命は、中国国内で、列国の中国進出に対抗し、清朝の統治を否定する動きが高まる中で起きた。この辛亥革命を考える場合、次の五点の政治的、社会的な動向の分析が鍵となる。第一点は、清朝政府の「近代」化政策、具体的には光緒新政における官制改革、教育改革、産業振興による社会変動である。第二点は、教育改革や実業振興を推進した、革新的な郷紳の台頭である。第三点は、日本留学中に革命思想に触れ、中国同盟会などの革命諸団体に参画した、知識人や学生の活動である。第四点は、官憲や郷紳の苛斂誅求によって多発した、民衆蜂起の勃発である。第五点は、革命前夜の湖南省で流布した末劫論の内容である。この五点の中で、研究が第一点と第二点の間の緊張関係に着目し、郷紳の清朝からの離反を投機的なものと見なすならば、郷紳革命論となる。また、革新的な郷紳の台頭の背景に、第三点の革命派の言説に見られる、産業資本の成長などの新しい社会的、経済的要求に着目するならば、ブルジョア革命論となる。更に、郷紳と産業資本家の間に均衡状態を見出すならば、絶対主義的変革論となる。そして、研究が第四点の民衆蜂起の果たした役割を強調した場合、民衆革命論となる。これに対して、従来の研究で殆ど注目されてこなかったのが、第五点の側面、すなわち革命前夜の湖南省で末劫論が流布したことの意味である。一九一一年一〇月二二日の湖南省の辛亥革命が特筆される所以は、正都督の焦達峯が僅か一〇日で暗殺され、前湖南諮議局議長譚延闓が焦達峯に代わって湖南都督に就任したものの、湖南省が陝西省と並んで正都督に会党の首領を擁立した点にある。しかし、これまでの研究で、湖南省の辛亥革命において、会党の首領の焦達峯が正都督に就任し、暗殺されたことの意味について、末劫論の流布という観点から考察したものはない[5]。また、湖南省の辛亥革命と会党の関係を考察した場合でも、末劫論が革命軍の蜂起に持った意味を分析した研究はない[6]。この原因は、焦達峯が正都督に就任後僅か一〇日間で暗殺された点、及び焦達峯が会党の首領であったために、焦達峯の役割が軽視される傾向にあった点、そして蜂起の社会経済的な背景が着目され、民衆の正義や地域社会の規範の問題が等閑視されてきた点にあるように思われる。

清末の湖南省における末劫論の流布は、特定の人々の特定の意図に基づく作意にかかるものであろう。ただし、多くの民衆が末劫論を現実的なものとして捉えたとするならば、この理由について天変地異などを手掛かりに問う必要がある。何となれば、清代、民衆は天変地異を天下大乱の予兆と捉える傾向にあったからである。特に、一八一三年の天理教の乱では、教祖の林清が自らを太白金星の下降したものと判じ、林清を天王に、馮克善を地王に、李文成を人王に推した。(7) また、『五公末劫経』では、末劫が到来する予兆として彗星の出現をあげた。(8) そして、一九一一年一月三日と四日付け『東京朝日新聞』は、「【日蝕と月蝕】来る〔一九一一年〕十月廿二日に日蝕を呈すべき次第は暦本の上にも記載されてあるが、併し本年は此外に尚二回の日蝕と二回の月蝕が起る筈」と記載し、四月二八日の日蝕（皆既）、五月一三日の月蝕（半影蝕）、一〇月二一日の日蝕（金環蝕）、一一月六日の月蝕（半影蝕）をあげた上で、次のように記していた。

【彗星の出現】昨年〔一九一〇年〕出現したハリー彗星の如き、顕著なものは左右〔左様〕、度々見える筈もないが、併し本年は既に天文学者に依つて発見せられ、且その軌道を知得されて居る二つの周期的彗星が出現するに相違ない。それはエンケ彗星とテンペル彗星で、前者は約三年四ヶ月を周期とし、後者は約六年六ヶ月を周期として、何れも太陽の周囲を運行して居る。本年〔一九一一年〕この両者が共に出現することだけは、疑ひなしとするも、エンケの如きは絶対的に肉眼観望が出来ない程のもの、エンペルに至つては或は辛くも肉眼に映ずるかと思はるゝけれどこれとて素より顕著なものでない。……【金星の光芒】地球の兄弟とも見るべき金星は、地球と太陽に対する関係上、地球から眺めて光芒を放つ部分に富み、特に煌々と輝く折がある。其最も能く光る現象を、天文学上、金星の最大光度と唱へるが、本年は来る八月十日午後十時と、十月廿三日午前一時の二回、この現象を起すのである。

同記事は、金星の最高光度到達について、更に「兎に角、この両回の最大光度を呈する折には、昼間にすら肉眼観望が遂げらるゝかも知れぬ。その光の強さから云へば、十月のが勝る筈だけれど、此季節には黄道が南方に寄るから、或は却て見悪いかと思ふ。金星の最高光度は、別に珍しい現象でないが、併し強い光芒を放つ点に於て、著るしく他の群星から擢んずるのは、必ずしも注目に値せぬ訳であるまい」と記している。(9) いわば、一部の識者には一九一一年一〇月二二日前後に彗星が出現し、日蝕が見られ、一〇月二三日には金星も最高光度に達することが予測されていた。一〇月六日は旧暦では八月一五日、すなわち中秋節である。本書第八章第二節で論じたように、前年の一九一〇年四月のハレー彗星の接近では彗星の接近が清朝の滅亡、大漢の興起と結び付けて考えられ、かつ一九一〇年の長沙米騒動後に出現した掲帖では白い頭巾、黒い騎士と共に中秋節の蜂起が預言されていた。そして、焦達峯がこれら掲帖の配布に関わった可能性は大きかった。このため、革命派が同年一〇月の中秋節及び天体の異変による人心の不穏な状態を利用して、蜂起を起こす可能性は充分にあった。

本章は、以上の課題の下に、一九一一年一〇月二二日の革命軍の蜂起に果たした末劫論の役割に考察を加える。辛亥革命研究については、これまで多くの優れた研究がなされてきたが、時として辛亥革命の性格規定をめぐって、多くの出来事の中から革命の「原因」や「起源」と考えられるものを探り当てる形で進められてきた点も否めない。ただし、ロジェ・シャルチエの指摘するように、このような研究は「一方で、それは、ある時代の歴史を構成する無数の現実のなかから、将来の出来事の母胎と考えられる現実のみをとりあげる選別を前提とする」こと、及び「他方で、それは、『起源』であると想定される思想や行動に統一をあたえる回顧的な再構成を要請する」ことを特徴とし、ために「出来事のオリジナリティーを抹消する」危険性と隣り合わせの関係にあった[10]。従って、本章は、このような危険性を可能な限り回避するために、湖南省に現れた様々な現象を読み解くことに力点を置く。第一節では、清末の湖南省の状況について、郷紳の清朝政府からの離反、共進会の活動、焦達峯と会党の行動を中心に考察する。清朝政府の幹線鉄道の国有化政策は清朝政府からの郷紳の離反を加速させたが、共進会の焦達峯はこの状況下でいかなる方策を取り、清朝の打倒を図ったのであろうか。また、この展開からは、湖南省における革命軍の蜂起の前提として、どのような特徴が浮かび上がるのであろうか。第二節では、革命軍の蜂起の経緯と民衆の革命軍に対する反応について、湖南省城で掲げられた白い旗、各街巷に出現した戯劇の武生の姿をした若者、天文現象の持った意味を中心に考察する。また、一〇月三一日に焦達峯が正都督就任僅か一〇日で暗殺されるまでの経緯にも言及する。第三節では、湖南都督譚延闓の施政方針と共に、正都督焦達峯が暗殺され、譚延闓が湖南都督に擁立された意味について、焦達峯が姜守旦と同一視された理由を中心に考察する。第八章で論じたように、一九一〇年の長沙米騒動後に現れた掲帖、特に甲種の第二の掲帖では、姜守旦が末劫の到来に伴う救世主に擬えられており、かつこの掲帖には共進会の成員、特に焦達峯の関与した可能性が強かった[11]。一九一〇年の長沙米騒動後に現れた掲帖の内容は、一九一一年一〇月二二日の革命軍の蜂起や一〇月三一日の正都督焦達峯の暗殺と譚延闓の湖南都督擁立といかに関わるのであろうか。なお、本章では、これまでの辛亥革命研究で用いられてきた史料の他に、長沙などに駐在していた日本人、すなわち松崎鶴雄や塩谷温の報告などをも加える[12]。松崎鶴雄は、水野梅暁の筆名を受け継ぎ、「麓山子」の名で記事を投稿していた[13]。また、大阪朝日新聞社は一九〇七年には通信員を長沙に一名、また漢口に二名置き、一九一二年には長沙の通信員は廃されたが、漢口の通信員は元のまま二名とした。朝日新聞社社史編集センターの示教によるならば、一九一一年一〇月一〇日の武昌蜂起に前後して、小池信美が大阪朝日新聞社の漢口特派員として記事を掲載していた[14]。また、同社の通信員には、岡幸七郎がいた(15)。なお、中国同盟会が分裂し、革命派も諸派が入り乱れていたが、これら清朝の打倒を目指す人々を総称して革命派と呼び、これらの革命派の構成した軍隊を革命軍と名付ける。更に、一〇月二二日に焦達峯が正都督に就任して以降、湖南省より武漢の攻防戦に派遣された軍隊を援鄂軍、同地における戦闘を援鄂戦争と呼ぶ。

第一節　革命前夜の湖南省

一．一九一一年中盤の郷紳の動向

一九一一年五月九日、清朝政府は、「無駄な時間が長くなれば、民衆の疲労も濃くなり、上下交々害を受け、誤りも想像に堪えなくなる」と述べた上で、幹線鉄道の国有化を宣言した(16)。この目的が鉄道敷設権を担保とした外国からの借款にあることは、周知の事柄であった。そして、五月二〇日、清朝政府は、イギリス、アメリカ、ドイツ、フランスの四国銀行との間で、正式に借款契約を締結した。清朝政府が幹線鉄道の国有化政策を決定すると、湖南省では激しい反対運動が起こった。五月一四日、湖南省城では、郷紳界、商業界、教育界の代表が教育総会で全体集会を開き、湖南巡撫楊文鼎に湖南省の要求、すなわち幹線鉄道の国有化政策の反対の代奏を決定した。この集会の参加者は、一万余人に達した。この集会では、各界が議論して公啓を宣布した。この公啓では、「表向きは鉄道国有の名義に借りて、〔四国借款の抵当とすることで〕粤漢幹線鉄道を外国人に送るものである」と指摘した上で、五月九日の上諭についても「人の利益追求の私を以て、国家の土地、人民の生命・財産を挙げて、手揉みして外国人に与え、再び我が皇上を不幸に陥れて、惜しまないものである」と述べた(17)。五月一六日、湖南巡撫楊文鼎は、人々の勢いに抗しきれずに湖南諮議局に対して同局の決定の代奏を確約し、代奏を行った。[18] しかし、清朝政府は、湖南巡撫楊文鼎の代奏した湖南諮議局の決定を批判し、楊文鼎に対して「該撫〔楊文鼎〕は厳しく〔集会などを〕禁止させ、適切に教え諭すと共に、〔郷紳や民衆が〕伝単〔ビラ〕を出版して伝播させたり、大勢を集めた演説を許してはならない。もし匪徒が中より煽動し治安を乱しているのであれば、意とするところは乱にあると思うべきである。所定の指示通りに、乱党〔政府に反抗し治安を紊乱する勢力〕の方法に照らし、『格殺勿論〔殺しても罪は問わない〕』とすることを許す」と述べて、譴責を加えた。[19] すなわち、清朝政府は、湖南省の粤漢鉄道国有化反対運動が法律違反であるとして、一九一〇年の長沙米騒動の場合と同様に「格殺勿論」、すなわち「罪人」と同様の処置で応ずべきであるとした。湖南諮議局は、外国からの借款拒否の請願のために左学謙と周広詢を代表として北京に派遣した。時に、四川諮議局議長蒲殿俊は、外国からの借款拒否を請願した廉で逮捕され、四川省に汽車で送り帰される途中であった。左学謙が蒲殿俊を見送ろうとすると、蒲殿俊は左学謙に対して「国内の政治は、もはやどうしようもない状態となった。政府が人々を不要としていることは、明らかである。我らが中国を救おうとするならば、革命以外に他の途はない。我が四川人は相当の準備をしており、各省と連絡して策を共にすべきである」と述べたため、湖南諮議議員の左学謙は湖南省に戻り、清朝の打倒を画策した。[20] 湖南諮議局議員の周翼崧、左学謙、黄鍈、周広詢、劉忠訓、彭施滌、蕭鯉祥、朱増馨、李恒沢、劉佐璇、陳晋鑫、童光業、丁鳴盛、粟戡時ら一四人は、清朝政府の返答を不服として湖南諮議局議員の職の辞職を表明した。[21]

一九一一年五月八日、清朝政府は、皇族の奕劻を総理とする内閣を成立させた。一三名の内閣の閣員のうちで、満洲族は八名、漢人は四名、蒙古族が一名であり、八名の満洲族のうちで、五名が皇族であった。[22]「親貴内閣」と呼ばれる所以である。一九〇六年一〇月八日、宋教仁は、九月一日の清朝政府の「憲政を模倣して実行する」と預備立憲の宣言を読み、「世界各国で総理大臣に皇族を当てると定めた憲法がどこにあろうか。いわんや満清皇族には常識的な知識のかけらももっておらず、はなはだしいのになれば漢文にも通ぜず遊蕩淫乱にふけっているありさまなのに、どうして政権をとり行えようか」と述べて、清朝政府による満洲族の優遇策を非難した(23)。宋教仁の非難は、中国の各地に湧きあがった同内閣の成立に対する不満を代弁している。一九一一年七月四日、各省諮議局聯合会は、「皇族による内閣の組織は君主立憲の公例に合わず、臣民の立憲の希望を失うものである」として、「諭旨を降して〔皇族以外の者の任命による責任内閣を〕別に組織し、憲政を重くし国本を固められるよう」請願して、都察院に代奏を求めた(24)。しかし、翌七月五日、清朝政府は、各省諮議局聯合会の請願に対して「百司の免職・昇進は君上の大権である」と譴責を加えた(25)。憲友会は国会請願同志会を基礎に、各省諮議局聯合会の閉会に伴って設立されたものである。宗方小太郎は、国会請願同志会については「宣統元年〔一九〇九年〕第一回諮議局開会後、国会速開請願の挙あり、国会請願同志会なる者組織せらる。本会は実に予備立憲公会会員の提唱する所にして、張謇、孟森、孟昭常、趙鳳昌、方還、雷奮等主と為り、江蘇諮議局之を発議し、遂に全国の諮議局を連ね、政、商、学界に及び、各代表者を派して北京に到り、速開運動に着手したり」と、各省諮議局聯合会については「本会は宣統二年〔一九一〇年〕の成立にして、各省諮議局の代表的議員を北京に会し組織せるものにて、本会は国会請願同志会に比して数等の進歩を為し、殆んど政党と目され居たり」と記している(26)。憲友会の政治綱領は、第一条で「本会は民権の発展と憲政の完成を目的とする」と述べ、第二条で「本会は前条の目的を達成するために一致した行動を取る」として、「君主立憲政体を尊重する」「連帯責任内閣を督促する」「行省の政務を整理する」「社会経済を開発する」「国民外交を講求する」「尚武教育を提唱する」、以上の六点を掲げた(27)。憲友会は、このような政治綱領に従って各省に人員を派遣し支部の設立に着手した。湖南省には湖南諮議局議長譚延闓と資政院湖南省議員の黎尚雯と易宗夔の派遣が計画されたが、事情により易宗夔のみが赴いた。七月二日、教育総会正会長黄忠浩、商務総会総理龍璋、農務総会協理廖名縉、諮議局副議長陳炳煥、紳商学界数名は、教育総会で約五〇名余りの参加者を集めて、憲友会湖南支部設立の談話会を開いた。この談話会では、龍璋を臨時主席に選出し、開会の縁起を報告し、次に易宗夔が憲友会総部の模様を述べ、廖名縉が政党の必要性を演説し、同会の発起人三〇名余りが発起金五万を支払い、臨時幹事に廖名縉、陳炳煥、曹世昌、姜済寰、周名建、仇毅の六人を選び、支部章程起草人に貝允昕、雷光宇、胡璧、譚伝愷の四人を選び、章程を起草して正式に発起会を開き、成立大会は譚延闓の帰郷を待って挙行された[28]。

一九一一年六月、辛亥倶楽部が、資政院の勅選議員と互選議員の双方を含んで、北京において設立された。資政院は、「欽んで諭旨〔一九〇七年九月二〇日の「立憲政体は公論の採取にあり、上下議院が行政の本となる。中国の上下議院は未だ成立していないが、資政院を設立して議院の基礎を建てるべきである」という諭旨〕に遵い、公論の採取と上下議院の設立を宗旨となす」として総裁二名、副総裁二名を置いた他、勅選議員一〇〇名と互選議員一〇〇名から構成された。勅選議員は宗室王公世爵、満漢世爵、外藩王公世爵、宗室覚羅、各部院七品以上の官吏、「碩学通儒〔著名な学者や儒者〕」、多額納税者の中から任命され、互選議員は各省諮議局議員より選出された。資政院には常年会と臨時会の二種があり、常年会は年に一回、会期は三ヶ月であり、臨時会は不定期で、会期は一ヶ月であった。資政院議員の任期は、三年である[29]。一九一一年六月一四日の辛亥倶楽部の全体会議では、政治綱領として「立憲帝国精神を闡揚する」「軍国民教育を提唱する」「地方自治能力を発展する」「保護貿易政策を主張し実業を振興する」「財政を整理し富力を増進する」「公私経済能力を審度し交通の発展を謀る」「軍備を整頓し国力を充実する」「内外の情勢を体察し外交方針を確定する」の八条が定められ、かつ常備員一二名、評議員一二名、幹事員・庶務員三名、書記三名、会計三名、交際三名の、各委員が投票で選出された[30]。辛亥倶楽部総部は人員を各省に派遣し、支部の結成を図った。湖南省には、湖南諮議局議員で資政院議員でもあった羅傑が派遣された。羅傑は、同じく湖南諮議局議員であった粟戡時の他に、李達璋、周広詢、常治、楊宗実らを発起人として、辛亥倶楽部湖南支部を結成した。七月一日に辛亥倶楽部湖南支部談話会が湖南省城の曾文正公祠で開かれ、七月九日に辛亥倶楽部湖南支部の発起会が紫荊街にある公立法政学堂で行われて、常議員、評議員の各委員を選出した。そして、翌七月一〇日に支部長、副長、評議員長が選出され、事務所を法政学堂に置くと共に、内部を庶務、書記、会計、評議、交際、常備の六科に分けた(31)。辛亥倶楽部湖南支部の役員には、支部長に黄忠浩、副長に李達璋と兪峻、評議員長に左学謙が選出された。常議員は黄忠浩、張人鏡、李達璋、陳文瑋、譚伝愷、楊樹穀、曹履貞、兪峻、雷光宇、任紹選、彭契聖、王汝揖の一一人、候補常議員は羅傑、粟戡時、左学謙、龍璋、易宗羲、馬続常、易経、黄鍈、常治、易宗鶚、黄翼球の一一人であった(32)。一九一二年七月、宗方小太郎は、辛亥倶楽部総部について、「本倶楽部は両湖人士を中心とす。想ふに楊度の輩背後に在りて牛耳を執りしものなる可し」と述べて、常議員、評議員、庶務員その他の名前を挙げた上で、「本倶楽部中比較的資政院議員の多かりし一事は、本倶楽部が官僚党を以て目せられたる所以なるも、何を知らん、本倶楽部役員たる寧調元、程明超の如き、及び会員田桐、魏宸組、厳啓衡の如きは皆これ著名の革命党員にして、革命乱勃発以前如何に該党員が各地に潜居せしかは此一端を以ても推知せらる。故に次第に党員の増加に伴ひ本倶楽部が純然たる民党と化し去りたる、固より其所なり」として、資政院議員以外にも、寧調元、程明超など、多数の革命党員が辛亥倶楽部総部の中に加わっていたことを記している(33)。

二・焦達峯と民衆蜂起

一九〇七年になると、中国同盟会は、一九〇五年八月二〇日の結成大会から約二年がたち、孫文の革命路線と本部の資金運用をめぐり、内部対立が表面化するようになった。共進会は、一九〇七年八月、孫文に不満を抱く中国同盟会の長江流域出身者を中心に結成された。共進会の特徴は、中国同盟会の綱領の「平均地権」を「平均人権」に改め、かつ会党との連携を目指した点にある。湖南省で会党との連携に従事したのは、焦達峯である。(34)ついで、一九一〇年夏、中国同盟会の譚人鳳、宋教仁、趙声、林時爽、居正、張簡亭、鄒永成は、日本の東京で中国同盟会の改組問題と革命方針を討議した。宋教仁はここで、今後の革命方策として上策と中策、下策の三策を提起した。上策は北方の軍隊と連絡を取り、東三省を後ろ盾に北京を攻略する首都革命論、中策は長江一帯の各省で革命派が同時に挙兵し、新政府の設立後に北京を攻略・占拠する長江革命論、下策は辺境に根拠地を建設し、辺境から中国全土に革命を及ぼす辺境革命論である。討議の結果、上策が最も理想的であるが、実行するには実力不足であり、下策は既に失敗が証明済みであるとして、中策の長江革命論の採用と共に、中国同盟会の本部とは別に中部同盟会（同盟会中部総機関）を設立することが決まった。(35)中部同盟会の設立は、共進会と連携して進められた（中部同盟会の成立大会は、一九一一年七月三一日に上海で開かれた）。一九一一年二月、譚人鳳、劉承烈、蕭翼鯤、謝介僧らは、新軍の将校や兵士への工作を強め、長江流域の蜂起計画のために湖南省に戻った。譚人鳳らに続き、焦達峯と楊任も湖南省城に至り、晏家塘に家屋を借りて秘密機関とし、新軍の馬隊排長で中国同盟会員の劉文錦、同じく新軍の第四九標の文案（文書記録係）の呉任、郷紳の文斐や文経緯らと秘密会議を開いた。この秘密会議では、共進会の焦達峯と楊任、謝介僧、洪春岩が会党との連絡にあたり、文斐が官憲や衙門の動向を探り、龍毓峻が経費を集め、文経緯が鉄路協会や各種団体との連携を図り、他の人士が各界との交渉の事務を負うことが決まった。また、劉承烈は益陽に戻って爆弾を製造し、譚人鳳が統籌部と図りながら蜂起計画を定めた。一九一一年三月三一日、鄒永成と劉文錦は、湖南省城南東の天心閣で新軍の各標営の代表など約七〇名を集めて会議を開き、一・「排満」論の宣伝に努め偵察兵を組織すること、二・軍事蜂起が起きた場合には共に決起すること、三・劉光瑩、王鑫濤を派遣して巡防営と連絡することなどを決めた。[36]一九一一年四月、譚人鳳、焦達峯、蕭翼鯤、楊任に続いて、鄒永成と謝介僧が湖北省の漢口に至った。四月二七日、黄興らは、広州で黄花崗蜂起を挙行したが、蜂起計画が事前に漏洩したことにより失敗に帰した。この結果、黄興は手に重傷を負い、更に八〇名余りの同志を失い敗走した。同年五月一日、松崎鶴雄は「【革命党の警戒】広東事変〔黄花崗蜂起〕の報当地〔湖南省〕に伝へらるるや警戒一層厳重となり、異様のものは直に逮捕拷問するに至り、巡撫外出の際には必ず百数名の護衛兵を帯随し居れり。各要所には守備兵を派し、市内市外とも隅なく密探を放ち、同党にとりては天荊地棘とも云ふべき有様なり」と記している。[37]

湖南諮議局議員の粟戡時は、一九一一年七月頃の湖南省の革命運動について、一・湘路協賛会（易宗義、粟戡時）、二・長沙自治公所（左学謙、黄鍈、黄用楫、閻鴻飛、閻鴻翥、黄翼球、常治、曹耀材）、三・湖南体育学社（呉作霖）、四・辛亥倶楽部湖南支部（羅傑、王汝楫、粟戡時）、五・富訓商業学校（文経緯、王猷、呉孔鐸）、以上だけでなく、文斐、李九、曾傑らが鶏公坡に民家を借りて爆弾を製造し、劉大禧も北門正街に衣料品店を作り陳作新や新軍の将校、兵士と往来し、陸軍小学堂の学生の粟顕揚らが秘密裡に連絡して一つの学生団体機構を設立し、新軍砲兵管帯の向瑞琮の他、易棠齢、李金山、易文彬、安定超、姚運鈞、喩義らが新軍の代表となり、第四九標、第五〇標の中で活動し、徐鴻斌らも巡防営の中で活動したとしている。[38]そして、湖南省の人が新軍や巡防営及び会党と連携することで蜂起の成就を模索していると、ある人は、陳作新という者が新軍の排長に就きながら飲酒の嗜好と革命の論談で免職され、李藩国の家で家庭教師として生計を立てていると述べた。このため、黄鍈と曹恵が陳作新を長沙自治公所に招いて会談し、陳作新が新軍との連絡業務を負うことになった。更に、日本の鉄道学堂に留学経験のある焦達峯が湖南省の会党の首領であるという者がいたため、文経緯と易宗義が賈太傅祠の三階で焦達峯と会い、協力を要請した。粟戡時は、この時に、焦達峯がよく会党との連絡業務を担ったものの、同時に「清朝が堅固な山河のようなもので、容易には破壊できない」として、「庚戌の飢変〔一九一〇年の長沙米騒動〕の手段（すなわちキリスト教会や外国人商社の焼き討ち、学堂の破壊などの行為）」を主張したため、文経緯と易宗義が秩序を乱さないよう懇願し、果ては涙を流すに至ると、「焦達峯も承知して時期を定めて徒党を集め、会議を開き計画を共にするとした」と述べている(39)。すなわち、焦達峯は、孫文や黄興とは異なり、清朝の打倒のためにはキリスト教会や外国商社の焼き討ちも辞さなかったのである。一九一〇年の長沙米騒動においては、黒い頭巾、黒い衣服を着けた一群が、飢民の平糶請願運動に乗じて出現し、キリスト教会や学堂、外国人関連施設の打ち壊し、焼き討ちに従事した。そして、一九一〇年の長沙米騒動の事後には、湖南省の各地に掲帖が張り出された。湖南省の各地に出現した掲帖には、焦達峯の関与した可能性が濃厚であった。これらの掲帖のうち、甲種の掲帖には龔春台と姜守旦、「青馬の日」、白い頭巾、黒い騎士、中秋節、酉と戌、丕漢元年が蜂起軍の鍵となる語として現れていた。焦達峯がこれらの掲帖の作成、配布に関与したとするならば、焦達峯はキリスト教会や学堂、外国人関連施設の打ち壊し、焼き討ちだけでなく、末劫論すなわち末劫の到来と救世主の降臨、至福の世界の顕現という考えを利用して清朝の打倒を図ると共に、清朝の打倒を暗示するものとして白い頭巾、黒い騎士、中秋節の蜂起を使用したことになる(40)。

一九一〇年末から一九一一年にかけて、長江流域の情勢は悪化した。湖南省では、銅銭の濫発が貨幣価値の下落を引き起こし、貨幣価値の下落が物価の騰貴を招き、物価の騰貴によって多くの店舗が倒産した(41)。一九一一年四月一四日付け『民立報』は、華容県の会党が飢民の米騒動に乗じて数百人の多勢を集め、これに湖北省の飢民も加わって強奪を行ったため、華容知県喬聯昌が急派して弾圧を行ったが効果がなく、却って会党の成員により喬聯昌が大刀で斬り殺されそうになり、岳州知府魏景熊が電報を湖南省城に送り、兵士の急派と弾圧を請願したため、湖南巡撫楊文鼎も中路巡防隊第四帯管隊陳柄に命じて、兵勇を率い掃討に務めさせたとした上で、「伝え聞く所によれば、今回の会首は前年〔一九一〇年〕の瀏陽の会匪首領の姜守旦であり、内部より乱を煽動したため、甚だ猖獗を極めたといわれる」と記している。(42) 一九一一年四月の華容県の蜂起の実際の首謀者は、蘭譜会の焦甲申であった。それでは、なぜここで姜守旦の名が浮上したのであろうか。焦甲申は、元来が華容県の雇農であり、一族の者に両眼を抉れて信仰に走り、蘭譜会という名の山堂を開いた。一九一〇年、中国同盟会の黄英華は焦達峯の指示を受け、会党首領の焦甲申との連携を図った。一九一一年四月、焦甲申は、黄英華と共に岳州辺境で蜂起を図り、岳州府知府魏景熊に探知されて処刑されたが、焦達峯は黄英華と潘毓重を華容県に派遣して、焦甲申の残党の再組織を図った。(43) 一九〇七年のイギリスの長沙駐在領事の報告では、閻王会と連携した蘭譜会が、朱仁山を中心に五〇〇〇人を随えて瀏陽県で蜂起したと報じている。(44) すなわち、蘭譜会は、瀏陽と深い繋がりを持っただけでなく、焦達峯は中国同盟会の結成時に姜守旦の別名、万鵬飛を名乗っていた。(45) これよりするならば、一九一一年四月一四日付け『民立報』の記事が華容県の蜂起の首謀者を姜守旦と定めたことは、焦達峯が同蜂起に深く関与した可能性を示している。焦達峯は、姜守旦の名を利用しつつ、革命的気運を醸成し、蜂起を起こしていたのではなかろうか。一九一一年五月、湖南省の瀏陽では、官憲が米穀の出境を禁じたところ、屯戸が米価の下落を恐れて急いで米穀の出境を図ったため、米価が急騰した。そして、五月一七日と一八日、民衆が米価の高騰を口実に、大勢で賑恤米の放出と米価の低減を求めて瀏陽県衙門に押し寄せ、瀏陽県城内外の警察署、郷紳の劉崑山の家や各米店を打ち壊すに至った。(46) この一九一一年の瀏陽米騒動の経過は、米価高騰を口実に米の平糶を請願し、衙門や警察署を打ち壊すなど、一九一〇年の長沙米騒動の場合と類似していた。のみならず、五月一九日に捕縛、処刑された張二と黄三の二名は、「瀏〔陽〕醴〔陵〕会匪の頭目」であった。(47) このため、一九一一年の瀏陽米騒動の背景には、一九〇六年の萍瀏醴蜂起と一九一〇年の長沙米騒動を繋ぐ会党が存在したと考えられるのである。そして、一九一一年六月、湖南巡撫楊文鼎は密摺を北京に送り、「密かに腹心の者を派遣して、騒乱がやまない原因を探らせたところ、〔瀏陽の騒乱は〕当地方の留学生と教育界の者が内部より煽動して、全て引き起こされていた」と述べて、瀏陽の米騒動の背後に留日学生が存在していることを示唆した(48)。焦達峯は瀏陽の出身であり、かつ日本に留学した経験があった。このような点に鑑みるならば、焦達峯が一九一一年四月の華容県の会党の蜂起だけでなく、一九一一年五月の瀏陽の米騒動に関与した可能性を否定することはできない。

三・共進会の活動

一九一一年六月九日、松崎鶴雄は湖南省城の近況を「【革命党】同党員多数入込み、城内外各方面に同志を有し、兵営、官衙、商館、酒楼、妓館、学校等隈なく潜伏し居れども、官憲側にては平地に波瀾を揚ぐるを恐れ、単に其の動作を密偵し居るのみ。党員も屏息し居れり」と記している(49)。一九一一年六月、譚人鳳は、四月二七日の黄興の黄花崗蜂起の失敗後、香港をへて漢口に到着した。漢口には、湖南省より難を逃れていた焦達峯、楊任、謝介僧、劉承烈、劉文錦、鄒永成、李安甫らが滞在していた。譚人鳳は、漢口で焦達峯と会合した。焦達峯は、黄花崗蜂起の失敗を憤り、湖南省の鉄道国有化反対運動に乗じて蜂起計画を画策し、譚人鳳に参加を呼び掛けた。譚人鳳は、「暴動観念〔蜂起中心主義〕」の解消と将来の計画を綿密に練ることを条件に、再起を図った。譚人鳳は共進会と文学社の融合を図り、湖北中部同盟分会を結成した。また、湖南省では、中路、西路、南路の三路に分かち、焦達峯が中路を、楊任が西路を、謝介僧と鄒永成が南路を担当した(50)。漢口の会議では、湖南省と湖北省の革命党は、いずれかの省が先に蜂起した場合、他省が必ず呼応して蜂起することを定めた(51)。一九一一年六月一九日付け『民立報』紙上は、湖南省内の風潮として学堂の停課、諮議局の解散要求、商界の罷市（市場ボイコット）、学生大会、デモ、列国の兵艦による外国人保護などを列挙しながら、湖南省城では、伝単〔ビラ〕が至る所に流布し、「鉄路が既に洋人に買われてしまった」などの謡言が起きて無知な輩が勇み立ち、怒りを外国人に向ける有り様となったとして、「もし、匪徒が中から煽動するならば、去年〔旧暦〕三月の事変〔一九一〇年四月の長沙米騒動〕が再び目前に現れるであろう」と記している。(52)いわば、緊迫した情勢となったのである。六月二二日、松崎鶴雄は、湖南省城の緊迫した状況について、次のように記している。

【革命党の現状】現今湖南の革命党は他省に於ける失敗〔黄花崗蜂起〕に鑑み、努めて急操の態度を避け、専ら勢力の扶植に力め、爾来嫉視反目せる旧学派を打つて一団となす可く企画し、一面には土着の各種団体内に其の分子を潜伏せしめ、官衙となく軍営となく、全般に同志を糾合し、昨今は学生間に向つて極力革命思想を注入しつゝあり。【飢民の輸入】湖南防穀令の発布せらるゝや、湖北省は大いに恐慌を来し、爾来湖北より飢民の侵入するもの絶えず、長沙城内は湖北飢民を以て満たされんとす。彼等は飢民と云はんより、寧ろ遊民と称すべきものにて、強壮なる男女隊をなし、食を乞ひ居れり。【銭鋪の破産】甚だ多く、五六軒同時に倒産し、各鋪より発せる紙幣は不通用となり、多くの銭鋪、商銭局等は取り附けに逢へり。民間紙幣濫発の結果、必ず時々危険を生ずるは当然なるも、今回の小恐慌は防穀令後の金融之が近因となり居るが如し。(53)

一九一一年七月一〇日付け『民立報』紙上も、「現在防御が厳密である〔ために、騒乱も拡大していない〕が、恐れるべき事柄は三種ある」として、第一・学生が休暇で郷里に帰る途中に演説を行い、集会を開いて〔鉄道国有化運動の〕反対を指導すること、第二・銀の欠乏により紙幣の〔価値下落による〕風潮が厳しくなること、第三・商業界の罷市〔市場ボイコット〕、労働界の停業〔就業ボイコット〕、農民の不納税〔納税拒否〕、以上の三点をあげて、前途に不安を募らせていた。(54)

一九一一年六月から七月にかけて、湖北省、湖南省では連日大雨が続き、湖南省の長沙、益陽、武陵、華容、安郷の各地では大災害となり、各所の堤防も決壊し、風で物が倒れ、家屋も水に陥没し、湘江には数千の死体が浮かんだ。湖南省の各所の水害は、ほぼ三回に分かれた。第一回は六月一三日に始まり、各所の被害は甚大ではなかったものの、第二回目は六月二二日以降、大雨となり、更に第三回目は七月一〇日以降、大雨が連続して起き、被害が拡大し、常徳府の常徳、沅江、龍陽、益陽、長沙府の善化、長沙の各県に及んだ。(55) この間、湖北省荊州府の江陵、松滋、石首、監利などの県でも連年の水害で民衆が疲弊していた上に、六月以降の大雨で洪水となり、加えて疫病が発生して多くの人が命を落とした。特に、湖北省の沔陽では堤防が決壊して下流が水浸しとなり、気温も定まらなかったため、喉症（のどの病気）や痧症（下痢や嘔吐）が発生した。また、黄梅県では両眼が霞んで直立不能となり、顔色も黒ずみ、半刻足らずで死ぬという奇病が発生し、更に天門県でもコレラに似た病気が発生し、下痢と嘔吐を繰り返し、水薬を飲んでも吐き出すため、医師も手の施しようがなく、死者も数百人を下らなかった。このため、一九一一年七月二五日付け『時報』は、「ああ水害が収まらないうちに、疫病が引き続いて起こり、天はどうしてこのように酷く民を虐待するのであろうか」と記した。(56) 疫病は湖南省でも発生し、各府州県を合わせると毎日死者が一〇〇〇人以上を数えた。この疫病の状況は、ほぼ二種に分かれた。第一種は、雨が久しく続き、湿気が増し、この厲気に触れると黄色い浮腫が生じ、足の裏から心臓まで及び、直立不能になるものである。第二種は、大雨が退いて後、日照りと寒さが交互にきて、溺死体が水中に溜まり、時間の経過と共に蛆虫が生じ、かつ泥も一ヶ所に堆積し、生臭い臭いが周囲を蔽って、この臭気に触れると病気となって死に、更に多くの人に感染するため、黒痧症と名付けられた。(57) 疫病は八月以降、更に拡大した。(58) 湖北省や湖南省における疫病の流行に前後して、上海では五月から八月にかけて再びペスト患者が発生した。(59) 湖南汽船会社が創設時、上海から漢口をへて長沙、湘潭にまで運行したように、上海と湖北省、湖南省の間は物資が頻繁に行き来した。このため、一九一一年五月以降の上海におけるペストの被害は、湖北省や湖南省に拡大する危険性があった。この五年前、すなわち一九〇六年には、湖南省で長雨が続いて水量の増加で堤防が決壊し、衡州、永州、長沙、常徳の各府では多くの居住民の生命・財産が失われ、田畑も水浸しとなると、六月に死体の堆積と共に疫病の発生が懸念され、長沙府属の湘潭・寧郷・瀏陽の一帯で神拳の伝習を称える者が現れていた(60)。一九一二年六月二七日付け『申報』は、桃源県の羅大文の報告として、「紅燈教の高宗怡と張福田は前清の宣統二年〔一九一〇年〕に沅江県で騒擾を起こし、事敗れて後、桃源県の大安村に潜伏し教を伝えたが、昨年〔旧暦〕四月〔西暦一九一一年五月〕、該県紳民の摘発により、知県章錫光が匪首を捕えて処刑した。現在、余党は再び該処で二千余人を集めて神拳を演習し、様々な方法を用いて勧誘を行ったが、目的は不逞を図ることにある。速やかに兵を派遣し掃蕩せよ」と記していた(61)。すなわち、一九一一年五月の湖南省の疫病の発生でも、沅江流域では神拳が流行していたのである。そして、この神拳が高宗怡の洪天保の系譜を引いたとするならば、神拳は単なる個人の禳災祈禱を目的としただけでなく、末劫論、すなわち末劫の到来と救世主の降臨、至福の世界の顕現を指向するものであったと考えることができる。この状況は、一九〇六年の萍瀏醴蜂起の前夜における大雨と洪水、疫病の発生に対応した、湘潭・寧郷・瀏陽の一帯の神拳の流行と近似する。

一九一一年七月八日付け『時報』は、「広東省の革命党の蜂起〔四月二七日の黄花崗蜂起〕以降、電報が湖南省に到着し、湖南省ではこの二ヶ月の間に瀏陽、桂陽における匪賊の蜂起、長沙、善化、湘潭の各郷における喫排飯〔食糧の要求運動〕、南洲、華容における米騒動、〔湖南〕省城における鉄道国有化反対運動、各府庁州県における水害、全て匪徒が騒乱を起こしたものである。湖南巡撫楊〔文鼎〕は各所の密電に接して、革命党が長江一帯に潜入して時期を定めて蜂起を起こそうとしており、防備を厳密にすべきである等の語を述べた。このため、連日以来、〔湖南〕

省城の防備は甚だ厳しく、ほとんど兵が城下に臨むが如き状況である」と記している。そして、ある街巷の壁に朱に近い土色で大きな円が描かれていたため、巡警らはこれを「匪党」の暗号ではないかと疑い、追及した[62]。既に指摘したように、一九一一年五月以降の湖北省、湖南省の大雨と飢饉、疫病の発生に乗じて湖南省の各地で蜂起が多発していたが、これら一連の蜂起に共進会の焦達峯が関与した可能性は大いにあった。七月三一日、中部同盟会（同盟会中部総機関）の成立大会が上海で開かれ、宋教仁、陳其美、譚人鳳、楊譜笙、潘祖彝を総幹事に任命し、各省の分会は南京が鄭賛丞と章木良、安徽省が範鴻仙、湖北省が居正、湖南省が曾傑と焦達峯が担った[63]。八月後半は、焦達峯の活動が活性化し、湖南省城内でも不穏な雰囲気が醸成された時期にあたる。そして、共進会の焦達峯は、巡防営に四正社の社員を送り込み、巡防営の中に会党の勢力を扶植した。四正社の「四正」とは、「心正、身正、名正、旗正」から名が取られた[64]。八月二〇日、松崎鶴雄は「【又復革命党の風説】旧処に伝へられ、五、六月の頃、長沙城内にも不穏の兆ありし以来、多数の革命分子は一時屏息し居たるに、此の程に至り、又復城外及び地方とも警戒を厳にし居れり。一方には天災頻に臻り、米価昂貴せんとし、防穀令は春以来継続し、市況は不活溌となり、匪徒は色めき来り、官憲は鎮圧に腐心し、一般人気も何となく安堵し得ざるが如し」と述べて、湖南省内の不穏な情勢を伝えていた[65]。九月四日、松崎鶴雄が「▲革命党又復再発し、広東の狙撃事件以来、当地にも多少同派の新顔ちらつき、先頃は嫌疑者の捕縛せられたるものあり、昼夜兵備怠らず」と記したところよりすれば、松崎鶴雄は「湖南の革命党」のメンバーを熟知していたように思われる[66]。また、郷紳の葉徳輝は、革命軍の蜂起後に、「湖南省の乱後、焦〔達峯〕、陳〔作新〕を共に熟知していたが、二人とも洪会に入ったため、久しく往来がなかった」と述べている[67]。いわば、「湖南の革命党」は、外国人や郷紳にもわかるように、公然と活動を行っていた。一九一一年九月一一日付け『民立報』は、「湖南省の各属は数月以来、会匪が蜂起し、謡言が至るところで起き、もともと兵士の数が少なく分布が不充分であるのに、本年の予算が不足し、兵員数が削減・改編されてますます欠乏し、前月に緑営が相次いで削減され、広東と広西の境界地帯の会匪の勢いがいよいよ盛んとなり、防御に手が回らず、あちこちに現れ、奔走に疲れ果てた状況である」と記している(68)。

第二節　焦達峯の正都督擁立

一・革命軍の蜂起と焦達峯

湖北省の革命団体は、一九〇四年創立の科学補習所以来、日知会をへて一九一一年一月の文学社に至るまで、連綿と続いていたが、一九〇七年に留日学生が共進会を設立したために、一九一一年初頭には文学社と共進会が二大勢力となった。ただし、文学社が蔣翊武を社長とする新軍の兵士を中心とした団体であり、共進会が孫武を総理とする会党の成員を中心とする団体であったため、文学社と共進会は何度か会議を開いて聯合を画策した。一九一一年九月二四日、双方は緊急会議を開き、文学社の蔣翊武を総司令、共進会の孫武を参謀長とする統一革命司令部を設置し、蜂起日を一〇月六日、旧暦では八月一五日の中秋節に定めた。ところが、一九一一年一〇月一四日付け『民立報』紙上では、「〔湖北〕省城では謡言が起き、大勢の革命党が長江下流より潜入し、〔旧暦〕八月一五日〔西暦一〇月六日〕夜に蜂起するといわれたため、数日前に厳戒体制に入った」と記されている(69)。また、一〇月二日、旧暦八月一一日より、革命党が一〇月六日、すなわち旧暦八月一五日の中秋節の夜二時に蜂起を起こすという謡言が流布したため、湖広総督瑞澂が八旗軍や旗人の新軍の兵士及び巡防営の兵士を招集して湖広総督衙門の警護を強化し、瑞澂も一〇月六日以降汽船に宿泊した。このため、一〇月六日は、馬隊が街巷に満ち溢れて厳戒態勢を敷いたため、いかなる事件も起こらなかった[70]。また、革命軍も、居正、宋教仁、黄興の漢口到着が遅れたため、蜂起日を一〇月六日から一〇月九日に延期させた[71]。ところが、一〇月九日、漢口のロシア租界にある革命派のアジトで製造中の爆弾が暴発し、孫武は重傷を負って入院した。ロシア租界の警察は、事態の重大性に鑑みて革命党員の名簿や書類などを押収し、これを湖広総督瑞澂に報告した。これに対して、蔣翊武らは武昌の蜂起司令部で緊急会議を開き、当日の夜中一二時の蜂起を決めた。しかし、総司令部が湖北省の軍警に踏み込まれ、劉復基、彭楚藩ら二〇数人が逮捕され、一〇月一〇日の朝に劉復基らが銃殺されたため、一〇月一〇日、新軍の兵士は急遽、武昌城の内外で蜂起した。まず、第八鎮の第八営が決起して、事前の計画通り楚望台の武器庫を占領し、湖広総督衙門・第八鎮司令部を攻撃した。湖広総督瑞澂・第八鎮統制張彪は逃亡した。続いて、新軍の兵士は、漢陽と漢口を攻撃した。翌一〇月一一日、蔡済民らは湖北諮議局に集い、湖北諮議局議長の湯化龍らと会議を開いて、湖北軍政府（以下、湖北都督府に名称を統一する）の樹立に着手すると共に、第二一混成協協統の黎元洪を湖北都督に推挙した。同時に、蔡済民らは、革命党員からなる謀略処を設置し、ここで湖北都督府の具体的な方針を決定し、一切の苛捐雑税の廃止、辮髪・纏足の禁止、湖北都督以下職員の一律二〇元の給与などを決定すると共に、「中華民国鄂州臨時約法」を発布した。また、湖北省の革命軍は湖南省に使節を派遣し、湖南省の革命軍が蜂起して湖北省に呼応するよう求めた。前湖北諮議局議長の湯化龍は、一〇月一七日に「軍政府暫行条例」を発布して、謀略処を廃止し、湖北都督黎元洪に総司令を兼任させて軍事権を集中すると共に、自らが政事部長に就任し、民政の一切の権限を統括した。この結果、湖北都督府の要職は、清朝の時代の旧諮議局議員などに占められた[72]。

一九一一年一〇月七日、憲友会湖南支部の廖名縉らは、体操を学堂の必須科目として軍事教育の先導とするために、湖南省城の賈太傅祠に体育学社を開設した。社長に李達璋、監督に易宗羲、主任に呉作霖、教務に蔣鶴孫を公挙し、定員は一五〇名で、学習期間を一年とした。体育学社には、受験希望者が殺到した(73)。そして、体育学社が革命軍の集合機関となったのである。一九一二年三月二五日付け『民立報』は、革命軍の蜂起と焦達峯の関係を次のように記している。

〔旧暦〕八月一九日〔西暦一〇月一〇日〕に武漢の事件が起きた時、湖南省城に居た者は僅かに余昭常、鄧悏宇、劉光瑩、陳宗海のみであり、知らせを聞いて急いで湖北省城に赴こうとしたところ、漢口の機関部が人員を湖南省に派遣して、速やかに湖南省も蜂起し、湖北省の後援をなせと述べてきた。このため、これらの人は急遽、君〔焦達峯〕及び楊〔任〕らに書簡を送り、湖南省城への到来を促すと共に、密かに布置を行った。また、胡超徴、曾傑も〔賈太傅祠の中にある〕体育学社及び各学堂に働き掛け、君〔焦達峯〕も郷村で同志を連絡したが、〔旧暦〕二三日及び二四日〔西暦一〇月一四日及び一五日〕になっても湖南省城に到着することができなかった。鄧〔悏宇〕らは、余氷如と連絡し、兄の新軍〔第五〇標〕標統の余欽翼に働き掛けたところ、新軍の下級将校の賛同者が最も多かった。そして、瀏陽の陳作新が巡防営に鋭意働き掛けたところ、大勢がこれに帰し、布置も大いに備わり、専ら君〔焦達峯〕の到着を待つに至った。〔旧暦〕二七日〔西暦一〇月一八日〕、君〔焦達峯〕が湖南省城に至り、遂に各団体や軍隊と連合して統一し、早期の蜂起を計画し、〔旧暦〕三〇日〔西暦一〇月二一日〕の晩に賈太傅祠における放火を合図に〔蜂起することに〕決した。ところが、君らは灯油を購入し、夜更けに柴を購入しようとして果たさず、各人の着衣を脱いで火を着けようとしたが、油質が悪く、また中に水を含んでおり、燃えようとしてもすぐに消えてしまい、謀を遂げることができなかった。〔一〇月二二日〕夜明け頃、馬隊の密告から機密が漏れ、長沙県の官憲による追求が急になったため、これ以上計画を遅延させることができず、〔焦達峯が〕隊列を率いて小呉門に至り開城を図った。しかし、新軍は城外に駐屯しており、開城しなければ兵士も入城できなかった。この時、君〔焦達峯〕は徒手空拳で、知らせを聞いて同志を率い小呉門に赴き、城門に到着した。ところが、城門は堅く閉ざされ、一〇〇〇人余りの巡防営の兵士が城壁の上におり、銃を並べて待ち構えており、長沙知県沈瀛も君を見ると兵士に発砲を命じたが、兵士は互いに顔を見合わせるだけで、動かなかった。そこで、君らは奮闘して進み、易〔棠齢〕と余昭常が大きい鉄錐の力で城門を打ち壊したため、新軍は遂に相率いて入城することができた。君は各同志を指揮し、軍装局、火薬局等に赴いたところ、各所の兵士は帰順し、兵器や火薬を蜂起軍に運んで献納した。(74)

ここで、「鄧〔恢宇〕らは、余氷如と連絡し、兄の新軍〔第五〇標〕標統の余欽翼に働き掛けたところ、新軍の下級将校の賛同者が最も多かった」と記されたように、新軍の中で革命派の呼び掛けに呼応したのは中下級の将校であり、これに巡防営の兵士が加わった。かれらは体育学社を中心機関として謀議を図り、焦達峯の湖南省城到着を待って蜂起を決行した。

一〇月一〇日の武昌蜂起の報は、中国全土を駆け巡った。一九一一年一一月二日、イギリスの長沙駐在領事ジャイルズは、特命全権公使ジョーダンにあてて、「〔湖北省における〕騒乱の勃発は、一〇月一〇日夜、三〇〇人の兵士が船で武漢に送られた時点で、うすうす気づいていた。……一〇月一六日午後、一一〇〇〇人の乗客を乗せた汽船が長沙に到着し、その中に革命党の指導者が乗船したといわれ、翌日から顕著な変化が現れた」と記し、新軍の兵器が武器庫に仕舞われ、巡防営の駐屯地が湖南省城内に置かれ、新軍が地方の小都市に派遣されようとした点などを指摘した上で、「一〇月一七日午後、一〇月一八日の夜に蜂起が計画中という報告を受け取った」と述べている。(75)ただし、一〇月一一日には、武昌蜂起の報が湖南省に届いていた。湖南省の共進会の会員らは、六月の漢口での決定に従い、湖北省に呼応して革命軍の蜂起を討議した。一〇月一三日、鄒永成は、新軍代表の安定超らと、作民訳社で秘密会議を開いた。一〇月一八日、焦達峯が瀏陽より長沙に戻り、湖南省城の賈太傅祠にある体育学社で拡大会議を開き、革命軍の蜂起の決行日を一〇月二一日に定めた。しかし、一〇月二一日は革命軍の準備が整わずに、蜂起の日にちは翌二二日に延期された。曹孟其は、一〇月二二日の蜂起に至る経緯について、「〔一〇月二一日の会議で〕旧軍〔巡防営〕の意見は先ず統領官黄忠浩を殺害し、新軍が巡撫衙門、火薬局を包囲し、〔文〕経緯が富訓商業学堂を焼き討ちし、〔易〕宗義は賈太傅祠に放火し、発炎と共に両軍が至り、皆な〔陳〕作新の指揮下に入ることにして、次日〔の蜂起〕を約束した。〔旧暦〕九月朔日〔一〇月二二日〕、日蝕があった」と記し、一〇月二二日に日蝕の起きたことを指摘している。(76) 一〇月二二日朝、新軍の兵士が運動場に集結し、まず安定超が三発の信号弾を発し、兵士に革命の意義を演説すると共に、妄りに隊列を離れないこと、規律を守り反抗せず勝手に銃を撃たないこと、民間の物を取らないことの、三点の禁令を伝えた。同時に、革命軍を三隊に分けると共に、各隊に次のような動員令を下した。第一陣は、彭友勝が第四九標第二営后隊を率い、第五〇標と馬隊営と合流して、北門より湖南省城内に進み、荷花池の軍装局を占拠する。第二陣は、安定超が第四九標第二営前隊、左隊、右隊を率い、輜重営、砲兵営、工程営の三営と合流し、東北の小呉門より湖南省城内に入城し、直ちに湖南諮議局を占拠する。第三陣は、李金山が砲兵営を率いて湖南省城内に進んでのち、軍装局に至り砲弾を奪取し、巡撫衙門を威嚇する。この動員令が下ってのち、各隊は各自出発し、計画通りに進軍した。彭友勝の第一陣は、北門に向かった。巡防営の北門の守備兵は、城門を開いて新軍の兵士を向かい入れた。ところが、安定超の率いる第二陣は、巡防営の小呉門の守護兵が発砲したため、入城ができなかった。すると、北門より入城した第五〇標第一営右隊隊官の易棠齢が軍械局を占拠後、武器を奪って小呉門を破壊し、第二陣を城内に引き入れた。(77) 革命軍は湖南省城内に入ると、直ちに巡撫衙門に押しかけ、巡撫衙門に漢と記した白い旗を掲げた。湖南巡撫余誠格は、既に逃走していた。革命軍は、巡防営中路統領黄忠浩を発見すると、これを殺害した。鄒永成が「黄〔忠浩〕は捕えられた時には馬上にいて、城牆の上で軍隊を指揮するための準備をしており、何人かの衛兵を従えていた。ところが、この衛兵らが既に革命党の策動を受けており、革命軍が黄忠浩を知らないのではないかと思い、『これが黄統領だ』と叫んだ」と述べたように、黄忠浩は黄忠浩の衛兵の裏切りによって殺害されたのである(78)。

二・黄忠浩の殺害

一九一一年一〇月二二日の革命軍の蜂起で暗殺された黄忠浩は、一体いかなる人物であったのであろうか。黄忠浩、字は沢生、湖南省黔陽県の人である。一八五九年（咸豊九年）に生まれた。長沙の校経書院に学んで後、一八八八年（光緒一四年）に優貢生となり、朱子学を究める傍ら、羅沢南、曾国藩を慕い、兵学を修め、沅江書院の主講をへて沅州知府朱其懿を助けて財政を整理した。一八九五年、湖北巡撫譚継洵の要請で五〇〇名の義勇兵を訓練し、湖広総督張之洞によって武靖営の指揮官に任命された。一八九七年、湖南巡撫陳宝箴は黄忠浩に毅安軍を指揮させた。また、湖南巡撫陳宝箴は、鉄路総公司督辦盛宣懐に粤漢鉄路公司創立のための株の募集を請願したが、湯聘珍、汪詒書、趙啓霖、熊希齢、戴展誠、蔣徳鈞、譚嗣同と共に黄忠浩の名もあげられた。一九〇二年、黄忠浩は、喩光裕と共に沅豊総公司を設立した。一九〇三年、沅豊鉱務総公司は阜湘煉総公司と合併して湖南全湘鉱務総公司となり、湖南全湘鉱務総公司が西路、中路、南路の公司を統括すると、黄忠浩は西路公司総経理となった(79)。黄忠浩は、軍事、鉱務と共に教育にも関心を抱き、明徳学堂の幹事、明徳小学校の総理を歴任した。また、一九〇四年に広西省で会党の蜂起が起こると、狼山鎮総兵、右江鎮総兵として鎮圧にあたった。一九〇八年、黄忠浩は四川総督趙爾巽の招聘を受け、四川省の兵備処、教練処の総辦、督練公所の総参議、四川提督となった。一九一〇年の長沙米騒動後、熊希齢は「吏治は固より人材を得ることにあり、吏治の不足を補うのは正紳を得ることにある」と述べて、正紳の優なる者として朱昌琳、蔣徳均、譚延闓、龍璋、湯魯璠の名と共に、「西〔路〕、南〔路〕の信服する人」として黄忠浩と程和祥の名をあげた。(80) 一九一一年七月、黄忠浩は憲友会湖南支部の準備会を開催し、辛亥倶楽部湖南支部の支部長となった。また、同年七月一七日、中央教育会が上海で張謇を中心に開会すると、同会に名を連ねた。(81) 更に、九月には、湖南省城に公立臨時公官養成所を設立し、監獄専修科を付属して、司法の人材の育成を図った。(82) 湖南巡撫余誠格は、黄忠浩の才能を高く買い、巡防営中路統領の就任を要請し、黄忠浩も就任を受諾した。(83) 黄忠浩は、革命軍の蜂起前、革命軍の蜂起が成功した暁には、譚延闓の都督就任と共に鎮統就任が期待されていた。(84) すなわち、譚延闓が民政部門、黄忠浩が軍事部門を担う予定であった。湖南巡撫余誠格は、新軍が革命に同調的であるという情報をえて、巡防営中路統領黄忠浩と協議の上、湖南省城の防備を巡防営に委ね、新軍を湖南省城から離れた地域に分散させた。湖南省の新軍は第四九標と第五〇標から構成されたが、一〇月一一日には第五〇標の第一営は寧郷、第三営は益陽に分駐させ、第四九標の第一営と第三営も岳州と臨湘に分駐させた。この結果、第四九標と第五〇標で長沙に駐屯したのは、共に第二営のみとなった。そして、各県の一〇幾つかの巡防営を湖南省城に呼び寄せ、更に新軍の弾薬を兵器庫に収め、巡防営には各営に一〇箱程度を携帯させた。(85)

湖南省の軍隊は、主に巡防営と新軍、緑営などから構成された。巡防営は中、前、後、左、右の五路からなり、毎営約三〇〇人で、中路（長沙）が一八営、後路（衡州、郴州、永州）が一三営であった以外は、前（岳州）、左（湘潭、醴陵）、右（常徳、辰州、沅州）の各路とも約五営であった。このため、前路、左路、右路の三路を合わせても総計二〇営に満たなかった。各々の統領は、中路が黄忠浩、前路が呉耀金、左路が謝澍泉、右路が陳斌生、後路が張其鍠であった。この他に、緑営が八〇〇〇人から九〇〇〇人、鎮筸鎮が四〇〇〇人、綏靖鎮が一〇〇〇人余りおり、永綏協、乾州協には一部に苗族がいた。そして、中路統領の黄忠浩が湖南全省営務処の責任者となり、これらの軍隊を指揮した。また、新軍の第二五混成協は、一九〇九年に新式軍隊を再編したものであり、歩兵二標（第四九標と第五〇標）、砲兵一営、馬隊一営、工程一営、輜重一営からなった。第二五混成協の設立当初の協統は、楊晋である。ただし、楊晋は、一九一〇年の長沙米騒動の責任を取って辞任し、代わって蕭良臣が協統に就任した。蕭良臣は北方の出身者であり、部下を統率することができず、転任した。[86]第四九標と第五〇標は、共に三営からなった。第四九標の標統が黄鸞鳴、教練官が王隆中であり、第一営の管帯は梅倬敏、第二営の管帯は卿衡、第三営の管帯は王正宇であり、第五〇標の標統が余欽翼、教練官が李致梁であり、第一営の管帯は李国経、第二営の管帯は梅馨、第三営の管帯は陳書田であった。また、砲兵営の管帯は向瑞琮、工程営の管帯は袁宗瀚、輜重営の管帯は斉琳、馬隊営の管帯は張翼鵬であった。ただし、一九一一年一〇月の時点では黄鸞鳴が秋季演習のために北京に赴いたため、王隆中が標統を務めた。[87]巡防営は旧式の軍隊であったが、兵器は漢陽兵工廠製造の七九式新式歩銃を所有し、雑牌洋式銃も備わっていた。新軍の上級、中級の軍官は多くが日本の陸軍士官学校の卒業生で、大部分が中国同盟会に参加した。また、兵士も訓練が行き届いており、一定の教育水準を保ち、清朝政府より与えられた待遇もよく、冬には綿の軍服、夏には薄手の軍服が支給された、給与も月四両五銭（のち七両）であった。これに対して、巡防営の各級の軍官は、多くが小部隊の出身で、学歴も低く、裸足に草履であったため、「巡防営が喧嘩をし、常備新軍は隊列を組んで見物する」といわれただけでなく、巡防営の兵士の給与も月二両三銭で、新軍の兵士に比べて安く、かつ軍服も藍色の木綿布製の衣服が一年に二着支給されるのみであったのである。[88]この巡防営全体を全軍総統提督軍門として統括したのが、中路統領の黄忠浩であった。なお、閻幼甫（鴻飛）は、「新軍の上級と中級の将校は殆どが反革命か不革命であり、彼らの脳裏に満ちていたのは発財昇官の考えだけであった」と述べて、蔡鍔、朱瑞、呉禄貞、張紹曾、趙声、藍天蔚などの革命思想に富んだ人物は湖南省の上級、下級の将校には皆無であったとしつつ、「下級の将校と兵卒には前進分子〔革命思想に富んだ人物〕が極めて多かった」としている。また、巡防営については、「巡防営の中級、下級の将校は、多数が会党に加入していた」と述べて、焦達峯の指導する四正社が巡防営の中に地盤を築いていたとしている。[89]また、四正社と関連のあった人物としては、巡防営将校には趙春廷、袁国瑞、甘興典が、新軍の中には易棠齢、楊玉生、朱先傑、劉玉堂がいたとしている。[90]

一九一一年八月、湖南巡撫余誠格が、前湖南巡撫楊文鼎に代わって、湖南省に着任した。余誠格は、二人の道員を連れて湖南省に至った。一人は王曾綬であり、湖南勧業道となった。他の一人は王毓江であり、湖南省全省営務処会辦兼提調となった。余誠格は、これと同時に、四川提督黄忠浩に命じて湖南全省営務処兼中路巡防営統領とし、湖南省の巡防営の総責任者とした。黄忠浩は湖南省に戻る時、多くの軍事的人材を連れて帰り、彼らを軍事の主要メンバーとした。甘興典は、その一人である。黄忠浩は、湖南省の中路統領になると、水師営統領の劉玉堂を甘興典に代えた。甘興典は湖南省湘陰県の出身で、武科挙をへて武秀才となり、武科挙の騎射（馬上より矢を放ち的を射る試験）に優れ、広東省で都司（武職）と遊撃（武職）を歴任した。甘興典は、湖南省出身の両広総督譚鍾麟に引き立てられ、譚鍾麟の死後は黄忠浩によって要職に抜擢された。すなわち、黄忠浩が忠字旗防営歩隊の統領兼総兵となると、甘興典は黄忠浩の部下として忠字旗防営管帯となった。また、黄忠浩が四川提督軍門になると、甘興典も黄忠浩に随行して四川省に至り、参将兼四川防営管帯となった。[91]いわば、甘興典は、黄忠浩の腹心の部下であった。そして、巡防営は、湖南巡撫余誠格が革命勢力の浸透している新軍に代わり、防衛軍として期待した軍隊である。しかし、共進会の焦達峯は、巡防営に四正社の社員を送り込み、巡防営の中に会党の勢力を扶植した。このことが、巡防営の清朝からの離反を決定付けた。焦達峯の工作は、巡防営だけでなく、巡撫衙門の衛兵、更には巡防営統領の黄忠浩の身辺の護衛にも及んだ。既に指摘したように、黄忠浩の腹心の甘興典は四正社の社員であった。このため、甘興典が一〇月二二日の革命軍の蜂起で黄忠浩を擁護しなかったのも当然であろう。そして、巡防営も湖南省城の城門を開いて新軍の将校や兵士を受け入れただけでなく、黄忠浩の殺害にも積極的に関わった。[92] 黄忠浩が殺害された理由は、黄忠浩が湖南巡撫余誠格の意向を受けて新軍や巡防営の規制を強め、却って巡防営の将校や兵士の反感を買った点にあるといわれている。王嘯蘇の回顧では、黄忠浩の殺害は、新軍と巡防営の事前の会合で、巡防営代表の徐鴻斌が「統領の黄忠浩の殺害を交換条件となし、〔殺害が〕認められなければ巡防営は〔革命軍に〕参加しない」と述べ、左学謙、呉作霖がこれを承認した結果であった。[93] 清末、湖南省の軍隊、すなわち巡防営と新軍、緑営を合わせた兵員数は、約三万人であった。ところが、一〇月二二日、焦達峯は正都督に就任すると、援鄂軍の派遣を計画して大規模な募兵を行い、陸軍四鎮を創設して第一鎮統制に余欽翼を、第二鎮統制に趙春廷を、第三鎮統制に易棠齢を、第四鎮統制に閻鴻翥を任命した。[94] このうち、趙春廷と易棠齢は、四正社と関係があった。そして、軍隊の兵員数は、数日前まで三万人であったものが、五万人もしくは七万人にまで、すなわち二倍近くに膨張した。兵員数が短期間で増加した理由は、四正社を通じた会党の動員にあった。[95]

三・焦達峯暗殺事件

一九一一年一一月一日付け『時報』は、一〇月二三日に塩谷温が長沙より致した書簡の内容として、次のように記している。

〔旧暦九月〕一日〔西暦一〇月二二日〕午前一〇時、北門外で出火があり、三〇分程で鎮火した。友人が来て、現在城内で革命軍が蜂起し、一兵も動かさず一刃も汚さずに成功した速さは、古今東西の歴史で実に大書、特書すべきものであると述べた。午後、私は城内に入り、中華民国軍政府の告示の後に中華民国軍政府駐湘都督焦（湖南協統焦友論〔焦達峯〕）と著名されているのを見た。城門は、閉じたり開いたりしていた。僅かに、北門のみが民衆の通行を許し、城内も頗る安静で、店舗は皆な白い旗を掛けていた。街の中では、常に歩兵が往来し、銃を担いで巡邏し、一般の人々も意気軒昂で、惨殺された土匪の首が銃の先に掛けられているのを見た。普く市中を歩くと、兵士が護送してくれ、挙動は敬服すべきものがあった。中路統領黄忠浩はすでに殺され、屍が小呉門内にさらされていた。巡撫、布政使は見ることができず、既に逃走していて、告示では巡撫の首にかけられた懸賞金を一〇〇〇金と記載されていた。巡警道は、既に四、五日前に逃走していた。巡撫衙門より兵船に至るまで、皆な白い旗が掲げられ、巡撫衙門の前に掲げられた白い旗には漢の一字が大書されていた。昨日、城内は人力車の通行を禁止し、軍隊の輸送に便ならしめた。有閑者の遊行は頗る多いが、轎や輿の往来は極めて少なく、たまたま陳海鵬翁（前水師提督）と遭ったのは不思議なことであった。昨日〔一〇月二二日〕、王湘綺先生〔王闓運〕が訪ねてきて、もし請求することがあれば、拙宅に来られたい等の言葉があった。親切なること、感謝に堪えない。葵園先生〔王先謙〕は既に逃亡し、葉徳輝もまた行方が知れない。ただし、ここに居住しても妨げがなく、ただ読書に不便を感ずるだけである。(96)

一九一一年一一月二日付け『東京朝日新聞』紙上では「筑後丸、〔一一月〕二日午前八時、第四回漢口、長沙、黄州の避難民を乗せ、帰港せり。長沙は塩谷文学士其他日本人無事にて、〔一〇月〕二十二日全く革命軍の手に帰し、同日午前十時火災ありしも、暫時にして消えたり。午後一時革命軍城内に入り、何等血を見ることなくして占領せり。其より後は北門のみ一般の通行を許したるが、各方面の清人は皆白旗を掲げて恭順を表し、歩兵は武装して市内巡警を為したるが、是より先き浮浪民の乱に乗じて奪掠を行ひしも、直に斬首して市内を引廻せる様、凄愴を極む。又逃走したる巡撫の首は一千金を懸けて探しつゝあり」と記されているが、この「同日午前十時火災ありしも」以下の記述は、この塩谷温の書簡を要約したものであろう[97]。ここで、湖南巡撫余誠格にかけられた一〇〇〇金の懸賞の額は、一九一〇年の長沙米騒動後に掲帖の配布者にかけられた懸賞の額に対応するため、懸賞金の最高額の相場であったと思われる[98]。塩谷温の書簡は、革命軍の蜂起後、難を避けて帰国した、湖南省の学堂の日本人教習によってもたらされたのではなかろうか[99]。

一九一一年一〇月二二日、革命軍は、巡防営中路統領黄忠浩の殺害後、湖南諮議局の寄宿舎で会議を開き、中華民国軍政府の組織を相談し、焦達峯の正都督、陳作新の副都督就任を決めた。一〇月二二日の会議が急であったため、参加者は六〇から七〇名にすぎなかった。焦達峯が会議で「私は孫文の命令を奉じており、孫は私に湖南の事を任せている」と述べた結果、焦達峯の正都督、陳作新の副都督就任が決まった。ただし、自治会の常治が「現在選任された正・副都督は臨時であり、将来正式に改選すべきである」と主張した[100]。翌一〇月二三日、中華民国軍政府は、中華民国軍政府湖南都督府と改称した（以下、湖南都督府と呼ぶ[101]）。焦達峯が正都督に就任すると、叙任が相次いだ。子虚子は、この模様を次のように記している。

焦達峯は都督になると、諮議局の楼上で文書を記し、最初に余欽翼を第一鎮統制に任じたが、都督の印鑑がまだ彫られていなかったため、一枚のわら紙を取り出して、「都督焦の臨時命令、某を標統に、某を営官に任ずる」と上書し、下に「四正」の印を捺した。「四正」は合すると「罡」、すなわち洪江会の暗号になり、蜂起の暗号に用いられただけでなく、これによって毎日、十数人、数十人が任命された。このため、一時に城中の廟宇、公所、客桟には募兵の旗幟が高く掲げられ、車や駕籠の担ぎ手、ならず者、乞食は、皆な相率いて軍営に投じ、兵隊となった。彼らは、武器もなく、軍服もなく、皆な高い髷と羅紗の玉を付け、胸の前には長い帯を垂れ下げ、漢代の官吏の立ち居振る舞いに似て、戯劇の中の武伶のような装いであった。都督府より市廛街巷に至るまで、全てがこのような有様であった[102]。

栗戡時は、「焦達峯は度量が極めて広く、部下の者が彼に怒りを発しても微笑をたたえて応じ、まま偏見にとらわれることがあっても、一たび指摘を受けると直ちに改めた。……年齢が若く〔この時、〔数えで〕二五歳であった〕、始めて大権を掌ったため、識力・経験共に不足し、会党の成員が集まると直ぐに取り込まれてしまった」と記し、焦達峯による無分別な叙任を焦達峯の未熟さに帰している[103]。ただし、曹孟其が「〔焦〕達峯は、ちょうど二〇数歳になったばかりで、初めて到着した時は車賃を持っておらず、一枚のシャツに草履ばき、手提げ籠以外、他に余計なものは持っていなかった」と述べているところからすれば、焦達峯は物事にとらわれない性格で、このことが無分別な叙任に繋がったともいえよう[104]。一〇月二三日、湖南省の郷紳、特に旧湖南諮議局議員は、焦達峯による無分別な叙任に対して、警戒心を強めた。そして、郷紳らは、焦達峯に対して、「イギリスの立憲の精神に倣い、専制独裁の弊害を防ぐ〔こと〕」を名目に参議院の設立を認めさせた。参議院の規則では、「一・参議院は軍政と民政の全局、行政と人事の事柄を審議する。二・都督府の命令は必ず本院が決定、押印して後に都督に捺印を請願し、この後に本院より各部に下して執行する。本院の否決した事柄で都督が執行を認めたものは、理由の説明後に本院に交して再度議論をするが、本院が再び否決した場合、都督は二度と議案を提起できない」と定めていた[105]。この結果、正都督焦達峯の命令には、参議院の同意が必要とされることになった。

一九一一年一〇月二五日、湖南省では、湖北省の例に倣い、「軍民分治」を名目として湖南都督の下に民政・軍政の両部を置くことに決した。民政部長には、前湖南諮議局議長で、参議院院長の譚延闓が就き、民政部の下に、民政、財政、教育、司法、交通、外交の六司が設けられ、民政司長に龍璋、のちに劉人熙、財政司長に陳文璋、教育司長に陸潤霖、司法司長に洪栄圻、交通司長に仇毅、のちに龍璋、外交司長に粟戡時が就任した。このため、湖南都督府は、清朝の時代の湖南諮議局議員によって占められた。しかし、一〇月二六日、焦達峯は参議院の承認をへずに人事を断行し、内部対立が一挙に緊迫化した(106)。もともと、中国同盟会と共進会は政治綱領に相違があり、ために湖南都督の選出では中国同盟会が譚心休を、共進会が焦達峯を推したが、一〇月二二日の会議で焦達峯が正都督に選出されたために、譚心休は不満を抱いた(107)。更に、新軍の上級の将校、特に日本の陸軍士官学校の卒業生も焦達峯の正都督就任に不満を募らせた。彼らは、一〇月二二日の革命軍の蜂起時に第五〇標の第一営が寧郷、第三営が益陽に分駐し、第四九標の第一営と第三営も岳州と臨湘に分駐していて、革命軍の蜂起で何の功績もなかった。また、焦達峯は正都督就任後、獄中の仲間を釈放した(108)。潘世謨の回憶では、潘世謨の叔父の潘昉が独立協を組織すると、一九〇六年の萍瀏醴蜂起の残党が独立協の成員となったために、龔春台が二度独立協を訪問していた(109)。一〇月三一日、龔春台も、革命軍に加わっている。上級の将校は、これら会党が湖南省内を跋扈することに危機感を強めていた。一〇月二四日、湖北省の革命軍の支援、すなわち援鄂軍として、第四九標を湖南省から湖北省に派遣することになった。このため、焦達峯は、第四九標第二営に代えて、寧郷と益陽に駐屯中の第五〇標第一営管帯の蔣国経、同第二営管帯の梅馨を長沙に呼び寄せ、湖南省城の防備を委ねた。梅馨は長沙に戻ると湖南都督府に赴き、焦達峯に事後の計画を問うた。焦達峯は、二〇万の兵を出兵させて北方を平定すると答えた。梅馨は焦達峯の返答に不満を感じ、また焦達峯の側近の多くが無頼であるとして、「焦〔達峯〕は元帥ではなく、陳〔作新〕も酒乱である」と罵った(110)。一〇月二六日、譚人鳳が長沙に戻ると、参議院が全権を掌握していることに憤り、参議院の解散を要求した。一〇月二九日、焦達峯は、湖北省から湖南省に帰還した任震の歓迎会で、正都督の辞任を申し出て、周囲に慰留されて辞職を撤回した。同日、第五〇標第二営管帯梅馨、統帯余欽翼は、焦達峯に対する不満から、軍関係者の会議を召集した。出席者は、梅馨、余欽翼の他、管帯危道豊、管帯李致良、参謀陳維城、管帯蔣国経、炮隊営管隊向瑞琮、馬標隊帯戴鳳翔であり、戴鳳翔以外は日本の陸軍士官学校の卒業生であった。この軍事指導者の会議で、焦達峯、陳作新の人材登用、金銭乱費が話題に上り、両名の殺害が提議された。一〇月三〇日、湖南都督府の会議が旧湖南諮議局で開かれ、投票の結果、参議院の廃止が決定し、譚延闓は参議院長を辞職した(111)。一〇月三一日、梅馨は部下に和豊公司の取り付け騒ぎを起こさせて、陳作新を誘き出して殺害した。同時に、呉家銓の部隊に命じて焦達峯を殺害し、前湖南諮議局議長で前参議院院長の譚延闓を湖南都督に擁立した(112)。

第三節　革命軍の蜂起と末劫論

一・譚延闓の「文明革命」

一九一一年一〇月三一日、譚延闓が新しく湖南都督に就任した。譚延闓は、一八七九年一月一〇日に譚鍾麟の子として生まれた。父親の譚鍾麟は一八五六年（咸豊六年）の進士で、陝西巡撫、陝甘総督、両広総督、閩浙総督などを歴任した大官僚であるが、晩年は湖南省に隠棲して一九〇五年に没した。譚延闓は一九〇二年の挙人で、科挙最後の年の一九〇四年に進士となり、翰林院編修となって後、湖南省に戻った(113)。同年の進士には、のちの湖北諮議局議長の湯化龍、王先謙の門弟の蘇輿などがいる。譚延闓は、一九〇五年の譚鍾麟の病没後、湖南省の振興に携わり、胡元倓の設立した明徳学堂を援助すると共に中路師範学堂の監督となり、湖南憲政公会を組織して立憲運動を推進した。一九〇九年一〇月、湖南諮議局議員、初代の湖南諮議局議長に選出された(114)。日本の長沙駐在副領事村山正隆が一九一〇年の長沙米騒動について、「尚紳士中諮議局議長兼教育会会長譚延闓・商務総会総理龍璋の如き、何れも新旧に偏せす、中立の態度を持し、近年最も名望を博し、先つ代表的勢力家として認む可き者にて」云々と述べたように、譚延闓は周囲から郷紳の指導者に目されていた[115]。同様に、宗方小太郎も、「長沙紳士の有力者は瞿鴻禨、王闓運、王先謙の三人にて、商務総会総弁竜〔龍〕璋、諮議局議長譚〔延闓〕の両人之に次で有力者なり」と指摘している[116]。譚延闓は一九一〇年に北京に赴き、預備立憲期限の短縮と国会速開を求めると共に、湖南省の鉄道利権回収運動では王先謙らに代わって積極的な役割を果たし、資政院議員にも選ばれた。一九一一年五月、清朝政府の発した鉄道国有化令に反対し、諮議局連合会大会では会長に選出された。七月、譚延闓は湖北省の湯化龍らと共に北京で憲友会に参加し、憲友会湖南支部を設立した。また、七月一七日、中央教育会が張謇を中心に上海で開会すると、同会の発起人の一人に名を連ねていた[117]。一〇月二二日、焦達峯が正都督になると譚延闓は行政部長、参議院長を歴任し、一〇月三一日に湖南都督に就任した。譚延闓は湖南都督就任後、「文明革命は盗賊とは異なる」と称えて焦達峯の政治とは一線を画していた[118]。そして、参議院と副都督を廃し、湖南都督の権限を強化したが、民政司長に劉人熙、教育司長に陸潤霖、外交司長に粟戡時、交通司長に龍璋、司法司長に洪栄圻、鉱政局長に黄忠績（黄忠浩の弟）を任命し、財政司長を陳文璋から陳炳煥に交代させ、軍務部長の閻鴻飛を辞任させた他は、焦達峯政権の民政部や参議院の人事を引き継いだ[119]。この結果、清代の湖南諮議局議員、就中辛亥倶楽部や憲政会の成員、及び革命軍の蜂起における功労者が、湖南都督府の中枢を占めた。また、子虚子が「地方の知事は自ら辞任しなければ補充せず、何度か辞任を申し出なければ交代させず、各属の行政庁も改組しなかった」と述べたように、地方の知事も殆どが留任した[120]。このため、譚延闓政権では、清朝の支配下で革命運動を行った中国同盟会の成員と、清朝政府下で改革運動を推進してきた郷紳、特に湖南諮議局議員が混在した。一二月一二日、湖南都督譚延闓は、士農工商、軍警、官紳の別なく、同日より一律に辮髪を剪らせ、抵抗する者があれば厳罰に処すと宣言して、「剃髪〔辮髪の除去〕」に努めた[121]。ただし、郷村では、「剃髪〔辮髪の除去〕」は思うように進まなかった。[122]

一九一一年一一月九日付け『申報』は、焦達峯と陳作新が殺された理由について、「湖南省の常備軍〔新軍〕は近日紛々と密議をこらし、正都督焦達峯と副都督陳作新が会党の頭目や無頼であり、出身が正しくなく、今回の都督就任も大勢の推挙によらず、近日の執務も甚だ曖昧で、私人を信じて任せ、賞罰の多くも不公平で妥当性を欠くと述べたてて、しばしば大勢で〔焦達峯と陳作新を〕攻撃した」と記し、更に譚延闓が新湖南都督に推戴された模様を、次のように述べている。

各軍士は〔譚延闓に対して〕、この事は我らが街ごとに説諭して回り、必ずや人々を驚かせないようにするため、都督におかれては熱心に事を行い、他に心配などなされないよう望むだけであると述べた。譚延闓も長時間演説をし、言葉も謙虚を極めた。すると、各軍士も一斉に拍手し、唯唯諾々として命令を聞き、退いてからは高札で焦〔達峯〕と陳〔作新〕の罪状を宣布し、誅殺を加えなければならないとした。また、別の高札に「公挙譚延闓大都督」の八字を上書し、多くの人を〔街巷に〕派遣し、街巷を練り歩かせて銅鑼を鳴らし、二つの高札を随時巡行させて、大勢に知らせたのである。[123]

新軍の兵士は、「公挙譚延闓大都督」の八字を記した高札を掲げ、各街巷を巡行している。この行為は、一九一〇年の長沙米騒動において、湖南省の郷紳が民衆の行動を慰撫するために行ったものと同一であった。譚延闓の湖南都督就任は、新軍が焦達峯を暗殺した結果によった。一九一一年一一月九日付け『申報』の記事からは、次の三点の特徴を指摘することができる。第一点は、焦達峯と陳作新が会党の頭目、無頼のならず者として、批判された点である。この点には、前湖南諮議局議員や日本の陸軍士官学校卒業生などの、焦達峯や陳作新に対する侮蔑の念が顕在している。第二点は、高札に「公挙譚延闓大都督」とあるように、湖南都督は「公挙」によらなければならないという暗黙の了解の下に、焦達峯、陳作新の正・副都督就任が正当性を欠いたとした点である。第三点は、焦達峯の正都督就任後の人事が、公平を欠いたという点である。一九一一年一一月二三日付け『時報』は、「今回民軍の向うところ、異常な歓迎がなされ、些かの障害もなかった。湖南都督府には、毎日牛や羊、酒や食物などの提供者が、次々と絶えることなく至り、穀米も二百余万石に達した」と記し、清代の自治公所が公金や公共財産を調査した時には、民衆は秘匿して抵抗したのに対し、今回は公金や公共財産を自発的に醵出したとし、「軍隊と民間の親愛なることは一つの家の父と子のようである」と報じている。[124]しかし、一九一一年一一月九日の『申報』の記事からは、一〇月二二日の革命軍の蜂起に新軍が大きな役割を果たし、援鄂戦争で多大な犠牲を払いながら、新軍の将校や兵士が人事で冷遇されたと感じていたことを読み取ることができる。

一九一一年一一月二日付け『民立報』は、湖南都督府の布告として、「教会を侵犯する者は斬る。外国の商人を害する者は斬る。居住民を強奪する者は斬る。秩序を乱す者は斬る。敵前逃亡する者は斬る。命令に遵わない者は斬る。満洲人を匿う者は斬る。軍隊の機密を漏らす者は斬る」「軍隊の機密を漏らす者は斬る。敵のために情報を探る者は斬る。姦淫・掠奪する者は斬る。謡言を流布し衆生を惑わす者は斬る。軍令に遵わない者は斬る。商業を保護する者は賞す。教会を保護する者は賞す。敵情を探査する者は賞す。敵の首領を捕えた者は賞す。軍隊の規律を遵守する者は賞す」、以上の諸点の命令を記載した。[125]一〇月三一日の譚延闓の湖南都督就任に前後して、一部の人事にも変更があった。焦達峯の友人で会党の頭目の馮廉直は、一九〇六年の萍瀏醴蜂起後、上海や南京で革命派の連携工作に従事し、一九〇九年に清朝政府に逮捕されて一時出獄したが、一九一〇年二月に再び入獄していた。一〇月二二日、焦達峯の正都督就任後に釈放され、南路統領として湘潭に赴任すると、馮廉直は湘潭知県余屛垣を恫喝し、かつ馮廉直の部下にはならず者が多かったために、湘潭県城内の治安が乱れた。湘潭知県余屛垣は、郷紳の黎丹を湖南省に赴かせ、民政部長譚延闓の指示を受けて馮廉直を殺害した(126)。また、焦達峯は、一〇月二六日に楊任を西路招討使に、余昭常を参謀総長に任じた。一〇月二二日以降、常徳では、陳孝騫と楊景鴻が軍政府衙門を常徳の科挙試験場に設立し、武陵県知県廖世英に対して権力を革命軍に委譲させていた(127)。一〇月三〇日、西路招討使の楊任と参謀総長の余昭常は、実業学堂と陸軍小学堂の五〇名余りの学生と共に、常徳に到着した。巡防営西路統領陳斌生は、常徳に駐屯していたが、黄忠浩の部下であった。一〇月三一日の焦達峯と陳作新の暗殺の報は、翌一一月一日に常徳に届いた。一一月三日、西路招討使の楊任が常徳の軍政府衙門で、焦達峯と陳作新の追悼大会を開くと、陳斌生は黄忠浩の復仇のため巡防営の兵士を率いて追悼大会の会場に押し寄せ、楊任と余昭常、胡幻安を殺害し、かつ焦達峯と陳作新の追悼大会の壇上に黄忠浩の遺影を掲げ、楊任と余昭常に同行して常徳に到った学生のうち、数十名を捕縛し銃殺刑に処した(128)。この他に、宝慶府と新化県では、一〇月三〇日、中国同盟会の謝介僧、鄒永成、周岐は張貫夫の兵勇と共に邵陽に入り、軍政府宝慶分府を設立し、謝介僧を大都督、鄒永成を副都督、譚二式（譚人鳳の息子）を参都督とした(129)。一一月三日、軍政府宝慶分府大都督の謝介僧は、一〇月三一日の焦達峯の死去を知らずに、邵陽、新化の状況の報告のために長沙に赴こうとして湘潭で逮捕された。新湖南都督の譚延闓は、譚心休を宝慶招撫使に任じ、梅馨の部隊を邵陽に赴かせ、軍政府宝慶分府や大都督などの名称を廃したが、譚心休は鄒永成に殺害された(130)。この間、郷紳の王先謙は、革命軍の襲撃を恐れて平江県の田舎に逃亡し、身をひそめて難を逃れた(131)。これに対して、塩谷温が「辛亥の秋、湘中革命の乱起るに及び、先生〔葉徳輝〕一時難を郷下に避けしが再び帰りて城中に居る。然れども城中の形勢旦夕を保せず、流言常に老儒に利あらず、皆切に先生に瀛上逃難の策を説くも、先生蔵書万巻を棄つるに忍びず、意を決して留湘の計をなし、嫌疑を避け門を杜ぢて出でず、余亦日夕往来その無聊を慰め、且益を請ひ却て胸中別に閑日明を得たり」と記したように、葉徳輝は長沙に留まった(132)。

二・焦達峯をめぐる謡言

一九一一年一〇月二二日、革命軍の蜂起で、焦達峯は正都督に擁立されたが、僅か一〇日で暗殺され、譚延闓が湖南都督の職に就いた。閻幼甫〔鴻飛〕は、一〇月三一日に焦達峯が暗殺された時の模様について、「彭福生は、匪徒〔焦達峯の暗殺者〕が馬刀で焦都督の死体〔に着された衣服〕のポケットを探ると共に、服の襟を裂いて血を含ませ、照壁に『焦達峯は匪徒の首領である姜守旦が名を騙ったものであり、処刑すべきである〔焦達峯系匪首姜守旦冒充、応予処決〕』と書きなぐるのを目撃した。この匪徒は手に一枚の紙切れを持ち、一字ずつ見ては壁に行って記し、書き終わると死体をちらりと見てから数回蹴り、すぐに〔仲間と〕隊列を作り東に向かって去った」と記している。[133] 一九一一年一一月一五日付け『民立報』は、「焦大章〔焦達峯〕を知る者は、焦が瀏陽の人で以前に西洋に留学した経験を持ち、某大学の修業証書を取得したが、革命を称えたため、同族の者が災禍を恐れて早期に〔同族からの焦の〕駆逐を宣告したと言った。後に、〔焦は〕姜守旦に殺害された。姜守旦は、〔焦の〕修業証書を掠め取り、焦大章の名を騙って革命党と偽って行動した」と記し、会党の首領の姜守旦が留日学生であった焦達峯の名前を騙り、正都督に就任したとする記事を掲載した。[134] ただし、一九一一年一一月一八日付け『ノース・チャイナ・ヘラルド』紙は、「黒い騎士〔Black Nights〕」という表題で、姜守旦が焦達峯を騙ったのではなく、焦達峯が姜守旦を騙ったとして、次のように述べている。

ちょうど今日のことだが、一連の偶発的な出来事に最もぴったり適合すると私の考える謡言が、この流儀で情報を伝えている。昨年〔一九一〇年〕の三月、もしくは四月のことだが、瀏陽生まれの者が長沙に来た。とりあえず、その者を焦達峯と呼ぼう。彼は教育を受けたことがあり、外国にも行ったことがあった。数年間、彼は孫逸仙〔文〕のグループに加わっていた。彼は、全く異なる姜〔守旦〕という名前で、五年前〔一九〇六年〕に郷里の村で不運な結末となる蜂起〔萍瀏醴蜂起〕を組織した。彼は戦闘を行っ〔て敗れ〕た後、なんとか逃亡することができた。しかし、数百人の彼の仲間は、戦闘によって、或いは中国の衙門の残忍な方法によって殺された。昨年〔一九一〇年〕、五年前の彼の名前〔姜守旦〕は（恐らく彼自身はそうとは知らなかったであろうが）、〔長沙米騒動において〕提げられた匿名の掲帖の中で使われた。掲帖においては、〔蜂起の完遂のためには〕如何なることでも行うと、街を脅迫していた。ちょうどその頃、彼と彼の〔仲間の〕「黒い騎士」が到着した。この経験豊かな反逆者である焦達峯は、〔新軍や巡防営の〕兵舎を頻繁に訪れていた。数元の金を借りたい兵士は、誰でも彼から容易に借りることができた。位階の低い将校たちは、彼らの収入に比べて更に多くの金銭を借りることができた。(135)

一九一一年一一月一五日付け『民立報』の記事は、姜守旦が焦達峯の名前を詐称し、焦達峯が焦達峯本人ではなく、実際は会党首領の姜守旦であるとすることによって、焦達峯に政治的な打撃を与えようとしたものといえよう。この場合、謡言の狙いは、焦達峯を会党の首領とする点にある。ただし、一九一一年一一月一八日付け『ノース・チャイナ・ヘラルド』の記事では、姜守旦が焦達峯の名前を詐称したのではなく、焦達峯が姜守旦の名前を詐称したことになる。

焦達峯と姜守旦を同一視する謡言の背後には、いかなる事情が存在したのであろうか。焦達峯と姜守旦は、一九〇二年に焦達峯が姜守旦の洪福会に入会していたため、師弟の関係にあった。既に指摘したように、焦達峯は、一九〇五年の中国同盟会の結成時、姜守旦の別名である万鵬飛を名乗っていた。二人の共通点は、次の三点にある。第一点は、湖南省瀏陽県の出身であったことである。第二点は、湖南省の会党の頭目で、一九〇六年の萍瀏醴蜂起に加わったことである。第三点は、神打の優れた担い手であったことである。このため、焦達峯を姜守旦と同一視する謡言、及び匪徒と救世主という二つの異なる像は、焦達峯が姜守旦の名前を意図的に利用した結果による。ただし、焦達峯を誹謗するのか或いは賞賛するのかの違いは、周囲が姜守旦にいかなるイメージを付与したのかに関わった。焦達峯は、自ら万鵬飛を名乗り、民衆が姜守旦に仮託した救世主像を利用して、革命を起こそうとした。すなわち、焦達峯は、革命に民衆を動員するために姜守旦像を利用したのであり、必ずしも姜守旦と一体化したわけではなかった。姜守旦が焦達峯の名前を詐称したのか、或いは焦達峯が姜守旦の名前を詐称したのかの違い、すなわち革命派の知識人が会党の首領を利用したのか、会党の首領が革命派の知識人を利用したのかの違いは、一人の人物の中の匪賊と救世主という相異なる二つの像の同居を意味している。このことは、一九一〇年の長沙米騒動後に現れた掲帖で、姜守旦の名が末劫の到来と共に降臨する救世主として登場した点と関連する。[136]一〇月二二日の革命軍の蜂起後、正都督に就任した焦達峯が末劫論の救世主像を利用して清朝の打倒を図ったとするならば、革命後の新政権は至福の世界を体現せざるをえない。特に、姜守旦は、一九〇六年の萍瀏醴蜂起における「新中華大帝国南部起義恢復軍」の檄文で、蜂起の参加者に対して蜂起に成功した暁には官位を授与すると宣言していた。[137]また、一九一〇年の長沙米騒動後に現れた掲帖でも、蜂起の参加者には一〇文の金銭の支給が約束されていた。[138]このため、焦達峯が姜守旦の権威を利用して革命を成功させたとするならば、焦達峯は正都督就任後に、姜守旦が蜂起の参加者に約束した官位や金銭の授与を果たす必要があった。正都督焦達峯が会党の成員に官位を乱発したことは、郷紳の忌避に触れ、焦達峯の暗殺の図られる原因の一つとなったということもできるであろう。このような姜守旦像には、文公直が「〔焦達峯と陳作新の〕人事や行政は公平で、広く民意を聞き、遍く人材を集め、苛税を除き（釐金廃止の命令を下した）、民衆の幸福の増進のために意を用いた。そして、この慌ただしい時に、僅かでも規約に合わないものがあると、日々数十もの悪政を廃し、昼夜の別なく民衆と接見して平民革命の精神を体現し、正直で猜疑心を持たず、図らずもこのことで暗殺という災難を招いた」と述べたような、民衆の正義が体現されている。[139]ただし、焦達峯は会党の頭目であったため、これら仲間の多くが会党の成員であった。このため、子虚子が「この時、衡州や岳州の以南では潜伏中の匪賊が各所にいたが、〔革命後に〕各属の哥弟会の会党は嵐のように現れ、郷市をうろついた。そして、焦〔達峯〕大哥が都督になったのであれば、もはや我が洪家の天下である」と述べるような事態となった。[140]

一九一一年一〇月二六日、第四九標二営左隊の丁炳堯と王備武らは、巡防営管帯の甘興典が援鄂戦争のために出兵の予定であると聞き及ぶと、第四九標の各代表を集めて新軍の対応を協議し、出兵を決定した。この時、第五〇標は益陽、常徳、醴陵、攸県の各県に分駐し、第四九標の第一営と第三営は湖南省と湖北省の境界地帯に、同標の第二営は長沙周辺に駐屯していた。第四九標標統は黄鸞鳴であったが、軍隊の秋季演習で北京に赴いており、教練官の王隆中が黄鸞鳴に代わって同標標統になった。王隆中は、各隊の意志を確認して後、湖南都督焦達峯に援鄂戦争の出兵を願い出た。焦達峯は第四九標に出兵の許可を与え、湖北省に派遣した。一〇月二七日、第二営は大西門で民船に乗り、一斉に辮髪を切った。王隆中は独立第一協協統に、第三営管帯の卿衡昇が標統に、魯滌平が管帯に昇格した。翌一〇月二八日、船が出発した。紳・商・学の各界と各機関は、代表を河岸に派遣し爆竹を鳴らして歓送を行った。湖南都督府の代表として見送ったのは、参謀長の危道豊であった。一〇月三〇日夕刻、第四九標第二営は、岳州に到着した。この日、多くの兵士が河岸に上り、三日間の休養を取った。この間、第四九標の第一営と第三営も岳州に到着し、第二営の兵士と同様に、辮髪を切り、頭を包巾で包んだ。この時、湖北省は一艘の汽船を岳州に派遣した。一一月二日、第四九標の第一営と第三営は、湖北省の革命軍が派遣した汽船に乗船し、第二営は民船に乗船して、共に湖北省の武昌に到着した。全軍は武昌に到着後、両湖書院に駐屯した。一一月八日、全軍は両湖書院において、第二一混成協協統で湖北都督に擁立された黎元洪の講話を聞き、翌一一月九日に漢陽に渡り、黒山十里鋪一帯に駐屯した。この間、湖南都督府が劉玉堂の部隊、甘興典の部隊、劉耀武の部隊を、相次いで湖北省に派遣した結果、湖南省の部隊は総勢八〇〇〇人余りとなった。一一月一二日、湖南省の第二次援鄂隊の甘興典の部隊が漢陽に到着した。そして、革命軍の漢口攻略の主力軍は、王隆中の部隊、甘興典の部隊、湖北省の熊秉坤の部隊によって構成された。ただし、甘興典の部隊は臨時に徴集されたもので、新兵が極めて多く、陣容が整わなかった。これと同時に、徐鴻斌の統率する敢死隊二〇〇余名も漢陽に到着し、第四九標第三営前隊に合流した[141]。一一月一五日、戦時総司令官の黄興が漢口攻略の命令を下した。甘興典の部隊が左縦隊となり、王隆中の部隊が右縦隊となった。一一月一六日以降、清朝軍と革命軍の間で激しい戦闘が繰り返され、湖南省の革命軍は死傷者二〇〇名余りを出して敗退した。一二月になると、革命軍が漢陽で破れ、湖南省の兵士が湖北省より戻り、一二月三日に二〇〇人ばかりの部隊が長沙に到着し、五〇〇〇人余りの兵士が岳州に留め置かれた。一二月一五日、三〇〇〇人から五〇〇〇人の兵士が、岳州から長沙に戻った[142]。甘興典が長沙に逃げ帰ると、湖南都督譚延闓は甘興典のために慰労会を開き、客を送り出して後、門を閉じて甘興典を殺害した[143]。余詔は、これら帰還兵について、「この時、部隊の規律は乱れ、昇官することのできなかった老兵が七〇〇人或いは八〇〇人もいた。彼らは、傲慢かつ横暴で暴れ回り、常に妓院や戯場で騒ぎ立てて、時には喧嘩や事件を起こした」と報じている[144]。

三・焦達峯の暗殺の意味

一九一一年一一月二日、すなわち焦達峯が殺害された翌々日、一人の日本人が長沙に到着した。画家の畑仙齢である。畑仙齢は、一九一一年九月中旬に日本より中国遊歴の旅に出た。そして、北京で慶親王奕劻などの皇族や大官に謁見し、一〇月一一日に北京で武昌蜂起の報を聞き、一〇月一五日に計画を変更して陸路で山海関に至り、奉天、旅順、大連をへて一〇月二〇日に海路で上海に達し、上海をへて一〇月二四日に九江に達した。そして、九江では「潯陽城には既に白旗が翻つて居て、此処で始めて革命軍を見ましたが、市街は一向変つた様子もなく、秩序整然として人民も皆其業に安んじているのは意外でした」と述べた。畑仙齢は、九江から漢口、宜昌をへて三峡を見物後、復路は宜昌、九江、蕪湖、沙市をへて一一月二日に湖南省に入り、岳州をへて長沙に達した。(145) 畑仙齢は、湖南省城の模様を、次のように記している。

【壮烈なる出陣】其翌日〔一一月三日〕が天長節で、私は帝国軍艦隅田から招待を受け、最も愉快なる一日を過ごし、〔一一月〕四日には艦長や湘江丸船長其他の人々と共に有名なる岳麓山に上り、岳麓書院や愛晩亭を巡覧した翌五日の事です。革軍の募集に応じて兵士となつた長沙の子弟三千人が武昌に向つて出陣する其首途である。輸送船六隻宛を一組として小蒸気に曳かせ、都合十一組の輸送船へ満載して愈出発の光景、頗る壮観であつた。夫に又是等の兵士の父兄親族が挙つて見送りに来り、万歳を叫ぶやら爆竹を行ふやら、実に勇壮を極めた。【満人は〔の〕牛馬】此長沙に例の長髪賊〔太平天国〕を平げた英傑曾国藩の廟〔祠〕がある。然るに、其壁に麗々と書付けてある落書を読んで、私は漢人の満人に対する反感は予想以上であるのに驚きました。落書と申すのは、〔為〕満人牛馬而残害同胞以兄弟之膏脂易一人之富貴〔満人の牛馬となり、同胞を残殺し、兄弟之膏脂を以って一人の富貴に変えたのである〕、とあります。国の為に苦心して叛賊を平げた曾国藩すら満朝に忠なるが為め、土地の人からも良く思われていない。(146)

宇野哲人も、一九〇七年に湖南省長沙を訪問した際、曾国藩の祠の廻廊に記された文字、すなわち「可恨曾国藩、為満人牛馬、而残害同胞、以兄弟之膏脂、易一人之富貴」に着目すると共に、一九〇六年の萍瀏醴蜂起の檄文の「大地旂旗雍々、同胞不必震驚、今也天心有授、體天伐罪弔〔吊〕民、特為祖宗雪恥、願期同徳同心、恢復江山帰漢、共保黄帝子孫」に一九一一年一〇月二二日の革命軍の蜂起に連なる精神を見出していた。(147) この「江山一統して漢に帰し、黄帝の子孫を保とう」は、失われた郷土の奪回を意味するものであろう。畑仙齢と宇野哲人は、このような標語に、一九〇六年の萍瀏醴蜂起と一九一〇年の長沙米騒動、一九一一年一〇月二二日の革命軍の蜂起をつなぐ精神を見出していたのである。この当時、湖南省城においては、曾国藩、左宗棠の専祠が壮大な建築と面積を誇って存在していた。そして、湖南都督府の成立後、郷紳界、軍事界、教育界の面々が「〔太平天国の蜂起で〕曾〔国藩〕と左〔宗棠〕が同胞を殺害し、異種に媚びたのは道理に悖るものであり、大漢が設立されたのであれば、どうしてこれらの淫祠を保存し人々の耳目を汚すのであろうか」と述べ、曾国藩と左宗棠の専祠の解消を「公議」〔公同議決〕したため、曾国藩と左宗棠の子孫の曾広鈞と左景昌は湖南都督譚延闓に対して遺産を保護するために曾国藩と左宗棠の専祠を学堂に改めるように申し出た。(148)

一九一一年一一月一八日付け『ノース・チャイナ・ヘラルド』紙は、日蝕の出現について、「偶然ではあるが〔奇妙にも中国人は誰一人として、この点に言及していないのであるが〕、これらの出来事〔一〇月二二日の革命軍の蜂起及び黄忠浩の暗殺〕は、ちょうど月が太陽の前に動いた時に起きた。長沙では、共和政体の始まりは暗いものであった。ほぼ一時間、雲の切れ目を通して、殆ど金環食となった太陽の姿がちらりと見えただけであった」と記し、不吉な現象の予兆とした。(149) また、一〇月二二日には明け方に金星、すなわち暁の明星が最高光度に達した。金星は太白星といわれ、金が武器、すなわち戦争を想起させることから、天下動乱、戦乱の予兆と見られた。(150) また、彗星も出現した。(151) 一九一一年一〇月二五日付け『滑稽時報』紙上では、「ある一人は、昨夜、彗星の出現を目撃したため、このことを故老に聞いたところ、彗星が出現すれば必ずや戦争があちこちで起こるが、今日既に兆しが現れている、と述べた。

また、〔ある人は〕、更に最も不可思議な事件があり、〔旧暦八月〕一八日〔西暦一〇月九日〕早朝、突然に黒い雨が降った、と述べた（考えてみると、郷里の人でこのような事件を伝えるものが頗る多いものの、私はまだ見ていないため、真偽を知らない）。これら災異の頻発は、恰も気数が到達しているかのようだ。これも国民心理の一つである」と記されていた。[152]いわば、上海では、黒い雨が降ったという謡言も流布していた。黒い雨がこの世の汚濁の洗浄を意味するとすれば、『五公末劫経』の「黒い風」と同様に、末劫の到来を人びとに印象付けた可能性もある。[153]また、粟戡時は、湖南省城が平穏に復すると、「各家々では均しく門前に高く白い旗を掲げ、ある場合には〔白い〕旗の上に『漢』の一字が書込まれ、慶賀の意を現した」と回想している。[154]更に、漢口より長沙に至る長江や湘江では兵船が白旗を掲げ、米穀輸送船も「興漢滅満」の旗を掲げた。[155]白い布と白い旗には、他者のまなざしが意識されていたのではなかろうか。換言するならば、革命軍は、兵士に白い腕章を付け、家々や兵船に白い旗を掲げさせることで、人々にこの革命が末劫の到来による救世主の手になることを印象付けようとしたと考えられるのである。何となれば、一九一〇年の長沙米騒動後に現れた掲帖では、救世主が白い頭巾を付け、中秋節に出現すると記し、人々の脳裏に白い頭巾を刷り込んでいたからである。陶菊隠は、一〇月二二日の革命軍の蜂起直後、湖南省城の各街巷で起きた出来事を回想して、「私より年長の者の回憶によるならば、大街小巷で常に戯劇の武生のように化粧した青少年が現れたというが、私は出会ったことはなかった」と述べている。[156]このような若者たちは、一九〇〇年の義和団でも出現した。一九〇〇年の義和団の場合、武生の装いをした若者たちは、自らを戯劇の世界の英雄と一体化させることで、悪を滅ぼし至福の世界を実現しようとしたとされる。[157]このため、湖南省城の若者たちも、義和団の場合と同様に、自らを戯劇の世界の英雄と一体化させ、悪を滅ぼし至福の世界の実現を図ったといえよう。

一九一一年七月二九日付け『時報』によると、湖北省の書店街に一種の肖像画及び『洪秀全演義』の小説が出現し、漢族の王朝を再興しようとした功績を讃え、清朝中興の名臣・戦将を侮蔑して止まなかったため、各街巷に巡警が派遣され取締まりが行われ、『洪秀全演義』一書が摘発された。(158) 湖北省における太平天国の逸話の流行は、「排満」論の流布を物語る。そして、これら太平天国の逸話、『揚州十日記』などと共に、民衆の「排満」論を駆り立てていたものが、中秋節の蜂起伝説、すなわち「殺家韃子」伝説であったと考えられるのである。一〇月六日、旧暦八月一五日の中秋節を前に、武昌の街巷では、「八月中秋殺韃子〔中秋節には韃子が皆殺しとなる〕」という謡言が流布し、緊迫の度合いが高まった。(159) また、陝西省では、郭孝成が九月下旬頃より匿名の掲帖が陝西省城の四門に張り出され、中秋節に「殺韃子の説」が街巷に満ち溢れたとしたように、中秋節の蜂起の謡言が起きていた。(160) 同様の謡言は、一九〇六年の萍瀏醴蜂起でも起きていた。(161) この点に鑑みるならば、この謡言は中秋節の蜂起伝説、すなわち「殺家韃子」伝説に由来したといえよう。ただし、「殺家韃子」伝説は、単なる漢族の異民族に対する復仇伝説ではなかった。何となれば、「殺家韃子」伝説は、預言書の『焼餅歌』と結び付くことによって、末劫論、すなわち末劫の到来と救世主の降臨、至福の世界の顕現という考えを内包していた。(162) 従って、知識人や学生が民衆の「排満」論を駆り立てるために、「殺家韃子」伝説を喧伝したとしても、民衆はそれを末劫の到来を預言したものとして受け止めた可能性があった。民衆に末劫の到来を預期させる契機となったものは、洪水の発生による疫病の流布と共に、天文現象の異常、特に彗星や日蝕の出現、金星の最高光度達成であったと考えられる。湖南省の革命軍の蜂起は、当初予定された一〇月二一日から、翌一〇月二二日に延期された。一〇月二二日は、日蝕の起きた日である。日蝕は、午前一〇時から見られた。(163) 一九一一年一〇月二三日付け『申報』紙上では、一〇月二二日午前一〇時以降の日蝕の出現を預言している。(164) 一九一一年一一月七日付け『滑稽時報』は、上海で日蝕の起きた時の模様を「〔旧暦〕九月一日〔西暦一〇月二二日〕、日蝕が起きた。……下流社会は相集い、野の日が食べに来る天の犬が食べに来ると述べたてて、〔これらの謡言が〕頻々と伝えられ、聞く者をして大笑いさせた」と記している。[165]湖南省の革命軍も、一〇月二二日の日蝕の人々の心に与える劇的効果を勘案して、蜂起の日にちを一〇月二二日に変更したのではなかろうか。この結果、一九一一年一一月、『時報』が「〔これまで〕『揚州十日記』『嘉定屠城記』や『推背圖説』等の書は、皆な深く箱の中にしまい、あえて販売することはなかったが、国民軍の大勝後に相次いで出現し、これを購入する者も少なくなかった。昔日の満虜の暴状が、現在民間に告知された」と記したように、巷間では預言書や満洲族の残虐行為を記した文書の類が流布した。[166]そして、金井保三も、「事変〔一〇月一〇日の武昌蜂起〕のため、新聞紙の紙面狭隘となり、或は全く廃刊したるもの少からず。而して禁書は却つて更に発刊せらるゝものあり。今其の一、二の目をあげん」と述べて、『推背圖説』『焼餅歌』『黄蘗詩』『蔵頭詩』『廻文碑』『呉三桂』『明末血』『満洲花』『清宮秘史』『満清秘史』『満奴艶史』『明末遺恨』『血海花』『李蓮英』『揚州十日記』『嘉定屠城記』『江陰守城記』などの書名をあげ、預言書の類が革命軍の蜂起により広く流布したとしている。[167]

おわりに

一九一一年一二月、清朝政府軍と革命軍の攻防は、満洲八旗の駐屯した湖北省中南部の荊州で一大決戦を迎え、激しい戦闘の結果、革命軍が勝利した。一九一二年一月一日、孫文が臨時大総統に就任し、中華民国の建国宣言が行われた日、湖南省城では荊州の攻略を祝う祝賀会が開かれた。ここで、湖南都督譚延闓は、湖南都督府や各衙門、各公共団体に国旗の掲揚の他、漢の字を記した白い旗の新調を命じている。[168]また、一九一二年一月一五日付け『申報』は、同式典の模様について、「長沙では〔旧暦一一月〕一三日〔西暦一九一二年一月一日〕、荊州攻略の祝賀行事を行った。この日、街市の店舗は国旗〔五色旗〕を揚げ、提燈を掛けて飾り付けをした。都督府や教育会も数百の電燈で紅色や緑色に配色して光り輝かせ、人々の眼を喜ばせた。男女は群れ、見物人も垣根のようになり、軍事界・教育界・商業界の数万もの人が街市を練り歩き、口々に破荊州歌を唱い、衣服を整えて都督府に至り声を揃えて中華民国慶賀万歳と叫んだ。この晩も同様で、各人は手に紅い提燈を持ち、内に荊州祝捷会と書いて記念とした」と記している。(169) ここでは、「滅満興漢」の呼称ではなく、「中華民国慶賀万歳」の掛け声が鳴り響いた。一九一二年二月一二日、宣統帝溥儀が退位を発表し、翌二月一三日、孫文は「清朝皇帝が退位し、民国は統一されたため、本月〔二月〕一五日に民国統一大式典を挙行する」との電報を発し、かつ臨時政府に臨時大総統の辞表を提出した。(170) 一九一二年三月一日付け『中報』は、二月一三日の孫文の民国統一大式典を挙行せよとの通電を受けた、次の湖南都督譚延闓の示諭を掲載している。

革命の事業は列国で盛んに行われているが、この間戦争は長期に渡り、数年或いは十数年をへて始めて目的が達成されている。ただし、我が中華民国の今回の義挙は、時間にして僅か三ヶ月有余であり、激烈な競争の時代に和平的に解決された。このことは、古今中外において功績の光り輝けるものである。そして、満・蔵・回・蒙は共に帰し、ここで慶祝を挙行し、大いに輿情を慰むべきである。ただし、この電〔二月一三日の孫文の民国統一大式典を挙行せよとの通電〕が湖南省に至ったのは、正午を過ぎており、準備が及ばず飾りも整わず、まして僻遠の地に対しては一時に伝えようもないため、本〔二〕月二七日（陰暦一月一〇日）に改めて民国大慶典を挙行することにした。湖南全省の大小の官署、水陸の軍営、遠近の商民は、均しくこの日に定められた紅・黄・藍・白・黒の五色の国旗を掛け、三日間の盛挙を誇ると共に、〔旧暦〕九月以後に掛けてきた白旗と二紅一黄旗は皆な撤去するか〔五色旗と〕交換し、画一を図るべきである。[171]

湖南都督譚延闓は、二月一三日の孫文の通電を受けて、二月二七日より三日間、湖南省で民国統一大式典を挙行した。同式典の特徴は、白い旗が撤去され紅・黄・藍・白・黒の五色旗が掲揚されたように、白を象徴とする蜂起の内実が五色旗に代表される新しい政治理念に変化した点にある。[172]

これまで、湖南省の辛亥革命は、一・郷紳の清朝政府からの離反、二・行政の停滞と経済恐慌の発生、三・革命派の策動、以上の三点の要素を中心に論じられてきた。ただし、これらの諸点に加えて、忘れてはならない事柄は、一九一一年六月以降、湖北省、湖南省で大雨のために洪水が起き、多くの人が罹災して疫病が発生したことである。洪水の発生と疫病の流布は、多くの人々を恐怖のどん底に陥れた可能性がある。そして、共進会の焦達峯は、このような洪水の発生と疫病の流布に伴う社会不安を好機と捉え、会党を動員して末劫論を流布させたのではなかろうか。湖北省の武昌蜂起は、一〇月一〇日に起きたが、もともとは一〇月四日、旧暦で八月一五日の中秋節に予定されていた。武昌の各街巷では、中秋節が近づくと、中秋節における満洲族の殺害を意味する謡言（「八月十五殺韃子」）が起き、陝西省でも同様の謡言が満ち溢れていた。中秋節の蜂起の謡言は、一九〇六年の萍瀏醴蜂起でも起きている。また、湖南省の革命軍の蜂起は一〇月二二日に起きたが、同日は日蝕と共に彗星が現れ、金星も最高光度に達した日である。一部の民衆は、彗星の出現を末劫の到来と結び付けて捉えた。そして、中秋節や日蝕、金星の最高光度なども、革命軍の蜂起や清朝の倒壊、戦乱の勃発を示す予兆と考えたのである。一〇月二二日の革命軍の蜂起後、湖南省城の各街巷には白い旗や漢と記された白い旗が掲げられ、戯劇の武生の姿をした若者たちが出現した。湖南省城に出現したような武生の姿をした若者たちは、一九〇〇年の義和団でも出現している。従って、湖南省城の武生の姿をした若者たちも、一九〇〇年の義和団の若者たちと同様に、戯劇の英雄の力を借り、この世を洗い清め至福の世界を顕現しようとしたといえよう。一九一〇年の長沙米騒動後に現れた掲帖では、焦達峯が関与した可能性は高かった。この点を考慮するならば、焦達峯が一九〇六年の萍瀏醴蜂起で偶像化され、救世主として讃えられていた姜守旦の名を利用して革命軍の蜂起を図った形跡を否定することはできない。このことが、一九一一年一〇月二二日、焦達峯が正都督に就任し、更に焦達峯が一九〇六年の萍瀏醴蜂起の指導者の一人、姜守旦と同一人物であるという謡言が起きたことと結び付くのである。

一九一一年一〇月二二日の革命軍の蜂起後、正都督に就任した焦達峯が姜守旦の救世主像を利用して権威の確立を図ったとするならば、焦達峯は蜂起の参加者に対して革命の成就の暁に行うとした約束、すなわち官位や金銭の支給を適える必要があったであろう。この点に、焦達峯が正都督の就任後に会党の成員に対して官位を乱発した理由が存在する。そして、湖南省の郷紳や新軍の将校は、この焦達峯の行動に危機感を感じ、焦達峯の暗殺を図った。これよりするならば、郷紳らが抹殺を試みたのは焦達峯それ自身よりも、焦達峯に投影された救世主としての姜守旦の影であったということができるのである。このように、湖南省の辛亥革命は、複雑な要素がからまりあって起きたが、湖南省における地域社会の規範が動揺する中で末劫論の辛亥革命に果たした役割を無視することはできない。ただし、清末の湖南省における末劫論の特徴は、救世主の降臨によって目指された至福の世界が公平で満ち足りた世界という以外、何ら具体像を示していなかった点にある。一九一一年一〇月二二日、焦達峯が正都督に就任すると、革命戦争の継続を訴えると共に大規模な募兵を行い、かつ会党の成員に官位を乱発して、革命後の政権の具体像を明確に示すことができなかった。しかし、一〇月三一日、焦達峯は正都督に就任後僅か一〇日で殺害され、前湖南諮議局議長譚延闓が湖南都督に就任した。湖南都督譚延闓は、「文明革命」を標榜して旧弊の改革を目指し、会党には解散を命じた。このことは、「文明革命」の言葉で標榜される政治理念が、革命後の具体像を示す一つの契機ともなった。湖南都督譚延闓が図ったものに、辮髪の除去がある。ただし、辮髪の除去の布告後、二ヶ月をへても、湖南省の各地では辮髪を剪らない者が多数おり、湘潭県では辮髪のままの者が一、二割もいた。この民衆が辮髪を残そうとした背景には、満洲族が漢族に辮髪を強制した歴史よりも、古来の慣習に根差した霊魂や生命に関わる問題が存在した。いわば、湖南都督譚延闓の示した革命の理念と、民衆の意識の間には齟齬が存在したのである。この齟齬は、西欧や日本の立憲政治を目標としつつ、末劫論に依拠して蜂起を成功させた、革命軍の矛盾の反映でもあった。のみならず、中華民国の初頭には、『呉三桂』『明末血』『満洲花』『清宮秘史』『満清秘史』『満奴艶史』『明末遺恨』『血海花』『李蓮英』『揚州十日記』『嘉定屠城記』『江陰守城記』などの「排満」文書と共に、『推背圖説』『焼餅歌』『黄蘖詩』『蔵頭詩』などの預言書の類が巷間に溢れ出ていた。中華民国でも、「文明革命」の言葉で標榜されるような新しい政治理念に隠れて、末劫論が依然として力を持ち、蜂起を牽引することになった。そして、中華民国の新政府に対抗する勢力及び会党は、引き続いて中秋節を利用して蜂起を画策したのである。

注

（1）Ichiko, Chuzo, "The Role of the Gentry: An Hypothesis".

（2）野澤豊「辛亥革命の階級構成——四川暴動と商紳階級——」。

（3）横山英『辛亥革命研究序説』。

（4）狭間直樹「山東沔陽暴動小論——辛亥革命における人民闘争の役割——」、山下（石田）米子「辛亥革命時期の民衆運動——江浙地区の農民運動を中心として——」。

（5）湖南省の辛亥革命と焦達峯の関係を論じた研究に、次がある。清水稔「辛亥革命前の湖南における革命運動——共進会と焦達峯——」、北山康夫「辛亥革命と会党」、周学舜「焦達峯陳作新与辛亥長沙光復」、劉泱泱「論焦、陳被殺与譚延闓上台」。

また、焦達峯の伝記には、次がある。周学舜『焦達峯』。これらの研究は、焦達峯による正都督就任の特徴について、次の三点を指摘してきた。第一点は、中国同盟会の主流から離脱した、共進会に属したことである。第二点は、日本に留学した経験を持ち、かつ会党の頭目になったことである。第三点は、一九一一年一〇月二二日に正都督に就任しながら、一〇月三一日に暗殺されたことである。このため、焦達峯の辛亥革命に果たした功績を高く評価しながら、中国同盟会の主流から外れ、更に会党の頭目であったことから、正都督としての能力の限界を指摘する研究が多かった。しかし、これまでの研究では、焦達峯がいかなる考えを持ち、どのように会党を動員し、一〇月二二日の革命軍の蜂起の成功に貢献したのかという点については、明らかにされていない。

(6)　一九一一年の辛亥革命を、民衆の反応に着目して考察した研究に、張鳴の研究がある。張鳴の研究では、革命派の宣伝工作が及んだのは知識人の上層に留まり、下層の民衆は革命を反清復明として捉えたとし、革命によって成立した政府が民衆の辮髪を強制的に剃るなどして、民衆を心理的恐慌状態に陥れた結果、中華民国は不安定なものになったとする。張鳴「民意与天意――辛亥革命的民衆回応散論」。ただし、張鳴の研究は総括的にすぎ、試論の域を出るものではない。

(7)　一八一三年の天理教の乱については、本書第七章第一節第三項を参照されたい。

(8)　『五公経』における彗星の記述については、本書第八章第三節第二項を参照されたい。

(9)　『東京朝日新聞』一九一一年一月三日「本年の天文現象」上、同一九一一年一月四日「本年の天文現象」下。

(10)　ロジェ・シャルチエ（松浦義弘訳）『フランス革命の文化的起源』七頁。

(11)　一九一〇年の長沙米騒動後に出現した掲帖と焦達峯の関係については、本書第八章第三節第三項を参照されたい。

(12)　松崎鶴雄は、一九〇九年一二月、高見祖厚の勧めにより、『大阪朝日新聞』の通信員を兼ねて、湖南省長沙に渡航、留学した。そして、一九一一年九月四日、『大阪朝日新聞』に通信文を載せた後、長沙を去り、上海に赴いた。塩谷温は、一九一〇年冬、水野梅暁の紹介で湖南省長沙に至り、一九一二年八月まで同地に滞在した。また、水野梅暁は、一九一一年一月に湖南省長沙を離れ、日本に一時帰国した。従って、三人の日本人のうち、一〇月二二日の湖南省城の革命軍の蜂起を体験したのは、塩谷温のみであった。一九一二年、塩谷温は、一九一〇年に北京に滞在して後、湖南省に居住するようになった経緯を、次のように述べている。「支那はさすがに大国で南北で頗る風気を異にして居りますから、是非南北に一年づゝも滞在致したいと存じ、南方転学の地を卜ましたが、南京、武昌には老儒が居られませんでしたので、思ひ切りて湖南に引籠りました。長沙には御案内の通り、王闓運、王先謙両耆宿を始め、葉徳輝先生等が居られます。……幸にして、湖南は日本人によりて開発されました故、日本人との関係が極めて深く、中にも水野梅暁といふ和尚が同文の好〔交〕を老儒先生に通じてより、特殊の関係が生じて、日本の読書人が其門に及ぶ事が出来る様になりました。其後〔竹添〕井々翁の門生松崎〔鶴雄〕といふ人が入湘するに及んで、益々老儒の款〔歓〕待を受くるに至りました処に、私は右両氏に依りて長沙に負笈しました故、容易に両王〔王先謙、王闓運〕、瞿〔鴻禨〕、葉〔徳輝〕諸先生の知遇を辱するを得たのは、何よりと光栄に存じます」（塩谷温「遊学漫言」）、と。なお、本書の「序論」四「史料」も、併せ参照されたい。なお、一九一一年一〇月二二日の革命軍の蜂起に前後して湖南省に居住した日本人は、長沙で男子が四八、女子が一八の計六六名が、常徳で男子が六、女子が二の計八名が、岳州で男子が五八、女子が二〇の計七八名がいたといわれている。『時事新報』一九一一年一〇月二八日「中清在留の邦人　最近外務省調査」。

(13)　水野梅暁、松崎鶴雄の経歴、筆名については、本書の「序論」四「史料」を参照されたい。

(14)　小池信美は、一八七三年、阿部藩士の須藤信甲の次男として福島県に生まれた。そして、親戚の小池信徳の養子となり、小池姓を名乗った。一八八九年、単身中国に渡る。上海領事林権助の下にあって給仕などを勤めながら、中国語を学び、語学が習熟するに及び、廈門に出て商事会社に勤務した。一八九四年、日清戦争が起こると陸軍通訳となって出征し、戦後は台湾総督府に入ったが、一九〇三年に『大阪朝日新聞』の記者となった。また、日本に到った中国人留学生の指導に努めた。一九一一年一〇月、湖北省で武昌蜂起が起こると、大阪朝日新聞社より漢口に派遣された。一九一五年五月、病をえて東京に戻り、療養のかいなく同年没した。享年四三。東亜同文会編『対支回顧録』下「小池信美君」の項。

(15)　岡幸七郎は、一八六八年に肥前平戸に生まれた。父は平戸藩士の岡純一である。一八七六年、現在の佐世保市日宇里に移住した。一八九六年、異父兄の紹介状を持って上海に渡り、熊本県出身の宗方小太郎を訪ねた。そして、宗方小太郎の命により、漢口において『漢報』の執筆編集に携わり、『漢報』の廃刊後は一時帰朝したが、再び漢口に赴き、東亜同文会漢口支部の一員として働いた。一九〇四年に日露戦争が起こると、情報収集の任に当たり、一九〇五年には陸軍通訳官となった。一九〇六年に陸軍通訳官を辞して帰朝したが、翌一九〇七年に三たび漢口に渡って『漢口日報』を創刊し、一九一一年の辛亥革命に遭遇した。一九一四年、第二次世界大戦が起こると、『漢口日報』の編集の傍ら中国で諜報活動を行った。一九二七年、病をえて東京に戻り、同年死去した。東亜同文会編『対支回顧録』下「岡幸七郎君」。朝日新聞社社史編集センターの示教によるならば、一九一一年一〇月、『大阪朝日新聞』の漢口発の特派員記事は「霞菴」と「西門生」の筆名で記されていたが、漢口には特派員として小池信美、通信員として岡幸七郎がおり、うち小池信美が筆名を「霞菴」としていたため、『大阪朝日新聞』紙上の「西門生」の筆名は岡幸七郎である可能性が強いという。

(16)『大清宣統政紀』一九一一年五月九日の条。

(17)『申報』一九一一年五月二六日「湘人争路大会続誌」。

(18)『国風報』第二年第九号（一九一一年）「湘省反対幹路国有風潮記」、湖南歴史考古研究所近代史組輯「清末粵漢鉄路的興築与湖南人民的保路闘争史料」続、一〇七―一〇八頁。

(19)『大清宣統政紀』一九一一年五月二二日の条。

(20)粟戡時「湖南反正追記」、同明・志盛・雪雲編『湖南反正追記』四頁。

(21)『申報』一九一一年六月一六日「湘路風潮之再接再厲」。

(22)「授奕劻為内閣総理大臣那桐徐世昌為協理大臣諭」一九一一年五月八日、「任命各部大臣諭」一九一一年五月八日、故宮博物院明清檔案部編『清末籌備立憲檔案史料』上、五六六頁。

(23)宋教仁の「親貴内閣」に対する批判については、本書第二章第三節第三項を参照されたい。

(24)「各省諮議局議長議員袁金鎧等為皇族内閣不合立憲公例請另組責任内閣呈」一九一一年七月四日、故宮博物院明清檔案部編『清末籌備立憲檔案史料』上、五七七―五七九頁。

(25)「各省諮議局議員請另組内閣議近畧張当遵憲法大綱不得干請諭」一九一一年七月五日、故宮博物院明清檔案部編『清末籌備立憲檔案史料』上、五七九頁。

(26) 神谷正男編『続　宗方小太郎文書——近代中国秘録——』「支那に於ける政党結社（明治四十五年七月下旬）」一〇二頁。
(27) 『申報』一九一一年六月九日「憲友会章程」。
(28) 『時報』一九一一年七月一三日「湘省組織憲友会詳情」。
(29) 「資政院会奏続擬院章並将前奏各章改訂摺　附清単」一九〇九年八月二三日、故宮博物院明清檔案部編『清末籌備立憲檔案史料』下、六三一—六三二頁。
(30) 『申報』一九一一年六月二〇日「京師政党組織之初歩」。
(31) 『時報』一九一一年七月二一日「湖南組織倶楽部支部」。
(32) 『民立報』一九一一年七月二〇日「湘中最近之風雲」、『申報』一九一一年七月二一日「湘省辛亥倶楽部選挙職員」。
(33) 神谷正男編『続　宗方小太郎文書——近代中国秘録——』「支那に於ける政党結社（明治四十五年七月下旬）」一〇六—一〇七頁。
(34) 焦達峯と共進会の関係については、本書第八章第三節第三項を参照されたい。
(35) 厳昌洪・張銘玉・傅蟾珍編『張難先文集』「科学補習所始末」七五頁。
(36) 鄒永成口述、楊思義筆記「鄒永成回憶録」九五—九六頁。この回憶録によるならば、鄒永成、字は器之で、一八八二年（光緒八年）に新化県に生まれた。家は富豪ではなかったが、名家であった。一七歳の時に、叔父の鄒沅帆に随って湖北省に赴き、勉学に励んだ。叔父の鄒沅帆は、清朝の公使としてイギリスやロシアに赴き、帰国後に湖北省の武昌で輿地学会を開いた人物である。そして、鄒永成は一九〇四年に華興会の会員となって後、一九〇五年、中国同盟会に入会して、譚人鳳と共に湖南、広西、江西、江蘇、安徽の各省を往来して、軍隊と会党の連携に尽力した。辛亥革命後は、宋教仁のために働いたが、一九一三年に宋教仁が暗殺されると、反袁運動に身を投じた。
(37) 『大阪朝日新聞』一九一一年五月二四日、麓山子「湖南通信」五月一日。
(38) 易棠齢は易堂齢、徐鴻斌は徐鴻賓とも記されるが、本書では易棠齢、徐鴻斌に統一して用いた。
(39) 粟戡時口述「湖南反正追紀」、湖南文献出版社編『湖南文献匯編（第一輯・第二輯）』二九九頁。

(40) 一九一〇年の長沙米騒動後に出現した掲帖と白い頭巾、中秋節の蜂起との関係については、本書第八章第二節第一項を参照されたい。
(41) 清末の中国全土のインフレについては、次を参照されたい。菊池貴晴「経済恐慌と辛亥革命への傾斜」。
(42) 『民立報』一九一一年四月一四日「華容之会匪」。
(43) 潘浩然「潘鼎新黄栄与華容義軍」。
(44) FO228/1662, Intelligence Report for September Quarter, 1907.
(45) 中国同盟会の結成時に焦達峯が万鵬飛を名乗っていた点については、本書第八章第三節第三項を参照されたい。
(46) 『時報』一九一一年六月一一日「瀏陽乱事之結束」。
(47) 『申報』一九一一年五月二八日「瀏陽又起鬧米大風潮」。同記事では、首謀者を「張二、黄三興」と記している。ただし、次の記事には、「張二、黄三」とある。『民立報』一九一一年五月二九日「瀏陽県又起烽烟」。また、次の記事には、「黄三等〔など〕」とある。『申報』一九一一年五月六日「湘贛倶以粤匪為借口矣」。このため、本章では同蜂起の首謀者を「張二、黄三」で統一した。
(48) 『申報』一九一一年六月二六日「楊文鼎居心何在」。
(49) 『大阪朝日新聞』一九一一年六月二六日、麓山子「湖南通信」六月九日。
(50) 譚人鳳（饒懐民箋注）『石叟牌詞』二八、七八頁。
(51) 鄒永成口述、楊思義筆記「鄒永成回憶録」九七―九八頁。
(52) 『民立報』一九一一年六月一九日「湘人争路之風潮」。
(53) 『大阪朝日新聞』一九一一年七月一〇日、麓山子「湖南通信」六月二三日。
(54) 『民立報』一九一一年七月一〇日「湘省風潮種種」。
(55) 『時報』一九一一年六月二六日「湘省之天災民乱」、同一九一一年七月二日「湖南水災之惨劇」、同一九一一年七月三日「湖南風水為災之惨状」、同一九一一年七月四日「湘省二次大水記」、同一九一一年七月八日「湘省水災之種種惨状」、同一九一一年七月一二日「鄂省又遭水災之慘状」、同一九一一年七月一八日「鄂省各属水災報不絶書」、同一九一一年七月一九日「天荊地棘之湘省」、同一九一一年七月二一日「長江流域水滔滔」、一九一一年七月二五日「湖南三次大水記」、同一九一一年八月一日「湘省大水災彙誌」。
(56)『時報』一九一一年七月二五日「鄂省疫禍記」。
(57)『時報』一九一一年七月八日「湘省水災之種種慘状」。
(58)『時報』一九一一年八月一七日「長江流域水災彙誌三」、同一九一一年八月二一日「常徳災民血涙記」。
(59)『申報』一九一一年五月二六日「鼠疫発現之警報」、同一九一一年五月二八日「租界発見鼠疫続紀」、同一九一一年五月三一日「鼠疫蔓延之可畏」、同一九一一年八月八日「上海鼠疫復現之警報」、同一九一一年八月一〇日「上海鼠疫現之続報」、同一九一一年八月一二日「鼠疫牽渉界務」「上海鼠疫発現四誌」、同一九一一年八月一四日「上海発現鼠疫六誌」。
(60)一九〇六年六月の湘潭・寧郷・瀏陽の一帯における神拳の流布については、本書第三章第二節第三項を参照されたい。
(61)『申報』一九一二年六月二七日「湘中会匪之充斥」。
(62)『時報』一九一一年七月八日「湘省最新之風声鶴唳」、『民立報』一九一一年七月八日「黄花劫後之長沙」。
(63)厳昌洪・張銘玉・傅軉珍編『張難先文集』「同盟会中部総会与武昌蜂起」一二三四頁。
(64)闔幼甫（鴻飛）「関于焦達峯二三事」。
(65)『大阪朝日新聞』一九一一年九月一八日、麓山子「湖南通信」八月二〇日。
(66)『大阪朝日新聞』一九一一年九月二六日、麓山子「湖南通信」九月四日。
(67)顧廷龍校閲『芸風堂友朋書札』下「葉徳輝」一二一（年月日不詳）五四九頁。
(68)『民立報』一九一一年九月一一日「湘中五局風雲（二）」。
(69)『民立報』一九一一年一〇月一四日「大風雲前之防務」。
(70)袁繭祝鮀輯「辛亥革命徵信録」、中国史学会編『辛亥革命』五、一八九頁。
(71)呉醒漢「武昌起義三日記」、中国史学会編『辛亥革命』五、七八頁。

(72) 厳昌洪・張銘玉・傅蟾珍編『張難先文集』「武昌首義之発動」二六四―二八七頁。
(73) 『申報』一九一一年一〇月五日「湘紳開辦体育学社」。
(74) 『民立報』一九一二年三月二五日「焦都督事略（続）」。
(75) FO228/1798: Giles to Jordan: Revolutionary Movement in Changsha: Report on, November 2, 1911.
(76) 「曹孟其記事一則」、同明・志盛・雪雲編『湖南反正追記』二六頁。
(77) 易棠齡は、一九一二年四月二八日に愛国団が設立されると、愛国団の団長に就任した。この点については、本書第一〇章第一節第三項を参照されたい。
(78) 鄒永成口述、楊思義筆記「鄒永成回憶録」一〇六―一〇七頁。
(79) 黄忠浩と鉱務総局の関係については、本書第一章第二節第二項を参照されたい。
(80) 熊希齢「上瑞莘帥書」一九一〇年、『熊希齢先生遺稿』五、四一六七―四一六八頁。
(81) 『申報』一九一一年七月三〇日「中央教育会第四次大会詳記」。
(82) 『民立報』一九一一年九月六日「沅湘学務録」。
(83) 「辛亥殉難記」「黄総兵伝」、同明・志盛・雪雲編『湖南反正追記』二八一―二八二頁。
(84) 子虚子「湘事記」巻一「軍事篇一」、同明・志盛・雪雲編『湖南反正追記』六五頁。
(85) 子虚子「湘事記」巻一「軍事篇一」、同明・志盛・雪雲編『湖南反正追記』六三頁。
(86) 子虚子「湘事記」巻一「軍事篇一」、同明・志盛・雪雲編『湖南反正追記』六二頁。陳斌生は陳斌陞とも記されているが、本書では陳斌生に統一して用いた。
(87) 子虚子「湘事記」「軍事表」、同明・志盛・雪雲編『湖南反正追記』八五―八六頁。
(88) 李魯青「辛亥起義前夕湖南軍界二三事」。
(89) 閻幼甫（鴻飛）「辛亥湖南光復的回憶」。
(90) 閻幼甫（鴻飛）「関于焦達峯二三事」。趙春廷は趙春霆とも記されているが、本書では趙春廷に統一して用いた。

(91) 李魯青「辛亥起義前夕湖南軍界二三事」。
(92) 閻幼甫（鴻飛）「関于焦達峯二三事」。
(93) 王嘯蘇「長沙光復身歴記」。
(94) 閻幼甫（鴻飛）「辛亥湖南光復的回億」。
(95) 閻幼甫（鴻飛）「関于焦達峯二三事」。
(96) 『時報』一九一一年一一月一日「長沙失守詳情」。なお、同紙では、塩谷温の書簡は中国語で記されている。
(97) 『東京朝日新聞』一九一一年一一月二日「衂らぬ長沙」。一九一一年一一月五日付け『大阪朝日新聞』は、一〇月二五日漢口発の西門生の報告「長沙の革命軍」を掲載し、「是より先き、長沙は武昌兵変の波動を受け、人心洶々、謡言百出、湖南官銭局紙幣の如きは十七日頃より不通となり、革命党は已に公然巡撫〔余誠格〕に向つて二十四時間内に長沙を明渡すべきを迫りしとのことなりしが、果然二十一日〔西門生による一〇月二二日の誤り〕午前十時に至り北門外の新軍先づ叛旗を飜し、直に城内に進入して巡撫衙門を占領したり」とした上で、湖南省城における革命軍の模様を次のように記している。「【手順善き革命軍】而して長沙省城の革命は是れにて全く成れるものにして、驚天動地の大事業も亦已に刃に衂ずして決定するに至り、長沙は革命軍の占領に帰しぬ。而して是れと同時に、安民保商の告示と外人保護の佈告は直ちに各所に貼布せられ、軍政府は已に巡撫衙門内に開かれ、城内は已に革命軍によつて厳重に守備せられ、一般人民の出入を誰何しつゝあり。……【競つて白旗を飜す】長沙の占領せらるゝや、各官衙は直に白旗に漢の一字を大書したるものと取換へられ、商店住宅皆是れと同一の白旗を掲げて、其中には漢族中興とか中華民国萬歳とか書せるものもあり。八十の老媼も三尺の童子も亦白旗を挿し、古の旭将軍の入城もかくやと偲ばるゝ有様なり。【弥次馬も揚々】湖南新軍の意気頗る勇壮にして、将校の白馬に鞭つて奔馳せる、士卒の抜剣にて巡邏せる、伝騎の塵を揚げて走れる様、意気甚だ旺盛、然して弥次馬の連中までもまた頗る揚々たるを見る。【新兵の募集】而して湖南革命軍は直に其の翌日〔一〇月二三日〕より新兵の募集に着手し、幾百の新旧兵及び年少気鋭のものは皆其の募集に応じ、仕度料より俸給に至るまで、十分に之を給与し、尚続々召募しつゝあり。其の革命軍の志の已に小ならざるを知るに足る。【市民安堵】此騒動も一般市民には何等の影響なきを以て、市民は依然商店を開いて営業しつゝあり。又城内外の各国在留民も一時は水陸洲に避難したるものもありしかど、一般は至極平穏にして、附近の百姓は例により畑に出で、働きつゝあり」（『大阪朝日新聞』一九一一年一一月五日、西門生「長沙の革命軍（一〇月二五日漢口）」）、と。西門生はこの記事を漢口から発しているが、湖南省から漢口から避難してきた人々の話を元にしたために、革命軍の蜂起の日にちを一〇月二二日ではなく一〇月二一日と誤って記載したのではなかろうか。ここには、一〇月二二日の革命軍の蜂起に喚起する民衆の喜びが表現されている。

(98)　一九一〇年五月、湖南巡撫楊文鼎は、一九一〇年の長沙米騒動後の掲帖の配布者を捕縛した者に一〇〇〇金、配布者に関する情報の通報者に五〇〇金の懸賞金をかけていた。一九一〇年の長沙米騒動後の掲帖の配布者に対する懸賞金については、本書第八章第二節第一項を参照されたい。

(99)　一九一一年一一月二一日付け『時事新報』は、明徳学堂教習堀井覚太郎らが春日丸で帰朝したとして、「【長沙の学堂閉鎖】長沙は十月二十二日平和の革命を遂げたる以来、秩序好く整ひ何等の危険なきも、各学校は学生離散したれば一応帰朝する事となり、六名の教習中、堀井〔覚太郎〕氏外二名は本日帰港したり。他は次便にて帰着すべし。〔一一月〕十一日漢口を通過して官革両軍の砲戦を見たるが、格別の事なかりき」と記している。また、一一月二八日付け『時事新報』は、長沙から漢口、上海をへて日本の長崎に帰還した深川長沙実業学堂教習の、次の談話を伝えている。「【長沙の日本人】長沙にありし教習連は皆引上げ、後に残れるは農務学堂教習の谷戸教習のみにて、他に郵便局員其他二十余名の日本人踏み止り居れり。【学堂は新兵宿舎】各地皆然りと聞けるが、長沙にても各学堂は皆新募兵の宿舎に宛てられ、訓練を経たる者は続々下流に向け輸送され居れり。【漢口戦争実見】十七、八両日の戦争は漢口にありて実見したるが、相変らず進退緩慢なる戦闘振なりき。沅江丸抔も屡々銃砲弾に見舞はれしも、無事なりき。【長沙と警備艦】長沙には警備艦隅田あれども、昨今減水甚しければ近く下江すべく、後は湘江丸に武装を加へて警備せしむる筈なり。【瞿鴻禨の避難】久しく危険を避けて田舎にありし瞿鴻禨は、〔一一月〕十五日家族二十余名を引き連れて長沙より上海に避難し来れり。当分同地に滞在するよし。〔瞿鴻禨〕氏は年歯六十近く、身体極めて頑健、漢口にて砲弾に見舞はれたる際も、氏は固より家族迄平然たりしは流石に前大臣なりと思はしめたり。同氏余に語りて曰く、余は長く中央政界を遠かり、内外の事情を熟知せざるも、袁世凱の立場は余程困難なるべく、能く時艱を救済し得るや否や疑はし。余は暫く上海に止り、機を見て日本に遊ばんとす云々」(『時事新報』一九一一年一一月二一日「南京城内の消息（長崎二十日特電）」)、と。

(100) 鄒永成口述、楊思義筆記「鄒永成回憶録」一〇一―一〇九頁。

(101) 粟戡時「湖南反正追記」、同明・志盛・雪雲編『湖南反正追記』一三頁。

(102) 子虚子「湘事記」巻一「軍事篇二」、同明・志盛・雪雲編『湖南反正追記』六七頁。

(103) 粟戡時「湖南反正追記」、同明・志盛・雪雲編『湖南反正追記』二〇頁。

(104)「曹孟其記事一則」、同明・志盛・雪雲編『湖南反正追記』二五頁。

(105)『民立報』一九一一年一一月九日「軍政府湖南参議院規則」。

(106) 粟戡時「湖南反正追記」、同明・志盛・雪雲編『湖南反正追記』一八―一九頁。

(107) 黄俊軍『湖南立憲派研究』一九一―一九二頁。

(108) 湖南都督府は、新軍の精鋭部隊から三六〇名を選抜して敢死隊一営を編成し、湖北省に赴かせた。そして、この敢死隊の督帯官の張堯卿は、かつて革命運動に従事した廉で獄中に投獄されていたが、正都督の焦達峯によって獄中から釈放された人物であった。このため、張堯卿は、素志を貫徹しようと、出陣に際しては言詞に痛切極まるものがあったという。また、何盛も、正都督の焦達峯によって、長沙県の監獄から釈放された人物であった。何盛は、焦達峯の下で新軍の副統となり、護駕将軍と自称していたが、焦達峯が殺害されると焦達峯の復仇を謀り、湖南都督譚延闓によって長沙県の監獄に収監された上処刑されていた。『時報』一九一一年一一月二四日「湘省革命詳情」。

(109) 一九一一年一〇月に龔春台が再び出現した点については、本書第七章第三節第一項を参照されたい。

(110) 子虚子「湘事記」巻一「軍事篇二」、同明・志盛・雪雲編『湖南反正追記』六八頁。

(111) 譚人鳳（饒懐民箋注）『石叟牌詞』三二、九二頁。ただし、子虚子は会の開かれた日にちを一〇月三一日としている。子虚子「湘事記」巻一「軍事篇二」、同明・志盛・雪雲編『湖南反正追記』六八―六九頁。

(112) 戴鳳翔「我在辛亥革命前后的一段経歴」。

(113) 閻幼甫〔鴻飛〕「譚延闓的生平」。
(114) 譚延闓と教育事業の関係は本書第四章第三節第一項を、また譚延闓と湖南諮議局の関係は本書第四章第三節第一項を参照されたい。
(115) 『支那長沙暴動一件』長沙駐在副領事村山正隆より外務大臣小村寿太郎あて「長沙暴動ニ関聯シ清国官紳ノ態度報告ノ件」(其三) 一九一〇年六月七日、饒懐民・藤谷浩悦編『長沙搶米風潮資料匯編』二〇四頁。
(116) 神谷正男編『続 宗方小太郎文書――近代中国秘録――』七部「雑件」「拾遺」六〇九頁。
(117) 『申報』一九一一年八月一五日「中国教育会章程草案」。
(118) 子虚子「湘事記」巻一「軍事篇一」、同明・志盛・雪雲編『湖南反正追記』六二頁。
(119) 子虚子「湘事記」巻二「内政篇」、同明・志盛・雪雲編『湖南反正追記』九七頁。
(120) 子虚子「湘事記」巻二「内政篇」、同明・志盛・雪雲編『湖南反正追記』九三頁。
(121) 『申報』一九一一年一二月一二日「湘省新猷種種」。
(122) 凌盛儀は一九一一年一二月一二日の日記に、湖南省城の各街巷の模様について、「〔湖南〕省城の兵丁が、各街巷で強制的な手段で人々の辮髪を剃った。涙を流して泣き、免除を求める者、跪いて拝み、免除を求める者がいた。しかし、均しく、免除は許されなかった」と記している。凌盛儀「辛亥日記」一九一一年一二月一二日の条、同明・志盛・雪雲編『湖南反正追記』二五一頁。ただし、一九一二年二月、辮髪の除去の布告後、二ヶ月をへても、湖南省の各地では辮髪を剪らない者が多数おり、湘潭県では辮髪のままの者が田舎の出身者を中心に一、二割もいた。『申報』一九一二年二月二九日「湘潭強迫剪辮之命案」。古来より、中国では髪には霊魂が宿るとされたため、他者を呪う場合、辮髪が呪いの重要な対象となった。例えば、霊魂を盗もうとする者は、男なら辮髪の先、女なら襟に呪文をかけたり、或いは杭の上か下に人の名前の記された物を置くか、置いた上で打ち込む時に名前を呼んだりした。そして、辮髪や襟に呪文をかけ、さもなければ杭に名前を記されたり名前を呼ばれたりした者は、霊魂を盗まれたことになり、程なく病気になるか死んだ。フィリップ・A・キューン〔谷井俊仁・谷井陽子訳〕『中国近世の霊魂泥棒』九四―一一八頁。

(123)『申報』一九一一年一一月九日「長沙焦陳両都督被殺」。
(124)『時報』一九一一年一一月二三日「湖南革命之大風雲」。
(125)『民立報』一九一一年一一月二日「大革命之大風雲（廿三）」。
(126)子虚子「湘事記」巻一「軍事篇三」、同明・志盛・雪雲編『湖南反正追記』六七頁。正都督の焦達峯が馮廉直に与えた官職については、以下の三種の異なる見解がなされてきた。第一は南路統領であり、第二は中路招討使であり、第三は標統である。黄俊軍は、綿密な考証を重ねた上で、この三種のうち第一の南路統領を採用している。黄俊軍『湖南立憲派研究』一八八―一八九頁。本章では、黄俊軍の説にならう。
(127)李敬思「記辛亥常徳起義」三三―三四頁。
(128)凌漢秋「記楊任常徳遇難」二三七―二三八頁。
(129)鄒永成口述、楊思義筆記「鄒永成回憶録」一一一頁。
(130)鄒永成口述、楊思義筆記「鄒永成回憶録」一一六―一一七頁。
(131)松崎鶴雄は、次のように述べている。「恰度、王〔先謙〕先生が旧学派で、新学派に対峙して間もなく、革命〔一九一一年一〇月二二日の革命軍の蜂起が起つて来ました。さうすると、王先生の身の廻りが極めて危険になつて来ました。革命党が武昌に火の手を揚げますと同時に長沙の新軍が起り、其の当時の統巡防営〔巡防営中路統領〕（巡防隊の総長）黄忠浩が学者であつて王さんの友達であつたので、黄忠浩が真先きに血祭りにされました。此の次の順番は王先生の首だと言つて、非常なデマが飛びましたのです。其の当時留学して居つた塩谷温氏が王先生の保護にあたつて、遂に王先生は平江県と云ふ片田舎に落延びました。そこには王先生の持つて居つた金山もあり、そこに門人の蘇輿と云ふ人が居つて、王さんの面倒を見て居りました。私は其の当時上海に居つて幾度も上海に避難するやうにすゝめましたが、仲々応じませんでした。……此の人〔蘇輿〕が始終〔王先謙の〕面倒を見て居りました。平江県にも革命党の手が延びて王先生が是で一息と云ふ時に又身の置き所がなくなり、又もや長沙の田舎に隠れ、実にみすぼらしい農家に身をひそめました」（松崎鶴雄『柔父随筆』一〇二頁）、と。

(132) 塩谷温「湖南の老儒と其選著」二。

(133) 閻幼甫（鴻飛）「辛亥湖南光復的回憶」。

(134) 『民立報』一九一一年一一月一五日「焦大章之假冒」。

(135) *The North - China Herald & S. C. & C. Gazette*, November 18, 1911, "The Revolution in Changsha".

(136) 一九一〇年の長沙米騒動後に現れた掲帖の一部は、共進会の成員によって配布されたといえよう。そして、共進会の湖南省の責任者が焦達峯であった。このことから、一九一〇年の長沙米騒動後に現れた掲帖、特に第二掲帖の姜守旦が救世主として現れ、至福の世界を顕現するという内容の掲帖の配布に、焦達峯の関与した可能性は、大きかった。この点については、本書第八章第三節第三項を参照されたい。

(137) 姜守旦の「新中華大帝国南部起義恢復軍」の檄文については、本書第七章第三節第一項を参照されたい。

(138) 一九一〇年の長沙米騒動後に出現した掲帖で、蜂起の参加者に一〇文の支給を約束した点については、本書第八章第二節第一項を参照されたい。

(139) 文公直『最近三十年中国軍事史』第二編「軍史」第八章「鄂湘軍史」三〇二頁。

(140) 子虚子「湘事記」巻一「軍事篇三」、同明・志盛・雪雲編『湖南反正追記』七一頁。

(141) 余韶「湖南光復及四十九標援鄂」。

(142) FO228/1798: Giles to Jordan: Revolutionary Movement in Hunan, December 20, 1911.

(143) 李魯青「辛亥起義前夕湖南軍界二三事」。

(144) 余韶「湖南光復及四十九標援鄂」。

(145) 畑仙齢は、一八六五年、京都の禁裏附武士の子として生まれた。一八八〇年、岸北堂につき、更に鈴木百年に従って、画業を修めた。一八九〇年に上京、彩雲画塾を開き、後進の指導に努めた。一八九七年、日本画会を起こし、幹事となった。下中彌三郎編『大人名辞典』第五・六巻、「畑仙齢」の項。なお、畑仙齢を乗せた湘江丸が長沙の港口から二マイルほど手前に来た時、突然沿岸から銃声が鳴り響き、湘江丸が停船すると、続いて四、五〇発の銃声が鳴り、うち一弾は西洋人の部屋を斜めに射抜いて浴室の鏡に当たり、もう一弾は甲板の通風器に命中した。一〇月三一日には、焦達峯が殺害されていた。畑仙齢によれば、発砲は、焦達峯が湖北省に援助を依頼し、その密使が同船に乗船しているのではないかとの噂が流れ、臨検のために行われたものであった。『東京朝日新聞』一九一一年一一月二九日、一二月一日、一二月四日、畑仙齢画伯談「革命実見記」一、二、三。

(146)『東京朝日新聞』一九一一年一二月五日、畑仙齢画伯談「革命実見記」四。ここで、畑仙齢は、「満人は牛馬〔である〕」と記しているが、「満人の牛馬〔となる〕」が正しい。畑仙齢の誤読は、もともとの文章の「為満人牛馬而残害同胞以兄弟之膏脂易一人之富貴」について、誤って「為」を抜かし、「満人牛馬而残害同胞以兄弟之膏脂易一人之富貴」とだけ記した点に由来する。

(147)基山生「長江沿岸漫遊談」。のちに、同文は大幅な改定をへて、次に収録された。宇野哲人『改訂　支那文明記』。この点については、本書第七章の「おわりに」を参照されたい。

(148)『時報』一九一二年二月二三日「推倒曾左専祠」。

(149)*The North - China Herald & S. C. & C. Gazette*, November 18, 1911, "The Revolution in Changsha". ただし、湖南都督府演説総科の作成した「湖南独立頌」では、「まさにこの朔日〔旧暦九月一日、西暦一〇月二二日〕には日蝕があり、薄暗さがすっかり晴れ渡り、光り輝いた」と記しており、日蝕を革命の予兆とした。粟戡時「湖南反正追記」、同明・志盛・雪雲編『湖南反正追記』一八頁。

(150)一九一一年一〇月、『報知新聞』は次のように記している。「【清朝動乱の兆】既載の北京特電に『天文台の観測に拠れば、太白星太陽を犯す、是れ古来大動乱の兆として知らると、為めに人心動揺す』とあり。因て東京天文台に平山助教授の談を聞くに、▲今は金星の一番光る時　太白星即ち金星が月を犯すとか云ふ事は是迄支那でも能く云ふ事であるが、太白日を犯すと云ふ事は、支那の歴史上でも是迄余り聞かない事です。……如何にも此頃は丁度金星が一番我々地球に近寄つて居る時で、此の廿二日の暁方が殊に一番能く地球に近寄る時であるから、此頃も既に却々大きくよく燦爛と輝いて見える。其見えるのは丁度暁方の東の空で、日の出る前が一番よく見える。丁度其時分には月も出て居る。此頃喧しいC彗星も北寄ではゐるが、同じ東の空に二等星位の核（彗星の一番光る処）に随分立派な尾を曳いて見えて居るから、此頃の暁方の空は却々の壮観である」（『報知新聞』一九一一年一〇月二一日「太白星太陽を犯すとは如何なるをぞ　清朝動乱の兆」）、と。

(151)『時報』一九一一年一〇月二一日「彗星又見」。一九一一年一〇月、『報知新聞』が「長崎寄港の南清よりの帰客談に依れば、彼の千九百十一年のＣ彗星は上海にても観望せられて、暁の明星より斜左の下方に当りて二等星よりも大きく見え、其尾は高く左に延びて却々の壮観を呈し居るが、上海の支那人は是ぞ漢朝復興の時節到来の瑞祥よとて歓喜礼拝する者多し」と記している。『報知新聞』一九一一年一〇月二七日「彗星の出現は漢朝復興の瑞祥」。更に、一九一一年一〇月の『大阪毎日新聞』紙上においては、「此等〔鎮江から日本の長崎に至った〕の避難民は多くは支那人にして、彼等は到る処革命軍の優勢なるを触れ歩くため、鎮江にても人々は天下は遂に革命軍の有たるを信じ、唯戦争が大きくなるや否やを気遣ひ居る模様なるが、日中に星が見えると戦争が大きくなるとの迷信盛に伝へられ、真昼間其処此処の辻には多くの群衆重なり、見えもせぬ星が見えるとて騒ぎ廻り、物識らしき老人は黒く塗りたる虫眼鏡のごときものにて太陽を仰ぎ説明しつゝあるなど、実に滑稽の極なり」という記事も掲載されていたのである。『大阪毎日新聞』一九一一年一〇月二三日「白昼妖星現る」。

(152)『滑稽時報』一九一一年一〇月二五日、天峻「下流社会之革命談」。

(153)『五公末劫経』（一九〇三年重刊）における「黒風」の記述については、本書第三章第二節第二項を参照されたい。

(154)粟戡時「湖南反正追記」、同明・志盛・雪雲編『湖南反正追記』一八頁。

(155)『東京朝日新聞』一九一一年一一月一一日「興漢滅満の旗　湖南全部革党」。

(156)陶菊隠「長沙響応起義見聞」一九六頁。

(157)清代、人々の最大の娯楽は、戯劇である。戯劇は、人々に行為や言語、思想など、生活様式全般に至って影響を与えた。換言するならば、人々は無意識のうちに、戯劇上の英雄の言葉や動作を真似、戯劇で形成されたある種の様式に沿って行動した。Esherick, W. Joseph, *The Origins of The Boxer Uprising*, pp.315-331. 王加華「戯劇対義和団運動的影響」。

(158)『時報』一九一一年七月二九日「鄂省近日之奇聞怪事」。一九一一年一二月、西本願寺長沙出張所の開教使の田中哲厳は、「今でも郷僻の父老は伝誦してゐるといふ七絶十四章よりなる讖詩があるといふ」と述べて、湖南省で「用武時交黒鼠年。坐看四境起烽烟。九州已見三分定。七載終留一線延」なる讖詩が流布していることを指摘し、次のように記している。「黒は北方壬で（卜者ならぬ余は意味が分らぬ）鼠は子の属であるから黒鼠年とは壬子で今年は辛亥、即ち辛亥と壬子の交となる。四境烽烟〔四境起烽烟〕とは今現に十有六省に亘りて烽煙盛に起りてゐる。九州三分云々とは満州、蒙古、新疆、青海、西蔵と支那本部との面積を合すると内地の面積は全土の九分の三である、即ち全支那本部が事を挙げて蕩平征定するの意で、七載一線云々は溥儀帝が四歳で践祚し今で三年即ち延七載となる、而も茲に一線を劃したとか劃すとか………といふてゐる。御幣擔ぎではあるが或は何等か因由ある様にも思はれる」（『中外日報』一九一一年一二月二三日、田中哲厳「革命乱餘瀝在長沙」）、と。なお、引用文中の……は、原史料のものである。一九一一年、水野梅暁は、湖南省の官憲の抑圧をかわすために、水野が設立した雲鶴軒の全権及び運営を西本願寺法主の大谷光瑞に譲渡した。この結果、雲鶴軒が西本願寺長沙出張所となり、開教使の田中哲厳が長沙に派遣されて同所の運営にあたった。『中外日報』一九一一年一一月三〇日「長沙より十一月十七日」。同一九一五年五月七日、水野梅暁「支那布教権の起源及現状（下）」。

(159) 周克之「辛亥革命時期湖北学生軍始末記」五七頁。

(160) 郭孝成「陝西光復記」、中国史学会編『辛亥革命』六、三八頁。

(161) 一九〇六年の萍瀏醴蜂起における中秋節の蜂起の謡言については、本書第七章第二節第二項を参照されたい。

(162) 中秋節の蜂起伝説、すなわち「殺家韃子」伝説と預言書『焼餅歌』の融合については、本書第二章第二節第三項を参照されたい。

(163) 劉次元・馬莉萍『中国歴史日食典』二三九頁。一九一一年一〇月、『報知新聞』には、次の記事が掲載されている。「戦雲暗澹たる南清の天に来る〔一〇月〕廿二日の真昼頃には、約五分位の日蝕あるべし。折しも戦機熟せんとして、南北両軍堅唾を呑む時、赫々たる太陽は次第次第に光を失して、殆んど半を虧かんとす。天地次第に闇からんとする時、両軍の戦意や如何に動く。此度の日蝕は金環蝕（月が太陽の真中に入りて周囲に環の如く太陽の縁を残す日蝕）なり。南清海南島附近より比律賓群島のパラワン島辺、其他中央亜細亜より南洋ニューギニアに渡る一帯の地方にては、皆美はしき黄金色の日輪を望み得べし」（『報知新聞』一九一一年一〇月一九日「廿二日の日蝕　東京は正午過ぎ」）、と。

(164)『申報』一九一一年一〇月一三日「天文家葉友琴君推算日食之豫言」。

(165)『滑稽時報』一九一一年一一月七日「月蝕説」。

(166)『時報』一九一一年一一月八日「下流社会之革命談」。

(167)金井保三「清国近事」。金井保三は、一八七一年一〇月二四日、長野県北佐久郡中佐都村に、旧幕時代に同地の領主であった水野春四郎の御典医金井元貞の子として生まれた。金井元貞は越後の人で、江戸に出て紀州の華岡青洲の学系の花岡氏の塾で医学を学び、学業を成して後に中佐都村に来往し、後に水野氏の御典医となり、更に佐久地方の医学教育にも尽力した。金井保三は、金井元貞の次男である。長ずるに及んで、中国語を習得し、独協中学で国語の教師となり、同校の同僚の津田左右吉と懇意になった。また、東京高等商業学校付属外国語学校や哲学館、台湾協会専門学校で中国語を講ずる一方、清国から日本に派遣された留学生の日本語教育にも携わり、早稲田大学清国留学生部などで日本語を教えた。金井保三の著書には、『支那語』（総説）、『支那語自在』、『日語指南』の他、名著の誉れの高い『日本俗語文典』がある。一九一七年一月七日、軽井沢の別荘で病没した。享年四七。北原保雄・古田東朔編『日本語文法研究書大成　日本俗語大典　全』所収の諸星美智直「解説」。

(168)『申報』一九一二年一月九日「湘人光復荊州之栄誉」。

(169)『申報』一九一二年一月一五日「湘江新潮流」。

(170)孫文「挙行民国統一大典通電」一九一二年二月一三日・「咨参議院辞臨時大総統職文」一九一二年二月一三日、中国社会科学院近代史研究所中華民国史研究室・中山大学歴史系孫中山研究室・広東省社会科学院歴史研究室合編『孫中山全集』第二巻、八三―八四頁。

(171)『申報』一九一二年三月一日「湘都督改期慶祝之文告」。ここでは、「白旗」と共に、「二紅一黄旗」が示されている。「二紅一黄旗」については、未詳である。一九一一年一一月、『民立報』紙上には、中華民国の国旗として「鉄血十八国旗」が掲載され、団の中が黄色、中が青、外が紅となっていた。また、一九一一年一二月、『時報』には、陸軍旗が紅地に黄星として示されている。『民立報』一九一一年一一月八日「中華民国国旗名鐵血十八団旗」、『時報』一九一一年一二月九日「海軍旗・国旗・陸軍旗」。これらの旗が「二紅一黄旗」を指し示している可能性もある。

(172) 五色旗の政治的意義については、次の研究を参照されたい。片岡一忠「辛亥革命時期の五族共和論をめぐって」、小野寺史郎「清末民初の国旗をめぐる構想と抗争」、李学智「政治節日与節日政治——民国北京政府時期的国慶活動——」、など。

第四部　民国初頭の国民統合と亀裂

第一〇章　湖南都督府と軍隊の対抗——愛国団の活動を中心に——

はじめに

第三部では、湖南省の辛亥革命に与えた末劫論の役割について、一九〇六年の萍瀏醴蜂起や一九一〇年の長沙米騒動、一九一一年一〇月二二日の革命軍の蜂起における掲帖や謡言を中心に考察した。そして、二〇世紀初頭、湖南省で末劫論が広範に流布し、一九一一年一〇月二二日の革命軍の蜂起はこの末劫論を巧みに利用することで成功したが、却ってこのことによって湖南省の辛亥革命の内実が末劫論に拘束されることになった点を論じた。第四部では、第三部の考察、すなわち湖南省の辛亥革命に与えた末劫論の影響を受けて、民国初期の湖南都督府における国民統合への湖南省の各階層の反応について、湖南都督府と軍隊の対抗、湖南省城の革命記念式典の挙行と民衆の反応、第三革命における各階層間の亀裂を中心に考察する。

一九一一年一〇月二二日、焦達峯は正都督に就任すると、軍政部長に閻鴻飛を任命し、軍政部長の下に参謀処、軍需処、軍法処、副官処を置き、副官処の下に第一鎮から第四鎮までを置き、第一鎮統制に余欽翼を、第二鎮統制に趙春廷を、第三鎮統制に易棠齢を、第四鎮統制に閻鴻翥を任命した。清末、湖南省の軍隊は、巡防営の一万二〇〇〇人と新軍（第二五混成協）の四五〇〇人、湘西（湖南省の西部）に駐屯した緑営の一万人などの、総計約三万人から構成された。ところが、一〇月二二日、焦達峯は正都督に就任後、副都督の陳作新と相談して、第四九標の王隆中を独立第一協協統に命じて援鄂軍の派遣を計画すると共に、大規模な募兵を行った結果、清末には約三万人であった軍隊の兵員数は、焦達峯の正都督就任後五万人或いは七万人となり、約二倍前後に膨れ上がった。このように、急速に兵員が増えた理由は、焦達峯の設立した会党の工作組織、四正社を通じて、会党の成員や失業者が兵士に徴用されたためであったといわれる(1)。そして、上級の将校は兵士を統率できず、軍隊の規律も乱れた。子虚子は、湖南省の軍隊の状況について、次のように述べている。

軍隊が興ると、各省は全て兵士の多さに悩んだ。ただし、湖南省のように複雑なものはなかった。〔正都督〕焦達峯は、一〇日間における募兵が六万人と号称した。譚延闓は、これを受け継いだが、勢いが散砂のようで〔統一がとれず〕、かつ反抗心を抱き、焦〔達峯〕の復仇を図ろうとする者もいて、決壊を防ぎ縺れをほぐそうにも、長続きせずに止んだ。このため、兵を整え北伐を行うにも、事態の困難なことは、固よりであった。民国が成立すると、将校は驕り昂ぶり、兵士は勝手気ままとなり、自らの功績を誇り、兵士を擁立して自ら固め、省城や近くの村落で騒擾を惹起することは、日々聞くことがあった。官長が〔これらの行為を〕禁止すると、兵士たちは「中華民国の湖南省は、我ら兵士が作ったのである。官長にどのような功績があったのか」と述べている。凡そ、各営は皆な代表を有し、都督に直に接した。そして、営中の出来事は皆な代表が議決し、師団長、旅団長に交して執行させた。中下級官は兵士に命令することができず、上級官も配下に命令することができず、いわゆる〔兵士に〕服従の義務がなかったのである(2)。

このような中で、一九一二年初頭、新軍や巡防営の中下級の将校を中心に、軍隊内部の秩序を維持するために内部維持会が設立された。ただし、この内部維持会は、湖南特別議会と激しく対立し、社会党長沙支部を攻撃する中で発展をとげ、愛国団の結成に繋がった。愛国団は、革命軍の蜂起の中核的なメンバーによって設立され、中華民国の共和政治を護持しようとするものであったにも拘らず、なぜ湖南特別議会や社会党を攻撃するに至ったのであろうか。

民国初頭の政治については、これまで一党独裁型の政治と議院内閣制の政治など、袁世凱の専制政治と宋教仁の政党政治、独裁と民主、革命と反革命といった、二項対立の中で考えられることが多かったように思われる(3)。しかし、このような観点からは、民国初頭に軍隊が共和政体の護持を標榜する形で台頭した理由、また政党政治に潜む専制的な政治の萌芽については見逃されるであろう。換言するならば、民国初頭、湖南省で軍隊が台頭した理由は、革命勢力の側にも軍隊の台頭を許容するような考えが混在し、この考えが民国初頭に行政と議会が対立して社会的混迷が深まる中で浮上し、かつ軍隊の側にも国民統合に積極的に関与しようとする動きがあった点に求めることができるのではなかろうか。そして、この点に着目するならば、軍隊と地域社会の関係、すなわち軍隊がどのような政治的潮流の中で、いかなる社会的な背景の下に台頭し、民国初頭の政治を規定したのかに分析を加える必要がある。しかし、湖南省の辛亥革命について、郷紳や会党に関する研究は多いものの、軍隊の果たした役割に言及した研究は多くはない(4)。この理由は、次の二点にある。第一点は、辛亥革命研究が、辛亥革命の性格をめぐり、階級論に基づいて行われてきたため、郷紳、会党、民衆の動向の分析に重点が起かれた反面、軍隊の動向には殆ど関心がもたれなかった点である。第二点は、仮に軍隊の動向に関心がもたれた場合でも、軍隊の人的構成や配置、動向が中心となり、地域社会との関係から捉える観点を欠いた点である。この二つの理由の背景には、中華民国で軍閥混戦が起こり、このことが中国の分裂の一因となり、軍隊に対する考察が忌避されたことと、知識人の軍隊に対する蔑視の念から、軍隊を政治家や知識人による煽動の対象と見なしてきたこと、更に社会史研究の立ち遅れから、軍隊と地域社会の規範の関係についての研究が等閑視されたことがある。近年の軍隊に関する研究は、軍事兵器や軍隊組織の発展だけでなく、政治、経済、文化などに着目し、軍隊が他の領域に与えた影響だけでなく、これらの政治、経済、文化の領域が軍隊にどのような影響を与え、かつ軍隊もこれらの事柄にいかに順応したのかに関心が当てられている。[5]本章では、このような研究成果を踏まえながら考察を行う。

本章は、一九一二年四月に愛国団が設立された理由、特徴及び行動を分析しながら、湖南省で軍隊がどのような時代精神を受けて台頭し、湖南都督府や議会、政党といかなる関係を持ち、民国初頭の湖南省の政治に影響を与えたのかに考察を加えるものである。この場合、軍隊の台頭については、軍隊の内部の旧新軍と旧巡防営の対立、日本の陸軍士官学校の卒業生と湖南省の武備学堂、兵目学堂の卒業生の対立だけでなく、二〇世紀初頭、湖南省で進行していた男女の性差の再編と関連付けて考える。何となれば、吉澤誠一郎が清末の剪髪（辮髪を剪る）をめぐる議論に着目し、清末の剪髪論にはヨーロッパや日本の文明観が内面化され、かつそれが旧来の華・夷観と融合している点を指摘しつつ、「剪辮易服のための議論は、従来の文弱な士大夫像を否定し、身体的活動性ゆたかな新時代の男性像を新たに提示しようとしたのであり、それは女性との性差の再構成でもあったと言えよう」と述べたように、二〇世紀初頭にはあるべき国家像が模索される中で、男女の性差の再編が図られていたからである。[6]先ず、第一節では、民国初頭の軍隊の人的構成、財源、理念などに考察を加える。特に、湖南都督譚延闓の直面した課題として、兵員数の増大と軍事費の増加、籌餉局の設立と社会不安の増加を指摘し、軍隊と湖南特別議会の対立、及び愛国団が設立される経緯を分析する。第二節では、愛国団の思想、経済的背景について、愛国団が社会党を攻撃した理由を中心に考察する。そして、社会党の綱領と愛国団の思想を対比しながら、愛国団が社会党を攻撃した理由、湖南都督譚延闓の社会党に対する反応、及び愛国団の目指した社会に言及する。第三節では、民国初頭の湖南省の社会的風潮として男女の性差の再編に分析を加え、軍隊と国民統合の関係を考察する。ここで議論の俎上に乗せるのは、国民党の結成にあたり民生主義や男女平権が綱領から外された理由、及び籌餉局の廃止と軍隊の解散の関係、軍隊が社会秩序の維持に果たした役割である。(7)そして、軍隊の解散が社会に与えた影響について、民国初期の湖南都督府と軍隊の関係、愛国団内部の亀裂を中心に考察する。なお、湖南省の軍隊は、新軍と巡防営、緑営からなる。新軍は、第二五混成協を指す。第二五混成協は、歩兵の二標（第四九標と第五〇標）、砲兵営、工程営、騎兵隊、輜重隊からなった。新軍の組織は鎮、協、標、営、隊、排、棚の順になり、鎮は師、協は旅、標は団にあたる。本書で上級将校と呼ぶ場合は鎮統、協統、標統を指し、中下級将校と呼ぶ場合、営長、隊官、排長などを指す。また、籌餉局の募集した義捐金は、当初は国民捐と呼ばれ、後に黄興の称えた国民捐と区別するために公債捐と称したため、これら義捐金を一括して公債捐と呼ぶ。更に、愛国団は軍士愛国団とも命名されたが、愛国団に統一して用いる。

第一節　湖南都督府と愛国団

一・湖南都督府の軍事政策

一九一一年一〇月一〇日に武昌蜂起が起こると、湖南省では一〇月二二日に焦達峯と陳作新が新軍や巡防営の中下級の将校や兵士を糾合して蜂起を図った。ただし、上級将校は、正都督焦達峯の彼らに対する処遇に不満を抱き、一〇月三一日に正都督焦達峯と副都督陳作新を暗殺し、前湖南諮議局議長の譚延闓を湖南都督に擁立した。一九一三年三月一〇日、長沙駐在日本領事館編「湖南に於ける政党結社」は、譚延闓が湖南都督に擁立された理由について、次のように評している。

本党の中心たる同盟会は、元満清政府の顚覆を目的したる秘密結社なりしを以て、前清時代に於て政府当局は極力其撲滅を計り、其当時に於ては革命党員と云へは、蛇蝎の如く嫌悪せられたりしを以て、当時の有力者にして特に同会と関係を有したる者なかりしか如し。只一昨年〔一九一一年〕の春季、鉄道借款問題に関し民論勃興し、当地方の碩儒王闓運、王先謙、黄自元等の旧派儒者に対し、隠然新派の首領たりし時の諮議局議長譚延闓は、憲友会を提けて盛に反対の気焔を挙けたる時に当り、後に本党〔国民党〕支部に合併したる辛亥倶楽部は、譚延闓等と歩調を一にし、又同盟会員も其間の紛擾を利用して事を起さんとの意ありて、之れに声援を加へたるの形跡あり。爾来、譚延闓等と辛亥倶楽部との間に密接なる干係を生し、又同盟会員は譚延闓に対し好感を有するに至り、反正後彼れか推されて湖南都督の職に就くの遠因をなせり。次て武漢に義起るや〔武昌蜂起〕、当地に於て鉄道協会及体育会を組織せる前湖南都督焦達峯、陳作新其他の同盟会員は、新軍第四十九標及第五十標と通同して長沙を陥し、辛亥倶楽部員及譚延闓等を革命の渦中に巻込み、当地方の実業家龍璋、陳文璋等も亦革命派に投するに至れり。(8)

一九一一年一一月二九日付け『時報』が「近日、湖南都督府や各部の官吏は意見の相違が甚だ深く、全て民党〔同盟会会員〕と貴族〔諮議局議員〕の対立に依っている。民政司長の龍璋などは既に辞職し、財政司長の陳文璋も辞職を請願している。原因は、龍〔璋〕と陳〔文璋〕が労働をせずに安逸に暮らし、清朝の官場の積習を踏襲し、〔役所に〕出る場合には隊列をなして輿に乗るような類であり、民党は激しく攻撃した」と記したように、一一月には湖南都督府内で権力闘争が進行している。(9)一〇月二二日、正都督焦達峯の下では、民政司長に龍璋、次いで劉人熙が就任し、財政司長に陳文璋、教育司長に陸潤霖、司法司長に洪栄圻、交通司長に仇毅、ついで龍璋、外交司長に粟戡時、会計検査院長に易宗羲、塩政処長に黄鍈、鉱政局長に黄忠績が就いた。一〇月三一日、譚延闓が焦達峯の暗殺を受けて湖南都督に就任すると、これまでの参議院や副都督を廃止して湖南都督に権力を集中させると共に、財政司長に陳文璋を代えて陳炳煥を任命し、軍務部長の閻鴻飛を辞任させた。(10)また、一九一二年には、交通司長を龍璋から龍紱瑞に交代させ、龍璋を西路巡按使に任命した。(11)譚延闓政権の主要な人事は、財政司長と軍務部長以外、焦達峯政権の民政部や参議院の構成と主だった大差はなかった。

一九一一年一〇月三一日、譚延闓が湖南都督に就任すると、財政司長と軍務部長を真っ先に交代させたことは、譚延闓政権の主要な問題が財政と軍事にあることを物語っている。ただし、子虚子は、軍務部長の人事について、「〔湖南都督〕譚延闓は、真っ先に治軍〔軍隊の統率〕を行う場合の人材難に悩み、向瑞琮、黄鸞鳴、張翼鵬、李致梁、唐蟒、陳強、童錫梁らが相次いで湖南省に戻ると、軍務、参謀の各職を担任させ、程潜も四川省から帰ると、向瑞琮に軍務部長を担わせ、軍隊の綱紀を粛正し、程潜を参謀部長に任命して計画を練らせ、出陣・北伐を計画させた」と記している。(12)この「治軍を行う場合の人材難」は、軍隊の増長とどのように関わるのであろうか。一九一二年一月、譚延闓が軍務部長に任命した向瑞琮は、軍隊の統制を図り、兵員が多ければ秩序の維持も難しく、新兵が街巷に出れば衝突も起こりやすくなるとして、憲兵の組織と兵士の休暇願いの提出を義務付けた。(13)向瑞琮は寧郷県の人で、一八七八年に生まれ、一九〇三年に武備学堂に入学し、陸軍部の推薦で日本に留学し、振武学堂、陸軍士官学校を卒業し、日本の陸軍で教練官を一年務めて帰国し、保定軍官学校教官、陸軍部教官を務め、一九〇八年に湖南省に戻り、新軍の独立砲兵営管帯となり、一九一一年一〇月三一日に湖南都督に譚延闓が就任すると軍務部長に任命された。ただし、向瑞琮は綱紀を粛正し功績をあげたが、同僚に侮辱されて自ら辞任した。一九一二年二月、軍務部長は向瑞琮から陳強に代わった。(14)陳強は武陵県の人で、一九〇二年に日本に渡り、成城学校、陸軍士官学校で学び、中国同盟会会員となり、黄興の組織した丈夫団に参加し、一九〇九年に帰国、保定講武堂の教官、第四九標第二営管帯をへて、湖南都督府成立後は王隆中に従い援鄂戦争に参加した。なお、三月、軍務部長の陳強が独立第一協第四標統制官となったため、第四鎮統制官の黄鸞鳴が軍務部長となり、参謀部次長の程潜が南京に赴いたため、参謀部次長に李君薞が就任し、参謀部長の張翼鵬と軍事参議院院長の唐蟒は留任した(15)。黄鸞鳴は、清代の第四九標標統である。また、唐蟒は、唐才常の子息で、陸軍士官学校の卒業生である(16)。更に、七月、黄鸞鳴は、兵士の給与削減に反対する運動で苦境に立たされ、軍務部長の辞職を申し出ている(17)。黄鸞鳴の後任として軍務部長に就任したのは、周家樹である(18)。一九一一年一〇月二二日の革命軍の蜂起で、第四九標標統黄鸞鳴、砲兵営管隊向瑞琮、馬隊管帯張翼鵬、第二営管帯陳強らは秋季演習のために北京にいて湖南省を不在にし、代理第四九標第二営管帯袁宗瀚、第五〇標教練官李致梁、第一営管帯蔣国経も様子を窺がっているだけであった（標統などの役職はいずれも当時のもの）(19)。湖南省の将校の特徴は、多くが新式学堂の卒業生であり、上級将校の中には日本の留学経験者が多く、かつ中級・下級の将校の多くも武備学堂や陸軍小学堂の卒業生で、軍事的な文化水準が比較的高かった点にある(20)。ただし、一〇月二二日の革命軍の蜂起では、中下級の将校が中心となり、上級の将校は何ら功績を上げることができなかった。このため、上級の将校は中下級の将校や兵士の給与削減に対する反対運動を抑えることができず、軍隊内の規律も乱れた。軍務部長や参謀部長が度重ねて交代した背景には、軍務部長や参謀部長が兵士の反抗に無力であり、軍隊内の規律を正すことができなかったという事情が存在した。

一九一一年一一月、焦達峯政権では王隆中を独立第一協協統に命じて援鄂軍の派遣を計画し、大規模な募兵を行った結果、清末で約三万人であった軍隊の兵員数が五万人或いは七万人にまで膨れ上がっていた。このため、譚延闓は鎮を師に、協を旅に、標を団に代え、第一鎮統制の余欽翼を第一師長に、第二鎮統制の趙春廷を第二師長に引き継がせたが、第三鎮統制の易棠齢を第三師長の曾継梧に、第四鎮統制の閻鴻翥を第四師長の王隆中に交代させ、新たに第五師と第六師を創設して第五師の師長に梅馨を、第六師の師長に程潜を任命し、更に王隆中の独立第一協に続いて、劉玉堂の部隊、甘興典の部隊、劉耀武の部隊を、相次いで湖北省に派遣した(21)。第三鎮統制易棠齢が第三師長に就任しなかった理由は、易棠齢が前副都督陳作新と近い立場にあったことと関連するように思われる。また、閻鴻翥は、一九一二年一月二七日に過労のために吐血して死亡しており、第四師長に就任することはできなかった[22]。曾継梧は新化県の人で一八七三年に生まれ、王隆中は武岡県の人で一八七四年に生まれ、梅馨は龍陽県の人で一八七八年に生まれ、程潜は一八八一年に醴陵県に生まれた[23]。四人とも日本の陸軍士官学校の出身で、一九一一年当時は三〇歳代であった。この結果、湖南省の軍隊の首脳部は、日本の陸軍士官学校の卒業生が占めた。ただし、一九一一年一一月二九日付け『時報』紙上で、「湖南省が義旗を挙げると、援鄂軍、北伐軍、各路防守隊、新しく招募した各隊は、従来に比べて二、三鎮も増えたため、給与の工面の仕様がなかった」といわれたように、兵員数の増加は湖南省の財政を圧迫した。同月、湖南都督譚延闓は、褒章の授与による慰撫を図り、将校や兵士に特別記念勲章と戦時出力勲章という二種類の勲章を贈呈し、かつ保証書を与えて三〇元の年金の支給を確約した。年金は、当年と翌年の二度、各々一五元を支払う約束であった。しかし、各軍の兵士はこの処遇にも不満であり、給与の増額を要求した[24]。一九一一年一二月三日付け『時報』は、「聞くところでは、軍隊は今回の漢の復活で大きな功績をあげ、将校に推挙された者は多かった。しかし、取り残された者の心中は穏やかでなく、かつ給与も増えなかったため、大勢が議論を沸騰させて参謀部、軍政部の不公平な処置に不満を述べた」と記していた[25]。一九一二年三月、譚延闓が軍事会議を開催すると、軍事会議では軍隊の肥大を憂慮して各営の欠員を補充しないこと、敢死隊や決死隊などの非正規の軍隊を解散すること、功績を称える兵士は当該長官の調査後に褒賞すること、兵士の要求は上官の稟議によること、兵士の月給を七両から五両二銭に減額することが定められた[26]。軍事会議の報告からは、各地で敢死隊や決死隊などの非正規軍が設立され、兵士が勝手に功績を誇って報奨金を要求し、かつ上官を通さずに譚延闓に直接交渉していたことが明らかになる。そして、四月五日、軍事会議の評決をへて、張堯卿の設立した独立義勇軍、すなわち敢死隊に解散の命令が下された[27]。いわば、敢死隊は、多くの戦死者を出しながら、和平がなると用済みとされたのである。そして、譚延闓が敢死隊の功労者に、何らかの解散後の生活の保障を与えることはなかった。

二・湖南特別議会と軍隊の対立

清末、湖南省の政治は郷紳「公議」、更には湖南諮議局の議決に著しく規制された。この点は焦達峯政権でも同様であり、正都督焦達峯の布令にも参議院の同意を必要とした。譚延闓は清末の湖南諮議局議長であり、焦達峯政権では参議院議長である。一九一一年一〇月三一日、焦達峯が暗殺され、譚延闓が湖南都督に擁立された。一一月、多数の郷紳が湖南都督譚延闓に請願書を提出し、「現在、改革の宗旨は民主立憲に定まり、軍事が慌てふためき、俄かに議会を招集しがたいといっても、民主立憲の真精神は定めるべきである」として、「臨時特別議会を開催して和平改進の実力を事前に蓄え、我が軍政府の補助機関となす」よう要請した。そして、この臨時特別議会は、正式な議会とは別なものとして、組織の方法に関しては各界が参訂員を公挙し、簡単な章程を作成し、選挙に利便を図ることから始めることにした(28)。譚延闓は、この要請を受けて、二〇日間の期限で湖南特別議会の設立を図り、各府州県に通告して団体ごとに数人の議員を推挙させた。湖南特別議会は、一二月一〇日より三〇日まで議長に熊兆周、副議長を羅傑と鄧国勛を選出して開催された(29)。ただし、湖南特別議会の議案が余りに多かったため、会期を一〇日間延長して翌一九一二年一月九日までとした。また、湖南特別議会が知事の選挙や財政・予算の各案件は提出していたが、湖南都督譚延闓の批准をえていなかったために、譚延闓の批准までは議事を中断できなかった。湖南特別議会は、湖南都督譚延闓の承認をえて常駐議員を公挙し、閉会後も議事の進行に備えた。ただし、子虚子は、議長の熊兆周が会期の延長を請願すると共に、法律を用いて政府と対峙すると、譚延闓が「私も昔は〔湖南諮議局議長〕を務め、常に政府を詰問し責めたが、現在当時の〔湖南巡撫の〕苦しみがよくわかった」と述べたとしている。(30) 一九一二年三月、臨時約法が公布された。臨時約法の第三章「参議院」第一〇条には、「中国の立法権は参議院を以てこれを行う」と記されていた。このため、臨時大総統袁世凱は、参議院議員の選出を日程に上げた。湖南都督譚延闓は、臨時副大総統兼湖北総督黎元洪と相談し、湖南特別議会を四月五日に開催し、湖南特別議会の議員の互選によって参議院議員の選出を図ろうとした。(31) すると、文経緯の『長沙日報』は、湖南特別議会が参議院議員の職を壟断し、全省公民の選挙権を解消しようとしているとして、湖南特別議会が正式の「民選」によらないことを理由に同議会の解散を図った。このため、湖南特別議会は、譚延闓に対して『長沙日報』の取締りを要請した。すると、四月三日、『長沙日報』の文経緯と籌餉局局長の周震鱗が湘民研究会を設立し、数百人の参加者を集め、全員一致で湖南特別議会の否認を議決し、文経緯ら一二名を代表に選び、湖南都督譚延闓に同議会の解散と別途の方法による参議院議員の選挙を提議した。これに対して、熊鍾麟らは伝単（ビラ）を発して湘民公会を開会し、湖南特別議会の維持を図ろうとした。結局、四月五日には、湖南特別議会の過半数の議員が集まらなかったため、同議会は流会した。しかし、臨時大総統袁世凱は議員の選挙と北京の到着の期限を四月二一日に定めたため、湖南特別議会は四月一五日に再び開会して参議院議員の選出を図ることになったのである。

一九一一年一一月、湖南都督府は、湖南省の軍隊の給与を湖北省の例に倣って本給の三割増とし、かつ従前の巡防営の中路、前路などを陸軍歩隊として再編したため、軍事費は従来の五倍増にまで跳ね上がった。湖南都督譚延闓は、軍事費を捻出するために、各部の人員を召集して会議を開き、官銭総局に籌餉局を設立し、東西各国の戦時制度に倣って公債捐を徴収することに決定し、更に公債捐の徴収では、弊害の除去のため、義捐金の拠出者が数目を冊子に記載すると共に、自らが官銭総局に義捐額を送って領収書を受け取り、公債捐拠出の証拠にすることにした。(32) この方法は、官憲や郷紳による、公債捐の中間搾取を恐れたためであろう。籌餉局局長には、周震鱗が就任した。周震鱗は、明徳学堂で教鞭を取ると共に、一九〇四年の華興会の蜂起計画にも参加するという、黄興の盟友である。(33) 一九一二年二月二〇日、籌餉局が湖南省城の商業界を招いて公債捐を徴収した結果、義捐額は三〇両余りに達した。そして、城廂内外の居住民については、籌餉局が各団の団総を招聘し、これら団総が各戸ごとに募金を行い、義捐金に応じた人々の冊子を作り、籌餉局に届けると共に、自発的に募金に応じた者に対しては別に人を派遣して弊害を防いだ。(34) 籌餉局が各団の団総を介して公債捐の徴収を行った理由は、民衆の自発的な意思に頼っては義捐金が目標額に届かなかったため、各団の団総にノルマを課した点にあったのではなかろうか。ところが、湖南省城の籌餉局が委任状を与えて局務を分担させたのは、湖南省の「巨紳」と呼ばれる人々であった。そして、籌餉局の総辦には李達璋と王銘忠、会辦には葉浚蘭、曾広江と童光業が任命された。(35) 葉浚蘭は徳昌和銭鋪の経営者で、郷紳の葉徳輝の父である。(36) 二〇世紀初頭、葉徳輝の兄弟、家人、手下は、葉徳輝の権勢を借りて悪事を行って富を築き、かつ湖南省城の小西門一帯の繁華街にある火宮殿に長沙保安団息争公所を設立し、団総となっていた。葉家の家人の鄧沢林は、火宮殿の茶役となり、長沙保安団息争公所に訴訟が持ち込まれると賄賂を要求し、住民の慶弔では付け届けを送らなければ妨害した。(37) この結果、公債捐の徴収は、名目こそ義捐であったが実質は強制となり、団総或いは郷紳の中間搾取を生むことになった。三月、湖南都督譚延闓は、公債捐が民衆の生計に与える打撃を考慮して、財政司や籌餉局に義捐額を調査した上で一律に公債票を発給して分割返済で義捐額を償還させ、公債票の受け取りを望まない者には徽章を発給して栄誉の証とし、万が一の補償とした。(38) いわば、譚延闓も、籌餉局には危惧の念を抱いていたのである。そして、一九一二年四月二八日付け『申報』が「湖南籌餉局長の周震鱗は、革命元勲を自称し、募金の一事に意のままに圧力をかけ、したい放題をしたため、商民は切歯扼腕して恨んだ。瞿〔鴻禨〕の子息の瞿玖、譚〔延闓〕の兄の譚璞吾は、電文で交々批判し、書簡で責任を問うと、遂に〔周震鱗は〕恫喝を恣にし、自分の思いを遂げようとし、ますます気勢を上げ抑圧を強めた」と述べたように、譚延闓の危惧は現実のものとなった(39)。

臨時約法の第三章「参議院」第一〇条に基づき、各省で参議院議員の選出が行われることになった。四月一二日、湘民公会が教育会で開会し、湖南特別議会の維持を名目に参議院議員を選出しようとすると、湘民研究会は同日に各界に要請して会議を開き討議した。この結果、湖南特別議会の解散問題は、参議院の選出方法をめぐり、同議会の解散を図る湘民研究会と、同議会の維持を図る湘民公会との対立に発展した。そして、湘民研究会の中心に文経緯と周震鱗がいたことから、湘民研究会の背景には『長沙日報』と籌餉局が存在したことになる(40)。この頃、郷紳や富商、民衆が湖南特別議会に対して籌餉局の不平を訴え、実情を調査の上弾劾するよう要請していた。このため、周震鱗は湖南特別議会を恨み、文経緯と行動を共にしたといわれる(41)。子虚子は、「籌餉局の事が起こると、〔湖南特別議会の〕議員の多くは反対した。すると、周震鱗が各兵営に訴えて、『現在、議会は籌餉を許さないとしている。これでは、軍事費が捻出できなくなる。必ずや解散させるべきである』と述べた。兵士らは、これを聞いて、怒りを議員らに積もらせた。文経緯は周震鱗の手下であり、遂に議会を取り囲んだ。議員は脅迫されて退散し、議長の熊兆周も侮辱を受け、〔軍隊の〕立法に対する蹂躙は、民国において先例を開くものであった」と指摘している(42)。いわば、湖南特別議会をめぐる争いの伏線には、籌餉局の問題が存在していた。四月一二日、湘民研究会が開催した会議には、軍事界からの参加者が多く、湖南特別議会の措置の不当を断じた。湘民公会の熊鍾麟らが登壇して演説することを拒否したため、騒ぎが起こり負傷者が出た。結局、軍隊が出動して騒ぎは収まった。この会議では、湘民研究会の王佐才が登壇して演説し、議員の罪状として一・籌餉局の裁併を議論したこと、二・兵員数の裁併を議論したこと、三・兵員の給与の削減を議論したこと、四・現存の参議院議員を承認せずに、改めて同議の選出を図ったこと、五・事毎に湖南都督に指示を仰いでいること、六・法律を知らず、全省の人民の代表には当たらないこと、以上の六点をあげた。すなわち、湘民研究会は、参議院議員の選出以上に、湖南特別議会が籌餉局の裁併と兵員の削減、兵士の給与の削減を議論した点に不満を抱いたのである。(43)そして、軍事界は陳振明、易棠齢、劉大僖、王鑫濤、安定超、文国陶の六人を代表に選出し、湖南特別議会に赴いて議会の解散を迫った。文経緯らがこれら代表が帰還しなかったため軍事力の行使を主張すると、ある者が「もし皆なで行けば、我ら軍人が最も多く、将来恨みを軍隊に帰することになる」と述べたため、王佐才、文経緯、彭福寿ら数人を選出して抗議に赴かせた。(44)『長沙日報』は、前身が清末の『湖南官報』であり、中華民国成立後は湖南都督府の広報紙という性格を持った。この『長沙日報』と対立して論陣を張ったのが、『湖南公報』である。このため、『長沙日報』の文経緯と籌餉局局長の周震鱗が湘民研究会に参加し、湖南特別議会を攻撃した背景には、湖南都督府と湖南特別議会の対立、すなわち行政府と立法府の対立がある。なお、一九一三年二月、『長沙日報』は、鄭師道が一方的に湖南省出身の女性参政権の主張者、唐群英と結婚するという通知を『長沙日報』紙上に掲載したことから、唐群英及び女性参政同盟によって批判、告発されていた。(45)

三・内部維持会から愛国団へ

一九一二年二月、広西省副都督の王芝祥は、大軍を率いて湖北省へ向かう途中、湖南省を経由することになった。(46)二月六日、広西軍参謀官の劉洪基が大隊を率いて湖南省に到着すると、湖南省軍事参議院院長の唐蟒と会見し、留日陸軍同学懇親会を設立した。同日、広西省副都督王芝祥、湖南都督譚延闓が同席の下、劉洪基と唐蟒は軍務部長陳強、参謀部長張翼鵬、顧問官危道豊と共に、約四〇名の参加者を集めて教育総会で会合を開いた。この会合では、劉洪基の挨拶の後、唐蟒が「今回の義挙で各省が同時に呼応したのは、誠に我が軍の功績に属す。ただし、我が天職は尚おこれに留まるものではない。当今、軍事を奮い起し、胡虜を排斥し、満清に奪われた権利を回復し、世界で一大強国を作るべきであるが、全て我が軍がこれを行うべきであり、我が軍人がこれを担うべきである」と述べている。(47) そして、一九一二年二月二日付け『申報』は、徐鴻斌、張震、余道南、唐蟒、劉大禧らが中心となって、内部維持会が設立されたとしている。内部維持会の布告では、次のように述べている。

天下の大局は、破壊することが甚だ容易であるが、建設することが極めて困難なものである。中国は、共和民主を標榜して満清の専制政体を打倒し、漢族に誇り高く不屈の日々を回復させた。天意といっても人事に属す。今までに独立した各省では、全ての行政機関、組織が端緒に就いている。しかし、湖南省は、革命以後三ヶ月になり、英哲が大勢起ち上がり、日夜経営し、手段を悉く講じつつも、内部の現象は完全といえるのかどうか。この問題は、解決せざるをえないものである。そして、この問題を解決しようとするならば、確かな智識、確かな道徳、確かな能力、困難を防ぎ何物をも恐れない確かな心を持った者が団体を組織し、これを維持するのでなければ、この目的を達成することはできないのである。なぜであろうか。確かな智識、道徳を持った者であるならば、権位〔権力や地位〕の観念や利害の計画を絶えて心に芽生えさせずに、志も不明なものにならず、確かな能力を持ち、困難を防ぎ何物をも恐れない確かな心を持った者は、敢死の志がますます固く、進行の事もますます促され、必ずや国に利益があり、民に利益があるだけでなく、意気の争持〔争って譲ろうとしないこと〕がなく、党派の分立がない。故に、同志を組織し、全てを計画し、実行の能力で政体を改良し、軍紀を整頓し、専制の余毒を除去し、共和の幸福を増進し、人民の生計の程度を拡張し、貿易の発達を保障すべきである。この目的を達成しようとするならば、必ずや軍事界の鉄血主義や内部の完全な自治に依拠して後に可能になる。まして、天賦人権において、政府の権利は人民に基づき、人々に政府を建設する権利があれば人々に政府を維持し救う責任があるのである。或いは、政府が設立されて基盤が整わなければ、人々に行うところがあっても危険は免れがたく、正にこれを維持し、これを救うことによって、内部を整頓し、治安を図るならば、二度と破壊を致さずに建設を図ることができる。(48)

この内部維持会の鉄血主義と自治を説いた論調には、先の唐蟒の発言と同様に、軍隊の国家建設に対する自負の念が窺うことができる。

一九一二年三月、湖南特別議会は、南京参議院を批判して、南京参議院に一・民国の建設に関する件、二・民国の法律に関する件、三・人民の権利、義務に関する件、以上の三件の議決の権限がないこと、及び各省が代表を選挙して臨時の国会を組織すべきことを主張していた。(49)このため、湖南特別議会はもともと、南京参議院に対しては批判的であり、新たな国会の開設を望んでいたといえよう。湘民研究会と軍隊の行動は、この湖南特別議会の思惑に対抗する形となった。四月、湖南特別議会議長の熊兆周は、四月一二日の湘民研究会と湘民公会、軍隊と湖南特別議会の衝突を受けて、湖南都督譚延闓の他、各地に書簡を与えて、軍隊の横暴を訴えた。熊兆周の書簡では、「ああ、我が湖南はこのような野蛮で無政府な状態に陥っており、ために本会も一律に退避せざるをえなかった。ただ、考えてみると、罪名が定まらず是非も明らかでないのに、このように理由もなく駆逐されるとすれば、人格はどこにあり、立法機関もどこにあり、更に共和民国の性質もどこにあるのであろうか」と述べた上で、「現在民国が設立されたばかりで、立法・行政の完全な機関が未成立の時に、乱党のこの種の暴動は、いかなるものであろうと、今日許されるものではない。軍隊に関して言えば、煽動された者はごく少数であるにしても、ただ煽動されるに任せ、大勢に追随して行動するのであれば、洪水で堤防が決壊するように、他日にはどん底に陥るであろう」と指摘して、軍隊によって立法機関、行政機関が蹂躙されたことに警告を発している。(50)熊兆周の文章は、湖南特別議会議長の立場から述べたものである。これに対して、楊冕は『民立報』に記事を投稿し、熊兆周に反論を試みている。楊冕の主張によるならば、湖南特別議会は正式な選挙によらない、便宜的なものであり、かつ地方の有力者が行政界や軍事界の各機関を担当したため、同議会の議員には名望の有るものは就かなかった。湖南特別議会は、同議会を湖南第一次省議会と改称したが、湖南都督譚延闓はこれを許さず、旧来の名前に戻した。湖南特別議会は、立法機関として会期の延長を図っただけでなく、常駐議員が旧湖南諮議局を占拠し、かつ各行政機関で官員の給与の未払いが続いていた時期に、議員の毎月の報酬を五〇元の高額に定め、更に議会の名を借りて人々の請託を行い、文書の往復のみで重要な案件を解決できなかった。そして、参議院議員の選出が議題に上ると、湖南特別議会議員は複式選挙で議員を選出しようとした。このため、湖南省の人々は憤り、四月三日に湘民研究会を組織し、数百人が参加して全体で否決し、更に五人の代表を推挙して、湖南都督府及び湖南諮議局に至らせ、「これらの議員は人民の公挙によらず、また不法な行為があったため、共和国民には議会を解散する権利があるため、議員らに強制的に解散を行わせた」のであり、新聞で報じられるような軍隊を用いた強制的な解散の事実はないと述べた(51)。ただし、子虚子が「議員は脅迫されて退散し、議長の熊兆周も侮辱を受け、〔軍隊の〕立法に対する蹂躙は、民国において先例を開くものであった」と指摘したように、同事件は軍隊の台頭、立法、行政に対する圧力を象徴するものであった(52)。

一九一二年初頭から、『申報』が「湖南省の各属では、行政庁の設立後、全ての各科科員はしばしば互いに侵奪しあって衝突を起こし、近月以来殆どの県でこれがないものはなかった」と記したように、湖南省における行政の混乱は続いた(53)。そして、行政と議会の対立は、行政の混乱に拍車をかけるものとなった。軍隊は、このような行政の混乱を背景に台頭した。一九一二年二月四日付け『時報』及び同年二月七日付け『民立報』紙上は、内部維持会の設立を報じる中で、同会の中心人物を中路巡防営隊官の徐鴻斌と新軍の第五〇標第一営右隊隊官の易棠齢と砲隊隊官の安定超とした。そして、この三人が湖南省内の動揺を憂慮して、内部維持会の設立により湖南省内の各種問題の解決に努めたとするのである。[54]内部維持会が「鉄血主義」と「自治能力の進行」などの精神主義を標榜した点は、湖南省教育会、すなわち教育界の国内の学堂の卒業生を中心としたグループの主張と類似するものである。[55]内部維持会は、やがて一九一二年四月二八日における愛国団の設立大会に繋がった。愛国団が湖南省城の烈士祠で開催した設立大会には、一〇〇名余りの参加者が集まった。この愛国団の設立大会では、まず、易棠齢が公約を述べ、次に高栢鑑が愛国団の設立に当たり籌餉局より六〇〇両の資金を借りた点を説明し、更に陳振鵬が「本団は少数の意見で軍界の行動を干渉することができないものとする」と述べて、満場の拍手喝采をえた。この九年前、一九〇三年四月二九日、日本の東京では留学生会館幹事や評議員がロシアに抗議して義勇隊の結成を決議した。義勇隊は、後に学生軍、更には軍国民教育会と改称し、宗旨を「尚武の精神を養成し、愛国主義を実行する」に置き、同年七月に再改組して公開から非公開に改めていた。[56]内部維持会の「鉄血主義」の主張及び愛国団の名の命名は、これら二〇世紀初頭に台頭した軍国民主義の考えを受け継ぐものであろう。高栢鑑は、愛国団の設立大会で、責任の所在を明確にするために団長、副団長、各幹事の設置を提唱して、団長に易棠齢、副団長に陳振鵬と陳林戟、総務長に高栢鑑を選出した。愛国団は、評議員、糾察員、調査員には清朝の時代の協、標、営の各代表を充て、以前の鎮の代表を名誉会員に公挙して正副議長を補佐することにした他、洪蘭生、劉某及び警界の某某の二君を外界の幹事に任命し、双方の緊密な連絡に寄与させた。一九一二年五月八日付け『民立報』は、「湖南省の軍隊の質の高さは各界に評価されており、現在謡言が様々に起きているが、軍士愛国団が設立され、名誉と能力のある人が職務を管理するならば、湖南省の安全も維持されるであろう」と記している。[57]ただし、愛国団が軍国民主義の考えを受け継いで成立したとはいえ、籌餉局より六〇〇両の資金を借り入れ、かつ子虚子が「周震鱗、易棠齢らは愛国団を組織し、烈士祠を本部として事ある毎に横暴を極め、甚だしい場合には脅迫を行った」と述べた点からするならば、愛国団の背後に籌餉局局長の周震鱗が存在したことは疑いない。(58)一九一二年一〇月、革命記念式典が教育総会を会場に開かれたのに対して、焦達峯と陳作新の追悼集会は烈士祠で開かれていた。(59)烈士祠が多くの犠牲を払って勝ち取られた革命の精神を記憶する場であるとすれば、教育総会は建国の理念を示す場であったともいえよう。このため、愛国団が烈士祠を本部としたことは、一九一一年一〇月二二日の革命軍の蜂起後ほぼ一年がたち、早くも革命の精神が忘れ去られようとしていることへの、革命の功労者の側からの抗議の意思も示されているように思われる。そして、愛国団が軍隊内部の粛正に留まらずに、政党の攻撃に走るようになった理由も、この点に存在したのである。

第二節　愛国団による社会党攻撃

一・社会党長沙支部の設立

一九一一年一二月二五日、孫文は二ヶ月にわたるヨーロッパ各地の遊歴を終え、上海に到着した。そして、孫文は一二月二九日、中国同盟会による孫文の歓迎会に出席し、この席上において「〔三民主義のうち〕民族主義と民権主義が達成されようとしているが、大きな成果をあげようとするには一層の努力が必要であり、かつ民生主義が現在に至るまで達成されていないのであれば、今後の中国は先ずここに力を注ぐべきである」とを宣言していた。(60)これに前後して、中国各地では、多数の政党が出現した。この中で、中国社会党の濫觴は、江亢虎の設立した社会主義研究会にある。社会主義研究会の第一回会議は、同年七月九日に上海の張園で開催された。江亢虎は社会主義研究会の第一回会議で、「社会主義は大同の主義であり、差別の主義ではない。すなわち、種界を分かたず、国界を分かたず、宗教界を分かたず、大公無我で一視同仁〔全ての者を同様に見なすこと〕、絶対平等、絶対自由、絶対親愛であり、党同伐異〔同じ主義の者が仲間を作り、異なる者を攻撃すること〕、流血相尋〔戦闘を探し求めること〕、民族の革命、国際の戦争、教団の仇殺は、皆な取るところのものではない。惟だ、強権が無限の者、富を成すのに仁でない者は、人類の公敵であり、必ず一致団結して反抗するのみである」と演説している。(61) 一〇月二五日、社会党は第二次聯合大会を開いた。同大会の議題は、国会の設立の請願でどのような条件を付けるのかにあり、次の七点が議決された。一・普通選挙の実施（財産や男女を限定しない）。二・平等教育の普及（男女の学科や過程を同一にし、両等小学校では学費、食費を納めない）。三・専ら実地価税を徴収する。四・遺産税を徴収し相続法を制限する。五・死刑を廃止する。六・軍備を制限する。七・労働を奨励する（時間の制度、年齢の制限、労働優待条例の規定など）。八・婢妾制を廃止し妓楼の経営を制限する。(62) 一一月六日、江亢虎は、中国社会党の設立大会を上海で開いた。中国社会党の規章では、「中国社会党は、社会党が中国で組織した団体である」と記し、「宗旨」として、一・共和に賛同する、二・種界を融化する、三・法律を改良し個人を尊重する、四・世襲遺産制度を破除する、五・公共機関を組織し平民教育を普及する、六・直接生利の事業を振興し、労働者を奨励する、七・地税を徴収し、他の全ての税を免除する、八・軍備を制限し、軍備以外の競争に努める、以上の八点を定めた。このうち、「世襲遺産制度を破除する」は、個人の私有権を生存中には認めるが、死後には公共財産に帰すことで均産・共産の利を図ったものである。(63) 一九一一年一一月六日の中国社会党の設立大会以降、一九一二年一月末までの三ヶ月間に、全国の社会党の党員は四〇〇〇人から五〇〇〇人となり、支部も三〇ヶ所余りを数えた。(64) 社会党は政策の骨子に軍備の縮小と共に婢妾制の廃止をあげたように、女性の権利の拡大に積極的な態度を取り、女性参政同盟会とは友党の関係にあった。

一九一二年三月二二日付け『申報』紙上では「湖南省では昨年の革命以降、熱心な志士が言論の自由に従って、次々に新聞社を創設した」として、『長沙日報』の他、『大漢民報』『湘漢新聞』『黄漢湘報』『軍事報』『演説報』『湖南公報』の発刊の他、『華報』『中華実報』『湘省日報』が計画中であると報じていた[65]。一九一二年一月、社会党長沙支部は、『湘漢新聞』総理の湯尛堂と同報主筆の孫翼預が中心となり、『湘漢新聞』社内に仮事務所を置いて成立した。一月二八日、社会党長沙支部の成立大会が、教育総会で二〇〇人余りの参会者をえて開かれた。ただし、巡警総監の張翥は、社会党が官庁にいまだ届け出を行っていないという理由で、成立大会の解散を命じた。しかし、社会党員は、巡警総監張翥の命令を無視して成立大会を強行した。そして、社会党長沙支部の主任に孫翼預を、幹事に徐石禅以下二〇名を選出した。社会党長沙支部は、平民教育の実施と貧民工芸廠の設立、新聞紙の発行に目的を置いた。二月三日、事務所を賢良祠に移し、かつ初等小学校と高等小学校の二校を開設し、生徒の募集数を一二〇名とし、学費の不徴収を決定した[66]。社会党長沙支部は、『湘漢新聞』総理の湯尛堂、主筆の孫翼預が設立したことから、勢い同報が同党の機関紙のような存在となった。『湘漢新聞』は、民政次長左学謙の収賄を厳しく批判した。民政司は、各県の知事の任命など、行政の人事権を握った。民政司長は、劉人熙である。一九一二年九月二日付け『民立報』は、民政司について、「湖南省の民政司の人員は、多くが下劣で卑しい輩であり、金銭を搾取し自らの浪費に費やすことを務めとしている」と指摘した上で、「司長の劉人熙は早くから知りながら、これを顧みることも論ずることもなかった」と述べている[67]。民政次長の左学謙も、専ら「金銭主義」を用いて、賄賂の額の多寡によって各地の人事を決めた。このため、賄賂が横行し、甚だしい場合には一〇〇元から二〇〇元もの高額なお金で一県の知事のポストを得る者が現れた。各新聞はしばしばこのことを指摘して批判したが、風刺に止めて実名を出すには至らず、この事実を知る者は陰で噂しても、姓名を問い質すこともなかった。このため、左学謙は泰然と謡言に対処し、賄賂も以前どおり受け取った。ところが、ある人物が左学謙による収賄の事実を証拠と共に一〇条にわたって暴露し、街巷の至る処に貼り付けた。すると、『湘漢新聞』はこれを記事にし、一〇条の罪状を同紙に掲載した。『湘漢新聞』は、湖南省城の人々が騒ぎ立て、同社に押しかけるのを恐れ、事前に協統の王隆中に保護を求めていた。王隆中は、このことを憂慮して、輿論の蹂躙者、公理の妨害者として、『湘漢新聞』の主張に理解を示した(68)。この結果、左学謙は民政次長を辞職した。しかし、長沙県と善化県の人は『湘漢新聞』の記事を捏造として同紙の責任も追及した。『湘漢新聞』の記者は左学謙に書簡を与え、左学謙を批判した一〇条の罪状は、外部の投稿者の手にかかるものであり、投稿者が責任を負うべきものであり、この罪状は各地に張り出されて、同紙が記事にしなくとも知られたとして、同紙の責任を回避した。ただし、湖南省城の左学謙の支持者は、『湘漢新聞』に対して報道の根拠を開示するよう求めた(69)。左学謙は、各級審判庁に起訴状を提出し、『湘漢新聞』に掲載された記事が捏造にかかり、事実無根であり、名誉毀損にあたるとして損害賠償を要求した(70)。

一九一二年五月、湖南省の官僚や富豪は、社会党の綱領の「世襲遺産制度を破除する」を問題視して、軍隊に社会党を攻撃させた。五月九日、一〇〇人余りの兵士が湖南都督譚延闓の命令と称して、社会党の会場や同党の二つの小学校に雪崩込んで施設を打ち壊し、同党の解散を迫って同党を封鎖した。ただし、譚延闓から軍隊に対して、正式な出動の命令はなかった。社会党長沙支部は、同事件に抗議するため、代表に殷兆洲、張倬漢、張毓麟、袁超常、吟池の五人を選び愛国団に赴かせた。愛国団団長易棠齡の態度は丁重であったが、総務長高栢鑑は恫喝的であり、五人を拘禁した上で軍務司に送り処刑を図った(71)。五月一四日、愛国団は、教育総会で緊急集会を開催した。軍隊からは軍務司長黄鸞鳴、参謀部長周家樹、及び各師旅団営の長官など、三〇〇人余りが出席した他、湖南都督府の各司の司長や次長が至り、更に行政界や教育界からは百余人が参加した。軍事界は会場の脇にすわり、行政界、教育界が会場の中央を占めた。先ず、愛国団団長易棠齡が演説をし、「本団は成立以来、宗旨を秩序の安定や治安の維持に置いてきた。

湖南省が昨年の〔旧暦〕九月一日〔西暦一〇月二二日〕の決起後なお今日のあるのは、本団軍士の維持の力による」と述べた上で、愛国団の設立以来政党に不干渉の立場を取ってきたが、五月一三日に社会党員が愛国団に殴り込み、詰問を行ったのみならず、社会党が正式な公文もなくて結党したとして、「彼らは公文もなく総統の命も受けず都督の許可も得ておらず、我々は断じて政党と認めることはできない。……我々は、彼らの都督に反対する心に不満を抱くものである」と述べた上で、「今回、各界に臨席を請うたのは、社会党を解散させるべきか否か、拘留した数人をどのように処罰すべきかを研究するためである」と述べた。そして、次に、愛国団総務長高栢鑑は、愛国団が五名の社会党員を捕縛した経緯を説明した。すると、外交司長粟戡時は、「私は社会党の行動に極めて反対である。ただし、人が初めから大悪ではなく、邪説に惑わされて〔悪を行って〕いるだけである。このため、これを捕えて殺すというのは、厳しすぎるのを免れない」と述べて、社会党員の処刑に反対した。易棠齢は、粟戡時に対して、「現在は国の根基が未だ定まらず、〔社会秩序の〕維持の端緒は軍隊にあるのみである。今回〔社会党員を〕厳罰に処さなければ、彼らは益々増長するであろう。もしそのような事態になれば、我々はどのようにこの事態に対処できるのか」と述べ、「〔湖南〕都督に反対する者は、湖南に反対し中華民国に反対する者である。もし処罰の軽減を主張するのであれば、本団には人を赦す権限などないため、湖南都督府に情実を求めるべきである」と主張している。同集会では、外交司長粟戡時の主張を受け入れ、同事件を湖南都督府に送り、司法司で処罰を議論することにした(72)。すなわち、軍隊の司法に対する関与は、かろうじて食い止められたのである。愛国団団長の易棠齢の発言からは、軍隊が国家建設の中核となるべきであるという、強い自負が窺がえる。そして、易棠齢の「現在は国の根基が未だ定まらず、〔社会秩序の〕維持の端緒は軍隊にあるのみである」などの発言に鑑みるならば、愛国団の社会党長沙支部に対する脅威の念は、社会の動揺に由来していた。

二・軍国民主義の系譜

民国初頭、湖南省の軍隊は士官派（日本の陸軍士官学校の卒業生）、新軍派（湖南武備学堂、将弁学堂、兵目学堂、陸軍中学堂の卒業生）、旧軍派（巡防営の出身者）、外江派（日本の東斌学堂や他省の武備学堂、江南陸師学堂、将備学堂、将弁学堂の卒業生）、以上の四派に分かれた(73)。このうち、士官派、すなわち日本の陸軍士官学校の卒業生が軍務部の中核を形成していた。それでは、一九一二年二月四日付け『時報』と同年二月七日付け『民立報』において内部維持会設立の中心に位置付けられた、中路巡防営隊官の徐鴻斌と新軍の易棠齢と安定超の三人は、どのような経歴を持っていたのであろうか。安定超は鳳凰庁の人で、留日学生の田星六に従って学問を学び、のちに第四九標第二営左隊五棚の正目となり、陳作新の勧めで中国同盟会に入った。一九一一年一〇月一〇日、武昌蜂起が起こると、湖南省の革命軍の蜂起計画に、第四九標の代表として参加した。また、譚延闓の湖南都督就任後、譚延闓の命を受けて、湖北省への派遣軍、すなわち援鄂軍に参加し、湖南省に帰還後に岳陽水師統領、鳳凰鎮筸中営遊撃となった(74)。また、易棠齢は湘陰県の出身で、陳作新と同じく兵目学堂の卒業生で、一九一〇年に陳作新、李郭儔と共に積健会（のち積健社）を組織し、軍事学術の研究を名目に下級将校や兵士を組織し、秘密裡に「排満」活動を行った(75)。一九一一年一〇月二二日の革命軍の蜂起には、第五〇標第一営右隊隊官として参加し、正都督焦達峯により第三鎮統制に任命された。軍務部長の閻鴻飛は、独立第一協協統の王隆中を湖北省に派遣して援鄂戦争に参加させると共に、陳作新と易棠齢が兵目学堂の同学の関係にあったことから、陳作新を副都督と兼任で江西省への派遣軍、すなわち援贛軍の総司令に任命すると共に、第三鎮統制の易棠齢を援贛戦争に出立させようとした(76)。このため、安定超と易棠齢は、陳作新と極めて近い立場にいた。また、易棠齢は四正社と関係があり、焦達峯とも繋がっていた(77)。ただし、一〇月三一日、譚延闓が焦達峯と陳作新の暗殺を受けて、湖南都督に就任すると、一一月二六日に漢陽で戦死した劉玉堂に代わり、易棠齢を独立第二協協統に任命しようとした[78]。しかし、易棠齢は独立第二協協統の就任を辞退し、李培之が同協協統に就任した[79]。この後、易棠齢は飛翰水師統領となり、五営を統括し、湖南省城、湘陰、常徳、南洲、沅江の一帯を管轄した。更に、徐鴻斌は、一九一一年に革命軍が蜂起の打ち合わせのために開いた会議に、巡防営の代表として参加し、巡防営中路統領黄忠浩の殺害を提議した人物である。湖南都督譚延闓は新軍の精鋭部隊から三六〇名を選抜して敢死隊一営を編成し、張堯卿を督帯官として湖北省に赴かせた[80]。敢死隊が漢陽の戦闘で三〇〇余名の死者、負傷者を出すと、譚延闓は徐鴻斌に命じて再び敢死隊を組織させ、湖北省に派遣している[81]。徐鴻斌、易棠齢、安定超とも一九一一年一〇月二二日の革命軍の蜂起の功労者である。しかし、一〇月三一日、譚延闓が湖南都督に就任すると、彼らは不遇な立場に置かれ、代わって湖南省の軍事権を掌握したのが日本の陸軍士官学校の卒業生であった。このため、湖南省の武備学堂や兵目学堂の卒業生は、内部維持会や愛国団の設立によって湖南都督譚延闓に圧力をかけ、自らの意思を政権に反映させようとしたのである。

湖南省の武備学堂や兵目学堂の卒業生を特徴付けるものは、同学堂の教育内容である。一九〇二年二月、蔡鍔は「軍国民篇」を著し、中国の救亡のためには軍国民主義の普及を急務とした。そして、中国で軍国民主義が欠乏している原因として、一・教育、二・学派、三・文学、四・風俗、五・体魄（身体と精神）、六・武器、七・鄭楽（淫らな音楽）、八・国勢、以上の八点をあげながら、「蒸気機関の発明より交通が発達し、交通が発達してより競争が激しくなり、各国で危機が醸成され、ここで互いに力を尽くして攻撃や守備の方法が講究され、遂に鉄血主義が立国の大本となった」と述べ、「立国の大本」に「鉄血主義」をあげた[82]。この蔡鍔の「軍国民篇」に大きな影響を与えたのが、日本の民友社の発行した『武備教育』（一八九五年）という一書である。同書では、社会の軍隊化が徹底して説かれた。

このため、体育も、全体に奉仕するための鍛錬主義的、精神主義的色彩を帯びざるをえなかった(83)。一九〇三年、湖南省で、武備学堂が正式に開学した。武備学堂の総辦は、兪明熙である。武備学堂の学生の募集は、一八歳から二〇歳までの男子で、各州県官の保薦により試験をへて入学が認められた。毎年の入学定員は一二〇名、学習期間は三年で、卒業後は排長や哨長となった。武備学堂には兵目学堂が付設され、弁目の下級将校を養成した。この武備学堂と兵目学堂では、一九〇五年に湖南省の教練処帮辦の蔡鍔が教鞭をとった(84)。一九〇五年、武備学堂は第一期の卒業生を出して閉校となり、翌一九〇六年に陸軍小学堂が設立された。陸軍小学堂の特色は、一・尚武精神の提唱、二・精神教育の重視、三・尊卑上下の分の厳格化と平等・自由の説に対する反対、四・軍紀の厳格化と結党集会に対する反対、五・卒業資格の給与と向学の奨励、以上の五点にある。この五点の中のうち、一では「今日の世界は競存の世界である。強者は存し弱者は滅ぶ。弱の強への転換を求めるならば、尚武の一策あるのみである」として、立国・立家・立身の基本である尚武精神の必要性が説かれた。二では「諸君は他日の将校である。将校は国家の藩屏であり、軍隊の有為な人材である。軍隊の強弱は国家の盛衰に関わり、責任は重く名誉も大きい」として、「学業が優れても、精神がなければ発揮できない。精神とは忠節、礼法、信義、武勇、誠実の現れたものである」と指摘して、精神教育の重視が説かれた。三では「上官には尊敬の念を持つべきである。朝廷は官を設けるのに幾重にも取り締まり、職任には等差があり、等差には秩序があり、秩序には名分が存在する。名分とは朝廷が尊卑を分け上下を定める所以である」としながら、「彼の平等・自由の邪説を唱える者は、法律を壊し規律を乱す輩であり、名教の許さないもの、聖賢の必ず排斥するものである」と指摘して、尊卑・上下の分の厳格化と平等・自由の説に対する反対を説いた(85)。陸軍小学堂の総辦には、武備学堂に続き兪明熙が就任した(86)。武備学堂や兵目学堂の総辦は陸軍小学堂と同様に兪明熙である。このため、武備学堂や兵目学堂の教育内容は、陸軍小学堂と同様に、尚武精神など、軍国民主義を基調とし、内部維持会や愛国団の主張に受け継がれたといえよう。

清末の軍国民主義の特徴の一つは、二〇世紀初頭に留日学生によって提唱され、清朝政府も軍事教育の中で称揚したように、政治的党派を越えて広く共有された点にある。一九一一年初頭、留日学生が対外的な危機意識に触発されて、留日中国国民総会を結成した[87]。同会は同年四月に、一・尚武精神を提唱し、国民の実力を養成する、二・各省の国民会が時と場所に応じて救亡の事業を計画する、三・国民に暴力による排外の不当と自らの奮発、自強の必要性を説く、四・資政院や諮議局に政府の外交を監視させる、五・新聞社を上海に設立し国民主義を発揚する、以上の五点を目的に、代表を公挙して帰国させた[88]。五月七日、臨時主席の沈仲礼は、上海の一〇の団体による留日中国国民総会の歓迎大会で、同会の趣旨として、一・尚武精神の提唱、二・軍国民教育の準備、三・民団組織の進行、四・上海居住者の各団体を聯合して総機関を作る、五・総機関を上海に設立する、六・内地の各団体を督促して聯合を進め、庚子（義和団事件）の惨状を主張する、以上の六点を挙げた[89]。六月一一日、留日中国国民総会を発展させて、中国国民総会の成立大会が上海で開催され、会長に沈縵雲、副会長に馬良、事務局長に葉恵鈞を選出し、中国国民総会会章を決議した。同会章は、第一条で「本会は中国国民会と名づく」、第二条で「本会は尚武精神の提唱、団練の興辦、国民の尽くすべき義務の実行を宗旨となす」、第四条で「本会は総会を上海に設け、分会を各省各埠に設ける」と記している[90]。中国国民総会は、各省各府州県の国民分会の本部としての役割を果たすと共に模範体操団の設立を決定し、「模範団は国民会が実行する第一のものである。これ以降、諸君一人一人が軍人の資格を備え、国民の模範となるよう、諸君と共にこれに務める」と述べた[91]。中国国民総会は、男性が活動の中心となったため、女性の側からも国民会の創設が図られた。そして、中国女子国民会の章程では、「一・本会は中国女子国民会と命名する。二・本会は家庭柔弱の習慣の改良と女子尚武の天職の啓導を目的とする」と定められていた[92]。ただし、中国女子国民会の特徴は、男女が役割を分担し、男性が軍事を担い、女性が後方で男性を支援する点にあった。一九一一年六月、辛亥倶楽部が設立されると、政治綱領に「立憲帝国精神を闡揚する」「軍国民教育を提唱する」「地方自治能力を発展する」「保護貿易政策を主張し実業を振興する」「財政を整理し富力を増進する」「公私経済能力を審度し交通の発展を謀る」「軍備を整頓し国力を充実する」「内外の情勢を体察し外交方針を確定する」の八条が定められた。また、七月、憲友会も、政治綱領の第二条で「本会は前条の目的〔民権の発展と憲政の完成〕を達成するために一致した行動を取る」として、「君主立憲政体を尊重する」「連帯責任内閣を督促する」「行省の政務を整理する」「社会経済を開発する」「国民外交を講求する」「尚武教育を提唱する」の六点をあげた。いわば、清末の政党の萌芽に目された団体は、いずれも軍国民主義や尚武精神の育成を政治綱領の一つに掲げていた。辛亥倶楽部も憲友会も、湖南省に支部を設立している(93)。七月一七日、中央教育会が上海で開会し、八月二日まで会議が行われると、軍国民教育についても議題に上った(94)。軍国民主義が政治的党派を越えて広く受け入れられた理由は、人々が国際世界を弱肉強食、優勝劣敗の世界と見ると共に、精神のあり方を身体感と結び付けた点もあったように思われる。

三・湖南都督譚延闓と愛国団

愛国団の行動は、軍事費の財源の確保、すなわち強大な軍隊の維持を目標としながら、軍隊が国民統合の中核を担うべきとする強い意志に支えられていた。それでは、湖南都督譚延闓は、愛国団の社会党攻撃にいかに対処したのであろうか。一九一二年五月九日、軍隊の兵士は、社会党長沙支部を襲撃すると共に、電報局に至り社会党長沙支部が外部に救援の電報を打つことを阻止した。このため、社会党武昌支部が同事件の報告を受けたのは五月一二日以降であり、五月一三日に全党員を緊急に集めて今後の対応を協議した(95)。五月一三日、社会党武昌支部は、今後の対応を協議した結果、代表に万鈞を選び事件の解明に当たらせた。万鈞は、湖南省で湖南都督譚延闓に面会を申し込んだが、譚延闓は病気と称して断った。万鈞は、司法司長許逢時と討議し、初等小学校と高等小学校の再開と今後の進行方法を話し合った(96)。万鈞は、湖南都督譚延闓に宛てた書簡において、次のように述べている。

孫〔文〕大総統は三民主義を海内に提唱し、民族、民権が既に達成されたが、民生主義のみが不充分であり、権力を用いて鼓吹することによって、始めて共和が促進され完全に至るとしている。この種の社会学説は、固より世界が注目するものである。目下、民国が新たに建設され、社会の萌芽の時代には灌輸・培養によって発達が願われる。大総統が辞職後、各省を遊歴し、至る所で行っている演説で、均しく社会主義の提唱を宗旨としていることは、貴殿が新聞で詳細に見聞きするところのものであろう。今日、専制〔政体〕を離脱して共和〔政体〕が建設され、正に言論・結社の自由の時代といわれている。しかるに、社会党が法律を遵守して設立されたにも拘わらず、湖南省における ように抑圧・破壊される事件があった。湖南省は、元々文明を標榜し、早くから風気の開通や一切の改革で各省の先駆けとなっていた。しかるに、どうして社会学説に対する対応では、人々に遅れを取っているのであろうか。貴殿が共和のために進歩を図り、湖南省の人のために幸福を謀り、正に孫大総統のように実力によって民生主義を鼓吹するならば、座して将来に効果を収めることができるであろう。そして、もし熱心で気迫のある輩が社会党の組織をもって己の任としているのであれば、その精神を鼓吹し、その精神を推し進めることが、貴殿の尽くすべき義務となるのではなかろうか。……もし社会党を組織すべきでないというのであれば、この禍の根源を追求してみると、実に〔三民主義を提唱した〕孫大総統が責任を負わなければならないであろう。もし〔社会党の〕組織が不完全であるというのであれば、貴殿が随時改良させるべきである。また、もし人類が平等でないというのであれば、少数の犯した欠点を〔社会党の〕全体に推し広め、更に両等学校に波及させるべきでない[97]。

これよりすれば、社会党は自らの正当性を孫文の三民主義、特に民生主義に置き、言論・結社の自由という点に求めていたことになる。

一九一二年五月、湖南都督譚延闓は臨時大総統袁世凱に対して、「湖南省では現在、社会党が組織され、宗旨を社会平均主義の提唱に置いている。現在民国が建設されたばかりで、人心も浮動して定まらず、各国も正式に承認していない状況である。すなわち、共和国は危急存亡の時にあたる。仮に社会平均主義を提唱したとしても、実際には実行が難く、民心も騒ぎを起こしやすくなるだけである。〔我々が〕恐れる事柄は、国の根基がこのために動揺することである」と述べ、社会党に対する指示を仰いだ。袁世凱はこれに対して、社会党の活動を法律で制限すべきであると答えている[99]。ただし、社会党の綱領は、「世襲遺産を破除する」点を主張するものの、必ずしも「平均主義」を称えてはいなかった。社会党は、長沙支部に続き、湘郷支部の設立も図った。ここで、湖南都督譚延闓は、「社会党は現在の国情に合わず、既に袁〔世凱〕大総統の否認を受けている」と述べて、社会党湘郷支部の禁止を命じた[100]。社会党本部は、これに対して、大同民党、自由党、共和憲政党、女子協済社、惜陰公会、工党、万国改良会、東亜大同党、同盟会会員など一〇余りの団体を召集して特別大会を開き、「譚延闓が〔臨時〕約法に違反して集会の自由を侵したのは、実に国民の公敵となるものである」として、団体を結成して各種団体の力を結集して運動を起こし、団体の章程を起草すると共に、別に団体を組織し、北京と湖南省に抗議の電報を打つことに決した[98]。しかし、七月、臨時副総統兼湖北都督の黎元洪も、「〔社会党が〕法律の範囲を守るのであれば極力保護すべきであるが、均産の謬説を唱え秩序を乱すのであれば逮捕すべきである」と述べて、社会党に弾圧を加えた。そして、黎元洪は襄樊において、社会革命論の流布を口実に、社会党員が演説することを厳禁にした。社会党武昌支部の万鈞らが黎元洪に対してこの点を抗議すると、黎元洪は「仮に法律の範囲を遵守すれば極力保護するが、均産の誤った説を唱えるのであれば逮捕・処罰する」と答えている。[101]黎元洪が怖れたものは、社会党の主張如何よりも、何ものかが社会党を標榜して「平均主義」を実行する点にあったといえよう。特に、湖北省軍務司長の蔡済民は、襄陽の兵士が「平均財産の説」に惑わされ、反抗的な行動を取っているとして、『解釈社会主義文』という冊子を各鎮の協、標、営の長官に配布して兵士に講演させた。この冊子では、「ヨーロッパやアメリカの各国で称える社会主義には、普通と極端の二種がある。普通主義は、国家の経済に依拠し人民の生計を維持し、各々に生業を営ませて長く治安を保ち、政府がこれを主宰する。極端主義は、財産の平均という誤った学説を称え、人々の生計を平等に限るため、弊害が国民の少しでも資産を有する者に及び、事態が切迫しているため、国が病み民も貧しくなり、共に滅亡に瀕する」と記し、一部の社会党員が後者を主張しているが、各国の政府や普通人民はこれに与せず、極力反対しているとして、「民国は創設期にあたり、地方の秩序も未回復で、経済の困難も極点に達し、民生・財産の維持を主張しても、不逞の輩が事端を借りて騒ぎを起こすことを恐れるのに加えて、社会党が煽動すれば民生はどこまで落ちるかは知らず、直ちに国が滅び種性が絶えるであろう」と主張した。[102]このことは、兵士の間に「平均主義」に加担する傾向のあったことを示している。一九一二年三月、四川省で、張知競なる者が政治参加を求めて中華民国国民社会党四川本部を組織した。しかし、中華民国国民社会党は名前に社会党を冠しているものの実体が哥老会であり、組織の中には社会党の学説や綱領を知る者は皆無であった。[103]

湖南都督譚延闓は、社会党の綱領が会党の称える「平均主義」を刺激し、社会を混乱に導く恐れがあることから、社会党長沙支部に対しては禁止の処置を取った。そして、この点では、譚延闓の立場は、愛国団の社会党に対する態度に近いものがあった。しかし、譚延闓は、軍隊が事あるごとに、湖南都督の命令を無視して行動を行うことに、何らかの対処を講じざるをえなかった。何となれば、一九一二年七月一日付け『申報』が「湖南省の軍事界と教育界の累積した反目は、昨年の〔革命軍の〕蜂起で軍事界が第一の功績をあげながら、教育界が行政機関の多くを占めたため、軍事界がこれに不満で、しばしば騒動を引き起こしたことによる」と述べたように、軍事界と教育界の対立が深まり、軍隊の暴走が目に余っていたからである(104)。四月、譚延闓は、軍隊を湖南省城から辰州、沅州、宝慶、靖州、晃州の辺境に派遣しようとして、軍隊の抵抗にあい、外部では湖南都督が交代するなどの謡言が起きた(105)。五月二五日、第四師長王隆中が軍務司長（軍務部長の改称）黄鸞鳴の命令を奉じて、湖南省城の軍隊に対して命令を出し、辰州、沅州、宝慶、靖州、晃州などに派遣しようとした。すると、五月二七日、一部の兵士が反対して、各学校の打ち壊しを行った(106)。これらには、第一師範女校、多仏寺小学校、育賢、衡粋の各学校があった。このため、各学校は恐慌状態に陥り、授業の中止に追い込まれた。すると、軍務司長黄鸞鳴は、被害の拡大を恐れ、軍隊を各教会、外国商社、学校、女国民会、湖南銀行、電報局、軍械局に派遣し、保護にあたらせた(107)。五月、愛国団団長の易棠齡は、外部の人間が財政を管理し、軍隊を強制的に解散させようとしているとして、全省の軍隊を招集して全体大会を開き、軍隊の縮小と給与の削減による国難の救済を提言し、かつ各将校が俸給の幾らかを愛国捐として提出することを願い出ている(108)。翌六月、愛国団は、湖南都督譚延闓の臨席の下に、数百人の参加者をえて第二回の維持大会を開いた。譚延闓は同大会で、「私が〔焦達峯の死去で〕空席となった湖南都督に就いたのは、元々本意ではなかった。このため、各界に公挙されても、辞退して要請に応えなかったのである。しかし、やむをえず同職に就いたのは、大局を維持したいという考えからである。現在頻りに〔軍隊による〕騒乱が起こり、軍人か否かに関わりなく、私にはもはや〔大局の〕維持が不可能となった。ために、あえて職に恋々とせず、位にしがみつくなどの誹りを免れたいと思う」と述べて、辞任を申し入れた。各界は、「湖南省の今日あるのは、全て都督の維持・鎮撫の力による。〔譚延闓が湖南都督を〕今一度辞職したならば、人心は瓦解し危難も直ちに起こるであろう」と述べ、湖南都督譚延闓に辞職の慰留を請願した。湖南都督譚延闓も、「〔大局を〕維持するも破壊するも、均しく軍人〔の力〕による。もし軍界が全体で維持を承認し、私の指揮・命令を受け、共に大局を繋ごうとするのであれば、私も〔慰留を〕承認する」と述べて、辞職を思い留まった。軍事界は、湖南都督譚延闓の維持を全体一致で承認し、かつ第四師長王隆中を公挙して湖南都督譚延闓の保護にあてた(109)。このことにより、湖南都督譚延闓は、湖南省の治安維持に対して、軍隊、特に愛国団の協力を取り付けることになったのである。

第三節　軍隊と社会問題

一・女性参政権問題

一九一二年一月一日、孫文は南京で臨時大総統に就任し、中華民国の建国宣言を行った。また、同年一月二日、孫文は「中華民国は陽暦に改用し、黄帝紀元四六〇九年〔旧暦〕一一月一三日〔西暦一月一日〕を中華民国元年とする」として、中華民国紀元と新暦（太陽暦、すなわちグレゴリウス暦）の採用を宣言した。二月一二日に宣統帝溥儀が退位を発表すると、翌二月一三日、臨時大総統の孫文は、一・臨時政府の首都を南京に設けること、二・参議院の選出した新大総統、すなわち袁世凱が南京で就任するのを待ち、大総統や国務各員が辞職すること、三・新総統が臨時約法など、公布された一切の法令を遵守することの三点の条件の下に、袁世凱との約束に従って、臨時政府に対して辞表を提出した(110)。そして、二月一五日、南京の参議院は、袁世凱を臨時大総統に選出した。しかし、袁世凱は、孫文が辞表提出の条件とした南京訪問を拒み、三月一〇日に北京で臨時大総統に就任した。この結果、孫文が臨時大総統の辞任に際して袁世凱に求めた三点の条件のうち、第一点と第二点は無視され、残ったのは第三点の臨時約法など法令の遵守という点のみであった。臨時約法は二月七日に召集された臨時約法起草会議で起草され、三月八日に全案が承認された。この臨時約法には、法制院院長の宋教仁の主張が強く反映された。宋教仁は、臨時約法を制定することで、議院内閣制を定着させ、このことによって袁世凱の独裁化を防ぐことができると考えていた。このため、臨時約法には、大総統の権限に比べて議会に大きな権限を与えられていた。すなわち、臨時約法では、第一章「総綱」の第一条と第二条で「中華民国は中華人民がこれを組織する」「中華民国の主権は国民全体に属する」と、第二章「人民」の第五条で「中華民国人民は一律平等にして、種族、階級、宗教の区別はない」と記し、主権在民と人権の平等を謳っている。また、第三章「参議院」の第一六条で「中華民国の立法権は参議院がこれを行う」としただけでなく、第一九条の参議院の職権の中で「一切の法律を議決する」「臨時政府の予算、決算を議決する」と述べて予算の決定権や法律の制定権を定めた他、「参議院は臨時大総統に謀反の行為があると認めた場合、総員の四分の三以上の出席、出席者の三分の二以上の可決で、これを弾劾することができる」として、議会に臨時大総統に対する弾劾権も定めていた。議会の権力の大総統に対する強大さ、及び国務院、国務院総理と大総統の関係の不分明は、中華民国の政治を混乱に導く一因となったともいわれる。臨時約法は、三月一一日に公布された[111]。ただし、宋教仁が議院内閣制を主張したのに対して、孫文は大統領制を主張した。三月一三日、袁世凱は、南京参議院の同意を得て唐紹儀を初代内閣総理に任命し、三月二九日には唐紹儀内閣が南京で設立された。四月一日、孫文が正式に臨時大総統を辞任し、翌日に南京参議院は臨時政府の北京移転を決定した。

一九一一年一〇月一〇日に湖北省で武昌蜂起が起こると、湖北省の女子軍の他、上海の女子軍、女子北伐隊、上海女子国民軍、女子経武演習隊、広東の女子北伐隊が設立された[112]。そして、一一月六日、江亢虎が中国社会党の設立大会を上海で開くと、約一週間後の一一月一二日、中国社会党の女性党員である林宗素は、上海で女子の政治知識の普及、女子の政治能力の養成、国民の完全な参政権の獲得を目的に女子参政同盟会を組織した。女子参政同盟会の運動方針は、女子教育の方法を改良し、学校の科目や制度を男子と平等にし、参政研究所を設立し、講師を招聘して政治や法学を補習し、各種の政治集会や結社に加入し、臨時政府に参政権の要求を上書し、各国の同志と連動し相互に声援することである。会員の条件は満一六歳以上の普通程度の知識を備えた者であり、男子でも専門的な法政教育の受講者や女学校教員の経験者は賛助会員の有資格者とし、入会希望者は上海の中国社会党本部に申し出るよう布告を出した。[113]一九一二年一月一日、中華民国が成立し、孫文が臨時大総統に就任すると、四日後の一月五日に、林宗素は南京に臨時大総統孫文を訪問し、中国社会党の状況と女子参政同盟会の成立事情を説明した。[114]女子参政同盟会は、社会党と友党の関係を持ちながら、人権の確立と平等を基本とする点で、後述の女国民会とは異なった。湖南省で最初に起きたのは、女国民会に呼応する動きである。一九一三年三月一〇日、長沙駐在日本領事館編「湖南に於ける政党結社」は、「本会〔女国民会〕は始め中華民国湖南女国民会と称せしか、後改めて中華民国湖南女国民総会と称す」として、次のように記している。

本会〔湖南女国民会〕は、沿革上其性質を三変し、従つて本会の宗旨も三度改変を見るに至れり。一昨年〔一九一一年〕革命酣戦の当時、長沙の女子によりて発起せられたるものにして、其際に於ては軍餉の募集、万一の場合には当時上海に成立せる女国民軍に倣ひ、女軍の組織及軍士医院、看護婦伝習所を設立して紅十字会の進行を助くること等、純然たる革命軍の後援を目的として設立せられたるものなるか、軍餉の募集思はしからさりしと共に、革命戦も休戦を見るに至り、最早其後援は不必要となりたるより、翌年〔一九一二年〕一月下旬本会当初の宗旨を拡充し、女界の同胞を聯合し、公益を謀り、女権を伸張し、内助の責任を実するを以て宗旨となし、女界の智識を開通し、力めて従前の陋習を矯め、女界の生計を拡充し、家庭教育を改良し、慈善事業を実行するを目的となすことゝし、茲に本会は純然たる道徳的会合と変したりと雖も、本会発起当初の目的より、又本会の改組か尚革命干戈収まらさる時代にありしとにより、全然軍事的意味を抛棄せす、緊急事業として左の五項の実行に努むへきことを標榜せり。（一）捐金を募集して軍餉を助くへきこと。（二）女軍隊講武堂を籌辦すること。（三）機関報を設くること。（四）女子工廠を設置すること。（五）軍事医院及看護婦伝習所を籌辦し、紅十字会の進行を助くること。然れとも、之等は一も実行を見るに至らさりき。而め〔も〕其後間もなく〔一九一二年二月〕南北統一せられて民国の成立を見、人心次第に鎮静に赴き、已に本会の軍事的性質は全然無意味となりたるにより、茲に本会は三変して純然たる女子の修養的、若しくは救済的会合となれり(115)。

更に、同報告は、「宗旨」「目的」「会約」を紹介した上で、「之れを以て見れは、本会は発起当初の性質を全く改変したるものにして、女子の道徳的会合となり、女国民会なる名目の相当なるの感なき能はす。最近成立を見たる女子参政同盟会とは全く別種のものなりと云ふべし」と述べた(116)。

一九〇五年七月、特命全権公使楊樞と范源濂、楊度ら一六名は、女子教育の重要性に鑑み、下田歌子の実践女学校に二〇名の女子留学生を入学させたが、この二〇名の女子留学生のうち、一六名は湖南省出身者であった。この一六名の中では、実践女学校の師範部に楊荘（楊度の娘）と張漢英、工芸部に王昌国が入学した(117)。この張漢英と王昌国に加えて唐群英が、民国初頭の女性参政権要求運動の指導者となった(118)。一九一二年一月二八日に南京参議院が成立し、二月七日から南京参議院で臨時約法の審議が始まった。二月某日、張漢英、唐群英、王昌国ら二〇名は南京参議院に意見書を提出し、「〔男女には〕夫婦の分があっても、もともと大小尊卑の別はなく、社会で義務を受けるのも同じであり、権利を受けるのも同じである」と述べた上で、「現在すでに政治革命は成功し、社会革命が引き続いて起ころうとしている。社会革命の惨劇を消滅させるためには、先ず社会の平等を求めるべきであり、社会の平等を求めるためには男女の平権を求めるべきであり、男女の平権を求めるためには女子に参政権を与えなければ不可である」と主張して、女子の参政権を要求した[119]。この間、三月に臨時約法が公布され、第二章「人民」の第五条で「中華民国人民は一律平等にして、種族、階級、宗教の区別はない」とうたわれていた。いわば、人権の平等は、中華民国の基本であった。ところが、南京参議院は、この問題に必ずしも積極的に取り組もうとしなかった。このため、三月一九日、南京参議院は、女子の参政権の審議を行うと、唐群英ら二〇名は、武装した上で議場に押しかけ、傍聴席ではなく議事庁に入り、衛兵の再三の制止を振り切って、実力行動に出て女子参政権を要求した。この時、一人の議員が唐群英らの過激な行動を見かね、ヨーロッパ、アメリカの出来事を歴述して、「文明国の女子には決してこの種の不法行為はなかった」と述べて、女性らを批判した。翌三月二〇日、二〇名の女性は再び議場に押し入り、議長に尋問しようとしたが、議長が現れなかったため、窓ガラスを壊し、衛兵が女性らに逆らうような言葉を発したため、これを足蹴にして倒した。同日、女性らは、唐群英と蔡恵の二人を代表に選出し、孫文に謁見を求めた。二人は、孫文に謁見すると、第三回目の請願書を提出し、孫文に対して南京参議院にこの請願書を手渡すよう要望した。すると、孫文は、婉曲に訓戒をたれて、「未だかつて、このような事柄が一度の提出によって通過することはなく、もし堅忍自重して再三〔要求を〕行うのであれば、将来にはこの目的も達成されるであろう」と述べた。そして、孫文が退出したため、二人も逡巡しながら退出した。翌三月二一日、女性の数は、六〇数名に膨れ上がった。彼女らが武器を携えて議場に押し入ったため、議長はやむなく孫文に打電し、派兵の上で保護を求めた。すると、孫文も、二〇〇名の衛兵を議場に派遣して救援した[120]。一九一二年三月二四日付け『申報』の記者は、これら女性の平等を求める一連の動向を受けて、「女子の進歩のこのような速さは、実際に男子と競い合っても勝るに至っている」として、「民国が成立して未だ三ヶ月にならないのに、女子の程度は既にロンドンの女子に比較するに足るものがある。これは、誠に喜ぶべき事柄である」と賞賛した(121)。しかしながら、女性らの参政権要求運動を伝える各新聞の論調は冷やかであり、嘲笑的でさえあった。これは、各新聞の記事が男性の記者の手になったからであろう。問題は、このような記事を読んだ一般の読者の反応にある。

二・男女の性差の再編

民国初頭の女性参政権要求運動の指導者、すなわち唐群英、張漢英、王昌国の三人は、いずれも湖南省の出身である。このため、湖南省の女性の参政権要求運動は、唐群英らの影響を受けながら展開した。一九一二年二月、周南女学校の李左漢らは女子講談会を設立し、智識の交換、女権の拡張、女子の精神の提唱、社会の進行の促進を図り、湖南都督譚延闓の認可をえた。また、欧陽宝珍、王姚守玉、林徐守圭は、一〇〇人余りの参加者と共に湖南省城の里仁巷内に女国民会を設立し、勧募籌餉捐事務所を付設した(122)。同会の設立大綱には、一・女性の参政権と選挙権の政府への要求、二・女子法学講演会の設立、三・女子講武堂の組織、四・女子国民捐の募金、五・女子機関報の設立、六・女子工芸廠の設立、七・女子慈善会の実行、八・女子演説会の開設があった。この八点のうち、第一点については、王国昌が南京に赴いて女性団体と連絡し、二月七日に湖南都督に拝謁して後に文書を中央政府政務部に送り、かつ臨時大総統孫文に面会して、請願の予備段階として湖南都督の批准をえることになった(123)。更に、五月、「湖南省の女学は近来日々発達し、以前の女子師範学校、周南女学校、女子遊芸社、女子工業学校、某女学校の他に、湖南女国民会の設立した三育女学校は、会員の学問向上を図って設立されたものであり、ために一律に学費を免除し、三月一九日には熊周嫻を校長として開校した」といわれ、両等女子小学校の培徳女学校を創設し、高等学科は家政、法学、英文、編織、裁縫、理科、図画、音楽の諸学の兼修を図り、湖南都督と学務司の認可を受けて三月一八日に開学の予定であること、また隠儲小学が女子師範予科を設立し、湖南省城の女子師範学校に入る予備とし、かつ初等、高等の両等の女子小学各一班、女子裁縫専科一班を設けて、湖南都督譚延闓と学務司の認可後に開学予定とされた(124)。五月三〇日、湖南女国民会は、二〇〇〇人余りを集めて教育総会で国民捐の拠出を訴え、軍隊が会場の外で女性を保護した。まず、主席の鄭湯鈞、熊周嫻、朱舜珍、丁布蘭、李樵松、熊俠素が壇上に登って演説し、外国からの借款の危険性を訴え、女性も国民の一分子であり、愛国捐を提唱して、共に国難を救済すべきであると訴えると、女性の参加者は義捐金を拠出し、拠出された洋銀、金銀の首飾り、簪、耳飾などは一〇〇〇元余りに値し、理事、勧捐員、収捐員を選出して儲収機関を設立することになった(125)。ここには、男性が軍事を担い、女性が後方から男性を支援し、男性が女性を保護するという構図が顕在している。この三日前、一部の兵士が各学校の打ち壊しを行っていた(126)。すると、軍務司長黄鸞鳴は、被害の拡大を恐れ、軍隊を各教会、外国商社、学校、女国民会、湖南銀行、電報局、軍械局に派遣し、保護にあたった(127)。五月三〇日、湖南女国民会の義捐金の拠出は、軍隊の女国民会に対する襲撃の謡言を受けてなされた可能性がある。それでは、軍務司長黄鸞鳴はなぜ、軍隊が攻撃する恐れのある団体として、外国商社、教会、学校と共に、女国民会をあげたのであろうか。

清末から民国初頭にかけての男女の性差の再編を明瞭に表しているのは、髪型をめぐる議論がある。清末の一九〇一年、四川省の紅燈教の蜂起では、「上帝」の「清を滅亡させ、洋を掃討し、漢を興起せよ」という命令を受けたとして端午節の蜂起を告げつつ、「凡そ〔軍に〕投ずる者は火が起きた時に各々が武器を執り、頭髪を短く剪って〔髪を〕僅かだけ留め、頭巾を着けず、帽子を被らず、無帽短髪を記しとせよ」と述べて、頭髪を短く剪るように命じていた(128)。そして、民国初頭の一九一一年一二月一二日、湖南都督譚延闓が布告で士農工商、軍警、官紳の別なく、同日より一律に辮髪を剪らせ、かつ抵抗する者があれば厳罰に処すと宣言した[129]。一九〇一年の紅燈教による剪髪の布告が「排満」論を内在させたのに対して、一九一一年の湖南都督譚延闓による剪髪の布告は西欧の文明観を内在させていた。ただし、一九一二年五月、湖北省と四川省の交界地帯で、哥老会、白蓮教、紅燈教の徒が謡言を流布し、「辮髪を剪ることは西洋に投ずるものである」と述べて復古会を創設し、全員に髷を頂に結わせ、道士の装束のようにしたといわれたように、民国初頭でも西欧の文明観を内在させながら、これに抗する動きも見られた[130]。この場合、髪型の特徴は、辮髪でも剪髪でもなく、髷を結う点にあった。これに対して、六月、湖南省では、府庁州県及び鎮市郷などで、同じく剪髪を「学洋〔西洋にならうもの〕」となし、剪髪を拒否して髷を結って髪の保存を願うものが出現したため、湖南都督譚延闓は、宗社党が髷を結うことを暗号としているとして、もし剪髪を拒否する者があれば厳罰に処すとした[131]。これらの事例は、全て男性を中心とするものである。ところが、一九一二年四月になると、女性の側から剪髪の風潮が起きてくる。すなわち、衡粋女学校学生の周永祺が、湖南民政司長劉人熙に対して、女子剪髪会の設立を請願したのである。すると、劉人熙は周永祺の請願に対して、「考えるに、女子の剪髪の制は実に中外古今皆無のものである。私は近来、〔湖南〕省城の奇抜さを好む婦女が剪髪を称え、男装を真似る事柄のあることを聞き及び、厳禁を申し付けた」と指摘した上で、「前来、この気風がひとたび開かれれば、知識のない女性が新奇さに幻惑されて互いに模倣し、将来必ずや一種の女性でもなく男性でもなく中国でもなく西洋でもない奇怪な状況が醸成されるであろう。かくなれば、独り女界の前途の傷だけでなく、民国風俗の憂いとなるであろう」と述べて、巡警総監に女子剪髪の厳禁と会の名称の解消も命じた[132]。いわば、湖南都督府は、男子には剪髪を強制し、剪髪を拒否した者には処罰を加える一方で、女子には剪髪を禁じた。陶菊隠が辛亥革命当時を回想して「女子には剪髪の風習がなかったが〔剪髪の風習は一九二六年の大革命において漸く流行した〕、女子の纏足解放は一時に広まった」と述べたように、均しく女性の風俗の改良といっても、剪髪に比べて纏足解放は流行した[133]。何となれば、纏足解放は健康な母子の育成が「富国強民」の基本であるという考えに支えられていたのに対して、女性の断髪はいかなる意義付けもできなかったからである[134]。劉人熙の女性の断髪に対する反応の一端も、この点に由来する。ここには、同時代の人々の、女性の断髪に対するある種の不安が見え隠れしているように思われる[135]。

二〇世紀初頭、上海など、沿海の都市部を特徴付けるのは、社会の急速な変化である。特に、上海などでは、伝統的な婦女観から離れた、女性の様々なファッションが流行した。この先陣をきったのは、妓女であり、次いで女子学生である。一九一〇年、上海は、「不中、不外、不東、不西、不男、不女、不妓女、不良家〔中国でもなく、外国でもなく、日本でもなく、西洋でもなく、男性でもなく、女性でもなく、妓女でもなく、良家でもない〕」服装が女子学生の間で流行しただけでなく、髪型やメガネ、煙草を使って男性教師の真似をする女子学生も現れ、これが「奇装異服」として批判されていた[136]。衣服は、妓女や女子学生にとって、あくまでもファッションの一つであったように思われる。ところが、知識人は、これに何らかの意味付けを与えようとし、意味付けられない部分には「奇装異服」として規制をかけた。一九一一年一〇月一〇日の武昌蜂起は、このような都市部の急速な変化を背景として、政治と社会、個人の新しい関係を求める中で起きていた。一九一二年四月八日付け『申報』紙上には、パリの人類学者の学説として、一〇〇年前の男性の髭が濃く、女性に髭がなかったにも拘らず、現今は男性の髭が薄れ、女性に薄い髭が生え始めてきたことを例証に、一〇〇年後には男と女の界限がなくなり、やがては身体上において男性が女性になり、女性が男性になることが紹介されている[137]。この学説は、大都市における男女の界限の消滅に応ずる形で紹介されていた。これに対して、軍国民主義は、都市部が急速に変化する中で、人々にわかりやすい形で、あるべき国家像と個人の関係を提示したといえよう。それは、民族間の弱肉強食、優勝劣敗を原則とする競争が世界規模で進行しつつあり、この競争を勝ち残るためには中国も変革する必要があるという世界観の下で、国家を軍隊、国民を兵士と結び付け、男性と女性の身体の違いを前提としながら、個人の身体に徹底的に統制を加えることで精神を錬摩し、個人の集積としての社会、国家を強固にするものである[138]。軍国民主義は、国家建設の目的を個人の自由に優先させつつ、男女の性差の再編を図るものであった。一九一二年五月一四日の愛国団の主催した緊急集会では、第一鎮統制の余鈞翼は「社会党の章程は全て治安を擾乱するものである。特に、遺産を公に帰すという一条は、弊害が大きい。また、国界、種界、男女、宗教を分かたずに均しく入会でき、享受する権利も均しいとしており、仮に外国人が争って入会し、中国の実情を本国に報告したとするならば、中国の滅亡は即座に起こるであろう」と述べている[139]。この「国界、種界、男女、宗教を分かたず」云々の言葉は、江亢虎が社会主義研究会の第一回会議で「社会主義は大同の主義であり、差別の主義ではない。すなわち、種界を分かたず、国界を分かたず、宗教界を分かたず、大公無我で一視同仁、絶対平等、絶対自由、絶対親愛であり、党同伐異、流血相尋、民族の革命、国際の戦争、教団の仇殺は、皆な取るところのものではない」と述べた点を受けたものである。これよりするならば、人々が社会党の綱領や女子参政同盟会に感じた不安は、「世襲遺産制度を破除する」といった財産の没収と共に、「男性でもなく、女性でもない」といった男女の界限の消滅にあったのではなかろうか。そして、軍隊の将校は、自らを富者の財産や男女の界限の維持者と位置づけつつ、周囲も軍隊にその役割を期待していたように思われるのである。

三・兵士と会党の結合

一九一二年六月、国務院は、民国服制草案を議定した。国務院がこの草案で定めた服装は、一・西洋式礼服、二・公服（公務に従事する際の服）、三・常服の三種である。そして、男性の場合、西洋式礼服はアメリカの制度を模し、公服は中国の素材を用いながら西洋式を採用し、常服は中国の古い制度を真似ながら変化を加えた。これに対して、女性の服制は簡素なもので、旧式の上衣下裳である。これらは、参議院を通過後、内外に公布されることになった[140]。八月の臨時参議院の討議では、経済的な見地から「諸君は専ら形式を重んじ、国民経済を顧みていない。女性の礼服も西洋式礼服に改め、男性と一律にすべきである」という意見も出されている[141]。いわば、男性の衣服には西洋の要素が取り入れられながら、女性の衣服は旧式に留まっていた。このような動向は、政治にも影響を与えた。五月九日、章炳麟の統一党（前身は中華民国連合会）が他の政治団体、すなわち民社や民国公会、国民協進会などと合併して共和党を結成すると、同盟会はこれに対抗して他党との連立を模索し、第一回国会議員選挙で過半数を取ろうとした。同盟会が合併の対象として選んだのは、統一共和党である。ただし、統一共和党は同盟会との合併に際して、一・同盟会の名義の変更、二・民生主義の廃止、三・内部組織の改良、以上の三点を要求した。これより先、三月三日、中国同盟会の総会が開かれ、「中国同盟会総章草案」の第一条で「本会は中国同盟会と命名する」、第二条で「本会は中華民国を鞏固にし、民生主義を実行することを宗旨とする」、第三条で「本会の政綱」として一・行政の統一の完成と地方自治の促進、二・種族の同化の実行、三・国家社会政策の実行、四・義務教育の普及、五・「男女平権」の主張、六・徴兵制度の励行、七・財政の整理と税制の釐定、八・国際平等の促進、九・移民開墾事業の重視、以上の九点をあげた[142]。ところが、八月五日の同盟会と統一共和党、国民公党の会談では、国民公党と統一共和党の代表が政治綱領の原案にある「民生主義」に難色を示したため、政治政綱は「民生政策を採用する」に決した。そして、八月一三日の国民党成立宣言では、同盟会が統一共和党、国民公党、国民共進会、共和実進会と合併して国民党に改組し、第二条で「共和を鞏固にし、平民政治を実行することを宗旨とする」こと、第三条では五つの「党綱」、すなわち「政治統一を保持する」「地方自治を発展させる」「種族同化を励行する」「民生政策を採用する」「国際和平を保持する」の制定と、理事会制の採用、理事の互選による理事長の選出が明記された[143]。この日、同盟会の唐群英と沈佩貞らは、国民党改組事務所に至り、今回の改組が女子同盟会員の了承をえていないのは不当であり、断じて承服できないと批判し、政治綱領における「男女平権」の削除を批判した[144]。八月二五日、国民党成立大会が、北京の湖広会館で開かれた。同大会では、唐群英が「剪髪の少女」傅文郁の通訳によって演説をし、「国民党の政治綱領における男女平等の一条の削除は女子に対する侮辱で、同盟会の本来の精神を損なうものであり、甚だ遺憾である」云々と述べた。この時、司会の張継が会員の挙手で「男女平権」の賛否を問うと、賛成者は少数に留まった[145]。同盟会は、民生主義とは異なり、他党から殊更に放棄の要請がなかったにも拘らず、国民党に改組する過程で「男女平権」も放棄した。この背景には、男女の性差の再編という同時期の動向が存在したといえよう。

一九一二年、各政党は離合集散を繰り返しながら、徐々に幾つかの大政党に収斂していった。それは、社会の再編の動きと、軌を一にした。湖南省の場合、同時期の政治的課題に上っていたのは、籌餉局の廃止と軍隊の削減である。この二つは、湖南都督譚延闓による指揮権の確立、社会的統制の強化といえるものであった。五月、黄興が南京で一〇万人の軍隊を解散すると、翌六月、湖南都督譚延闓は機要秘書の呂苾籌を上海に派遣して黄興と会談し、湖南省の軍隊の裁兵問題に意見を求めた。黄興の意見は、全軍の裁兵には反対で、二、三の師団を残して危急の事態に備えるというものであった。これに対して、湖南都督譚延闓は、二、三の師団を残して軍隊を再編するのではなく、一律に裁兵した上で、別に一つの新しい軍隊を設立するというものであった。そして、湖南都督譚延闓は、湖南省内の不穏な情勢の中で、軍隊の解散に着手した[146]。湖南省の場合、この軍隊の削減問題は、籌餉局の廃止と対になっていた。七月、籌餉局の公債捐の徴収額は、名目では五三〇万両余り、実質には二〇〇万両であった。そして、この実質的な徴収額の二〇〇万両のうち、約八〇万両が籌餉局より財政司に送られた。ただし、籌餉局の工役や衛兵を除いた人員は約五〇名で、籌餉局の経費も月一万余両であった[147]。一九一二年八月三一日付け『民立報』が、「各属の寄付の強制的な徴収者は約一〇〇〇人もおり、郷村で籌餉を行うのに強硬手段を用い、少しでも躊躇する者があるならば軽い場合では首かせや鎖、牢獄〔で苦しめ〕、重い場合では拘禁し囚人として刑罰を科した。そして、該員らが私欲で偽って徴収し、差役が勢いを嵩にきて圧迫したため、僅かな資産家も〔被害を〕免れなかった」と記したように、公債捐は名目的には義捐であったが、実質的には強制的な徴収であった[148]。一九一二年八月、各省の代表は、袁世凱政府に対して、籌餉局の被害として財産の差し押えや拘禁や威圧により死者も出ていることを訴えた。秘書庁の調査では、これらの電文や呈文が殆ど毎日あり、中でも湖南省と陝西省が突出していた。国務院は、この報告を受けて、各省に籌餉局の即時撤廃を命じた[149]。八月、湖南都督譚延闓は、財政司と籌餉局に対し、公債票の発行による年毎の分割償還を命じ、公債票簡章一二条、細則二四条を布告した。更に、公債捐の納付を承認しながら未納付の者、公債捐の納付を行いながら未記入の者を冊子に記録し、各属で公債票の発給額の多寡を定め、かつ上海で印刷した公債票を湖南省に持ち帰って発行した[150]。また、譚延闓は、籌餉局長周震鱗の辞任願いを受けて、「湖南省では、昨年の軍費の切迫や財政の困難を考慮すると、籌餉局による国民捐〔公債捐〕の徴収はやむをえない行為であった。章程では貸借としているが、各属に委任したため誤解が生じ、手続きも不明瞭となり混乱が生じた」と述べ、九月一日の籌餉局の廃止を布告した[151]。ただし、籌餉局の廃止後、知事が諸般の事務を請け負ったが、帳簿の不明、資産家の言い逃れ、支出の肥大や利益の不均等等から処理が困難となった。このため、知事は仕事を回避し、委員らも責任逃れをして、残務処理も一向に進まなかった[152]。ただし、籌餉局の廃止は財源の枯渇を意味し、軍隊の維持を困難にさせた。このため、譚延闓は、籌餉局の廃止に先だって、軍隊の削減に着手したのである。

湖南都督譚延闓による軍事的指揮権の確立、社会的統制の強化は、将校や兵士の選別・淘汰、全省規模での統制と同義であった。このことは、統制から外れた部分の切り捨てをも意味した。一九一二年八月、第八師の趙恒惕の第一六旅団は、南京から広西省に戻る途中、長沙の経由時に、猛暑を理由に湖南省に暫く留まった。趙恒惕の第一六旅団は、もともと広西省より連れてこられた軍隊であり、かつ第八師の他の旅団とは余り打ち解けた関係ではなかった。このため、譚延闓は、湖南省の軍隊の解散計画に、趙恒惕の第一六旅団を利用しようとした。先ず、譚延闓は、王隆中、程潜と相談して裁兵委員会を組織し、方策を決定した。この方策では、各師団の全ての将校、兵士に対して、分別年資と革命元勲、優給退職年金を支給することになっていた(153)。八月二四日から二八日の間に、趙恒惕の広西軍の三〇〇〇から四〇〇〇の兵士が湖南省の長沙に上陸した。八月三一日、王芝祥が検察使として湖南省に至った。湖南都督譚延闓は、王芝祥が湖南省に至ると、高等師範学校内で祝宴を開き、軍務司長周家樹、次長陳強、参謀処次長羅友声、第一師長余欽翼、第二師長趙春廷、第三師長曾継梧、第四師長王隆中、第五師長梅馨、教導団長黄鸞鳴、各旅団長、各師局長が列席した(154)。九月初旬、湖南都督譚延闓は、軍事会議を開き、軍隊の縮小計画を告げ、更に九月末、全部隊の解散を要求すると共に、九月末までに湖南省を離れなければ、最後の一ヶ月分の臨時給与を支払わない旨を告げた。第五師団は、南武軍や広西軍に威嚇されて軍隊が解散されるとして、「譚〔延闓〕都督が客軍の威力で軍隊を威圧的に解散させるのは、いかなる意味でも承認できない」と抵抗した。譚延闓は、もし第五師団が抵抗するのであれば、武力を用いて無理やり解散させるとして、九月二三日晩には南武軍統領の聶磊に発砲の準備をさせて解散に踏み切り、九月二四日に全て解散させた(155)。この結果、湖南省の五つの師団、二つの独立旅団は、一ヶ月の間に全てが解散させられた。また、湖南都督譚延闓は、軍隊の指揮権を確立するため、従来の軍務司とは別に軍事庁を設立し、日本とドイツに留学の経験のある張孝准を軍事庁長に任命し、更にこれまでの軍隊の師長、すなわち余欽翼、趙春廷、王隆中、梅馨、蔣国経、向瑞琮に家禄を与えて北京に追いやった(156)。固より、湖南都督譚延闓は、治安維持の必要から、全軍隊を解散したわけではなく、巡防営、南武軍と他の雑多な部隊を編成して六つの区に分駐させた。この六つの区で四七営、一万一〇〇〇人が存在した。この他に、湘西の緑営部隊、一万人が解散させられておらず、長沙には二〇〇〇人の広西軍が駐屯しており、ために総計二万三〇〇〇人の部隊が依然として存在した。ただし、辛亥革命前の新軍、巡防営、緑営の兵員数三万人に比べるならば、七〇〇〇人の兵士が解散させられていた。[157]ただし、これらの将校、兵士が納得して解散に応じたわけではなかった。一九一三年二月二〇日、解散兵士などが湖南省城内の八〇ヶ所で起こした放火事件では、「〔我々は〕社会党の平均主義を採用して、ただ財物の強奪を図るのみであり、生命の殺傷を願わないが、官吏が武力で阻止を図るならば殺戮も免れない」と主張されていた。[158]ここで注目すべき事柄は、解散兵士が、社会党の名を用い、あたかも合法政党であるかの装いをもって、会党の「平均主義」を実現しようとした点である。湖南都督譚延闓に切り捨てられた解散兵士の一部は、会党と融合して蜂起を起こしたために、人々の不安が駆り立てられることになったのである。

おわりに

一九一三年二月、『時報』紙上が、「政府の転覆計画は長く喧伝されているが、未だ挙動がないのには二つの原因がある」として行政界と軍事界の防禦策を指摘した上で、「軍事界は破壊を主張する者と維持を主張する者の二つに大別され、破壊党は建国団を維持党は愛国団を組織し、互いに対峙した。建国団には将校が多く、愛国団には将校と現役の兵士が多い」と記している。[159]一九一三年二月初旬、軍隊の将校や兵士の組織した建国団や湘政改良会がビラを配り、譚延闓政権の打倒、湖南省の政治の改良を訴えた。建国団の団約には、次のように記されている。

一・宗旨。軍国国家を建造し、国是を厲行し、国権を恢復する。二・政策。甲・全国の統一を謀り、省界を破除し、党見を消融し、軍備を整頓し、十年以内に決起した上で奮闘努力して対外作戦の準備をし、教育、実業、交通の諸端を重視して軍隊に裨益させる。乙・団員に中央や各省で重要な地位を占めさせ、本団の主張を貫徹させる。三・組織。団員は、陸軍の同学の中で学業や行動の優れた者や同志及び各界の中で品学・才識とも仲間より優れ同じ志を備えた者について、発起人の紹介によって入団させ、資格は厳しくする。四・規約。団員相互は精神や物品の上で均しく一致協力するという熱意と決心を抱き、国と命運を共にすることを誓い、かつ秘密を厳守する。五・機関。各省の主要団員が発動機関となり、中央に機関部を設け、連絡方法は随時訂正して秘密に調査し、報告するものとする。[160]

この建国団の主張には、軍隊が中心になり、「軍国国家」を建設するという点で、清末から民国初頭にかけて顕在した、軍事を優先する考えがよく現れている。この他、湘政改良会は、「湖南省の前年の反正〔一九一一年の辛亥革命〕以降、我らが鋭意運営を行ったのは、皆な同胞のためを考えてのことである。ところが、政界の要路は、愚昧な連中が権力を掌握し、事ごとに遅滞してこの腐敗の局面が作られた。このことは、人のあえて説かなかったものである」と述べて、謝介僧、劉文錦、易棠齡、周来蘇の名を掲げて、湖南都督府の打倒を主張した。[161] いわば、愛国団団長の易棠齡が、軍隊の解散を不服として湘政改良会に参画していた。譚延闓は、影響の広がりを恐れ、易棠齡を逮捕し劉文錦を免職しただけで、謝介僧には一万元を与えて湖南省から追放し、鄒永成には周震麟を通じて免職の代わりに海外への留学を勧めた。[162] また、易棠齡には、軍法会審院で禁錮三年の判決が出たものの、これまでの功績に鑑み、三年間の公民権の剝奪に止めた。[163] 飛翰水師統領で愛国団団長の易棠齡が同事件に関係したことは、軍隊の削減による軍隊内部の衝撃の強さを示している。

一九一一年一〇月一〇日の武昌蜂起は、都市部の急速な変化を背景に、政治と社会、個人の新しい関係を求める中で起きていた。このような中で、軍国民主義は、都市部の急速な変化に対応する形で、あるべき国家像と個人の関係を提示した。それは、民族間の弱肉強食、優勝劣敗を原則とする競争が世界規模で進行しつつあり、この競争を勝ち残るためには中国も変革する必要があるという世界観の下で、国家を軍隊、国民を兵士と結び付け、男性と女性の性差を暗黙の前提としながら、個人の身体に徹底的に統制を加えることで精神を錬摩し、個人の集積としての社会、国家を強固にするものである。このため、民国初頭、軍隊が台頭した理由は、単に急激な募兵が行われて兵員数が二倍近くに膨れ上がっただけでなく、軍国民主義の考えが、民国初頭に行政と議会が対立する中で浮上した点にも求めるべきではなかろうか。軍国民主義は、蔡鍔も一時期教習となり、兪明熙を総辦として設立された武備学堂、陸軍小学堂の教育思想に投影されていた。特に、陸軍小学堂では、一・尚武精神の提唱、二・精神教育の重視、三・尊卑上下の分の厳格化と平等・自由の説に対する反対、四・軍紀の厳格化と結党集会に対する反対、五・卒業資格の給与と向学の奨励、以上の五点が重視された。軍隊の将校は、社会党や女子参政同盟会に対して、社会の動揺を促進させるものとして、否定的な態度で臨んだ。何となれば、軍国民主義における尚武精神を重視した身体の鍛錬は、男性と女性の身体の違い、男性と女性の役割分担を前提とし、「男女同権」には否定的な立場を取っていたからである。そして、内部維持会と愛国団はこの考えを極端な形で推し進めた。軍隊の将校は、強固な軍隊に基づく強大な国家の建設を目指し、個人の自由を国家建設に従属させたため、共和政体の実現を標榜しながらも、専制的な政治を必ずしも否定するものではなかった。これに対して、一般の兵士は、会党の成員と同様、貧農の出身者が多く、ために会党の「平均主義」に対しては同調的な態度を示した。二〇世紀初頭、湖南省の会党は民間信仰、特に紅燈教などと融合し、末劫論など、末劫の到来と救世主の降臨、至福の世界の顕現という考えを持った。末劫論は、究極的には救世主という絶対者の出現による救済を志向する。この点で、末劫論は、専制的な政治を否定するものではなかった。この点に着目するならば、軍隊の内部には軍国民主義と末劫論という相異なる考えが併存していたが、この二つは専制的な政治の許容という点では同じ方向性を示していたことになる。

湖南都督譚延闓による軍事的指揮権の確立、社会的統制の強化は、将校や兵士の選別・淘汰、全省規模での統制と同義であった。湖南省の軍隊の動向は、実質的には湖南都督府の財政に制約された。そして、中華民国の成立後、湖南特別議会が籌餉局の裁併、兵員数の裁併、兵員の給与の削減などを議論すると、軍隊は湖南特別議会を攻撃した。湖南特別議会も、湖南都督の行政、特に兵員数の増加と予算の膨張にメスを入れるべく、籌餉局の裁併と兵員の削減、軍隊の改廃を議論した。軍隊は、この議会の行為に不満を抱き、湖南特別議会を攻撃した。この理由は、湖南都督府が軍隊の維持のためには財源を確保する必要があった点に求めることができる。湖南都督府は、財政難と軍事力の肥大に苦しんだ。財政難と軍事力の肥大は因果関係にあり、後者は前者を生む一因となっていた。湖南都督府は、財政難を解決するために、周震鱗を局長に籌餉局を設立した。しかし、籌餉局は、名目こそ義捐の立場をとったが、実質は強制的な割り当てであり、却って社会不安を煽った。このため、湖南都督府は、籌餉局を廃止し、軍事力の削減によって財政難を乗り切ろうとした。一九一二年九月三〇日、湖南省の籌餉局は、一律に廃止された。ただし、湖南都督府は、籌餉局の廃止によって財源の枯渇をもたらし、籌餉局の存続は地域社会の混乱を招来したために、新たな困難に直面した。譚延闓は、財政の破綻を回避するために、軍隊を解散した。しかし、軍隊の解散は大量の解散兵士を生み出し、大量の解散兵士は湖南省内に滞留して会党と結び付き、地域社会を混乱させた。ここで問題となった事柄は、次の二点にある。一つはこれまで譚延闓の支持基盤の一つであった軍隊が譚延闓の支持と不支持の二つに分かれたこと、他の一つは大量の解散兵士が会党と結び付き新たな社会問題を引き起こしたことである。湖南都督譚延闓は、孫文の民生主義や社会党の主張が「平均主義」に正当性を与え、地域社会の動揺を醸し出すという危険から、民生主義の削除、社会党の弾圧を図った。会党は、民生主義を「平均主義」と結び付け、「劫富済貧」を標榜して蜂起を図った。この背景には、「劫富済貧」、すなわち「平均主義」を求める貧民の要求があった。そして、一九一一年一〇月二二日の革命軍の蜂起が末劫論を基盤に起きたとするならば、民国初頭の湖南省の政治も「平均主義」に掣肘されざるをえなかった。ただし、湖南都督府の政治は、「平均主義」を体現する形では展開しなかった。このために、「平均主義」は地下に潜り、会党と結び付いて蜂起を引き起こすことになっていたのである。

注

(1) 焦達峯政権下の軍隊の兵員数の増加については、本書第九章第二節第二項を参照されたい。

(2) 子虚子「湘事記」巻一「軍事篇六」、同明・志盛・雪雲編『湖南反正追記』八一頁。

(3) 横山宏章「議会政治への挑戦と挫折」、など。

(4) 辛亥革命と新軍の関係を扱った先行研究には、次がある。波多野善大「民国革命と新軍——武昌の新軍を中心として——」、陳旭麓・労紹華「清末的新軍与辛亥革命」、杜邁之「譚延闓与湖南軍閥」、張朋園「清末民初湖南的軍事変革」、王興科「武昌起義中旧軍官扮演的角色」、McCord. A. Edward. *The Power of the Gun, The Emergence of Modern Chinese Warlordism.* この中で、波多野善大、陳旭麓・労紹華、王興科の研究における軍隊の評価は、ほぼ同じである。すなわち、軍隊の将校は、新式の学堂で教育を受け、新しい学問に触れる中で民族の危機意識を強め、「排満」論に傾斜したが、その動機は消極的、受動的であったために、中華民国成立後の政治情勢の中で反革命に転じたというものである。この見解は、軍隊を革命・反革命の二項図式の下で捉え、かつ軍隊を革命派の宣伝・工作に対する客体に位置付けている点で、議論を単純化しているといえよう。軍隊が革命化したという場合、この革命化が何を指すのかを、軍隊の内実に沿って明らかにされなければならず、革命と反革命を二項対立的に捉えるだけでなく、双方に共通し双方を包括する思考の枠組みにも注目する必要がある。また、杜邁之と張朋園の研究は、概論である。これに対して、マッコードの研究は、国家建設と軍隊という枠組みに沿って、湖南省の辛亥革命から軍閥混戦に至るまでの総合的な研究であり、行政と軍隊の関係、軍隊の増減や布陣、軍隊内部の勢力関係など、軍隊をめぐる広範な問題に言及がなされている。ただし、中下級の将校の思想、軍隊と社会の関係についての考察が不充分なだけでなく、愛国団にも言及がない。軍隊の台頭は、軍隊だけでなく、郷紳や民衆、政治的潮流、時代精神などによって促されたと考えられるのであれば、軍隊を地域社会の規範と関連付けて考える必要があるであろう。

(5) 阪口修平『歴史と軍隊——軍事史の新しい地平——』、など。

(6) 吉澤誠一郎『愛国主義の創成——ナショナリズムから近代中国をみる』一三五頁。

(7) 小島淑男「辛亥革命期の労農運動と中国社会党」。曽田三郎は、これに対して、「民生主義は国民党結成のなかで切りすてられたというよりは、もともと同盟会の中に民生主義を指向しない『革命派』がおり、現実の政治運動においてはそれらが主要な役割を果していたのであり、従って辛亥革命の後国民党結成のなかで民生主義が指向されなかったのは当然といえるのではなかろうか」と指摘している。曽田三郎「辛亥革命における湖南独立」一二一—一三九頁。

(8) 『政党及結社ノ状況調査一件』長沙駐在日本領事館編「湖南に於ける政党結社」一九一三年三月一〇日。

(9) 『時報』一九一一年一一月二九日「湖南革命近情」。

(10) 譚延闓政権の人的構成については、本書第九章第三節第三項を参照されたい。

(11) 『民立報』一九一一年一二月二〇日「湖南巡按使之組織」。

(12) 子虚子「湘事記」巻一「軍事篇五」、同明・志盛・雪雲編『湖南反正追記』七六頁。

(13) 『時報』一九一二年一月二〇日「湘中軍事述聞」。

(14) 『申報』一九一二年二月二三日「湘人歓迎広西都督」。

(15) 『民立報』一九一二年三月二日「三湘之風風雨雨」。

(16) 向瑞琮、陳強、唐蟒の経歴は、次による。湖南省地方志編纂委員会編『湖南省志第三十巻　人物志』上「向瑞琮」「陳強」「唐蟒」。

(17)『中報』一九一二年七月一五日「湖南軍務司長辞職」。
(18)『民立報』一九一二年八月二七日「荊天棘地之湘垣」。
(19)子虚子「湘事記」巻一「軍事篇六」、同明・志盛・雪雲編『湖南反正追記』八一頁。
(20)周学舜「清末湖南新軍的編練沿革及軍事学堂」。
(21)文公直『最近三十年中国軍事史』第二編「軍事」第八章「鄂湘軍事」三〇七—三一〇頁。
(22)『民立報』一九一二年二月二五日「湘省変政之人材」。ただし、同記事は、閻鴻翥を湖南都督府の軍務部長としている。閻鴻翥を閻鴻飛と間違えたものと思われる。
(23)湖南省地方志編纂委員会編『湖南省志第三十巻　人物志』上「王隆中」「梅馨」、湖南省地方志編纂委員会編『湖南省志第三十巻　人物志』下「曾継梧」。
(24)『時報』一九一一年一一月二九日「湖南革命近情」。『民立報』紙上は、この勲章を独立勲章と名誉勲章の二つに分けている。『民立報』一九一二年二月四日「湘人求治熱忱」。
(25)『時報』一九一一年一二月三日「湖南近時一班」。
(26)『民立報』一九一二年三月二五日「瀟湘之春潮」。
(27)『民立報』一九一二年四月六日「義勇軍一律遣散」。敢死隊の督帯官の張堯卿は、かつて革命運動に従事した廉で獄中に投獄されていたが、正都督の焦達峯によって獄中から釈放された人物であった。『民立報』一九一一年一一月二二日「湖南革命詳史」、『時報』一九一一年一一月二四日「湘省革命詳情」。そして、一九一二年四月、張堯卿は、黎尚雯、文斐、周震鱗らと共に同盟会湖南支部の設立を図った。『民立報』一九一二年四月二日「同盟会人材済済」。
(28)『民立報』一九一一年一一月二三日「湘省之両大会」。
(29)『中報』一九一二年一二月二四日「湖南特別議会開幕」。
(30)子虚子「湘事記」巻二「内政篇」、同明・志盛・雪雲編『湖南反正追記』九五頁。
(31)『民立報』一九一二年四月二日「慎重立法機関」。

(32)『時報』一九一一年一一月二三日「湘省革命之大風雲」。
(33)周震鱗は、一八七五年に寧郷県に生まれ、生員になって後、両湖書院に入り、両湖書院を卒後後、寧郷師範学堂、寧郷中学堂の設立にかかわり、一九〇二年に長沙で師範館の教習、湖南高等学堂の教務長を任じ、一九〇四年に黄興が日本より帰国すると、黄興と共に明徳学堂で教鞭をとり、同年末の華興会の蜂起計画に参加し、次いで日本に留学して法政大学に学んだ。一九〇八年に帰国し、安徽公学で教鞭をとった。一九一一年、黄興の命で長沙に戻り、同志を糾合して軍事を担った。湖南省地方志編纂委員会編『湖南省志第三十巻　人物志』上「周震鱗」。
(34)『民立報』一九一一年一一月二四日「革命後之湖南」、『時報』一九一一年一一月二四日「湘省革命詳情」。
(35)『時報』一九一一年一一月二四日「新湖南之一瞥」。
(36)清末、湖南省城の城廂は二五四団に分かれ、各々団総一名、値年若干名が置かれていた。そして、湖南省城有数の繁華街である坡子街、新坡子街、双井巷、保安巷の一帯にも、火宮殿を中心に街団公所が設立されており、長沙保安団息争公所と命名されていた。火宮殿と長沙保安団息争公所とは一体化しており、前者の値年が後者の値年となった。そして、火宮殿の値年には葉徳輝の父・葉浚蘭の経営する葉公和染坊を含む八つの老舗がついていた。葉徳輝は父の関係から街団公所に参画し、火宮殿の資産を壟断し、街巷での紛争の処理にも莫大な権限を有した。ために、多くの住民は葉徳輝を恐れ、葉徳輝もまた自らを「坐山虎」と自慢したという。そして、一九一四年にこの地区に「商団」が作られた時、葉徳輝は周囲に推されて「商団」の団総となった。杜邁之・張承宗『葉徳輝評伝』四二―四三頁。葉徳輝については、本書第一章第一節第三項、第二章第一節第二項、第六章第一節第一項を参照されたい。なお、葉浚蘭は、一九一二年九月二九日に死去している。『呉中葉氏族譜』巻五一、葉啓倬等「郷諡恭恵先祖雨村府君行実」。
(37)杜邁之・張承宗『葉徳輝評伝』四二―四六頁。
(38)『民立報』一九一二年三月三日「湘人措施之徳宜」。
(39)『申報』一九一二年四月二八日「湘省司長之荒謬」。
(40)『民立報』一九一二年四月二九日「湘議会風潮報告」。

(41)『時報』一九一二年五月五日「湖南特別議会来文」。
(42)子虚子「湘事記」巻二「内政篇」、同明・志盛・雪雲編『湖南反正追記』九五頁。
(43)『民立報』一九一二年四月二二日「湘議会強迫解散」。
(44)『民立報』一九一二年五月九日、楊冕「湘議会解散情形（致民立報記者）」。
(45)『申報』一九一三年二月二六日「唐群英撃毀長沙日報交渉」。
(46)宗方小太郎は、王芝祥について次のように述べている。「王芝祥（前広西布政使）直隷〔省〕通州の人、挙人の出なり。光緒三十二年五月〔一九〇六年六―七月〕広西〔省〕桂平梧道（梧州駐箚塩法道）に任ぜられ、尓来広西に在り。同年十二月署理按察使と為り、翌年六月其実欠と為り、昨年初より署理布政使たりしが、昨春布政使実欠と為り革乱に及べり。彼材幹に長じ徳望あり。昨秋広西の独立するや巡撫沈秉堃を助けて画策する所有り、遂に都督沈秉堃と共に北伐軍を率いて出征し、道々沈氏の辞職するや自ら広西北伐軍総司令となり南京に駐屯し、頗る令名あり。南北合一するや直隷人は彼の材幹を欽し、現都督張錫鑾を排して彼を推挙せり。年歯已に五十を過ぎ状貌温乎親しむ可し。本据は南京に在るも滬寧の間に出動するより特に列記せり」（神谷正男編『続　宗方小太郎文書――近代中国秘録――』「上海に寄跡せる新聞人物の歴略　明治四十五年五月二十四日」）、と。王芝祥、号は鐵珊、直隷省通県の人である。一八八五年（光緒一一年）の挙人で、河南省の各知県を歴任後、広西省の知府となった。黄興を庇護し、資金を援助して日本への留学を助けた。賈逸君『中華民国名人伝』上冊二「政治」「王芝祥」の項。一九一一年一〇月一〇日の武昌蜂起後、広西省の副都督となったが、陸栄廷に排斥され、自ら北伐を請願し、一営を引き連れて出発した。臨時副総統の黎元洪は、王芝祥を北伐第三軍総司令に任命した。ただし、王芝祥が武漢に到着した時には、南北和議がなっていたため、北京に赴き、総統府顧問に就任した。欧陽武「江西光復和二次革命的親身経歴」三一九頁。王芝祥が湖南省長沙に到着したのは、広西省から湖北省に至る途中である。
(47)『申報』一九一二年一月二三日「湘人歓迎広西都督」。
(48)『申報』一九一二年二月二日「新湖南之新団体」。
(49)『申報』一九一二年三月一二日「公電」「長沙来電」。

(50)『民立報』一九一二年四月二九日「湘議会風潮報告」。
(51)『民立報』一九一二年四月二日「慎重立法機関」。
(52)子虚子「湘事記」巻二「内政篇」、同明・志盛・雪雲編『湖南反正追記』九五頁。
(53)『申報』一九一二年五月五日「瀟湘近事記」。
(54)『時報』一九一二年二月四日「湘水魚鱗片片」、『民立報』一九一二年二月七日「軍界之金石良言」。
(55)民国初頭、湖南省の教育界でも、日本留学経験者と湖南省内の学堂の卒業生の間で対立が起きていた。そして、易克臬は、後者を代表する人物であるが、実利主義に基づく自立・自営、勤勉・倹約などの道徳観を提唱し、自由・平等などの西洋思想に基づく公民道徳観には懐疑的であった。宮原佳昭「民国初期における地方教育界人士の問題意識――湖南省教育会と易克臬の教育主張を中心として――」。いわば、教育界でも、軍隊と同様の対立がみられた。このような傾向が何に由来し、他の分野にも当てはまるのかの検討については、今後の課題としたい。
(56)一九〇三年の拒俄義勇隊及び軍国民教育会については、本書第二章第一節第三項を参照されたい。
(57)『民立報』一九一二年五月八日「健児組織愛国団」。
(58)子虚子「湘事記」巻一「軍事篇六」、同明・志盛・雪雲編『湖南反正追記』八三頁。
(59)一九一二年一〇月の焦達峯と陳作新の追悼式典については、本書第一一章第二節第三項を参照されたい。
(60)『民立報』一九一二年一二月三〇日「歓迎孫中山先生記」。
(61)『民立報』一九一一年七月一一日「社会主義之研究」。
(62)『民立報』一九一一年一〇月三〇日「社会党消息」。
(63)『民立報』一九一一年一一月二四日「破天荒之社会党」。ただし、翌年、一九一二年一一月に定められた「社会党約章（第一次会議修正）」では、名称を「社会党」、宗旨を「極端社会主義」とし、綱目の一には「階級を消滅させる」とあり、一・貧富（共産を実行する）、二・貴賤（個人を尊重する）、三・智愚（教育の平等）を内容とし、項目には「界限を破除する」とあり、一・国（遠近をなくす）、二・家（親疎をなくす）、三・教（迷信をなくす）を内容とし、「戒約」には「官吏とたらず、議員とならず、政党に入らず、軍警にならず、宗教を奉ぜず、族姓を称えず」ことに決定した。『民立報』一九一二年一一月一七日「社会党約章（第一次会議修正）」。

(64)『民立報』一九一二年一月三一日「社会党之宣告」。

(65)『申報』一九一二年三月一二日「湘省文明之進歩」。

(66)『政党及結社ノ状況調査一件』長沙駐在日本領事館編「湖南に於ける政党結社」一九一三年三月一〇日。同報告書では、社会党長沙支部の「附属事業」として次のように記している。「一・学校経営。平民教育実行の手段として、育英両級小学校を本支部内に設く。現に初等生徒五、六十名、高等生徒二十余名あり。学費は徴集せさることゝし、只書籍、筆、紙、墨等を自辦する能はさるものに対しては一学期間に一元を徴集することゝなせり。校長は副支部長成本璞とす。二・貧民工芸廠。現に計画中にして、之れ又支部内に設くと云ふ。三・新聞紙。新聞天民報を発行す。本報原名を湘漢新聞と云ひ、本党員孫翼預の主幹にかゝり、其時代より同新聞社員は尽く本党員にして、本党員にあらされは入社を許さす。同報は客年七月中旬天声報と改名し、籌餉局攻撃に犀利の筆を弄し、為めに殆んと封禁の厄に遭はんとしたると同時に、経済上の困難に遭遇し、屢々停刊したるか、遂に客年〔一九一二年〕十一月中組織を改めて本報となしたるものなり。同報には特に社会日刊なる欄を設け、特に本党に関する記事を掲載す」、と。

(67)『民立報』一九一二年九月二日「民国仍講情面」。左学謙、字は益斎、長沙県の人である。一八七六年に生まれた。二一歳で県試に合格し、生員となった。一九〇二年に湖南公立法政学堂に入学し、一九〇九年に湖南諮議局議員に選出された。一九一一年、商務総会の李達璋と共に湘路協賛会を組織して幹事となった。また、同年、湖南諮議局は、周広詢と左学謙を共に湖南諮議局代表として北京に至り、請願した。同年七月、辛亥倶楽部湖南支部が成立すると、候補常議員に当選した。また、黄瑛らと長沙自治公所や図強社などの団体を組織した。一九一一年一〇月二二日の革命軍の蜂起後、湖南都督府で参議院議員、民政次長を歴任した。黄曾甫・黄曦齢「左学謙的生平事略」。

(68)『申報』一九一二年四月二八日「湖南省局二長之荒謬」。

(69)『申報』一九一二年四月三〇日「左次長与報館交渉」。

(70)『申報』一九一二年五月二二日「湖南民政次長与報館之訴訟」。
(71)『民立報』一九一二年六月一〇日「特別紀事」。
(72)『申報』一九一二年五月二四日「長沙愛国団与社会党衝突紀事」、同一九一二年五月二五日「長沙愛国団与社会党衝突紀事（続）」。粟戡時は、清末に湖南諮議局議員、辛亥倶楽部会員を務め、中華民国では外交司長となったが、国民党とは一線を画していた。一九一三年三月、『大公報』〔天津〕には、次の記事が掲載されている。「湖南省の政界は、殆ど政党内閣の情勢となっている。司長より科員まで皆な国民党員であり、他の党員に立足の余地がない。政界の党もまた数派に分かれ、一は黄克強〔興〕の派で中路に集中し、一は宋遯初〔教仁〕・胡経武の派で西路に集中し、一は劉揆一の派で南路に集中し、皆な各自の路線をたどり、互いに下ることがなく、そして同じ党をなしている。なお、充分に相いれないながら、近頃新しい党派が発生し、別に一種の他人を押しのける手段を致し、政界もこのために変転極まりない状態となった。これらは、辛亥倶楽部の旧人であり、国民党の新しい党員であり、独自の旗幟を打ち立てようとして、回りを圧倒し、外交司長粟戡時を奉じて首領とし、呉作霖を補佐としている」（『大公報』〔天津〕一九一三年三月二日「湘省政界之党派観」）、と。
(73)閻幼甫（鴻飛）「回憶陳作新」。
(74)湖南省地方志編纂委員会編『湖南省志第三十巻　人物志』上「安定超」。
(75)湖南省地方志編纂委員会編『湖南省志第三十巻　人物志』上「易堂〔棠〕齢」。
(76)閻幼甫（鴻飛）「回憶陳作新」一三二頁。
(77)閻幼甫（鴻飛）「関于焦達峯」二一三頁。
(78)『民立報』一九一二年二月二六日「湘省変材之人材」。
(79)『民立報』一九一二年三月一五日「三湘之是是非非」。
(80)『時報』一九一一年一一月二四日「湘省革命詳情」。
(81)『時報』一九一一年一一月二八日「湘省革命後之種種」。
(82)『新民叢報』第一、三、七、一一号（一九〇二年二月八日、三月一〇日、五月八日、七月五日）奮翮生（蔡鍔）「軍国民篇」。

(83) 土屋洋「清末の体育思想――『知育・徳育・体育』の系譜――」七〇頁。
(84) 馬少僑『蔡鍔将軍事略』。
(85) 『大清光緒新法令』第八類「軍政」「練兵処新定陸軍学堂辦法二十条」光緒三〇年（一九〇四年）。
(86) 周学舜「清末湖南新軍的編練沿革及軍事学堂」。陸軍小学堂の第一期は、一九〇五年に入学して一九〇九年に卒業し、第二期は一九〇七年に入学して一九一〇年に卒業し、第三期は一九〇八年に入学して一九一一年に卒業した。一九一一年一〇月二二日の革命軍の蜂起が起こる以前から、陸軍小学堂の学生は新軍の将校と普段から連絡を通じており、営長の李鴻鈞、学生の向忠勇、陳図南、包凱、李昌傑、王大楨らは焦達峯、陳作新らと秘密裏に連絡を取っており、陳作新も第四九標を辞めて後、李藩国の家に居住し、陸軍小学堂を訪れて連絡を保っていた。戴鳳翔・楊伝清・陳鵬南「湖南陸軍小学」。
(87) 中国国民総会の先駆的な研究に次がある。小島淑男『留日学生の辛亥革命』。
(88) 『申報』一九一一年四月二六日「国民会代表帰国事項」。
(89) 『申報』一九一一年五月八日「歓迎国民会代表大会記事」。
(90) 『申報』一九一一年六月一五日「中国国民総会宣言書」「中国国民総会会章」。
(91) 『民立報』一九一一年八月一四日「模範団開操記」。
(92) 『申報』一九一一年八月六日「中国女子国民会簡章」。
(93) 辛亥倶楽部と憲友会については、本書第九章第一節第一項を参照されたい。
(94) 『申報』一九一一年七月二八日「中央教育会第三次大会記」、同一九一一年八月五日「中央教育会学部案」。
(95) 『時報』一九一二年五月一七日「江漢滔滔小風波」。
(96) 『民立報』一九一二年六月一〇日「特別紀事」。
(97) 『民立報』一九一二年六月一三日「武昌代表万鈞君上譚都督書」、同一九一二年六月一四日「武昌代表万鈞君上譚都督書〔続〕」。
(98) 『民立報』一九一二年五月二八日「社会党消息」。

(99)『民立報』一九一二年五月二五日「湘楚之社会党」。
(100)『申報』一九一二年五月五日「瀟湘近事紀」。
(101)『申報』一九一二年七月七日「湖北之不良会党」。
(102)『申報』一九一二年七月七日「湖北之不良会党」。
(103)『民立報』一九一二年三月三一日「哥老会変社会党」、同一九一二年四月八日「四川社会之現状」。
(104)『申報』一九一二年七月一日「湘政界調和軍学両界之感情」。
(105)『民立報』一九一二年四月一四日「軍人惧解自由」。
(106)『民立報』一九一二年六月五日「湘省之風声鶴唳」。
(107)『時報』一九一二年六月四日「湘省毀学之風潮」。
(108)『民立報』一九一二年五月二八日「湘人愛国之熱潮」。
(109)『民立報』一九一二年六月九日「湘軍士堅留譚都督」。
(110)孫文「咨参議院辞臨時大総統職文」一九一二年二月一三日、中国社会科学院近代史研究所中華民国史研究室・中山大学歴史系孫中山研究室・広東省社会科学院歴史研究室合編『孫中山全集』第二巻、八四頁。
(111)『民立報』一九一二年三月一二日「中華民国臨時約法」。
(112)清末から民国初頭にかけての女性参政権運動については、次の研究を参照されたい。小野和子「辛亥革命時期の婦人運動」。
(113)『申報』一九一一年一一月二九日「女子参政同盟会草章　中国社会党本部女党員発起」。
(114)『申報』一九一二年一月八日「公電」「南京社会党電」「女子将有完全参政権」。
(115)『政党及結社ノ状況調査一件』長沙駐在日本領事館編「湖南に於ける政党結社」一九一三年三月一〇日。
(116)同報告は、女国民会と女子参政同盟会の関係について、「本支部〔女子参政同盟会湖南支部〕と湖南女国民総会との干係は、共に同しく女子に干係する会合なりと雖も、何等聯絡なし。蓋し両会は其主義を異にし、其会員の種類を異にするか故に、両者は到底相容る、こと能はす。本会支部当地に設立せらる、や、女子国民総会の発起人若しくは会員にして、比較的新思想的新思想に駆られ、過激なる態度を持せるものは、相率いて本会に投するに至れり」と述べている。『政党及結社ノ状況調査一件』長沙駐在日本領事館編「湖南に於ける政党結社」一九一三年三月一〇日。

(117) 一九〇五年の湖南省から日本への女子留学生の派遣については、本書第二章第二節第二項を参照されたい。

(118) 唐群英は、衡山県の人で、一八七一年に生まれた。一八九一年に湘郷の男性に嫁いだが、夫が程なく病没し、衡山県に戻った。一九〇四年、自費で日本の実践女学校に留学した。秋瑾とは、同学である。のちに、成女高等学校師範科に入学し、劉揆一や黄興と知り合い、華興会、中国同盟会に入学した。一九〇七年に帰国し、女子教育や女子の権利拡張に務め、江西省や江蘇省で教鞭をとった。一九一一年、同人と共に、東京で『留日女学会雑誌』を発刊した。同年一〇月一〇日に武昌蜂起が起こると、女子後援会、女子北伐隊を組織し、女子北伐隊では隊長に就任した。一九一二年二月二〇日、女子参政同盟会の設立を図り、同年四月八日、同会が南京で成立すると、唐群英は政治綱領を起草し、徽章を設計した。一九三五年、中国国民党党史編纂委員、国策顧問に就任し、翌一九三六年に湖南省に戻り、病没した。湖南省地方志編纂委員会編『湖南省志第三十巻　人物志』上「唐群英」。

(119) 『申報』一九一二年二月二六日「女界代表唐群英等上参議院書」。

(120) 『申報』一九一二年三月二四日「女子以武力要求参政権」。

(121) 『申報』一九一二年三月二四日「清談（東呉）」。

(122) 『民立報』一九一二年三月七日「新旧社会之比較」。

(123) 『時報』一九一二年二月二三日「瀟湘風雨金鉄声」。

(124) 『申報』一九一二年三月二二日「湘省文明之進歩」。

(125) 『民立報』一九一二年六月一一日「湘中女界国民捐」。

(126) 『民立報』一九一二年六月五日「湘省之風声鶴唳」。

(127) 『時報』一九一二年六月四日「湘省毀学之風潮」。

(128) 「川東道宝芬札」付属の「抄単」一九〇一年六月二三日、中国社会科学院近代史研究所〈近代史資料〉編輯組編『義和団史料』下。
(129)『申報』一九一一年一二月一二日「湘省新猷種種」。
(130)『時報』一九一二年五月一七日「江漢滔滔小風波」。
(131)『民立報』一九一二年六月二日「宗社党行蹤詭密」。
(132)『民立報』一九一二年四月六日「女子剪髪之狂熱」。
(133)陶菊隠「長沙響応起義見聞」一九四―一九五頁。
(134)高嶋航「一九二〇年代の中国における女性の断髪――議論・ファッション・革命――」。
(135)この考えは、一九一二年九月の『民立報』紙上の「革命以来、湖南省の女学は日々発達し、一〇以上の学校で学生も数千人となり、一時の盛況を極めているというべきである。ただし、時勢の趨くところとして、風俗が日々乱れ、よく規律を守っている者も固より多いが、放縦で無規律な者も少なくない。加えて、兵士が花柳界を蹂躙したため、かつて娼妓と称した者が現在は髷を垂れて女学生となり、玉石混交し、心情も乱れて、〔男と〕同伴で遊んで忌み憚るところがなく、これらは世道に心を致すものの嘆く部分である」という記事の中にも、顕在している。『民立報』一九一二年九月二六日「湘瀟風流佳話」。
(136)謝黎『チャイナドレスをまとう女性たち――旗袍にみる中国の近・現代』六五頁。
(137)『申報』一九一二年四月八日「男女易形之預言（頌斌）」。
(138)土屋洋「清末の体育思想――『知育・徳育・体育』の系譜――」。
(139)『申報』一九一二年五月二四日「長沙愛国団与社会党衝突紀事」、同一九一二年五月二五日「長沙愛国団与社会党衝突紀事（続）」。
(140)『申報』一九一二年六月二三日「民国新服制将出現」
(141)『申報』一九一二年八月二一日「参議院紀要」。
(142)『民立報』一九一二年三月六日「中国同盟会総章草案」。
(143)『民立報』一九一二年八月一八日「五党大合併詳誌」。

(144)『民立報』一九一二年八月一八日「女子大鬧同盟会」。
(145)『民立報』一九一二年八月二二日「孫中山先生入京後之第一大会」。
(146)一九一二年八月三日、第五師長梅馨に対する暗殺未遂事件が発生し、湖南都督譚延闓及び軍務司（軍務部の改称）は戒厳令をしき、大規模な捜索を実施し、大量の処刑者を出した。日本の長沙領事代理岡本武三は、同事件に関する謡言の一つ一つに検討を加えた上で、次のように述べている。「又民政司、司法司は特に地方官に命令して反正以来槍犯続出し、今日又不軌を謀る者あるに至りたるは、其原因（一）前に譚都督が会匪の名目を取消し、一切追求を加ふる事なからしめたると、（二）貧富平均の説を生したると、（三）民国成立以来体刑を廃止したるとに由り、彼等凶悪の徒をして益〔々〕猖獗ならしむるに至れるものなるを以て、爾後此等案件にして証跡を挙けたる件は即時に死刑に処すべき旨告示し、将来の儆しめ〔にし〕て、一先事件の落着を告げ、軍務司より本件に尽瘁したる各師兵士に各一元を賞して其労を犒ひたり。今回の陰謀たるや、時機未だ熟せすして事先露顕し、当局の予防其宜しきを制したるか故に、幸に事なきを得たりと雖〔も〕、上に名望ある譚都督あり、比較的静穏の評ある湖南の軍当局に於てすら、尚未だ其位置の不安定なるを免れさる所以を証するものにして、次て来るべき軍隊退位の実行に伴ひ、第四師長王隆中及其部下（旧四十九標）に対する所〔処〕置の困難未だ驟て将来の楽観を許さゞるものありと観察せらる」（『各国内政関係雑纂　革命党関係』長沙領事代理岡本武三より外務大臣内田康哉あて「第三革命陰謀ニ関スル件」一九一二年八月三〇日）、と。
(147)『民立報』一九一二年七月二四日「籌餉局之裏面観」。
(148)『民立報』一九一二年八月三一日「湖南有千余虎狼」。
(149)『民立報』一九一二年八月二九日「籌餉局擾民如此」。
(150)『申報』一九一二年八月二九日「湖南籌餉局紀事」。
(151)『大公報』〔天津〕一九一二年九月一八日「湘省取消籌餉局」。
(152)『大公報』〔天津〕一九一二年一一月八日「湖南籌餉局之余毒」。
(153)程潜「辛亥革命前后回憶片断」。程潜、字は頌雲、湖南省醴陵県の人。一八八一年に生まれた。一九〇〇年、嶽麓書院に学び、生員となるが、科挙廃止に伴い湖南武備学堂に学んだ。一九〇六年に官費留学で日本に渡り、陸軍士官学校砲兵科に入学し、一九〇八年に卒業した。日本滞在中、中国同盟会に入り、帰国後は四川省で新軍の訓練に従事した。一九一一年一〇月一〇日に武昌蜂起が起こると、黄興の指揮下で武漢攻防戦に参加した。中華民国成立後、湖南都督府の軍務司長に就き、一九一三年の第二革命にも参加した。第二革命失敗後、上海を経由して日本に亡命したが、孫文の中華革命党には参加しなかった。一九一五年、袁世凱が帝制を図ると、程潜は護国軍湖南総司令に任命されて功績を挙げた。以降、国民党の政治家、軍人として活躍し、中華人民共和国でも要職を歴任し、一九六八年に北京で病死した。程潜の伝記に次がある。陳先初『程潜与近代中国』。

(154)『民立報』一九一二年九月六日「湘都督大宴桂軍」。

(155)『時報』一九一二年一〇月三日「湘軍退伍之暴動」。

(156)程潜「辛亥革命前后回憶片断」。

(157)McCord, A. Edward, *The Power of the Gun, The Emergence of Modern Chinese Warlordism*, pp.147-151.

(158)『申報』一九一三年三月四日「湘省又相驚以三次革命」。

(159)『時報』一九一三年二月二八日「湖南五次革命之暗潮」。

(160)『大公報』〔天津〕一九一三年三月二日「湘省破獲乱党詳誌」、『時報』一九一三年三月一〇日「湘商第五次革命内幕」。

(161)『申報』一九一三年三月六日「湘省風潮激烈之態度」、『時報』一九一三年三月八日「湖南大小元勲之最近動作」。

(162)『大公報』〔天津〕一九一三年三月一九日「湘中革命風潮三誌」。

(163)『民立報』一九一三年三月三〇日「湘乱余聞」。

第一一章　民国初頭の革命記念式典と民衆——城隍賽会との関連を中心に——

はじめに

第一〇章では、民国初頭の軍隊の台頭と地域社会の規範の関係について、社会党長沙支部と愛国団の対抗を中心に考察した。そして、民国初頭の湖南省では軍国民主義など、国家に個人を従属させる考えが広まり、男女の性差の再編が図られると共に、湖南都督府が会党の「平均主義」を否定することで、末劫論に含まれる一部民衆の世界観を否定した点を指摘した。本章では、第一〇章の考察、特に湖南都督府による一部民衆の世界観の否定を受けて、民国初頭の湖南省における国民統合の試みについて、革命記念式典の挙行と大規模な城隍賽会（城隍神を迎える祭り）の中止を中心に考察する。

清末以来、中国では、国民統合のための様々な装置、具体的には政府や、軍隊、警察などの管理機構の他に、学校、家族、ジャーナリズム、宗教などのイデオロギー装置を不可欠とした。何となれば、国民国家は、管理機構などの他に、人々を精神的に束ねるようなイデオロギーを必要としたからである。そして、このイデオロギーによる統合を目的として、政治シンボルや政治的儀式、特定の行動など、新しい「伝統」が創出された。政治シンボルや政治的儀式、特定の行動には、政府のあるべき理念が寓意され、種類も国旗や国歌、記念日や記念式典、記念碑、「先烈」の祭祀、西暦の採用、洋装の普及など、多彩であった。民国初頭には、このように新しい「伝統」が創出される一方で、辮髪や纏足、賽会など、長い間の風俗や習慣が迷信として否定された。これら風俗や習慣の否定として、清末、一九〇〇年の義和団事件以降顕著となり、清末から民国まで一貫して続いた迷信撲滅運動がある。一九一二年五月一〇日付け『申報』は、湖北省の端午節について次のように記している。

湖北省の人々は、政府が以前に旧暦の正月の祝賀を厳しく禁じたため、旧暦の端午節の祝賀も行おうとするならば、必ずや禁令が出されると考えた。このため、ある者が西暦の五月五日を端午節と見做したため、城外の白沙と金沙の二州の居住民も龍船を紙でまとい、天符、楊泗の諸神を迎えて廟を出て巡遊し、瘟を収め毒を払い、疫病を予防することができると述べた。巡警も、上官からの命令がなかったために、敢えてこれに干渉しなかった。すると、何ということであろうか、この悪習は瞬時に政界、軍界にまで伝播し、各界は紛々と相談して、五日を休日にしようということまで勝手に決議し、兵士らも酒や肉の供給を要求するようになった。やがて、湖北都督黎〔元洪〕は、この事を聞き及ぶと、各機関に対して、「〔彼らは〕節日の祝賀が我が国の悪習であることに気付いていない。現在、民国の創設時にあたり、社会を改良し、民間の旧習を改良すべきである。凡そ、公務員は、自ら範を垂れるべきであり、以前の弊害を正して〔人々の〕模範となるべきである。ここに、新暦の五月に、旧習に従った端午節の祝賀を禁じ、この布告をなす。各司所、各軍隊、各局廠はこの点を熟知して、旧習に従った前例に依る節日を祝ってはならない」という通達を出した(1)。

一九一二年五月七日付け『時報』紙上の記事は、旧習の根絶の困難さについて、「以前の専制時代〔清朝の時代〕、警察署は風俗に害があり、かつ安寧を壊すとして禁止を命ずると、民衆の間にはこのようにしなければ地方は安泰にならず、必ず疫病を発生させるとして、極力抵抗する者がいた」と記している(2)。従って、民衆が節日を疫病と切り離して考えない限り、旧習の根絶も難しかったといえよう。湖南巡撫や湖南都督が一片の布令を下したからといって、地域に根ざし、民衆の信仰を集めていた祀廟や賽会を簡単に廃止できるものでないことは、歴代の王朝や中華民国の政府の政策を見ても明らかである。また、中華民国の革命記念式典の挙行も継続させるためには、何らかの形で伝統的な儀礼を利用、再編する必要があったように思われる。従って、湖南省城の迷信撲滅運動についても、個々の布令がいかなる理念の下になされたのかという点だけではなく、地域のいかなる変化を受けて、どのように禁止されたのかを問う必要がある。また、革命記念式典についても、主催者側の意図、すなわち革命記念式典がいかなる目的で、清代のどのような儀礼を受け継ぎながら挙行されたのか、更に民衆が革命記念式典の挙行をいかに受け止めたのかを考える必要がある。

本章でこのような問いの下で取り上げるのは、一九〇八年を最後に中止された湖南省城の大規模な城隍賽会と、一九一二年一〇月以降挙行された革命記念式典である。城隍神に対する信仰は、ほぼ漢代に始まり、唐代に発達して宋代で体系が整備された。城隍神とは、もともと各々の地域社会で信仰されていた人物を王朝が城隍神という共通の名称の下で奉じたものであり、城市の守護と共に管内の民衆の生死を司った。このため、城隍神という一つの神の中には、王朝の統治の論理と民衆の日常生活の信仰が融合しており、このことで王朝と地域社会、個人が一つに結び付けられていた。(3) 城隍神に関する研究は、一・城隍信仰の制度的変遷と推移、(4) 二・王朝の統治と民間信仰の融合と亀裂、(5) 三・人々の心理や蜂起に与えた影響、(6) 以上の三点を中心としてきた。しかし、これまで、湖南省城の大規模な城隍賽会が一九〇八年を最後に中止されて以降、二度と復活しなかったことの意味を考える研究はなかった。城隍賽会の中止は、二〇世紀初頭の迷信撲滅運動と関連付けて考えるのが一般的であろう。(7) ただし、中国歴代の王朝は、理念的には朝廷の指示で地方官衙の祭った祀廟以外は、淫祠として撤去することを建前としており、各王朝で理念主義が強まると、祀典にない祀廟も否定され、賽会も秩序の紊乱、奢侈の対象として禁じられてきた。そして、地方官が一片の布令で民衆の信仰を集めている各地の幾多の祀廟を撤去することは困難な事柄であり、ために地方官も概ね祀典にない祀廟も黙認し、地域社会の安寧に役立てる形で統治した(8)。従って、一九〇八年を最後に大規模な城隍賽会が中止された理由を考えようとするならば、迷信撲滅運動の展開だけでなく、郷紳や民衆の意識の変化にまで掘り下げる必要がある。また、民国初頭、湖南都督府は、この大規模な城隍賽会の中止に対応するかのように、毎年一〇月一〇日に革命記念式典を挙行した。これまで、中華民国の政治シンボルや政治的儀式については、多くの研究がなされてきた(9)。また、城隍神に関する研究も少なくはない。しかし、清末から民国初頭にかけての城隍信仰の推移を、革命記念式典と関連付けて考える研究は皆無であった。この理由は、清末以降の城隍信仰が知識人の立場から迷信撲滅運動と関連付けて考察され、また政治シンボルや政治的儀式についても、理念の部分が強調される余り、民衆がそれをいかに受け止めたのかという、実態の部分が等閑視されてきた点に求めることができる。清末から民国初頭にかけての王朝や政府の統治理念と地域社会の変化、人々の意識は、湖南省城の大規模な城隍賽会の中止と革命記念式典の挙行という事柄の中で、どのような特徴を顕在させているのであろうか。

本章は、以上の課題の下に、清末の湖南省城における大規模な城隍賽会の中止と民国初頭の革命記念式典の挙行という性格の相異なる事柄を、王朝や政府の統治理念及び地域社会の変化、民衆の意識に着目して考察する。何となれば、大規模な城隍賽会の中止や革命記念式典の挙行は、歴代の政府の方針と共に、地域社会の変化や民衆の意識と密接に関わったと考えられるからである。いわば、ここでは、清末から民国初頭にかけての、政府の統治理念や地域社会の変化、民衆の意識を連続的に捉え、この中に清末の大規模な城隍賽会の中止と民国初頭の革命記念式典の挙行を位置付ける。第一節では、清代、湖南省城における城隍神の特徴、及び大規模な城隍賽会が地域社会に持った意味、同賽会が一九〇八年を最後に中止された理由に考察を加える。湖南省城の城隍神、特に善化県城隍の権威は、湖南省城をめぐる太平天国軍との攻防と深く関わっていた。このため、城隍神については、太平天国軍の攻撃から湖南省城を守った、城市の守護神、民衆の生死を司る神としてだけではなく、地域社会の規範と密接に関わるものとして捉える。そして、清末の大規模な城隍賽会の中止が、地域社会の変化、民衆の意識とどのように関連しているのかを考える。第二節では、革命記念式典の意図と民衆の反応に考察を加える。湖南省は、一九一一年一〇月一〇日の武昌蜂起に続き、陝西省と共に二番目に革命軍が蜂起した省である。このため、湖南省の革命記念式典は、湖南省のアイデンティティを確認する上で、特別な意味を持った。革命記念式典の昼の式典は、軍事界、行政界、教育界を中心に厳粛に行われた。しかし、夜の提燈行列となると、湖南省城の民衆が各街巷に溢れ、喧騒を極めた。湖南都督府が革命記念式典で民衆に求めた事柄と、民衆が革命記念式典に期待した事柄とは、必ずしも一致するものではない。ここでは、革命記念式典の狙いと民衆の反応について、昼の式典の厳粛さと夜の提燈行列の喧騒を中心に考察する。第三節では、民国初頭の廟産興学運動について、学生と民衆の対立、地域の亀裂を中心に考察する。一八八五年（光緒一一年）、湖南巡撫卞宝第、布政使孫翹澤が湖南省城の大規模な城隍賽会の中止を伝えると、湖南省城の民衆は城隍賽会の中止に不満を抱き、布政使衙門を焼き討ちした。ところが、一九〇八年に湖南巡撫岑春蓂が湖南省城の大規模な城隍賽会の中止を伝えると、民衆は最終的にはこの決定を受け入れ、以降二度と大規模な城隍賽会は開かれなかった。そして、このような大規模な城隍賽会の中止が、民国初頭の革命記念式典の挙行とどのように関わっているのかに、考察を加える。

第一節　湖南省城の城隍賽会

一・城隍賽会の社会的背景

湖南調査局編『湖南民情風俗報告書』第七章「宗教」は、「総じて述べれば、湖南の人の神を信ずることは極点に達し、神の名号も多く、全てを挙げることはできない」と記し、三一の神名と祭期を挙げた。これらの祭期と神名は、次の通りである（月日は全て旧暦である）。一月一〇日：玉皇、一月一三日：陶真人、二月二日：土地、二月三日：文昌、二月一九日：観音、三月一五日：財神、三月二三日：天妃、四月八日：龍神、四月一五日：呂祖・火神、五月一三日：関帝、五月一八日：天符・天師、五月二八日：城隍、六月六日：楊泗将軍、六月一六日：王元帥、六月一九日：観音、六月二〇日：洞庭王爺、六月二四日：雷祖、六月二八日：宋忠定公（俗称、八方王爺）、七月二六日：李真人、八月一三日：晋陶桓公、八月一六日：陶真人、九月九日：朗公、九月一九日：観音、九月二八日：霊官、一一月一九日：太陽、一二月一六日：南嶽（岳）。この中で、陶真人は年に二回、観音は年に三回、祭期があり、他に祭期を記してないものとして、東嶽、天后、風神、包孝粛、大王、判官があった。[10]すなわち、湖南省城では、一ヶ月あたり平均三回ほどの大きな賽会が行われており、この中でも最大のものは旧暦五月末の城隍賽会であった。湖南調査局編『湖南民情風俗報告書』第八章「神道」では、「城隍賽会に至っては殆どの属に存在し、醴陵、寧郷、湘陰、湘潭のような所で盛んであるが、長沙・善化が最も盛んである」と記した上で、湖南省城の城隍賽会の賑わいを次のように記している。

〔湖南〕省城においては、羽の飾りや幢〔旗ぼこ〕を翻し、矛を持ち盾を挙げ、神を祭り鬼を安んじ、人々は奇怪な服装をして家を出た。幼児は色取り取りの布を持ち、華やかな服を覆い、ほら貝を吹き、洋琴も音色鮮やかで、輿や馬が多く連なり、綿や絹織物、珠玉の装飾は目に眩いばかりである。市井の童女を招き、梨園の形式を真似て、幾層にも重ねてこれを繋ぎ、人を長い竿の上に登らせて曲芸を行わせ、数丈もの先端の上に担いで終日迎えたものを、高故事といった。並んで座ったものを担いだのが抬故事であり、道路に接したものが地故事であり、跨り乗ったものが馬故事である。七、八尺程に削った木竿を、両方の脛それぞれに繋ぎ、頭の先端を目立たせて行き、天神のように望ませたものが踹高脚である。五色の絹で飾った舟を造り、〔その上に拵えた〕アンペラ小屋に歌僮数人が乗り、銅鑼を打ち歌曲を唄い、更に少女が画に描いた舟の櫂を持って舟尾に座り（俗称では梢婆といった）、それを担いで行くのが綵龍舟である。銅鑼や太鼓の組には、あずま屋やアンペラ小屋が設けられ、人々が喇叭や羌篴で節をとり、シャンシャン・ピーピーと喧しく、繁華街では見物人が垣根のようになり、道路は塞がり、人の声は沸騰し、手を打ったり踊り跳ねたり、士女が押し寄せ、紫煙はもうもうとなり、朝となく昼となく、狂ったようにうわごとを述べているようなものであり、弊害の多くは奢淫〔奢り乱れること〕、僭妄〔僭越で非礼であること〕にある。人々は、あたかも神を畏れることを知っているが、法を畏れることを知っていないかのようである(11)。

湖南省城の城隍賽会では、一〇〇金余りもの金銭が費やされている。これに匹敵するのは南嶽の一二〇金のみであり、次が洞庭王爺、観音、龍神の三、四〇金であり、城隍賽会の半分にも満たないことからも、湖南省城の城隍賽会の賑わいを伺い知ることができるであろう(12)。

清代から民国初頭まで、民間における城隍神に関する祭祀は、出巡（迎神、出会、迎会）と呼ばれる城隍神の聖誕日に神像を輿に載せて城内を巡行する行事である。出巡には、神輿のそばに判官や鬼卒に扮した者及び枷や鎖を着け罪人に扮した者が必ず含まれていて、場所によっては巡回の最後に無縁の孤魂や生者の魂を収容する収台という儀式が行われた(13)。ただし、長沙府属では、神像の城鎮の遊行を出巡とは呼ばずに、出案といった(14)。湖南省城の場合、城隍神の生誕日は旧暦五月末で、祭祀は四日間行われた(15)。光緒『善化県志』では、「城内では城隍を祀り、生贄の鶏や爆竹が廟前に絶え間ない。旱害にあえば、多くは観音、陶真人、李真人を迎えて祈禱した。ただ、城隍会は飾り提灯が美しさを競い、装飾や香炉を入れる飾り付けの入れ物、飾りの付いた輿など、費用を費やすこと日に日に盛んである」と記した(16)。これらの祭祀を挙行する場合の基盤は、各種の同業団体、すなわち行会と、街巷にある。清の咸豊や同治以前、すなわち一八五〇年代以前には、湖南省城の各種の同業団体は、公所が未成立であったために、城隍会を利用して「普天同慶」会という団体を作り、下に「万育群生」（南貨業）、「寿世培天」（薬業）、「天孫雲錦」（綢布業）などの名を付け、後に公所が成立すると、某某公会の呼称を付け、同業団体の色彩、すなわち同じ本籍の者が一つの帮をなし、同業の共同利益を守ろうとした(17)。いわば、城隍会が、各種の同業団体、すなわち行会、公所の前身であったのである。湖南調査局編『湖南民情風俗報告書』第八章「神道」に、「〔湖南〕省城では居住民の職業によって班数が分かれており、全てこれを城隍会と呼んだ。長沙・善化二県で、それぞれ二〇・三〇班ほどがあった。近くはまた、疫病の駆除のため、街市に拠って団体を作り、天符会、八方王爺会、少白龍王会、戦白龍王会とした。その有りさまは城隍会に似ているが、賑わいは到底及ぶものではないといわれている」と記されたように、城隍会は天符会、八方王爺会、少白龍王会、戦白龍王会と同様に疫病対策に由来した。このうち、八方王爺は俗称で、正しくは宋忠定公である。城隍会は、基盤を各街巷に置き、各街巷には同業者が集ったことから、次第に同業団体へと発展した(18)。このことが、城隍会が、天符会、八方王爺会、少白龍王会、戦白龍王会に比べて重んじられた理由であったように思われる。同治『長沙県志』には、「凡そ、人を治める道は、礼より先〔急〕なるは莫し。礼に五経あり、祭より重きは莫し

〔『礼記』第二五「祭統」〕。民間の祭祀は、固より親民の官、守礼の家が、随時講究したものである」と記した上で、「外神を祀るものでは竈が最も重く、家々では小除夕〔大晦日の前日〕にこれを祭った。門神・井神は祀ったり、祀らなかったりした。数十家を合わせて一社とした（俗に土地と称した）。社神は田家がこれを祀ること尤も敬虔で、春の祈願と秋の祭りは、未だ欠くことはなかった。数社を合して稷神を祀り（俗に廟王神と称した）、これを祀ること社礼のようにした。邑城隍廟は省城の北関内にあり、士民の多くがこれを祀った。また、水害・旱害の年にあえば、多くは境内で勅封をへた忠義、仙真の各廟に祈り、甚だ霊験があった」と述べている。すなわち、神々の間には竈、社神（土地）、稷神（廟王神）、城隍神というヒエラルキーが存在し、城隍神は土地を守護する神々のヒエラルキーの頂点に位置していた(19)。

東嶽泰山府君は、後漢頃より民衆に敬畏され、魏晋南北朝では漢訳仏典にも登場し、仏教の地獄餓鬼畜生と関連して考えられるようになった。このことは、泰山が死生を司り、魂が泰山に帰すと信仰された結果であるといわれている。東嶽泰山府君は、北宋以降に各地に分祠され、全国神となった。そして、東嶽神と城隍神は、共に司命神であったことから、現実の皇帝と官人の関係に擬定され、東嶽神が城隍神の上級神、すなわち冥界では東嶽神が皇帝、城隍神が官神に比定されるようになった(20)。明の一三七〇年（洪武三年）、洪武帝は城隍神の封号を取り除き、単に「某府州県城隍之神」と称すると共に、各廟の他神を撤去させ、塑像を破壊した。そして、同年、無祀の孤魂を祀る厲壇の制度を定めた。『皇明制書』の「洪武礼制」巻七「祭文」では、厲壇の祭祀を行う所以を記した上で、城隍神の役割を次のように述べている。

普天の下、后土の上に人がいないことはなく、鬼神がいないこともない。人と鬼の道は、幽と明とを異にするとはいえ、その理は一つである。そのため広い天下、多くの民衆は、必ず君を立ててこれを主とし、君はそれらを統べる。また府州県に官職を分け設けて長とする。里長まで上下の職が定まっている。人を治める法がこのようなものであるのと同様に、神に仕える道も同じようで、天子は天地の地祇・山川を祭り、里社は土穀の神を祭るように、上下の礼も各々等級がある。……およそ我が府内の人民で、もし不孝で一家一族を敬わない者、奸・盗・詐・偽を行い公法を畏れない者、曲がったことを正しいとし、善良な者をだまし圧迫する者、徭役を逃れ避け貧しい家を損なう者など、このような頑悪・奸邪・不良の徒があれば、神は必ず城隍に報告し、そのことを暴いて官府に遭わせ、軽ければ笞や杖に処して、良民と号することができないようにし、重ければ徒刑・流刑・絞刑・斬刑に処して、郷里に生還できないようにする。もし事が露見していないならば、必ず天罰に遭わせ、家を挙げて伝染病に感染させ、六畜・田蚕に利がないようにさせる。もし父母に孝順で、親族に和睦し、官府を畏れて礼法を遵守し、非違をなさず、善良正直な人であれば、神は必ずこれを城隍に達し、城隍は保護を加え、その家が平和で和睦し、農事が順調で、父母や妻子は郷里に保ち守るようにさせる。(21)

この文章においては、城隍神が普渡の会場に亡魂を導いて、亡魂を監督するばかりでなく、生者や亡魂に対して、その善悪に従って報いを受けるように取り計っている点が特徴である。このように、明代の洪武年間の規定は、城隍神が生者や亡魂の死後の運命に関係するという信仰の広まるきっかけになったと考えられる。(22) このため、城隍神は、湖南省城の善悪の基準に強い役割を負った。古来より人が死ぬと魂は最初に城隍廟に留置され、罪人は訊問や拷打を受けて後、冥府に送られると信ぜられていた。城隍神は人の現世の行為を監督し、審査する役目を担った。すなわち、人々の現世での行為は、全て城隍神によって把握され、冥府に報告された。善化県城隍廟は大殿が三、大門が三あり、右門に「福善」、左門に「化民」の文字が記されており、門前の二つの亭の右には「彰善癉悪〔善を表し悪を鎮める〕」、左には「理陰察陽〔陰を整え陽を察する〕」とあり、更に長沙県城隍廟では「この地でどうして欺くことができようか。むやみに百般の詭計や陰謀を行うならば、登場して現れよう。身には報いがある。千古の忠臣・君子を見るならば、結末もわかろう」と記された[23]。この他、善化県城隍廟の戯台の二つの廊下の壁には一八層の地獄、十殿閻王の壁画が描かれ、「陰に隠れていい加減なことをしてはならない、如何なる場合でも私を欺こうなどと思うな、試みに訊ねるがどんな事が見逃されるというのか、改心して人を傷つけるな」という対聯が掛けられた[24]。これらの事柄は、城隍神が生者や亡魂の死後の運命に関係すると共に、現世における人びとの善悪の観念を統制していたことを物語るものであろう。

二・善化県城隍の威令

明代、一三六九年（洪武二年）に、洪武帝は国都南京及び全国の城隍神に封号を与える旨の詔を発し、南京などの城隍廟に王号、一般府治の城隍神に公号、州治には侯号、県治には伯号を与え、かつ都市の郊外には太歳・風雨などの諸神と共に城隍神を祭る壇を設け、春・秋に祭祀を実施した。ところが、既に指摘したように、翌年の一三七〇年（洪武三年）、洪武帝は城隍神の封号を取り除き、単に「某府州県城隍之神」と称すると共に、各廟の他神を撤去させ、塑像を破壊して水中に沈め、泥で壁に雲山を描かせた[25]。この結果、城隍神は、理念的には人格性が剥奪され、単なる冥界の守護者としての地祇（土地の神）の一つとなった。ただし、一片の布令で民衆の信仰を抑圧することができるはずもなく、実際には各地の廟では依然として城隍神の塑像が祭られていた[26]。いわば、地方官は、地方の安寧に役立てる形で、城隍神像の設立を黙認していたのである。もともと、城隍神は太守県令を陽官とするならば太守県令に相当する陰官であることから、城市の守護神であると共に管内の民衆の生死を司る神であった。このため、民衆は、病気の平癒に関する祈願も城隍神に対して行った[27]。従って、城隍神は、物理的な面だけでなく、精神的な面の管理も行っていたことになる。そして、この点に、歴代の王朝の民間信仰に対する寛容な姿勢を見て取ることができる。明代、湖広行省の長沙でも城隍神に対する態度は例外でなく、府城隍廟には木造の城隍神が安置されていた。一五一〇年（正徳五年）、木造の城隍神像が腐朽したため、金属製の城隍神が作られ安置されることになった。清の一六四七年（順治四年）、征南帥祖の孔有徳が長沙に到ると、城隍神像が廟の崩壊によって荒野の中で雨風に晒されているのを目撃した。孔有徳は、この惨状を嘆き、孔延建に対して廟の修築を命じ、金属製の神像は長くここに保存されることになった。[28] 一六六四年（康熙三年）、湖広行省の洞庭湖以南が湖南省となり、長沙府は湖南巡撫の治所となった。このため、一七六三年（乾隆二八年）、湖南巡撫陳文恭は、府城隍廟を省城隍廟に改めた。ところが、一八五九年（咸豊九年）、省城隍廟は、火薬局の爆破の影響により崩壊した。このため、一八七三年（同治一二年）、城隍廟が再建されて府城隍廟と称し、一八七七年（光緒三年）に関帝廟の隣に省城隍廟が設立された。ここで、湖南省城には、湖南省城隍廟、長沙府城隍廟、長沙県城隍廟、善化県城隍廟の四つの城隍廟が存在することになった。[29] 湖南省の首府が長沙府であったために湖南省城が長沙府城となり、湖南省城すなわち長沙府城が長沙県と善化県の二県から成っていたからである。四つの城隍神の中でも、民衆の信仰を一身に集めたのは県の城隍、すなわち長沙県城隍と善化県城隍であり、前者は左伯侯、後者は定湘王と呼ばれた。[30] いわば、知県が父母官と呼ばれ、民衆の信頼を集めたように、城隍神も県の城隍神が民衆にとって最も身近な存在であった。湖南省城の城隍の中でも善化県城隍は由緒があり、歴史も古く、光緒『善化県志』では「平時に偶々、旱害や長雨、疫病に遭遇すれば、祈禱して霊応しないことはなかった」といわれ、神戯は引きもきらなかった。[31]

湖南省の城隍神、特に善化県城隍が、城市の守護神としての役割を如何無く発揮したのは、一八五二年（咸豊二年）の太平天国軍との攻防においてである。一八五一年三月、洪秀全は広西省武宣県東郷で天王を称し、九月に西王蕭朝貴が永安州城に突入すると、一〇月に全軍の歓呼に迎えられる中で同城に入城した。翌一八五二年五月、洪秀全は湖南省と広西省の省境の全州に軍隊を進め、六月に湖南省の永州を、八月に郴州を占領した。そして、九月、洪秀全は湖南省城に奇襲をかけることを決意し、西王蕭朝貴に一〇〇〇名余りの軽装の精兵を率い、長沙に急行するよう命じた。西王蕭朝貴は、長沙に至る途中、永興、安仁、攸県、茶陵、醴陵を次々に攻略し、九月一一日にいよいよ三万に膨れ上がった兵力をもって、湖南省城の南門を攻撃した。しかし、湖南巡撫駱秉章は湖南省城の各城門を堅く閉ざし、太平天国軍の攻撃に耐えた。時に、湖南省城の官憲、郷紳、民衆は、双方の攻防の激戦地となった湖南省城の東南の城壁の一角、天心閣に善化県城隍神像を掲げ、湖南省城の加護を願った。そして、西王蕭朝貴は、湖南省城の防衛軍による砲弾を胸に受けて重傷を負い、やがて戦死した。西王蕭朝貴は、天兄下凡（キリストが蕭朝貴に憑依したとすることでなされる宣託）を行った人物である。このため、湖南省城をめぐる攻防はキリストと城隍神による神の威信をかけた闘いでもあり、最終的に城隍神の方が勝利したことになる。洪秀全は、西王蕭朝貴の戦死の報告を受けると、太平天国軍を動員して湖南省城の攻略に向かった。一〇月末から一一月末にかけて、太平天国の主力軍は湖南省城の城壁の四箇所で地雷を爆破し、湖南省城への突入を図った。しかし、洪秀全は、一ヶ月余りの攻撃でも、湖南省城の堅固な城壁を破ることはできなかった。そして、洪秀全は遂に湖南省城の攻略を断念し、一一月末に湖南省城の西に位置する湘江を渡り、洞庭湖畔の益陽に軍を進めた。そして、一八五三年一月に湖北省の武昌を占領し、三月に南京を攻略して首都とし、天京と改名した。この結果、湖南省城の官憲、郷紳、民衆は、善化県城隍の加護の下、八〇日間の激戦をへて湖南省城を守り抜いたことになり、この後に善化県城隍の威信は弥が上にも高まった。湖南省城の郷紳、民衆は、新たに湖南巡撫となった潘鐸を介し、清朝政府に対して善化県城隍に加封を賜ることを奏請し、清朝政府は詔勅を下して善化県城隍に「永鎮」の二字を与え、「永鎮定湘王」という封号を賜った(32)。また、長沙県城隍に対しても、一八六九年〔同治八年〕に封号が題請され、詔勅によって「霊祐」の二字が与えられ、「霊祐左伯侯」となった[33]。善化県城隍が定湘王で、長沙県城隍が左伯侯であるように、善化県城隍の方が長沙県城隍より格が上であった。そして、善化県城隍神については、同書第八章「神道」で「湘楚の軍士が西域の守備につき、医薬はなかったが、ただ茶水を取り出して南を望み、善化県城隍の定湘王爺を遠くから祈り、茶水を飲んだところ忽ち病は癒えた。万里の外でも呼吸の霊に通ずるのであろうか。奇妙な事である」と記されたように、霊験のあらたかさが他よりも抜き出て際立っていた[34]。

一八八一年〔光緒七年〕刊行の『永鎮定湘王醒迷文』は、善化県城隍、すなわち定湘王の扶乩による言葉を記した善書である。善書とは、人々に善行を勧めるための勧善の書物を指す[35]。『永鎮定湘王醒迷文』の「叙」では、「永鎮定湘王は、人々が本来の心の有り様を忘れ、迷妄心に捉われ、悟ることのないのを憐れみ、特に降臨して二つの勧めと三つの懲らしめを文章に著し、迷妄から覚醒させようとした」と述べ、二つの勧めとして「忠を全うする」「孝を尽くす」、三つの懲らしめとして「名を貪る」「利を求める」「色を好む」をあげた[36]。いわば、善化県城隍は外敵からの城市の守護だけでなく、忠や孝に代表される地域社会の規範の維持も担っていた。『永鎮定湘王醒迷文』の冒頭では、次のように善化県城隍の偉業を述べている。

〔定湘〕王は湖南省長沙府善化県の城隍尊神であり、星沙〔湖南省〕第一の霊神である。伝えられるところでは、嘗て湘江で〔難破しかかっていた〕糧米船を救い、このことによって定湘王の名を与えられた。次に、咸豊の壬子〔一八五二年〕秋、粤匪〔太平天国〕が省城を包囲し攻撃すること、八十余日に及んだ。この時、城壁が数次倒壊し、危難に遭うたびに、賊は〔定湘〕王の威儀正しく城壁の上に立つ姿を見て、肝を潰して下った。続いて、〔太平天国軍は〕湖北・安徽という江南の諸省を破ったが、ただ星沙のみは〔定湘王に〕依存して保全することができた。ここで、署理巡撫潘〔鐸〕が詔勅によって永鎮の二字を封ぜられんことを上奏し、声霊が赫々とし、珍本によって褒め称えられたのは、数百年の間でも僅かに見えるだけである。〔定湘〕王は悪を憎むこと素より密、淫を災いとすること最も厳しく、再びこの文を降し、苦心して世を救い、平日の厳かつ密を知らしめ、代わって至教を宣告された(37)。

この『永鎮定湘王醒迷文』では、善化県城隍の扶乩による言葉について、「今、汝らが虔誠に請願を致したため、私は特に醒迷文を撰した。汝らが伝誦して、世人に対してこれにより身を慎ませ、厄運を挽回されんことを希望する」「このように行われなければ、自ら悲惨な災難に遭ったとしても、如何とすることもできない」と書き記し、末劫の到来を説くことで人々に善行を勧めていた。また、劫については、「厄運とは劫数である。人心の崩壊は極点に達しており、大劫は将に至ろうとしている。案牘〔書類〕が既に成れば、最も挽回しがたい。満天の罪過には、一つの悔の字も得られない。ただし、士民が虔誠に請願するならば、回頭〔善に立ち返る〕の機があるであろう。〔定湘〕王の撰したこの文〔醒迷文〕は、特別な人々を危機から救い出し、大いに新しい生面を開こうとする趣旨によるものであり、あたふたと訓悔し、撰造し、述べたのではない。なれば、必ずや〔『永鎮定湘王醒迷文』を〕伝誦する者は、人々に対して熟読の上に穏やかな心で記させ、目に触れるもの総てに心を戒めるよう望み、至る所、至る時に、均しく身を正し心を落ち着けることを希うのである。このようにして、心を整えて善に向かうならば、厄運といえども或いは挽回できるかもしれないのである」と解説を加えている(38)。扶乩とは、筆や人形に神を乗り移らせ、その筆によって書かれた文字を読み取ることで、神々の預言としたものである。そして、湖南省の郷紳は、民衆に善行を勧めるために、善化県城隍の権威を利用し、末劫の到来を説いたのである。

三・城隍賽会の中止の理由

一八八五年（光緒一一年）、湖南巡撫卞宝第、布政使孫翹澤は、湖南省城の大規模な城隍賽会の中止を伝えた。湖南調査局編『湖南民情風俗報告書』第八章「神道」は、この件について、「光緒年間の初頭、湖南巡撫卞宝第、布政使孫翹澤はこれを禁止して、遂に〔民衆が〕騒ぎ立て布政使衙門を焼き討ちするという事件を起こし、主犯の王四疤子と曹桂三を斬首して衆に示し、賽会も数年間行われずに、以降賽会は徐々に衰退した。近年は再び官庁が厳禁を布告し、各属も風評を耳に入れ、多くが古い風習を変えている」と記している。(39)すなわち、湖南省城の民衆は、湖南巡撫卞宝第と布政使孫翹澤による城隍賽会の中止の布告に不満を抱いて布政使衙門を焼き討ちにし、湖南省城の大規模な城隍賽会の衰退を招いたというのである。そして、一九〇八年六月、旧暦では五月を最後に、湖南省城の大規模な城隍賽会は、長い歴史に幕を閉じた。一九〇九年七月一二日付け『民呼日報』は、大規模な城隍賽会の中止を次のように記している。

湖南省では、通例には〔旧暦〕五月に城隍神を迎える賽会が行われた。世俗の言い伝えに拠れば、省城の人々の災厄、年々の豊凶は実の所、神が司るものであるとした。そして、賽会を行うことにより、長寿・豊年を願い求めうるとしたため、愚鈍・頑迷を破ることができなかったのである。神が出遊する時は、鼓楽が先導し、幼い男女を扮装させ、故事〔祭事における出し物〕や台閣〔高く築いた物見台〕、種種の骨董や宝物、車馬や衣服、奢侈を競い、見せびらかして街を通り、国を挙げて狂えるが如くであった。焼香する者は装束を整え、香炉を手にさげ持ち、これを行香と名付けた。或いは、短い装束で身支度し、香炉を腕に穿ち、これを肉香と名付けた。或いは、草履履きや裸足で跪いて歩き、これを拝香といった。士女が遊覧して日に万金を費やし、人や物を濫用すること、これより甚だしいものはなかった。これは、誠にわが国の神道の教えにおける弊害であった。現在は救恤の時にあたり、ために湖南省の官憲は一切の歌舞や遊戯を禁じ、賽会も禁じられて行えなくなった。しかるに、各街巷では、婦人や子供、閑人が紛々として今年は賽会ができないと述べ、皆な溜め息がやまない趣であるといわれている[40]。

湖南省城の大規模な城隍賽会は、一八八五年に一旦中止されたものの、四年後の一八八九年には民衆の強い要望もあって再開されていた[41]。ところが、二〇世紀初頭、湖南省城の大規模な城隍賽会は、一九〇八年を最後に中止されると、以降二度と開催されることがなくなり、人々の記憶からも忘れ去られた。このように人々の記憶から忘れ去られたことには、一体どのような背景があるのであろうか。この一つの理由としては、二〇世紀初頭の迷信撲滅運動の推進をあげることができる。

一九〇九年六月一八日以降、湖南省の各地で湖南諮議局議員選挙が行われた。この結果、同年八月六日、湖南諮議局議員八二名が決定した[42]。一〇月八日、湖南諮議局の正副議長が湖南諮議局議員の選挙によって選ばれ、議長に譚延闓が、副議長に曾熙と馮錫仁が決まった[43]。一〇月一四日、湖南諮議局の開会式が、長沙府学宮明倫堂で挙行された[44]。開会式の臨席者は、湖南巡撫岑春蓂以下、布政使荘賡良、按察使周儒臣ら各大官、及び湖南諮議局議長譚延闓、副議長曾熙、代理副議長羅傑（副議長馮錫仁が欠席のため）の他、湖南諮議局の各議員であり、大官らは東階より、湖南諮議局議員は西階より入場した。官吏の臨席者は四五名、傍聴者は三〇〇名余りであった[45]。湖南諮議局第一回常年会議は、一〇月一四日の開会式より一二月二日まで、日曜日を除くほぼ毎日行われた（「諮議局章程」の規定によれば、会期は四〇日間であったが、湖南諮議局の奏上を受けて一〇日間の延長が認められ、会期は一二月二日までとなった）。この間、湖南諮議局は、湖南省内の鉄道、文化、教育、政治、実業、外交の問題に関わる五九の議案を討議した。各々の議案は、議案の提案者が提案の趣旨を説明して後、二回か三回にわたって審議されて後、議決された。湖南諮議局では、審議会における審議報告を討議し、議案を可決すると、湖南巡撫岑春蓂に議案を上申した。一〇月二〇日、湖南諮議局第一回常年会は第三次正式会を開いた。ここで、湖南巡撫岑春蓂は、自ら提出した二〇件の議案のうちの二つ、すなわち「培禁森林案」と「禁止迎神賽会案」の議案を提出し、議案提出の動議を述べた。湖南巡撫岑春蓂の提出した「禁止迎神賽会案」については、周広詢が迷信の害を力説し、全ての淫祠、及び巫祝や仏教・道教の類は官憲と郷紳が共同して破棄・禁止に努めるべきであると述べ、賛意を表した。すると、劉忠訓が周広詢の意見に賛同し、邪書を廃棄して迷信の根を断ち、郷村で催される芝居には課税し、徴収された税を公共の事業に当てるべきであるとした。これに対して、石秉鈞は、課税には民衆の抵抗が予想されるため、先ず禁止を布告し違反者に罰金を課した方がよいと述べた。このため、同議案は、審査会で審議された[46]。審査会の審査長は左学謙、審査員は鄭鼎である。左学謙は、民国初頭、譚延闓政権の下で、民政次長の要職を担った人物である[47]。「禁止迎神賽会案」は一一月一八日に議案の読会が行われ、一一月二六日に審議内容は湖南諮議局に返され、同議案がその場で可決した[48]。湖南諮議局議員第一回常年会の出席者は七九名である[49]。この七九名の出席者が「聯系処」（連絡先）として挙げたのは、九名が勧学所、七名が警察局か団練、六名が自治公所か調査局、息訟所、三名が学堂であった[50]。いわば、湖南諮議局議員の約三割以上の者が、団練の他、光緒新政の設立機関を地盤にしただけでなく、教育関係者が一二名もいた。周広詢は「禁止迎神賽会案」に賛成していたが、その「聯系処」は「県城勧学所」となっていた[51]。いわば、「禁止迎神賽会案」の決議には、迷信撲滅運動の推進者と共に、教育関係者が深く関わっていた。

一九〇九年一一月一八日、湖南諮議局の「禁止迎神賽会案」の審議を傍聴していた人物に、日本の井手三郎がいた。井手三郎は、一八六二年に肥後中島村、現在の熊本県に生まれた。済々黌で佐々友房の影響を受け、一八八五年に中国語の学習を始め、一八八七年に上海に渡航した。北京と漢口の楽善堂で活動し、中国各地を調査した。日清戦争では陸軍通訳となり、北京で海軍の諜報活動に携わって後、福州に入り、『閩報』を発刊した。井手三郎は、宗方小太郎と同郷で誼を通じ、東亜同文会の創設に尽力し、評議員や上海支部長を歴任し、後に『同文滬報』『上海日報』などを創刊し、新聞事業に携わった。このうち、『上海日報』は、『上海日日新聞』『上海毎日新聞』と並び、上海有数の日本語新聞であった(52)。一九〇九年、井手三郎は、日本の外務省の命を受け、清朝の各省における諮議局を視察・調査するため、のべ一六五日をかけて周遊した。そして、井手三郎は、「小生去〔一九〇九年〕九月二十六日上海を発し、山東、直隷、山西、河南、湖北、湖南、江西、安徽、江蘇の九省を歴訪し、十二月十八日を以て帰着す。北京〔で〕那桐の好意にて、憲政館より小生の遊歴地方の督撫に宛て諮議局傍聴に付紹介の電報を発したるにより、到処大に優待を受け、議事の実情をも一覧することを得たり。左〔去〕れど同局の開会期日僅かに四十日に過きされは、山西、河南、湖北、湖南省四省の議事を傍聴せし迄にて、其他は実況を詳にすることを得さりし。今其状況を実地見聞の儘、左に略陳して台覧に供す」と述べて、報告書を著していた。井手三郎は、上海を出立後、山東省済南府を手始めに中国の各省を周遊し、一一月一三日に湖北省の漢口を発ち、一一月一七日に湖南省長沙に至った。井手三郎は一一月一八日、すなわち長沙到着の翌日、湖南諮議局に赴いて審議内容を傍聴した。井手三郎は、湖南諮議局の印象を、次のように記している。

湖南省長沙府の諮議局は、十一月十八日之を傍聴したるに、〔湖南諮議局の建物が完成していなかったため〕議場は假に孔子廟内の明倫堂を以て之に充て、総ての点に於て不完全なるを免れす。此日の議案の如きも、岑〔春蓂〕巡撫より提出の迎神賽会禁止の件〔「禁止迎神賽会案」〕にて、極て平凡なる議題なり。譚〔延闓〕議長は長沙の名望家なる由なれとも、議場整理の手際は頗る拙にて、起立の侭、或は親〔みずか〕ら原案を朗読し、或は之を説明し、議員等が自席に在て勝手に意見を述ふるに任せ、其様甚た繁雑なり。此日の議案の主意は、人民の陰祀妄信の風を除き、無益の費用を省くに在り。議員の一部は、是等の事は古来の習慣なれは、一朝にして禁遏することは能はされは、民度の進歩に随て、自然に廃止せらるへしと主張し、一部は速に積弊を打破す可しと論し、遂に採決に至らすして閉会せり。(53)

井手三郎の湖南省における報告は、湖南諮議局の形骸化、議会としての未成熟を指摘したものである。(54) しかし、湖南諮議局という輿論を代表する機関で、迎神賽会の禁止が可決されたことの意味は大きい。そして、一九〇八年旧暦五月を最後に、湖南省城の大規模な城隍賽会が長い歴史に幕を閉じた背景には、このような迷信撲滅の気運の高まりが存在したといえよう。しかし、湖南省城の大規模な城隍賽会は、単に湖南巡撫の布告、湖南諮議局の議決だけで中止されるものであろうか。

第二節　革命記念式典と民衆

一・民国の三大式典

一九一二年一月一日、孫文が臨時大総統に就任し、中華民国が成立した。同年一月二日、孫文は「中華民国は陽暦に改用し、黄帝紀元四六〇九年〔旧暦〕一一月一三日〔西暦一月一日〕を中華民国元年とする」として、中華民国紀元と新暦（太陽暦、すなわちグレゴリウス暦）の採用を宣言した。(55) これに伴って、臨時参議院では、中華民国の建国に関する記念日の制定が議論された。九月二三日、参議院議員の張伯烈と劉成禺は、臨時参議院に対して「三大紀念日之建設案」を提出した。同案では、先ず「民国成立以来記念日に値するものに、三つある。一・〔旧暦〕八月一九日は武昌起義の日である。専制を取り除き、共和を創造し、フランス・アメリカ〔の独立革命〕にも引けをとらず、記念となすに足るものである。二・一月一日は南京共和政府が成立した日である。〔臨時〕約法の数章はこれより発生し、民国の基礎が定まった。記念となすに足るものである。三・三月一〇日は北京共和政府の成立した日である。清朝皇帝が退位し、民国が成立し、五族が平等となり、四海が統一された。記念するに足るものである」と記されている。そして、一月一日と三月一〇日が西暦であるのに対して、〔旧暦〕八月一九日が旧暦であり改暦の趣旨に合わないため、西暦の一〇月一〇日に改めるべきであるとして、「本員はこの提議を行い、政府に通知し天下に宣布せんことを請う。一・一〇月一〇日を武昌起義記念日とし、二・一月一日を南北共和政府成立記念日とし、三・三月一〇日を北京共和政府成立記念日とし、期日に至れば軍民人等に関わりなく、あまねく国旗をたて、共に万歳をとなえることで、民国の歴史がいよいよ輝き、共和の精神も永く盛んなることを希うものである」と述べた(56)。同日、臨時大総統袁世凱もまた、臨時参議院に同様の諮詢案を提出し、翌九月二四日に臨時参議院で袁世凱の諮詢案を覆議した。この結果、フランスやアメリカが各々、革命記念日、独立記念日を記念日としている点に鑑み、一〇月一〇日が国慶日、一月一日と二月一二日が記念日とされた。すなわち、南北統一日を三月一〇日から二月一二日に改めると共に、国慶日と記念日の二種に分け、前者を一〇月一〇日に、後者を一月一日と二月一二日に定めたのである(57)。一〇月一〇日が国慶日となり、一月一日と二月一二日が記念日となった理由は、旧暦一月一日が正月、旧暦五月五日が端午節、旧暦七月七日が七夕、旧暦九月九日が重陽節であったように、西暦とはいえ、同じ数字の並びが人々の記憶に留まりやすかった点も考慮されたように思われる。ただし、旧暦の節日が奇数の並びであったのに対し、新たに設定された国慶日が偶数の並びであった点は、注目されてよいであろう。いわば、ここでは、これまでの同じ数を並べるという形を踏襲しつつ、数字を奇数から偶数に変えることで、奇数にまつわる不安定さを払拭しつつ、新しい時代の到来を人々に印象付けているのである(58)。

一九一二年九月二八日、臨時大総統令で正式に中華民国の記念日が頒布され、武昌蜂起日の一〇月一〇日を国慶日とし、一・休日にして休息すること、二・旗をさげ飾り付けをすること、三・大閲兵を行うこと、四・追悼祭を行うこと、五・功績を褒賞すること、六・刑罰を停止すること、七・貧者を救済すること、八・宴会を行うこと、以上の八点を義務付けて、南京政府成立日の一月一日、南北統一日の二月一二日を記念日としたのである(59)。一九一二年一〇月一一日付け『東京朝日新聞』は、「〔北京では〕革命記念祝賀の為各戸五色の旗を掲げ、新聞紙は皆赤摺となし、総統府は午前内外の大官紳士を招き祝賀会を開き、観兵式を行ひ、外城に祭壇を設け一般代表者の会場と為し、市内は朝より大雑閙を極めつゝあり」とした上で、臨時大総統袁世凱の宣言書を掲げ、更に北京の革命記念式典の模様について次のように記している。

〔一九一二年一〇月一〇日〕革命記念日の為め従来の大清門を中華門と改め、市民は業を休みて祝意を表せるが、午前八時趙〔秉鈞〕総理は大総統に代りて式場に臨み祭文を朗読せり。祭典終りて皇華堂内に祝賀の式を行ひ、堂内に革命志士の像を掲げ、〔国民党理事の〕宋教仁等の挨拶あり。市民は上下の区別なく堂内に参集し、各団体学校生徒等は各自国旗を手にして参列せり。場内に劇場を設けて革命劇を演ずるあり。午後は又場内に大運動会の催しあり。婦人連の参集する者多し。殊に来集者の内辮髪ある者を捕へて強ひて断髪せしめたるは滑稽なりき。内外人招待会場を国務院内に改め支那風に装飾して宴会席に充て、午前九時より来賓参集し、十時半〔袁世凱〕大総統は大元帥の軍服にて大勲位を帯べり、総統府門前に一段高き壇を設け文武官両側に整列し、後衛軍を先頭とし、禁衛軍歩騎砲兵を合せて二万名陸続其前を行進し、軍楽隊は絶えず軍楽を奏し、所謂支那式の大観兵式を行ひたり。後大総統は国務院の宴席に臨み、内外人より共和万歳、袁総統万歳の大歓迎を受け、得意の微笑を湛へて大満足の態なりき。名は共和国の大総統なるも、此日の光景は宛然帝王と選ぶなきを懐はしめたり。式

場の注意を惹けるは蒙古より活仏代理の臨席せること是なり。外交団よりは一人も臨席せず。外人は百数十名列席せり。(60)

一九一二年一〇月一〇日の国慶日は、武昌蜂起の記念日である。このため、一九一二年一〇月一一日付け『東京朝日新聞』が「武昌の革命記念祭は、〔一〇月〕十日午前十時副大統領〔大総統〕黎元洪自ら文武百官を率ゐて挙行せり。北京及び各省代表六十余名も亦是に参列し、頗る盛況を極めたり。式は革命戦没者の祭典、革命成立の祝賀会、大統領〔大総統〕代理及び副大統領〔大総統〕の演説、国歌の合唱等にて、在漢〔口〕各国人も亦招待されて列席せる者頗る多し。但し各国領事は公式に列席することを見合せたり。一般市民は毎戸国旗を掲げ、日本より取寄せたる煙花数百発を打揚げ、祝砲轟々として武昌を震動し市中活気を呈せり」と報じたように、武昌でも大規模な革命記念式典が挙行された。(61)また、奉天の革命記念式典でも無料散髪所が設けられ、散髪をして辮髪を剪った者には帽子が与えられていた。(62)いわば、革命記念式典には、革命事業の記念、革命烈士の追悼という点だけでなく、風俗の改良が含まれていた。

湖南都督譚延闓は、副総統兼湖北都督黎元洪より、一九一二年九月二九日、旧暦では八月一九日に、中華民国起義光復の全省記念大会の挙行を命ずる電報を受けていた。更に、黄興も、各省都督などに、旧暦八月一九日、西暦九月二九日に全国で記念式典を挙行するよう打電していた。このため、湖南都督譚延闓は、九月二八日の臨時大総統令を受け取るに先立って、九月二九日、三〇日、一〇月一日の三日間、湖南省内で記念式典を挙行するよう通達していた。(63)湖南省城では、民政次長の仇鰲の他に、劉文錦、劉況、李達璋、于愷、曹耀材、李蔚、洪本栶、劉大禧らを籌備員とし、会場の教育総会内に光復記念会籌備事務所を設立し、財政司より銀三八〇〇両を支出して経費とした。また、軍隊や警察、行政界、教育界の各長官が名簿を作り、該会事務所に送り記念バッジの配布に用立てた。記念バッジは、軍事界と警察界の長官、各機関幹事職員、各学校教職員、商業界と工業界の会董や幹事が銅製、兵士や警官、学生が国旗式の布製として、幹部と一般の民衆の間で差をつけた。また、開会時期には、各街巷や鋪、戸に国旗の掲揚を義務付け、国旗の様式の不揃いを恐れ、湘軍縫工廠に国旗数万枚を製造させ、各警察署より各店舗や住居に配布することにした。また、国旗の代金は原価に留め、各戸の現有の国旗で様式に合わないものは掲揚を許さなかった。更に、商務総会、総工会、自治董事会、巡警庁が各鋪戸に伝達して、飾り提燈をかけさせた(64)。また、九月二四日、巡警総監は、巡警の各区長、稽査、消防、探偵などを招集して特別会議を開き、一・革命記念式典の期日が迫っているため、湖南省城全体の巡警は警邏に務め、各店舗や住居に訓話して記念式典における陳列品の静粛かつ厳粛さの維持に務めること、二・各区の巡警は会場（教育総会）で陳列品を保護し、更に外部より干渉を加えて外観の厳粛さに務めると共に混乱を免れること、三・一〇月一日以降、巡警の交番を一律に撤去して休息処に改め、これまでの巡警の積弊を取り除くこと、四・軍事庁が巡警と兵士に命じて、共同で会党を取り締まること、以上四点の施政方針を取りきめていた(65)。ところが、九月二九日、三〇日、一〇月一日の三日間の式典の最終日、すなわち一〇月一日になり、湖南都督譚延闓は、一九一二年九月二八日の臨時大総統令、すなわち一〇月一〇日を国慶日とし、一月一日と二月一二日を記念日とする法令を受け取った(66)。このため、湖南省では一〇月一〇日、一一日、一二日の三日間に革命記念式典を挙行することになった。武昌蜂起は旧暦では八月一九日、西暦では一〇月一〇日に起きた。ために、旧暦八月一九日を基準にすれば一九一二年の旧暦八月一九日は西暦九月二九日となり、一〇月一〇日との間にずれが生じた。この結果、湖南省では九月二九日、三〇日、一〇月一日の第一回目と、一〇月一〇日、一一日、一二日の第二回目の、二度の革命記念式典が行われた。折しも、一九一一年の湖南省の革命軍の蜂起日、一〇月二二日は旧暦では九月一日であり、一九一二年の旧暦九月一日は西暦では一〇月一〇日であった。なお、一九一二年九月には民政司長が劉人熙、民政次長が仇鰲であったが、一〇月三日、劉人熙は湖南都督譚延闓に民政司長の辞職を願い出ており、仇鰲が民政司長に就任したため、仇鰲は民政次長として第一回目の革命記念式典を、民政司長として第二回目の革命記念式典を執り行ったのである。(67)

二・湖南省城の革命記念式典

一九一二年の革命記念式典は、湖南省では九月二九日、三〇日、一〇月一日の第一回目と、一〇月一〇日、一一日、一二日の第二回目の二度行われたが、第一回目の革命記念式典では先ず籌備事務所が教育総会に設立された。そして、財政司より開設費三八〇〇金、国旗製造費二万余金が交付され、革命記念式典用の国旗が在湘軍縫工場で製造され、次に各区の警察署を通じて、各店舗や住居に国旗を一枚ずつ、原価の銭八百文で配布した。革命記念式典は、教育総会を会場に旗や電燈で飾り付けが行われた。行事の担当は、九月二九日は軍事界と警察界、九月三〇日は行政界と教育界、一〇月一日は商業界と工業界が担った。各界は午前に整列して教育総会に集まった。参会者は各々、制服を着用し、記念バッジを胸に付け、記念歌を歌い、静粛を極めた。夜には、提燈行列が行われた。行進の順序は、籌備事務所が予め定め、軍楽隊、軍隊、警察隊、学生隊、女学生隊、各機関職員隊、馬隊軍隊、学生の順で来会し、各々は登記の順番で順序を決めた。行進の路線は、予め籌備事務所が定めていた。そして、籌備事務所が三夜とも各街路を指示し、分布図を作成し、各隊は規則に従って行進した。また、湖南都督譚延闓は、民国の成立が諸烈士の鮮血によるとして、烈士祠において香を焚いて祈り、徳を崇び功に報いる気持ちを表した。更に、湖南省駐在の各領事、税務司、郵便局総理、長沙税関の外国人、各学校の外国人の教員に対して洋食を提供すると共に、王芝祥や広西軍の各統領も会場に招かれた。(68)第一回目の革命記念式典は、九月二九日に国旗、隊伍旗の順で行進し、馬隊と科察員が長方燈

（一面は星旗式、一面は国旂式）を掲げて続き、軍警や男女の学生が楕円形の紅い提燈を掲げ、帽子に色鮮やかな花を挿したり、胸に花の玉を着けたりし、総勢の参加者は一万数千人に達し、更に軍楽隊の演奏や学生の唱歌、煌々と輝く掲燈で「千古未曾有の光景」となった。そして、湖南都督府は数十の花のアーチを数百の五色の電燈で飾り、民政司と財務司は美しい骨董や玉器を陳列し、陸軍司令部も五色で飾り付け、各種の鮮やかな花、旗幟が勇ましく舞い、軍楽隊も夜通し演奏をし、陸軍測地局も生花で装飾した。九月三〇日午前一〇時、各機関の職員隊、各学校の学生隊は最初に教育総会に赴いたが、会場外の見物人は九月二九日に比べて数倍になり、各郷の住民の他、靖港、新康、安寧、湘潭、湘郷、湘陰、瀏陽、益陽、醴陵、沅江の各州県からの参加者を加えて、同日の学生隊は一万以上になった。第一回目の革命記念式典は、布告の遅れから各界の設営が間に合わず、松や茅（ちがや）で装飾する者がいて、松や茅は毎担銭八〇〇文に高騰した。この中で、異彩を放ったのは、呉大茂、裕昌恒、各玉器店、各眼鏡店、大吉祥、各紙店、同珍館、大観楼、老若成、各絲行、各磁業公司、合盛利など、各商店の飾り付けであり、残りの骨董、鮮花、あや絹で飾った燈籠なども随所に陳列されて夜通し光り輝いた(69)。また、湖南都督府や各行政司法機関、各学校、工廠が一律に花びらで飾った電燈を設け、松や柏を直立した提燈のアーチに挿し、革命記念の扁額を掲げた他、各機関の幹事職員、軍事界や教育界も三日間の休暇とし、更に花火の打ち上げも予定された(70)。

一九一二年一〇月二二日付け『申報』は、一〇月一〇日、一一日、一二日に挙行された第二回目の革命記念式典の模様を、次のように報じている。

考うるに、今回〔第二回目〕の籌備は比較的早く、前回〔第一回目〕に比べて静粛となった。各商民は最も興の高まった様をし、前回は国旗を掲げただけの者も、今回は提燈をつるし五色の色で装飾し、大袈裟にして、艶やかさを競ったように、誠に未曾有の盛挙となったのである。また、夜には、提燈行列が行われた。〔提燈行列は〕

一つの街路ごとに一つの団体を結び、或いは数団体、甚だしくは行会に分かれて別に一部をなし、均しく商務総会に赴いて到着の報告をした。参加者は布製の記念バッジを着け、毎晩に提燈を掲げて会に赴き、街から街へと遊行した。参加者の人数は、商団の人数の方が教育界に比べて最も多かった。ために、今回の提燈会も、前回の人数に比べて二倍の増加に収まらなかった。会場左側の運動場の布置もまた更に完備し、各学生の入場運動する者も前回に比べて多いだけでなく、前回よりも精通していた。長い期間情報が伝えられたため、城廂内外の物見遊山の人の中には、数十里、或いは数百里を物ともせずに来た者がいて、美しく着飾った男女だけでなく、白髪の老人や児童までもが脈々と続いた。そして、各段に軍警を派遣して〔混乱の〕整頓にあたったが、なお躓き倒れ、踏みつけられる事が絶えなかったといわれた。(71)

清末、湖南省城の城隍賽会については、善化県の生員の梁稚非が「妖童・曼姫〔艶やかに化粧をした少年・少女〕と共に輿に乗って市中を遊行し、学宮の学生や郷紳に非難されたように、風紀の面でも問題視されていた。(72) 一九〇五年七月五日付け『申報』は、「湖南省城の各学堂の学生は、賽会の度ごとに賽会に加わる者がいた」と述べて、一九〇四年に学務処が学生による賽会参加の禁止の布告を出したが、一九〇五年になってもこの風習が根絶しないため、重ねて禁令を出したと報じている。(73) 一九〇八年、イギリスの長沙駐在領事ヒューレットは、湖南省の官憲から六月二二日から二六日までの間（旧暦では五月二四日から二八日まで）、城隍賽会の期間には湖南省城在住のイギリス人が街路に出ないように指示を出していた。(74) 革命記念式典の挙行では、民衆の関心を掻き立てるために、主催者が革命記念式典に娯楽的な要素を加えた。この結果、第一回目の革命記念式典では、民政次長の仇鰲らが光復記念会内に文芸倶楽部の付設を計画し、民国の設立を記念するための文詞を募集し、音楽、棋局、書画、燈謎（提燈に謎の文句を記し、あてさせる遊び）等の室を設け、人の楽しみに供するように計画した。文章募集の体例は、次のほぼ二つに分かれた。

第一は褒賞金を二〇元より五〇元までとすることであり、第二は文房具など、有用の品を贈答することである。そして、広告を印刷して、一律に通知させた。[75] ただし、主催者が民衆の関心を掻き立てるために、革命記念式典に娯楽的な要素を加えたことは、革命記念式典の本来の趣旨が民衆の享楽的な趣向によって換骨奪胎される危険性も示していた。

湖南省の辛亥革命の特徴は、一九一一年一〇月二二日の革命軍の蜂起により正都督に焦達峯が副都督に陳作新が擁立されながら、一〇月三一日に両人が暗殺されて、湖南都督に譚延闓が就任した点にある。いわば、譚延闓の湖南都督就任の日は、焦達峯と陳作新が惨殺された日でもあった。一九一一年一一月、湖南都督譚延闓は、暗殺された焦達峯と陳作新の功績に鑑み、両人の納棺・葬儀を手厚く行い、一万両の義捐金を家族に支払い、後日に二人の銅像を建立して慰霊することにした他、一一月二六日に陪祭官の劉揆一と譚人鳳と共に霊を弔って哀悼の意を示し、公署や税関に半旗を掲げさせた。[76] 翌年の一九一二年一〇月三日、湖南都督譚延闓は、烈士祠で焦達峯のために式典を挙行し、翌一〇月四日に焦達峯の柩を烈士祠から搬出した。この時、各軍隊は、柩の前で三鞠躬礼を行い、銃の先に花を挿し、隊列を組んで焦達峯の親族を先導し、霊柩車を守りながら出発した。焦達峯の柩は、商務総会、教育総会、外交司を通過し、軍事界、商業界、教育界の人々に見送られながら湖南都督府をへて大西門から湖南省城の外に出て、湘江を渡って嶽麓山に運ばれ、埋葬された。[77] ついで、一〇月一九日、焦達峯の追悼大会が開催された。同日が選ばれた理由は、一九一一年一〇月三一日が旧暦では九月一〇日にあたり、一九一二年の旧暦九月一〇日が西暦一〇月一九日であったことによる。革命記念式典が旧暦と西暦であったのに対して、焦達峯の追悼大会は旧暦に依拠して行われたことになる。焦達峯の追悼大会では、軍事界、行政界、教育界が休日とし、各商店の商人も国旗を掲揚して敬慕の念を表した。同日、烈士祠は華麗な広間を設営し、高く燭をともし、牛、羊、豕を各々一匹捧げ、笙や太鼓で演奏し、花の球を並べた。左庁には古玩、珠玉、刺繍を陳列し、数十の殉難諸烈士の肖像を周囲の壁にかけ、香炉や花瓶をささげた。右庁には名人の書画、西洋や日本の奇巧な各器を陳列し、各政客の休息所とした。門前には五色の国旗、陸海軍の幟、万国旗を掲げ、祠の前には天幕を張り、松枝で飾った。午前一〇時、式典を開始し、最初に軍事界の各将校、傷病兵が、次に行政界の湖南都督譚延闓と各司長が、次に教育界の各校長、教職員、学生代表が祭礼を行って一時の盛を極めたが、人数が多すぎて混乱したため、演説も中断した。また、この日は、譚延闓の湖南都督就任一周年にあたった。このため、軍事界、行政界の人々は、焦達峯の追悼式典の終了後、湖南都督府に赴いて慶賀の念を表し、譚延闓はこれに厚く礼を述べた。何人かは、一つには焦達峯と陳作新の追悼のために、他の一つには譚延闓の湖南都督就任の記念のために、第一回目の九月二九日、三〇日、一〇月一日と第二回目の一〇月一〇日、一一日、一二日に続き、第三回目の革命記念式典を開き、前二回と同様に大規模なものにしようとした。しかし、譚延闓がこれを固辞しただけでなく、『湖南公報』が強く攻撃したため、一日のみの簡単な式典に留めた(78)。譚延闓の湖南都督就任は、焦達峯と陳作新が暗殺された結果によるものである。このため、焦達峯と陳作新の追悼大会の挙行は、焦達峯と陳作新の支持者を慰めるためにも執り行わなければならないものであったが、周囲には両名の惨殺という血なまぐさい歴史を想起させるものでもあった。

三・革命記念式典をめぐる攻防

第一回目の革命記念式典は、湖南都督府の当初の計画では午後六時に提燈行列を始め、行列は各街巷に沿って遊行することになっていた。その際、光復記念会は、提燈の形体を定めて、提燈の模範を各燈籠会に配り、燈籠会で製造させた。各団体は、まず光復記念会に集合して後、順番に出発して街道を遊行したが、光復記念会が行進の順序を予め定め、画一かつ整然を期した(79)。ただし、一九一二年一〇月二三日付け『民立報』は、提燈行列の混乱を次のように報じている。

▲第二日夜、提燈行列が挙行された。都督府の人員は全て至り、軍事界と行政界、教育界、商業界が最も喜び勇んでいた。そして、奇抜な格好をし、良いもの悪いものが入れ代わり、道路が狭いため、人士も押し合いへし合いとなった。某女学は大隊に従って提燈行列をしたが、衆目の集まるところとなるのを免れず、人々をして『衛玠を見殺しにする』〔晋の衛玠が下都に至るや、観る者が多かったために休むことができず、遂に病気となって死んだことをいう〕の嘆きを抱かしめた。府正街に至った時、女学生の狼狽の状は、最も人をして堪えがたくさせた。下流社会の無知で無闇に騒ぐ有様は、誠に憎むべきものであり、憐れむべきものである。▲提燈会が先を争ったために起きた衝突は、夜には至るところであった。極めて可笑しな事柄は、明徳〔学堂〕と農業〔学堂〕の両校の衝突である。大隊が羊風拐角に至った時、農業学堂が予定の路線に従わずに、貢院東街より隊列を出発させ、突然に前の方に進むと、明徳〔学堂〕の学生は相譲らず、農業学堂の旗手、号兵を殴りつけたが、農業学堂が相手にせずに直進してきたため、明徳〔学堂〕の学生が提燈の柄を用いて乱打し、体操の教員も指揮刀を用いて加勢した。そして、各界が仲裁に努めたため、始めて怒りを抑えて去った。聞くところでは、双方に多くの負傷者が出たため、なお教育会議を開いて〔騒擾の〕是非を評するつもりであるという(80)。

清末の府正街は、湖南省城の長沙県側、やや中央に位置する(81)。また、学生の行状の悪さは、清末の城隍賽会においても、問題となっていた。学生は、革命記念式典の提燈行列を、あたかも城隍賽会における城隍神の遊行のように遂行し、この結果として混乱が生じたのではなかろうか。もともと、湖南都督府が革命記念式典で民衆に求めた事柄と、民衆が革命記念式典に期待した事柄とは、必ずしも一致するものではなかったように思われる。城隍賽会と革命記念式典は、夜の提燈行列に限るならば、次の三点の共通性を持った。第一点は、各街巷や行会を基盤に幾つかの団を組み、提燈や布で競い合い飾り付けをし、催し物の艶やかさを競った点である。第二点は、提燈行列では互いに先陣を争い、混乱が生じた点である。第三点は、提燈行列で参加者が思い思いに装いをし、奇抜な服装をして賑やかさを加え、観衆も楽しんだ点である。このため、民国初頭の革命記念式典は、提燈行列では清末の城隍賽会と似たような喧騒に包まれた。

革命記念式典の経費は、第一回だけでも開催費で二八〇〇金、旗の製造代で二万余金を必要とし、湖南都督府や各機関の流用した金銭を合わせると数万金に達した。このため、革命記念式典の挙行に伴う莫大な財政支出には、批判も存在した。一九一二年一〇月二三日付け『民立報』は、革命記念式典に対する批判について、「『湖南公報』は今回の記念行事に対して節約を主張し、〔三日間に対して〕僅か一日のみの行事を提唱した。しかし、各新聞は、記念〔行事〕を利用して、国家に対する観念を国民に提唱すべきであるとした。そして、これ〔節約の主張〕に反対するものは、『黄漢湘報』が激烈であった。第二夜には新聞界は提燈行列を挙行したが、『湖南公報』のみは参加しなかった。恐らく、尚おひとしきりの舌戦は免れないものであろう」と記している。[82]ここでは、「〔湖南省の〕各新聞は、記念〔行事〕を利用して、国家に対する観念を国民に提唱すべきであるとした」と記されている。すなわち、革命記念式典が莫大な支出を伴ったとしても、国家の観念を民衆に植え付ける絶好の機会と考えられていた。辛亥革命前後に湖南省で発刊された新聞には、『長沙日報』『湖南日報』『湖南民報』『軍国日報』『大漢民報』『黄漢湘報』『湘漢新聞』『女権日報』などがあった。このうち、『長沙日報』は、前身が清末の『湖南官報』であり、中華民国成立後に湖南都督府の広報紙という性格を持った。『湖南民報』は、中国同盟会の機関紙である。ただし、同紙は、一九一二年九月一八日の国民党湖南支部の結成を機会として、『軍国日報』と合併して、国民党の機関紙の『国民日報』となった。

『湖南公報』は、共和党湖南支部の援助を受け、共和党の機関紙的な色彩を帯びた。そして、『黄漢湘報』は一九一一年一〇月に創刊されたが、やがて停刊した。[83] しかし、『湖南公報』は、革命記念式典の規模の縮小を主張した。各新聞社の革命記念式典への対応には、湖南省内の国民党と共和党の対立も反映されていた。また、エール大学では、学校長が湖南都督府による一〇月一〇日、一一日、一二日の三日間にわたる祝日の指示を無視して、一〇月一〇日に一時限目の授業を行ってから休暇とした。すると、同大学の学生は、湖南都督府の指示で国慶日を三日間の休日とし、キリストの聖誕日、礼拝・安息日には終日休日としているにもかかわらず、国慶日の授業を不当として、学長に抗議した。そして、学長が学生の意見を容れながら、五日後に抗議運動の中心人物を退学処分にしたため、学生の全学休校を引き起こしていた。[84] エール大学は、アメリカのエール会、正式には中国エール協会によって設立されていたものである。[85] ここには、国家の式典と宗教的行事の理念をめぐる対立を見出すことができる。一九一二年一〇月には、湖南都督府の財政が窮迫しているにもかかわらず、革命記念式典の二度にわたる挙行のために、一度につき数万金の金銭と、つごう六日間の日にちが費やされた上に、一九一三年二月一二日には南北統一記念式典が湖南省城で挙行されたのである。

一九一二年一二月から翌一九一三年三月にかけて、湖南省の各地で省議会、衆参両議会議員選挙が行われ、大変な騒ぎとなった。そして、湖南都督府は、一九一二年九月二八日の臨時大総統令で一〇月一〇日が国慶日、一月一日と二月一二日が記念日に定められたことにより、一九一三年二月一二日に南北統一記念式典を挙行することになった。先ず、湖南都督府は、南北統一記念式典の挙行を準備するにあたり、早くから籌備事務所を設立し、記念式典の会場を教育総会に、また記念式典の期日を三日間に定めた。次に、籌備事務所は、高く組み立てられた、彩り鮮やかな台を三座用意し、中央を演説台、左右を戯台とし、記念式典の挙行される数日前に戯劇を催すことにした。ところが、辛天裕がこれを批判して、「記念会の開催の理由は、立国の困難を忘れないためであり、楽しみに興ずるためではない。湖南省の記念会の開催の挙行は、本旨に外れている。そして、城隍会の万寿を祝うのと同様になり、国を挙げて狂うが如く、遊びに現を抜かして本を忘れている」と述べた。そして、一年のうちに四回も記念式典が挙行され、一回毎に四〇〇〇や五〇〇〇もの費用が費やされ、かつ学校、工場も休みになり、「今日の財政困難、資金欠乏、モンゴルやチベットの不穏、民国がまだ列国に承認されていない時期に、どうしてこのような楽しみに熱狂しているのか理解できない」として、南北統一記念式典の挙行はただ一日とし、記念式典では歌舞音曲も許さず、学校や工場の休暇も認めず、提燈行列も一夜限りにするよう要請した。しかし、多くの民衆は、湖南省の記念式典が辛天祐の企画した一九一二年一月一日の荊州祝勝会を嚆矢としており、かつ荊州祝勝会では南北統一記念式典以上に華やかであったとして、辛天祐の提言を批判した[86]。南北統一記念式典の行われる二月一二日に前後して、湖南省城では蜂起の謡言が起きていた。このため、湖南都督府は南北統一記念式典の期間中、雨や雪による道路のぬかるみを口実として、提燈行列の日にちを延期した上で中止し、式典の会場の陳列品も瞬く間に片付けられた[87]。この革命記念式典をめぐる対立の中で、辛天祐が南北統一記念式典の挙行を城隍賽会と同一視して批判した点は注目されてよいであろう。何となれば、湖南省城では、大規模な城隍賽会は一九〇八年を最後に中止されており、ために民衆の城隍賽会に求めた娯楽的な要素が湖南省の革命記念式典に移行し、提燈行列における民衆の喧騒となった可能性もあったからである。清末の湖南省城の大規模な城隍賽会の特徴は、湖南省城の城隍賽会における宗教性の喪失と娯楽性の増加にある。もともと、清代の節日や城隍賽会には、あの世とこの世の交流と共に祓禊の観念が備わっていた。ところが、二〇世紀初頭、迷信撲滅運動の進展により、節日や城隍賽会におけるこの世とあの世の対比による緊張、死の臭いが払拭され、節日や賽会の娯楽的な側面が前面に出てきた。娯楽性を求めるならば、必ずしも城隍賽会である必要はなく、他の行事、すなわち革命記念式典でも代替することが可能であったといえよう。そして、子虚子が「昔の人は、パリ革命の後、奢侈が日々増加したと述べている。近日の湖南省の酒楼、女閭、劇場、洋貨、綢緞を見てみると、凡そ人の消費に供するに足るものは、清朝の末世に比べて約一〇倍、一〇〇倍を越えている。社会はますます贅沢になり、商工業もますます満ち足りているが、表面に現れない災害は救いようのない状態になっている」と述べたような、民国初頭の湖南省の浮ついた風潮に対する警告も人々の間ではなされていた(88)。

第三節　廟産興学運動の展開

一・教育総会と城隍廟

一九一二年八月以後、湖南省では軍隊の裁兵計画が実施された。八月三一日、総統府顧問で前北伐第三軍総司令の王芝祥が検察使として湖南省に至ると、湖南都督譚延闓は高等師範学校内で王芝祥のために祝宴を開き、軍務司長周家樹、次長陳強、参謀処次長羅友声、第一師長余欽翼、第二師長趙春廷、第三師長曾継梧、第四師長王隆中、第五師長梅馨、教導団長黄鸞鳴、各旅団長、各師局長が列席した(89)。湖南省で革命記念式典が挙行されたのは、この約一ヶ月後のことである。この間、王芝祥は湖南省に滞在し続けた。湖南省の第一回目の革命記念式典の初日、すなわち一九一二年九月二九日には、民政司次長の仇鰲の開会宣言後、湖南都督譚延闓、検察使の王芝祥、第二師長趙春廷が順に演説を行った(90)。王芝祥と趙春廷は、軍隊の代表として革命記念式典に出席した。王芝祥は一九一一年一〇月一〇日の武昌蜂起後、広西省の副都督に推挙されたが、陸栄廷と対立して広西省を追われ、北伐軍第三軍総司令となり、ついで総統府顧問に就任し、検察使として湖南省に至った(91)。一九一二年九月二九日の第一回目の革命記念式典では、最初に湖南都督譚延闓が「本日は旧暦八月一九日で、昨年に武昌蜂起の起きた日である。湖南省は〔旧暦〕九月一日〔西暦一〇月二二日〕に武昌蜂起に呼応し、更に各省の呼応をえた。従って、この日は専制〔政治〕の打倒された開始日であり、実に我が国数千年来の特別な記念日である」と述べて、武昌蜂起の意義を高く讃えて、更に「軍事界と警察界の奮闘によりアジアに中華民国を建国し、これより神聖にして犯すべからざるものとするならば、今後億万年の慶典も現在よりも優れたものになるであろう」と演説した(92)。続いて、前北伐第三軍総司令で検察使の王芝祥は、次のような演説を行っている(93)。

今日は、我が中華民国光復の一周年の記念日である。高く国旗を掲げ、全国で祝賀を行っている。私はたまたま湖南省に居るが、湖南省の父老、湖南省の軍事界に対する祝賀の中にあっても、〔本日の革命記念式典は〕最も特別の祝意を有するものである。昨年、武昌で〔革命軍が〕蜂起し、孤立した戦い、四方に援軍がなかった時に、湖南省が蜂起して、初めて後ろ盾を得るに至り、更に内部の各省が相次いで呼応したため、遂に南北の統一、共和の宣言となった。このため、民国の建国では、湖南省の革命が重要な地点に位置したのである。私は、湖南省の父老の行為に、特に慶賀の念を示すものである。……現在、挙行された〔革命記念式典の〕盛典を見ても、悠然と和らぎ楽しみ、条理も整然とし、このような気象は誠に淵源があるものである。この後に、政界が進行し、教育が発達し、農工商〔各界〕がこの術を精求して、世界においてこの業の雄名を有し、我が中華民国を強大にすることを願うものである。来年の今日、億万年の今日に至っても、光復記念を挙行し、今年今日より十百千万も盛んにせんことを願ってやまない。どうして、立派でないことがあろうか。前途を待ち望み、敬い喜ぶこと無量である。敬して、我が湖南省の父老のため、我が湖南省の軍事界のため、我が中華民国のため、万歳を三唱する。王芝祥、ここに恭しく祝する(94)。

王芝祥の演説には、中華民国の革命記念式典の備えた、過去を記憶し、現在を振興し、未来を鼓励しようとする性格が、如実に表れている。そして、第二師長趙春廷が王芝祥に続いて、「諸君は軍隊の代表であり、本日この会には無窮の慶祝の心があり、軍隊にも無窮の希望があるといっても、自らが負うべき責任を他人に押し付けることはできない」と演説した(95)。

湖南省城の革命記念式典の華やかさとは裏腹に、各地の寺院や道観、祠廟、賽会は抑圧された。清代、湖南省城西北には、省城隍廟、府城隍廟、関帝廟が同じ区域に並存し、かつ広大な敷地を誇っていた。一九一一年一〇月二二日、正都督に焦達峯、副都督に陳作新が就任すると、急激かつ大規模な募兵が行われた。そして、同年一一月二三日付け『時報』紙上で、「連日、各廟宇や寺観などで各排長、目兵が各班に分けて日夜訓練したため、進歩は極めて速かった」と記されたように、これら兵士の教練の場に当てられたのが、廟や寺観であった(96)。一九一二年五月、軍務司長黄鸞鳴は、各師、旅、団、営の長官を招集して軍事会議を開催し、湖南省城の駐屯軍を遠方の各府、州、県に派遣しようとした(97)。すると、第一師第二旅第三団の団長が、城隍廟、真人廟に駐屯していた兵を率いて醴陵、安化、茶陵、攸県の各州県に赴いているため、湖南省城の駐屯軍は祠廟などを宿舎にしていたことになる(98)。また、中華民国では、省城隍廟、府城隍廟、関帝廟の三廟が広大な敷地を誇ったため、この三廟を横断するように被服廠が立てられ、被服廠は更に陸軍装具庫に改められた。また、省城隍廟は陸軍医院となり、陸軍医院は後に公医院となり、正殿と放生池（慈悲のために生き物を放してある池）は病室となった。陸軍装具庫が廃止後、跡地は公医院の病室や花壇となり、狭い家屋のみが僧侶の住居となった。更に、関帝廟の正殿の前には高い壁が立てられ、廟を圧迫した。また、府城隍廟も、後半分のみが城隍廟の土地として残された(99)。一九一二年、湖南都督府は、長沙県と善化県の両城隍廟の廃立を図った。しかし、湖南全省城廂内外二五四団の団総七〇〇名余りは、城隍廟の廃立の計画に激しく抵抗した。これら七〇〇名余りの団総の中心は、坡子街の街団公所を率いた郷紳の葉徳輝であった。(100) 一九一三年一月、湖南都督譚延闓が黄興の意見を容れ、長沙・善化両県の城隍廟の廃止と貧民工芸廠の建設を図ると、湖南全省城廂内外二五四団の団総七〇〇人余りが坡子街の火宮殿に集まり、「湖南省の故老の言い伝えでは、善化県城隍の定湘王は最も霊験あらたかで、城やからぼりを防衛するのに効能があり、ために商民はこれを深く信仰していた」として、城隍神の保護を議決した。この議決では、「信仰の自由は世界の公認にかかり、かつ五岳・四瀆・山川・社稷の神は経典にも掲載されており、城隍もこれに類す。中国の廟宇の存在は、西洋に教会があるようなものである、吾らは団体を聯合して都督に請願し、この荘厳なる廟宇の維持、霊験の神聖さの保護を請願すべきである」と主張され、信仰の自由を盾に善化県城隍廟の保存が力説された。(101) しかし、長沙県城隍廟は封禁され、長沙県城隍廟の敷地内には長沙県立師範学校が設立された。一九一二年一月一日以降、すなわち中華民国の設立と共に、湖南省城の各城門は商業上の利便から日夜開け放たれた。(102) 一九一四年には湖南省城の城壁の取り壊しが始まり、一九一七年に天心閣を残して城壁の取り壊しが完成し、城壁の残骸でからぼりが埋められた。城隍とは、「城とからぼり」を意味した。このため、湖南省城の城壁が取り壊されたことにより、省城隍、府城隍は字義的には意味を失った。そして、眼前に広がった光景は、人々の心理にも影響を与えたように思われる。

一九一三年三月、袁世凱政府は、各省からの軍事権と財政権の回収を目指して、南方各省と対立したが、湖南省では湖南都督府が税収の確保を目指して管理を強め、各種団体との間で対立を強めた。いわば、袁世凱政府と湖南都督府、湖南都督府と湖南省の各種団体の対立が入れ子状に組み合わさっていた。一九一三年五月、湖南全省城廂内外二五四団は、連日にわたって乾元宮（火宮殿）で全体会を開いた。参加者は、数千人に及んだ。湖南全省城廂内外二五四団全体会では、湖南省の独立の不承認、湖南全省城廂内外二五四団と全省公民団の無関係の公布、坡子街の黄興街への改名の不承認を決議した(103)。次に、五月一六日、湖南全省城廂内外二五四団、全省商務総会、工業総会、全体工商界の面々が定湘王廟、すなわち善化県城隍廟で全体聯合大会を開催し、湖南省の独立問題を討議した。参加者は、二万人前後である。湖南全省城廂内外二五四団が街巷を単位としたものであれば、全省商務総会、工業総会、全体工商界などは行会など、職業を単位としていた。そして、善化県城隍廟は、集会場としてはこの二つを束ねるものとして位置した。善化県城隍廟の会議では、全省公民団などの求めた湖南省の独立の動きに対しては、全会一致で湖南省の独立の不承認を「公議〔公同議決〕」し、もし湖南都督府が湖南省の独立に踏み切るならば、義捐金を収めず釐金も支払わず、全体が罷市（市場閉鎖のボイコット）を行い、最終的な対応とするとした。全体聯合大会では、代表を定めて湖南都督譚延闓に謁見して声明を行い、かつ臨時大総統袁世凱や衆参両議院、各省都督に打電して統一を図るよう請願することに決した。これに対して、湖南都督譚延闓は湖南省に独立の意志のないことを表明した(104)。善化県城隍廟で開催された全体聯合大会では、臨時大総統袁世凱に電報を打ち、湖南省の独立の阻止を請願することが定められたが、湖南都督譚延闓が独立の意思のないことを表明したために、沙汰止みとなった。ところが、ある日、袁世凱政府に秘密の電報が打たれ、北洋軍の湖南省への派遣と湖南省の商民の保護を請願した。すると、袁世凱政府の内務部は復電を送り、商民らに居住の安定と職業の従事を依頼し、もし騒乱の形勢があれば軍隊を派遣して保護する等の言葉があった。これらの電文は、湖南省の郷紳の葉徳輝の意向より出ていた。国民党湖南支部はこの北洋軍の派遣を要請した電報に激昂し、同会に理由を訊ねた。しかし、同会は、湖南省の独立を強行するならば、市場閉鎖のボイコットで対処すると返答した(105)。いわば、一九一三年四月下旬より、宋教仁暗殺事件と善後借款問題をめぐり、湖南省で臨時大総統袁世凱からの独立の気運が高まると、善化県城隍廟は湖南全省城廂内外二五四団のみならず、全省商務総会、工業総会、全体工商界の面々による全体聯合大会の集会場となった。そして、これらの団体は湖南省の独立に反対し、教育総会を会場とした全省公民団などと対立関係に立った。このため、教育総会が中華民国の理念の象徴、善化県城隍廟が地域社会の規範の象徴であったということもできるのである。

二・廟産興学運動の波紋

一八九八年、湖広総督張之洞は、日清戦争の敗北を受けて『勧学篇』を出版し、同書の外篇第三「設学」で、「昨年勅令があって、各省における学堂の設立を命じているが、なお日が浅く、経費は集まらず、実際に運営を始めているものは少ない」と述べ、人材の育成のためには学堂の設立を急務とした。張之洞は、学堂の方針を、第一・新学と旧学の併習、第二・政治と技術の兼学、三・少年の教育、第四・八股文の廃止、第五・利益追求の禁止、第六・師範に対する要求の緩和、以上の六点に置いた。このうち、第一では「旧学は体であり、新学は用である」と述べ、旧学として四書五経、中国の歴史・制度・地図をあげ、新学として西洋の政治、技術、歴史をあげた。そして、張之洞は、一県の寺観ごとに建物の一〇分の七を学堂にあて、一〇分の三を僧侶・道士を住まわせ、また資産の一〇分の七を学堂で用い、残りの一〇分の三を僧侶・道士が用いることを説いた[106]。一九〇一年、義和団の敗北後、中国の各新聞紙上では、迷信撲滅の論調を盛んに張った。一九〇六年四月一八日付け『大公報』〔天津〕は、「論松府戚太守禁止迎神賽会事」と題する論説で、次のように述べている。

> 世間で最も無益なことは、思うに神を迎える賽会であろう。〔江蘇省の〕三呉〔蘇州・常州・湖州〕の民は風習で鬼を畏敬し、鬼を畏敬するが故に神に媚びる。ここにおいて、祭日にあえば共に木偶〔神の木像〕を担ぎ市中を遊行し、その名を飾り、和甘〔穏やかな気候〕を招くとか、疫病を駆逐するなどと述べた。どうして、悟らないのであろうか。風雨とは空気が昇降し感じて起こる所のものであることを。どうして、神がいてそれを司るこ

となどがあろうか。また、疫病の発生は地方の不潔によるものであり、更に神が関わることなど、ありはしないのである。これらは世を惑わし民を欺き、事柄の最も憎むべきものである。単にこれだけではなく、出会〔神の出巡〕の度に万人が街を空にし、国を挙げて狂えるが如きである。婦女で耳飾りを落とし簪を忘れ、子供で匪に誘拐されたりすることも度々起き、珍しいことではない。また、馬を馳せて街を通り、人を傷つけたり種々の禍を醸成することも、数えきれない。些かでも悔悟を知るべきである。[107]

一九〇六年五月一三日、清朝政府は、「学部奏定勧学所章程」を発布した。同章程には、「学務を推広する」の一条があり、農村における初等教育の普及の方法として、「勧学」「興学」「籌款」「開風気」「去阻力」の諸項が記され、この「興学」の項で「学齢児童の数を計算して、若干の初等小学を立て、各村人家の遠近を計り、学堂を適中の地に立てる。某地で祀典に記載されていない廟宇・郷社を調査し、租賃して学堂の用となすべきである」とうたわれていた。[108]この結果、清朝の各省で、仏教の寺院や道教の道観、廟や祠などの建築物と所有田産を財源に学堂を建設する運動、すなわち廟産興学運動に拍車がかかったのである。[109]

湖南省城の城隍賽会は、行会と街巷を基盤に行われていた。ところが、一九一一年五月一日と六月二二日、松崎鶴雄が「【貧民退治】湖北貧民の来集せるものは幾回か送還を試みたるも、尚残留し居るものと、時々密流し来るものと、其の数千余人、長沙城内に群集し居るを以て、続々民船にて送還し居れり。在来の窮民三千人余も城内及び近県をあさりつゝあるが、是等窮民に対する授職の方法は厘官民間の講究問題となり、然かも未だ解決を見ず」[110]、「【飢民の輸入】湖南防穀令の発布せらるゝや、湖北省は大いに恐慌を来し、爾来湖北より飢民の侵入するもの絶へず、長沙城内は湖北飢民を以て満たされんとす。彼等は飢民と云はんより、寧ろ遊民と称すべきものにて、強壮なる男女隊をなし、食を乞ひ居れり」と述べたように、二〇世紀初頭の湖南省城の行会と街巷には大きな変化が生じていた。[111]いわゆる流民の増加である。流民は、街巷や行会の各単位に属さなかったため、城隍賽会に加わることができなかった。一九一〇年の長沙米騒動で、南門外の飢民が鰲山廟に集結したことは、鰲山廟が湖南省城の南門外における飢民の集会場となっていたことを意味する。そして、一九一三年六月の『申報』が「湖南省の労働界は一盤の散砂のようなものである。各行は皆な公廟を持っており、毎年一回〔大会を開いて〕聯絡したが、主班・客班の分で常に衝突があった。このように、同行の間で維持が難しかっただけでなく、外行に対しては無論のことであった」と記したように、流民や外部からの流入者の増加は行会の統率力の弛緩をもたらした[112]。行会の統率力の弛緩は、行会が祀る神々、更にはこの神々を束ねる城隍神の権威を弱めただけでなく、人々の情報交換の場に変化をもたらした。辜天祐編『長沙県郷土志』では、「城市の娯楽は京劇を聴き、映画を見て、料理屋で食事をし、球技や圍棋をすること等にあり、郷村の人々の娯楽はただ神を敬い、会酒をくらい、影絵芝居を楽しみ、或いは店で酒を数杯呑むことにあるが、中でも最大の娯楽は賭博であった。賭博の筆頭は麻雀、次ぎに跑和、次に天九骨牌であり、ならず者は単・双を賭け、通常それを夜に行った」と記載されている[113]。一九〇六年に湖南商務総会が設立された時、登録された大小の茶館、露天の茶屋、荷担ぎの茶の行商人の数は、二〇〇余りに達した。湖南省の風習として、茶館は毎日夜明け頃に営業を開始し、民衆も茶館に出掛けた。湖南省城で最も著名な茶館は天然台である。この他に、一九〇四年頃の著名な茶館としては、八角亭の大華斎、育嬰街の新華楼、南正街の九如春、老照壁の徐松泉、道門口の徳園、西牌楼の洞庭春、游撃坪の半江楼、北正街の湘華斎があった[114]。やがて、人々の情報交換の場は、城隍廟から茶館、更に様々な娯楽施設に変化した。茶館や新たな娯楽施設は、街巷や行会を越えた民衆の集いの場として機能したであろう。このような人びとの結び付きの変化は、湖南省城の大規模な城隍賽会の中止や革命記念式典の挙行にも関係したように思われる。いわば、清末から民初にかけて、街巷や行会の結束が緩み、人びとの結び付きに変化が起こる中で、湖南省城の大規模な城隍賽会が中止され、革命記念式典が挙行されていたのである。

中華民国の革命記念式典は、行政界、軍事界、教育界の人々、すなわち官吏や将校、教師、学生が中心となり、民衆の日常生活に変化の方向性を示した。この変化の方向性は、「文明」と「迷信」の単純な二項対立で表された。この「文明」と「迷信」の単純な二項対立の下では、地域社会の多様性及び民衆の世界観や意識に配慮が払われる余地はなかったといえよう。そして、学堂が「文明」、祠廟が「迷信」に位置付けられ、廟産興学運動が展開したのである。一九一一年八月、湖南都督府は、委員を派遣して城廂内外の各寺観や廟宇の公共資金や公共財産を調査し、これら公共資金や公共財産を自治経費に充当しようとしたところ、謡言が起こった。委員らは、調査で勧告・指導するような方法を取ったが、調査が不能になっただけでなく、種々の妨害にあった。湖南省城の各寺観や廟宇は、各項の労働者の公共団体及び僧侶や道士の公共或いは私的な財産の、ほぼ二種に分かれた。第一種の各項の労働者の公共財産については、委員が調査を始めると、各寺観や廟宇が公金に提供されると喧伝されて、「公議」による抵抗にあった。これらの人々は、多くが低級な労働に従事していたが、盛んにビラを配り、公共財産の没収には暴力で対処すると称して、多くの人に呼び掛けて木棒や銅鉄の器具で械闘を起こす準備を始めた。また、第二種の僧侶や道士の公共財産については、労働者の人数の多さや勇敢さには及ばず、多額の金銭も持たないものの、有力な勢力に働き掛けて対抗を図り、僧侶全体が秘密裡に外国商人に財産の売却を図った。官憲はこのことを探知すると、事件の調査を始めた。この結果、三つの廟宇が封禁された。一つは千寿寺である。千寿寺は一万余金の公金があり、先ず房屋を私屋に改め、偽って還俗となし、外面に李寓と大書して寺屋の痕跡を消し、外国人に売却した。第二は開福寺である。開福寺は公共財産が数万金あり、一年で八〇〇余担の小作料の収入があったが、北関外の田畝を外国人に売却した。長沙知県の沈瀛が調査して上部官庁に報告し、二つの寺の財産を一律に公共のものとした。このため、千寿寺の廟宇と財産は長沙県に押収され、僧侶の鏡虚も収監された。また、開福寺の僧侶には、罰金四〇〇〇両が命ぜられ、田産も買い戻された。一般の僧侶・道士は、このことに憤慨したが、人数が少なく勢力も弱かったため、如何とすることもできなかった。すると、官憲や郷紳は、争ってこれらの財産の略奪を図り、自治公所の申請により千寿寺の廟宇が自治議案予備会会場にあてられ、農務総会の申請により開福寺の田産を農業試験場にあてようとした。各僧侶は会議を開いて、これに抵抗した(115)。湖南都督譚延闓は、祠廟や廟会の過剰な破壊、財産の没収を批判しつつも、寺観、祠廟の財産が学堂や教育に転用されることには理解を示した。一九一三年一月、湖南省の教育界は、一・女子実業教育、二・軍国民教育、三・義務教育、以上の推進を掲げつつ、湖南省城の議事会が「現在風気が閉塞し、人民が文明の精神や共和の本意を知らないため、〔人々の意識の〕開通に速効性を求めるならば、義務教育を実行するのでなければ不可である。ただし、教育の促進には、莫大な経費を必要とする。このため、湖南省の各族の祠宇、地方の廟宇の公共財産が最も裕福であるため、一律に査明し、鋭意保存しつつ、教育経費に転用すべきである」と決議したことを理由に、第三の義務教育を祠廟の学堂への転用によって推進するように教育司と民政司に提議したのである(116)。

三・長沙県城隍廟の焼き討ち

一九一一年一〇月以降一九二〇年一一月まで、湖南都督など、いわゆる湖南省政府の長は、焦達峯、譚延闓、湯薌銘、曾継梧、劉人熙、譚延闓（第二次）、傅良佐、譚浩明、張敬堯、譚延闓（第三次）など、清末の湖南巡撫の場合と同様に、短期間で目まぐるしく代わった。この間、教育行政の官庁の名称は学務司から教育司へ、更に教育科に代わった。一九一五年六月六日、蔣維喬が湖南省長沙に到着し、湖南省の教育行政の調査を開始した。一九一五年五月当時、教育科科長は、高建塄である。そして、蔣維喬は「湖南教育視察記」を『教育雑誌』に連載して、湖南省の教育行政の実情と問題点について次のように述べている。

湖南省は、中路、南路、西路に分かれ、教育事業は中路が最も発達し、西路と南路がこれに次いだ。革命後、教育界の多くの人々は政界に入り、〔教育事業を〕鋭意推進したため〔学校が〕勃興した。この結果、長沙県一県の〔教育事業の〕経費は五五万元にまで急増し、初等小学校の数も一六〇〇校余りにまで増え、各県もこのことを称賛した。しかし、〔教育事業については〕固定資金がなく、ために水源のない水のように程なく枯れ、〔民国〕二年〔一九一三年〕冬、自治が停頓し、教育費も削減され、各校も次々と閉鎖され、現存は僅か六〇〇余校のみとなった。この結果、現在、長沙県の教育費は僅か三万元にすぎなくなり、各県で平均してみても一万元にも及ばず、省の教育費も八一万元である。湖南省の行政機関は教育司を廃止し教育科を設立してより、僅かに科長一人、科員三人によって公文通り処理しているが、常に給与の不払いを懸念して余力がなく、全省の教育の統括には立場が低く言葉も軽く、統括しようにも手の施しようがない。これは、各省皆な同じで、湖南省だけのことではない。長沙県知事署は、教育学芸公所を設立して全県の教育機関となし、県教育科長が学務委員を兼ね、僻遠の地の宝慶、安化などの県では県署に専門に教育行政を統括する科がなく、釐金写票員或いは刑幕が兼任し、教育の前途は問うに堪えない。各省の公立学校の成績は、多くが私立学校に及ばず、湖南省も同様である。この原因は、私立学校の校長の多くが創始者として終始従事しているのに対して、公立学校の校長の権限は行政官庁に握られているからである。湖南省は〔一九一三年の〕第二革命後、各公立学校の校長は殆ど皆な交代した。また、現在の従事者が多くて一年、少なくとも半年であるのも、交代の故である。表面上は嫌疑であるが、実際は中、南、西の三路の人士の意見で暗潮が激しく、官庁に運動して各々優位を争い、官長も地方紳士の意見の不和を利用し、愛憎にもたれかかり、任意に与奪しており、このことは教育の前途に甚だ障害となり、地方にとって良いことではない[117]。

蔣維喬は、長沙県立師範学校について、「同校は長沙県の経費で設立され、校舎は城隍廟の旧跡であり、特別な建物ではなく、それほど適用していないといっても、学校の中には全て備わり、倹約を尊び、学生もまた貧苦者が多く、一種の勤労僕実の風がある」と評している[118]。

一九一八年三月、段祺瑞が北京政府国務総理に就任し、第三次段祺瑞内閣を成立させると、張敬尭が段祺瑞の推挙によって湖南督軍兼湖南省長に任命され、湖南省に着任した。張敬尭は安徽省霍丘県の人であり、一八八〇年に生まれた。張敬尭は、湖南省の出身者ではない。張敬尭は、日清戦争後の一八九六年に北洋新軍に入り、一九一〇年に保定軍官学校を卒業後、袁世凱に従って昇進を重ね、一九一七年に湖南督軍傅良佐が南軍に駆逐され、北京政府と広東政府の間で戦争が勃発すると、湖南省の前線で南軍側の岳陽攻撃軍の前敵総指揮として活躍した。そして、一九一八年三月に、この功績が認められて、湖南督軍兼湖南省長に就任した。ただし、張敬尭は、湖南省に着任すると神仏に凝り、湖南省城の各神廟や善堂に寄進を行っただけでなく、善堂の扶乩を行う者八人を湖南省政府に招き、扶乩で吉凶を占わせた。長沙県城隍廟の首士の廖絹善らは、神仏に耽る張敬尭に対して、長沙県城隍廟を復活するよう請願した。張敬尭は廖絹善らの請願を受入れ、長沙県立師範学校に同地を元に戻すよう命じた。すると、廖絹善らは、長沙県城隍神像、李公真人像を長沙県立師範学校に搬入し、同校校舎の一部を占拠すると共に、湖南全省城廂内外二五四団の民衆から資金を募り、長沙県城隍廟の修復も行った。長沙県教育会は北京の内務部、教育部に打電し、同問題に対する方針を請い、同部より「原案を堅持し、変動することはできない」との回答をえた。しかし、廖絹善らは、長沙県立師範学校からの退去を拒んだ。長沙県立師範学校の教員や学生は、同校に居座る廖絹善らを如何とすることもできなかった[119]。ところが、一九二〇年六月一一日、呉佩孚の軍隊が撤退すると、張敬尭は湖南省内で孤立を深め、長沙から岳陽まで逃亡した。翌六月一二日、譚延闓と趙恒惕は「湖南省のことは湖南人が決めよう」を旗印に長沙に入城し、譚延闓は湖南省長に、趙恒惕は湖南軍総指揮に就任した。[120]すると、長沙県立師範学校の学生は、新任の長沙県知事姜済寰に対して、原案を尊重し、校舎を回復し、校務の利便を図るように請願した。長沙県知事姜済寰も長沙県立師範学校の学生に対し、軍警の布置が整うのを待ち、処置を行うと伝えた。[121]一九二〇年六月二〇日は旧暦では五月五日、すなわち端午節にあたり、長沙県立師範学校の教職員や学生は、休暇で家に戻っていたが、四〇名余りの学生は家が遠方にあるため、校舎内で過ごしていた。同日、四〇名余りの学生は学生会を開き、張敬堯時代の同校の校地を元に戻すため、実力行動の行使を決議した。夜半、学生らは長沙県城隍内に入り、長沙県城隍神像と李公真人像を打ち壊し、李公真人像には糞尿をかけ、廟門を閉鎖すると共に、長沙県公署と各機関に人を派遣し、学校の保護を求めた。翌六月二一日夜明け方、異変に気付いた信徒は、銅鑼を鳴らして民衆を呼び集め、廟の前に集結した。民衆は廟の前の該校附設半日学校の表札を壊し、側門から中に突入した。民衆は学生が事務所の門前に退くと学生に打ちかかると共に教室に入り、学生の衣服、布団、校具、木器を奪い、積み重ねて火をつけた。その結果、王縄武と李宗稷の学生二人が火傷で死亡し、多数の学生が負傷した。逃走した学生は、長沙県公署、学生聯合会、湖南省教育会に駆けつけ、救助を求めたのである。[122]

一九二〇年六月二二日、湖南省城の教職員聯合会と学生聯合会は、湖南省教育会で緊急合同会議を召集した。参加者は、約一〇〇人であった。緊急合同会議では、事件の経過や被害の模様、湖南省政府の対応が報告されて後、代表が湖南省長譚延闓を訪問し、要求書を提出することになった。学生らの湖南省政府に対する要求は、次の五点にわたる。一・殺害事件の首謀者と犯人を処罰すること、二・城隍廟の資産を押収し、長沙県立師範学校の損害を弁償すること、三・首謀者や犯人の家産を押収し、死傷者の補償を行うこと、四・各街団の首士に対して、学校への敵対行為を止め、神像の建立をしない旨誓約させること、五・長沙県立師範学校を元に戻すこと、以上である[123]。しかし、湖南省政府の対応は、鈍かった。何となれば、湖南全省城廂内外二五四団の各団総が長沙県立師範学校学生の殺傷事件に対する犯人の捕縛に対して激しく抵抗したからである[124]。七月、湖南省長譚延闓が滞在先より長沙に戻り、事件は次の四点をもって基本的に解決することになった。第一点は学生を直接死に至らしめた彭保貞と胡蘭桂の二名の処刑、第二点は長沙県城隍廟の敷地を長沙県立師範学校に戻し、廟は建物に留め、更に廟産を学校に運用すること、第三点は学校と学生に対する賠償金の支払い、第四点は王縄武・李宗椣に対する補償である[125]。長沙県立師範学校の校舎の回復は容易ではなく、授業は湖南省立第一中学校に貸していた荷花池の校舎で再開された。八月一五日、長沙県立師範学校は、湖南省教育会で王縄武・李宗椣二名の追悼集会を開いた。追悼集会の会場には王縄武・李宗椣両名の遺像が置かれ、遺像の額の上には「打破神権」と書かれた白い文字が刺繍された。また、像の両脇や、追悼集会の会場の至るところには輓聯数百首が並べられ、湖南省教育会の輓聯では「霊宇を霹き、千古の神権を推翻しよう。想うに、地下の英霊は、必ずや群魔に戦勝して始めて楽土に帰し、慈悲心に基づき衆生の執障を打破しよう。願うらくは、これより旧染を洗い除き、共に迷川を渡らんことを」と記されていた[126]。いわば、長沙県立師範学校の学生の追悼集会はさながら迷信打破運動の集会の様相を呈し、死亡した二人の学生も迷信打破運動に殉じた英雄として扱われた。学校は「文明」、祠廟は「迷信」であり、「迷信」を除去し、「文明」を目指すことが図られた。そして、このような考えの下には、迷信撲滅運動を正義と捉え、この正義の下にはいかなる過激な行動も許されるという社会的風潮が顕在していたように思われる[127]。一九二四年九月一五日付け『大公報』〔長沙〕紙上では、「社会面で秋節〔中秋節〕に彩りを添えているものは、火宮殿や定湘王廟の広場と大小西門外の河岸一帯における屋台の賭博場、かるた賭博である」と記されて、善化県城隍廟と火宮殿は賭博など、陋習と関連付けて報じられていた[128]。そして、辜天祐編『長沙県郷土志』第五章「風土志」では、「現在〔各地の寺観、祠廟で〕既に破壊されて学校や公所に改められたものは九割五分にのぼり、香火の盛んなものは省城の中央では玉泉山観音、城北では少白龍王、城南では天符廟である。そして、郷村では陶公〔真人〕、李公〔真人〕、関公〔帝〕、雷大将の香火が最も盛んであり、これに次ぐのが楊泗将軍、朗公元帥、瞿公真人で香火が衰えていない」と記され、善化県城隍廟の名は見つけることができない。善化県城隍の威令も、遂に消滅したと考えられるのである(129)。

おわりに

一九四〇年代、湖南省の名家の生まれで、郷紳の龍紱瑞は、湖南省城の城隍賽会を回顧して、次のように述べている。

長沙の居住民は多くが迷信に泥み、〔旧暦〕五月に〔四日間にわたり〕城隍神を迎える賽会の挙があった。事に先立ち、廟の首事〔世話人〕や各行会が事前に準備をした。そして、毎会が一班を作り、奇抜さを競って競争し、台閣〔高く築いた物見台〕や故事〔祭事における出し物〕など努めて艶やかさを競い、綾絹や錦で街路を飾り、儀杖も眩しく、連なり続くこと数里にわたり、行く者はこれが為に路を避けた。士女や妓女も出掛けて見物し、一時の盛況を極めるに至った。しかし、光緒乙酉〔一八八五年〕、龔省三〔龔際雲〕が布政使の時に、〔城隍神を迎える賽会の〕厳禁の布告を出した。このため、湖南省の人々は大いに騒ぎ、多くの人を擁して、〔厳禁の布告の〕解禁を求めたが許されず、〔人々は〕遂に布政使衙門を焼き討ちするという大事件を起した。この事件から五十年余りがたち、賽会は久しく停止されたままである。後の人で知るものがないことを恐れ、ここに記すこと

にした。(130)

龍紱瑞、字は萸渓、晩年の号は希静、一八七四年（同治一三年）、清末の大官僚、龍湛霖の子として生まれた。一九〇三年春、龍紱瑞は、いとこの龍璋と共に胡元倓の明徳学堂を援助し、更に経正学堂、湖南第一女学堂の設立にも関わった。また、龍紱瑞は、華興会の設立に理解を示し、一九〇四年に華興会の蜂起計画が失敗すると、黄興の逃亡を助けた。一九一一年の辛亥革命後は、湖南都督譚延闓の下で交通司長となり国民党湖南支部評議員となったが、一九一三年の第二革命の挫折後、政治に失望し隠居生活を送った。抗日戦争期には、湖南省の西部に避難し、著作に専念した。(131) ただし、この龍紱瑞の城隍賽会に関する記述は、思い違いがある。湖南省城の大規模な城隍賽会は一八八五年に中止命令が出されたが、民衆の不満から布政使衙門が焼き討ちされ、数年間の中止後に程なく復活し、更に二〇年余り続いてから一九〇八年を最後に終了した。湖南省城の大規模な城隍賽会は、一八八五年に中止の布告がなされると、数年間停止されたものの程なく復活した。ところが、この湖南省城の大規模な城隍賽会は、二〇年余り後、一九〇九年に再び中止の布告がなされると、民衆は不満を表明こそすれ、最終的には中止の布告を受け入れ、二度と復活することがなかった。

中華民国の課題は、強固な国家を形成するために、国民統合を果たすことである。この国民統合を図るための一環として、記念日の制定などの他に、革命記念式典が挙行された。城隍賽会と革命記念式典は、次の点で大きく異なった。すなわち、革命記念式典は政治家や官僚、軍隊の将校、教育関係者、学生を中心に挙行され、行進の終着点が教育総会であったのに対し、城隍賽会は行会や街巷の民衆を中心に挙行され、行進の終着点が城隍廟であった点である。ここには、清朝と中華民国における統治理念の変化が示されている。清朝の城隍廟には、王朝の統治の論理と民衆の日常生活の信仰という相異なる側面が、緩やかに融合していた。これに対して、中華民国の革命記念式典では、政治家や官僚、軍隊の将校、教育関係者、学生が中心となり、「文明」と「迷信」という単純な二項対立の下に、民衆の日常生活を前者に方向付ける姿勢が示されていた。この結果、各省で廟産興学運動が展開し、学堂（民国以後は学校）と祠廟の対立が激化した。湖南省城では、学堂の代表が教育総会、祠廟の代表が善化県城隍廟であり、教育総会は「文明」の象徴、善化県城隍廟は「迷信」の象徴でもあった。このため、廟産興学運動は、「文明」による「迷信」の駆逐を意味した。一九二〇年、長沙県城隍廟の信者は、この廟産興学運動に反対して、長沙県師範学校の学生の殺害事件を引き起こした。湖南省教育会は、同事件を「英霊」による「群魔」の戦いに位置付けている。いわば、長沙県立師範学校の学生の追悼集会は、迷信撲滅運動の集会の様相を呈し、死亡した二人の学生も迷信撲滅運動に殉じた英雄として扱われたのである。ただし、これは、湖南省教育会或いは学生の側から捉えた見解であり、一部の民衆はこれとは異なる見解を示した。この二つの見解の相違は、革命記念式典にも均しく言い表すことができるように思われる。革命記念式典は、昼の記念式典こそ厳粛であったが、夜には一九〇八年を最後に中止された城隍賽会の様相を呈した。城隍賽会と革命記念式典には、次の三点の共通性がある。第一点は、各街巷や行会を基盤に幾つかの団を組み、提燈や布などで競い合って飾り付けをした点である。第二点は、夜の行列では互いに先陣争いをし、混乱が生じた点である。第三点は、夜の行列で参加者が思い思いに装いをし、奇抜な服装をして賑やかさを加え、観衆もそれを楽しんだ点である。この理由は、どの点に求めることができるのであろうか。

湖南省城の大規模な城隍賽会の中止は、地域社会の変化という点では、次の三点の特徴と関連した。第一点は、各種行会の同業者に対する統率力の弱体化である。このことは、一九〇四年に始まる「華洋雑居」問題で、郷紳が郷紳「公議」を盾に、地域社会の動揺を抑えようとした点と符合する。第二点は、湖南省城の行会や街巷の各単位に所属しない、いわゆる遊民の増加である。一九一〇年の長沙米騒動では、南門外の飢民は鰲山廟に集結した。このことは、鰲山廟が南門外の飢民の核となったことを意味する。第三点は、湖南省城の城隍賽会における宗教性の喪失、換言するならば娯楽性の増加である。清代の節日や城隍賽会には、あの世とこの世の交流、祓禊の観念が備わっていた。ところが、二〇世紀初頭、迷信撲滅運動により、節日や城隍賽会にはこの世とあの世の対比による緊張、死の臭いが払拭され、享楽的な側面が前面に出てきた。娯楽性の増加という点では、必ずしも城隍賽会である必要はなく、他の行事でも代替することが可能であった。このことは、民衆が一九〇九年に湖南省城の大規模な城隍賽会の中止を受け入れた理由であったように思われる。そして、一八八一年に有志が『永鎮定湘王醒迷文』を刊行し、善化県城隍、すなわち定湘王の名で人々に善行を勧めた理由は、湖南省城の城隍賽会における娯楽的な要素の増加と共に、地域社会や民衆の絆の急速な崩壊に対する危機感にもあったのではなかろうか。革命シンボルや革命記念式典は、このような街巷や行会のしがらみから解き放たれた民衆を国民として統合する役割を持った。革命シンボルや革命記念式典は、アメリカやフランス、日本の先例に倣って設定されたが、民衆を動員するために伝統的な儀式や慣習を利用した。このことは、革命シンボルや革命記念式典に、伝統的な儀式や慣習の形式的な部分だけでなく、民衆がこれまでの儀式に借りて噴出させた不満や欲求も入り込む要因となった。湖南省城では、清末の一九〇八年を最後に、大規模な城隍賽会が中止されたままであり、ために民衆の城隍賽会に期待した娯楽的要素が湖南省の革命記念式典に移行し、提燈行列の民衆の喧騒となって現れた可能性もあった。いわば、湖南都督府が革命記念式典で民衆に求めた事柄と、民衆が革命記念式典に期待した事柄とは、必ずしも一致するものではなく、前者が昼の記念式典、後者が夜の提燈行列に顕在したのである。このことが、革命記念式典は昼こそ厳粛であったが、夜の提燈行列が喧騒を極めた理由であったともいうこともできるであろう。

注

（1）『申報』一九一二年五月一〇日「副総統禁止慶賀新端陽」。

（2）『時報』一九一二年五月七日「湖北社会孽鏡台」。

（3）小島毅「城隍廟制度の確立」。

（4）早田充宏「城隍神信仰の変遷について」、濱島敦俊「明初城隍考」、鄭土有・王賢森『中国城隍信仰』、張華勇「省城隍廟」。

（5）Feuchtwang. Stephan. "School-Temple and City God": 小島毅「城隍廟制度の確立」、松本浩一「明代の城隍神信仰とその源流」。ヒューチュアンは、王朝が民間信仰を取り入れながら、国家祭祀の一部に位置づけ、自らの統制下に置こうとしたが、統制から外れる部分が大きかった点を論じている。また、小島毅は、「官の側から要求する城隍の表象は、その地の住民が抱いてきたものとは異質であり、原理的には矛盾しながら祭られていたと考えられる」と指摘して、城隍神が王朝の論理と民間信仰の接点に位置した点を論じているが、「その地の住民が抱いてきたもの」については具体的な言及がない。これに対して、松本浩一は、城隍神が国家祭祀の他に、民間では別の信仰の伝統を持っていたとして、道教の呪術や葬送儀礼における城隍神の性格や役割を考察し、亡魂の取り締まりという役割の確立や城隍神のヒエラルキーの成立などを指摘している。ただし、これらの研究は、いずれも明清時代より以前のものであり、二〇世紀初頭の迷信撲滅運動との関連にまでは言及されていない。

（6）山田賢「清末湖南の反キリスト教運動と『正しさ』の系譜」、巫仁恕「節慶・信仰与抗争——明清城隍信仰与城市群衆的集体抗議行為」。山田賢は、清末に流行した善書の分析から、世界が破局に向かっており、この破局の回避が個々人の善行によって可能になるという時代の風潮と共に、善行の拠り所としての城隍神の位置に言及している。また、巫仁恕は、明清時代の民衆蜂起がしばしば城隍廟を拠点とした点に着目しつつ、城隍神が人格化された姿と世俗化された儀式があわさって民衆の観念に影響を与え、かつ城隍神が現世の官側の人間や郷紳に対抗する象徴となった点に言及している。二人の研究では、いずれも城隍神が地域社会の規範の維持に深く関わった点を指摘している。ただし、この点を裏返せば、城隍神が殊更に地域社会の規範を維持するために持ち出されたところに、当該時代の地域社会の規範の動揺を見出すこともできよう。

（7）本章は、湖南省城の大規模な城隍賽会が中止された理由の一つとして、二〇世紀初頭に起きた迷信撲滅運動に着目しているが、ドゥアラの次の研究の影響を受けている。Duara, Prasenjit, "Knowledge and Power in the Discourse of Modernity: The Campaigns against Popular Region in Early Twentieth-Century China". ドゥアラの研究は、二〇世紀初頭の中国における「近代性」をめぐる議論及び迷信撲滅運動の特徴について、論じたものである。そして、二〇世紀初頭の中国の迷信撲滅運動が、伝統的な社会の儀式などが持った意味、或いは世界を無視して、平板な二分法に立ち、宗教などに攻撃を加えた点を指摘した。特に、この議論の特徴は、相対的或いは客観的な観点から伝統的な社会に分析を加え、伝統的な社会を多様性のある世界と捉えているのに対して、迷信撲滅運動を単純化された二分法的な考えと見做している点にある。ただし、本章では、迷信撲滅運動が唱導されて、湖南省城の大規模な城隍賽会が中止されたという立場ではなく、清末の地域社会の変動の中で湖南省城の行会や街巷の統合力が徐々に崩れ、ために地域社会に迷信撲滅運動が受け入れられて、湖南省城の大規模な城隍賽会が中止され、民国初頭に革命記念式典がこれら散砂化した民衆を統合する儀式として挙行されたという立場を取っている。

（8）小島毅「牧民官の祈り――真徳秀の場合」、同「儒教の偶像観――祭礼をめぐる言説――」。

（9）中華民国の記念日については、次の研究がある。Harrison, Henrietta, *The Making of the Republican Citizen: Political Ceremonies and Symbols in China, 1911-1929*, pp.93-111. 小野寺史郎「民国初年の革命記念日――国慶日の成立をめぐって――」、李学智「政治節日与節日政治――民国北京政府時期的国慶活動――」、石川禎浩「思い出せない日付――中国共産党の記念日」、など。

（10）湖南調査局編『湖南民情風俗報告書』第七章「宗教」三一―三二頁。

（11）湖南調査局編『湖南民情風俗報告書』第八章「神道」五頁。

（12）湖南調査局編『湖南民情風俗報告書』第七章「宗教」三一―三二頁。

（13）早田充宏「城隍神信仰の変遷について」。

（14）湖南調査局編『湖南民情風俗報告書』第八章「神道」二頁。

（15）郭崇燾の日記によれば、湖南省城の城隍神の出巡は、長沙県城隍が旧暦の五月二四日と五月二五日、善化県城隍が旧暦の五月二六日と五月二七日の、都合四日間行われ、雨天の場合などは日程が変更された。楊堅編『郭崇燾日記』第四冊、一八九一年七月五日の条。城隍賽会が都合四日間行われたことは、フラハティも記している。そして、長沙県と善化県が準備で互いに競い合い、数千人より構成された行列が四日間城内を行進し、毎日異なる場所を訪れたという。FO228/1591, Flaherty to Satow, Intelligence Report for June Quarter 1905, July 5, 1905.

(16) 光緒『善化県志』巻六「風俗」。

(17) 孫志明「建国前的長沙市工商業同業公会」。

(18) 湖南調査局編『湖南民情風俗報告書』第八章「神道」二頁。

(19) 同治『長沙県志』巻一六「風土」。

(20) 中村裕一「道教と年中行事」三九一頁。

(21) 『皇明制書』「洪武礼制」巻七「祭厲」「祭文」、翻訳は次の論文より転引した。松本浩一「明代城隍神信仰とその源流」五五頁。

(22) 松本浩一「明代城隍神信仰とその源流」。

(23) 陳先枢・全豫北『長沙地名古迹攬勝』三七四―三七五頁。

(24) 黄曾甫「長沙城隍廟旧聞」。

(25) 『明史』巻四九「志」第二五「礼」三。

(26) 濱島敦俊「明初城隍考」。

(27) 中村裕一「道教と年中行事」三八三頁。

(28) 嘉慶『長沙県志』巻一一「秩祀」。

(29) 明の正徳年間、長沙では、城内の東北部に府城隍廟が設立されていた。清の乾隆年間、府城隍廟は省城隍廟と改名した。しかし、一八七一年（同治一〇年）には、府城隍廟に名を戻している。そして、一八七七年（光緒三年）、府城隍廟の隣に省城隍廟が新設されたのである。また、関帝廟は、府城隍廟の隣に位置した。ために、省城隍廟、府城隍廟、関帝廟が同区域に並存することになった。嘉慶『長沙県志』巻一二「秩祀」。

(30) 黄曾甫「長沙城隍廟旧聞」。上海の城隍廟は、一九二一年と一九二四年の上海の大火によって灰塵に帰しながら、青幇の黄金栄や杜月笙、張嘯林らの呼びかけによって修復が図られた。そして、上海の城隍廟の修復工事は一九二六年に着工され、一九二七年には完成していた。楊国強主編『上海城隍廟大観』三九―四二頁。すなわち、上海の城隍廟は、湖南省城の城隍廟とは対照的な展開を辿ったのである。

(31) 光緒『善化県志』巻一四「祀廟」。

(32) 光緒『善化県志』巻一四「祀廟」。

(33) 光緒『湖南通志』巻七二「典礼」二・「祀典」一。

(34) 湖南調査局編『湖南民情風俗報告書』第八章「神道」八頁。

(35) 一九〇〇年、竹島閑人は、次のように善書を述べている。「善書は道釈二教、殊に道教を根本として作られしものなるも、其形式の側に於ては儒教に依り、此に三教一致の説を形成したるものなり。而して其の宗として奉ずるところの神仏は、文昌帝君、関聖帝君、呂洞賓（呂純陽或は呂祖と称す）及び観音菩薩にして、殊に始めの三神仙を尊奉す。其説は冥罰応報の説を以て、人を駆りて善に進ましむるにあり。現時行はるゝところの善書の数は、数十種に上り、其説多少の異同無きにあらざるも、淫佚を戒め、貪利を戒め、孝弟〔悌〕を説き、慈善を勧むるは、大抵一徹に出で、且つ其説を文昌帝君、関聖帝君、呂祖の託宣に出づるものとなすもの多し。此等神仙の託宣は、扶鸞又た扶乩と称する方法によりて人間に示さるゝものなり」「作善の最も大なるものとして説かるゝものは、自ら資を捐てゝ善書を刻し、之を広く人に送与することなり。此れ人を善に導くものなれば、自己一身の作善に比すれば、其の功広大なりとするなり」（『日本』一九〇〇年四月一三日、同一九〇〇年四月一四日「支那の所謂善書」）、と。そして、竹島閑人は、善行の種類としては、「自ら資を捐てゝ善書を刻し、之を広く人に送与すること」以外にも、「貧民救助、義学の設立、敬惜字紙等の事項」、「道路橋梁の改修、度量衡の公平なるべきこと」などをあげている。なお、善書については、次の研究を参照されたい。酒井忠夫『酒井忠夫著作集一　増補善書の研究　上』、同『酒井忠夫著作集二　増補善書の研究　下』。

（36）『永鎮定湘王醒迷文』「叙」一―二頁。また、次の研究も参照されたい。山田賢「清末湖南の反キリスト教運動と『正しさ』の系譜」、など。

（37）『永鎮定湘王醒迷文』三頁。湖南省では、一八八五年（光緒一一年）、宝善堂により善書の余治編『得一録』（一八六九年〔同治八年〕）が重刊されていた。同書の巻頭には、「永鎮定湘王之神」が写し出されている。宝善堂の董事には、湖南省の仇教運動で著名な周漢がいた。そして、酒井忠夫は、同書を紹介した上で、「善堂的共同体、宝善堂は、宗教の面では、永鎮湘王信仰を根底とした地域的宗教団体と考えることができる」と指摘している。また、『暗室燈』は多くの善書を収録したものであるが、収録された善書的文献の多くが湖南省湘郷の曾毓衢の補刻となっている。更に、曾毓衢は、版本の表紙に、「誠心諷誦、霊験如神、敦甫敬閲〔誠心に読誦すれば、霊験は神の如きである。敦甫〔湯金釗〕謹んで閲覧す〕」、丁酉〔一八九七年〕六月定湘王廟印送」と筆入れがされていた。酒井忠夫『酒井忠夫著作集二　増補中国善書の研究　下』一五九―一六〇、一九七―一九八頁。

（38）『永鎮定湘王醒迷文』四頁。

（39）湖南調査局編『湖南民情風俗報告書』第八章「神道」五頁。

（40）『民呼日報』一九〇九年七月一二日「愚民盼望賽会之可嗤」。

（41）郭崇燾の日記では、一八八五年七月一三日に同事件を伝えて後、しばらく長沙県と善化県の城隍賽会に関する記載はない。そして、一八八九年より、再び城隍賽会の記述が現れるため、賽会は同年に再開されたのではないかと考えられる。楊堅編『郭崇燾日記』第四巻、一八八五年七月一三日、一八八九年六月一七日、六月一九日、六月二三日の条。この郭崇燾の記述よりすれば、中止された期間は、四年ということになる。

（42）『東方雑誌』第六巻第一〇号（一九〇九年一一月七日）「各省諮議局議員姓名録」。

（43）湖南諮議局輯『湖南諮議局己酉議事録』「紀要」「撫部院演説詞」。

（44）『申報』一九〇九年一〇月二二日「湖南諮議局開幕紀事」。湖南諮議局開会式は、湖南諮議局の建物が建設中で、未完成であったため、当初は席少保祠を予定していた。『申報』一九〇九年七月二五日「各省籌辦諮議局」「初選挙重開票」。しかし、実際には、長沙府学宮明倫堂で挙行された。
(45) 湖南諮議局輯『湖南諮議局己酉議事録』「開会」。湖南諮議局の設立については、本書第四章第三節第一項を参照されたい。
(46) 湖南諮議局輯『湖南諮議局己酉議事録』「紀要」。
(47) 民政次長の左学謙の評判については、本書第一〇章第二節第一項を参照されたい。
(48) 湖南諮議局輯『湖南諮議局己酉議事録』「湖南諮議局議事表」。
(49) 湖南諮議局議員のうち、第一回常年会に出席しなかったのは、劉国泰、陳為鑑、楊生春の三名である。湖南諮議局輯『湖南諮議局己酉議事録』「議員開缺補缺表」。
(50) 霍修勇『両湖地区辛亥革命新論』表九「湖南省諮議局第一次常年会議員状況一覧表」四〇〇―四〇三頁。
(51) 霍修勇『両湖地区辛亥革命新論』四〇〇―四〇三頁。
(52) 東亜同文会編『対支回顧録』下「井手三郎君」の項。
(53)『井手三郎視察一件』。なお、一九〇九年一一月一八日は、書記が報告書を読み終わって後、採決が請われた。そして、議員の審議が行われ、大概の賛成をみたものの、修正すべき点があったため、審議会に交し修正をへて後に巡撫に報告し、施行することに決まったという。湖南諮議局輯『湖南諮議局己酉議事録』「紀要」。
(54) この後、一一月二〇日、井手三郎は江西省萍郷の安源炭鉱を見学するため、小汽船で長沙より湘潭に至り、湘潭で民船に乗り換えて株州に入り、一一月二二日朝、汽車で株州から安源鉱山に到着し、安源炭鉱を見学して後、一一月二三日に長沙に帰った。そして、一一月二四日に長沙を離れ、一一月二六日に漢口に戻り、翌年二月にかけて江西省、安徽省、江蘇省、福建省、広東省を回っている。『井手三郎視察一件』。
(55) 孫文「臨時大総統改暦改元通電」一九一二年一月二日、中国社会科学院近代史研究所中華民国史研究室・中山大学歴史系孫中山研究室・広東省社会科学院歴史研究室合編『孫中山全集』第二巻、五頁。
(56)『申報』一九一二年九月二九日「民国之三大紀念日」。
(57) 中華民国政府は、国慶日、記念日の制定にあたり、西暦を基準に定める点では合意をみたものの、日にちについては議論が定まらなかった。何となれば、武昌蜂起の日、南京政府成立の日、南北統一の日、民国政府が正式に成立した日、列国が中華民国を承認した日など、候補が複数上がり、各々妥当な論拠を備えていたからである。ただし、議論の帰趨は、革命記念日と共和記念日とを分ける方向に至り、やがて革命記念日として武昌蜂起の日が、また共和記念日として南京政府成立の日と南北統一の日が定められるに至った。そして、フランスやアメリカが各々、革命記念日、独立記念日を記念日としている点に鑑み、一〇月一〇日を国慶日、一月一日と二月一二日を記念日とすることになった。『申報』一九一二年一〇月一日「国節日效法法美」。なお、均しく南北の統一がなされた日といっても、二月一二日は宣統帝溥儀が退位の詔を発した日、三月一〇日は袁世凱が第二代臨時大総統に就任した日であり、意味の置き所が大きく異なる。

(58)　旧暦の節日における奇数の関係については、本書第七章第一節第三項を参照されたい。

(59)　『時報』一九一二年九月三〇日「九月廿八日臨時大総統命令」。

(60)　『東京朝日新聞』一九一二年一〇月一一日「革命記念日　十日北京特派員発」「革命祭光景（同上）」。

(61)　『東京朝日新聞』一九一二年一〇月一一日「革命記念祭　十日漢口特派員発」。

(62)　『東京朝日新聞』一九一二年一〇月一一日「革命記念会　十日奉天特派員発」。

(63)　『申報』一九一二年一〇月一日「預備祝典」。

(64)　『時報』一九一二年一〇月二日「湖南籌備光復紀念会近聞」。

(65)　『民立報』一九一二年一〇月二日「警界力任保護」。

(66)　『申報』は、次のようにこの間の経緯を述べている。「湖南省で、前に光復記念会を挙行した時は、昨年の陰暦によって計算し、ために九月二九日（陰暦八月一九日）に会を三日開いたが、盛況なる情形は既に前報に載せたものである。ところが、開会後、忽然と中央の電令に接し、そこでは陽暦一〇月一〇日を永遠の国慶盛典としてあった。ところが、今年のこの日は、たまたま陰暦九月一日にあたり、湖南光復の日でもあった。譚〔延闓〕都督は遂に該会籌備事務所をして期に及んで開会三日、慶祝を行わせ、教育総会を会場とし、一切の設備は前回どおり執り行わせた」（『申報』一九一二年一〇月二二日「湖南光復紀念会誌盛」）、と。

(67)『申報』一九一二年一〇月一三日「湘民政司辞職之原因」。
(68)『申報』一九一二年一〇月八日「湖南光復紀年会盛況」。
(69)『民立報』一九一二年一〇月一〇日「瀟湘之国慶日」。
(70)『時報』一九一二年一〇月二日「湖南籌備光復紀念会近聞」。
(71)『申報』一九一二年一〇月二三日「湖南光復紀念会誌盛」。
(72)杜邁之・張承宗『葉徳輝評伝』四八頁。
(73)一九〇五年七月、『申報』は、学生の行状について次のように記している。「湖南省城の各学堂の学生は、毎回、賽会の度ごとに賽会に加わる者がいた。昨年〔一九〇四年〕、学務処は〔学生による賽会参加の〕禁止の布告を出した。近頃またこの風が根絶していないため、特に重ねて禁令を出した。……風聞によれば、近頃は、不肖の学生が徒党を組んでそれ〔賽会〕に加わり、誇りて会場の特色となしているという。誠に、痛恨の事柄である」(『申報』一九〇五年七月五日「厳禁学生附和神会」)、と。
(74)FO228/695, Hewlett to Jordan, Intelligence Report for June Quarter 1908, July 3, 1908.
(75)『時報』一九一二年一〇月二日「湖南籌備光復紀念会近聞」。
(76)『時報』一九一一年一一月二九日「湖南革命近情」。
(77)『申報』一九一二年一〇月八日「焦都督遷葬麓山」、同一九一二年一〇月一五日「焦前都督葬儀誌盛」。
(78)『申報』一九一二年一〇月二九日「湘人追悼焦陳盛会」、『民立報』一九一二年一〇月二九日「記取焦陳就義時」。
(79)『時報』一九一二年一〇月二日「湖南籌備光復紀念会近聞」。
(80)『民立報』一九一二年一〇月二三日「紀念会中之紀念」。
(81)清末、湖南省城は、湘江河岸の大西門より東に至る道路を境に、北側が長沙県、南側が善化県となる。府正街は、長沙県側の中央、やや東側に位置する。清代に長沙府衙門が存在したことから、府正街の名がある。府正街の北側に、府后街を挟んで旧貢院の跡地があり、ここに優級師範学堂が設立された。湖南省城内にあって、どちらかというと、行政、教育の中心地である。
(82)『民立報』一九一二年一〇月二三日「紀念会中之紀念」。
(83)李景僑『抱一先生遺書』「長沙報紙史略」二一―二三頁。『湖南公報』を主宰したのは、貝允昕である。貝允昕は瀏陽の生まれで、戊戌政変で刑死した譚嗣同と親交があり、戊戌政変後に日本に留学し、政治や法律を学んだ。帰国後、弁護士を開業し、中華民国が成立すると、譚延闓は貝允昕に司法司長を委嘱したが、貝允昕は断った。のち、第一法政学校監督、妙高峰中学の校長となるが、いずれも程なく辞め、『湖南公報』が創刊されると社長に就任した。『湖南公報』は、社論や時評で国民党と対立した。ために、共和党湖南支部が設立すると、共和党は『湖南公報』に援助を与えた。ただし、『湖南公報』の編輯部は、共和党の重要な文件を除き、共和党の宣伝記事などの掲載を拒否し、共和党との亀裂を深めた。そして、共和党が同紙編輯部に共和党への入党を求めると、編輯部全員が辞職し、貝允昕も職を去ったのである。張平子「我所知道的湖南《大公報》」。
(84)『民立報』一九一二年一〇月二九日「雅礼偏不知礼」。
(85)エール大学については、本書第八章第一節第一項を参照されたい。
(86)『申報』一九一三年二月二〇日「籌辦紀念会之争辯」。
(87)『申報』一九一三年二月二五日「湖南歓祝声中之恐慌」。一九一三年二月の解散兵士の蜂起計画については、本書第一〇章「おわりに」を参照されたい。
(88)子虚子「湘事記」巻二「商業篇」、同明・志盛・雪雲編『湖南反正追記』一〇九頁。
(89)『民立報』一九一二年九月六日「湘都督大宴桂軍」。
(90)『申報』一九一二年一〇月八日「湖南光復紀年会盛況」。
(91)王芝祥の略歴については、本書第一〇章第一節第三項を参照されたい。
(92)『民立報』一九一二年一〇月一〇日「瀟湘之国慶日」。
(93)王芝祥の湖南省訪問については、様々な推測がなされていた。第一は、解散を志願した軍隊の事務処理のためであるというものである。すなわち、湖南省の解散を志願した軍隊は、本心から解散を志願したものではないと判断し、軍隊を率いて圧力を加えようとしたとするのである。第二は、湖南都督譚延闓が下野を望んでおり、王芝祥が譚延闓に代わって湖南都督に就任するというものである。『大公報』〔天津〕一九一二年九月一四日「王芝祥莅湘記聞」。王芝祥の湖南省訪問の目的は、湖南省の軍隊を解散させる点にあった。このため、王芝祥は、軍隊の一部を解散して後、一一月六日に湖南省を立って江西省に向かった。『申報』一九一二年一一月一九日「王氏赴贛」。

(94)『民立報』一九一二年一〇月一三日「湖南光復紀念会祝詞」。

(95)『民立報』一九一二年一〇月一〇日「瀟湘之国慶日」。

(96)『時報』一九一一年一一月二三日「湖南省革命之大風雲」。

(97)一九一一年五月の軍隊の移動については、本書第一〇章第二節第三項を参照されたい。

(98)『申報』一九一二年五月二三日「湘軍出防各属」。湖南省城では、曾文正公祠など、湘軍の首領が祀られていたが、中華民国が成立するとこれらの祠も改廃の対象になった。西本願寺長沙出張所の開教使の田中哲巌は、「清朝の滅亡と社祠」と題して、次のように記している。「清朝二百六十九年間漢満各族が清廷に対し文に武に功勲著るしき者は皆これを神とし、各地に専祠を建て、庭園戯台（戯台とは吾国の神社にある拝殿の位置にありて一見能舞台の如き建物にして祭事ある時倡優茲に演劇す）等を設け、結搆〔構〕宏壮以て其霊を祀り敬重せるが、今回空前の革命満清朝の滅亡と共に是等の功労者は民国の主意に反せる一分として、はた効なきものとして悉くこれを推倒すること丶なしたり。即ち此専祠が公衆一般より募捐建設せしものは都督府に没収の上、他の公共的事業に使用し、若し私費経営せし社祠は専祠の名を存せしめず、家祠家廟（個人が其祖先を祀りし社にして、例へば李氏家廟、黄家祠の如く、一部富豪者等は経費自辨にて修建せるものなり）に改めしめ、該敷地租税を免除する特典を附與すること丶為せり。これに依り曾て湖南省の誇りとせし長髪賊〔太平天国〕蕩平の驍将曾文正侯爵国藩の専祠も改めて烈士祠となし、革命同盟会員中の節に斃れ義に殉せし諸志士の霊を招くこと丶なれり。同祠は城内小呉門正街にありて庭園の美賞すべく全市第一の称あり。これに亜ぎ北門正街左文襄宗棠の祠も早晩廃社となるべし。これに反し長沙革命の首動先駆者にして第一次湖南軍政府都督焦達峯、同副都督陳作新（此二者は施政行賞等に不公平の事ありて狙撃され、城内為めに騒擾たりし）は別に一祠を建立し優功異勲の表象にすべしといふ。四百餘州幾萬の神格之に依て浮沈昂落を見るべく、地下黄泉亦滅満興漢中華民国の大革新行はるべきか」（『中外日報』一九一二年三月八日、田中哲厳「湖南通信　在長沙」）、と。曾文正公祠の改廃、及び愛国団が烈士祠を本部とした点については、本書第一〇章第一節第三項を参照されたい。

(99) 李景僑『抱一先生遺書』「湖南省城古蹟今釈」下、三三一―三四頁。

(100) 民国初頭の葉徳輝と地域社会の関係について、本書第一〇章第一節第二項を参照されたい。

(101) 『申報』一九一三年一月五日「湘人反対拆毀城隍廟」。

(102) 『申報』一九一二年一月二七日「湘城已夜不閉城矣」。

(103) 『時報』一九一三年五月二五日「湖南近日暴乱之状況」。

(104) 『時報』一九一三年五月二六日「湖南之悪風雲」、『民立報』一九一三年五月二六日「憔悴湘潭草木兵」。

(105) 『民立報』一九一三年六月二日「憔悴湘潭草木兵」、『時報』一九一三年六月五日「瀟湘最近風潮記」。

(106) 張之洞（野村浩一訳）「勧学篇」一八九八年、西順蔵編『原典中国近代思想史第四冊　洋務運動と変法運動』一一一―一一九頁。

(107) 『申報』一九〇六年四月一八日「論松府戚太守禁止迎神賽会事」。

(108) 『大清光緒新法令』第七類「教育三」「学部奏定勧学所章程」一九〇六年五月一三日。引用文は、次を併せ参照されたい。村田雄二郎「孔教と淫祠」。

(109) 清末から中華民国にかけて、廟産興学運動は一層拡大し、盛り上がった。寺院・道観とその財産が教育に転用されただけでなく、僧侶、道士も社会に無用な存在であるとして、僧侶や道士の追放も推し進められた。清末や中華民国の廟産興学については、次の研究を参照されたい。塚本善隆「中華民国の仏教」。

(110) 『大阪朝日新聞』一九一一年五月二五日、麓山子「湖南通信」五月一日。

(111) 『大阪朝日新聞』一九一一年七月一〇日、麓山子「湖南通信」六月二二日。

(112)『申報』一九一三年六月二二日「湖南独立声中之各界態度」。
(113)宰天祐編『長沙県郷土志』第五章「風俗志」第一九節「風俗・礼教」。
(114)鄭佳明主編『長沙風物大観』第五章「郷土文化」「茶館文化」。
(115)『民立報』一九一一年八月一三日「仏門弟子歴劫記（一）」、同一九一一年八月一四日「仏門弟子歴劫記（二）」。
(116)『民立報』一九一三年一月二三日「教育界之大方針」。
(117)『教育雑誌』第八巻第一号（一九一六年一月一五日）蔣維喬「湖南教育視察記」。
(118)『教育雑誌』第八巻第二号（一九一六年二月一五日）蔣維喬「湖南教育視察記（続）」。
(119)『申報』一九二〇年七月六日「長沙師範惨劫続聞」、易甲瀛「六十年前長沙県師範学校惨案」。
(120)湖南省における五四運動の展開は、次の研究を参照されたい。清水稔『湖南五四運動小史』など。
(121)『大公報』〔長沙〕一九二〇年六月二三日「長沙師範事件之憤言（易尚齢投稿）」、同一九二〇年六月二六日「長沙師範学生之報告書」。
(122)『大公報』〔長沙〕一九二〇年六月二二日「長沙師範昨日之惨劇」、同一九二〇年六月二六日「長沙師範学生之報告書」、『申報』一九二〇年七月四日「長沙又発現一大惨劇」、同一九二〇年七月六日「長沙師範惨劫続聞」。
(123)『大公報』〔長沙〕一九二〇年六月二三日「長沙師範昨日之惨劇」、同一九二〇年六月二六日「長沙師範学生之報告書」、『申報』一九二〇年七月四日「長沙又発現一大惨劇」、同一九二〇年七月六日「長沙師範惨劫続聞」。
(124)『大公報』〔長沙〕一九二〇年六月二四日「長沙師範焼殺案昨訊」。
(125)『大公報』〔長沙〕一九二〇年七月一九日「長沙師範事件之結局」。
(126)『大公報』〔長沙〕一九二〇年八月一六日「長沙師範生追悼会」。
(127)五四運動における正義と暴力の関係については、次の研究を参照されたい。吉澤誠一郎「五四運動における暴力と秩序」。
(128)『大公報』〔長沙〕一九二四年九月一五日「中秋節之長沙」。
(129)宰天祐編『長沙県郷土志』第五章「風土志」三五―四二頁。

(130) 龍紱瑞「龍萸溪先生遺書」、同明・志盛・雪雲編『湖南反正追記』一一三頁。
(131) 湖南省地方志編纂委員会編『湖南省志第三十巻　人物志』上「龍紱瑞」四八七—四八八頁。

第一二章　湖南省の第二革命の展開と挫折——国民党の解体を中心に——

はじめに

第一一章では、湖南都督府の国民統合の試みについて、城隍賽会と革命記念式典の関係を中心に考察した。清末の湖南省城の大規模な城隍賽会の中止と民国初頭の革命記念式典の挙行は、ほぼ同じ時期に起きている。しかし、革命記念式典は国民統合を目的に挙行されながら、各種行会の統率力の弱体化、遊民の増加、節日の宗教性の喪失を背景に、かつての城隍賽会が地域社会に持った役割を果たすことができずに、却って地域社会の亀裂を深めた点を指摘した。本章は、第一一章の考察、特に地域社会の亀裂の深まりを受けて、一九一三年の第二革命の展開と挫折について、国民党湖南支部の解体を中心に考察する。

中華民国の課題は、清朝の倒壊という前提の上に立って、政治シンボルや政治的儀式、特定の行動の他に、どのように新しい政治制度を確立し、いかに国民統合を果たすのかという点にあった。この国民統合の目的に沿って選択された政治制度が、議院内閣制の政治であった(1)。議院内閣制は政党内閣制とも呼ばれ、国会に多数の議席を持つ政党が内閣を組織することで、民意を政治に反映させる政治制度を指す。民国初頭、この政治制度を主唱し、臨時約法を起草した人物が、宋教仁であった。宋教仁は、議院内閣制の確立によって国民統合を果たし、かつ臨時大総統袁世凱の独裁をも防ぐことができると考えた。一九一二年一月一日、孫文が臨時大総統に就任すると、宋教仁は内務総長になるはずであったが、各省代表の反対にあい、内務総長よりは格下の法制局局長に就任した。この時、孫文が大統領制を主張したのに対し、宋教仁は議院内閣制を主張して、互いに対立した。二人の描く政府像は、異なっていた。一九一二年八月、国民党が結成され、同年一二月以降翌一九一三年にかけて全国で総選挙が行われると、宋教仁は実質的な党首として各地を遊説し、国民党の圧倒的な勝利に貢献し、議院内閣制の実現に向けて布石を布いた。しかし、宋教仁は、宋教仁内閣の成立が目前に迫ったところで、袁世凱の刺客の放った凶弾によって死亡した。第一〇章で指摘したように、湖南省の郷紳「公議」の伝統は、民国初頭にも受け継がれたが、軍隊の台頭によって蹂躙された。一九一三年三月の宋教仁の暗殺は、一九一二年の湖南省の軍隊による議会の弾圧が中央政界で起きたことを意味した。宋教仁は、湖南省桃源県の出身である。このため、宋教仁の暗殺が湖南省に与えた影響は大きなものがあり、このことが第二革命勃発の導火線の一つとなった。第二革命とは、一九一三年三月の袁世凱による宋教仁の暗殺や同年四月の善後借款の締結を契機とした、同年七月の江西、江蘇、安徽、広東、福建、湖南など南方諸省の独立宣言、及び袁世凱の北洋軍との戦闘、敗北を指し、一九一一年一〇月の第一革命（辛亥革命）に続く革命であったために、第二革命と呼ばれる。問題は、第二革命が、一九一一年一〇月一〇日の革命軍の蜂起と異なり、多数の支持を得られないまま、袁世凱の武力の前に挫折した点にある。(2) それでは、なぜ第二革命は一九一一年一〇月の革命とは異なり、多数の支持をえることができないままに挫折したのであろうか。

一九一二年初頭から一九一三年三月の宋教仁の暗殺までは、議院内閣制の実現に向けて、多くの可能性を秘めた時期に当たった。これまで、第二革命の挫折の原因は、袁世凱の武力を背景とした強圧的な態度に帰せられることが多かった。この見解は、袁世凱の「専制」と国民党の「民主」という対抗図式で考える見方と、中央集権と地方の対立という対抗図式で考える見方の、二つに分かれた。ただし、各省の郷紳や民衆の立場に即して考えた場合、衆参両議会や省議会議員選挙の過程における郷紳や民衆の政党に対する不信、湖南都督府と湖南省の各種団体の間に生じた亀裂も見逃すことができないように思われる。特に、国民党が郷紳や民衆に与えた影響を考えた場合、この見解の妥当性は大きくなる。何となれば、民国初期、湖南省には郷紳や民衆の湖南都督府や国民党湖南支部に対する不満が渦巻いたからである。(3)もともと、清末の湖南省の政治では、郷紳「公議」が重んじられた。湖南諮議局は、この郷紳「公議」の伝統を受け継いで設立されたということもできる。しかし、二〇世紀初頭、郷紳「公議」は、湖南省一省を対象とすることで、湖南省の多様な利害を調整することができなくなっただけでなく、まま一部の有力な郷紳によって決議が左右されて、形骸化していた。臨時約法における、議会の権力が大総統の権力に比べて大きかった点などは、ある意味では湖南省の政治の特徴を表していたのである。清末の湖南省の政治は、湖南巡撫と湖南諮議局が対立する中で、停滞した。民国初頭、湖南省の政治は、湖南諮議局議長の譚延闓が湖南都督に就任したからといって、清末の湖南巡撫と湖南諮議局の対立という構造から解き放たれるはずもなかった。第一〇章で考察したように、軍国民主義などの風潮と共に、このような政治の停滞にも促されて台頭するのである。それでは、この間、国民党など、明確な政治綱領を掲げて結成された大政党は、どのような役割を果たしたのであろうか。湖南省の第二革命をめぐる対抗関係は、袁世凱と国民党の対立という形を取りながら、実質的には湖南省の各種団体の利害関係も含んでいた。そして、第二革命の失敗は、議院内閣制の挫折であると共に、湖南省の各種団体の対立を決定付けた出来事であった。この第二革命の失敗については、臨時大総統袁世凱の議院内閣制への抑圧という側面だけではなく、湖南省の郷紳「公議」の展開という、湖南省内部の問題から考える必要がある。

本章は、以上の課題に沿って、湖南省の第二革命の展開と挫折について、国民党湖南支部の解体を中心に考察する。これまでの研究は、この点について、清末の政治の延長線上に考える観点が希薄だったのではなかろうか。清末の湖南諮議局議員及び民国初頭の湖南省議会議員が清末の郷紳「公議」における郷紳と異なる点は、後者が個人の威信に裏付けられていた点に対して、前者が選挙の得票数に正当性を持っていた点にある。このことは、二〇世紀初頭、地域社会の利害が多様化する中で、郷紳の権威が威信によっては裏付けることができずに、選挙の得票数という眼に見える数でしか正当性を誇示することができなくなったことも意味するであろう。まず、第一節では、一九一二年八月一〇日に国会組織法が公布され、一〇月に国民党湖南支部が設立されて以降、湖南省に生じた亀裂を中心に考察する。この間、湖南省では、国民党と共和党が国会議員や湖南省議会議員の激しい選挙運動を繰り広げ、湖南省に深刻な亀裂をもたらしていた。ただし、この亀裂は、湖南都督府と各種団体の対立に、国民党と他の政党、長沙府と他の行政府などの対立が加わり、生じたものである。それでは、このような亀裂は湖南省のいかなる問題を内包し、袁世凱政府に対する湖南都督府の対応にどのように反映されたのであろうか。第二節では、一九一三年三月以降、袁世凱による宋教仁の暗殺や善後借款の締結が、湖南省に与えた影響を中心に考察する。湖南省では、袁世凱の臨時約法や議会を無視した態度に対して、独立推進派と独立反対派の二つの勢力に二分された。ただし、湖南省の独立推進派はどのような人々によって構成され、湖南省の独立を称えることで何を実現しようとしたのであろうか。また、湖南省の独立をめぐる対立は、第二革命の帰趨にいかなる影響を与えたのであろうか。第三節では、一九一三年七月二五日に湖南都督譚延闓が湖南省の独立を宣言し、八月に入って湖南省の独立を解消し、自らの権威を失墜させ、一〇月に湯薌銘が湖南都督に着任し、国民党湖南支部が壊滅的な打撃を受けるまでを分析することで、第二革命の意味を考察する。これまで、第二革命の挫折によって、民国初期の議院内閣制は閉ざされたとされてきた。国民党湖南支部は、この過程でどのような役割を果たしたのであろうか。本章では、これらの問題を、袁世凱政府と湖南都督府の対立としてだけでなく、湖南省における利害の対立として捉える。

第一節　国会議員選挙と国民党

一・国民党湖南支部の設立

一九一二年一月一日、孫文は南京で臨時大総統に就任し、中華民国の建国宣言を行った。(4)二月一二日に宣統帝溥儀が退位を発表すると、翌二月一三日、臨時大総統の孫文は、臨時政府に対して辞表を提出した。(5)二月一五日、南京の中華民国臨時政府は、袁世凱を臨時大総統に選出した。しかし、袁世凱は、孫文が辞表提出の条件とした南京訪問を拒み、三月一〇日に北京で臨時大総統に就任した。一九一二年初頭、臨時参議院では同盟会が第一党、共和党が第二党となり、二党の間に位置した統一共和党が第三党となった他、国民共進会、共和促進会など小政党が存在した。そして、各政党の多数派工作と合従連衡が起きた。八月一〇日、袁世凱は、国会組織法を正式に公布した。この国会組織法では、中華民国の国会は衆議院と参議院の両院より構成された。衆議院議員は、人口八〇万人について一人を選出することが定められていたが、八〇〇万人に満たない場合であっても一〇名を選出することができた。このため、衆議院議員総数は、五九六名となった。また、参議院議員についても、二二省の議会が各々一〇名、つごう二二〇名を推挙し、蒙古二七名、西蔵一〇名、青海三名、それに中央学界八名、海外在留者（華僑）選挙会六名を加えて、総数は二七四名となった。全国の衆議院議員数五九六名中、湖南省は二七名、全国の参議院議員数二七四名中、湖南省は一〇名である。(6)衆参両議院議員の選挙方法は、衆議院議員が覆選制による直接選挙、参議院議員が各省議会から選出される間接選挙である。衆議院議員選挙の有権者は、中華民国の国籍を有する男子で、年齢は満二一歳以上、選挙人名簿が編纂される以前に選挙区に二年以上居住し、次の資格のうち一つでも備えている者が該当した。一・一年間の直接税の納税額が二元以上の者、二・五〇〇元以上の不動産を持つ者（ただしモンゴル、チベット、青海では動産によって計算することができる）、三・小学校以上の学歴を持つ者、四・小学校以上の学歴に相当する資格を持つ者、以上である。選挙方法は、覆選制を用いている。すなわち、各省で幾つかの覆選区を制定し、覆選区は県を単位とする数個の初選区を包括した。初選区と覆選区の定数は、全省の有権者総数から定められた。また、参議院議員は、各省において「選挙人は該当する省の省議会議員によって充たされる」としている。(7)そして、国民党が、同盟会を母体に、統一共和党、国民共進会、国民公党、共和実進会など、幾つかの小政党、政治団体が連合することによって成立した。一九一二年八月二五日、国民党の成立大会が北京の湖広会館で開かれ、理事に孫文、宋教仁、黄興、王人文、王芝祥、張鳳翽、呉景濂、王寵恵、貢桑諾爾布ら九人、参議に三〇人、候補参議に一〇人を選出した。国民党は理事制を採用し、孫文が理事長に就任した。ただし、孫文は宋教仁を代理に指名し、宋教仁が国民党の実権を握ることになった。国民党の政治綱領では、同盟会の時代における民生主義と「男女平権」の主張が削除された。(8)国民党の設立後、国民党北京総部は、次の四点の計画を練った。第一点は人員の各省派遣と国民党支部の設立、第二点は各省、各県の議会選挙の掌握と選挙の勝利、第三点は国会や各省、各県の議会における国民党の多数派の獲得と議会制の堅持、第四点は国民党による責任内閣の組織と宋教仁の内閣総理就任である。一九一二年六月から七月の間、すなわち国民党成立大会の開催以前に、同盟会の北京総部は、湖南省の出身で、北京で『東亜新聞』の発刊に関わっていた仇鰲を、湖南省に派遣した。(9)

一九一二年一月一日、孫文が南京で臨時大総統に就くと、中国同盟会は本部を南京に移し、三月三日に政党組織の大会を開いて党綱及び党規を発表した。その後、臨時大総統の袁世凱が首都を北京に移すと、五月上旬に中国同盟会も北京に本部を移し、上海支部に中国同盟会の駐滬機関部を付設した。この結果、上海が中国同盟会の事実上の所在地となった。そして、八月二五日、中国同盟会は、他の小政党、政治団体と連合して国民党を結成した。長沙駐在日本領事館編「湖南に於ける政党結社」は、同盟会の改組及び国民党湖南支部の成立過程について、次のように述べている。

従来秘密結社たりし同盟会か民国元年一月政党となりて顕れ、〔三月三日〕南京に於て成立大会を挙行し、各省に支部を分設して党勢の拡張に資せんとせり。湖南人士之れを開き、文斐等中心人物となり支部の設置を企劃する所ありしに、各人私見を抱きて意見多端、到底一致するの見込なきより、馮天桂、李長方、劉重、唐元、王権等之れを憤り、民国元年三月二十二日に於て別に同盟会〔湖南〕支部を発起し、当地馬王街なる小瀛洲南路公学に於て成立大会を挙行せり。然るに之れより当地同志者間の暗闘益々激烈を極めんとせるより、同盟会本部に於ても黙視し難く、唐蟒、柳聘農、郭人漳を派して其調停の任に当らしむと共に、該支部設立の事を謀らしめ、四月十五日事務所を長学宮街に設置せり。次て五月五日役員の選挙及同支部章程編成の為めに大会を開き、以て正式に同盟会湖南支部の設立を見たり。……〔馮天柱一派は〕六月三日小瀛洲支部の解散を声明せり。次て七月七日支部長たる洪栄圻の病死するや、同盟会支部に於ては〔七月〕十四日評議会を開き、其後任者の人選を議し、洪栄圻の後任として〔副支部長〕譚延闓を支部長とし、譚延闓の後任として〔理財長〕周震鱗を挙け、周震鱗の後任として伍任均〔現代支那人名鑑参考〕を挙ぐることに決定せり。然るに八月の末〔八月二四日〕に至り、北京に於て同盟会か中心となり、統一共和党、国民公党、共和実進会、国民共進会及全国聯合会の五政団と合併し、国民党を組織し、九月十四日北京本部より右改組の公電ありたるを以て、当支部に於ても湖南民社、辛亥倶楽部を合併し、十八日国民党湘支部の成立大会を挙行せり(10)。

一九一二年五月五日における同盟会湖南支部の支部長は洪栄圻、副支部長は陳強と譚延闓、総務長は唐蟒、交際長は王猷、政事長は張通典、理財長は周震鱗、文事長は譚心休、評議長は龍璋である。洪栄圻は、湖南省寧郷の人で、日本の法政大学に留学し、卒業後に寧郷駐省中学及び中路師範学堂監督を務め、革命主義を抱き、夜中に爆弾を製造して革命運動を助けた。湖南都督府では司法司長を務め、湖南都督譚延闓の信任も厚かったが、過労がたたり、一九一二年七月七日に病死した(11)。

一九一二年六月から七月の間、同盟会の北京総部は仇鰲を湖南省に派遣した(12)。仇鰲は、湖南省に至ると、国民党湖南支部の結成に着手し、民政次長の任に就き、国民党の勝利に向けて、国会議員選挙や省議会議員選挙の準備を行った。同盟会の北京総部は、選挙担当者を司法司長と誤認しており、司法司長洪栄圻の死去を受けて後任として仇鰲を湖南省に派遣した。ところが、仇鰲の湖南省到着後、選挙の総責任者は民政司長であることがわかったが、民政司長には既に劉人熙が就任していたため、仇鰲が民政次長の任に就いた。九月一八日午前八時、国民党湖南支部の成立大会が、同盟会、統一共和党、国民共進会、国民公党、共和実進会、全国聯合進行会、湖南民社、辛亥倶楽部の合併により、教育総会を会場に一五〇〇人から一六〇〇人の参加者をえて開かれた。同大会は、八月二五日の北京における国民党成立大会の報を受けてなされたものであり、仇鰲や国民党本部より派遣された彭允彝を主席に、柳聘農らを招待員に、薛祈齢らを検券発票員に、粟戡時らを監察員に、羅傑らを監票員に、李正伝らを開票員に、楊徳鄰らを書記員に任命し、湖南省支部の正・副支部長や各科主任などを選出した。そして、選挙後に、副支部長となった仇鰲、国民党本部より派遣された彭允彝、支部長に選出された譚延闓の順に演説を行った。ここで、彭允彝は、「政党の目的は国家を改造し、政府を監督し、国民を指導することにある。争うところのものは政治的な見解にあり、私ごとの見解にはない。堅持するものは政治的綱領にあり、偏った心にはない」と述べている。同大会では、湖南支部長の譚延闓、副支部長の仇鰲以外にも、総務科主任に周声駿、同副主任に羅良幹、政事科主任に劉武、同副主任に蕭仲祁、文事科主任に呉景鴻、同副主任に劉崧衡、会計科主任に陳炳煥、同副主任に伍任鈞、交際科主任に周震鱗、同副主任に薛祁齢、政務研究科主任に楊徳鄰、同副主任に羅傑が選ばれた(13)。国民党湖南支部内には評議会が設けられ、評議長に龍璋、評議員に劉人熙、陳強など五七人が就いた。また、一二月三日に政務研究会も設立させた。なお、『民立報』は、政務研究会について「聞くところでは、該党〔国民党〕は近ごろ専ら政務研究会に意を注ぎ、各方面の人材を甚だ多く網羅し、官制・財政、及び明年の憲法の各種問題に対して鋭意探求し、程なく成冊を発表するであろう」と記している(14)。政務研究会では、主任の楊徳鄰、副主任の羅傑の他に、法制科主任に彭兆璜、政務科主任に陶思曾、経済科主任に周砥、外交科主任に陳安良、軍務科主任に陳嘉祐、教育科主任に蕭翼鯤が就いた(15)。このため、国民党湖南支部長は譚延闓であるが、譚延闓は象徴的な存在であり、国民党湖南支部の党務の一切は北京総部から湖南省に派遣された副支部長の仇鰲が取り仕切った。国民党湖南支部も同盟会湖南支部と同様、雑多な組み合わせからなっていた。特に、譚延闓は一九一二年三月設立の共和党湖南支部の副支部長にも就任しており、ために一部の国民党員は譚延闓の国民党湖南支部長就任を忌避した(16)。

二・黄興の帰郷の波紋

国民党は、国会議員選挙に備えて、幹部などが各地に赴き演説で有権者に訴える方法を取った。一九一二年一〇月三一日、国民党理事の黄興が故郷の湖南省に至り、実業振興の奨励と共に、選挙の応援のために遊説した。湖南省善化県出身の黄興は、一九〇三年に日本の留学からの帰国後、湖南省の明徳学堂で教鞭をとり、一九〇四年一〇月の華興会の蜂起計画の失敗後に再び日本に渡り、一九〇五年の中国同盟会の結成に参加した(17)。一九一一年一〇月一〇日に武昌蜂起が起こると、上海をへて武漢に至り戦時総司令となった。黄興は一九一二年一月、南京臨時政府の成立と共に陸軍総長に就任し、臨時政府の北京移転後、南京留守府をあずかったが、六月一四日に留守職を解消し、上海に居住した。九月初旬、黄興は、袁世凱の要請を受けて、九月一一日に北京に赴いた。この間、九月七日、臨時大総統袁世凱は、黄興に陸軍上将を授けている。黄興は、北京に到着後、各界主催の歓迎会に出席し、演説を行った。九月一八日、黄興は北京の社会党歓迎会に出席し、「我が国の今回の革命は、単に種族的な革命、政治的な革命というのではなく、結果は社会的な革命である。従前の専制時代、社会的な種々の圧制の苦しみを受けて、兄弟たちはこれを悲しみ憐れんだ。凡そ、富貴貧賤の不平等の等級は、政治的に造られた悪である。現在、政治的に革命がなり、我々は視野を広くさせ、私心を化除し、富貴貧賤の各階級を一律に打破し、全国の人々に完全な幸福を享受させなければならない」と述べた(18)。ただし、黄興は、九月下旬には北京を離れて上海に赴き、一〇月二五日に湖南省に帰郷のため上海を出立して、翌一〇月二六日に湖北省の武昌に到着した。黄興は一八九七年に武昌の両湖書院に学び、一九〇二年に日本に留学生として派遣されているため、武昌は黄興にとって思い出の地であった。一九一二年一〇月、黄興は、武昌の江漢大学や国民党湖北支部などで講演をして後、一〇月三一日に湖南省の長沙に戻った(19)。黄興の帰郷は、一九〇四年一〇月に湖南省を脱出し、日本に亡命してから実に八年振りのことであり、正に功成り名を遂げての凱旋帰郷であった。一〇月三一日、湖南都督譚延闓以下、各司長、軍警や商会の団員が朝から湘江河岸の義渡碼頭の躉船に集まり、黄興が到着するのを出迎えた。すると、見物人も垣根の如くなり、人数も「七、八万人」を下らなかった。黄興は、足を怪我しており、乗馬が難しかった。しかし、見物人が見やすいように、他より高い位置に置くため、あえて馬に騎乗して湖南省城内に入城し、歓迎会場の教育総会まで行進した。歓迎会場では仇鰲が簡単な歓迎の言葉を述べて後、万歳が三唱された。次に、黄興が演説を行い、「私は湖南省を離れてから八年、今日年配の方や友人の歓迎を受け、私の心は申し訳ない気持ちで一杯である。私には多くのお話をしたい事柄があり、年配の方や友人と談笑したいが、今日は時間が遅すぎる上に場所も大きすぎ、話をしても不明瞭である。私は湖南省に久しく滞在するため、別の日に徐々に議論することとし、今日はお礼を述べるのみにしたい」と述べて軍営に戻り、一端郷里の自宅に戻ってから、湖南都督府に出向いて返礼を行った[20]。

黄興は、一一月三日の国民党湖南支部における演説を皮切りに、湖南省の各地で演説を行い、一一月五日には湖南省の政界の歓迎会で次のように述べている。

共和政治を完遂するために、進めるべき方法は甚だ多い。ただし、我々が主張するものは民生主義であり、国家社会主義がこれである。私は、本党の開会にあたり声を大にして述べたことがある。大よそ、政治革命が達成されれば、社会革命は不可避となる。そして、この政策〔民生主義〕が採用されてこそ、穏やかで平和な幸福も享受できるのである。欧米各国の治国の大政は、全て大資本家に左右されており、例えアメリカなどが酷い専横を脱しているといっても、社会的な不平等のこれより極まるものはないのではないであろうか。そして、革命の風潮は、これ〔社会的不平等〕に付随して起こるのである。私たちは、国を謀る場合、必ず百年の計をなさなければならない。我が国には近年この現象はないとしても、予めなすべき防備は行う必要がある。我が国は土地が広大で物資が豊穣であるため、地価増差税〔土地価格の上昇分を富豪に独占させず、国家が土地価格の上昇分を社会全体のために平等に還元させる制度〕を採用するならば、自ずと富強に至るであろう。ましてや、国家社会主義は、二〇世紀に建国した国においては外すことのできないものである。ドイツがこの政策を実行し、イギリスが植民地でこの政策を遂行していることが、明証である。現在の世界にあって侵略主義のために和平を望みがたいというのであれば、大同主義を求めるべきであり、列国と誼を通じて後に存立を図ることができるというのは、大勢の至らしむものである。また、これだけでなく、人民の貧富の差が甚だしく隔絶していなければ、国家の財力は日々充実し教育の普及も主張することができる。国家の発展を図るならば教育を先にすべきであり、全力を尽くして運営し国家の資材をこの経費に当てるべきである。(21)

黄興は、この演説において、国家の発展のための実業振興を打ち出しながら、貧富の格差の拡大を予防するために民生主義、すなわち地価増差税に採用を主張した。ただし、演説の聴衆が、この黄興の民生主義に基づく主張の趣旨を、正しく理解したかどうかについては不明である。この後、黄興は一ヶ月半ほど湖南省内に滞在し、一二月一六日に湖南省を離れた。湖南省では、黄興の帰郷に際して、お祭り騒ぎのような事態となった。この間、黄興は湘潭をへて醴陵に至り、安源炭鉱を視察して後、更に江西省の萍郷にまで足を延ばした。時に、黄興が長沙から安源炭鉱に赴く際、「沿道で見物する者は垣の如くなり、英雄と賞賛する者があり、草寇〔盗人〕と罵る者があり、車の前で爆竹を鳴らす者があった」といわれた。(22)

湖南都督府の民政司長であり、国民党湖南支部副支部長の仇鰲は、黄興に歓迎の意を表すために、黄興が湘江河岸から湖南省城内に入城する際に通過する小西門を黄興門に、小西門から湖南省城内に続く繁華街の坡子街を黄興街に改名した。これに対して、湖南都督府会計検査次長の曹耀材は仇鰲に書簡を与え、「足下が民政司長に就任して既に二ヶ月、為すべき事柄は極めて多い。足下のいわゆる積極性は、いかなる点にあるのであろうか。先には記念大会〔を開催して〕、国を挙げて狂ったようであり、今は黄興門や黄興街〔と改名して〕、私はこの点をどうしても理解することができない」と述べ、黄興門や黄興街への改名が黄興への阿諛追従にすぎるとして、過度の歓迎行事に批判を加えている。また、馬溶煥も、同様の批判を行った。更に、湖南省城の各新聞も、黄興門や黄興街への改名について、直接或いは間接に批判して、これらの批判に加勢した。(23)仇鰲は、これらの批判への対処法を知らず、黄興門については大西門の上に黄興門と金字で大書したが、黄興街については黄興街と記した布で門を飾るに留めた。また、湘潭でも、黄龍廟碼頭を黄興碼頭に、十三総正街を黄興街に改める計画がなされていた。ただし、これは、黄興の反対にあった。湖南省の民衆は、小西門を黄興門に、坡子街を黄興街に改名するなどの行為を、仇鰲の黄興に対する過度の阿諛追従と見なした。(24)葉徳輝は湖南省の商界で演説し、坡子街の黄興門への改名に反対し、「黄興門を螃蟹〔かに〕門と改め、横行の意を取るべきである」と揶揄した。(25)また、葉徳輝は、「光復坡子街地名記〔坡子街の地名を光復するの記〕」という文章を著して、湖南省城の坡子街で商売を行う家は四、五〇〇戸あり、牌記の最も古いものに西協盛、東協盛、労九芝堂、詹文裕、危有乾などがあり、二〇〇有余年から一〇〇有余年の歴史を持ち、葉公和や余太華に至っても一〇〇年の歴史があり、五〇年、六〇年の古さとなると数えきれない程で、湖南省内の外府、庁、州、県、外では北京、上海、漢口、四川省、広東省、福建省、浙江省、江蘇省、安徽省、江西省、雲南省、貴州省から郵便の往来があり、皆な坡子街某号某商と称えており、商場の地名を一時一人の名義によって軽々しく変更できないものであるにも拘らず、昨年秋に黄興が湖南省に帰るや、一、二の無知で取るに足らない者が阿諛追従し、突然に徳潤門（小西門）を黄興門に、坡子街を黄興街に改めてしまったとして、「当時、各商号は〔改名に〕抗議して従わなかったが、軍隊が解散したばかりの時であることを慮り、別に騒乱の機会が開かれる事を恐れて、議論は取り止めとなった。事〔改名〕に当たっては、白布を地にし、棉花で縁を染め、『黄興街』の三字を記した。ただし、世間では、縁を嫌い、白を忌んでいるため、義が何れにあるのかは、わからない。黄興が仰々しく市を過ぎた時、眼では見ていなかったようであり、黄興が街名の有無を栄辱としていないことは、断じて知るべきである」と述べて、徳潤門（小西門）を黄興門と変え、坡子街を黄興街に改名することが伝統を蔑ろにするものであるとして、湖南都督府の対応を批判した。(26)この結果、黄興街の名称は取り止め、坡子街の呼称は元に復した。しかしながら、黄興門の呼称は黄興門のままとなり、一九一三年の湖南省の独立宣言の解消まで続いた。

三・国民党圧勝の背景

一九一二年九月、これまで湖南省では省議会議員が正式には選出されていなかったため、省議会議員選挙が国会議員選挙と併せて行われ、籌備国会選挙事務所に籌備省議会選挙事務所が付設された(27)。選挙の総責任者は、民政司長である。ただし、一九一二年六月から七月にかけて、仇鰲が同盟会総部より湖南省に派遣された当時、民政司長には劉人熙が就任していたため、仇鰲は民政次長に就任した(28)。劉人熙は、焦達峯政権の譚延闓民政部長の下で民政司長に就いており、一九一一年一〇月三一日の譚延闓の湖南都督就任後も引き続き民政司長となった(29)。清代の一九〇六年一〇月、劉人熙は、中路師範学堂の監督を譚延闓から引き継いでいる(30)。譚延闓と劉人熙は、懇意の関係にあった。譚延闓は国民党に入党したが、劉人熙は国民党には入党しなかった。のみならず、民政司長としての劉人熙には、不満の声もあがっていた(31)。やがて、劉人熙と仇鰲の間で、人事をめぐる対立が起きた。一〇月三日、劉人熙は、湖南都督譚延闓に対して民政司長辞職を申し出ている。民政司長には、劉人熙に代わって仇鰲が就いた。一九一二年一〇月一三日付け『申報』は、劉人熙が民政司長を辞任した理由を次のように報じている。

この〔民政司長が交代した〕原因を総括するならば、数種ある。一・〔劉人熙が〕次長の仇鰲と合わなかったことである。仇〔鰲〕は急進を主とし、劉〔人熙〕は温和を主とした。また、仇〔鰲〕は少年や英俊を用い、劉〔人熙〕は老人や重鎮を用いた。二・劉は政党〔国民党〕中の人ではなかった。そして、湖南省が政党の官府となっていたため、党人によって良し悪しを決めることがなければ、一人では何もすることができなかった。三・〔劉人熙は〕精力が足らず、人材登用にも慎重でなかったため、最初は次長の左学謙や羅大維に愚弄され、次に銓叙科長の王壽、警察科長廖漢瀛、劉全に愚弄され、聞知するところなく、民衆の怨みが沸騰し、名声も乱れ、しばしば外間の謗りや詰りにあった。四・劉〔人熙〕の年齢は八〇に近く、老衰し病も多く、煩雑〔な仕事〕に耐えることのできないものがあった。思うに、劉〔人熙〕は本来が学者であり、一時は学問・道徳共に鳴らしたが、性情が孤立で傲慢、偏屈で人見知りした。ために、清朝では官界を浮沈し、終ぞ恵まれなかった。晩年、好んで後進を奨励し、革命を提唱するも、厳粛にすぎて、甘言も入りやすく、才能の優れた人を選抜することができず、一般小人の愚弄するところとなり、失敗して地位・名誉とも失うのを免れなかった。ただし、実際においては、聖人君子たるを失っていないといわれているのである(32)。

劉人熙が民政司長を辞任した理由は、国民党による行政の人事権の掌握にあった。何となれば、民政司長は知事の任命権を持ち、知事が各県の選挙責任者であったからである。この結果、民政司長が県の選挙を掌握した。仇鼇の民政司長就任後、各区、各県の選挙責任者は国民党員で占められ、国民党湖南支部は国会議員選挙や省議会選挙に向けて、磐石の体制を布いた。

一九一二年一〇月一八日、宗方小太郎が「国会議員選挙の期日切迫し、各省にては競争の端已に啓け、広東の如きは議員の選挙権皆国民党（旧同盟会）の壟断する所となり、地方の選挙監督者は尽く同盟会員を以て之に充て、他党をして一指だも染めしめざるの気勢有り。広東に次で競争準備の整頓せるは江西省にして、〔江西〕都督李烈鈞〔は〕同盟会員を以て選挙総監督となり、各府県の選挙権を壟断して他党を圧倒し、専横甚しきを以て、同省内に於ける共和建設討論会以下の団体より北京参議院、国務院、国会事務局並に共和党、民主党の両本部へ宛て国民党の横暴を訴へ取締方を要求せり」と報告したように、中国の各省では各党の激しい選挙運動が繰り広げられた(33)。仇鼇も、各県に人員を派遣して国民党湖南支部の下部組織を設立させると共に、選挙運動を行った(34)。子虚子は、「仇鼇が内〔民〕政司長となると、黄興がこれを牛耳った。〔黄興の〕気持ちは国会選挙にあり、各県の〔選挙責任者の〕知事には国民党員を就任させた。法官は、本来入党すべきでないが、〔国民党の〕全盛期には蕭仲祁が司法籌備処長となり、〔国民〕党員でなければこれ〔法官〕に任用しなかった」と述べた上で、「湖南省の吏治は、蔚廬〔劉人熙〕の在任中、賢者と愚者を共に採用していたが、亦山〔仇鼇〕が帰〔郷して劉人熙に代わ〕ると純粋に〔国民〕党員のみを用いるようになった。ここで、無頼の徒が皆な諂って知事や法官となり、子供や使い走りが議員に当選した。〔国民〕党員が横行し、政務が捻じ乱れ、善良が屈辱を受け、言葉に言い表せない状態となった」と指摘したのである。(35) 湖南省では、衆議院議員、省議会議員の選挙では各党が激しくせめぎあった。(36) 各政党は、選挙運動の期間中、有権者名簿の改竄、票のすり替え、供応や金銭による買収工作などで、大方の鞺鞳を買った。一九一三年二月六日は旧暦の正月にあたり、選挙運動も歌手や踊り子を交えて茶館や酒館などで行われた。このため、舒礼鑑は、「各省の選挙で醜悪な行跡が判明しているが、湖南省の選挙管理人の不正が最悪であり、実に共和の恥であるため、法律の力で一掃すべきである」と述べて、選挙維持会を設立した。(37) 選挙維持会は、数人が「選挙諸民、各々良心を存せよ」と大書した竹布を担ぎ、銅鑼や太鼓を鳴らし、村人の龍燈、獅子舞のように街道や各党の選挙招待所を回った。ただし、見物人は、選挙維持会の行動を嘲笑した。(38) また、参議院議員選挙では、金銭が入り乱れ、或る者は数万金を消耗し、また或る者は大金を出して四処で票を買ったために、一票の購買価格が五〇〇元、六〇〇元から二〇〇〇元になった。(39) 更に、民政司長仇鼇の暗殺未遂事件も起きた。(40) 三月九日、鄒代藩、唐維藩、葉瑞棻、高栢鑑、羅永紹、石広権、殷士奇ら数十人が、「各機関の事務員は均しく長沙府属の人である」と述べて、湖南都督府の人材登用の不平等、すなわち長沙府以外の出身者に対する冷遇に抗議して、外府聯合会大会預備会を開催し、翌三月一〇日に大会を開いて湖南都督譚延闓との対決姿勢を強めた。(41) 外府聯合会は、外府六四属聯合会とも称した。この他にも、周召南らは、湖南都督府や省議会の監督を目的に湖南公民団を結成した。(42)

湖南省の第一区は、長沙府一一県一州（長沙、善化、湘陰、瀏陽、醴陵、湘潭、寧郷、益陽、湘郷、攸、安化、茶陵）、岳州府四県（巴陵、平江、臨湘、華容）であり、第二区は宝慶府四県一州（邵陽、新化、新寧、城歩、武岡）、衡州府七県（衡陽、清泉、衡山、安仁、耒陽、常寧、酃）であり、第三区は永州府八県（零陵、祁陽、東安、道州、寧遠、永明、江華、新田）、桂陽州三県（臨武、藍山、嘉禾）、郴州五県（永興、宜章、興寧、桂陽、桂東）であり、第四区は常徳府四県（武陵、桃源、龍陽、沅江）、澧州府五県（安郷、安福、石門、慈利、永定）、辰州府四県（沅陵、瀘渓、辰渓、溆浦）であり、第五区は永順府四県（永順、保靖、龍山、桑植）、沅州府三県（芷江、黔陽、麻陽）、靖州三県（綏寧、会同、通道）、乾州庁、鳳凰庁、永綏庁、晃州庁である。(43) 一九一二年九月三〇日付け『申報』は、国民党の各選挙区の責任者を第一区が龍璋、第二区が羅永紹、第三区が唐聯壁、第四区が戴展誠、第五区が陳強としている。(44) 一九一二年一二月から一九一三年三月にかけて、湖南省で省議会議員、衆参両議会議員の選挙が行われた結果、省議会議員は、総数一〇八名中、国民党員八一名、共和党員二五名、党籍不明者二名となった。(45) ただし、一九一三年四月一三日付け『時報』紙上は、「湖南省議会議員は、一〇八名である。厳密な調査では、共和党が二八名、国民党が九〇名と称しているが、実際は六〇名余りにすぎず、二党に所属したり無所属の者は一〇名余りもいた。〔国民党の〕六〇名余りのうちで、三〇名余りは国民党の中の急進派で、残りの三〇名余りは同党に属しながら成見がない」と分析している。(46) また、衆議院議員は、総数二七名中、国民党員二二名、共和党員三名、党籍不明者二名となった。(47) 参議院議員は、省議会議員から選出された。このため、湖南省議会は、三月一五日に正副議長の選挙を行ったが、同日には決まらず、三月一六日に議長に黄右昌が、また三月一七日に副議長に曾熙と彭兆璜の二名が決まった。(48) 参議院議員選挙は、本来は三月一七日に挙行の予定であったが、選挙の期日は三月二一日に、更には三月二二日に延期された。三月二二日の参会者は一〇六名（二名の欠席）であり、参会者の三分の一、すなわち三六票を当選とした。ただし、第一回の選挙の結果、当選者は三七票を得た彭邦棟のみであった。翌日再び選挙が行われたが、この間に国民党員は選挙方法を議論し、監察員に国民党員一五名を加え、かつ記入台の覆いを外し、共和党員に投票する者には武力で対処することにした。翌三月二三日、参議院議員選挙のために省議会議員が集まると、記入台の覆いが取り外されており、共和党員の程希洛が総監督に質問したが、無視された。このため、共和党員は抗議の退席をし、数名の国民党員もそれに従った。(49) 共和党が国民党の選挙違反を北京の中央籌備国会事務局に訴えると、同事務局は選挙の無効を宣言した。これに対して、湖南都督譚延闓は中央籌備国会事務局に選挙の有効を述べ立て、選挙のやり直しが不可能な旨を主張した。(50) 参議院議員選挙の最終的な当選者は、彭邦棟の他、田永正、呉景鴻、周震鱗、李漢丞、陳炳煥、黎尚雯、胡瑛、盛時、向乃祺となった。(51) いずれも国民党員であり、共和党員は入らなかった。湖南省の国会議員選挙や省議会議員選挙の結果は、国民党の圧勝であった。(52)

第二節　独立宣言をめぐる対立

一・宋教仁暗殺の波紋

一九一二年一二月から翌一九一三年三月にかけて、中国の各省で国会議員選挙が行われ、衆議院、参議院とも国民党が圧勝した。宋教仁は、国民党による議院内閣制を企図し、議会の力で袁世凱に対峙しようとした。袁世凱は宋教仁に対して、暗殺という手段で報いた。一九一三年三月二〇日、宋教仁は滬寧鉄道上海駅で狙撃され、翌々日の三月二二日に死亡した。直ちに、宋教仁暗殺事件の捜査が行われた。四月二五日、江蘇都督程徳全、江蘇民政長応徳閎は、宋教仁暗殺事件の捜査状況の証拠を開示した。(53) この結果、宋教仁暗殺事件の容疑の線上に国務院総理趙秉鈞、内務部

秘書洪述祖などの人物が浮上し、臨時大総統袁世凱の関与も示唆された。時に、袁世凱は、参議院の批准をへないま
ま、イギリス、フランス、ロシア、ドイツ、日本の五ヶ国銀行団と、二五〇〇ポンドの善後借款の締結を図った。参
議院の批准をへない善後借款の締結は、臨時約法に対する違反であった。このため、参議院は、袁世凱による善後借
款の締結が臨時約法に対する違反であるとして抗議した(54)。この善後借款は、各省の主要な財源である塩税を担保とし、
かつ総額が国庫の歳入の半分にも相当した。袁世凱は、善後借款の締結で得た資金を利用して、参議院議員の買収工
作を行い、自らの権力の基盤の強化に乗り出した。国民党内は、宋教仁暗殺事件や善後借款締結問題を機に、一挙に
袁世凱政府の批判に傾いた。ただし、国民党の中では、袁世凱に対する対処方法をめぐって、二派が対峙した。一つ
は武力で袁世凱政府の打倒を図る武力派であり、他の一つは法律で袁世凱政府の打倒を図る法律派である(55)。宋教仁暗
殺事件が発生すると、法律派は武力派に対抗するだけの勢力を持たなかったが、やがて武力派が衰退して法律派が復
活した。法律派は、袁世凱の借款問題における違法を取り上げ、内閣の改組に持ち込む方法を立てた。そして、法律
派は、進歩党と袁世凱の間に楔を打って袁世凱を孤立させ、梁啓超と進歩党の間に楔を打って進歩党を孤立させる計
画を立てたが、この計画は画に描いた餅であった。中国全体の中で、最もよく中国同盟会の宗旨を実行しているもの
は湖南省であるといわれ、湖南省では譚延闓を駆逐して唐蟒に代え、国民党を脱党した郭人漳や陳家鼎を死刑に処す
などの謡言が起きていた。また、各都督の中で、反袁世凱の態度が最も明確な人物は、李烈鈞であった。そして、臨
時大総統袁世凱としては、戦闘を起こさないまでも、行政を統一するためには、反袁世凱派の都督を取り除く必要が
あった。武力派と法律派が相対立する中で、数少ない武力派の代表に、国民党理事長孫文や江西都督李烈鈞がいた。
四月下旬、孫文は、各国の政府に電文を送り、宋教仁暗殺事件と善後借款問題を批判した(56)。四月二七日と三〇日、江
西都督李烈鈞は、袁世凱や各省都督などに打電し、善後借款の締結の不当性を論じた。更に、五月五日、江西都督李

烈鈞は、湖南都督譚延闓、安徽都督柏文蔚、広東都督胡漢民と連名で、善後借款の締結を批判した[57]。しかし、各都督の対応は、表向きは袁世凱政府と対抗したといっても、湖南都督譚延闓が秘書の唐乾一を北京に駐在させて袁世凱と秘かに気脈を通じているなど、一様ではなかった[58]。

一九一三年五月二八日、日本の長沙駐在領事代理岡本武三は、外務大臣牧野伸顕にあてた報告の中で、次のように述べている。

宋教仁刺客の手に倒れ、国民党は政戦に於ける指揮官を失ひ、甚たしく憤激せんと共に、本件を利用して政敵袁世凱を政界より葬り去らんとし、本件と袁〔世凱〕、趙〔秉鈞〕との関係を発表し、国民の袁に対する憎悪の情を喚起せんと試み居る内、総選挙の結果国民党優勢を占めたるの外観ありし衆議院は、共和、民主及統一の三党の連衡成立せんと、袁世凱の黄金政略〔金銭による買収〕の為めに闘将の殂落せる国民党中、湖南選出議員郭人漳を初とし多数の背反者を出すに至りたるとにより、国民党は衆議院に於て遂に優勢を失ふに至り、参議院に於ては目下尚〔お〕優勢を維持すと雖、袁世凱の辣手と黄金政略に対しては、或は依頼すへからさるに至るやを怕れ、総選挙後天下の事〔が〕意の如くなるへしとして得意の色ありし国民党の意気は稍阻喪の観ありし際、一年有半の長きに亘り成らんとしては成らさりし〔五ヶ国銀行団からの〕大借款〔が〕突〔咄〕嗟の間に成立し、袁世凱政府側の糧〔も〕充足せんとする形勢あり。茲に於てか国民党側は死物狂ひとなり、宋案〔宋教仁暗殺事件〕に関する証拠、書類を国民に公表して以て袁、趙に肉薄〔迫〕すると共に、大借款締結の形式の違法を口実として其破壊を企て、従来稍もすれは融和を欠きし南北は、宋案、大借款の二大問題の為めに其悪感極点に達し、南北殆んと相対峙の現象を生し、四省独立の説は少壮国民党員の間に伝唱せらるゝに至り、形勢頗る危急に瀕せるが如くなりき[59]。

湖南省では、宋教仁の死後四日後の三月二六日、湘民公会が教育総会で特別大会を開き、宋教仁暗殺事件への対応を検討した。この特別大会では、鄒价人による開会理由の報告後、高栢鑑、寧調元、符定一が順に演説を行った。高栢鑑は愛国団総務長であり、前年の愛国団による社会党長沙支部員の襲撃、社会党員の幽閉事件の首謀者の一人である(60)。寧調元は一九〇六年の萍瀏醴蜂起に連座して三年間獄中で暮らし、一九〇九年の出獄後、北京の『帝国日報』の総編輯などに携わり、符定一は一九一二年に湖南省高等中学校校長を務めるなど、教育界の重鎮であった。三月二六日の特別会議では、最初に高栢鑑が宋教仁の功績をあげ、「各界の諸君がきちんと対処方法を討議するならば、先生〔宋教仁〕が亡くなっても、生きているのと同じである」と述べると、寧調元は宋教仁が暗殺された理由を議院内閣制の主張に求め、袁世凱への一層の注意を呼び掛けた。更に、符定一が暗殺という手段による復仇を主張すると、聴衆は憤激激昂し、何人かが壇上に駆け上って強硬手段を主張したが、議院内閣制の維持と武力対決を主張する者の間で対立が生じた。このため、高栢鑑が次の七ヶ条を黒板に記した。一・袁世凱に電報を打ち、宋教仁暗殺の原因を問い、犯人の逮捕、教唆者の究明に努めること。二・湖南省議会が行政官と連合して、湖南省の事業の維持を請願すること。三・湖南省議会や公民が各省に連絡して聯邦主義を挙行すること。四・選挙人名簿に照らして徴兵に備えること。五・代表を派遣して法廷で起訴すること。六・湖南都督府による多くの探偵の派遣を請願すること。七・確実な情報を得たならば、秘密の手段で対処すること。ただし、これらの七ヶ条の要求には賛否入り乱れ、特別大会は結論をえずに散会した(61)。

一九一三年五月、『大公報』〔天津〕は、「湖南省議会議員は、もともと政府党と非政府党の二党に分かれていた。前党〔政府党〕の人数は少数だが専横が甚だしく、後党〔非政府党〕の人数は多く、かつ勢力を持った。両党の界限は厳しく、ために国民・共和両党の確執も融合した」と記している(62)。五月一一、一二、一三日には、湖南公民団が、教育総会で宋教仁暗殺事件や善後借款問題を討議した。[63] 湖南公民団の会議では、穏健派が「悪政府」すなわち袁世凱政府と、法律により国権を奪うことで解決するよう主張し、武力の行使を戒めた。[64] ついで、五月一四日に、鄒代藩の（外府）六四属聯合会と周召期の公民団、劉崧衡の公民会が教育総会で公民聯合会の成立大会を開いた。[65] 公民聯合会の会合は、湖南省の独立や東南各省との聯合が主張され、湖南省が独立しなければ止まない勢いがあった。ために、湖南都督譚延闓は、宋教仁暗殺事件や善後借款問題をめぐる人心の不穏が大事件に発展することを恐れ、「〔湖南省の〕独立の説は事実と異なる」との布令を出して、謡言の流布者を厳罰に処すとした。[66] 日本の長沙駐在代理領事岡本武三の五月二八日付けの報告書によるならば、五月一一日、一二日の会議では、いわゆる武力解決派が激烈な議論を展開し、「一・袁世凱在職中は湖南は暫時独立すへし、二・大借款の取消をなさゝるに於ては湖南より中央への解款は之れを停止すへし、三・正式大総統は袁世凱以外は何人と雖選挙せられて可なることを宣告すへし、四・湖南政府にして第一及第二項に違ふときは湖南人民は租税を納付せさるのみならす、相当対峙の方法〔湖南都督の変更及び湖南都督府の改組〕あり」の議決をなそうとした。しかし、湖南都督譚延闓は穏健的な意見を主張して、このような過激な議論に同調しなかった。そして、五月一四日、公民聯合会が、国民党の首脳の他、龍璋などの実業家も交えて教育総会で開かれ、過激な議論を抑えて「一・袁〔世凱〕、趙〔秉鈞〕は嫌疑犯なり、特別法院の組織を主張す、二・国会に於て袁、趙に対する弾劾案を提出するに於ては袁、趙の公民の資格を褫奪すへし、三・議会の取締、四・郭人漳の罪状を宣布すへし」、以上の四点を決議した。ただし、一部の国民党員は、譚延闓の態度に不満を抱き、唐蟒や胡瑛を湖南都督に擁立しようとする動きをみせた。[67] 五月、湖南省では湖南都督譚延闓に対して脅迫とも受け取れる謡言が現れており、ある謡言は北京や天津一帯から数百人が南方に派遣されており、湖南都督譚延闓と国民党の重要人物に対する暗殺が企てられているとした。[68] また、五月後半になると、「国民党が秘密に討議して、湖南省が独立した場合死刑に処せられるべき人物として、一に譚延闓、二に国税庁長陳炳煥、三に前外交司長粟戡時の名をあげ、この他にも某議員ら数人の名が浮上していた」などの謡言が現れ、人心は恐れ慄いた。湖南都督譚延闓は、これら謡言の出現に畏怖し、一〇名の探査員を湖南省の内外に派遣して、謡言の流布者を発見した場合、法律に即して極刑に処すよう命じた。[69]

二・独立反対派の勢力

一九一三年三月、袁世凱政府は、地方各省からの軍事権と財政権の回収を目指して、南方各省と対立したが、湖南省では湖南都督府が税収の確保を目指して管理を強め、各種団体との間で対立を強めていた。いわば、袁世凱政府と湖南都督府、湖南都督府と湖南省の各種団体の対立が組み合わさっていた。翌四月、貧民工芸廠兼肥料局総理の左学謙は、肥料捐を貧民救済のための経費にしようとして、肩糞夫〔糞尿を担ぐ人夫〕の納税方法にメスを入れた。何となれば、各人夫の納税は、原価で毎年一三万串が見込まれたのに対して、実際は毎月三〇〇〇串を越えることがなく、中飽〔中間搾取〕が巨額にすぎたからである。そして、左学謙が貧民工芸廠より各人夫に区域ごとに糞尿を請け負わせ、中飽をなくし納税の増収を図ったところ、各碼頭は地段の広狭、人口の多寡の差異を口実に難癖をつけた。そこで、左学謙は各戸から直接に回収することに決定し、四月一〇日に該廠が人夫を派遣して各戸から糞尿を受け取り、税金を徴収することにした。すると、各人夫は、前日の四月九日に肩糞〔肩に担いだ糞尿〕百余担を該局弁公処及び左学謙の住宅に撒き散らさせた。このため、巡警庁は衛兵を派遣し、弾圧に赴かせ、主要な犯人一〇人余りを逮捕し、既に法廷に送った。[70] 一九一三年四月以降、湖南省には幾つかの事件が発生していた。第一は野菜工が罷市〔市場閉鎖のボイコット〕をして、商人が無窮の苦しみを受けたこと、第二は煤船が貿易を停止して、困難が更に甚だしくなったこと、第三は大水で穀物が騰貴し、平糶が行われても平糶の価格が高く、貧民が困窮をきたしたことである。このため、湖南全省城廂内外二五四団の商董が、五月七日に大官殿で聯合大会を開き、参加者四〇〇人余りをえて、解決方法を討議した。大官殿における聯合大会では、先ず葉徳輝を臨時主席に公挙した。葉徳輝は演説をし、「市街には数種の不平現象が発生しており、人民の営業の自由、人民の食用に妨げがある」として、次の問題点を掲げた。野菜工の罷市は肩糞夫の人夫の横暴な行為に刺激されたものであり、煤船の貿易停止は商船会と煤業五埠公司が違法に商民より手数料を徴収したことにより、貧民の困窮も平糶の実施にも拘らず価格の高さから貧民が恵みを受けなかったことによった。葉徳輝は、以上のように指摘した上で、この三大問題を解決して不穏な情勢の発生を免れるよう請願した。議論は午後三時まで及び、次の解決策で終結した。商船会と煤業五埠公司の違法な徴収は承認しない、貧民工芸廠と交渉して肥料捐の徴収などの経費の均衡を図る、官が平糶を行うのは貧民の救済のためであるのに、一升五〇文では小民の困窮の救済にはならないため、更に価格を下げる、以上である。(71)第一の野菜工の罷市は、肩糞夫の人夫が貧民工芸廠による肥料捐の徴収に反対してボイコットを行ったことに由来した。その意味では、湖南都督府の徴税方法の改変に刺激されたものであった。

一九一三年五月、湖南全省城廂内外二五四団は連日、乾元宮（火宮殿）で全体会を開き、湖南省の独立の不承認、湖南全省城廂内外二五四団と全省公民団の無関係の表明、坡子街の黄興街への改名の不承認を決めた。(72)五月一六日、湖南全省城廂内外二五四団、全省商務総会、工業総会、全体工商界が定湘王廟、すなわち善化県城隍廟で全体聯合大会を開き、湖南省の独立問題を討議し、全会一致で湖南省の独立の不承認を「公議〔公同議決〕」し、もし湖南都督府が湖南省の独立に踏み切るならば、義捐金を収めず釐金も支払わず、全体聯合大会の参加団体全てが罷市を行い、最終的な対応とするとした。(73)ついで、ある日、袁世凱政府に秘密の電報が打たれ、北洋軍の湖南省への派遣と湖南省の商民の保護を請願し、商民が保護されなければ国籍を変更するとした。すると、袁世凱政府の内務部は復電を送り、商民らに居住の安定と職業の従事を依頼し、もし騒乱の形勢があれば軍隊を派遣して保護する等の言葉があった。これらの電文は、湖南省の郷紳で、火宮殿保安団団長の葉徳輝の意向より出ていた。国民党湖南支部は北洋軍の派遣を要請した電報に激昂し、同会に理由を訊ねた。しかし、同会は、湖南省の独立を強行するならば、市場閉鎖のボイコットで対処すると返答した(74)。一九一三年五月二六日、葉徳輝が火宮殿に到り、湖南全省城廂内外二五四団を連合し、団規の再編を図ると、突然に軍隊の営兵が火宮殿になだれ込み、葉徳輝を捕えて軍隊の本営に連行し、厳罰に処す旨を告げた。多くの団紳や各街の店主が、営兵に葉徳輝逮捕の理由を訊ねても、正式の返答はえられなかった。群衆は不満を抱き、任意に人を逮捕することができないし、仮に葉徳輝に罪があるとするならば、先ず巡警南区二署に拘留すべきであると述べたために、葉徳輝は巡警南区二署に拘留された。程なく、軍隊の営長が馬に騎乗して駆けつけ、葉徳輝の罪状として三点を挙げた。第一点は、葉徳輝が清朝の時代に『覚迷要録』を著し、清朝政府を援助すると共に、同胞を殺害したことである。第二点は、葉徳輝が富強女子実業学堂と公共の土地を争い、女子の鄭曾伝芬を侮辱したことである。第三点は、湖南全省城廂内外二五四団の名義を用いて、肥料捐の徴収を妨害し、貧民工芸廠の資金繰りを困難にしたことである。この上で、軍隊の営長は、軍事庁の指示で葉徳輝を逮捕すると述べた。これに対して、各団が代表数十人を公挙して葉徳輝の保釈を要求したところ、営長は保釈の許可を与えた。ある情報によれば、首謀者は唐才常の遺児である砲兵団団長の唐蟒であり、唐才常が葉徳輝の告発によって一九〇〇年の自立軍蜂起で処刑されたことから、唐蟒は葉徳輝を憎み、軍隊に葉徳輝の逮捕を働き掛けたといわれた(75)。葉徳輝の救助に奔走したのは、葉徳輝の旧友の三名、すなわち曹恵と姜済寰、徐特立である。姜済寰ら三名は連名で湖南都督譚延闓に葉徳輝の釈放を請願し、譚延闓もこれに応じた。次いで、湖南全省城廂内外二五四団は、湖南都督譚延闓に対し、葉徳輝の罪状を明らかにするよう要求した(76)。そして、葉徳輝は、これら周囲の救援工作によって、釈放されたのである。湖南省の独立推進派、特に公民聯合会が教育総会で会合を開き、独立反対派が火宮殿や善化県城隍廟で会合を開いたことは、中華民国の理念と各種団体の利害をめぐる対立が湖南省の独立問題の対立となって顕在したことを意味しているように思われる。

一九一三年五月の軍隊による葉徳輝の逮捕は、湖南省城の各種団体の対立が湖南省の独立問題を借りて顕在したものであり、各界の湖南都督府に対する反発の根強さを伺わせるものであった。一九一三年六月二二日付け『申報』は、湖南省の行政界、商業界、工業界、教育界、軍事界、報道界の、湖南省の独立問題に対する反応を報じている。政界については、「湖南省の政界は、完全に国民党党員に占められ、上は長官より下は召使、使い走りに至るまで、該党の党員でないものはない。このため、〔国民党の〕声勢が極めて張り、やや穏健な者は一般暴徒に脅迫されている」として、湖南都督を罵倒し財政司長を殴打した楊徳鄰の例をあげて、「政界は一方では各暴徒に操縦されているだけである」と記した。また、商業界については、「今回、独立の説が再び起こり、商人はこれを聞き、皆な以前の対処の方法で応ずるべきであると称えているといわれている」と記した。工業界については、「今回の再度の独立の提唱も、彼らは尚お夢の中のようであり、人の呼び掛けがあれば応ずるであろうが、労働界はかくの如く暗く潰れており、誠に湖南省の隠患である」とした。また、教育界については、「湖南省の教育界はもともと軽々しく騒ぎ立てることで有名だが、今回の南北の風潮に関しては至って静穏である。この大きな原因は、学生が多く入党せず、平日は国民党の奔放で暴虐な様を見て、皆でこれを憎んだことによる」と述べて、至って静穏であるとしている。軍事界については、内地学生派と海外留学生派の二派で対応が異なった。このうち、内地学生派はもともと政府の擁護と命令の服従を主義としており、留学生派がこれに対抗した。ただし、海外留学生派は大きな勢力を占めておらず、ために「軍事界は近頃の独立の説に対して、二、三の付和雷同する者を除き、圧倒的な多数が不賛成である」といわれた。また、報道界については、湖南省の主要な新聞の『湖南公報』『長沙日報』『国民日報』『天民報』の四紙のうち、『長沙日報』が湖南都督府の機関紙であるために国民党員によって占められ、『国民日報』は純然たる国民党の機関紙である上に、『天民報』が無党派でありながら権勢のある国民党に靡いたため、『湖南公報』のみが湖南省の独立に反対する形になった。(77) このうち、『湖南公報』は純然たる共和党の機関紙ではなかったものの、国民党には批判的であったために、共和党に近い論調を張っていた。(78)『国民日報』は、中国同盟会の機関紙であった『湖南民報』と、『湖南民報』と宗旨を同じくする『軍国日報』とが、一九一二年九月一八日の国民党湖南支部の結成を機に合併し、国民党の機関紙として成立した。また、『長沙日報』は、前身が清代の『湖南官報』であり、中華民国成立後に湖南都督府の広報紙という性格を持った。民国元年当時、湖南都督府は国民党員が占めており、ために『長沙日報』も国民党寄りの言論を張った。(79) これに対して、『湖南公報』は、共和党湖南省支部の援助を受け、共和党の機関紙的な色彩を帯びた。『長沙日報』と『湖南公報』は、双方の間で激しい論戦を繰り広げた。(80)

三・湖南省の独立宣言

一九一三年五月末、北洋軍と江西省など南方諸省との間における対立は、緊迫の度合いを強めていた。一九一三年六月九日、臨時大総統袁世凱は、善後借款問題に反対した江西都督李烈鈞を罷免し、湖北都督黎元洪に江西都督を兼任させた。六月一日、広東都督胡漢民が転職の形で都督の職を辞任した。各新聞紙は、次の辞職者として安徽都督柏文蔚と湖南都督譚延闓の名をあげたため、六月二四日に湖南省議会は代表を派遣して湖南都督譚延闓に辞職の意思の有無を尋ね、あわせて湖南都督の職の慰留に努めた。六月末、李烈鈞は上海に赴いて孫文らと会談し、武力による袁世凱の打倒を討議したが、国民党内の多数は法律による解決を主張した。六月三〇日、袁世凱は、安徽都督柏文蔚を罷免した。七月上旬、孫文や李烈鈞を交えた会議が上海で開かれ、袁世凱の討伐のための挙兵が決まった。李烈鈞は上海を出立し、七月七日に江西省の湖口に到着した。七月一二日、李烈鈞は、「討袁軍総司令檄文」を発し、「民国創設以来、我が国の民で共和の目的を願わないものはないが、袁世凱は時に乗じて政柄を盗み、帝政を企図し、人道を絶滅し、元勲を暗殺し、約法を蔑ろにし、勝手に巨額の借款を行った」と述べて、討袁軍の挙兵を宣言した(81)。袁世凱の北洋軍と李烈鈞の討袁軍は、江西省湖口一帯で戦闘を開始した。七月一五日、黄興は、上海から南京に到着して第一、第八両師団の主な将校を招集し、岑春煊に大元帥を要請することにし、自らが討袁総司令に就任し、江蘇省の独立を宣言した(82)。この時、黄興は江蘇省の独立に反対する者を処刑すると宣言し、第一師師長陳鳳祥と要塞司令官呉紹璘の他、参謀長や連隊長など数名を銃殺した(83)。江蘇省の独立宣言は、周辺の各省に影響を与え、広東省も独立を宣言し、次いで福建、四川の各省が独立を宣言した。黄興は江蘇省の独立を宣言して後、袁世凱の軍隊の南下に対処するため、南京の各師団を各地に派遣した。この結果、南京の留守兵は手薄になった。袁世凱は江蘇都督程徳全に密旨を授けて、現銀六〇万両で南京の留守兵を買収し、黄興から離反させた(84)。七月一七日、江蘇都督程徳全は南京を脱出して袁世凱の下に投降した。すると、南京の討袁軍は脆くも瓦解し、黄興は苦境に立たされた(85)。この間、国民党湖南支部は、湖南省の独立をめぐり二派に分かれた。一派は、旧湖南諮議局の流れを汲む朔党である。子虚子『湘事記』は、朔党について「〔辛亥革命後に〕各党が蜂起し、同盟会以外にも共和建設討論会、民社共和協会、統一党、急進会、民主党が皆な高く旗幟を掲げ、殆ど蜂起事の独立協標の営兵と異なるところがなく、譚延闓を会長に挙げた。知識人、将校の多くは意気投合し、共に党をなしたが、黄鍈、左学謙、李徳群、黄翼球ら数十人は党籍に名を列せず、また別に結合もせず、多くが要職に居ったため、人はこれを朔党と呼んだ。皆な、〔旧暦〕九月一日〔朔日、西暦一九一一年一〇月二二日〕に、最初に蜂起した人々であるからである」と記している。(86) 他の一派は、周震鱗、譚人鳳、李奇など旧中国同盟会の幹部である。前者は「穏健派」と呼ばれて、湖南省の独立に反対していたが、後者は「激進派」と呼ばれて、湖南省の独立を積極的に支持した。そして、後者の旧同盟会の幹部は、湖南都督府に圧力をかけて譚延闓に独立を強要し、譚延闓の態度が曖昧なため、譚人鳳が譚延闓に代わって湖南都督に就任するという情報も流れた。(87)

一九一三年七月二四日、湖南省議会が特別大会を開き、袁世凱の人と為りを「強盗」と評し、全体一致で湖南省の独立を宣言した。(88) 翌七月二五日には、湖南都督譚延闓は各将校と共に袁世凱討伐の檄文を発し、共和政体の保護のために軍隊の出動を図るとして、次のように述べている。(89)

中華民国国家は、中華民国人民の組成するものであり、中華民国人民の共有のものである。このため、いかなる人かを論ずることなく、共和に違反して陰で専制を謀り国家を一家の私産となす者があるならば、即ち叛賊であり、どのような人でも誅することができるのである。袁世凱は、満清時代の単独の気炎を踏襲して、南北統一の際、百方要挟の末に、臨時大総統を奪い取り、年余以来の帝制に倣って多くの不義を行い、輿論を摧き、共和を懐り、官制の擅定、元勲の暗殺、私人の任用、匪徒の結託、塩税の抵当、外債の借入、国会の舞弄、民意の排斥など、共和政体は幾んと彼に中途で破壊されてしまった。江西省の同胞も頻りに迫害を受け、真っ先に大義を称えて討袁軍を興し、広東、安徽、江蘇、福建、浙江、雲南、四川、貴州の各省がこれに継いで起こったのであれば、遠からず聯合して直に北京を搗き此の妖孽を誅すべきである。顧みるに、我が湖南省は、民国剏造の功が最大である。断じて、国賊の鴟張を坐視し難いものである。九江で戦闘が開かれる前、袁世凱が奸人を使って軍装局を焚かせ、湖南省の人民を荼毒する行為があったが、本都督〔湖南都督譚延闓〕は大局を顧全し、再び兵禍を睹るに忍ひなかったために、なお屢次電信で忠告することがあった。しかし、袁賊〔袁世凱〕は更に改悛の色なく、〔副総統兼湖北都督〕黎元洪は彼を助けて暴虐を行い、独り全力を竭して江西を攻めただけでなく、敢て兵を湖南省との境にまで進め、陰に隙につけこもうとしたのは、叛賊が江西省に対して行った意思を用いて湖南省に対し、江西省を荼毒した時の手段で各省を荼毒するものである。本都督と軍政各界は再びこれを忍ぶことができず、既に袁政府と関係を離れ、各省と共に元兇を殄滅することを宣言した。従って、本省内外の商民人らは各自職業に安んじ、本都督が義師を出すのは同胞を保衛するという、共和の真の幸福のためであり、先烈が艱難創造した民国をして、姦人の手に傾覆させないようにする趣旨に他ならないことを知るべきである。その生命財産は、凡て政府が保護するため、漫りに謡言を信じ自ら驚擾することがないようにされたい(90)。

湖南省の独立宣言では、旧中国同盟会の一派の「激進派」が、旧湖南諮議局の朔党の「穏健派」を押し切った。一九一三年八月三日付け『申報』紙上は、湖南省の独立宣言に至る経緯を次のように報じている。湖南省議会は連日、政務会議を開き、第一次会議では譚人鳳が拳銃で人々を脅したため、第二次会議では議員の所持品の調査後に入場を許した。「穏健派」の蕭仲祁、余道南、張松本、陳炳煥が相次いで演説し、独立の不承認を説くと、「激進派」の唐蟒、陳強、譚人鳳がこれに反対したため、会議は結論をえないまま散会した。七月二四日、「激進派」は独立を宣言し、湖南都督譚延闓の討袁軍総司令就任を通電し、翌二五日には湖南都督府に討袁軍の旗を掲げて正式に独立を宣言した(91)。ただし、湖南省議会は七月一六日に閉会していたため、七月二四日の湖南省議会の独立宣言は正式な議会の議決によらなかった。

一九一三年七月二五日に、湖南都督譚延闓が湖南省の独立を宣言し、袁世凱討伐の檄文を発すると、「〔湖南〕省城の商戸に均しく白旗を掲げるよう通達がなされた」とされ、湖南省の独立宣言の解消後も、「近頃、〔軍事処長の程潜と陳強、程子楷、唐蟒は〕江西省、安徽省がまだ平定されていない時に乗じ、蜂起計画はますます急になり、長江巡閲使譚人鳳と共に、地匪と結託し、軍人を勧誘して脅し、白い旗を掲げるよう迫り、妄りに中央と関係を断絶すると称した」といわれた(92)。白は、革命の象徴であった。七月二五日、東京朝日新聞特派員は、南京の黄興の下を訪れており、黄興の宿舎の模様を「白い床、白い柱、白い庇の間に、一面に硝子を嵌込むで、白く透く帳に中を蓋ふ瀟洒な館々を、白い廻廊に連ねたる南京の都督府の、正面の白い壁に、方一丈に余る新しい大きな白旗が二旒、紫金山の緑を背景にして、劃然と真昼の空に懸つてゐる。墨痕鮮かな『討袁』の大文字が風に揉まれてゐた。二十七日午後三時、その下を通る」と形容している(93)。七月二九日、黄興は日本の軍艦嵯峨に乗船して南京を離れた。一九一三年八月一日付け『東京朝日新聞』は、南京の状況について、「七月廿九日午後に至り黄興の南京を去りたること一般に知れ亙り、各官衙及砲台其他に翻へりし討袁軍の旗は盡く撤去せられ、続いて程〔徳全〕都督及び民政府の名義を以て本省独立を取消し、南京の秩序は当分軍隊及警察にて之を維持すべく、本都督目下蘇州に在るも用事片付次第再び南京に帰るに付、一般人民は其業に安んすべし云々の布告発表せられたり。尚徐宝珍に対抗する為、六合に赴きし兵は全部当地に引上げたり。謡言は頗る盛なるも、市内は極めて平穏なり（南京発外務省着電）」と記している(94)。八月二日、孫文は、ドイツ船ヨーク号に乗船して上海より香港に出発した。そして、孫文は、上海で記者に対して「南京の陥落は一時的のみ、よしや機器局争奪に失敗すとも、南方諸省の協定出来次第、再び攻撃を開始す可し」と述べて、袁世凱の罪悪を攻撃し、武官の惨殺、宋教仁の暗殺、違法の命令の発布、公会によらない法律の制定を列挙した(95)。黄興は、七月二九日の南京の脱出後、翌三〇日に上海に到着した。宗方小太郎は、黄興が上海に到着した時の模様を、「黄興の逃れて上海に到るの時、恰も孫文は広東に向て上海に出発せんとするの際なりしが、黄の到るを聞て乗船を中止し、黄の怯懦を怒り自ら南京に赴て頽勢を挽回せんと欲し、即日程に上らんとせしも左右之を挽留して虎穴に投ずるの不可なるを説き、漸く其志を翻さしめたりと云ふ」と記し、黄興が七月三〇日に孫文に代わって広東に赴き、孫文も南京を諦めて広東に向かい、ここで仮政府を設け、両広、雲貴、湖南、江西、福建を聯ねたとしても、いずれは広東も放棄せざるをえない情勢であることを報告している。(96) 八月四日、黄興は、日本の第四雲海丸に乗船して、香港より日本に向かった。(97)『申報』が黄興の南京からの敗走を報じたのは七月三一日であり、(98) 更に黄興の日本亡命を報じていたのは八月一二日である。(99)

第三節　国民党湖南支部の解体

一・湖南省の独立の解消

一九一三年八月一三日、湖南都督譚延闓は、湖南省の独立宣言発令後僅か二〇日余りで、同省の独立を解消した。譚延闓は、湖南省の独立の解消を告げる布告で、次のように述べている。

江西省の独立以来、各省が相継いで起ち、我が湖南省も共和を鞏固にする主旨に依って、同声饗応せざるをえなかった。凡そ、我が人民は、平和企望の心を同じくするため、武力の顕示を事とするものではない。今や、福建、広東、南京、安徽の諸省は皆な独立を取消し、大勢の赴くところ、皆な境を保ち民を安んずることを主義としている。湖南省は、既に独立をもって支柱とすることはできない。また、どうして全省を犠牲とすべきであろうか。これは、事において益なく、心において忍びざるものである。本都督は、一方で已に戦争行為休止の命令を発し、他方で中央政府に電申して静かに処分を待つものである。全ての責任は、本都督一人が負う。秩序は通常の如くなるため、市民は安堵されんことを希う。ここに軍隊や警察に命じて、切実に保護させる他、特に一般人民に布告する。なんじらは各々職業に安んじ、再び驚疑しないようにし、共に泰平共和の福を享けられよ。もし謡言を造り、擾害を図る者があるならば、逮捕して処罰すべきである。[100]

ここで、湖南都督譚延闓が謡言の流布と蜂起の画策を禁じているのは、独立推進派の巻き返しを恐れたからである。湖南都督譚延闓は、湖南省の独立の解消と共に、「今日の独立は本意ではなく、実際は匪徒の脅迫による。当時忍従したのは、地方の社会秩序維持のためである。現在独立の解消を議決し、各軍に即日の停戦を打電して生霊の苦しみの除去を図る」と述べ、湖南省に戦争の中止を命ずると共に、臨時大総統袁世凱に打電して自らの処分を待つとした。[101]これに対して、臨時副総統兼湖北都督黎元洪も、袁世凱に打電して譚延闓の湖南都督留任を請願し、譚延闓が湖南省の独立宣言前に黎元洪に使者を派遣し、湖南省が独立した場合には服毒自殺する決意を告げており、黎元洪がこれを慰留した点を明らかにした。[102]譚延闓による独立の解消の遅れは、中国同盟会出身の「激進派」、すなわち唐蟒、羅良幹、周震鱗、盛時、文斐の強硬な態度によった。[103]八月中旬、湖南省の省議会代表、教育界代表、農業界代表、労働界代表、商業界代表が湖北省に赴き、臨時副総統兼湖北都督黎元洪に対して、次の四つの請願を行った。一・湖南省の独立が解消されたため、湖南省が袁世凱政府に反抗する必要もなくなり、用兵も不要となるため、湖南省への軍隊の派遣を中止すること、二・独立推進派の逃亡により、湖南省内の不穏な情勢は消滅し、ために湖南省に人員を派遣して調査・処罰を行わないようにすること、三・湖南省の省議会の議員は、輿論が称揚するものであり、省議会を解散せずに議決機関として尊重していること、四・湖南都督譚延闓の統治に人心は服しており、湖南都督の交代が不必要であることである。黎元洪がこの四点の要請を認め、袁世凱政府に対して大局の維持を伝えると、湖南省の各代表は歓喜した。[104]

一九一三年七月二五日、湖南都督譚延闓が湖南省の独立宣言を発表すると、湖南省の軍隊は広西省の軍隊と共に岳州に駐屯して湖北省の軍隊と対峙すると共に、隣省の江西省に援軍の派遣の準備を整えた。一九一三年八月一三日付け『東京朝日新聞』は、この点について、「湖南軍は七月二十五日湖南全省の独立を宣言するや、直に湖南の咽喉たる岳州に出発し、故唐才常の子にして勇猛無双の称ある唐蟒を将師とし、江西を救ひ兼ねて湖北を窺はんとせしを以て、黎元洪は事態の容易ならざるを恐れ、快利、江寛、江永の三船に北兵を分乗せしめ、新堤に送り、南岸の湖北軍と策応し、唐蟒の攻撃に備へしめたり。然るに湖南には固五個師団あり、且解散兵と武器とに富めるを以て、俄に軍隊を組織して岳州方面に派遣することゝしたれば、岳州の軍漸次優位に赴き、岳州より東の方湖北に進み、今や湖北境羊楼洞に入り、湖北軍と相距る四哩に過ぎざるに至れり」と記している。[105] 八月九日、湖南軍は羊楼洞で湖北軍と武力衝突して勝利を収め、岳州から羊楼洞まで前進を遂げたが、蒲石鋪で湖北軍に敗北して羊楼洞を奪われた。[106] この間、湖南省の商民は、生命や財産の確保のため湖南省の独立に反対したが、独立推進派が電報局を占拠したため、漢口の電報局より湖南省の独立に反対する声明を発した。[107] 商務総会の李達璋と周国鈞が湖南省の独立に反対した廉で逮捕されるという謡言も起きた。李達璋は湖南省を離れたが、周国鈞は湖南省に留まり、陸軍裁判所に拘束された。ただし、湖南省の商民が湖南都督譚延闓に周国鈞の釈放を求めた結果、周国鈞は釈放された。[108] 一九一三年八月一五日、長沙駐在領事大河原隆則は外務大臣牧野伸顕にあてて、「当省〔湖南省〕は去月〔七月〕廿五日袁〔世凱〕政府と関係を断絶する旨宣言し、爾来全省の門戸とも云ふへき岳州方面へ新旧軍隊を増遣し、其数殆んと一万に上り（江西へも陸路一千許の援兵を送れり）江岸に砲塁を築き、或は航路閉塞の準備を為す等、水陸の防備を怠らす、一方湖北の兵は新堤、宝塔洲等の要地に屯して前者と相対峙し、何時戦争開始さるゝやも測り難き状勢（既に羊楼洞附近にて前哨衝突の報ありき）も見へ、又長沙に在りては江西、上海に於ける南軍の敗報伝はり、市民の危懼漸く加はり候折柄、〔七月二九日以降〕南京、安徽、福建諸省が引続き独立を取消し、更に頼みにしたる広東が易々と討袁の旗幟を撤したること確められしため、豫て軍事の調達、武器弾薬の補充方に苦心中なる当局者は、頓に意気沮喪（中には北京側に買収されたる者ありとの説あり）し、多少過激派の反対ありしも、遂に取消を断行するに決したる趣に有之候。右に就き、一般人民は安堵の色あり。市中は別に異常無之候」と記した上で、「但今回独立の首謀者と目され袁世凱、黎元洪等の怨を買ひ居れる譚人鳳（?）、蔣翊武、周震麟〔鱗〕、唐蟒、程子楷、程潜、龍璋、陳強、文斐の諸名は尤も北京政府の迫害を恐れ、中には取消発表と同時に本邦〔日本〕、香港辺へ向ひ亡命したるものあり。思ふに今後当分の内は党派の復讐的行為と軍隊の処置に関し多少の騒擾を見るは、免れさるへきか御参考迄申添候」として、独立推進派の敗走を伝えている。(109)

一九一三年八月、湖南省の独立が解消されて後、袁世凱は郭人漳を査辦使に、曹琨を湖南鎮守使に任命し、第三師団の精鋭二五〇〇人を率いて湖南省の長沙に駐屯させようとした。郭人漳は、一九一三年五月に陳家鼎と共に仲間を率いて国民党を脱党したため、公民聯合会などの強い反発を受け、湖南都督譚延闓、財政司長楊徳鄰の調停によって難を逃れた人物である。(110) 八月二四日、郭人漳と曹琨、第三師団は北京より漢口に至り、漢口から汽船で湖南省に入ろうとしたが、湖南都督譚延闓の要請で岳州に留まった。一九一三年九月四日、日本の漢口駐在総領事芳沢謙吉は外務大臣牧野伸顕にあてて、この点について次のように述べている。

湖南善後の為め、北軍第三師団の全営を率ひ至急入湘査辦方命せられたる第三師団長曹焜並に曹と同様査辦使を命せられたる郭人璋〔漳〕は、八月二十六日当地に到着以来今尚武昌に滞在中なるが、右査辦使湖南行躊躇の模様あるに付、信すへき筋より聞く所によれば、湖南は一旦独立を取消したるも、少壮気鋭の徒今尚ほ長沙、常徳地方に蟠居して其勢力侮る可からざるものあり、又所在潜伏せる哥老会、白蓮会の徒も機を見て動かんとする色あり、若し曹焜等にして北軍を率ひて入湘せば必す両者の間に衝突を見ること必定なるを以て、湖南都督も之に付苦慮すること一方ならず、屢々黎元洪に対し北軍前進中止方商議中なりしが、湖南有志者並に商務総会等に於ても曹焜、郭人璋〔漳〕の入湘は偶々兵変を挑発するものと認め、頻りに彼等の入湘を拒否することに尽力しつヽありて漢口商務総会にも相当の助力を求め来り、又曽某（曽国藩の一族）其他湖南出身にて当地に滞在する実業家の重なるものは屢々之に付〔副総統兼湖北都督〕黎元洪、曹焜、郭人璋〔漳〕等と懇談したるも、曹、郭等は中央政府の命令により行動するものなれば出先にて妄りに進退を決せらるべきにあらずとて、巧みに湖南側との接〔折〕衝を避くるを以て、彼等は専ら黎元洪に対し居仲調停を依頼したる処、黎も第三師団入湘の事発表せられて以来、湖南不穏の模様益々嵩まりたるを承知し居り、又該省独立取消の際、湖南当局と内約したる所に鑑みるも、一概に之を拒絶し難き事情あるを以て、先つ所謂招撫の為め多少の日子を与へ、若し湖南にして中央政府へ恭順の意を表するに於ては必ずしも第三師団の全部を入湘せしむるに及はざるべしと語り、此旨袁世凱に電報したる由なるが、之れに対する袁〔の〕返電の内容は知り難きも、兎角黎元洪〔の〕意見の通り当分第三師団は武昌に滞在せしむることと成りたるものヽ如く、……乍去〔彼らは〕其後漸次湖南の真相を知るに及んて稍や此行を躊躇するの念起り、就中湖南出身たる郭は尤も此間の消息に通じ、且近来湖南人心頗る己れを嫌悪するを聞き、進退両ながら困難なるの局面に陥りたるものヽ如く、現に在湖南同人家族は同人入湘の噂あるに及んて、人心次第に険悪となり、何時危害を加へらるるやも計り難きを怖れ、数日前に已に当地に来り目下日本居留地内に仮寓し居れり(11)。

湖南都督譚延闓の要請は、湖南省の軍隊の湖南省出立を待って、同軍が入城することにあった。湖南省では、湖南省の独立の解消後、多くの人物が湖南省を離れていたが、北軍到来の報を受けて、更に湖南省の独立宣言に関わった嫌疑を受けることを恐れて、湖南都督府の幕客の大半が逃亡することになった。そして、譚延闓は、行政の業務に円滑な遂行のために、湖北都督黎元洪に対して軍務に精通した人材の推薦を依頼した。一九一三年九月初旬、袁世凱は、少数の人間が湖南省の再度の独立を画策し、査辦使郭人漳の湖南省入境を拒んでいると考えて、張学済を特別に湖南検査使に任命し、査辦使郭人漳と善後処置に携わるよう命じた(112)。

二・端午節と中秋節の謡言

一九一二年九月、湖南省でも、中秋節を前に蜂起の謡言が起き、湖南都督府は急ぎ戒厳令をしいた(113)。翌一九一三年九月三日、湖南省城で爆弾が炸裂し、九月五日に捕縛者の自供から九月七日を期しての軍隊の蜂起計画が探知された。この結果、湖南省城は九月八日に城門が閉ざされ、混乱を極めた(114)。この間、湖南省では独立の解消後、再度の独立の謡言が起きた(115)。一九一三年の旧暦八月一五日、中秋節は、西暦では九月一五日にある(116)。湖南省では中秋節を前に再び蜂起の謡言が起きていた。一九一三年九月二二日付け『時報』は、同年の中秋節の蜂起の謡言について次のように報じている。

湖南省では、乱事〔独立宣言〕の発生後、一時に謡言が沸き起こり、匪徒は本月〔旧暦八月〕一五日〔西暦九月一五日〕（すなわち陰暦中秋節）に再挙を図るであろうという説が起きた。このことにより、人心は恐れ慄き、些細な事にも脅える状態となり、軍警の街市を巡査する者が一面にびっしりと分布し、日夜絶えることがなかった。九月一四日に至り、果たせるかな、〔軍警は〕通泰門（新しく開かれた城門）において、一つの木箱を発見した。〔木箱の〕表面はブリキで装丁されており、〔所持者は質問に対して〕食物の缶詰であると答えた。ただし、守城兵は、重さが食物の缶詰のようではないと考え、命じて箱を開かせ、中を見てみると、数千の小さな白い布きれ、百余の大きな白い布で作った袋（上に白い玉が付いていた）、及び数枚の討袁軍の白い旗があった。蜂起後に、小さな白い布きれは通牒の兵勇に発給し、右手の袖口に貼り付けるものであり、大きな白い袋は胸の前に差し込んで標識とするためのもので、内側には十余条の「某某主任某君某某」の文字が記されていた（名前から調査や逮捕が行われるため、姓名を記していないのである）。恐らく、討袁軍司令の印鑑もあったのであろう。木箱を担いでいた者は二人であったが、事件が発覚したために、機に乗じて逃亡した。(117)

一九一三年の中秋節の蜂起計画は、一九一二年の場合と同様に、何者かが中秋節と白い旗を利用して、湖南都督譚延闓の失脚を図ったものである。何となれば、譚延闓による独立の解消は、湖南省の独立を求める人々にとっては、袁世凱の軍事力に屈した、革命の理念の放棄と受け止められたからである。一九一三年九月二八日付け『大公報』〔天津〕は、「仄聞するところでは、湖南省においては独立が解消されたといっても、軍隊の心情が浮つき党人が煽動しているため、情勢が緊迫した状態にあり、近ごろ郭人漳や曹琨が湖南省に入って後も尚お完全な善後策はないのである」と記し、「譚延闓の嫌疑の身にあることによる辞職の請願は、乱党が勢力の復活を図っているため、譚延闓が渦中に巻き込まれ進退の窮まることを恐れているからである」と報じた。(118)この一九一三年九月の蜂起計画の首謀者は、旧中国同盟会の劉崧衡であった。

劉崧衡は衡陽県の人で、一八八五年に生まれた。一九〇六年、中国同盟会が劉道一を湖南省に派遣し蜂起を画策すると、劉崧衡は長沙の水陸洲の会議に参加した。そして、劉崧衡は、一九〇六年の萍瀏醴蜂起の失敗後、日本に亡命し、岩倉鉄道学校で学んだ。一九〇九年六月六日、督辦粤漢鉄路大臣兼督辦鄂境川漢鉄路大臣の張之洞がイギリス、ドイツ、フランスの三ヶ国（のちにアメリカも参加）の銀行と粤漢鉄路及鄂境川漢鉄路借款契約に調印すると、湖北、湖南両省の留学生は借款拒否の行動に立ち上がった。特に、留日湖南同郷会は鉄道部を設けて反対運動を推進した。この中心人物は、中国同盟会の焦達峯と劉崧衡であり、譚人鳳や宋教仁もこれを支持し、同郷会代表として何陶、曹広湎、陶鞠通の三名を長沙に派遣した。そして、一九〇九年一二月二八日、留日学生が神田の錦輝館で留学生大会を開くと、呉緒華、譚人鳳、夏道南、劉崧衡、牛遜らが演説をした[119]。劉崧衡は日本で他の留学生と共に『湘路警鐘』（次年に『湘路危言』と改名）を発刊し、宣伝に務めた。『湘路警鐘』には日本に留学中の焦達峯も関わっていたため、焦達峯と劉崧衡の二人は、同志の関係にあったといえよう。一九一〇年、劉崧衡は日本から帰国する途中で集会、講演を行い、粤漢鉄道の借款に反対し清朝政府を攻撃した。そして、劉崧衡は、衡陽に帰郷すると江南会館に湖南鉄路協会を設立し、「告父老書」を発刊して粤漢鉄道の借款反対運動を進めた。一九一一年、鉄路学堂が清朝政府に封禁されると、劉崧衡は長沙に逃れた。劉崧衡は長沙に至ると、呉孔鐸、謝介僧、洪栄圻、王伯存、文経緯と巻施社を組織し、また謝介僧、劉観海、羅毅らと集成鉱務公司を組織し、革命運動に従事した[120]。また、劉崧衡は焦達峯や陳作新と蜂起を画策し、陸軍小学堂や新軍の工作に従事し、「討虜檄文」や「革命政府組織法」の草案の作成に携わった。一九一一年一〇月二二日、革命軍が蜂起し、湖南都督府が成立すると、軍務庁に奉職したが、一〇月三一日に焦達峯や陳作新が暗殺されると、譚延闓の湖南都督就任に反発し武漢に逃れた。一九一二年、袁世凱が臨時大総統に就任すると、深い絶望を味わった。そして、劉崧衡は、魏伯益、彭天祐と共に、湖南都督譚延闓の打倒を図り、鄒永成らも数回暗殺計画を行い、新化で蜂起した。一九一三年、宋教仁が暗殺されると、劉崧衡は公民会を組織し、鄒代藩の（外府）六四属聯合会、周召期の公民団と聯合して公民聯合会を組織し、宋教仁の暗殺事件の究明、湖南省の独立を主張して譚延闓と対峙した。譚延闓は七月二五日に湖南省の独立を宣言し、八月一三日に湖南省の独立を解消した。八月一五日、譚人鳳と鄒永成は湖南省から逃亡したが、劉崧衡は公民聯合会の名義で新政府を樹立しようとし、小呉門外の軍隊を連携して蜂起し、譚延闓の駆逐を図った。劉崧衡は軍務庁に務めていた関係上、湖南省防守備隊の第二営と第六営を煽動し、蜂起を図ったが、劉崧衡は、九月六日に共謀者の劉文錦の裏切りにより逮捕され、魏伯益、彭天祐と共に処刑された[121]。第二営と第六営の兵士はこのことに激怒し、蜂起を画策して教育総会に集結したが、湖南都督府の軍隊に鎮圧された。そして、一九一三年九月一八日、長沙駐在領事大河平隆則は「此騒動に就き、七日夜以来各城門を厳重に閉鎖し、内外の交通を禁止して、解散兵の乱入を防ぎ、且つ一面都督は軍隊及警察を督勵して本件関係者を厳査せしめ、之れが首謀者及ひ煽動者と認めらるゝ者百余名を検挙し、悉く之れを斬殺したるが為め、漸く静穏に帰せり。各城門は九日より昼間丈け開かれ、日没後は今も閉鎖して交通自由ならず、市内の警戒依然たる現状なり。右及御報告候也」と記して、同蜂起では一〇〇余名全員が処刑されたとしている。(122) 九月一五日、旧暦では八月一五日の中秋節の蜂起の謡言は、この時に起きたものであった。

湖南省防守備隊の第二営、第六営の兵士が中秋節に白い旗を旗印として蜂起を図った理由は、白い旗や中秋節に共和国の理念を託していたからではなかろうか。清末に清朝の打倒を暗示していた中秋節の蜂起と白い旗が、民国初頭には袁世凱政府の打倒を意味するものに転じた。一九一二年一月一日、孫文が臨時大総統に就任し、中華民国が成立した。同年一月二日、孫文は、中華民国の西暦（太陽暦、すなわちグレゴリウス暦）採用を宣言した。ただし、旧暦の習慣は、民衆の生活のすみずみまで浸透していた。このため、民衆が旧暦と断絶して西暦のもとで生活することは、殆ど考えられないことであった。一九一三年四月、湖南省の常徳府では、「匪徒」が無頼の子弟と結託し、社会党を名乗り、各処で強奪を行うという事件が発生した。(123) いわば、ここでも、会党が社会党を標榜し、「平均主義」を実行しようとしたのである。彼らは、「神明総部」の命令を奉じて支部を開設し、「神拳を練習すれば、銃弾も避けることができる」など、一九〇〇年の義和団と同様の言葉を述べた。そして、民衆が彼らに対して試みに演技を行うように請うと、彼らは鉄布衫の法（刀を避けることのできる拳法の一種）を演じ、かつ指で牛の首を断ち、恣に攻撃を加えて牛の腹を貫通させた。風聞は各地に伝わり、入会者も数百人に達した。郷紳らは、彼らを義和団の残党と断定し、厳罰に処さない場合の後難を恐れ、湖南都督譚延闓に対して軍隊の出動と共に調査の上逮捕させ、厳罰に処して地方の安寧を期するよう請願した。[124] 翌六月、洪江会数百人が常徳に出現し、大勢を集めて堂を開き、哥老会の振興を名目に集会をし、「近来南北が競争し、まさに破裂の兆しが起きている。民国が困難に遭遇しておるならば、必ず清朝に帰すべきである。近日、満洲の某某ら数人が兵を率いて南下している。もし戦争が起これば、我らは即座に大勢を率いて城市を占拠する。さすれば、やがて清朝の旧に復し、我らは招撫を受けて功臣や元勲となるであろう」と称えた。また、一九一三年六月、常徳の新橋地方において青年党が出現し、短い衣服で大きなズボンの約五百余人が参加し、開会時に国旗を二枚、紅旗を一枚立てて、「〔旧暦〕三月三日に金牌が掛かり、〔旧暦〕四月八日に龍が出て来て、〔旧暦〕五月五日に龍が互いに会し、洋人を一掃して龍台に座るであろう」という口号を称えた。これは、かつての紅旗会を改組したものであり、首領が桃源県の李某であったといわれたのである。[125] これらは、義和団の残党が加わり、呪術の練習による不死身の身体の獲得、旧暦五月五日の端午節における蜂起など、紅燈教の系譜を引いていた。[126] いわば、中華民国でも、中秋節と同様、端午節に蜂起が起きたのである。一九一三年九月二三日付け『時報』は、湖北省の風習として、「江西省、安徽省の乱党が既に散じ、南京も回復し、この二〇日間で武漢の暴徒も足跡をくらまし、大局も安静を覚え、一般の人民も今後安寧にすごすことができるとして、額に手をかざして敬意を表さないものはなかった。このため、旧暦の中秋節も関心が盛り上がり、家々も心配そうな顔を変えて笑顔となり、全ての賀節、俗例、迷信、陋習は皆な前清の以前のようになり、ただ旧友に会えば一つの新しい客に対する言葉として恭喜今後太平了といった」と記している。[127] これよりするならば、一九一三年の第二革命の挫折と共に、新しい慣習も潰え、旧来の慣習に復したといえよう。

三・湯薌銘の湖南都督就任

一九一三年八月二六日付け『時報』では、黄興を恨んだ湖南省の商民が、黄興の肖像を全て押し倒し、肖像の上に「逆党」の二字を上書きした上で、傍らに「大総統懸賞緝拿、不論生死、一律給賞金十万元（大総統は逮捕に懸賞金をかけ、生死を問わず、一律に一〇万元を与える）」と記した。[128] また、黄興門の名前も小西門（徳潤門）の旧名に復したように、黄興の名声はすっかり地に墜ちた。[129] 同日、一九一三年八月二六日、宗方小太郎は次のような報告を行っている。

南北争衡の時局も大勢已に定まり、不日南京陥落を待て茲に一段落を告げ、将に第二期に入らんとす。袁世凱は予定の如く武力金力を併用して南方を圧伏し、自今務めて己れに異なる者を去り、国民党の勢力を根本より打破し戦勝の余威を輝かして議会に臨み、以て正式大総統の選挙に当選し、又且つ憲法の制定に干渉して略ぼ其の意に副はしめ、共和の空名を存して専制の実を行ふに至るべく、如是にして総統の任期六年間は外勢の圧迫を蒙らざる限りは不完全ながら支那本部の全局は彼の勢力の下に統一せらるべしと雖ども、紊乱せる財政を整理し壊敗せる吏治を修明し諸般の秩序を前清時代の程度に恢復せん事誠に容易の業に非ず。況んや辛亥革命以来人心荒頽して民徳敗壊し、礼儀廉恥の俗蕩然として地を払ひ、政体條変、階級制度の破壊に伴へる結果として上下尊卑の界限を没却せしが為に、民心の放縦極度に達して帰向する所を知らず、之が為に奉公心の滅絶となり乖戻狂悖にして収拾す可からず。如此の現象は前朝の時代に於ても絶へて見ざりし所なり。国民の心理上已に奉公の念無ければ、之を動かすの道惟だ利誘威脅の一法有るのみ。故に軍隊も黄金を見ざれば動かず、士人も勢利に非ざれば趨かず、人心向背の決、正邪を問はず善悪を弁ぜず、只だ利と勢とに見る有るのみ。名教節義の大本は清朝時代に於て既に亡びたりと雖ども、未だ今日の如く甚しきに至らず。知らず、袁世凱は何を以て善後を策し、統一の業を成さんとする乎。

宗方小太郎は、更に「請ふ、左に近き将来に於て発生すべき事変を予測して大勢の趨く所を覘はんとす」として、一・広東に内訌を生ずる事、二・暗殺流行の事、三・敗兵の擾乱、四・論功行賞に対する不平、五・南北軍感情の衝突、以上の五点をあげ、「之を要するに自今以往、支那政局の上に幾多の事変を見るべしと雖ども、袁世凱の身上に変故無き限りは大総統の任期六年間は不完全ながらも彼の勢力の下に統一され、反対党の為に其位置を奪はるる事無かるべきも、六年後に至り再び混乱の期に入るべし。請ふ他日を待ち之を論ぜん」と結び、袁世凱の退任後の反乱の惹起を予想した。(130)

一九一三年九月、湖南省の代表が北京に入り、袁世凱に面会を求めて請願した結果、査辦使郭人漳の態度が過激にすぎるため、別に検察使に張学済を、副検察使に朱樹藩を湖南省に派遣する案が出された。袁世凱は、郭人漳を湖南省に入境させずに、湯薌銘に密電を送って湖南省に至らせ、検察使張学済と共に検察の事務を行うよう命じた。(131)湯薌銘は湖北省蘄水県の人であり、一九〇三年に挙人となった。ついで、武昌文普通学堂に入学後、フランスとイギリスに留学して海軍について学び、フランスで孫文の演説に感銘を受けて革命を志した。一九一〇年の帰国後、清朝の軍艦鏡清の機関長、軍艦南探の副長、海軍統制（司令長官）及び薩鎮冰の参謀を歴任した。そして、兄が清朝の湖北諮議局議長、中華民国の湖北軍政府民政司長、衆議院議長を担った湯化龍であり、ために中華民国でも要職を歴任した。一九一二年一月、中華民国臨時政府で海軍部次長兼海軍北伐総司令になり、袁世凱の臨時大総統就任後に海軍中将、数次の内閣で海軍次長を継任した。(132)一九一三年九月一二日、張学済は湖北省に入り、湖北都督黎元洪と会談した。また、湖南省議会副議長の方永元と劉善沢、商界総理の李永潮、進歩党の羅正緯は、黎元洪を訪問し、湖南省の危機的状況を訴えると共に、大軍を湖南省に派遣し、蜂起の未然の防止を要請した。湖北都督黎元洪は、湖南都督譚延闓の態度が定まらなかったために、電報で軍隊の速やかな派遣と同問題の解決、拒否の不許可を伝えた(133)。一〇月四日、海軍部次長の湯薌銘が岳州鎮守使伍祥楨と共に、湖口より岳州を経由して長沙に入り、万福街の茶業公会の跡地を宿舎とした。これに対して、湖南省の各機関の職員や商民は国旗を掲げて歓迎の意見を表し、湖南都督譚延闓や各行政長官は連日宴席を設けた。ただし、国民党員のみは、湯薌銘の目的が湖南省の独立宣言の調査にあると考え、不穏な面持ちで迎えた(134)。一〇月二二日、中華民国建国二周年の革命記念式典が挙行された。一九一三年一一月三日付け『時報』は、革命記念式典の模様について、「本月二二日は湖南省の独立記念日であり、湖南都督譚延闓は各機関に命じて大会を三日挙行し、各機関及び軍事界や教育界の両界は烈士祠を会場に一律に三日休日とした。そして、各街巷、鋪戸の住民は提燈を吊るし絹を掛け、三日間国旗を掲揚し、第一日は軍警界、第二日は政学界、第三日は工商界が指定の期日に隊列を組んで烈士祠に向かって三跪九叩礼を行い、三回民国万歳を叫び、再び烈士位前に至って祭礼を行い、自由な演説を許して記念とした。ただし、演劇や提燈行列の二つは、戒厳令の時期にあたり匪徒が蜂起する恐れのあることから、行わないことにした」と記している(135)。革命記念式典の会場が前年の教育総会から烈士祠に代えられたのは、教育総会が湖南省の独立推進派の牙城となっていたからであろう。

一九一三年一〇月二八日、海軍次長湯薌銘が、譚延闓に代わって湖南都督に任命された。湯薌銘の湖南都督就任には、湖南省の各師団長、旅団長と同学の関係にあり、かつ湖北省の軍隊の援助も得ていて岳州鎮守使伍祥楨とも誼を通じていたこと、江西省や安徽省を平定した功績のあることが考慮された(136)。湯薌銘は、一〇月二九日に譚延闓から湖南都督の印を受け継いだ(137)。湖南都督府の内務司長に任福黎が就任すると、各種の人物の猟官運動が激しさを増した(138)。一一月四日、袁世凱は大総統布告を発令し、「今回の内乱が国民党本部と国民党議員が密かに煽動したものである」として、国民党北京本部の解散と国民党の設立した諸機関の三日以内の解散、国民党名義の印刷物、公開演説、秘密集会の禁止、国民党の国会議員の資格の剝奪と議員証やバッジの没収を布告した。(139) 内務部も、一一月四日の大総統の布告を受けて、各省の国民党支部に解散を命じた。(140) この結果、国会は、議員数が法定人数に満たなくなった。一一月一三日午後二時、衆議院議長で進歩党理事の湯化龍は、衆議院議員二〇〇余名を集めて茶話会を開催し、「現在〔国会を〕開会しようとしても〔議員数が法定人数に充らないため〕適わず、閉会もしくは停会しようとしても適わず、最も難しい事柄である」と述べて、議会の維持の方法を訊ねた。(141) しかし、衆参両議院の茶話会は討議の結果、「一一月四日の総統命令で国民党の議員〔資格〕解消後、議院は人数不足で開会できなくなり、一四日より議事日程を停止する」と宣言した。(142) 湖南省では、一一月四日の袁世凱の大総統布告を受けて、国民党湖南支部、同党各属の機関を封鎖の上解散させ、同党の集会や演説、印刷物の配布を禁止した。(143) また、湖南省議会も、解散されたままであった。湖南都督湯薌銘は、「決定機関を一度停止すれば、政局に必ず障害がある」と述べて、湖南省議会の存続を請願した。(144) しかし、湖南省議会の解散は覆らず、各県議参事会、各鎮郷議董事会、及び自治公所も一律に解散させられた。(145) また、長沙の各城鎮郷会の設立した自治聯合会も、全県の議董事会の解散と共に消滅した。(146) 一一月四日、湯薌銘は籌餉局員の楊兆銘と国民党常徳分部部長梅景鴻を逮捕の上処刑し、ついで審計分処処長易宗義、湖南都督府秘書呂宓籌（呂劭生）、経華紡組公司創設者呉作霖、富訓商業学校校長文経緯、民政司長龍璋を逮捕した。(147) また、湖南検察使張学済、検察副使朱樹藩は、湖南都督府庶務科科長黄翼球、塩政処処長黄鍈、電話局局長兼烈士祠祠董曹耀材を逮捕した。(148) 更に、一一月一〇日、湯薌銘は、籌餉局次長伍仁鈞、財政司長楊徳鄰、司法司長蕭仲祁、教育司長唐聯壁、湖南銀行総理章克恭、長沙駐在広西軍司令張恒惕、常徳駐在第五区司令陳復初を逮捕した。(149) そして、一一月一四日、楊徳鄰、文経緯、易宗義の三名を銃殺刑に処し、警察庁行政科長に命じて国民党湖南支部や各地の分部の封禁と解散を行った。(150) また、一一月二一日には、籌餉局次長伍仁鈞が銃殺刑に処された。伍仁鈞の場合は、籌餉局局長周震鱗の身代わりになったといわれた[151]。なお、軍司令官の張恒惕と陳復初は、湖北都督黎元洪、内閣総理熊希齢の打電により、寛大な処置を受けて北京に護送の上大理院の審判を受けた[152]。この後、湯薌銘は、大規模な陸軍模範監獄を建設し、腹心で「閻魔大王」と呼ばれた華世義を軍法課長に任ずると共に、特務偵察員を各地に潜伏させ、民情の探索にあたらせ、国民党の下部党員や支持者を逮捕、投獄した。蕭仲祁は、司禁湾（拘留所の名前）で一年余りの拘留後に釈放された。ただし、蕭仲祁がこの司禁湾で聞いたところによるならば、湯薌銘によって酷い迫害を受けた者の数は多く、衡山県知事向洪範や安化県知事羅正声が殺害され、かつ邵陽中学校長李洞天なども学生の答案の文字が嫌疑に触れて銃殺されたといわれている[153]。

おわりに

一九一三年七月、宗方小太郎は「支那動乱の経過概要」という論説を執筆し、この中で「今次東南諸省に勃発せる国民党の反抗運動たる討袁軍の挙も、年来の争乱と不穏の状態に苦める人民の全く乱事を厭える時なりしと、北京政府の態度比較的沈着にして討伐方策亦宜しきを制したるとに因り、僅かに東南数省の騒擾に止まらしむる事を得たり。……左に各省の一般概況を叙し、その向背の次第を略述せんとす」と指摘した上で、更に湖南省の第二革命について次のように述べている。

本省〔湖南省〕は由来国民党の本拠地として知られし地なり。故に北京政府に対しては常に反対の態度に出で、一敵国を為せり。都督譚延闓は湖南名門の出（前両広総督譚鍾霖〔麟〕の子）、進士に及第して翰林院に列す。主に郷里育英の事に尽力す。光緒三十四年〔一九〇八年〕諮議局開会せらるゝや議長に選ばれ、各省諮議局連合会員として北京に入り、国会速開運動に尽力して成功せり。革乱〔一九一一年の革命軍の蜂起〕起るや之に力を致し、遂に都督に推さる。其の経歴は革命家としてよりも寧ろ多く官僚趣味を帯ぶと云ふを妥当とす。故に譚個人としては袁派〔袁世凱派〕に近き形迹あり。曽つて国民党の四都督として李烈鈞、胡漢民、柏文蔚の何れも任を逐はれたるに、譚の独り現今猶〔お〕任に留まる事を得しは、袁氏との干係如何を推知し得べし。然れども彼れの周囲は凡て熱烈なる国民党員にして多く反袁派なり。今次遂に独立を宣言せる〔二十五日〕、一に譚人麗〔鳳〕、周震麟、唐蟒、李奇等の老同盟会派の慫慂する所に係り、譚氏の意は一に形勢の観望に在りし者の如し。而して独立宣布の遅延し遂に独立するに至りしは、元来湖南軍隊中には中央の擁護を標榜する内地学校出身派と、国民党の擁護を主持する外国留学生派との二派ありて軋轢甚しく、遂に国民党擁護の留学生派〔が〕勝〔ち〕を占めぬる為めなりと云ふ。然れども同省にては内地軍人のみならず、一般社会も極めて乱を厭ひ居れば、独立の根拠の如き極めて薄弱のものなるべし[154]。

中華民国の課題は、清朝の倒壊という前提の下に、新しい政治制度の確立により国民統合を果たす点にあった。そして、国民統合の試みの一つに選ばれたのが、郷紳「公議」の系譜を引いた、地方議会制度及び議院内閣制であった。しかし、民国初頭、議院内閣制は、臨時大総統袁世凱の軍事力の前にあえなく挫折した。湖南省の第二革命の挫折は、表面的には国民党急進派の暴走、湖南省の独立の断行に由来したと考えることができるが、この背景に湖南都督府の専横、国民党の腐敗に対する民衆の根強い不満が存在した点を見逃してはならないであろう。清末、湖南省の郷紳「公議」は、一部の有力な郷紳に牛耳られ、地域社会の多様な利害関係を吸収することができずに、半ば形骸化していた。このため、民国初頭、議院内閣制の挫折も、袁世凱の軍事力だけでなく、郷紳「公議」の形骸化にも原因を帰す必要がある。

中華民国は、清朝の倒壊という前提の上に立って、国会に多数の議席を持つ政党による内閣の組織という議院内閣制を、政治的統合の手段として採択した。このことは、中華民国史上、画期的な意味を持つ。しかし、議院内閣制は、当初の目論見通りには展開しなかった。湖南省で地方議会制度が混乱した原因としては、次の三点をあげることができる。第一点は、臨時大総統袁世凱が金銭と武力を用いて議会を蔑ろにし、政党もこれに対して無力であったことである。第二点は、湖南省では、国民党などの政党が、何らかの政治的志向の一致というよりも利害関係を背景に結束したことである。第三点は、国民党などの政党が議会で多数をえるために、国会議員選挙、省議会議員選挙で激しい買収工作を行い民衆の支持を失ったことである。国会及び政党は、以上の三点を原因として、民意を政治に反映させるための機関というよりも、地域社会の利害関係を反映させる場、具体的には政府党と反政府党の利益争奪の場として機能し、地方議会制度及び議院内閣制もこのことによって換骨奪胎されたのである。清末の湖南諮議局議員及び民国初頭の湖南省議会議員が清末の郷紳「公議」における郷紳と異なる点は、後者が個人の威信に裏付けられていた点に対して、前者が選挙の得票数に正当性を持っていた点にある。ただし、国民党は政治綱領よりも、利害関係を中心に動いた。湖南省の第二革命、すなわち湖南省の独立宣言も、この三点の原因に基づいて展開した。湖南省の独立の支持勢力は、一九一三年三月に結成された、（外府）六四属連合会や公民団などに淵源を持った。（外府）六四属連合会や公民団は、もともと湖南都督府の人材登用の不平等に対する不満、すなわち長沙府出身者が多く登用され、他府出身者が冷遇されたことに対する不満だけでなく、衆参両議院議員選挙における国民党の圧勝に対する他党の不満、湖南都督府の利害に与ることのできなかった他の勢力の不満を核に結成された。これらの中でも、特に中国同盟会の流れを汲む勢力が中心となり、宋教仁の暗殺や善後借款の締結を契機として、一挙に湖南省の独立を求める運動へと盛り上がった。湖南省の第二革命は、民国初頭の議院内閣制の問題だけでなく、湖南都督府の中央集権政策と各種勢力との間の利害の対立、国民党内部の対立を中心に展開していたのである。

これまで、一九一三年の湖南省の第二革命は、民国初頭における「専制」と「民主」の対立、或いは中央集権と地方勢力の対立という図式の下で描かれてきた。しかし、湖南省の第二革命の独立推進派の中心は、中国同盟会の流れを汲み、湖南都督府に不満を抱く人々によって構成されていた。彼らは、教育総会を会場に集会を行った。そして、独立反対派は、むしろ地方勢力の代表、すなわち各種行会によって構成され、火宮殿や善化県城隍廟に集った。湖南省の第二革命前夜、湖南省の独立をめぐる勢力分布は、もはや政党を起点としたものではなく、利害関係を中心とした各種団体を起点とした。いわば、議院内閣制を求める運動は、宋教仁の暗殺や第二革命の結果、挫折したのではなく、宋教仁の暗殺や第二革命の起こる以前に、既に挫折していたのである。それでは、第二革命は、辛亥革命とどのような関係に立っていたのであろうか。民国初頭の中華民国では、国民党が同盟会から改組する過程で民生主義や「男女平権」の項目を取り下げ、かつ湖南都督譚延闓も社会党長沙支部に弾圧を加えたように、袁世凱政府及び湖南都督府が社会政策に背を向けた。もともと、湖南省の辛亥革命は、新軍の兵士や会党の成員によって引き起こされた。この中で、新軍の兵士や会党の成員は、末劫論、すなわち末劫の到来と救世主の降臨、至福の世界の顕現という考えを利用して、蜂起を成功に導いた。至福の世界は、万民が平等で和らぎ楽しむという曖昧なものである。中華民国成立後、袁世凱政府及び湖南都督府、更に国民党は、万民が平等で和らぎ楽しむという民衆の素朴な願望に背を向けることで、いよいよ求心力を失った。この中で、失業兵士と会党は融合し、民間の伝承や伝説に依拠して、貧民の願望に働き掛ける形で蜂起を画策した。これが顕在したものが、劉崧衡の蜂起計画における中秋節の謡言、白い布であったといえよう。湖南省の第二革命の失敗後、袁世凱政府は、一〇月一〇日に袁世凱が正式大総統に就任して以降、国民党の解散指令、国会の議事停止、国会の解散、中華民国約法の制定、大総統の任期の終身制など、専制的な性格を強めた。袁世凱政府も、行政と議会の対立を受けて、専制的な性格を強めた。ただし、このことは、辛亥革命で噴出した、マイノリティや貧民のエネルギーの抑圧を意味した。そして、中華民国では、政治的統合が果たされないまま、会党は依然として貧民を中心に大きな勢力を保持し、失業兵士と結合して、袁世凱政府及び湖南都督府を揺さぶるのである。

注

（1）民国初期の議院内閣制については、次の研究がある。狭間直樹「中華民国第一回国会選挙における国民党の勝利について」、張玉法『民国初年的政党』、田中比呂志「近代中国における国家建設の模索――天壇憲法草案制定時期を中心として――」、深町英夫「民国初年の広東における中国同盟会と国民党――政党組織・地域社会・政治参加――」、など。併せ参照されたい。

（2）湖南省の第二革命に対する研究としては、次がある。曽田三郎「辛亥革命における湖南独立」、楊世驥『辛亥革命前后湖南史事』第六章「辛亥革命失敗以后的湖南」。ただし、これらの研究は、単に事実経過を述べるに留まっている。

（3）鐙屋一は、第二革命の研究が中央と地方の対立から捉える観点と革命理念から捉える観点の二つに分かれるとして、双方の見解を止揚して、袁世凱の中央集権政策が地域社会への浸透となって現れたために、地域社会が専制批判を用いて袁世凱の中央集権政策に抵抗したとしている。鐙屋一「『二次革命』における江西の独立――分権論と革命論――」。また、田中比呂志は、「民国成立直後にはむしろ期待されていた政党が、利権をめぐる『党争』等によってその信用を地に落とし、いわば政党の自滅の反動としての袁に対する支持となった。また国民党にあっては南京臨時政府時代の不手際も無視できないといえよう」と指摘して、国民党の側の問題を指摘している。田中比呂志「近代中国における国家建設の模索――天壇憲法草案制定時期を中心として――」。そして、深町英夫は、中国同盟会が国民党に改組するに当たり、会党を排除し郷紳の支持を得ようとした結果、地域社会の階層秩序と一体化し、独自性を失ったとする。そして、広東省の第二革命では、賛成と不賛成の主体が地域社会にあり、政党としての国民党にはなかった点などを指摘した。深町英夫「民国初年の広東における中国同盟会

盟会と国民党――政党組織・地域社会・政治参加――」。

(4) 孫文「臨時大総統宣言書」一九一二年一月一日、中国社会科学院近代史研究所中華民国史研究室・中山大学歴史系孫中山研究室・広東省社会科学院歴史研究室合編『孫中山全集』第二巻、一―三頁。

(5) 孫文「咨参議院辞臨時大総統職文」一九一二年二月一三日、中国社会科学院近代史研究所中華民国史研究室・中山大学歴史系孫中山研究室・広東省社会科学院歴史研究室合編『孫中山全集』第二巻、八四頁。

(6) 「中華民国国会組織法」一九一二年八月一〇日、章伯鋒・李宗一主編『北洋軍閥』一、六八六―六八八頁。

(7) 「衆議院議員選挙法」一九一二年八月一〇日・「参議院議員選挙法」一九一二年八月一〇日、章伯鋒・李宗一主編『北洋軍閥』一、六九二、六八九頁。

(8) 同盟会の改組と国民党の綱領については、本書第一〇章第三節第一項を参照されたい。

(9) 仇鰲「一九一二年回湘籌組国民党支部和辦理選挙経過」。

(10) 『政党及結社ノ状況調査一件』長沙駐在日本領事館編「湖南に於ける政党結社」一九一三年三月一〇日。

(11) 『民立報』一九一二年七月二八日「洪烈士公而忘私」。

(12) 仇鰲は湖南省湘陰県の人で、一八七九年に生まれた。一九〇二年に生員となり、長沙の求実書院に学んで後、一九〇四年に日本の明治大学に留学して教育学を学び、仇亮、羅傑らと共に新華会を組織後、華興会の長沙蜂起に応ずるため湖南省に戻り、中国同盟会にも参加した。一九〇六年一〇月、再び訪日し、名前を仇鰲に改めた。『民報』の管理工作に加わり、仇亮に代わって中国同盟会の湖南省の主盟人となった。一九〇八年一〇月に帰国、吉林省に至り自治講習所で教鞭を取った。一九一一年一〇月一〇日の武昌蜂起後、呉淞軍政分府秘書長となり、宋教仁の命で『東亜新聞』を発刊し、一九一二年六月から七月の間に湖南省に戻り、中国同盟会の国民党改組、及び国民党湖南支部の設立に携わった。仇鰲「辛亥革命前后雑憶」。

(13) 『民立報』一九一二年九月二八日「湘国民党成立」。

(14) 『民立報』一九一三年一〇月一九日「各政党隆替観」。

(15) 仇鰲「一九一二年回湘籌組国民党支部和辦理選挙経過」。

(16)　長沙駐在日本領事館編「湖南に於ける政党結社」は、譚延闓の国民党湖南支部長就任について次のように述べている。「譚延闓は焦達峯の死後都督となり、後同盟会に入会し、暫らく副支部長の職にありしか、前同盟会支部長たりし前きの湖南司法司長洪栄圻の死後同盟会支部長に公選せられたるも、亦同時に民社及共和建設討論会にも籍を列し、同盟会の為めにのみ一意専心なるにあらす、政党に対しては何れかと云へは不偏不党の態度を持続せり。其後同盟会は統一共和党以下五団体と合併して国民党に改組し、湖南に於ても湖南民社、辛亥倶楽部等亦国民党に合併するや、譚延闓は復〔び〕推されて支部長となれるか、純同盟会員中には彼れか他党を排し、国民党の党勢拡張のみに専念ならさるの態度に不満なる者あり。彼れの都督辞職説は屢々流布せられ、其後任者として蔣翊武、王芝祥等の名伝へられ、其間純同盟会派の人士に於て譚に代ふるには純同盟会派の他の者を以て都督となさんとするの意向あるを窺知せしめ、彼れは一時気まつき状態に在りしか如きも、客年十月三十一日同盟会派の領袖たる黄興帰湘し、滞留約一ヶ月半の間に於て、各種の席上彼れを推奨して止まさりしより、人心新〔らた〕となり、湖南国民党に於ける彼れの位置は更に強固を加へたるか如し。……以上の如く、譚延闓の都督離任説屢々流布せらるゝの原因は、湖南政界の支配者たる国民党の内部に於て、彼れの国民党の勢力拡張に一意専心ならさるに飽き足らさる感情を有する分子あるによるものと信すへき理由あり。而も湖南に於て、彼れに代り彼れ以上の都督を得ることは目下の所困難にして、譚は万般の措置に於て勉めて公平を宗とせるにより、此公平と彼れ従来の名望とは相俟つて湘中の愛好を一身に集めたる観あり。如此湘中の衆望を獲たる彼れを国民党湘支部長に推戴し、且其勢力圏下なる湖南に都督として留まらしむることは、一面湘中の輿望を国民党に繋く所以なると共に、他方彼れの人格は無頼の徒多き国民党中異彩を放ち、転して国民党其のもの声価を保留するの因ともなるへきにより、本党本部側に於ても彼れの留任を可とする意向を有せるか如く、従つて今後と雖〔も〕、尚俄に彼れは湖南都督と湖南国民党の首領たるとの位置より失脚するか如きことなかるべしと観測せらる」(『政党及結社ノ状況調査一件』長沙駐在日本領事館編「湖南に於ける政党結社」一九一三年三月一〇日)、と。

(17)　黄興の経歴については、本書第二章第一節第三項を参照されたい。

(18)　『民立報』一九一二年九月二五日「在北京社会党歓迎会上的演講」。

(19)　黄一欧「回憶先君克強先生」。
(20)　『民立報』一九一二年一一月一五日「黄克強返湘記」。
(21)　『民立報』一九一二年一一月一九日「黄克強歓迎会（二）」、同一九一二年一一月二〇日「黄克強歓迎会（二）（続）」。
(22)　朱徳裳『三十年聞見録』「黄克強返湘記」一三―一四頁。
(23)　『大公報』〔天津〕一九一二年一一月一一日「仇鰲趨附黄興之討罵」。
(24)　『時報』一九一二年一二月六日「黄克強帰故郷後之奇聞」。
(25)　『時報』一九一三年七月四日「湖南近事記」。
(26)　『時報』一九一三年六月一日「葉徳輝賈禍之文章」。
(27)　『申報』一九一二年九月三〇日「湘省籌備国会省会選挙彙誌」。
(28)　劉人熙、字は艮生、号は蔚蘆、湖南省瀏陽県の人である。一八四四年に生まれた。一八七七年に進士となり、官界に身を投じた。一九〇七年に湖南省に戻り、湖南中路師範学堂監督、法政学堂総辦となる。また、同年、湖南教育会が成立すると、会長に推挙された。のち北京、桂林に至り、一九一一年に湖南省に戻った。革命後は、湖南都督府民政司長となった。一九一五年に袁世凱が帝制を謀り、籌安会を組織すると、貝允昕らと共に『大公報』〔長沙〕を刊行し、帝制に反対する文章を載せた。また、一九一六年六月から七月まで、代理湖南省長兼督軍に就任している。湖南省地方志編纂委員会編『湖南省志第三十巻　人物志』上「劉人熙」五二三―五二四頁。
(29)　粟戡時「湖南反正追記」、同明・志盛・雪雲編『湖南反正追記』一八頁。
(30)　湖南第一師範校史編写組編『湖南第一師範校史　一九〇三―一九四九』六頁。
(31)　民政司長劉人熙と前民政次長左学謙に関する悪評については、本書第一〇章第二節第一項を参照されたい。
(32)　『申報』一九一二年一〇月一三日「湘民政司辞職之原因」、『民立報』一九一二年一〇月一三日「民政司失敗原因」、『大公報』〔天津〕一九一二年一〇月一二日「民政長辞職之原因」。
(33)　神谷正男編『宗方小太郎文書――近代中国秘録――』「報告第三百八十六号　国会議員選挙」一九一二年一〇月一八日。

(34) 仇鰲「一九一二年回湘籌組国民党支部和辦理選挙経過」。
(35) 子虚子「湘事記」巻二「内政篇」、同明・志盛・雪雲編『湖南反正追記』九三―九四頁。
(36) 一九一三年一月、『時報』は、仇鰲民政司長就任後の湖南省の状況について、「湖南省では〔国民党〕党人が盤踞してより、人民が苦痛を受け、殆ど塗炭の苦しみを受けているかのようである」と記し、次の湖南省の民衆が共和党に送った電文を紹介している。「長沙の初選・覆選の監督、管理、監察は悉く国民党に属し、権力を振りかざして不正を行い、仇鰲を頼って護符としている。民政司長、支部長、各知事、分部は上下が一つとなり、ひたすら党務のみを行い、国家を顧みることがないため、選挙の崩壊は既に決まったようなものである。籌餉局は久しく撤せられ、譚〔延闓〕都督は再び仇鰲、陳炳煥の計を用い、上納金の全額を払っていない者に対しては、各委員が督促を行った。その横暴さは、以前より甚だしいものがある。そして、収入を党費に充当し、財政司が国民党の会計となり、公金で党費の五〇万余両を処理した。また、八つの機関報、七つの機関校に任意で手当てを支給し、金額は既に十万金となり、私人で功績を口実に支払いを要求したものも数万となり、刑罰を科す時に税金を課徴することも聞くことがあった。この種の政体は、民生の挽回策を講じ救済することがなく、どうして乱が直ちに発生することに堪えうるであろうか」(『時報』一九一三年一月一〇日「湘人之呼籲」)、と。
(37) 『大公報』〔天津〕一九一三年二月二二日「湘垣発起選挙維持会」。
(38) 『大公報』〔天津〕一九一三年二月二七日「湘省複選挙之怪状」。
(39) 『申報』一九一三年三月三〇日「湖南選挙参議院状況」。
(40) 『民立報』一九一三年三月四日「作者三人矣」、『時報』一九一三年三月四日「湖南政界之風雲」。
(41) 『民立報』一九一二年三月二〇日「湘乱猶未已也」、同一九一二年三月二五日「湘乱未有已也」、同一九一二年四月三日「聯合会専講府界」、『申報』一九一三年三月二一日「湖南外府聯合会開会之衝突」、同一九一三年三月二六日「湘省潰裂之険象」、『大公報』〔天津〕一九一三年三月二五日「湘省外府人之悪感」、同一九一三年三月二八日「湘省議会之暗潮」、同一九一三年四月八日「湘省外府人之憤激」、『時報』一九一三年三月二六日「湘省路界大風潮」。
(42) 『大公報』〔天津〕一九一三年五月一日「公民団再接厲」。

(43)『政党及結社ノ状況調査一件』長沙駐在日本領事館編「湖南に於ける政党結社」一九一三年三月一〇日。

(44)『申報』一九一二年九月三〇日「湖南籌備国会省会選挙彙誌」。ただし、仇鰲は、各選挙区の責任者を、第一区が龍璋、第二区が蘇鵬、第三区が唐〔聯〕璧、第四区が戴展誠、第五区が黄右昌としている。仇鰲「一九一二年回湘籌組国民党支部和辦理選挙経過」。

(45)『政党及結社ノ状況調査一件』長沙駐在日本領事館編「湖南に於ける政党結社」一九一三年三月一〇日。

(46)『時報』一九一三年四月一三日「湖南之活動写真影」。程潜は後年、「政治面では、議員選挙の結果、国民党が多数を得たといっても、実際には全く基盤がなく、多くの人は三民主義が何かを知らず、心を利禄に囚われた官僚の多くが〔妖怪のように〕身体を一ゆすりして姿を変え、国民党の中に混入しただけであった」と述べて、政党政治の形骸化を指摘していた。程潜「辛亥革命前后回憶片断」八七頁。

(47)『政党及結社ノ状況調査一件』長沙駐在日本領事館編「湖南に於ける政党結社」一九一三年三月一〇日。ただし、党籍不明者二名のうち、郭人漳については、「多分国民党に紹するべし」と記している。そして、『民立報』紙上では、湖南省の衆議院議員二七名中、国民党員は二三名としている。郭人漳を、国民党に分類した結果であると思われる。『民立報』一九一三年三月二四日「国民党衆議員」。なお、『時報』紙上でも、衆議院議員の党派を記しているが、一区の五名、三区の四名、四区の四名については党籍がない。ただし、郭人漳は国民党としている。『時報』一九一三年四月一三日「湖南之活動写真影」。

(48)『申報』一九一三年三月二七日「湘省会正副議長之産出難」。

(49)『申報』一九一三年三月三〇日「湖南選挙参議院状況」、同一九一三年四月一五日「湘省会近事紀」、『時報』一九一三年三月三一日「湖南選挙参議員之怪象」、同一九一三年四月一三日「湖南之活動写真影」、同一九一三年四月一四日「湖南選挙参議員齷齪事」、同一九一三年四月一七日「湖南省議会近事」、『大公報』（天津）一九一三年四月三日「湘参議員之運動忙」、同一九一三年四月七日「湘議会投票之怪象」、同一九一三年四月九日「湘議会投票怪象三紀」。

(50)『時報』一九一三年四月一四日「湖南選挙参議院齷齪事」、『申報』一九一三年四月一五日「湘省会近事紀」。

(51)『時報』一九一三年四月一七日「湖南省議会近事」。

（52）長沙駐在日本領事館の報告書は、この結末を次のように述べている。「目下当省に於ては、国民党全盛の時代にして、当省の政界に於て事をなさんとするには、国民党員たることを要するの状態なるも、籌餉局存置の時代に於ける本党員の横暴を逞くしたる事実は、同局の廃止後の今回に至る迄、官吏及富豪等の頭脳に悪影響を残し、又同党員の大部分は若年書生上りの無経験者にして、其内亦粗悪分子も少からす、為めに一部善良なる地方人民の気受けを害せるの傾あり。或は之れを以て、本省に於ける本党の勢力衰頽の前徴なりとせる者もある程なり」（『政党及結社ノ状況調査一件』長沙駐在日本領事館編「湖南に於ける政党結社」一九一三年三月一〇日）、と。

（53）『民立報』一九一三年四月七日「都督省長宣布宋案証拠之通電」。

（54）『申報』一九一三年四月三〇日「特約路透電」。

（55）『時報』一九一三年五月二七日「最近之大勢」。

（56）孫文「致各国政府和人民電」一九一三年四月下旬、中国社会科学院近代史研究所中華民国史研究室・中山大学歴史系孫中山研究室・広東省社会科学院歴史研究室合編『孫中山全集』第三巻、五六頁。

（57）李烈鈞「致袁世凱黎元洪及各都督等電」一九一三年四月二七日・「致袁世凱及参衆議院電」一九一三年四月三〇日・「与譚延闓等致袁世凱黎元洪孫中山等電」一九一三年五月五日、周元高・孟彭興・舒頴雲主編『李烈鈞集』上、一三九―一四一、一四六頁。

（58）閻幼甫（鴻飛）「譚延闓的生平」。

（59）『支那南北衝突関係一件』長沙駐在領事代理岡本武三より外務大臣牧野伸顕あて「湖南ノ近情報告ニ関スル件」一九一三年五月二八日。

（60）一九一二年の愛国団の社会党長沙支部襲撃については、本書第一〇章第一節第三項を参照されたい。

（61）『申報』一九一三年四月三日「湘人発起宋案之討論会」、同一九一三年四月九日「湘民公会大会続紀」、『民立報』一九一三年四月三日「湘人発起宋案之討論会」、同一九一三年四月四日「湖南公民大会」。

（62）『大公報』〔天津〕一九一三年五月二九日「省議会之搗乱」。

(63)『申報』一九一三年五月二六日「紛擾声中之湘江潮」。
(64)『民立報』一九一三年六月一日「憔悴湘潭草木兵」。
(65)『申報』一九一三年五月二〇日「湘省近事紀要」、『申報』一九一三年五月二三日「湘省両大会之搗乱」、『大公報』〔天津〕一九一三年五月二九日「公民聯合会之搗乱」。
(66)『申報』一九一三年五月二五日「湖南紛擾之一斑」。
(67)『支那南北衝突関係一件』長沙駐在領事代理岡本武三より外務大臣牧野伸顕あて「湖南ノ近情報告ニ関スル件」一九一三年五月二八日。
(68)『民立報』一九一三年五月二六日「憔悴湘潭草木兵」。
(69)『民立報』一九一三年五月二九日「湘省之共和党（続）」。
(70)『時報』一九一三年四月一七日「湘中近事紀」、『民立報』一九一三年四月二〇日「臭不敢当之風潮」。
(71)『民立報』一九一三年五月一六日「解決市政三問題」。
(72)『時報』一九一三年五月二五日「湖南近日暴乱之状況」。
(73)『時報』一九一三年五月二六日「湖南之悪風雲」、『民立報』一九一三年五月二六日「憔悴湘潭草木兵」。
(74)『民立報』一九一三年六月二日「憔悴湘潭草木兵」、『時報』一九一三年六月五日「瀟湘最近風潮記」。
(75)『申報』一九一三年六月二日「葉徳輝之旧怨新潮」。
(76)『申報』一九一三年六月八日「葉徳輝已有保全之望」、同一九一三年六月一六日「補記葉徳輝被拿之真相」。
(77)『申報』一九一三年六月二二日「湖南独立声中之各界態度」。
(78)張平子「我所知道的湖南《大公報》」。
(79)李景僑『抱一先生遺書』「長沙報紙史略」二一―三頁。
(80)『申報』一九一三年五月二五日「湘省紛擾之一班」。
(81)李烈鈞「討袁軍総司令檄文」一九一三年七月一二日、周元高・孟彭興・舒頴雲主編『李烈鈞集』上冊、一六五頁。

(82)『申報』一九一三年七月一七日「南京独立消息」、同一九一三年七月一八日「独立後之南京」。
(83)『申報』一九一三年七月一七日「南京独立消息」、同一九一三年七月一八日「独立後之南京」。
(84)『申報』一九一三年七月一九日「独立後之南京（一）」。
(85)『申報』一九一三年七月二六日「程都督恢復蘇省秩序」。
(86) 子虚子『湘事記』巻二「政党篇」、同明・志盛・雪雲編『湖南反正追記』一〇六頁。
(87)『申報』一九一三年七月二三日「湘中対於贛事之態度」。
(88)『民立報』一九一三年八月一日「西報訳電」。
(89)『民立報』一九一三年八月一日「湖南電報」。
(90)「譚延闓独立示諭」一九一三年七月二五日、中国社会科学院近代史研究所中華民国史研究室主編『民初政争与第二革命』七五八―七五九頁。
(91)『申報』一九一三年八月三日「湘省附和独立之内幕」。
(92)『時報』一九一三年八月六日「湖南宣告独立之近状」、『申報』一九一三年八月一三日「命令」。
(93)『東京朝日新聞』一九一三年八月八日「南京での話」。
(94)『東京朝日新聞』一九一三年八月一日「南京討袁旗撤去」。一九一三年七月二九日午後九時、黄興は、日本の軍艦嵯峨に乗船して南京を離れた。これより先、日本の南京駐在領事船津辰一郎は黄興と面会し、「何故斯の如く急遽遁け出されたるや、又何故今少しく奮闘すること能はさりしや」と問うたところ、黄興は「徒らに無辜の民を苦むるに忍ひさること」を語り、かつ「這回自分か此地を去ることの已むを得さるに至りし重もなる原因は当地軍隊の頼み難き〔ことも〕亦一因なるも、第一〔には〕上海か容易に落ちさることは重もなる原因なり」と答えつつ、更に今回の挙兵の唐突さについては、「這回は最初可成武力に訴へす、政治的に解決する積りなりし自分か、愈〔々〕武力解決に決せしは本月十三日なりし。随て諸般の準備整はさりしは当然なり」と述べたという。そして、船津辰一郎は、黄興が日本の軍艦に乗船して南京を脱出するまでの経緯を説明した上で、次のように報告をしめくくったのである。「以上は黄興か南京より逃走せし顚末にて、果して秋元少佐の説の如く危険が斯迄切迫し居りしや否や、假りに切迫し居りたりとするも、帝国軍艦に頼るの外逃走の道なかりしや否やに至りては、頗る疑問なりとす。而して当代一部軍人及紳士の間にても黄興の出奔の迅速なるには、寧ろ一驚を吃し居る有様なり。尚ほ黄與出奔後、当城内外は極めて静穏、当地人民は頻りに電信或は書面を以て程徳全、応徳閎等の帰位を請求し居るも、程、応等は黄の出奔を疑ひ、応の如き電信にて黄の在否を小官に問合はせ来り、頗る遅疑せる模様あり。是に於て当地地方公会は昨二十九日程都督、応民政長を迎ふる為、特に代表者を上海に遣はしたる由。右御参考迄及報告候」、と。『各国内政関係雑纂　革命党関係』南京駐在領事船津辰一郎より外務大臣牧野伸顕あて「黄興南京脱走ノ顛末」一九一三年七月三〇日。

(95)『東京朝日新聞』一九一三年八月四日「孫逸仙の楽観」。

(96)神谷正男編『宗方小太郎文書――近代中国秘録――』「報告第四百三号　黄興・岑春煊・李烈鈞」一九一三年八月二日。

(97)『東京朝日新聞』一九一三年八月一一日「黄興氏来れり矣」。

(98)『申報』一九一三年七月三一日「警信」。

(99)『申報』一九一三年八月一二日「特約路透電」。

(100)「譚延闓取消独立布告」一九一三年八月一三日、中国社会科学院近代史研究所中華民国史研究室主編『民初政争与第二革命』七六二―七六三頁。

(101)『時報』一九一三年八月一三日「湖南取消独立之内容」。なお、次の記事は、湖南省の独立の解消が布告された日時を、八月一二日午後二時としている。『申報』一九一三年八月二三日「湘省独立解消之前後態度」。

(102)『申報』一九一三年八月二〇日「副総統又為湘督作調人矣」。これより先、『時報』は、「譚〔延闓〕都督は国民党に名を連ねるも、心中は〔国民党を〕相手にしておらず、凶悪な連中に脅されて身動きできなかっただけである」と記し、譚延闓が強酸による服毒自殺をほのめかして独立推進派の攻勢を凌いだ点を明らかにすると共に、これに付随して種々の謡言、すなわち蔣翊武や譚人鳳の湖南都督擁立説、蔣翊武の討袁軍総司令就任計画も起きたとしていた。『時報』一九一三年八月六日「湖南宣告独立之近状」。

(103)『時報』一九一三年八月二六日「瀟湘反正記」。
(104)『申報』一九一三年九月七日「湘人維持取消独立後之治安談」。
(105)『東京朝日新聞』一九一三年八月一三日「江西湖南の風雲」。
(106)『申報』一九一三年八月九日「贛湘独立声中之鄂省観」、同一九一三年八月一二日「機牙四応之鄂省態度」。
(107)『大公報』〔天津〕一九一三年八月一一日「湘民痛恨暴徒之呼籲」。
(108)『申報』一九一三年八月七日「湘省独立後之虚驚」、『民立報』一九一三年八月七日「湘軍之秣馬厲兵」。
(109)『支那南北衝突関係一件』長沙駐在領事大河平隆則より外務大臣牧野伸顕あて「湖南省独立取消ニ関スル情報」一九一三年八月一五日。
(110)『大公報』〔天津〕一九一三年六月一日「脱党議員之危機」。
(111)『支那南北衝突関係一件』漢口駐在領事芳沢謙吉より外務大臣牧野伸顕あて「湖南査辧使曹焜郭人漳ノ行動ニ関シ報告ノ件」一九一三年九月四日。
(112)『申報』一九一三年九月一〇日「三楚籌湘固圉談」。
(113)一九一二年の中秋節の蜂起の謡言については、本書第七章第三節第三項を参照されたい。
(114)『申報』一九一三年九月一七日「湘省七号兵変詳情」。
(115)『時報』一九一三年九月一三日「瀟湘最近之風雲」、『申報』一九一三年一〇月二日「湘省軍政両界消息」。
(116)一九一三年の中秋節は、月蝕と重なっていた。日本では、月蝕は七時五二分に始まり、九時一分から一〇時三五分まで地球の影に隠れ、一一時四三分に元に戻った。『東京朝日新聞』一九一三年九月一四日「秋夜の月蝕皆既」。
(117)『時報』一九一三年九月二二日「湖南乱事記」。
(118)『大公報』〔天津〕一九一三年九月二八日「関於湖南方面善後之消息」。
(119)小島淑男『留日学生の辛亥革命』一八―一九頁。
(120)閻幼甫（鴻飛）「辛亥湖南光復的回憶」。

(121) 湖南省地方志編纂委員会編『湖南省志第三十巻　人物志』上「劉崧衡」八四〇―八四一頁。
(122) 『支那南北衝突関係一件』長沙駐在領事大河平隆則より外務大臣牧野伸顕あて「長沙暴動ニ関スル件報告」一九一三年九月一八日。
(123) 『申報』一九一三年三月四日「湘省又相驚以三次革命」。
(124) 『民立報』一九一三年五月一一日「湘中匪患之調査」。
(125) 『民立報』一九一三年六月二一日「洞庭湖畔之殺気」。
(126) 紅燈教と端午節の蜂起については、本書第七章第一節第三項を参照されたい。
(127) 『時報』一九一三年九月二三日「顥垣之見見聞聞」。
(128) 『時報』一九一三年八月二六日「瀟湘反正記」。
(129) 『大公報』〔天津〕一九一三年一一月二七日「黄興門亦取銷矣」。
(130) 神谷正男編『宗方小太郎文書――近代中国秘録――』「報告第四百六号　時局管見」一九一三年八月二六日。
(131) 『申報』一九一三年一〇月二七日「湘代表南帰後述聞」。
(132) 湖南省地方志編纂委員会編『湖南省志第三十巻　人物志』上「湯薌銘」九一三―九一五頁。
(133) 『申報』一九一三年九月一五日「鄂省籌湘談」。
(134) 『申報』一九一三年一〇月二〇日「湘省軍政両界消息」。
(135) 『時報』一九一三年一一月三日「湘中近事記」。
(136) 『時報』一九一三年一一月三日「湯薌銘督湘之原因」。
(137) 『時報』一九一三年一一月二二日「湖南近事一束」。
(138) 『申報』一九一三年一一月五日「湘省政界之新見聞」。
(139) 『申報』一九一三年一一月七日「十一月四日大総統命令」。
(140) 『申報』一九一三年一一月一〇日「北京内務部通令解散各省国民党支分部電」。

(141)『申報』一九一三年一一月一〇日「国民党議員取消後之国会」。
(142)『申報』一九一三年一一月一八日「参衆両院談話会之結果」。
(143)『申報』一九一三年一一月一九日「湘省解散国民党紀事」、同一九一三年一一月二一日「湯督対付党人之厳厲」。
(144)『申報』一九一三年一一月二八日「湯督維持議会之電商」。
(145)『申報』一九一三年一二月一四日「湯都督治湘之手続」。
(146)『申報』一九一三年一二月二九日「湘省近事紀要」。
(147)『申報』一九一三年一一月七日「湯都督窮治党人紀」、同一九一三年一一月一〇日「湘省党人之厄運」。
(148)『申報』一九一三年一一月一九日「湖南検察使逮捕党人紀」。
(149)『申報』一九一三年一一月一九日「湘省新紀事」。
(150)『申報』一九一三年一一月二〇日「湘政府対付党人近聞」、同一九一三年一一月二八日「湘省槍斃三党人之公布」。
(151)『申報』一九一三年一二月一日「湘省又槍斃党人一個」。
(152)『申報』一九一三年一二月六日「湘省近事紀」。
(153)蕭仲祁「記湯薌銘屠殺楊徳鄰等」。
(154)神谷正男編『続　宗方小太郎文書——近代中国秘録——』「支那動乱の経過概要」一九一三年七月分、三一八、三二一—三二三頁。

結　論

一・各部各章の概要

本書の各部各章ごとの概要を記す。

第一部では、一九〇四年から一九一三年までの湖南省の政治を国民統合と「公議」、末劫論を中心に考えるにあたって重要と思われる三点、すなわち列国の湖南省進出と郷紳の動向、学生運動の展開と「排満」論の再編、会党の勢力拡大と末劫論の流布に考察を加えた。湖南省は、排外運動の激しさで内外に知られ、長らく外国人の入境を阻んできた。ところが、一九〇四年七月一日、湖南省長沙府の開港を契機に、列国の湖南省に対する経済的進出が加速し、清末の長期的な社会変化に列国の経済的進出が加わって、湖南省は動揺した。第一部の目的は、二〇世紀初頭、湖南省に生じた政治的、社会的変化の特徴の指摘にある。

第一章では、列国の湖南省進出と郷紳の対応に考察を加え、以下の論証を行った。二〇世紀初頭の湖南省では、一九〇四年の長沙開港を一つの契機に、列国の湖南省に対する経済的進出が加速した。列国の経済的進出の中心は、イギリスとドイツ、日本である。この中で、日本の湖南省に対する経済的進出の先兵となったのが、湖南汽船会社である。日本は、他の列国、特にイギリスやドイツとの利権獲得競争で有利な地位を占めるために、湖南省の官憲のみならず、王先謙や葉徳輝などの有力な郷紳に湖南汽船会社の株式保有などの利便を提供した。湖南省の官憲や郷紳も、他国に比べて日本を優遇することで外交交渉を有利に運ぼうとした。ただし、湖南省内では、湖南商務総会を中心に利権回収運動が起こり、王先謙らに対する批判が強まった。やがて、日本は、国際情勢の変化と共に湖南省内の社会的変化に対応できずに、ドイツやアメリカの台頭の前に劣勢となった。この理由は、日本が王先謙、葉徳輝ら有力な郷紳と結び様々な利便を提供した反面、若い世代の日本に対する好意的な感情を引き出すことのできなかった点にある。そして、湖南省内では、王先謙ら有力な郷紳の権勢が衰退し、譚延闓など若い世代の郷紳が鉄道利権回収運動を通じて台頭した。この王先謙ら有力な郷紳の権勢の没落する過程は、日本が湖南省において影響力を喪失する過程と比例した。

第二章では、学生運動の展開と「排満」論の再編に考察を加え、以下の論証を行った。二〇世紀初頭の湖南省における学生運動は、郷紳の権勢の強大さと密接に関わっていた。湖北省の教育改革が湖広総督張之洞の計画に沿って体系的に進められたのに対して、湖南省の教育改革は、湖南巡撫が有力な郷紳の合意を取りつつ主導権を制約された上で進められた。この結果、中学堂数と小学堂数の比率は不均衡となり、郷紳と民衆の亀裂の拡大、中学堂卒業生の就職難をもたらした。また、学堂の教習は有力な郷紳の縁故者によって占められ、多くの学生の不満を生んだ。学生が郷紳の学堂運営に不満を抱いたことは、日本への留学ブームの起こる一因でもあった。湖南省出身の留日学生は、日本で新しい思想に触れ中国の未来に対する危機感を強め、王先謙ら有力な郷紳に対する批判だけでなく、「排満」論を展開した。湖南省の学生運動は、次の二点の特徴を備えた。第一点は、華興会の長沙蜂起計画に見られるように、知識人や学生が会党との結び付きを強めた点である。第二点は、「殺家韃子」伝説に見られるように、知識人や学生が「排満」論を展開する過程で民間の歌謡や伝承に着目し再編した点である。学生が利用した「殺家韃子」伝説は、これらの風習を融合しつつ、漢人の蒙古人に対する蜂起伝説として再編されたものであり、郷土奪還伝説が民間の歌謡に含まれた末劫論と融合する過程でもあった。そして、学生運動は、会党との結び付きを強める一方で、一九〇七年以降次第に停滞した。

第三章では、会党の勢力拡大と末劫論の再編に考察を加え、以下の論証を行った。湖南省の会党は、湖南省の東部が江西省に、西部が四川、貴州両省に、南部が広東、広西両省に、北部が湖北省に接したことから、湘江流域の会党が江西省の会党と結び、沅江流域の会党が四川省や貴州省の会党と結ぶ傾向を持った。姜守旦の洪福会は、一九〇〇年の自立軍蜂起における富有会の地盤を受け継ぎつつ、湘江に程近い、瀏陽や醴陵を地盤とした。これに対して、高宗怡の洪天保は沅江流域の、沅江や桃源を地盤として、女性の参加などが見られた。この二つに共通するのは、末劫論すなわち末劫の到来と救世主の降臨、至福の世界の顕現という教説と、現存王朝である清朝の否定という性格を備えた点である。このため、二〇世紀初頭、義和団の残党が湖南省に流入すると、湖南省の会党と義和団の融合は無理なく進んだのである。湖南省の会党と民間信仰、特に神拳の風習との関係は、次の二点の特徴を持った。第一点は、会党が病魔の撲滅と長生を口実に民衆を神拳の修得へと誘った点である。このため、会党は、洪水、飢饉、疫病の流行時に、大きく勢力を伸ばした。第二点は、個人の禳災祈禱を目的とした神拳が外国人やキリスト教、現存王朝の否定を目指すものとなった点である。この背景には、一八九九年一二月に岳州が、一九〇四年七月に長沙が、一九〇五年五月に湘潭と常徳が相次いで開港し、湖南省が外省の開港場と結ばれて、外部から疫病が持ち込まれるという事情があった。

第二部では、第一部の考察を受けて、一九〇四年に始まる「華洋雑居」問題や一九一〇年の長沙米騒動、長沙米騒動後の四郷紳の処罰問題について、郷紳「公議」を中心に論じ、列国と清朝政府の対立、民衆の抗議行動、郷紳と清朝政府の亀裂に言及した。もともと、郷紳「公議」は、郷紳が民衆の意向を汲み上げつつ、官憲に意見を具申する機能を持った。しかし、清朝最末期、官憲と郷紳、民衆の対立が激化したことは、郷紳が「公議」の提唱により相互の対立の回避を図ったが、結果的に「公議」を有効に機能させることができなかったことを意味した。第二部の目的は、列国や湖南巡撫、郷紳、民衆の対立、民衆の抗議行動の背景を追いつつ、郷紳「公議」の特徴や民衆の世界観と地域社会の規範との関係の解明にある。

第四章では、列国と清朝政府、郷紳の対立に考察を加え、以下の論証を行った。一九〇四年の長沙開港に始まる「華洋雑居」問題では、湖南省の郷紳は、郷紳「公議」の名の下に、しばしば清朝政府、更には歴代の湖南巡撫と対峙した。この「華洋雑居」問題は、清日通商行船条約で湖南省長沙を自営管理港と定め、外国人と中国人の平等な立場を保証していたにも拘らず、湖南巡撫が外国人を湖南省城外の一定の区画、すなわち租界に居住させたことから発した。このため、列国は、湖南巡撫に対して、湖南省城内における外国人の居住を要求した。これは、外国人と中国人の雑居を意味した。しかし、同問題は、外国人の居住地域内における釐金の免除という、外国商人と中国商人の不平等な構造の存在から紛糾した。何となれば、一部の中国商人が釐金の徴収を免れて利益をあげるために、外国商人と結託しただけでなく、外国商標を詐称したからである。このことは、一部の中国人商人からなる同業組合の規制に対する挑戦、地域社会の規範の動揺を意味した。いわば、郷紳が殊更に郷紳「公議」を称えた背景には、地域社会の規範の動揺に対する危機感が存在した。郷紳や商人は郷紳「公議」を盾に「華洋雑居」問題に抵抗し、王先謙ら有力な郷紳も郷紳「公議」を用いて清朝政府や湖南巡撫、列国と対峙したが、この問題を速やかに収拾することができなかった。

第五章では、民衆の行動の論理と郷紳「公議」の関係に考察を加え、以下の論証を行った。一九一〇年の長沙米騒動は、民衆の正義など、地域社会の規範に着目した場合、次の三点の特徴を顕在させた。第一点は、飢民が湖南巡撫岑春蓂に対して、官憲と民衆の暗黙裡の約束事の遵守を求めて行動を起こした点である。湖南巡撫岑春蓂は、長沙知県余屏垣と善化知県郭中広による平糶の実施の請願に対して、一九〇八年三月一一日の結社集会律を盾に譴責を加えた。いわば、湖南巡撫岑春蓂は、光緒新政の法律が地域社会の規範より優位に立つと判断した。そして、飢民は、湖南巡撫岑春蓂の判断に抗議して、官憲と民衆の暗黙裡の約束事、すなわち地域社会の規範の遵守を求めて抗議行動を起こした。第二点は、民衆が湖南省を平和で安静な姿に戻すために、湖南巡撫岑春蓂を湖南省内から放逐したことである。この民衆の行動の論理は、病人の健康を回復するために瘟神を駆逐する方法と同一の構造を取った。第三点は、湖南省の郷紳が、民衆の行動を、郷紳「公議」の名の下に正当化したことである。すなわち、湖南省の郷紳は、従者に「衆紳公議、平糶伸冤、藩台担任、諸君請退〔衆紳が公議した、平糶を行い、冤罪を晴らす、布政使が政務を執る、諸君退かれたい〕」と記した高札を掲げて各街巷を練り歩かせ、民衆もこの高札の内容を受けて、行動を収束させた。しかし、清朝政府は、郷紳「公議」を否定し、布政使荘賡良の湖南巡撫就任を認めなかった。この結果、官憲と郷紳、民衆の対立は激化した。

第六章では、清朝政府と郷紳の「公」の争奪に考察を加え、以下の論証を行った。一九一〇年の長沙米騒動後、清朝政府は湖南省の四郷紳に処罰を加え、郷紳「公議」を否定した。これより先、一部の郷紳は、一九一〇年初頭の米価高騰において、一九〇二年に飢饉対策用に設置された両湖賑糶米捐局の資金を粤漢鉄道敷設資金や私的用途に転用し、義捐金の冊子に記名を拒否するなど、民衆の救恤の具体策では有効な方策を行うことができなかった。このため、郷紳は、一九一〇年の長沙米騒動で米価の高騰に応分の責任を負わざるをえなかったにも拘らず、事後には全ての責任を湖南巡撫岑春蓂に押し付け、自らの責任を不問に付した。そして、清朝政府は、一九一〇年の長沙米騒動が収束すると、四人の郷紳に対して「私」すなわち私情を優先させて「公」すなわち公益を犠牲にしたと判断し、処罰を下した。これに対して、湖南省の郷紳は、清朝政府の処置の背後に列国、特にイギリスの意向を感じ取り、清朝政府の処置を地域社会の「公」に対する挑戦と捉えた。ここに顕在しているのは、清朝政府と湖南省の郷紳の間の「公」の争奪である。そして、郷紳は「守旧」と「開明」の両派が対峙しながらも、四郷紳の処罰問題に対しては一致協力して対応した。ただし、王先謙ら「守旧」派と呼ばれた郷紳が清朝政府に処罰される一方で、湖南諮議局議長譚延闓や湖南諮議局議員など、いわゆる「開明」派の郷紳は、均しく一九一〇年の長沙米騒動の責任の所在をめぐって清朝政府と争いながらも、清朝政府からの処罰を免れていた。この理由は、「開明」派の郷紳が「諮議局は輿論を代表する機関である」と述べて、光緒新政の詔勅を盾に諮議局章程に依拠して、清朝政府と争った点にある。このことは、清朝の官憲だけでなく、湖南省の郷紳の側においても、光緒新政の法律を前提として行動せざるをえなくなったことを意味した。

第三部では、第二部の考察を受けて、二〇世紀初頭の湖南省の末劫論の特徴、及び革命軍と末劫論の関係について、一九〇六年の萍瀏醴蜂起や一九一〇年の長沙米騒動後の社会情勢、一九一一年の革命軍の蜂起における掲帖や謡言を中心に考察した。第二部で論じた郷紳「公議」の提出は、郷紳の側からの地域社会の規範の回復を求める運動と見なすことができる。しかし、清朝政府が光緒新政の法律を地域社会の規範に優先させて郷紳「公議」を却下し、また郷紳「公議」も一部の有力な郷紳に掌握されて多様な利害を調整することができずに、郷紳「公議」が有効に機能することができないまま、官憲と郷紳、民衆の対立は激化し、湖南省には末劫論が流布した。第三部の目的は、湖南省の辛亥革命に与えた末劫論の影響の解明にある。

第七章では、一九〇六年の萍瀏醴蜂起に与えた末劫論の影響に考察を加え、以下の論証を行った。一九〇六年の萍瀏醴蜂起は、当初の計画では蜂起の日時を翌年二月初旬、旧暦では一二月末の官吏の御用納めの頃に定められていたが、中秋節に蜂起の謡言が起きたことから、急展開を遂げた。何となれば、清朝政府の官憲は、この謡言を機に会党への警戒と過酷な弾圧を強め、蜂起軍も清朝政府の官憲の弾圧に対処して蜂起の日時を早め、同年一二月に準備不足のまま蜂起し敗北したからである。中秋節の蜂起の謡言は、中秋節の蜂起伝説、すなわち「殺家韃子」伝説に由来すると共に、八卦教など白蓮教系宗教結社の末劫論に基づいていた。この末劫論の特徴の一つは、帰郷、すなわち失われた郷土（理想世界）の奪回と公正で平等な世界の実現と共に、近年の自然災害を新しい時代の到来と位置付け、人々が行いを正すならば、やがて救世主がこの世に降臨して人々を救うとした点にある。「殺家韃子」伝説の骨子、すなわち失われた郷土の奪回は、預言書『焼餅歌』の「手に鋼刀を執ること九十九、胡人〔韃子〕を殺し尽して方めて手を罷めん」という文句と結び付き、内部に末劫論を含ませていた。このため、一部の人々は、一九〇六年の萍瀏醴蜂起において、中秋節の蜂起の謡言と共に、失われた郷土の奪回のために「邪」を払うべく蜂起を起こしたことになる。換言するならば、一九〇六年の萍瀏醴蜂起は、一方で中国同盟会と会党の同盟という形を取りながら、他方で末劫論に牽引されて起きていたのである。

第八章では、湖南省の末劫論と共進会の関係に考察を加え、以下の論証を行った。一九一〇年の長沙米騒動後に出現した掲帖は、甲種、乙種、丙種の三種に分けることができる。このうち、甲種の掲帖は、龔春台と姜守旦、「青馬の日」、白い頭巾、黒い騎士、中秋節、酉と戌、丕漢元年が蜂起軍の鍵となる語として現れたように、一九〇六年の萍瀏醴蜂起と強い繫がりを持った。また、ここでは、姜守旦の名が末劫の到来に伴う救世主として記されていた。このため、甲種の掲帖の作成者としては、姜守旦の洪福会の残党か姜守旦の洪福会の名声の利用者かの、いずれかが考えられた。乙種の掲帖は、新軍か巡防営の関係者による策動の意図が見られた。丙種の掲帖では、義和団の掲帖と同様の文句が現れ、明らかに末劫の到来と救世主の降臨、至福の世界の顕現を示していた。従って、丙種の掲帖は、山東省や河南省、直隷省から流入した義和団の残党の手になったといえよう。一九一〇年の長沙米騒動が起こると、焦達峯は長沙にいて、瀏陽と醴陵の会党に働き掛けて蜂起を画策していた。焦達峯は、姜守旦の洪福会に入会し、一九〇六年の萍瀏醴蜂起に参加した経歴を持ち、共進会の湖南省における責任者であった。共進会は、中国同盟会から分派した、革命派の団体である。このため、これらの掲帖には、共進会の成員、特に焦達峯が深く関与した可能性があった。そして、甲種の掲帖と丙種の掲帖は、湖南省では混在した。すなわち、辛亥革命前夜の湖南省では、「排満」論と末劫論が混在した。このように、湖南省で「排満」論と末劫論が明確に分かれていなかったことは、民衆がこれらを同じように受け止める一因となった。

第九章では、一九一一年一〇月二二日の革命軍の蜂起における末劫論の役割に考察を加え、以下の論証を行った。これまで、湖南省の辛亥革命は、一・郷紳の清朝政府からの離反、二・行政の停滞と経済恐慌の発生、三・革命派の策動、以上の三点の要素を中心に考察されてきた。湖北省や陝西省では、中秋節を前に蜂起の謡言が起きていた。そして、湖南省の革命軍の蜂起日、すなわち一〇月二二日は、日蝕と共に彗星が現れ、金星も最高光度に達した日である。一部の民衆は、彗星の出現を末劫の到来の予兆と捉えただけでなく、日蝕、金星の最高光度も革命軍の蜂起や清朝の倒壊、戦乱の勃発の前触れと見なした。一〇月二二日の革命軍の蜂起後、湖南省城の各街巷には白い旗や漢と記された白い旗が掲げられ、一九〇〇年の義和団における場合と同様に、戯劇の武生の姿をした若者たちも出現した。また、正都督に就任した焦達峯が一九〇六年の萍瀏醴蜂起の指導者の一人、姜守旦と同一人物であるという謡言も起きた。前章で指摘したように、一九一〇年の長沙米騒動後に現れた掲帖では、姜守旦の名は末劫の到来と共に降臨する救世主として登場し、焦達峯がこの掲帖の流布に関与した可能性があった。これらの事柄は、湖南省の辛亥革命の背景に共進会、特に焦達峯の策動と共に、末劫論の存在したことを示していた。一九一一年一〇月二二日、正都督焦達峯は、革命軍の蜂起の参加者に官位を乱発した。郷紳や新軍の将校は、焦達峯の行動に危機感を感じ、焦達峯の暗殺を図った。そして、前湖南諮議局議長譚延闓が焦達峯に代わって湖南都督に就任すると、「文明革命」を標榜して民間の伝承や慣習を抑圧した。

第三部では、湖南省の辛亥革命に与えた末劫論の役割について、一九〇六年の萍瀏醴蜂起や一九一〇年の長沙米騒動、一九一一年一〇月二二日の革命軍の蜂起における掲帖や謡言を中心に考察した。そして、二〇世紀初頭、湖南省で末劫論が広範に流布し、一九一一年一〇月二二日の革命軍の蜂起はこの末劫論を巧みに利用することで成功したが、却ってこのことによって湖南省の辛亥革命の内実が末劫論に拘束されることになった点を論じた。第四部では、第三部の考察、すなわち湖南省の辛亥革命に与えた末劫論の影響を受けて、民国初期の湖南都督府における国民統合の湖南省の各階層の反応について、湖南都督府と軍隊の対立、湖南省城の革命記念式典の挙行と民衆の反応、第二革命における各階層間の亀裂を中心に考察した。

第一〇章では、民国初頭、軍隊が台頭した理由について、地域社会の規範を中心に考察した。民国初頭、湖南省では軍隊が台頭し、行政や議会に圧力をかけた。この理由は、民国初頭、急速に募兵が行われて、軍隊の全般的な比重が高まっただけではなく、時代的な風潮の中に軍隊の台頭を許容する考えが混在し、この考えが民国初頭に行政と議会が対立し、社会的混迷が深まる中で浮上した点に求めることができる。この軍隊の台頭を許容するような考えの一つが、軍国民主義である。軍国民主義は、民族間の弱肉強食、優勝劣敗を原則とする競争が世界規模で進行しつつあるという世界観に基づき、国家を軍隊、国民を兵士に準え、個人の身体に徹底的な統制を加え精神を錬磨することで、個人の集積としての社会、国家を強固にするという考えである。ただし、この考えは、身体感を追求したため、男女の性差の再編を目指すものとなった。一九一一年一〇月二二日の革命軍の蜂起は、このような教育を受けて育った新軍の将校と兵士が中核となった。彼らは、行政の混乱、議会と行政の対立の中で、内部維持会、愛国団を組織し、社会党にも攻撃を加えた。この一方で、軍隊の兵士の中には、会党の勢力が深く浸透した。会党は、民間信仰との融合を深め、教説として末劫論を備えていた。このため、軍隊の解散が図られると、解散兵士は会党との融合を深め、末劫論を利用して蜂起を画した。軍国民主義と末劫論の特徴は、出自を異にしながら、必ずしも専制的な政治を排除するものではなかった点にある。

第一一章では、湖南都督府による国民統合の試みについて、革命記念式典の挙行と大規模な城隍賽会の中止を中心に考察した。民国初頭、湖南都督府は、国民統合の一環として、記念日の制定の他に、革命記念式典を挙行した。ただし、湖南都督府が革命記念式典で民衆に求めた事柄と、民衆が革命記念式典に期待した事柄とは、必ずしも一致するものではなかった。革命記念式典は、昼の記念式典こそ厳粛であったが、夜の提燈行列が喧騒を極めた。特に、湖南省城では、清末の一九〇八年を最後に、大規模な城隍賽会が中止されたままであり、ために民衆の城隍賽会に期待した娯楽的要素が湖南省の革命記念式典に移行し、提燈行列の民衆の喧騒となって現れた可能性もあった。ただし、城隍賽会と革命記念式典は、次の点で大きく異なった。それは、行進の終着点が、革命記念式典では教育総会であったものが、城隍賽会では城隍廟であった点である。この二つの差異は、清朝と中華民国の統治理念の変化を示している。清朝の城隍廟には、王朝の統治の論理と民衆の日常生活の信仰という相異なる側面が融合していた。これに対して、中華民国の革命記念式典は、政界、軍界、学界の人々、すなわち官吏や将校、兵士、教育関係者、学生を中心として、民衆の日常生活を一つの方向に変える意志を強く示した。この結果、各省で廟産興学運動の展開と共に、地域社会の亀裂が顕在し、学堂（学校）と祠廟の対立が激化した。

第一二章では、民国初頭、第二革命の展開と挫折について、国民党湖南支部の解体を中心に考察した。中華民国は、清朝の倒壊という前提の上に立って、国会に多数の議席を持つ政党による内閣の組織という議院内閣制を、政治的統合の手段として採択した。しかし、議院内閣制が挫折した理由としては、以下の三点がある。第一点は臨時大総統袁世凱が金銭と武力を用いて議会を蔑ろにしたこと、第二点は国民党などが利益追求を露わにしたこと、第三点は各政党が国会議員選挙、省議会議員選挙で激しい買収工作を行い民衆の支持を失ったことである。湖南省の独立の支持勢力は、一九一三年三月に結成された、(外府)六四属連合会や公民団など、湖南都督府の人材登用の不平等に対する不満、すなわち長沙府出身者が多く登用され、他府出身者が冷遇されたことに対する不満や、国会議員選挙における国民党の圧勝に対する他党の不満、湖南都督府の利害に与ることのできなかった他の勢力の不満を核に結成された。そして、これらの中でも、特に中国同盟会の流れを汲む勢力が中心となり、宋教仁の暗殺や善後借款の締結を契機として、一挙に湖南省の独立を求める運動へと盛り上がったのである。このように、湖南省の第二革命の特徴は、民国初頭の議院内閣制の問題だけでなく、湖南都督府の中央集権政策と各種勢力との間の利害の対立、国民党内部の対立などを基盤に展開し、政党が何ら機能することなく挫折した点にあった。

二・総合的まとめ

前項では、本書の各部各章ごとの概要を示しながら、一九〇四年から一九一三年までの湖南省の政治を国民統合と「公議」、末劫論を中心に考えるにあたって重要と思われる三つの特徴、すなわち郷紳の動向と学生運動の展開、会党の拡大を明らかにした上で、長沙、瀏陽、醴陵を代表する歴史的事件、特に一九〇四年の「華洋雑居」問題、一九〇六年の萍瀏醴蜂起、一九一〇年の長沙米騒動、一九一一年の革命軍の蜂起、一九一二年の革命記念式典、一九一三年の第二革命を題材として、地域社会の規範の動揺と「公議」や末劫論、更に軍事を優先する思想の台頭を指摘した。そして、二〇世紀初頭の湖南省で、官憲や郷紳、民衆が地域社会の規範の動揺に対応してどのような行動を引き起こし、一九一一年の革命軍の蜂起、一九一三年の第二革命に至ったのかについて言及した。以下、本書の各部各章の内容を踏まえつつ、本書の論点を時系列的に配列し直して、列国と郷紳「公議」、民衆の抗議運動、郷紳「公議」の再編、「革命」的状況の現出、末劫論の流布、末劫論と辛亥革命、軍事勢力の台頭、民国初頭の混迷、中華民国の帰趨、以上の九点に分けて述べる。

〈列国と郷紳「公議」〉

清末、清朝政府と各省の関係は、郷紳の動向に着目した場合、清朝政府の権威の弱体化と郷紳の権勢の拡大、更に郷紳の清朝政府からの離反と南方各省の独立、一九一一年の辛亥革命の惹起として位置付けることができる。湖南省の郷紳は、太平天国期以降、湖南巡撫の任免をも左右するような、莫大な権勢を誇示した。郷紳の権勢の背景には、郷紳「公議」が存在した。そして、一九〇四年の長沙開港に始まる「華洋雑居」問題では、清朝政府や湖南巡撫は、郷紳「公議」を無視して条約を履行できなかっただけでなく、湖南省の郷紳も郷紳「公議」の内容に掣肘されて自由な言動を行えなかった。湖南省城の「華洋雑居」問題では、数人の郷紳が湖南省城の各種同業団体の意見を代弁する形で、郷紳「公議」を発表した。この場合、一部の郷紳が、大多数の意見を集約したものとして、郷紳「公議」の名を用いる場合もあった。換言するならば、郷紳「公議」が「公」を標榜しつつも、必ずしも大多数の意見を体現しなかった可能性もあった。このことは、一部の郷紳が多様な利害を収拾できずに、郷紳「公議」の「公」に依拠して反対者の意見を封じ込める場合のあったことも意味する。この点は、二〇世紀初頭、湖南省の地域社会に多様な利害が並存し、相互に収拾不可能な事態が現出されたこととも関連する。いわば、郷紳「公議」の背景には、一部の郷紳が郷紳

「公議」を主張しなければ守ることのできないような、地域社会の規範の動揺が存在した。

〈民衆の抗議運動〉

湖南巡撫岑春蓂は、一九一〇年の長沙米騒動において、一九〇八年の集会結社律に依拠して民衆の集会を禁じ、かつ一椀一〇〇文の茶を喩えに現今の米価の高騰を否定した。いわば、湖南巡撫岑春蓂は、これまでの官憲と民衆の間の恩寵的な関係を清算し、光緒新政の新しい法律に依拠した官憲と民衆の関係の再構築を図ったのである。そして、南門外の民衆は、この点に反発して、湖南巡撫岑春蓂、並びに清朝政府にこれまでの恩寵的な関係の維持を求めて、抗議運動を起こした。民衆の抗議行動は、湖南省の官憲や郷紳にも容認されたものであった。民衆の行動においては、既存の体制の打倒ではなく、清朝政府が湖南巡撫岑春蓂を交代させて米価高騰から民衆を保護し、地域社会の規範を遵守することが期待されていた。そして、一部の郷紳は、民衆の意向を受けて、郷紳「公議」の名において民衆の行動を正当化し、布政使荘賡良を岑春蓂に代えて湖南巡撫に擁立し、秩序の回復を図った。ただし、清朝政府は、布政使荘賡良による湖南巡撫の交代を認めなかっただけでなく、王先謙ら四郷紳に処罰を下し、郷紳「公議」も否定した。これよりするならば、一九一〇年の長沙米騒動は、清朝の恩寵的行為による地域社会の規範の回復の転機にあたっていたのである。

〈郷紳「公議」の再編〉

清朝政府は、一九一〇年の長沙米騒動の事後処理で、王先謙ら四郷紳に処罰を下した。清朝政府による四郷紳の処罰は、光緒新政の法律が郷紳「公議」よりも優位に立ったことを意味した。清朝政府の姿勢は、一九一〇年の長沙米騒動で、湖南巡撫岑春蓂が一九〇八年の集会結社律に依拠して民衆の集会を禁じ、民衆の抗議行動を招いた点と同じである。いわば、清朝最末期、清朝政府や湖南巡撫は、政府の中央集権化の課題と地域社会の規範の動揺に直面して、光緒新政の法律の、地域社会の規範に対する優位を宣言することによって、新たな秩序の形成を模索していたのである。そして、湖南省の郷紳の中で、均しく湖南巡撫を批判した場合でも、湖南諮議局を砦とし法律に基づいて行動した郷紳は、王先謙らとは異なり、清朝政府の処罰を免れていた。このことは、郷紳の中でも、光緒新政の法律による官憲と郷紳の新しい関係の構築、すなわち郷紳「公議」の再編が不可避となったことを意味する。何となれば、これまでの郷紳「公議」は、一部の郷紳、いわゆる「守旧」派の郷紳によって壟断され、郷紳の全体の意見とは程遠かったからである。これまで、湖南省内に権勢を保持していた郷紳、すなわち「守旧」派の郷紳に対して、教育改革や実業振興を通じて台頭した若手の郷紳が、いわゆる「開明」派と呼ばれた。「守旧」派の郷紳が個人的人脈に依拠して清朝政府に対抗したのに対して、「開明」派の郷紳は湖南諮議局を砦に光緒新政の法律に依拠して清朝政府に対抗した。一九一〇年の長沙米騒動後、清朝政府による四郷紳の処罰は、「守旧」派の郷紳の没落を象徴し、「開明」派の郷紳の首魁として譚延闓を台頭させた。

〈「革命」的状況の現出〉

湖南省城の民衆の意識は、一九一〇年の長沙米騒動の前と後では大きく異なった。一九一〇年の長沙米騒動は、地域社会の規範という観点から捉えるならば、次の三点の特徴を顕在させた。第一点は、湖南巡撫が民衆の最低限の生活を保障しなければならないということである。これが、成年男子が一日に稼ぐ賃金で一升の米を買うことのできる水準に米価を抑えなければならないということの意味である。そして、湖南巡撫が約束を破った場合、民衆は打ち壊しなどの実力行使によって、抗議の意思を示すことができた。第二点は、これら民衆の抗議行動に対して、湖南巡撫が軍隊の発砲などの武力で鎮圧してはならないということである。何となれば、民衆の抗議行動は、湖南省の官憲や郷紳にも容認されたものであったからである。湖南巡撫岑春蓂が、軍隊の発砲を躊躇した理由もこの点にある。第三点は、米商が暴利を図るために米の売り惜しみを行った場合、周囲から非難されるだけでなく、米倉を強奪され米穀を貧民に分け与えられたことである。一九一〇年の長沙米騒動で民衆が米商人や米倉を襲い、米を貧民に分配した理由も、この点に由来した。ただし、清朝政府及び湖南巡撫は、地域社会の規範を反故にすることで、民衆からの信頼を失墜させた。そして、清朝と民衆の間の信頼関係を崩壊させ、「革命」的状況、清朝の打倒を熱望するような社会情勢を現出させた。

〈末劫論の流布〉

一九一〇年の長沙米騒動後、清朝政府が郷紳「公議」を否定したため、民衆は清朝の恩寵による地域社会の規範の回復という路を断たれ、蜂起か忍従かの二者択一に迫られた。そして、このような社会的状態の中で民衆の間に浸透したのが、末劫論であった。これまでの研究は、民衆の困窮度を尺度に、絶望にうちひしがれた民衆のやむにやまれぬ行動として蜂起を捉えてきた。しかし、この点は、蜂起の必要条件であっても、十分条件ではない。民衆を蜂起へと駆り立てたものは、現状に対する絶望と共に、世界が変わるという認識、すなわち未来に対する恐怖と希望である。この未来に対する恐怖と希望は、末劫論など、地域社会の伝承に支えられて内実をえた。一九一〇年の長沙米騒動後、湖南省で配布された掲帖には末劫の到来を示す言葉が、散見された。これらの掲帖における末劫論は、それ以前の末劫論と比べるならば、次の二点で異なった。第一点は、末劫論がそれまでの農村部から湖南省城など都市部を席巻した点である。第二点は、救世主として一九〇六年の萍瀏醴蜂起の指導者の一人、姜守旦の名が掲げられた点である。一九〇六年一〇月、姜守旦は一九〇六年の萍瀏醴蜂起に先立ち、瀏陽の大団総の王顕疇の屋敷を襲い、米倉を開き、米を貧民に分け与えていた。王顕疇は、悪事を行い、民衆に忌み嫌われていた人物である。また、姜守旦は、一九〇六年の萍瀏醴蜂起において、「掃清滅洋」と共に富者の財産の貧者への分与を訴えた。姜守旦が掲帖で救世主になぞらえられた理由は、姜守旦が不正な手段で財産を蓄えた富者の財産を貧者に分配した点、すなわち姜守旦の行動が民衆の救世主像と合致した点に求めることができる。これらの事柄は、民衆の理想世界が公正で平等な世界であったことをも物語っていた。

〈末劫論と辛亥革命〉

一九一一年一〇月二二日、湖南省城で革命軍が蜂起すると、革命軍は腕に白い腕章を付けて行進した。革命軍は、白い腕章を付けることで、自らが救世主の使者であることを周囲に印象付けようとした。民衆の救世主像は、会党や共進会の成員、及び義和団の残党が事前に配布した掲帖によって暗示されていた。これらの掲帖では、一九〇六年の萍瀏醴蜂起の指導者の一人、姜守旦の名前が救世主として記され、白い頭巾や中秋節の蜂起を暗示する言葉が見られた。一九一一年一〇月、中秋節が近づくと、彗星が接近し、金星が最高光度に達し、日蝕も現れた。湖南省に流布した『五公経』などでは、彗星の接近は末劫の到来の予兆として記載されていた。もちろん、一部の知識人は、一〇月にこれらの天文現象の出現することを、科学的知識によって事前に知っていた。そして、革命軍は、あたかも一〇月二二日の日蝕に合わせるかのように蜂起を起こした。革命軍の蜂起後、湖南省城の各街巷では、戯劇の武生の装いをした若者が出現した。これらの若者は、義和団の場合と同様、自らを神々と一体化させることで、悪の平定と至福の世界の実現を図った。革命軍の蜂起は、新軍の兵士や会党の成員が、末劫論を利用しながら展開された側面を持つ。湖南省の辛亥革命に末劫論が影響を与えたとするならば、革命成就後の新政権は末劫の到来に伴う至福の世界を体現せざるをえない。焦達峯は正都督に就任後、会党の成員に官位を乱発した。郷紳や新軍の将校は、このことに危機感を覚えて焦達峯の暗殺を図り、代わって譚延闓を湖南都督に擁立した。

〈軍事勢力の台頭〉

湖南都督府は、財政難と軍事力の肥大に苦しんだ。財政難と軍事力の肥大は因果関係にあった。湖南都督府は、財政難を解決するために、籌餉局を設立して周震鱗を局長とした。しかし、籌餉局は、名目こそ義捐の立場をとったが、実質は強制的な割り当てであり、却って社会不安を煽った。このため、湖南都督府は、籌餉局を廃止し、軍事力の削減によって政難を乗り切ろうとした。しかし、軍隊の解散は、大量の解散兵士を生み出した。この間、人々にあるべき国家像と個人の関係を提示し、広く流布したのが、軍国民主義である。軍国民主義とは、国家を軍隊、国民を兵士に準え、個人の身体に徹底的な統制を加え精神を錬摩することで、個人の集積としての社会、国家を強固にするというものである。ただし、この考えは、身体感を追求したため、男女の性差の再編を目指すものとなった。一九一一年一〇月二二日の革命軍の蜂起は、このような教育を受けて育った新軍の中下級の将校が中核となった。彼らは、行政の混乱、議会と行政の対立の中で、内部維持会、愛国団を組織し、社会党にも攻撃を加えた。これに対して、一般の兵士は、貧民と出自を共にするが故に、会党の「平均主義」に引き寄せられた。そして、軍隊の解散が行われると、解散兵士は会党と融合し、末劫論を利用して蜂起を行うのである。この背景には、「劫富済貧」、すなわち「平均主義」を求める貧民の存在があり、この「平均主義」を支える末劫論の伝統があったといえよう。換言するならば、湖南都督府でも「平均主義」は実現されなかった。このため解散兵士や貧民は、末劫論に依拠しながら、会党と結び付いて「平均主義」の実現を目指すことになったのである。

〈民国初頭の混迷〉

湖南都督府は、記念日の制定や革命記念式典の挙行により、国民統合を進めた。代わって、清末の一九〇八年を最後に廃止されたのは、大規模な城隍賽会である。この結果、国民統合の試みは、地域社会の亀裂を深めた。城隍賽会と革命記念式典は、次の点で大きく異なった。それは、行進の終着点が、革命記念式典では教育総会であったものが、城隍賽会では城隍廟であった点である。この二つの差異は、清朝と中華民国の統治理念の変化を示している。清朝の城隍廟には、王朝の統治の論理と民衆の日常生活の信仰という相異なる側面が融合していた。これに対して、中華民国の革命記念式典は、行政界、軍事界、教育界の人々、すなわち官吏や将校、兵士、教育関係者、学生を中心として、民衆の日常生活を一つの方向に変える意志を強く示した。この結果、各省で廟産興学運動の展開と共に、地域社会の亀裂が顕在し、学堂（学校）と祠廟の対立が激化した。この一方で、湖南省の独立の支持勢力は、一九一三年三月に結成された、（外府）六四属連合会や公民団など、湖南都督府の人材登用の不平等に対する不満、すなわち長沙府出身者が多く登用され、他府出身者が冷遇されたことに対する不満や、衆参両議院議員選挙での国民党に対する他党の不満、湖南都督府の利害関係をめぐる他の勢力の不満が核となった。これらの中でも、特に中国同盟会の流れを汲む勢力が中心となり、宋教仁の暗殺や善後借款の締結を契機として湖南省の独立を求める運動へと盛り上がった。湖南省の第二革命は、民国初頭の議院内閣制の問題だけでなく、湖南都督府の中央集権政策と各種勢力との間の利害の対立、中国同盟会内部の対立などを基盤とした。

〈中華民国の帰趨〉

一九〇四年から一九一三年までの湖南省の政治は、次の三つの動向から形成されていた。第一は郷紳「公議」の再編であり、第二は国民統合の模索であり、第三は末劫論の流布である。この三点は、地域社会の規範の動揺と郷紳「公議」の機能の弱体、民衆蜂起の多発に起因したという点では、表裏一体の関係にあった。二〇世紀初頭の湖南省では、清朝政府の光緒新政の実施に加えて、列国の参入により、地域社会の規範が動揺にさらされ、郷紳「公議」の機能が弱体化した。このため、一部の郷紳は、清朝政府の光緒新政に応じて、郷紳「公議」を再編することで、地域社会の規範の修復を図った。この改革の方向性は、専制的な皇帝政治を否定し、議会政治の出現に路を開いた。しかし、郷紳「公議」の再編、すなわち湖南諮議局の設置は、清朝政府との対立をもたらし、行政の停滞を招いた。郷紳「公議」と行政の対立は、湖南省の辛亥革命の一因となると共に、民国初頭の湖南都督府でも継続された。そして、中華民国では、国民統合を模索する過程で、軍事を優先させる思想が台頭した。この思想は、軍国民主義に淵源を持ち、国民統合の課題を個人の自由に優先させるものであり、専制政治の樹立に路を開いた。これに対して、下層の民衆は、末劫論に依拠して、理想の世界の出現を願望した。下層の民衆の理想世界は、社会的不正も貧富の格差もない平等で満ち足りた世界であり、身体の各部位が気脈で繋がっているような、全体の一体感を感得できるような世界であった。ただし、下層の民衆の望む末劫論に依拠した理想世界は、民衆の最低限の生活と公正で平等な世界が実現されるならば、必ずしも専制的な皇帝政治を否定するものではなかった。何となれば、末劫論は、多くの場合、救世主待望信仰、すなわち絶対者の出現による民衆の救済と結び付いたからである。

三・全体の結論

本書は、二〇世紀初頭、すなわち一九〇四年から一九一三年までの湖南省の政治史を、郷紳「公議」と末劫論、国民統合を中心に考察したものである。そこで、このような郷紳「公議」と末劫論、国民統合の役割を重視するという研究の意義について総括したい。まず、郷紳「公議」と末劫論、国民統合が政治的な言論であり、主唱者の立場によって内容や理解を異にする点に着目しつつ、官憲と郷紳、民衆の亀裂が深まる中で、湖南省の政治に大きな影響を与えた点を重視した。この研究の特徴は、従来の研究が「開明」派の郷紳や革命勢力など、一部の階層の動向に焦点を置いて、価値一元的な研究を行ってきたことへの不満から、郷紳「公議」と末劫論、国民統合をめぐる問題群を通じて、湖南省の政治史を多面的に考察した点にある。このような多面的な考察が可能になった理由には、以下の七点を指摘することができる。第一点は、個々の政治的集団や個人の主張の地域社会における受け止められ方に着目し、地域社会における受け止められ方の分析から地域社会の規範をめぐる問題に言及したことである。第二点は、地域社会の規範が一九〇四年に始まる「華洋雑居」問題では同業組合の加入者の平等な利益分配を意味し、一九一〇年の長沙米騒動では一・民衆の最低限の生活の保証、二・民衆の抗議行動の容認、三・不正な手段による蓄財の否定を意味するなど、個々の歴史的事象に即した具体的な事例から地域社会の規範に考察を加えたことである。第三点は、郷紳が「公議」を標榜して政敵の打倒を図り、会党が末劫論を称えて自派の勢力の拡大を図ったように、「公議」や末劫論の政治的な作用に着目したことである。第四点は、郷紳が「公議」を称える場合、地域社会の規範を体現する形で民衆に「公議」を提示し、民衆もこれを肯定的に受け止める場面のあった点など、郷紳と民衆の相互規定的な側面に着目したことである。第五点は、人々の恐怖や希望など感情的な側面が民衆蜂起に果たした役割を重視し、民衆蜂起において天文現象や色、節日をめぐる伝承の持った意味に言及したことである。第六点は、知識人や学生及び会党が地域社会の歌謡や伝承を改変し、一九一一年一〇月の革命軍の蜂起で末劫論を利用した点に着目し、末劫論の内容が湖南省の辛亥革命に投影された点を検証したことである。第七点は、郷紳「公議」の機能が弱体化し、新たに国民統合が図られる中で、軍事を優先する思想が台頭する背景に分析を加えることにより、民国初頭の湖南省の政治と軍隊の関係を考察したことである。

この結果、次のような結論が得られた。二〇世紀初頭の湖南省では、清朝政府の光緒新政の実施に加えて、列国の参入により、地域社会の規範が動揺にさらされた。清末の湖南省の政治を特徴付けるものは、清朝政府が光緒新政の法律に依拠して、地域社会の規範と対峙した点である。民衆は地域社会の規範の回復を求めて行動し、郷紳も民衆の意向を汲み取り、「公議」を称えて民衆の行動の収束を図った。しかし、郷紳「公議」は、次の三点の理由で有効な役割を果たすことができなかった。第一点は清朝政府が中央集権化を図るために、光緒新政の法律を郷紳「公議」の上位に置いたこと、第二点は郷紳「公議」が一部の有力な郷紳に掌握され、全体の意見を反映したものでなかったこと、第三点は郷紳自体が徴税に名を借りて民衆から収奪し、民衆蜂起の原因となっていたことである。この結果、湖南省では、郷紳「公議」が有効性を失った。この場合、清朝が、現存する世界から放逐されるべき負の意味を負わされていた。多くの郷紳は官憲と郷紳の関係の再構築を図り、知識人や学生は皇帝政治の否定を指向したが、郷紳及び知識人や学生とも郷紳「公議」の再編を図った。これに対して、下層の民衆は、末劫論に依拠して新しい社会の構築を願った。下層の民衆の求めた理想世界は、社会的不正も貧富の格差もない、平等で満ち足りた世界であり、身体の各部位が気脈で繋がっているような、全体の一体感を感得できるような社会であった。そして、末劫論が広範に流布した。末劫論は、民衆の恐怖や願望、世界観を内容に含みながら、各地の歌謡や伝承を通じて継承された。一九一一年一〇月の革命軍の蜂起では、新軍の兵士や会党の成員が末劫論を利用しながら、蜂起を成功に導いた。ただし、このことは、正都督焦達峯の政策に、末劫論の内容が一部投影される結果となった。新軍の将校や郷紳は正都督焦達峯の政策に危機感を強め、焦達峯の暗殺を図り、譚延闓を湖南都督に擁立した。湖南都督に就任した譚延闓は、末劫論など民間の伝承や風習を抑圧し、郷紳「公議」の再編による秩序の回復を図った。しかし、湖南都督府と特別議会が対立する中で、軍事を優先する思想が台頭したのである。

以下、今後の展望も含めて、本書の内容を総括する。二〇世紀初頭の湖南省では、清朝政府の光緒新政の実施に加えて、列国の参入により、地域社会の規範が激しく動揺し、郷紳や民衆はこの地域社会の規範の動揺に対応して行動を起こした。郷紳「公議」は、郷紳と民衆による地域社会の規範を回復するための運動として捉えることができる。

しかし、清朝政府が光緒新政期の法律を地域社会の規範の上位に置いたことにより、郷紳「公議」は有効性を失い、郷紳も分化した。一部の郷紳は、湖南諮議局を砦に郷紳「公議」の再編を図り、清朝政府と対峙した。何となれば、郷紳が郷紳「公議」を称えて地域社会の規範を保とうとするならば、郷紳「公議」を再編し、清朝政府と対立することは不可避であったからである。この郷紳の動向は、光緒新政における法律に対応しながら、議会を中心に行政の権限を制約しようとするものであり、議会政治の定着に路を開くものであった。ただし、郷紳「公議」の再編、すなわち清末の湖南諮議局や民国初頭の湖南特別議会、湖南省議会の設置は、湖南巡撫、湖南都督との間で対立を生み、行政の停滞を招いた。この結果、民国初頭、軍事を優先する思想が台頭した。この思想は、軍国民主義に淵源を持ち、国民統合の課題を個人の自由に優先させるものであった。軍事を優先する思想は、専制政治の樹立に路を開いたのである。これに対して、郷紳「公議」の機能の弱体は、郷紳による郷紳「公議」の再編と共に、下層の民衆の間に末劫論を流布させる一因となった。下層の民衆の末劫論に依拠した理想世界は、清朝体制を打倒し、清朝体制とは別の新しい体制の構築を目指すものであったが、必ずしも専制的な皇帝政治を否定するものではなかった。何となれば、末劫論は、多くの場合、救世主待望信仰、すなわち絶対者の出現による民衆の救済と結び付いたからである。このため、末劫論は、郷紳「公議」の再編による議会政治の定着とは別に、専制的な皇帝政治に路を開くような可能性を有した。いわば、一九〇四年から一九一三年にかけた清末民国初頭の湖南省では、郷紳「公議」と、末劫論、国民統合という、二〇世紀初頭の湖南省を代表する三つの社会的潮流が存在した。この三つの社会的潮流は、清末だけでなく、民国初頭の湖南省の政治も左右した。このため、二〇世紀初頭の政治を郷紳「公議」と末劫論、国民統合を中心に考察することは、中国近代史全体を見直す場合においても有効であると考えられるのである。

おわりに

本書は、筑波大学大学院人文社会科学研究科に提出した学位請求論文の各章に大幅な加筆・修正を加え、更に新たに三章を書き足して成立したものである。この学位請求論文により、二〇一二年七月に博士（文学）を授与された。本書の各章と、本書のもととなった既発表論文との関係は、次の通りである。既発表論文のいずれも、本書では大幅な加筆・修正が加えられている。

序　論　書き下ろし

第一編

第一章　「二〇世紀初頭、列国の湖南省進出と郷紳の対応――利権獲得競争を中心に――」（『東京女学館大学紀要』第九号、二〇一二年）

第二章　「清末民初の教育改革と湖南省――『教』と『治』の乖離をめぐって――」（野口鐵郎編『中国史における教と国家』雄山閣出版、一九九四年）、「清末、湖南省の学生運動と民衆文化――『排満』論の展開を中心に――」（『東京女学館大学紀要』第七号、二〇一〇年）

第三章　「姜守旦の行動様式と論理――萍瀏醴蜂起と武術家の係わりを中心に――」（野口鐵郎先生古稀記念論集刊行会編『中華世界の歴史的展開』汲古書院、二〇〇二年）

第二編

第四章　「清末、湖南省の政局と『公議』――長沙における『華洋雑居』問題を中心に――」（『社会文化史学』第三九号、一九九八年）
第五章　「清末、湖南省における暴力と秩序――一九一〇年の長沙米騒動を中心に――」（『歴史評論』第六八一号、二〇〇七年）
第六章　「一九一〇年の長沙米騒動と郷紳――中央と地方の対抗をめぐって――」（『社会文化史学』第三一号、一九九三年）
第三編
第七章　「一九〇六年の萍瀏醴蜂起と民衆文化――中秋節における謡言を中心に――」（『史学雑誌』第一一三巻第一〇号、二〇〇四年）
第八章　「清末、湖南省長沙の民衆文化と革命――一九一〇年の長沙米騒動における掲帖を中心に――」（『近きに在りて』第三九号、二〇〇一年）
第九章　「湖南省の辛亥革命と民衆文化――姜守旦再来の謡言を中心に――」（馬場毅・張琢編『改革・変革と中国文化、社会、民族』日本評論社、二〇〇八年）、「辛亥革命の心性――湖南省の民衆文化を中心に――」（飯島渉・久保亨・村田雄二郎編『シリーズ二〇世紀中国第一巻　中華世界と近代』東京大学出版会、二〇〇九年）
第四編
第一〇章　「湖南省の辛亥革命と新軍――愛国団の設立を中心に――」（『中国研究月報』第七六九号、二〇一二年）
第一一章　「清末民初、湖南省長沙の祭祀と民衆――城隍賽会の中止をめぐって――」（『アジア民衆史研究』第八集、二〇〇三年）、「近代中国の国民統合と亀裂――民国初期の湖南省を中心に――」（久留島浩・趙景達編『国民国家

の比較史』有志社、二〇一〇年）

第一二章　「民国初期の政治的統合と地域社会——第二革命前後の湖南省を中心に——」（『東京女学館大学紀要』第六号、二〇〇九年）

結　論　書き下ろし

今から一〇年ほど前、小林一美先生より、著書をまとめるよう強く勧められた。著書をまとめることは、自分の研究を振り返ることでもある。私には、この作業が実に勇気のいることでもあった。これまで、中途半端で、満足のゆく論文を書くことができないでいたからである。ただし、著書をまとめようとし、これまでの自分の研究を振り返ることにより、自分の問題関心の推移、欠点も見て取ることにもなった。この点は、今回の大きな収穫の一つである。私自身、最初は漠然と日清戦争後の湖南省の改革に焦点をあてていたものが、次第に「開明」派郷紳と「守旧」派郷紳の対抗に関心が移るようになり、やがて郷紳の権威を成り立たせている地域社会の規範に興味を抱き始め、遂には地域社会の規範を知る手掛かりとして騒擾や伝承、謡言、掲帖を取り上げるようになった。このような問題関心の推移は、政治史から社会史へ、更に文化史へと移る、歴史研究の潮流の推移と歩調を同じくしていたように思われる。ただし、私は、政治史、特に運動史にこだわりたかった。何となれば、政治史こそ、運動史こそ、私が歴史に魅力を感じ、私を研究に導いてくれたものであったからである。そして、この政治史、運動史を、徹頭徹尾実証に徹し、史料を渉猟し、史料を読み込むことによって、周到な構成の下に、躍動感溢れる叙述で描き、読者の前に提示したいと思った。一九九〇年代、日本の研究者の多くは、中国に出掛け、中華民国期の檔案の発掘、調査に従事するようになった。私は、どちらかというと、中国よりもイギリスや日本に所蔵されている史料の発掘に努め、中華民国期ではなく、清朝末期に執着し、本書を上梓することになった。

私の欠点の一つは、いろいろな事に関心を持ち、トライしてみようとする反面、なかなかテーマが固定せず、消化不良で、中途半端な研究に終始した点にある。本書を繙けばわかるように、問題関心の雑多さは今でも変わっていないようである。ただし、雑多な問題関心も、五〇歳をすぎた頃から、徐々にではあるが、相互に繋がりを持つようになってきた。ある史料を読み、当座はイメージをうまく描くことができずにいても、ある日突然にその史料の内容が若い頃に読んだ史料の一節と結び付き、ハラリと新しい世界が開かれることは、研究者であれば誰でも体験するものであろう。時々、人は無意識のうちに、過去の様々な記憶を整理し、秩序立てているのではないか、と思うことがある。とすれば、二〇歳代から、関心の赴くままに史料を読み、試行錯誤を繰り返してきたことも、あながち無意味ではなかったことになる。ただし、私の場合、このような体験が起き、雑多な問題関心が一つに繋がり始めるには、ほぼ三〇年をへなければならなかった。ともあれ、史料を読み、構想を練り、論文を著すことの意義は、もちろん様々な史料を実証的に検討して、事実を探りあてる点にあるが、同時に自分の中の様々な記憶に、現在の問題関心に従って息吹を与え、よみがえらす点にあるともいえよう。そして、私が私の問題関心や感性の由来を探ろうとすると、生まれ育った故郷、秋田の素朴で厳しくも優しい風土、両親及び兄と過ごした懐かしくも楽しい日々に思いを致さざるをえない。そして、このことを何よりも幸せに感ずるのである。

本書をまとめることができたのは、多くの先生方のご指導とご厚意による。特に、野口鐵郎、小林一美、丸山宏の三先生には、言葉で言い尽くすことのできない程のご指導とご鞭撻をいただいた。また、湖南師範大学の饒懐民先生には、湖南省の図書館や研究所をご紹介いただいた。更に、ここでお名前を逐一列挙することはできないが、筑波大学、辛亥革命研究会、ＩＳＭＣ研究会の先生、先輩、同輩からは、様々なご教授をいただいた。これらの先生、先輩、同輩のご指導、ご激励がなければ、本書は上梓できなかったであろう。ここに、深く感謝を申し上げる。二〇一二年七月、本書をまとめる最後の段階で、たった一人の兄・藤谷陽悦（日本大学生産工学部教授・建築史）が、一年半にも及ぶ癌との過酷な闘病生活の末、混濁する意識の中で最期まで研究室に戻ることを願いながら、この世を去った。享年五九。研究者としては、まさにこれからという時期であった。同年一二月に遺品を整理するため、主のいない兄の研究室に出掛け、膨大な量の書籍と共に、多くの直筆のファイルを手にした時、無念の思いで胸が一杯になった。私は、秋田で過ごした子供の頃と同様に、兄の背中を追いかけてこの世界に入り、兄に励まされてここまでやってきた。これからは、兄の無念の思いを心に刻み、ひたすら研究に精進することになるであろう。最後になるが、私たち兄弟二人に道を極めることの大切さを教えつつ、成長を優しく見守り、大学院にまで進ませてくれた両親に、深く感謝の意を表したい。八〇歳をすぎてなお、気高く、気丈に生きる両親の姿は、私にとって何よりの励みである。本書が、兄の行おうとして中途で断たれた親孝行の、一助にでもなれば幸いである。また、いつも私を支え、勇気付け、励ましてくれる義父母及び妻・由紀に感謝したい。

　本書の出版に際しては、汲古書院取締役の石坂叡志氏、編集部の大江英夫氏にひとかたならぬご高配をいただいた。また、南山大学の宮原佳昭氏には、本書の原稿を読んでいただき、多くのご指摘を得た。厚く御礼を申し上げる。

著者略歴

藤谷　浩悦（ふじや　こうえつ）
1957年　秋田県秋田市に生まれる。
1989年　筑波大学大学院歴史・人類学研究科博士課程単位取得退学。
現　在　東京女学館大学国際教養学部教授。博士（文学）。

湖南省近代政治史研究

二〇一三年六月二十八日　発行

著　者　藤　谷　浩　悦
発行者　石　坂　叡　志
整版印刷　富　士　リ　プ　ロ　㈱

発行所　汲　古　書　院
〒102-0072　東京都千代田区飯田橋二-五-四
電　話　〇三（三二六五）九七六四
FAX　〇三（三二二二）一八四五

ISBN978-4-7629-6507-4　C3022

KYUKO-SHOIN, Co., Ltd. Tokyo.

The Study on the modern political history of the Hunan Province

FUJIYA, Koetsu

This study discusses the political history of the Hunan Province in the early 20th century, that is, from 1904 to 1913, centered around the "Public Opinion (公議)", the Syncretic Millenarian Doctrine (末劫論) and the National Unification (国民統合). To this end, I would like to summarize the meaning of the study, which places importance on the "Public Opinion (公議)", the Syncretic Millenarian Doctrine (末劫論) and the National Unification (国民統合) in this way. Firstly, focusing on the point that the "Public Opinion (公議)", the Syncretic Millenarian Doctrine (末劫論) and the National Unification (国民統合) are political theories, and that their contents and interpretations vary upon the status of the advocate, I regarded to be important the way in which they greatly influenced the politics of the Hunan Province while the split between the authorities, the gentry and the general public grew. The defining feature of this study lies in the point that, from the discontent towards the way in which previous research had focused on a few classes such as the enlightened gentry and revolutionary forces and was one-sided, the political history of the Hunan Province is considered from many angles through the group of problems surrounding the "Public Opinion (公議)", the Syncretic Millenarian Doctrine (末劫論) and the National Unification (国民統合). The following 7 points can be raised as the reasons why this discussion, from many angles, has become possible.

The first point is the focus of the discussion on the way the opinions of each political group and each individual were received in local societies and, given the analysis of the reception in local societies, mentions the problems

regarding the standards for local societies. The second point is the addition of observations to the standards of local societies from specific cases that follow individual historical events, for instance how the local society standards led to, in the problem of the "Mixed Residence between Chinese and Foreigners (華洋雑居)" starting in 1904, the fair distribution of profits to the members of trade associations, and in the Changsha Rice Riot of 1910; 1. the guarantee of a minimum standard of living for the general public, 2. the sanction of protest movements by the general public and 3. the denial of wealth accumulation using unlawful methods. The third point is the focus on the political effects of the "Public Opinion (公議)" and the Syncretic Millenarian Doctrine (末劫論), for instance how the gentry advocated the "Public Opinion (公議)" with the aim to defeat their political enemies, and how secret societies praised the Syncretic Millenarian Doctrine (末劫論) to extend their influence. The fourth point is the focus on the aspect of mutual regulation between the gentry and the general public, such as the way that there were circumstances where the gentry praised the "Public Opinion (公議)", they demonstrated the "Public Opinion (公議)" to the general public in a form that realizes the standards of local societies, and the general public received this positively. The fifth point is the discussion on the meaning of the tradition around astrological phenomena, colors and festivities in the national uprising with emphasis on the role of emotional aspects such as fear and hope in the national uprising. The sixth point is, focusing on how intellectuals, students and secret societies transformed the songs and traditions of local societies and used the Syncretic Millenarian Doctrine (末劫論) in the uprising of the revolutionary army in October 1911, the analysis of the reflection of the contents of the Syncretic Millenarian Doctrine (末劫論) on the 1911 Revolution in the Hunan Province. The seventh point is, while the function of the "Public Opinion (公議)" weakened and the National Unification (国民統合) was newly planned, by adding analysis to the

background led by thoughts that prioritize military affairs, the relationship between politics and the army in the Hunan Province during the Early Minguo (民国) Period being considered.

As a result, the following conclusions were obtained. In the Hunan Province during the early 20th century, the standards of local societies were shaken due to the intervention of world powers in addition to the implementation of the Qing Reform (光緒新政). What characterizes the politics of the Hunan Province towards the end of the Qing dynasty is the point where the Qing Dynasty relied upon the laws of the Qing Reform (光緒新政) to progress the structuring of new order and confronted the standards of local societies. The general public acted, seeking the recovery of the standards of local societies and the gentry sympathized with the general public, praised the "Public Opinion (公議)" and tried to unite the general public's actions. However, the "Public Opinion (公議)" failed to take an effective role for the following three reasons. Firstly, as the Qing Dynasty placed the laws of the Qing Reform (光緒新政) above the "Public Opinion (公議)" for the purpose of the centralization of power, secondly as the "Public Opinion (公議)" was controlled by a powerful section of the gentry and did not reflect the opinion of all people, and thirdly as the gentry plundered from the general public in the name of taxation, and this had become the cause of the national uprising. As a result, the "Public Opinion (公議)" lost efficacy in the Hunan Province. In this situation, the Qing Dynasty was given the negative significance that they should be expelled from the existing world. The tendency of many of the gentry was to reconstruct the relationships between the authorities and the gentry, but they did not aim to deny the existing political system, that is, imperial politics. However, intellectuals and students pointed towards the denial of imperial politics. The Gentry, along with intellectuals and students, opened the way to parliamentary government. In response to this, the general public of the

lower classes relied on the Syncretic Millenarian Doctrine（末劫論）and hoped for the building of a new society. The ideal world that the lower classes wanted was a fair and fulfilled world with no social injustice or disparity between rich and poor, and was a society where a sense of completeness of the whole, which could be felt in a way similar to parts of the body being connected by blood vessels. However for the lower classes, the despotic imperial politics was not something that could necessarily be denied in the case that the standards of local societies, in other words, the minimum standards of living for the general public and a fair and equal society, were constructed and an ideal society was achieved. Subsequently, the Syncretic Millenarian Doctrine（末劫論）became widespread. The Syncretic Millenarian Doctrine（末劫論）, holding the general public's fears, hopes and views of the world in its contents, was passed on through songs and traditions in each area. In the uprising of the revolutionary army in October 1911, the soldiers of the new army and members of secret societies led the uprising to success using the Syncretic Millenarian Doctrine（末劫論）. However this led to parts of the contents of the Syncretic Millenarian Doctrine（末劫論）to be reflected upon the policies of Jiao Da-feng（焦達峯）, who was newly appointed as Chief Executive. Generals of the army and the Gentry sensed danger in the policies of Jiao Da-feng（焦達峯）, attempted to assassinate Jiao Da-feng（焦達峯）and supported Tan Yan-kai（譚延闓）to become Chief Executive. Tan Yan-kai（譚延闓）, who was appointed as Provincial Military Governor of the Hunan Province, suppressed local traditions and cultures such as the Syncretic Millenarian Doctrine（末劫論）and aimed to restore order through the re-establishment of Public Opinion. However, while the Chief Executive and local assemblies opposed each other, the mindset of prioritizing military affairs dominated.

The contents of this document will be summarized below, including future

outlooks.

In the Hunan Province in the early 20th century, in addition to the Qing Reform（光緒新政）by the Qing Dynasty, due to the intervention of the world powers, the standards of local societies were violently shaken, and the gentry and the general public acted in response to this perturbation to the standards of local societies. The "Public Opinion（公議）" could be perceived as an exercise by the gentry and the general public to recover the standards of local society. However, due to the Qing Dynasty placing the laws of the Qing Reform（光緒新政）period above the standards of local society, the "Public Opinion（公議）" lost efficacy and the gentry were also divided. Some of the gentry sought to re-establish the "Public Opinion（公議）" with the local assemblies as bases, and confronted the Qing Dynasty. This is because if the gentry supported the "Public Opinion（公議）" and tried to maintain the standards of local society, re-establishing the "Public Opinion（公議）" and opposing the Qing Dynasty was inevitable. This movement by the gentry was aimed to restrict the authority of the administration with the assembly at the center, and paved the way towards the firm establishment of parliamentary government. However, the re-establishment of the "Public Opinion（公議）", in other words the local assemblies in the early 20th century, brought about opposition from the Chief Executive and caused delays in administration. As a result, the philosophy that prioritizes military affairs dominated in the Early Min-guo（民国）Period. This philosophy put the issue of the National Unification（国民統合）ahead of individual freedom and led the way to autocracy. In response to this, the weakening of the function of the "Public Opinion（公議）", together with the re-establishment of the "Public Opinion（公議）" by the gentry, became a cause of the spreading of the Syncretic Millenarian Doctrine（末劫論）among the general public of the lower classes. The ideal world of the lower classes, which relied on the Syncretic Millenarian Doctrine

(末劫論), was one that defeats the Qing dynasty and aimed for the construction of a new structure different to the Qing dynasty, but did not necessarily deny autocratic imperial politics. This is because in many cases, the Syncretic Millenarian Doctrine (末劫論) was linked to the belief of awaiting a savior, that is, the salvation of the masses by the appearance of an absolute being. For this reason, the Syncretic Millenarian Doctrine (末劫論) possessed the possibility of opening up the way to autocratic imperial politics, separately to the establishment of parliamentary government by the re-establishment of the "Public Opinion (公議)". As it were, in the Hunan Province between 1904 and 1913, there were the three social trends of the "Public Opinion (公議)", the Syncretic Millenarian Doctrine (末劫論) and the National Unification (国民統合), which represented the Hunan Province in the early 20th century. These three social trends not only affected the politics in the Hunan Province during the late Qing Dynasty period, but also the Early Republican Period. This is why discussing the politics in the Hunan Province during the early 20th century with the "Public Opinion (公議)", the Syncretic Millenarian Doctrine (末劫論) and the National Unification (国民統合) at the center is also effective when looking back at the whole of China's modern history.

索　引

（１）漢字単位及び仮名の五十音順を原則として、同じ漢字で始まるものは一括して配列した。
（２）漢語は日本語読みで配列した。慣用にしたがったものもある。
（３）「色」の項目は音読みに関わらずに一つにまとめ、重複する漢字も記した。
（４）同じ意味のものは一つにまとめ、→の記号で該当箇所を示した。
（５）註、目録の文献名は、原則としてとっていない。

ア　行

カ　行

サ　行

タ　行

ナ　行

ハ　行

マ　行

ヤ　行

ラ　行

ワ行

欧　文

文献目録

──→の右側は、本書における左側の史料の略称である。

【未刊行史料】

1．日本語

日本外務省外交史料館所蔵外務省文書門１・類６・項１・号4-2-1-1『各国内政関係雑纂　支那ノ部　革命党関係　別冊　革命党ノ動静探査員派遣』──→『動静探査員派遣』

同上門１・類６・項１・号4-2-2『各国内政関係雑纂　支那ノ部　革命党関係（亡命者を含む)』──→『各国内政関係雑纂　革命党関係』

同上門１・類６・項１・号4-2-7『各国内政関係雑纂　支那ノ部　省議会』──→『省議会』

同上門１・類６・項１・号37『井手三郎清国内地視察一件』──→『井手三郎一件』

同上門１・類６・項１・号38『水野梅暁清国視察一件』──→『水野梅暁視察一件』

同上門１・類６・項１・号71『支那ニ於ケル政党及結社ノ状況調査一件』──→『政党及結社ノ状況調査一件』

同上門１・類７・項１・号5-13『対支借款関係雑纂　湖南省ノ部』──→『対支借款関係雑纂』

同上門１・類７・項５・号2-8-1『支那鉱山関係雑件　湖南省ノ部　雑一』──→『鉱山関係雑件』

同上門３・類１・項１・号37『湖南省常徳開市一件　附同省湘潭雲南省雲南開市ノ件』──→『湖南省常徳開市一件』

同上門３・類５・項２・号165-1『支那防穀関係雑件　湖南米ノ部』──→『支那防穀関係雑件』

同上門３・類６・項３・号59『湖南汽船会社関係雑纂』──→『湖南汽船会社雑纂』

同上門３・類８・項６・号24『在長沙松崎鶴雄盧山方面ニ於ケル米国宣教師動静視察一件』──→『米国宣教師動静視察一件』

同上門３・類10・項５・号3-6『在本邦清国留学生関係雑纂』──→『清国留学生関係雑纂』

同上門３・類12・項２・号32『在支帝国専管居留地雑件　長沙ノ部』──→『専管居留地雑件』

同上門３・類12・項２・号42-3『支那各地外国人居留地一件　長沙ノ部（馬頭捐問題)』──→『居留地一件』

同上門５・類３・項２・号１『清国各地暴動雑件』
同上門５・類３・項２・号３『南清ニ於ケル暴徒蜂起雑件』──→『暴徒蜂起雑件』
同上門５・類３・項２・号63『清国ニ於ケル排外説ノ瀰漫並ニ南清地方ニ於ケル暴徒蜂起一件』──→『清国排外説瀰漫一件』
同上門５・類３・項２・号135-2-10『支那南北衝突関係一件　各地状況　湖南省』──→『支那南北衝突関係一件』
同上門５・類３・項２・号68『支那長沙暴動一件』
同上門６・類１・項６・号37『漢口領事館報告書』
同上門６・類１・項６・号64『長沙領事館報告書』

２．中国語
台湾・中央研究院近代史研究所所蔵外交檔案編号02-11、宗号３『安徽、江西、湖南、雲南英人租地』──→『英人租地』
同上外交檔案編号02-11、宗号16『英日長沙租界』──→『長沙租界』
同上外交檔案編号02-32、宗号52-1『収発電：長沙収発電』──→『長沙収発電』

３．英語
イギリス国立公文書館（Public Record Office）所蔵外務省文書 FO371, General Correspondence: Political 1906-1922. ──→FO371
同上 FO228, Embassy and Consular Archives, China: Correspondence Series1, 1834-1930. ──→FO228

【定期刊行物】
１．日本語（五十音順）
『大阪朝日新聞』
『大阪毎日新聞』
『革命評論』
『黒龍』
『時事新報』
『中外日報』
『天文時報』
『東亜研究』
『東亜同文会報告』
『東京朝日新聞』

『東京日日新聞』
『日本』
『報知新聞』
『毎日新聞』〔東京〕

2．中国語（拼音 abc 順）
『大公報』〔天津〕
『東方雑誌』
『洞庭波』
『復報』
『国民日日報』
『国粋学報』
『湖北学生界』
『教育雑誌』
『民呼日報』
『民間』
『民立報』
『民俗』
『清議報』
『申報』
『時報』
『蘇報』
『湘報』
『湘学報』
『新民叢報』
『新聞報』
『游学訳編』
『浙江民俗』
『政治官報』
『知新報』

3．英語
The North - China Herald & S. C. & C. Gazette.

【地方志、郷土志】（刊行年順）
乾隆『柳州府志』（広西省、乾隆29年修、道光６年補刊）
同治『長沙県志』（湖南省、同治10年）
同治『瀏陽県志』（湖南省、同治12年）
光緒『善化県志』（湖南省、光緒３年）
民国『続修瓊山県志』（広東省、1917年）
民国『漵浦県志』（湖南省、1921年）
民国『江津県志』（四川省、1924年）
民国『赤渓県志』（広東省、1926年）
民国『錦西県志』（遼寧省、1929年）
民国『霞浦県志』（福建省、1929年）
民国『朝陽県志』（遼寧省、1930年）
民国『宜北県志』（広西省、1934年）
民国『茌平県志』（山東省、1935年）
民国『青城県志』（山東省、1935年）
民国『続遵義府志』（四川省、1936年）
民国『平楽県志』（広西省、1940年）
民国『吉安県志』（江西省、1941年）
民国『醴陵県志』（湖南省、1948年）

傅熊湘編『醴陵郷土志』（湖南省、1926年）
辜天祐編『長沙県郷土志』（湖南省、1949年）

【漢籍】（刊行年順）
『永鎮定湘王醒迷文』（長沙・陳聚徳堂刻字店版存、光緒７年、東京都立図書館所蔵）
『章炳麟駁康書　鄒容革命軍合刻』（神州広文社、1911年、東洋文庫所蔵）
『欽定大清会典』〔光緒朝〕（商務印書館、1908年、駒澤大学総合図書館所蔵）
『呉中葉氏族譜』（1910年、1911年増修、東京大学東洋文化研究所所蔵）
湖南清理財政局編印『湖南省財政款目説明書』（1911年、東京大学文学部図書館所蔵）
湖南諮議局輯『湖南諮議局己酉議事録』（湖南機器印刷局、清朝宣統年間、湖南省図書館所蔵）
湖南諮議局輯『湖南諮議局第一届報告書』（湖南機器印刷局、清朝宣統年間、湖南省図書館所蔵）
湖南調査局編『湖南民情風俗報告書』（湖南法院、1912年、湖南師範大学図書館所蔵）

陳惟彦『彊本堂彙編』（1917年、東洋文庫所蔵）
『大清光緒新法令』（商務印書館、1909年、中央大学中央図書館所蔵）
葉徳輝『郋園六十自叙』（1922年、白雲山鳥居観音所蔵）
頼承裕『懐汀山館詩録』（1930年、湖南師範大学図書館所蔵）
笠雲芳圃『東遊記』（出版年不詳、白雲山鳥居観音所蔵）

【刊行史料】

１．日本語（五十音順）

石山福治『歴代厳禁秘密絵本　豫言集解説』（第一書房、1935年）
宇都宮太郎関係資料研究会編『日本陸軍とアジア政策――陸軍大将宇都宮太郎日記――』１（岩波書店、2007年）
宇野哲人『改訂　支那文明記』（大同館書店、1918年）
王充（大滝一雄訳）『論衡――漢代の異端思想――』（平凡社、1965年）
大里浩秋「宗方小太郎日記、明治32-33年」（『神奈川大学人文学研究所人文学研究所報』第46号、2011年、115-187頁）
金井保三「清国近事」（『東亜研究』第２巻第２号、1912年２月１日、58-62頁）
神谷正男編『宗方小太郎文書――近代中国秘録――』（原書房、1975年）
神谷正男編『続　宗方小太郎文書――近代中国秘録――』（原書房、1977年）
神田正雄『湖南省綜覧』（海外社、1937年）
基山生〔宇野哲人〕「長江沿岸漫遊談」（『東亜研究』第２巻第１号、1912年１月１日、56-60頁）
景梅九（大高巌・波多野太郎訳）『留日回顧――一中国アナキストの半生――』（平凡社、1966年）
黒龍会編『東亜先覚志士記伝』下巻（原書房、1969年）
近衛篤麿日記刊行会編『近衛篤麿日記』第３巻、第４巻（鹿島研究所出版会、1986年）
小平権一『支那ノ米ニ関スル調査』（農商務省、1917年）
近藤邦康「『井上雅二日記』――唐才常自立軍蜂起」（『国家学会雑誌』第98巻第１・２号、1985年、146-178頁）
澤田瑞穂『校注　破邪詳辯――中国民間宗教結社研究資料――』（道教刊行会、1972年）
塩谷温「遊学漫言」（『東亜研究』第２巻第11号、1912年、68-75頁）
――「湖南の老儒と其選著」１・２（『東亜研究』第３巻第１号、1913年、47-52頁、同第３巻第２号、1913年、48-56頁）
島田虔次・小野信爾編『辛亥革命の思想』（筑摩書房、1968年）
白岩龍平『揚子江沿岸』（冨山房、1913年）

宋教仁（松本英紀訳）『宋教仁の日記』（同朋舎出版、1989年）
宗懍撰（守屋美都雄訳注・布目潮渢・中村裕一補訂）『荊楚歳時記』（平凡社、1978年）
武田泰淳・竹内実『毛沢東　その詩と人生』（文芸春秋、1965年）
東亜同文会編『東亜関係特殊条約彙纂』（丸善、1904年）
――編『支那省別全誌　第十巻　湖南省』（東亜同文会、1918年）
――編『対支回顧録』下（1936年、原書房1968年復刻）
――編『続対支回顧録』下（1936年、原書房1968年復刻）
中野達『中国預言書伝本集成』（勉誠出版、2001年）
中村義「水野梅暁在清日記」（『辛亥革命研究』第6号、1986年、99-131頁）
――『白岩龍平日記――アジア主義実業家の生涯――』（研文出版、1999年）
南洋勧業会日本出品協会編『南京博覧会各省出品調査書』（1912年、明治文献資料刊行会1976年再版）
西順蔵編『原典中国近代思想史』第1冊―第6冊（岩波書店、1976年、1977年）
西順蔵・島田虔次編『清末民国初政治評論集』（平凡社、1971年）
日本外務大臣官房人事課編『外務省年鑑　自明治四三年至明治四四年』（外務省、1910年12月31日調）
日本外務省通商局編『在長沙帝国領事館管轄区域内事情』（外務省通商局、1924年）
平山周『支那革命党及秘密結社』（1911年、長陵書林1980年復刻）
彭遵泗他（松枝茂夫訳）『蜀碧・嘉定屠城紀略・揚州十日記』（平凡社、1965年）
松崎鶴雄『柔父随筆』（座右宝刊行会、1943年）
松田江畔編『水野梅暁追懐録』（非売品、1974年）
宮崎龍介・小野川秀美編『宮崎滔天全集』第1巻（平凡社、1971年）
村田雄二郎編『新編　原典中国近代思想史第三巻　民族と国家――辛亥革命』（岩波書店、2010年）
安井正太郎『湖南』（博文館、1905年）
山浦貫一編『森恪』（高山書店、1940年）
臨時台湾旧慣調査会編『清国行政法』第1巻―第6巻（臨時台湾旧慣調査会、1913年-1914年）

2．中国語（姓名の拼音 abc 順）

曹典球「湖南高等実業学堂略述」（『湖南文史資料選輯』第20輯、1986年、43-47頁）
長沙某某「郎園学行記」「記行」（『斯文』第9巻第10号、1927年、19-35頁）
陳三立『散原精舎文集』（台湾中華書局、1966年版）
陳金林・齋徳生・郭曼曼編『清代碑伝全集』上・下（上海古籍出版社、1987年）

陳新憲・禹問樵・禹靖寰・禹堅白編『禹之謨史料』（湖南人民出版社、1981年）
陳浴新「湖南会党与辛亥革命」（『文史資料選輯』第34輯、1986年、116-142頁）
程潜「辛亥革命前后回憶片断」（中国人民政治協商会議全国委員会文史資料研究委員会編『辛亥革命回憶録』第1集、文史資料出版社、1981年、70-93頁）
仇鰲「辛亥革命前后雑憶」（中国人民政治協商会議全国委員会文史資料研究委員会編『辛亥革命回憶録』第1集、文史資料出版社、1981年、437-455頁）
――「一九一二年回湘籌組国民党支部和辦理選挙経過」（中国人民政治協商会議全国委員会文史資料研究委員会編『辛亥革命回憶録』第2集、文史資料出版社、1981年、176-184頁）
『大清徳宗景皇帝実録』（華文書局、1970年版）
『大清宣統政紀』（新興書局、1987年版）
戴鳳翔・楊伝清・陳鵬南「湖南陸軍小学」（中国人民政治協商会議湖南省委員会文史資料研究委員会編『湖南文史資料選輯』第二輯、湖南人民出版社、1981年、59-64頁）
戴鳳翔「我在辛亥革命前后的一段経歴」（『湖南文史』第43輯、1991年、45-51頁）
鄧文翬「共進会的原起及其若干制度」（『近代史資料』1956年第3期、7-25頁）
杜邁之・劉泱泱・李龍如輯『自立会史料集』（岳麓書社、1983年）
端方『端忠敏公奏稿』（文海出版社、1967年版）
馮自由『革命逸史』第1集、第2集、第3集（1944年、台湾商務印書館1969年復刻）
故宮博物院明清檔案部編『清末籌備立憲檔案史料』上・下（中華書局、1979年）
顧廷龍校閲『芸風堂友朋書札』上・下（上海古籍出版社、1980年、1981年）
郭長海・金菊貞編『高旭集』（社会科学文献出版社、2003年）
国家檔案局明清檔案館編『戊戌変法檔案史料』（中華書局、1958年）
湖南省社会科学院編『黄興集』（中華書局、1981年）
湖南省哲学社会科学研究所編『唐才常集』（中華書局、1980年）
湖南省哲学社会科学研究所古代史研究室輯「帝国主義与岳長等地開埠資料」1・2（『湖南歴史資料』1979年第1輯、155-205頁、同1980年第1輯、171-216頁）
――輯「清末湖南人民保路運動伝単三件」（『湖南歴史資料』1979年第1期、219-224頁）
湖南師範学院歴史系郷土近代史研究小組整理「湖南保路運動資料初輯」（『湖南歴史資料』1958年第4期、146-163頁）
湖南歴史考古研究所近代史組輯「関于清末湖南鉱務機構的部分資料」（『湖南歴史資料』1958年第4期、127-145頁）
――輯「清末粤漢鉄路的興築与湖南人民的保路闘争史料」（正）（続完）（『湖南歴史資料』1959年第1期、133-158頁、同1959年第2期、95-115頁）
湖南文献委員会編『湖南文献匯編（第一輯第二輯）』（湖南人民出版社、2008年）

胡樸安編『南社叢編』第1巻（文海出版社、1924年版）
黄曾甫「長沙城隍廟旧聞」（『長沙文史資料増刊　春泥館随筆』1990年、19-20頁）
黄一欧「回憶先君克強先生」（中国人民政治協商会議全国委員会文史資料研究委員会編『辛亥革命回憶録』第1集、文史資料出版社、1981年、608-618頁）
――「黄興与明徳学堂」（中国人民政治協商会議全国委員会文史資料研究委員会編『辛亥革命回憶録』第2集、文史資料出版社、1981年、132-137頁）
『皇明制書』（北京図書館古籍出版社編輯組『北京図書館古籍珍本叢刊46　史部・政書類　皇明制書・憲章類編』書籍文献出版社、1987年）
雷愷「清末湖南三書院」（『湖南文史資料選輯』第20輯、1986年、1-3頁）
李啓成点校『資政院議場会議速記録――晩清預備国会論辯実録』（上海三聯書店、2011年）
李幹忱『破除迷信全書』（1924年、台湾学生書局1989年復刻）
李景僑『抱一先生遺書』（長沙彰文印刷局、1937年）
李敬思「記辛亥常徳起義」（『湖南文史資料選輯』第15輯、1982年、32-36頁）
李魯青「辛亥起義前夕湖南軍界二三事」（『湖南文史資料選輯』第15輯、1982年、11-18頁）
李味農「回憶辛亥革命前後的醴陵」（田伏隆編『辛亥革命在湖南』岳麓書社、2001年、233-234頁）
梁啓超『飲冰室合集』第3冊（中華書局、1989年）
劉次元・馬莉萍『中国歴史日食典』（世界図書出版公司、2006年）
劉篤平「清末長沙搶米風潮始末」（『長沙文史資料』第6輯、1988年、31-62頁）
『明史』（中華書局、1974年版）
林慶彰・蔣秋華編『蘇輿詩文集』（中央研究院中国文哲研究所、2005年）
凌漢秋「記楊任常徳遇難」（中国人民政治協商会議全国委員会文史資料研究委員会編『辛亥革命回憶録』第2集、文史資料出版社、1981年、236-238頁）
陸粲・顧起元撰『元明史料筆記叢刊　庚巳編　客座贅語』（中華書局、1987年）
馬少僑「蔡鍔将軍事略」（『邵陽文史資料』第6輯、1986年、1-14頁）
宓汝成編『中国近代鉄路史資料（1863-1911）』第3冊（中華書局、1963年）
欧陽武「江西光復和二次革命的親身経歴」（中国人民政治協商会議全国委員会文史資料研究委員会編『辛亥革命回憶録』第4集、文史資料出版社、1981年、310-327頁）
潘世謨「焦達峯被害見聞」（『湖南文史資料選輯』第15輯、1982年、99-101頁）
潘浩然「潘鼎新黄栄与華容義軍」（『湖南文史』第43輯、1991年、182-187頁）
彭沢益主編『中国工商行会史料集』上冊（中華書局、1995年）
皮錫瑞「師伏堂未刊日記（1897-1898年）（続）」（『湖南歴史資料』1959年第1期、80-122頁、同1959年第2期、116-158頁）

萍郷市政協・瀏陽県政協・醴陵市政協合編『萍、瀏、醴起義資料匯編』(湖南人民出版社、1986年)
萍郷市政協文史資料研究委員会編「萍郷哥老会起義檔案資料」(『近代史資料』総77号、1990年、29-61頁)
饒懐民・藤谷浩悦編『長沙搶米風潮資料匯編』(岳麓書社、2001年)
山東大学歴史系中国近代史教研編輯組編『山東義和団調査資料選編』(斉魯書社、1980年)
上海図書館編『汪康年師友書札』1-4(上海古籍出版社、1986年、1987年、1989年)
蘇輿編著『翼教叢編』(台聯国風出版社、1970年版)
太平天国歴史博物館編「太平天国資料輯」(『近代史資料』総30号、1963年、1-39頁)
譚人鳳(饒懐民箋注)『石叟牌詞』(上海書店出版社、2000年)
陶菊隠「長沙響応起義見聞」(中国人民政治協商会議全国委員会文史資料研究委員会編『辛亥革命回憶録』第2集、文史資料出版社、1981年、192-200頁)
同明・志盛・雪雲編、粟戡時等『湖南反正追記』(湖南人民出版社、1981年)
万天石「辛亥長沙光復見聞」(『湖南文史資料選輯』第15輯、1982年、21-26頁)
王闓運『湘綺楼日記』第10冊(1927年、台湾商務印書館平装版1973年再版)
王見川・林萬伝主編『明清民間宗教経巻文献』第10巻(新文豊出版公司、1999年)
王明倫編『反洋教書文掲帖選』(斉魯書社、1984年)
王嘯蘇「長沙光復身歴記」(『湖南文史』第43輯、1991年、65-69頁)
王先謙『葵園四種』(岳麓書社、1986年)
文斌「一九一〇年長沙飢民抗暴見聞」(『湖南文史資料選輯』第2輯、1961年、99-105頁)
文公直『最近三十年中国軍事史』(1929年、文海出版社復印1971年)
蕭仲祁「記湯薌銘屠殺楊徳鄰等」(中国人民政治協商会議湖南省委員会文史資料研究委員会編『湖南文史資料選輯』第3輯、1962年、203-205頁)
熊希齢『熊希齢先生遺稿』第5巻(上海書店出版社、1998年)
徐珂撰編『清稗類鈔』第6冊、第8冊、第10冊(中華書局、1986年)
薛政超『湖南移民表——氏族資料所載湖南移民史料考輯』(中国戯劇出版社、2008年)
厳昌洪・張銘玉・傅蟾珍編『張難先文集』(華中師範大学出版社、2005年)
閻幼甫「譚延闓的生平」(『湖南文史資料選輯』第10輯、1978年、139-150頁)
——「関于焦達峯二三事」(中国人民政治協商会議全国委員会文史資料研究委員会編『辛亥革命回憶録』第2集、文史資料出版社、1981年、211-213頁)
——「辛亥湖南光復的回憶」(中国人民政治協商会議全国委員会文史資料研究委員会編『辛亥革命回憶録』第2集、文史資料出版社、1981年、112-131頁)
——「回憶陳作新」(中国人民政治協商会議全国委員会文史資料研究委員会編『辛亥革

命回憶録』第7集、文史資料出版社、1982年、120-135頁）
楊鵬程整理「湘鄂米案電存」（『近代史資料』総114号、2006年、72-107頁）
楊世驥編「長沙搶米風潮」（『近代史資料』1955年第4期、44-69頁）
楊堅編『郭崇燾日記』第4冊（湖南人民出版社、1983年）
姚逸之・鍾貢勛口述『湖南唱本提要』（中国民俗学会、1929年）
易甲瀛「六十年前長沙県師範学校慘案」（『長沙市北区文史資料』第3輯、1987年、79-82頁）
余韶「湖南光復及四十九標援鄂」（中国人民政治協商会議全国委員会文史資料研究委員会編『辛亥革命回憶録』第2集、文史資料出版社、1981年、159-175頁）
章伯鋒・李宗一主編『北洋軍閥（一九一二――一九二八）』第1巻―第6巻（武漢出版社、1990年）
張謇研究中心・南通市図書館・江蘇古籍出版社編纂『張謇全集』第1巻（江蘇古籍出版社、1993年）
章開沅主編『居正文集』上・下（華中師範大学出版社、1989年）
張平子「我所知道的馬福益」（中国人民政治協商会議全国委員会文史資料研究委員会編『辛亥革命回憶録』第2集、文史資料出版社、1981年、239-244頁）
――「我所知道的湖南《大公報》」（『湖南文史資料選輯』第23輯、1986年、174-203頁）
張之洞『張文襄公全集』1-6（文海出版社、1963年版）
趙濱彦『湘藩案牘鈔存』（文海出版社、1974年版）
鄭佳明主編『長沙風物大観』（湖南文芸出版社、1997年）
中国第一歴史檔案館編輯部編『義和団檔案史料続編』上・下（中華書局、1990年）
中国第一歴史檔案館・北京師範大学歴史系編選『辛亥革命前十年間民変檔案史料』上・下（中華書局、1985年）
中国第一歴史檔案館・福建師範大学歴史系合編『清末教案』第3冊（中華書局、1998年）
中国人民大学中共党史系中国近現代政治思想史教研室編『義和団源流史料』（中国人民大学、1980年）
中国人民政治協商会議長沙市委員会文史資料研究委員会編『《長沙文史資料》特集　庚戌長沙“搶米”風潮資料匯編』（1990年）
中国社会科学院近代史研究所〈近代史資料〉編輯組編『義和団史料』上・下（中国社会科学出版社、1982年）
中国社会科学院近代史研究所中華民国史研究室・中山大学歴史系孫中山研究室・広東省社会科学院歴史研究室合編『孫中山全集』第1巻、第2巻（中華書局、1982年）
中国社会科学院近代史研究所中華民国史研究室主編『民初政争与第二革命』上・下（上海人民出版会、1983年）

中国史学会主編『辛亥革命』1-8（上海人民出版社、1957年）
――主編『義和団』1-4（上海人民出版社、1957年）
中央研究院近代史研究所編『中国近代史研究彙編　鉱務檔　安徽・江西・湖北・湖南』（中央研究院近代史研究所、1960年）
周克之「辛亥革命時期湖北学生軍始末記」（中国人民政治協商会議全国委員会文史資料研究委員会編『辛亥革命回憶録』第2集、文史資料出版社、1981年、55-61頁）
周秋光編『熊希齢集』上・中・下（湖南出版社、1996年）
周元高・孟彭興・舒顗雲主編『李烈鈞集』上・下（中華書局、1996年）
周震麟「関于黄興、華興会和辛亥革命后的孫黄関係」（中国人民政治協商会議全国委員会文史資料研究委員会編『辛亥革命回憶録』第1集、文史資料出版社、1981年、330-341頁）
周正雲輯校『晩清湖南新政奏摺章程選編』（岳麓書社、2010年）
朱徳裳『三十年聞見録』（岳麓書社、1985年）
朱介凡編著『中華諺語志（六）社会―軍事・礼俗』（台湾商務印書館、1989年）
鄒欠白『長沙市指南』（朱福芝堂、1934年）
鄒協勛「我所知道的譚人鳳」（中国人民政治協商会議全国委員会文史資料研究委員会編『辛亥革命回憶録』第7集、文史資料出版社、1981年、110-119頁）
鄒永成口述、楊思義筆記「鄒永成回憶録」（『近代史資料』1956年第3期、77-131頁）

3．英語

Hewlett, Meyrick, *Forty Years in China*, London: Macmillan & Co. Ltd, 1943.

【日本語研究書、論文】（五十音順）

浅居誠一『日清汽船株式会社三十年史及追補』（日清汽船株式会社、1941年）
浅井紀「道光青蓮教案について」（『東海史学』第11号、1977年、57-86頁、のち同『明清時代民間宗教結社の研究』研文出版、1990年に再録）
――「明清時代における聞香教と清茶門教」（鈴木中正編『千年王国的民衆運動の研究――中国・東南アジアにおける――』東京大学出版会、1982年、351-395頁、のち同『明清時代民間宗教結社の研究』研文出版、1990年に再録）
――「清代青蓮教の道統について」（慶応義塾大学東洋史研究室編『西と東と――前嶋信次先生追悼論文集』汲古書院、1985年、247-262頁、のち同『明清時代民間宗教結社の研究』研文出版、1990年に再録）
――『明清時代民間宗教結社の研究』（研文出版、1990年）
――「中国近世の民間宗教における終末論と社会運動」（『歴史学研究』第724号、1999

年、31-41頁)
朝日新聞百年史編集委員会編『朝日新聞社史　明治編』(朝日新聞社、1990年)
鐙屋一「『二次革命』における江西の独立――分権論と革命論――」(『社会文化史学』第25号、1989年、27-43頁、のち同『章士釗と近代中国政治史研究』芙蓉書房、2002年に再録)
飯島渉「一九〇三年中日改定通商条約の締結について――『マッケイ条約体制』と中国――」(大阪市立大学『人文研究』第44巻第12分冊、1992年、125-145頁)
――「『裁釐加税』問題と清末中国財政――1902年中英マッケイ条約交渉の歴史的位置――」(『史学雑誌』第102編第11号、1993年、1-32頁)
――『ペストと近代中国――衛生の「制度化」と社会変容――』(研文出版、2000年)
石川禎浩「一九一〇年長沙大搶米の『鎮圧』と電信」(『史林』第76巻4号、1993年、107-123頁)
――「二〇世紀初頭の中国における“黄帝”熱――排満・肖像・西方起源説――」(『二十世紀研究』第3号、2002年、1-22頁)
――「思い出せない日付――中国共産党の記念日」(小関隆編『記念日の創造』人文書院、2007年、127-166頁)
稲葉誠一「曾国藩上」(『東方学紀要』別冊1、天理大学おやさと研究所、1962年、1-153頁)
入江啓四郎『中国に於ける外国人の地位』(日華関係法律事務所、1937年)
于乃明「湖南水口山鉛鉱をめぐる中日交渉――1910年代――」(『近代中国研究彙報』第19号、1997年、51-86頁)
植田捷雄『支那に於ける租界の研究』(巌松堂書店、1941年)
臼井丘「清末湖南宝慶府の青蓮教」(道教文化研究会編『道教文化への展望』平河出版社、1994年、212-237頁)
内田直作『日本華僑社会の研究』(同文館、1949年)
ウルバーネク・ウラジミール(篠原琢訳)「彗星、世界の終末と薔薇十字軍思想の流行――チェコ・プロテスタント知識人の終末論的待望――」(深沢克己・桜井万里子編『友愛と秘密のヨーロッパ社会文化史――古代秘儀宗教からフリーメイソン団まで』東京大学出版会、2010年、133-154頁)
エシェリック・ジョセフ(横山英訳)「米国における辛亥革命研究の問題点」(横山英『辛亥革命研究覚書』新歴史研究会、1997年、125-166頁)
大木康「庶民文化」(森正夫ほか編『中国史学の基本問題四　明清時代史の基本問題』汲古書院、1997年、557-580頁)
沖浦和光『竹の民俗誌――日本文化の深層を探る――』(岩波書店、1991年)

小野和子「辛亥革命時期の婦人運動」（小野川秀美・島田虔次編『辛亥革命の研究』筑摩書房、1978年、283-316頁）

小野信爾「辛亥革命と革命宣伝」（小野川秀美・島田虔次編『辛亥革命の研究』筑摩書房、1978年、37-88頁、のち同『青春群像――辛亥革命から五四運動へ――』汲古書院、2012年に再録）

――「ある謡言――辛亥革命前夜の民族的危機感――」（『花園大学研究紀要』第25号、1993年、1-36頁、のち同『青春群像――辛亥革命から五四運動へ――』汲古書院、2012年に再録）

小野寺史郎「清末民初の国旗をめぐる構想と抗争」（『歴史学研究』第803号、2005年、33-48頁、のち同『国旗・国歌・国慶――ナショナリズムとシンボルの中国近代史――』東京大学出版会、2011年に再録）

――「民国初年の革命記念日――国慶日の成立をめぐって――」（『中国――社会と文化』第20号、2005年、208-224頁、のち同『国旗・国歌・国慶――ナショナリズムとシンボルの中国近代史――』東京大学出版会、2011年に再録）

――「最近十年来の近代中国政治シンボル研究の展開について」（『近きに在りて』第52号、2007年）

――『国旗・国歌・国慶――ナショナリズムとシンボルの中国近代史――』（東京大学出版会、2011年）

片岡一忠「辛亥革命時期の五族共和論をめぐって」（田中正美先生退官記念論集刊行会編『中国近現代史の諸問題――田中正美先生退官記念論集――』国書刊行会、1984年、279-306頁）

片山慶隆『小村寿太郎――近代外交の体現者――』（中央公論新社、2011年）

加藤祐三「二つの居留地――一九世紀の国際政治、二系統の条約および居留地の性格をめぐって」（『横浜と上海』共同編集委員会編『横浜と上海――近代都市形成史比較研究』横浜開港資料普及協会、1995年、69-100頁）

川島真「中華民国外交檔案保存・公開の現状」（近現代東北アジア地域史研究会『NEWS LETTER』第6号、1994年、15-38頁）

――『中国近代外交の形成』（名古屋大学出版会、2004年）

――『シリーズ中国近現代史②　近代国家への模索　1894-1925』（岩波書店、2010年）

菊池貴晴「経済恐慌と辛亥革命への傾斜」（東京教育大学文学部東洋史学研究室アジア史研究会・中国近代史部会編『中国近代化の社会構造』大安、1960年、73-111頁）

岸本美緒「明末清初における暴力と正義の問題」（須田努・趙景達・中嶋久人編『暴力の地平を超えて――歴史学からの挑戦――』青木書店、2004年、213-242頁、のち同『地域社会論再考――明清史論集2』研文出版、2012年に再録）

――「中国における暴力と秩序――前近代の視点から――」(『歴史評論』第689号、2007年、70-80頁、のち同『地域社会論再考――明清史論集2』研文出版、2012年に再録)
北田英人「一四―一九世紀江南の年中習俗――物の誕生日・中秋節と時間原理――」(『明清時代の法と社会』編集委員会編『和田博徳教授古稀記念　明清時代の法と社会』汲古書院、1993年、321-345頁)
北山康夫「辛亥革命と会党」(小野川秀美・島田虔次編『辛亥革命の研究』筑摩書房、1978年、185-201頁)
キューン・フィリップ・A(谷井俊仁・谷井陽子訳)『中国近世の霊魂泥棒』(平凡社、1996年)
金煦(程群訳)「中秋節の月祭と生育の民俗」(『日中文化研究』第13号、1998年、31-34頁)
串田久治『中国古代の「謡」と「予言」』(創文社、1999年)
倉橋正直「清末の実業振興」(野澤豊・田中正俊編『講座中国近現代史第三巻　辛亥革命』東京大学出版会、1978年、63-92頁)
黒岩高「械闘と謡言――一九世紀の陝西・渭河流域に見る漢・回関係と回民蜂起――」(『史学雑誌』第111編第9号、2002年、61-83頁)
小池聖一「外務省文書・外務省記録の生成過程――外務省文書の文書学的一試論――」(『日本歴史』第584号、1997年、1-15頁)
コーエン・ポール(佐藤慎一訳)『知の帝国主義――オリエンタリズムと中国像――』(平凡社、1988年)
小島晋治『太平天国運動と現代中国』(研文出版、1993年)
小島毅「城隍廟制度の確立」(『思想』第792号、1990年、179-212頁)
――「牧民官の祈り――真徳秀の場合」(『史学雑誌』第100編第11号、1991年、43-76頁)
――「儒教の偶像観――祭礼をめぐる言説――」(『中国―社会と文化』第7号、1992年、69-82頁)
――「中国近世の公議」(『思想』第889号、1998年、118-133頁)
小島淑男「辛亥革命期の労農運動と中国社会党」(『歴史学研究別冊特集　世界史認識と人民闘争史研究の課題――1971年度歴史学研究会大会報告』1971年、106-115頁)
――『留日学生の辛亥革命』(青木書店、1989年)
後藤孝夫『辛亥革命から満州事変へ――大阪朝日新聞と近代中国――』(みすず書房、1987年)
小林一美「抗租・抗糧闘争の彼方――下層生活者の想いと政治的・宗教的自立の途――」(『思想』第584号、1973年、228-247頁、のち同『中華世界の国家と民衆』上、汲古書院、2008年に再録)

――「義和団の民衆思想」（野澤豊・田中正俊編『講座中国近現代史第二巻　義和団運動』東京大学出版会、1978年、237-266頁、のち同『義和団戦争と明治国家』汲古書院、1986年に再録）

小武海櫻子「清末四川の鸞堂と宗教結社――合川会善堂慈善会前史――」（『東方宗教』第111号、2008年、50-70頁）

酒井忠夫『酒井忠夫著作集三　中国帮会史の研究　紅帮篇』（国書刊行会、1998年）

――『酒井忠夫著作集一　増補善書の研究』上（国書刊行会、1999年）

――『酒井忠夫著作集二　増補善書の研究』下（国書刊行会、1999年）

阪口修平『歴史と軍隊――軍事史の新しい地平――』（創元社、2010年）

佐藤公彦「清代白蓮教の史的展開――八卦教と諸反乱――」（青年中国研究者会議編『続中国民衆反乱の世界』汲古書院、1983年、75-183頁）

――「一八九一年、熱河の金丹道蜂起」（『東洋史研究』第43巻第２号、1984年、37-71頁）

――『義和団の起源とその運動――中国ナショナリズムの誕生――』（研文出版、1999年）

――「ドイツ連邦公文書館所蔵の義和団関係資料について」（『東京外国語大学論集』第72号、2006年、201-213頁、のち同『清末のキリスト教と国際関係――太平天国から義和団・露清戦争、国民革命へ――』汲古書院、2010年に再録）

佐藤慎一『近代中国の知識人と文明』（東京大学出版会、1996年）

佐野誠子「中国の祭日と死者を巡る物語り」（小関隆編『記念日の創造』人文書院、2007年、87-125頁）

清水稔「萍瀏醴における革命蜂起について――洪江会を中心として――」（『東洋史研究』第29巻第４号、1971年、114-137頁）

――「長沙米騒動と民衆――辛亥革命前夜の湖南における民衆運動の一典型として――」（『名古屋大学東洋史研究報告』第１号、1972年、32-54頁）

――「湖南における辛亥革命の一断面について――会党と立憲派を中心として――」（『東方学』第47輯、1974年、66-86頁）

――「辛亥革命前の湖南における革命運動――共進会と焦達峯――」（『歴史の理論と教育』第38号、1976年、1-10頁）

――「湖南立憲派の形成過程について」（『名古屋大学東洋史研究報告』第６号、1980年、29-57頁）

――「湖南革命派の形成過程について」（『人文学論集』〔仏教大学〕第23号、1989年、1-12頁）

――『湖南五四運動小史』（同朋舎、1992年）

――「清末の湖南留日学生の動向について」（『文学部論集』〔仏教大学〕第88号、2004

年、19-33頁）
シャルチエ・ロジェ（松浦義弘訳）『フランス革命の文化的起源』（岩波書店、1999年）
白石博男「清末湖南の農村社会——押租慣行と抗租傾向——」（東京教育大学文学部東洋史学研究室アジア史研究会・中国近代史部会編『中国近代化の社会構造』大安、1960年、1-19頁）
謝黎『チャイナドレスをまとう女性たち——旗袍にみる中国の近・現代』（青弓社、2004年）
菅野正「『割閩換遼』要求風説と湖南・禹之謨」（『奈良史学』第14号、1996年、のち同『清末日中関係史の研究』汲古書院、2002年に採録）
杉村勇造「柔父先生略伝」（松崎鶴雄著、杉村英治編『呉月楚風　中国の回想』出版科学総合研究所、1980年、238-302頁）
杉村英治「湖南通信——松崎鶴雄伝抄——」（『伝記』第８輯、1986年、31-34頁）
鈴木中正「清朝中期における民間宗教結社とその千年王国運動への傾斜」（鈴木中正編『千年王国的民衆運動の研究——中国・東南アジアにおける——』東京大学出版会、1982年、151-350頁）
相田洋「清代における演劇と民衆運動」（木村正雄先生退官記念事業会東洋史論集編集委員会編『木村正雄先生退官記念東洋史論集』汲古書院、1976年、389-410頁、のち同『中国中世の民衆文化——呪術・規範・反乱——』中国書店、1994年に再録）
曽田三郎「辛亥革命における湖南独立」（『史学研究』〔広島〕第133号、1976年、21-39頁）
——「二〇世紀初頭における中国の鉄道資本——鉄道利権回収運動との関連において——」（『アジア経済』第20巻第５号、1979年、50-61頁）
——「湖南における鉄道利権の回収運動」（『地域文化研究』第４号、1979年、69-90頁）
——「辛亥革命前の諸改革と湖南」（横山英編『中国近代化と地方自治』勁草書房、1985年、55-93頁）
孫江『近代中国の革命と秘密結社——中国革命の社会史的研究（一八九五——一九五五）——』（汲古書院、2007年）
高嶋航「1920年代の中国における女性の断髪——議論・ファション・革命——」（石川禎浩編『中国社会主義文化の研究』京都大学人文科学研究所附属現代中国研究センター、2010年、27-60頁）
武内房司「太平天国期の苗族反乱について——貴州東南部苗族地区を中心に——」（『史潮』新12号、1982年、26-56頁）
——「清末苗族反乱と青蓮教」（『海南史学』第26号、1988年、1-25頁）
——「『明王出世』考——中国的メシアニズムの伝統——」（『老百姓の世界——中国民衆史ノート——』第７号、1991年、1-25頁）

――「清代青蓮教の救済思想――袁無欺の所説を中心に――」(『中国――社会と文化』第7号、1992年、53-68頁)
――「清末宗教結社と民衆運動――青蓮教劉儀順派を中心に――」(神奈川大学中国語学科編『中国民衆史への視座――新シノロジー・歴史篇』東方書店、1998年、109-298頁)
田中比呂志「近代中国における国家建設の模索――天壇憲法草案制定時期を中心として――」(『歴史学研究』第646号、1993年、38-54頁、同『近代中国の政治統合と地域社会――立憲・地方自治・地域エリート――』研文出版、2010年に再録)
遅雲飛（藤谷浩悦訳）「学んで厭わず、人に教えて倦まず――林増平先生45年の教育と研究――」(『近きに在りて』第23号、1993年、102-113頁)
張人价編『湖南省鉱業総覧』(中支建設資料整備事務所、1949年)
塚本元『中国における国家建設の試み　湖南一九一九――九二一年』(東京大学出版会、1994年)
塚本善隆「中華民国の仏教」(仏教大学編『東洋学論叢――小西、高畠、前田三教授頌寿記念――』平楽寺書店、1952年、295-330頁、のち同『塚本善隆著作集第五巻　中国近世仏教史の諸問題』大東出版社、1975年に再録)
土屋洋「清末の体育思想――『知育・徳育・体育』の系譜――」(『史学雑誌』第117編第8号、2008年、56-80頁)
土居智典「清末湖南省の省財政形成と紳士層」(『史学研究』〔広島〕第227号、2000年、23-40頁)
中谷剛「清代都市騒擾の形態と論理――乾隆八年の福建――」『明清時代の法と社会』編集委員会編『和田博徳教授古稀記念　明清時代の法と社会』汲古書院、1993年、391-411頁)
中村喬『続　中国の年中行事』(平凡社、1990年)
中村義「中国における革命的民主主義者の途――禹之謨とその周辺――」(大塚史学会編『東アジア近代史の研究』御茶の水書房、1967年、303-335頁、のち同『辛亥革命史研究』未来社、1979年に再録)
――「変法から新政へ――湖南鉱業政策を中心として――」(『東京学芸大学紀要（社会科学)』第26号、1974年、138-155頁、のち同『辛亥革命史研究』未来社、1979年に再録)
――「長沙開港前後――日本資本主義と湖南省――」(『歴史学研究』第425号、1975年、1-13頁、のち同『辛亥革命史研究』未来社、1979年に再録)
――「洋務・変法と民変――一八九八年の両湖地区をめぐって――」(野澤豊・田中正俊編『講座中国近現代史第二巻　義和団運動』東京大学出版会、1978年、147-175頁)

――『辛亥革命史研究』（未来社、1979年）
――「清末幣制論――湖南省の官銭局について――」（小島淑男編『近代中国の経済と社会』汲古書院、1993年、49-65頁）
――『川柳のなかの中国――日露戦争からアジア・太平洋戦争まで――』（岩波書店、2007年）
――ほか編『近代日中関係史人名辞典』（東京堂出版、2010年）
中村哲夫「拒俄義勇隊・軍国民教育会」（『東洋学報』第54巻第1号、1971年、72-104頁、のち同『同盟の時代――中国同盟会の成立過程の研究――』人文書院、1992年に再録）
――「華興会と光復会の成立過程」（『史林』第55巻第2号、1972年、39-74頁、のち同『同盟の時代――中国同盟会の成立過程の研究――』人文書院、1992年に再録）
――「科挙体制の崩壊」（野澤豊・田中正俊編『講座中国近現代史第三巻　辛亥革命』東京大学出版会、1978年、115-143頁、のち同『近代中国社会史研究序説』法律文化社、1984年に再録）
中村瑞子「辛亥革命と会党」（『史論』第11集、1963年、27-38頁）
中村裕一「道教と年中行事」（福井康順他監修『道教　第二巻　道教の展開』平河出版社、1983年、371-411頁）
中杢肇『時間と人間』（講談社、1976年）
並木頼寿「日本における中国近代史研究の動向」（小島晋治・並木頼寿編『近代中国研究案内』岩波書店、1993年、3-31頁、のち同『捻軍と華北社会――近代中国における民衆反乱』研文出版、2010年に再録）
――『捻軍と華北社会――近代中国における民衆反乱』研文出版、2010年）
根岸佶『中国社会に於ける指導層』（平和書房、1947年）
野口鐵郎「清末江西の紅白黄教」（酒井忠夫先生古稀祝賀記念の会編『歴史における民衆と文化――酒井忠夫先生古稀祝賀記念論集――』国書刊行会、1982年、505-528頁、のち同『明代白蓮教史の研究』雄山閣出版、1986年に再録）
――「紅蓮教と哥老会」（『東洋史研究』第42巻第3号、1983年、28-51頁、のち同『明代白蓮教史の研究』雄山閣出版、1986年に再録）
――「『斎匪』と『会匪』」（田中正美先生退官記念論集刊行会編『中国近現代史の諸問題――田中正美先生退官記念論集――』国書刊行会、1984年、35-56頁、のち同『明代白蓮教史の研究』雄山閣出版、1986年に再録）
野澤豊「辛亥革命の階級構成――四川暴動と商紳階級――」（『歴史学研究』第150号、1951年、84-91頁）
ハール・バレンデ・テル（丸山宏訳）「書物を読み利用する歴史――新しい史料から――」（『東方学』第120輯、2010年、135-152頁）

狭間直樹「山東萊陽暴動小論――辛亥革命における人民闘争の役割――」(『東洋史研究』第22編第2号、1963年、1-27頁)
――「辛亥革命」(『岩波講座　世界歴史23　帝国主義時代Ⅱ』岩波書店、1974年、33-72頁)
――「南京臨時政府について――辛亥革命におけるブルジョア革命派の役割――」(小野川秀美・島田虔次編『辛亥革命の研究』筑摩書房、1978年、239-282頁)
――「中華民国第一回国会選挙における国民党の勝利について」(『東方学報』〔京都〕第52号、1980年、625-643頁)
波多野善大「辛亥革命直前における農民一揆」(『東洋史研究』第13巻第1・2号、1954年、77-106頁)
――「民国革命と新軍――武昌の新軍を中心として――」(『名古屋大学文学部研究論集14　史学5』1956年、のち同『中国近代軍閥の研究』河出書房新社、1973年に再録)
濱下武志『中国近代経済史研究――清末海関財政と開港場市場圏――』(汲古書院、1989年)
濱島敦俊「明初城隍考」(榎博士頌寿記念東洋史論叢編集委員会編『榎博士頌寿記念東洋史論叢』汲古書院、1988年、347-368頁)
早田充宏「城隍神信仰の変遷について」(『東洋の思想と宗教』第5号、1988年、39-56頁)
原美恵子「禹之謨と湖南学生運動」(『北大史学』第26号、1986年、1-23頁)
原田敬一『シリーズ日本近現代史③　日清・日露戦争』(岩波書店、2007年)
坂野正高「政治外交史――清末の根本資料」(坂野正高・田中正俊・衛藤瀋吉編『近代中国研究入門』東京大学出版会、1974年、167-225頁)
巫仁恕(吉田健一郎訳)「明清都市民変研究の再検討――集合行動の角度から――」(山本英史編『近世の海域世界と地方統治』汲古書院、2011年、95-125頁)
フェアバンク・ジョン(市古宙三訳)『中国』上・下(東京大学出版会、1972年)
深町英夫「民国初年の広東における中国同盟会と国民党――政党組織・地域社会・政治参加――」(『歴史学研究』第670号、1995年、33-49頁、のち同『近代中国における政党・社会・国家――中国国民党の形成過程――』中央大学出版部、1999年に再録)
藤井省三「塩谷温」(江上波夫編『東洋学の系譜〔第二集〕』大修館書店、1994年、93-104頁)
――「中国の北京語文学――日本文学・中国文学研究に与えた影響」(『岩波講座「帝国」日本の学知　第五巻　東アジアの文学・言語空間』岩波書店、2006年、163-206頁)
藤谷浩悦「一九一〇年の長沙米騒動をめぐる電文の考察――台湾・中央研究院近代史研究所所蔵外交檔案〇二―三二―五二―一を中心に――」1・2(『東京女学館短期大学紀要』第18輯、1996年、117-129頁、同第19輯、1997年、199-216頁)

――「イギリスの近代中国関係史料――ロンドンを中心に――」(『近代中国研究彙報』第20号、1998年、1-42頁)
――「中国近代史研究の動向と課題――日本における研究を中心に――」(『歴史評論』第638号、2003年、2-14頁)
――「戊戌変法と畢永年――湖南維新派の思想と行動――」(『駒沢史学』第64号、2005年、64-88頁)
夫馬進「明末反地方官士変」(『東方学報』〔京都〕第52号、1980年、595-622頁)
――「『明末反地方官士変』補論――北京図書館所蔵の若干の明清史料を紹介し、士変と地方公議に言及する――」(『富山大学人文学部紀要』第4号、1981年、19-33頁)
堀地明「一九一〇年奉天・江北・湖南の搶糧・搶米」(『現代中国研究』第4号、1999年、45-62頁、のち同『明清食糧騒擾研究』汲古書院、2011年に再録)
――『明治日本と中国米――輸出解禁をめぐる日中交渉――』(中国書店、2013年)
松本浩一「明代の城隍神信仰とその源流」(『図書館情報メディア研究』第1巻第2号、2003年、49-60頁)
松本英紀「中部同盟会と辛亥革命――宋教仁の革命方略――」(小野川秀美・島田虔次編『辛亥革命の研究』筑摩書房、1978年、203-237頁、のち同『宋教仁の研究』晃洋書房、2001年に再録)
丸田孝志「陝甘寧辺区の記念日活動と新暦・農暦の時間」(『史学研究』〔広島〕第221号、1998年、16-39頁)
――「華北傀儡政権における記念日活動と民俗利用――山西省を中心に――」(曽田三郎編『近代中国と日本――提携と敵対の半世紀――』御茶の水書房、2001年、291-326頁)
溝口雄三「中国の『公・私』」上・下(『文学』第56巻第9号、1988年、88-102頁、『文学』第56巻第10号、1988年、73-84頁、のち同『中国の公と私』研文出版、1995年に再録)
――「辛亥革命の歴史的個性」(『思想』第989号、2006年、88-107頁)
南塚信吾「いまなぜ国民国家か」(久留島浩・趙景達編『国民国家の比較史』有志社、2010年、1-30頁)
宮原佳昭「民国初期における地方界教育人士の問題意識――湖南省教育会と易克臬の教育主張を中心として――」(石川禎浩編『中国社会主義文化の研究』京都大学人文科学研究所、2010年、267-292頁)
村田雄二郎「孔教と淫祠」(『中国―社会と文化』第7号、1992年、199-218頁)
本野英一「在華イギリス企業株主の株価支払い責任をめぐる中英紛争――恵通銀行事件を中心に――」(『史学雑誌』第106編第10号、1997年、1-38頁、のち同『伝統中国商業秩序の崩壊――不平等条約体制と「英語を話す中国人」――』名古屋大学出版会、

2004年に再録)
諸星美智直「解説」(北原保雄・古田東朔編『日本語文法研究書大成　日本俗語大典　全』勉誠出版、2000年、1-26頁)
山下(石田)米子「辛亥革命時期の民衆運動——江浙地区の農民運動を中心として——」(『東洋文化研究所紀要』第37号、1965年、111-218頁)
山田賢「清代の移住民社会——嘉慶白蓮教反乱の基礎的考察——」(『史林』第69号第6冊、1986年、50-89頁、のち同『移住民の秩序——清代四川地域社会史研究——』名古屋大学出版会、1995年に再録)
——『移住民の秩序——清代四川地域社会史研究——』(名古屋大学出版会、1995年)
——『中国の秘密結社』(講談社、1998年)
——「中国明清時代史研究における『地域社会論』の現状と課題」(『歴史評論』第580号、1998年、40-53頁)
——「世界の破滅とその救済——清末の〈救劫の善書〉について——」(『史朋』第30号、1998年、32-41頁)
——「清末湖南の反キリスト教運動と『正しさ』の系譜」(『アジア民衆史研究』第11号、2006年、22-33頁)
山田辰雄「今こそ民国史観を」(『近きに在りて』第17号、1990年、86-90頁)
——「中華民国と現代」(『近きに在りて』第30号、1996年、8-12頁)
遊佐昇「道教と文学」(福井康順他監修『道教　第二巻　道教の展開』平河出版社、1983年、311-369頁)
横山英『辛亥革命研究序説』(平和書房、1977年)
横山宏章「議会政治への挑戦と挫折」(宇野重昭・天児慧編『20世紀の中国　政治変動と国際契機』東京大学出版会、1994年、44-60頁)
吉澤誠一郎『天津の近代——清末都市における政治文化と社会統合——』(名古屋大学出版会、2002年)
——『愛国主義の創成——ナショナリズムから近代中国をみる——』(岩波書店、2003年)
——「五四運動における暴力と秩序」(『歴史評論』第681号、2007年、16-29頁)
吉田隆英『月と橋　中国の社会と民俗』(平凡社、1995年)
林浩(藤村久雄訳)『アジアの世紀の鍵を握る客家の原像』(中央公論社、1996年)
ルフェーヴル・ジョルジュ(二宮宏之訳)『革命的群衆』(岩波書店、2007年)

【中国語研究書、論文】(姓名の拼音 abc 順)
氷魚「中秋日故事伝説」(『北京大学研究所国学門週栞』第2巻第13期、1926年、16-17頁)

蔡少卿『中国近代会党史研究』（中華書局、1987年）
陳旭麓・労紹華「清末的新軍与辛亥革命」（湖北省哲学社会科学学会聯合会編『辛亥革命五十周年紀念論文集』上冊、中華書局、1962年、147-165頁）
陳先初『程潜与近代中国』（湖南大学出版社、2004年）
陳先枢・全豫北『長沙地名古迹攬勝』（中国文聯出版社、2003年）
程美宝「地域文化与国家認同——晩清以来“広東文化”観的形成」（楊念群主編『空間・記憶・社会転型——“新社会史”研究論文精選集』上海人民出版社、2001年、387-417頁）
程為坤「試析民初湖南会党問題」（『近代史研究』1990年第1期、125-147頁）
成暁軍『曾国藩家族』（遼寧古籍出版社、1997年）
程歗「民間宗教和義和団掲帖」（義和団運動史研究会編『義和団運動史論文選』中華書局、1984年、197-225頁）
滌塵「一九〇六年的萍瀏醴大起義」（湖南史学会編『辛亥革命在湖南』湖南人民出版社、1984年、138-150頁）
傅志明「清末湖南資本主義的発展和辛亥革命」（湖南史学会編『辛亥革命在湖南』湖南人民出版社、1984年、33-49頁）
丁原英「一九一〇年長沙群衆的『搶米』風潮」（『中国科学院歴史研究所第三所集刊』第1集、1954年、198-208頁）
杜邁之「譚延闓与湖南軍閥」（西南軍閥史研究会編『西南軍閥史研究叢刊』第一輯、四川人民出版社、1982年、324-353頁）
杜邁之・張承宗『葉徳輝評伝』（岳麓書社、1986年）
費成康『中国租界史』（上海社会科学院出版社、1991年）
高慕訶（Michael Gasster）「辛亥革命之消滅」（中華書局編輯部編『辛亥革命与近代中国——紀念辛亥革命八十周年国際学術討論会文集』下冊、中華書局、1994年、1552-1568頁）
高賢治主編、張祖基等著『客家旧礼俗』（衆文図書公司、1986年）
賈維誠「湖南留日学生与辛亥革命」（湖南史学会編『辛亥革命在湖南』湖南人民出版社、1984年、50-62頁）
賈逸君『中華民国名人伝』上冊（北平文化学社、1937年、上海書店1989年復印）
郭漢民「辛亥革命時期湖南会党的性質与作用」（湖南史学会編『辛亥革命在湖南』湖南人民出版社、1984年、63-76頁）
郭緒印編著『洪幇秘史』（上海人民出版社、1996年）
何智能『湖南保路運動研究』（国防科技出版社、2001年）
湖南第一師範校史編写組編『湖南第一師範校史　一九〇三——一九四九』（上海教育出版

社、1983年）
湖南省長沙市民建、工商聯史料工作組「三百年老店——労九芝堂葯鋪」（『湖南文史資料選輯』第9輯、1965年、370-389頁）
湖南省志編纂委員会編『湖南省志第一巻　湖南近百年大事紀述　第二次修訂本』（湖南人民出版社、1979年）
湖南省地方志編纂委員会編『湖南省志第八巻　農林水利志　水利』（中国文史出版社、1990年）
——編『湖南省志第三十巻　人物志』上・下（湖南出版社、1992年）
湖南省民建工商聯文史弁「工商同業公会的起源及其衍変」（『湖南文史』第34輯、1989年、1-5頁）
黄曾甫・黄曦齢「左学謙的生平事略」（中国人民政治協商会議湖南委員会文史資料研究委員会編『湖南文史資料選輯』第17輯、湖南人民出版社、1983年、101-116頁）
黄嶺峻「謡言与革命——関於一九一一年武昌起義的政治伝播学分析」（『華中師範大学学報（人文社会科学版）』2005年第6期、141-145頁）
黄俊軍『湖南立憲派研究』（国防科技大学出版社、2009年）
黄中『胡元倓先生伝』（台湾中華書局、1971年）
霍修勇『両湖地区辛亥革命新論』（国防科技大学出版社、2008年）
焦伝愛・周学舜「記焦達峰身辺的六位辛亥志士」（『湖南文史』第43輯、1991年、146-166頁）
静聞（鍾敬文）「晩清革命派作家対民間文学的運用」（鍾敬文主編『民間文芸学文叢』北京師範大学出版社、1982年、178-202頁）
蘭煙「長沙古城墻的変遷」（『西区文史資料』第8輯、1991年、79-80頁）
労啓祥「欧美各国教会在湘開辦学校的概況」（『湖南文史資料選輯』第20輯、1986年、207-217頁）
李学智「政治節日与節日政治——民国北京政府時期的国慶活動——」（『南京大学学報告〔哲学・人文科学・社会科学〕』第43巻第5期、2006年、63-75頁）
李玉『長沙的近代化啓動』（湖南教育出版社、2000年）
林増平・石振剛「辛亥革命時期湖南保路運動」（湖南史学会編『辛亥革命在湖南』湖南人民出版社、1984年、168-208頁、のち林増平『林増平文存』中華書局、2006年に再録）
林増平「近代湖湘文化試探」（『歴史研究』1988年第4期、3-17頁、のち同『林増平文存』中華書局、2006年に再録）
劉泱泱「論焦、陳被殺与譚延闓上台」（湖北省社会科学聯合会編『辛亥両湖史事新論』湖南人民出版社、1988年、162-180頁）
栄孟源「義和団的掲帖」（義和団運動史研究会編『義和団運動史論文選』中華書局、1984

年、226-230頁）
羅玉東『中国釐金史』1（文海出版社、1979年版）
彭先国『湖南近代秘密社会研究』（岳麓書社、2001年）
彭祖珍「一九一〇年長沙“搶米”風潮」（湖南史学会編『辛亥革命在湖南』湖南人民出版社、1984年、151-167頁）
斉継堂『中国歳時礼俗』（天津人民出版社、1991年）
饒懐民「試評清末湖南諮議局」（『湖南師大社会科学学報』1986年第3期、44-48頁、のち同『辛亥革命与清末民初社会』中華書局、2006年に再録）
——「姜守旦非欧陽篤初辨」（『近代史研究』1990年第4期、291-296頁、のち同『辛亥革命与清末民初社会』中華書局、2006年に再録）
——「長沙搶米風潮中的官紳闘争」（湖南師範大学文史所編『麓山文史論叢』中国文学研究雑誌社、1992年、43-51頁、のち同『辛亥革命与清末民初社会』中華書局、2006年に再録）
——『同盟会与萍瀏醴起義』（岳麓書社、1994年）
蘇萍『謡言与近代教案』（上海遠東出版社、2001年）
孫志明「建国前的長沙市工商業同業公会」（『湖南文史』第34輯、1989年、6-26頁）
田伏隆主編『辛亥革命在湖南』（岳麓書社、2001年）
王加華「戯劇対義和団運動的影響」（『清史研究』2005年第3期、79-83頁）
王艶玲「論辛亥革命時期的譚延闓——以第一次督湘期間的活動為中心」（饒懐民主編『辛亥人物論集』甘粛人民出版社、2001年、227-256頁）
王先明「士紳階層与晩清“民変”——紳民衝突的歴史趨向与時代成因」（『近代史研究』2008年第1期、21-33頁）
王興科「武昌起義中旧軍官扮演的角色」（湖北省社会科学聯合会編『辛亥両湖史事新論』湖南人民出版社、1988年、115-132頁）
文干之（杜邁之）「大劣紳葉徳輝」（『湖南文史資料選輯』第8輯、1964年、189-210頁）
巫仁恕「節慶・信仰与抗争——明清城隍信仰与城市群衆的集体抗議行為」（『中央研究院近代史研究所集刊』第34期、2000年、149-210頁）
巫瑞書『南方伝統節日与楚文化』（湖北教育出版社、1999年）
伍新福・劉泱泱・宋斐夫主編『湖南通史　近代巻』（湖南出版社、1994年）
蕭放『歳時——伝統中国民衆的時間生活』（中華書局、2002年）
謝貴安『従謡言到預言——流伝千年的中国讖謡文化』上・下（未来書城、2003年）
熊羅生「論萍瀏醴起義爆発的歴史原因」（湖北省社会科学聯合会編『辛亥両湖史事新論』湖南人民出版社、1988年、133-146頁）
徐華龍・呉菊芬編『中国民間風俗伝説』（雲南人民出版社、1985年）

楊国強主編『上海城隍廟大観』（復旦大学出版社、2002年）
楊鵬程「試析辛亥革命時期的譚延闓政権」（『近代史研究』1985年第２期、279-293頁）
――「長沙搶米風潮中的官、紳、民」（『近代史研究』2002年第３期、100-120頁）
楊世驥『辛亥革命前后湖南史事』（湖南人民出版社、第１版1958年、第２版1959年）
陽信生『湖南近代紳士階層研究』（岳麓書社、2009年）
応星「社会支配関係与科場場域的変遷――一八九五――九一三年的湖南社会」（楊念群主編『空間・記憶・社会転型――「新社会史」研究論文精選集』上海人民出版社、2001年、208-283頁）
張海林『端方与清末新政』（南京大学出版社、2007年）
張洪祥『近代中国通商口岸与租界』（天津人民出版社、1993年）
張力『四川義和団運動』（四川人民出版社、1982年）
張伝勇「省城隍廟考」（『清史研究』2004年第３期、115-120頁）
張鳴「民意与天意――辛亥革命的民衆回応散論」（中国史学会編『辛亥革命与二十世紀的中国』下、中央文献出版社、2002年、1644-1664頁）
張朋園「近代湖南人性格試釈」（『中央研究院近代史研究所集刊』第６期、1977年、145-157頁）
――「清末民初湖南的軍事変革」（『中央研究院近代史研究集刊』第11期、1982年、101-115頁）
――『中国現代化的区域研究　湖南一八六〇――九一六』（中央研究院近代史研究所、1983年）
張勤・毛蕾「清末各省調査局和修訂法律館的習慣調査」（『廈門大学学報（哲学社会科学版）』2005年第６期、84-91頁）
張文祥「長沙皮影戯的起源及其発展」（『西区文史資料』第８輯、1991年、88-97頁）
張玉法『民国初年的政党』（中央研究院近代史研究所、1985年）
鄭佳明主編『長沙風物大観』（湖南文芸出版社、1997年）
鄭土有・王賢森『中国城隍信仰』（上海三聯書店、1994年）
周石山『岳州長沙自主開埠与湖南近代経済』（湖南人民出版社、2001年）
周学舜『焦達峰』（上海人民出版社、1984年）
――「焦達峰陳作新与辛亥長沙光復」（湖南史学会編『辛亥革命在湖南』湖南人民出版社、1984年、209-232頁）
――「清末湖南新軍的編練沿革及軍事学堂」（『長沙文史資料』第８輯、1989年、37-45頁）
朱運鴻「長沙的会館与同郷会」（『長沙文史』第12輯、1992年、97-100頁）

【英語研究書、論文】（姓名 abc 順）

Coates, D. Patrick, *China Consuls: British Consular Officers, 1843-1943*, Oxford: Oxford University Press, 1988.

Cohen, A. Paul, *History in Three Keys: The Boxer as Event, Experience, and Myth*, New York: Columbia University Press, 1997.

Duara, Prasenjit, "Knowledge and Power in the Discourse of Modernity: The Campaigns against Popular Region in Early Twentieth-Century China", *Journal of Asian Studies*, Vol.50, No.1, 1991, pp.67-83.

Esherick, W. Joseph, *Reform and Revolution in China: The 1911 Revolution in Hunan and Hubei*, Barkley: University of California Press, 1976.

Esherick, W. Joseph, *The Origins of The Boxer Uprising*, Barkley: University of California Press, 1987.

Esherick, W. Joseph, and Rankin, B. Mary, eds., *Chinese Local Elites and Patterns of Dominance*, Barkley: University of California Press, 1990.

Feuchtwang, Stephan, "School-Temple and City God", Skinner, G. William, ed., *The City in Late Imperial China*, Stanford: Stanford University Press, 1977.

Goodman, Bryna, *Native Place, City, and Nation: Regional Networks and Identities in Shanghai, 1853-1937*, Barkley: University of California Press, 1995.

Harrison, Henrietta, *The Making of the Republican Citizen: Political Ceremonies and Symbols in China, 1911-1929*, Oxford: Oxford University Press, 2000.

Ichiko, Chuzo, "The Role of the Gentry: An Hypothesis", Wright, C. Mary, ed., *China in Revolution, 1900-1913*, New Haven, Yale University Press, 1968, pp.297-317.

Judge, Joan, "Public Opinion and the New Politics of Contestation in the Late Qing, 1904-1911", *Modern China*, Vol.20, No.1, 1994, pp.220-226.

Li, Danke, "Popular Culture in the Making of Anti-Imperialist and Nationalist Sentiments in Sichuan", *Modern China*, Vol.30, No.4, 2004, pp.470-505.

McCord, A. Edward, *The Power of the Gun, The Emergence of Modern Chinese Warlordism*, Barkley: University of California Press, 1993.

Rawski, S. Evelyn, "Problems and Prospects" in Johnson, David , Nathan, J. Andrew, Rawski, S. Evelyn, eds., *Popular Culture in Late Imperial China*, Barkley: University of California Press, 1985, pp.399-417.

Rosenbaum, L. Arthur, "Gentry Power and the Changsha Rice Riot of 1910", *Journal of Asian Studies*, Vol.34, No.3, 1975, pp.689-715.

Row, T. William, *Hankow: Commerce and Society in a Chinese City, 1796-1889*, Stanford:

Stanford University Press, 1984.

Row, T. William, *Hankow: Conflict and Community in a Chinese City, 1796-1895*, Stanford: Stanford University Press, 1989.

Schrecker, E. John, "The Reform Movement of 1898 and the Ch'ing-i: Reform as Opposition", Cohen, A. Paul, and Shrecker, E. John, eds., *Reform in Nineteenth-Century China*, Cambrige, Massachusetts: Harvard University Press, 1976, pp.289-305.

Wong, R. Bin, "Food Riots in the Qing Dynasty", *Journal of Asian Studies*, Vol.41, No.4, 1975, pp.687-788.